茅海建
戊戌变法
研究

从甲午到戊戌

康有为《我史》鉴注

茅海建　著

生活·讀書·新知　三联书店

图书在版编目（CIP）数据

从甲午到戊戌：康有为《我史》鉴注／茅海建著. —北京：
生活·读书·新知三联书店，2018.6 （2023.7 重印）
（茅海建戊戌变法研究）
ISBN 978 − 7 − 108 − 06225 − 3

Ⅰ．①从⋯ Ⅱ．①茅⋯ Ⅲ．①康有为（1858-1927）− 人物研究
Ⅳ．① B258.5

中国版本图书馆 CIP 数据核字（2018）第 023141 号

特邀编辑　孙晓林
责任编辑　冯金红
装帧设计　蔡立国
责任印制　董　欢
出版发行　生活·讀書·新知 三联书店
　　　　　（北京市东城区美术馆东街 22 号 100010）
网　　址　www.sdxjpc.com
经　　销　新华书店
印　　刷　天津图文方嘉印刷有限公司
版　　次　2018 年 6 月北京第 1 版
　　　　　2023 年 7 月北京第 4 次印刷
开　　本　635 毫米 × 965 毫米　1/16　印张 58.75
字　　数　845 千字
印　　数　10,001 − 13,000 册
定　　价　123.00 元
（印装查询：01064002715；邮购查询：01084010542）

茅海建戊戌变法研究

总 序

1998 年，戊戌变法一百周年，我结束了先前的两次鸦片战争史研究，开始研究戊戌变法。2018 年，戊戌变法两个甲子，一百二十周年，我的研究还没有结束，仍然在路上。

时光又逢戊戌，我也应当想一下，这二十年究竟做了什么，又有着什么样的经验教训？

当我开始研究戊戌变法时，有两位朋友善意地提醒我：一、戊戌变法是所有的中国近代史大家都涉及过的领域，很难再有突破；二、戊戌变法的材料搜集和利用，已经差不多了，不太可能出现大规模的新材料。他们的提醒，告诉此处水深，不可掉以轻心。于是，我就做了"长期"的打算，准备用十年时间来研究戊戌这一年所发生的事情。

我最初的想法是将戊戌变法期间重大事件的史实和关键时刻的场景，真正了解清楚。由此而重新阅读全部史料，力图建立相对可靠的史实，以能从这一基础上展开逻辑思维。即"史实重建"。于是有了《戊戌变法史事考》（2005，再版时更名为《戊戌变法史事考初集》）和《戊戌变法史事考二集》（2011）。

也就在这一研究过程中，我感到康有为亲笔所写的回忆录《我史》是一部绕不过去的关键史料，用了整整五年的时间来作注，以鉴别真伪。特别让我兴奋的是，我看到了珍藏于中国国家博物馆的手稿，解决了许多问题。于是有了《从甲午到戊戌：康有为〈我史〉鉴注》（2009）。

在我的研究计划中，要写一篇张之洞与康有为的文章，所利用的基本资料是新编的《张之洞全集》。文章大体写好，我又到中国社会科学院近代史研究所档案馆查阅"张之洞档案"，准备再补充一些材料。谁知一入档案馆，发现了一大批未被利用的史料。兴奋之余，再度改变研究方向，集中研究这批史料。于是又有了《戊戌变法的另面："张之洞档案"阅读笔记》（2014）。

以上便是此次集中汇刊的四本书的由来。"史实重建"的想法一直没有变，我在研究中最基本的方法是考据。

然而，考据不是我的目的，"史实重建"亦是为逻辑思维建一扎实之基础。我的最终目标是写一部总体性的叙述戊戌变法史的著作。2011年夏，我为《戊戌变法史事考二集》作序，称言："……我也希望自己能加快进度，在最近的一两年中完成手中的细节考据工作，而回到宏观叙事的阳光大道上来。但愿那阳光能早一点照射到我的身上。"那时，我心中的研究时限已扩大了一倍，即二十年，自以为到2018年（戊戌），将会最终完成戊戌变法的研究。

一项认真的研究，虽然能有许多次的计划，但其进度总是不能按照其计划刻板地前进。一个认真的研究者，虽然知道其最终的目标，但总是不能测量出行走路途的长度。2014年起，我的研究一下子陷于瓶颈——我正在研究康有为的学术思想与政治思想，但不能判断其"大同"思想的最初发生时间，以及这一思想在戊戌变法期间的基本形态。我找不到准确的材料，来标明康有为思想发展各阶段的刻度。直到两年之后，由梁渡康，我从梁启超同期的著述中找到了答案，由此注目于"大同三世说"。我的研究计划又一次改变了。

整整二十年的研究，我对戊戌变法的看法有了很大的变化（自以为是深化）。随着研究进展，在我的头脑中，原先单一色彩的线条画，现在已是多笔着色，缤纷烂漫；原先一个个相对固定的场景，现在已经动了起来，成了movie。这种身临其境的感受，让我又一次觉得将要"回到宏观叙事的阳光大道上来"，而时光却悄悄地已进至戊戌。

整整二十年的研究，我对戊戌变法的研究也有了新的感受（自以为是痛感）。前人的研究是极其重要的，但若要最后采信，须得投子"复盘"；那些关键性的节点，还真不能留有空白，哪怕再花工，再花料，也都得老老实实地做出个基础来。由此，这二十年来，我一直不停地在赶路，经常有着"望山跑死马"的感受。我虽然不知道到达我个人的最终目标，还需得多少年，还须走多少路；但我坚信不疑的是，戊戌变法这个课题所具有的价值，值得许多历史学家花掉其人生经历的精华时段。李白《临路歌》唱道：

> 大鹏飞兮振八裔，中天摧兮力不济。
> 余风激兮万世，游扶桑兮挂石袂……

戊戌变法是中国历史上的重大事件，一百二十年前，有其"飞"，有其"振"，因"中天"之"摧"而"力不济"；然因此而生、不能停息的"余风"，仍在激荡着这个国家，以至于"万世"，而其"石袂"（左袂）也挂到了高达千丈、象征日出的"扶桑"树上……

茅海建

2018 年 1 月于横琴

目　录

自　序　*1*

导　论　*1*
手稿本、抄本与写作时间　*2*
刊印与书名　*9*
《我史》"鉴注"的时段　*12*
《我史》的真实性　*14*
礼送康有为出日本　*17*
光绪二十四年岁暮康有为写作时的心情　*22*
"鉴注"的方式　*25*

《我史》光绪二十——二十四年鉴注

光绪二十年　甲午（1894）

导读　*31*
20·1 第一次进京会试　*31*
20·2 余联沅弹劾《新学伪经考》　*37*

20·3 曹泰之死　　45

20·4 第一次桂林讲学　　47

20·5 甲午战争与"上清帝第一书"　　50

20·6 桂林山居与著书　　53

光绪二十一年　乙未（1895）

导读　　55

21·1 陈千秋之死与"同人局"　　55

21·2 第二次进京会试　　61

21·3 张荫桓赴日议和被拒　　63

21·4《马关条约》与"公车上书"　　63

21·5 "联省公车上书"（"上清帝第二书"）　　69

21·6《马关条约》画押　　76

21·7 光绪帝战后改革之朱谕　　84

21·8 康有为会试中式　　86

21·9 授工部主事不就　　92

21·10 "上清帝第三书"之进呈及光绪帝下发改革诸奏章　　96

21·11 "上清帝第四书"　　104

21·12 京师修整街道　　109

21·13 开办《万国公报》（强学会）　　112

21·14 与翁同龢之相会　　115

21·15 翁同龢改革愿望与毓庆宫之妒　　118

21·16 弹劾徐用仪　　123

21·17 弹劾潘赞清　　127

21·18 倡立强学会　　129

21·19 与李提摩太之交往及西人参助强学会　　134

21·20 强学会的捐款收入与内部矛盾　　141

21·21 康有为离开北京及强学会被封　　144

21·22 游历天津、山海关　　149

21·23 与张之洞之南京相会，创办上海强学会　　150

21·24 杨文会仪器款项　　154

21·25 返回广东与《强学报》停刊　　156

21·26 慈禧太后之逆施　　160

21 · 27 康有为晚年所写之眉注　171

光绪二十二年　丙申（1896）

导读　172
22 · 1 万木草堂　172
22 · 2 康广仁、何廷光与《知新报》　173
22 · 3 "同人局"购书　179
22 · 4 第二次赴桂林　180
22 · 5 搜集日本书籍　181

光绪二十三年　丁酉（1897）

导读　184
23 · 1 第二次桂林讲学与圣学会　184
23 · 2 回粤讲学、筑室花埭、再赴上海　194
23 · 3 巴西移民计划与赴京疏通　197
23 · 4 "上清帝第五书"、为王鹏运等人拟奏折　211
23 · 5 翁同龢挽留康有为，高燮曾奏荐入"弭兵会"　221
23 · 6 杨深秀欲保康有为，张仲炘与康有为之关系　235
23 · 7 运动京师各学会　238
23 · 8 德国占领胶州湾　241
23 · 9 联日本策与对日赔款延期　246
23 · 10 为杨深秀、陈其璋拟联英、日折，康有为对英国之认识　254
23 · 11 作联英、日策而未被采纳　266
23 · 12 英、俄贷款之争　270
23 · 13 自开通商口岸　277
23 · 14 大同译书局　280
23 · 15 "经济特科"　283

光绪二十四年　戊戌（1898）

导读　288
24 · 1 总理衙门约见　288

24·2 "上清帝第六书"与《戊戌奏稿》之作伪　295

24·3 京师各省学会　302

24·4 "上清帝第六书"交总理衙门议复　305

24·5 "上清帝第七书"与进呈《俄彼得变政记》　306

24·6 上书联英、日拒割旅、大，再度发动联省公车上书　308

24·7 为文悌拟奏折　325

24·8 进呈《日本变政考》等书　328

24·9 "昭信股票"发行　335

24·10 "英德续借款"　340

24·11 为宋伯鲁、陈其璋拟奏折派容闳赴美筹巨款办新政　343

24·12 请改律例　355

24·13 创立保国会　357

24·14 孙灏攻保国会，潘庆澜弹劾保国会，《国闻报》上的反击　367

24·15 康有为欲回广东，光绪帝催促总理衙门议复"上清帝第六书"　379

24·16 与日本"合邦大会"　386

24·17 为杨深秀、徐致靖拟奏折，促发百日维新之旨　390

24·18 为杨深秀、徐致靖、宋伯鲁拟请变科举、废八股等奏折　398

24·19 与李盛铎之关系　408

24·20 徐致靖奏荐"备顾问"，翁同龢之罢斥　412

24·21 光绪帝召见康有为　425

24·22 授总理衙门章京　439

24·23 上奏谢恩并进呈《孔子改制考》　442

24·24 废"八股"改"策论"　454

24·25 奉旨进呈奏折书籍，未就总理衙门章京职　458

24·26 生童岁科试请即改策论　463

24·27 设立特许专卖制度　466

24·28 为杨深秀、宋伯鲁拟奏折请定阻挠新政罪　470

24·29 弹劾许应骙　474

24·30 文悌弹劾康有为　478

24·31 优拔贡朝考改策论，科试之经史分科　486

24·32 请各省开设高等学堂、中小学堂　492

24·33 第二次进呈《日本变政考》　496

24·34 进呈《光绪二十三年列国政要比较表》等书　502

24·35 《京师大学堂章程》之起草　512

24·36 孙家鼐执掌京师大学堂与总教习之争　521

24·37 孙家鼐请删康有为书中孔子改制字样　531

24·38 张百熙保康有为"经济特科"，康党的保荐、保举攻势　535

24·39 康有为请在上海等处设立商务局　541

24·40 宋伯鲁请派梁启超督办上海《时务报》　549

24·41 康广仁要求康有为回粤办学　556

24·42 荣禄在天津的所作所为　560

24·43 孙家鼐请派康有为去上海督办《时务官报》　567

24·44 廖寿恒为康有为代递书籍条陈，孙家鼐上奏《时务官报》办法　572

24·45 "制度局"、"议政处"、"立法院"　576

24·46 李端棻请开"懋勤殿"　580

24·47 总理衙门议复"上清帝第六书"，光绪帝命"另行妥议具奏"　585

24·48 军机处、总理衙门再次议复"上清帝第六书"　589

24·49 议复"上清帝第六书"诸后果　603

24·50 设立"农工商总局"　608

24·51 汪康年改《时务报》为《昌言报》　614

24·52 陈宝箴奏请《孔子改制考》自行毁版　626

24·53 湖南新旧两派之争，杨深秀请力除积习　629

24·54 弹劾谭钟麟、松蕃　636

24·55 "万寿节"庆祝、新政谕旨刊刻誊黄　641

24·56 徐致靖奏请开"编书局"　648

24·57 进呈《波兰分灭记》与光绪帝赏银　649

24·58 王照上书与罢免礼部六堂官　656

24·59 司员士民上书　662

24·60 光绪帝召见保举官员　666

24·61 新任军机四章京"参预新政"　668

24·62 曾廉上书弹劾康、梁　674

24·63 光绪帝任用军机四章京之"深意"　680

24·64 康有为上书"官差并用"与光绪帝裁汰冗员　685

24·65 徐致靖奏请设"散卿"　691

24·66 新任礼部堂官，阔普通武请设"议院"　694

24·67 京外士民亦可上书　　701

24·68 懋勤殿的政治设计，欲留黄遵宪主持新政　　702

24·69 光绪帝欲开"懋勤殿"　　706

24·70 "设立参谋本部"、"改元变服"、"迁都上海"　　714

24·71 游说袁世凯　　722

24·72 徐致靖保袁世凯，光绪帝密诏　　730

24·73 八月初二日明谕康有为赴上海与光绪帝第二道密诏　　737

24·74 立山、杨崇伊、荣禄、李联英等人请训政　　742

24·75 荣禄"调兵"与杨崇伊八月初三日递折　　747

24·76 谭嗣同八月初三日夜见袁世凯　　753

24·77 康有为八月初三日晚的活动及初五日袁世凯请训　　762

24·78 与伊藤博文、李提摩太的会见，欲聘其为顾问　　765

24·79 康有为初五日离京，慈禧太后政变　　777

24·80 上海英领事派人救康并护送至香港　　782

24·81 康有为到达香港及家人逃港澳　　792

24·82 康广仁被捕　　794

24·83 张荫桓被捕　　798

24·84 荣禄入京，"飞鹰号"的行动　　799

24·85 梁启超逃亡　　801

24·86 谭嗣同被捕，王照逃亡　　808

24·87 杨深秀被捕　　811

24·88 杨锐、林旭、刘光第、徐致靖被捕经过　　812

24·89 "六君子"就义，张荫桓等人之处置　　816

24·90 陈介叔、梁元理赴京拾康广仁遗骨未果　　824

24·91 康广仁事迹　　825

24·92 文悌弹章之后果　　826

24·93 上海捕梁启超之行动　　828

24·94 广东捉拿康、梁之行动及抄没家产　　830

24·95 从香港中环警署转居何东家　　836

24·96 与贝思福勋爵在香港会谈　　837

24·97 康有为东渡日本　　842

24·98 改革派人士之处置及改革措施被废止　　847

24·99 "十一不死"　　859

24·100 写作动因与时间　　862

附　录

《我史》手稿本所录注文、跋语　　867

　　韩文举注文　　867

　　叶湘南跋语　　868

　　伍庄跋语　　869

　　刘翰棻跋语　　870

　　孔昭焱跋语　　870

　　钟玉文跋语　　871

　　吴恒炜跋语　　872

　　郑雪庵跋语　　872

　　鲍文跋语　　873

　　张砚瑜跋语　　874

　　叶衍华跋语　　874

　　孔昭鑫跋语　　875

顾颉刚抄本所录丁文江之跋语　　876

征引文献目录　　877

索引　　895

　　人名索引　　895

　　奏折、条陈索引　　910

自 序

　　我想给康有为的《我史》（即《康南海自编年谱》）作注，始于 1998 年。当时我刚刚涉足戊戌变法的研究，康有为的《我史》本应是一本必读的书，可我在阅读的时候，心情十分混乱。一方面，我已知道了黄彰健、汤志钧、朱维铮等研究先进的结论，康有为在此中"作伪"，他的这一记录不可以当作信史；另一方面，康有为是戊戌变法的主要推动者，他本人的记录虽未必如实地反映历史的真相，但恰能更准确地说明他写作、修改时的内心世界。作伪者也有作伪的理由，他为什么要作伪，本身就更加值得研究。

　　于是，我便产生一个念头，给康有为的《我史》做一个注本，将相关的史料与研究附注之，以能对康有为的说法一一进行厘订，鉴别真伪，重建史实，使之成为读者可以方便利用的一个读本。

　　然而，这一想法要能实现，却又有着很大的难度。当时我对戊戌变法的史实了解很少，相关的史料也不熟悉；更何况在我之前的许多研究先进，已经走过了漫长的路。他们没有去做，并非是他们没有意识到此中的意义，而正说明了此处水深。于是，我把这一念头收了起来，开始研究戊戌变法的具体事实。

　　无论什么人研究戊戌变法，都绕不开《我史》，我也不得不一次又一次地再读之，但在研究论文中不敢轻易使用。每一次读到它，为之作注的念头就加一分。到了 2003 年，正值我的前一研究项目结项，想申请新的研究经费的支持，于是我就试着将其作为课题向国家社会科学基金会申报。不料的是，这一申请很快被批准，反成了有进无退、立限克工的督战力量。

　　我自知是研究戊戌变法的新军，相关的经验与史料的掌握还谈不上熟悉。我只能靠更多的阅读，更多的查档，不敢聪明为事，更不敢臆测自判。前前后后，用了五年的时间，大体上完成了这一工作。我不认为我现在的工作已近乎完备，也准备今后有着多次的修改，尽管已将本书交付出版——我正等待着来自读者的批评意见。

虽说为《我史》作注，还是第一次，但相关的研究早已进行。我在这里需要特别说明的是黄彰健、汤志钧、孔祥吉三位先进的贡献。其中黄彰健以史识优出，台湾所藏的文献档案也多览之；汤志钧史料烂熟，是上海图书馆所藏汪康年师友手札的最初利用者；孔祥吉在中国第一历史档案馆多有斩获，北京地区各大图书馆中所藏书信也为其观览，解读人物间相互关系为其所长。三位先进的著述，或直接释明了《我史》中的章句，或间接考清了《我史》所言及的史实。[1]因此，本书中的很

---

[1] 黄彰健：《戊戌变法史研究》，〔台北〕中研院历史语言研究所专刊之五十四，1970
    年；《拙著〈戊戌变法史研究〉的再检讨》，《中研院第二届国际汉学会议论文集》，
    1989年；《论〈杰士上书汇录〉所载康有为上清帝第六书第七书曾经光绪改易并论康上
    光绪第五书确由总署递上》，〔台北〕《故宫学术季刊》，第九卷（1991年），第1期；《康
    有为与戊戌变法》，〔台北〕《大陆杂志》，第八十六卷（1993年），第3期；《论谭嗣同狱
    中诗：与孔祥吉商榷》，《大陆杂志》，第九十卷（1995年）第2期；以上合编由上海书
    店出版社于2007年出版。《康有为戊戌真奏议》，〔台北〕中研院历史语言研究所史料丛
    刊，1974年；《戊戌变法与素王改制》，《谭嗣同与戊戌维新》，岳麓书社，1999年。汤志
    钧：《戊戌变法人物传稿》，中华书局，1961年，1984年增订本；《康有为政论集》，中华
    书局，1981年；《康有为与戊戌变法》，中华书局，1984年；《戊戌变法史》，人民出版
    社，1984年，上海社会科学院出版社，2003年修订本；《近代经学与政治》，中华书局，
    1989年；《乘桴新获：从戊戌到辛亥》，江苏古籍出版社，1990年（以下简称《乘桴
    新获》）；《戊戌时期的学会和报刊》，台湾商务印书馆，1993年；《康有为传》，台湾
    商务印书馆，1997年；《维新·保皇·知新报》，上海社会科学院出版社，2000年。
    孔祥吉：《戊戌维新运动新探》，湖南人民出版社，1988年；《康有为变法奏议研究》，
    辽宁教育出版社，1988年；《救亡图存的蓝图：康有为变法奏议辑证》，〔台北〕联合
    报系文化基金会丛书，1998年（以下简称《救亡图存的蓝图》）；《晚清佚闻丛考：以
    戊戌维新为中心》，巴蜀书社，1998年（以下简称《晚清佚闻丛考》）；《晚清史探
    微》，巴蜀书社，2001年。孔祥吉、村田雄二郎：《罕为人知的中日结盟及其他：晚
    清中日关系史新探》，巴蜀书社，2004年；佐藤铁治郎著，孔祥吉、村田雄二郎整
    理：《一个日本记者笔下的袁世凯》，天津古籍出版社，2005年；《〈翁文恭日记〉稿
    本与刊本之比较：兼论翁同龢对日记的删改》，《历史研究》，2004年第3期。此外，
    还应提到萧公权与姜义华。前者所作《近代中国与新世界：康有为变法与大同思想
    研究》（汪荣祖译，江苏人民出版社，1997年）虽写得很早，史料上亦稍欠足，但其
    识力及其对康学术及内心世界的人木分析，屡读屡有新意。后者与张荣华校最新
    版的《康有为全集》（中国人民大学出版社，2007年），是目前最全的康有为文集，
    使用方便。又，本书对各位先贤先进皆直呼其名，以为省文。

多地方是直接采用了他们的成果，我在注释中也予以说明，在此谨表敬意。

还有许多研究者的成果，或为我采用——那是可以用合乎"规范"的方式予以说明；或刺激了我的思路——那就无法"规范"地一一说明了。后者人数很多，其中需要特别提出者是朱维铮、杨天石、杨国强、罗志田、马忠文等（以年秩为序）给予我多方面的帮助。[1]我的朋友罗志田教授在其著作中多次出现的一段话，很得体地表达了我的惶恐：

> "由于胡适研究近年偏热，论著甚多，而现行图书发行方式使穷尽已发表刊出的研究成果成为一非常困难之事。个人虽已尽力搜求，难保不无缺漏。另外，因论著多而参阅时间不一，有时看了别人的文章作品，实受影响而自以为己出者，恐亦难免。故凡属观点相近相同，而别处有论著先提及者，其'专利'自属发表在前者，均请视为是本书利用他人成果而未及注明，还请读者和同人见谅。"[2]

戊戌变法更是长年的热门，罗教授提出的搜集之难与受影响而自以为己出，对我也是同样的存在。我自当尽力避免之，若有犯规，亦请读者和"专利"所有者见谅并予指正。

感谢中国国家博物馆保管二部，当我接到康有为《我史》手稿本收藏消息的电话，正在昂坪到宝莲寺的新建缆车上，一下子有着福光大现的身受，2006年10月我在该馆装修前的库房，度过了至今仍清晰在目的四天。感谢中国第一历史档案馆保管利用部，为我提供了很好的服务。感谢台北故宫博物院文献处、中研院近代史研究所档案馆、郭廷以图书

---

[1] 朱维铮虽非新史料发现者而著称，但许多旧史料由其识出新意。曾编《中国现代学术经典丛书·康有为卷》、《中国近代学术名著·康有为大同论二种》、《中国近代学术名著·新学伪经考》，撰写了三篇颇有意义的前言。（后编入《求索真文明：晚清学术史论》，上海古籍出版社，1996年）杨天石发现毕永年《诡谋直纪》，证头康有为及其党人的武装夺权计划，史料解读能力强。杨国强与我多次讨论戊戌变法，时夜有不眠，获识甚久。罗志田到北大后，多言惠我，兼及学术与人生。马忠文时有直言，且多赠我所需之书。

[2] 罗志田：《再造文明之梦：胡适传》，四川人民出版社，1995年，第4页。

馆和历史语言研究所傅斯年图书馆，那里有着第一等的效能。感谢香港中文大学历史系，我在那里度过了愉快的三个月，完成了本书最初的整合，香港又正是康流亡生涯的第一站。感谢东京大学大学院综合文化研究科，使我有了足足半年的时间，来思考和修改本书的细节，坐在同一个城市，思索百余年前康有为写作《我史》之情景，心情宜于相系，也有历史跨隔缩小之感。为此，谨向在以上事情上帮助过我的朱凤瀚、安莉、冯明珠、王汎森、陈永发、科大卫、村田雄二郎等诸位女士和先生表示谢意。我还需感谢我现在服务的机构——北京大学历史学系，这里有求知的学生和向学的风尚，且越来越像是一个学术的重镇而扫荡着因循的习气。我到此已经九年了，也渐渐生出融入的感受，尽管不久后将无奈地离身而去。

在本篇序言的最后，我还必须特别地申明我对康有为的敬重。

本书的目的，很大程度上是为了证伪。如果说"大胆怀疑，小心求证"的话，那么，我已将怀疑放到了较大。也因为如此，本书看起来有点"专揭老底"的味道。康有为确实不会想到，他的这部生前还没有来得及发表的回忆录，后来居然会有人以档案、文献一一严格核对。我的这种般般较真，当然不是与康有为过不去，而是为了能够真切地看清楚这一重要历史阶段中的一幕幕重要场景。康有为确实在《我史》中有一些作伪，但不作伪的政治家又有几何？职业历史学家的责任与本事，不正是破译作伪的证词，揭开被掩盖的谜底？更何况康的一生处处失败，若没有"康式"自我打气，恐怕是早已气馁。

与康有为同时代的孙宝瑄，在康风光的那些日子里，看不太起康，但到了康倒台后，反而在日记中写了几句公道话：

> 光绪二十五年"十二月十二日，诣《昌言报》馆，枚叔（章太炎）、浩吾（叶瀚）咸在，问傅相（李鸿章）作何语？傅相自云：'奉懿旨捕康、梁。'且曰：'如获此二人，功甚大，过于平发、捻矣，吾当进爵。'语毕大笑。傅相询余是否康党？余答曰：'是康党。'相曰：'不畏捕否？'曰：'不畏，中堂擒康党，先执余可也。'相曰：'吾

安能执汝，吾亦康党也。濒陛辞时，欲为数十年而不能，彼竟能之，吾深愧焉。'枚叔等闻皆大笑曰：'奇事，康以六品官，而宰相为之党，未之前闻！'故都人多目为康党。比召对，太后以弹章示之曰：'有人谤尔为康党。'合肥（李鸿章）曰：'臣实是康党，废立之事，臣不与闻，六部诚可废，若旧法能富强，中国之强久矣，何待今日。主张变法者即指为康党，臣无可逃，实是康党。'太后默然。

　　"有人劝余为康党，余曰：'合肥在都逢人辄语云：康有为吾不如也。'"〔1〕

而戊戌变法主将之一张元济，在政变后写信给与康、梁有隙的汪康年："康固非平正人，然风气之开，不可谓非彼力。"〔2〕细心地想起来，康也是一个真了不起的人，以一介书生，年方四十，却创造了历史的伟大画面。〔3〕当时与今天的人们，可以向康提出无数指责，康也确实有着种种毛病，但历史的最奇妙之处就在于不可重复性。事情已经发生了，假

〔1〕 孙宝瑄：《日益斋日记》，转引自丁文江、赵丰田：《梁启超年谱长编》，上海人民出版社，1983年，第197—198页。此段日记属丁文江托余绍宋（樾园）在杭州孙家抄来的，摘要录于梁年谱。（后出版《忘山庐日记》时，已不见此一年的原本）光绪二十五年十二月十二日为1900年1月12日。翦伯赞等编：《中国近代史资料丛刊·戊戌变法》，〔上海〕神州国光社，1953年（以下简称《丛刊·戊戌变法》），第1册第539—540页亦录有此段，文字稍有误。孙宝瑄（1874—1924），字仲玙、仲愚，户部侍郎孙诒经之子，驻法公使孙宝琦之弟，其妻父李瀚章，两广总督，李鸿章之兄。孙此时在上海，与宋恕、章太炎等人交善，光绪二十三年六月二十七日评康学，十二月十九日起读《新学伪经考》，光绪二十四年五月十二日至二十四日读《孔子改制考》，多作驳词及评语。政变后与人论开议院及废四书文，"然后知南海得志时，首变考试为得要也。"见《忘山庐日记》，上海古籍出版社，1983年，上册，第120—122、151、153—154、216—231、293页。又，孙宝瑄于甲午战后曾上书李鸿章，要求仿效西方进行改革，特别是建报馆与学堂。（《上合肥傅相书》，乙未〔光绪二十一年〕闰五月二十日，《万国公报》，第88号，光绪二十二年四月，〔台北〕华文书局影印本，1968年，第25册，第16023—16025页）

〔2〕 张元济致汪康年，光绪二十四年八月初八日，《汪康年师友书札》，第2册，上海古籍出版社，1986年，第1738页。

〔3〕 孙宝瑄于光绪二十三年入京，七月初五日访李鸿章，谈其治国之方略。该日记："谒合肥相国，纵谈。合肥言：汝海上来，作何名论，至此都无用。吾大臣，天子之牛马，汝辈犹虮蚤。予答曰：然则百姓如草芥矣。"（《忘山庐日记》，上海古籍出版社，1983年，上册，第123页）由此可见当时的政治开展之难。

设再多，也只能是寄托着一种心情而改变不了历史的本身。

康的业绩是不能否认的，康的遭遇是令人同情的，康的粉饰也是应当擦去的。这一切本来应该是不矛盾的。"尊尊"、"贤贤"不再是今日历史学家的工作态度，他们的工作，只能是"求真"，无论对待何等样的伟人，均应予以平视，并作平心之论。

天色暗了，窗前的树暗了，我的心也暗了。我们看不见自己的心。

茅海建

2008 年 2 月于白金台

导　论

很长时间以来，戊戌变法的研究，依据着三大史料：其一、康有为的《戊戌奏稿》；其二、梁启超的《戊戌政变记》；其三、康有为的《我史》，即《康南海自编年谱》。现有的主流看法与结论，很大程度上还是从这三种史料中得出来的，尽管许多研究先进对此有了已经不新的研究成果。

首先发现其中差误的，是台北的黄彰健，他依据1958年北京出版的《戊戌变法档案史料》，发现了康有为在《戊戌奏稿》中作伪。黄彰健当时不能来北京看档，他的贡献很大意义上是提出了假设；而1981年内府抄本《杰士上书汇录》的发现，为他提供了近乎完美的证明。[1]此时北京的孔祥吉，在中国第一历史档案馆的研读中，多有贡献，大体完成了对康有为奏折查寻与核对。可以说，康有为在戊戌时期的真奏稿，现在已经有了可靠的本子。

其次是对梁启超《戊戌政变记》的研究，先后有刘凤翰、狭间直树、戚学民等多位研究先进投入工作，也出产一大批有价值的论文。其中最重要的是，对梁著的版本进行了核对，寻思其写作及改动的原因。通过他们的工作，今天的人们对于梁所称"将真迹放大"一语，有

---

［1］《杰士上书汇录》尚未能影印，但目前方便利用的有三个版本。其一为黄明同、吴熙钊编著：《康有为早期遗稿述评》，中山大学出版社，1988年，该书附有《杰士上书汇录》，并标明卷数，总理衙门代奏原折亦照录；其二是孔祥吉编：《救亡图存的蓝图：康有为变法奏议辑证》；其三是姜义华、张荣华校：《康有为全集》第4集。后两种书收入《杰士上书汇录》和其他康有为代拟的奏议，卷数有所打乱。以上三种版本，文字与标点稍有差异，但不影响使用。

了"不放大"的体会:《戊戌政变记》虽不能作为研究戊戌变法的可靠史料,但可测量出梁说与史实之间的差距,由此而证明梁的内心世界及其变化。该书已成了研究梁启超思想的可靠史料。

然而,对于康有为的《我史》,却一直没有进行认真的整理。一方面研究者知道康在其中作伪;另一方面若对此一一进行史实查证,须得下笨功夫,工作量也相当大。比较聪明的办法,是绕开《我史》;等到实在绕不开时,选择《我史》中的个别章句,与已发现的档案、文献进行核对,说一些不那么饱满的话。我进入戊戌变法史的研究后,看见有人是这么做的,于是我也这么做了。

避开与绕行,总不是长久之计,我也想来一个干脆,索性花一点时间来进行整理。然当我真正下水时,才逐步发现水的实际深度,摸到底须先换一口气。于是,在工作中,我不再那么自信,而产生了种种怀疑:其一、这一种史实查证的工作是不可能周全的,做得再好,也只是提供部分的相关史料,许多地方很有可能就是查无实证;其二、这类工作本应是全面的,但任何一个人都不可能查验完全部史料,由此随时会被新史料和新证明所推翻;其三、现在的研究时尚似不太在乎此类史实重建工作,在我此前的诸多研究先进的著作,都没有人去认真研读,关于戊戌变法流行的言论与结论仍然沿袭着康、梁的旧说,被康、梁牵着鼻子走。在此等风气之下,我再写出这一本繁琐考证的著作,何用之有?更何况其中的许多史实,我也不能予以肯定的证明。

我的这一项工作,就是在这种越来越浓重的自我怀疑的精神状态下,一步步地渐行着。

手稿本、抄本与写作时间

康有为所撰《我史》,叙述了他从出生(咸丰八年,1858)到戊戌政变后逃亡日本(光绪二十四年,1898)四十年的个人历史。按当时人的记岁方式,为虚龄四十一岁。

《我史》的手稿本,由罗静宜、罗晓虹捐赠,1961年由文化部文物局转藏于中国革命博物馆，该馆现并入中国国家博物馆。2006 年 10 月，我有幸读之。[1] 原来长期被我视为谜团的写作时间，一下子得以解开。

从手稿本所录 11 篇跋文中可以看出，康有为《我史》写于日本。而在手稿本末尾，也有康有为亲笔写的这段话：

"诸子欲闻吾行事，请吾书此。此四十年乎，当地球文明之运，中外相通之时，诸教并出，新理大发之日，吾以一身备中原师友之传，当中国政变之事，为四千年未有之会；而穷理创义，立事变法，吾皆遭逢其会而自为之。学道救人，足为一世；生本无涯，道终未济。今已死耶，则已阅遍人天，亦自无碍，即作如是观也。后此玩心神明，更驰新义，即作断想，又为一生观也。九月十二日至日本，居东京已三月。岁暮书于牛込区早稻田四十二番之明夷阁。"

康于此中明确说明，该书的写作时间是光绪二十四年的"岁暮"；地点是东京的"早稻田"；而此时康已来日本三个多月，由于清政府的要求，日本政府正打算礼送其出境，前往美洲。康为此受到巨大压力，只能表示同意（后将详述）。

康称其写作此书的动机是"诸子欲闻吾行事，请吾书此"，即离开日本之际康的追随者要求留下他个人的记录，于是便写下了这本书。这一说法不那么确切。随康赴日的弟子叶湘南在手稿本末作跋语，称言：

"余年六十三得读先师手写年谱，如升其堂，如闻其语，悲喜交集……戊戌政变蒙难由香港东渡，同舟十日。弟子随行者，惟予一人，饮食起居，论学不辍，心境泰然。到日后，先师颜所居曰'明夷阁'。此谱写定，予闻而未之见也。及游历欧美，不复能追随矣……"

叶湘南，字觉迈，号仲远，广东东莞人，举人，万木草堂学生。光绪二

---

[1] 参见拙文：《〈康有为自写年谱手稿本〉阅读报告》，《近代史研究》2007 年第 4 期。

十三年曾随梁启超至湖南，为时务学堂分教习。[1]叶称此书"予闻而未之见"，与康说有着很大的差别。

《我史》的写作共用了多少天？康并没有说明，但《我史》近四万余字[2]，不是一挥而可就的。《我史》手稿本共计88页，其中78页是康有为的笔迹，另有10页为康有为口授，由其弟子韩文举笔录，约3600字。在该笔录最后一页的页末，有注文：

"戊戌政变，先师出亡日本，先后奔随者不乏其人，文举亦与焉。某日某夜，先师口授政变情事，命笔述之。是时夜深矣。感怀旧事，迄今已三十余载矣。孝高适自上海来，携此册，促予书后。年已七十矣。计当时笔述凡十页

癸酉十月望后二日　韩文举记于香港"[3]

韩文举（1864—1944），字树园，号孔庵，笔名扪虱谈虎客，广东番禺人，监生。光绪十六年（1890）入万木草堂，号称长兴里十大弟子之一。[4]该跋语称，其流亡日本时，某日晚上康有为命其为之作笔录。在其笔录

---

[1]　康有为到达日本时，兵库县知事大森致电日本首相兼外相大隈重信："康有为一行共七名中国人、两名日本人安全地从河内丸上陆，乘方才6时的火车前往东京。（上述七名支那人是：康有为、梁铁君、康同照、何易一、桑湖南、李唐、梁炜。以上是根据西山警视总监的报告）"（1898年10月25日10时15分发，《日本外交文书》，第31卷，第1册，〔东京〕日本国际连合协会，1954年，第693页）其中的桑湖南，即为叶湘南之误。繁写体"葉"与"桑"有相似之处。叶湘南颇为康有为所信任，梁启超等留日弟子与革命党人接近，主张孙、康合作，徐勤等人告之康，康即命叶携款赴日本，命梁赴檀香山办保皇会。

[2]　若不含后来所加的标点符号，《我史》的实际字数约三万八千字。

[3]　癸酉，即1933年，望日为十五，"望后二日"即十七日，时为1933年12月3日。

[4]　韩文举在万木草堂中"助编"《新学伪经考》、《孔子改制考》，曾任万木草堂"学长"。后任湖南长沙时务学堂教习，澳门《知新报》撰述。流亡日本后，协助梁启超办《清议报》、《新民丛报》和横滨大同学校。民国初年在广州办南强公学、觉是草堂，后留寓香港，有《树园先生遗集》。冯自由在《戊戌前孙康两派之关系》中称"韩文举号乘参"。参，曾参，字子舆。冯又在《康门十三太保与革命党》中称，康有为离日后，梁启超等留日弟子与孙中山越走越近，有合并之意。梁启超等十三人写信给康有为，表示其意。此十三人被称为"十三太保"，其中有梁启超、韩文举、欧榘甲、罗普、罗伯雅5位大弟子。冯还称韩文举"在民国后，隐居乡井，以教读自给，闻今尚生存，年已七十余矣。"（《革命逸史》，中华书局，1981年，初集，第47页；第2集，第28—33页）

的 10 页纸上，有韩修改笔迹，也有康修改笔迹。一晚上录 3600 余字，可见当时康的精神状态十分兴奋，也可见韩熟悉此道而能胜任。若以此来计算，康有为的写作时间大约在十天左右。

从手稿本所录跋文可知，康有为离开日本时，并没有将手稿带走，而是交给其弟子罗普。罗普（1876—1949），原名文梯，字熙明，号孝高，麦孟华之妹婿。早年师从康有为，光绪二十三年（1897）入东京专门学校（即早稻田大学的前身）。[1] 罗普此后一直将之随身携带。当时在东京的梁启超，肯定看过手稿本，其作《戊戌政变记》多以《我史》之意旨而散发，甚至大段直接引用《我史》。当然，康后来也看到了这部手稿本，并且在手稿上进行了修改。

就此而论，《我史》的写作时间十分确定，并没有什么问题。

我在这里插入一段关于《我史》抄录与传播之情况，然后再谈该书写作时间之疑问产生。

康有为的《我史》，生前没有发表，可以看到者，很可能只有罗普等极少数人。然在康去世后不久，各种抄本开始流传。

20 世纪 40 年代，芮玛丽（Mary Wright）曾在康有为女儿康同璧家，将其所藏康有为资料拍成四个胶卷，现存于美国斯坦福大学。台北中研院近代史研究所郭廷以图书馆等处藏有复制本。其中即有《康南海自编年谱》，封面上并题"民国二十年六月付钞　颉刚记"。"颉刚"，即顾颉刚，字体为顾的亲笔。[2] 此为顾颉刚 1931 年抄本（以下简称"顾

---

[1]　戊戌政变后，罗普离开早稻田，随梁启超等编《清议报》、《新民丛报》，并作《日本维新三十年史》等，也是"十三太保"之一。（冯自由：《革命逸史》，第 2 集，第 31 页）其后参加创办《时报》、《舆论日报》，并应江宁提学使之聘，任图书科长等职。民国建立后，任多职，其中有广东实业厅长、京师图书馆主任，并任职于河北省政府、平汉路、平绥路等。

[2]　顾颉刚（1893—1980），江苏吴县人，北京大学哲学系毕业，杰出历史学家。1929 年任燕京大学历史系教授，决计清理旧古史，学术思想上与康相近。顾潮编《顾颉刚年谱》，记：1929 年 6 月 16 日，"与丁文江去康同薇家。欲作康有为年谱并编康氏遗集，故经丁文江介绍，识康之女儿，与彼商此事。"11 月 19 日，"与冼玉清同到康同璧家，并见康同薇，取康有为稿两包归。"1930 年，"是年续理康有为遗稿，点《新学伪经考》。以其遗稿但多政治性文件，非学术文字，十一月交赵丰田整理。彼后以

抄本”）。〔1〕顾抄本非常完美，其最佳之处，就是将原注、眉批、眉注，都照其格式，原模原样地搬了过来。在该抄本的最后，还抄有一段跋文：

> “此南海之自编年谱也。中缺丙申一年。乙未以前稿，据南海自跋，系抄没流落人间，为罗孝高所得。丁酉以后，乃戊戌岁暮在日本所作，亦归孝高。徐君善伯抄得副本。十八年，为任公作年谱，向之借录。此册中颇有误字，暇当借孝高原本为之一校也。
>
> 十八，五，十四，丁文江”〔2〕

据此可以知道，顾抄本录自丁文江 1929 年抄本，丁文江抄本录自徐善伯抄本，徐善伯抄本录自罗普。徐善伯，名良，是康有为的大弟子徐勤（君勉）之子。〔3〕“丙申”，即光绪二十二年。

丁文江于 1929 年派人抄录《我史》，正是“为任公（梁启超）作年谱”作资料准备之用。〔4〕丁此项工作的主要助手是赵丰田。〔5〕赵丰田

半年之力，成《康长素先生年谱稿》，为其毕业论文。”1931 年 6 月，“审查赵丰田所作《康长素先生年谱稿》毕。”（中国社会科学出版社，1993 年，第 174 —175、177、190、194 页）赵丰田在《康长素先生年谱稿》的引用及参考书目中称：“《康南海遗稿》，皆原写稿本而未经整理者。以奉顾先生命为排比年月次第备出版，得见之。”（燕京大学《史学年报》第 2 卷〔1934〕第 1 期，香港崇文书局《中国近三百年学术史参考资料》第六编，1975 年影印本，第 67 页）由此可见，顾对此多有介入。然因顾、赵师生关系，顾可能从赵处借得丁文江抄本再抄。

〔1〕 顾颉刚抄本共计 119 页，抄在“东明号”格稿纸上的，每页上下两面，每面八行，每行二十字。标点注于字旁。顾请了两位书手，一位抄了前 92 页，另一位抄了后 27 页。书手姓名不详。

〔2〕 乙未、丙申、丁酉、戊戌，分指光绪二十一、二、三、四年（1895—1898）。“十八年”系民国十八年即 1929 年。

〔3〕 徐良早年留学日本、美国。康有为七十岁寿辰时，他奉前清皇帝溥仪所赠匾额、玉如意到上海致贺。溥仪在《我的前半生》叙有徐良事。徐良后任天津中原银行经理，汪伪政府外交次长、驻日本大使等，1943 年辞职。

〔4〕 丁文江（1887—1936），字在君，江苏泰兴人。中国现代地质学的创始人之一，先后留学日本与英国。1917 年与梁启超同赴欧洲，出席巴黎和会，交甚善。梁去世后，为其编年谱。

〔5〕 赵丰田 1931 年由燕京大学历史系毕业，毕业论文题目为由顾颉刚指导的《康长素先生年谱稿》。陆志韦、顾颉刚因此将赵介绍给丁文江。丁去世后，赵在翁文灏的指导下，完成了《梁任公年谱》的初稿。

在1936年燕京大学《史学年报》第2卷第1期发表《康长素先生年谱稿》,在引用及参考书目中称:

> "《康南海自编年谱》,丁文江氏副钞本。(原钞本在罗孝高君手内)是谱起生年,止四十一岁(光绪廿四年)。乙未以前系旧作,丁、戊二年系戊戌十二月在日本补作,中缺丙申一年。"[1]

可见赵所使用者,为丁文江抄本,并提出罗普处另有"原钞本"。顾抄本为何会在康同璧的文件中,尚不得知,由此却可知康同璧之所藏为顾抄本。香港中文大学图书馆特藏室有20世纪50年代一油印本,题名为:"南海康先生自编年谱"。该版本很可能就是康同璧1958年或1959年在北京自费油印的。我将之与顾颉刚抄本一一相校,文字上基本相同。中国人民大学图书馆藏有另一抄本,其封面从右向左竖题:"戊寅年四月初八日/康南海自编年谱/何凤儒题"。[2]从文字校对来看,很有可能是抄自顾颉刚抄本。

由此可知,康有为《我史》至少有罗普抄本、徐良抄本、丁文江抄本、顾颉刚抄本、何凤儒抄本、康同璧油印本。康有为弟子张伯桢著有《南海康先生传》,内容与《我史》几乎相同,由此可知张伯桢也有一

---

[1] 赵丰田:《康长素先生年谱稿》,香港崇文书局影印本,第67页。然而,赵丰田自相矛盾的是,其编年谱仍然有"丙申"一年,其文曰:"讲学于广府学宫万木草堂,以徐勤、王镜如为学长。续成《孔子改制考》、《春秋董氏学》、《春秋学》。七月与有溥君游罗浮,八月游香港,十月至澳门,与何穗田创办《知新报》。穗田慷慨好义,力任报事。先生将赴南洋,未果。复还粤。"并注明其出处为《自编年谱》。赵的这一段文字,与《我史》光绪二十二年基本相同,他可能已用了其师顾颉刚抄本。又,在该文的弁言,赵丰田称:"此为丰田民国二十年所作毕业论文,当时时间仓促,材料缺乏,体例亦未允洽。其后尝多方搜罗,近复辑《梁任公先生年谱》,所得资料,较前文多至一倍有奇……民国二十三年八月十六日书于北平图书馆。"李文杰在北京大学图书馆论文室查到了赵丰田的毕业论文之原本,《引用及参考书目》中《康南海自编年谱》一条,文字与刊印本完全相同。由此可知,其刊印本中参考书目《康南海自编年谱》一条,是其先前写的,发表时未及修改。

[2] "戊寅年"为1938年(民国二十七年),"四月初八日"为阳历5月7日。该本抄在春成纸店的稿纸上,《续修四库全书》将之影印出版。(《续修四库全书》史部传纪类,上海古籍出版社,1995年,第558册)又,谢巍编撰《中国历代人物年谱考录》(中华书局,1992年)第615页,"《康南海自编年谱》(我史)"条下称言,年谱原稿藏中国人民大学图书馆,即指此抄本,将抄本误为原本。

抄本。

问题出在前引丁文江跋文称："此南海之自编年谱也。中缺丙申一年。乙未以前稿，据南海自跋，系抄没流落人间，为罗孝高所得。丁酉以后，乃戊戌岁暮在日本所作，亦归孝高。"这段跋语中包含着太多的问题。丁的依据是，徐良抄本于光绪二十一年（1895）结尾处，录有康有为眉批：

> "此谱为光绪二十一年乙未前作，故叙事止于是岁。门人罗孝高不知从何得之，盖戊戌抄没，落于人间，而孝高得之也。更姓七十记。"

"更姓"是康有为晚年之号，"七十"当为虚岁七十，时为1927年（民国十六年）。是年3月8日（二月初五）康有为在上海度过七十岁生日，数日后遂离沪去青岛，3月31日（二月二十八日）在青岛寓所病逝。这一眉批应是康逝世前不久添加的。[1] 康有为此处宣称，他曾于光绪二十一年写过自传，且被抄没后，又被罗普所获。丁据此认为，康在光绪二十一年写完其前半，到日本后又作其后半。"更姓七十记"这段眉批，我所见到的各抄本、刊本皆录之。

然而我查看《我史》的手稿本，不仅没有这一条眉批，而且也不缺丙申一年，也就是说，康有为在日本完整地写下了从出生到光绪二十四年的内容；由此似又可推论，康在光绪二十一年很可能就没有写过自传。其中最有力的证据是，从手稿本所附11篇跋文中可知，1933年罗普先是在上海，后在广州与香港展示《我史》手稿本，请康有为弟子作跋语，如罗普真藏有光绪二十一年手稿本，定当同时展示，而所有的跋文都没有提到此事。

那么，康有为的这条眉批又写在何处？我以为，很可能是写在其中的一个抄本上的。就情理而言，不会写在徐良抄本上，最大的可能是写在罗普抄本上的。我可举出一条证据：即手稿第64页眉左角，也就是韩文举笔录之起始，有康有为亲笔眉批："可照抄。卷四。""可照抄"三

---

〔1〕 参见马忠文：《康有为自编年谱的成书时间及相关问题》，《近代史研究》，2005年第4期。

字，似为康给罗普下达的指示。

根据丁文江跋文可知，徐良的抄本有康有为的"更牲七十记"之眉批，同时缺"丙申"一年，张伯桢写《南海康先生传》也缺"丙申"一年，看来他们两人使用的是同一版本。丁不仅称"此册颇有误字"，还提出"暇当借孝高原本为之一校"，他是否又做到了呢？从顾颉刚抄本来看，顾氏是做到了。"丙申"年即光绪二十二年的内容，约二百余字，顾抄本是补抄在页眉上的。[1]至于丁氏所提到的"误字"，顾抄本共有眉注 17 条，以作为校注。

也正是康有为"更牲七十记"之眉批引出的歧意，使得《我史》的写作时间混乱不清。丁文江等人被康牵了鼻子走。我以为，丁文江、顾颉刚等人没有看到《我史》的手稿本，不然的话，以其才华识力，定会很快看出破绽。由此又可以推论，顾颉刚用于相校的不是手稿本而是罗普的抄本。我将顾抄本与手稿本相校对，发现只是个别文字上的差误，而没有内容上的差别，由此又可推知，罗抄本是忠实于手稿本的。

问题的要害是，康有为于光绪二十一年似未写其自传，罗普手中也没有光绪二十一年的手稿本，那么，康有为"更牲七十记"的用意究竟为何？从手稿本来看，康后来对《我史》有不小的修改和添加，大体改到光绪十八年；康已将手稿本分为五卷；康在手稿本有五处修改之贴条；据此似可以认为，康有为晚年打算较大规模地修改《我史》，并准备出版，但没有完成便去世了。而康写"更牲七十记"一段眉批，很可能意味着他打算进行诸如《戊戌奏稿》一般的再造。

刊印与书名

康有为《我史》最初刊行于 1953 年。中国史学会编辑、神州国光社

---

[1] 然究竟是丁文江派人所补还是顾颉刚派人所补，仅看顾抄本，还得不出结论来，但据常理来判断，很可能是顾颉刚所补。因为若由丁文江派人所补，顾抄本应抄在正文，而不是抄在页眉了。这里还不能完全回避一种可能，即顾抄本是完全按照丁抄本的，因丁抄本在页眉而故意抄在页眉。

出版《中国近代史资料丛刊·戊戌变法》，以《康南海自编年谱》为题，第一次发表了《我史》。（以下简称《戊戌变法》本）在该书的《书目解题》中称：

"《康有为自编年谱》，一册，康有为撰，钞本，赵丰田藏。"

又在该年谱前加编者按：

"此年谱系根据赵丰田所藏钞本录下，后经与康同璧所藏抄本对校。原文至光绪二十四年为止。"[1]

也就是说，《康南海自编年谱》是根据两个抄本互校发表的，其一是赵丰田所藏抄本，其二是康同璧所藏抄本。前已叙明，赵丰田所藏抄本即丁文江抄本，康同璧所藏抄本即顾颉刚抄本。赵丰田、康同璧似都未意识到《我史》手稿本的存在。

1966 年，台北文海出版社编《中国近代史料丛刊》，第 11 卷辑入张伯桢《南海康先生传》、《康南海自订年谱》。[2]我对之进行了核对，《康南海自订年谱》的文字系录于《戊戌变法》本。1972 年，文海出版社出《康南海自订年谱·康南海先生年谱续编》合订本一册，次年重印。其中《康南海自订年谱》为 1966 年版之影印。1976 年，蒋贵麟主编《康南海先生遗著汇刊》（台北：宏业书局），其第 22 册中收录《康南海自编年谱》，仍系影印 1966 年文海版。1992 年楼宇烈编：《康南海先生年谱（外二种）》（中华书局），1996 年朱维铮编《中国现代学术经典·康有为卷》（河北教育出版社），1999 年罗岗等编《我史》（江苏人民出版社），皆据《戊戌变法》本。可以说，现在刊行的版本，皆出自 1953 年神州国光社的《戊戌变法》本。

由此，我现在可以看到的，一共有五个版本，其一是中国国家博物

---

[1] 《丛刊·戊戌变法》，第 4 册，第 616 页、第 107 页。编者也相信了康有为的"更生七十记"，作书目解题称："是书系康有为于光绪二十一年乙未以前所作，叙事至是年为止。原稿在戊戌抄没，辗转落于其门人罗孝高手中。戊戌十二月，作者流亡日本，复将乙未以后事补作而成是编。"

[2] 然其内文仍以《康南海自编年谱》为题。该本封面书名与内文书名有一字的差误，我以为，很可能是校对不精而引起的。1973 年，该书又重印。

馆所藏手稿本，其二是《戊戌变法》本，其三是顾抄本，其四是何凤儒抄本，其五是康同璧油印本，后两个版本又是以顾抄本为母本。各版本之间除了文字转抄中略有异误外，基本上是一致的。也就是说，现行的刊本、抄本与手稿本并无原则性的差别，只是看不到康有为亲笔修改之处。

至少在 1929 年丁文江抄录时，书名已用"康南海自编年谱"。[1] 顾颉刚抄本、何凤翰抄本皆用此名。1953 年神州国光社刊行时，以《康南海自编年谱》为书名，也是很自然的。但是，明眼人一看就知道，这个书名是由后人名之而非康有为本人自题，康不可能自称为"康南海"。

然从手稿本来看，封面及内页并无题名。由于用的是年谱体，又是其亲写，中国革命博物馆将该件藏品命名为"康有为自写年谱手稿"。由此又可以解释，丁文江等抄本为何以此名之。

1958 年，康有为女儿康同璧在任启圣的帮助下完成《南海康先生年谱续编》，其《序》起首便称：

> "先君《自编年谱》，原名《我史》，止于戊戌，凡四十一年，后
> 未续作。"

此语中道出，该书康有为最初命名为《我史》。[2] 而更早提到该书书名的，是康有为弟子张伯桢。1932 年，他刻其著《南海康先生传》，称言：民国初年，康有为住在上海，"时伯桢拟刻丛书，先生知之，将平生诸稿编定见授"，其中提到："《我史》，即年谱。"[3] 张的这一说法，称该书有两个书名。康虽然没有直接将《我史》之题名写在手稿本上，但康同璧、张伯桢必然听见康本人说过。

前引"更甡七十记"之眉批称："此谱为光绪二十一年乙未前作，故

〔1〕 赵丰田《康长素先生年谱稿》，在引用及参考书目中称："《康南海自编年谱》，丁文江氏副钞本。"（香港崇文书局影印本，第 67 页）

〔2〕 康文珮编：《康南海先生年谱续编》，〔台北〕文海出版社，1972 年，第 1 页。

〔3〕 《南海康先生传》，北平琉璃厂文楷斋刻印（香港中文大学联合书院图书馆藏本上盖有朱印："民国二十一年旧历四月八日初版，民国二十一年旧历五月五日再版"，及张伯桢的印章），第 57、68 页。

叙事止于是岁。门人罗孝高不知从何得之……"〔1〕此中的"谱"字，当作为"年谱"解。康以"此谱"称此书，也有可能将之题名为《自编年谱》。这与张伯桢的说法是一致的。

1996 年，朱维铮编《中国现代学术经典·康有为卷》，将《康南海自编年谱》复名为《我史》，称言：

> "《我史》在成稿后半个世纪才刊布，书题被刊布时编者改为《康南海自编年谱》，自有某种不得已的考虑，但也大失原著论旨，由原著结语可明。因此我将他作为康有为以'我'为核心的思想政见的自我总结收录本卷，并依据康同璧的佐证，恢复其原名。"〔2〕

朱维铮关于《康南海自编年谱》名称的由来，稍有小误，但其中强调的主旨，我是很赞成的，《我史》这一名称是康有为的原意，也特别符合光绪二十四年岁暮康有为写作时的心情。

据此，本书亦恢复康有为原意中的题名《我史》。

《我史》"鉴注"的时段

康有为《我史》记录了其出生到戊戌变法失败共计四十年的历史，为其作鉴注，当然最好是四十年皆作。我也有过这一想法。但是，这么一来，我又遇到两个问题：

其一，康有为个人最辉煌的历史为从甲午到戊戌，即光绪二十年至二十四年（1894 至 1898）；其余的时间，政治活动并不多。尽管从其生平和思想而言，从戊午到癸巳，即咸丰八年至光绪十九年（1858—1893），也很重要；且今日今人之研究，更注重童年习性、教育背景与人际交往。但

---

〔1〕 此处据顾抄本，《戊戌变法》本该眉批中的"此谱"作"此书"。此中所用的"书"字，并不涉及到书名。（见《丛刊·戊戌变法》第 4 册，第 136 页）

〔2〕 朱维铮又称："《我史》，今刊本题作《康南海自编年谱》。但康同璧《南海康先生年谱续编》序称《我史》乃康有为所题原名，今据正，并保留传世本名称，作为副题。"（《中国现代学术经典·康有为卷》，河北教育出版社，1996 年，第 15、812 页）此后罗岗等 1999 年再编《我史》，也以康同璧语为据。

此一时期毕竟是康政治活动的准备期，康本人似也如此认为。《我史》共计近4万字，其戊午到癸巳的35年，计约14000字，而甲午到戊戌的5年，却计约25000字，而戊戌一年，尤为重中之重，接近18000字。今天的研究者引用《我史》，主要是戊戌年。且从《我史》手稿本中可知，光绪二十年之后的部分，康有为还来不及修改，大体保持为光绪二十四年末初写时的状态。

其二，也是更重要的，从戊午到癸巳的35年，康有为主要是在其家乡活动，也不太出名，除了光绪十四年至十五年（1888—1889）他到北京参加乡试外，政治活动内容很少。正因为如此，除了康自己的记录外，其他人的记录是很少的，可供参考的档案材料更是完全没有。若要为之作注，真是缺米下锅，事倍功半。康此期的思想与学术虽然重要，《我史》手稿本中又能看出他后来的多处修改。[1] 若要再加细细辨析鉴注，须得从经学、西学与"康学"的关系入手，而我对经学史却不太熟悉，为此需得再花上相当长的准备时间。从甲午到戊戌，康有为的主要活动为政治斗争，斗争的核心处所主要是北京，他已经从边缘进据到政治舞台的中心，官方档案中留下了大量的记载，私人记录也有相当大的数量。而我本人的研究兴趣恰是政治史，又有看档案经验，对清代档案相对熟悉。

于是，我便选择了康有为《我史》中从甲午到戊戌的后五年，一一作注。结果这约25000字的原稿，我的注释字数却达到了二三十倍。尽管我可以为这种割裂式的鉴注，举出相当"充分"的理由：从甲午到戊戌，是中国历史上的关键时刻，也是康有为个人历史的关键时期，更是《我史》的主体部分。然我仍不能掩盖的是：我对甲午以前康有为在广东时期的史料搜集以及掌握经学史上的门派路径，感到严重信心不足；更何况今天的史学理论也有了新的变化，似乎更重视历史的平常时分，而不是我所关注的那些关键时刻。

---

[1] 其中最重要的修改，我已在拙文《〈康有为自写年谱手稿本〉阅读报告》（《近代史研究》，2007年第4期）中予以说明。

我个人也寄希望于将来，等我对广东史料有着更多的认识后，等我能有一段新的相对空余时间后，再出一增订本，将康《我史》从戊午到癸巳的前 35 年，也一一作补注，同时还可以增补和修改我今稿中的忽略与错误。

《我史》的真实性

我为康有为《我史》作注，本来是因为康在其中作伪，以能一一予以鉴别之。然而，当我的工作将要完成时，我却又发现，康在《我史》中所记录的事件是大体可靠的，其之所以为不可信，在于他用了张扬的语词，在每一件事情上都夸大自己的作用，并尽可能地将自己凌驾于当时朝廷高官之上。如果用当时的政治术语，即为"粉饰"。对于这一判断，我大体上是有几分把握的。

当然，在一些历史的关键时刻，如"公车上书"、托人保荐、密谋政变等等，康有为确实在《我史》中作伪，且康党会将相关的记录系统化，以使之不相矛盾。我也一直怀疑，康对刘歆的指责，使之在作伪的手法上更具完善。但是，康在《我史》中作伪次数还不是很多，似还不至于影响到我的结论：《我史》是一部可以小心利用的史料。[1]

康有为的这种张扬与自夸，很大程度上是由于他的性情与性格。其在《我史》光绪四年（1878）中自称：

> "……然同学渐骇其不逊。至秋冬时，四库要书大义，略知其概，以日埋故纸堆中，汩其灵明，渐厌之。日有新思，思考据家著书满家，如戴东原，究复何用？因弃之而私心好求安心立命之所。忽绝学捐书，闭户谢友朋，静坐养心，同学大怪之。以先生尚躬行，恶禅学，无有为之者。静坐时忽见天地万物皆我一体，大放光

---

[1] 若将康著《我史》与此期梁著《戊戌政变记》相比较，我认为，《我史》的可靠性远远超出《戊戌政变记》。梁在《戊戌政变记》中大量用想像来代替材料，甚至故意作伪，远远超出"真迹放大"的范围，所言许多事情根本不存在。《我史》所言之事，大体存在，只是叙述方式过于自夸，康有意作伪者，仅是少数。

明，自以为圣人，则欣喜而笑，忽思苍生困苦，则闷然而哭，忽思有亲不事，何学为？则即束装归庐先墓上。同门见歌哭无常，以为狂而有心疾矣。至冬，辞九江先生，决归静坐焉。"

这一段言论已是相当的惊世骇俗，若再查原稿本，则更让人惊心动魄！由于这一段话有多处多次修改，其最初的文字已无法完全复原，我推测此段最早之文字为：

"……然自是也，日有新思，咸同门（感）骇其不逊，时日有新思，**忽思孔子则自以为孔子焉**，忽思考据学感（无用）何用，因弃之。（先生尚躬行、恶禅学）**而私心好阳明**。忽绝学捐书，闭户（静坐养心），谢弃友朋，静坐养心，同学大怪之。以先生尚躬行，恶禅学，无有为之者。（忽思祖父则拟）**忽自以为孔子则（笑）欣（笑自）喜而笑**，忽思苍生困苦则闷然而哭，忽思有亲不事，何学为，则即束装归庐墓上，同门皆以为狂而有心疾矣。至冬，决归静坐矣。"〔1〕

康的修改，抹去了他心中的大秘密，即他自以为是"孔子"之再世！再来看光绪五年中的记载：

"以西樵山水幽胜可习静，正月，遂入樵山，居白云洞，专讲道佛之书，养神明，弃渣滓。时或啸歌为诗文，徘徊散发，枕卧石窟瀑泉之间，席芳草，临清流，修柯遮云，清泉满听，常夜坐弥月不睡，恣意游思，天上人间，极苦极乐，皆现身试之。始则诸魔杂沓，继者诸梦皆息，神明超胜，欣然自得。习五胜道，见身外有我，又令我入身中，视身如骸，视人如豕。"

由此再与手稿本核对，亦有多处之修改。〔2〕光绪四年时，康有为二十

---

〔1〕 括号内为康有为原删文字，从笔锋、墨迹来看，此为写作时的随时修改。黑体是我所标，以引注目。

〔2〕 我推测其最初的原稿可能为："以□人慕西樵山水幽胜可习静，正月，遂入樵山，居白鹿洞，历讲道佛之书，养神明，弃渣滓。时或啸歌为诗文，静坐堂，经徘徊石窟瀑泉之间，起坐无□，席芳草，临清流，修柯遮云，清泉满听，□常静坐，弥月不睡，始则诸魔杂沓，继者魂梦皆息，欣然自得。"中间有多处添加。而"习五胜道，见身外有我，又令我入身中，视身如骸，视人如豕。既而以事出城，遂断此学"一段为添加，补在页眉，并在其后删"复以民生多艰，□□我才力聪明，当往拯之"一句。

岁。前一年,他师从朱次琦,入礼山草堂,而终其生对朱次琦尊崇。也就在这学问精深之阶段,康亦处于人生的一个颠狂期。我在这里引用康有为的话,并不是为了探讨康在二十、二十一岁时的真实身体状况,而是为了说明,康在《我史》中使用如此的语言来描绘他人生的颠狂期,不正是可以清楚地看出康在写作期间即光绪二十四年岁暮时的性情与性格吗? 康的大弟子梁启超称:

> "先生最富于自信力之人也,其所执主义,无论何人,不能摇动之。于学术亦然,于治事亦然,不肯迁就主义以徇事物,而每镕取事物,以佐其主义。常有六经皆我注脚、群山皆其仆从之概。故短先生者,谓其武断,谓其执拗,谓其专制,或非无因耶。然人有短长,而短即在于长之中,长即在短之内。先生所以不畏疑难,刚健果决,以旋撼世界者,皆此自信力为之也。"[1]

又称:

> 康"乃至谓《史记》、《楚辞》经刘歆羼入者数十条,出土之钟鼎彝器,皆刘歆私铸埋藏以欺后世,此实为事理之万不可通者,而有为必力持之。实则其主张之要点,并不必借重于此等枝词强辩而始成立,而有为以好博好异之故,往往不惜抹杀证据,或曲解证据,以犯科学家之大忌。此其所短也。有为之为人也,万事纯任主观,自信力极强,而持之极毅,其对于客观的事实,或竟蔑视,或必欲强之以从我。其在事业上也有然,其在学问上也亦有然。"[2]

前一段话,梁启超说于光绪二十七年 (1901),康已离日本,梁处处为其师回护,然也道出康为其"主义"而不顾"事物"的个性特点,即只顾其主观之认识,无视于客观之事实。后一段话写于1921年,康当时也健在,尽管师生之间有了一些缝隙,然大体尚还可过得去,一句"万事纯任主观",将其师的性情与性格表露无遗。而康有为从上海到香港的逃亡

〔1〕 梁启超:《南海康先生传》,《饮冰室合集》,中华书局,1989 年,第 1 册,《文集》之六,第 87—88 页。
〔2〕 梁启超:《清代学术概论》,《饮冰室合集》,第 8 册,《专集》之三十四,第 56—57 页。

途中，英国公使馆中文秘书戈颁（Henry Cockburn）一路陪同，三天中与康有多次谈话，他在随后的私信中说：康"真是个可怜人——一个狂热的人和空想家"。[1]如果由此而解之，康有为在《我史》中的许多张扬与自夸，非其特意造作，似乎是在不自觉之中的天性流露；尽管也有证据表明，他在某些地方是有意为之，故意作伪。[2]

人在顺利的时候，是不太会想到总结人生的；大多是在其经历了大风大雨后，才会回顾过去，做一点记录；而在世态炎凉的感慨之余，也很难指望作者还有保持客观性的自觉。这是人类本身的弱点所致。在一场大灾大难后，能够保持冷静与客观，给后人留下真实的记录，自当受到历史学家们的尊崇；而自我辩护、自我张扬甚至不惜于作伪，历史学家也无须予以太多的道德指责。由此而观，这些情况与康有为写作《我史》时的心情是相一致的。

礼送康有为出日本

戊戌政变时，康有为恰从天津塘沽南下上海，为英人所救，随后英国派军舰护送其搭乘之船前往香港。而就在香港，康有为犯下了他一生

---

[1] 戈颁致莫理循，1898年10月19日，《清末民初政情内幕：〈泰晤士报〉驻北京记者、袁世凯政治顾问乔·厄·莫理循通信集》，〔上海〕知识出版社，1986年，上册，第122—123页。以下简称《清末民初政情内幕》。又，戈颁另一中文译名为"贾克凭"。

[2] 关于康有为的性情与性格，时人与后人有着许多评论，此处不再一一述之；然我以为，最值得注意的有两条：一是萧公权说："作为一个不设防的人，康氏自有其缺点与错误，他并不是圣人。他的努力失败，不能说是英雄。虽一度颇受人注目，但情况迅即转变。历史总是以现实的社会与政治标准衡量人。一个先知的预见不能成为事实，便得不到掌声。但是在思想的领域内，现实的裁判并不很相关。康有为的改革与乌托邦思想毕竟对中国思想史有重要贡献。"（《近代中国与新世界：康有为变法与大同思想研究》，第31—32页）一是黄彰健说："一个人目空一世，也往往由于他的学识才十确较普通人高出一筹。这种人的态度虽可厌恶，但当国者却不可以人废言。"（《戊戌变法史研究》，第71页）从中可以看出同情与理解，但是萧、黄两先生如此说，是将康当作思想家来看待，当作建策者来看待，而作为政治家，康的这种性情与性格显然成事不足。《我史》主要是讲康的政治生涯，我为此做鉴注，也不得不坚持对政治家的评价方式，即会对他有更多的批评。

中的一大失误。

光绪二十四年八月二十一日（1898 年 10 月 6 日）晚，康有为接受香港最大的英文报纸《德臣报》（China Mail）记者的采访。[1]在此次访谈中，康有为对慈禧太后大加攻击，称她只是一个妃子，光绪帝已经认识到慈禧太后不是他真正的母亲；又称光绪帝对其如何信任，夸大其本人在维新运动中的作用。最后，康还称光绪帝已给他密诏，让他去英国求救，恢复光绪帝的权力。在采访中，康有为知道他的谈话将会被发表。

尽管康有为自以为是地认为，他在利用媒体向英国政府求救，但似乎没有想到光绪帝还在北京，正在慈禧太后的掌控中。他的这些内容并不属实的谈话，将会对光绪帝非常不利，恰恰向慈禧太后证明了光绪帝仇恨慈禧太后，且不惜于利用英国以能让慈禧太后下台。若想要真帮助光绪帝，康应该在公开的场合赞颂光绪帝对慈禧太后的忠诚，但他却正好是倒过头来走。这是他政治经验幼稚的又一次表现。[2]

次日，即光绪二十四年八月二十二日（1898 年 10 月 7 日），香港《德臣报》刊出了长篇报道，以英文公布了康有为的谈话。九月初一日（10 月 15 日）上海《字林西报周刊》（North China Herald）刊登了这一篇英文报道，并加上了相关的消息。九月初二日（10 月 16 日），上海的《申报》以中文发表了其中的主要内容。尽管《申报》予以声明"以上乃由西报摘译，其中所有干及皇太后之语，概节而不登"，但任何一个人都能看出光绪帝向康有为表白了其对慈禧太后的不满。九月初五日（19 日），上海《新闻报》也刊出了康有为谈话的中文稿。九月初七、初八两

---

[1] 该报道的中文译本见《丛刊·戊戌变法》，第 3 册，第 499—513 页。并称："为我们作翻译的绅士，一位有名的买办……"康有为恰于当天从香港中环警署搬到了怡和洋行买办何东的家中，在采访时担任翻译者，为何东本人。

[2] 康有为后来也没有感到其行为的危险性，在向《台湾日日新报》的供稿中，在康党主办的《知新报》中，发表了大量此类言论。他还在日本利用邮件的方式，向国内寄《奉诏求救文》及其编造的谭嗣同遗书、遗言、光绪帝乃至咸丰帝的密诏。到美洲以后，光绪帝仇恨慈禧太后，成为他在海外宣传的主题。他似乎始终未认识到，他的这种"保皇"，实际上恰是"害皇"。

日（21、22日），天津《国闻报》也简短报道了康有为谈话的内容。[1]
此时，慈禧太后已有废光绪帝之心，刘坤一等大臣为保全光绪帝正尽心
竭力。若康有为的谈话内容为慈禧太后所知，将有大不测。

湖广总督张之洞从《新闻报》上看到了康有为的这一谈话，大为震
怒。他于九月初十日（10月24日）致电两江总督刘坤一、上海道蔡钧，要
求与该报馆及保护该报馆的外国领事"切商"，"嘱其万勿再为传播"。[2]
与此同时，张之洞即与日本驻上海代理总领事小田切万寿之助进行交
涉，要求日本政府进行干预。此后，小田切万寿之助来到湖北，据他后
来的报告称，他与张之洞有"五次会见"。在会见中，张之洞提到了日方
所期盼的中日两国军事合作，条件是将康有为等人逐出日本。[3]

康有为到达日本时，日本的政坛已出现震荡。1898年11月8日（光
绪二十四年九月二十五日），第一次大隈重信内阁倒台，第二次山县有朋
内阁成立。新任外相青木周藏认为，清朝的政治已从政变时的混乱转向

[1] 该报并加尾注说明："以上康主事之言，洋洋数万字，本报不能尽述，只择其要译出。
仓猝之间，言词不无诘曲，未暇修削。想阅者必能共谅也。"又，《国闻报》光绪二
十四年九月二十二日再刊《德臣报》报道中康有为觐见时与光绪帝之交谈言论。

[2] 《张文襄公全集》，中国书店影印，1990年，第3册，第763页。刘坤一对此回电表示
完全同意。（同上书，第764页）刘在致林稊眉信中更明确表示态度："顷奉惠书
并《新闻报》一纸，具见关怀大局，义正词严。此报早经寓晋，当饬蔡道照会英领
事严行查禁，并将前报更正；该领事亦以为然，可见公道自在人心。该犯用心至
毒，为计至愚，此等诬蔑之辞，徒自彰其背叛之罪，不啻自画招供也。西报每谓康
党止图变法，并无逆谋，今有此书，正成确证。若因《新闻报》妄缀议论，遂与中
报一律查禁销售，转不足以释外人之疑，非徒虑滋纷纭也。"（中国科学院历史研究
所第三所主编：《刘坤一遗集》，中华书局，1959年，第5册，第2230页）九月十三
日，上海《申报》刊出梁鼎芬《驳叛犯康有为逆书》，二十四日，《申报》再刊刘坤
一《息邪说论》，对康的说法予以驳斥。（叶德辉辑：《觉迷要录》，光绪三十一年刊
刻本，录三，第1—7页）

[3] 小田切万寿之助通过日本驻汉口领事发电给日本外相青木周藏："张之洞要求我秘
密报告日本政府：康有为及其同党在日逗留，不仅伤害了两国业已存在的友好情
谊，而且也妨碍他实施诸如由日本军事顾问训练军队的计划，由此应将他们逐出日
本……"（1898年12月2日下午9时30分汉口发，3日晚12时30分收到）青木外相
立即对此作出了反应，于6日复电："交上海代理总领事。你可以答复张之洞：帝国
政府甚不愿为康有为及其党人提供政治避难，由于国际惯例，也不可能违背其意愿
将其遭送出境；但将尽一切努力以达此目的……"（《日本外交文书》第31卷，第1
册，第723—724页）

稳定，主张与慈禧太后为首的清朝合作。从现有的资料来看，康有为并没有见到大隈重信、山县有朋、青木周藏等实任的政府高层人士，与他打交道的是犬养毅、副岛种臣、品川弥二郎等非实任的政治家，经常交往者为日本外务省中下层官员与大陆浪人。康有为行前所设想的"申包胥秦庭七日之哭"，一无施展之机；反随着大隈的下台，由政府接待改为政党接待。日本陆军方面为了介入中国，也要求外务省答应张之洞的条件。

就在张之洞与小田切商议驱逐康有为的同时，清廷也得到了康有为在香港谈话内容的报告。九月十一日（10 月 25 日），署理礼部侍郎、内阁学士准良看到天津《国闻报》转载的康有为谈话，上奏"报馆刊布邪说请饬查办折"。[1]清廷当日下旨直隶总督裕禄，称：《国闻报》"九月初七日述康逆问答之词，尤为肆逆不法"，"著裕禄派妥员密查明确，设法严禁。此等败类必应拿获惩办，毋得轻纵。"[2]十月初三日（11 月 16日），清廷下达了一道交片谕旨，暗令刘学询、庆宽赴日，刺杀康有为等人，此后又有一系列的密令。[3]日本驻华公使矢野文雄也得到了密报，

<hr />

〔1〕 国家档案局明清档案部：《戊戌变法档案史料》，中华书局，1958 年，第 482—483页。准良于八月二十五日接替萨廉，署任礼部右侍郎，该折不见于军机处《随手档》，很可能另有渠道递上。又，是年九月，缪润绂上条陈，所附"钞单"摘录了一些康有为与《德臣报》记者的谈话内容。（同上书，第 485—487 页）
〔2〕 军机处《随手档》、《上谕档》，光绪二十四年九月十一日。
〔3〕 该交片称："已革候选道刘学询，著赏给知府衔，已革内务府员外郎庆宽，著赏给员外郎衔，庆宽并准其入内务府汉军旗籍。所有该二员呈请自备资斧，亲历外洋内地考察商务等语，著总理各国事务衙门察核办理。"（军机处《上谕档》，光绪二十四年十月初三日）初六日，又下达谕旨："知府衔刘学询、员外郎庆宽均著自备斧资，亲历外洋内地，考察商务。"（军机处《洋务档》光绪二十四年十月初六日）二十二日，清廷密旨沿海沿江各督抚："康有为、梁启超、王照等罪大恶极，均应按名弋获。朝廷不惜破格之赏，以待有功。"（军机处《上谕档》，光绪二十四年十月二十二日）该密谕为了保密，不用电报，而"六百里加急"的方式送达各督抚。张之洞收到密旨后，于 12 月 25 日发电总理衙门，上报其与小田切万寿之助的密谋，并告：小田切称"令人讽伊自去赴美国，日本政府助以川资"；"近或一两礼拜，远亦不过两月"。（《张文襄公全集》，第 2 册，第 363 页）同在二十二日，清廷密电驻日公使李盛铎："闻康有为、梁启超、王照诸逆现在遁迹日本，有无其事？该逆等日久稽诛，虑有后患。如果实在日本，即应妥为设法，密速办理。总期不动声色，不露形迹，预杜日人籍口，斯为妥善。果能得手，朝廷亦不惜重赏也。"（军机处《电寄档》，光绪二十四年十月二十二日）

并向青木外相作了报告。[1]

12 月 16 日（十一月初四日），日本外务省翻译官楢原陈政背着大隈重信一派，以个人身份访问梁启超，劝康、梁等人离开日本。梁启超对此十分不解，表示拒绝。12 月 20 日（十一月初八日），楢原再次访问梁启超，称李鸿章曾与伊藤博文会见时要求驱逐康有为等人，否则会在外交上产生不快，最好在此之前往美国或英国，旅费由其负责。梁启超对此再一次拒绝。此后，楢原还多次给梁启超写信，要求康、梁等人离开日本。

楢原陈政的工作虽被拒绝，但青木周藏外相则通过康、梁的保护人，实行迂回。他将此事委托伊藤博文，伊藤又将此事交给犬养毅，犬养毅对此提出折中方法，即康离境，梁不离境，另送康旅费。犬养让柏原文太郎去说服梁启超，而柏原正是照顾康、梁起居生活的人。[2]1899 年 1 月 19 日（十二月初八日），近卫笃麿公爵也出面干预此事。他将梁启超叫到其住处，明确告诉：康有为逗留日本有

---

[1] 矢野文雄致青木周藏，第 237 号电报，称："各种渠道的报告声称，慈禧太后于 12 月 6 日通过总理衙门秘密命令清驻日本公使，运用一切手段将康及其党人捕拿或暗杀。"（1898 年 12 月 9 日发，《外务省记录》1－6－1－4－2－2"光绪二十四年政变、光绪帝及西太后崩御、袁世凯免官"，第 3 册）

[2] 12 月 28 日，犬养毅致信柏原文太郎："多次不辞遥远造访寒舍，万分感谢。康有为之事与伊藤侯相议。伊藤侯可能转告青木。其要旨是给康有为配备翻译一同前往外国，而王照与梁启超则留在日本。七千元为其旅费。上述事情大概已经谈妥，可领会其意思办理可也。木堂。二十八日。我知此事伊藤乃受青木委托，我已将此事写信给早稻田翁。"同日又致信大隈："昨日伊藤侯突然来旅店访问，其目的乃是为康有为一事而来。相议之结果，遂只将康有为一人遣送外国，送其七日元左右的旅费。但是，伊藤侯的意思是这笔钱应以我们有志者的名义来赠与。上述事情伊藤侯则尽快通知青木外务大臣。我以为上述之事乃青木所托。至于让梁启超留在日本以增长学问之事，晚生也表示赞同。近日康有为谒见阁下时，请酌情将此事相告。草草。廿八日。大隈伯阁下。犬养毅。"（转引自永井算己：《清末在日康派的政治动静》，见《中国近代政治史论丛》，〔东京〕汲古书院，1983 年，第 1—31 页）而相关的研究除永井算己论文外，又可参见伊原泽周：《由近卫日记看康有为的滞日问题》，《从"笔谈外交"到"以史为鉴"：中日近代关系史探研》，中华书局，2003 年；翟新：《东亚同文会与清末变法运动：以应对康、梁派的活动为中心》，《近代以来日本民间涉外活动研究》，中国社会科学出版社，2006 年。

碍日中两国保持邦交，即使逗留也不易实现他的目的，最好漫游到欧美去。[1]

在此压力下，康有为只能同意离日。[2]

光绪二十四年岁暮康有为写作时的心情

康有为称其写《我史》时间为："九月十二日至日本，居东京已三月，岁暮书于……"[3]九月十二日为1898年10月26日，三个月后即十二月十二日，即1899年1月23日，该年的除夕是1899年2月9日，如果以其十天的写作时间来计算的话，那么，似可推测在十二月初八日之后到除夕之间。

康有为写作之期也就是他将被迫离开日本之时。[4]在东京的三个月，并不是康人生的高峰而是其低谷，写《我史》时又恰处于谷底，他的

---

[1] 李廷江编：《近卫笃麿と清末要人：近卫笃麿宛来简集成》，〔东京〕原书房，2004年，录有梁启超所写文字，注明1899年1月19日，似为当日的笔谈。其中称："康先生亦久有一游欧米之志，然所以迟迟者，亦有故。其一以日本同为东方关系之国，利害相同，故深欲使两国社会上之交日亲，以为往欧米之关系，不如贵国，故欲滞留贵国也。若欧米之行，于阅历及增长学识，所得甚多，然所以有难者，其中琐琐之故，柏原君略能知之。此行期之所以不能速也。今承明公之相告，想必敝政府有责言，而贵政府有难处之故欤，乞见示。""盛意敬闻命矣，谨当复命于康先生。即约译人，译人既至，便当西游。至敝邦之事，回复未有豫期。康先生一游欧米一年数月之后，仍欲归滞于贵邦，专讲两邦社会联合之义务，未知可否？"（第48、394—395页）又，近卫此次谈话前，曾与清朝官员邹凌翰、外务次官都筑馨六、外务省翻译官栖原陈政交换过意见；并对梁启超说明，他与大隈商量过。

[2] 1899年1月23日，梁启超写信给近卫笃麿，称："一昨拜谒，承示谆谆，归而述之于康先生。先生深感厚情，即已发邮书电信往上海，与容君同行矣。昨中西、柏原两君来，已面告一切，托达于座下。今更作书奉告，并陈感激之忱。康先生命代笔致候。"（《近卫笃麿と清末要人：近卫笃麿宛来简集成》，第49、395页）"容君"，容闳；"中西"，中西正树，康有为同行译员；"柏原"，柏原文太郎。

[3] 康有为是1898年10月25日（即九月十一日）深夜11时半到达东京居所的，称九月十二日也大致不错。

[4] 康于1899年3月22日（光绪二十五年二月十一日）离开日本横滨，日本方面给予旅费，并派中西正树作为翻译陪同其赴美。

心情之不快是容易想见的。[1]也因为如此，《我史》写了诸多在北京乃至在上海、香港的经历，惟独对长达三个月日本生活却不置一词。最能明显地表达他生活场景与心情状态的，是于此时写的一首诗，题《冬月夜坐》：

"门径萧条犬吠悲，微茫淡月挂松枝。

纸屏板屋孤灯下，白发逋臣独咏诗。"[2]

夜晚的"门径"本应当是萧条的，而此处的"萧条"似不止是夜晚。犬声就是犬声，从犬声中听出悲哀的，是本心的悲哀。这个时候的他，是寂寥的，是惆怅的，是孤独的，而这种孤独的心情引发出来的，是一种孤芳自赏，是对自己往日英雄史诗般的历程，自我作一番英雄史诗般的抒展。在这种文字的书写中，康有为感到了自我的完美，自我的净化，自我的超然，没有了人人皆有的私念，没有了弥漫于政坛的种种阴谋，以力图表明自己"以救中国"，乃至于"以救地球，区区中国，杀身无益"的伟大抱负与高尚情怀。在这个冬月夜晚的"纸屏板屋孤灯下"，在这一个"白发逋臣"奋笔中，自我咏唱着已被理想化神圣化纯洁化美丽化的英雄史诗，其名称也起得十分了得非同凡响——《我史》！现实中的屈曲伸发出他意念中的张扬，何等样的高官，何等样的对手，都在他的笔下蜷伏着，而他自身，尽管已经是一个失败者，伤痕累累，却凌凌然于绝顶之上。在这样的场景下写出来的诗歌或可以千古流唱，写出来的散文或可以不朽，然写出来的历史却似不可能是完全可靠的信史，更何况康有为又是一个"万事纯任主观"的人，"一个狂热的人和空想家"。

由此而形成了康有为在《我史》中的第一定理：康是正确的，没有

---

[1] 陪同康有为从香港到日本的浪人宫崎寅藏，对此评论道："……他心中暗自有所期许，以为以自己的地位一定会说服大臣（大隈）同情自己，允许派兵牵制守旧派，以便挽回自己的势力的。这种自负心是由信赖心产生的，这是过于相信自己。而这种过信自己的反作用，就变成失望与怨恨，这也是人类自然的道理……过了不久，以前待康先生以上宾的我国人士，对他的为人逐渐感到厌腻而疏远了。"（佚名初译，林启彦改译、注释，宫崎滔天：《三十三年之梦》，生活·读书·新知三联书店香港分店、花城出版社联合出版，1981年，第148页）

[2] 上海市文物保管委员会文献研究部编：《康有为遗稿·万木草堂诗集》，上海人民出版社，1996年，第98页。以下简称《遗稿·万木草堂诗集》。

任何错误；是一个神秘政治图谱的发现者，发现了"伪经"，更发现了"改制"；是一个经历灾难而不死的人，仅从北京的逃亡途中"凡十一死"，而"曲线巧奇，曲曲生之"。康在《我史》的尾歌中，激情地唱道："吾以一身备中原师友之传，当中国政变之事，为四千年未有之会，而穷理创义，立事变法……"就在这个"纸屏板屋孤灯下"的冬月夜。

由此而形成了康有为在《我史》中的第二定理：康虽然是失败者，但失败的原因是守旧者的阻碍，是当政者未能听从其谋。尽管康还是一个"布衣"、还是一个举人、还是一个进士、还是一个学习主事、还是一个未上任的总理衙门章京，实属微员；但他的对手一开始就地位很高：徐桐、孙毓汶、李联英、李文田、徐用仪、刚毅、许应骙、荣禄乃至于慈禧太后本人，与此高位重权人士相争而败，非为人算而只不过是形势使然；对李鸿章、张之洞、翁同龢、张荫桓、廖寿恒、孙家鼐，《我史》也采用了一种略高一等的口气，指责他们未能听从其意，尤其是翁同龢，经常使用下达命令的语气。

若从历史的角度来看，康有为能够成就这一番大事业也属偶然。康的团体，即康党，是一个很小的团体，支持者也不多，力量应当说是很小的。[1]他能够登上政治舞台，很大程度上在于当时的国际形势，即德

---

[1] 除去万木草堂的学生与下层拥护者，我以为，康党在政治上能起作用的核心成员为：梁启超（举人，后给予六品衔）、谭嗣同（候补道，后授军机章京参与新政）、杨深秀（山东道监察御史）、宋伯鲁（掌山东道监察御史）、徐致靖（日讲起居注官、翰林院侍读学士，后署理礼部右侍郎）、徐仁铸（翰林院编修、湖南学政）、徐仁镜（翰林院编修）、徐仁录（徐致靖之侄）、林旭（内阁候补中书，后授军机章京参预新政）、黄遵宪（湖南盐法道，署理按察使，后改驻日公使，未上任）、李端棻（仓场侍郎，后为礼部尚书），仅此 11 人，其中李端棻、黄遵宪也未必从命。他的支持者为翁同龢（军机大臣、总理衙门大臣、户部尚书，后罢免）、张荫桓（总理衙门大臣、户部左侍郎）、张元济（总理衙门章京）、李岳瑞（总理衙门章京）、王照（礼部主事，后为候补四品京堂），然这些人并非会以全力相助。还有许多人反对康有为的思想和学术，但有可能支持他的某些政策，如张之洞（湖广总督）、陈宝箴（湖南巡抚）、孙家鼐（大学士、工部尚书）、李鸿章（大学士、总理衙门大臣）。又，当时的守旧派与维新派在许多地方是权力斗争，而非政治理念。孙宝瑄在光绪二十四年十月二十八日记："余主持议院之说，询之守旧老儒，每多以为是者。而与喜谈新政诸公言之，反皆目为缓图。余自是不敢薄视旧党。"（《忘山庐日记》，上册，第 279 页）

国、俄国、英国等国在租借地、借款等方面咄咄逼人的压迫，使清朝感到了极大的压力。在召见康有为的当天，光绪帝也召见了张元济，说了一番颇有感触的话。张在后来的私信中透露：

> "玉音垂问，仅三十余言。大旨谓外患凭陵，宜筹保御，廷臣唯喏，不达时务（讲求西学人太少，言之者三）。旧党阻挠，部议拘执，帖括无用，铁路当兴。——皆亲切言之。"[1]

也正是光绪帝的这种认识，采用了康有为的一些主张，开始了中国历史上色彩煊斓悲情催泪的一幕——戊戌变法；康有为及其党人由此乘风扬帆，激情浩荡。戊戌变法之失败，当然是由于慈禧太后的政变，但我仍然能够感到，根据康有为派的政治力量，按照康有为派的政改方案，若慈禧太后未在八月初六日发动政变，他们似乎也不可能走得很远……

我也由此找到了解读《我史》的方式：降低康有为的声调，查找他的私念，指出他的错误。这表面上似乎是将康有为"矮小化"，我却以为，这是力图将之还原为"真实"。[2]

"真实"虽是历史学家难以企及的彼岸，但毕竟是他们心中不灭的梦境。

"鉴注"的方式

康有为撰写《我史》时，心情十分激动，今人读之可以体会到其胸中的气势，但其对事件的记录却经常不按照时间的顺序，多有跳跃，或

---

[1] 张元济复沈曾植书，光绪二十四年六月十八日，张树年、张人凤编：《张元济书札》增订本，商务印书馆，1997年，中册，第675页。

[2] 李云光在其著作中称言："……康有为的时代已经过去，影响力逐渐消失，不必颂扬，也不必诛伐了。要写文章只有一条可行之道，便是搜集新出的资料，站在一个新的基础上，以求真的态度，朴实的笔法，对他不要擦粉，也不要抹黑，移开那些庄严的法相，还他个有血有肉的世俗之身，写几篇无憎无爱的平淡之文。为历史添几条素材，为国族爱惜一个人物。"（《康有为晚年思想及生活新证：康有为家书考释》，〔香港〕汇文阁书店，1979年，第2页）李云光，康有为之女康同环的女婿。康门后辈，能出此言，欣闻而敬之。

将同一事件放在多处记录。康也是一气写来，分卷乃是后来的事，也未有今日读者所习惯的标点、段落或标题。以上的情况，尤以光绪二十四年所记特别突出。

直抒胸臆，稍有杂乱，当然不算是什么缺点，但给我的工作带来了一些麻烦：一、由于多处谈一事情，谈一人物，甲处若已注，乙处本可不注，但读者在阅读中会有不便。二、由于各种事情有着相互的联系，经常需要加以说明，而多次重复会使读者生厌，我也决不可以自行将康的相关文字相连。三、一次注释的文字太多，也影响读者阅读与思维。于是，我将《我史》按原顺序分成段落，一段一段地加以注释，并在各段落上加上了标记，如光绪二十四年第五段，便自作主张地出现了（24·5）的标记。这样做的最大好处，就是相互参见方便，可明确写明某事参见24·5，自可不再重复；但这么做的坏处是割裂，将原本一气贯连的文章，割成一段一段，且容易使读者误以为《我史》本有段落。

由此，我要特别向读者讲明：康有为原文并不分段，我将之分成如此的小段，只是为了我的工作需要和让读者使用方便。若要真正理解康有为，看清楚他的真性情，读者须跳出这些由我所分的段落，一气贯连地读下去；但是，若要查明《我史》所述事件的背景及相关环节，若要辨识康言之中的真伪，读者似又可以一段一段地细读。

康有为的《我史》，自当以其手稿本的最后改定为准。然在手稿本中康亲笔修改之处，很可能对读者有着异常重要的意义。由于手稿本在近期内尚无可能按我所愿全部彩色影印出版，我只能将康亲笔修改的内容与方式，附注在原文之下。没有直观的表示，仅用文字表示修改，总会有不那么清晰达意之处，也只能请读者谅解。又由于《戊戌变法》本刊行了五十多年，又是各刊本的母本，有着很大的影响力，该刊本之误漏，我也附注于原文之下。

历来的注本，大体分两类，一种是略注，一种是详注。我为《我史》作"鉴注"，既然言"鉴"，只能用详注的方法。然即使作为详注，相关的史料是否需要大段的引用？若是新史料，当然可以全引，但若是以往已发表或被引用过的史料呢？我反复考虑很长时间的结果是，绝大多数的读者并非是此一研究领域的专家，若史料仅注明出处，他们又需花工夫查明，若稍引数言，也会使他们感到不解。为了他们的方便，我便稍多稍全地引用一些史料。我所熟悉的那几位研究先进，一不小心碰到了此书，也必然会有史料"面熟"的感受。

书由此而变得很厚，于是产生了一个新的问题，读者若查找相关的内容，无法检索，使用起来会很不方便。我便试着为我所分的段落拟一小标题，以能在目录中直接展示。然而，这毕竟是康有为的著作，分段已是擅行，自拟标题更属添足。由此我仅将这些小标题在目录中列出，而在正文中不再出现。康有为《我史》中涉及人、事甚多，仅是拟小标题也不能完全反映全面。为了方便读者查考与寻找，我又编了人名索引和折片索引，放在书后，于是书又变得更加厚了。

《我史》光绪二十——二十四年鉴注

光绪二十年　甲午（1894）　三十七岁

导读：光绪是清皇帝爱新觉罗·载湉（1871—1908）的年号，庙号为德宗，史家多用年号称载湉为光绪帝。他于同治十三年（1874）登位，由慈禧太后实行垂帘听政。光绪十五年（1889）亲政，但大政仍由慈禧太后所掌持。

此年，是中国历史上的重要年份，由明治维新而走向强大的日本，以朝鲜为题目，发动了对中国的战争。是年干支纪年为甲午，史称"甲午战争"。清朝海陆军在黄海、朝鲜、辽东等处战败。

康有为（1858—1927），此年为虚岁三十七岁。他出生于广东省广州府南海县江浦司银塘乡苏村（今广东省佛山市南海区丹灶镇）。其祖父康赞修，道光年间为举人，曾任广东连州训导。其父康达初，曾随其叔祖父康国器从军，为江西候补知县，未补任而于同治七年（1868）病故。康有为从此随其祖父生活。光绪二年（1876），师从朱次琦，入礼山草堂，光绪四年离开。光绪十六年，开堂授徒。光绪十九年，中举人。

此年康有为的主要经历是参加会试，并因给事中余联沅弹劾其《新学伪经考》而一度陷于困境，于是去广西授学，另有收获。

手稿本光绪二十年初页右上角，有康有为手书"卷二"字样。顾颉刚抄本亦有"卷二"字样。

题头上括号内的公元纪年，是我添加的。后同。

（20·1）二月十二日，与卓如同入京会试，寓盛祭酒伯熙邸。伯熙先生，肃王从弟也，藏书冠满洲，颇见其秘书、玉牒、金石之藏，园亭幽靓。既而移居三条胡同金顶庙，与梁小山同寓。五月六日，

下车伤足，遂南归。六月，到粤。

此是康有为第三次来京。其第一次为光绪八年（1882），第二次为光绪十四年（1888）至十五年，主要目的是参加顺天府乡试。[1]光绪十九年正月初一日，光绪帝以明年为慈禧太后六十寿诞，特于当年举行癸巳恩科乡试，明年举行甲午恩科会试。[2]康有为参加广东癸巳恩科乡试，中举人。[3]此时来京为参加甲午恩科会试。当时的交通路线是从广州坐轮船到上海，再从上海坐轮船到天津，由天津入北京。

卓如，梁启超（1873—1929），广东新会人。光绪十五年（1889）举

---

[1] 康有为，荫监生，可以参加顺天府乡试，也可参加广东乡试。康的荫生资格，朱维铮曾提出疑义，认为康的父亲与祖父皆是微员，似无可能获荫，有可能是捐监生。（《康有为在十九世纪》，《求索真文明》，第170、202页）据康有为《我史》手稿本，康于同治十年、十一年参加童试，皆不售，即此时他尚未有生员资格。同治十二年、光绪二年他参加广东乡试，此两次乡试，当以捐监生的资格。康有为之孙康保延《恭述先祖南海先生二三事》称："缘先高祖于连州水灾殉职，先祖获赐荫监生，其赴试名'祖诒'者，殆取义于此，盖纪念祖德也。"（《广东文献》，第7卷第2期，1977年6月）康有为祖父于光绪三年去世，可能于此年获荫生。翁同龢光绪十四年《杂记册》中记："南海布衣康祖诒，拟上封事，由成钧代递，同乡京官无结，未递。其人初称布衣，继称荫监，乃康国器之侄孙也。"（转引自孔祥吉：《翁同龢与康有为上清帝第一书》，《晚清佚闻丛考》，第145页）而康有为在《殿试策》中自称："应殿试举人臣康有为……由荫生应光绪十九年本省乡试中式。"（《康有为全集》，第2集，第65页）

[2] 军机处《上谕档》，光绪十九年正月初一日。

[3] 该科广东乡试题为："首题，如有王者必世而后仁；二题，书同文；三题，诗云既醉以酒至文绣也；诗题，赋得崖树雨摘南枝花（得花字五言八韵）。"（《万国公报》，第58号，光绪十九年十月，〔台北〕华文书局影印本，第22册，第14017页；《清秘述闻再续》卷一，《清秘述闻三种》，中华书局，1982年，下册，第977—978页）《如有王者必世而后仁》一文见《康有为全集》，第2集，第4页。又，叶昌炽在光绪二十四年八月十四日日记中称："康长素所著《新学伪经考》，鄙人一见，即洞烛其奸。蔚若之使粤也，鄙人与蒿隐临别赠言，告以此才必不可入彀，蔚若早从吾两人言，则或不致酿此祸也。"（《缘督庐日记》，江苏古籍出版社，2002年，第5册，第2745页）光绪十九年广东乡试正考官为通政使司副使顾璜，副考官为翰林院编修吴郁生。吴郁生，字蔚若，江苏元和人，光绪三年进士。后官至军机大臣。蒿隐，王颂蔚（1848—1895），字芾卿，号蒿隐，光绪六年进士，任户部主事，军机章京。《丛刊·戊戌变法》第1册录此段日记，不知为何漏"蒿隐"之记录。

人，十六年第一次赴京参加会试。落榜后回籍，拜康有为为师，是康门大弟子。[1]十七年冬，再次来北京，与乡试考官李端棻的堂妹李蕙仙完婚，并参加十八年的会试，亦未售。此亦是其第三次来京，也是第三次参加会试。梁启超后办《时务报》，以文显世。

盛伯熙，名昱（1850—1900），又字伯羲、伯希，号意园。肃亲王豪格七世孙。曾祖父永锡，袭封肃亲王；祖父敬征，道光年间任户部尚书、协办大学士；父恒恩，同治年间任都察院左副都御史。盛昱于同治九年（1870）中顺天举人，光绪二年（1876）中满洲第一名进士。光绪十年授国子监祭酒，十五年去职。[2]他于经史、地舆、国朝掌故，皆清核谙详。工书法，善绘画，拓满洲石碑，搜八旗文经，著述精要。又好结交，与各地名士多有交往，其家也常待来客。[3]他一生最出名的事，是光绪十年（1884）劾"枢臣怠职"，结果为慈禧太后利用，成为引发"甲申易枢"的原因之一。康有为与盛昱的交往，始于光绪十四年康第二次进京。其时康以国子监荫监生的身份，请求由国子监为其代奏上书，盛任祭酒，与管理国子监大臣翁同龢联络。翁拒之。[4]

"三条胡同金顶庙"，康有为来京多次居住的地方，据周育民考证，

---

[1] 冯自由称："梁启超号轶赐。"（《戊戌前孙康二派之关系》，《革命逸史》初集，第47页）赐，端木赐，字子贡。

[2] 盛昱以病辞职后，康有为曾致信问候。（见上海市文物保管委员会编《康有为遗稿·戊戌变法前后》，上海人民出版社，1986年，第193页，以下简称《遗稿·戊戌变法前后》）康有为《汗漫舫诗集》中有《赠盛伯熙祭酒》，题注云："戊子，吾以诸生诣阙上万言书，首请变法，诸公格不达，盛公时为祭酒，黄仲弢编修与友善，为介焉。先生慨然代递，遂过引爱，频馆其家，读其藏书。所居郁华阁藏金石万千……"（《遗稿·万木草堂诗集》，第34页）由此可知康通过黄绍箕而结识盛昱。

[3] 胡思敬在《国闻备乘》中记："盛昱在宗室中颇有才名，诗文皆有雅趣，谈国朝掌故，历历如数家珍。收蓄金石图籍多至数十万金，好延揽四方名士，每晨起，未及栉漱，宾客已咽集其门。"（《国闻备乘》，中华书局，2007年，第31页）徐一士对此也有大体相同的说法。（《一士类稿·一士谈荟》，书目文献出版社，1983年，第133—134页）

[4] 翁同龢于光绪十四年十月十三日日记称："南海布衣康祖诒上书于我，意欲一见，拒之。"二十七日日记中称："盛伯羲以康祖诒封事一件来，欲成均代递。然语太讦直，无益，祇生衅耳。决计复谢之。"（陈义杰整理：《翁同龢日记》，第4册，中华书局，1992年，第2232、2234—2235页）

是位于北京东华门外东皇城根烧酒胡同（今韶九胡同）的关帝庙。[1]当时的庙宇中，有一种为"庙寓"，出租客舍，供旅人居住。

梁小山，名庆桂（1856—1931），字伯扬，号小山，广东番禺人。祖上是广东十三行的天宝行商。其祖父梁同新，道光进士，入翰林院，后任湖南学政、内阁侍读学士、通政使司副使、顺天府尹。父亲梁肇煌，随父进京读书，咸丰进士，入翰林院，后任翰林院侍讲，云南学政，顺天府尹（任职为1870—1879）、江宁布政使等职。梁庆桂，光绪二年举人，任内阁中书，京中多有熟人。他与梁鼎芬、康有为交善。[2]戊戌时，列名保国会。庚子事变后，奔赴西安行在，奉旨"五品衔内阁中书梁庆桂著以侍读升补"。此后赴美办理侨校，任学部参议等职。[3]

康有为此次入京时间较晚，未能参加各省新中举人复试，二月二十六日，他参加在保和殿举行的各省新中举人补行复试。试题为四书题一道："仁者其言也讱曰其言也讱"；诗题一道："赋得实事求是（得求字，五言八韵）"。[4]此次补行复试共560人，一等60人，二等240人，三等258人，四等2人。与康同行的大弟子麦孟华中二等第169名，康本

---

〔1〕周育民：《康有为寓所金顶庙考》，见林克光、王道成、孔祥吉主编：《近代京华史迹》，中国人民大学出版社，1985年，第489—493页。

〔2〕康有为《延香老屋诗集》中有两首涉及到梁庆桂，《梁小山中书爱姬陨落，述其美德清节，悼之至痛，以此塞其哀》、《秋病头风连日，买舟与梁小山游花埭半塘诸园，晚至河南万松园，主人殷勤乞留题》，从诗中可见，康与梁私交甚笃。（《遗稿·万木草堂诗集》，第20—21、31页）"中书"，即内阁中书舍人，当时举人多捐中书。梁庆桂与康同进京，也有可能是参加会试。刘圣宜作《梁庆桂传略》，称梁庆桂与梁鼎芬、康有为"时相往来，为兰契交。据康氏近亲所述，康有为读书勤奋，常自南海县西樵乡到广州西关下九甫梁庆桂家借书阅读，有时在梁家住下读书。而且康有为入京考试的费用也常由梁家供应。梁家晚辈犹记幼时呼梁鼎芬、康有为为大叔公、二叔公。"（黄启臣、梁承邺编著：《广东十三行之一：梁经国天宝行史迹》，广东高等教育出版社，2003年，第52页）其中称康从西樵乡来下九甫读书，似有误。康有为经常住在广州，另有祖父所遗菊香书屋。

〔3〕参见《广东十三行之一：梁经国天宝行史迹》第二章《梁同新传略》、《梁肇煌传略》、《梁庆桂传略》等篇；并参见梁承邺、章文钦：《广东十三行考·跋文》，见梁嘉彬：《广东十三行考》，广东人民出版社，1999年，第429—430页。梁庆桂之子梁广照，捐刑部主事，后留学日本，任法部员外郎；梁广照之子梁方仲、梁嘉彬，皆为历史学家。

〔4〕军机处《上谕档》，光绪二十四年三月十九日。

人（使用祖诒之名）中二等第 221 名。二十八日上谕：此次补行顺天及各省乡试举人列入一、二、三等者"俱准一体会试"。[1]梁启超不是新举人，参加过会试，故不必参加新举人复试。

正式的会试为三场，时间是每年固定的，即三月初八日入场，初十日出场，十一日入场，十三日出场，十四日入场，十六日出场。该科会试正考官为礼部尚书李鸿藻，副考官为左都御史徐郙、工部左侍郎汪鸣銮、左副都御史杨颐；会试钦命四书题为：一、"达巷党人曰大哉孔子"；二、"子曰：道不远人，人之为道而远人，不可以为道。诗云：伐柯伐柯，其则不远；执柯以伐柯，睨而视之，犹以为远。故君子以人治人，改而止，忠恕违道不远"；三"庆以地"。诗题为"赋得'雨洗亭皋千亩绿'（得皋字，五言八韵）"。[2]参加该科会试的举人总数为 6534 人。[3]康、梁、麦此次会试皆未中式。

康有为在京师伤足事，曾有一诗记其事，"京师晋阳寺下车伤足，陈简持庶常、黄湜生孝廉为吾裹药，赋谢（甲午五月）"，诗云："康子下车伤其足，夜投萧寺求一宿。扶墙跛躄行不得，颓卧匡床如枯木……"[4]康回粤后，梁启超仍留在北京，据其致汪康年函，是年十月初六日才离开北京。[5]

康有为的南海同乡张荫桓，在此年日记中对康有为来京有多处记载，值得注意：

二月二十九日，"……法源寺桃花尚盛，凌闰台遂约餐僧饭……座客有康长素。深入法海，谈禅不倦，不图城市中有此清凉世界。晚宿山舅寓庐，长素、闰台夜话将曙。"

[1] 军机处《随手档》，光绪二十年二月十一日；军机处《上谕档》，光绪二十年二月二十六日、二十七日、二十八日。
[2] 军机处《上谕档》，光绪二十一年三月初三日。四书题分别典出《论语·子罕》、《中庸》、《孟子·告子》；诗题典出张说：《奉和圣制春日出苑应制》。《达巷党人曰大哉孔子》见《康有为全集》，第 2 集，第 5 页。又，该科会试同考官为：编修鲍临、周树谟、刘学谦、冯光通、翁斌孙、王荫槐、戴兆春、中允文焕、编修高熙喆、赵惟熙、张孝谦、李盛铎、刘启端、汪凤梁、华辉、王式文、华俊声、朱锦。（《清秘述闻再续》卷三，《清秘述闻三种》，下册，第 1024—1025 页）
[3] 《翁同龢日记》，中华书局，第 5 册，1997 年，第 2682 页。
[4] 《遗稿·万木草堂诗集》，第 59 页。"庶常"，翰林院庶吉士；"孝廉"，举人。
[5] 《梁启超年谱长编》，第 34 页。

三月二十四日，"……申正返寓，康长素、梁少山、梁卓如已来，检埃及各图与观，诧叹欲绝。长素屡言谋国自强，而中外形势惜未透辟，席间不免呶呶，此才竟不易得，宜调护之。"

四月十九日，"……返寓后长素来谈，山舅在寓，相与抵掌，余得先睡。"

四月二十七日，"长素因山舅觥筵大醉，逾夕始醒。前日相过，询其拼醉之故，为诗调，昨来寓，夜谈甚畅，酒力微矣。"

四月二十九日，"余襄阅叔耘日记亦虑及之，不悟叔耘竟尔印行。前晚长素啧啧称道即此书也。"[1]

张荫桓（1837—1900），字皓峦，号樵野，广东南海人。捐班出身，以知县发往山东，阎敬铭、丁宝桢、李鸿章皆器重之，处理对外事务精明强干。光绪十年即"甲申易枢"后，以安徽宁池太广道赏三品卿，在总理衙门大臣上行走。由李鸿章保荐，任驻美国公使，兼任驻西班牙（日斯巴尼亚）、秘鲁公使。时任总理衙门大臣、户部左侍郎。他是光绪帝的宠臣，常被召见。从日记来看，康有为是由同乡京官军机章京凌福彭介绍给张荫桓的。从此之后，张对康之事业多有帮助。

后来与康有为甚有关系的户部尚书翁同龢，在日记中亦有记录：

五月初二日，"看康长素（祖诒，广东举人，名士）《新学伪经考》，以为刘歆古文无一不伪，窜乱六经，而郑康成以下皆为所惑云云。真说经家一野狐也，惊诧不已。"

五月初五日，"答康长素，未见。"[2]

翁同龢（1830—1904），字声甫，号叔平，晚号松禅，江苏常熟人。大学士翁心存之子。咸丰六年状元。光绪帝师傅。曾任军机大臣、工部尚

---

[1] 任青、马忠文整理：《张荫桓日记》，上海书店出版社，2004 年，第 465—466、472、478、480、481 页。"闰台"为军机章京凌福彭之号，广东番禺人。"山舅"系张氏之舅李宗岱，字山农，广东南海人，曾任山东济东泰武临道，长期主持山东招远金矿。"梁少山"，似为梁小山，即梁庆桂。"叔耘"为驻英、法、意、比四国公使薛福成之字，所言"叔耘日记"即薛福成的《出使英法义比四国日记》。

[2] 《翁同龢日记》，第 5 册，第 2696—2697 页。

书。"甲申易枢"后，退出军机处。时任户部尚书。光绪二十年再入军机处，并为督办军务处大臣、总理衙门大臣。光绪二十四年四月二十七日被革职。翁同龢曾向光绪帝密保康有为。（参见 24·20）

（20·2）七月，给事中余晋珊劾吾惑世诬民，非圣无法，同少正卯，圣世不容，请焚《新学伪经考》，而禁粤士从学。沈子培、盛伯羲、黄仲弢、文芸阁有电与徐学使琪营救。张季直走请于常熟，曾重伯亦奔走焉。皆卓如在京所为也。以电文"伯羲"字误作"伯翊"，徐花农疑为褚伯约之误也。时褚方劾李瀚章，而余之奏实乡人陈景华贿褚为之。李畏褚，遂令自行焚毁。粤城谤不可闻。

> 据手稿本，"给事"前删"余"字，后添加"中余晋珊"四字，补在行间；"同少正卯，圣世不容"为添加，补在行间；"新学"二字为添加，补在行间；"盛伯羲"三字为添加，补在行间，且而"羲"与前写"熙"不同，"电文伯羲"之"羲"，诸刊本抄本皆作"熙"；"方劾"之"劾"字，由"参"字改；"而余之奏实乡人陈景华贿褚为之"为添加，补在行间；"李畏褚"之"畏"字前删"惧"字；"自行焚毁"的"自行"二字由"板书"改。

余晋珊，名联沅（？—1901），湖北孝感人。同治四年报捐内阁中书，七年考取军机章京，光绪元年传补军机章京。光绪三年榜眼，入翰林院。十四年补河南道御史，时任吏科掌印给事中。二十一年十月授福建盐法道，后任上海道、浙江巡抚等职。

沈子培，名曾植（1850—1922），号乙盦，浙江嘉兴人。光绪六年进士，以主事分发刑部。时任总理衙门章京、刑部郎中。他是京中的名士，与翁同龢等人多有交往。光绪二十三年丁忧，赴湖北等地，后任上海南洋公学监督、安徽提学使等。据康有为《我史》及《汗漫舫诗集》，康与沈交往始于光绪十四年康第二次赴京时。[1]

---

[1] 康有为《我史》光绪十一年记："乡试，不售。时所问策有《宋元学案》及蒙古事，场中无对者，皆来抄问，粤城传之。策为沈刑部子培所问，知沈君以此也。"十四年记："……乃发愤上书万言，极言时危，请及时变法。黄仲弢编修绍箕、沈子培刑部曾植、屠梅君侍御仁守，实左右其事。"光绪十五年，康作《与沈刑部子培书》，见《遗稿·戊戌变法前后》，第206—211页。

黄仲弢，名绍箕（1854—1907），号鲜庵、漫庵，浙江瑞安人。黄体芳之子。光绪六年进士，入翰林院，散馆后授编修。二十四年四月，升翰林院侍讲，九月补詹事府左春坊左庶子。他也是京中的名士，与张之洞等人甚有关系。后任翰林院侍讲学士、侍读学士、湖北提学使等职。康与黄交往也始于光绪十四年康第二次赴京时。[1]

文芸阁，名廷式（1856—1904），字道希，号云阁，又作芸阁，江西萍乡人。光绪十六年榜眼，授翰林院编修。二十年大考翰詹，光绪帝亲擢一等第一名，超擢翰林院侍读学士，兼日讲起居注官。甲午战争期间，文廷式极为活跃，是翁同龢门下大将之一。光绪二十二年为御史杨崇伊弹劾去职。（参见21·26）文与康有为的交往，很可能初始于光绪六年。[2]又据康有为《我史》光绪十二年所记，两广总督张之洞是年命文与康负责翻译西方政书，未成。然后一说法，我尚未能证实。

徐琪（1849—1918），字花农，号玉可，浙江仁和人。光绪六年进士，入翰林院，散馆后授编修，此时以编修出为广东学政。后任内阁学士、署兵部侍郎等职。"学使"即为学政。

张季直，名謇（1853—1926），号啬庵，江苏南通人。光绪二十年状元，授翰林院修撰。他是翁同龢门下大将之一。后在家乡以开办近代纺织业出名。民国期间，曾任农林部长、工商部长。据康有为《汗漫舫诗集》，康与张的交往始于光绪十四年康第二次赴京之时。[3]

曾重伯，名广钧（1866—1929），湖南湘乡人。曾国藩之长孙，曾纪鸿长子。光绪十五年进士，入翰林院，散馆后授编修。他与康有为的交往始于光绪十四年康第二次赴京时。

---

〔1〕 康有为于光绪十四年作《与黄仲弢编修书》，见《遗稿·戊戌变法前后》，第198页；康有为《汗漫舫诗集》中有《题黄仲弢编修〈龙女行云图〉》，题注称黄"笃行通学，忠诚忧国，即为我上书奔走者"。（《遗稿·万木草堂诗集》，第35—36页）

〔2〕 康有为《陈庆笙秀才墓志》称："光绪六年，君与萍乡文道希诣余，始识君……"（《遗稿·戊戌变法前后》，第248页）

〔3〕 《遗稿·万木草堂诗集》，第45—46页。

李瀚章（1822—1899），字筱泉，安徽合肥人。李鸿章之兄。拔贡生。时任两广总督。

余联沅弹劾康有为一事，时为光绪二十年七月初四日，余上了一折三片，其中第三片为"广东南海县举人康祖诒有新学伪书请饬查禁片"。称言：

> "查有广东南海县举人康祖诒，以诡辩之才，肆狂瞽之谈，以六经皆新莽时刘歆所伪撰，著有《新学伪经考》一书……康祖诒自号长素，以为长于素王，而其徒亦遂各以超回、轶赐为号……康祖诒乃逞其狂吠，僭号长素，且力翻成案，以痛诋前人，似此荒谬绝伦，诚圣贤之蟊贼，古今之巨蠹也。昔太公戮华士，孔子诛少正卯，皆以其言伪而辨，行僻而坚，故等诸梼杌、浑敦之族。今康祖诒之非圣无法，惑世诬民，较之华士、少正卯有其过之，无不及也……相应请旨饬下广东督抚臣行令，将其所刊《新学伪经考》立即销毁，并晓谕各书院生徒及各属士子，返歧趋而归正路，毋再为康祖诒所惑。至康祖诒离经畔道，应如何惩办之处，恭候圣裁。"[1]

又据康自称，此次弹劾由其同乡张乔芬托余联沅办之。[2]（参见21·1）
《新学伪经考》是康有为刊刻的第一部重要著作，主要内容为：历代所重之古文经典，如《周礼》、《古文尚书》、《左传》、《毛诗》都是西汉末年刘歆所伪造，以适应王莽之新朝，而孔子所创经典并未亡缺。该书的写作方式是大量引用《史记》等文献，康加按语。以今人的研究来判识，康的基本立论"刘歆伪造说"不能成立。该书前有康有为序文，署日期

---

[1] 余联沅上奏时间见军机处《随手档》，光绪二十年七月初四日。原片见《军机处档》，133658，台北故宫博物院文献馆藏。又，该片收入《翼教丛编》时误为安维峻所上，与原档相对照，文字完全一样。（《翼教丛编》，上海书店出版社，2002年，第25—26页）并可参见孔祥吉：《安维峻弹劾〈新学伪经考〉辨误》，《戊戌维新运动新探》，第310—314页。

[2] 康有为《我史》光绪十九年记，他与张乔芬因家乡"同人局"事务而对峙，康派其学生陈千秋回乡办理，张的"同人局"局戳亦被追。于是，"张缘怨托言官劾我"。康的这一说法，未能得到证实。

为"光绪十七年夏四月朔"。[1]当日，光绪帝发出给两广总督李瀚章的寄信谕旨，措辞严厉：

> "有人奏，广东南海县举人康祖诒刊有《新学伪经考》一书，诋毁前人，煽惑后进，于士习文教大有关系，请饬严禁等语。著李瀚章查明，如果康祖诒所刊《新学伪经考》一书，实系离经畔道，即行销毁，以崇正学而端士习。原片著钞给阅看。"[2]

"即行销毁"一语，表示光绪帝已同意余联沅的处置方案。此时在北京的梁启超，听到消息后，大为活动。他当时给夏曾佑两信，提到此事：

> "昨日嘉兴致花农一电。今日小湘乡致合肥一电。惟闻花农监临，重伯又非甚重之人，仍恐未得当耳。前仆已面托通州君，若相见时可再托之，但得常熟允致电（待此间自行电去）。其电语或由本人自定，或仆处代拟亦可耳。

> "前仆已面托通州君，若相见时可再托之。"[3]

由此可见，沈曾植为此发电给广东学政徐琪，曾广钧为此发电给两广总督李瀚章。梁启超恐分量不够，再托张謇，由张出面请翁同龢发电。梁氏以上两信的目的，是让夏曾佑出面向张謇说项。八月下旬，梁又致信康有为，说明其在京中的运动情形：

---

〔1〕《康有为全集》，第1集，第355—558页。康又称："门人好学，预我玄文。其赞助编检者，则南海陈千秋，新会梁启超也，校雠讹夺者，则番禺韩文举、新会林奎也"；"属门人新会梁启超搜集群书，表之如左"（伪经传授表）；"属门人同县陈千秋辨之如左，并编'尚书篇目异同真伪表'附焉"（书序辨伪之十三）。

〔2〕军机处《上谕档》，光绪二十年七月初四日。

〔3〕《梁启超年谱长编》，第32页。"监临"为管理考试场务。"嘉兴"，沈曾植；"花农"，徐琪；"小湘乡"、"重伯"，曾广钧；"通州"，张謇；"合肥"，李瀚章；"常熟"，翁同龢。又，该年谱编者将"合肥"误为李鸿章，故文中解读不通。又，《翁同龢日记》未见有直接记载，与此相关者见三条：一、七月十六日，"曾仲博（广钧）来见，与语，大奇之。"（"仲博"，即重伯）二、十八日，"文云阁、张季直先后来谈时事，可怕也，然耸人骨，抵晚始去。"三、八月初八日，"晚张季直来谈。"（《翁同龢日记》，第5册，第2719、2720、2727页）此时为甲午战争关键期，曾、张与翁所言，亦可能非仅是康事甚至非为康事。

"前参案已屡发粤电，近更有事否？同学咸言进呈，某已言其不可，有公函复诸君矣。即驳奏，觅人亦不易易，非肝胆交及深明此道者，安肯为力！且政府向无交情，曲折更数人乃始达之，未有能尽心者也。顷欲俟杨副宪出关商之，惟太迟耳！原奏语甚辣，若有人从而媒蘖，亦可招大祸，故某以为事若逼迫，则板勿爱惜也。一片江山，已近黄昏时候，纵为无道，亦只若嬴秦之于六艺耳，何足芥蒂，但在粤稍窒耳！其实已经此事，此后若有来游者，必皆命世之才也，所缺者亦不过风流沾被之人，多寡不关轻重，听之而已。

"季直来云：常熟已允周旋一切，惟日来军务倥偬，常熟又病剧，已请假十日矣，恐未必能十分尽力也（季直亦往三次，始见之）。"[1]

"同学咸言进呈"一语，似有将该书进呈光绪帝以作断评之意，"驳奏"一语，即请人上奏驳斥余联沅之片，梁对此表示反对。"杨副宪"，似指左副都御史杨颐，广东茂名人，为同乡京官。当时的印刷为雕板刷印，"板"即已雕的木板。"某以为事若逼迫，则板勿爱惜也"一句，即梁提议可以"毁板"而避祸。该信最关键之语为"常熟已允周旋一切"，即梁启超通过张謇已打通了翁同龢的关节。这是康有为与翁同龢早期关系的重要证据。

戊戌政变后，张之洞的主要幕僚梁鼎芬撰《康有为事实》，提及此事：

"康有为所撰《新学伪经考》，私意害道，邪说诬民。御史安维峻、余联沅先后奏，恭我皇上严旨查办毁板。

"康有为中举人后，不认座主、房官为师，及被参日急，营营于房师之门，卑躬屈膝，无所不至。其时李中堂胞兄李筱泉制军瀚章为两广总督，康有为托人干谒，再四恳求宽办，制军初甚恶之，后

〔1〕 转引自杨天石：《梁启超为康有为弭祸》，《光明日报》，2003 年 7 月 8 日史学版。梁启超此信前半部分写于八月二十四日，后半部分在慈禧太后寿诞后补充。

见其卑谄，从宽不革举人。康当日曾受李家厚恩，不意后来反力攻李中堂也。"[1]

梁鼎芬此文之目的，是向日本控康劣迹，言辞多贬意，但称康在广州也有所活动，我以为，似有其事实。在康、梁的活动下，李瀚章于九月二十一日上奏"遵旨查复康祖诒新学伪经考折"：

"伏查举人康祖诒，溺苦于学，读书颇多。应举而得科名，舌耕以资朝夕，并非聚徒讲学，互相标榜。其以长素自号，盖取颜延年文，'弱不好弄，长实素心'之意，非谓长于素王。其徒亦无超回、轶赐等号。所著《新学伪经考》一书，大致谓秦世焚书，但愚黔首；而博士所职《诗》、《书》百家自存，后世诵习者中，有刘歆所增窜，引《史记》、《汉书》，曲为之证。以歆臣新莽，故谓其学为'新学'。其自序有'刘歆之伪不黜，孔子之道不著'等语，本意遵圣，乃至疑经，因并疑及传经诸儒。自以为读书得间，不为古人所欺。揆诸立言之体，未免乖违，原其好学之心，尚非离畔。其书于经义无所发明，学人弗尚，坊肆不鬻，即其自课生徒，亦皆专攻举业，并不以是相授受。虽刊不行，将自渐灭，似不至惑世诬民，伤坏士习。惟本非有用之书，既被参奏，奉旨饬查，自未便听其留存。臣已札行地方官，谕令自行销毁，以免物议。至该举人意在尊崇孔子，似不能责以非圣无法，拟请毋庸置议。"[2]

李瀚章的奏折，全面维护康有为，一一否认了余联沅提出的指责。其折

〔1〕《日本外交文书》，第31卷，第1册，第731页。"安维峻"当为误。
〔2〕中国第一历史档案馆编：《光绪朝朱批奏折》，中华书局，1995年，第32辑，"戊戌变法"，第525—526页。黄彰健认为，"康取号长素，以常理来说，最初确可能含'长实素心'之意，此与康幼年即有志于为圣人，乡里称康为'圣人为'相合。惟当康徒以轶赐、超回、迈参为号时，长素二字确含有长于素王之意了。""……此康可自视为胜于孔子处，孔子为素王，康如果革命成功，则康即可为真王。"（《戊戌变法史研究》，第36—38页）从《我史》手稿本光绪四年中"忽思孔子则自以为孔子焉"、"忽自以为孔子则欣喜而笑"两句来看，长素确有长于素王之意。

可能与李瀚章交办的官员有关。[1]李折虽提出将该书"自行销毁",这是谕旨中已有之令;但对原折"至康祖诒离经畔道,应如何惩办之处,恭候圣裁"一句,针锋相对地提出了"拟请毋庸置议"的处理意见。该折于十一月二十一日到京,光绪帝朱批:"知道了"。[2]

褚伯约,名成博,浙江余杭人。光绪六年进士,入翰林院,散馆时授编修。二十年五月,由掌江西道监察御史迁吏科给事中,二十二年九月转礼科掌印给事中,后迁广东惠潮嘉道。

陈景华(1865—1913),字陆遽,号无恙生,广东香山人。光绪十四年(1888)举人。二十一年赴京参加会试,在梁启超领衔的广东公车80人上书中列名第五位,未久以其领衔广东公车289人上书(参见21·4)。曾在广西任知县等官。二十八年被清朝革职查办,逃往暹罗(今泰国),组织同盟会暹罗分会。辛亥革命后任广东警察厅长,被龙济光所杀。[3]

康称"时褚方劾李瀚章"一事,为是年六月初二日。该日光绪帝发下明发上谕:

> "前据两江总督刘坤一奏保道员李经楚,两广总督李瀚章奏保道员陆维祺,经吏部带领引见,降旨:将李经楚发往江苏补用,并交军机处记名,请旨简放;陆维祺发往广东补用,并仍交军机处记

---

[1] 台湾《新生报》副刊1967年5月29日至6月4日载芝翁(高拜石)撰:《古春风楼琐记·义救康有为的一个县令》,称言:李瀚章将此案交电白县知县李滋然查复,李滋然的签复为康有为开脱:"此书大旨以尊崇孔子,攻订刘歆增窜《六经》为主,自命为二千年来未有之卓识。全书援据之博,雠校之精,深思锐入,洵可称坚苦卓绝。但自信过深,偏见遂执,有不合己意者,则妄加窜改,反诬为古人所窜入,深文掊击,不遗余力,岂足为定论乎? ……若遽目以非圣无法,惑世诬民,不特该举人罪不至此,即取全书义以观,亦断不能到言伪而辨、行僻而坚之一境。至谓其能煽惑后进,靡然向风,如是书之前后乖违,自相矛盾,尚未有此学力也。"又称,李滋然,字命三,四川长寿人,为王闿运主讲之尊经书院高材生。光绪十四年举人,十五年进士。(转引自吴天任:《康有为先生年谱》,〔台北〕艺文印书馆,1994年,上册,第96—98页)

[2] 军机处《随手档》,光绪二十年十一月二十一日。

[3] 陆丹林:《革命史谭》中有《民初悍吏陈景华》一篇,对陈晚年的历史描述甚详。(《近代稗海》,四川人民出版社,1985年,第1册,第624—631页)

名，请旨简放。嗣于李经楚谢恩召见时，因其在江苏服官，询以洋务等事，奏对未能明晰。念系大员之子，未加深究。兹据给事中褚成博奏，该员从未亲民，并无实在政绩，与原保讲求政治得失各节，诸多不符等语。刘坤一向来办事尚属认真，此次保奏，未免瞻徇。所有李经楚前得发往江苏补用及记名简放之处，即著撤销。又据奏，陆维祺前充李瀚章幕友，李瀚章辄行保奏，殊属不合。陆维祺所得发往广东补用及记名简放之处，亦著撤销。嗣后各省督抚保举属员，务当懔遵叠次谕旨，秉公核实，毋得稍涉冒滥，用副朝廷延揽人材慎重名器至意。"

李经楚（1868—1913），字仲衡，号佑三，是李瀚章的次子；由刘坤一出面奏保李经楚，显然是大员之间的一种交易。陆维祺系前任两广总督张之洞奏调，后李瀚章所保。新任广东巡抚马丕瑶奉旨查访此事。褚成博出奏弹劾李瀚章、刘坤一，当属当时的政治斗争之一幕。[1]

----

〔1〕 李瀚章保陆维祺片上于光绪十八年二月二十七日，其片称："二品顶戴在任候选道防城县知县兼袭云骑尉陆维祺，原系分发湖南知县，前两广总督张之洞以该员操履清端，熟悉洋务，奏调广东差遣……前经臣奏补防城县知县，并蒙特旨准补，钦遵在案。该员操守廉正，才识优长，在粤七年经办一切要务，无不尽心擘画，而于交涉事件尤能坚守约章，力持大体……仰恳天恩，量加擢用，俾得及时自效……"从该片所录的履历册来看，陆维祺，浙江钱塘人，三十五岁，光绪四年报捐县丞，九年在宜昌关专办文案，十二年加捐知县，分发湖南，由张之洞调往广东，办理本署及厘务局文案，十六年补防城知县，委署广州府粮捕通判。（《总理衙门清档·李瀚章保陆维祺案》，01-04/1-15，台北中研院近代史研究所档案馆藏）马丕瑶查复的附片称："……又片奏，道员陆维祺应在部候选，乃竟赴粤禀到，李瀚章教以指捐，旬日间委派要差多处等语，即著马丕瑶按照原参各节切实查明，据实具奏……查陆维祺由湖南试用知县于光绪十三年经前督臣张之洞奏调到粤，委办督署文卷，保留广东。十五年督臣李瀚章抵任，仍留该员在署当差，并非游幕。十六年补授防城县知县，委署广州通判。十七年报捐道员，在任候选。十八年劝办赈捐出力，经直隶督臣李鸿章保加二品顶戴，又经李瀚章保奏，奉旨交军机处存记。二十年赴部引见，奉旨以道员发往广东补用，领照到省，派洋务处、善后局各差。旋经奉上谕撤销。据该员报捐指分广东试用，督臣以其才堪造就，委派要差。惟经被劾，旋即指捐当差，究属取巧躁进，致招物议。拟请旨将广东试用道陆维祺摘去二品顶戴，或归部选，或饬令另指他省，以示薄惩。"（《月折档》，光绪二十一年三月二十日奉朱批，台北故宫博物院文献馆藏）从本案来看，陆维祺并未违反当时官场的游戏规则，而对此大做文章，与此时言路、高官及光绪帝对李鸿章、李瀚章兄弟不满有关。马丕瑶到粤后，除陆维祺事件外，还在其他查处事件中对李瀚章多有指责，导致了李瀚章的去职。

康称"余之奏实乡人陈景华贿褚为之"，其中的"余"指余联沅？或指"攻余（我）"之折？尚不可解，此一句在手稿本上是康添加的，可能有误笔；如果从字面上直解，即为"余联沅的奏折实由乡人陈景华贿赂褚成博而成"，似说不通；且与《我史》光绪十九年称"张（乔芬）缘怨托言官劾我"一句，即"张乔芬因同人局一事托余联沅劾康"，不相吻合。（参见21·1）

（20·3）八月，游罗浮。九月，归，复讲学。十月，曹箸伟卒。箸伟聪悟，坚苦成学，以诣罗浮求道，感瘴死，率同门吊其家，痛哉。

据手稿本，"复讲学"至"率同门吊其家，痛哉"一段为添加，补在行间。又，此处顾抄本上有眉批："十月任公出京。丁文江。"

罗浮，即广东罗浮山，在博罗县西部，又称东樵山，为广东四大名山之首，与南海县之西樵山，并称"南粤名山数两樵"。山为道教与佛教的圣地，属道教的十大洞天之一，有葛洪炼丹灶、洗药池等古迹。康有为《万木草堂诗集》中有《游罗浮》一首，自注云："《伪经考》被劾焚，携门人叶湘南同游。"[1]即指此事。而叶湘南在《我史》手稿本上的跋文称：

"回忆从先师游，自光绪十九年始，平日追随先师最亲切而领益多者两次。一、《新学伪经考》被劾后，游罗浮山半月，遣予随行，登峰造极，事事物物皆有井示……"

叶明确说明了游罗浮山的背景。

曹泰，字箸伟，广东南海人，康有为的早期弟子。[2]曾助康编《孔

---

〔1〕《遗稿·万木草堂诗集》，第71页。
〔2〕冯自由称："曹泰号越伋。"（《戊戌前孙康二派之关系》，《革命逸史》，初集，第47页）伋，孔伋、燕伋，此处似指燕伋。

子改制考》。"瘴"，凡指热带病。[1]

　　康有为《我史》称，他于光绪十六年设堂讲学，最初的弟子为陈千秋、梁启超、徐勤，讲堂设在其祖父在广州的祖屋云衢书屋。[2]光绪十七年，又收韩文举、梁朝杰、曹泰、王觉任、麦孟华，讲堂设在长兴里邱氏书室。[3]光绪十八年，收龙泽厚，讲堂移到卫边街邝氏。[4]光绪十九年，讲堂迁到广州府学仰高祠，《我史》该处称："冬迁草堂于府

---

[1]　梁启超在康有为悼曹泰诗后记："既受业于万木草堂，则皈依佛法，苦行深造，既乃欲研究密宗，闻罗浮有异僧，往访之，遇病而卒。"（《遗稿·万木草堂诗集》，第70页）梁启勋在《万木草堂回忆》称："至于道家一流，则曹箸伟可作代表，箸伟名泰，南海人。性情近于庄列一派，笃信虚无学说。有一次，他闻得有一个人，名叫林太平，能飞行。他要寻访此人，约我结伴……林太平的踪迹不可得，便回万木草堂了。随后箸伟独自往罗浮，不知访哪个高行道人。在罗浮得病，回家没有几天就死了，年仅二十三岁。"（夏晓虹：《追忆康有为》，中国广播电视出版社，1997年，第243页）

[2]　云衢书屋是康有为在广州的祖屋，康有为的儿媳庞莲称："康有为在广州的住宅，是曾祖康云衢购买诗人张南山的听松园改建的，称云衢书屋，因修筑马路拆毁。"（《康有为的家世和晚年生活》，《追忆康有为》，第493页）张伯桢称：云衢书屋在"布政司前惠爱街"。（《戊戌政变前之万木草堂》，《丛刊·戊戌变法》，第4册，第281页）陈华新称：康健昌"辞官后于广州大塘街建造云衢书屋"。（陈华新：《康有为在广州的遗迹举要》，陈泽泓主编：《广州话旧》，广州出版社，2002年，上册，第84页）"布政司前惠爱街"，即"惠爱直街"，今为中山四路；大塘街与中山四路相交，今地名虽存，然旧屋全无；"云衢书屋"的具体地址已无法指认。

[3]　邱氏书室为广东邱姓族人共建，倡建人是增城举人邱觉簧，以银两千买地，1804年动工，1806年建成。耗银四五万两，建筑面积一千多平方米。在今中山四路长兴里。康有为包租书院东面二楼一部分，学生也住在那里。林克光称："长兴里是中山四路的一条小横街，地处广州市中心闹市区，交通方便，小街内邱氏书室却又十分幽静……是一座前后三进的两层宅院，现楼板已拆，但建筑保存完好，是广州仅存的康有为活动遗迹。门前有一对小石狮，并有树木，大门楼上嵌一块'邱氏书室'石匾（此匾现被遗弃在数十米外，成为铺路石）。"又称，邱氏书室"今长兴里3号，东方锁厂所在地"。（林克光：《革新派巨人康有为》，中国人民大学出版社，1990年，第99页；并可参见马洪林：《康有为大传》，辽宁人民出版社，1988年，第105页）邱氏书室距离大塘街的云衢书屋很近，今已修复，改为"万木草堂陈列馆"。

[4]　陈华新称：邝氏祠位于卫边街，今广卫路与吉祥路附近，遗址今不存，约在14路公车总站。（《康有为在广州的遗迹举要》，《广州话旧》，上册，第85页）卫边街即为今吉祥路之北段，陈华新所指该处，今为广州市地方税务局。马洪林称邝氏祠为广州十三中学内，似有误。（《康有为大传》，第114页）

学宫仰高祠，赁之十年，为久计，徐君勉、梁卓如之力也。"[1]似就在此年，康有为将其讲学处正式命名为"万木草堂"。云衢书屋、邱氏书室、仰高祠三者相距甚近；邱氏祠也不太远。康称光绪二十年"复讲学"，其授学人数已有了相当的规模。

（20·4）十一月，游广西，住风洞，刻记于党人碑。搜得康岩、素洞，自名而刻石焉。桂中诸士王浚中颖初、况仕任、黎文翰来学。王颖初老矣，尝为教官，志清而气直，好心学。寓桂林凡四十日，往来在山水窟中亦四十日。日日搜岩剔壑，及赴官绅燕会，若经年矣。

据手稿本，"搜得"二字由"及"字改；"素洞"后添"自名而刻石"五字，补在行间。"颖初"二字为添加，"来学"之"学"字为添加，皆补在行间；"往来在山水窟中亦四十日"一句为添加，补在行间。又，"黎文翰"的"翰"字，《戊戌变法》本作"瀚"，顾抄本作"瀚"。

王浚中，字颖初，广西马平人。后入广西圣学会。"教官"指府、州、县学的教谕、学正、训导一类的教职。

况仕任，字晴皋，广西临桂人，举人。后任《广仁报》主笔。列名保国会。

黎文翰，字晓峰。

康有为的此次广西之行，应其门人龙泽厚之请。其目的一为避祸，一为讲学。桂林此时为广西省会。康住在桂林叠彩山景风阁。风洞是一个二十余米长的山洞，多石刻，在景风阁的石后侧。[2]康有为的这次广

---

[1] 广州府学宫，时在广州城东南隅，番山下，文明门内，规模甚大。康、徐、梁所租用的是在学宫深处文昌后殿内仰高祠及附近房屋。文明门后改为文明路，1958年，广州学宫改建为广州市第一工人文化宫等设施与机构。仰高祠今已废，在文德路广州市第十三中学内。（林克光：《革新派巨人康有为》，第100页；陈华新：《康有为在广州的遗迹举要》，《广州话旧》，上册，第85页；马洪林：《康有为大传》，第114页）

[2] 康有为曾作《风洞》一诗："我昔居桂林，高卧在风洞。岩石前后迹，俯视淮水冻……"（蒋贵麟编：《万木草堂遗稿外编》，〔台北〕成文出版社，1978年，下册，第748—749页）

西讲学，据龚寿昌回忆称：

> "康有为第一次来桂林讲学的时候，他的地位仅仅是清朝的'孝廉'，声名不大。这时听他讲学的有：龙泽厚、况仕任、龙焕纶、龙朝辅、龙应中（后改名志泽）、汤叡、汤铭三、程式谷、黎文翰、林泽普、林惠如、任祖安、薛立之、薛佑之、赵治天、王浚中、王秀峰、胡治堂等。龙潜和我以小学生的名份，也参加听讲。"[1]

从当时的情况来说，听学的人数已不算少。康有为讲学仍一如其特点，即诋击古文经学，倡导孔子改制说，并列举了西学书目。其大体内容见于此期所著《桂学问答》。

桂林月牙山龙隐岩有摩崖翻刻的《元祐党籍》，记录宋代蔡京所定的政敌司马光等三百余人。翻刻者为党人梁焘的曾孙梁律，意在让后人辨明世之是非。康有为见之撰题记，请人刻于《元祐党籍》右下方石壁上：

> "光绪甲午之腊，南海康长素以著书讲学被议，来游此岩，观党人碑而感焉。自东汉党人，南宋庆元党禁，晚明东林党人，并此而四矣。其攻党人者，则曹节、蔡京、韩侂胄、魏忠贤。其为党人者，则李膺、司马公、朱子、高、顾二先生也。后之观者，亦不必为党为讳矣。人亦乐为李、马、朱、顾耶？抑甘从侯览、魏忠贤耶？"[2]

戊戌政变后，该石刻被毁，现残存"李膺、司马公、朱子、高、顾二先生"诸字尚可辨认。康有为在此题记中，明显自比党人。然康有为《万木草堂诗集》中有诗一首，题为《丁酉四月，携门人龙积之、龙赞侯、龙左臣、汤觉顿、汤铭三、王浚中等十余人骑马游龙隐岩，摩抚党人

---

〔1〕《康有为桂林讲学记》，《追忆康有为》，第247页。又，康有为《万木草堂诗集》中有《门人龙赞侯、龙左臣、胡治堂、黎晓峰、龙积之、况晴皋、周伯雅、王仁长夜饯余于枕霞阁，赞侯、积之及李小浦凌晨追送余至水月洞乃别，却寄》，提到了多位学生的姓名。（《遗稿·万木草堂诗集》，第78页）

〔2〕转引自马洪林：《康有为大传》，第191—192页。高，高攀龙；顾，顾宪成；马，司马光。

碑，刻跋题名其下》[1]，若以此论之，"刻记党人碑"当属光绪二十二年康第二次来桂林时之事。[2]

康有为在桂林期间，涉足于人迹罕至的石洞，其中发现人尚未察的两个石洞，自行命名为"康岩"、"素洞"。林克光称：

> "康岩在于越山下，岩口向东，他以行书题写'康岩'二字，刻于岩口上方，每字直径五寸。素洞在于越山北面山腰，他篆书'素洞'二字，并行书题跋曰：'光绪廿一年正月，南海康祖诒长素父，与临桂周榕湖、龙赞侯、龙左臣搜岩得此，因自名之。'刻石于岩壁（已毁）。"

而当康有为离开桂林时，又在风洞的后洞东南壁上，辟二尺高一尺宽岩面，镌刻行书：

> "光绪甲午之腊，南海康长素以著书被议，游于桂山，居风洞月余。"

此石刻尚存。[3]

据康有为诗集，他于此期交往的官绅有桂山书院山长周璜、广西布政使黄槐森等人。[4]其叔祖父康国器，在追剿太平军余部时颇有胜仗，曾任广西布政使，一度署理广西巡抚，也为其结交广西官绅，开辟了

---

[1]《遗稿·万木草堂诗集》，第88页。

[2] 康有为于光绪二十三年二月初二日写信给友人叶衍兰称："桂林山水之佳，岩洞之奇，天下无有，分日寻幽，搜岩选胜……"（《康有为全集》，第2集，第264页）由此可见，康有为此处有可能将其在光绪二十年与光绪二十二年至二十三年的桂林之行，混为一谈了。

[3] 林克光：《革新派巨人康有为》，第124页。又，龚寿昌称：康"曾在北门铁塔寺内发现一岩，未经人到过，因题为'康岩'。又在北附郭发现一岩（洞），题为'素洞'。"（《康有为桂林讲学记》，《追忆康有为》，第250页）再又，康有为《万木草堂诗集》中有《吾在桂林城得二洞，无刻者，因自据之，一曰"康岩"，一曰"素洞"》，从该诗的编排来看，似在康有为第二次赴桂林讲学时所作。（《遗稿·万木草堂诗集》，第82页）

[4] 康有为《万木草堂诗集》有"和临桂周黻清翰林有感"、"谢方山观察以诗稿属点定，步原韵题还之，且约游山"、"乙未元日，次八十老人周慕陔同知元旦十叠韵诗"、"上元夕，桂垣黄植庭方伯丈招宴藩署观灯，即座口占"、"张安甫廉访为余道阳朔画山之胜，廿三日约之，约权差冯达夫太守游画山……达夫招饮，即席留别，并示同席刘大令、蒙广文"。（《遗稿·万木草堂诗集》，第77—79页）

通途。[1]

> （20·5）五月，方在京师，有贵人问曰："国朝可百年乎?"吾答之
> 以"祸在眉睫，何言百年?"贵人甚谬之。时拟以三千万举行万寿，
> 举国若狂，方谋保举；而孙毓汶当国，政以贿成，大官化之，惟事
> 娱乐，内通李联英，相与交关，政俗之污坏，官方之紊乱，至是岁
> 为极。不数日，闻朝、日之事。十七日，出及天津，则调卫汝贵
> 乘"海宴"轮船东渡，卫方被酒未醒也。已而东事累败，恭邸、李
> 高阳、翁常熟入军机，并督办军务焉。吾昔日上书言："日本改纪，
> 将蚕朝鲜而窥我边。"又云："数年之后，四夷逼于外，乱民起
> 于内，安能待我十年教训乎? 恐无及也。"不及六年变作。不幸而
> 言中矣！

> 据手稿本，"拟以三千万"为添加，补在行间；"海宴轮船"之"轮船"二字为添
> 加；"吾昔日"之"吾"字前删"光"字，"吾"字并由"绪"字改，即此原本写"光
> 绪二十一年"事，又添出一段内容；"又云"之"云"字，诸刊本抄本误为"言"字；
> "不及六年变作"一句为添加，补在行间。

孙毓汶（1834—1899），字莱山，山东济宁人，尚书孙瑞珍之子。咸
丰六年以榜眼（与翁同龢同年）授编修，同治五年大考一等，擢翰林院
侍讲学士。他因出入醇亲王府而参与机要。光绪十年"甲申易枢"，慈禧
太后尽罢以恭亲王领衔的军机处，孙毓汶入值军机处。他背靠醇亲王奕
譞、外联李鸿章，在军机处渐成势力，柄政近十年。[2]光绪十六年底醇
亲王病故，他的权势渐降。

李联英（1848—1911），民间多作李莲英，内务府档案中写作连英，宫

---

[1] 康有为在《〈桂学问答〉序》中，详记了康国器在修缮桂林各书院及置经史书的功
　　绩。（见《康有为全集》，第2集，第16—17页）
[2] 当时被罢免的军机大臣为恭亲王奕訢、宝鋆、李鸿藻、景廉、翁同龢，与此同时，
　　恭亲王、宝、李，还退出总理衙门。"甲申易枢"后，军机处以礼亲王世铎领衔，军
　　机大臣有额勒和布、阎敬铭、张之万、孙毓汶。而实际上又以醇亲王奕譞为背景。
　　孙虽排名最后，但以精明强干而渐为实权人物；总理衙门以庆郡王奕劻领衔，阎敬
　　铭、许庚身、徐用仪、廖寿恒等为大臣。

内名为李进喜。直隶河间府大城县人。咸丰七年（1857）入宫为太监。[1]
同治三年调到长春宫慈禧太后御前当差。同治十一年赏六品顶带花翎，
此后连续升迁。光绪五年为储秀宫总管太监，至光绪二十年赏加二品顶
戴，在慈禧太后身边的地位极为稳固。[2]

　　慈禧太后生于道光十五年（1835）十月初十日，按照中国的习惯，
应于此年过六十岁生日。康称"时拟以三千万举行万寿"，当属随口之
言，并无根据；但当时政治之败坏，又属事实。慈禧太后的干政，引出
了一系列的恶果，也使一些官员不畏生死而进言，要求慈禧太后放弃政
治权力。[3]

　　卫汝贵（1836—1895），字达三，安徽合肥人。早年从刘铭传镇压捻
军。后被李鸿章留下统领防军。曾任河南、大同、宁夏诸镇总兵，皆未
到任，所部"盛军"12营约6000人，长期屯驻天津小站，是淮系的主
力，然军纪废弛。后因朝鲜兵败而处斩。

---

〔1〕《李连英墓葬碑文》，见鲁琪、刘精义：《清代太监恩济庄茔地》，《故宫博物院院刊》，
　　　1979年第3期。
〔2〕李连英处世为人，未必如外间所传之嚣张，也与康有为等人一再宣传的形象不同。
　　　较为可靠的记述，可参见唐益年两文：一、《八面玲珑的宠监李连英》，《清宫太
　　　监》，辽宁大学出版社，1993年，第155—172页；二、《总管太监李连英的荣辱一
　　　生》，李国荣主编：《清宫档案揭秘》，中国青年出版社，2004年，第196—211页。
〔3〕刘光第在甲午战争初期有条陈，要求慈禧太后放权："……若犹必以朝廷大政请于皇太
　　　后之前，则乾纲何以昭独断之神，而慈怀亦必有不安之处"；"应请皇上圣裁独断，即当
　　　重要事件，亦宜自运宸衷，无复重劳慈听。将皇上孝思，愈可得展，即皇太后于古来撤
　　　帘之典，无有不符，则国家幸甚、臣民幸甚。"在此条陈中，刘光第还要求"退斥"十
　　　年来贻误国家的军机大臣，即指孙毓汶等人。而刘的条陈呈递时，刑部"各堂官均失
　　　色推诿，互相规卸"，不肯代递。（《甲午条陈》、《致刘庆堂》，见刘光第集编辑组：
　　　《刘光第集》，中华书局，1986年，第1—5、254—260页）于此后不久，福建道监察
　　　御史安维峻于光绪二十年十二月初二日上折弹劾李鸿章，反对议和，连带攻击慈禧
　　　太后："……此举非议和也，直纳款耳，不但误国，而且卖国。中外臣民无不切齿痛
　　　恨，欲食李鸿章之肉。而又谓和议出自皇太后旨意，太监李连英实左右之。此等市
　　　井之谀，臣未敢深信。何者皇太后既归政皇上矣，若犹遇事牵制，将何以上对祖
　　　宗，下对臣民？至李连英是何人，斯敢干预政事乎？如果属实，律以祖宗法制，李
　　　连英岂复可容？"（《军机处录副·光绪朝·内政类·职官项》，3/98/5317/12）当日
　　　发下谕旨："安维峻著即革职，发往军台，效力赎罪，以示儆戒。原折著掷还。"（军
　　　机处《上谕档》，光绪二十年十二月初二日，又该日录有两道谕旨，后一道多"原折
　　　著掷还"一句）尽管原折被退回，但军机还是录下了副本。

"不数日",指与"贵人"交谈之后。此时朝鲜发生东学党叛乱,四月三十日朝鲜政府请求清朝出兵相援。五月初一日,李鸿章派聂士成率军赴朝鲜。五月七日,日本公使大鸟圭介率日军入汉城。十七日康离开天津时,局势甚危急。卫汝贵部盛军赴朝为六月十九日之事,其部数量较大,运兵也需预筹,为此卫汝贵与盛宣怀有着多次商议。[1]康称"被酒未醒"一语,只可以当作诗化语言。

恭邸,恭亲王奕訢(1832—1898),咸丰帝六弟。咸丰帝去世后,任领班军机大臣、总理衙门首席大臣。柄政约二十余年。"甲申易枢"后,退出政坛。

李高阳,名鸿藻(1820—1897),字寄云,号兰孙,直隶高阳人。咸丰二年(1852)进士。同治帝师傅,曾为协办大学士、军机大臣、总理衙门大臣、户部尚书。"甲申易枢"时降调内阁学士。时任礼部尚书。他是当时清流党的首领人物,与京中名士多有交往。

"东事累败",指朝鲜战事。八月十五日,日陆军攻占平壤,十八日,日海军在黄海击败北洋海军。由此引发政坛变动:二十八日,翁同龢、李鸿藻奏请起用恭亲王奕訢,未获准。九月初一日,命奕訢在内廷行走,管理总理衙门、总理海军、会办军务。十月初五日,命奕訢督办军务,奕劻为帮办,翁同龢、李鸿藻、荣禄、长麟为会办,由此成立了督办军务处。初六日,命翁同龢、李鸿藻、刚毅为军机大臣。十一月初八日,命奕訢为军机大臣。至此,政坛再次恢复到"甲申易枢"之前状态,孙毓汶已失势。

"昔日上书",指光绪十四年康有为来京乡试时请国子监代奏之上书,即"国势危蹙请下诏罪己及时图治禀",其书日期为光绪十四年十一月初八日,康党将之称为"上清帝第一书"。该上书称:

<hr>

[1] 是年五月二十八日、二十九日、六月初九日、初十日,卫汝贵为所部赴朝用船事,与盛宣怀有过书信往来。十六日、十九日,卫亦有三信给盛。盛弟入卫部盛军营务处,卫子亦托盛照料。卫部出征,准备时间多达二十余天,开船解缆前,卫又作两信致盛,言调兵军机甚多。陈旭麓等主编:《盛宣怀档案资料选辑之三·中日甲午战争》,上海人民出版社,1982年,下册,第18—19、33—34、51—52、60—61页。

"近者洋人智学之兴，器艺之奇，地利之辟，日新月异。今海外略地已竟，合而伺我，真非常之变局也。日本虽小，然其君臣自改纪后，日夜谋我，内治兵饷，外购铁舰，大小已三十艘，将翦朝鲜而窥我边。俄筑铁路，前岁十月已到浩罕，今三路分筑，二三年内可至珲春，从其彼德罗堡都城运兵炮来，九日可至，则我盛京国本，祸不旋踵。英之得缅甸，一日而举之，与我滇为界矣。滇五金之矿，垂涎久矣，其窥藏卫也，在道光十九年，已阴图其地，至今乃作衅焉。法既得越南，开铁路以通商，设教堂以诱众……夫敌国并立，无日不训讨军实而虞敌之至也。"[1]

由此可见，康有为当年确实已看出了日本之野心，但非为专指，而是称日、俄、英、法环伺中国，情形危急。当时许多智者皆有此类言论。

至于康有为所言"贵人"为何人，我尚不能确认；然据前引张荫桓日记（参见20·1），我推测，有可能是指张荫桓。

(20·6) 桂林山水极佳，山居舟行。著《春秋董氏学》及《孔子改制考》。

据手稿本，"山居"二字为添入。

据龚寿昌回忆："康有为有两种嗜好：一是好习古礼，讲学之暇，常率带门徒在风洞山后洞福庭学习'乡饮酒礼'、'投壶礼'及'庚子拜

---

〔1〕 "上清帝第一书"，见《康有为政论集》，上册，第52—61页。又，康有为另一引语，原文"否则恐数年后，四夷逼于外，乱民作于内，于时乃欲为治，岂能待我十年教训乎？恐无及也"。意思相同，文字稍异。翁同龢曾录该上书之摘要件，此段文字为："近者洋人智学之兴，器艺之奇，地利之辟。今海外略地已尽，竟合而谋我，真非常之变局也。日本虽小，然其君臣自改纪后，内治兵饷，外购铁舰，大小已三十艘，将翦朝鲜而窥我边。俄筑铁路，前岁十月已到洪罕，今三路分筑，其一已在伊犁北之穆哈喇，二三年内可到珲春，从其彼德罗堡都城运兵炮来，九日可至，则我盛京国本，祸不旋踵。英一日而举缅甸，与我滇仅隔怒江。之夷五金之矿，垂涎已久，其窥藏卫也，在道光十九年，今乃作衅。法既得越南，开铁路，设教堂……"（翁万戈辑：《翁同龢文献丛编之一：新政·变法》，〔台北〕艺文印书局，1998年，第287—289页）文字稍有变化，其意相同。

经'等……其次是嗜好游览山水，在桂林讲学期间，所有附城的山水岩洞，游历殆遍……很多名胜，他游过后，都刻石题名或赋诗。风洞山还做有对联悬挂。"[1]

康称"著《春秋董氏学》"一事，《我史》手稿本光绪十八年，在"……选同学高才助编纂焉"后，删"□□春秋原文考"一语。康为何删去，尚不明其意。康有为的著述中，未见《春秋原文考》。这是《我史》第一次出现《春秋董氏学》之作。(参见22·1、23·1、23·14)

康称著《孔子改制考》一事，《我史》光绪十八年记，"是书(《孔子改制考》)体裁博大，自丙戌年与陈庆笙议修改五礼通考，始属稿，及己丑在京师，既谢国事又为之。是年编次甚多，选同学诸子分葺焉。""丙戌"为光绪十二年(1886)，"己丑"为光绪十五年(1889)。此时在桂林，康有为继续写作。(参见22·1、23·14)

---

[1]《康有为桂林讲学记》，《追忆康有为》，第250页。

光绪二十一年　乙未（1895）　三十八岁

导读：此年，清朝因战败，派李鸿章为全权大臣赴日本谈判，签订马关条约，割台湾、辽东，赔款银二亿两。因俄、德、法三国干涉，日本同意归还辽东，另增赔款三千万两。清朝上下在战后一度有改革的呼声。

此年康有为再次进京会试，中进士，分发工部学习主事。在京期间参加"公车上书"，组织"联省公车上书"（即"上清帝第二书"）；参与组织北京、上海两处"强学会"，并刊行《万国公报》、《强学报》；其战后上书（即"上清帝第三书"）由都察院代奏，上达于光绪帝，光绪帝将之与其他呼吁改革奏议（共9件）下发各省讨论。康由此而闻名于政坛。

（21·1）正月，还粤。二月初一，至。而二十四日礼吉死矣。哭之恸，欲为立墓碑，至今未果也。礼吉聪明绝人，而气魄刚毅，大道完成，为负荷第一人。竟夭，年仅二十六，痛哉。

据手稿本，此一段全为添加，添在页边及页脚。又，顾颉刚抄本此处有眉批："陈盖长任公三岁。"

礼吉，陈千秋（1869—1895），又字通甫，广东南海人，原就学于广州学海堂。光绪十六年三月与康有为相见，六月师从于康。他是康的大弟子，担任过万木草堂的学长，曾助康编撰《新学伪经考》、《孔子改制考》。梁鼎芬《康有为事实》称："其徒则以超回、轶赐、胜由、迈参等名之","超回即陈千秋"。[1]

关于陈千秋的死因,康有为在《我史》光绪十九年中有详细记载:

"吾乡有同人团练局者,咸丰四年,吾伯祖种芝公（讳国熹）,平红匪创之,盖地方自治之制也。局中地十余里,三十二乡,人丁五万。自吾伯祖卒后,局事废坏。至是大涡乡知府张乔芬者,以罢谴还乡,管乡局焉。乡素多盗,张竟与分肥,张为局中巨绅,无敢抗之者……吾任同和、任婿陈和泽以家频劫,亟请我治盗,而张庇之,非攻张,盗不能去也,而吾实无暇还乡任事。陈礼吉,吾乡人也,乃曰：'吾穷天人之理已至矣,已无书可读矣,惟未尝试于事,吾等日言仁,何不假同人局而试之。是亦一国土也。行仁施爱先自近始,开学校以教之,辟蚕桑以富之,修道路以治之,一岁而化成,然后委之谨愿者守之,吾复可治吾学也。'壮其言,乃号于卅二乡之绅,合三十余人攻张,令其将局戳交出。戳者,局之印也,吾伯祖领之官以办事者……于是,以千二百金大购群书,礼吉故精于择书,'书藏'要书咸备矣。乃议创书院,以中西之学课士,延朱叶荪以教之。乞官兵以剿贼,贼尽走,杀渠魁数人,大禁赌,宿弊尽清。而以禁赌持正过烈,又乡有被杀者,疑案也,礼吉以某富人行赂,疑其杀,持之甚坚,以是为众怨所丛。诸功未竟,张缘怨托言官劾我,又贿托潘衍同与南海县令杨廷槐追缴局戳。吾时被劾,为桂林之游,礼吉已被肺病,乙未正月遂吐血死。礼吉盖殉节同人局者也。自癸巳十一月攻张事起,谤言腾沸,吾几死于是,而礼吉实殉难……自礼吉之死,吾恨之深。乙未草折令御史王佑遐劾之,有其通贼书为据,卒贿谭钟麟洗涤……"[2]

---

[1] 《日本外交文书》,第31卷,第1册,第731页。回,颜回,字子渊。孔子最得意之门生。又,冯自由称："乙未,总理倡设农学会于广州,尝请康及其徒陈千秋等加入,陈颇有意,以格于师友而止。"（《戊戌前孙康二派之关系》,《革命逸史》,初集,第47页）此时陈千秋已去世,或时间有误。

[2] 此段与手稿本校过。"张乔芬",诸抄本、刊本皆误为"张嵩芬",以繁体字"喬"与"嵩"字体相近。"朱叶荪",又皆误为"朱荃荪",以繁体字"葉"与"荃"字体相近。

从此中可以看出，"同人团练局"是一个兼保安、教育诸多功能的地方自治性质的机构，"局中地十余里，三十二乡，人丁五万"，管理的范围相当大（很可能有夸张）。而康有为的对手也比他强大得多，是进士出身、做过知府的张乔芬。光绪十九年十一月，康联合三十二乡绅士三十余人攻张乔芬，迫其交出"局戳"，而由其门人陈千秋管理同人局。一年后，陈因同人局内部矛盾兼患肺病而死。康有为称"张缘怨托言官劾我"一语，即张乔芬托余联沅弹劾康有为（参见20·2）。对此，康也采用相同的手法，即托王鹏运弹劾张乔芬。

"潘衍同"，即潘衍桐，光绪十四年以翰林院侍读学士出任浙江学政，十五年康有为曾投奔之，后因广东商务局一事，康有为在《我史》提及。（参见24·39）

王佑遐，名鹏运（1849—1904），号幼霞，又号半塘，广西临桂人。"佑遐"为康用同音字。（当时人在私下场合经常用同音字记人名）同治九年举人，报捐内阁中书，同治十三年到阁行走。光绪十一年升内阁侍读。十五年恭办光绪帝大婚礼成，加三品顶戴。十九年升江西道监察御史，二十年六月转掌江西道监察御史，七月甲午战争初期，王鹏运上奏起用恭亲王，对政治形势变化发生了很大作用。[1]光绪二十一年，康有为与王鹏运走得比较近，康为王代拟一些奏折。（参见21·12、21·16、21·17）王当时也请过其他人为其代拟奏折，郑孝胥为其代拟过"请兴

---

〔1〕 王鹏运于光绪二十年七月十七日上"请任亲贤片"，称言："制胜之道，固在命将得人，运筹决策，寄任尤重。臣窃思恭亲王为国懿亲，曾直军机二十余年，当军务倥偬时，人秉广谟，出参谋议，率成勘定之勋。其谨重老成，为中外所共信……可否不时召对，询以御倭之策，抑或明降谕旨，所有海疆军务悉归恭亲王调度，于时事似不无裨益。"（李学通整理，王鹏运：《〈半塘言事〉选录》，《近代史资料》总65期，中国社会科学出版社，1987年，第39页）军机处《洋务档》八月二十八日记："遵查近日封奏内起用恭亲王之件，谨将王鹏运一折呈览。余折均留中未发下。谨奏。"

商务折"。[1]王还是清末有名的词人。

由康有为起草弹劾张乔芬之"广东窃风猖獗请饬严缉片",王鹏运于光绪二十一年九月十二日上奏,此时康有为已离开北京。(参见 21·22)该片称:

"臣风闻广东近年盗风猖獗,日甚一日,实验听闻。南海县设有报案局,自光绪十四年起至十八年止,共报盗案一千三百余起……省城西关为绅富聚处之区,日晡后即比户严扃,守望盈路,行人稍有携持,不敢出于其途。而府前街、藩司前,皆人烟稠密之所,白日行劫亦不能免。其村镇墟落,百十成群,连日连劫之事,尤所时有闻。群盗出没,皆兵械精良,俨然行阵。尤骇闻听者,群盗皆以劣绅为窝主,劣绅又恃奸捕为耳目,消息灵通,极难破获。据臣所闻,如南海县之张乔芬、番禺县之韩昌晋,皆劣迹昭著,路人皆知。张乔芬有致友弥缝窝贼手书,为人所得,石印传观,其胆大如此。地方官以案关重大,惮于发端,遂尔隐忍坐视……设一旦不可收拾,如昔年金田之祸,驯至匪难。刚毅在粤有年,此等情形当所洞悉,皇上如果召问,该大臣想亦不能讳饰也……应请旨饬下该督抚臣设法严拿,重购眼线,务获渠魁。如张乔芬、韩昌晋等传闻果实,亦即从严惩治,以清盗源。"[2]

---

[1] 郑孝胥于光绪二十一年冬入京,与王鹏运交,为王拟"论商务疏"一折。郑十一月十一日日记称:"夜,草'论商务疏'稿,请设立商务局、整顿招商局二事,将授王幼遐使奏之。"十三日日记称:"又过王幼遐,以疏稿授之。幼遐揖余曰:'吾以商务毫无考究,今既以此发端,诚恐无以为继,子当助我,随时以所宜知者见寄,吾为天下揖子矣。'余曰诺。"郑孝胥为王鹏运所拟"请兴商务折",于十一月十七日由王上奏。(见《〈半塘言事〉选录》,《近代史资料》总65期,第65—67页)。该折由光绪帝交总理衙门议复,次日呈送慈禧太后。根据总署的议复,光绪帝命各省设立商务局,但各省后实际并不照办。(参见 24·39)又,十一月初三日郑孝胥日记称:"幼霞言,若常熟以南洋诸岛宜使君往,则鹏运当疏请之。"(劳祖德整理:《郑孝胥日记》,中华书局,1993年,第1册,第533—534页)此处意指若翁同龢同意郑孝胥出任南洋领事一职,王鹏运可以出面奏荐。这对理解高燮曾保荐康有为出席弭兵会是有帮助的。(参见 23·5)

[2] 王鹏运:《〈半塘言事〉选录》,《近代史资料》总65期,第63—64页。原片见《军机处录副·光绪朝·法律类》,3/149/7366/25。原片是张海荣找到的。

该片的主要攻击对象是张乔芬，也起到了很大的杀伤效果，当日奉光绪帝的严旨：

> "军机大臣字寄两广总督兼署广东巡抚谭，奉上谕：有人奏广东近年盗风猖獗……如南海县之张乔芬、番禺县韩昌晋皆劣迹彰著。张乔芬有弥缝窝贼手书，石印传观，地方官隐忍坐视，以致盗案愈酿愈多……著谭钟麟督饬该地方官设法严拿，务获渠魁。张乔芬等如果有窝盗情事，即著从严惩治，以清盗源。"〔1〕

两广总督谭钟麟对此案的查办，居然用了一年九个月的时间，直至光绪二十三年六月十七日才上奏"遵旨查复张乔芬、韩晋昌弹案折"，称言：

> "原参府前街、藩司街不免百日行劫一节。行据藩、臬两司查覆。光绪十七年间有府前街事主陆惠荣广德生帽行及雨帽街事主冯浩长广生米店，被贼行窃，临时行强，两案获犯李亚启等三名，讯明正法，奏咨有案。以后并无案据抢劫之事。
>
> "张乔芬，系南海县大涡乡人，由进士、部员指分浙江知府，回籍有年，因本乡多窃，迁居省城。韩昌晋，系番禺县古壩乡人，由贡生捐纳主事，签分刑部，请假回籍。前南海县知县李徽庸、番禺县知县惠登甲查覆该二员均无窝盗情事。张乔芬被人石印手书内多残缺无字，其可辨识处，谓'族匪各有实迹，安能掩饰'等语。亦略见其心无包庇。
>
> "正在核办间，据举人陈大照等禀控张乔芬窝匪，经匪犯劳津、张生等供指有案，并控张乔芬伪称道员。臣复饬据署南海县知县黄恩查覆称，检查前获正法之劳津等生供，并无乡绅为其窝主，原控出自怀疑。张乔芬缴到光绪四年在浙江省晋豫赈捐由知府加捐道员执照一张。咨准户部，答无报捐据，令将执照送部再查。询据张乔芬声称，当时系浙江知府邹仁溥经手代捐。又咨准浙江抚臣，以现署杭嘉湖道邹仁溥覆称，前江苏臬司应宝时，奉直隶晋豫赈捐局函嘱劝募，经张乔芬托捐道员，系归何处报部，伊未知悉等语。查应宝时

---

〔1〕 军机处《随手档》《上谕档》，光绪二十一年九月十二日。该片及上谕当日呈慈禧太后。

久已身故，此起捐案曾否咨部，外省无从澈究，惟张乔芬是否假冒道

员，当以执照之真伪为断，执照业经咨送，应候户部查核办理……"

由此可见，王鹏运原参罪名皆被否定，但张乔芬因陈大照的禀控，而被

查出是个假道员。对于此案的拖延，谭的解释是："此案由部、由浙往返

详查，以致覆奏稽迟，合并声明。"光绪帝朱批："知道了。韩昌晋著即

行革职。张乔芬捐案，户部查系假照，已奏交该督查讯办理。"[1]然在

如此之长的查办时间内，有无康所称张乔芬"贿谭钟麟洗涤"之情事，

我还没有读到相关的材料。从当时的政治来看，可得出一般性结论，御

史此类弹劾，大多以查无实据而结案。

同人局、张乔芬，皆不是本书鉴注的关注点，然于此处大段引用相

关的档案，在于说明陈千秋之死对康的意义，说明王鹏运与康之间的关

系，同时也可说明当时地方政治的特点。[2]陈千秋与同人局事，还可参

见22·3。

---

〔1〕 《宫中朱批奏折》，04/01/01/1023/18。原折是张海荣找到的。

〔2〕 参见邱捷：《晚清广东的"公局"：士绅控制乡村基层社会的权力机构》，《中山大学
　　　学报》，2005年第4期。关于同人局一事，邱捷又称："康有为的自编年谱记录了光
　　　绪十九年（1893）乡试中式后回乡争夺西樵公局同人局务、进行乡政改革受挫的
　　　事……黄世仲的纪实小说《大马扁》第8回'谈圣道即景触风情，为金钱荣贵争局
　　　董'、第9回'据局戳计打康举人，谋官阶巧骗翁师傅'也写了这件事……小说自然
　　　不能视为信史，康有为自己的说法也未必真实，但事情最终的结果是清楚的：康有
　　　为被排除出公局。晚清广东的公局是士绅掌控的基层权力机构，局绅通常通过绅
　　　耆'投筒'等程序产生，再由州县官下谕单委任……西樵的公局名同人局，康有为
　　　说是其从伯祖康国熹创办的……但县志康国熹传只是说创办团练'国熹之力为
　　　多'，没说是他创办。（同治《南海县志》卷17'列传·节义'。康有为称康国熹'布
　　　衣'，方志称康国熹'国学生'，他充其量只是例监生，西樵士绅众多，按一般情况
　　　他不会成为公局的主持者）杜凤治日记有大量同公局局绅打交道的记载，包括西樵
　　　一带的局绅，但从未提到过康氏族人。同治十二年（1873）四月，杜凤治曾与安良
　　　局局绅陈古樵（西樵人）说打算拜会康国器商议发动西樵绅耆设局治理盗匪。陈古
　　　樵认为：'亦无益，设局先要措赀，伊乡前曾办过，因是不成，今更难。且康系小
　　　姓，族微人少，乡人恐不为用也。'（《清代稿钞本》第14册，广东人民出版社，
　　　2007年，第522页）陈古樵是康氏同乡，与康国器关系良好（康国器曾托陈为邱、
　　　邓钱债事致函杜凤治），他的话应可信。康国器健在时，康氏家族在西樵尚且无足够
　　　的号召力，康国器死后9年，康有为想要重整和掌控家乡的公局，就更难成事了。"
　　　（《关于康有为祖辈的一些新史料：从〈望凫行馆宦粤日记〉所见》，未刊稿）

（21·2）十二日，偕卓如、梁小山入京。将至大沽，日人来搜船，当颇愤，以早用吾言，必无此辱也。时内廷预备车辆五百，以备迁都。朝士纷纷，多虑国亡出京师者。吾谓此举仅如土尔其者，必不亡，故决入京。与梁小山寓金顶庙。

据手稿本，"十二日"为添入；"偕卓如、梁小山入京"后删"仍与小"三字；"将至大沽"至"故决入京。与梁小"一段为添加，添在页眉与行间；"土尔其"之"尔"字，诸本皆改"耳"字。

此为康有为第四次入京，其目的是参加乙未科会试。前节康称二月初一日从广西返回，此处的"十二日"，似为其从广州出发之日，途中经过上海、天津。冯自由称：

"是年春，陈少白以事至上海，居洋泾浜全安栈，闻康与其徒梁启超晋京会试，亦寓同栈，乃赴邻室访之。康庄重接见，正襟危坐，仪容肃然。少白向之痛言清朝政治日坏，非推翻改造，决不足以救挽危局。康首肯者再，且介绍梁启超相见，谈论颇欢。"[1]

由此可知此期康有为的政治思想。他虽赴清朝之试，但对当时的朝政并不满意。

康称"日人来搜船"一事，可见于署理直隶总督、北洋大臣王文韶之电报：二月十三日，"开河数日，南来商轮陆续进口，沿海尚无警报……"二月二十四日，"昨戌初大沽拦江沙外有二枝半桅敌船一只停泊。当即电奏在案。据天津税务司德璀琳（Gustav von Detring）探称，因谣言上海头帮商轮带有军火不少，特来稽查，未必遂有战事……"三月十五日，"连日大沽口拦江沙外，仍停有倭船一只，搜查商轮。余无事……"[2]据王文韶的电报，日军搜船行动始于二月二十三日，康有为可能于此期到达天津。

---

〔1〕 冯自由：《戊戌前孙康二派之关系》，《革命逸史》，初集，第47页。

〔2〕 军机处《电报档》光绪二十一年二月分、三月分，《军机处汉文档册》，第2042盒。德璀琳时任天津税务司。翁同龢二月二十八日日记亦称："菉侄之仆金福自南来，海行八日抵津，遇风难行，倭上船盘查，未动手。"（《翁同龢日记》，第5册，第2788页）

康称"内廷预备车辆五百,以备迁都",似无其事,我尚未读到相关的档案记载。

康称朝士"虑国亡出京师者"一事,时任吏部郎中的何刚德记:

> "中东之战,日兵直逼奉天,警报时至,京师震动。朝士之主战者,纷纷搬眷出京。余以实缺一等人员,无弃职舍去之理,老母亦意在持重。同乡多视余家眷行否为进止。时南皮张文达管部,并兼军机,余于画诺之余,密探消息。文达微有指示,余遂决计不动。旋和议成而心安。当时实亦冒险也。"[1]

"张文达",即张之万。何刚德当时已补实缺,且为"京察一等",很不容易能达到此位置,属即将升迁之机会(参见21·9),因而恋栈。他之所以没有"搬眷出京",是得到了军机大臣张之万的"微有指示"。若非如此,情况可能相反。

"土尔其",即土耳其。康称"土尔其"一事,似指1877—1878年第九次俄土战争。俄国利用巴尔干斯拉夫人的民族运动,打着"解放"的旗号,对土宣战。俄军在罗马尼亚、保加利亚军队的配合下,占领了大片地区,兵临君士坦丁堡。由于英国的干涉,俄军未能占领君士坦丁堡与海峡。俄国与土耳其签订的条约,为英国与奥地利所反对;俄、土、英、法、奥、意在柏林举行会议,达成了柏林条约,俄国作出重大让步。此一段历史,康在后面还提及。(参见23·10)

《我史》是事后的记述,此一段又属康的添加,康在船上时未必真知道北京的"内廷预备大车"、"朝士出京"等情,而"土尔其"一语,即暗指其已预测到日本将不会占领北京及俄、法、德三国将出面干涉,似为一种自我张扬,未必为"毅然入京"前的真心情。

"梁小山",即梁庆桂;"金顶庙",位于东华门外烧酒胡同。(参见20·1)

---

[1] 何刚德:《春明梦录》,《话梦集·春明梦录·东华琐录》,北京古籍出版社,1995年,第77页。又,时任刑部候补主事的刘光第亦在其私信中称:"数日前旅顺失守之信到京,京师颇形震动。京官家眷,十去其八矣。"(《刘光第集》,第256页)

（21·3）时旅顺已失，朝廷震动，命户部左侍郎张荫桓及前巡抚邵
友濂，往日本请和，日人以非全权不受。

据手稿本，"户部左侍郎"前删"张"字；"及前巡抚邵友濂"为添加，补在行间。

邵友濂（1837—1901），字小村。浙江余姚人。同治四年举人，捐纳
工部员外郎。同治十三年任总理衙门章京，后随崇厚等出使俄国，随曾
国荃参与中法议和，后任苏松太道、台湾布政使、湖南巡抚，光绪十七
年任台湾巡抚等职。此时因病休假。

日军占领旅顺为光绪二十年十月二十四日（1894年11月21日），派
张荫桓、邵友濂前往日本议和为十一月二十四日（12月20日）。[1]然张
荫桓一行受命后，于十二月十二日方起程，十五日到达天津，十八日到达
上海，至二十一年正月初一日方由上海以船赴日本，行动极为缓慢。[2]
正月初七日（1895年2月1日）张荫桓、邵友濂与日本全权大臣首相伊
藤博文、外相陆奥宗光相会于广岛，日方以张、邵无全权而拒之。正月
初九日，伊藤博文告张、邵的随员伍廷芳，希望清朝派恭亲王或李鸿章
为全权大臣。

（21·4）再命大学士李鸿章求和，议定割辽、台，并偿款二万万
两。三月二十一日，电到北京，吾先知消息，即令卓如鼓动各省，
并先鼓动粤中公车，上折拒和议，湖南人和之，于廿八日粤楚同
递，粤士八十余人，楚则全省矣。与卓如分托朝士，鼓各直省，莫
不发愤，连日并递，章满察院，衣冠塞途，围其长官之车。台湾举
人，垂涕而请命，莫不哀之。

据手稿本，"偿款"之"偿"字，由"赔"字改，"令卓如鼓动各省，并先"九字

---

[1]　据张荫桓之奏折，其去日本所带随员为"刑部郎中顾肇新、内阁侍读瑞良、兵部候
补郎中钱绍桢、候选道伍廷芳、候补道梁诚、分发各省补用知府沈铎、湖北补用同
知张桐华、江西候补知县张佐典、前山东东昌县知县招汝齐、山东候补盐大使赵世
濂"。（《月折档》，光绪二十年十二月初九日）
[2]　《张荫桓日记》，第497—503页。

为添加，补在行间；"粤中公车"之"中公车"字由"人"改；"粤楚同递"由"先递"改，并下删"于是各省纷"五字。"围其长官之车"之"之车"二字为添加，补在行间。又，《戊戌变法》本此处的标点为："与卓如分托朝士鼓（动），各直省莫不发愤"，误。

此节所言，即"公车上书"之事。[1]"公车"，指参加会试的举人。

李鸿章（1823—1901），字少荃，安徽合肥人。道光二十七年（1847）进士。淮系首领。时任文华殿大学士、直隶总督、北洋大臣，长期主持清朝的海防建设与外交事务。他是日方提示的谈判代表。临行前，李要求给予相当大的处置权，即允其割地，清朝内部讨论后对此同意。[2]《马关条约》签订后，李鸿章以大学士任总理衙门大臣，住在北京东单贤良寺。戊戌政变后，任商务大臣、两广总督等职。庚子事变后奉调北京，与各国谈判和约。

李鸿章到日本后，于三月初五日（3月30日）与日方签订《停战协定》。初七日（4月1日），李鸿章电告日方和约条件：割地台湾、辽东，

---

〔1〕 参见拙文《"公车上书"考证补》《近代史研究》，2005年第3、4期；《史料的主观解读与史家的价值判断：复房德邻先生兼答贾小叶先生》，《近代史研究》，2007年第5期；房德邻：《康有为与公车上书——读〈"公车上书"考证补〉献疑》，《近代史研究》，2007年第1、2期。

〔2〕 李鸿章出行前，清朝内部对割地一事进行了讨论，光绪帝最后决定许李鸿章以"商让土地之权"，军机处、督办军务处八位最重要的大臣，即奕訢、奕劻、世铎、翁同龢、李鸿藻、孙毓汶、徐用仪、刚毅于光绪二十一年二月初七日联衔上奏慈禧太后请懿旨，称言："……现在勉就和局，所注意者，惟在让地一节，若驳斥不允，则都城之危，即在指顾。以今日情势而论，宗社为重，边徼为轻，利害相悬，无烦数计。臣等前日恳请召见，本拟详细面陈，旋奉传谕，命臣等恭请谕旨遵办。皇上深维至计，洞烛时宜，令臣等谕知李鸿章，予以商让土地之权，令其斟酌轻重，与倭磋磨定议。"（《中国近代史资料丛刊续编·中日战争》，中华书局，第2册，1989年，第464页）该折原件与底稿又见《军机处录副·帝国主义侵略类·中日甲午战争项》，3/167/9125/45、46。军机处《洋务档》光绪二十一年二月初七日录军机大臣给慈禧太后的奏片："臣等遵旨缮写寄信李鸿章谕旨一件，并臣等奏片一件。恭呈慈览。谨奏。二月初七日。"又，据李鸿章奏折，李的随员为："翰林院编修张孝谦、兵部候补主事于式枚、二品顶戴江苏候补道徐寿朋、二品顶戴记名海关道罗丰禄、二品顶戴候选道马建忠、二品顶戴候选道伍廷芳、四品衔直隶候补同知林联辉、候选直隶州知州罗庚龄、分省补用知县卢永、同知衔候选盐大使陶大均、前美国外部律师科士达、前美国副领事毕德格。"（《月折档》，光绪二十一年二月初八日）

赔款三亿两。大约进行了十天的谈判，至十六日（4月10日），日方提出了最后条款：台澎全割，辽东割地有所减小，赔款减为两亿两。十七日（4月11日），日方全权大臣伊藤博文致函李鸿章，限四日内（即三月二十一日，4月15日）回复。[1]李鸿章为此一连三电请示。十八日清朝进行御前会议，就李鸿章电报进行讨论，翁同龢反对日本的苛刻条件，然也有所妥协。当日发给李鸿章电旨称：

> "奉旨：十六、十七两日电奏三件均悉……惟两大款关系最重，赔费已减三分之一，若能再与磋磨，减少若干，更可稍纾财力。让地一节，台澎竟欲全占，奉省所退无几，殊觉过贪……为今之计，或允其割台之半，以近澎台南之地与之，台北与厦门相对，仍归中国。奉天以辽河为三省贸易出海之路，牛庄、营口在所必争。著该大臣将以上两节，再与竭力辩论，冀可稍益大局。伊藤连日词气极迫，倘事至无可再商，应由该大臣一面电闻，一面即与定约。该大臣接奉此旨，更可放心争论，无虞决裂矣。"[2]

李鸿章于十九日巳刻（上午9至11时）收到此电旨，感到无法照办。于是他于十九日巳刻、午刻（中午11至12时）、酉刻（下午5至7时）一连三电告急。[3]三月二十日的御前讨论同意了李鸿章的意见。二十日的午刻发给李鸿章的电旨称：

> "奉旨：李鸿章十九日三电均悉。十八日所谕各节，原冀争得一分有一分之益，如竟无可商改，即遵前旨与之定约。钦此。"[4]

由此可知，该电旨命李鸿章按日本提出的条件、按伊藤规定的最后时间，与日本签订和约。毫无疑问，这一道电旨违背了翁同龢等人的

---

〔1〕 顾廷龙等主编：《李鸿章全集》，电稿三，上海人民出版社，1987年，第489—492页。

〔2〕 《宫中电报电旨》，第37盒，中国第一历史档案馆藏；又见于《李鸿章全集》，电稿三，第494页。该电旨由翁同龢起草。

〔3〕 军机处《洋务档》光绪二十一年三月二十日。电文见《李鸿章全集》，电稿三，第494—495页。二十日，李鸿章三电呈光绪帝、慈禧太后。

〔4〕 《宫中电报电旨》，第37盒；又见于《李鸿章全集》，电稿三，第498页。

意愿。[1]

康称"三月二十一日电到北京，吾先知消息"一语，即可进入此次公车上书的内幕。尽管李鸿章于三月二十一日另有电到北京，但内容大不相同；从后来的文献来看，当时的官员、会试举人于三月二十一日及以后相当长的时间里，仅知《马关条约》的基本条款，不知谈判的具体过程，更不知三月二十日光绪帝已下旨令李鸿章签约。康有为认为李鸿章关于《马关条约》内容的电报于三月二十一日到达北京；"先知消息"，又表示有人从内部向他透露消息。若从当时政治高层的态度来看，我以为，此类已经过时的消息，很可能是政治高层有选择性地向外透露的，而透露消息者的目的，只不过是让下层官员及公车们出面反对条约、反对李鸿章、反对割台甚至拒和再战。

然而，《马关条约》的消息又是谁向康有为透露的？《我史》光绪二十一年提及与两人交往，即掌江西道监察御史王鹏运、詹事府左庶子戴鸿慈，而在此之前康又与文廷式等人相交，他们都是主战派的干将。由于此期康与王鹏运走得更近（参见21·1、21·12、21·16、21·17）；又由于王鹏运恰于三月二十二日上奏"和议要挟已甚流弊太深请回宸断而安危局折"。[2]（按照当时的规则，此折当在二十一日子夜前交到奏事处）从日期上来看，康称其得到消息与之完全吻合；由此似可猜测王透露情报给康。若真如此，似又可认定，是王在策动康。实际上，究竟是王鹏运还是其他人向康有为透露情报并不重要；重要的是，透露情报者的目的，是要策动公车们上书。

"察院"，即都察院，位于北京紫禁城南原刑部街，在今人民大会堂南门处。按照当时的规定，没有直接上奏权的京官上书，由本衙门堂官代奏；而外官及民人上书，皆由都察院代奏。公车上书，须经都察院

---

[1] 三月二十日翁同龢日记称："李相频来电，皆议和要挟之款，不欲记，不忍记也。见起二刻。"翁此时心情极坏，"见起二刻"，长达半小时，但对御前讨论的情况，没有留下任何记载。（《翁同龢日记》，第5册，第2794页）

[2] 故宫博物院编：《清光绪朝中日交涉史料》，1932年，卷三八，第11—12页。军机处《随手档》，光绪二十一年三月二十二日。

代奏。〔1〕

　　查军机处相关档册，此时入京会试的公车有着大规模的上书活动：四月初六日，都察院代奏7件〔2〕；四月初七日，都察院代奏5件〔3〕；四月初八日，都察院代奏9件〔4〕；四月初九日，督办军务处代奏1件〔5〕，都察院代奏8件〔6〕；四月十一日，都察院代奏5件〔7〕；四月十五日，都察院代奏2件。〔8〕以上所各省公车单独或联名上书为31次，加入人数为1555人次；公车参加官员领衔的上书为7次，加入人数为135人次。除此之外，从二月二十七日至四月二十一日，在两个多月的日子里，官员们的电奏、上奏及代奏的上书达123次，加入的人数829人

---

〔1〕　代奏的京官衙门与都察院须查明是否有"悖逆"字样，并用馆阁体抄录进呈。至于未通籍的外省公车，亦须有本省京官为他们出具其结。因此，公车们的上书拖至四月六日起才由都察院代奏。由于后来上书太多，从四月初八日起，都察院对代奏的上书不再抄录，也对违碍字样放松了条件。

〔2〕　具体是：文俊铎等湖南举人生员57人条陈、谭绍裳等湖南举人21人条陈、春生等奉天举人生员20人条陈、林朝圻等四川举人11人条陈、梁启超等广东举人80人条陈、任锡纯等湖南、江西举人43人条陈、江苏教职顾敦彝等条陈（有江苏、山东、湖北、江西教职、举人共14人）。

〔3〕　具体是：福建京官礼部郎中黄谋烈等条陈（共有六部、内阁、翰林院、光禄寺、国子监、侍卫处官员63人另举人88人）、葛明远等贵州举人110人条陈、陈景华等广东举人289人条陈、程维清等江西举人121人条陈、邹戴尧等广西举人115人条陈。

〔4〕　具体是：福建京官兵部主事方家澍举人林旭等6人条陈（另有举人4人）、湖北举人国子监候补学正学录黄赞枢等条陈（有学正学录、教谕、训导、举人等36人）、汪曾武等江南举人53人条陈、王渍等河南举人14人条陈、钱汝虔等浙江举人37人条陈、查双绶等顺天举人18人条陈、周彤柱等山东举人120人条陈、刘彝等四川举人26人条陈、王昌麟等四川举人20人条陈。

〔5〕　顺天绅士兵部主事朱樑济等条陈（有六部、内阁、翰林院、詹事府官员50人另举人4人生员2人）。

〔6〕　具体是：记名简放副都统宁夏驻防奇克伸布等条陈（共有官员3人举人2人）、户部笔帖式翻译举人裕端等2人条陈、常曜宇等山西举人61人条陈、步翔藻等河南举人62人条陈、河南举人王崇光条陈、张之锐等河南举人5人条陈、四川举人林朝圻、林朝泽条陈、罗智杰等四川举人4人条陈。

〔7〕　具体是：奉恩将军宗室增杰等条陈（内务府、宗人府等衙门官员13人，另举人6人生员2人）、记堪诰等直隶举人45人条陈、赵若焱等河南举人21人条陈、江西举人罗济美条陈、张龡等陕西举人81人条陈。

〔8〕　江西举人罗济美条陈、张成濂等云南举人62人条陈。

次。[1]官员是拒和上奏的主体。

康称“即令卓如鼓动各省”、“与卓如分托朝士，鼓各直省”，即宣称其为领导者。康、梁作为入京会试的举人，无后来之盛名，也无广泛的省际关系，我以为，他们似无如此之大的能量。从各次公车上书的题名录中，可以明显看出省籍关系，即是一省公车的联名上书。来京参加会试的新举人，须有同乡京官的印结，方能参加会试前的复试；都察院代奏举人们的上书，须有同乡京官的印结，方能收下。[2]而入京会试的举人，又有不少人住在家乡会馆，而这些会馆多由同乡京官维持。所有这些线索，都联系着公车与他们的同乡京官。由此，我以为，公车上书的策动者似为京官，方法是通过同乡、亲属、旧友等关系；而这种集会具稿、联名上书的方式，原本是翰林院等处京官的拿手好戏，宣南多处地方又是他们集会的习惯场所。甲午战争期间他们已有多次发动，幕后皆有高层的支持者或指使者。此次再次发动上书，手法上并无新意，规模

〔1〕其上书次数包括官员与举人共同上书；由于四月初六日总理衙门代奏“章京舒文等条陈”未列具体人名（《光绪朝夷务始末稿本》，光绪二十一年四月，台北故宫博物院文献馆藏），不知共有多少人签名，又据《翁同龢日记》，称有“五十六连衔”，此处只计算为1人次。又，在官员的上书中，也有相当大人数是联名上书，其中翰林院、内阁、国子监等衙门最为突出：三月二十九日，翰林院代奏：编修李桂林等条陈（有翰林院编修、修撰、检讨、庶吉士共83人）、编修张鸿翊条陈折片各一件。四月初一日，内阁代奏：侍读奎华等条陈（有内阁侍读、中书共155人）；翰林院代奏：编修吕佩芬、吴同甲条陈；日讲起居注官翰林院侍读学士冯文蔚、翰林院侍讲樊恭煦奏：和约要挟太甚万难曲从折。四月初三日，翰林院代奏：编修王荣商条陈、编修杨天霖条陈、编修黄曾源条陈；翰林院侍读学士文廷式、詹事府左庶子戴鸿慈奏：和约难就战事尤当预防折、李瀚章刘秉璋应早交卸片、都察院代奏公呈迟延请教责片。四月初四日，国子监代奏：学正学录刘钜条陈、南北学肄业生曾炳熿等25人条陈；都察院代奏：吏部主事鲍心增等12人条陈、工部主事喻兆蕃内阁中书杨锐吏部主事洪嘉与等5人条陈。四月初七日，吏部代奏：郎中延熙等32人条陈、吏部候补主事王荣先、洪嘉与等3人条陈；都察院代奏：吉林京官总理衙门章京文瑞工部员外郎魏晋桢条陈。四月初八日，都察院代奏：内阁中书陈嘉铭等条陈（有内阁、翰林院、六部等衙门官员43人），吏部主事洪嘉与等3人条陈、礼部学习主事罗凤华等2人条陈、广西京官翰林院编修李骧年等条陈（有翰林院、六部、内阁等衙门官员24人）。

〔2〕当时出具印结是要付钱的，结费也是京官的重要收入。为了该项收入，京官们经常主动与举人联络。

上却有了数量级的放大，恰值会试之期，公车们的加入更是扩大了民间影响。由此，我以为康、梁只是各省公车上书走在前台的众多组织者和参加者之一；而真正的组织者，是京官，幕后还有更高层的操纵者。在四月初六日都察院代奏的广东举人88人联名上书中，梁启超领衔，麦孟华列名第5位；在四月初七日都察院代奏的广东举人289人联名上书中，陈景华领衔，麦孟华列名第63位，梁启超列名第284位。康有为在这两次上书中都没有列名。

康称"章满察院，衣冠塞途，围其长官之车。台湾举人，垂涕而请命"之情节，四月初七日天津出版的《直报》，以《同深共愤》为题，刊文：

> "三月二十八日，都察院署前，拦舆联名递呈者，有三十余名之多，皆系京官。三十日，又有递呈者六十余名，闻系各省在京就职及孝廉诸公。同具公呈，恳请代奏，诸公情愿捐饷，自行攻剿，至议和各节，断不可从，大略相同……"

四月十二日该报又以《各抒义愤》为题，刊文：

> "日前都察院前，有闽省孝廉为首，会同京官、商民等约白（百）余人，拦舆递呈各情，已列前报。兹闻所呈乃因中日两国和局，台湾一省永让与日廷管理。虽我皇上俯允，只让台南，不让台北，然日所得之地，皆不可让。倘若仍照约章办理，闽省绅民当自备军饷，与日交锋，奋勇剿除，何愁不灭此朝食等词……"

由于台湾建省未久，当时人对福建、台湾未必分得那么清楚。此中描述的情节，与康的说法大体可以对应。

(21·5) 时以士气可用，乃合十八省举人于松筠庵会议，与名者千二百余人，以一昼二夜草万言书，请拒和、迁都、变法三者。卓如、孺博书之，并日缮写（京师无点石者，无自传观，否则尚不止一千二百人也），遍传都下，士气愤涌，联轨察院前者里许，至四月八日投递，则察院以既已用宝，无从挽回，却不收。先是公车联章，孙毓汶已忌之，至此千余人之大举，尤为国朝所无。闽人编修黄□曾者，孙之心腹也，初六七连日大集，初七夕，黄夜遍投各会馆，阻挠此举，妄造飞言恐吓，诸士多有震动者。至八日，则街上遍贴飞书，诬攻无所不至，诸孝廉遂多退缩，甚且有请除名者。

据手稿本，"时以士气可用"之"时"字时，为添加，补在行间；"松筠庵"之"庵"字，康写为"广"，"广"是当时流行的"庵"字的简写；括号内文字，即"京师无点石者，无自传观，否则尚不止一千二百人也"，以小字双行写，"无自"之"自"字以某字改，已涂抹不清；"联轨察院前者"之"者"字，诸本皆漏；"四月八日"之"四月"两字为添加，补在行间，"无从挽回"之"从"字，诸本皆作"法"；"闽人编修黄□曾"，"闽人"二字为添加，补在行间，"黄"字之后有较大的空，可知康已记不清其全名；"初六七连日大集，初七夕黄"十二字为添加，补在行间，"初七夕"后有一字被抹去，已无法辨识；"诸孝廉遂多退缩"后被抹去两字，已辨识不清。

孺博，麦孟华（1875—1915），字孺博，号蜕庵，广东顺德人。光绪十七年入万木草堂，是康有为的大弟子之一。[1]光绪十九年举人（与康有为同科），此次与康有为同来京参加会试，他与梁启超同寓宣武门南之"南横街关帝庙"。[2]后任《时务报》、《清议报》、《新民丛报》的撰述。其弟麦仲华是康有为长女康同薇的丈夫。

"松筠庵"，明代嘉靖年间兵部武选司员外郎杨继盛的故宅。杨以弹劾严嵩著名，其故宅后辟为祭祀杨继盛的祠堂。位于北京宣武区达智桥（原名炸子桥）胡同。

康有为、梁启超等人组织联省举人在松筠庵会议联名上书一事，一般史书皆称"公车上书"。前节（21·4）已述，当时都察院代奏的各省公车上书已有31次，两者很容易混淆。而联省公车上书则只有这一次，为与之区别，以下称"联省公车上书"。该上书即"为安危大计请迁都练兵变通新法以塞和款而拒外夷呈"，又按康党所编定的上书记录，光绪十四年来京会试时的上书为"上清帝第一书"（参见20·5），此为第二次，又称"上清帝第二书"。

康有为在《我史》中所述其在松筠庵组织联省公车上书的活动，似

---

〔1〕 冯自由称："麦孟华，号驾孟。"（《戊戌前孙康二派之关系》，《革命逸史》，初集，第47页），孟，孟轲。
〔2〕 张伯桢：《忆麦孺博先生》，《丛刊·戊戌变法》，第4册，第282页。

有夸张，言语中有多处不实。是年闰五月，康有为等人在上海刊行了《公车上书记》，有602名举人的题名，前有"沪上哀时老人未还氏"《序文》一篇。[1]所叙情节大不相同：

> "书上数日不报，各公车再联十八省同上一书。广东举人康长素者，素有时名，尝以著书被谤议于时，主其事，草疏万八千余字，集众千三百余人，力言目前战守之方，他日自强之道。文既脱稿，乃在宣武城松筠庵之谏草堂传观会议。庵者，前明杨椒山先生故宅也。和款本定于四月十四日在烟台换约，故公呈亦拟定于初十日在察院投递。而七、八、九三日为会议之期。乃一时订和之使，主和之臣，恐人心汹涌，局将有变，遽于初八日请将和款盖用御宝，发使赍行。"

此处所称时间，最为关键。康组织会议的时间为"七、八、九三日"，去都察院投递的时间"拟定于初十日"。这与《我史》中称"初六七连日大集"，"至四月八日投递"，大不相同。时隔三年多之后，康在《我史》中修改集会与投递的日期，其目的是为了宣扬四月初八日呈递都察院"被拒"这一吸引人的情节。且从手稿本来看，"初六七日连日大集"也是康的添加。该《序文》又称：

> "是日（初八日）天本晴丽，风日暄晥，忽以向午后大雨震电，风雷交作，逾刻而止，即其时也。是时松筠庵坐中议者尚数十百人，咸未谂用宝之举，但觉气象愁惨，相对欷歔，愤悒不得语，盖气机之感召然耶？是夕议者既散归，则闻局已大定，不复可救，于是群议涣散，有谓仍当力争以图万一者，亦有谓成事不说无为蛇足者。盖各省坐是取回知单者又数百人，而初九日松筠之足音已阒然矣。议遂中寝，惜哉惜哉！此事若先数日为之，则必能上达圣听。虽未必见用，亦庶几以见我中国人心之同，士气之昌。其主持和局者不过数人，而攘臂扼腕，望阙感愤，怀郁国耻如报私仇者，尚千

---

[1] "上清帝第二书"、"沪上哀时老人未还氏"之《序文》及"题名录"，见《康有为全集》，第2集，第32—64页。

数百辈，未始非国家数百年养士之报也。"

这一段记载清楚地说明了康组织的联省公车上书于四月初八日流产的过程。其中值得注意者为：

一、"是时松筠庵坐中议者尚数十百人"。松筠庵本是宣武城南名士会聚之地，每次集会也不过数十人。其地方相对狭窄，一千三百人是无论如何也挤不进去的。门前的胡同也不宽，若百人、数十人各备车马，也必造成交通阻塞。康组织联省公车上书的方式，是先将"上书"撰就，然后在松筠庵之谏草堂"传观"，各省举人也是陆续而来，并非为一次千余人的大聚会。四月初七日、初八日上午来者人数不详，而到初八日下午，一时雷雨大作[1]，在坐者为"数十百人"。前称"集众千三百余人"，是一个虚数，也是陆续来到松筠庵的人数估计。[2]《我史》称"京师无点石者无自传观，否则尚不止一千二百人也"，"点石"，即为石印，即康当时还考虑过石印，以让更多的公车不必来到松筠庵即可"传观"。

二、"亦有谓成事不说无为蛇足者"一语，说明了初八日"群议涣散"时反对者的态度与理由。"盖各省坐是取回知单者又数百人"，是一可疑的细节，此说虽可解释"集众千三百人"之数而题名发表仅602人；但初八日晚若真有"数百人"返回松筠庵取回知单，其场景的热闹程度将会超过初七日和初八日上午的"集众"。

三、也是最重要的，即"初九日松筠之足音已跫然矣，议遂中寝"一语。"足音跫然"典出于《庄子·徐无鬼》篇一："夫逃虚空者，藜藋柱乎鼪鼬之径，踉位其空，闻人足音跫然而喜矣……"其大意为，流落于空谷之中，鼠类皆不至而杂草侵路，长久面对空野，听到人的脚步声

---

〔1〕 那桐在日记中亦称："申刻大雷雨一阵。"（《那桐日记》，新华出版社，2006年，上册，第173页）

〔2〕 康有为后来在一诗记中自称："东事战败，联十八省举人三千人上书，次日美使田贝索稿，为人传抄刻遍天下，题曰《公车上书记》。"（《遗稿·万木草堂诗集》，第61—62页）此诗当作于上海《公车上书记》刊行之后，其中的"三千人"当应理解为诗化的语言，而不能当作实数。

都会很高兴。在此的引申意为，到了初九日，松筠庵中人声寂静，听到脚步来到的声音都感到很高兴。康组织的联省公车上书就在此冷冷清清之中，"议遂中寝"。这里面也没有牵涉到孙毓汶及"闽人编修黄□曾"等人。[1]

光绪帝虽于四月初八日批准《马关条约》（参见21·6），但都察院并没有因此而拒收公车们的上书。前节（21·4）已述，从四月初六日到四月十五日，都察院代递了31件公车上书，其中初八日、初九日、十一日都有代奏，而初九日代奏的官员与公车的上书中，有两件标明日期为"四月初八日"。

四月初七日，都察院左都御史裕德、署左副都御史沈恩嘉、左副都御史寿昌上奏，表明其反对议和的态度。[2]他们也是上奏反对和约的

---

[1] "沪上哀时老人未还氏"的《序文》，写于"五月朔"，即五月初一日，作者很有可能是康本人或康党成员。而《公车上书记》的刊行，使康名声一振，于是，康党决定在上海再次刊行康有为的上书稿《南海先生四上书记》。该书有康的弟子徐勤所作《杂记》，以说明始末。其中对于联省公车上书即"上清帝第二书"称言："乙未三月，和议将成，颇有争之者，然皆不达于事势，彼以大言主战，不足以折和者之口也。先生于是集十八省公车千三百人于松筠庵（杨椒山先生故宅），拟上一公呈，请拒和、迁都、练兵、变法。盖以非迁都不能拒和，非变法无以立国也。属草既定，将以初十日就都察院递之。执政主和者恐人心汹汹，将挠和局，遂阴布私人入松筠，以惑众志，又遍贴匿帖，阻人联衔。尚惧事达天听，于己不便，遂于初八日趣将和约盖用御宝。同人以成事不说，纷纷散去，且有数省取回知单者，议遂散。然执政主和者实畏之，而谒病去，京朝士夫咸以为公车与有力焉，此国朝未有之举也。"（《南海先生四上书记》，光绪二十二年上海《时务报》馆代印）该《杂记》的许多内容与"沪上京时老人未还氏"的《序文》有了很大的差别，但也明确为"将以初十日就都察院递之"。从以上文献的写作时间来看，可以明确地看到"沪上哀时老人未还氏"的《序文》、徐勤的《杂记》，到康有为的《我史》之间的递进关系。

[2] 《清光绪朝中日交涉史料》，卷四一，第17—19页。其奏折称："自李鸿章与倭奴立约以来，中外器然，台民变起，道路惊惶，转相告语。于是京外臣工以及草茅新进相率至臣署，请代为递呈词。此皆我国家深仁厚泽，沦浃寰区，凡有血气之伦，无不竭其耿耿愚忱，以奔告于君父……诸疏言之綦详，毋庸缕述。顾既知其害，亟宜思挽回之术、补救之方。臣等职司风宪，不敢安于缄默，爰以所闻，参诸愚见，谨据六事，为我皇上陈之。"都察院共有六堂官，左都御史裕德、徐郙，左副都御史宗室奕年、奕枟、杨颐、寿昌。其中杨颐入闱，由头品顶带宗人府府丞沈恩嘉暂署；然沈还有一重要差使，即军机处汉头班的首席章京。裕、沈、寿三位堂官实际主持都察院，提出的六事皆为改约再战之计。

浪潮中品级最高的堂官，很难想像第二天会"以既已用宝，无法挽回"为由，拒收康有为等人的上书。参加会试的山西举人刘大鹏在日记中写道："凡公车所上谏止和议之章，均系都察院代奏，御史裕德亲接各省公车之呈，至与公车相对涕泣，人皆称裕公之忠。"而四月初八日那天，很可能即是山西公车联名上书递交都察院之日。[1]

《马关条约》的消息传京后，官员与公车纷纷上书，形成了热烈的气候。我在档案文献阅读中，听到的只是一边倒的反对议和的声音。当时只有一人同意与日本签订和约，即帮办军务、四川提督宋庆，但也不敢明说而用婉言。[2]这是当时的风尚所致。也因为如此，我读了相关的档案文献后，再来看康言："初七夕，黄夜遍投各会馆，阻挠此举，妄造飞言恐吓，诸士多有震动者。至八日，则街上遍贴飞书，诬攻无所不至，诸孝廉遂多退缩，甚且有请除名者。"隐隐有着不真实的感觉。退一步说，即使是上书反对议和，与朝廷的决策有违的话，上书者也是不会受到指责的。更何况四月初八日之后，无论是公车还是官员，上书都没有停止。

康有为称"闽人编修黄□曾"，翰林院此时姓名相近似者，有两人。一为黄绍曾，一为黄曾源。黄绍曾，字伯英，号稼轩，江西赣县人，光绪十二年进士，时任翰林院检讨。他在三月二十九日翰林院代奏编修李桂林领衔83人反对议和的上书中签过字。此人的可能性不大。黄曾

---

〔1〕 乔志强整理，刘大鹏：《退想斋日记》，山西人民出版社，1990年，第599—600页。
〔2〕 宋庆在电报中称："窃闻倭人逞其狡悍，无理要挟，既索巨款，复思侵地，为天下所切齿。内而廷臣言路，外而疆吏，纷纷力争，莫不出于忠愤。况身在行间，敌忾之誓，不与共戴。惟御侮必在机先，尤当揣其根本。当日启衅之初，未尝准备，著著落后，致有今日之事，兵轮尽失，全洋无阻，津沽一带，迫近畿辅，尤为可虑。庆等统率重兵，不能迅灭悍寇，为宵旰忧，虽膺显戮，不足尽其罪，不敢不将兵情贼势冒死直陈。"他在叙述了一系列的失败及其原因后，表示了态度："兵非久练，不足深恃。今日之急，尤在料简军实，去腐留精，尝胆卧薪，实事求是。庆一介武夫，愿与天下精兵舍身报国，成败利钝，非下愚所敢计。"（《清光绪朝中日交涉史料》，卷三九，第7页。）宋作为前敌主将，经历多次败仗尤其是田台庄大战之败后，对战争前景并不看好。他虽无一语同意签约，但基本意思却又十分明确，即主和。

源（1858—1936），字石孙，福州驻防汉军正黄旗人。光绪十六年进士，时任翰林院编修。[1]从籍贯来看，似指此人。然黄曾源不仅参加在三月二十九日翰林院联衔上书，且于四月初三日由翰林院代奏其单衔上书，中心意思是若割台于日本，不如将其开辟为各国租界。以他的这种政见，却如此激烈地反对联省公车上书，以至"夜遍投各会馆"，"妄造飞言恐吓"，从逻辑上似也说不通。[2]尽管康在《我史》中对此人有激烈的批评，然从手稿本来看，他已经不记得黄曾源的名字了。

由于恭亲王奕訢再次主持军机处，孙毓汶已大失势。他若派人阻挠上书，必遭弹章无数。更何况他身处决策中心，知公车上书作用甚微，似无需出此下策。退一步说，若孙毓汶真有部署，康又从何处可得知？康在《我史》中的述事逻辑是，凡有一事不成，必诉及某高官反对，此一现象以后会不断出现。

因此，我以为，康有为在各省公车上书的热潮中，组织了联省公车上书，并在四月初七日、初八日、初九日假松筠庵进行会议，各省公车陆续到来传观。由于四月初八日光绪帝已批准条约，初九日已来人甚少，联省公车上书的行动自然中止。都察院没有拒收上书，而是康有为根本没有去投。

就康有为起草的"上清帝第二书"（"联省公车上书"）的内容来看，与此期诸多上书相比较，有着明显的特点：一、该上书虽然强调了

---

[1] 黄曾源戊戌后迁御史、济南知府等职。其事迹见吴郁生：《三品衔候补道济南府知府前礼科给事中翰林院编修黄公行状》，张学华：《济南府知府黄公墓志铭》，《碑传集三编》卷二四，《清代碑传全集》，上海古籍出版社，1987年，下册，第1750—1751页。

[2] 黄曾源上书称：日本"需索多端，骇人听闻"，有违万国公法。认为"今日之事，财帛固非所计，如弃地则必不可轻言"，要求光绪帝采用两策：一、请将相关情况宣布于中外，以激励"豪杰之士出而效命疆场"；二、召见各国使节并发电驻各国公使，让各国出面"维持公论"。他还提出："与其以台湾为倭所独有，不如以台湾为各国之租界"，以此"优惠条件"来打动各国之心。同时也提到"恐后来建议之臣必有以西迁之说进我皇上者"，即反对迁都。（《清光绪朝中日交涉史料》，卷三九，第19页）然到了戊戌年，黄曾源政见与康有为相对立，特别反对联英联日和重用伊藤博文。

拒约迁都再战，但并未仅此则止，相当大的部分是要求改革内政；二、他提出富国策为六项：钞法、铁路、机器轮舟、开矿、铸银币、邮政；养民策为四项：务农、劝工、惠商、恤穷；三、由此而推行新教育，改革官制，培养使才，进而公举"博古今、通中外、明政体、方正直言之士"，"约十万户，而举一人"，"名曰议郎"。"上清帝第二书"的内容极为庞杂，康力图将其全部的政治思想及改革主张，杂糅于一条陈之中。[1]尽管长达近两万字，但因头绪纷繁，诸事皆不能尽言。由于该上书绝大部分内容与"为安危大计乞及时变法呈"（"上清帝第三书"）相同，我将在后节展开分析。（参见 21·10）

> **（21·6）孙毓汶犹虑挠其谋，即先迫皇上用宝，令北洋大臣王文韶诬奏海啸，垒械弃毁，北洋无以为备。孙毓汶与李联英内外恐吓。是日，翁常熟入朝房，犹力持勿用宝，电日相伊藤博文请展期五日。孙谓："若尔，日人必破京师，吾辈皆有身家，实不敢也。"常熟厉声责之曰："我亦岂不知爱身家，其如国事何？"孙知不能强，乃使李联英请之太后，迫令皇上画押，于是大事去矣。**
>
> 据手稿本，"令北洋大臣"五字为添加，补在行间；"王文韶"后删一字，似为"则"字；"内外恐吓"的"内外"两字为添加，补在行间；"电日相伊藤博文"七字为添加，补在行间；"电日相"三字为再度添加，原为"与"字，删；"我亦岂不知爱身家"之"不知爱"由"无"字改；"乃使李联英"之"使"字，由"请"字改；"于是大事去焉。是时降"共九字为添加，补在行间。

李鸿章于三月二十三日签订《马关条约》后，立即返回天津，三月二十六日以六百里加急的速度，向光绪帝上奏《马关条约》谈判过程，并进呈条约原本。二十七日，光绪帝收到该折片后，先压了下来，带到书房，与翁同龢商量方法。二十八日才将该折片等发下军机处。[2]康称

---

〔1〕《康有为政论集》，上册，第114—136页。
〔2〕翁同龢在该日记中称："书房一刻，李鸿章六百里报，携至书斋示臣，明日始下。"（《翁同龢日记》，第5册，第2796页）

孙毓汶"迫皇上用宝"，可能是听到了某种传言或仅是猜测。[1]

然而，与《马关条约》同时签订的中日《停战展期专条》规定，条约将于四月十四日在烟台互换，如不按期互换条约，两国将再次进入战争状态。[2]由于从北京到烟台的空间距离等因素，只有提前批准才来得及互换，光绪帝于是将最后的决定日期定于四月初八日。[3]清廷由此询问两位前敌主帅，即山海关方向的刘坤一、天津大沽方向的王文韶，若继续作战在军事上是否有把握？并展开外交活动，请求俄、德、法三国进行干涉。

王文韶（1830—1908），字夔石，号耕娱，浙江仁和（今杭州）人。咸丰二年（1852）进士，同治十年（1871）出为湖南巡抚，光绪四年进京，以礼部侍郎入值军机处，同时任总理衙门大臣。光绪八年因云南军需案乞养，十五年复出，任云贵总督。他是恭亲王的班底，与李鸿章的关系亦好。此次让他替代李鸿章署理北洋大臣、直隶总督，也是恭亲王的安排。他的资格与地位一直高于孙，且派系也大不同。王不可能会听命于孙，更何况孙此时已经失势。康手稿本中"令北洋大臣"五字之添加，若按原文为：孙毓汶"先迫皇上用宝，王文韶则诬奏海啸"，两者并

---

〔1〕 文廷式称："上召见汪侍郎鸣銮曰：'孙毓汶逼我画押，徐用仪和之。'鸣銮对曰：'上言及此，天下之福。孙毓汶悍恶不可信。有大事，翁同龢、李鸿藻较可任。'上曰：'然。'于是三十日电询刘坤一、王文韶守备之具……"（汪叔子编：《文廷式集》，中华书局，1993年，下册，第797页）文廷式的回忆未必准确，孙毓汶未必如此蛮横，因为恭亲王已入军机；但文的说法似能说明当时的传言与一般心理状态。

〔2〕 王铁崖编：《中外旧约章汇编》，生活·读书·新知三联书店，1957年，第1册，第619页。

〔3〕 四月初二日，清朝向俄、德、法三国发出"国电"："现承大俄国大皇帝、大德国大皇帝、大法国大伯理玺天德厚意，以中国与日本新定和约画押后嘱暂缓批准，由贵国力劝日本再加减让，甚为可感，专此致谢。惟换约日期已迫，所商情形如何？能否展缓互换之期，务希在中历四月初七日之前示复，以免迟误，实深殷盼。"（军机处《电寄档》光绪二十一年四月初二日）"国电"是代表国家发出的电报，相当于"国书"，外交使节可持之要求见该国元首。该国电强调的是日期，即"四月初七日之前"。四月初四日，清廷再电许景澄，以四月初八日为最后期限："奉旨：……所云批准期前，自指十四之前，若于十二三日始接复信，则断来不及。计约本送到天津须三日，自津至烟台须一日。总须初八日以前复电到京方可。"（《清光绪朝中日交涉史料》，卷三九，第39页）

无关系，又可见康此处似为加重语气而非为实际。

四月初六日，刘坤一、王文韶的电报到达北京；初七日，军机处在御前进行讨论，认定不能继续进行战争，于是将希望放在三国的干涉之上。初八日，王文韶的电报再达御前，称天津发生海啸，军械装备人员受损。[1] 同时递到的还有驻俄公使许景澄的电报：

> "国电已送外部接递，并切陈期限迫促情形。据罗拔诺夫称：'日本并未复到，现无可复商缓换约，俄国委难照办。现查知新约期限，专指换约。若批准发下，仍候三国办理准行，以定应换与否，操纵较便。请中国自酌。'叩以约既批准，恐与三国商改有碍。彼云：'批而不换，约仍无用，即使已换，亦不能阻三国所商'等语。查俄廷前劝缓批，今又拟俟信定换。亦少确见。察商倭口气并未松动。请代奏。澄。歌。"[2]

俄国此时明确表态，让清朝先批准条约，以后再决定是否互换，即"俟信定换"。于是，光绪帝当日朱批《马关条约》："依议。单、图并发。该衙门知道。惟闻俄、德、法三国现与日本商改中日新约，将来如有与此约情形不同之处，仍须随时修改。"[3] 由此可见，光绪帝批准《马关条约》是根据前敌主帅的敌我态势判断、津沽海啸及俄国等国的态度，与孙毓汶、李联英的态度或当时的上书无涉。

王文韶电告海啸，绝非诬奏。此事不仅可见证于当时许多奏章书

---

[1] "昨将风雨海溢情形，除电奏外，由驿六百里驰陈声明。远处各营节节阻水，俟查确再报。现查宏字、定武等十营，军装子弹多被淹失。该两军弁勇各淹毙数十百人。余皆凫水避至新河附近各村，并有由火车逃至天津者，人数尚未查清。其新河以上津沽周鼎臣三营、芦台聂士成十营、新河以下章高元八营、上古林曹克忠三十营，均被水患，大约情形与宏字、定武各营相同。此次大风雨三昼夜，继以海啸，沿海洋河口、秦王岛及祁口、呈子口等处因电线中断，尚未据禀报，恐遭水情形，亦所不免。目下各军收集勇丁，先须抚衅，并重整军装，沿海防务非一两月不能成军。正当和战未定之际，不敢不据实直陈。"（《电报档》，光绪二十一年四月分，《军机处汉文档册》，第 2042 盒）

[2] 《宫中电报电旨》，第 43 盒，又见《清光绪朝中日交涉史料》，卷四一，第 21 页。"罗拔诺夫"为俄国外交大臣，虚线处为光绪帝朱点，另用朱笔圈点以断句。

[3] 《清光绪朝中日交涉史料》，卷三八，第 19 页。

信，后来又载于地方志。然王文韶的电报在京城里也引起了反弹。四月十一日，掌广西道监察御史高燮曾奏："海溢情形张皇入告请饬陈宝箴查复片"，浙江道监察御史李念兹也在同日奏："王文韶报海溢请饬刘坤一驰往该处认真查看片"，皆表示了对王的不信任。高燮曾为此还上了一道"海溢所以助军不宜因此消沮遽允和款折"，称海啸是"天之以水灾示警，默牖圣聪，乃助战而非迫和。"[1]由此看来，康称"王文韶诬奏海啸"是听到了京城的某些说法，非为其自我造言。

康称"用宝"之争议一事，有误。四月初八日军机处交片："交内阁典籍厅。现由总理各国事务衙门送到条约两分，本处定于四月初九日辰刻用宝。是日派章京会同内阁学士监视。此交。"同日总理衙门致李鸿章电："会议和约已成一折，本日已奉朱批：'依议……'伍廷芳现在都中，明日用宝后，即令赍约赴津……"[2]由此可见，此事是光绪帝批准条约之后正常的工作程序，以不耽误派员送往烟台互换，其中并无孙毓汶、李联英、慈禧太后等因素。

康称"展期换约"一事，起因于俄国提出的"俟信定换"。此时三国政府正向日本施压，清朝一直未得准确消息，光绪帝于四月十二日收到驻俄公使许景澄电报：

> "格总办述，罗拔言倭复分辽地为六处，五处作暂押，惟旅顺一处不还。俄主仍持初议，驳复。惟换约期迫，是否照换，请转达中国自定等语。再四商论，其争全辽口气颇坚，而换否决断，彼终不肯担认。"[3]

---

〔1〕《清光绪朝中日交涉史料》，卷四三，第29—30页。

〔2〕军机处《交片》，光绪二十一年正月立，《军机处汉文档册》，第2304盒。《李鸿章全集》电稿三，第518页。又，四月初九日《翁同龢日记》记："闻昨日喀使致书小云阻用宝批准，今日亇庆、孙、徐三人往见，施使问之，而仍请今日用宝发下，意恐误事也。"（《翁同龢日记》，第5册，第2800—2802页）"喀使"，俄国驻华公使喀西尼，"庆"，庆亲王奕劻；"孙"，孙毓汶；"小云"、"徐"，徐用仪；"施使"，法国驻华公使施阿兰（A.Gérard）。翁证实用宝一事并未引起任何争论。

〔3〕《宫中电报电旨》，第43盒。该电四月十一日未刻收到，次日递上。虚线处为光绪帝朱点。

此时俄国的态度由先前的"俟信定换"变为"中国自定",清廷为此拟出
照会准备在互换条约时向日方递交,其内容为条约互换后,如因三国的
干涉,条款可以更改。[1]十三日,即换约前一天,翁同龢提出了展期换
约之议,御前讨论中翁与孙毓汶等人发生了争论。事后翁、孙两人共拟
致日本展期换约的电文。到了下午,孙也认可了展期换约一事。[2]十三
日下午,该电通过美国驻华公使田贝转发日本,并于次日凌晨由李鸿章
发给伊藤博文。[3]

　　十四日即原定换约日期,情况发生了突变。当日《翁同龢日
记》称:

　　　　"是日徐君持德使绅珂函来,谓不换约则德国即不能帮,余笑

<hr>

[1] 军机处向光绪帝递交致日本照会事,见《清光绪朝中日交涉史料》,卷四三,页三六
下。照会内容系四月初八日朱批及李鸿章初九日致伊藤电,见《李鸿章全集》,电稿
三,第526页。

[2] 翁同龢在日记中称:"卯正(上午6时)见起,余力言发告告日本展期换约,与同列
争论,声彻户外。又争于上前,乃定议。退与莱山定政府致彼信,词甚卑柔,同列
尚多方诘难也。庆邸到直房商事,午初散。"又称:下午"莱山遇余,告今日借庆、
荣诣喀使馆,仍云无电来,施、绅两使同到俄馆,告以发展期换约事,三人皆云极
是。复同诣田贝,托其电日本,田亦以为然也"。(《翁同龢日记》,第5册,第2801—
2802页)喀即喀西尼,庆即庆亲王、荣即荣禄,施即施阿兰,绅即德国驻华公使绅
珂。翁、孙共拟的电文称:"中国政府请美国田公使转电日本政府:……中国已派换
约全权大臣伍廷芳、联芳二员赴烟等候。惟连日以来,俄、法、德三国屡属暂缓互
换,候信办理,至今尚无复信。因念三国与中国素敦睦谊,未便拂其调停之意,且
前次日本复信,原因尚无须行展缓情形。今闻所商辽东之事,已有办法,与前日情
形不同,与其俟互换之后再行更改,似不若于未换以前妥为商议。为此,再恳即日
转电日本政府,道达中国因三国谆嘱候信再换,是以再请日本将换约停战日期,另
行改订,以期从容定议。应候日本政府详筹速复。中国已饬换约大臣在烟静候,并
请日本政府电知换约大臣一体办理。"(《李鸿章全集》,电稿三,第531页)

[3] 四月十四日清晨,清朝政府电令已至烟台准备换约的伍廷芳:"奉旨:现因俄使坚嘱
候信,已由田贝函商日本展缓互换日期。须待日本复信,伍廷芳、联芳静候谕
旨,再行换约。"(《宫中电报电旨》,第44盒)由于展期换约随时可能引发战争,光
绪帝电旨前敌各主帅:"奉旨:前与日本议定换约停战之期,均以四月十四日夜子时
为止,换约息战。现拟电令日本展缓换约之期,回信迟早尚未可定。倘
换约因此逾期而停战之日已满,倘彼遽尔进兵,不可不虑。著刘坤一、王文韶、宋
庆、裕禄、依克唐阿、长顺通饬各军,严为戒备,不可稍涉疏懈。"(《清光绪朝中日
交涉史料》,卷四三,第38页)

置之。已而许景澄电至，谓旅顺亦肯还，至换约一节，俄外部云已经明告，则中国换约大臣自能办理，固未尝催令换约也。而同人轰然，谓各国均劝换，若不换则兵祸立至，而敬子斋特见恭邸，絮语刻余，恭邸亦为之动，余力争不回。见起则（庆邸同见），上亦催令即刻电伍廷芳如期换约，因令庆王、孙、徐三人先退。余奏昨日俄使请巳正（上午10时）见总署大臣，此当听其回信。三人者即赴俄馆，若俄使语与许电同，当即将电旨译发，若有违异，则再请旨，匆匆而去。"[1]

此中的关键，在于德国公使绅珂（F.S.zu Schweinsberg）的照会。其内容可见德国外交大臣马沙尔男爵（Baron von Marschall）给他的指示：

"中国代办告诉我，因谈判悬而未决，皇帝不欲批准条约。我说批准是绝对不可避免的；如果不批准，我们将听中国自己决定其命运。日本已正式向三国声明，在批准实行后，它将以适当增加赔款为放弃辽东半岛包括旅顺在内的交换条件。请通知中国政府。"

而此事的背景为，此前四天即四月初十（1895年5月4日），德国外交大臣马沙尔对日本驻德国公使青木周藏称：

（德国政府）"为保持日本正当的自尊，因此准备劝告中国政府，直接向日本接洽，于和约批准交换后，以一个补充协定及增加赔款为交换条件，立即退还半岛；这样外表上，日本的放弃得视为对一个战败者宽宏大量的行为。"

青木对此表示同意。于是，马沙尔于次日向德皇威廉二世报告："如得陛下下俞允，我将以这样的意义训令陛下驻北京公使。"德皇批语为"是"。[2]

---

[1]《翁同龢日记》，第5册，第2801—2802页。"徐君"，军机大臣、总理衙门大臣徐用仪，"敬子斋"，总理衙门大臣、兵部尚书敬信。

[2] 孙瑞芹译：《德国外交文件有关中国交涉史料选译》，第1卷，商务印书馆，1960年，第44—45页。

许景澄等人来电意思大致相同，看来三国皆已联络。[1]由此可知，德国等已与日本商议先换约后还辽，也不容清朝政府展期，光绪帝恐惧日本以此为由再度开战，下旨换约：

　　"奉旨：现已接三国复信。著伍廷芳、联芳即与日本使臣换约。照会两件，随约交付。昨商展期，已由田贝电日本作为罢论。钦此。"[2]

伍廷芳等人于十四日申刻（下午3—5时）收到电旨，并于亥正（晚上10点）与日本使节伊东已代治互换了条约。[3]从上引《翁同龢日记》可见，这一天起决定性作用的是恭亲王，孙毓汶并无与李联英联手胁迫光绪帝之事。

　　至于康称"展期五日"一事，查清方文献并无"五日"之请求，该语出现在伊藤博文的电报上。由于清朝十三日通过美国公使田贝及李鸿章提出了展期换约要求，伊藤博文十四日申初（下午3时）发电李鸿

〔1〕 许电称："昨商德外部明阻换约，据复：倭已允退辽，但恐另议偿费，中国此时总以先换约息战要著云。查倭复俄节略太简，德外部所врет，或非无因。""俄外部告：昨晚日使交来节略，允退全辽，已电喀使。询以是否暂押，答云：节略未说明。又询换约办法，答云：中国既得俄国明告，两国换约大臣自能商办等语。""探询添费一层，擒谎华云：日使曾言，如还地，当向中国另筹贴费，本部未与置论。切告已许巨款，万难再加，全仗俄国驳阻。彼云：此时暂可不论等语。"清驻英公使龚照瑗电称："法外部哈大臣告庆常云：法廷接日本电，称因法、俄、德之请，允让奉天全境，旅顺亦允退让等语。"以上四电皆藏于《宫中电报电旨》，第43盒，许景澄三电标明收到日期为四月十三日，龚照瑗电报标明日期为四月十三日未刻。虚线处为光绪帝朱点。
〔2〕 《宫中电报电旨》，第43盒。该电发出的时间，档案中没有注明，李鸿章是未刻（下午1—3时）收到此电，于申初（下午3时）转发烟台让伍廷芳照办，并译成英文，电告伊藤。总理衙门发电旨后有一段给李鸿章的指示："此旨即电烟台，并电告日本，已如期换约。"李鸿章于当日酉刻（下午5—7时）复电总理衙门："本日申初，用英文电告伊藤云：'奉旨传谕，现在烟台之中国全权大臣，速将批准条约互换，应电达贵大臣察照。所有前请暂缓互换各电，均作罢论等语……'"（《李鸿章全集》电稿三，第532—533页）当日军机处还给慈禧太后一奏片："遵拟电谕伍廷芳一道，又德国使臣绅珂送来该国信一件，一并恭呈慈览。"（军机处《洋务档》，光绪二十一年四月十四日）即这一换约的决定经过了慈禧太后。
〔3〕 伍廷芳呈总理衙门文，丁贤俊、喻作凤编：《伍廷芳集》，中华书局，1993年，上册，第17页。

章，称：

> "日本告明中国，日本现已全遵法、德、俄相劝之语，不拟永据
> 辽东之地……日本政府应允将停战展限五日，批准条约应于限前互
> 换……本大臣应向贵大臣再行反复声明：批准条约应行迅速互换，
> 是为极要。如有延误，其重大变故势必因之而起也。"

该电虽同意展限五日内互换，并同意辽东之事"嗣后再行商办"；但不同
意对条约本身作任何修改，而且延期只能一次。由于当时的电报用接力
方式，日本到天津的电报须数小时，李鸿章虽没有说明收到此电的时
间，但他向总理衙门报告的时间为十五日辰刻（上午7—9时）。[1]也就
是说，当收到伊藤电报前，清朝已下旨按期换约，且已完成。翁同龢于
十六日得知此消息，在日记中称："伊藤电允展五日，旋作罢论，可见
做得到人自不做耳，可叹也。""五日"一语，康有为很可能是道听途说
而记。

康称孙毓汶在廷议时有"吾辈皆有身家……"等语，翁日记中
于此无记载，但从常理判断，似为不通。孙此时已走下坡路，为
人为言已极为谨慎。他已看出自己的仕途走到了尽头，自觉地引
退了。四月十九日，他请病假五天，获准；二十四日，续假十天，
获准。五月初四日，又请假一个月，获准，其兵部尚书由徐桐署
理；闰五月初四日，他以病请开缺，旨命再赏假一个月，勿庸开
缺；六月初四日，他再以病请求开缺，光绪帝予以批准。[2]孙入

---

〔1〕《清光绪朝中日交涉史料》，卷四四，第10—11页。李鸿章于十五日辰刻发电伍廷芳
　　称："顷接伊藤昨日申初来电，有日本政府应允停战，展限五日……""顷接"，即刚
　　收到。伊藤博文发电后不久，收到李鸿章遵旨同意当日换约的电报，于亥正（晚10
　　时）再电李鸿章，请将其前发电报"作为注销"。李鸿章于十五日午时将该电转发给
　　总理衙门。（《李鸿章全集》电稿三，第535页）
〔2〕军机处《早事档》，光绪二十一年四月十九日、二十四日。军机处《上谕档》，光绪
　　二十一年五月初四日、闰五月初四日、六月初四日。闰五月初四日孙折见《军机处
　　录副·光绪朝·内政类·职官项》，3/98/5325/21。又，光绪二十一年六月十二日屠
　　寄致缪荃孙信中称："济宁两腿皆不仁，只得开缺，并非恬退。"（顾廷龙校：《艺风
　　堂友朋书札》，上海古籍出版社，1980年，上册，第496页）所述情况虽有不同，但
　　很可能是当时的政治技巧，后来李端棻也使用过相同的手法。（参见24·98）

值军机十年，太了解政治操作之要诀，求退的路也走得平平稳稳，丝毫未受伤。四年后，他去世了，谥文恪。而他的政治同伴徐用仪就没有那么聪明，不久后被弹劾而奉旨退出军机处和总理衙门。（参见 21 · 16）

（21 · 7）是时降朱谕，告廷臣，皆哀痛不得已之言。皇上之苦衷，迫逼之故，有难言之隐矣。李联英为宦寺，不识地图，乃至徐用仪亦然，皆曰中国甚大，台湾乃一点地，去之何妨。太后习闻之，故轻于割弃也。

据手稿本，"于是大事去焉。是时降"共九字为添加，补在行间（参见前节）；"告廷臣"之"告"字为添加；"迫逼之故"的"迫"字以两字改。

"朱谕"，皇帝亲自用朱笔写的谕旨，为谕旨中的最高形式。四月十六日，即烟台换约两天后，光绪帝发下朱谕一道，并有交片谕旨："交内阁。本日发下朱谕一道，军机大臣面奉谕旨：交大学士、六部九卿、翰詹科道于十七日同赴内阁阅看。"[1]该朱谕谓：

"近自和约定议以后，廷臣交章论奏，谓地不可割，费不可偿，仍应废约决战，以期维系人心，支撑危局。其言固皆发于忠愤，而于朕办理此事兼权审处万不获已之苦衷，有未能深悉者。自去岁仓猝开衅，征兵调饷，不遗余力，而将少宿选，兵非素练，纷纷召集，不殊乌合，以致水陆交绥，战无一胜。至今日而关内外情势更迫，北则竞逼辽沈，南则直进京畿，皆现前意中之事。陪都为陵寝重地，京师则宗社攸关，况廿年来，慈闱颐养，备极尊荣，设一朝徒御有惊，则藐躬何堪自问。加以天心示警，海啸成灾，沿海防营，多被冲没，战守更难措手，用是宵旰彷徨，临朝痛哭，将一和一战，两害熟权，而后幡然定计，此中万分为难情事，乃言者章奏所未详，而天下臣

---

〔1〕 军机处《洋务档》、《随手档》，光绪二十一年四月十六日。

民皆应共谅者也。兹当批准定约，特将前后办理缘由明白宣示。嗣后我君臣上下，惟当坚苦一心，痛除积弊，于练兵、筹饷两大端，尽力研求，详筹兴革，勿存懈志，勿骛空名，勿忽远图，勿沿故习，务期事事核实，以收自强之效。朕于中外臣工有厚望焉。"[1]

在这一朱谕中，光绪帝说明了批准马关条约的原因：一、"战无一胜"；二、宗社陵寝；三、"慈闱颐养"；四、天津海啸。同时，光绪帝也提出了战后改革。康称"迫逼之故"、"难言之隐"，皆暗指慈太后，似无其根据。又查十七日《翁同龢日记》，称言：

> "是日奉朱谕一道，饬六部六（九）卿、翰詹科道，至内阁恭阅，上以倭人肇衅，不得已讲和之故，宣示群臣。军机已先恭阅，不赴内阁，今日阅卷者在南书房先阅，由领班军机赍往内阁，交侍读等，并传不得抄录携出。"[2]

尽管强调了"不准抄录携出"，但朱谕一事很快在京城流传起来。而光绪帝这一道朱谕，对康有为"上清帝第三书"上达天听及下发各省讨论，也有着很大的关系。（参见 21·10）

徐用仪（1826—1900），字吉甫，又字筱云，浙江海盐人。咸丰九年举人，同治元年为军机章京，次年为总理衙门兼行章京。光绪十年"庚申易枢"后，以工部右侍郎出为总理衙门大臣，光绪十九年，以吏部左侍郎出为军机大臣。他与孙毓汶私交甚好，恭亲王、翁同龢等人复入军机后，欲去之。（参见 21·16）光绪二十六年，义和团在北京势盛时，被杀。

康称李连英、徐用仪、慈禧太后不识地图，似或还有一些可能；而称"台湾乃一点地"，恐为诗化语言。台湾于光绪十一年

---

[1] 军机处《洋务档》，光绪二十一年四月十六日。又，孔祥吉《戊戌维新溯源：从翁同龢辞呈与光绪帝朱谕谈起》称：该朱谕与当时翁氏的辞呈有关。翁在辞呈中称："今者御押已签，条约已定，皇上当下哀痛之诏，为舍旧之谋，奋发有关，以雪斯耻。"（《晚清佚闻丛考》，第156—163页）

[2] 《翁同龢日记》，第5册，第2803页。

（1885）建省，至此时已有十年。徐用仪、慈禧太后不可能不知道台湾的情况。

（21·8）越日，榜发，中进士第八名。本拟会元，总裁徐桐以次篇"优优大哉，礼仪三百，威仪三千"题文分天地人鬼四比，恶其太奇，降第五云。殿试、朝考，皆直言时事，读卷大臣李文田与先中丞公宿嫌，又以吾不认座主，力相排。殿试徐寿蘅侍郎树铭本置第一，各阅卷大臣皆圈矣，惟李文田不圈，并加黄签焉，降至二甲四十八名。朝考翁常熟欲以拟元，卷在李文田处，乃于闷炼等字加黄签，力争之，遂降在二等。徐澂园、翁常熟告我，问与李嫌之故，故知之。先是殿试前，朝士皆以元相期，传胪时诸王犹言之。是科会、朝、殿三者皆失元，区区者不足道，虽王荆公未尝言之。然本朝科第无不奉座主为师者，无理已甚。沈子培以吾不认座主为师，必累得元，力劝折节，至有"道之不行，国之兴废，命也"之语。元亦何与国事，而关系如此。子培以吾之虚望，欲藉以转移诸公也。然吾以子培力劝，已屈节见座主矣，而卒皆失元。是知一切有命，正可体验，从自己阅历处，受用最确，乃所谓"死生有命，富贵在天"，皆非人所能为也。枉己者徒自贬节而已。

据手稿本，"威仪三千"为添加，补在行间；"读卷大臣李文田与先中丞公宿嫌"中"大臣"为添加，补在页边，"与"字由"以"字改，"公"字为添加；"又以吾不认座主，力"八字为添加；"卷在李文田处，乃于闷炼等字加黄签"一语，由"李文田乃在闷炼等字加黄签"改；"黄签"后，原有"力争"二字，删去后，又补"力争之"三字，补在行间；"徐澂园、翁常熟告我，问与李嫌之故，故知之"一语为添加，补在行间与页下；"先是殿试前"之"先是"为添加；"虽王荆公"之"虽"字由"然"字改；"然本朝科第无不奉座主为师"至"而卒皆失元"一整段，是添加在页眉上的，其中亦有个别删改处，已难辨识；"是知一切有命，正可体验，从自己阅历处，受用最确，乃"一句，由"无以觇命理则□"改，补在行间；"枉己者徒自贬节而已"一句为添加，补在行间。又，"……乃于闷炼等字加黄签，力争之，遂降在二等"一句，《戊戌变法》本标点为"……乃于闷炼等字，加黄圈力争之，遂降在二等"，似为误。

徐桐（1819—1900），字豫如，号荫轩。汉军正蓝旗人。道光三十年（1850）进士。曾为同治帝师傅。时任协办大学士、吏部尚书、翰林院掌院学士。负理学名声，守旧而厌恶西方。康有为曾于光绪十四年投书徐桐，要求代奏上书，被拒之。[1]光绪十五年顺天府乡试，徐桐为正考官，未录康。[2]

　　李文田（1834—1895），字仲约，号芍农、药农。广东顺德人。咸丰九年探花，入翰林院。同治三年起，命在南书房行走。时任礼部右侍郎。学问渊博，精金石史地之学。他以词臣见重于上，一生中最重大的

---

[1] 《我史》光绪十四年称："时公卿中潘文勤公祖荫、常熟翁师傅同龢、徐桐有时名，以书陈大计而责之，京师哗然。""以书陈大计"有之，"而责之"则不确切。康有为致徐桐书谓："三诣于门，不获见，盖将裹足。然念公以簿牍之鞅掌，王事于勤劳，其安得暇以接士？且仆海滨一布衣，又无介于左右，而公使人来问所欲言，此则大君子虚己之至怀，不可负也。以方今公卿耆艾，忧国如家，通古今之学术者，舍公无以为归也。用敢披露诚悃愫于左右，惟执事幸采纳焉。""非公，仆不敢露其狂愚也，幸裁察。公以为可，望发还缮正，然后呈上。若有所不可，望赐笔削。若以为草茅狂愚，不识忌讳，不为代奏，则公盛德巨学犹如此，他人益无可望，此则朝廷之大忧，非徒鄙人之失望。仆惟有被发大荒而已，夫复何言？"此信现存者为抄件，末有康注："此书于戊子年□月□日投之，越日，原书发还，以狂生见斥也。"（《遗稿·戊戌变法前后》，第 200—201 页）又，梁鼎芬《康有为事实》称："康有为赴试市（京）师，因不中举人，遂夤缘在朝大官，求得富贵。已故工部尚书潘文勤公祖荫、现任大学士徐公桐、前协办大学士户部尚书翁公同龢、前礼部尚书许公应骙、已故前出使英国大臣户部左侍郎曾惠敏公纯（纪）泽、礼部右侍郎志公锐、前国子监祭酒盛公昱，皆与康有为素无渊源，乃屡次求见，上书诔颂。诸公以康有为一年少监生，初到京师，遍谒朝贵，实属躁进无品，皆甚鄙之。潘公送银八两并作函与康云：以后请勿再来，来亦不再送银。此函人多见之。曾公尝告人曰：康有为托名西学，希图禄利，不知西无此学，中国亦无此学也。徐公、志公见其言嚣张卑诳，皆将原书掷还。都下士夫无不鄙笑。"（《日本外交文书》，第 31 卷，第 1 册，第 730—731 页）说明此期康有为结交权贵。

[2] 《我史》光绪十五年称："顺大试已列第三名，以吾经策瑰伟，场中多能识之。侍郎孙诒经曰，此卷当是康某，大学士徐桐衔吾前书，乃谓'如此狂生不可中！'抑置副榜，房官王学士锡蕃争之，徐更怒，抑置眷录第一。"（又，各抄本、刊本将此段误为光绪十四年，参见拙文：《康有为自写年谱手稿本》阅读报告》，《近代史研究》2007 年第 4 期）光绪十五年顺天府乡试的正考官为协办大学士、吏部尚书徐桐，副考官为理藩院尚书嵩申、吏部左侍郎许应骙、户部左侍郎孙诒经。

政治事件，是光绪二十年上奏请起用恭亲王。[1]

徐树铭（1824—1900），字寿蘅，号伯征，又号澄园。湖南长沙人。道光二十七年进士，入翰林院。咸丰七年任兵部右侍郎，同治元年乞养。光绪年间曾在都察院左副都御史、工部、兵部、吏部侍郎上迁转。藏书数十万卷。光绪二十三年九月，升都察院左都御史。他在戊戌变法期间，对湖南新政颇多指责，思想倾向守旧一派。（参见24·53）后任工部尚书等职。

"先中丞公"，指康有为的叔祖父康国器，曾任广西布政使，署理广西巡抚。"中丞"是巡抚的别称。

"传胪"，宣布进士名次的典仪，定于会试年的四月二十五日。是时设卤簿大驾于殿前，设中和韶乐于殿下，鸿胪寺官引领新进士就位，宣制传名。"诸王"指参加传胪仪式的内廷王、大臣。

康有为此次是第二次参加会试，即可不参加新举人的复试。按照当时的规定并查相关的档案，他参加的科试场次及所得名次为：

一、贡院会试三场。即在三月初八日入场，初十日出场，十一日入场，十三日出场，十四日入场，十六日出场。该科会试的正考官为徐桐，副考官为启秀、李文田、唐景崧，同考官为中允刘玉珂、赞善恽毓鼎、御史杨晨、编修周克宽、王式文、彭清藜、彭述、韩培森、于齐庆、余诚格、周树谟、吴嘉瑞、钟广、陈荣昌、检讨陈曾佑、宝丰、编修吴荫培、许晋祁。会试题目为四书题三道："主忠信"；"优优大哉礼仪三百"；"居天下之广居，立天下之正位，行天下之大道，得志与民由之"。诗题一道："赋得褒德录贤（得廉字，五言

〔1〕 军机处《洋务档》光绪二十年八月二十八日记军机处奏片："本日李文田等联衔封奏，请饬派恭亲王出而任事一折。奉旨：原折留中，仍谕令臣等公同商酌。臣等窃维恭亲王勋望素隆，曾膺巨任。前经获咎，恩准养疴，际此军情日工资急，大局可忧，恭亲王以懿亲重臣，岂得置身事外？李文田等折内所称各节，不为无见。谨合词吁恳天恩，可否恭请懿旨，将恭亲王量予任用之处，伏候圣裁。"据此，光绪帝在得到慈禧太后的同意后，于九月初一日召见恭亲王，再次起用之。李文田在此中起到了最恰时恰当的作用。

八韵)"。〔1〕中式者为贡士。四月十二日为新贡士发榜。康称"中进士第八名",又称"降为第五",本属自相矛盾,然手稿本原文如此。光绪二十一年四月出版的《万国公报》刊《会试全榜》,第五名为"康祖诒广东南海"。〔2〕此科参加会试的举人约五千人,康中第五名当是不错的记录。〔3〕

二、四月十六日在保和殿举行的新贡士复试。复试阅卷大臣为麟书、翁同龢、昆冈、薛允升、裕德、徐郙、廖寿恒、陈学棻、徐树铭、阿克丹、李端棻、汪鸣銮。其中李端棻请假未到。试题为四书题一道:"政者正也";诗题一道:"赋得龙见而雩(得龙字,五言八韵)"。〔4〕十七日,麟书等上奏新贡士复试名次,康有为中三等第四名。(一等55名、二等100名、三等124名)〔5〕

三、四月二十一日在保和殿举行的殿试。殿试读卷大臣为徐桐、寿耆、廖寿恒、李文田、陈学棻、徐树铭、薛允升、汪鸣銮。二十四日,徐桐等奏殿试读卷复命,以试卷十本进呈,恭候钦定。〔6〕二十五日传胪,康有为中二甲第四十六名进士,而康在《我史》中为何误作二甲四

〔1〕 军机处《上谕档》,光绪二十四年三月初五日;《清秘述闻再续》卷三,《清秘述闻三种》,下册,第1026—1027页。四书题分别典出于《论语·学而》、《中庸》、《孟子·滕文公》。康有为《居天下之广居至得志与民由之》,见《康有为全集》,第2集,第6页。
〔2〕 《万国公报》,第76号,华文书局影印本,第24册,第15224页。又,康的大弟子张伯桢根据《我史》而写的《南海康先生传》中改称:"先生中式进士第五名。"(《南海康先生传》,第18页)
〔3〕 山西举人刘大鹏日记称:"今科会试通共五千人",并援引会馆的长班称:"较甲午科会试少二千人,倭人寇边,南省来者遂少。"(《退想斋日记》,第597页)
〔4〕 军机处《上谕档》,光绪二十四年闰三月初十。"政者正也"典出《论语·颜渊》。李端棻请假未到一事,见《翁同龢日记》,第5册,第2802页。
〔5〕 军机处《上谕档》,光绪二十一年四月十六日、十七日。
〔6〕 军机处《早事档》,光绪二十一年四月二十日、二十四日。光绪帝的殿试题涉及到练兵、财政、水利等项。(《清实录》,中华书局,1987年,第56册,《德宗实录》五,第784—786页)康有为《殿试策》刊于《南海先生四上书记》,见《康有为政论集》,上册,第106—109页。

十八名，不知其故。〔1〕

四、四月二十八日在保和殿举行的朝考，以选翰林院庶吉士（即所谓点翰林）。阅卷大臣为张之万、翁同龢、启秀、徐郙、廖寿恒、李文田、徐树铭、李端棻、凤鸣、汪鸣銮、唐景崇、杨颐。〔2〕朝考题为论题一道："变则通通则久论"；疏题一道："汰冗兵疏"；诗题一道："赋得大厦须异材（得贤字，五言八韵）"。〔3〕二十九日，张之万等上奏朝考名次，康有为中二等第一百零二名。（一等共60名、二等共108名、三等共125名）〔4〕

以上档案记录与康有为的说法有多处不同，可知康使用了夸大的语言。

与康有为同时赴考的梁启超未中式。后有私家著述称，副考官李文田颇为欣赏梁启超卷，欲拔之，同考官唐景崇也赞成，然为徐桐反对而未中。梁是为其师代罪。李文田在梁卷上批："还君明珠双泪垂"。〔5〕

---

〔1〕 据军机处《上谕档》光绪二十一年五月初十日，康有为的列名为"康有为，广东人，年三十八岁，二甲四十六名进士。复试三等四名，朝考二等一百零二名"。又另记"葛毓芝，直隶人，年三十五岁，二甲四十八名进士，复试三等五十五名，朝考一等五十八名。"葛毓芝改翰林院庶吉士。再查《万国公报》所录题名录，康亦为二甲四十六名。

〔2〕 军机处《上谕档》，光绪二十一年四月二十八日。

〔3〕 军机处《上谕档》，光绪二十四年四月二十六日。康有为《变则通通则久论》、《汰冗兵疏》皆刊于《南海先生四上书记》，见《康有为政论集》，上册，第110—113页。

〔4〕 军机处《上谕档》，光绪二十一年四月二十八日、二十九日。

〔5〕 胡思敬称："乙未会试，徐桐为正总裁，启秀、李文田、唐景崇副之。文田讲西北舆地学，刺取自注《西游记》中语发策，举场莫知所自出，惟梁启超条对甚详。文田得启超卷，不知谁何，欲拔之而额已满，乃邀景崇共诣桐，求以公额处之。桐阅经义，谨守御纂，凡牵引古义者，皆摈黜不录。启超二场书经艺发明孔注多异说，桐恶之，遂靳公额不予。文田不敢争。景崇因自请撤去一卷，以启超补之，议已成矣。五鼓漏尽，桐致书景崇，言：'顷所见粤东卷文字甚背绳尺，必非佳士，不可取；且文田祖庇同乡，不避嫌。'词甚厉。景崇以书示文田，文田默然，遂取启超卷，批其尾云：'还君明珠双泪垂，恨不相逢未嫁时。'启超后创设《时务报》，乃痛诋科举。是科康有为卷亦文田所拔，廷试后不得馆选，渐萌异志。"（《国闻备乘》，第38页）此中所言，康有为乃李文田所拔，未见其他证据。"馆选"指庶常馆，即入翰林院。徐一士称："据余所闻，李批梁卷，仅'还君明珠双泪垂'七字，未引下句也。梁领得落卷后，见李批而感知己，谒之。李闻其议论，乃大不喜，语人以此人必乱天下。梁主本师康有为（时名祖诒）之学说，宜不相投。又相传徐桐之坚持摈梁，误认以为康氏卷。梁代师被抑，而康竟掇高魁焉（中第五名）。"（徐一士：《一士类稿·一士谈荟》，第130页）

康有为此科的殿试策、朝考卷等皆自行刊印。梁鼎芬《康有为事实》称:

> "康有为既中进士,欲得状元,日求户部左侍郎张荫桓,为之遍送关节于读卷大臣,皆以其无行斥之。不得状元,尚欲得翰林,又托张荫桓送关节于阅卷大臣礼部右侍郎李公文田。康有为以张与李系姻亲,已又与李同乡,谓必可入选。岂知李侍郎品学通正,深知其无行,不受张托,斥之尤力,遂不得入翰林。康有为恨之次骨,时与其徒党诋李侍郎甚至端,人皆恶之。

> "康有为中进士后,将殿试卷、朝考卷刻印,致(诸)处分送。向来馆、阁故事,得新鼎甲者,方刻殿试卷。入翰林者,方刻朝考卷。皆因名第在前,以见曾蒙御赏之意。康有为以部属创刻朝、殿两卷送人,专为牟利,不独士林蚩鄙,并为市贾诧怪,虽送以两元亦受之不辞。"〔1〕

时梁为诬康,所言难免过分;然康称在沈曾植的劝告下,他"已屈节见座主矣",又可作为此说的注脚。梁称康此科殿试策、朝考卷等皆自行刊印分送一事,《南海先生四上书记》刊出了康有为的《殿试策》、《变则通通则久论》、《汰冗兵疏》,后两篇即是朝考卷,然该书刊于光绪二十二年,即梁启超主持《时务报》时,由该馆代印,不知当时在京是否另有刊本,或梁为诬康而混淆时间。叶德辉又称:

> "……通籍后,朝考卷不列高等者,卷为李约农侍郎签摘,同阅卷者或为请托,李持不可,后康有为刻朝考卷以辱李,李则举其在都钻营张荫桓之事,遍告于人,此湘粤京朝官所共知者。"〔2〕

叶德辉的说法,与梁鼎芬相同,指出张荫桓的请托。而康的弟子徐勤在《南海先生四上书记》所附《杂记》,称:

> "先生今科朝、殿,皆直言时事之文。殿试卷,徐寿蘅侍郎拟置第一卷,李文田摘'冒'字下缺去一字,谓不能置前列。朝考卷亦

---

〔1〕《日本外交文书》,第31卷,第1册,第731页。
〔2〕《翼教丛编》,第165页。

李所阅也，摘卷中'闷'字、'症'字、'炼'字，指为误笔，置二等末。区区之故，吾先生岂以是为轻重哉！二文索观甚众，以皆告君上之言，故并坿焉。"[1]

三者皆言李文田阻康有为入翰林院。而《南海先生四上书记》于光绪二十二年由梁启超主持的上海《时务报》馆代印发行，这种公开向李文田叫板的方式，又让人感到了康及康党的自信。附带地说一句，李文田已于光绪二十一年十月二十二日因病去世。

"王荆公"，即为王安石，曾封荆国公。康称"区区者不足道，虽王荆公未尝言之"，似指王安石《上仁宗皇帝言事书》（亦称"万言书"）中对学、教、科试的批评，谓：

"……朝廷礼乐刑政之事，未尝在于学，学者亦漠然自以为礼乐刑政为有司之事，而非己所当知也。学者之所教，讲说章句而已。讲说章句，固非古者教人之道也。近岁乃始教之以课试之文章。夫课试之文章，非博诵强学，穷日之力，则不能及。其能工也，大则不足以用天下国家，小则不足为天下国家之用……"[2]

从康有为《我史》中，可以看出一有趣的现象：一方面康极力诋毁科举，称自己参加科举是"迫于母命，屈折就试"（参见21·9）；另一方面却对科举名次极为在意。后梁启超参加戊戌科会试，又称奉父命。（参见24·13）此次康中进士，名次本不在前，康却自称本可以得"元"，皆因徐桐、李文田之故而败。此段文字康有多处修改，虽不知其改于何时，但似可见其内心的矛盾之处。

（21·9）十一日，引见，授工部主事。自知非吏才，不能供奔走。

---

〔1〕《南海先生四上书记杂记》，《追忆康有为》，第294—295页。
〔2〕王安石：《临川文集》，《四库全书》集部别集类，上海古籍出版社，1987年，第1105册，第285页。又，康有为学生张伯桢《南海师承记》，称康言："王荆公《上仁宗言事书》奇伟，绝特拗折，义理正大，文辞正博，格式又最得宜。或谓荆公有一种拗情，故发为文亦拗极，且长极，后来朱子奏议亦长极，全以气胜，不甚可取。"（《康有为全集》，第2集，第235页）

又生平讲学著书，自分以布衣终，以迫于母命，屈折就试，原无意于科第，况仕宦乎？未能为五斗折腰，故不到署。徐公树铭至累揖相劝，吾卒不行。

据手稿本，"自分以布衣终，以迫于母命，屈折就试"一句为添加，补在行间；"未能为五斗折腰"为添加，补在行间。

四月二十八日，光绪帝下发谕旨，交内阁、吏部、翰林院："新进士著于五月初七日至初十日，分作四日，带领引见。"从排单来看，广东进士为五月初十日引见。康称"十一日引见"，属其记忆有误。

也就在康引见的当天，五月初十日，光绪帝发下新科进士名录，用朱笔圈出改翰林院庶吉士69人、以部属用94人、以内阁中书用13人、即用知县99人……他被光绪帝圈为"分部学习"。[1]

康自称"授工部主事"，只是一般的说法。按照当时的规定，光绪帝圈出"分部学习"后，由吏部分发各部，应授为工部学习主事，过一段学习期后，由该部奏留，改为工部候补主事。康于光绪二十二年作《清故诰授奉政大夫五品衔山西崞县知县前翰林院庶吉士龙君墓志铭》，署名为"赐进士出身工部主事虞衡司行走南海康有为"，可知其分发在工部虞衡清吏司。[2]

工部有四清吏司，汉缺主事仅7员（营缮司2缺、虞衡司1缺、都水司2缺、屯田司2缺），又由于当时捐纳等多种原因，即便是科试到部的候补官员，欲补缺亦须等待多时。曾以进士分发吏部的何德刚称：

"余到部十一年未补主事，即代理司务厅及验封司掌印。光绪十七年，补文选司主事，升考功司员外，实授验封司掌印。十九年，升验补司郎中，调充考功司掌印。计自榜后告假，即于戊寅秋销假，迨甲午春得一等，实历俸十七年中无一日间断，然视他部之淹滞至二十余年者，已为优胜矣。"[3]

---

〔1〕 军机处《上谕档》，光绪二十一年四月二十八日、五月初十日。
〔2〕 《万木草堂遗稿外编》，下册，第500页。
〔3〕 何德刚：《春明梦录》，《话梦集·春明梦录·东华琐录》，第59—60页。

何德刚历十一年方补主事，便自称为"优胜"。同以进士分发兵部的陈夔龙称：

"京师习惯，以吏、户二部为优选。刑部虽瘠，补缺尚易。工部亦有大婚、陵工保案，以冀捷获。惟礼、兵二部为最苦。礼部尚无他途杂进，依然书生本色。最次莫如兵部员司，以常年测之，非二十年不能补缺……丙申年（光绪二十二年，1896）五月，随荣文忠公（时为兵部尚书）赴津查办事件。公余茗话，公问余年几何，补缺约计何时？余对曰：行年已四十，到部亦十年，叙补名次第八。即每年出缺一次，亦须八年始能叙补，恐此生以冯唐老矣……"

然虽如此，由于同官有丁艰病故者、请假告养者、改官外省者，陈夔龙竟于当年补上主事，自称"宁非奇事！"[1]兵部候补郎中李钟豫奏称：兵部汉郎中五缺、汉员外郎三缺、汉主事五缺，总计十三人。"科甲到署者，非十六七年不得补缺，捐纳到署者，非三四十年不得补缺。""司员到署之始，均在壮年，非不思有所建白；迨至十数年后，志趣渐颓，精力渐老，此时纵然补缺，已非少壮可比。每届汉员京察一等，年终五六旬者居多。""京察一等"是当时补缺的前提条件，而一旦补上，堂官"惜老怜贫，待其因病出缺而后止"。[2]

到了光绪二十一年，各部院的候补官员已充满。据此年的《大清缙绅全书》，康有为分发的工部虞衡司，有满缺郎中4人、员外郎5人、主事4人，汉缺郎中1人、员外郎1人，主事1人，其汉缺主事为晁炜（甘肃西宁，拔贡），已为满额；而"额外司员"有郎中41人，员外郎21人，主事164人。其中分发到部的候补主事为甲戌科（同治十三年）3人，丙子科（光绪二年）7人，丁丑科（光绪三年）5人，庚辰科（光绪

---

〔1〕 陈夔龙：《梦蕉亭杂记》，北京古籍出版社，1985年，第2—3页。

〔2〕 《戊戌变法档案史料》，第184—186页。相同的事例还可以看以下几则：作为"戊戌六君子"的刘光第，光绪九年进士，分发刑部，一直到十五年后，即光绪二十四年被处死时，仍未能补上额缺，依旧是候补主事。康《我史》后提到的户部北档房陈宗妫、晏安澜亦如此。陈宗妫，光绪六年进士，以主事分户部，十六年补福建司主事，十九年升山西司员外郎，二十年升广东司郎中，十年补官，属快速之例。晏安澜，光绪三年进士，以主事分户部，直至光绪二十七年才补上山东司主事，用了二十四年。

六年）5 人，癸未科（光绪九年）9 人，丙戌科（光绪十二年）13 人，己丑科（光绪十五年）14 人，庚寅科（光绪十六年）14 人，壬辰科（光绪十八年）13 人，只有 4 人为满人、蒙人和汉军，其余全是汉人。[1] 又据光绪二十四年《大清缙绅全书》，工部的候补主事达 175 人，其中乙未科有18 人，康有为列名其中。[2] 康有为若依辈分补缺，以当时最快速度为计，至少也要十年，年龄将会至 50 岁；更有可能终生未能补上主事额缺，由此终老一生。此非康有为及其他许多中式者所愿。又由于当时各部院候补官员甚多，若无意于等候，不赴部或离京者亦甚多，当政者也不为之责。

康有为自称"非吏才"而不到部，但他在外仍使用"工部主事"的名义。这也是他在清朝获得的惟一的官职本缺。

康称"迫于母命，屈折就试"，参见 21·8。

徐树铭时任兵部右侍郎，与康有为不同部，他虽是康的房师，然劝康就职，我尚未读到相关的史料。[3]

---

[1] 《大清缙绅全书》，乙未夏季，善成堂刊本，第 1 册，工部衙门。

[2] 该书录工部的"额外司员"有郎中 21 人、员外郎 35 人，主事 175 人，其中分发到部的候补主事为己丑科（光绪十五年）12 人，庚寅科（光绪十六年）13 人，壬辰科（光绪十八年）11 人，甲午科（光绪二十年）9 人，乙未科〔光绪二十一年〕18人，戊戌科（光绪二十四年）14 人。〔《大清缙绅全书》，荣禄堂梓，戊戌（光绪二十四年）秋季，第 1 册，工部衙门〕

[3] 甲午战后，光绪帝下诏求贤，徐树铭此时颇有揽才之意，于二十一年七月十八日上奏保举 19 人：湖北布政使王之春、浙江按察使聂缉椝、江苏前署常镇道蔡钧、直隶候补道卫杰、分发浙江试用道许贞干、直隶候补道张鼎祐，"御侮之干城，济时之舟楫也"；福建粮道陈鸣志、福建汀漳龙道刘倬云、甘肃宁夏道周绶、山东登青莱道李兴锐，"有猷有为有守"、"公平练达"；直隶布政使陈宝箴、贵州布政使唐树森、江西按察使翁曾桂、福建按察使季邦桢、湖北按察使龙锡庆、湖南按察使俞廉三、两淮盐运使江人镜、浙江宁绍台道吴引孙、河南南汝光道朱寿镛，"淬精励志，力求振作者也。"（《军机处录副·光绪朝·内政类·职官项》，3/98/5328/10；详见拙文《戊戌变法期间的保举》，《历史研究》，2006 年第 6 期）刘光第于光绪二十二年八月二十日在其私信中称："昨闻同乡一友云：长沙徐寿蘅（树铭）侍郎（兵部兼署刑部右侍）颇闻兄名，示意其人，欲兄一往见之。侍郎早年负盛名（丁未翰林，辛亥科曾为四川考官，吾县廖复三太守，即其门下士也），颇称能文好士，近亦颇有论列，而多不见用。（翁叔平、孙莱山等皆其门下士，以其为丙辰殿试读卷大臣故也。侍郎中更挫折，因上书请开博学鸿词科革职，后复起用，其所条论，诸人半谓窒碍难行。）然在诸大臣中，尚抱忧时之志者。然而兄不往也。"（《刘光第集》，第 267—268 页）然刘时为刑部候补主事，徐在刑部有署差。

（21·10）前书未能上，二十八日朝考后无事，乃乙拒和之论而增末节，于闰四月六日递之察院，以十一日上于朝。上览而喜之，甫发下枢垣一时许，枢臣读未毕，恭邸阅至论矿务一条，用手作圈状。上既追入，旋发下军机，命即日抄四份。军机本无书手，乃自调自内阁，即日抄呈。以一呈太后，以一存军机，发各省督抚将军议，以一存乾清宫南窗小箧，以一存勤政殿备览观。于群臣上书中，凡存九折，以胡燏棻为第一，吾折在第二。至戊戌五月，上再问枢臣以吾旧折，枢中再检上。上之强记不遗一善如此。

据手稿本，"二十八日"为添加，补在行间；"闰四月"为添加，补在行间；"以十一日"后删一"递"字；"枢臣读未毕"之下删"即追入"三字；"恭邸阅至论矿务"之"论"字为添加；"命即日抄四分"之"即日"二字为添加；"勤政殿"后删一字；"备观览"后删一字；"至戊戌五月"之"五"字前，删一"四"字；"上再问"之"问"字前，删"过"字。又，"前书未能上"，《戊戌变法》本"未"字作"不"字；"乃乙拒和之论"，《戊戌变法》本"乙"字作"上"字。又，"军机本无书手"，顾抄本"书手"前多"一"字。

康称上书一事，即康有为"为安危大计乞及时变法呈"，在康党的编录中又称"上清帝第三书"（以下即称"上清帝第三书"）。康称"于闰四月六日递之察院"，当属记忆有误，该年为闰五月，以此推之，其上书日期应在五月初六日。[1]五月十一日，由都察院代奏，其原折称：

"据广东进士康有为条陈善后事宜一件，赴臣衙门呈请代奏。臣等公同阅看，该条陈尚无违碍之处，既据该进士取具同乡京官印结呈递前来，臣等未敢壅于上闻。再，原呈字数较多，若照例抄录进呈，恐致耽延时日，是以未便拘泥成例，谨将原呈一件，恭呈御览，伏乞圣鉴。"[2]

---

〔1〕 康有为弟子徐勤在《南海先生四上书记》所附《杂记》中称："于是取公车联衔之书，乙其下篇言变法者，加以引申，并详及用人行政之本，复为一书，于五月初六日在都察院递之，十一日，察院据以上闻。"（《追忆康有为》，第293页）

〔2〕 《军机处录副·光绪朝·内政类·戊戌变法项》，3/108/5611/2，光绪二十一年五月十一日。该件的署名为"都察院左都御史臣裕德、左都御史臣徐郙、降二级留任左副都御史臣宗室奕年（感冒）、左副都御史臣宗室奕枞、左副都御史臣杨颐、左副都御史臣寿昌"。

查五月十一日军机处《随手档》记：

> "都察院折：一、代递广东进士康有为条陈由。一、原呈。（十
> 五日另缮同折见面带上，原呈述旨后随奏片递上）（十九日原折、原
> 呈发下，堂谕另存）"

此中的"十五日"一条、"十九日"一条，皆是军机章京分别于十五日、
十九日补记的。[1]根据该档及相关档案，可知康有为该条陈另有抄录。
十五日，军机处将"另缮"的"上清帝第三书"，由军机大臣见面时带
上，奉到光绪帝旨意"暂存"，军机处随即将"上清帝第三书"原件呈送
慈禧太后。十九日，慈禧太后阅毕后将原件发回军机处，军机大臣命军
机章京将之"另存"。[2]从档案中看不出光绪帝、慈禧太后、军机处对
康有为"上清帝第三书"的评价。而翁同龢在十一日日记中称：

> "晨入，看折毕，内侍传恭亲王及余入见养心殿，设两垫鳞次，
> 以徐桐折命阅，盖弹章也，语甚长，不敢记，二刻出，即往小屋
> 待。再见于乾清宫，三刻退。封奏五，（徐桐一件未下），电五。书
> 房一刻。再到直房。巳正散。"[3]

又翁的《随手记》称：

> "徐桐折，未发下。都代康有为折，数万言，条陈自强之
> 策……"[4]

从此两项记录来看，当日朝政最重要的是徐桐的弹章，光绪帝为此先行
召见恭亲王与翁同龢，讨论达半小时之久，徐桐的奏折当日留中不发；

---

[1] 十一日军机处《洋务档》记军机处致慈禧太后的奏片称："本日徐桐奏折一封，奉
旨'留中'。都察院代递广东进士康有为条陈折，附原呈一件，篇幅甚长，臣等日内
详细阅看，再行呈览。熙麟奏请暂令逃勇归伍près，又奏……谨将原折片恭呈慈览。"

[2] 五月十五日军机处《随手档》记："奏片。本月十一日都察院代递康有为条陈一件恭
呈慈览由。"当日军机处《洋务档》记军机处致慈禧太后的奏片称："本月十一日，
都察院代递广东进士康有为条陈呈一件，臣等公同阅毕。奉旨：'暂存'。谨将原
呈恭呈慈览。"

[3] 《翁同龢日记》，第5册，第2808页。"巳正"，上午十点。次日日记："昨未发之件今日
发下，无说，封于军机堂上。"此件即徐桐奏折。

[4] 谢俊美：《翁同龢集》，中华书局，2005年，下册，第1169页。《随手记》是翁另
作的战时日记。"都"为都察院。

看不出康所描述的"上清帝第三书"发下后光绪帝追回、恭亲王"手作圈状"之情节。

现有档案说明康"上清帝第三书"之"另缮"时间为五月十一日至十五日，但究竟抄了多少份，没有具体说明。康称"即日抄四份"，时间并不准确，而所藏之处，亦有疑问。其一是慈禧太后，军机处奏片明确称送慈禧太后的是"原呈"，且由慈禧太后发回。[1]其二是军机处发各省将军督抚，当时发各省共计26件，当有26个抄件，后将详述。其三是乾清宫南窗小篚。自乾隆帝减少御门听政后，到了光绪朝，御门听政已停止。乾清宫已不再是重要的政务处理场所，光绪帝只是在引见或召见等重大场合去该处，平日的政务大多在养心殿进行。其四是勤政殿。勤政殿是西苑的政务处理场所，当慈禧太后从颐和园回宫时，住在西苑仪鸾殿，光绪帝移住西苑瀛台涵元殿，但慈禧太后很少回宫，光绪帝也很少在勤政殿处理政务。由此而论，光绪帝若为随时可参看，当置抄本于养心殿。[2]看来康有为似不知道当时宫中的政务处理习惯及光绪帝平时的居住场所，也有可能根据听闻的宫苑处所而有

---

〔1〕 自光绪帝亲政后，每天的重要折件皆以原折呈慈禧太后，慈禧太后阅毕，将原件退回军机处，由军机处再存档，已形成当时的政务处理程式。当然，慈禧太后退回的时间有长有短。

〔2〕 徐勤称："是日发下，半时许，再传旨取回，留至十五日发下，有旨命抄三分，限一日抄讫，一呈懿览，二存御匣，三贮乾清宫北窗。十六日抄就，呈懿览，留览十日，二十六日乃发下。"（《南海先生四上书记》所附《杂记》，《追忆康有为》，第293页）梁启超称：此书"既上，皇上嘉许，命阁臣钞录副本三分，以一分呈西后，以一分留乾清宫南窗，以备乙览，以一分发各省督抚会讯（议）。康有为之初承宸眷，实自此始。时光绪二十一年四月也。"（《戊戌政变记》，《续修四库全书》史部杂史类，上海古籍出版社，1995年，第446册，第200页。以下简称"《戊戌政变记》续四库版"。该本原记"清铅印本，复旦大学图书馆藏"，九卷本，很有可能即是日本初版的九卷本）孔祥吉对此评论："依情理推之，仍应以梁启超、徐勤所记较确。"（《戊戌维新运动新探》，第44—45页）黄彰健称："徐勤所记，恐系闻诸于康，今检台北故宫博物院所藏光绪二十一年五月军机处《早事档》，未见有徐勤所记那种旨意。此尚需查军机处《上谕档》，惜该月《上谕档》未运到台湾。我疑心这亦系康信口开河，而徐勤遂信以为真。"（《戊戌变法史研究》，第92—93页）查军机处《上谕档》、《随手档》，均无此类记载。

所想像。[1]

尽管从档案中不能确定"上清帝第三书"抄本数量，但康有为条陈发抄的本身，已经说明了光绪帝的重视程度。按照当时的公文处理程式，军机处收到的奏折等件，由军机章京录副一遍，以行草抄在毛边纸上，以备将来查考，即今日所存"军机处录副奏折"。一些不重要的奏折及附单、附片，军机章京因人手不足或时间来不及，不予录副。以"另缮同折"的方式来处理"上清帝第三书"，当时确实不多见。"上清帝第三书"由孔祥吉在档案中发现。[2]孔认为不是康有为的笔迹，这就有了两种可能，一是原折（即康请人抄录之件），二是当时军机处抄件。[3]

康有为"上清帝第三书"是其首次到达御前的条陈，也是其重要的改革方案。该上书删减了"上清帝第二书"（"联省公车上书"）中拒和、迁都、再战的内容，也调整了"第二书"的改革内容。（参见21·5）康于"第三书"中提出的建策，共有三部分内容：其一为富国之法六项：钞法、铁路、机器轮舟、开矿、铸银币、邮政；内容与"上清帝第二书"相同，而效果难以确认。[4]其二为养民之法四项：务农，提倡西方农业科技，设立农学会、丝茶局；劝工，各州县设立考工院，学习西方技术，设立功牌专利制度；惠商，设立通商院，并在直省设立商会、商

---

[1] 康有为光绪二十一年中进士，曾在乾清宫引见，这可能是他惟——次进入大内；尽管他两次在保和殿殿试及朝考，并在光绪二十四年正月初一日在中和殿参加日食救护。康有为学生张伯桢作《南海师承记》，记录康于光绪二十二年至二十三年在万木草堂的讲学内容，称"军机设于雍正七年，在乾清宫侧。"（《康有为全集》，第2集，第237页）由此可见康不知军机处在宫中的准确位置，将在隆宗门之内、乾清门之西、养心殿之南的军机处，误为乾清宫侧。

[2] 参见《"上清帝第三书"进呈本的发现及意义》，《戊戌维新运动新探》，第41—51页。

[3] 康有为"上清帝第三书"已影印出版，见《光绪朝朱批奏折》，第32辑，"内政·戊戌变法"，第527—549页。

[4] 其中"钞法"一项，称将天下银号实银存于户部及各省藩库，由户部以其总数加半，印行钞票，可见康对西方钞票之法未能深究。其铁路、机器、开矿只是倡导，未有具体之策，与当时人的说法相比并无新意。其铸银币当时也有人提倡，各省亦有实行，但在机器与技术上还存在着一些问题，且与"钞法"相矛盾。其邮政一项，当属利政便民，但兴办之初便有取利之心，亦恐未能即效。

学，以开辟国际贸易；恤穷，实行移民垦荒，设立禁惰院以教游民无赖，收养穷人。这些内容与"上清帝第二书"相同。其三为社会改革，包括科举与新教育、设立道学一科以崇孔子教、培养使才、军事体制改革和设立"议郎"。[1] 其中关于新教育，康有为提议：令各省、州、县设立艺学书院，选学童15岁以上入堂学习，试以经题策论与专门之学，半数中选，荐于省学，谓之秀才，五年不成者出学；省学每岁考其专门之学，并试经、史、掌故，半数中选，贡于京师，谓之举人，五年不成者出学；京师之法与省学相同，半数中选，谓之进士，三年不成者出学。其中关于"议郎"，康有为引《尚书》《孟子》《周礼》为证，说明君主须下通民情，提议：

> "伏乞特诏，颁行海内，令士民公举博古今、通中外、明政体、方正直言之士，略分府县，约十万户而举一人，不论已仕未仕，皆得充任。因用汉制，名曰议郎。皇上开武英殿，广悬图书，轮渡入直，以备顾问。并准其随时请对，上驳诏书，下达民词。凡内外兴革大政，筹饷事宜，皆令会议，三占从二，下部施行。所有人员，岁一更换，若民心推服，留者领班，著为定例，宣示天下。"

由此可见，康有为对西方的教育制度与议会制度还有隔阂，仅形似而未得其真意。特别是"议郎"，更像皇帝的咨询机构，而一个月之后康有为"变法善后讲求体要以图自强呈"（"上清帝第四书"）中的五条建策，又将之职责分为两个机构。（参见21·11）

如同"上清帝第二书"，康有为此次上书虽长达一万五千言，而因头绪繁杂，事端太多，皆未能尽言，也很难有操作性。初闻者易受鼓舞，为政者措手甚难。到了光绪二十四年，康有为将其中的部分内容——专利、商务、农学，单篇上奏，很快得到了光绪帝的批准。（参见24·27、24·39、24·50）至于废八股、办学校更是戊戌变法中最为闪亮之点。

---

[1] 关于军事体制改革，康有为有六项内容："一曰汰冗兵而合营勇，二曰起民兵而立团练，三曰练旗兵而振满issue，四曰募新制以精器械，五曰广学堂而练将才，六曰厚海军以威海外。"皆是极大的题目。

前节（21·7）已叙，四月十七日光绪帝发下朱谕后，京内外官员的上奏内容，从反对和约、惩办李鸿章，渐渐转向战后的改革。[1]光绪帝也有意推动之。在众多的奏折中，以胡燏棻等人的奏折深获帝心。康称"于群臣上书中，凡存九折，以胡燏棻为第一"，属实。光绪二十一年闰五月二十七日，光绪帝发下其认为重要的改革奏折，并发下谕旨：

> "自来求治之道，必当因时制宜，况当国势艰难，尤应上下一心，图自强而弭隐患。朕宵旰忧勤，惩前毖后，惟以蠲除痼习，力行实政为先。叠据中外臣工条陈时务，详加披览，采择施行。如修铁路、铸钞币、造机器、开矿产、折南漕、减兵额、创邮政、练陆军、整海军、立学堂，大抵以筹饷练兵为急务，以恤商惠工为本

〔1〕 据军机处《随手档》，当时涉及改革内容的奏折主要有：五月初六日，"章京陈炽呈一件（条陈，见面带上）"；初十日，"翰林院侍读学士准良折，一、请简重臣联络邦交由"；十一日，"都察院折，一、代递广东进士康有为条陈由（十九日原折原呈），一、原呈（十五日另缮同折，见面带上，原呈述旨后随奏递上，发下，堂谕另存）"；十七日，"朱批胡燏棻折，一、条陈善后事宜由（留中），一、和议已定粮台用款亟宜筹收束由"；二十六日，"协办大学士尚书徐桐折，一、国用日绌请正本清源由（未发下），片一、各省局员营员请痛加删汰由（随旨交），一、敬除管见由（随事递上，次日发下）"；三十日，"发下朱笔中处条陈一匣（存柜。次日见面带上）"；闰五月初三日，"户部折，一、代奏主事聂兴圻条陈由，一、原呈（闰五月初十日发下）"；"陕西按察使李有棻折，一、敬陈善后事宜由，片一、请饬造铁甲车由（存堂。初五日随事递上）"；初七日，"委散秩大臣信格折，一、请开矿务折"；"侍郎李文田折，一、敬陈愚忱由（存堂），片一、裁汰防兵不宜便重由（抄送督办处）"；"南书房翰林张百熙折，一、急图自强敬陈管见由，单一、条陈，片，请饬督抚保举人才由"；初九日，"翰林院折，一、代奏编修丁立钧条陈由"；"右庶子戴鸿慈折，一、撤局事重请详议妥策由"；"御史易俊折，一、厘金积弊最深请妥订章程由，片一、赃款请饬查由，片一、各省幕友请定荐主连坐之法由"；初十日，"翰林院折，一、代奏编修阎志廉条陈由"；十一日，"侍郎徐树铭折，一、敬陈管见由"；"侍讲学士瞿鸿机折，一、敬陈管见由"；十二日，"朱批陶模折，一、敬陈管见由（报四百里，五月十一日发，马递发回）（另抄归簏，原折封存，次日见面）"；十六日，"翰林院侍读学士准良折，一、请饬廷臣会议举办铁路由"；十七日，"少詹事阔普通武折，一、筹集巨款兴利裁费以备采择由"；十九日，"协办大学士徐桐折，一、筹议兴利裁费由，片一、请饬广东等省督抚一体筹画由，片一、选将练兵由，片一、枪炮宜制造一律由"；"散秩大夫信格折，一、请严劾庸劣以清仕途由"；二十四日，"御史杨福臻折，一、保举人才当观心术勿专取空谈洋务由"。

源，皆应及时举办。至整顿厘金、严核关税、稽查荒田、汰除冗员各节，但能破除情面，实力讲求，必于国计民生两有裨益。著各直省将军督抚，将以上诸条，各就本省情形，与藩、臬两司暨各地方官悉心筹划，酌度办法，限文到一月内，分晰复奏。当此创巨痛深之日，正我君臣卧薪尝胆之时，各将军督抚受恩深重，具有天良，谅不至畏难苟安，空言塞责。原折片均著钞给阅看。将此由四百里各谕令之。"[1]

在这一天军机处《随手档》中记：

"递上，发下。印封。四百里。分寄福建等十处。六月初一日分寄四川等省八处，六月初二日分寄吉林等省四处。

"缮寄胡燏棻等条陈折片九件。原稿归缴。"[2]

由此可见光绪帝下发的折片共九件，且以胡燏棻为首。[3] 这与康称"凡存九折，以胡燏棻为第一"的说法，是大体一致的。康又称"发各省将军督抚议"，亦属实。

胡燏棻（1840—1906），字克臣，号芸楣，又写作云楣、芸楳。安徽

---

[1] 军机处《洋务档》，光绪二十一年闰五月二十七日，后注明："递上，发下。分寄奉天等十处，六月初一日分寄四川等八处，初二日分寄吉林等四处。"又，《洋务档》在此之前另有一条记录："军机大臣字寄各直省将军督抚，光绪二十一年闰五月二十二日奉上谕"，并注明："递上，发下"，而上谕内容与后来二十七日上谕完全一样。翁同龢闰五月二十二日日记称："照常入，见起二刻余，书房一刻，再到直房看现递，旋散。（凡拟进谕旨，均谓现递）"（《翁同龢日记》，第 5 册，第 2817 页）由此可见，二十二日光绪帝已拟了上谕，但当日并没有发出，其中的原因可能与慈禧太后有关；或是如此之多的折片，军机处来不及抄录。

[2] 军机处《随手档》，光绪二十一年闰五月二十七日。又，军机处《交发档》光绪二十一年闰五月二十七日记："盛京将军、福州将军、闽浙总督、直隶总督、两江总督、湖广总督、湖北巡抚、两广总督、广东巡抚、江苏巡抚、浙江巡抚、山东巡抚，印封各一件。均四百。刘坤一、依克唐阿，夹板各一副，马递。交兵部永宝。"六月初一日记："四川总督、河南巡抚、江西巡抚、湖南巡抚、山西巡抚、陕西巡抚、新疆巡抚、陕甘总督，印封各一件，均四百。交兵部文煥。"六月初二日记："钦差大臣刘、黑龙江将军、吉林将军、广西巡抚印封各一件。均四百里。交兵部英续。"（军机处汉文档册，第 424 盒）其中刘坤一、伊克唐阿有两次的记录。

[3] 翁同龢五月十七日日记对胡燏棻奏折有记录："见起二刻，书房亦二刻，看胡燏棻条陈也。"（《翁同龢日记》，第 5 册，第 2809 页）

泗州人，祖籍浙江萧山。同治十三年（1874）进士，入翰林院，散馆后以知县用，报捐为道员，铨直隶，后出任天津道。时以广西按察使留天津，在小站编练新军"定武军"十营，是为后来北洋军的前身。然就在其上奏不久，调顺天府尹，专门办理铁路事务，其编练新军的事务转交给袁世凯。

除了胡燏棻奏折外，光绪帝还发下了哪些人的折片？张海荣认为，其九件折片为：一、光绪二十一年五月初六日，军机章京、户部员外郎陈炽："请一意振作变法自强呈"[1]；二、五月十一日，广东进士康有为："为安危大计乞及时变法呈"（"上清帝第三书"，都察院代递）；三、五月十七日，广西按察使胡燏棻："因时变法力图自强条陈善后事宜折"[2]；四、闰五月初七日，南书房翰林张百熙："和议虽成应急图自强并陈管见折"[3]；五、闰五月初七日，委散秩大臣、一等侯信恪："时事艰难请开办矿务以裕利源而图经久折"[4]；六、闰五月初九日，御史易俊："厘金积弊太深请饬妥定章程以杜中饱折"[5]；七、闰五月

〔1〕 军机处《随手档》，光绪二十一年五月初六日。陈炽条陈见《光绪朝夷务始末稿本》，光绪二十一年闰五月，台北故宫博物院文献馆藏；又可参见《晚清史探微》，第137—153页。又，陈炽条陈曾于四月十八日先送翁同龢，翁日记中称："陈次亮以封事送看。八条皆善后当办者，文亦雄。"（《翁同龢日记》，第5册，第2803页）然查陈炽条陈仅进陈七事，可能因翁的意见而有所删也。

〔2〕 《丛刊·戊戌变法》，第2册，第277—290页。

〔3〕 《中国近代史资料丛刊续编·甲午战争》，中华书局，1991年，第3册，第439—441页。然该件仅录张百熙奏折，而未录该折所附管见单十四条，不知是否因为原折、单割裂。我亦未能从档案中检出此单。翁同龢《随手记》光绪二十一年闰五月初七日透露"张百熙折：言善后事颇讥沿循。单、十四条，铁路、矿川滇、捐封典等，直设巡抚，渝设总兵、设东边督、铁甲华商捐办、银钱、罚缓、练旗兵、汰绿营、团练、变文武科、机器局。"（《翁同龢集》，下册，第1178—1179页）《普天忠愤集》摘录其部分：一、内地铁路宜急招商兴修也；一、铁甲兵轮宜劝华商之在外洋者，损（捐）资购办也；一、军械子药宜设局添造也；一、请于四川云南等省听民开矿以广利源也；一、请制造银钱以收利权也；一、绿营兵丁宜淘汰更换转弱为强也等六条。（孔广德：《普天忠愤集》，光绪二十一年，刊本，卷二，第3—6页）

〔4〕 《军机处录副·补遗·矿务》，3/168/9643/23，光绪二十一年闰五月初七日。

〔5〕 《普天忠愤集》，卷二，第11页。

十六日，翰林院侍读学士准良："富强之策铁路为先请饬廷臣会议举办折"[1]；八、闰五月十九日，协办大学士、吏部尚书徐桐："奏为遵筹偿款兴利裁费补抽洋货加税等敬陈管见折"，九、同日，徐桐附片："枪炮宜制造一律片"[2]。共八折一片。[3] 以上按时间顺序，以陈炽排第一。康称"以胡燏棻为第一，吾折在第二"，军机处《随手档》记"缮寄胡燏棻等条陈折片九件"，确以胡排第一，然除了由康本人主持的《强学报》排名将胡排第一、康排第二外，我尚未见到相关的排名。(参见21·25)

尽管战争创重痛巨，尽管当时的改革呼声极高，但涉及到具体改革方案，各省大吏又玩起战前的旧把戏，抽象肯定多，具体措施少。这场关系国家命运的大讨论，在热烈的气氛中不着实地地走过场。然"上清帝第三书"由谕旨下发各省大吏讨论，使得刚中进士、分发工部学习的康有为，一下子获得了极大的政治名声。

康称"至戊戌五月上再问枢臣以吾旧折，枢中再检上"，我尚未读到相关的档案。

（21·11）五月，迁出南海馆。再草一书，言变法次弟曲折之故，凡万余言，尤详尽矣。至察院递之，都御史徐郙使人告，以吾已有

---

〔1〕 《军机处录副·光绪朝·内政类·戊戌变法项》，3/108/5611/009，光绪二十一年闰五月十六日。

〔2〕 徐桐正折见《军机处录副·光绪朝·内政类·戊戌变法项》，3/108/5611/011；徐桐附片未从档案中检出，内容可见《普天忠愤集》，卷二，第2页。

〔3〕 张海荣：《关于引发战后改革大讨论的九件折片》，未刊稿。除了刘坤一的"遵旨议复折"提到的"徐桐、胡燏棻、张百熙、陈炽、准良、信格、康有为"外（见《刘坤一遗集》，第2册，第890页），张文主要证据为：一、《强学报》第1号刊出光绪二十一年闰五月二十七日谕旨时，同时亦有一条说明："此和议成后，发廷臣奏折，一、广西按察使胡燏棻，二、工部主事康有为，三、军机章京工（户）部员外郎陈炽，四、协办大学士徐桐，五、翰林院侍读张伯（百）熙，六、御史易俊，七、侍读学士准良，八、侯爵信洛（恪），交督抚议奏之。"（《强学报》，中华书局影印版，1991年，第2页）二、郑孝胥于光绪二十一年六月初九日日记中称："入署，南皮遣人来视余在署与否……夜，观胡芸梅、徐荫轩、张百熙、准良、易俊、康有为等折稿，皆言变法者也。胡最详，徐最谬。"（《郑孝胥日记》，第1册，第507页）三、广西巡抚张联桂、新疆巡抚陶模的复奏中也提到了易俊。

衙门，例不得收，令还本衙门代递。时孙家鼐长工部，颇相慕，友人多劝到工部递，乃于五月十一日到工部递之。孙家鼐面为称道之词，许为代递，五堂皆画押矣。李文田适署工部，独挟前嫌，不肯画押。孙家鼐碍于情面，累书并面责之，卒不递。再与卓如、孺博联名递察院，不肯收。又交袁世凯递督办处，荣禄亦不收，遂决意归。

> 据手稿本，"迁出南海馆"为添加，补在行间；"至察院递之"之"至"由"递"字改；"都御史徐郙使人告"为添加，补在行间；"例不得收"以"不收"改；"时孙家鼐"之"孙"字后删"嘉"字；"卒不递"之后删"于是欲归矣，沈刑部、陈次亮累为挽留，乃止"一句；"联名递察院"后删"又"字；"交袁世凯"四字为添加，补在行间。

前节（21·10）已叙，康有为将"五月"误作"闰四月"，本节两处"五月"，似皆应作"闰五月"。

"南海馆"，即南海会馆，位于北京宣武区米市胡同 34 号。康住在其中北跨院中间一小院里，自名为"汗漫舫"。[1] "迁出南海馆"，为迁出金顶庙，往南海馆之意。

康称"再草一书"，即"变通善后讲求体要以图自强呈"，在康党的编录中该呈又称为"上清帝第四书"（以下即称"上清帝第四书"）。该呈是康有为关于改革的重要条陈，长达万言，其基本内容为如同"上清帝第二书"、"上清帝第三书"一样繁杂。其中提到了立科（类似专利制度），提到了议院（上下通达），提到了一统世与并立世的差别，提到了土耳其与日本之不同命运，提到了教育与讲学，而最为具体的做法，却是针对君尊臣卑、上下相隔的，一共是五条：

一、下诏求言，许天下人到午门递折，设"上书处"，若有可采，温旨褒嘉，或令召对。

---

[1] 康有为《汗漫舫诗集》题注记："吾五游京邑，七次上书，皆旅于宣武门外米市胡同南海会馆。此馆别院回廊，有老树巨石，小室如舟，吾名之为'汗漫舫'。爱其幽胜，与野人之质为宜，频岁居之，读碑洗石，著《广艺舟双楫》于此。"（《遗稿·万木草堂诗集》，第34页）

二、开门集议，令郡邑十万户而推一人，凡有政事，皇上御门，令之会议，三占从二，立即施行。省、府、州、县亦设立。

三、设馆辟问，由皇上开便殿，每日与轮值二十人相谈政事。其轮值人员或取于翰林院，或来自荐举，或采自上书，或取于公推。

四、设报达聪，令直省州县皆开报馆，进呈皇上，并发各衙门公览，由总理衙门派人每日翻译其外国著名报纸政艺内容。

五、开府辟士，令军机大臣及督抚县令皆开幕府，广取天下之才。

康有为的这五条建策，后来演化为戊戌变法期间"上清帝第六书"中的"制度局"、"待诏所"，核心在于让光绪帝起用新人。在该呈的最后，康有为还谨慎地提到："如蒙垂采，或赐召对，当别辑书进呈。"[1]

徐郙（1838—1907），字颂阁，江苏嘉定人。同治元年状元。历任兵部、礼部、吏部侍郎，光绪十八年任都察院左都御史。光绪二十一年六月初十日改兵部尚书。

清代制度，士民及外省官员欲上书，由都察院代递；京内各衙门官员，由本衙门堂官代递。康有为分发工部后，其上书当由工部代递。都察院不为其代奏，当属制度规定。

孙家鼐（1827—1909），字燮臣，号蛰生，安徽寿州人。咸丰九年状元。同治七年为上书房行走，光绪四年为毓庆宫行走，他也是光绪帝汉师傅之一。历任工部、户部、兵部侍郎、左都御史，时任工部尚书兼顺天府尹大臣。他是清朝内部的温和派，同情改革，但不喜康有为。（参见 24·36、24·37、24·52）

"五堂"是指工部的五位堂官，即工部尚书怀塔布、孙家鼐、工部侍郎凤鸣、英年、汪鸣銮。另一位堂官工部右侍郎徐会沣出为顺天学政，由礼部右侍郎李文田署理。

康有为"上清帝第四书"于工部代奏之情节，其弟子徐勤称言：

"先生以为，前书所陈，条理节目详细繁重，末由一旦具举。故复草一书，力言缓急先后之序，深察中国之势，期于可行，扫拨陈

〔1〕《康有为政论集》，上册，第149—162页。

言，曲折层累，冀以上启圣聪，立救危败。时已授官，分隶工部，于闰五月八日在本部递之，部之五堂悉画稿允奏。顺德李文田方摄部事，误中搆扇之言，谓先生所著《广艺舟双楫》，于其书法颇有微辞，因抱嫌排挤，独梗僚议，甘为炀灶。实则先生于李某，向薄其人，而爱其书，《广艺舟双楫》中未尝攻之也。本部既阻，乃移而之都察院、昚办处，皆以李既阻阏，不便因此失欢，遂壅上闻。"[1]

徐勤的说法，与康说大同小异。然工部为何不为康有为代奏？康称孙家鼐对其上书有"称道之词"，并称"累书并面责之"，很可能是夸张之词。孙为人沉静，似不可能去奉迎刚刚分发到部的新进士。至于李文田为何拒绝代奏，康称李与康国器有"宿嫌"（参见21·8）、徐勤称康在《广艺舟双楫》中对李有微词，皆难以让人信服。孔祥吉对此另有看法，认为："康有为以公羊三世说为救世的良药，而李文田则反对公羊学，二者学术宗旨不同，已成冰炭，这似乎是李氏不递康氏'上清帝第四书'的主要原因。"[2]从更宽泛的视角来看，康与京中同乡高官的关系，除张荫桓外，都不太好，很可能这些同乡高官对康的学术与为人有着大体一致的负面看法。

袁世凯（1856—1916），字慰亭，号容庵，河南项城人。先后投靠吴长庆、李鸿章，曾以道员衔出任"驻扎朝鲜总理通商交涉事宜"，甲午战争前从朝鲜逃回。此时正靠拢刘坤一、李鸿藻、翁同龢。光绪二十一年闰五月由刘坤一密保[3]，六月由李鸿藻奏调到北京，十二日由光绪帝召见后，奉旨交督办军务处差遣。[4]此时的袁世凯正大力主张军事改

---

〔1〕《南海先生四上书记》所附《杂记》，《追忆康有为》，第293—294页。

〔2〕孔祥吉根据沃丘仲子之言：李文田"操履亦端介，论学旨异潘祖荫，虽过从密，而初无唱和。又尝讥翁同龢不当提倡公羊学，以谶召士。虽家法各不伦，而翁、潘方居权要，非李文田尤敢为此语者"，而得出学术之争的结论。（见《乙未丁酉间康有为变法条陈新略》，《戊戌维新运动新论》，第19页）

〔3〕《密保贤员片》，光绪二十一年闰五月初三日，《刘坤一遗集》，第2册，第874页。

〔4〕军机处《洋务档》光绪二十一年六月十二日记交片谕旨："交督办处、吏部，军机大臣面奉谕旨：'本日召见之浙江温处道袁世凯，著交督办军务处王、大臣差委。钦此。'相应传知贵处、部钦遵可也。"

革，七月初二日通过督办军务处代奏条陈〔1〕，与京内主张改革的人士多有交往，参与发起强学会。(参见21·18)是年十月，他被派往天津小站，接替胡燏棻，编练新建陆军。

"督办处"，即督办军务处，光绪二十年甲午战争爆发后恭亲王奕訢复出时而建立的机构，原专为战争建立，由奕訢任督办，奕劻任帮办，翁同龢、李鸿藻、荣禄、长麟任会办。(参见20·5)随着奕訢再入军机处、总理衙门，其地位也在下降。在反对马关条约的上书热潮中，督办军务处曾于光绪二十一年四月初三日和初九日先后代奏"奉天绅士詹事府左赞善贻谷等沥陈和倭利害条陈"(共有官员26人、举人27人)、"顺天绅士兵部主事朱樑济等条陈"(有六部、内阁、翰林院、詹事府官员50人，另举人4人、生员2人)。

荣禄(1836—1903)，瓜尔佳氏，字仲华，号略园，满洲正白旗人。咸丰二年，由荫生以主事用。十一年起任职神机营，至同治八年为管理神机营大臣。同治十年，任工部侍郎，十三年任总管内务府大臣。光绪三年，任步军统领，四年，任工部尚书，十四年充领侍卫内大臣，十七年任西安将军，以精明能干而著名。光绪二十年为慈禧太后祝寿来京，因甲午战争而留京。时任总理衙门大臣、督办军务处会办大臣、步军统领，二十一年六月二十一日，任兵部尚书。〔2〕戊戌期间任直隶总督兼北洋大臣，戊戌政变后调京，任军机大臣，执掌权柄。

康称"上清帝第四书"在工部被拒后，又与梁启超、麦孟华联衔，以梁、麦并无官职，联衔当由都察院代奏，都察院为何拒之，原因不详。康又称交袁世凯由督办军务处代奏，因该上书非为军务，被拒也属

---

〔1〕 督办军务处奏折称："据浙江温处道袁世凯缮具条陈四事，呈请代奏前来，臣等公同阅毕，无非为时局起见，谨将原呈恭呈御览。"(《军机处录副·光绪朝·内政类·其他项》，3/98/5335/55)又据该日军机处《洋务档》，该条陈奉旨"存"，并于当日呈慈禧太后。

〔2〕 张元济于光绪二十三年对荣禄有评价："荣公闻尚有血性，亦颇知外事。然旗人气习终未能免，且所接者无非昏愦之徒，亦难望其有济也。其人揽权纳贿，素所不免。夫纳贿而能揽权，固为今日之人材矣！惜乎其所揽之未当也。"(《汪康年师友书札》，第2册，第1687页)

正常。以上的情节，我皆未见到其他相关的史料。

康有为的"上清帝第四书"虽未能上达，但谋划在广东、上海刊印。梁启超于光绪二十一年在上海致函康有为称："第三书及四上书记前后各事，录副寄上，第四书粤中云已开刻，则无须更写……此事或俟之他日，报馆自买机器印之。粤中能刻最佳，刻本必务精雅……"梁启超又于光绪二十二年在上海致函康广仁、徐勤称："《四上书记》印成，由鸿安栈寄上。"[1] 由此可见，"上清帝第四书"很可能在广东有刻本，而光绪二十二年，由梁启超为主笔的上海《时务报》馆代印了《南海先生四上书记》，并获得了积极的反响。[2]

(21·12)以京城街道芜秽，请修街道，附片上焉。即不达，交王幼霞觅人上之，奉旨允行，交工部会同八旗及顺天府、街道厅会议，卒以具文复奏。惟御史陈璧后行之，仅修宣武门一段焉。盛祭酒曰："修道岁支帑六十余万金，旗丁、工部、街道厅分之，若必修，则无可分矣。此所以不能行乎。"

据手稿本，此一段全为添加，补在两页的页边与页眉，从添加的方式来看，似在手稿装订之后。"陈璧"，顾抄本改作"陈璧"。

街道厅，即管理街道衙门，每年由都察院保送御史两名（满、汉各一）、由工部及步军统领衙门各选司官一名组成，掌京城街巷道路平垫修理。

康称其所拟"请修街道"一片"交王幼霞觅人上之，奉旨允行"之事，查军机处《随手档》，共有两条记录：一、光绪二十一年七月十三日御史恩溥奏："时疫流灾请修人事折"，主要内容是当时的天津海啸、北

---

〔1〕《觉迷要录》，卷四，第20—21页。

〔2〕皮锡瑞于光绪二十三年八月二十四日日记中称："阅《庸书》、《富国策》，多可行者，然统筹全局，权其先后缓急之序，一一如指诸掌，终以南海之四上书为最。"（湖南历史考古研究所近代史组整理：《师伏堂未刊日记》，《湖南历史资料》，1958年第4期，湖南人民出版社，第66页）

京水灾，害怕会引起大疫。当日发下交片谕旨：

> "交管理河道沟渠大臣、户部、工部、步军统领衙门、顺天府、
> 五城御史。本日军机大臣面奉谕旨：御史恩溥奏请将沟渠河道等事
> 认真办理折，著管理河道沟渠大臣、户部、工部、步军统领衙门、
> 顺天府、五城御史妥议具奏。钦此。"〔1〕

二、七月二十九日御史熙麟奏："请遣流民折"、"请除道路秽恶片"，当
日发下寄信谕旨：

> "御史熙麟奏，顺直频年水灾，流徙之民相率来京，城下路旁
> 男女老幼枕藉露处，道殣相望，请饬妥为资遣一折，著顺天府、五
> 城御史体察情形，妥筹办理。另片奏，城南南下洼一带及各城外薄
> 棺浅葬，秽恶填塞，请饬培土瘗埋等语，著该衙门一并筹办。原
> 折、片均著钞给阅看。将此各谕令知之。钦此。"〔2〕

除此两折外，未见相关的奏折。〔3〕看来康有为请王鹏运觅人代上奏折
一事，并没有结果。

文廷式于光绪二十二年二月初四日上有"请修京师街渠片"，称言：

> "……京师自辽、金、元三朝建都于是，明永乐间稍迁而左，另
> 筑新城，迄今亦五百余载。当日沟渠街道各有专官，岁岁修治，不
> 惜巨帑。乃相沿日久，名存实亡。咸丰间改用大钱放项，再经折
> 扣，延至今日，遂一切废弃不修，以致街巷崎岖，沟渠湮塞，合城
> 井水，苦涩不堪，秽气熏蒸，酿为疾疫。去夏大疫，城内外传染不
> 治者至十余万人。伤心惨目，莫此为甚。

> "……今有言之而欲行之者，则必曰款项难筹也、办理不宜
> 也。国家每岁出入逾万万金，所糜费侵渔者何限？乃于上关国体，
> 下全民命之事，而独靳之哉？若云街道难修，则用江宁碎石筑马路

---

〔1〕 军机处《上谕档》，光绪二十一年七月十三日。

〔2〕 军机处《上谕档》，光绪二十一年七月二十九日。

〔3〕 此外另有一件，军机处《上谕档》光绪二十一年八月十一日记："内阁奉上谕，给事
中端良奏外城修理街道发商生息银两请归五城正指挥经理等语，著该衙门议奏。"
此事与修理街道沟渠并无关联。

之法，运西山之土石以填之，可以一律平坦。上年芦沟桥运土之铁路，固犹弃置道旁也。若云沟渠难浚，则沟之浅者浮于地面，沟之深者入地数寻，自用新法造新沟，并于道旁另筑明沟，与暗沟相表里。如其办理得人，大约六十万金已足。嗣后派兵巡守及常年修理之费，则取之车捐、房捐，日捐数文，已能敷用。其尤要者，宜用自来水管之法，引京西洁清之泉水，以济京师，俾百姓食德饮和，永除疾疠，以旧有井水，专供浣濯之需。"

该片上后，当日奉旨"存"。[1]此片不知与康是否有关。从内容来看，与康所言有着不小的差异。

至于当时北京街道的打扫整修为旗丁、步军之份内事，康称每年支银60余万两之巨，似非为实际。[2]光绪二十四年七月二十九日，工部因七月二十日谕旨命修整京师河渠街道，上奏"遵旨修理街道沟渠折"，称言："查臣部于二十一年议复御史恩溥条奏沟渠街道办法，大致筑路用碎石，杂以砂土碾压……嗣因经费支绌，议不果行。"[3]由此可见，修理须另筹经费，前引文廷式附片亦称，须另提经费60万两。

"陈壁"，当为陈璧（1852—1928），字玉苍，号雨苍、苏斋，福建闽县人。"壁"为康有为笔误。光绪三年进士，以内阁中书用。十八年补礼部员外郎，二十一年四月升湖广道监察御史。光绪二十六年至二十七年为巡视中城监察御史。后任顺天府尹、商部、户部、度支部侍郎、邮传部尚书等职。陈璧若有修街道之事，当在其任巡视中城御史之期。从手稿本来看，这一段全为添加，有可能是后来所补。

光绪帝下令修理京师的道路沟渠，为光绪二十四年七月二十日之事，当日发下上谕：

————————

〔1〕《文廷式集》，上册，第91—92页；军机处《上谕档》、《随手档》，光绪二十二年二月初四日。

〔2〕《军机处录副·光绪朝·水利类·河工项》有一残片，称言："……京师街道河渠所隶衙门甚多。内城街道属步军统领衙门，河道属奉宸苑；外城街道，步军统领衙门、街道厅兼属……"（原件无日期，3/143/7085/11）

〔3〕《军机处录副·光绪朝·工程类·都市沟渠项》，3/144/7170/8。

"京师为首善之区，现在道路泥泞，沟渠河道壅塞不通，亟宜大加修理，以壮观瞻。著工部会同管理沟渠河道大臣、步军统领衙门、五城御史暨街道厅，将京城内外河道沟渠一律挑挖深通，并将各街巷道路修垫坦平，毋得迁就敷衍，仍将筹办情形及开工日期迅速具奏。其款项著由户部筹拨。"[1]

然而这一道谕旨由何而发，我还没有查清。[2]很可能与当时各国公使对京城街道河沟脏乱的抱怨、要求整修有关。[3]是年七月二十八日，与康有为甚有关系的宋伯鲁上奏"仿西法修整京师街道片"。[4]

(21·13) 陈次亮、沈子培皆以时有可为，非仅讲学著书之时，力为挽留，于是少留。以士大夫不通外国政事风俗，而京师无人敢创报以开知识，变法本原，非自京师始、非自王公大臣始不可，乃与

---

〔1〕 军机处《上谕档》光绪二十四年七月二十日。

〔2〕 苏继祖称：光绪二十四年七月二十日"又旨，修理京城街道，挑挖沟河……然每年碎修经费，所出不赀，及勒索商民，讹诈铺户，款又甚巨，奈皆众人分肥，无一文到工者。岁修之项，工部分其半，该管又分其半，巡查扫洒之费，步军统领衙门营城司防内外城分之，讹诈勒索，工部不与焉。近日有人条奏，上尽悉其详，乃命该管各衙门即行查勘估修，以壮观瞻。"（《丛刊·戊戌变法》，第 1 册，第 340—341 页）苏的这一说法并不准确，查此时军机处《随手档》、《早事档》，并无相关的奏折。梁启超称："……康有为自二十年前入京师，即力言此政，而京师大僚，未游外域，习以为常，不知其臭秽及道阻也。乙未年，康复代人草折言之，奉旨下工部、八旗及街道厅议而不能行；盖京师道路岁修支帑六十万金，而旗丁分而食之，藉此弥补，故无法清治。至是百废具举，上决意修路，不复交议，迳拨款举行。非圣明深通治体，安能如此？"（《戊戌政变记》续四库版，第 224 页）梁重复了《我史》的说法，也没有说明该谕旨产生的原因。

〔3〕 翁同龢光绪二十四年四月十七日日记称："今日五使到署议修京城街道。德、日、义、比。"（《翁同龢日记》，第 6 册，中华书局，1998 年，第 3131 页）翁此处漏记一国使节。《国闻报》光绪二十四年五月二十七日以"京城拟修马路"为题刊出消息："各国驻京公使前至总署，请将京城道路仿照西式，一律修整。总署复以此系中国内政，无劳代筹等语。本报曾记其事。嗣后各公使又屡向总署来说，始允将东交民巷街道，按照西式修为马路。而西人复以永定门至前门一带道路为言。总署因备文与顺天府尹及步军统领衙门商议。旋据顺天府尹复称，允可照办，而步军统领衙门刻下尚无复文，以致此工程至今犹未兴筑。然察其情形，将来有必办之势也。"

〔4〕 《救亡图存的蓝图》，第 245—246 页；原片见《军机处录副·光绪朝·工程类·都市沟渠项》，3/144/7170/7。

送京报人商，每日刊送千份于朝士大夫，纸墨银二两，自捐此款，令卓如、孺博日属文，分学校军政各类，日腾于朝，分送朝士，不收报费。朝士乃日闻所不闻，识议一变焉。

据手稿本，"非自王公大臣始"之"始"字为添加；"乃与送京报人商，每日刊送千份于朝士大夫"一语，由"与报人商日送千份"改；"纸墨银"的"银"字为添加；"自捐此款"四字为添加，补在行间；"令卓如、孺博日"中"日"为添加，后删"草拟"二字；"分送朝士，不收报费。朝士乃日闻所不闻"一语，"分送""不收报费朝士"八字为添加，补在行间。又，《戊戌变法》本"分送朝士"之"分"字，误作"多"字。

陈次亮，名炽（1855—1900），江西瑞金人，字克昌，次亮为其号。同治十二年拔贡生，次年朝考一等，以七品小京官分发户部。光绪八年中举人，十二年考取军机章京，十三年传补。十六年补户部主事，十七年升员外郎。十八年丁父忧，二十一年四月起复。时任军机章京、户部江南司员外郎。二十二年正月补福建司郎中。他与刘坤一、翁同龢等大员关系密切。曾著《庸书》。二十一年三月二十三日，即马关谈判最关键之时，翁同龢以陈炽的《庸书》与汤震的《危言》同时进呈光绪帝。二十二年九月告假省亲，二十三年四月起复。八月再次报丁母忧。

康有为与陈炽的交往时间，可能即在此时。梁启超于二十一年八月初二日致函夏曾佑称：

"弟在此新交陈君次亮炽，此君由西学入，气魄绝伦，能任事，甚聪明，与之言，无不悬解，洵异才也……"[1]

康若先前与陈相识，当其刚入京、至少在"公车上书"热潮时，康即会向梁介绍，而不至于拖到八月。闰五月二十七日光绪帝下发折片9件交各省督抚议复，就有他们两人的条陈，也可能拉近了彼此之间的距离。（参见21·10）

沈子培，沈曾植。陈、沈劝康留京一事，梁于是年五月致两函夏曾佑亦称：

---

〔1〕《梁启超年谱长编》，第48页。

"本欲于月之初间出都，惟日来此间颇有新政，上每言及国耻，辄顿足流涕。常熟亦日言变法，故欲在此一观其举措。"

"项因此间颇有新政，一二同志又有所整顿，苦被相留，是以迟迟。"[1]

此中的"一二同志"，很可能即是陈炽与沈曾植。陈、沈属翁同龢门下的人物，与翁多有交往，梁称"常熟亦日言变法"，也很可能是从陈、沈等人那里听来的。

康称"每日刊送千份于朝士大夫"，即其在京办报，名为《万国公报》，完全搬用上海广学会的刊物《万国公报》之名，也是康有为等人创办的第一份报刊。梁启超于是年五月致夏曾佑两函中称：

"项似在都设一新闻馆，略有端绪，度其情形，可有成也……此间亦欲开学会，颇有应者，然其数甚微。度欲开会，非有报馆不可，报馆之议论，既浸渍于人心，则风气之成不远矣。"

"项欲在都开设报馆，已略有端绪，此举有成，其于重心力量颇大也。"[2]

此中可见，康、梁对此有着明确的计划。《万国公报》创刊于是年六月二十七日，双日刊，每册有编号，无出版日期。[3]上海基督教三自爱国会存有全帙，其第一册有李提摩太（Timothy Richard）的英文批注：

"这四十五期是最初三个月的全套刊物。1895 年 8 月 17 日创

---

[1]《梁启超年谱长编》，第 39 页。梁启超又称："此间又欲辑《经世文新编》，专采近人通达之言，刻以告天下，其于转移风气，视新闻纸之力量似尚过之。已属人在军机、总署搜奏稿……"（同上书，第 49 页）陈炽为军机章京、沈曾植为总理衙门章京，很可能与此有关联。

[2]《梁启超年谱长编》，第 40 页。梁启超后来回忆称："……遂在后孙公园设立会所，向上海购得译书数十种，而以办报事委诸鄙人。当时固无自购机器之力，且都中亦从不闻有此物，乃向售《京报》处，托用粗木版雕印……鄙人则日日执笔为一数百字之短文，其言之肤浅无用，由今思之，只有汗颜。当时安敢望有人购阅者，乃托售《京报》人随《宫门钞》分送诸官宅，酬以薪金，乃肯代送……"（《鄙人对于言论界之过去及将来》，《饮冰室合集》，第 4 册，文集之二十九，第 2 页）此回忆虽多处有误，却可展示当时办报的情形。

[3] 参见汤志钧：《戊戌时期的学会和报刊》，第 21—77 页；《戊戌变法史》修订本，第 168—172 页。

刊，隔天出版。这是中国维新派在北京出版的第一个机关报。大多数文章都是从广学会书刊上转载的，刊名与广学会机关报《万国公报》完全相同，后来经我建议更改，以免两相混淆。"〔1〕

《万国公报》每册有论文一篇，长篇则连载，除转录广学会暨其他报刊，另有自撰之文，皆未署名。康有为离开北京后，是年十一月，《万国公报》更名《中外纪闻》，双日刊，至十二月初三日结束。

(21·14) 时翁常熟以师傅当国，憾于割台事，有变法之心，来访不遇，乃就而谒之。常熟谢戊子不代上书之事，谓当时实未知日本之情，此事甚惭云。乃与论变法之事，反复讲求，自未至酉，大洽，索吾论治之书。时未知上之无权，面责常熟，力任变法，推见贤才。常熟乃谓："与君虽新见，然相知十年，实如故人，姑为子言，宜密之。上实无权，太后极猜忌。上有点心赏近支王公大臣，太后亦剖看，视有密诏否。自经文芸阁召见后，即不许上见小臣。即吾之见客，亦有人窥门三巡数之者，故吾不敢见客，盖有难言也。"吾乃始知宫中事，然未知其深，犹频以书责之，至谓："上不能保国，下不能保身。"常熟令陈次亮来谢其意，然苟不能为张柬之之事，新政必无从办矣。

据手稿本，"来访不遇"之"来"字前添补一"特"字，又删去；"常熟谢戊子不代上书之事"中"不代"二字为添加；"此事甚惭云"之"云"前删一"对"字；"乃与论变法之事，反复讲求，自未至酉，大洽，索吾论治之书"一段为添加，补在行间与页脚，"反复"后删"辩论"二字；"推见贤才"四字为添加，补在行间。

翁同龢与康有为之间的交往，扑朔迷离。其原因是戊戌政变后已被罢职回籍的翁同龢再次受到迫害，"即行革职，永不叙用，交地方官严加管束"，主要罪名是引荐康有为。(参见 24·15、24·20) 翁此后对此"罪名"全力排刷，甚至将其日记中有关康有为的记录删改。孔祥吉在翁同龢后人翁万戈处看到了翁日记的手稿本，发现了其中的删改。是年五月

―――――――――――

〔1〕 转引自汤志钧：《戊戌时期的学会和报刊》，第22页。

三十日翁日记称：

> "陈次亮炽来见，吾以国士遇之，故倾吐无遗，其实纵横家也。
> 南学诸生等寓书求见。拒未见。"

孔发现"南学诸生等"五字，为挖后贴上去的，痕迹至为明显。"拒未见"三小字，疑后来添写的。由此，孔祥吉等人提出假设："很可能是康有为上书求见"。是年闰五月初九日，翁日记又称：

> "饭后李莼客先生来长谈，此君举世目为狂生，自余观之，盖策士也。"

翁日记发表后，金梁曾对此表示疑问，孔祥吉根据日记手稿本，继而指出："此处'李莼客'三字，系挖补贴上去的，但做工十分精细，几乎看不出明显挖补的痕迹。但是，如将日记原页以强光透视，即可以清楚看出挖补轮廓。"由此，孔祥吉等人又提出自己的推断："该处原应为'康祖诒'或'康有为'三字。当时康有为因高谈阔论，久已被京师官僚视为'狂生'。"根据日记手稿本的这两处挖补，孔祥吉等人得出结论，康有为于五月三十日上书见请，翁允诺后，方有闰五月初九日翁、康两人正式会面。[1]对此，我以为是可以成立的。[2]若不是康有为，又有何人能使翁花如此大的力气来挖补修改？然而，孔祥吉等人的研究又说明，翁同龢日记修改挖补之处很少，光绪二十一年很可能仅此两处。若真如此，在光绪二十一年中，翁、康之间也只有闰五月初九日的一次会见。康称翁

---

[1] 孔祥吉、村田雄二郎：《〈翁文恭公日记〉稿本与刊本之比较——兼论翁同龢对日记的删改》，《历史研究》，2004年第3期。又，"南学诸生"一词，可有两解：一是指国子监"南学"，而翁时为管理国子监事务大臣，康有为曾为国子监荫监生；二是指南方之学人，康有为是广东人。再又，金梁先生未看到日记原稿本，仅据李慈铭（莼客）已故而翁仍记之，推断翁有"重缮改易处"，称言："李莼客卒于甲午十一月二十四日，而翁次年闰五月初九日尚记李莼客来。初颇不解其故，继思翁自戊戌罢归，不无顾忌，甲乙数年，正直枢要，凡所记载，尤虑触讳，自取删缮，亦属常情。甲午之事，误入乙未，盖一时疏忽耳。"（金梁：《近世人物志》，北京图书馆出版社，2007年，第8页）

[2] 其最为重要的证据是，次日即闰五月初十日，翁日记称："康之弟子梁启超来，未见。卓如。"（《翁同龢日记》，第5册，第2815页）即康于初九日访翁，梁随后于初十日访翁。

"来访不遇"而"谒之",虽属自我张扬之词,但翁、康会见的时间很长,翁称"饭后""长谈",康称"自未至酉",大体上还是可以对得上的。[1]

康称此次谈话时"常熟谢戊子不代上书之事",即提到了光绪十四年"上清帝第一书"之事,是有可能的。翁在日记中对此事有详细记载,并摘抄了康的上书。[2]但称翁对康言"当时实未知日本之情,此事甚惭云",又似为康的张扬。翁一生极少认错,更何况康氏"上清帝第一书"也没有提出日本是惟一的威胁。(参见20·5)

康称翁对其言"上实无权,太后极猜忌",我以为,似为不可能。翁一生为人谨慎,此次与康见面,很可能是第一次。他不可能对一个生人否认光绪帝的权力,指责慈禧太后;即便是熟人与至交,也不可能说得如此透亮。这在当时是犯大忌之事,从翁本人的道德观念来看,此举属"大不敬"。

康称翁对其言:"上有点心赏近支王公大臣,太后亦剖看,视有密诏否?"我以为,似为不可能,光绪帝平时住在宫中,慈禧太后住在颐和园,相距甚远。即在同住颐和园时期,慈禧太后住乐寿堂,光绪帝住玉澜堂;同住西苑时期,慈禧太后住仪鸾殿,光绪帝住瀛台涵元殿,都有一定的距离。此类剖开点心的说法,过于戏剧性。

---

[1] "未"即下午1时至3时,"酉"即下午5时至7时。该日翁日记称:"午正折回都虞司小睡,起饭。赴督办处,以折稿商诸公,皆以为然,归时略晷。饭后李莼客先生来……柳门来,斌晤之……"(《翁同龢日记》,第5册,第2814—2815页)午正即中午十二时;又由于翁每日须参加早朝,故晚饭也极早;因此他于下午三时即吃饭也是有可能的。更何况翁也认为是一次"长谈"。

[2] 翁同龢在日记中对此事有记载:光绪十四年十月十三日,"南海布衣康祖诒上书于我,意欲一见,拒之。"廿六日,"伯羲来,未晤。"廿七日,"盛伯羲以康祖诒封事一件来,欲成均代递。然语太讦直,无益,祗生峥耳。决计复谢之。"(《翁同龢日记》,第4册,中华书局,1992年,第2232、2234—2235页)"成钧"典出《周礼》,唐代将国子监改为成钧监。此处即指国子监。当时康为国子监荫监生,盛昱(伯羲)为国子监祭酒,翁为管理国子监大臣。康拟通过国子监代奏其上书。翁同龢虽未同意代奏,但在其光绪十四年《杂记册》记:"南海布衣康祖诒,拟上封事,由成均代递,同乡京官无结,未递。其人始称布衣,继称荫监,乃康国器之侄孙也。"并详细地摘录康有为的此次上书。(参见孔祥吉:《翁同龢与康有为上清帝第一书》,《晚清佚闻丛考》,第142—151页)

康称翁对其言"吾之见客，亦有人三窥门巡数之者，故吾不敢见客，盖有难言也"，我以为，也似为不可能。翁日记中有大量的见客记录，即是明证。翁家住在东单，能在翁家门外派员查看访客者，为步军统领或巡视东城监察御史。慈禧太后绕过光绪帝下旨，以翁之地位与关系，不可能不知，知之必告光绪帝。此举将会引起慈禧太后与光绪帝之间的矛盾，以慈禧太后的智慧与自信，似不必为之。

然而，在这一次会面中，康肯定向翁详细说明了他的变法方案，康称"大洽"，翁称"策士"，显然是指此而言。翁在日记中称"举世目为狂生"，虽属讥评，但还属对康之能力的差强人意的承认。

康又称，此次谈话后"频致书"责备翁，翁派陈炽向他表示歉意，我在翁日记中找不到相关的证据。可以查到的，只是陈炽对翁的劝责：光绪二十一年七月二十一日记："归，得陈次亮函，责余因循，其言痛切，此君有识力，特不醇耳，然醇则儒缓矣。"十一月十六日又记："连日得陈次亮信，此君诚奇士，然阅其书令人不怪。"[1]

张柬之（625—706），字孟将，唐长安四年（705）任夏官侍郎同凤阁鸾台平章事。次年乘武则天病重，与桓彦范、敬晖等定计，诛张易之兄弟，助唐中宗复位，恢复李唐王朝。此处康称"张柬之"等语，即让翁设计废慈禧太后归权于光绪帝，当属康有为流亡日本以后的想法，不太可能是当时企图。[2]即有此意，康也不太可能向陈炽表白。

（21·15）时常熟日读变法之书，锐意变法。吾说以变先变科举，决意欲行，令陈次亮草定十二道新政旨意，将次弟行之。然恭邸、高阳以常熟有毓庆之独对，颇妒之，自四月合力攻孙毓汶、李鸿章

〔1〕《翁同龢日记》，第5册，第2831、2863页。又，中华书局本将"陈次亮"误作"陆次亮"。

〔2〕梁鼎芬撰《康有为事实》称："康有为初上皇帝书内，屡称颂我皇太后聪明神武盛德丰功，至百数十言。今自香港寄刻新闻报馆逆书，诬谤我皇太后，亦至百数十言。中国士民见此反覆无理言语，莫不痛恨痛耻。"（《日本外交文书》，第31卷，第1册，第732页）康前后两端，属对政治内情的无知，也可能是一种政治计谋。很难想像康于此时刚中进士，即有废慈禧太后之想法。

后，渐不和矣。常熟内畏太后，欲托之恭邸而行，而恭邸不明外事，未能同心，卒不行也。

据手稿本，"新政旨意"之"新政"二字为添加，补在页脚；"恭邸、高阳"两者的位置为调换，且在前删"裁兵"二字；"孙毓汶、李鸿章"之后删"徐用仪"；"恭邸不明外事"之"不"字后，删"用心"二字。又，"十二道新政旨意"，《戊戌变法》本"旨意"误作"意旨"。

"毓庆"，毓庆宫，在宫内东路，与养心殿相对。原系康熙帝为太子允礽所建太子宫，乾隆帝为太上皇时，仍住养心殿，嘉庆帝住在毓庆宫。后为上书房，也是光绪帝的学宫。翁同龢于光绪二年四月起，即在毓庆宫行走，授学光绪帝，前后长达二十年。在漫长的教学过程中，光绪帝也经常在书房单独与翁同龢商议国事，即康所称"独对"，翁日记中对此也留下了不少记载。

对于翁同龢在毓庆宫与光绪帝单独相会，同僚中也有意见。光绪二十年，荣禄由西安将军回京，出任督办军务处会办大臣、步军统领。他在督办军务处与翁同龢为同僚，对翁的独对颇有意气，在十一月初三日写给其前同僚陕西巡抚鹿传霖的密函中称：

"常熟奸狡性成，真有令人不可思意（议）者；其误国之处，有胜于济南（宁），与合肥可并论也。合肥甘为小人，而常熟则仍作伪君子。刻与其共事，几于无日不因公事争执，而高阳老矣，又苦于才短，事事为其欺曚，可胜叹哉！日前常熟欲令洋人汉纳根练兵十万，岁费饷银三千万，所有中国练军均可裁撤，拟定奏稿，由督办军务处具奏。鄙人大不以为然，力事之。内王及高阳均无可如何，鄙人与常熟几至不堪，始暂作罢议。及至次早，上谓必须交汉纳根练兵十万，不准有人拦阻，并谕不准鄙人掣肘云云。是午间书房已有先入之言矣。奈何？"[1]

---

[1] 邵循正等编：《中国近代史资料丛刊·中日战争》，上海人民出版社，1957年，第4册，第576页。济宁为孙毓汶、合肥为李鸿章、高阳为李鸿藻。然若就事论事，当属荣禄为正确，德人汉纳根目的在于做军火生意，翁上了汉纳根的当。（参见白莎：《晚清在华的德国军事教官概况》，《北大史学》，第13辑，北京大学出版社，2008年）

在这一密信中，荣禄十分明白地指出了"午间书房"的作用。康又称"恭邸、高阳以常熟有毓庆之独对，颇妒之"，查恭亲王由咸丰十一年（1861）入军机，李鸿藻于同治四年（1865）入军机，翁于光绪八年（1882）入军机，翁入军机时已在毓庆宫行走多年，其"独对"对恭、李来说，本是一种常态，似不会像荣禄那样初入高层政坛而反应强烈。[1]

据《翁同龢日记》，慈禧太后最初下令撤书房，在上引荣禄密函后的第五天，即光绪二十年十一月初八日，也是恭亲王重入军机的当日，翁记言：

> "是日恭邸请起，偕孙、徐、张（荫桓）见于仪鸾殿。余与李公先散。甫抵都虞司，传有起，驰入，与枢直再见于殿中。慈谕周匝严厉……次谕恭亲王授军机大臣。次命撤满汉书房，臣争之力，无人和也，命姑且听传，择日再发……夜，夔臣来，相与嗟诧。"

孙为孙毓汶，徐为徐用仪，李公为李鸿藻，夔臣是孙家鼐，也是光绪帝的师傅。仪鸾殿是慈禧太后在西苑的寝宫。都虞司为内务府都虞司，在西华门外路北，翁在军机处散值后，常在此处午休。从日记中可见，是日先是恭亲王等人诣见慈禧太后，后命翁等军机大臣参见。慈禧太后在"甲申易枢"后，终于同意恭亲王重入军机，但同时下令撤去满汉书房，翁对此力争，慈禧太后命先述旨，选择日期再下发。次日，初九日又记：

> "卯初三刻至书房，上色不怡，谓正典学，奈何辍讲？一刻退。

---

〔1〕 翁同龢在其日记中作光绪二十年岁末记语，称言："自念以菲才而当枢要，疆事如此，上无以对大造之恩，下无以慰薄海之望。于讲帷则无补救，于同列则致猜疑，疾病缠绵，求死不得，悠悠苍天，曷其有极！"（《翁同龢日记》，第4册，第2772页）而翁于晚年据其日记作《自订年谱》，这一段岁末记语改写为："自念以菲才而当枢要，外患日迫，内政未修，每中夜彷徨，憾不自毙。讲帷职事，仅有数刻。最难处者，于枢臣见起之先，往往使中官笼烛宣召，及见则闲话数语而出。由是同官侧目，臣亦无路可以释疑。尝叩头奏：'昔闻和珅曾如此，皇上岂欲置臣死地耶？'终不能回，亦奇事也。"（翁开庆整理，朱育礼点校：《翁同龢自订年谱》，《近代史资料》，总86期，中国社会科学出版社，1994年，第39页）"同官"，即指同为军机大臣，光绪二十年末有恭亲王奕䜣、礼亲王世铎、孙毓汶、徐用仪、李鸿藻、刚毅。翁晚年最深之痛在于无端罢免，而其罢免时孙毓汶、徐用仪退出军机处，奕䜣与李鸿藻去世，此处所称"同官"，似主要指刚毅。

見起五刻，恭邸初直，位在礼邸上。上问事毕，以书房不欲辍，命
恭邸于谢皇太后恩召见时言之，并言翁某常来，孙某当来否？"

光绪帝不同意撤书房，并命恭亲王在谢恩时对慈禧太后为翁说项。"孙
某"为孙家鼐。又次日，初十日再记：

"卯初三刻懋勤殿人以灯来，遂至补桐书房。（是日旁坐撤。）
上命臣与孙家鼐以后仍在祥晖楼候起，然未敢断也。见起二刻。恭
邸奏，昨皇太后召对，论及书房事，亦尚在辍与不辍之间。巳正先
散。甫至都虞司，正欲少休，苏拉来传有起，驰入，知独传臣起。
遂至五间房候。午初入见仪鸾殿，上亦在坐。起居毕，略问前敌军
事，即及书房。臣力陈讲不可辍。太后谕曰：'此恭亲王所陈，前日
予所谕太猛，今改传满功课及洋字均撤，汉书不传，则不辍之意可
知。汝等仍于卯初在彼候旨，或传或否，或一人，或二人，皆不拘
可也。'臣叩头称圣明洞察，一一敬遵。"[1]

由此可见，经过恭亲王的说项后，慈禧太后与光绪帝在慈禧太后的寝宫
仪鸾殿共同召见了翁，慈禧太后同意只撤满文功课与英文功课，而不撤
汉书房。恭亲王的说项，虽是奉光绪帝的旨意，但他刚复出时，并没有
对毓庆宫独对表示不满，则是事实。一年多后，到了二十二年正月十三
日，慈禧太后再命撤汉书房。（参见21·26）

慈禧太后一度下令撤毓庆宫之事，当时甚密，康有为是否与闻，尚
不得知，《我史》对此亦未记。而《我史》后又称，康曾劝翁辞去毓庆宫
之差使。（参见21·26）

康称翁同龢"令陈次亮草定十二道新政旨意，将次第行之"，我还找
不到相应的证据。从当时的政治体制考虑，此举又有着极大的困难。翁
时为军机大臣，陈时为军机章京，拟旨本是他们的责任与工作，但他们
只能是奉旨而拟旨，未奉旨而私下拟旨，将是一个极大的罪名。为此可
以观察一下军机处平时拟旨的过程。每天早朝后，光绪帝看奏折，看后
发下军机处，军机大臣叫起时，由光绪帝当面下旨，或面询军机大臣之

<hr>

[1] 上引内容见《翁同龢日记》，第5册，第2757—2758页。

意见，经光绪帝批准，然后军机大臣回堂，交待军机章京拟旨，经军机大臣共同阅看通过后，再交光绪帝，光绪帝批准后正式下发。一些重要的谕旨，当时经常由孙毓汶、翁同龢、徐用仪等军机大臣亲自拟稿。而关系到制度方面的建策，光绪帝和军机处一般先交相关衙门议复，然后根据议复再下旨。军机大臣的职责是皇帝的秘书班子，不能主动地提出下达某一政令。也就是说，从当时清朝政令形成过程来看，翁同龢欲推动一道新政旨意，首先要策划官员上奏提出此建策，下旨交相关衙门议复时，再策划该衙门复奏时予以同意，最后经光绪帝批准，才能形成谕令。十二道新政旨意，需经过十二回合的这一过程。康有为未进入政治中枢，很可能仅凭军机大臣、军机章京有拟旨之责而作此语。孔祥吉对此提出另一种可能性，即"这十二道新政意旨，很可能即陈氏《上清帝万言书》中所提到的'变法宜民'中的十项内容，其中很多是政治体制方面的改革"。[1] 此说若成立，那么康有为对当时政治决策的过程则是相当隔膜。

---

[1] 《晚清政治改革家的困境：陈炽〈上清帝万言书〉的发现及其意义》，《晚清史探微》，第126页。陈炽上书即"请一意振作变法自强呈"，提出了7项建策：下诏求言；阜财裕国；分途育才；改制防边；教民习战；筑路通商；变法宜民。其中"变法宜民"一项中共有10建策：一、设立学部，"酌改国子监制度以兼之"；二、设立矿政部，"专派户部侍郎一员经理"；三、设立农桑部，"宜专派户部侍郎专管农商"；四、设立商部，"亟宜仿泰西设立商部，于省会、各大埠均立商政局"；五、设立衢路部门，"宜专派工部侍郎主持其事"；六、设立工艺部门，"宜派一工部侍郎专管"；七、修改刑律，"饬刑部大臣，参酌定制"；八、设立善堂，进行社会救助，"派大臣专管"；九、开办"火政、保险、煤电灯、自来水各事"；十、设立议会，"须俟十年之后，学校大成，然后开院仿行"。（《光绪朝夷务始末稿本》，光绪二十一年闰五月，台北故宫博物院文献馆藏；方便利用的版本可参见《晚清史探微》，第137—153页）据闰五月二十七日谕旨，陈炽该呈与康"上清帝第三书"同时下发各省疆吏议复。（参见21·10）若要形成谕旨，须得有大吏复奏表示赞同，光绪帝旨命军机处拟旨。以此来理解康称"十二道新政意旨"，也有难以成立之处。孔祥吉将康将陈的建策误作翁让陈代拟的意旨，似指康不了解谕旨形成过程。又，苏继祖《戊戌朝变纪闻》，也有相同的说法："惟大学士翁常熟近年省悟大局，非变法难以图存，前曾拟变法诏勅十二条，商及恭邸，为恭邸阻之。有与翁不和者，暗中谮于太后，谓翁取悦皇上，妄思改变成法，此肇乱之道，恐其蛊惑皇上，宜早防范，翁之前此出毓庆宫，即因此也。"（《丛刊·戊戌变法》，第1册，第330—331页）苏继祖的史料来源亦不详。

甲午战后，翁的权力应该说是达到了一生中最高峰，从翁日记及相关史料来看，这一时期他虽有改革政治的想法，但在具体问题甚至方向上又模糊不清。

恭亲王奕訢长期主持总理衙门，其外部知识虽不能称为完善，但比起翁同龢等人来还略高出一筹，康称恭亲王"不明外事"，非为确评；然其手稿本原有"用心"二字，后被删，即康原写为"不用心外事"，以此而论，似颇有见地。[1]

前节（21·14）已叙，从孔祥吉对翁同龢日记手稿本的考察来看，是年翁、康仅有一次见面。若仅一次见面康即对翁有如此之多的言论（后面更多），我以为，其可靠性是可以怀疑的。

（21·16）时孙毓汶虽去，而徐用仪犹在政府，事事阻挠，恭邸、翁常熟皆欲去之，欲其自引病，叠经言官奏劾，徐犹恋栈。六月九日草折，觅戴少怀庶子劾之，戴逡巡不敢上，乃与王幼霞御史鹏运言之。王新入台，敢言，十四日上焉。是日与卓如、孺博游西山，登碧云寺塔，竟夕月明如昼，远望京师，在烟雾中，乐甚。越日归，而徐用仪逐出枢、译两署焉。

据手稿本，"欲其自引病"为添加，补在行间；"敢言"前删"有"字；"十四日"为添加；"与卓如、孺博"为添加。"翁常熟"之"翁"字，诸抄本、刊本皆无。

戴少怀，名鸿慈（1853—1910），广东南海人。光绪二年进士，入翰林院。曾任山东、云南学政。光绪二十年，大考一等，擢詹事府左春坊左庶子，充日讲起居注官。戴鸿慈在甲午战争中以敢言而出名。后任法部尚书、军机大臣等职。

戴鸿慈是康有为的同乡，从现有材料来看，他与康似无密切的关

---

[1] 李鸿章于光绪二十三年二月二十三日给其女婿张佩纶、女儿李经璹的信中称："今日时局，译署兼政府亦属冷官。乐道浮光掠影，毫不用心……"（《李鸿章全集》，安徽教育出版社，2008 年，36 册，信函八，第 138 页，以下称《李鸿章全集》，安徽教育版）"乐道"，即恭亲王，道光帝曾给其题写匾额"乐道堂"。

系。康称"戴逡巡不敢上",我尚未读到相关的史料。

徐用仪与恭亲王、翁同龢不属一个派系,由孙毓汶引入军机处。孙于六月初四日以病求退后(参见21·6),徐未能及时求退,恭亲王、翁等人有意清除之。康称王鹏运"新入台,敢言",稍有误,王于光绪十九年即为御史。康称王于六月十四日上奏弹劾徐,亦稍有误,查《军机处录副奏折》,王鹏运于六月十一日上奏"枢臣不职请旨立予罢斥折"。该折云:

> "今日政府之所谓害马与污秽者,孙毓汶外,则为侍郎徐用仪。该侍郎贪庸奸慝、误国行私诸罪状,臣近与给事中洪良品等已联衔据实纠参,毋庸再渎宸听。迩复风闻,该侍郎前次请假之由,因擅割云南边地与电改借款扣数二事,为同官所诘责,乃该侍郎不知引咎,反与口角忿争,几于声彻殿陛。临当召对之际,竟敢托疾,佛衣而去,次日始具请假……迨数日,后经同官和解,又复觍然销假。似此逞忿护前贪恋禄位,昔人所讥老而无耻者,臣于徐用仪见之矣……及东事既起,惟知附和孙毓汶,迎合李鸿章,以便其献媚洋人之故智。此次议和之坏,固坏于李鸿章、孙毓汶之狼狈为奸,实坏于徐用仪之迎合附和。"

由此要求将徐"立予罢斥"。[1] 以当时的政治斗争方式手段而言,王鹏运此折当有其背景。又查六月十一日军机处《随手档》与《早事档》,皆无王折相关的记录。这就有两种可能:其一是该折未从正常渠道上奏,另由大臣面递给光绪帝;其二是光绪帝早朝收到该折后一直未交军机处,并未记入《早事档》,而由光绪帝当面交给慈禧太后。[2] 又查六月

---

〔1〕 王鹏运:《〈半塘言事〉选录》,《近代史资料》总65期,第62—63页;原折见《军机处录副·光绪朝·内政类·职官项》,3/98/5326/76,光绪二十一年六月十一日。

〔2〕 军机处六月十一日给慈禧太后的奏片称:"本日肃庆王隆懃奏'请纳正言而裕财用折',奉旨'交户部阅看';徐桐等奏'钟德祥收受赃款审明定拟折',遵缮明发谕旨一道;李文田奏'保游智开请录用折',遵缮电旨一道;继恒奏'挑选前锋护军各缺宜妥定章程折',奉旨'交两翼前锋统领、八旗护军统领妥议具奏'。谨将原折恭呈慈览。"其中未提王鹏运奏折,可见光绪帝是面交慈禧太后的。军机处《随手档》光绪二十一年六月十六日记:"发下御史王鹏运折:枢臣不职请立予罢斥由(见面发下归籖)。"此为军机处收到时间,可能由慈禧太后交还给光绪帝,然后由光绪帝发下军机处。

十一日《翁同龢日记》：

> "入时，事已下，留王鹏运封奏未下。先召臣至养心殿，谕今日有弹章，数语即出。入至小屋，则传谕徐某不必上……见起时宣示，此奏则专劾徐用仪比附孙某，与李相表里，兼及借款忿解事，谓同僚和解，靦颜再出，无耻之甚云云。邸及李相力争，谓此人实无劣迹，余亦为申辩。而上怒未回，令其姑迟数日不入直，静候十五日请懿旨也。唯唯而退。"〔1〕

该日李鸿藻日记称：

> "寅初入直，肃王、王鹏运、继恒封奏，王鹏运折留。吏部等处带领引见。辰初叔平先叫起，召见，外起丁槐、廖寿恒。小云不令上去。王鹏运专劾徐用仪，请即予罢斥，当即力言。巳正后退值，饭后睡起已午正，未初赴督办处，途遇恭王，到督办处与庆王共谈，余均未到……"〔2〕

由此可见，当天光绪帝先召见翁同龢，说明王鹏运弹劾徐用仪之折；而召见军机时，已不让徐用仪入内。翁称恭亲王、李鸿藻及其本人在御前皆为徐"申辩"，李鸿藻亦称其为徐"力言"，恐皆为口是心非之论。由于罢免徐用仪须经慈禧太后同意，光绪帝提出十五日见慈禧太后再做决定，在此期间也不让徐参加军机召见。六月十六日，光绪帝发下三道上谕：

> "内阁奉上谕：吏部左侍郎徐用仪著退出军机处，并毋庸在总理各国事务衙门行走。"

> "内阁奉上谕：礼部左侍郎钱应溥著在军机大臣上行走。"

> "内阁奉上谕：翁同龢、李鸿藻均著在总理各国事务衙门行走。"〔3〕

---

〔1〕《翁同龢日记》，第5册，第2822页。"与李相表里"中"李"指李鸿章；"邸与李相力争"中的"李"指李鸿藻。

〔2〕 李宗侗、刘凤翰：《李鸿藻先生年谱》，〔台北〕中华学术著作奖助委员会，1969年，下册，第734页。

〔3〕 军机处《上谕档》，光绪二十一年六月十六日。很有意思的是，李鸿藻日记于此日竟是一字不提。

这是一次完整的中枢机构调整，也是战后政治格局又一次大手术，恭亲王的班底完全取代了醇亲王的势力。[1]戊戌政变后，光绪二十四年八月十一日，徐用仪再次被命为总理衙门大臣，但未再入军机处。

孔祥吉认为，王鹏运该折是康有为起草的。[2]对此，我还不能予以确定。此事可以确认的证据有二：一、王鹏运先后出奏弹劾张乔芳、潘赞清，皆由康策划。（参见21·1、21·17）二、翁同龢闰五月初九日与康有为有一次长谈。（参见21·14）然相反的证据是，王鹏运早在光绪二十年十月二十日即上奏"请罢奸邪以坚战计折"，要求罢免孙毓汶、徐用仪，称言：

> "窃臣恭读本月十九日谕旨：大学士额勒和布，才欠开展，张之万年逾八旬，均著毋庸在军机大臣上行走。钦此。仰见我皇上慎任枢衡，英明果断。天威一振，何难扫荡倭氛。然臣窃谓阻挠战局依违和议，如军机大臣兵部尚书孙毓汶、吏部左侍郎徐用仪，其辜恩误国，罪更浮于额勒和布、张之万也。"

---

[1] 此时的政局，屠寄的看法还是有意思的。他在给缪荃孙的信中称："……济宁、海盐罢斥政柄，消长之故，容再占之。高阳暗于知人，疏斥南中冠冕之士，居心不免有私。常熟苦心调剂，然少英断。印刘虽死（死于疫），皮李尚存，腹心之害未去也。士大夫哄然请变法，独不肯请废科举，殆为己之学乎！寄以为科举不废，满汉尚分，捐例不停，内患不去，人心不改，天下未必治也。合肥初八可到京，与林董议条约细目，直隶京官联名递折，阻其回任。然合肥诚可去，继合肥者未得其人也。南皮夫子圣眷方隆，近所陈请，规模宏远……""木斋、礼卿、道希、仲弢、叔容、邵予、渔溪、屺怀、松山、凤石诸公，纷纷去国，可谓见几而作。""铁路一事，皆知其利，皇上亦意在必办。但中国自办，或包与外国代办，尚未定耳。""济宁两腿皆不仁，只得开缺，并非恬退。合肥觊觎回任，中朝装糊涂，大约须其自退，而渠已接眷至津矣……刻下朝政稍觉清明，未始非翁、李二公之力。"（屠寄致缪荃孙，七月初六日，六月十二日，《艺风堂友朋书札》，上册，第496—497页。）他看见了一点希望，但似乎不认为将来的政治会有很大的改变。其中"济宁"为孙毓汶，"海盐"为徐用仪，"高阳"为李鸿藻，"常熟"为翁同龢，"皮李"为李连英，"合肥"为李鸿章，"南皮"为张之洞，"木斋"为李盛铎，"礼卿"为删光典，"道希"为文廷式，"仲弢"为黄绍箕，"叔容"为黄绍第，"邵予"为张仁黼，"屺怀"为费念兹，"松山"为陈田，"凤石"为陆润庠。

[2] 《乙未丁酉间康有为变法条陈考略》，《戊戌维新运动新论》，第20—23页；《康有为变法奏议研究》，第127—135页。

"以祖宗二百年之藩服，一旦徇苟且目前之计，委之于人，不顾后患，臣不解孙毓汶、徐用仪之力主和议为何心？……"

"臣亦知主持和议不止孙毓汶、徐用仪二人，然二人者居密勿之地，操均衡之权，其言易入，其计易行……臣请明降谕旨立罢孙毓汶、徐用仪，并晓明该尚书等阻挠战局力持和议之罪，使天下晓然……如能外去跋扈自专之李鸿章、内罢朋比罔上之孙毓汶、徐用仪，而谓倭寇不能平，我军不能胜者，臣虽死不受也。"[1]

王鹏运本来就主张用恭亲王、罢孙毓汶、徐用仪、李鸿章，为此有着一系列的奏折。若仅凭康说，即认定此折由康所拟，似还需有一些连接的史料。

西山、碧云寺，皆是京西名胜。距当时的京城，约三四十华里。

(21·17) 是时粤抚马丕瑶受刚毅意，保奏市侩潘赞清为三品卿，得旨：赏给之。草折交王佑遐附片上之。刚毅曾受其重金，力为保护，不能去也。

据手稿本，"粤抚"二字为添加；"市侩"二字为添加；"为三品卿"之"为"字为添加。"王佑遐"，诸抄本、刊本皆作"王幼霞"。

马丕瑶（1831—1895），字玉山，河南安阳人。同治元年进士，历任山西、贵州、广西等处地方官，光绪十五年任广西巡抚，以能吏著名。光绪二十年丁忧期满，接替刚毅出任广东巡抚。

刚毅（1837—1900），字子良，满洲镶蓝旗人。笔帖式出身，累迁至刑部郎中，因光绪三年平反杨乃武与葛毕氏案，名声大振。出任广东、江西、山西、江苏等处地方官。光绪二十年，以广东巡抚祝慈禧太后寿来京，旋中日开战，因主战被留，与翁同龢、李鸿藻同入军机处。时仟军机大臣、礼部左侍郎。后迁兵部尚书、协办大学士等职。政治思想保守，反对西方势力。八国联军入京时随慈禧太后、光绪帝西逃，于山西

[1] 王鹏运：《〈半塘言事〉选录》，《近代史资料》，总65期，第44—46页。

途中病故。

潘赞清，身世不详。

王鹏运弹劾潘赞清一事，档案中有确切的史料。查六月初二日军机处《随手档》，记有广东巡抚马丕瑶单衔附片："善绅潘赞清请奖叙由"，朱批："潘赞清著赏给三品卿衔。"半个月后，六月十九日，王鹏运出奏，正折为"考试御史请慎保送以杜取巧折"，附片为"广东爱育堂绅士潘赞清营私谋利片"。该片称言：

> "臣近阅邸抄，广东抚臣马丕瑶奏保爱育堂首事、道员职衔潘赞清，请加三品卿。奉旨允准。粤东人士闻之，莫不骇怪，啧有烦言。伏查爱育堂设立之始，积资创办共数十家，潘赞清入堂最后。复借善堂为名，交结官府，营私谋利，无所不为，以致同人皆避其锋，不敢复入，外论哗然。且该绅屡次被人控告，南海县皆有案可稽。其尤著者，曾占一米行之地，结讼数年始解。又有强掠民女为妾之事，秽声流闻，遍于道路。以贪鄙无行之人，而予以至贵难得之赏，何以大服人心？倘谓善举宜酬，查粤东善堂不一，何以只保爱育堂？即爱育堂亦众善积资，何以只保潘赞清？近日粤东钜儒如陈澧者，奏请奖励，不过赏给五品卿衔，今以一市侩而加至三品，何以劝士？且卿贰何官，乃以市侩得之，名器之谓何？夫朝廷赏一人以劝善也，若以为怪，何赏之为？且臣闻爱育堂初立之时，即声明不邀誉不乞恩，今潘赞清乃觍颜受之，是何心哉？相应请旨收回成命，抑或饬下礼部，如何议给该善堂旌奖之处，伏候圣裁。"[1]

该片奏上，奉旨"存"，并于当日呈送慈禧太后。[2] 王鹏运是广西人，不了解南海的情况，且如此相攻，自当另有写手。康有为代王拟折，可以由此确定。刚毅曾任官广东，人脉熟络，其中是否有托马丕瑶保潘、遇弹劾后是否又巧为"保护"之情节，我皆未读到相关的史料。

---

〔1〕《军机处录副·光绪朝·内政类·职官项》，3/98/5326/92。
〔2〕军机处《随手档》、《上谕档》，光绪二十一年六月十九日。

（21·18）中国风气向来散漫，士夫戒于明世社会之禁，不敢相聚讲求，故转移极难。思开风气，开知识，非合大群不可，且必合大群而后力厚也。合群非开会不可，在外省开会，则一地方官足以制之；非合士夫开之于京师不可。既得登高呼远之势，可令四方响应，而举之于辇毂众著之地，尤可自白嫌疑。故自上书不达之后，日以开会之义，号之于同志。陈次亮谓办事有先后，当以报先通其耳目，而后可举会。报开两月，舆论渐明，初则骇之，继亦渐知新法之益。吾复挟书游说，日出与士大夫讲辨，并告以开会之故，明者日众。乃频集通才游宴以鼓励之。三举，不成。然沈子培刑部、陈次亮户部皆力赞此举。七月初，与次亮约集客，若袁慰亭世凯、杨叔峤锐、丁淑衡立钧及沈子培、沈子封兄弟、张巽之孝谦、陈□□，即席定约，各倡义捐，一举而得数千金，即举次亮为提调，张巽之帮之。张为人故反复，而是时高阳当国，张为其得意门生，故沈子培举之，欲使其勿散坏也。举吾草序文及章程，与卓如拟稿而公商之。丁、张畏谨，数议未定。吾欲事成，亦迁回而从之。于是，三日一会于炸子桥嵩云草堂，来者日众。翰文斋愿捐送群书，议开"书藏"于琉璃厂，乃择地购书，先属孺博出上海办焉。是时遍寻琉璃厂书店，无一地球图。京师锢塞，风气如此，安得不败？

据手稿本，"思开风气"之"思"字由"而"改；"开之于京师不可"之"不"字后删一"能"字；"既得登高呼远之势"之"呼远"二字由"而应远"改；"举之于辇毂"之"辇毂"二字为添加，补在行间；"报开两月"之"报"字后，删"□□□举行"五字；"舆论渐明"后删一"渐"字；"三举，不成"后删"至七月"，"然"字为添加，补在"沈子培"前；"七月初"之"初"字为添加；"张巽之孝谦、陈"后有两个字的空位，看来已不记其名；"各倡义捐"为添加，补在行间；"即举陈次亮为"后，删一字；"草序文及章程"后，删一字；"丁、张畏谨"之"畏"字后，删一"祸"字；"于炸子桥嵩云草堂"由"举之于松筠草堂"改；"来者日众"后删"然丁、张断断挑剔"；"翰文斋愿捐群书"一句为添加，补在页边；"乃择地购书"至"安得不败"一段为添加，补在行间及页脚，并删其中"张乃托之"四字。"丁叔衡立钧"，诸刊本、抄本皆将"立"误为"玄"；"欲使其勿散坏"之"欲"字，各抄本、刊本皆漏。"与卓如拟稿"一语，《戊戌变法》本无"稿"字。

杨锐（1857—1898），字叔峤，又字钝叔，四川绵竹人。初应童子试，遇四川学政张之洞，亟奖拔之，邀入幕校。光绪十一年举人，十五年考取内阁中书。二十二年起任会典馆协修、纂修、帮总纂等职，升侍读。他与张之洞关系甚密，在京费用皆由张供养。

沈子封，名曾桐（1850—1921），字紫封，沈曾植之弟。浙江嘉兴人。光绪十二年进士，入翰林院，散馆后授编修。后任广东提学使、云南提法使等职。

丁立钧（1854—1902），字叔衡，江苏丹徒人。光绪六年进士，入翰林院，散馆后授编修。二十二年授山东沂州知府。

张孝谦，字巽之，河南商城人。光绪十五年进士，入翰林院，散馆后授编修。二十年为督办军务处文案章京。曾作为随员而随李鸿章赴日，参加《马关条约》之谈判。二十二年以知府分发湖北。

陈□□，梁启超书信中称陈仰垣，当为陈养源，名允颐，江苏武进人。[1]曾任驻日本横滨理事官（领事），时任湖南候补道，此时似任职于督办军务处。[2]

陈次亮，陈炽。沈子培，沈曾植。高阳，李鸿藻。此节所言，皆为北京强学会之事。[3]当时人在信件中对此叙说甚详。

先看为强学会编报的梁启超的说法。梁于二十一年夏致夏曾佑书称："此间会事，少有阻力，然亦必成，子培坚忍之力，至可敬也。"八

---

〔1〕《梁启超年谱长编》，第42页。汤志钧查澳门《镜海丛报》光绪二十一年乙未九月十三日（第三年第十五号）有强学会发起人名单，中有"陈养源观察允颐"，汤志钧认为，"养源"即"仰垣"。（《戊戌变法史》修订本，第179页）又，军机处《上谕档》光绪二十一年七月初三日记："交吏部。军机大臣面奉谕旨：本日引见之湖南候补道陈允颐，著于初四日预备召见。钦此。"

〔2〕翁同龢日记中对陈允颐有多处记录，可知其在京中有差使。光绪二十二年四月初三日翁写名单进呈，记"湖南道督办军务处章京陈允颐（养源）。"（《翁同龢日记》，第5册，第2899页）

〔3〕参见汤志钧：《〈汪穰卿师友手札〉中关于强学会的史料》，《康有为与戊戌变法》，第285—300页；《北京强学会人物》，《戊戌变法人物传稿》增订本，下编，第693—712页；《戊戌变法史》修订本，第167—190页；《戊戌时期的学会和报刊》，第21—78页。又，"强学"一词，似出自于《礼记·儒行篇》，"儒有席上之珍以待聘，夙夜强学以待问……"然康有为作《京师强学会序》、《上海强学会序》皆未用此典；而《上海强学会章程》称"以求中国自强之学"。

月初三日致夏书又称："此间数日内袁慰亭、陈仰垣诸人开一会，集款已有二千（以后尚可通达官，得多金），拟即为译书刻书刻报地步，若能成亦大佳也。"八月二十七日致夏书再称："前书所言学会事，尚未大成，故淹留于此，将以俟之。"〔1〕

再看在京城中为张荫桓作馆、同在强学会中编报的汪大燮的说法。汪大燮八月十九日致汪康年书称："京城士夫拟联强学会，已赁屋孙公园，微有眉目，章程尚未定，经费不敷，而首事张巽之、李□□先有意见。中国办事所以难成，所以无效也。"八月二十九日致汪康年书又称："京中同志有强学会，事当可成，或且与之委蛇而已。"说明此时强学会尚未有成。九月二十四日致汪康年书，较为详细地说明了相关情况：

"京中同人近立有强学会，亦名译书局，下月开局，先译日报，凡伦敦《泰晤士》、《代谟斯》报，先日出一册，约十页等。西书购到即译书，欲与穰弟之公会合而为一，凡此间所译，公会不必译，公会所译，此间不再译，可以事半功倍。同人延兄及梁卓如为主笔，下月当移寓后孙公园安徽馆间壁，有信写明迳寄彼处可也。其经费有香帅五千金，袁观察千余，及零星之款，将来当可推广。惟现在系张巽之翰林孝谦主其事。巽之作事无甚经纬，幸勿为外人道，所苦在此，然兄亦不辞，努力前去，或有到之一日。西人李佳白为译书，兄笔作笔述。费充事繁，再添人，费再充，再立学堂，再建屋，其意如此。巽之言，穰弟等所欲印西图，如译不及，可分一半代译之。请与沅帆一商……现在办此等事，不可再作虎头蛇尾。若取人钱而旷日不出，万万不可，且侔利之心，亦不宜过重。此虽非会中事，而与会事相连，无使人言会中人靠不住也……会中陈次亮、沈子培、丁叔衡皆有正董之名，沈子封、文芸阁等皆有副董之名，其余褚伯约、姚菊仙等无不与会事。人虽杂，亦不得不然也。"〔2〕

---

〔1〕《梁启超年谱长编》，第42页。

〔2〕《汪康年师友书札》，第1册，上海古籍出版社，1986年，第710、712、714—716页。"穰弟"，汪康年；"香帅"，张之洞；"袁观察"，袁世凯；"陈次亮"，陈炽；"文芸阁"，文廷式；"褚伯约"，褚成博；"姚菊仙"，姚丙然。

十月初三日、初八日，汪大燮两次致书汪康年，说明其于十月十一日移居强学书局，与梁启超同为主笔，编译报纸。[1]然至十一月二十六日，汪大燮致汪康年书则称："此间事大糟，一人为恶，和者亦半……近日冗碌已极，无一如意事，无非拂意事，乏味之至。"[2]正式创办不到两个月，内部此时已经涣散。

此时刚刚到达京城的吴樵，对此事甚关心，可从其说法验证诸说。他于十一月十二日致汪康年书称："十二日赴强学会议事之约，略坐即去，以无可与言者。伯棠、卓如均枉过，与谈甚恰。伯棠、卓如甚好。卓如以与诸人所论不合，拟辞职矣。惟此间会事大非吾辈在鄂时意料所及。中国事大抵如此，不必诧也。初名强学会，后改强学局，近更名京都官书局，可大噱也。想伯棠已有言，不赘述。与会诸人官气重而本领低，私意多而急公鲜，议论乱而本旨悖。"光绪二十二年二月二十一日再致汪康年书称："京会之初，发始于杨钝丈、张君立丈、康长素、沈子封丈、沈子培丈、陈次亮诸人。后稍集有资，于是丁叔衡、张异之、熊余波相继入。又恐无（言）路或中之，乃援张次山、王幼霞、诸（褚）伯约三侍御以为重，于是局中意见各不相下……"[3]

---

[1] 初三日信称："兄初十左右即移居强学书局，寄上章程一册，招股票一张，乞察阅。此事原以陈次亮炽、丁叔衡立均、沈子培、张异之孝谦四人为总董，而张异之意见重，气焰大，群恐因此坏事，现在大致皆张主持，未能十分周妥。此勿为外人道，只可将来修补。报章则兄与梁卓如为主笔，有卓如之勇，甚妙甚妙。大约两日一册，每册七、八、九页不等也。将来集成，留以备览。现在无翻译，只有《路透报》，而《泰晤士》、《代漠斯》皆无之，此则尤非推广不可者也。"初八日信称："强学书局已开，兄于十月十一日移住局中。先以报事为主，好在现在已有翻译之人。西报数种，东报两种，均可一律译刻。开风气，通彼此之情，固急务也。书亦已买，月内可到……惟此间一切尚未大定，卓如欲拨款作申局，现款未充，又在事者有彼此之见，只可将来再看。"（《汪康年师友书札》，第1册，第716—718页）

[2] 《汪康年师友书札》，第1册，第719页。

[3] 《汪康年师友书札》，第1册，第460—461页，第471页。"伯唐"，汪大燮；"张君立"，张权；"熊余波"，熊亦奇；"张次山"，张仲炘。又，叶昌炽在光绪二十一年十一月初四日记中称："赴强学书局，晤褚伯约、姚菊仙、沈子封三前辈，研芙、虞裳、次亮、伯唐。"十二日，"强学书局会议，众喙纷庞，京朝士大夫又未尽化华夷之见，此局之设，亦如麒麟楦而已。"（《缘督庐日记》，第4册，第2368—2369页）"研芙"，徐仁铸；"虞裳"，杨宜治。

从以上三人的说法中，大体可知：一、强学会最初由杨锐、张权、康有为、沈曾桐、沈曾植、陈炽、袁世凯、陈允颐等人发起，时约在七月底八月初，最初集款约"两千"。其正式成立时间为十月，地点在宣武门外后孙公园。康有为于八月底离开北京，虽没有参加该会的实际工作，但有倡导之作用。[1]二、强学会，又似可称强学书局，以陈炽、丁立钧、沈曾植、张孝谦为总董，沈曾桐、文廷式为副董，张孝谦主其事。加入其中的京官数量甚多。[2]三、强学会的主要工作是编刊、译书，其刊《中外纪闻》，由汪大燮、梁启超为主笔。四、强学会内部意见并不一致，至年底，梁启超萌有去意。

"炸子桥"，在今北京宣武门以南，原有小河沟，桥名靴子桥，讹音炸子桥，亦作诈子桥。清代填河为胡同。1912 年雅化其名为"达智桥"。"嵩云草堂"即河南会馆，在达智桥胡同路北，咸丰年间由袁甲三等人建成，占地两亩，今主要部分为北京第 204 中学。[3]

---

[1] 此时在湖北的谭嗣同，显然听到了一些消息，给其师欧阳中鹄信称："康长素倡为强学会，主之者内有常熟，外有南皮，名士会者千计，集款亦数万……"（蔡尚思、方行编：《谭嗣同全集》增订本，中华书局，1981 年，第 455 页）谭信内容稍有误，然"康长素倡为强学会"之"倡"字，说明了康的作用。

[2] 强学会被禁后，成立官书局，管理大臣孙家鼐于光绪二十二年二月十一日上奏官书局章程，称："上年部院诸臣，开设书局，仓猝举办，草定规模，遇事尚未划一。今拟将局中诸务各分职掌，庶心志专一，可期日起有功。所有在局办事诸臣职名，另单开呈御览。"（《军机处录副·光绪朝·内政类·戊戌变法项》，3/108/5614/8）孙家鼐附单称："谨将办理书局诸臣衔名缮写清单，恭呈御览：翰林院侍读学士文廷式、詹事府左春坊左中允李昭炜、国子监司业瑞洵、翰林院编修丁立钧、翰林院编修熊亦奇、翰林院编修沈曾桐、翰林院编修张孝谦、翰林院编修徐仁铸、翰林院检讨宋育仁、礼科掌印给事中褚成博、掌江南道监察御史张仲炘、掌江西道监察御史王鹏运、内阁中书杨锐、内阁中书汪大燮、户部郎中陈炽、户部主事涂国盛、刑部员外郎沈曾植、刑部员外郎潘庆澜、刑部郎中胡翔林、工部郎中端方、工部郎中徐道焜、工部员外郎杨士燮、工部主事丁象震。以上二十三员，臣惟添派司官二四员，余皆原小书局之人。俟奏定后，臣再商酌分任职掌。自奉旨开办书局，部院诸臣愿到书局任事、冀收观摩之益者甚多，未能一一具奏。容臣随时留入局中，借资襄助。"（《军机处录副·光绪朝·内政类·职官项》，3/99/5351/2，清单与正折已分离，根据内容确定）这是一份最为详细的强学会人员的名单，孙称其"添派司官三四员"，而具体是谁，我还不能确定。

[3] 胡焕春、白鹤群：《北京的会馆》，中国经济出版社，1994 年，第 216—218 页。

"琉璃厂"，在北京宣武门南，是著名的书店街。"翰文斋"，光绪年间开设，在东琉璃厂路南，主人韩心源，直隶衡水人，属书林中通晓版本者。时以刻书、收古书为主业，是当时的大书店，1952 年合并于中国书店。[1]翰文斋捐书之事，我尚未读到相关的记载。

《中外纪闻》十一月初一日创刊，双日刊，最后一册为十二月初三日。从某种意义上说，它是《万国公报》（强学会）的继承者。（参见21·13）该报刊登阁抄谕旨、路透电讯、外报消息、各省报消息、西方"格致有用之书"等，并有论说等。

康有为所称由其与梁启超所拟《强学会序》，后刊于上海《强学报》第 1 号；强学会《章程》，前引汪大燮十月初三日信件称由其寄汪康年，而康此时已离京（参见 21·21），康似未参预此事。

孺博，麦孟华。派麦孟华去上海购书事，康后于 1915 年撰《祭麦孺博文》中称："开强学会时，京师无地球图，孺博出上海购图器，张文襄慕其才名，延招入幕，辞不就。"[2]

（21·19）时英人李提摩太亦来会，中国士大夫与西人通，自此会始也。英美公使愿大助西书及图器，规模日广。

据手稿本，"时英人"之"时"字为添加，补在页脚，"英"字由某字改。"中国士大夫"之"大"字，诸刊本、抄本皆漏。

---

〔1〕《清代的民间印刷》，见《中国科普博览·印刷博物馆》网页；胡金兆：《存在了 70 年之久的翰文斋》，《百年琉璃厂》，当代中国出版社，2006 年，第 22 页。又，1928 年曾在该书店买书的著名汉学家长泽规矩也称："琉璃厂路南翰文斋韩氏是大店，买卖都交给店员。"（长泽规矩也喜寿纪念会编：《长泽规矩也著作集》，〔东京〕汲古书院，1982 年，第 6 卷，第 264 页）

〔2〕《遗稿·戊戌变法前后》，第 641 页。梁启超于 1912 年称：强学会"乙未之末，为步军统领所封禁，所有书籍仪器，尽括而去，其中至可感慨者，为一世界地图，盖当购此图时，曾在京师费一二月之久，遍求而不得，后辗转托人，始从上海购来。图至之后，会中人视同拱璧，日出求人来观，偶得一人来观，即欢喜无量。乃此图当时封禁，亦被步军统领衙门抄去，今不知辗转落在何处矣。"（《莅北京大学校欢迎会演说词》，《饮冰室合集》，第 4 册，文集之二十九，第 38—39 页）

李提摩太（1845—1919，Richard Timothy），英国传教士，由浸礼会派来华，与中国上层官员多有交往。光绪十七年起，主持上海广学会，出版西方书刊，影响甚大。甲午战争时，极大活跃于清朝官场。光绪二十一年秋，他来到北京，一住四个多月，一方面向清朝政府提出教会方面的要求；另一方面是向翁同龢等高官兜销"新政策"，即由英、美人士来掌管中国的政治、外交、财政、教育、铁路等事务。[1]他是一个思维想像力超过政治判断力的人。

康有为于光绪八年参加顺天府试后路过上海，开始接触西学。其

---

[1] 翁同龢日记多次记及李提摩太。光绪二十一年九月初九日日记记："未初晤英教士李提摩太，豪杰也，说客也。"并记李提摩太语："……中国须参用西员，兼设西学科。（此两事驳之）……"十四日，"李提摩太先来见恭邸。"十月十四日，"总署递李提摩太等折。"二十七日，"见李提摩太……余与之谈道，次及政事，旋及教案……李读书明理人也。"十一月十七日，"未正见李提摩太、刘海兰，民教相安事。"光绪二十二年正月十二日，"未刻送英教士李提摩太，长谈。伊言须富民、富官……赠以食物八匣、绸四端而别，留一照象赠余。"（《翁同龢日记》，第 5 册，第 2843—2844、2845、2855、2858、2863、2878 页）可见他在长达四个月时间内广泛结交清朝上层。光绪二十二年三月，李提摩太在《万国公报》发表《新政策》，提出了"教民"、"养民"、"安民"、"新民"四法，又提出"中国目下应办之事有九条目：一、宜延聘可信西人二位，筹一良法，速与天下大国立约联交，保十年太平之局，始及兹暇日，重订新章。二、宜立新政部，以八人总管，半用华官，半用西人。其当用英、美两国者……若某某者，英人之杰也，某某者，美人之英也。得此数人，总管新政，与中国四大臣合办……其新政应办各事，选订各国专门名家之人分任其责，均派中国大臣合办……三、中国地大物博，铁路实富强之本源……应调西人某某，到京考校，仍电请西国办理铁路第一有名之人，年约四十岁者，与之商办……四、某力强年富，心计最工，在新政部，应当管筹款借款之事，以中国管理财赋大臣合办。五、中国应暂请英人某某，美人某某，随时入见皇上，以西国各事详细奏陈。六、国家日报，关系安危，应请英人某某，美人某某，总管报事……七、学部为人才根本，应请德人某某，美人某某……八、战阵之事，素未熟谙，应请专精此事之人，保荐人材以备任使。九、以上各事，应请明发谕旨"。（《万国公报》，第 87 号，华文书局影印本，第 25 册，第 15935—15946 页，原文署日期为光绪二十一年九月二十五日，即他与康有为会见后近一个月）由此可见，李提摩太的"新政策"是由英、美等国人士负责和指导下国家改革运动，除了军事的领域外，已提出了具体人选，兼及政治、外交、铁路、财政、报纸、教育等领域。他虽未在《万国公报》上公开姓名，但也有人"在一封私人信件中发现，李提摩太建议的四位外国人内阁成员是英国人赫德（Sir Robert Hart）、查理·艾迪斯（Sir Charles Addis）和美国人福斯特（Foster）、德鲁（Drew）"。（转引自陈启云：《梁启超与清末西方传教士之互动研究》，[长春]《史学集刊》，2006 年第 4 期）

中的一个主要途径，便是林乐知（Young J. Allen）所办的《万国公报》。[1]胡汉民称：

> "康有为未尝研究政治的学问，单就当时李提摩太、林乐知所译一二粗浅西籍，管窥蠡测，以为民族是要分别的，民主政体是这样的，实则似是而非，一知半解，后来不能自信，也未必不因于此。"[2]

胡汉民发表此言论时，正是革命、保皇两党相争之期，颇显意气。但他指出康有为之西学来源，却又是很有道理的。[3]光绪二十年七月，李提摩太在《万国公报》上刊登一则有奖征文启示《拟广学新题征著作以裨时局启》，称言：

> "中国声明文物，彪炳寰瀛，际兹光气大开，人才蔚起，知新既由于温故，博古尤贵乎通今。凡借著而筹者，辄欲入翰墨之林，卜振兴之象……济济多士，得志则坐言起行，抒致君泽民之伟抱，不

---

〔1〕 参见梁元生：《林乐知在华事业与〈万国公报〉》，香港中文大学出版社，1978年，第六章《林乐知与广学会》、第七章《〈万国公报〉与晚清政治运动》。又，史家多引康有为《我史》光绪九年，称康有为于此年阅读《万国公报》。然查《我史》手稿本，"购万国公报，大攻西学书，声、光、化、电、重学及各国史志，诸人游记皆涉焉"一语，为添加，而删去了原写的"及西学书"诸字。我虽不能明确此处康有为修改于何时，但光绪九年康有为是否真购《万国公报》，却是可以怀疑的。此年恰是林乐知因办学事务繁忙而停办《万国公报》，直至光绪十五年（1889）才由广学会复刊。由此，我以为，康有为当初路过上海对西学的认识仅是开始，到《万国公报》复刊后，康有为从中吸收了许多西学知识。

〔2〕 《戊戌庚子死事诸人纪念会中之演讲》，民前七年（1905）九月初八日，原载《民报》第一号，《胡汉民先生文集》，〔台北〕中国国民党中央委员会党史委员会印，1978年，第1册，第26页。

〔3〕 冯自由对此也有相同的说法，称言："康初讲学于长兴里，号长兴学舍，好浏览西学译本，凡上海广学会出版之书报，莫不尽量购取。长兴学舍旋移于广府学宫，改名万木草堂，与双门底圣教书楼相距甚近。时总理初假圣教书楼悬牌行医，因康常在该书楼购书，知其有志西学，欲与结交……"又称："英美二国人士李提摩太、林乐知、李佳白等创设广学会及大同学会等文化组织，专翻译基督教经典及欧美史地科学等一切关于文化之书籍。如《泰西新史览要》、《普法战史》、《格致汇编》之类，无虑数百种，国人之谈新学者，莫不奉为津梁。广州双门底之圣教书楼，即以贩卖广学会出版书报为营业，孙总理及康有为之创导维新，大都得力于是。"（《戊戌前孙康二派之关系》，《革命逸史》，初集，第47页；《记上海志士与革命运动》，《革命逸史》，第2集，第66页）

得志则著书立说，操牖民觉世之微权。吾知三千年来，杰出东方者，将于五万里外道行西国矣。敝会举于沪江，于兹七载，采西邦之新学，广中土之灵机，惟日孜孜，不敢稍懈。顾选良箴以代木铎，已欣日异月新，而延文字以译金针，难冀家弦户诵。诸君子居四民之首，为百族之型，国计民生，盱衡有素。敝会窃不自揆，欲如赵武所谓得以观七子之志者。适泰西公平洋行主人汉璧礼君过沪，深以敝会之意为不谬，且曰：华民未谙新学，未兴新法，皆士之责也。会以广学名，曷不拟广学数题，请操觚之士略一究心乎？爰拟题目五道，并留润笔兼金而去。敝会今特请顺天、江南、浙江、福建、广东五省宏儒硕彦，各出心裁，不吝教益。"

李提摩太之用意，是藉当恩科之年，模拟科试而促西学之流行。他开出了五道试题，并规定"请皆全做，其通共字数，约在四五千之间"。其试题为：

"一、开筑铁路、鼓铸银钱、整顿邮政为振兴中国之大纲论

"二、维持丝茶议

"三、江海新关考

"四、禁烟橄

"五、中西敦睦策"

李提摩太的命题，有着明显的倾向性，而命题之下另有注文，在此思路下作文，自可以将应试人的思想引向他所预设的方向。他规定的完稿时间为"本年腊月十日为止"。[1]

---

[1]《万国公报》，第67号，华文书局影印本，第23册，第14591—14594页。五题的注文为：一、"日本新设邮政局，请参其成法，以资集思广益之效。"二、"外洋所需丝茶，多仰给于中国，非天气地脉之尽不宜也，人工之贵于中国也。中国亟宜先求各国之良法，以制新机，然后缫丝而经纬愈匀，焙茶而色自具足。其栽莳育丝，肥土采叶茶，诸事亦宜刻意讲求，悉心参考，庶几大宗之利，不为异域所攘。诸君望重乡闾，评精月旦，请抒闳议，以牖愚民。"三、"中国广开江海各关，稽征来往外洋船货税钞，垂三十余年矣，有益于国计民生者何在？请详考之。"四、"鸦片烟久为民害，中国欲禁之意，必有见诸行事，确凿可凭者。谓宜畅发隐微，宣示遐迩，并声明印度禁烟，入华而后，华民尚复私栽罂粟，作何治罪，庶几名正言顺，外人无可置词。诸君本此二端，作为一橄，诛物而不责人，则无害于邦交，而烟窟化为

康有为此时参加完甲午恩科会试已回广州，正遭余联沅弹劾，出游罗浮山，并往广西讲学（参见20·1、20·2、20·3）。他于何时何地看到李提摩太的此则启示，尚不可而知，但他却应题作文寄去，且被取中。光绪二十一年二月，《万国公报》刊出了《广学题名》，称言：

> "去年广学会特出新题五道，征燕、吴等省佳文，《启》具录《公报》六十七号。收卷期满，惜不甚多，旋聘王紫诠、沈赘翁、蔡芝绂三君评定甲乙，今列前列姓名于左……广东：杨毓辉、史纲、董琪、詹万云、杨史彬、喜语刻崖、苏幹昌、李鼎颐、毕超、康长素、周梦胥、谭林、胡家鼎、王炳堃。"[1]

康有为列名广东第十位，由此获奖银四两。《万国公报》刊出消息时，康有为正赴京师参加乙未科的会试（参见21·2），其当时的感受今已不可知。此为康有为与《万国公报》第一次直接接触。

《万国公报》的征文获奖，似乎是一喜兆，是年康会试中进士。很可能是这一种特殊的经历，使康、梁将其在京城所办第一份报刊也命名为《万国公报》。（参见21·13）当李提摩太来到北京时，康有为即前去拜访。此次拜访的经过，李提摩太在二十年后（1916）出版的回忆录中有记载，称言：

> "1895年10月17日（光绪二十一年八月二十九日），我与康有为初次晤见，当他名片送给我的时候，我正在北京伦敦会住宅（L. M.S.Compound）里给我在巴黎的爱人写信呢。在客厅里我看到这位著

月府矣。"五、"中西通好以来，间或小有龃龉。今宜操何术以融芥蒂，而使交涉诸事，益敦睦谊。诸君必有良策，愿拭目以观之。"李提摩太还规定了征文的具体规则："卷面姓氏悉听诸君酌填，惟隶籍燕、吴、闽、浙、粤省分及何府州县，必须标明"；"请封固寄至上海虹口昆山路中西书院交林乐知先生查收，即当填付收券"；"当与熟谙新学之名士公同捧读，僭评甲乙，即缘申沪新各报"；"诸卷甲乙，各归各省，不相紊乱"；"拟定润笔，备列于下：冠军银十六两，亚元十二两，三名、四名各十两，五名、六名各八两，七名、八名各六两，九名、十名、十一名、十二名、十三名、十四名各四两"；"各卷留存本会，择其优者，刊入《万国公报》，以期寿世"。

[1]《万国公报》，第74号，华文书局影印本，第24册，第15095—15096页。"王紫诠"，王韬；"沈赘翁"，沈毓桂；"蔡芝绂"，蔡尔康。该刊又作说明："广学题名，天南遁叟鉴定，沈赘翁、蔡缕仙阅荐。""天南遁叟"，亦王韬。

名学者穿着黄色丝制的袍子，他在明天离此回南之前，带着一本自己的著作送给我。他告诉我，他相信我们出版物里所说的上帝的慈爱及国家间的友爱，并且他希望与我们合作来改造中国。

"由他及他的朋友们发起的维新会，叫作强学会，会员不仅仅是北京的最有知识的翰林，而且有些御史及军机处章京等……维新会里的会员，有一位青年约二十八岁，是康有为最出色的弟子，名叫梁启超。他听说我需要一位中文秘书，愿来服务，以后我在北京的时候，他一直协助我……约在这个时候，我在山东的老朋友美国长老会李佳白博士（Dr.Gilbert Reid）在北京高级社会阶层里工作，希望使他们对基督教表示友好，他和毕德格先生（Mr.W.N.Pethick）同我，时常被维新会会员约去吃饭，我们也还请他们。每次宴会上发表了关于中国改革的演说，并且举行讨论，会员们感到了深刻的兴趣。他们请我留在北京几个月，以便向他们建议如何进行工作。"[1]
而这次相会后，康有为对李提摩太有着极大的兴趣，也有许多联系。到了百日维新期间，李提摩太是康党向光绪帝保荐的两名外国顾问之一（另一位是伊藤博文，参见24·78）。

李提摩太与美国传教士李佳白、李鸿章顾问美国人毕德格参与了强学会的活动。[2]也因为如此，李提摩太参加主办的《万国公报》于光绪

---

[1] 林树惠译，李提摩太：《留华四十五年记》（1916年，伦敦）之第12章《中国的维新运动》，《丛刊·戊戌变法》，第3册，第554—555页。该书另有全译本，李宪堂、侯林莉译：《亲历晚清四十五年：李提摩太在华回忆录》，天津人民出版社，2005年，第233—235页。康有为后在《日本书目志》中对此有一小的记录："昔在京师合士大夫开强学会，英人李提摩太曰：波斯、土耳其、印度久经凌弱，未知立会。中国甫为日本所挫，即开此会，中国庶几自立哉！夫以一会之微，而泰西觇国者辄以为关存亡之故，社会之用亦大矣。"（《康有为全集》，第3集，第336页）

[2] 日本驻华公使林董对李提摩太、李佳白、毕德格参加强学会一事有报告。（参见21·21）又，梁启超于光绪二十三年作《记尚贤堂》，文称："西儒李佳白，创尚贤堂于京师……李君游中国十余年矣，昔在强学会，习与余相见。会既辍，李君乃为此堂，思集金二十万，次第举藏书楼、博物院等事，与京师官书局、大学堂相应……"（《饮冰室合集》，第1册，文集之二，第31—32页）孙宝瑄光绪二十三年五月初九日记："……予诣新吾，见美人李佳白欲在京师创大书院，不日回国集款，以成斯举。西人好义，无分别，见有不可及者。"（《忘山庐日记》，上册，第103页）

二十一年十一月、十二月两期刊登了康有为等人起草的《强学会序》(《强学会记》附)、《上海强学会序》(《上海强学会章程》附)、《强学书局缘起》(《强学书局章程》附)、《上海强学会后序》。[1] (参见21·18、21·24)

此时的英国公使为欧格纳 (Nicholas R.O'Conor, 1843—1908),光绪六年 (1880) 来华,任头等参赞,光绪十一年 (1885) 至十二年,因公使巴夏礼 (Harry Smith Parkes) 去世,以头等参赞署理馆务。光绪十八年 (1892) 任驻华公使,对中国内政多有建策。甲午战争后,听闻中国向俄国借款,往总理衙门大发雷霆,以致清政府要求英国将其召回,未成。光绪二十一年九月卸任,改任英国驻俄国公使。此时的美国公使为田贝 (Charles Denby, 1830—1904),光绪十一年出任驻华公使,长达十三年之久,至光绪二十四年五月十八日卸任。康称英国公使欧格纳、美国公使田贝对强学会"助西书及西图"之事,我尚未读到直接的材料。李提摩太在其回忆录中称:强学会"得到了英国公使欧格纳很大的鼓励",但未说具体内容。[2]值得注意的是,欧格纳对此期清朝政府改革,抱有很大的期望。汪大燮于光绪二十一年九月二十四日致汪康年书称:

"英使欧格纳斯 [期] 满调俄,至译署辞行,谓恭邸曰:'我在中国日久 (首充参赞),今去矣。愿效临别赠言之义,王爷在中国为第一有权有势之人,王爷不拿主意振兴中国,即无人能拿主意,但此时急矣。若并日而作,百废俱举,各国闻之,自不敢动。若如此因循,恐不数年,便不可问也。日本先下手得便宜,各国未尝不动心也。好自为之,无为天下万世笑也。'及出曰:'为我转禀,以为遗折。'或谓彼人不知遗折何解,或谓实沈痛之辞。总之将来局

---

[1]《万国公报》,第83、84号,华文书局影印本,第25册,第15685—15693、15748—15752页。

[2] 李提摩太称:强学会"并得到英国公使欧格纳很大的鼓励"。(林树惠译,李提摩太:《留华四十五年记》,《丛刊·戊戌变法》,第3册,第555页;又见李宪堂等译:《亲历晚清四十五年:李提摩太在华回忆录》,第235页) 但李提摩太没有说明具体的内容。

面，若辈早有成见……"〔1〕

由此可见于欧格纳基本态度。然此等消息能为中下层官员所知悉，又可知其传播之广泛。欧格纳于九月十五日陛辞，翁同龢称："临行嘱恭邸与余曰：毋忘昨言，郑重叮咛而去，意恋恋也。"〔2〕

（21·20）乃发公函于各督抚，刘坤一、张之洞、王文韶各捐五千金，乃至宋庆、聂士成咸捐数千金。士夫云集，将俟规模日廓，开书藏，派游学游历。然而丁、张断断挑剔，张更藉以渔利，以开局于琉璃厂，张欲托之为书店之状。吾面折以"今日此举，以义倡天下之士；若以义始而以利终，何以见天下乎？"张语塞，然而举座不欢。

刘坤一（1830—1902），字岘庄，湖南新宁人，廪生。咸丰五年起率团练与太平军作战，是湘军中的大将。历任江西巡抚、两广总督等职。时任两江总督兼南洋大臣。甲午战争起，李鸿章部淮军屡败，清廷以刘为钦差大臣统率关内外百余营，镇守山海关一带。此时战争已结束，但

---

〔1〕《汪康年师友书札》，第1册，第714页。

〔2〕《翁同龢日记》，第5册，第2846页。又，翁同龢九月初八日日记记：欧格纳"深谈中国贫弱，他国有并吞之心，其言绝痛。余喟然而叹，知六合以外此理同矣。抵暮去。"十四日又记："未初到总署，恭邸、高阳及敬、汪、张皆集，见欧格纳也……记欧格纳语：恭王爷为中国第一执政又国家之尊行也，今日之事，舍王孰能重振哉？自中倭讲和，六阅月而无变更，致西国人群相訾议。昨一电曰德欲占舟山，今一电曰俄欲借旅顺。由是推之，明日法欲占广西，又明日俄欲占三省，许之乎？抑拒之也？且中国非不可振也，欲振作亦非至难能也。前六个月吾告贵署，曰急收南北洋残破之船，聚于一处，以为重立海军根本，而贵署不省。又曰练西北一枝劲兵，以防外患，而贵署不省。今中国危亡已见端矣，各国聚谋，而中国至今熟睡未醒。何也？且王果善病，精力不继，则宜选忠廉有才略之大臣专图新政，期于必成，何必事事推诿，一无所就乎？英商贸易于中者，皆愿中国富强无危险；吾英之不来华者，藉贸易以活者，亦愿中国富强无危险。故吾抒真心，说直话，不知王爷肯信乎？即信，所虑仍如耳边之风，一过即忘耳。此吾临别之言，譬如遗折，言尽于此。"（同上书，第2843、2845页）此中内容即汪大燮信中所言。欧格纳与总理衙门告别时，恭亲王、翁同龢、李鸿藻、敬信、汪鸣銮、张荫桓在坐；汪大燮此时馆于张荫桓，很可能得闻于张。

兵将尚未全撤，刘仍在山海关统兵。光绪二十一年十一月十八日旨命回两江本任。

张之洞（1837—1909），字孝达，号香涛，直隶南皮人。同治二年探花，十二年出为四川学政，后历山西巡抚、两广总督、湖广总督等职。甲午战争时，刘坤一以钦差大臣统兵山海关，清廷调湖广总督张之洞署理两江总督、南洋大臣。此时正在南京，光绪二十一年十一月十八日旨命回湖广本任。三十三年调京任大学士、军机大臣等职。

宋庆（1820—1902），字祝三，山东蓬莱人。早年参与镇压捻军，所部称"毅军"。甲午战前以四川提督统其部驻防旅顺，战时调赴九连城等地，田台庄之战为日军大败，革职留任。其部是清军的主力之一。

聂士成（1841—1900），字功亭，安徽合肥人。淮军大将。长期以直隶提督驻兵天津芦台，甲午战争时率军在朝鲜、辽东与日军作战。此时统其再驻天津，是清军的主力之一。后在八国联军之役中战死。

"书藏"，即为今图书馆。

康称强学会"发公函于各督抚"募款一事，可见之于当时人之书信。汪大燮是年九月致汪康年信称："其经费有香帅五千金，袁观察千余，及零星之款，将来当可推广"；吴德潚十月致汪康年信称："顷长素来言：杏荪二千，合肥一千，南师五千，皆汇京之款也"；吴樵光绪二十二年二月信称："又函索刘岘庄五千金"。然吴樵二月初五日致汪康年信称："京局甚有钱，捐款已收者存万金，他物尚二千金。闻人云：此钱当事意欲乾没。未识能如其愿否？"[1] 经过几个月的开销后，仍能"存万金"，看来捐款数目不算太小。

康称强学会内部矛盾一事，当时人书信亦有揭示。吴樵称："是时丁、熊、张诸人为政，有欲开书坊者，有云宜专卖国朝掌故书者，有云宜卖局版经书者。间数日一聚，聚辄议论纷纭而罢，然已为彼党侧

---

〔1〕《汪康年师友书札》，第 1 册，第 715、382、472、389 页。"香帅"，张之洞；"袁观察"，袁世凯；"杏荪"，盛宣怀；"合肥"，李鸿章；"南师"，张之洞；"刘岘庄"，刘坤一。吴德潚称"合肥一千"似为有误，后将述。

目。"〔1〕康称"开局于琉璃厂"、"托之为书店",由此可证实。汪大燮称:"强学书局自十月开设之后,口舌甚多。张则垄断,口称筹款一切皆其力,以局为其局。丁因事有违言,函言当出局。张则谓我本未请其到我局,何出之有?继又与陈迕,而丁乃右张,为之调停,于是丁、张合。甫将存款等事办有眉目,推月董,欲于腊月初七日筵宴,而杨上折……。"〔2〕康称"丁、张龂龂挑剔",由此可证实。然吴樵、汪大燮所言之事,皆发生于康离京之后。由此推论,康在《我史》中的这些说法可能是后来所闻,非为其亲历。〔3〕

康称"开书藏"、"派游学游历",确是康有为的思想,可见证于他此时为强学会起草的各种文件;到了戊戌维新高潮时,他又代拟了相关奏折。(参见 21·23、23·7、24·18)

---

〔1〕 吴樵致汪康年,光绪二十二年二月二十一日,《汪康年师友书札》,第 1 册,第 472 页。"丁",丁立钧;"熊",熊亦奇(字余波,翰林院编修);"张",张孝谦;"彼党"指反对派。

〔2〕 汪大燮致汪康年,光绪二十一年十二月二十七日,《汪康年师友书札》,第 1 册,第720—721 页。"陈",陈炽。丁立钧与张孝谦闹矛盾,当张孝谦与陈炽闹矛盾时,丁又站到了张一边。"而杨上折",指杨崇伊弹劾强学会之奏折。(参见 21·21)

〔3〕 康有为后作文记其事:"强学会之创,京朝诸公,欲合天下之力,通上下之气,讲经新之治。自七月创办以来,朝士云集。军机、总署、御史、翰林、各曹来会者至百数,几与外国议会等。翁、孙两师傅咸主之,翁师傅拨机器一副,孙师傅租房子。楚督张香帅首捐五千,直督王夔帅、江督刘岘帅咸捐五千,宋祝帅及各将帅莫不入会助千数,李合肥亦捐千数。经费已巨万。粤中戴少怀学士、黎璧侯学使、曾刚甫、何梅村、周芹生各主政咸在局中,御史达官能言事者数千(十)人,诚嘉会也。此会日大,朝议一变,中国变政自强,殆由于此。闻会中有某官者,甚专愎,会中诸公共恶之。本月上旬会中分一新局在琉璃厂,将某官二三人分出局外,不与之谋,某人怒而相攻,故有言官奏劾之事。从来意见不和,足以害事,凡办大事必有阻挠,然新局凡百余人,大势已成。闻文云阁学士及会中各侍御公数人,准备顶奏,有两师傅从中主持,不日可以复开。或谓沪局之停,知京朝有此消息,故借端十廷寄、纪年之事而誓散云。此中情形不知若何,疑得其实也。"(《万木草堂遗稿外编》,下册,第 568 页)蒋贵麟注:"原稿无标题",并注:"原稿,康保延藏")从内容来看,康有为作此文时,似在广东,时间可能拖过一段,从内容来看,"本月上旬"似为一段落,为二十一年底;"沪局之停"又为一段落,为光绪二十二年初。文中没有太强调自己的作用,内容亦可供参考。所述之事大多是其离京之后,很可能得自梁启超等人的京信。

（21·21）时报大行，然守旧者疑谤亦渐起。当时莫知报之由来，有以为出自德国者，有以为出自总理衙门者。既而知出自南海馆，则群知必吾所为矣。张既怀嫌，乃因报之有谣言，从而扇之。于是大学士徐桐、御史褚成博皆欲劾奏。沈子培、陈次亮皆来告，促即行，乃留卓如办事，而以八月廿九日出京。先是自六月创报，吾独自捐款为之。后陈次亮、张君立皆来相助，而每期二金，积久甚多，至八月节尽，典衣给之。得次亮助盘费，乃能行。廿四日，同会诸子公饯，唱戏，极盛会也。是日合肥自愿捐金二千入会，同会诸子摈之，议论纷纭。杨崇伊参劾之衅遂始于此。张孝谦又邀褚成博、张仲炘入会。二人台中最气焰纵横者，盖会事甫盛而衰败，即萌焉。

据手稿本，"皆欲劾奏"后删去"褚"字，添加一段"张孝谦又邀褚成博及御史张仲炘来会，以言官挟制同会"，补在行间，后又删去；"沈子培"前删"褚"字；"促即行"之"行"字由"出京，次亮并助行费"改；"独自捐款"之"独"字为添加；"每期二金"之"金"字前删"两"字；"积久甚多"之"多"字以某字改；"廿四日"前删"此"字；"唱戏"之前删"听"字，之后删"盛"字；"是日合肥"前删"而"字；"二人台中最"之"二人"后，删"会"字，"最"字后，删"有"字。

张君立，名权（1862—1930），一字柳卿，号圣可。直隶南皮人，张之洞之子。此时以举人任刑部主事。光绪二十四年进士，后随梁诚赴美，任参赞。他曾向日本驻华使馆书记官中岛雄介绍康有为。[1]

杨崇伊（1842—?），字莘伯，江苏常熟人。同治九年举人，十三年捐内阁中书。光绪六年进士，入翰林院，散馆后为编修。光绪二十一年十月补江西道监察御史，二十三年巡视西城，转掌广西道监察御史。其子杨云史娶李鸿章孙女（李经方之女），故与李多交。以弹劾强学会、弹劾文廷式而出名，也是戊戌政变的发端者。（21·27、24·75）

张仲炘（1857—?），字慕京，号次珊、瞻园，湖北江夏人。其父张

---

[1] 中岛雄在其作《清国政变前后见闻一斑》中称："现任湖广总督张之洞之子张权，是最早向我介绍康有为的人。"（转引自孔祥吉、村田雄二郎：《一个日本书记官记述的康有为与戊戌变法：读中岛雄〈随使述作存稿〉与〈往复文信目录〉》，未刊稿）

凯嵩，曾任云贵总督等职。张仲炘光绪三年进士，入翰林院，散馆后授编修。十九年补江南道监察御史，后任掌江南道监察御史、掌河南道监察御史，巡视东城、中城。二十三年补工科给事中。戊戌变法期间，他与康有为交往；政变后，对康党多有弹词。（参见23·6、24·86、24·89、24·94）后任光禄寺少卿等职。

康有为称其办《万国公报》每期资助"纸墨银二两"，该刊创刊于六月二十七日，双日刊，共出45期，由此而推，当结束于九月二十五日。此时康已离京。康的捐银由此也可能达到90两，数字虽不算大，但对康来说，也应当是不小的负担。康称"大学士徐桐、御史褚成博皆欲劾奏"《万国公报》一事，其在《汗漫舫诗集》中称：

> "割台行成后，与陈次亮郎中炽、沈乙庵刑部曾植、丁叔衡编修立钧、王幼霞侍御鹏运、袁慰亭观察世凯、沈子封编修曾桐文、文道希学士廷式、张巽之编修孝谦、徐菊人编修世昌、张君立刑部权、杨叔峤中书锐，同开强学会于京师，以为政党嚆矢，士夫云从。御史褚成博与大学士徐桐恶而议劾，有夜走告劝遁出京者。是时，袁、徐先出天津练兵，同志夜饯观剧，适演十二金牌召还岳武穆事，咸欷歔，李玉坡理卿至泣下。即席赋此，呈诸公。未几，余亦告归，留门人梁启超任之。"[1]

这一段题记，当属事后所写，说法略有不同，称徐桐、褚成博欲弹劾的不是《万国公报》而是强学会，褚成博就是强学会成员。再查阅此期军机处《随手档》、《早事档》，徐、褚皆无弹章。吴樵称："康圣人能力甚大，人亦抗爽，在京为人所挤而出"。[2]如此来看，又似为人事纠葛问题。

康称李鸿章捐金被"摈"之事，可见证于吴樵信函："合肥以三千金入股，屏之（次亮之意），已含怒矣"。

---

[1] 《遗稿·万木草堂诗集》，第63页。"李玉坡"，李荫銮。
[2] 吴樵致汪康年，光绪二十一年十一月十二日，《汪康年师友书札》，第1册，第461页。

康称杨崇伊弹劾一事，吴樵信中亦称："杨崇伊者，揣政府之意（卓如有《学会末议》三纸，甚切实，曾以示樵，他人未见也，不知其党何人告于政府，内有易相之意，与公见同），迎合李、孙，欲借此以兴大狱，遽以聚党入奏。"[1]此说未必周全，但可了解杨折之背景。据军机处《随手档》，杨崇伊于十二月初七日弹劾强学会之折，即"京官创设强学会大干法禁据实纠参折"，称言：

> "窃自东洋事起，热中者流急于自见，遇事生风，往往连章执奏，惑乱听闻，时局艰难，遂致日甚一日。夫多事之际，诸臣谋猷入告，必期有益军国，若于目前局势，未能了了，仅凭报馆横议，逞其笔锋，亦复于事何补？况报馆之毁誉，定于贿赂之有无，任意抑扬，凭空结撰，岂可信以为真？乃近来台馆诸臣，自命留心时事，竟敢呼朋引类，于后孙公园赁屋，创立强学书院，专门贩卖西学书籍，并钞录各馆新闻报刊，印《中外纪闻》，按户销售。计此二宗，每月千金以外。犹复藉口公费，函索各省文武大员，以毁誉为要挟。故开办未久，集款已及二万。口谈忠义，心薰利欲，莫此为甚。且目前以毁誉要公费，他日将以公费分毁誉，流弊所极，必以书院私议干朝廷黜陟之权，树党援而分门户，其端皆基于此。相应请旨严禁，并查明创立之人，分别示惩，以为沽名罔利之戒。"[2]

---

[1] 吴樵致汪康年，光绪二十二年二月二十一日，《汪康年师友书札》，第1册，第472页。又，吴樵于此之前，即正月初六日致信汪康年称："京会闻发难于卓如之文。渠有《学会末议》一篇，甚好，脱稿后曾以示樵，不知局中谁人献好，闻于政府（闻系常熟），遂嗾杨崇伊参之。而杨与合肥之子为儿女亲，因此亦可报复。"（同上书，第1册，第463页）梁启超于二月二十日致函汪康年称："弟前有《学会末议》一首，寄与何易一，兄曾见否？若原稿尚在沪，乞付各报馆刻之。"（同上书，第2册，第1832页）由此可见，梁确有《学会末议》一文，但只示之在京同人，并寄何树龄；此时何由康调到上海办《强学报》，梁意在《强学报》上发表。

[2] 《军机处录副·光绪朝·内政类·职官项》，3/99/5333/35，光绪二十一年十二月初七日。又，军机处《随手档》光绪二十一年十二月初七日记："御史杨崇伊折：一、京官创设强学会大干法纪请旨严禁由；片一、津沪报馆指斥时政请饬南北洋议禁由；片一、总署章京杨宜治出洋招摇请饬查由。（初八日随事递上，十二日发下归箍）"由此可知，杨崇伊此共上一折两片，第二天即初八日，军机处将杨折、片呈送慈禧太后，十二日慈禧太后发还给军机处。

该日下发的谕旨称:

> "御史杨崇伊奏,京官创立强学书院,植党营私,请旨严禁一折。据称近来台馆诸臣于后孙公园赁屋,创立强学书院,专门贩卖西学书籍,并钞录各馆新闻报,刊印《中外纪闻》,按户销售。犹复藉口公费,函索外省大员,以毁誉为要挟。请饬严禁等语。著都察院查明封禁。原折著钞给阅看。"

这一道谕旨显得很奇怪,未让都察院"查明"后再出奏请旨,而是直接"封禁"。查当日《翁同龢日记》并查《上谕档》等档案,这一天入值的军机大臣有恭亲王、翁同龢、刚毅等,李鸿藻随同奕劻、荣禄、徐桐、敬信前往菩陀峪,考察慈禧太后墓地工程,是日并不在场。[1]慈禧太后此时虽住在西苑,但光绪帝当日并未前往请安,杨崇伊奏折也是第二天才送慈禧太后。翁当日日记中称:"见起二刻"、"书房一刻",并记:"言者以城南强学会为结党敛钱,大干法纪,有寄谕令都察院封禁,盈廷之是非如此。"[2]翁对这一道谕旨究竟起了什么作用,虽不可知,但可以肯定的是,他没有阻其下发。

后孙公园,即后孙公园胡同,在北京宣武门以南,邻近琉璃厂。明末清初时官员孙承泽之宅园为孙公园,其北胡同为后孙公园胡同。强学会会址在此。

杨崇伊劾强学会一事,也引起了日本驻华公使林董的注意,向日本

---

[1] 汪大燮称:"当初七事起,高阳赴陵差未回,常熟嘿不一言,至有此事。次日常熟见人,推之两邸,而为诸人抱屈。阅数日,寿州言:事无妨,上已询彼,力言其诬,且谓事实有益。上悔行之不当,而常熟亦欲挽回矣。望日,高阳归,常熟往见,属合力扶持。"(致汪康年、汪诒年,光绪二十一年十二月二十七日,《汪康年师友书札》,第1册,第721—722页)谭嗣同称:"强学会之禁也,乃合肥姻家御史杨莘伯所劾,知高阳必祖护清流,乘其赴普陀峪始上疏。诸公不知所为,竟允其请,因之贻笑中外,在京西人面肆讥诋,遂至流播于新闻纸。朝廷深悔此举,高阳尤愤,适有胡公度请重开之奏,遂降旨准其重开。"(《谭嗣同致欧阳中鹄》,光绪二十二年正月二十八日,《谭嗣同全集》增订本,第457页)

[2] 《翁同龢日记》,第5册,第2868页。

国内发去了详细的报告。[1]而时在湖北的谭嗣同，听闻强学会被封，即与英国领事贾礼士（W.R.Carles）商量，欲成立湖南强学分会，正在商谈中。[2]

强学会被查禁半个月后，十二月二十二日御史胡孚宸出奏"书局有

---

〔1〕 林董公使致西园寺公望代理外相报告："关于封禁强学书局始末"，1896年2月5日，1896年2月25日收到。该报告称："正如去年11月15日下官第五号信关于上报新设强学书局并附开局章程中写的那样，该书局乃翰林出身的青年所建立的组织，如张之洞辈素有名望者亦赞成之，捐献了大量金钱。故其基础渐固，遂被视为清国改革之要素，英国传教士李提摩太与美国传教士李佳白等也鼎力相助。在清国之外国人将之称为'改革俱乐部'。正当对其寄予很大希望之时，突然被命查封，该举措显得极其幼稚，且其机关报《中外纪闻》即原名《万国公报》之发行也被禁止。探其始末，据称为该会发起人的湖南人张孝谦的说法：传闻御史杨崇伊因不出会费而欲为会员被拒绝，怀恨在心，以种种理由构陷其事，遂白弹劾。清帝御军机处时，以原奏示诸军机大臣咨询意见。大臣翁同龢与李鸿藻虽各持论不同，但却同袒护于该会。但由于该会有不许满洲人入会的规定，满洲人早就对该会不怀好感，故军机大臣中亦有以该奏为然者，彼此争论。结果先命步军统领衙门，即警视总监，实地调查。该衙门接到命令后，于上月22日终于将该会封禁。参与此次调查的官员中也有该会的会员，他乃是杨御史的先辈，且该会支持者中，也有像上述以张之洞为首那样极有名望的人，故不会一直封禁而不复兴，有人云，查明之后，若再度开禁此会，则如同得到敕许一般。这恰如'空山新雨后，青天无片云'的比喻一样，会运将更趋隆盛。李鸿章所雇佣的秘书，美国人毕德格也是该会的会员，当询问其对该会兴败的意见时，该人叹息道：'已经不会有再兴的希望了。清国特别不欲改良，否，应说是清国不能改良也。'"（《外务省记录》1-6-1-4-2各国关系杂纂，第1册，日本外交史料馆馆藏。本书引用日本《外务省记录》皆藏于该馆，以下不再注明）林董的消息来自张孝谦，同时也谈到了毕德格的评论，但他将张孝谦原籍河南误为湖南，并称李鸿藻与翁同龢于御前共同维护、封禁由步军统领衙门执行，可见其消息不完全准确。

〔2〕 谭嗣同致欧阳中鹄信（光绪二十一年除夕发）称："康长素倡为强学会……忽有某御史起而劾之，请严拿为首之人，果允其严禁……初立会时，沅驷、伯纯、伯严、穰卿辈嫌其名士太多，华而不实，别立一分会于湖南，章程久经刻出，今并见禁，会中人遽爽然欲退……无论或开或禁，原与嗣同毫不相干，今见事理失平，转思出而独逢其祸，拟暂将孔子搁起，略假耶稣为名，推英国驻汉领事贾礼士充会首，结为湖南强学分会，已与贾领事面议二次。惟订立密约极费推敲……语语踏虚，字字从活，须明正方能定妥……"（《谭嗣同全集》增订本，第455页。又，贾礼士当时很可能不是驻汉口领事）后因胡孚宸上奏，清廷开官书局，谭嗣同遂罢此事。（谭嗣同致欧阳中鹄，光绪二十二年正月二十八日，同上书，第457页）

益人才请饬筹议折"。[1]光绪帝交总理衙门议奏。[2]后经张荫桓等人努力，改为官书局，光绪帝命孙家鼐为管理官书局事务大臣。[3]

(21·22)九月初二日，到天津。初三日，游山海关，入各防营，视兵，望海。山海关本无形势可守，明世防辽，为东道扼要之地。若今海舶交通，环海寸寸可扰，山海关防兵实可罢矣。见陕抚魏午庄光焘，相待甚殷，惜其未知新法也。

据手稿本，"九月初二日，到天津"为添加，补在行间；"明世防辽"之"世"字后删"拒"字；"海舶交通"后删"可扰"；"陕抚"二字为添加；"惜其未知"之"其"字为添加。

---

〔1〕 吴樵称："当事之发也，倡言恢复者，仅二沈、杨、汪、梁数君。初欲于北城具呈，樾堂首应命往。继樾堂家人沮之，同乡沮之。于是伯唐毅然，而北城不肯收。是时高阳已归，上访于孙寿州，政府意乃解。于是诸人又稍稍出之，乃谋胡公度奏之，子培丈奔走于总理，张侍郎力斡之。张巽之力陈于高阳，总署复奏请直省设学堂、报馆上之。"（致汪康年，光绪二十二年二月二十一日，《汪康年师友书札》，第1册，第472页）"二沈"，沈曾植、沈曾桐；"杨"，杨锐；"汪"，汪大燮；"梁"，梁启超；"樾堂"，韩樾堂；"伯唐"，汪大燮；"高阳"，李鸿藻；"孙寿州"，孙家鼐；"胡公度"，胡孚宸；"张巽之"，张孝谦；"子培"，沈曾植；"张侍郎"，张荫桓。
〔2〕 军机处《随手档》、《上谕档》，光绪二十一年十二月二十二日。
〔3〕 光绪二十二年正月十二日总理衙门议复奏折称："该御史请将强学书局改归官办，自系为讲求实学，培养人才起见，臣等公同商酌，拟援照八旗官学之例，建立官书局，钦派大臣一二员管理，聘订通晓中西学问之洋人为教习，常川驻局，专司选译书籍、各国新报及指授各种西学，并酌派司事译官收掌书籍，印售各国新报，统由管理大臣总其事，司事专司稽察。所需经费由总理衙门于出使经费项下每月提拨银一千两，以备购置图籍仪器、各国新闻纸及教习、司事、翻译薪水等用……"总理衙门的附片又称："臣等拟就南北洋大臣所送沪上广方言馆月译之西国近事新闻纸及路透电报，逐日送交官书局，择要翻刊……"正月二十一日，光绪帝命孙家鼐为官书局管理大臣，孙于二月十一日出奏，制定开办章程：设藏书院、刊书处、游艺院、学堂，并对经费、职掌、印信等事务提出具体办法。（《军机处录副·光绪朝·内政类·戊戌变法项》，3/108/5614/2、3、8）参见拙文：《京师大学堂的初建：论康有为派与孙家鼐派之争》，《北大史学》，第13辑，北京大学出版社，2008年。又，谭嗣同致刘淞芙信对此评论："强学会之禁也，实防吾华民之盛强，故从而摧抑之，依然秦愚黔首之故智。而当道诸公又挟一奇才之见，故禁之甚严。现今虽开，却改名官书局，不过敷衍了事，羊存礼亡矣。李佳白系美国人，汪伯唐为汪穰卿之弟，均极相契。今皆不在书局中，则其事可知矣。"（《谭嗣同全集》增订本，第483—484页）

魏光焘（1837—1916），字午庄，湖南邵阳人，监生。湘系大将，从左宗棠，曾任新疆布政使。光绪十九年丁忧回籍。甲午战争起，募新湘军3000人援辽，称"武威军"。光绪二十一年五月授江西布政使，七月迁云南巡抚，八月改任陕西巡抚，皆未到任，此时统兵驻山海关。不久赴陕西巡抚任，后任陕甘、两江总督等职。

此时甲午战争虽然结束，但防兵尚未全撤。山海关是战争后期的重点防御方向，钦差大臣刘坤一驻节于此，魏光焘军是当地驻军之一部。

（21·23）十二，到上海。十五，入江宁，居二十余日，说张香涛开强学会。香涛颇以自任。隔日一谈，每至夜深。香涛不信孔子改制，频劝勿言此学，必供养。又使星海来言。吾告以："孔子改制，大道也，岂为一两江总督供养易之哉？若使以供养而易所其学，香涛奚取焉！"在江宁时事大顺。吾曰："此事太顺，将来必有极逆者矣。"与黄仲弢、梁星海议章程，出上海刻之。而香涛以论学不合，背盟，电来属勿办。则以"会章大行，不能中止"告，乃开会，赁屋于张园旁，远近响应；而江宁一切不来，处处掣肘，即无杨崇伊之劾，亦必散矣。

据手稿本，"每至夜深"之"每"字为添加；"吾告以"三字以"以"字改，补在页脚与行间；"香涛奚取焉"后删"既出上海，将"数字；"在江宁"之"在"字后删"南"字；"时事大顺。吾曰：此事太顺，将来必有极逆者矣"一段为添加，补在行间；"会章大行"后删"矣"字；"赁屋于张园旁"为添加，补在行间。

梁星海，名鼎芬（1859—1919），字星海，号节庵，广东番禺人。光绪六年进士，入翰林院，散馆后授编修。十一年，因弹劾李鸿章降五级调用。此时在张之洞幕中，为其主要幕僚之一。康有为与梁鼎芬是同乡，两人的交往很早。[1] 康有为经上海去南京见张之洞，很可能是梁鼎

[1] 康、梁之相交，直接史料甚多：一、康有为在《延香老屋诗集》中有《梁星海编修免官寄赠》、《寄梁大编修》，《星海自京还，话京华旧游，而崔篪典编修沦谢矣。篪典闻吾将复入京，扫室以待，追念厚意，伤旧感怀》，其最后一首称："一别三年京国秋，冬残相见慰离忧。"（《遗稿·万木草堂诗集》，第19—20页）二、查《我史》手

芬的安排。此时为梁、康的蜜月期。〔1〕

张香涛，张之洞。康有为与张之洞的交往，据其自称始于光绪十二年。〔2〕"十五"，即九月十五日，是康去南京的时间，其到达的时间为九月二十日。〔3〕五年后，康致张之洞信中忆及此次南京会见，称言：

"昔者游秣陵，过承萦维，为平原十日之欢，效孟公投辖之雅，

稿本，光绪十三年，在"十一月游七星岩"后，康自删去"与梁星海刻石题名焉"一语。三、梁鼎芬于光绪十八年二月十八日致函康有为称："长素长兄：别五年，此心如游丝，时与足下牵惹。屡得书未复。吾二人情绪亦非纸墨可罄也……政事学问，与兄言者，不止数千言，今未暇及。惟吾长素，珍重千万。"（《万木草堂遗稿外编》，下册，第840页）四、《穗石闲人读梁节庵太史驳叛犯逆书书后》称："太史入翰林后，初识康，恒有往还。时康在西山钻研故纸，不闻世事。不特不谈西学，亦未治公羊学也。及太史上书劾某中堂六大罪，时相皆恶之，必欲重治其罪，皇太后、皇上宽恩，仅交部严议，镌级归里，康赠长篇五古，又七律一首……"（《觉迷要录》，录三，第7页）该文似为梁鼎芬托名"穗石闲人"而作，言及梁、康交往诸多私事。

〔1〕 相关的研究可参见李吉奎：《康有为与梁鼎芬》，方志钦、王杰主编：《康有为与近代文化》，河南大学出版社，2006年。梁鼎芬曾有《赠康长素布衣》一诗："牛女星文夜放光，樵山云气郁青苍。九流混混谁真派，万木森森一草堂。岂有尊才疏北海（或作但有群伦尊北海），空思（一作更无）三顾起南阳。拳兰揽茝夫君急（一作笑），蕉萃行吟太自伤。"（转引自李吉奎论文）即梁将康比南阳卧龙。黄遵宪于《人境庐诗草》卷九《己亥杂诗》中称："怜君胆小累君惊，抄蔓何曾到友生，终识绝交非恶意，为曾代押党碑名。"注文曰："八月二十五日得一纸曰：□与□绝交。然乙未九月，余在上海，康有为往金陵谒南皮制府，欲开强学会。□力为周旋，是时，余未识康，会中十六人有余名，即□代签也。又闻□与康至交，所赠诗有南阳卧龙之语。及康罪发，乃取文悌参劾之折，汇刊布市，盖亦出于无奈也。"（陈铮编：《黄遵宪全集》，中华书局，2005年，上册，第161—162页）此中的□，即为梁鼎芬，以"南阳卧龙"来比拟康，可见评价之高。又，夏曾佑在江宁遇康有为，其信中称："康长素到宁，弟于出城上船时遇之，立谈少顷。知京都强学会甚昌，去年□渠之人均已归教。刻下长素南归，而此局则子培主之，□可喜也。所问时事，则恭邸、合肥意见极合，而皆效忠于东朝。上所倚，一常熟耳，力不支，将以三哥佐之。"（夏曾佑致汪康年，《汪康年师友书札》，第2册，第1318页）

〔2〕《我史》光绪十二年记："时张之洞督粤，春间令张延秋（鼎华）编修告之曰：'中国西书太少，傅兰雅所译西书，皆兵、医不切之学，吾此书甚要，西学甚多新理，皆中国所无，宜开局译之，为最要事。'张香涛然之，将开局托吾与文芸阁任其事，既而不果。吾乃议以商力为之，事卒不成。张香涛乃欲以三湖书院、学海堂聘吾掌教，既有人言，事卒不成。"这一条记载，我尚未读到相关材料而可以核实。

〔3〕 缪荃孙该日日记称："康长素（有为）主政自京来住书院。"（《艺风老人日记》，北京大学出版社，1986年，第2册，第785页）

隔日张宴，申旦高谈，共开强学，窃附同心。"〔1〕

"平原"指平原君赵胜，"孟公"指孟尝君田文，皆以门客养士著名。
"十日之欢"、"申旦高谈"又表明两人有着很长时间且又很热烈的谈话，
即康称"隔日一谈，每至夜深"。张当时对康评价很高。〔2〕而张之洞此
时花大量时间与康交谈，实则另有隐情。梁鼎芬此时给张之洞的两信，
道出了康所不知之内情：

> "比闻公伤悼不已，敬念无既（断断不可如此，忧能伤人，况涕
> 泣乎）。今思一排遣之法，长素健谭，可以终日相对。计每日午后，
> 案牍少清，早饭共食，使之发挥中西之学，近时士大夫之论，使人
> 心开。苏卿遗札，检之凄然，亲知若此，何况明公。然已判幽冥，
> 悼惜何益，尚乞放怀。"

> "长素于世俗应酬，全不理会，不必拘拘于招饮。鼎芬亦可先
> 道尊意与近事，渠必乐从。如可行，今日先办。或欲闻禅理，兼约
> 礼卿，使之各树一义，粲花妙论，人人解颐。连日皆如此。康、蒯
> 二子，深相契合，两宾相对，可以释忧。比仲弢病苦，鼎芬忙苦。
> 此举可支五日，五日之后，仲弢可愈，鼎芬卷可少清，便能接续
> 矣。"〔3〕

苏卿，即张之洞次子张仁颋，在江宁总督府园池溺毙，张之洞伤悼
实深，梁鼎芬由此建议他每日与康有为、蒯光典等人谈话，以稍舒
心愁。

康称"说张香涛开强学会"一事，此次张之洞等人与康商议后，决

---

〔1〕《康有为书牍》，《丛刊·戊戌变法》，第 2 册，第 522 页。

〔2〕蔡元培在《自写年谱》中称：光绪二十一年"赴南京访张香涛氏，适康长素之房师
余诚格氏亦在座。张氏盛称康氏才高学博，胆大识精，许为杰出的人才"。（中国蔡
元培研究会：《蔡元培全集》，第 17 卷，浙江教育出版社，1998 年，第 432 页）此时
当为康有为办《强学报》之前。吴德潇是年十月中旬见康有为，给汪康年信有同样
的说法："康君自金陵来同寓，昨夜同公度往访，略谈刻许。南师极倾倒之……"
（《汪康年师友书札》，第 1 册，第 381—382 页；"南师"，张之洞）

〔3〕杨敬安辑：《节庵先生遗稿》，香港自印本，1962 年，第 64—65 页。礼卿，蒯光典，
时为翰林院检讨。仲弢，黄绍箕。

定办上海、广东强学两会。[1]其中上海一处，张之洞派其亲信汪康年办理，广东一处交由康有为办理。九月三十日，康有为在南京致函此时尚在湖北的汪康年：

> "不见经年，知欲开会，万里同心。百折不回沉劲郁拔之气，安得如穰卿者哉？……南皮顷已许办上海、广东两会，知所乐闻，故先驰报。仆急须还粤，沪上事待之穰卿矣。明年乃始暇来……"[2]

然在汪未到前，上海一会由黄绍箕、梁鼎芬、康有为等人先办。十月初十日，由黄、梁、康联名的电报通过两江总督署发出，给张謇等人：

> "诒在京师，与洪右丞、沈子培、杨叔峤诸君开强学会，专讲中国自强之学，朝士集者百数。今来金陵与南皮言，南皮力主之。顷分设沪局，集天下贤士夫，刊布公启，必欲得公名，以光此举。立候电复。金陵督署绍箕、鼎芬、祖诒。未刻发。"[3]

该电说明康南京之行的结果，也表明张之洞的态度。与此同时，康有为、梁鼎芬、黄绍箕从南京到上海。[4]由康有为起草，以黄体芳、黄绍

---

[1] 上海强学会内容参见汤志钧：《上海强学会与强学报》，《康有为与戊戌变法》，第172—189页；《上海强学会人物》，《戊戌变法人物传稿》增订本，下册，第713—724页。

[2] 《康有为政论集》，上册，第168页。吴德潇给汪康年信中称："康君已承南师允拨三千金在沪立会。会章南皮制序，黄漱翁列名……公不可不早到白下，见南师商定一切。传闻康主粤，公主沪。康现租张园，规模恢张。长素魄力之雄，公心思之诚笃，皆会中圣手，从此号召，必有可观，甚慰甚慰。"（《汪康年师友书札》，第1册，第381—382页；"黄漱翁"，黄体芳，黄绍箕父）时任云南学政的姚文倬称："康君申、粤二局，志阔力绌，始基既太恢张，将来恐虞不继，惟粤人究较他处尚义，振臂之呼，或易集事，俟有章程，乞即寄示。"（致汪康年，光绪二十二年三月初一日，同上书，第2册，第1238页）也说明办理沪、粤两会。又，汪大燮于二十一年十月二十六日致信康年称："穰弟在鄂主持强学会，同事皆同志，气象令人想望。"（同上书，第1册，第718—719页）叶澜同年十一月初一日致汪康年信中称："得家兄书，以长素主北，吾兄主南，从此北智南能各运广长舌……"（同上书，第3册，第2602页）皆言汪康年在湖北亦办学会，然该会最后未成。

[3] 《张之洞未刊电稿》丙编，乙木去电。（中国社会科学院近代史研究所藏）转引自孔祥吉：《康广仁早期思想的一件重要史料》，《广东社会科学》，2006年第5期。"洪右丞"，洪良品。发此电时，康有为等人已到上海，可能是梁鼎芬事先布置。

[4] 梁鼎芬于十月初十日发电张謇："现与中燮、长素诸君子于沪开强学会，讲中国自强之学，南皮主之，刊布公启，必欲得大名共办此事，以雪国耻，望速复。"（张謇研究中心、南通市图书馆编：《张謇全集》，江苏古籍出版社，1994年，第6卷，第374—375页）

第、屠仁守、汪康年、康有为、邹代钧、梁鼎芬、黄遵宪、黄绍箕、左孝同、蒯光典、志钧、张謇、沈瑜庆、乔树枏、龙泽厚的名义"公启"的《上海强学会章程》，决定要办"最要者四事"："译印图书"、"刊布报纸"、"开大书藏"（图书馆）、"开博物院"，"皆本会开办视款多寡陆续推行"。[1]

康称张之洞不喜其学术主张，"使星海来言"一事，"穗石闲人"亦言及于此，并谈办强学会之事：

> "康得进士，北归来访，留住十数日，（梁鼎芬）劝康议论宜平正，做事勿夸张，讲西学得其益，无流其弊，乃有用。康赠诗有：'海内名山泰华高，南梁北盛并人豪'云云。盛谓宗室伯希祭酒也。于是商开强学会于上海，时黄仲弢侍讲绍箕同客白下，并闻斯举，意在正人心，开风气，用意甚正……"[2]

此处梁有劝言，但康是否有驳语，未见相关记载。以常理分析，康得张之洞之助，办上海强学会，此时未必会顶张；不然张当时即可能与康分裂，而不会有后来上海停报之事。（参见 21·25）此处康似有张扬。

上海张园，位于今上海南京路以南、石门一路以西，占地约 60 亩，园中建有上海当时的最高建筑"安垲第"（Arcadia Hall），为上海最大的公众活动场所。《强学报》设在"跑马场西首王家沙一号"，即在张园附近。[3]

（21·24）时金陵有杨仁山者，讲佛学有道士也；曾游伦敦，得仪器甚多。吾为强学会购之，凡三千余金。其天文镜，大者能窥见火星之山海矣，以其小者送之京局。后香涛、星海背盟，王雪晴允捐

---

〔1〕《康有为政论集》，上册，第 173—179 页。

〔2〕《穗石闲人读梁节庵太史驳叛犯逆书后》，《觉迷要录》，录三，第 8 页。

〔3〕郑官应致汪康年信称："强学局之屋，乃怡和洋行唐杰臣兄经手，当嘱与屋主商之返复。尊处所存家具，弟无处可置，请商经莲翁可也。"（《汪康年师友书札》，第 3 册，上海古籍出版社，1987 年，第 2977 页）"经莲翁"，经元善。

之，后亦背；及京局有变，款不能结，吾赔累归之。沪局之器还之杨，然以此谤甚多。盖任一小事皆极难，但吾恻隐之心不以难而变耳。

据手稿本，此一段全为添加，添在页眉与页边；"曾游伦敦"前删"游□"二字；"窥见"之"见"字以"达"改；"王雪晴允捐之，后亦背，及"一段为再添加。

杨仁山，名文会（1837—1911），安徽石埭（今石台）人。光绪四年随曾纪泽出使英、法，精究天文、显微之学，回国后曾制有天地球图与舆图尺。十二年再随刘瑞芬出使英国，三年后归国，住南京，专事刻经。他的门人谭嗣同曾在南京为候补知府，在刻经处住了一年，以其习得写《仁学》，也使用过杨仁山的各种仪器。[1]

王雪晴，名秉恩（1845—1928），四川华阳人，字雪澄，又作雪岑。举人，候补知县。张之洞的主要洋务幕僚。

康称为北京强学会代购杨文会仪器即"天文镜"一事，属实。此时在北京的吴樵于光绪二十二年正月致信汪康年称："近以学会所藏远镜窥木星，见四小月及光带，土星见光环，日见黑斑消长，双星星气亦颇见之，此近日最注意事。"二月信中又称："杨仁山之钱，仍以郑陶斋电次亮，或长素上书孙寿州索之为妥。此间熟人，如子培丈兄弟、钝丈、伯唐皆熟视。无如何。""杨仁山仪器，南中既付，然不可不向京局索回，否则徒饱京局司事，似可不必。索回之法已详前，令长素索之最好，缘为长素交至局者。公宜阳谢仁山，而阴令长素索之。"[2]吴谈到了望远镜的用处及索回欠款方法，可为康说之证。吴德潚、汪大燮致汪康年信中亦言之，亦可为

---

[1] 谭嗣同后作《金陵测量会章程》，提到在杨仁山家中"练习仪器"，其中提到了天文镜、子午仪、经纬仪、纪限仪等25种。（《谭嗣同全集》增订本，第255—257页）郑孝胥光绪二十三年三月二十二日记称："午后，赴谭复生之约于杨仁山宅中，观仪器数事，在坐者聚卿、积余，又浏阳黄颖初，谭之友也。"（《郑孝胥日记》，第2册，第597页）

[2] 《汪康年师友书札》，第1册，第469、474、479页。"郑陶斋"，郑观应；"孙寿州"，孙家鼐；"子培丈兄弟"，沈曾植、沈曾桐；"钝丈"，杨锐；"伯唐"，汪大燮。

之证。[1] 然康称其"赔累归之",我尚未读到相关的材料。

(21·25) 吾以十二月母寿,须归,先调君勉、易一来办事,急须开报,以因孔子纪年及刊上谕事,江宁震动。适有京师劾案,遂藉此停止。

据手稿本,"急须开报"之"急"字后删一字;"江宁"后删"藉此"二字。又,"以因孔子纪年"一语,诸抄本、刊本"因"字误作"用"字。

君勉,名徐勤(1873—1945),字君勉,号雪庵,广东三水人,邑庠生。光绪十六年见康有为,是康的大弟子之一。曾为万木草堂学长,且多筹经费,办理诸事。二十三年被康有为派往日本,办横滨大同学校。徐是康最忠实、最信赖的门徒,号为"康门子路"。后随康有为流亡海外多年。

易一,名何树龄,广东三水人。康有为早期弟子。后参加开办《知新报》。[2]

康称"开报",指《强学报》一事。[3] 该报属上海强学会所办,由

---

[1] 吴樵于光绪二十二年二月初五日信中称:"申局代京购杨仁山仪器,此层极为累赘。顷与钝丈商妥,目下京局皆张巽之孝谦、陈炽次亮用事,而诸人于沪上交涉,为郑陶斋。公可不与闻其事。公到沪,诸人若弗知也者,此情可笑如此。公如悯仁山,为催此钱,可令郑道电京索之,即可得。京局甚有钱……如此区区,不难立付也……顷晤沈五先生子封丈,甚以此款不能归速为急。樵以画策,属伯唐先生转属芸阁设法(刻官书局均芸阁办理),而以子封丈诸人促之,必有以应……"(《汪康年师友手札》,第1册,第389页)"子封",沈曾桐;"芸阁",文廷式。汪大燮二月十九日信中称:"尊函言杨仁山仪器事,陈次亮言请不必管,自有原经手人,听其自白。"(同上书,第729页)

[2] 康有为《我史》光绪九年记:"何易一来,馆之于家,易一聪明过人,能深思妙悟,至是皆馆于我。"据此,何易一为康有为的第一个学生。梁启超作《康烈士广仁传》中称:"三水何树龄易一者,南海门下之奇才也。好学而深思,奇警精辟,纵横中外,出入天人,十年馆于南海家。君与何树龄为兄弟之交,同居十年,抵掌对足。"(蒋贵麟编:《康南海先生遗著汇刊》,〔台北〕宏业书局,1976年,第17册,《哀烈录》卷一,第9页)

[3] 参见汤志钧:《上海强学会与强学报》,《康有为与戊戌变法》,第172—189页;《戊戌变法人物传稿》增订本,上册,第34—36页,下册,第713—724页;《戊戌变法史》修订本,第196—203页;《戊戌时期的学会和报刊》之第三章。

张之洞、黄遵宪、邹凌翰等人出资，然汪康年尚未到达，康有为操办其事，并请徐勤、何树龄来沪为主笔。张之洞实属该刊的后台老板。十月二十二日，张之洞发电经元善，支付款项：

> "致上海经守元善：助强学会捐款五百金，又筹拨公款一千金，已交百川通汇。即交该守收存应用。并转告康主事。两江。养。亥刻。"[1]

《强学报》似共出三号。其第 1 号署日期为"孔子卒后二千三百七十三年"，并同列"光绪二十一年十一月二十八日"；刊头右栏注明"上海强学书局现住跑马场西首王家沙第一号"。共 8 页，铅字排印，竹纸印刷，装订成册，派送赠阅。该刊首载《本局告白》；次录光绪二十一年闰五月二十七日之"上谕"；继载"论说"：《开设报馆议》、《孔子纪年说》、《论会即荀子群学之义》；最后列《京师强学会序》、《上海强学会序》（署名张之洞，实为康有为撰）、《上海强学会后序》（署名康有为）。其第 2 号出版于十二月初三日，共 4 页，载论文《毁淫祠以尊孔子议》、《变法当知本源说》、《论回部诸国何以削弱》、《欲正人心必先修法度》。第 3 号未存世。[2]

康称"因孔子纪年及刊上谕事"与张之洞分裂，当属事实。黄遵宪

---

[1] 《张之洞未刊电稿》丙编，乙未去电。（中国社会科学院近代史研究所藏）转引自孔祥吉：《康广仁早期思想的一件重要史料》，《广东社会科学》，2006 年第 5 期。又，据《强学会收支清单》记："收张香帅来银七百两，收张香帅来银八百两，申洋一千零三十九元六角四分；收邹殿书来银五百两，申洋六百六十六元；收陆春江观察来银二百两，申洋二百六十五元三角八分；收黄公度观察来银一百两，申洋一百三十一元三角；收朱阆榤翁来银一百两，申洋一百三十二元五角，收孙玉仙翁来银十两，申洋十三元一角；收华盛顿公司来银三十两。"（《申报》光绪二十二年三月十一日，转引自《戊戌时期的学会和报刊》，第 133—134 页）

[2] 《强学书局收支清单》："文本局第一号报纸二千五百两（张），洋十九元一角。支本局第二号报纸一千张，洋七元六角。支本局第三号报纸一千张，洋七元。"由于第 1 号与第 2 号相隔 5 日，而十二月十二日《申报》又出停刊告示，汤志钧认为第 3 号可能于十二月初八日出版。（见《戊戌时期的学会和报刊》，第 133—134 页）又，《强学报》第 1、2 号由中华书局于 1991 年与《时务报》一同影印，是目前最为方便利用的版本。

为此曾致书梁鼎芬，欲从中调解关系。[1]然以当时的政治观念而言，奉正朔用纪年当属大事，康此时虽未有意与清朝决裂，用孔子纪年乃属其"新学伪经"学说之申张，但必引来许多不利议论。此事在康有为尚属理念，在张之洞则是政治。[2]刊闰五月二十七日"上谕"，虽为倡导改革；然附注说明该上谕将包括康有为"上清帝第三书"在内9件折片下发各将军督抚议奏（参见21·10），也有借此自重之意。张之洞见《强学报》，大怒，下令停止。十二月初九日，黄绍箕致信康有为，对孔子纪年及刊上谕事予以严谴，并称："已告局中停报勿出，并议暂废此会，日内当即有公函奉达。"[3]十二日，《申报》刊出《强学停报》：

> "昨晚七点钟，南京来电致本馆云：自强学会会章，未经同人商议，遽行发刊，内有廷寄及孔子卒后一条，皆不合。现时各人星散，此报不刊，此会不办。同人公启。"[4]

这一份电报由梁鼎芬所发，表达的是张之洞的意思。康、梁关系自此分离。而与此同时，经元善也接到了张之洞的指令，停止拨

---

[1] 光绪二十一年十一月十二日，黄遵宪致函梁鼎芬称："强学会之设，为平生志事所在，深愿附名其末。长素聪明绝特，其才调足以鼓舞一世，然更事尚少，比日时相过从。昨示大函，为之骇诧，延致诸君，遵宪居海外日久，多不悉其本末。惟此会之设，若志在译报刻书，则招罗名流十数人，逐渐扩充，足以集事；乃欲设大书藏、开博物馆，不能不集款，即不能不兼收并蓄。遵宪以为，当局者当慎简，入会者当博取，固不能如康公之所自出，亦不能如梁子之不因入热。遵宪居间其中，为岭南二妙作一调人，君意何如？"未久，黄再致函梁："强学会事，顷语心莲甚详。公有何言语告心莲告我？康郎之堂堂乎，张乃殊觉酸楚可怜也。"（《黄遵宪全集》，上册，第358—359、366页）黄似站在康一边。

[2] 黄彰健认为，康有为用孔子纪年是其"保中国不保大清"的显证，即"改朔为合群之道"。（参见《戊戌变法史研究》，第5—6页）

[3] 《万木草堂遗稿外编》，下册，第845页。

[4] 转引自汤志钧：《戊戌时期的学会和报刊》，第127页。《穗石闲人读梁节庵太史驳叛犯逆书书后》称："讵料康到沪后，任意出报发议，绝不商量，太史与黄公屡书争之，且诋之。最可骇者，不以大清纪年而以孔子纪年，名为尊圣，实则轻慢。太史与黄公深恶之。即日停报。自是与康不合。"（《觉迷要录》，录三，第8页）

款。〔1〕

　　徐勤、何树龄是年底到达上海。《申报》光绪二十二年三月十一日刊《强学会收支清单》中有："支主笔何易一、徐君勉另跟人在宁由公司船来沪川资五十元"；"何、徐每月修金四十元"。〔2〕徐、何到上海时，《强学报》前几期的有关稿件及排版似已完成。康调徐、何来沪，很可能是想将该刊交给两人继续办理。而徐、何到后，由于该刊停止，并未有实际编务。〔3〕此后康有为、何廷光、梁启超等人在澳门办《知新报》，徐、何皆是主笔。（参见22·2）康有为于是年十二月十二日致何树龄、

---

〔1〕　经元善于光绪二十二年春复信康有为称："去冬两次辱承顾谈，始知强学会事，吾公孤立，岌岌可危，弟又久病，如将熄残灯，不克相助为理，故函复台端，有宜速招汪穰卿来沪夹辅之语，弟一面据实禀辞南皮，冀或垂念，准待鹤诸君勖襄，不致功败垂成。今闻为言路所劾，此虽关乎气数，然细思之，亦由吾公未能应天以实，感召麻祥所致。弟初读《长兴学记》及《伪经考》诸书，深佩足下之学。去冬忽承南皮先生作介，幸接光仪，良用欣慕。惟采诸舆论，清浊两途，皆有大不满意于吾公之处，静观默察，方知吾公尚少阅历，且于谦、恕、慎三字，未能真切体验躬行，又不免偏重好名……拨款一节，已由敝局同人代拟电禀，旋奉南皮复电，均录呈鉴。"经元善于光绪二十六年八月对此信另有按语："原稿'谦恕'下本是'诚'字，诚能开金石……"（虞和平：《经元善集》，华中师范大学出版社，1988年，第166—167页）经元善信中指责康有为过于"好名"。经元善致汪康年信中言辞更为激烈："……强学会事，诚是当务之急，一唱百和，方期逐渐扩充，以树自强之本，忽然封禁，浩叹殊深。惟康长翁之手段，似长于坐而言，绌于起而行，欲集众人之资以逞一己之见，物议之来，或有由致。弟本为门外汉，又为局外人，早已禀陈香帅力辞会董之职……谨谢不敏，自后勿以此事相告为幸。"另信称："昨承左顾，馨谈甚畅。兹送上强学会余规银七百两庄票一纸……"（《汪康年师友书札》，第3册，第2425—2426页）前一信似为汪康年追强学会余款，经元善大为指责康有为；后一信说明经、汪见面后，经将强学会余款银700两交给汪康年。此款后来成为《时务报》开办的主要经费之一。

〔2〕　该清单末称："所有余款数目、单据及自置书籍、木器物件，于去年腊廿五日，皆点交汪进士穰卿收存。"汤志钧据此认为，至十二月二十五日，何、徐已到一月以上，方可得修金，而汪康年于十二月方到达。该《清单》还称："又，主笔龙积之，乃董事经筱珊电邀，上笔禾全，至译人仅译三纸。"龙积之，龙泽厚，"经筱珊"，经元善。

〔3〕　光绪二十二年五月二十六日，梁启超致汪康年信称："康先生书又极言何易一之叛教，盖其丧心之故，亦由去年不得意有以激之也，然已令人发指。昨遇燕生，今复闻此，愤气填膺，势欲欧血，奈何奈何！"（《汪康年师友书札》，第2册，第1836—1837页）"燕生"，宋恕。其"叛教"一事，可能是主张民主，与孙中山一派有联系。

徐勤信称：

> "览邓仲果书，乃知为学术不同，疑我借局以行其经学，故多方排沮（中国亡无日，生民无噍类，而彼尚如此，可哀可痛）。我向不知此意，则尚相敬也，不过意见不同，不能容耳……今彼既推汪穰卿来，此人与卓如、獳博至交，意见亦同（能刻何启书三千部送人，可想是专持民主者，与易一必合）……纪年事，南皮原面许，今一切全翻，亦不足计。今不过主笔二人待面商后，去留乃定（未迟）。以忌我之故，并排及孔子，奇甚……汪鸥客想巳来，星后电欲登报除名停办，前请电仲果、公度力持，若能转移，不除名，不停办，可急电来，俾我迟迟而行，此极要事，此与京师同。一言以蔽之，彼有不办之心，我有必办之意，自为所挟制也。幸彼疑专为托局以行其经学，尚可解。"[1]

由此可见当时分歧之所在。"幸彼疑专为托局以行其经学"一语，即张之洞一派只是认为康有为打算以上海强学会推行其学说，也透露出康此时还另有"不可解"的"经学"以外的目的。

(21·26) 自强学会开后，海内移风，纷纷开会，各国属目。自封禁后，渐讳新政。方当西后杖二妃，逐侍郎长麟、汪鸣銮、志锐之时。至逾年二月，撤毓庆宫，逐翁同龢、文芸阁，杀寇良才，将筑圆明园以幽上，于是开新之风扫地矣。先是翁常熟在毓庆宫独对，吾频谓之曰："公趁此举大事，不可失。若能行新政，废八股，则一月中新政甚多，公即去官可矣。若度不能行，则勿如先辞毓庆宫，

---

[1] 《遗稿·戊戌变法前后》，第236—237页。标点略有调整。该件信封书"易一、君勉两弟同览"，并有两行小字："此书明强学会之散，由伪经今古学意见不同。"当属康有为事后所写。"邓仲果"，邓承修（铁香）之次子，广东惠州人（陈汉才：《康门弟子述略》，广东高等教育出版社，1991年，第159页）。"汪鸥客"，汪洛年，汪康年弟。"星"，星海，梁鼎芬"公度"，黄遵宪。康还称："或谓沪局之停，知京朝有此消息，故借端于廷寄、纪年之事而誓散云。"（《记强学会事》，《万木草堂遗稿外编》，下册，第568页）即称张之洞等人有变，是因为听闻京师强学会被劾，"廷寄、纪年"只是其"借端"。

盖同相而独对，僚友所忌也，徒取辱耳。公亟辞之！"又翁常熟五月前能从容讲求新政，及六月派总理衙门行走，事殷多至夜分，自此不暇见士大夫，而一事不办。吾累书劝其力辞总署之差，常熟不能从。后以割胶事为罪谤所归，荣禄嗾其私人劾之，常熟卒以是逐。常熟去官后云，悔不听我言也。

据手稿本，"西后"二字为添加，补在行间；"侍郎"二字为添加，补在行间；"废八股"之"废"字由"去"字改；"同相而"三字添加，补在行间；"独对"后删一字；"公亟辞之"后删"翁不"二字，添"又"字；"从容"二字为添加；"事殷多至"之"事"字添加；"为众谤所归"一语为添加，补在行间；"常熟去官后云"之"后云"二字为添加，补在行间，"不听我言也"已写到页脚，由此推测"常熟去官后云，悔不听我言也"一句，很可能是后来添加的。

　　光绪二十一年以后，各地学会与报刊纷起，康称"海内移风，纷纷开会"，当属实。学界言此事者甚多且详，此处不再罗列。[1]然而，学会与报刊的发展多有变化，渐生渐长渐灭，皆由当时的社会、经济、政治诸因素所致，还看不出与强学会封禁有多大关系。康称"讳言新政"，以学会、报刊而言，并不准确。

　　二妃，指珍妃、瑾妃。珍妃（1876—1900），他他拉氏，满洲镶红旗人。祖父裕泰，曾任陕甘总督，父亲长叙曾任户部侍郎。瑾妃（1874—1924），珍妃之姐。她们两人早年随伯父广州将军长善居广州，就读于文廷式。光绪十一年回北京，十四年入宫，分别封为珍嫔、瑾嫔，二十年慈禧太后六十大寿，均晋为妃。光绪帝大婚后，不喜皇后叶赫那拉氏，与瑾妃相处亦漠漠，惟珍妃善解帝意，日侍左右。她是光绪帝的宠妃。

　　志锐（1852—1911），他他拉氏，字伯愚，满洲镶红旗人。四川绥定知府长敬之子，瑾妃、珍妃之堂兄，出嗣于广州将军长善，长住广州，与两妃生活时间长。光绪二年举人，六年进士，入翰林院，散馆后授编修。十八年，由詹事府詹事迁礼部侍郎。甲午战争时旨命往热河办理团

---

[1]　梁启超、胡思敬、深泽秀男、张玉法、汤志钧、闵杰等人对此学会报刊皆有排列，而汤志钧、闵杰考证甚详，参见汤志钧：《戊戌时期的学会和报刊》中编；闵杰：《戊戌学会考》，《近代史研究》，1995年第3期。

练。仕途看来极为宽坦。

康称慈禧太后"杖二妃"、逐志锐之事，时为光绪二十年十月，正是甲午战争吃紧之期。翁同龢在是月二十九日日记称：

"皇太后召见枢臣于仪鸾殿，先问旅顺事，次及宫闱事。谓瑾、珍二妃有祈请干预种种劣迹，即着缮旨降为贵人等因。（鲁伯阳、玉铭、宜麟皆从中官乞请；河南抚裕宽欲营福州将军，未果。内监永禄、常泰、高姓皆发，又一名忘之，皆西边人也。）臣再三请缓办，圣意不谓然。是日上未在坐，因请问上知之否。谕云：皇帝意正尔。命即退，前后不及一刻也。回直房，余与莱山拟稿，似尚妥协，递上传散。"〔1〕

慈禧太后是紧急召见，时在中午军机散值之后，地点是其在西苑寝宫仪鸾殿。召见时光绪帝不在场。瑾、珍二妃的罪名是，与太监勾结卖官鬻缺。其中鲁伯阳得苏松太道一事，当时极为震动。〔2〕而珍妃被杖一事，可见之光绪二十年十月二十八日至十一月十六日珍妃脉案，孔祥吉称：

"珍妃从十月二十八日抽搐气闭，昏迷不醒，经急救缓解，而到十一月初一日病情突然加重……由珍妃病案所记症状，诸如'牙关紧闭，人事不醒'，'筋惕肉瞤'，'筋脉酸痛'，'吐痰带有黑血'，'鼻涕带红'，'腿膝筋脉，酸麻胀痛'，以及所服用的琥珀抱龙丸及乌药等方剂来综合考察，慈禧对珍妃之惩罚是相当严重的。"〔3〕

由此看来，在慈禧太后召见军机前一日，二十八日已对珍妃施杖。十一

---

〔1〕《翁同龢日记》，第5册，第2754页。又，当日谕旨称："朕钦奉慈禧……皇太后懿旨：本朝家法严明，凡在宫闱，从不准干预朝政。瑾妃、珍妃承侍披廷，向称淑慎，是以优加恩眷，洊陟崇封。乃近来习尚浮华，屡有乞请之事。皇帝深虑，渐不可长，据实面陈。若不量予儆戒，恐左右近侍籍为夤缘蒙弊之阶，患有不可胜防者。瑾妃、珍妃均著降为贵人，以示薄惩而肃内政。"（军机处《上谕档》，光绪二十年十月二十九日）
〔2〕参见孔祥吉：《珍妃卖缺记实》，《晚清佚闻丛考》，第89—95页。
〔3〕孔祥吉：《慈禧杖责珍妃有证据》，《晚清佚闻丛考》，第82—88页。孔还指出，除了让珍妃饱尝肉体之苦外，还在珍妃、瑾妃的住处悬挂禁牌："俟后妃嫔等如有不遵家法，在皇帝前干预国政，颠倒是非，著皇后严加访查，据实陈奏，从重惩办，决不宽贷。"

月初一日，翁在日记中称："诣瀛台，上语昨事，意极坦然。"即光绪帝
对慈禧太后的处理没有流露出激烈的情绪。初二日又记：

> "午初三刻传太后见起，午正二刻入见于仪鸾殿，论兵事……
> 次及二妃，语极多，谓种种骄纵，肆无忌惮，因及珍位下内监高万
> 枝诸多不法，若再审问，恐兴大狱，于政体有伤，应写明发，饬交
> 刑部即日正法等因。臣奏言明发即有伤政体，若果无可贷，宜交内
> 务府扑杀之。圣意以为大是，遂定议退。退写懿旨，封固呈览，发
> 下交内务府大臣即日办理。"[1]

此是慈禧太后再次召见军机，下令杀珍妃处太监高万枝，光绪帝又未在
场。初三日，慈禧太后开始处置珍妃的堂兄志锐，不让其在热河带兵，
未久改任乌里雅苏台参赞大臣。(位今蒙古国西部札布哈朗特)[2]此
后，志锐任伊犁索伦达呼尔领队大臣、宁夏副都统等职，一直到慈禧太
后死后，才于宣统二年(1910)调杭州将军。

长麟(1864—?)，字石农，满洲镶蓝旗人。光绪六年(1880)翻译进
士，入翰林院，散馆后授编修。后由少詹事、内阁学士于十八年迁礼部
侍郎。二十年十月，为督办军务处会办大臣，十二月改户部右侍郎。

汪鸣銮(1839—1907)，字柳门，号郎亭，浙江钱塘人。同治四
年(1875)进士，入翰林院，散馆后授编修。多次出为学政、乡试考官，
光绪十四年任工部侍郎，二十年出任总理衙门大臣，二十一年改吏部右
侍郎。

---

〔1〕《翁同龢日记》，第5册，第2754—2755页。

〔2〕翁同龢在初三日记："恭邸有起，午正二刻始下，面奉懿旨：一、撤志锐回京当差，
招募团练均停办。一、令桂祥(祥普)带神机营马步四队回京。"初八日记："慈谕
周匝严厉，先论田贝事，即以志锐充乌里雅苏台参赞大臣。"(《翁同龢日记》，第5
册，第2755、2457页)初三日军机处《洋务档》记："臣奕訢顷蒙皇太后召见，面奉
懿旨：令桂祥、祥普到防后，统带神机营马步队回京。又，志锐无庸办理热河团练
招募事宜，即令回京当差。谨拟电旨一道，寄信谕旨一道，恭呈御览。"这是"甲申
易枢"后慈禧太后首次召见奕訢，也是奕訢在政治上再起的重要日子。初六日军机
处《洋务档》记："电聂缉椝：侍郎志锐已奉旨令其回京，所需枪炮并令无庸购买
矣。"

康称慈禧太后"逐侍郎汪鸣銮、长麟"一事，时为光绪二十一年十月十七日，翁同龢在日记中称：

> "见起递折毕，上宣谕吏部侍郎汪某、户部长某离间两宫，厥咎难逭，著革职永不叙用。臣等固请所言何事，而天怒不可回，但云此系宽典，后有人敢尔，当严谴也。三刻退，拟旨。未到书房。午初始散。"[1]

此时慈禧太后因过生日由颐和园回城内西苑仪鸾殿，光绪帝也从宫中养心殿移住西苑，每日须得请安。他的这一旨意，自是慈禧太后的布置。由翁等人所拟谕旨称：

> "朕敬奉皇太后宫闱侍养，夙夜无违，仰蒙慈训殷拳，大而军国机宜，细而起居服御，凡所以体恤朕躬者，无微不至，此天下臣民所共知者也。乃有不学无术之徒，妄事揣摩，辄于召对之时，语气抑扬，罔知轻重，即如侍郎汪鸣銮、长麟，上年屡次召对，信口妄言，迹近离间。当时本欲即行宣播，因值军务方棘，恐致有触圣怀，是以隐忍未发。今特明白晓谕，使诸臣知所儆惕。户部右侍郎长麟、吏部左侍郎汪鸣銮，均著革职，永不叙用。"[2]

长麟、汪鸣銮罪名是战争期间在光绪帝面前有不利于慈禧太后的言论，此时惩处之用意，当在警告他者。新任日本公使林董注意到此事，在给日本国内的报告中对此有着详细的叙述。[3] 汪鸣銮系翁氏门下大将，

---

〔1〕《翁同龢日记》，第5册，第2856页。

〔2〕军机处《上谕档》，光绪二十一年十月十七日。

〔3〕林董12月11日（十月二十五日）致代理外务大臣西园寺公望的报告称："正如本日下官第63号信所呈报的那样，有敕令将在总署中任职的吏部右侍郎汪鸣銮与户部右侍郎长麟二人革职，终生文武官职永不叙用。据云，其咎之所由，乃自去年以来，屡次召对之际，信口妄言，迹近于离间皇太后与皇帝。于此前三日，即11月30日，汪氏与新任总署大臣吴廷芬一道来馆，闲谈书画等事，彼时亦未能看出其将受处分之迹象，此事于下官亦属意外。想到其中必有何种缘由，下官于种种风说之中，取其最可信者来考虑，去年我国军队攻陷旅顺口后，当时，汪鸣銮与长麟将一切罪责都归于李鸿章，奏请皇上无论如何也要将李鸿章处死。皇太后认为，即使是李鸿章有罪，但他向来为国尽忠，所立之功亦不算少，不应突然处以严刑。当时皇帝也与皇太后意见同。汪、长二氏奏道，目前正值皇帝乾纲独断，万机归一之际，各事亦不容皇太后再置喙。其后，由户部管理的海军军费中出现数百万两亏空之事败露，皇帝

翁日记中有着大量的两人交往记录。汪被罢免当天，还到翁家等候甚久，翁称其"伊甚坦然，可敬也"。

翁同龢入值总理衙门，时为光绪二十一年六月十六日（参见21·16）。翁的权力也达到了其一生最高峰，其本兼各职为：军机大臣、总理衙门大臣、督办军务处会办大臣、户部尚书、管理国子监事务大臣，此外还有一项重要的差使，即毓庆宫行走。[1] 从他的日记可见，每天的工作极为繁忙：凌晨入宫，参加军机处的"叫起"、在上书房与光绪帝讲经与独对，然后再到内务府都虞司休息；中午或下午先后去户部、督办

问恭亲王，该王不知，将欲检查主管此事的户部，汪鸣銮、长麟等臆测皇帝欲知其真相，故奏道，此不足之额已因皇太后之懿旨而用于万寿山宫殿的新建和修缮上，故今更无特别检查之必要。以上两次上奏虽有信口妄言迹近离间云云之咎，然为何当时未受其咎，是亦有缘由也。现今之皇后，皇太后之侄女也，虽深为皇太后所钟爱，但其容貌不扬，且其痘痕斑斑，不独不为皇帝所宠爱，且甚至为皇帝所厌恶，皇帝专宠于某贵妃，因此该贵妃为皇太后所恶。正值此时，皇太后闻说去年由于此贵妃之密奏，而将与其师有关之人任用为官，大为震怒，以违背本朝家法为理由，将其师扑杀于前些时候，且亲自执杖鞭笞贵妃，将其位贬为贵人。此事自然召致皇帝对皇太后的反感。上述汪、长等人之奏章于此时呈上，也不至于触逆逆鳞。然在近日，上述贵人复位为贵妃，皇帝与皇太后也和好如初，于是迎合皇太后之意，遂下敕令将汪、长等氏革职，永不叙用。若论到该事件在政治上之影响，汪、长等人原为翁同龢任科举主考时录取之人，以该国习惯而言，即翁氏之门生。翁氏又深受皇帝信任，于皇帝与皇太后间之不快，翁氏即使对皇太后稍有微词，皇帝不唯不加罪，内心还有几分喜欢的倾向。浅薄之忠臣汪鸣銮等，当时欲以耸人听闻之言博敢言之名，结果任何奏章也未起作用，皇帝与皇太后相亲相爱依然如故，汪、长不唯自食其咎，而且更遭皇太后之不快。翁门一派权力至于衰颓，不亦是自然之势欤？李鸿章听到汪、长等氏被惩戒之消息，辄对人曰：此乃昊对翁同龢进行的第一打击。而罗丰禄之辈则认为，此事意味着李中堂恢复势力的第一步。"（《外务省记录》，1-6-1-4-2 各国关系杂纂，第1册）林董称，他的消息来源于本地报章及外交社会的传言，虽未必全部可靠，却又是当时官场的流行说法。

[1] 文廷式记："翁叔平尚书与余素善，余疏落，要不常相见。然比者以一人而兼任师傅、军机、总理衙门、督办军务处，又领户部，皆至要之职，而犹谓不能办事，又不欲居权要之名，一俶一此，迄无定见。以此召乱，谁能谅之？嗟呼！张茂先我所不解也。"（《闻尘偶记》，《文廷式集》，下册，第726页）张茂先，即张华（232—300年），字茂先，范阳方城（今河北固安县）人。西晋文学家、政治家。"张茂先我所不解"一语，为有"人伦鉴识"美称的刘讷见张华时感叹语。（语出《晋书》卷六十九《刘隗传》，中华书局，第6册，第1841页）文廷式此语称他不能理解翁同龢多任要职，乃致"以此召乱"。

军务处及总理衙门。后三个衙门，不是每天都去，以事务之繁简重轻而赴。回家后又见客，时常长谈。康称"吾累书劝其力辞总署之差，常熟不能从"，似为其张扬之词，若真有此劝言，当属康对高层政情之不甚了解。翁同龢是年六月初十日在日记中称：

> "恭邸屡在上前奏请欲余至总署，余力辞，今日乃责余畏难。余与辩论，不觉其词之激。仲华亦与邸相首尾，余并斥之。"

十四日又记：

> "见起三刻，恭邸以译署事有所举荐，恐吾侪不免矣。"

十六日再记：

> "恭闻恩命，臣与李鸿藻均在总理各国事务衙门行走，即碰头谢讫。前此固尝一辞再辞，语已罄竭，无可说也。"[1]

该日也正是徐用仪出军机、出总署之日。恭亲王奕訢、荣禄荐翁同龢、李鸿藻入总理衙门，自有其想法，没有理由认为他们将翁、李当作是解决外交难题的高手，但在战争期间，翁、李两位能够左右清流的理学大师之介入，也确可分谤；且翁以师傅柄政，亦可分责。[2] 从翁日记中可以看出，此后对外事务占据他相当多的时间。一年后，光绪二十二年六月初五日，翁在日记中又称："四夷鸱张，总署无人，可叹可叹！"[3] 已有挺身担当的胸怀与责任感。以翁之身份，按当时官规，奉命时尚可谦推，以示虚怀，就任后则不可言辞，以示负责。当时官员求退，无非告病、告老、归养父母、修墓等几项通行的理由，且得辞退本兼各职全部官差，若如康所言，仅辞总理衙门差使而保留其他职务，在操作时也颇

---

〔1〕《翁同龢日记》，第5册，第2821—2823页。"仲华"，荣禄。

〔2〕 李鸿章给其女婿张佩纶、女儿李经璹的私信中称："昨恭引崇礼，李引许应骙，不知洋务为何事，但以为要地，可略收炭资耳。不知炭多不来，徒为滥竽何益。余若停数日不到署，应画稿件，应发文电，无人过问……"（光绪二十三年二月二十二日，《李鸿章全集》安徽教育版，第36册，信函八，第138页）李于此透露崇礼入总署为恭亲王奕訢所荐，许应骙入总署为李鸿藻所保。引入此二人，并非其知外部事务。"炭资"，指冰炭两敬，各地官员所送，当时京官最主要的灰色收入。李鸿章也透露出当时总署大臣多不干事的内情。

〔3〕《翁同龢日记》，第5册，第2915页。

具难度。

慈禧太后第一次撤毓庆宫为光绪二十年十月初八日，经恭亲王等人的说项，只撤满文及洋文，保留汉书房。（参见21·15）慈禧太后第二次撤毓庆宫是一年多之后，即光绪二十二年正月十三日。康称"逾年二月，撤毓庆宫"，所记时间有误。是日翁同龢在日记中称：

> "懋勤殿首领传旨曰书房撤。余问长撤耶抑暂撤也？答曰长撤。余入见时，奏此事想懿旨所传，上领之。"[1]

懋勤殿首领，系管理上书房事务的太监，由其传撤书房之旨，翁当日又面见光绪帝证实确是慈禧太后的懿旨。此次行动，慈禧太后是有预谋的。先是慈禧太后由颐和园回城过年，住西苑仪銮殿，也因为过年，光绪帝礼仪等事务甚多，上书房例停而休年假，最后一次书房为旧年十二月二十日，此后未有书房。正月十二日巳刻（上午9至11时）慈禧太后返颐和园，恭亲王随行。她可能临行前才交待撤书房，光绪帝听到消息后，欲劝也没有办法。他自己不便立即去颐和园，也派不出合适的人选为此说项。[2]康称其劝翁"勿如先辞毓庆宫"，有可能是张扬之词；若真有此言，仍属对高层政情之不了解：翁身为师傅，又怎么可以自请"辞书房"或"撤书房"？

逐翁同龢，乃是光绪二十四年四月之事，情况大有不同。（参见24·20）康称翁"割胶事为罪谤所归"，似指于荫霖上奏"时局危急请简用贤能大员补救折"弹劾翁同龢、张荫桓一事。然翁非因此折去职，于折与荣禄也无关系。（参见24·17）康称翁"去官后，悔不听我言"，似属康的自我张扬。翁去国后，两人并没有见过面。

实际上，光绪二十一年八月底康有为离开北京时，他与翁同龢的关

---

〔1〕《翁同龢日记》，第5册，第2878页。

〔2〕文廷式称："丙申正月十三日，停止毓庆宫翁、孙两尚书入值，仍随时听传。先是乙未春停止清语师傅松溎入值，至是始并停汉师傅，以圣学有成，万几事繁故也。闻传旨时言：嗣后如有拟题等事，即传孙家鼐云。"（《闻尘偶记》，《文廷式集》，下册，第720页）文廷式可能不便于记，故称"圣学有成"，仍其称"随时听传"一语，不知是否有根据。

系并没有像他所说的那样亲密，康关于翁的这一段话，似可不必字字当真。然其称："公趁此举大事，不可失，若能行新政，废八股，则一月中新政甚多，公即去官可矣。"也有可能是他在闰五月初九日与翁见面时的说词，翁在那一天日记中称其为"策士"。（参见21·14）

而从《翁同龢日记》来看，关于康有为的记录极少，光绪二十一年仅三条：除去五月三十日"南学诸生等寓书求见，拒未见"；闰五月初九日"饭后李莼客先生来长谈"两条已有修补者外，仅是四月十二日所记"康祖诒亦中矣"一句。[1]翁记日记的习惯是事无巨细皆录之，可以看出每日诸多来访记录，但对康为何如此之少？相关的疑问，我将在后节予以集中的讨论。（参见24·15）

逐文廷式，时为光绪二十二年二月十六日。先前参劾强学会的御史杨崇伊，再次出奏，上"弹劾文廷式、李盛铎折"，称言：

> "窃见侍读学士文廷式，词章之学，非不斐然可观，而素行不端，秽声四播。少时久居广东，惯作枪替。通籍之后，谄事文姓太监，结为兄弟，往来甚密。东洋事起，群言庞杂，皆由该员主持。御史安维峻之折，亦听其指使。故遣戍之日，该员广为劝募，赆者盈万，躁妄险诐，于斯已极。"[2]

按照当时的宫规，光绪帝当日将该折呈送慈禧太后。此时光绪帝恰与慈禧太后同住颐和园，慈禧太后见杨折后大怒，次日发下，令将文廷式革

---

〔1〕《翁同龢日记》，第5册，第2801页。

〔2〕《军机处录副·光绪朝·内政类·职官项》，3/99/5338/89，光绪二十二年六月十六日。该折还称："记名御史编修李盛铎，昔随父任，溺于声色，恣为奸利。登第后，刊印大题文府，以便士子夹带，获利巨万，大干功令。现在请假回籍，而久居上海，与军机章京陈炽电报往来，希图经手洋债，以肥私橐。似此惟利在图，他日岂胜风宪之任？二人生同乡贯，互相标榜，梯荣干进，遇事生风。常于松筠庵广集同类，议论时政，联名执奏，博忠直之美名，济党援之私见，大臣畏其党类，事事含容。幸值圣明在上，不至贻误大局，而他日之事，有不得不为过虑者。该二员去秋在沪声言，本不欲出山，由军机大臣电催北上，藉口招摇，若使身列要津，更不知若何贪纵。应请旨速予罢斥，以儆官邪而端士习。"杨虽弹劾文廷式、李盛铎两人，而李盛铎未被牵涉进去。

职、永不叙用。[1]而对于这次变动，日本公使林董也有详细报告。[2]林董强调的是文廷式罢免，与强学会有关。

寇良才，档案中作寇连才（1877—1896），直隶昌平人。光绪十九年入宫，在奏事处为小太监。二十一年九月，调往储秀宫慈禧太后处当差。二十二年二月十五日，寇连才向慈禧太后上书，言政事十条，以违制例处死。[3]《翁同龢日记》光绪二十二年二月十七日记："闻昨日有内监寇万才者戮于市，或曰盗库，或曰上封事，未得其详。"[4]

康有为一气写下光绪二十年十月至二十四年四月之间的数事，可见

---

[1] 军机处《随手档》、《上谕档》，光绪二十二年二月十六日、十七日。其十七日谕旨称："御史杨崇伊奏词臣不孚众望请立予罢斥一折。据称翰林院侍读学士文廷式遇事生风，常于松筠庵广集同类，互相标榜，议论时政，联名执奏，并有与太监文姓结为兄弟情事等语。文廷式与内监往来虽无实据，事出有因，且该员于每次召见时语多狂妄，其平日不知谨慎，已可概见。文廷式著即革职，永不叙用，并驱逐回籍，不准在京逗留。此系从轻办理，在廷臣工务当共知儆戒，毋得自蹈愆尤。"翁同龢光绪二十二年二月二十日日记："闻去年发龙江之太监王有、闻得兴均就地正法，闻即前日杨折所云文姓者也。"（《翁同龢日记》，第5册，第2888页）康益年检阅档案，指"文姓太监"，即为文德兴。（《爱国捐躯的太监寇连材》，《清宫太监》，第178—179、185—187页）汤志钧认为，文廷式革职与李鸿章有关。其根据为文廷式在上海遗失一箱，内有奏折，语侵李鸿章，代理上海道刘麟祥将之报告李鸿章，李以姻亲杨崇伊出面上奏，而在奏前李又去见慈禧太后。（《戊戌变法人物传稿》〔增订本〕，上册，第297—308页）又，慈禧太后在战时即有意处置文廷式。翁同龢在光绪二十年十一月初一日日记称："是日封事（文学士）中有弹济宁者，诋訾过当，上亦不甚怒也……"初二日称：慈禧太后称，"言者杂遝，如昨论孙某语涉狂诞，事定当将此辈整顿。"（《翁同龢日记》第5册，第2754—2755页）

[2] 林董称："该强学会会员、翰林院侍读文廷式于书局封禁以后，来到宣武门外之松筠庵，此处即明代以刚直闻名的御史杨继盛起草谏诤奏章之寓所，与许多以正论公议为己任的人物相关连。文廷式因与同志集会，议论时政，呈递奏折等情，被杨御史弹劾……文廷式惩戒处分一事，使一时被外国人等视为清国改良之要素的强学会复兴希望破灭。"（《林董公使致西园寺公望代理外相报告》1896年4月1日，《外务省记录》1-6-1-4-2各国关系杂纂，第1册）

[3] 寇连材之案，当时传说甚广，而梁启超作《烈宦寇连材传》属反对慈禧太后的政治宣传，不可信。唐益年对档案史料掌握较全，分析亦中肯，见其著《爱国捐躯的太监寇连材》，《清宫太监》，第173—187页。

[4] 《翁同龢日记》，第5册，第2887页。又，时在上海的孙宝瑄在光绪二十四年三月二十四日日记中记："是日始见宦者寇连才所上之书，分十余款，末款有云：请国家选嗣不以亲族而以才德，先令天下府县各公选，然后择定一人，使为国嗣。"（《忘山庐日记》，上册，第189页）

其思想的飞扬，这些事件与封禁强学会之间并没有太多的关系。而慈禧
太后逐汪鸣銮、文廷式，撤毓庆宫，其矛头也非为针对新政，而是针对
翁同龢。她恐翁培植党徒（汪、文当时被称为"翁门六子"），并利用毓
庆宫独对，抛开军机处揽权。当时的人们对此类举动的意义也是看得很
清楚的，吴樵在光绪二十二年二月致汪康年信中称：

> "自毓庆撤后，盘游无度。太上每谓之曰：咱门天下自做乎，抑
> 教姓翁的做？……常熟日内皇皇自危（伯唐言），恐将来获咎，必更
> 甚芸阁。"[1]

此中的政治斗争，主要为的是权力。

至于康称"将筑圆明园以幽上"，恐是康的自我想像。圆明园于咸丰
十年（1860）为英法联军焚毁，此时虽未如今日之败坏，但多有残破。
就我所见的材料，当时清朝内部并无重修圆明园之议，外间也无此等
流言。

康有为之所以写上一大段与光绪二十一年并无关系的内容，与他写
作时的心情有关。他在日本期间，听到了众人对他的指责，大多怨其操
之过急云云。除了在《知新报》上发表《论中国变政并无过激》的长文
外[2]；康另有致依田百川一信，写道：

> "当割台之后，仆开强学会于京师，切责枢臣翁常熟以变法。
> 常熟方兼师傅，日与皇上擘画变政之宜。皇上锐意维新，侍郎长
> 麟、汪鸣銮，学士文廷式，御史安维峻，皆劝上收揽大权。太监寇
> 良材，亦请西后归政于皇上。西后大怒，长、汪、文、安诸君遂皆
> 贬谪，寇良材被杀，甚至二妃被杖。而上于是乎几几废矣，幸恭邸

---

[1] 《汪康年师友书札》，第1册，第480—481页。"芸阁"，文廷式；"太上"，慈禧太后；
"伯唐"，汪大燮。

[2] 《知新报》第74册（光绪二十四年十一月初一日出版）、第75册（十一月出版）、第
76册（二十一日出版），见《知新报》，澳门基金会、上海社会科学院出版社影印
本，1996年，第2册，第1027—1028、1043—1045、1059—1061页。该文虽未署名，
但姜义华、张荣华编校《康有为全集》，将该文收入，称"查其中所议宗旨、内容及
例证，皆出自康有为维新变法期间所作各类奏折，当为康氏回击戊戌政变后出现
的'变法过激论'而作"。（《康有为全集》，第5集，第47页）对此我是同意的。

力谏乃止。"〔1〕

这一段话，言词与《我史》几乎一致，似可说明《我史》此节与该信为同一时间所写。

(21·27)[此谱为光绪二十一年乙未前作，故叙事止于是岁。门人罗孝高不知从何得之，盖戊戌抄没，落于人间，而孝高得之也。更甡七十记]

> 手稿本上未有此语。顾颉刚抄本、何凤儒抄本皆抄在页眉上。《戊戌变法》本录于本年之后，且"此谱"作"此书"。

"更甡"是康有为晚年之号，"七十"指虚龄。康有为于1927年3月8日（二月初五）在上海度过虚龄七十岁生日，数日后离沪去青岛，3月31日（二月二十八日）在青岛寓所病逝。这一段眉注当是在这一时期写的。然而，这一眉注多有可疑之处，我在《导论·手稿本、抄本与写作时间》中对此已作申论。

---

〔1〕《知新报》第84册（光绪二十五年三月十一日出版），见《知新报》影印本，第2册，第1192—1193页。

光绪二十二年　丙申（1896）　三十九岁

导读：是年清朝派李鸿章为头等钦差大臣出访欧美各国，与俄签订条约，允俄修筑中东铁路，订立两国对日军事同盟。光绪帝亦命盛宣怀为督办铁路大臣，并批准设立中国通商银行等，但新政步伐进展甚微。

梁启超、汪康年在上海办《时务报》，大受欢迎，盛行于世。各地学会与报刊亦为兴起。

是年，康有为在广州讲学、著书；并往澳门，与何廷光合作，开办《知新报》；年底往广西谋发展。

此一年的内容，手稿本在形式上与前同，看不出差别，但内容却特别简短；顾颉刚抄本是抄在页眉上，丁文江抄本无此年。（参见《导论·手稿本、抄本与写作时间》）

（22·1）讲学于广府学宫万木草堂。续编成《孔子改制考》、《春秋董氏学》、《春秋学》，使徐君勉、王镜如为学长。

据手稿本，"续编成"之"续"字为添加；"使徐君勉"之"徐"字为添加。诸刊本、抄本"续编成"漏一"编"字。

王镜如，名觉任（1860—1929），字公裕，号镜如，广东东莞人。康有为早期弟子，光绪十七年来学。任学长后，长期管理万木草堂事务。戊戌政变后逃往香港，此后随康流亡。曾任《知新报》事，参与自立军起义等。1912年回国，一度出任东莞知事。[1]

---

〔1〕　陈汉才：《康门弟子述略》，第36—39页。

徐君勉，即徐勤。"学长"，康有为委派主持学务的弟子，多由其大弟子充。[1]据《我史》光绪十八年，康以陈千秋为学长，十九年又以梁启超、陈千秋为学长。此时陈千秋去世，梁启超正在北京，后于光绪二十二年三月去上海开办《时务报》，康故于此年新派徐勤、王觉任为学长。

"广府学宫"，指广州府学。光绪十九年起，康有为租用广州府学文昌后殿内仰高祠及附近房屋，租期十年，并正式称为"万木草堂"。（参见20·3）此次康有为回粤讲学，来学的弟子，据称已有百名，在当时的广州，可称为是"大馆"。康一生好出行，平时在学期间较短，此期由上海回粤至八月再去香港，在学时间长达八月，是其少数长期讲学的时段之一，更兼学术思想成熟，为一生讲学的高峰期。弟子亦记有笔记等，现存3种。[2]

此一时期，也是康有为著书的高峰期。《孔子改制考》、《春秋董氏学》，似皆于此时大体完成。（参见20·6、23·1）《春秋学》一书，今不存，相关内容参见23·1。

（22·2）七月，与幼博弟游罗浮。八月，游香港。十月，至澳门，与何君穗田创办《知新报》。将游南洋，不果。穗田慷慨好义，力任报事。后还城。

---

[1] 梁启勋称：万木草堂"不分年级与班次。在旧学生中举出两三名'学长'以领导新生读书，梁启超就是一个'学长'"。（《"万木草堂"回忆》，《追忆康有为》，第239页）张伯桢在《康南海先生讲学记·序》称："会康先生入都应春官试，草堂学务由学长代为主持。每日功课，依先生所订章程阅书写笔记，有疑义则请益于学长。学长原为梁任公卓如、梁伯隽朝杰，以任公、伯隽亦入都会试，改由徐君勉勤及王镜如觉任代理。君勉奔走国事，不常在草堂，由镜如独任其事。先生定制，学长每星期讲学一次。镜如讷于言，不能畅宣诸口，而听者亦多厌倦。每有讲授，同学辄避不出席，并诮之曰'王莽篡位'，镜如闻之不自安，遂不再登讲坛矣。"（《康有为全集》，第2集，第105页）若依此说，陈千秋去世后，梁朝杰曾补为学长；徐勤、王觉任是康有为光绪二十一年入京会试前派为学长的。
[2] 张伯桢于此期受业，记有较详的笔记两种：《康南海先生讲学记》、《南海师承记》，另有学生亦作笔记一种，即《万木草堂口说》，见《康有为全集》，第2集，第105—124、133—263页。

据手稿本，"七月，与幼博弟游罗浮"一句为添加，补在行间，"幼博"之"幼"字前删一字；"十月"的"十"字以"九"字改；"与何君穗田创办《知新报》。将游南洋，不果。穗田慷慨好义，力任报事"一段为添加，补于行间。"后还城"，《戊戌变法》本在"还"后多一"省"字。

幼博，康有溥（1867—1898），字广仁，以字行，幼博为其号。广东南海人。康有为胞弟。其经历多未之详，此处多言之。康广仁在科举场上完全失败，未中一童生。政变后，梁启超在日本作《康广仁传》，谓：

> "自少即绝意不事举业，以为本国之弱亡，皆由八股锢塞人才
> 所致，故深恶痛绝之，偶一应试，辄弃去。"[1]

可见初次尝试，便自知不武。张元济编《戊戌六君子遗集》，录有《康幼博茂才遗文》，其中主要诗文由康有为提供，当经过张、康之审定。"茂才"即秀才，东汉避刘秀讳而用之。由此可知，其功名是生员，以当时的情形，他很可能是捐监生。光绪十五年秋，康有为参加顺天府乡试失败后，去杭州，投同乡翰林院侍读学士、浙江学政潘衍桐，为其作幕。（参见24·39）他想为康广仁捐官，在信中称：

> "我现养潘峰琴侍读，以此事俟归乃定归。欲为汝谋小官于
> 浙，现经查过，府经、县丞须一千五百，从九亦须一千。若能谋得
> 多则好，少则先谋从九，亦为汝出身之地。汝究竟欲之否？我已面
> 托潘侍读矣……我归广东，太无以自立，不欲返矣。然为此事非归
> 粤不能图，则岁暮不能不为此一归，且亦能一一见，以慰老母。然
> 我辛苦之极，一举一动略须百金，若一归，是又再增债累矣。此事
> 不易，汝究竟极意欲作小官否？今欲借学使之力，或得优差，及海
> □保举耳。两次保举，则过知县。汝若虑苦差难当，不欲为之，则
> 可作罢论。我亦不作浙行，学政之幕亦非人所能为也。"[2]

"府经"，即府经历，知府的属官，正八品；"县丞"，知县的属官，亦为正八品。"从九"，指从九品。康有为想为康广仁捐一小官，然后通过潘

---

〔1〕《戊戌政变记》续四库版，第256页。
〔2〕《康有为全集》，第1集，第243页。引者对标点略有调整。

衍同的关系而获一"优差"。梁启超在《康广仁传》中又称：

> "弱冠后，尝为小吏于浙。盖君少年血气太刚，倜傥自喜，行事间或跅弛逾越范围。南海先生欲裁抑之，故遣入宦场，使之游于人间最秽之域，阅历乎猥鄙、奔竞、险诈、苟且、阘冗、势利之境，使之察知世俗之情伪，然后可以收敛其客气，变化其气质，增长其识量。君为吏岁余，尝委保甲差、文闱差。阅历宦场既深，大耻之，挂冠而归。"[1]

由此可见，康广仁确实捐官浙江，并任职年余。梁鼎芬、康广仁、梁启超书信曾言及于此，甚详。[2]胡思敬作《党人列传》称，康广仁"幼时服贾于外，居积颇饶，有为既成进士，劝令服官，纳赀以巡检需次浙江，同列皆狎侮之。"[3]胡的说法并不准确，康有为中进士是此后之事，康广仁也非为"居积颇饶"，但可知他所捐之官职为"巡检"，职司要隘关卡，从九品。《我史》光绪十九年记："是冬十二月为母寿，溥宦游于浙，亦归，家庭甚欢。"又可知其由浙返粤时间。然至光绪二十三年底，康广仁已加捐至正六品的"候选通判"，二十四年，改捐"候选主事"。(参见24·91)

康有为此次与其弟康广仁游罗浮山一事，曾作诗记之。[4]

---

〔1〕《戊戌政变记》续四库版，第256页。
〔2〕光绪十八年二月十八日，梁鼎芬复康有为函称："幼博以指省浙江为主，君家先烈犹在人口，幼博能自树立，他日可望。今有书致潘学士，托某分函，以干显者。此事有属，鼎芬尚有一二故人候补杭州，可以兼托。"(《万木草堂遗稿外编》，下册，第840页)是年三月二十九日，康广仁致梁鼎芬信称："溥以三月中旬来杭州，寓会馆。查此间禀到验看，亦索数十金，未能即禀，且以潘学士函未到，故未禀到也。先生以溥之行，为破常格致书，但客居不易，今已两月。如将来禀到后，久不委差，则尚乞致书两太守也。逾恒之意，岂纸墨所能宣耶？"(转引自孔祥吉：《康广仁早期思想的一件重要史料》，《广东社会科学》，2006年第5期)此中可见，康广仁因未凑齐"禀到"之陋规银数十两，而未能禀到；请梁鼎芬托杭州、宁波两知府，以能尽快"委差"。是年闰六月初一日，梁启超复汪康年信称："康君幼博，长素先生之弟也，为贫，仕于浙(居两广馆)，能读西书，练于时务，欲见浙中长者，今谨奉介门下。"(《汪康年师友书札》，第2册，第1827页)
〔3〕《戊戌履霜录》卷四，《丛刊·戊戌变法》，第4册，第73页。
〔4〕《与幼博弟再游罗浮先至华首台》，《遗稿·万木草堂诗集》，第73页。

何穗田，名连旺，隶葡萄牙籍名廷光，澳门著名华商，捐纳广西补用道员。[1]澳门《镜海丛报》曾记：

> "何连旺，广州顺德人。其隶西洋籍之名曰廷光，赏有宝星，赐有荣衔，西洋人多以亚旺呼之。应于广众，情态甚谨。其捐选道员之名曰仲殷，字穗田。父曰老桂，咸丰初元，来从海上，因得起家。其后承充'讳姓'、'番摊'各饷，积财产至百万。次子即连旺。"[2]

由此可知，何廷光的父亲为何桂，又称何老桂，是澳门第一代的"闱姓"（一种赌博）承办商人；并兼理盐业、鸦片业、"白鸽票"和"番摊"（皆为赌博）。何桂于1888年去世，产业由其长子何连胜管理。何廷光于其父在世时，即已从事商业活动。其创办的公司为"其祥公司"，从事的行业有卖盐（专营权）、缫丝、炮竹、茶叶加工等。[3]随着经营规模的扩大，何廷光的政治地位也不断上升。据1884年《澳门政府宪报》：

> "大西洋国吏部大臣于西历本年六月十九日奉上谕：据大西洋国管理水师事务兼外洋属地部大臣保举，在澳居住入西洋籍华人何连旺，着赏基利斯督宝星 (Cavalleiro da ordem militar de Nosso Senhor Jesus Christo)。"[4]

---

[1] 何穗田及家世材料，参见汤开建：《晚清澳门华人巨商何廷光家族事迹考述》（未刊稿）、《从〈澳门宪报〉看澳门近代华商》（未刊稿）；赵利峰：《闱姓传入澳门及其初期的发展》，《澳门研究》第17辑，澳门大学澳门研究中心编，澳门基金会出版，2003年6月。又，1913年康广仁移葬时，何廷光送挽联，署衔为"前清广西补用道"。（《康南海先生遗著汇刊》，第17册，《哀烈录》，第71页）又，今澳门凼仔岛旧城有"何连旺街"，很可能以他命名。

[2] 《镜海丛报》第二年第十号（1894年9月26日）《声告》，汤开建等主编：《鸦片战争后澳门社会生活记实：近代报刊澳门资料选粹》，花城出版社，2001年，第401页。该《声告》亦称："旺犹交通官府，营求讳托，晨夕弗遑，惟颇畏清议。光绪二十年七月，因以匿书吓禁日报，为所控，八月十四日讯定拘禁监牢，以西洋厘士二十万暂保听辨。"

[3] 参见汤开建：《晚清澳门华人巨商何廷光家族事迹考述》（未刊稿）。汤开建认为，何廷光与其父在经营理念上有所不同，更注重于工商业。

[4] 《澳门宪报中文资料辑录1850—1911》，澳门基金会，2002年，第119页。

何还参预许多社会事务。[1]光绪十八年（1892），邀请孙中山来澳门行医。[2]办有《濠镜报》等。由此开始，他与康有为关系甚密，政变后任康有为所办保皇会澳门分会会长。[3]

此次何廷光邀请康有为等人去澳门，主旨是为了创办《知新报》。[4]与康同行者，为梁启超，于十月十三日致信汪康年：

"澳门顷新开一报馆，集款万金，亦欲仿《时务报》之例，十日一出，其处人必欲得弟兼为主笔。弟告以到沪后，看事忙否再定。而澳人必欲弟到澳一行，拟日内出城即到澳，亦数日即返。"

"新报馆"即指《知新报》。二十一日，梁又致汪：

"已定廿四日由龙门火船返沪，顷偷闲到澳门数日。澳报已成，集股万元，而股商必欲得弟为之主笔。弟言到沪后常寄文来，而诸商欲弟到澳一行，是以来此。此间人皆欲依附《时务报》以自立，顷为取名曰《广时务报》……多载京师各省近事，为《时务报》所不敢言者……至其股东，则皆葡之世爵，澳之议员，拥数十万者也。（有一曹姓者，伯爵也，一何姓者，子爵也，皆华人而兼

---

[1] 《澳门宪报中文资料辑录 1850—1911》，第 172、188、233、236 页。1889 年中国北方遇灾，澳门总督任何廷光为澳门赈灾会襄理；1891 年俄国皇太子来访，何任庆礼委员会副主席；1894 年澳门发生瘟疫，任华人洁净委员会会长，同时他还是澳门理商局三位华人成员之一。

[2] 孙逸仙博士医学院筹备委员会编：《总理开始学医与革命运动五十周年纪念史略》（1935 年岭南大学刊印）称："当先生在香港学医时，偶一返乡，道经澳门，澳绅曹子基、何穗田家人，久病不愈，延之诊治，一药便瘳，惊为神奇，乃先生毕业，曹、何与港绅陈庚虞资助先生在澳门组织中西医局，挂牌行医。"

[3] 梁鼎芬《康有为事实》称："康有为好交结商人，意在得钱。其论广东人才在香港则曰某某，在澳门则曰某某，其人皆是赌匪，挟有多资，曾送康有为数千金者。"（《日本外交文书》，第 31 卷，第 1 册，东京：日本国际连合协会，1954 年，第 731 页）《徐大可纪逆犯康有为缘起》称："遇硕腹贾则折枝舐痔，惟恐不及。尝闻其奖论吾粤人才云，在港得一人焉，曰某某，在澳得 人焉，口某某。迹其人，则固赌匪，挟有多资而曾假以数千金者也。"（《觉迷要录》录三，第 3—4 页）澳门某某指何廷光，香港某某指何东。又，康有为于光绪二十六年十一月十七日给其女儿康同薇、康同璧信中称："穗田占一卦，言上明年必复位，那拉必绝。以今联军迎接，及近撤帘之说极似也。"（《康有为全集》，第 5 集，第 361 页）可见何廷光亦会占卦。

[4] 参见汤志钧、汤仁泽：《维新、保皇、知新报》，上海社会科学院出版社，2000 年，第 56—67 页；汤志钧：《戊戌时期的学会和报刊》，第 309—335 页。

西籍者。）此事欲以全力助成之，令彼知我实能办事，则它日用之之处尚多也。"〔1〕

此中"伯爵"、"子爵"皆为"赏有宝星，赐有荣衔"而来。梁提到的"曹姓"，似为"曹有"。〔2〕而"何姓"，即何廷光。而最初的报名为《广时务报》，梁启超为了"全力助成"，并没有及时回上海。三十日，梁再致信汪：

"前在澳门上一书，想达。顷以澳报事，尚须逗留十余日……"〔3〕

《知新报》于光绪二十二年正月出刊，其第一册刊出人员名单为："总理：顺德何廷光穗田，南海康广仁幼博；撰述：三水何树龄易一，番禺韩文举树园，新会梁启超卓如，三水徐勤君勉，顺德吴恒炜介石，顺德刘桢龄孝实，番禺王觉任镜如，南海陈继俨仪侃；翻译：英文，周灵生；葡文，宋次生；德文，沙士；法文，罗渣，英文，甘若云；日文，唐振超。"此中人士多为康门。〔4〕该刊在"论说"一档中，也以康门弟子文章为多。至戊戌政变，《知新报》共出66册。政变后，《知新报》继续刊行。〔5〕

---

〔1〕《汪康年师友书札》，第 2 册，第 1845—1846 页。

〔2〕曹有，澳门著名华商。1880 年《澳门政府宪报》有其消息："六月十七日，经大西洋大君主赏给曹有御赐圣母金星。曹有，澳门居住商人，原系中国人，今入大西洋籍，兹经管理水师并外洋属地事务部保举。以曹有自购水车一架，并所有水车应用什物，具备送出澳门、地扪大宪等情，且大西洋大君主厚惠博施，故特赏赐。"（《澳门宪报中文资料辑录 1850—1911》，第 36 页）

〔3〕《汪康年师友书札》，第 2 册，第 1847 页。

〔4〕从《知新报》最初的经历来看，似不太顺利。梁启超回到上海后，致函康广仁、徐勤称："昨得书，言股不足，欲由上海拨款云云，闻之大惊，岂潘、黄皆不愿附耶。（旁注：世叔〔指康广仁〕不欲收潘股，超谓收之便）惟超在港，不闻潘有它言。黄与超言，固云月杪交一半，来信时不过十八日，消息亦似未定，或君勉过虑耳。上海顷拟自造房屋，置机器，存款数实不足资挹注，穰卿亦不愿。顷拟在此拟一招股章程，试往招之，冀有应者，今录呈上。澳报久开，而不闻有集股章程，又无股份簿，此亦太无条理，宜速为之。即以股份簿十本寄我，望或有成也……穗田书已买一二，俟买齐寄上。"（《觉迷要录》卷四，第 20—21 页）

〔5〕《知新报》今有澳门基金会、上海社会科学院出版社 1996 年联合出版之影印本，共收录 133 册，中缺第 116 册，另有 134 册之要目；是一个很方便利用的版本。

康称"游香港","将游南洋不果"一事,可见于其堂兄康有仪于光绪三十年致梁鼎芬一信,称言:

> 康有为"乃返粤后,日事罗掘,以为入都行其故志地步。无如既经各报毁骂,城市不齿,旋之港澳,遍拜各商,欲求介绍之书,以往南洋,而售其骗术。适赌商何连旺偶尔欢迎,遂视为知己"。[1]

康有仪出卖堂弟,恶语相加,言不足信,但也证明了康有为在香港、澳门的活动,以及欲游南洋之意。

(22·3) 六月时,在同人局行抽签,举局长,行地方自治法,惜无人能行之,遂罢局事。先是为同人购书千余金,略备,是岁□欲成一书院,卒不能。

据手稿本,"是岁□欲"四字为添加,补在行间,并删原有一"欲"字,"□"为不可辨认之字。"是岁□欲"诸刊本、抄本皆误为"是以感欲"。

"同人局",南海县以西樵乡为中心的政治组织。康称同人局"行地方自治之法"一语,其光绪十四年给曾纪泽信中称:"仆观于吾乡团练之局,推举各绅督董乡事,甚类泰西议院之制。然偏私不公,立党相倾排者,比比皆是,则亦岂能为治耶?其令长之选,由君长选之,抑由民举之?若由民举,得无有结党之弊耶?……"[2]说明当时他对"泰西议院之制"之了解并不深入,且对"同人局"的制度也有所怀疑;而"抽签"一语,似又说明"推举"之制已有变化。康称"惜尤人能行之",指

---

〔1〕 该信还称:"……适赌商何连旺(此人汉口有案,别字穗田,前为《知新报》主人,今为伪保皇会管数要员,兼道党公益商局要员,曾托名开广西全省之矿务,由令内花三十余万金以蓄土匪、游勇,此数或其浮开,然曾见其数。汉事败后,旋改用廷光之名,以捐道衔,一以示与康逆反对,一为保皇之商局地步,掩人耳目……)偶尔欢迎,遂视为知己。盖何氏旧有富名也,乃借彼赌款。"(《致节公先生函》光绪三十年九月二十九日,转引自孔祥吉:《晚清史探微》,第220—221页)"汉口有案"、"汉事败后"指自立军起事。

〔2〕 "与曾颉刚书",《万木草堂遗稿外编》,下册,第580—581页。

陈千秋主掌同人局及病死之事，而梁启超、梁启勋对此也有回忆。[1]（参见21·1）

康称"是岁□欲成一书院"，指光绪十九年为同人局购书而打算设立学堂。康曾于光绪十九年撰《倡办南海同人局学堂条议》称：

> "吾乡人于西学颇得先声。考外国乡落皆有藏书楼，其学规皆通外国语言文字，而国家亦有同文、方言之馆。吾局亟宜因此时变，推广此意，设立学堂……中西学精要之书，前岁略已购备。今须筹延师筑学经费，幸各踊跃，俾成此举。"[2]

此文撰成后，因陈千秋之病，学堂未办成，所购之书也未能派上用处。[3]

（22·4）十二月，重游广西，与羽子兄偕镜函偕行。镜函学佛，若有得，而狂不可近，盖所谓天魔入心者，到阳朔，遣之还。

羽子，康有仪，广东南海人，康有为堂兄，康国器之孙。官候补同知。在康有为发达时，曾随之办理事务。戊戌政变后，仍参与康有为举办各事。至光绪三十年，与康有为决裂，写信给梁鼎芬，恶语相加。（参见22·2）

镜函（？—1897），潘藻鉴，字镜涵，广东南海人，康有为早期弟

---

[1] 梁启超在康有为悼陈千秋诗后记："尝小试其经世之学于一乡，所居西樵乡二十余万人，赌盗极炽，君以诸生摄乡局事，一年余，悉禁绝之。又手创学校及藏书楼，用新法以办保甲，即今警察也。初受事，谤怨山积，未期年而颂声作，而君以此积劳逝。"（《遗稿·万木草堂诗集》，第70页）梁启勋称："讲到刑法这一方面，可以陈千秋作代表。千秋字礼吉，南海西樵乡人。西樵九十六乡，共同组织一个'同仁局'……西樵九十六乡，少说也有二百多万人口。陈千秋尝被举为同仁局长。彼出其商君、韩非之心得，治安井然。乡民有争论，多半由同仁局为之处理，不必经官府。所以南海县亦乐得省事，常与同仁局紧密联络，故陈千秋得以大显其才能。"（《"万木草堂"回忆》，《追忆康有为》，第242—243页）"同仁局"，即为"同人局"，治理的区域与人口与康说有异，并称陈千秋的政治思想得自于商、韩。

[2] 《遗稿·戊戌变法前后》，第174页。

[3] 康有为在《我史》光绪十九年中记："书藏之书，多为人士偷窃，吾入京师，亦不复过问。盖自癸未至戊戌同人局事，与中国事相终始，其乍成乍败皆相类，存之以告天下。"

子。多修佛学。[1]

此为康有为第二次赴广西讲学。廖中翼回忆称，康"忆及桂中诸弟子，正欲有事于广西"；[2]周萧回忆称："康是为唐景崧而来桂林的。"[3]此时的康有为，在上海已开罪于张之洞，在澳门已开办《知新报》，而广州正在查办张乔芬一案，他有可能与省内官员不洽。(参见21·1)于是他应弟子龙泽厚之请，再去广西，想利用其叔祖康国器在广西的名声以及他与广西官员的关系，开辟新事业。[4]

(22·5) 自丙戌年编《日本变政记》，披罗事迹，至今十年。至是年，所得日本书甚多，乃令同薇译之，稿乃具。又撰《日本书目志》。

《戊戌变法》本"同薇"前有"长女"二字。

---

〔1〕 康有为《万木草堂诗集》中有《示门人陈千秋随生、曹泰箸伟、潘藻鉴镜涵，三子者，皆学道勇猛证彻生死者，兼示韩云台》，既称陈千秋、曹泰，当知此诗作于光绪二十年之前，又将陈、曹、潘并称，当为其康早年大弟子。此次潘藻鉴随同康有为同行，康亦有诗《除夕夜泊小杰，与门人潘藻镜涵饮酒。镜涵新得梅花，顾而歌之》，由此可知，至元旦时，潘藻鉴尚与康有为同行。(《遗稿·万木草堂诗集》，第68页，第83—84页)梁启超后来称："昔同学潘镜涵者，乙未、丙申间及南海之门。时南海好言佛，而镜涵契证独深，实行坐惮刻苦工夫。吾亦不知其造诣何若也。顾闻同人，颇谓其歌哭无端，有类狂疾。丁酉秋，余在上海，闻镜涵以丁母忧呕血盈斗，一恸死矣……今春返香港，友人有存其遗墨一纸者，丙申腊游桂林舟中作也。七古一首云：……昨日忽悲空哭喜，寿王不解空王谛。今日忽喜空王悲，空王却忘寿王岁……"(《诗话》，《饮冰室合集》，第5册，文集之四十五(上)，第61页)其中"乙未、丙申间及南海之门"，似有误。
〔2〕 《康有为第二次来桂讲学概况》，《追忆康有为》，第264页。又，廖中翼回忆录，许多地方是参考了康有为《我史》等材料，并非全是其记忆，使用时须小心。
〔3〕 当时桂林孝廉书院山长周璜之孙周萧在回忆录中称：马瑞桢听其师邓荣辅(光绪二十九年进士、与周璜交善)说，"康是为唐景崧而来桂林的"。(《康有为来桂讲学的动因》，《追忆康有为》，第286页)
〔4〕 龙泽厚致康有为信中称："桂地近又一变其局势，唐薇帅与弟子等，见则谈学；与岑云阶及官场，则谈博谈戏；与曹驯、李受彤，则谈古董书籍字画。曹、李攻之不克(唐初归)，乃降之。其精力太过人，讥刺非议，绝不动心。师如能来，必可使之日进。"(《觉迷要录》，录四，第23页；又，《万木草堂遗稿外编》录此信，注日期为"孔子卒后二千三百七十四年十一朔二日"。见该书，下册，第850页)"唐薇帅"，唐景崧；"岑云阶"，岑春煊。

康同薇（1878—1974），字文僴，号薇君，康有为长女，夫人张云珠生。后嫁于康有为弟子麦仲华（麦孟华之弟）。光绪二十二年冬，康有为在澳门写信给康同薇称：

> "此间议，西人甚多，彼亦极殷勤，并见其家妇，将来来住，不患一切，语言文字不患不通也。汝现在仍以多读中书，学习中国文章，俾可充报馆主笔之才为最要。易一语言不正，又不能多来，此事少令勿来，或每日一点钟便可，不必专习西。璧更以多读书为先，西文从缓也。《时务报》可观，即学之。"〔1〕

由此可见，康有为以往对其培养以西文、西学为主，此时多加中学。康同薇因此有文采，懂日语。〔2〕

丙戌年，即光绪十二年（1886），《日本变政记》，即《日本变政考》；《我史》光绪十二年对编《日本变政记》并无记载。康称"自丙戌年编《日本变政记》"，似为张扬。康有为光绪二十四年进呈《日本变政考》时所上"译纂《日本变政考》成书折"称："臣二十年讲求万国政俗之故，三年来译集日本变政之宜"〔3〕，又在《日本变政考》第二次进呈本《序言》中称："乙未和议成，大搜日本群书，臣女同薇，粗通东文，译而集成，阅今三年……"〔4〕皆是说明此书的编写，始于光绪二十一年后。（参见 24·8、24·33）康又称"至是年，所得日本书甚多"，正说明甲午战败后日本书多入中国之情况。

从《日本书目志》来看，康对日本书的关注，始于光绪二十一年

---

〔1〕《康有为全集》，第 2 集，第 125 页。易一，何易一，康有为学生。何易一授康同薇之西文。璧，康同璧，康有为次女。康有为此后一信命康同薇"汝宜以编书为先也"。（同上书，第 126 页）

〔2〕《知新报》第 32 册（光绪二十三年九月初一日出版）刊康同薇文《论中国之衰由于士气不振》，并刊出告白："近刊之日本报，大半为南海先生之女公子康同薇所译，揭之于此，以免掠美。"第 52 册（光绪二十四年闰三月二十一日出版）又刊其文《女学利弊说》。（《知新报》影印本，第 1 册，第 346—347、361、669—670 页）这在当时的女士中极为罕见。

〔3〕《杰士上书汇录》卷一，见黄明同、吴熙钊编著：《康有为早期遗稿述评》，第 281 页；《救亡图存的蓝图》，第 58 页。

〔4〕《康有为日本变政考》，紫禁城出版社影印本，1998 年，卷一，第 4 页。

前，具体的时间很难确定。康《延香老屋诗集》中有《乡人陈焕鸣乞书扇。君通英文甚才，曾为日本使馆翻译，弃官隐于港，吾读日本书，□假途焉，赠之》，陈焕鸣，身世不详。从该诗集的排列来看，此诗似为光绪十一年所作。康在诗后又有"补记"称："于陈君所见日本书目，乃惊日本之治学，而托买群书。自开译局后，请译日书、派游学，因缘实自陈君来。补记之。"〔1〕然在作伪的《戊戌奏稿》中，康又有《进呈〈日本变政考〉序》，称言："琉球被灭之际，臣有乡人，商于日本，携示书目，臣托购求……"〔2〕时间又被前推到光绪五年（1879），中介变为在日华商。

　　《日本变政考》，后将详述（参见24·2、24·8、24·33）；《日本书目志》，后亦将详述（参见23·14）。

〔1〕 《遗稿·万木草堂诗集》，第18—19页。还须注意的是，这一段"附记"，其中提到"开译局"即大同译书局，"请译日书、派游学"即为杨深秀拟奏折（参见24·18），当作于康去日本之后。又，康有为《万木草堂诗集》中有《谭彤士太守自日本还，之官桂林，遇于香港酒楼。彤士索诗，即席述旧游送之，并示谢方山观察二首》，此事时在光绪二十二年八月。谭国恩，字彤士，广东新会人，光绪十二年进士，曾在广东创平乐郡中学堂。其长子谭学衡，清末任海军部副大臣。太守，即知府，很可能是以候补知府的身份分发广西。（同上书，第82页）
〔2〕 《戊戌奏稿》影印本，第167—168页。

光绪二十三年　丁酉（1897）　四十岁

导读：甲午战败后，清朝号称卧薪尝胆，一度振作，练兵、铁路、银行诸方面多有新政风貌。然于此年，一切皆复故相，似又再度入睡，看不到新政的前景与方向。《时务报》虽风头依旧，各地的学会与报刊亦渐生渐长渐灭，新思想尚未形成可以影响社会的声势。康有为的学说以其独特性，仅行于广东、广西少数学人中，并没有引起广泛的关注与同情。

德国占据胶澳（今青岛），似乎再度惊破迷梦，清朝政府在德、俄、法等国的压力下，一让再让，瓜分之说大行。

是年，康有为先在广西讲学近半年；六月回广州讲学；八月纳妾、建新屋；九月去上海、杭州。十月进京，为巴西移民事进行游说。在京恰遇胶澳等事件，再度上书，并为杨深秀、陈其璋等人代拟奏章，主张联英联日，以拒德、俄。给事中高燮曾上奏保举康参加弭兵会，由此为康展开了新局面。

（23·1）正月十日，到桂林，再寓风洞。拟筑桂林马路，以山路不合，未成；然用日本伊豆人力车则可行也。

与唐薇卿、岑云阶议开圣学会，史淳之拨善后局万金，游子岱布政捐千金，蔡伸岐按察希帅激昂高义，主持之。乃为草章程、序文行之。借广仁善堂供孔子，行礼日，士夫云集，威仪甚盛。既而移之依仁坊彭公祠，设书藏、讲堂、义学，规模甚敞。日与学者论学，义学童幼尤彬彬焉。暇则游山，桂林山水既极胜，去城七里有中洞者，岩若一室，两面皆通，俯瞰诸岫，石笋巉然。吾欲于此结精庐焉。

四月，兴安会匪大作，陷灌阳，各县蠢动，劝史抚于桂林戒严，不顾也。与唐薇卿谋，请其归乡办团，以圣学会行之。唐薇卿慷慨自捐数千金募勇，吾乃夜叩蔡臬门，请其假军械焉。时五月杪也。

编《春秋考义》、《春秋考文》成，撰《日本书目志》成。

据手稿本，"议开圣学会"的"议"字为添加；"史淳之拨善后局万金，游子岱布政捐千金"一段为添加，添在行间；"行礼日"三字为添加，补在行间；"义学"二字为添加，补在页脚；"义学童幼尤彬彬焉"为添加，补在行间；"去城七里"为添加，补在行间；"岩若一室"之"岩"字为添加；"俯瞰诸岫，石笋嵾然"一句为添加，补在行间；"结精庐焉"之"精"字为添加，后删"六月还粤讲学"六字，《戊戌变法》本"精庐"的"庐"字作"舍"字；"各县蠢动"之"蠢"字由"欲"字改；"劝史抚于"四字为添加，补在行间，"不顾也"前删"彼"字；"与唐薇卿谋"之"与"字为添加；"唐薇卿慷慨自捐数千金募勇，吾乃"一段为添加；"时五月杪也"之"杪"字以"中旬"改，其后又删"六月还粤"四字；"编《春秋考义》"之"考"字前删一字；"撰《日本书目志》成"一句为添加。"蔡仲岐按察希（舛）"诸刊本、抄本皆误作"蔡仲岐按察希绅"。

唐薇卿，名景崧（1841—1903），字维卿，广西灌阳人。同治四年进士，入翰林院。散馆后任吏部主事。光绪八年，自请赴越，与刘永福黑旗军共同抗法，后自募四营，号"景字军"。中法战争后调台湾道员，迁台湾布政使。甲午战争时署理台湾巡抚。战后被推为"台湾民主国总统"。二十一年五月，日军占领基隆后，内渡。

岑云阶，名春煊（1861—1933），广西西林人，字云阶，云贵总督岑毓英之子。光绪十一年举人，十四年以报效海军军费，补工部郎中。岑毓英死后，以五品京堂候补，任光禄寺少卿，迁太常寺少卿。甲午战争时请缨，无所建功。此时托病请假归里。戊戌变法期间再复起用，任广东按察使，后任陕西巡抚、云贵总督、邮传部尚书等职。

史淳之，名念祖（1843—1910），字绳之，江苏江都人。吏部尚书史致俨之孙。捐纳通判，镇压捻军起家。同治八年晋山西按察使，后在直隶、甘肃、云南等处为官，与岑毓英关系甚密。光绪二十一年授广西巡抚。二十三年被革。后以副都统衔督办奉天财政及东三省盐务。

游子岱，名智开，字子代，湖南新化人。咸丰元年举人，湘系官员。曾任安徽、直隶、四川、广东等处地方官。光绪十六年，以老乞休。二十一年，起为广西布政使。他是当时著名的能吏。

蔡希邠（1834—？），字稼堂，号仲岐，江西新建人。"邠"为康有为笔误。增贡生。光绪二十二年六月，由广西太平思顺道迁广西按察使。据龚寿昌先生回忆："蔡与康是旧交，人很开明，对康很推重，往来很密切。"〔1〕

此次康有为赴广西讲学，与前次相比，情况大为不同。龚寿昌回忆称：

> "康有为以部曹的身份第二次来桂，负有时名，又得臬台蔡希蔡希邠的支持，对于讲学各事，更容易顺利开展。当时从学的又增加了陈太龙、赵元杰、倪育万、万言、陈康侯、何化龙等。马君武（当时名马同）亦常来听康讲学，学术界思潮受到很大的影响。"〔2〕

在讲学的同时，康有为组织了圣学会。《知新报》第18册（光绪二十三年四月十六日出版）以"圣学开会"为题，刊出消息：

> "广西近日风气大开，皆由该省大吏士绅踊跃提倡，故一切善举，次第兴办。现大吏即于经古书院添设算学、时务之课，

---

〔1〕《康有为桂林讲学记》，《追忆康有为》，第248页。康有为《万木草堂诗集》中有《再游桂林，居风洞之景风阁，大雨屋漏，床簟尽湿，作诗报蔡仲岐廉访，而廉访即命匠人来矣》一首，自注："仲岐名希祁，为广西第一循吏，威惠流闻，且工诗，与吾同开圣学会，主持最力，相待至厚，感念殊深。"（《遗稿·万木草堂诗集》，第86页）"仲岐"、"希祁"，皆误笔。

〔2〕《康有为桂林讲学记》，《追忆康有为》，第248页。又，《知新报》第15册（光绪二十三年四月初一日出版）以"桂学振兴"为题，刊出桂平梧盐法道向子振、候补道谢方山的告示，在经古书院设立算学；并加有按语："广西地处偏隅，向来风气未开，西学尤绝。中日战后，人知愧愤，官乐提倡，加以龙州筑路，梧州通商，彼中士大夫，尤汲汲以讲求西学为务。近悉官书局宪向观察子振、谢观察方山拟筹巨款创办学堂、译书各事，以经费未充，先将书院章程略为变通，添设算学一课。俟筹有款项，即次第兴举。"（《知新报》影印本，第1册，第115页）由此可知康有为推动学堂、学会的经过。《知新报》第16册（光绪二十三年四月初六日出版）刊出该算学堂的"课算章程"。（同上书，第124页）

近又于省中广仁善堂，开设圣学会，崇奉孔子。史中丞先拨万金以为经费，会中拟购置书籍、刊刻报纸、广设学塾、翻译西书各事……定于三月七日开会，届期自臬道以下、首府首县及各候补人员、阖城士绅，皆集会场，崇祀孔子，鼓乐行礼，极一时之盛，可为中国第一美举。闻主是事者，中丞以下，按察使蔡、盐法道向尤为著力，巨绅则唐薇卿中丞捐赀最多云。又，会中拟先开报馆，名曰《广仁报》，两日一次，唐中丞为之叙其缘起……"

由此可见圣学会组织之大体情况。[1]以蔡希邠署名之《两粤广仁善堂圣学会序》，以唐景崧署名之《两粤广仁善堂圣学会后序》，以岑春煊署名之《圣学会后序》，先后发表于《时务报》、《知新报》。[2]康有为撰《两粤广仁善堂圣学会缘故》称"其要五事，条列于下"：

<hr>

〔1〕《知新报》影印本，第1册，第139页。又，康有为在开会前一日致桂山书院山长周璜书称："知天下有道，某不与易，是知其不可而为，思之烂熟，浩然行去，无去无就，无冷无热，惟有行之而已。公忧世甚盛，心惟有变动无常，忽始忽终，忽起忽落，起则太热，落则太冷，忧患既多，顾忌亦大，此皆求之太过者。今日先欲相过，未刻到蔡仲岐处，彼留饭，谈至二更乃走，而公高卧矣，留此代面。明日举行学会，八下钟蔡公及道府县都到，嘱告公同来。他说不再请曹（曹驯）矣云云。惟匾额则一早即须挂起，不及再请命。度公前日将大名来，主意已定，必不因外言一起一落，为之动也。诗佳甚，惟愿公炉中火种，还要养活，不要灭，此为生民命脉也。"（周萧：《康有为来桂讲学的动因》，《追忆康有为》，第288—289页）由此可见，圣学会得到了蔡希邠的支持，而周璜的态度有游移，故康有意劝之，至于秀峰书院山长曹驯，其意见不同，蔡言"不再请"。

〔2〕蔡希邠《两粤广仁善堂圣学会序》，唐景崧《两粤广仁善堂圣学会后序》发表于《知新报》第20册，蔡希邠之文又发表于《时务报》第31册，岑春煊《圣学会后序》发表于《时务报》第32、33册。梁启超于光绪二十二年五月致汪康年信中称："粤书又言，桂抚史公甚能开新，旧总统甚发扬，桂人亦乐附之"；"旧总统在桂言论激昂，大有凡亡非我亡之意，闻桂人顷亦颇归之。此间似宜用前议寄与彼，勒索一切……"（《汪康年师友书札》，第2册，第1837页）"粤信"，康有为来信；"旧总统"，唐景崧，曾任台湾民主国总统。又，岑春蓂致汪康年信称："近阅贵报，文编中有敝省《圣学会后序》，署名为家兄云阶所作。弟见所言雄阔，与平日文字不类，昨专电询问，知系康长素工部手笔，属之家兄……已告家兄，得复可行，今拟一稿，请即附刊报末……《桂林圣学会后序》系康长素工部作，署名岑君，特此声明，海内贤士大夫鉴之……"（《汪康年师友书札》，第1册，第549页）岑春蓂、岑春煊此举，似为避嫌。

"一、庚子拜经。本善堂于壬辰年，立有庚子拜经之会，奉马中丞、赵学使批准，人士济济，惜久而渐湮……今宜大复厥规，每逢庚子日大会，会中士夫袨带陈经行礼，诵经一章，以昭尊敬。其每旬庚日，皆为小会，听人士举行，庶以维持圣教，正人心而绝未萌。

一、广购书器。辛卯之岁，马中丞奏开桂垣书局……惟善堂地处要冲，易于走集，广购图书，便于会讲。近年西政、西学，日新不已，实则中国圣经之义，议院实谋及庶人，机器则开物利用……今拟合中国图书陆续购钞，而先搜其经世有用者，西人政学及各种艺术图书，皆旁搜购采，以广考镜而备研求……今并购天球、地球、视远、显微镜，测量艺学各新器，皆博揽兼收，以为益智集思之助。

一、刊布报纸。乡先贤陈文恭公劝士阅邸报以知时务，林文忠公常译《澳门月报》以觇敌情。近日报馆林立，类皆取便雅俗，语涉繁芜，无关轻重，惟上海《时务报》、澳门《知新报》专录时务，兼译外国新闻……今之刊报，专讲明孔道，表彰实学，次及各省新闻、各国政学，而善堂美举、会中事务附焉。

一、设大义塾。前广西巡抚文简陈公在城坊设义学十一所，在东南西乡设义学二十所……兹设大义塾，特聘通人掌教，以育冠髦之士，课以经学为本，讲求义理经济，旁及词章与泰西各学。日有课程，月有考校，岁有甄别……

一、开三业学……三代之富美，由开农工商之学为之。后世日谈经义，而以其业听之小民……泰西之富，不在治炮械军兵，而在务士农工商。农工商之业，皆有专书千百种，自小学课本、幼学阶梯、高等学校皆分科致教之……今翻译其书，立学讲求，以开民智。

右五条，先在桂林开办。本善堂于广州、梧州皆有分局，当陆续办理，视集款多寡，次第推行于各府州县。凡义所当为之事，莫不竭力，如创讲堂以传孔教，立学堂以育人才，派游历以查地舆、

风俗、矿务，设养贫院以收乞丐、教工艺……"〔1〕

这一篇文献不仅说明了圣学会主旨，而且比较明显地透露出康有为的政治思想与学术思想。由此可以看出：一、圣学会是下设于广仁善堂之下的组织，康利用旧瓶以装新酒。二、圣学会欲办之事，与上海强学会大体相同。这也是此一时期的"学会"的特点，即办报、办学、设图书馆、展示天文望远镜、显微镜等仪器。三、康有为有立孔教的思想。他仿照西方的礼拜，每六十天（庚子）行一大会，诵经行礼，每十天（庚日）行一小会；并提出将来要"创讲堂以传孔教"。四、在学术思想上，有着明显的康学特征。如在办学中强调"特聘通人掌教，以育冠髦之士，课以经学为本，讲求义理经注，旁及词章与泰西各学"，这种教学方式明显以"万木草堂"为蓝本；又如在图书采购中主张"今拟合中国图书陆续购钞，而先搜其经世有用者，西人政学及各种艺术图书，皆旁搜购采，以广考镜而备研求"，这与《桂学问答》中的主旨相一致。五、康有为提出了开"农、工、商"三业学，先是翻译图书，然后是"立学讲求"，此处的"学"，似指学会。六、康准备以桂林为依托，向广州、梧

<hr />

〔1〕《知新报》影印本，第1册，第139—140页。"壬辰年"为光绪十八年（1891），"辛卯年"为光绪十七年；"马中丞"，巡抚马丕瑶；"赵学使"，学政赵以炯；"陈文恭公"，陈宏谋，广西临桂人，乾隆年间官居大学士；"林文忠公"，林则徐；"前广西巡抚文简陈公"，陈元龙，谥文简，康熙末年任广西巡抚。康有为还在该文中宣称其会主旨："本堂创行善举，特奉孔子，如劝赈、赠医、施衣、施棺诸善事，开办有年。今欲推广，专以发明圣道，仁百同类，合官绅上庶而讲求之，以文会友，用广人孔子之教为主……今本堂创设此会，略仿古者学校之规，及各家专门之法，以扩见闻而开风气，上以广先圣孔子之教，中以成国家有用之才，下以开愚氓蚩陋之习，庶几不失广仁之义云尔。"又，《知新报》第19册（光绪二十三年四月二十一日出版）刊出了《圣学会章程》，共计17条，其中称："会学诸子，原为发扬圣道，讲求实学。圣门分科，听性之所近，今为分别门类，皆以孔子经学为本，自中国史学、历代制度、各种考据、各种词章、各省政俗利弊、万国史学、万国公法、万国律例、万国政教理法、古今万国语言文字……以及一技一艺，皆听人自认，与众讲习，如有新得之学，新得之理，告知本善堂，以便登报表扬"；"外国学会，咸乐布施。有捐至百万者，故学者甚盛……今议凡来会者，皆须捐助，最少以二两为限……"；"所有诸事，由开办诸人内，公举缙绅二人为总理，总管一切，士人四人为值理，二人会办，二人坐办……"（同上书，第147—148页）

州发展，最后能推行于各州县。〔1〕七、从手稿本来看，"义学"、"义学童幼尤彬彬焉"两处皆为添加，补在页脚与行间，也值得注意。其中第三、第四点，张之洞等官员必定会反对，广西官员很可能并没有识出康的用意。〔2〕

圣学会所属之《广仁报》，于此后不久开办，唐景崧署名叙其缘起，康门弟子赵廷飏、曹硕、况仕任、龙应中、龙朝辅为主笔。该刊共办了一年多。圣学会因此迁往彭公祠。〔3〕圣学会所属之广仁学堂亦后来开办，商请桂山书院山长周璜主持，由康门弟子执教。康有为先后三信致周璜，称言：

> "顷见仲岐廉访，已奉部文令拨万金购西书，而开西学，招学生四十人，与此事相应。此盖天时人事之所应，窃愿公开张心颜，以任大事，公救世心极热，似不必为此小故疑阻。管子云：小谨不大立。不必琐琐经营及此也。"

> "……今早开行，而林生适来，义学新开，不能不少留两日，即

---

〔1〕 其中梧州一局，康有为依靠梁尔煦（铁君）主持。光绪二十三年正月初七日，梁致信康称："昨岁承示开办善堂，经与梧州绅商联名开办，均皆踊跃乐成。李恭山先生为之倡首。报馆亦大有头绪，惟君勉兄不知能否惠然而来。此刻主笔须人，诸事仍候君勉兄乃开办耳。梧府县尊均奖许捐款，当不至匮乏之虞矣……再附上府报二函、羽兄三函、易一交阁下一函、交龙积之兄一函，并公善章程、《万国公报》，统希察收转致。"（《万木草堂遗稿外编》，下册，第848页）广州一局，我尚未读到相关史料。

〔2〕 《知新报》第30册（光绪二十三年八月十一日出版）发表《桂林圣学会续闻》，称言："迩来时局日艰，识时务者，罔不争相淬厉，痛深国耻，以合群之力，挽将倒之澜。然详于政事，略于教宗，倡彼新学，忘我旧德，保教保种之道，犹有未尽者焉。洞识政教分合之故，表明素王制作之功，御外侮、翼圣道，惟桂林之圣学会得之。"由此可见康学在圣学会中之独大。该文亦称："布政游公智开，捐廉一千两，唐中丞景崧、岑京卿春暄（煊）各捐款，为时务课加奖，而怵助图书，尤以唐中丞为最……"（《知新报》影印本，第1册，第318页）又，戊戌政变后，御史黄桂鋆奏称："臣闻康有为之党羽以广西、湖南为最多，去年该员在广西立圣学会，以孔子降生纪年，不用大清国号，识者已知其有异志。"（《戊戌变法档案史料》，第468页）黄很可能是听到传言，康的做法是孔子纪年与清朝纪年并用，但圣学会传播的是康学，由此可见一斑。

〔3〕 参见汤志钧：《戊戌时期的学会和报刊》，第676—689页；林克光：《改革派巨人康有为》，第121—122页。

嘱标贴招考。唐公外出，岑公有丧，乞公于明日（十五日）十二下钟必来考试，至要！送上课卷，乞察定。"

"今日义学诸生陆续来，明日十一下钟开学，公请必到主之，（切望勿辞！）带领诸生一行礼何如？（以此郑重其事。）"[1]

讲学、开会、办报、办学之余，广西的风景也再度使康着迷，康称"暇则游山"，他此时的私信中也言及于此。[2] "精庐"，也称精舍，汉朝私人讲学的场所。后佛教传入，也将传经授徒之场所称为精庐。此处当指学舍。康称"吾欲于此结精庐"，即欲在桂林另设讲堂，如同广州的万木草堂。

康在桂林住了近半年。离桂前，于五月初八日向其门人交待圣学会之事：

"谨将圣学会应办各事录请酌行：

一、创办圣学会，为粤西开未有之风气，甚盛举也。必须详筹经久之法，可为南皮诸公愧，勿为南皮诸公笑。

一、会中报纸必须妥定条例，勿与《时务》、《知新》两报有重台之诮。

一、会中报（此公优为之，所以云然者，恐公视之太轻，以为粤西风气初开，须从浅近入也。《湖南学报》极佳），必须征引详博，议论阔通，匪特为粤西劝诚，且为天下观瞻耳。

一、会中报必须条理秩然，若芬乱无纪，则一二报后，读者将议拟之，讥诮之，不能行远矣。

一、会中报必须多请一二人相为助理，卓如、孺博、君勉诸君分布于沪、澳间，此外尚有何人邪？是为第一义，当速行。

---

[1] 周萧：《康有为来桂讲学的动因》，《追忆康有为》，第286—291页。又，周萧称"圣学会原在广仁善堂，因有《广仁报》之刊，后移在彭公祠内"；"善堂即旧日西华门之广仁善堂"；"彭公祠即今工商联合会"。

[2] 康有为此期写信叶衍兰称："桂林山水之佳，岩洞之奇，天下无有，分日寻幽，搜岩选胜，地方长吏如蔡廉访、士夫如唐薇卿更迭为欢。门生颇多，以此留连，未忍去也……二月廿二日由桂林风洞。"（《康有为全集》，第2集，第264页）

以上共五条。"〔1〕

虽说圣学会已办有多事，但康有为在此中最为看重的还是《广仁报》，他
希望其能与《湘学报》相比，不仅影响广西，而且为"天下观瞻"。而信
中所言的"南皮诸公"一语，即张之洞、梁鼎芬等人，可见时隔一年
半，康内心尚未从上海强学会事件中解脱。

　　康称"拟筑桂林马路一事"，查梁启超是年三月初三日致函康有为，
对康"在桂拟办四事，超惟于学堂一端以为然，其〔它〕三事皆有异
议"。梁不同意的三事为：一、译日本书，二、办报，三、修马路。梁认
为，以其在上海译书、办报的经验，请日本人来做翻译，或自办报纸，
皆甚难，并非是康想像的那般容易。其中关于修马路一节，谓：

　　　　"兴筑马路为强国第一义，而粤西尤宜图也。超则以为此事尤
　　万不可行也。马路之股需十万，若一旦桂中大吏果一切听受，立即
　　举行，而以此权全委诸我，将何处得此巨股？所恃者，广东耳。我
　　试细思广东之愿附股者谁耶？且即使有富商达于利病，而慨然肯信
　　此，我犹不当任之，何也？其事必不成，徒失桂吏之望，而招股东
　　之怨。曷何其事必不成？无办此事之人也。今试问彼，若即允办
　　此，将委之何人乎？其委之候补官员也，则此辈未有不偾事者，不
　　待言而决也；其委之吾党也，则吾党中无一人更事者，其偾事也有
　　以异于候补官员之所为乎？……尤当速速引身而退，无稍干预，以
　　免怨谤也。"〔2〕

很可能是梁的劝阻，康没有在桂林马路一事上卷入过深。康又称"然

〔1〕《与某君书》，《康有为全集》，第2集，第272页。又，康在该信中还称"谨将足下应
　　办各事妄参鄙见，敬乞卓裁：一、请迅以暇日著书，博世行远第一义也。一、请勿
　　理官事，如铁马路、开矿之类万不可经手。中国官场习气无信多疑，必不能始终其
　　事，徒致声名败裂耳，不可不戒。一、请稍为韬晦，虽□极得手时，须作下场时想
　　也。言语太快，视事太轻，求效太速，皆当痛改之，以免受人所愚也。一、请每月
　　寄我一书，以慰翘结。梅村诗云：惯迟作答爱书来。谨诵此语以自解。"
〔2〕《梁启超年谱长编》，第77—81页。又，《知新报》第33册（光绪二十三年九月十一
　　出版）刊出《广西勘路记》，称："西省议开马路，自梧州至桂林，以便商利民，后
　　勘路山多，不克举办……"（《知新报》影印本，第1册，第367—368页）即指此
　　事，山多修路难，由此而中止。

用日本伊豆人力车则可行也"，自是其到日本之后的想法，非为当时的设计。

兴安、灌阳等地反叛一事，是当时广西的大事，延绵数年。清廷因先前广西太平天国之延及全国，而为之震动。广西巡抚史念祖因此遭弹劾，是年九月十九日被革职，另调云南巡抚、前广西布政使黄槐森为广西巡抚，主持剿办。然《我史》手稿本中关于此中康本人作用之言语，皆为添加之笔，若以其最初的文字，为：

> "四月，兴安会匪大作，陷灌阳，各县蠢动，桂林戒严，彼不顾也。唐薇卿谋请其归乡办团，以圣学会行之。夜叩蔡寓门，请其假军械焉。时五月中旬也。"

我虽不能从字体中看出何时所改，但若为事后修改，则康于此处似有张扬。

康有为在桂林期间，还用力于撰述，即康称"编《春秋考义》、《春秋考文》成"。然《春秋考义》、《春秋考文》，今皆无存。康在《我史》光绪十八年中删去"□□春秋原文考"一语；《我史》光绪二十二年又有"编成《春秋学》"一语，可能皆与此有关。（参见20·6、22·1）康有为后来著有《春秋笔削大义微言考》，其自序称：

> "……天未丧斯文，牖予小明，得悟笔削微言大义于二千载之下。既著《伪经考》而别其真赝，又著《改制考》而发明圣作。因推公、谷、董、何之口说，而知微言大义之所存，又考不修《春秋》之原文，而知笔削改本之所托，先圣太平之大道隐而复明，闇而复彰。撰始于广州之草堂，纂注于桂林之风洞。戊戌蒙难，遗稿略存，东走日本，抱以从事。己亥之春游日本，不能携带焉，存于《清议报》中。九月渡太平洋而东归，二十二日过横滨，而《清议报》火，稿从焚焉。孔子生二千四百五十年，岁在庚子，康有为避地槟屿，刺客载途，拳贼大乱，蒙难晦明，幽居深念，喟然曰：昔孔子厄陈蔡，作《春秋》，今《春秋》灭于伪《左》，孔道晦于中国，太平绝于人望，岌岌殆哉。吾虽当厄，恐予身不存，先圣太平之大道不著。不揣孤陋，再写旧闻因旧传。凡得一十一卷。岂有所

明，亦庶几孔子太平之仁术、大同之公理，不坠于地……孔子二千四百五十一年，即光绪二十七年辛丑夏六月二十三日书成。康有为写于槟屿英督署之大庇阁。

"此书旧草于广州羊城之万木草堂及桂林之风洞。戊戌蒙难，东走日本，携以俱。后游欧美，留于日本。己亥九月二十二日《清议报》被焚，此稿遂烬。今乃补成之。自庚子十一月朔冬至始，凡阅七月有二十三日，共一百九十七日书成。"〔1〕

按照这一说法，《春秋考文》、《春秋考义》以及《我史》光绪二十二年提及的《春秋学》，其稿在日本被焚，康再著《春秋微言大义考》，其内容与之大体相似。

《日本书目志》一书，康于《我史》光绪二十二年中已提及（参见22·5），我将之放于后节（23·14）一并叙述。

康有为此次桂林之行，收入似为颇丰；此后与蔡希邠等官员依旧有书信、电报往来。〔2〕

（23·2）六月，还粤讲学，时学者大集，乃昼夜会讲。八月，纳妾□氏。八月，筑室花埭，将终隐焉。乃室成而未归，已被抄没。人

---

〔1〕 康有为《春秋笔削微言大义考》十一卷、发凡一卷，虽称著于光绪二十七年，然其列入《万木草堂丛书》一种，首次刊行于1917年。蒋贵麟编《康南海先生遗著汇刊》，列为第7册。姜义华等编《康有为全集》，录之于第6集，另加按语称："……但书中述及1904年'亲历'法国情形及1911年袁世凯迫清帝退位之事，知全书写成后十余年内续有增补。"

〔2〕 康有仪于光绪三十年《致节公先生函》中称：康有为"于丙申腊月，游说于桂林，阴结唐薇卿，托开学会，同为运动……又尝试史抚，多所干求，史抚厌之，值其来拜，则托病以挡……然逗桂经年，为官商之经纪，竟已获得抽丰万余金。"（转引自孔祥吉《晚清史探微》，第221页）"节公"，梁鼎芬。康有仪虽是诬其弟，但其同行，自会了解一些细节。梁鼎芬《康有为事实》称："广西两司被参，康发电至广西，恫喝市恩，云：已代料理，无事。此外招摇撞骗如此之类，甚多。"（《日本外交文书》，第31卷，第1册，第732页）皮锡瑞于光绪二十五年二月十三日日记称："蔡仲岐因有与康书，故处分如此之重。"十五日日记又称："黄钧隆参山东学政姚丙然，革职永不叙用。其过甚少，必有别故，大约与蔡仲岐同。"（《师伏堂日记》，《湖南历史资料》，1981年第2期，湖南人民出版社，第165页）

生原逆旅，我身非我有，而何一室哉？吾一生不用营谋，稍营谋辄
败，益更可信天命也。月杪，携同薇至上海。九月，游西湖，十
月，还上海。

据手稿本，"昼夜"后删"肄"字；第一个"八月"后删"杪，携同薇"四字；
"纳妾"后为空一字位；"八月，筑室花埭，将终隐焉。乃室成而未归，已被抄没。人
生原逆旅，我身非我有，而何一室哉？吾一生不用营谋，稍营谋辄败，益更可信天
命也"一段，为添加，补在页眉上，康也没有标明该插入何处，现刊本的插入之
处，是抄手所为，又从字体来看，似为后来的添加；"九月"二字为添加；"还上海"
后删"入京师"。《戊戌变法》本"□氏"作"梁氏"；"稍营谋辄败，益……"，诸刊
本、抄本作"稍营谋辄无益"。

康称"六月还粤讲学"，至"八月杪"赴上海，在万木草堂讲学达两
个月。此时也是万木草堂最盛期。[1]

"□氏"，□在手稿本上为一空位，当为梁氏，名随觉（1880—
1969），字婉络，号乐隐，广东博罗人。后为康生二子二女（同吉、同
镠、同复、同环）。戊戌政变后，长期随侍康有为。当康再次纳妾后，主
理家务。

花埭位于广州河南（今芳村区花地），康有为叔祖等人于此处有房
产。康于此年秋天写信给夫人张云珠，谈及筑室花埭及康同薇、梁随觉
诸事：

"花埭屋不知办不？终以有一层地台板，虽贵些，亦少不得，但
用老谭，粗粗可耳。现卓如处尚可挪款，此屋亦管放心为之。若伟
奇迟迟，则亲过花埭，请伟奇或三伯父与老谭商定速办。日间与薇
游地方园林，薇尚有细图回也。老母想已出城，少病不可，属婉络
小心事亲。"[2]

此时康有为与康同薇尚在上海、杭州，梁启超在上海办《时务报》，梁表
示能够提供经济支持。花埭筑室于光绪二十四年春天建成，规模不

---

[1] 康有为当时的讲义，今有门人之笔记存世，封面署"大人丁酉在万木草堂之讲义抄
录"，见《康有为全集》，第2集，第279—303页。
[2] 《康有为全集》，第2集，第275页。

算小。[1]

康称"吾一生不用营谋，稍营谋辄败，益更可信天命也"一语，似后来所加，也可证明其后来对《我史》有修改。光绪二十四年底其在日本撰《我史》时，似不太可能说出"一生"之语，更何况"花埭筑室"还是其一生中初次营谋，不可能发出"稍营谋辄败"的感叹，而康有为晚年更相信"天命"说。

康称"九月游西湖"一事，《汗漫舫诗集》中有《携女同薇游西湖天竺寺》，题记称：

> "时同薇来沪开不缠足大会，幼博弟与经莲珊善士佐之，事毕同游杭州。"[2]

此中说明康有为携康同薇来沪之目的。不缠足会由梁启超、吴樵、汪康年、麦孟华等人于是年春天在上海发起，初设在《时务报》馆，后移至大同译书局。[3]是年秋，经元善与严信厚、郑官应、陈季同、康广仁、梁启超等在上海发起中国女学堂，康同薇亦参与其事。[4]

---

[1] 康有为《大庇阁诗集》有《戊戌春，花埭筑室成，吾留京师未一归见，而八月籍没矣……》一首，该诗对花埭筑室的描写为："儒宫方二亩，花架蔽三弓。奉母堂开北，藏书牖向东……烟雨井旁宅，素馨田畔家。小桥通涧水，大树隐云霞。楼阁皆垂柳，比邻尽种花……弱女犹能说，新居乐事闻。摘花僮出卖，落果母平分。刺艇嬉潮水，垂竿弄夕曛。洋桃十株熟，上树共呼群。"由此可见其大体规模，是一处田园式的大宅。（《遗稿·万木草堂诗集》，第128页）

[2] 《遗稿·万木草堂诗集》，第63页。"经莲珊"，经元善。

[3] 光绪二十三年四月初一日出版的《时务报》第25册，刊出由梁启超起草的《试办不缠足会简明章程》，该会董事为"张通典、龙泽厚、张寿波、邵凌翰、谭嗣同、康广仁、梁启超、吴樵、赖振熙、汪康年、麦孟华"。梁启超致汪诒年信称："顷幼博丈已来，长驻此间。不缠足会事可属其专管。兄处事太多、太劳，不欲多以奉累也。"梁又致汪康年信称："不缠足会本由本报办起，特因仲谷事太繁，不能以此重劳，而此外用心此事者颇难其人，故移交幼博丈，现已移交，则不能不迁会于译局。"（《汪康年师友书札》，第2册，第1865页，第1850页）"仲谷"，汪康年弟汪诒年。

[4] 《内董事桂墅里会商公宴驻沪中西官绅女客第三集》、《内董事张国（园）安垲第公宴驻沪中西官绅女客第四集》，《经元善集》，第196页，第203页。又，《知新报》第52册（光绪二十四年闰三月二十一日出版）发表了康同薇《女学利弊说》，主张提倡女学。（《知新报》影印本，第1册，第669—670页）

康在上海期间，曾与梁鼎芬相见，意甚不洽[1]；康亦派徐勤等人赴横滨，组建大同学校。（参见 24·15）

（23·3）中国人满久矣，美及澳洲皆禁吾民往，又乱离迫至，遍考大地可以殖吾民者，惟巴西，经纬度与吾近，而地域数千里，亚马孙河贯之，肥饶衍沃，人民仅八百万，若吾迁民往，可以为新中国。当乙未，吾欲办此未成。与次亮别曰："君维持旧国，吾开辟新国。"时经割台后，一切不变，压制更甚，心虑必亡，故欲开巴西以存吾种。乙未之归，遇葡人及曾游巴西者，知巴西曾来约通商招工。其使来至香港而东事起，巴使在香港候吾事定。至数月，东事益剧，知不谐，乃归。吾港澳商咸乐任此，何君穗田擘画甚详，任雇船招工之事。于是，拟入京举此。

据手稿本，"美及澳洲皆禁吾民往"为添加，补在行间；"吾欲办此"四字删后又复原。

康有为《我史》光绪十五年（1889）中，称：

"……既审中国之亡，救之不得，坐视不忍，大发浮海居夷之叹，欲行教于美，又欲经营殖民地于巴西，以为新中国，既皆限于力，又有老母未能远游，遂还粤，将以教授著书以终焉。"

从手稿本来看，以上的这段话是修改过的。[2]《我史》中这两段记录说

---

[1] 《穗石闲人读梁节庵太史驳叛犯逆书书后》称：（光绪二十三年）"十月太史（梁鼎芬）自鄂回焦山，来沪数日。康适在此，来谒二次，未见。及别时始得一述，论学术治术益不合。康主民权，意在散君权，而讬名西学，饰词变法，以愚大众。太史则言，法制已坏者，修之；不足者，采西法补之。要在行之以渐，不可孟浪。且劝康曰：君才如此，宜恭谨训逊顺，乃能有济。我但谨守六字：大清国、孔子教。如有欲叛者，吾必口诛笔伐之。康遂北上。"（《觉迷要录》，录三，第8页）

[2] 从手稿本来看，《我史》光绪十四年至十五年康有为有大的改写，只是不知其时间，以至漏了"光绪十五年"之题注。（参见拙文《康有为〈我史〉手稿本阅读报告》，《近代史研究》2007年第4期）手稿本中本段内容也有改动处："浮海居夷之叹"后删"欲经营巴"四字；"经营殖民地于"由"迁地□"改，"教授著书"由"授徒"改。又，"浮海居夷"典出于《论语》，其《公冶长》篇记："子曰：'道不行，乘桴浮于海。'"其《子罕篇》记："子欲居九夷。或曰：'陋，如之何？'子曰：'君子居之，何陋之有？'"孔子强调的是文化传承，与康的移民思想不完全衔接。

明，康有为似有在巴西建立殖民地的设想。[1]

巴西招募华工之事，由来已久，此与奴隶解放运动及该国各大种植园缺乏劳动力有关。当时的巴西也有一些实际行动，以吸纳中国劳工，其数量约两千五百人。但是，这类劳工的处境并不妙，与前往古巴、秘鲁"苦力"的命运大体相同。[2]1879 年（光绪五年），巴西总理派使喀拉多（Eduardo Callado）来华，其目的在于招募华工。总理衙门、驻英（兼驻法）公使曾纪泽、北洋大臣李鸿章对此十分警惕，商定了谈判的原则，即拒绝巴西招募华工。[3]1880 年，喀拉多到达天津，与李鸿章进行谈判，会谈的内容涉及到华工，而签订的《和好通商条约》，却未涉及到华工。[4]由于巴西无招工之权益，此后未派出常驻公使前来北京[5]，仅于 1882 年派马尔丹（Joao Antonio Rodrigues Martins）前往上海，任驻华总领事。马尔丹于 1884 年到达上海。到了 1886 年，该总领事馆被

---

〔1〕 参见拙文《巴西招募华工与康有为移民巴西计划的初步考证》，〔上海〕《史林》，2007年第 5 期。

〔2〕 Robert Conrad, The Planter Class and the Debate Over Chinese Immigration to Brazil 1850—1893，〔《种植园主阶层和华人输入巴西之争（1850—1893）》〕 International Migration Review，(《国际移民评论》) Vol.9, No.1, Spring, 1975, pp.41-55.

〔3〕 李鸿章："复曾颉刚星使"光绪五年九月初五日，《李鸿章全集》，海南出版社影印本，1997 年（以下简称《李鸿章全集》影印本），第 5 册，第 2749 页；曾纪泽："巴黎致总署总办论事三条"，喻岳衡点校：《曾纪泽遗集》，岳麓书社，1983 年，第168 页。

〔4〕 李鸿章："巴西遣使议约折"光绪六年六月初六日；"巴西议约竣事折"光绪六年八月初一日；"呈巴西喀使晤谈节略"光绪六年六月初六日；"论巴西定约"光绪六年七月二十七日；"述巴闽删节数语"光绪六年八月初一日。李鸿章与喀拉多谈到华工问题，"问：曾闻贵国虐待华工视同奴仆，有乎？答云：没有。华人先后到巴约二千人，皆是出于自愿者，本国亦待之甚好，且贵国人有在本国成亲者。此次本大臣来华，兵船上亦有华人三名，皆愿回本国。盖本国待华人与待英、法人无别。"李给总理衙门呈文称："招工一节，自应坚拒。将来若果提及，必为设法杜绝。"（以上见《李鸿章全集》影印本，第 2 册，第 1166—1167 页；第 3 册，第 1177—1180、1280—1282 页；第 6 册，第 3171—3173、3181—3183、3199—3200 页。《中巴和好通商条约》，见《中外旧约章汇编》，第 1 册，第 394—397 页）

〔5〕 游历使、兵部候补郎中傅云龙于光绪十五年在巴西见到喀拉多，"畅所欲言，知其光绪七年之使，名沿互市，实主招工，招工之议未定，是以通商之使未来。"（陈翰笙主编：华工出国史料汇编，中华书局，1984 年，第 1 辑，第 3 册，第 1202 页）此处所称的"通商之使"，为"常驻公使"之意。

撤销。[1]

1883 年（光绪九年），轮船招商局总办唐廷枢为开拓海外轮船航线，前往欧洲与美洲。他来到了巴西，并商谈用招商局船运送华工问题：

> "溯查巴西一国，自从前与中国订立通商和约以来，因贾公使屡请本局放船到彼国通商，希冀鼓舞华工前往彼国，自愿津贴巨款。廷枢因念南洋生意，历年未能得手，极欲将'致远'、'图南'、'美富'等船，改走西洋。故定出洋游历之行，特践贾公使之约。于九年三月间亲诣该国，面谈商务，连住两月，明查暗访，知彼国黑奴之例未删，疑待华人，不甚周妥，不敢承揽。"[2]

唐廷枢未能达成协议，很可能与巴西政府拒绝每年 10 万美元补助金有关。

光绪十三年（1887），兵部候补郎中傅云龙被清朝派为游历使，前往日本与美洲。十五年，傅云龙在巴西考察近一个月。他致总理衙门报告称："巴西矿与土多未开辟，是以招工意切。据华人言，其待华工尚宽，非古巴、秘鲁比。其茶种与制皆藉华人力居多，初有千余，余不及三之一，然闻近日又于香港、新嘉坡潜招三船矣。"[3]傅云龙的看法与清朝先前的态度，已有不小的变化，原因在于他的实地考察。

光绪八年（1882）美国通过了第一个排华法案，此后华人入境条件越来越苛刻。十一年，加拿大排华。十二年，澳大利亚各殖民地通过了排华法案。康称"美及澳洲皆禁吾民往"，属实。光绪十八年（1892），前驻美公使郑藻如向北洋大臣李鸿章递交条陈，要求清朝主动派出使节前往巴西，谈判招工办法，以使广东每年能向巴西移民数万人。[4]他还附

---

〔1〕《总理衙门清档·巴西领事》，01－15/47－1；01－15/47－2。台北中研院近代史研究所档案馆藏。

〔2〕《光绪十年轮船招商局第十一年办理情形节略》，《沪报》1885 年 12 月 1 日，转引自汪敬虞：《唐廷枢研究》，中国社会科学出版社，1983 年，第 197 页。"贾公使"可能是指前来谈判条约的巴西使节喀拉多，他曾多次去上海。

〔3〕傅云龙："致译署"，光绪十五年二月十六日，傅训成整理：《傅云龙日记》，浙江古籍出版社，2005 年，第 382—383 页。

〔4〕郑藻如，字玉轩，广东香山人，曾为李鸿章的幕僚，任天津海关道。1881 年至 1885 年，即美国通过排华法案时任驻美公使，后以病免回籍。

呈《查订巴西工商各务事宜》二十条，详细开明移民中注意事项。[1]李鸿章为此与已升任北洋机器局总办、候补道傅云龙商议。傅表示赞成。李由此将郑藻如条陈、傅云龙条陈抄送总理衙门，并称：

> "自美国禁止华工，中国沿海穷民，少一出洋之路，生计日蹇。前出使美国郑大臣，关心时局，曾以巴西安置粤人，详议节略章程见示。兹据该道（傅云龙）禀，前曾游历巴西审察情形，应乘西工未得专利之时，与议招工约条，将来不致为彼排挤。并称该国现已在新加坡暗为招致华人，自须预为筹及，免致华工到彼，无官保护，受其凌辱，又蹈秘鲁、古巴覆辙，所论甚为有见……相应将抄本清折，咨送贵衙门，请烦查照，核酌办理施行。"[2]

李鸿章、郑藻如、傅云龙的意见是，与巴西商定条件后，同意其招募华工。总理衙门对此并未主动采取行动。

光绪十四年（1888），巴西帝国废除奴隶制。次年，帝国政府被推翻。光绪十七年（1891），巴西国会通过宪法，成立巴西合众国。巴西经济以种植园为主，咖啡产量达世界总额的一半以上，急切需要劳动力。在此背景下，巴西政府决定派使驻华，谈判招工事项。

光绪十八年九月初五日（1892 年 10 月 25 日），巴西驻法国公使毕萨（Gabriel de Toledo Piza e Almeida）照会清朝兼任驻法国公使薛福成，称奉到本国外交部电，巴西总统"深愿在京设馆，遣使驻扎，以表悃忱而敦睦谊"。[3]清朝驻巴黎参赞庆常与巴西驻法公使毕萨进行了会

---

[1] "郑玉轩光禄条陈巴西招工节略"，《华工出国史料汇编》，第 1 辑，第 3 册，第 1203—1208 页。

[2] "北洋大臣李鸿章函送总署郑藻如、傅云龙调查巴西情形条陈"光绪十八年九月十八日，《华工出国史料汇编》，第 1 辑，第 3 册，第 1201—1203 页。"上合肥中堂议巴西招工书"光绪十八年九月十一日，见《傅云龙日记》，第 387—388 页。

[3] "巴西驻法公使毕萨照会清兼任驻法公使薛福成"，《总理衙门清档·巴西国派使驻京》上，01－15/47－6。清朝当时的外交体制是由驻英公使兼任驻法国、意大利、比利时公使，公使薛福成常驻英国伦敦，命庆常为参赞，常驻法国巴黎，以"代理"身份管理馆务。而薛福成、李鸿章与总理衙门商量后决定，按照"友邦使臣一律接待"，"招工切勿先提"。见"清兼任驻法公使照会巴西驻法公使毕萨"光绪十八年九月二十五日，《总理衙门清档·巴西国派使驻京》上，01－15/47－6；《李鸿章全集》电稿二，第 502 页。

谈，内容涉及招工事项。[1]薛福成由此向总理衙门提出外交谈判的程序建议：对巴西的招工要求，先以秘鲁等国虐待为由，加以拒绝，等其再三吁求，再与之商定"专章"，以能保护华工，"彼此获益"。[2]薛的这一想法，与李鸿章、郑藻如、傅云龙等人是一致的。中巴双方此时很容易达成协议。

光绪十八年十二月二十一日（1893年2月7日），巴西驻法公使毕萨照会薛福成，称巴西总统委派现任驻奥地利公使华兰德（Jose Gurgel do Amaral Valente）、"水师提督"辣达略（Jose da Costa Azevedo，即Barao de Ladario）两人为"全权大臣"，"俟朝觐等事完毕，辣公使达略启行回国，华公使兰德常驻京师"。由此可见，华兰德是常驻公使，辣达略为谈判专使。该照会正式提出招工一事："又因本国财用尽在农田，愿请中朝允准华民前来巴西务农力田，以开利源，应听华官稽查照料，以归委协。并请酌定办法优待保护，使其得获一切权利。"[3]然此后不

---

[1] "照录巴西国驻法公使问答节略"，《总理衙门清档·巴西国派使驻京》上，01 - 15/47 - 6。内记："庆常云：中国与巴西商务极少，交涉无多，贵国遣使驻京，亦无甚公事。毕云：本国遣使之意，首在通好，次招工，次贸易。此事本国尚无明文，不过所见如此。缘自改立民主以来，励精图治，百废俱兴，尤以兴地利、重商务为要义。巴国幅员之广，亚于美国，土腴物阜，人烟稀少。每岁西洋迁徙者二三十万人，义国居十之六，他国有差。然仍患人少，欲广招徕，若华民往，彼此有益。庆常云：通工易事，原期两益。但从前华工屡受凌虐，恐难轻意允许。此事成否，不敢妄赞一词。第以私见而论，中国保民若赤，有鉴前车，若无实在可靠之办法，不致流弊，恐难允从。毕云：我所言招工之事，系就议院所论而言，本国并无明文，应详询情形，再为细谈。"庆常与毕萨述谈到了两国通商事务，但对贸易前景表示怀疑。

[2] "出使大臣薛福成夹单"光绪十八年十二月初九日，薛又称："自美国驱逐华工以后，中国贫民生计日绌，倘能就此为吾民辟一利源，所谓失之东隅，收之桑榆，未必无裨于大局也。"见《总理衙门清档·巴西国派使驻京》上，01 - 15/47 - 6。后薛再提议，订立相关条约，明确领事保护权后，允许华工前往巴西。见"使英薛福成为巴西招工事致总署文"光绪十九年正月初六日，《华工出国史料汇编》，第1辑，第3册，第1208页。

[3] "巴西驻法公使照会清兼任驻法公使薛福成"，《总理衙门清档·巴西国派使驻京》下，01 - 15/47 - 7。该照会称，华兰德"曾经出使美、波等国"；辣达略"曾任海部大臣"。北京大学巴西留学生伊利克（Eric Vanden Bussche）告我，辣达略是圣保罗的商人，有咖啡种植园，曾任海军将领，也有外交官的头衔。

久，华兰德病故，仅辣达略到达巴黎。清驻法参赞庆常与辣达略在巴黎进行了两次会谈，主题围绕招工。薛福成对谈判结果感到满意，给总理衙门的报告称："大端已具，不难议商"。[1]光绪十九年六月十六日（1893年7月29日），辣达略奉本国之命，径由法国前往中国。七月初七日（8月18日），巴西驻法公使毕萨照会清兼任驻法公使薛福成："现在本国伯理玺天德拟派曾经出使阿让丁（阿根廷）之大臣阿喜巴吉（Joaquim Francisco de Assis Brazil）为驻京公使，随同议约大臣辣达略进京，一俟条约定妥，即留阿公使常驻，以重邦交。"[2]清朝由此已作好一切准备，与巴西新使辣达略、阿喜巴吉谈判华工之事。

　　总理衙门为接待巴西新使，咨会南洋大臣刘坤一、北洋大臣李鸿章，通报辣达略、阿喜巴吉即将到达的消息。江海关道聂缉椝派人调查，为此报告："辣大臣带有眷属及随员三人于九月二十四日（11月2日）抵申，现寓上海礼查洋行，候旨再行北上。"[3]不久后，清朝上海租界会审委员蔡汇沧禀报："辣大臣及随员等抵沪后，因上海天寒，兼患喉症者多，是以于十月十八日（11月25日）乘法公司船喀勒同尼亚轮船，前赴香港，候该国政府示谕。"总理衙门得知此消息，已是十一月十七日。[4]

　　在此之前，光绪十九年六月，澳门街头张贴"街招"，宣称巴西已与清朝达成协议，允许招工：

──────────

〔1〕"使英薛福成咨呈总署驻法参赞庆常与巴西公使为招工等事问答节略"，《华工出国史料汇编》，第1辑，第3册，第1209页。

〔2〕"巴西驻法公使照会清兼任驻法公使薛福成"，《总理衙门清档·巴西国派使驻京》下，01-15/47-7。

〔3〕"北洋大臣李鸿章致总理衙门咨文"光绪十九年十月十六日收到，《总理衙门清档·巴西国派使驻京》下，01-15/47-7。然江海关道将阿喜巴吉的姓名身份弄错了，称："兹据洋务翻译委员徐丞黼升禀称，探得巴西所派驻京公使阿喜巴吉已于西历六月底在奥京唯衣哪都城病逝，现由辣大臣禀报政府，另派大员来华。"此人当为华兰德。看来辣达略此时还不知巴西新派阿喜巴吉为驻华公使的消息。

〔4〕"北洋大臣李鸿章致总理衙门咨文"光绪十九年十一月初七日收到，《总理衙门清档·巴西国派使驻京》下，01-15/47-7。又，两广总督十月二十一日的咨文称："闻该钦使于华历八月初旬已至日本，九月初旬已至上海，行将前赴北京会议详订。"（"粤督为巴西私在澳门招工查禁情形事致总署咨文"，《华工出国史料汇编》，第1辑，第3册，第1221页）

"大巴西国总统特谕大巴西国大议院知悉。照得本国属在南花旗之中，泉甘土沃，最宜耕种，惟查万国民人，惟华人最为勤力耐劳，安分守己，可以有为。况大清国与本国于光绪六年八月中，业已立有通商和约，此时可将该条约次第举行，妥当立章程，请华人到来耕种，并派大臣前去大清国京都驻扎，办理一切事宜，并请大清国大皇帝委派领事等官到来本国，保护华人，俾得均沾利益。钦此。可也。

　　"兹七月初五日，香港华字日报云：现葡京接有巴西国京都电报，道及中国已于西七月七号，批准允肯巴西国请华人前往该国耕种操工。此次请人，情真理确，非别处招摇者可比也。

　　"大巴西国京都大公司，特凑实本银八百万磅（镑），又买得膏腴之地二万余顷，特派阜拿威地士前来澳门请人，议定每人每月工银花旗金钱银十元，一号至三号出粮，伙食每人每日米二磅，或猪肉、或牛肉、或鲜鱼一磅。咖啡、茶叶、糖、住居房屋，一概公司供足。每日工人准期做十点钟工夫为额。每年每人公司均派衫裤四件，帽仔一顶，鞋一对。又先一个月粮银火钱，开身前一日出银五元，俾得应买什物……若公司水脚，去者公司每月扣回银二元，于五年为限。

　　"本公司所买之地，水土最好，俱照和约相待，并无苛刻等事。凡勤力之人，做满五年合同，便能回唐……若欲往者，自十八岁至四十岁强壮勤俭者，祈早日到澳门代理人处落名，然后即搭地打杜士轮船前往可也。

　　"光绪十九年六月吉日，大巴西国京都公司代理人谨具。"[1]

从"街招"开出的条件来看，十分优厚，但绝不可信，这些与此前骗招秘鲁、古巴华工的条件是大体相同的。

---

[1]　"照录洋人招贴"，《华工出国史料汇编》，第1辑，第3册，第1225—1226页。"李鸿章致薛福成电"光绪十九年十一月初八日，"译署电：巴西招工公司姓名洋文系Compania Metropolitana of Ric Faneiro，其经手人姓洋文系Tuliv Benavides，雇用德国船洋文名Tetartos，于九月初八由澳出洋，绕阿非利加好望角驶往巴西，未知何处登岸。希转薛云。"（《李鸿章全集》电稿二，第629页）伊利克告我，李鸿章电文中原文拼写有误，公司名应为Companhia Metropolitana do Rio de Janeiro，经手人名为Julio Benevides。

驻在香山县前山的海防同知魏恒、前山营都司黎中配，闻讯即派人去澳门，抄录"街招"，并发现在澳门最为僻静之水手街，开设二间工所"华利栈"、"万生栈"，已招四百余名，多为新安县属客民。准备载运华工的德国船"地打杜士"号正往泰国运米，回澳门后"将招聚之人装运出洋"。魏恒、黎中配认为情况严重，八月二十一日（9月30日）向两广总督李瀚章报告：

> "其'街招'所叙合同工银、服食及做工相待各款，与历来诱骗办法，大略相同。但今七月至今，未及两月，被招之人，因受刻薄，闹事多次，现被监禁多人，并有数十名乘间逃逸，而该公司控于洋官，诬累无辜之人。尚未出境，业已如此，将来到彼，以后之害，不问可知。"[1]

李瀚章随即于九月初一日（10月10日）照会澳门辅政司、护理总督罗（Alfredo Lello），称"岂可私自招集华人，类于贩卖猪仔，不特与条约不符，并为万国公法所禁"；要求"查明严禁"，"如该猪仔头等，仍复阳奉阴违，定饬税务司俟船开时扣留查办。"[2]

　　李瀚章的照会，加快了澳门非法招募华工的行动速度。初八日，该船未等招工额满，装运私招华工493名，即行出港。[3]至此，澳门护理

---

[1]　"照录前山同知、前山营都司会禀"，《华工出国史料汇编》，第1辑，第3册，第1224—1225页。

[2]　"照录照会驻澳西洋罗大臣稿"，《华工出国史料汇编》，第1辑，第3册，第1227页。李瀚章要求拱北税务司贺璧理（Alfred Edward Hippisley）扣留"地打杜士"号的札谕，未能执行。贺璧理称："本关向无稽征洋轮之责，亦无查验洋轮之权，况该轮泊处，距关厂较远，一切情形，尤难查悉。"（"粤督为巴西私在澳门招工查禁情开明致总署咨文"，《华工出国史料汇编》，第1辑，第3册，第1221页）

[3]　前山海防同知、前山营都司对此报告称："嗣于本月初七八等日，葡人将被诱华人，先后押令落船。该承招头人，不按合同，种种刻扣，不堪其苦，以致众怒，群殴该承招头人钟鉴池、邓阿二及未悉姓名数人，受伤甚重。澳门葡官据报，派兵轮一只，前往弹压。该船原订合同，约定装五百二十名，时未满数，各承招头人迫于时日，分派党伙之素熟此者，四路招诱，无暇顾忌。澳门葡官恐该船人众滋事，遂限该船于二十四钟内，开行出洋等情。该船即于初八日午后五打钟开行出口。"（"粤督为巴西私在澳门招工查禁情事致总署咨文"，《华工出国史料汇编》，第1辑，第3册，第1220—1221页）

总督罗复照李瀚章，完全否认其指责，至于李瀚章声称将命税务司扣船一事，复照亦执非常强硬态度。[1]

李瀚章为此咨文总理衙门，报告事情经过，并提议："巴西国闻将特派使臣来华，会订招工条约，应请贵衙门俟该使到京议约时，与之严订招工章程，其未订章程之前，不准招雇华人前往该国承工。"[2]与此同时，总税务司赫德（Robert Hart）致函总理衙门，提议："适值巴西变乱，中国并无使臣在彼驻扎，莫若由中国自订暂时不准华人于通商口岸出口，前往巴西为是。"[3]总理衙门于十二月十五日（1894年1月21日）咨文南、北洋大臣、闽浙总督和两广总督：

> "前准两广总督咨称，澳门地方不准各国招工，久有明禁。本年（光绪十九年）八月内澳门有人张贴街招，称巴西国招人承工，由德国地打杜士轮船装运出口，请饬查禁等语。本衙门查巴西招工章程，本衙门未与开议，该国不应遽往澳门私招华工，即各国轮船亦未便遽行装运华工前往华西，本衙门当即电告巴西查禁，并照会德国绅公使请饬各口领事查禁。兹又准总税务司函称，现闻有一二船欲于澳门载运华工出洋等语。除由本衙门知照各国驻京大臣转饬各口领事查禁外，相应咨行贵大臣即希转饬各关道查照晓谕

---

[1] "照录驻澳西洋罗大臣来文"光绪十九年九月十二日到，《华工出国史料汇编》，第1辑，第3册，第1227—1228页。该照会称：澳门并无招工的"街招"，华人聚集出洋处所，"该屋果属宽敞，又当通衢之处，至其人等，亦任意出入，毫无拦阻，因无碍于律例"；"查德国地打杜士之轮船，装搭客出洋，其华人均须赴本澳政务厅，逐一询问，及临下船时，又再行细诘。其言甘心愿去者，方准其前往，其不愿者，必不准其出洋，悉照章程而行，毫无或违。"

[2] "粤督为巴西私在澳门招工查禁情形事致总署咨文"，《华工出国史料汇编》，第1辑，第3册，第1220—1224页，又该件上注明"光绪十九年十月二十一日"当为收到日期。李瀚章还请求："可否会商葡国驻澳大臣，嗣后无论何国在澳门招工"，"均须中外各官会同监理"；"请照会德国公使，严禁德船嗣后不得与巴西国装载前项华工"。

[3] "总税务司赫德以巴西不靖宜由中国定章不准华人前往致总署函"，《华工出国史料汇编》，第1辑，第3册，第1219页。

可也。"[1]

由此，巴西非法招募华工的路，已经全部挡死了。

从此可以得出以下结论：一、巴西的大种植园缺乏劳工，准备输入华工；二、清朝政府最初不同意巴西招工，后来的态度有所转变；三、光绪十九年巴西派辣达略、阿喜巴吉来华，其中辣达略即为谈判专使；四、在条约未达成前，巴西在澳门非法招工，清朝对此进行了严禁。此为康有为移民巴西计划之大背景。

康称："乙未之归，遇葡人及曾游巴西者，知巴西曾来约通商招工。其使来至香港而东事起，巴使在香港候吾事定。至数月，东事益剧，知不谐，乃归。""乙未"，即光绪二十一年（1895），康因在上海办《强学报》，使用孔子纪年等事，张之洞下令停办，并为母亲祝寿，回到广东，时约为冬季。康所说的"巴使"，当为辣达略。辣达略于光绪十九年底从上海赴香港后，一直在等待新任驻华公使阿喜巴吉。然阿喜巴吉到达欧洲后，听说上海发生了流行病，便留在欧洲等待。随后他得到的消息是当选了参议员，于是选择了参议员职位，放弃公使一职，没有来香港，而直接返回巴西。也就在此时，中日甲午战争爆发，辣达略对输入华工的兴趣下降，更有兴趣输入日本劳工，由此而赴日本。他在日本做了一番考察后，直接回到巴西。光绪二十一年九月十九日（1895 年 11 月 5 日），巴西驻法国公使毕萨与日本驻法国公使曾祢荒助在巴黎签订了《修好通商航海条约》，其中内容涉及到日本向巴西移民。十一月初一日（12

----

[1] "总署为禁澳门外轮载运华工出洋致粤督李瀚章咨文"光绪十九年十二月十五日，"总署为外轮欲在澳载华工去巴西已知照各使查禁请转饬关道晓谕事致北洋大臣李鸿章等咨文"光绪十九年十二月十五日，《华工出国史料汇编》，第 1 辑，第 3 册，第 1232—1233 页。同日，总理衙门又以相同的内容，分别照会法、美、日斯巴尼亚（西班牙）、日本、比利时、义（意大利）、俄、丹、和（荷兰）、奥、大西洋（葡萄牙）公使。值得注意的是，总理衙门并未照会英国公使，而当时大西洋国（葡萄牙）公使尚未驻北京，仍是由澳门总督兼任。又，《万国公报》第 63 号（光绪二十年三月）刊出《总署为禁澳门外轮载运华工出洋致南洋大臣咨文》（华文书局影印本，第 22 册，第 14349 页），康有为此时似有读《万国公报》之习惯，不知他是否见过此一则消息。

月 16 日），巴西政府批准了这一条约。[1]也就是说，当康有为是年冬回到广东时，辣达略早已离开香港，也离开日本；更重要的是，辣达略已改变了主意，放弃与清朝谈判招募华工的使命。巴西后来也未再派使节来华。

康称"吾港澳商咸乐任此"，然招工有着相当大的利润，咸丰、同治年间乃至光绪初年大量输往秘鲁、古巴的华工，使得当时的澳门成了贩运"苦力"的中心。[2]光绪十九年澳门非法运送 475 名华工去巴西，澳门经营者是谁，获利究竟多少？我还无法查清楚。但可以肯定的是，澳门经营者从中获得了相当大的利润。

康称"何君穗田擘画甚详，任雇船招工之事"，"何君穗田"即何廷光（参见 22 · 2）。他是澳门著名赌商，虽不能由此证明其参与了当时的贩运华工，但作为一个上层人物，对于巴西招工事当为知情者。辣达略在香港期间是否到过澳门，是否与何廷光有交往？限于史料而无法予以完全的证明。何廷光会讲葡萄牙语，巴西原属葡萄牙，亦使用葡萄牙语，两人在语言上是可以交流的。康有为的巴西招工消息很可能来源于何廷光。

康称"于是拟入京举此"一语，即入京的目的，其中的"举此"，似为撤销前引总理衙门于光绪十九年十二月十五日下达给南、北洋大臣、闽浙总督、两广总督禁止运送华工去巴西的命令；似为"港澳商"请康有为北上，与总理衙门疏通关系。

就在这一时期，康有为、梁启超也宣传过移民巴西的计划。谭嗣同为悼念吴樵而作《吴铁樵传》，其中称言：

---

[1] 此处事略据北大巴西留学生伊利克为我提供的《巴西外交关系》之摘要，部分内容是他口头告诉我的。

[2] 值得注意的是，澳门于 19 世纪五六十年代是"苦力"贸易的中心，大约有 20 万人从此处被贩运到南美、东南亚等地。1873 年（同治十二年）是澳门贩运"苦力"的高峰期，有葡萄牙、秘鲁、西班牙人"所开的招工局，计有三百余所"，"靠招工吃饭的三四万人"。（"驻澳门美国人致住香港美国人信"，《华工出国史料汇编》，第 1 辑，第 1 册，第 251—252 页）1874 年，根据葡萄牙国王的命令，澳门停止"苦力"贩运。

"……铁樵乃复大言农学。洞庭之南，有新洲焉，铁樵谋悉垦而辟之，以棲吾属同志之士。梁启超曰：巴西亦美洲大国也，土满而不治，召我中国之农农焉。苟群而往，将以中国之农塞其国……"[1]

梁启超言及于此，约在光绪二十三年的春天。总理衙门章京、刑部候补主事张元济很可能是康有为等人的主要活动对象。张致汪康年的信中，对于巴西招工有着许多记录，可知当时的内情。其光绪二十三年六月十三日的信中称：

"巴西招工，自是美事，前秘鲁领事许九香为弟言：巴西招工意甚迫，若不允，仍私自招去。所以不允者，恐其虐待也，私招而虐待，反无道以保护之矣。则何如辟此途径乎？此言甚确。惟译署办事总以清静寂灭为主，其奈之何哉。"[2]

其八月十七日信中称："前云巴西招工事，现在情形若何？乞示。"其十月二十一日信中称："招工事俟晤西平再议，并拟先与子培一商。"[3]此信是对汪康年九月二十六日来信的回复，而此时康有为、梁启超皆在上海。其十一月十二日信中称："招工事总为相机。"[4]即先不着急而待时机而动。值得注意的是，张元济使用的名词是"招工"而不是"移民"、"殖民"。

康有为晚年门人蒋贵麟于 1984 年发表《康南海先生轶事》一文，其

---

〔1〕《谭嗣同全集》增订本，第 258 页。

〔2〕《汪康年师友书札》，第 2 册，第 1699 页。张元济与汪康年为会试同年（光绪十八年），更兼同乡，颇有交谊。许九香（1857—1915 年），名鼎霖，字九香，江苏赣榆县人，1882 年中举，1890 年充内阁中书，1893 年至 1896 年任驻秘鲁领事。他对南美华工有着直接的接触。后任安徽庐州知府等职。张元济在信中还称："善、戴二公交来两次手书暨外信十一件，书两包"；由此作复，当是对汪康年"两次手书"的回答，可见是汪康年主动向张元济询问巴西招工事。汪康年的消息来源很可能是梁启超。

〔3〕《汪康年师友书札》，第 2 册，第 1709、1715 页。"子培"，沈曾植。"西平"，叶尔璟，浙江仁和人，监生，叶尔恺的堂弟。叶尔恺，字悌臣，光绪十五年进士，入翰林院，散馆后授编修。光绪二十三年授陕西学政。

〔4〕《汪康年师友书札》，第 2 册，第 1717 页。

第一节为《欲移民于巴西建立新中国》，称言：

> "……康氏门人有新会谭姓者，曾游巴西，谒其国王，国王大喜，告以其国幅员广大，人民太寡，利用吾国民力，为之垦植辟道，拓展利源，愿中国人移往营生，并许谭某以地四百里，沃壤惟听选择。光绪二十一年，巴西国土（王）曾遣四使来请通商，四使臣到达香港，适中日战事起，时康氏在京师，四使留香港，待与康氏面议，居数月，康氏未至，而东事益烈，知一时不谐，即行回归。广西候补道何穗田为澳门之巨商，其于葡萄牙为男爵，熟于葡语，与四使权为熟稔，相与讲求通商之法。何穗田得知康氏早已留意于巴西国情，即请筹谋策划，拟结百万殖民公司，先租船四艘，往巴西，每艘运二千人，三月一期，每期可八千人，岁运三万二千人入巴西，种植甘蔗、咖啡、可可、烟草等物，若得利则岁增其船。巴西四使且许我之取地，以优厚特权。其时港澳商人咸乐往，已得数十万矣。何穗田为通商计，欲请准于外部，而苦于无识外部者。时李相鸿章主外部事，康氏乃赴京都，得礼部侍郎于式枚之介，而请于李相鸿章，李相对巴西通商事，深表赞同，惟须俟巴西使臣来求乃可。"[1]

蒋氏对康有为著述十分熟悉，上引这一番言论，他的主要依据是康有为《我史》。文中也有一些史实有误：一、巴西于此时已改合众国，并无国王。二、"四使"当指辣达略和他的三位助理，非为光绪二十一年（1895）来香港。三、"四使留香港，待与康氏面议"，是蒋对《我史》中"巴使在香港候吾事定"中之"吾"字之误读；按康之原义，"吾"应理解为"中国"，即"巴西使节在香港等待中国战事结束"，不能理解为"康本人"。四、"外部"指"外务部"，设于1901年，而于此时仍为总

---

〔1〕 蒋贵麟：《康南海先生轶事》，香港《大成》杂志，第133期（1984年12月），转引自夏晓虹编：《追忆康有为》，中国广播电视出版社，1997年，第196页。蒋贵麟是康有为晚年所办"天游学院"的学生，在台湾编成《康南海先生遗著汇刊》（22册，宏业书局）、《万木草堂遗稿》（1册，成文出版社）、《万木草堂遗稿外编》（2册，成文出版社），劳绩皆伟。

理各国事务衙门。将蒋贵麟此文与康有为《我史》互读，有了四点新内容：其一提到了康氏门人新会谭姓；其二称何廷光（穗田）与巴西"四使极为熟稔，相与讲求通商之法"，即有密切的交往；其三称何因"苦于无识"总理衙门官员，而请康进京疏通；其四称康能结交李鸿章，其中介是于式枚。（详见23·5）仔细地阅读蒋贵麟之文，虽然强调了康有为的主导作用，但也使人感到何廷光将以其雄厚财力而在此事中扮演主角；而且这一计划不似"移民计划"，而是"运民计划"，其对巴西当地的土地权、移民最初的生活，皆未进行实地考察与预先安排，却设计了每船2000人（以当时的船只情况，条件将会非常恶劣），每年32000人；最为重要的是，当时的巴西政府已不可能提供大批免费土地，去巴西的华人将进入各种植园充当劳工。

　　从以上叙述可以看出，巴西是招募华工，并非是帮助殖民；参与巴西招募华工计划，与康有为所称的"开辟新国"，有着极大的差距。其中的关键在于，康有为并无相应的财力，以能在巴西购买或租用土地，并自雇轮船，实行其"移民"计划，即"欲开巴西以存吾种"；康也未亲往或派人至巴西进行实地考察，以能事先做出种种安排。由此而仓猝进行大规模的"移民"，不管康本人持有多么美好的愿望，而在实际操作过程中，只能沦为巴西种植园主的工具。[1]至于康所称"吾港澳商咸乐于此，何君穗田擘画甚详，任雇船招工事"，其中"招工"一词更使人感到此中的商业操作与巨大利润。

---

〔1〕　康有为究竟是移民巴西，还是运民巴西，其真实内心今已很难猜测。若从行动而言，结果必不妙。北大巴西留学生伊利克曾对日本移民巴西进行研究，他告诉我："日本在签订条约后，于1908年才有第一批日本移民来到巴西，至20世纪二三十年代其移民数量达于高潮。日本移民的特点是全家一起移民，日本公司（其中一部分有日本政府背景）先行购买土地，租给移民家庭。移民几年后用其所获来购买所租土地。这些公司对于移民也有生产与生活上的指导。在条件较差的亚马孙地区，当地政府为吸纳日本移民，也将土地有条件地转让日本公司先行使用，几年后根据合同再支付相关的费用。而中国移民多为单身男性，也无公司支持，往往是单独进入各大种植园、矿山等处，生活上难免处于较差的境遇。"由此可见，康有为的做法很难达到其宣称的目的。

康有为约在十月中旬赴京。[1]在康北上的同时，梁启超也离开上海，应陈宝箴等人邀请，赴湖南就时务学堂中文教习一职。他因在《时务报》与汪康年等人旨趣不投，由黄遵宪之荐而去。[2]

(23·4) 适胶州案起，德人踞之，乃上书言事。工部长官淞滣读至"恐偏安不可得"语，大怒，不肯代递。又草三疏，交杨叔峤分交王幼遐、高理臣上之。乃与曾刚甫约，同递察院，先与都宪徐寿蘅言之。寿蘅本守旧，而能待士，不以此折为然，而允为我代递也。李苾园侍郎激厉忠愤，欲连九卿上折，为草之，后无联名者。

---

[1] 郑孝胥光绪二十三年十月日记称：初六日，"汪穰卿、梁卓如邀饮《时务报》馆，坐客为盛太常、康长素、经联三、何眉生及余。"初十日，"康长素邀饮，不往。"十三日，"十二夜康长素及其弟幼博来谈。"十四日，"遂至一品香，应康幼博之约……陈敬如、康长素皆在焉。"十五日，"又过康氏兄弟，独幼博在。"此后便没有康有为的记录。(《郑孝胥日记》，第2册，第626—628页) 康有为十月初六日前从杭州回到上海，大约于十五日北上。

[2] 熊希龄光绪二十三年八月十二日致汪康年信称："湘学堂中文教习无人，初，各绅议，只立分教，而缓立总教，及公度到湘，力言总教无踰于梁卓如者……卓如在报馆作文，每册不过一篇，如来湘中，尚可按期寄文于报馆，并无所损。"(《汪康年师友书札》，第3册，第2840页) 邹代钧同日致汪康年信称："湘中开设学堂，西文、中文教习，均未觅得其人。公度已荐一琴为西文教习，卓如为中文教习。义宁父子及湘绅无不喜悦。""公度以……卓如在馆仅作论，若来湘，仍可作论寄沪，于报事毫无妨碍，且卓如不来湘，必为南皮强去云云。故义宁已下关聘两君矣。"(同上书，第2743页) 由此可知，调梁启超去湖南，是黄遵宪的主意。黄遵宪八月十三日致汪康年信中称："任父之来，为前议之所未及，然每月作文数篇，付之公布，任父必能兼顾及此，此十报馆亦似无损碍，并乞公熟虑而允许之。"(同上书，第2360页) 黄遵宪是《时务报》的创办者，完全了解汪、梁之间的矛盾，并拟以"董事"一职让汪康年"联络馆外之友，伺察馆中之事"，即将其架空。(同上书，第2348页) 此时调梁入湘，自是避免矛盾深化之一法。吴以荣称："任公去湘，君勉亦往。(老裴言) 报馆此时何人主笔？甚念甚念。日前康公在此，家君亦曾筹及，坚请康公留君勉在中扶持大局，此时又系何人，当此太任也。"(同上书，第1册，第291页) 吴以荣，吴德潇之子，"家君"指吴德潇。"康公在此"指康有为浙江之行。吴德潇父子尚不清楚梁与汪之间的严重分歧。谭嗣同致汪康年的信中称："熊秉三来书，言湘中官绅决计聘请卓如、一琴两君为时务学堂总教习，黄公度尤极力赞成……今为公计，不如自动两君往湘，则尚不失自主之权……公即不令卓如往湘，渠亦必往西湖，宁能终绊之耶？"(光绪二十三年九月初六日，《谭嗣同全集》增订本，第511页) 谭嗣同虽知汪、梁分歧，但主张以梁去湘为是。

李公交司业诒谷上之。

据手稿本，"适胶州案起"之"适"字后删"德人犯"三字；"德人踞之"后删"京师震动"四字；"又草三疏，交杨叔峤分交王幼遐、高理臣上之"一句为添加，补在行间；"李苾园侍郎激厉忠愤，欲连九卿上折，为草之，后无联名者。李公交司业诒谷上之"一段为添加，补在页眉。

德国企图租借胶州湾（青岛）之事，由来已久。甲午战争期间，德国驻华公使绅珂便提出此建议。[1]德国参加"三国还辽"时，即准备向中国提出占有据点，胶州湾是其考虑的地点之一。[2]日本归还辽东后，德国海军部与外交部决定占据中国一据点，然对具体地点的选位进行了多次讨论。与此同时，在北京、柏林、圣彼堡，德国外交官非正式或正式地提出在中国沿海建立海军加煤站的要求。光绪二十二年十月，德皇威廉二世（Emperor Wilhelm II）决定占据胶州湾，并派出工程师进行实地调查。[3]十一月，德国公使海靖（Freiherr von Heyking）向总理衙门提出租借军港 50 年，被拒；十二月，海靖再次提出租借军港，再被拒，威廉二世决定以武力取得之。[4]二十三年七月，威廉二世访俄，与俄国沙皇尼古拉二世（Tsar Nicholas II）相会时，提出了胶州湾一事。

---

[1] 绅珂给德国首相何伦洛熙公爵电报（1894 年 11 月 23 日）称："假使因中日冲突，引起各国要在中国取得领土，为德国计，亦可利用机会为它的重要商业利益取得一基地……位于山东海角西南的胶州湾，帝国驻天津领事在他的本年 1 月 14 日之报告中所已提及的，该地在中国所计划之要塞建筑中尚未获得重要价值，似可考虑；澎湖列岛或亦可考虑。"德国外交大臣马沙尔致驻英公使哈慈菲尔德信（1895 年 2 月 1 日）中称："占据胶州湾，在目前不能希望有经济利益，这些利益只有等中国铁路网集中于该海湾后始能谈到。占据该处因之也就是占据中国之大陆，势必在该地建筑军事设备……"（《德国外交文件有关中国交涉史料选译》，第 1 卷，第 8—9 页）

[2] "前驻中国公使巴兰德（Brandt）的节略 1895 年 4 月 8 日"，"外交大臣马沙尔致海军大臣何尔门海军中将（Vize-Admiral Hollmann）1895 年 3 月 11 日"，"海军大臣何尔门致外交大臣马沙尔 1895 年 4 月 17 日"，《德国外交文件有关中国交涉史料选译》，第 1 卷，第 25—26、87—92 页。

[3] "海军大臣何尔门致外交大臣马沙尔 1896 年 12 月 8 日"，《德国外交文件有关中国交涉史料选译》，第 1 卷，第 128 页。

[4] "驻北京公使海靖致外部电 1896 年 12 月 16 日"，"外交大臣马沙尔奏威廉二世公文 1897 年 2 月 19 日"，《德国外交文件有关中国交涉史料选译》，第 1 卷，第 129—131 页。威廉二世在马沙尔公文后作批语："无须再询问，地点定后，立即占据。"

俄方表示如果其获得新的不冻港，愿意将胶州湾让与德国。[1]八月，德国通知俄国，其远东舰队拟在胶州湾过冬，同时也将此决定通知总理衙门。[2]至此，德国的目标已锁定为胶州湾，只是还需要一个借口。

先是在光绪二十二年十月二十四日（1896年11月28日），德国首相何伦洛熙（Prince von Honenlohe）为次日面见威廉二世，由外交部参事克莱孟脱（Klehmet）为其作一份记录，其中明确提出了占领中国据点的方法：

> "即使只夺取一个三沙湾，在和平环境之下也必须等中国违犯了我们的权利，而给了我们一个理由或口实时才能进行。一个储煤站的取得，决不足以补偿我们政府因一个赤裸裸的违法行为而遭致的严重的政治损失。基于这些理由，所以我们惟一可循的途径，是等待中国人先给了我们一个报复的理由，然后再立刻占领三沙湾，扣留它作为一个抵押品，接着与中国人交涉割让该地——开始时先要求有期限的割让。根据一切展望，我们无需等待很久，就能找到口实。在最近两年内，我们也曾找到过行动的理由；例如在传教士及德国教官的情况方面，就可有不止一次的机会……"

何伦洛熙于此中指出了德国企图获得的口实，即在"传教士及德国教官"方面。他还指出："帝国驻北京公使将立即受令，特别注意调查研究一个行动的合适机会，并当机会发生时，立刻电告此间。"[3]此中提到

---

[1] "代理外交大臣布洛夫致外部电1897年8月11日"，"代理外交大臣布洛夫的记录1897年8月17日"，《德国外交文件有关中国交涉史料选译》，第1卷，第138—140页。

[2] "帝国首相何伦洛熙公爵致驻圣彼得堡大使拉度林公爵（Prince von Radolin）1897年9月9日"，"驻圣彼得堡大使拉度林公爵上帝国首相何伦洛熙公爵公文1897年9月21日"，"代理外交大臣布洛夫致驻北京公使海靖男爵电1897年9月25日"（该电称："请您用您认为合适的方式通知中国政府，我们保留帝国军舰在今冬必要时停泊于胶州湾。"），"驻北京公使海靖男爵致外部电1897年10月1日"（该电称："命令已口头执行，这个显然给总理衙门一个深刻的印象。"），《德国外交文件有关中国交涉史料选译》，第1卷，第140—142页。然从后来发生的情况来看，总理衙门并没有将此当作德国日后占领胶州湾的先声。

[3] "外交部参事克莱孟脱的记录1896年11月28日"，《德国外交文件有关中国交涉史料选译》，第1卷，第125—128页。

了"三沙湾"，位于福州以北的宁德，是天然良港，是德国曾经考虑占领的据点。[1]光绪二十三年十月初七日（1897年11月1日），德国天主教传教士韩理（Richard Henle）、能方济（Franz Nies）二人在山东曹州府钜野县张家庄为大刀会所杀。十二日（11月6日），德皇威廉二世从报纸上看到消息后，未等德国驻华公使的报告，亲自下令外交部开始行动，准备军事占领。十三日（11月7日），德皇与俄皇互通电报，尼古拉二世表示"既不能赞成也不能不赞成你派遣德国舰队到胶州去"；威廉二世即令德国远东舰队进占。[2]二十日，德国远东舰队占领胶州湾，夺占青岛炮台，清军未加抵抗而后退。[3]在德国占领胶州湾的过程中，俄国曾一度表示反对，然未采取行动，而提出了新的要求。（参见23·8）

康有为刚刚到达北京，恰遇胶州湾事件，他的此次上书即"外衅危迫宜及时发愤革旧图新呈"，康党将之命名为"上清帝第五书"。（以下简称"上清帝第五书"）其中"恐偏安不可得"之语，在上书中称：

---

〔1〕 当时德国考虑占领的地点有：厦门、澎湖列岛、三沙湾、舟山、胶州湾，德皇派出海军建筑顾问等人进行实地考察后，定为胶州湾。（"驻北京公使海靖男爵上帝国首相何伦洛熙公爵公文1897年5月5日"，《德国外交文件有关中国交涉史料选译》，第1卷，第131—134页）

〔2〕 "威廉二世谕外部电1897年11月6日（光绪二十三年十月十二日）"，"帝国首相何伦洛熙奏威廉二世电1897年11月6日"，"威廉二世谕帝国首相何伦洛熙电1897年11月7日"，《德国外交文件有关中国交涉史料选译》，第1卷，第144—147页。此次由德皇威廉二世直接下令，德国驻清朝公使海靖正在旅行，外交大臣正在罗马。

〔3〕 驻守胶州湾的清朝登州镇总兵章高元当日两电山东巡抚李秉衡："今早德兵突然上岸，元以向奉公文接待保护，未便擅阻。讵德兵登岸后，立即分据各隘，送来照会逼令退军并砍断电线各情，已密派妥弁赴胶电禀去后。该提督又逼退军，刻难缓待，各山口要地均已挖沟架炮，密密布置。元亲往面见该提督，剀陈未奉本国公文碍难擅离，反复争辩，伊坚执不允，并声称下午三点钟率队进营各等情。元欲战，恐开兵端，欲退，恐干职守，再四思维，暂将队伍拔出青岛附近青岛山后四方村一带，扼要据守。元仍驻青岛立候示遵行。"二十日早德国棠（棣）提督率领德兵纷纷上岸，分布各山头，送来照会内开：胶州湾一地，限三点钟将驻防兵勇全行退出女姑口、崂山以外，只允带火枪一车，其余军火炮位，概不准带，以四十八点钟退清为限，过此即当敌军办理。现在砍断电线，意在挟威霸据。此事变起仓卒，我军兵单，又未奉到本国公文，究应如何办理？望速核示遵行。"（青岛市博物馆、中国第一历史档案馆、青岛市社会科学研究所：《德国侵占胶州湾史料选编1897—1898》，山东人民出版社，1987年，第245—246页）

"职恐自尔之后，皇上与诸臣，虽欲苟安旦夕，歌舞湖山而不可得，且恐皇上与诸臣，求为长安布衣而不可得矣。"

在上书中，康有为提出了其政治改革的方案：

"伏愿皇上因胶警之变，下发愤之诏，先罪己以励人心，次明耻以激士气。集群材咨问以广圣听，求天下上书以通下情，明定国是，与海内更始。自兹国事付国会议行，纡尊降贵，延见臣庶，尽革旧俗，一意维新，大召天下才俊，议筹款变法之方。采择万国律例，定宪法公私之分。大校天下官吏贤否，其疲老不才者，皆令冠带退休。分遣亲王大臣及俊才出洋，其未游历外国者，不得当官任政。统算地产人工，以筹岁计豫算。察万国得失，以求进步改良，罢去旧例，以济时宜。大借洋款，以举庶政……"

康还提出上、中、下三策：上策为"择法俄、日，以定国是"；中策为"大集群才而谋变政"；下策为"听任疆臣各自变法"。"凡此三策，能行其上，则可以强，能行其中，则犹可以弱，仅行其下，则不至于尽亡，惟皇上择而行之。"[1]该上书大约写于十月底十一月初，十一月初即交工部。

康有为"上清帝第五书"，当时亦有流传。刘光第在十一月初四日致刘举臣的私信中称：

"前月刑部主事吴某（荫生，提督吴长庆之子，号燕甫）递一条

----

[1] "上清帝第五书"最初于是年十二月由上海大同译书局石印，后发表于《知新报》第44册（光绪二十四年二月初一日出版），见《康有为政论集》，上册，第201—210页。康在上书中称"职尚有《日本变政考》，专明日本变政之次第，若承垂采，当写进呈"。又，黄彰健称："今传康上光绪第五书忽然说：'自兹国事付国会议行，定宪法公私之分'，这对光绪来说，未免太突兀。康在第五书向光绪献三策……这两句话也放不进他建议的三策内。这两句话可能是刊行时增入的。"（《康有为戊戌奏稿辨伪并论今传康戊戌以前各次上书是否与当时递呈原件内容相合》，《戊戌变法史研究》，第597页）孔祥吉反对此说，引其所发现的第三书及康为陈其璋代拟"外衅危迫善全邦交折"，为"议郎"、"议院"为证。（《乙未丁酉间康有为变法条陈考略》，《戊戌维新运动新探》，第31—33页）我同意孔祥吉意见，但仍需说明的是，当时康对"议会"、"宪法"的认识，与西方、日本"议会"、"宪法"的概念有着很大的差别。从发表日期看，康增此二语，似无必要。

陈，乞堂官代奏，不过谏止办庆典之事，而各堂官变色伸舌，以为语有违碍，断不敢代奏。吴君遂具呈，力请开缺还家。（兄有愧此人多矣）数日来，工部主事南海康有为亦作有条呈欲递，但不知彼部堂官曾肯与代奏否？（其意痛发'兼弱攻昧、取乱侮亡'八字）"[1]

"兼弱攻昧、取乱侮亡"语出《尚书·商书·仲虺之诰》，其意是兼并弱小的诸侯国，攻击昧知的诸侯国，夺取乱政的诸侯国，轻侮将亡的诸侯国。"上清帝第五书"确实提到了"兼弱攻昧，取乱侮亡"，并称：

> "吾既自居于弱昧，安能禁人之兼攻？吾既日即于乱亡，安能怨人之取侮？不知病所，而方药杂投，不知变症，而旧方犹守，其加危笃，固也。"

刘光第在十一月初即看到了康的"上清帝第五书"，并为工部堂官能否为其代奏而担心。刘看到此折，有可能是通过其同乡杨锐。[2]

松溎（1833—1907），伊尔根觉罗氏，字寿泉，满洲镶蓝旗人。"淞"为康有为笔误。咸丰十年翻译进士。曾任驻藏大臣，回京后任刑、吏、工等部堂官。他是光绪帝的满文老师。光绪二十三年七月，由刑部尚书调工部尚书。后任西安将军、荆州将军等职。

康有为"上清帝第五书"，工部并未为其代奏。梁启超称该上书后由总理衙门代奏：

> （第五书）"书上工部，工都（部）大臣恶其伉直，不为代奏……正月初三日，遂命王大臣以宾礼延康有为于总署，询问天下大计、变法之宜，并令如有所见，及有著述论政治者，可由总署进呈，于是其书卒得达。皇上览之，肃然动容，指篇中'求为长安布

---

〔1〕 刘光第致刘庆堂，光绪二十三年十一月初四日，《刘光第集》，第276页。刘光第在其信附记中还称："再，前信月初已作好，所以迟迟不发者，以待探听德国消息之故。"

〔2〕 杨锐致汪康年信称："长素条陈，透切时弊，昨因高理臣给谏奏请派其出洋入万国弭兵会，亦近事之差强人意者。"（光绪二十三年十一月二十六日，《汪康年师友书札》，第3册，第2408页）而刘光第此时正与杨锐密谋调张之洞入京主持朝政。（参见拙文《戊戌年徐桐荐张之洞及杨锐、刘光第之密谋》，《中华文史论丛》，2007年第4期）

衣而不可得'，及'不忍见煤山前事'等语，而语军机大臣曰：'非忠奸（肝）义胆、不顾死生之人，安敢以此直言陈于朕前乎？'叹息者久之。康之此书以去年十一月上于工部，至今年正月始得达御览。"[1]

然梁氏的这一说法，并不能得到档案的证明，查军机处《随手档》、《早事档》，皆无总理衙门代奏此书的记录。[2]

曾刚甫，名习经（1867—1926），字刚父、刚甫，广东揭阳人，早年入广雅书院，师从梁鼎芬。光绪十五年举人，十六年进士，以主事分发户部。后任度支部左丞等职。有诗名。徐寿蘅，即徐树铭。康称约曾习经同去都察院投呈"上清帝第五书"，都御史徐树铭同意代奏，但康未述都察院是否为其代奏。查军机处《随手档》、《早事档》，也无都察院代奏此上书的记录。

康有为的"上清帝第五书"，后乃自我刊行。[3]

高理臣，名燮曾（1839—1917），号理臣，湖北孝感人。咸丰八年举人，同治十三年进士，入翰林院，散馆后授编修。光绪十六年任河南道监察御史，十八年为掌江西道监察御史，二十一年为吏科给事中、巡视西城，二十二年为兵科掌印给事中，巡视北城。后任内阁侍读学士、顺天府丞、山西提学使、山西大学总教习等职。

---

〔1〕 梁启超：《戊戌政变记》续四库本，第205页。
〔2〕 孔祥吉称：梁启超的"这些记载与历史事实不符"。（《戊戌维新运动新探》，第86页）黄彰健称："《光绪朝夷务始末》稿本不仅保存康第六书未删改前语句，而且有戊戌二月'十五日总署代递工部主事康有为条陈折'此一记事。此即记第五书的进呈"，"今由《夷务始末》稿本，知第五书确由总署代递。""该折的递上显未依章奏递呈正常程序，而系由翁同龢面递。"（《论〈杰士上书汇录〉所载康有为上光绪第六书、第七书曾经光绪改易，并论康上光绪第五书确由总署递上》，台北：《故宫学术季刊》，第9卷，第1期）为此，我查看了《光绪朝筹办夷务始末》稿本，确有"总署代递工部主事康有为条陈折十五日"一条，但我以为，该稿本错误颇多，这一条有可能是误记。
〔3〕 "上清帝第五书"首次发表于光绪二十三年十二月上海大同译书局《南海先生五上书记》，后刊《湘报》第十六与十八号（光绪二十四年三月初三日、初五日），谭嗣同撰《跋》，称："适从友人处得见其草之半，亟登报首……其半续获，当遂联书。"（见《康有为政论集》，上册，第210页；《谭嗣同全集》增订本，第421页）

康称"又草三疏，交杨叔峤分交王幼遐、高理臣上之"一事，分别考察于下。

杨锐时为内阁候补中书，后迁候补侍读，并无直接上奏权，其上书须经内阁代奏。而查军机处《随手档》、《早事档》，不见内阁为杨锐代奏之记录。

查军机处《随手档》，光绪二十三年十一月十九日，掌山西道监察御史王鹏运上折，反对德国修建胶济路。[1]但从该折内容上，我还看不出是否由康有为代草。十二月十九日，王鹏运上有一折一片。正折为"胶州不可借德宜密结英、日以图抵制折"，称言：

> "中国环海万里，金瓯无缺。从前割香港，近日割台湾，已令广东、福建藩篱尽撤，然犹在边疆也。今则入我堂奥，据我腹心矣。况一国开端，各国必持利益均沾之说，争相效尤。德可借胶，英难保不借吴淞、借定海，法难保不借琼州、借南宁。而俄踞旅顺，倭占威海，皆为已成之局……至于联英一事，臣早夙夜图维，近复风闻日本陆军大佐宇都宫往汉口见张之洞，自言奉彼国密旨，为我联英拒德，确有把握，或助战，或排解。英亦无多甚奢望，不过购船雇将、借伊股债等事，即可力助。日本亦并不索谢，且言中国朝震，日本夕亡，非但为中，亦且自为。现在鄂守候，急欲我派员讬为游历，到彼政府商议等语。此事想张之洞必已电陈。臣愚以为事

[1] 该折称："窃惟德人要挟多端，久无成议，传闻所索六条，中多窒碍难行，而其最狠毒者，莫如包揽山东铁路一事。近日风闻上海新译德国报有云：'由烟台修铁路达济南，西出豫直，以兵力挟中国出钱速办，并责用我之煤及物料，仍勒令中国作苦工，为我仆隶，我坐享权利。铁路所至，及我占地所及，中国是我之外府，是我之工头，如英有印度，各国瓜分时，我即占先著云。'此报由洋字译出，确系真情，彼族肺肝显然。如见铁路若成，东起海滨，西通直豫，则中原之腹心溃矣，内逼畿辅，外遏江淮，则南北之咽喉断矣……且德人既揽办山东铁路，各国必相率竞起，不特法之铁路可由南关接出桂林、英之铁路可由缅边接通滇蜀，兼恐十八行省内地皆将遍施轨道……中国无险可恃，无地可守，瓦解之形立见，瓜分之祸即成……合无仰恳饬下总署王、大臣，将山东铁路一节，竭力辩驳，勿遽允行，即使彼意甚坚，亦可以他项利益相易，万勿自开此局，致令各国效尤，迫我于尽。"(《德国侵占胶州湾史料选编1897—1898》，第284—285页)

至今日，即无出而为将伯之助者，亦应独立峻拒，况有此机，尤不可失。何也？日本与我同洲，固有唇亡齿寒之惧。近者俄、德、法三国联盟，即非朋谋中国，而与英为难，则确乎不易。英未尝不欲出而稍挫其锋，特我不干之，彼无所藉手耳。且今日即不联英，将来德事议定，英亦必有所要索，与其与于事定之后，于我无益而有损，何如与于临事之际，于我尚得失惟均。可否一面饬下翁同龢、张荫桓此时暂与德使故为往复，藉延时日；一面饬下张之洞速拣干员密往东洋与彼商定，但使英人慨许相助……我虽密结英盟，仍一面坚求俄助，如彼能许我，则英制其南，俄制其北，事固甚佳，否则彼亦何颜责我。波兰素倚俄国为政，卒为俄人所灭。土耳其介居英、俄之中，有英法之援，俄人至今不能吞并……"

附片为"结倭联英并缓偿倭款片"，称言：

"此时结倭联英，止可由外派员潜往，或借采办洋铜为名，前赴东洋，事成固善，不成亦不致声张，致涉痕迹。日本来使指言欲派人游历，往伊政府定议，即此意也。又明年三月即届归还偿款之期，可否并与婉商，中日既经联盟拒德，必将速修战备，将偿款一万万两缓期再还。彼既欲我合力捍御外侮，当可通融……"[1]

该折片中提到了联英、日策，提到了波兰与土耳其的事例，提到了缓偿日本赔款，皆是康当时的主张；其一厢情愿缺乏国际知识的外交方式，也与当时康的思想逻辑相接近。（参见23·9、23·10）联系光绪二十一年王鹏运与康有为的关系（参见21·1、21·16、21·17），我以为，该折片很可能是由康有为起草的。

查军机处《随手档》，光绪二十三年十月二十七日，兵科掌印给事中高燮曾上奏"德人踞胶不宜允许折"，该折称：

"为今之计，惟有坚持定见，始终不将胶澳让给德人，一面饬令总理各国事务衙门诘问该国公使，一面电饬使臣许景澄诘问该国

---

〔1〕《德国侵占胶州湾史料选编1897—1898》，第315—317页。又，张之洞与日方的联络以及准备派人去日之事，参见23·9。

外部大臣。如彼以德国教士在山东地面被窃盗戕害为词……如彼以俄人去冬泊船胶澳为词……如彼推诿该国水师提督置之不理，则是有意背盟，当明白宣布各国，示以衅端不自我开，或仿效西法，公请西洋一小国评论曲直。总之，我无一语以胶澳让给德人，在我者理直，诸国无从归曲，不至蜂起相争……"[1]

从此折内容来看，还不能确定由康代拟，尽管其中"公请西洋一小国评论曲直"一语，与康有为当时的思想相接近。[2]十一月十九日，高又上有一折两片，其正折为"请密与德国订立盟约以定大计折"，已从档案中检出。从内容来看，与康此期的思想似不完全相符，我将在后节集中叙述。（参见23·5）其附片一为"李秉衡不宜终于废弃片"，也看不出由康起草的痕迹。[3]其附片二为"请令康有为相机入西洋弭兵会片"，与翁同龢、康有为大有关系，我也将在后节详细述之。（参见23·5）

李苾园，名端棻（1833—1907），字信臣、苾园，贵州贵筑（今贵阳）人。同治二年进士，入翰林院，散馆后授编修。光绪十五年，为广东乡试正考官，选中梁启超，并以堂妹李惠仙妻之。后任内阁学士、刑部侍郎，二十三年任仓场侍郎，二十四年"罢免礼部六堂官"后，任礼部尚书。（参见24·66）他与梁启超关系密切，在戊戌变法期间是康党的重要成员。戊戌政变后，被放逐。

诒谷，即贻谷（1856—1927），乌雅氏，原名吉昌，字蔼人，满洲镶黄旗人。"诒"为康有为笔误。光绪元年举人，以主事分发兵部，后晋为员外郎。十八年进士，入翰林院，散馆后授编修。时任国子监司业。戊

〔1〕 转引自黄彰健《戊戌变法史研究》，第 61 页；原折藏于台北故宫博物院文献馆《军机处档》142597。
〔2〕 黄彰健认为该折由康代拟。参见《戊戌变法史研究》，第 62 页。
〔3〕 该片称："臣闻德人有请罢斥升任山东抚臣李秉衡之议。李秉衡旋即告病开缺，此与掩耳盗铃无异。皇上之所以抚御区夏者，黜陟大柄，操之自己而已，若一切听外人指麾，何以为国？……李秉衡清忠孤介，恐枢臣视为不足爱惜之人，不复顾全国体，复庇而护持之，惟恃皇太后、皇上耳。若竟任其病免，李秉衡原无觖望，如太阿倒持，何且德人之为此议，特以玩弄中国，非真与李秉衡有深憾宿怨也……"（《德国侵占胶州湾史料选编 1897—1898》，第 284 页）

戌政变后，上奏要求立即处死关押人犯以防外人干涉，慈禧太后即杀"六君子"。（参见24·89）贻谷后任侍讲学士、兵部侍郎、绥远城将军等职。

康又称李端棻"欲联九卿上折"，似有夸张。按当时的官场习惯，不同衙门的堂官不应联衔出奏，除非是这些衙门的共同管理的事务，更何况他们皆有上奏权。[1]康又称"李公交司业诒谷上之"，贻谷是李的门人[2]，贻谷作为国子监司业，有上奏权，然查军机处《随手档》、《早事档》，皆无贻谷的上奏记录。

（23·5）既谒常熟，投以书告归。与李合肥言巴西事，许办之，惟须巴西使来求乃可行。是时将冰河，于十八日决归，行李已上车矣，常熟来留行。翌日，给事中高燮曾奏荐，请召见并加卿衔出洋。常熟在上前力称之，奉旨交总理衙门议。许应骙阻之于恭邸，常熟再持之，恭邸乃谓"待臣等见之乃奏闻"。奉旨令王大臣问话。

据手稿本，"既谒常熟"旁原添"常熟谬烘"四字，后又删去；"高燮曾奏荐"之"奏"字为添加；"请召见并加卿衔出洋"一语为添加，"并"字后删添加的"出洋"二字；"力称之"之"力"字为添加；"恭邸乃谓"后删添加的"主事"及"官□"；"待臣等见之"后删"察看"二字。

"李合肥"，即李鸿章。康有为有意于巴西招工一事，详见23·3，此处称为此而见李鸿章，然未称其相见的方式。前引康的晚期门人蒋贵麟于1984年发表一文称：

"……其时港澳商人咸乐往，已得数十万矣。何穗田为通商计，欲请准于外部，而苦于无识外部者。时李相鸿章主外部事，康

---

[1] 光绪二十一年五月初十日，光绪帝颁下明发上谕："本日侍郎会章、委散秩大臣信恪、翰林院侍读学士准良联衔陈奏事件，该侍郎等虽例得奏事，惟并非同官，即使意见相同，应亦各抒己见，单衔具奏，何得率行联衔，殊属非是。会章、信恪、准良均著交部议处。"（军机处《洋务档》，光绪二十一年五月初十日）

[2] 光绪十八年贻谷中进士，李即为会试副总裁。陈夔龙记，光绪二十四年八月初他去李寓探视，"时李公门人贻司业谷亦在坐"。（《梦蕉亭杂记》，第14页）陈建议李端棻尽早从政治上退身，贻谷也赞成，两人关系很近。（参见24·98）

氏乃赴京都得礼部侍郎于式枚之介，而请于李相鸿章，李相对巴西通商事，深表赞同，惟须俟巴西使臣来求乃可。"[1]

中介即为于式枚。于式枚（1853—1916），字晦若，广西贺县人，光绪六年（1880）进士，入翰林院。散馆后以兵部主事用。李鸿章调其至北洋，为其文案。他是李鸿章的主要幕僚之一，随李十余年，奏稿多出其手。曾随李鸿章参加马关谈判和出使欧美等国。光绪二十二年授礼部主事，此时任礼部员外郎[2]，未久迁御史。于式枚后任邮传部、礼部、吏部、学部侍郎，修订法律大臣等职。其任礼部侍郎为光绪三十四年（1908）二月至五月。蒋贵麟此中稍有误。又，此时外务部尚未设立，李鸿章时任总理衙门大臣，即相当于蒋所称"外部"。

通过于式枚而结交李鸿章，是一条捷径。康有为在《我史》亦言及与于式枚光绪二十四年交往。（参见 24·26）。康《明夷阁诗集》中有《戊戌元旦朝贺，是日日食，上避正殿。散朝遇于晦若礼部，同游诸殿，口占》一首，诗云："记得曾携于晦若，中和殿上望西山。"[3]康于1915年作《祭吏部左侍郎于晦若文》，言及两人于光绪二十三四年的交往："丁酉戊戌，过泛密迩。相府抵掌，纵横大地。秘殿同朝，西山遥指……"[4]其中"相府"，即指李鸿章的住处。

康称李鸿章"许办之，惟须巴西使来求乃可"，即同意巴西华工之事；此与光绪十八年李鸿章向清廷提出的办法相符合，也是光绪十九年薛福成、李鸿章、总理衙门所商定的与巴西新使谈判的方案。（参见 23·3）康此说可以确认。

"常熟"，即翁同龢。康称其谒见翁同龢并上书之事，翁日记未见记载，但从翁亲往康住处挽留，从情理分析，属应有其事。

---

[1] 蒋贵麟：《康南海先生轶事》，《追忆康有为》，第 196 页。

[2] 军机处《上谕档》光绪二十四年三月初四日记："会试同考官单内告假人员名单：内阁中书雷在夏、礼部员外郎于式枚。"

[3] 《遗稿·万木草堂诗集》，第 89 页。

[4] 《万木草堂遗稿外编》，下册，第 494 页。于式枚晚年曾给康有为一信，称："三十年患难旧交，何意今夕可得相见……"（同上书，第 894 页）

翁同龢挽留康有为，是康一生的大转折。孔祥吉查看《翁同龢日记》手稿本，有重要的发现：

"光绪二十三年十一月十八日日记，系重新改写的，其中有半页日记被剪去，而另外补贴了半页，有明显补贴痕迹。

"联系到翁氏后来重新抄缮这天日记的实情，翁氏此日的行踪可能是在朝见过光绪皇帝之后，并非像日记中所书'往总署发罗使电'，而是前往位于宣南的南海会馆去拜访康有为，进行恳谈。"[1]

再查该日《翁同龢日记》：

"早入，外折一，见起三刻……论胶事，上述慈谕：看照会稿甚屈，以责诸臣不能整饬，坐致此悔。臣愧悔无地，因陈各国合谋图我，德今日所允，后日即翻，此非口舌所能了也，词多愤激，同列讶之，余实不敢不倾吐也。散时尚早，小憩。出城，赴总署发罗使电……遣人告海靖，余等即往……"[2]

我以为，孔祥吉的判断是有道理的。我在此还可以补充一条证据，"出城"，指由内城出往外城，而总理衙门在东单东堂子胡同，翁若去总理衙门根本不需要"出城"。这一天翁同龢在军机处散值后"出城"，去了宣武门南的南海会馆，然后再回到东单总理衙门，继续处理公事。康有为《明夷阁诗集》中有《怀常熟去国》，其题记称：

"胶变，上书不达，思万木草堂学者，于十一月十九晚，束装决归。是日朝常熟力荐于上，凌晨来南海馆，吾卧未起，排闼入汗漫舫，留行，遂不获归。"

康有为称"凌晨"，可能是其晚睡晚起，且北方冬天天亮甚晚，当时的早朝又甚早，军机处在卯时（5—7时）散值亦为常有之事，翁也言明"散时尚早"；至于"十九"日，可能一时记忆错误，两年后，他在诗中又

〔1〕 孔祥吉、村田雄二郎：《〈翁文恭公日记〉稿本与刊本之比较——兼论翁同龢对日记的删改》，《历史研究》2004年第3期。

〔2〕 《翁同龢日记》，第6册，第3067—3068页。"罗使"，驻英公使罗丰禄。

称"十八日"。[1]然康称当日已定离京,恰翁同龢亲自来拜,高燮曾次日保举,此一时间关系,似为戏剧性。康诗题记称翁来时"吾卧未起"睡态,又与"行李已上车"场景,不相吻合。以《我史》的行文风格而论,对于这种过于戏剧性的场景,须慎重。光绪二十四年春,康因保国会被劾而准备离京时,《我史》中又有一幕戏剧性的一日之差。(参见 24·20)

翁同龢当日去见康有为原因为何?

据翁同龢日记及相关的史料,我以为,翁为与德胶州谈判一案遭非议而心情烦闷所致。

德国占领胶州湾后,光绪帝与慈禧太后决定:不与德国开战,进行外交谈判。十一月初三日,德国公使海靖提出与翁同龢、张荫桓进行谈判,光绪帝初四日批准,对德交涉由翁、张两人负责。

翁、张的对策是将教案与德国强占胶州湾分两案处理:对于教案,同意惩办官员、赔款、立碑,同意德国在山东有开办铁路、矿山的优先权,并用照会的方式而不用条约办理此事;对于强占胶州湾,要求德军撤出,同意将胶州湾开放为通商口岸,德国可于此设一小租界以作为储煤站,另可再租借一海岛。然翁情报不足,未谙德国外交之诡诈,未解海靖言词之闪烁;更兼德国最初并没有明确提出占据胶州湾的要求,翁以为德方很快会按其方案达成协议。[2]十一月十三日上朝时,光绪帝

〔1〕 《遗稿·万木草堂诗集》,第 90 页。光绪二十六年康有诗记此事,题为《丁酉以胶惊,上书不达,十一月十八日,束装归,行李皆登上车矣,常熟相国特来走留,不行。越日相国荐于上,遂有政变事。今国破君出,不知天意何如也》。(同上书,第 126—127 页)然两诗稍有文字差别,很可能皆是事后记忆而追记之。

〔2〕 德国一开始并没有提出占据胶州湾的要求,最初的六项要求为:一、山东巡抚撤职;二、赔造教堂;三、严惩祸首并赔偿一切损失;四、保证今后不发生此类事件;五、修建山东铁路,如中俄中东路;六、赔偿军费。(参见"德使海靖照会"及"回复"、"德使海靖与恭亲王等会谈节略",见《德国侵占胶州湾史料选编1897—1898》,第 138—142 页;台北中研院近代史研究所编:《胶澳专档》,1991 年,第 133—136 页)对于清朝提出先撤军再谈判赔偿的要求,帝国首相何伦洛熙于 1897 年 11 月 21 日(光绪二十三年十月二十七日)给威廉二世的呈文称:"中国政府要求撤退胶州作为开始谈判赔偿的先决条件,我欲以如下最温和的方式来拒绝这个无耻的要求:'我们对中国中央政府将公平处理我们的要求并不怀疑。但是,我们的经验已经教训了我们,中国中央政府不是总能强迫省当局执行这种命令。因此,我们宁愿自己监视执行这样的命令,所以暂时仍留在胶州。'……我们对我们的目的来说也就不必过早地——向他们摊牌。"(《德国外交文件有关中国交涉史料选译》,第 1 卷,第 177 页)

告诉翁，慈禧太后称其"办得甚好"。

总理衙门大臣李鸿章认为德国不可能撤出胶州，当德国刚占领时，便于十月二十二日与俄国代理公使巴布罗福商议，要求俄国帮助。十一月十五日李再与巴布罗福商议。[1]此时清朝虽未知俄国已决定占领旅顺、大连，但翁、张坚决反对俄国的介入。[2]（参见23·8）他们认为，其与德国的谈判即将结束，俄国的加入，势必引起法国的反应，更兼听闻英国有意占领大连，很可能引发各国联合对付中国。由此，翁、张决意尽快与德国办结定约，以免造成更大的被动。[3]十一月十七日，翁、张上报其准备与海靖结案的"照会稿"，即翁、张欲办结此案的最后

---

〔1〕 翁同龢十一月十五日日记称："樵野书来，云今日俄巴使到署，李相竟托代索胶澳，彼即应允发电，廖欲尼之，而许助李说，直情径行，且曰此事非一二人所能口舌争也。事在垂成，横生枝节，可叹可叹。"（《翁同龢日记》，第6册，第3066—3067页）巴布罗福1897年12月9日（十一月十六日）给俄国外交大臣穆拉维约夫（Mikhail N.Muravyov）电报称："此刻李鸿章在我处，补充说明：中国政府同意对所有六条都使德国满意，但以撤出胶州为条件。海靖答称不能答应，必须征求柏林的指示。"（张蓉初译：《红档杂志有关中国交涉史料选译》，生活·读书·新知三联书店，1957年，第120—121页）

〔2〕 翁同龢十一月十六日又记："见起四刻，论昨事，上曰遣奕劻即往告李鸿章，速寻巴使，云缓数日，俟续电，勿遽动。天语决断，非臣工所及……樵发许电二百十四字，详告原委，令转电杨告外部，中国不欲俄为华事与德失欢，若议不成再电告，此时勿调船云云，我二人名发之。樵又拟旨，谓已派某二人与海商办，此后如非该大臣之电，国家不承认云云……"（《翁同龢日记》，第6册，第3067页）"许"，许景澄。"杨使"，驻俄公使杨儒。然从上引巴布罗福电报来看，他未向穆拉维约夫要求派出军舰，代索胶州湾。翁、李有矛盾，翁此处似为反应过度。后俄国派军舰往旅顺、大连，与李鸿章的请求并无关系。（参见23·7）

〔3〕 参见《翁同龢日记》，第6册，第3058—3069页。军机处《洋务档》光绪二十三年十一月十五日记："谨将翁同龢、张荫桓昨日与海靖问答节略一件，恭呈御览。"《翁同龢、张荫桓往晤海靖问答分晰》称言："臣翁同龢、臣张荫桓，十四日往晤海靖，问其结案照会如何照复？海靖逐条声说，大致均与臣衙门照会尚无出入。惟偿恤被杀教士略有加增，第六条费用一节颇费磋磨，现渐就范，是此案已有收束……以上六款大致已具，教案即可结。臣等即促令胶澳退兵，伊竟欲久踞胶澳，另指一岛抵换，伊不能决，再三磋磨，允将登岸之兵全撤下船。臣等仍令全船退出口外，作为教案了结之据。伊沉思良久云，此事须请示国君。臣等告以：今既和商到此，用费即为罢论，伊亦肯首。惟借岛之事，伊最著意，恐须此事商妥方能大定。此六款大略办理已妥之情形也……"（《德国侵占胶州湾史料选编1897—1898》，第167—168页，原件无日期，据《洋务档》当为十一月十五日）

条款。〔1〕翁并不知道，胶州一案并不可能由此了结。〔2〕

然而，到十一月十八日上朝时，光绪帝却告诉他，慈禧太后"看照会稿甚屈"。翁受此刺激，也不知此案如何办理下去；于是，便不顾礼仪，"词多愤激，同列讶之"，散值后去了宣南的南海会馆，见了康有为。而他此时去见康有为，有可能是看了康有为"上清帝第五书"或康所称的联英、日以拒德的建议书。

次日，十一月十九日，兵科掌印给事中高燮曾上奏一折两片（参见23·4），其正折为"请密与德国订立盟约以定大计折"：

"窃维德舰占胶澳以来，二十余日矣，大臣与德使议，迄未得要领。意者俯首乞怜之情多，而因势利导之计少乎？臣谓今日之事，不独不必遽言战，亦不必复言和。夫失好而后言和，我与德国二十余年之邦交如旧也。山东近有教案，其端甚细，我国办理迅速，且有他国成例在，了此案原自不难，岂遂得谓失好哉。则德舰之来，何为乎？欲与我订大计耳。德自普法战后，中立欧洲，陆军

<hr />

〔1〕 军机处《洋务档》光绪二十三年十一月十七日记："连日与德使讲论情形，业将拟致德使教案照会一件，钞呈御览。此件尚未据该使照复，如无变化，可否即照此互换，先将教案了结之处，伏候圣裁。"总理衙门的奏片及所拟照会，见《德国侵占胶州湾史料选编1897—1898》，第169—172页。

〔2〕 德国公使海靖于1897年12月4日（光绪二十三年十一月十一日）发电外交部称："83号电报中所提的两位中国大员（指翁同龢、张荫桓）昨日又来使馆公开声明中国准备接受66号、73号、86号电报中所指的要求。关于确定赔偿德国支出费用一点仍保留处理，在这方面这两位中国大员恳求我们考虑中国财政的窘状。至于73号电报上提到的要求，他们希望科伦的华尔公司自行选筑一条要造的铁路……他们问起我们是否一切要求履行后即行撤退占领。当我闪烁地回答时，大员宣称：中国完全没有抵抗能力；届时如我们继续占领，其他列强必将乘机仿效，这样，中国势有灭亡的危险。因此他们在恳求绝对保密下建议我们根据友谊的谅解撤退胶州，而在华南另取一个海港。我只敷衍地回答，同时促请他们注意，德国在华北占领一个强大的地位将也对中国有利。"海靖12月7日发电外交部称，当天他向翁同龢、张荫桓提议，当宣布教案结束并放弃德国关于军费的要求，中国"将把胶州移交给亨利亲王殿下"，而翁等表示愿宣布胶州为一个通商口岸，"我们将在该处得到一个居留地及铁路建筑权，此外，并在华南割让给我们另一个港口。""我们必须先撤出胶州。"（《德国外交文件有关中国交涉史料选译》，第1卷，第187—188、190—191页）

颇称精练。顾常内念法与彼国为不解之仇，且日尔曼列国联盟亦难持久，非洲、美洲局势粗定，故欲经营东方。如中国有可乘之隙，彼即以此举为瓜分之基；如中国有自立之谟，彼何难易虑为全交之策。其意不仅在教案也。臣愚伏愿皇上决意振兴，力祛偷安积弊始，自皇上一身，以及百官，兢兢业业，日夜为救亡计。其目难遍以疏举，最要则在皇上立志而已，志立而国定矣。有此规模，乃可论外交。拟请饬令总理各国事务王大臣通筹天下大局，与德使言：勿但图目前要挟之便，而不顾久远无穷之利；勿但知中国用兵之艰，而不顾彼国用兵之害。既得要领，大计不需时而决，何事事俯首下心，数数会晤？为中国自马关议款财殚力竭，万国知之。然虽不可以战，苟迫而出于不能已，中国地广人众，但坚持定见，胜负之数，正未可料。兵连日久，深仇之法必起而乘其后；师兴赋重，联盟之国必涣而不可收，此皆彼此无庸隐讳者。何如密订盟约，两国推诚布公，患难相恤，利益相资，有秕政则互相规，有善政则互相劝。今日两国本未失好，割地、偿费两端均不必提及，惟择其与德国大有利益，而与中国无损伤者畀之，言明此系两国大计，与教案无涉，嗣后，永敦辑睦，俾世世子孙长守无忘。俄、德之交密而欧洲太平之局定，中德之交密而天下太平之局定，想德国君臣必深悉其中利害之实，然而不鄙弃我也。然非皇上立志厉精，奋然率作，则远人将不信之。徒以口舌争，何益之有？"[1]

这一道奏折内容很散漫，称德国军舰之来，是与清朝"订大计"，正可乘机说服而结成盟国。此说虽为荒谬，但该折的主旨即尽快与德结约的思想，却与翁同龢相近。从内容来看，此折虽非由翁策划；但对因对德谈判而受到指责的翁，却是一种安慰。高燮曾的附片二是保举康有为参加"弭兵会"，称言：

"臣闻西洋有弭兵会，聚集之所，在瑞士国。其大旨以排纷解难、修好息民为务，各国王公大臣及文士著有声望者，皆准入会，

〔1〕《军机处录副·帝国主义侵略类·租借割地项》，3/167/9257/21。

如两国因事争论，未经开战之先，可请会中人公断调处，立意甚善。臣见工部主事康有为学问淹长，才气豪迈，熟谙西法，具有肝胆，若令相机入弭兵会中，遇事维持，于将来中外交涉为难处，不无裨益，可否特予召对，观其所长，饬令总理各国事务衙门厚给资斧，以游历为名，照会各国使臣，用示郑重。[现]在时事艰难，所谓请自隗始者，不必待其自荐也。"〔1〕

高燮曾提出了：一、光绪帝召见；二、总理衙门"厚给资斧"，并照会各国；三、康有为的正式名义是"游历使"。"隗"指郭隗，战国时燕人，"请自隗始"典出于《史记》卷三四《燕召公世家》录郭隗语："王必欲致士，先从隗始"。〔2〕高燮曾以康有为比郭隗，其用意是让光绪帝高度重视。"游历使"为光绪十三年清朝所派访问各国的官员。〔3〕光绪帝没有完全听从高燮曾的提议，当日发下给总理衙门的交片谕旨：

> "本日给事中高燮曾奏请令康有为相机入西洋弭兵会等语，军机大臣面奉谕旨：'总理各国事务衙门酌核办理。钦此。'相应传知贵衙门钦遵可也。"〔4〕

同日翁同龢日记称："高御史燮曾保康有为入瑞典弭兵会，交总署酌核办理。"孔祥吉等人认为，高燮曾的这一附片，是翁同龢、康有为密谋的结果，也有可能是康有为买折。〔5〕梁启超又称，高燮曾之折，

---

〔1〕《军机处录副·光绪朝·内政类·戊戌变法项》，3/108/5617/59。

〔2〕《史记》，中华书局，1958年，第5册，第1558页。

〔3〕参见王晓秋、杨纪国：《晚清中国人走向世界的一次创举：1887年海外游历使研究》，辽宁师范大学出版社，2004年。

〔4〕军机处《上谕档》，光绪二十三年十一月十九日。

〔5〕孔祥吉：《康有为变法奏议研究》，第168—172页；孔祥吉、村田雄二郎：《〈翁文恭公日记〉稿本与刊本之比较——兼论翁同龢对日记的删改》，《历史研究》2004年第3期。又，马忠文认为，康、高之间有交易，翁对此似也是知情的。（《高燮曾疏荐康有为原因探析：兼论戊戌维新前后康、梁政治贿赂策略与活动》，〔哈尔滨〕《学术交流》，1998年第1期）我再补一条史料，不知是否与此有关。张元济于光绪二十三年三月二十五日致汪康年信中称："保全局一条，必同志有多金者，有居高位者，然后可图。多金者或有之，居高位者必无其人也，则难行。若仅赂要人，使同志能办事者速得大权，则无不可。"（《汪康年师友书札》，第2册，第1687—1688页）

杨锐大有作用。[1]然我以为，除了翁同龢、杨锐的作用外，康似又直接活动于高。康、高两人之交，可能始于光绪二十一年[2]；康此时又称其曾为高拟折（参见23·4），两人已有交往。以下再补充两点证据：

一、就高燮曾的知识结构而言，"弭兵会"、"瑞士国"对其十分遥远；而康有为《上清帝第五书》，明确提到了"弭兵会"：

"……但各国兵机已动，会议已纷，宜急派才望重臣，文学辩士，分游各国，结其议员，自开新报之馆，入其弭兵之会，散布议论，耸动美英。职以为用此对付，或可缓兵……"[3]

高燮曾称康有为"熟谙西法"，他的"弭兵会"消息，很有可能就是从康处得到的。

而康有为的消息又从何处而来？

在当时中国，最早提到"弭兵会"者，很可能是《万国公报》。该刊光绪十八年十二月发表《弭兵会记》，称言：

"查数十年前，有某某著名教士见各国整军经武，惟日孜孜，因设法创立一弭兵会，遍劝各国若君若大臣遇有与他国违言之处，宜先请局外之国剖决是非，不必遽以兵戈从事……查此会之兴，始于英之教士，今则不但为英国私会，且成为万国弭兵会。会中人每年定期会议一次，共商弭兵善策。计第一次会于法国巴黎都城，第二次会于英国伦敦都城，均未有达官赴会。去年第三次会于意大利国之罗马都城，竟有十七国之大僚先后来会，于是

---

[1] 梁启超在《杨锐传》中称："丁酉冬，胶变起，康先生至京师上书，君乃日与谋，极称之于给事高君燮曾，高君之疏荐康先生，君之力也。"（《戊戌政变记》续四库本，第259页）而杨锐于光绪二十三年十一月二十六日给汪康年信中称："长素条陈，透切时弊，昨因高理臣给谏奏请派其出洋入万国弭兵会，亦近事之差强人意者。"（《汪康年师友书札》，第3册，第2408页）由此可见其中的联系。

[2] 康有为《万木草堂诗集》中有《为徐计甫编修写扇，兼呈高理臣给谏燮曾、王幼霞侍御鹏运》，从诗中看不出具体的写作时间，但从编排中可以看出是光绪二十一年康进呈《上清帝第三书》之际。（《遗稿·万木草堂诗集》，第62页）

[3] 《康有为政论集》，上册，第207页。

更成为万国官弭兵会……今年之会，订期本月，共聚于瑞士国，其预筹共商者，计有十二事。一、推广本会，曰欧洲一统太平会……"〔1〕

此文发表于甲午战前，似未有大的影响。《万国公报》光绪二十二年正月又刊文《地球弭兵会续纪》。该文称法、德因普法战争割二省，势同水火。"罗礼西门者，法之名臣也。年已八旬，优游林下，而眷怀时局，未之或忘顷者。亦著一论曰：……鄙意不若举二省全境，各视为欧脱之地，而别立一局外之小国……"该文然后提到了这位法国政治家的建议：

　　　"今已届西历一千八百九十四年矣，再阅六年，即为一千九百年第十九周结束之期，我法国巴黎京都，将设万国赛珍大会……鄙意莫若乘此会期，遍集各国君相，共订息兵条约……"〔2〕

而其原先所介绍的弭兵会，却已无下文。《万国公报》光绪二十二年二月，刊出了两篇文章《地球弭兵会议》上、《地球弭兵会议》下。前一文强调了弭兵的意义及弭兵会之用意；后一文强调了弭兵会对中国的意义，文中提到"前上大会时，歆动十七国之君及大臣"，似仍为第三次弭兵会。〔3〕以上四篇文章，广学会编《中东战纪本末》时收录为卷一，由

───────────────

〔1〕　该文作者自称"记时光绪十有八年闰六月即西历一千八百九十二年八月海上铸铁生"，"铸铁生"，蔡尔康。《万国公报》，第48号，华文书局影印本，第21册，第13340—13343页。该文称第三次会议成就颇大："按，是年有疑难大事四端，几致失和者八国。一、南美之巴西国与银国争边地，将兴兵矣，两国乃遵弭兵会之议，公请美国之君剖断。一、法国与和兰国互争南美洲之属地，亦遵弭兵会之议，公请俄皇剖断。一、葡萄牙国与英国互争阿非利加洲滨海之地，则请瑞士国之深于学问明于公法而又著名公正之律师三人，秉公剖断。一、英、美两国民人在卑令海峡捕鱼，亦几成不解之仇，英乃亦遵弭兵会之议，请坎拿笃地方之议院人员及某书院大山长，美则请本国二山长，各付以全权，俟四人所议若何，即作为定论。凡此四事，皆在去年，皆几出于战而卒免于战，是即弭兵会之明效大验也。"文中的这些细节，我还不能确认，但让人读起来，觉得该会真能起作用。

〔2〕　《万国公报》，第61号，华文书局影印本，第22册，第14202—14204页。该文作者列"林乐知译，铸铁生稿"可能排版有误。作者在文末称："鄙人亦有私意，以为于亚洲亦大相关，容俟下卷刊印，以质深知亚洲时局者。"

〔3〕　前一文作者为铸铁生作，林乐知述，后一文作者为缕馨仙史，即蔡尔康。《万国公报》，第62号，华文书局影印本，第22册，第14243—14249页。

此而流传甚广。李提摩太于光绪二十二年三月在《万国公报》上发表《新政策》，其中"安民之法"中提及：

> "二曰万国太平会（亦曰弭兵会），有国有家者，各为其私人之情也，一二国家之私交，自必以威权相压，若附诸众大国之公论，则惟情与礼可以服人，如西国维也纳之约是已。中国应相助各国，维持大局，共保太平，始得与于公会公法之列。"〔1〕

康有为是《万国公报》的读者（参见21·13、21·19），有可能因之而获知。康有为弟子王觉任于《知新报》第19册（光绪二十三年四月二十一日出版）发表《论列国息争之理》，文中称："世之通士，心知此义者众矣。故东方则有太平会焉，西土则有弭兵会焉。虽然，心则有余，术犹未至。英美，海内之雄国也，今季始订条约，将共恪守，化争为让，转祸为福……"〔2〕其中提到"弭兵会"，乃语焉不详。

与康、梁甚有关系的天津《国闻报》，于十二月初五日（即高燮曾上奏后的半个月）以"中国拟联泰西弭兵之会"为题，刊出消息，称言：

---

〔1〕《万国公报》，第87号，华文书局影印本，第25册，第15935—15946页。又，《万国公报》光绪二十三年七月刊出一则消息《重议弭兵》，言美英之间的弭兵之事。该文称："弭兵为千古美谈，即为五洲美德。美国素不闻他州事，其朝野上下，又不以穷兵黩武相夸。其于英国也，则更视为父母之邦，不忍过相拂逆。欧洲厌兵革久矣，合英美而首倡弭兵，实今日至当不易之定理。乃弭兵之议不起于美，而起于英，美院之绅，不主于允，而主于驳，天下令人不可捉摸之异事，孰过于斯？（今春公报及《中东战记续编》皆已详哉言之矣）然而美人之指摘院绅者十居其八，美主之钦崇英议者，再至于三也。今接美报，知民主麦金丽虽重违上议院绅之驳议而雅，不欲任英廷之德意，自美而隳，因思就原议各条之本旨，于词气间改头换面，重写一通，凡美人所不说之原文淘汰净尽，然后邮寄英廷，请再平心核议。吾知英廷因无要无不可，而美议院亦不能再驳。异日者，英美苟有违言，必将照约而行，不致有同室操戈之祸矣。"（《万国公报》，第103号，华文书局影印本，第27册，第17099页）其中的"民主"即为总统。

〔2〕《知新报》影印本，第1册，第146页。王觉任后又作《寝兵说》，刊于《知新报》第27册（光绪二十三年七月十一日出版），称："……于是群议息兵，纠为公会，交涉之道，约之公法，强勿躏弱，众勿暴寡。衅之兆也，公断于局外之国。法、荷属地之龃、英、美捕鱼之衅，以此释纷。"（同上书，第267—268页）其中"法、荷属地之龃、英、美捕鱼之衅"，乃是《万国公报》第48号介绍的"法国与和兰国互争南美洲之属地"、"英、美两国民人在卑令海峡捕鱼"之事，然此中细节，仍是语焉不详。

"自欧美诸国文治日进，又经俄土、普法、南北花旗数大战之后，各国讲求水陆军政不遗余力，而又以兵力愈厚则战端之起愈难，以其不幸而一战，则伤人必多。故泰西进化家乃有万国弭兵会之议。本年西历八、九月间，奥斯马加该会员已传檄至东亚洲诸国，约同入会。顷本馆接京友来函，高理臣给谏本此意以建言，于前月某日具折陈奏，请中国简派通知泰西诸国时事之人，赴欧洲联络各国同入此会，并密保工部主事南海康有为足膺此任，并闻总理衙门已奉旨议行。至其详细情形，容再探明登告。"

文中的"本馆"很可能是夏曾佑等人，"京友"即是康、梁及其党人，"奥斯马加"为奥地利之旧译，而"西历八、九月间"，康有为正在上海。"上清帝第五书"称"分游各国，结其议员，开新报之馆"，又称"入其弭兵之会，散布议论"，似属非正式、半官方的活动，属非正式的国际会议。高燮曾附片称"西洋有弭兵会，聚集之所，在瑞士国"，"两国因事争论，未经开战之先，可请会中人公断调处"，虽属有误（当时国际社会尚无此类权限之组织），又与《万国公报》所刊《弭兵会记》所叙内容相接近。由此推测，康有为可能在上海等处听到了一些弭兵会的消息，到北京后以其个人理解告诉高燮曾，高又错解康意，将当时人的设想错认为是已存在的事实。总理衙门收到交片谕旨，整整三个月后才复奏，对派康有为参加"弭兵会"一事予以否决：

"臣等查原奏所称，西洋弭兵会立意虽善，然当两国争论，将至开战，会中即有弭兵之论，并无弭兵之权。近日土希之战，不能先事弭兵，是其明证。该给事中所请令工部主事康有为相机入会一节，应毋庸议。"[1]

负责外交的总理衙门很可能也不知"弭兵会"为何物，复奏中左顾右

---

〔1〕《杰士上书汇录》卷一，《康有为早期遗稿述评》，第 263 页；《康有为全集》，第 4 集，第 11 页。此中的"土耳之战"，当为 1897 年（光绪二十三年）4 至 5 月土耳其与希腊的战争，事为克里特岛而起，希军大败，在欧洲列强调停下，12 月签订伊斯坦布尔条约。

盼，言语均不着实地。张之洞后来作《劝学篇》，其外编第十四篇即为《非弭兵》，谓：

> "今世智计之士，睹时势之日棘，慨战守之无策，于是创议入西国弭兵会，以冀保东方太平之局。……奥国之立弭兵会有年矣，始则俄攻土耳其，未几而德攻阿洲，未几而英攻埃及，未几而英攻西藏，未几而法攻马达加斯加，未几而西班牙攻古巴，未几而土耳其攻希腊，未闻奥会中有起而为鲁连子者也……"

《劝学篇》多为非康所作，其《非弭兵》亦是针对康的，其称"弭兵会"也设立在奥地利。看来张之洞及其幕僚重点是驳斥康论，也不清楚当时国际此类活动的情况。[1]

顺带地说一句，国际上召开第一次"保和会"，恰于一年之后，光绪二十四年七月由俄国沙皇尼古拉二世正式提议并发出邀请，二十五年在荷兰海牙召开，共有 26 国参加，清朝派驻俄公使杨儒为代表参加。[2]

二、张之洞的主要幕僚梁鼎芬《康有为事实》称：

> "康有为好捏造谕旨。上年胶事初起，康有为创言愿入外国弭兵会，以保海口，其事已极可笑，康有为竟发电至粤至湘至沪，云已奉旨加五品卿衔前往西洋各国入弭兵会。闻者骇异，其实并无此事。"[3]

其中提到了康有为"加五品卿衔"。而叶德辉、郑孝胥、张元济对此又有

---

[1] 《张文襄公全集》，第 4 册，第 590 页。作者当为张之洞手下的洋务幕僚。"鲁连子"，鲁仲连。戊戌政变后，张之洞命梁鼎芬等人将《劝学篇》中刺康言论专门摘出发表。(明光整理，陈庆年：《戊戌己亥见闻录》光绪二十四年九月初二日，《近代史资料》总 81 期，中国社会科学出版社，1992 年，第 122 页) 后以《读南皮张制军〈劝学篇〉书后》为题，刊登于九月二十六日《申报》，称言："《非弭兵篇》云：'今有创议入西国弭兵会，以冀保东方太平之局者，此尤无聊而召侮者也。' 此诋康有为去年欲诓骗金钱，即衔妄议游历外洋，入弭兵会之笑柄也。"(《丛刊·戊戌变法》，第 3 册，第 362 页)

[2] 参见唐启华：《清末民初中国对"海牙保和会"之参与 1899 —1917》，〔台北〕《政治大学历史学报》第 23 期，2005 年 5 月。

[3] 《日本外交文书》，第 31 卷，第 1 分册，第 732 页。

相同的说法。[1] 由此可见，梁鼎芬之说非为诳语。高燮曾附片、光绪帝交片谕旨，均无"加五品卿衔"出洋之事，康为何有"加五品卿衔"之语？我以为，此中似有一种可能：即高燮曾附片是康本人或其党人起草的，原写有"加五品卿衔"一语，以能与当时清朝驻外公使地位大体相当[2]，康由此也可跳过司官一级，直接由京卿候补；而高燮曾出奏时删去此语，康不知此中内情，当听说光绪帝交下总理衙门复议时，误认为此事已成，故有此发电之举。

许应骙（1830—1903），字筠庵，广东番禺人。道光三十年进士，入翰林院。光绪四年以少詹事升内阁学士，五年迁兵部左侍郎，此后在户部、吏部、仓场侍郎上迁转。二十一年为左都御史，二十二年调工部尚书，二十三年二月为总理衙门大臣，七月改礼部尚书。戊戌变法时被罢免（参见 24·58），戊戌政变后任闽浙总督。

许应骙是康有为的同乡，对康有恶感。康称"许应骙阻之于恭邸"，我没有读到可靠的史料以作证明，但从许后来奏折可知，他不会赞成此事。（参见 24·4、24·29）康又称："常熟再持之，恭邸乃谓'待臣等见之乃奏闻'，奉旨令王大臣问话"等语，则有曲笔。从文字上看，这一段

---

〔1〕 叶德辉在一信中称："朝传一电报曰，康有为赏五品卿衔，游历各国，主持弭兵会……电至时务学堂也，同年友汪诵年编修为余言之，余笑曰：'此康谣耳，不足信。'数日往询其弟子梁启超，则言之忸怩。梁固笃信康教，终身不欲背其师，而亦不能为其师讳。"（《翼教丛编》，第 165 页）此中可知，"五品卿衔"一事传出，是康电告湖南时务学堂梁启超。郑孝胥光绪二十四年正月初六日记称："谢筠亭、李一琴来。一琴初归自湖南……又闻康长素已赏卿衔，命出洋游历，且充弭兵会员。"（《郑孝胥日记》，第 2 册，第 639 页。一琴，李维格，字峰琴，又作一琴，《时务报》西文翻译，湖南时务学堂西文教习）由湘回沪的李维格，将"加卿衔"一事告郑孝胥。总理衙门章京张元济光绪二十四年正月致函汪康年称："康先生并无赏五品卿衔之说，弭兵会亦已罢论。惟高位者，颇能为所歆动耳。"（《汪康年师友书札》，第 2 册，第 1723 页）此为对汪康年询问的答复，汪可能在上海听到消息后去询问。该信无日期，似写于正月初六日之后，即总理衙门大臣约见康有为之后，看来张元济已得到消息，康弭兵会差使将作罢。信中所称高位者，似为翁同龢、张荫桓。
〔2〕 如当时驻英公使罗丰禄为赏二品顶戴四品卿衔候补道，驻法公使庆常为赏二品衔以五品京堂候补，驻德公使吕海寰为四品京堂候补，驻美公使伍廷芳为二品衔候补道赏四品卿衔……康有为此时的官衔为工部候补主事（正六品）。

话的意思是，翁同龢与恭亲王在御前发生了争论，翁主张光绪帝召见康，恭亲王称由其先见后再上奏，于是光绪帝旨命恭亲王等传康有为问话。查总理衙门于光绪二十四年二月十九日的复奏中称："惟既据该给事中奏称，该员学问淹长，熟谙西法，臣等当经传令到署面询……"[1] 按照当时的官规，若真有奉旨问话之事，须在奏折中予以说明。康称总理衙门奉旨问话，是其张扬。当然，康能到总理衙门应对问话，似也有翁同龢、张荫桓的暗箱操作。总理衙门各大臣与康有为谈话之事，参见24·1。

（23·6）御史杨漪川深秀博学高节，来谈，欲相奏荐，草稿有"大才槃槃，孤忠耿耿"之语，力辞之。

> 据手稿本，此段全为添加，补在页眉上；"力辞之"后删"为草请联英日折。又为御史陈其璋上请联英日折。又为张仲炘草请战折。又上书常熟请联英拒德，略言矣"一段。

杨深秀（1849—1898），本名毓秀，字漪邨，山西闻喜人。同治初年以举人报捐刑部员外郎。光绪八年，张之洞抚晋，以杨为会德堂书院院长。十五年中进士，分发刑部。二十三年冬，迁山东道监察御史。戊戌政变后被处死，是"戊戌六君子"之一。[2]

杨深秀很可能于此时方与康有为交，但很快成为康党最重要的成员。康为杨代草了许多重要的奏折。（参见23·10、24·17、24·18、24·28、24·29、24·53、24·69、24·78）"大才槃槃"，指大的才干。[3]

---

〔1〕《杰士上书汇录》卷一，《康有为早期遗稿述评》，第263页；《康有为全集》，第4集，第11页。

〔2〕参见孔祥吉：《杨深秀考论》，《戊戌维新运动新探》，第282—296页。

〔3〕"大才槃槃"一语似出于《世说新语·赏誉》刘孝标注《续晋阳秋》："……时人为一代盛誉者语曰：大才槃槃谢家安，江东独步王文度，盛德日新郗嘉宾……"（徐震堮：《世说新语校笺》，中华书局，1984年，上册，第265页）又，"孤忠耿耿"一语似出于黄中辅的《念奴娇》，意在寻觅干才。其词为："炎精中否，叹人材委靡，都无英物。胡马长驱三犯阙，谁作长城坚壁。万国奔腾，两宫幽陷，此恨何时雪。草庐三顾，岂无高卧贤杰。天意眷我中兴，吾皇神武，踵曾孙周发。河海封疆俱效顺，狂房何劳灰灭。翠羽南巡，叩阍无路，徒有冲冠发。孤忠耿耿，剑铓冷浸秋月。"

查军机处《随手档》，光绪二十三年十二月初八日，杨深秀上奏"时势艰危亟图要举谨贡刍议折"，对胶州湾危机提出三策：一、皇帝下罪己诏，以激烈人心；二、派大臣选西安或太原建立行宫，以备万一；三、"遣重望之使，布告各国以明曲直"，其第三项称言：

> "臣闻日本邮报有云：各国同处太平之时，乃有忽遣军舰霸占友邦土地者，殊非有教化之国所应出此，德国此番举动，我等正毋须畏怯也等语。又闻英国邮报有云：中国官场每不愿亲近西人，朝廷多听信其言，故只知疏远而不知敦睦等语。可见各国初不以德人为然，特我不向明告，遂无代持公论者耳。夫吕相绝秦，兼述楚人之怨，汉高责项，明正义帝之仇。义声充沛，勇气倍增。皇上诚发一介之使，内识时务、外具办才者，剖是非以修辞令，不数日而遍达泰西，俾皆晓然于我之秉义，彼之寻衅，将必有发不平之鸣，责之无礼之尤者，我即借兵借饷，皆可必应，此所以扬敌人之恶也。"[1]

杨深秀此折，基调是"能自立始能御侮，能自守始能议和"，内容与康有为此期思想相接近；派使出访各国，又与高燮曾提议派康参加"弭兵会"（参见23·5），似乎有一点联系。杨虽未指明人选，但"内识时务、外具办才"的条件，又似乎有所指。康称"欲相奏荐"，也可能即指此事。

值得注意的是，《我史》原稿本有"又为张仲炘草请战折"一句，后被删去，然此中透露出康、张关系。杨崇伊后亦奏称："张仲炘先与康逆交，后来乃疏。"[2]康删去的原因，很可能与张仲炘请诛杀六君子有关。（参见24·89）查军机处《随手档》，光绪二十四年正月二十五日，张仲炘上奏"请将海疆要地遍开商埠以保全局折"，其主旨是将德国、俄

---

〔1〕《德国侵占胶州湾史料选编1897—1898》，第304—306页。
〔2〕杨崇伊："廷臣交章自请罢斥折"，光绪二十五年五月初八日，《军机处录副·补遗·戊戌变法项》，3/168/9447/11。御史杨崇伊因举荐刘学询访日事被劾，上奏攻击高燮曾、张仲炘等人时作此语。

国、英国所索之地，开为通商口岸，让各国互相牵制。该折称言：

> "……臣之愚见，拟请乘未定之时，将胶州澳、大连湾、南宁、琼州、福宁、定海、三沙尾等处，照会各国，一律开埠设关，使凡有约者群沾利益，明立码头，以广各国之商务，实暗借商务以保中国之版图。"[1]

张仲炘这一思想与康有为是一致的（参见23·11、23·13），但该折是否由康所草，我还不能确定。又查军机处《随手档》，光绪二十四年二月初七日，张仲炘上奏"众敌环伺敬陈管见折"、"德使要挟不宜曲从折"两折。前折称，德、英、法、俄四国环伺，局势甚危，由此提出三策：

> "所有未开口岸，应请指添数处，如臣前折所陈者，一律开埠设关，至应办之铁路矿务，由中国自设公司，准各国附掺股分，各派董事，通力合作，匀分其利。"

> "借款为西人保国之一法……拟请分向英、德、美等国商家订借巨款数万万两，以示均平而敦睦谊。查西国借债从无与国担保之例，应径与银行商订，至抵押一层，关税业已无多，此外惟厘金为大宗……"

> "中俄联盟两年以来，西报纷纷议论，惶急殊常……为今之计，惟有速与英、美、日联盟，并与德、意、奥联盟，相待从同，各国之心自平，互相牵制，转为我用，而俄谋亦戢矣。"[2]

康有为此时有向美国借巨款的思想，并以矿山为抵押（参见24·11），亦有与英、日联盟的思想（参见23·10、23·11、24·6），孔祥吉认为，该折由康起草。[3]对此我是大体同意的。我以为，康的思想与张仲炘此折中所言，似稍有所差别，或由康起草后，张有所更改。张仲炘"德使要挟不宜曲从折"称言，华商修建津镇铁路，德使海靖胁迫用德国工料，请总理衙门不要曲从。[4]此折看不出与康有关。然以上

---

〔1〕《德国侵占胶州湾史料选编1897—1898》，第327—329页。
〔2〕《胶澳专档》，第253—255页。
〔3〕《康有为戊戌年变法奏议考订》，《戊戌维新运动新探》，第179—180页。
〔4〕《德国侵占胶州湾史料选编1897—1898》，第333—334页。

三折均非"请战"，再查军机处《早事档》、《随手档》，张仲炘此期并无请战之折。

（23·7）时欲续强学会之旧，先与乡人士开会曰粤学会，于十二月十三日在南海馆创办，京官集者二十余人。以各会馆皆为京官会集，欲因而导之，乃草疏交御史陈其璋上言，请将总署同文馆群书颁发各省会馆，以便各京官讲求，奉旨俞允。又与文中允焕、夏编修虎臣及旗人数辈创经济学会，已为定章程，呈庆邸，请庆邸主之，且为庆邸草序文。既而以欲删"会"字，议不合，事遂已。乃令丁叔雅佐寿百福成知耻会。

> 据手稿本，"京官"二字为添加；"二十余人"后删"欲籍□"三字；"以各会馆为"之"以"字为添加；"乃草疏交"四字为添加；"颁发各省会馆"由"交各会馆"改；"已为定章程"之"为"字为添加；"邸主之，且为庆邸草序文。既而以欲删'会'字，议不合，事遂已。乃令丁叔雅佐寿百福成知耻会"一段为添加，补在页眉上，由此可知，至少经济学会一节为后来添加。"京官"二字，诸刊本、抄本皆作"京友"。

"粤学会"的记录很少，除此之外，我尚未读到其他的记载。

陈其璋（1843—?），字云仲，浙江归安人。咸丰十一年拔贡生，朝考一等，以七品小京官分发吏部。同治十一年升主事，光绪十二年升员外郎，十三年升郎中。十七年授陕西道监察御史，二十一年掌广东道监察御史，二十四年任湖北宜昌知府。光绪二十三年至二十四年，康有为多次为其代拟奏折。（参见23·10、24·6、24·11）

康称"乃草疏交御史陈其璋上言"，查军机处《随手档》光绪二十四年正月二十九日，陈其璋上奏"请饬总署将已译印各书颁给各学各馆片"，称言：

> "欲人才之多所成就，则当广设学堂。虑学堂之难于遍开，则当广散图籍。况京师为人才荟萃之地，百僚即将来办事之人，尤宜扩充其识见心胸，储为大用。拟请旨饬下总署，将已经译印之各种图书，于京师八旗官学、各省会馆，各颁给一份。其未译者，速令

陆续译出；未印者，即速交官书局速印。每出一册，均行颁给一份。俾闲散各僚，分向各学、各馆就近披阅，互相切磋，以广见闻，以资造就。无形之益，所关至大。"〔1〕

光绪帝收到该片后，将同日陈其璋的其他折片一同下发到总理衙门：

"本日御史陈其璋奏德事将定后患宜防请外善邦交内修边备，并请饬总署将已译印之各种图书颁给各学各馆，暨阿尔泰金矿请饬总署妥议办理各折片，军机大臣面奉谕旨：'著总理各国事务王、大臣妥议具奏。'"〔2〕

次日，御史胡孚宸上奏"请将时务书颁行刊刻片"，因经济特科即将举行，"拟请饬下总理衙门会同礼部，议定程式，将目前时务切当之书及同文馆所收最要图籍，颁行各省府厅州县，或属各省书局刊刻流布。"〔3〕

二月初八日，宋伯鲁再上"请总署、官书局将时务书发翰林院片"，该片似由康有为起草，内容亦有相近之处。〔4〕

---

〔1〕《救亡图存的蓝图》，第 21—22 页；原片见《军机处录副·内政类·戊戌变法项》，3/108/5617/47。又，该片是其"德事将定后患宜防请外善邦交内修边备折"的附片，陈其璋之正折，见《救亡图存的蓝图》，第 16—20 页，原折见《军机处录副·光绪朝·宗教天文地理综合类·综合项》，3/151/7432/5。孔祥吉认为，该正折也是由康有为代拟的。

〔2〕军机处《洋务档》，光绪二十四年正月二十九日。同日，军机处将陈其璋各折片呈慈禧太后。

〔3〕《军机处录副·内政类·戊戌变法项》，3/108/5615/8，光绪二十四年正月三十日。由于陈其璋附片已奉旨令总理衙门议奏，胡孚宸附片奉旨"存"，并呈送慈禧太后。（见该日军机处《随手档》、《上谕档》）

〔4〕光绪二十四年二月初八日，御史宋伯鲁上奏"请设议政处折"（参见 24·45）；其附片为"请总署、官书局将时务书发翰林院片"，称言："近来翰林中亦颇有留心时务，或有人通艺学堂肄业者，而深闭固拒，习见自封，仍十居六七……拟请饬下总署及官书局，选择时务切要各图书，颁发翰林院以树风声，由清秘堂掌之，仍请明降谕旨，俾各员一律讲求，毋许仍前胶执，以期人才蔚起。其有愿入署究阅，或愿自行购读者，均听自便。每月钞呈送日记册于院长，院长第其高下而进退之。"（《救亡图存的蓝图》，第 28—29 页；原片见《军机处录副·内政类·戊戌变法项》，3/108/5617/49）孔祥吉认为该片由康起草，我是同意的。其中"每月钞呈送日记册"、"院长第其高下"，皆是康在万木草堂、梁在时务学堂的做法。该片奉旨"存"，并呈慈禧太后。（军机处《上谕档》，光绪二十四年二月初八日）

文焕（1857—?），字仲云，镶黄旗满洲人，荆州驻防。光绪六年进士，十一年由户部主事迁詹事府右中允，时任左中允。后官至安徽徽宁池太广道。

夏虎臣，名寅官，字虎臣，号浒岑，江苏江都人。光绪十六年进士，入翰林院，散馆后为编修。

庆邸，即庆亲王奕劻（1836—1918），爱新觉罗氏，乾隆帝第十七子永璘孙。光绪十年甲申之变时，出任总理衙门大臣，并封庆郡王。二十年封庆亲王。时任御前大臣、总理衙门大臣、颐和园工程大臣等职，深受慈禧太后信任。后任军机大臣、内阁总理大臣等职。

经济学会之事，除此条材料外，另见《湘报》第27号有一记录，称"京友来函，都中八旗士大夫设立经济学会，自亲王及各大臣以下皆入会，讲求实学，可以为天下风气。"[1]但不见后来的记载，似未设立。

丁叔雅，名惠康（1869—1909），号惺安，广东顺德人。丁日昌之子，与谭嗣同、陈三立、吴保初并称为清末"四大公子"。时任户部主事。

寿百福，名富（1865—1900），字伯弗，亦称伯富，号菊客，宗室，隶籍满洲镶蓝旗。宝廷之子。光绪十四年宗室举人，二十四年进士，入翰林院。曾参与北京强学书局之事。由浙江巡抚廖寿丰保举为"使才"，光绪帝于二十四年六月初二日召见，后由孙家鼐调充京师大学堂分教习，并派往日本考察教育。戊戌政变后闭门谢客。庚子事变时自杀。

---

〔1〕 光绪二十四年三月十六日出版，转引自汤志钧：《戊戌时期的学会和报刊》，第370页。时在长沙的皮锡瑞，于光绪二十四年三月十四日日记中称："韩澍园、叶仲元、欧云樵三人来，云康先生又有六上书，已达天听，书中有请开总报馆、经济学会之文，不知更有何语。"十五日又称："《湘报》载欧君语，云康工部六上书，已见之施行……又开孔教会，云康君共寿富为之。旗人信从恭邸，先入会……"（《师伏堂未刊日记》，《湖南历史资料》，1959年第1期，第82—83页）皮锡瑞所记多误，且将康上书内容弄混，但由此可知《湘报》消息来源于康有为学生韩文举、叶觉迈、欧榘甲。

寿富组织知耻会，约在光绪二十三年秋。[1]梁启超、寿富分别撰《知耻会序》、《知耻会后叙》，发表于二十三年九月初一日出版的《时务报》第40册上，以激烈人心。[2]可见该会成立之时，康尚未到达北京，康称"令丁叔雅佐寿百福成知耻会"，似有张扬之意。

（23·8）自十一月十二日，德人发炮据胶州，掳去提督章高元，朝廷托俄使言和，德使甚桀黠，翁常熟及张樵野日与议和，未就。

据手稿本，"章高元"前删"张"字。

章高元，字松岩、鼎臣，号迁子。安徽合肥人，淮军将领，刘铭传部先锋。此时以山东登莱青镇总兵驻守胶州。后任重庆镇总兵等职。

前节已叙，十月二十日，德国登陆胶州湾，清军章高元部后撤。（参见23·4）二十五日，章高元前往青岛炮台与德军交涉，表示不退兵而留守炮台，二十八日被德军软禁，但随身有戈什哈，可传消息。十一月初七日，清廷为避免冲突，命章高元部由胶州移驻烟台。初十日，德军迫章高元下船，离开青岛，十一日章到段村行营。此时德军兵锋已达胶州、即墨等处。康有为所记日期与情节稍有误。

在此之前，当俄国得知德国舰队拟于胶州湾过冬，于十月上旬由代理公使巴布罗福与总理衙门交涉，要求俄国于胶州湾有优先权。[3]德

---

〔1〕 参见汤志钧：《戊戌时期的学会和报刊》，第370—373页。

〔2〕 又见《丛刊·戊戌变法》，第4册，第453—458页。梁启超称："宗室寿伯福太史富，可谓满洲中最贤者矣。其天性厚，其学博，其识拔，爱国之心，盎晬于面。乙未秋冬间，余执役强学会，君与吴彦复翩然相过，始定交，彼此以大业相期许。其后君复有知耻学会之设，都人士感以为狂，莫或应也。"（《诗话》，《饮冰室合集》，第5册，文集之四十五〔上〕，第13页）由此可知，知耻学会并无太大的发展。

〔3〕 巴布罗福报告称："总理衙门的大臣们又一次对我确证说，中国政府坚决决定拒绝其他国家要求把胶州对其海军开放的任何企图，中国政府完全承认，这方面的优先权无论如何应属于我国。"（"驻北京巴夫洛夫致外交大臣穆拉维约夫的急件1897年11月1日"〔光绪二十三年十月初七日〕，《红档杂志有关中国交涉史料选译》，第85—88页）

国远东舰队开往胶州湾时，俄国外交大臣穆拉维约夫于十月十四日（11 月 8 日）要求俄国军舰前往，向德国宣示俄国在胶州湾有投锚优先权。[1]俄国代理公使巴布罗福向总理衙门通报了俄国舰队即将到来的消息，李鸿章提出，由俄国劝告德国撤出胶州。[2]然威廉二世对此表示坚决不让步的态度，认为俄国"会对绝对事实低头，决不会为胶州而与我们开战"；德国首相也向俄国大使递交了态度严厉的照会。[3]

---

[1] "外交大臣穆拉维约夫致函海军代理大臣 1897 年 11 月 8 日"（十月十四日），"外交大臣穆拉维约夫电驻德代办 1897 年 11 月 8 日、9 日"，《红档杂志有关中国交涉史料选译》，第 90—93 页。俄国驻柏林代办于 1897 年 11 月 10 日（十月十六日）向德国外交副大臣宣读以上两电。前电称："……同时我们太平洋方面海军提督已受令于德国舰队进入胶州湾时，也派部分俄国舰队到达该处，因为自 1895 年以来我们有投锚优先权。"后电称："我们相信中国政府的解释将足够使德国满意，而使派遣德舰队到胶州湾成为没有必要。但万一后者发生，则应该明了，我们的船只亦将进入该处……"穆拉维约夫还在圣彼得堡对德国代办称："即使该海港一旦让渡给外国，无论如何俄国也保证有优先权。"（"外交副大臣罗登汉男爵奏威廉二世电 1897 年 11 月 10 日"，《德国外交文件有关中国交涉史料选译》，第 1 卷，第 151—152 页）

[2] 俄国外交大臣穆拉维约夫 1897 年 11 月 8 日致电驻北京代理公使巴布罗福："根据您已用帝国政府名义给中国人的照会，在德国舰队真正侵入胶州时，我国也许必须派遣我国太平洋舰队若干船只所组成的队伍到此一海湾去。不言而喻，在此种情况下，我国船只不拟参加对中国的敌对行动，而只限于观察在港内所发生的一切。"巴布罗福于 11 月 16 日（十月二十二日）电告穆拉维约夫："昨天晚上很晚时分李鸿章来我处，将总理衙门才接到的由胶州附近中国军队统帅拍来的下列电报转交给我……李鸿章以中国政府名义恳切地乞求忠告，支援他们以便不使德军用强力占领港口。"（《红档杂志有关中国交涉史料选译》，第 92、102—103 页）又，光绪二十三年十月二十四日（11 月 18 日）下午三点，俄国代理公使巴布罗福来总理衙门，李鸿章、翁同龢、荣禄、敬信、许应骙、崇礼、廖寿恒相见，其《问答节略》记："巴云：前次所云，德国如有动静，本国要派船往胶州。现在本国由海参崴来电，已派太平洋水师提督带船赴胶去了。问以：此电何日发来？巴云：二十二日晚间发的……告以：我们两国如此相好，巴大人可发电外部，总要帮我们出力，水师到后如何办法，务给我们一信。巴云：水师到胶，不过从旁相机密看，大主意乃在本国。问以：德国不让你们进口如何？巴云：他寡不敌众，只有三只船；我们太平洋有十六只大船，他未必有此大胆不让进口。"（《德国侵占胶州湾史料选编 1897—1898》，第 134—136 页）

[3] "德皇威廉电谕外交部 1897 年 11 月 11 日"（十月十七日），"首相何伦洛熙奏威廉二世 1897 年 11 月 11 日"，《德国外交文件有关中国交涉史料选译》，第 1 卷，第 154—158 页。"驻柏林大使奥斯登·沙根致外交大臣穆拉维约夫电 1897 年 11 月 12 日"（十月十八日），《红档杂志有关中国交涉史料选译》，第 93—94 页。

至十月二十四日（11月18日），俄国开始变化，穆拉维约夫发电巴布罗福，说明俄国不再派出舰只前往胶州，李鸿章及其他总理衙门大臣闻此大感失望。[1]德国的行动不再受到任何具有实际意义的国际制约。

在短短几天内，俄国态度大变，是其兴趣转向了大连与旅顺。[2]十月二十九日（11月23日），穆拉维约夫上奏沙皇尼古拉二世：

> "德国不会从'已完成的事业'胶州撤走，远东局势变得愈发复杂化，这就需要俄国军舰常驻太平洋，而首要的是便于冬季停留的方便港。目前正是实现这些计划的恰当时机。建议俄国海军舰队着手占领辽东半岛的大连湾。"

沙皇批准了这一建议，并注"完全是正义的"。[3]十一月初九日（12月2日），清朝驻俄公使杨儒发电总理衙门：

> "外部称：德事愿效力，而难措词，或请中国指定海口，俾泊俄舰，示各国中俄联盟之证，俄较易藉口，德或稍敛迹。已电署使，仍嘱转陈。"[4]

俄国此举的名义竟是"中俄联盟"以扼制德国。初十日（12月3日），巴布罗福向总理衙门要求俄舰暂时停泊旅顺，李鸿章等人未识破其

---

[1] 巴布罗福给穆拉维约夫报告称："在两天以后，当我通知李鸿章，有关派遣我国船只去胶州一事业已改变的消息时，李鸿章本人及其他大臣都大为失望……我对他解释道，据阁下给我的电报看来，帝国政府无疑有肯定的根据认为，德国用武力占据胶州是不会长久的，并且此一海湾不久就会恢复正常秩序……"（《红档杂志有关中国交涉史料选译》，第112—113页）

[2] 1897年11月11日穆拉维约夫上奏沙皇，主张夺取大连。沙皇当日批示赞同，并命于14日召开御前会议。会议虽未立即通过对大连的占领，但于17日取消了派舰队前往胶州湾的命令。（《红档杂志有关中国交涉史料选译》，第180—186、103—104页）并可参见张丽：《维特远东外交政策研究·以对华政策为中心》，北京大学博士论文，2006年，第112—115页。

[3] 王奇摘译《外交部奏折》，第108页，转引自清华大学历史系编：《戊戌变法文献资料系日》，上海书店出版社，1998年，第412页。

[4] 《德国侵占胶州湾史料选编1897—1898》，第273页。杨儒对此也有怀疑，电报中亦称："叩以德果否因此就范，亦无把握。胶役俄事先知情，貌示交好，恐不足恃。"但杨儒也没有发现俄国真正目的是占领旅大。

谋。〔1〕十五日（12月8日），巴布罗福再次到总理衙门，要求俄舰暂时驻泊旅顺时由中国官员"妥为照料"，李鸿章等人仍将之当作对德国显示军事势力，表示同意；并再次要求俄国向德国施加压力，使德国撤出胶州湾。〔2〕此一行动引发了翁同龢极大不满。（参见23·5）十八日（12月11日），穆拉维约夫向驻德国、法国、英国、日本四国公使发电，要求向各驻在国通报，俄国舰队将"暂时驻在旅顺口"，"此事已得中国政府的同意"。〔3〕德国对此表示欢迎。〔4〕二十一日（12月14日），沙皇命令俄国舰队驶入旅顺。同日，俄国向清朝表示：此举是助华抗德，德国撤出后，俄舰也将撤出。二十二日（12月15日），俄国军舰驶入旅顺，当地驻军根据总理衙门电报予以"照

〔1〕 十一月初十日下午三点，巴布罗福来总理衙门，李鸿章、敬信、崇礼、许应骙相见，《会谈节略》记："……巴遂出外部电节略一纸请阅。中堂、大人阅毕，问以：如何相帮，亦未说明，却要中国好处，实在是不是讲交情了。巴云：并非不愿帮助，惟须许定俄兵船在何口岸上停泊方易为力，我们水师提督兵船到时，总须请贵国电饬地方官照应一切。答以：俟接到你们确信，我们即当电饬照料。巴云：北省所用德国及他国教习，必须一概撤退，换用俄员，方好帮助中国向德国理论。答以：你们只要能叫德国退出胶澳，我们自可不用德教习了。巴云：吉林及京都东北各铁路建造时，用俄人及俄款，并松花江行船二事，中国必先允准照办，才好说帮助的……"（《德国侵占胶州湾史料选编1897—1898》，第162—163页）由此可见，俄本不准备与德决裂，反乘机提出北方聘请俄国军事教习、松花江航行及中国北方铁路筑路权之权益。
〔2〕 十一月十五日下午二点半，巴布罗福来总理衙门，李鸿章、敬信、许应骙、廖寿恒相见，《问答节略》记："巴云：前日所谈各节，第一条已电报本国外部，以俄船到中国口岸先期知会，由中国地方官妥为照料。其余各条再行商量。问以：我们允这几条，你们即可叫德国退兵，有把握否？巴云：总可商办。问以：能办成固好，倘或不成，将如之何？巴云：我国与贵国诚心相好，大约此事能办得成；若是不成，总有不成的办法。答以：你们若办得成，我们即可答应这三样条款。巴云：这非我们格外多求，实系帮助中国……"（《德国侵占胶州湾史料选编1897—1898》，第166页）俄国完全在欺骗中国，李鸿章仍不识其用意。
〔3〕 《红档杂志有关中国交涉史料选译》，第121页。
〔4〕 "外交大臣布洛林致俄国驻德国大使1897年12月17日"，《德国外交文件有关中国交涉史料选译》，第1卷，第198—200页。

料"。[1]尽管清朝已与俄国结盟,但俄国对清朝的外交,完全施以欺骗手段。[2]此期俄、德之间的交易,非为清朝所知,俄国真正目的,也非为清朝完全掌握。清朝驻俄国、德国的外交使节也没有能提供准确情报,他们对于内幕的了解,远远少于日本、英国、法国驻俄国与德国使节。康亦属不知内情之人,其言"朝廷托俄使言和",不十分准确。

翁同龢、张荫桓主持的谈判,完全落入德国的事先部署之中,即保持对胶州的占领下,就具体条件一次又一次地拖延谈判。[3]十一月二十三日(12月16日),海靖发电外交部称:

> "对我的肯定的声明,除了胶州外不能考虑其他海港。中国谈判代表答称:中国本来准备割让胶州给我们,但是英国公使前日在总理衙门提出,倘让胶州给我们,英国也要求取得一个海口,日本也曾作同样表示,且其他各国势将接踵而来。最后,大臣们表示准

---

[1] 李鸿章于十一月二十一日电北洋大臣王文韶:"顷据巴使来言:接本国电,闻英欲窥伺旅顺、大连湾,已调俄水师提督列吴诺福带铁舰三艘,由长崎往旅顺暂驻,约二十二晚、二十三晨必到。一杜英人窥伺,一催德退胶湾。到旅后,请令宋提督及船坞委员等照料一切。俄系实心亲密援护,绝无他意,并令兵丁勿上岸,求格外机密。谕军民勿稍惊疑等语。"(《李鸿章全集》,安徽教育出版社,2008年,第26册,电报六,第398页;以下简称《李鸿章全集》安徽教育版)可见巴布罗福所言,全是谎话。而驻守旅顺的宋庆部,一连四电总理衙门,说明已"加以优待"。(《德国侵占胶州湾史料选编1897—1898》,第287—290页)

[2] 光绪二十三年十二月初六日(1897年12月29日)下午三点,巴布罗福来总理衙门,李鸿章、翁同龢、崇礼、许应骙、敬信、张荫桓相见,《问答节略》记:"巴云:……然俄国实无久据旅顺、大连之意,贵衙门何以不相信。答以:并非不相信,有路透电新闻纸,许多谣言,总要贵国政府官明本意,并请巴大人来一照会,以释群疑……答以:还要帮助我们催德国退兵……巴云:如果德国久据,自能相劝。我看贵国自能想出法子与德国和平了结。本国政府来电云,德国本无占据中国地方之意,确知日本国、英国皆有此心。我看德国在胶州多住日子,或于中国有益,免得他国来占。答以:此话恐贵国外部疑惑错了。巴云:此后好话再不能相告了……"(《德国侵占胶州湾史料选编1897—1898》,第177—179页)

[3] 《翁同龢等往晤海靖问答节略》光绪二十三年十一月二十二日(1897年12月15日)、《翁同龢等与德使海靖晤谈问答节略》光绪二十三年十一月三十日(12月23日)、《翁同龢等往德使馆晤谈节略》光绪二十三年十二月初九日(1898年1月1日)、《翁同龢等往德使馆晤谈摘要》光绪二十三年十二月初十日(1月2日),《德国侵占胶州湾史料选编1897—1898》,第174—176、184—186页。在此之前的谈判可参见23·5。

备让我们既无任何期限规定，也无书面割让名义地占领胶州。"[1]
十二月初五日（12 月 28 日），海靖在会谈中称，俄已占旅顺，不会反对
德占胶州湾，翁同龢始悟德、俄已有勾结。初六日，海靖照会总理衙
门，要求租借胶州湾 99 年。十二日（1898 年 1 月 4 日），恭亲王、翁同
龢、张荫桓在总理衙门会见海靖，接受德国的条件。当日总理衙门照会
海靖称："现在贵大臣既允山东教案一概了结，所有另案商办各节应由本
衙门与贵大臣迅速商办"。租借胶州湾一事，即以"另案"的名义进
行"商办"。十三日，总理衙门照会海靖，对德国提出的租借要求作出回
答。[2]二十三日，总理衙门上奏"曹州教案办结胶澳划界议租折"，光
绪帝朱批"依议"。[3]二十六日，总理衙门将该折咨会北洋大臣、南洋
大臣与山东巡抚。[4]此后的谈判，只是一些细节。至光绪二十四年二月
十四日（1898 年 3 月 6 日），李鸿章、翁同龢与海靖签订了《胶澳租借条
约》。康称"德使甚桀黠，翁常熟及张樵野日与议和，未就"，非为准
确；翁、张与海靖进行一个多月的谈判后，已在绝望中被迫就范。

以上关于德、俄两国强占胶州、旅大的情况，虽非《我史》此处强
调之重点，然康在后面多次提及，并以此为前提推导出许多结论，故多
加介绍。

（23·9）日人参谋本部神尾、宇都宫来，觅鄂督张之洞请助，联英

〔1〕《德国外交文件有关中国交涉史料选译》，第 1 卷，第 200—201 页。
〔2〕《德使海靖与恭亲王商谈节略》光绪二十三年十二月十二日，《德国侵占胶州湾史料
选编 1897—1898》，第 188—189 页；"总理衙门照会德使海靖"，光绪二十三年十二
月十二日；"总理衙门照会德使海靖"，光绪二十三年十二月十三日，《胶澳专档》，
第 151—155 页。
〔3〕《胶澳专档》，第 161—164 页。该折称："退还胶澳，臣等仅恃笔舌与争，苦无却敌之
策"；又称："周边以一百里为限，按岁输纳租钱"，"核租以九十九年为限"。总理衙
门与海靖往复照会（光绪二十三年十二月二十二日至二十三日），总理衙门发驻德公
使许景澄、南洋大臣刘坤一、北洋大臣王文韶、山东巡抚张汝梅电报（十二月二十
四日），见《德国侵占胶州湾史料选编 1897—1898》，第 192—200 页。
〔4〕《胶澳专档》，第 259、423 页。光绪二十四年正月初三日，总理衙门又将与海靖屡次
来往照会咨北洋大臣、南洋大臣、山东巡抚。（同上书，第 424 页）

拒德。时经割台后，未知日情，朝士亦多猜疑日本，恭邸更主倚俄，乃却日本之请。吾走告常熟，明日本之可信，且与日使议，请将偿款再摊十年，并减息。日使矢野君极有意，而吾政府终不信是议。

据手稿本，"吾走告常熟"之"走"字为添加；"且与日使议"为添加，并删原先之"议"字；"并减息"三字由"而"字改；"吾政府"后删"无是意"；"不信是议"后，删行中添加的"又与翁、张言，请联英，咸必□不及"十三字。

神尾，即神尾光臣（1855—1927），1874 年入日军陆军教导团，1882 年以陆军中尉、参谋本部官员身份来华，长达 4 年。1892 年再以陆军少佐任驻华使馆武官。甲午战争前回国，任第 2 军情报主任而参战。战后再任公使馆附，1897 年（光绪二十三年）回国，任陆军联队长。此时以特别使命来华。神尾光臣后来担任关东守备军参谋长、中国驻屯军司令官、青岛守备军司令官等职，授陆军大将，封男爵。

宇都宫，即宇都宫太郎（1861—1922），1882 年入日本陆军士官学校，1885 年授陆军少尉。1888 年入陆军大学校，1890 年毕业后入参谋本部。1893 年以陆军大尉、参谋本部官员驻印度。此时为日本陆军参谋本部三部部员，与川上操六次长有交往。宇都宫太郎后来任陆军师团长、朝鲜军司令官等职，授陆军大将。[1]

矢野文雄（1842—1930），又名龙溪，毕业于庆应义塾，后成为大隈重信的得力助手。1882 年任《邮电报知新闻》社长，后创建东洋议政会、立宪改进党。1897（光绪二十三年）至 1899 年为日本驻华公使。与中国官员士人多有交往。[2]

---

[1] 宇都宫太郎之子宇都宫德马对其父亲生平有详细叙说，称其长期抵制长州派军阀，主张大亚细亚主义等。（《我的家世与我》，任清玉等译：《宇都宫德马文集》，北京大学出版社，1991 年，第 1—16 页）

[2] 矢野文雄与中国官员士人交往中，也有人对其直抒胸怀。黄遵宪于光绪二十八年五月写信给在日本的梁启超云："二十世纪中国之政体，其必法英之君民共主乎。胸中蓄此十数年，而未尝一对人言。惟丁酉（光绪二十三年）之六月初六日，对矢野公使言之，矢野力加禁诫。尔后益缄口结舌。"（《黄遵宪全集》，上册，第 429 页）

光绪二十三年十一月，神尾光臣奉日本参谋本部次长川上操六中将之命来鄂，求见张之洞。张因不明神尾之用意，惧其妄事要挟，以查勘堤工为由，避而不见。神尾遂与汉口道等官员大谈中日同种同文同教，主张中国派员赴日观操，派学生赴日学习军事，并以此入手联交。张听闻此事后，表示了极大的兴趣，告两江总督刘坤一，并电请神尾再赴武昌面谈。[1]与此同时，宇都宫太郎再奉川上操六之命赴鄂与张之洞联络。他向张之洞再次提出了派员赴日学习军事，并提出了帮助清朝的三项办法。此时正值德国占领胶澳、英国舰队驶入长江之际，张之洞由此而倾心于联交日本、英国，十二月初十日电奏：

> "倭参谋部副将神尾光臣到鄂，洞出省未回，江汉关道及洋务委员见之，伊深谈倾吐。大略言，前年之战，彼此俱误，今日西洋白人日炽，中东日危。中东系同文同种同教之国，深愿与中国联络。此系其国陆军二等提督川上操六之意，命之前来，嘱转告洞等语。近日其参谋部员宇都宫太郎又来鄂见洞，致其提督川上操六之命，送日本地图及政治书各一部，语极殷切，意在两国联络。并言今日武备最要，嘱派人到彼入武备及各种学堂，地近费省，该国必优待切教等语。复密向委员谈倭已与英联盟，倭愿助中。助有三法：一用兵船，倭船足能敌俄、德现派来之船，但恐续到船多；一用口说劝解，但恐不听；一联英以助中。惟第三法尚易行等语。洞因其官阶较小，令电致神尾光臣，令速再来鄂，来时问明川上操六及其管陆军小松王主意。伊已发电矣。大抵倭见俄日强，德日横，法将踵起，英亦效尤，海口尽占，中国固危，倭四

<hr />

[1] 张之洞致刘坤一电称："倭将神尾来鄂，弟适出省，关道接见。伊谆谆以派员往倭观操及派学生往学武备为请，以为此联交入手处。"又发电上海道蔡钧，转苏杭宁波等处探投神尾光臣电称："贵国与敝国同种同教同文，同处亚洲，必宜交谊远过他国，方能联为一气。现在亟愿面商一切切实详细办法，但中国制度，督抚不能出所辖省分，而此等事非面谈不可。可否请台驾重来鄂省，俾得面罄敝国真意，是东方大关系事。不胜盼企之至。"（《张文襄公全集》，第3册，第716—717页）

面受强邻之逼，彼亦危矣。故今日急欲联英联中，以抗俄、德而图自保。彼既愿助我，落得用之。盖倭不能抗俄、德，英水师则能之，联倭者所以为联英之枢纽也。倭肯出力劝英与我联，则英不能非理要求，而我可藉英之援助矣。我不与倭联，则彼将附英以窥长江矣。倭人此举利害甚明，于我似甚有益，俟神尾来晤后，即详陈。”

“日本参谋宇都宫今晚又密告，伊来此，实系奉其内旨而来，密商联交之事，语尤切实，且劝我联英，力谏联英之利，不联英之害，颇有办法。察其语气，似英人阴谋，倭已全知。”[1]

由此可见，张之洞完全被日本工作所打动，已经从甲午战后主张联俄，改为联日、联英。[2]受张之洞的影响，湖南巡抚陈宝箴也有相同的提

---

[1] 《张文襄公全集》，第2册，第348页。当日张之洞还发电两江总督兼南洋大臣刘坤一、直隶总督兼北洋大臣王文韶：“今日宜兼联英、倭，方令德、俄稍有顾忌，且免英、倭忌羡，多树两敌，扰动长江以南。岘师电署力请联络英倭，极为切要，钦佩。本日已电奏，力陈此意。”（同上书，第3册，第717页）刘坤一之电，参见23·10。又，刘坤一于光绪二十三年十一月二十九日致总理衙门信称：“英、倭深忌德人夺其东方贸易之利，法则与德世仇。如德据胶澳不还，可否密联英、法与倭，各以兵轮截其海道，而我以聂、袁两军蹙之。德兵孤悬，接济俱断，不难击退。俄人与我素好，当不为之援耳。”（《胶澳专档》，第213页）刘坤一此时尚有战意。

[2] 甲午战后，张之洞于光绪二十一年闰五月二十七日上奏，主张与俄联盟：“今欲立约结援，自惟有俄国最便……查俄与中国乃二百余年盟聘邦邻，从未开衅，本与他国之屡次构兵者不同；且其举动阔大磊落，亦非西洋之比。即如同治庚午天津教堂之案，各国争哄，而俄国不与其事。伊犁之约，我国家将十八条全行驳改，而俄国慨然允从。此次为我索还辽地，虽自为东方大局计，而中国已实受其益，倭人凶锋藉此稍挫，较之他国袖手旁观、隐图商利相去远矣。正宜乘此力加联络，厚其交谊，与之订立密约，凡关系俄国之商务、界务，酌与通融。如俄国用兵于东方，水师则助其煤粮，其兵船可入我船坞修理；陆路则许其假道，供其资粮车马，一切视其所资于我者，量为协济。面与之约定，若中国有事，则俄须助我以兵，水师尤要，并与议定若何酬报之法。盖俄深忌英独擅东方之利，中俄相结则英势稍戢，俄必愿从……应请旨敕下王大臣密行筹议，并电出使大臣密速筹商妥办。”（《张文襄公全集》，第1册，第688页）张之洞这一奏折，策划了后来《中俄密约》之大体内容。刘坤一也有相应的奏折，要求“联俄拒倭”。（见《刘坤一遗集》，第2册，第875—876页）由此观之，张之洞等人办理外交，尚属感性用事，并无深入研究，且随时可能会发生变化。

议。[1]清廷收到张之洞电报后，于十二月十二日发出电旨：

> "奉旨：张之洞三电均悉。中日修好之后，本无不洽，若遽连
> 横，恐北方之患必起。倭将所请，断勿轻允。是为至要。"[2]

张之洞收到电旨后，于二十四日再次发电，表白其意：

> "文电谕旨恭悉，连横为患，诚为可虑，中国此时岂能遽以力
> 争，且各国作用虽殊，皆是乘机谋我，岂敢深信。所谓联者，不过
> 设法羁縻，免多树敌耳。所谓藉联倭以联英者，恐英要求太横，可
> 讬倭居间婉商，减其贪欲凶焰。倭实有唇齿之忧，深恐中危西强，
> 彼必不保，情词惶急。我若讬之，彼当肯助力劝解，非为我，乃自
> 为也。且彼力言不索酬谢，语甚坚明。可否由总署往晤日本公使，
> 察其意指，以备英人发难时居间排解之用，似乎有益无损。倭将有
> 所深谈，乃向委员密语，洞晤时但以冠冕语答之，丝毫未及他事，
> 断不致上劳宸廑。惟彼言深悔前年不应与中国战争，今愿我遣人赴
> 东入各种学堂云云，则甚嘉许之，谢其睦谊厚情耳。"

此中可见，张之洞虽表示遵旨办事，但对日本方面的言论是完全听了进
去。对张之洞再次来电，总理衙门于十二月二十九日回电：

> "胶澳之役，日本谓德为俄前驱，情词毕见。俄焰日炽，各国畏
> 忌，日、英尤切。其欲联我，无非藉我为屏蔽，无资于我也。既与
> 联，则必有密约，日、英政出议院，断难久秘。一经传播，中俄之
> 交绝，德、法乘之，其祸不可思议。俄地接壤，且有归辽之助，今
> 又联日、英而拒之，前后三年，矛盾若此，恐环球各国皆不直也。
> 忆壬辰、癸巳（光绪十八、十九年）之间，英国以帕米尔事密议相
> 联拒俄，我如其意，不遗余力，诋英自规利益，潜与俄盟，割什克

---

[1]　"湖南巡抚陈宝箴致总署电"光绪二十三年十一月二十七日，《德国侵占胶州湾史料
　　选编1897—1898》第292页。陈宝箴并没有与日本方面有任何交往，该电仅称神
　　尾、宇都宫与张之洞的联络，看来其消息来自于张之洞。该电还称："闻张之洞拟派
　　郑孝胥、乔树枬、姚锡光三员往日本游历，该员皆有血性，明大计，切实可靠，惟
　　望圣明迅赐饬行。若英真肯助我，但与日本共出调处，以兵舰厚力，胶湾必能排
　　解，尚可不出于战也。"此中可见陈宝箴与张之洞之间的政治配合。
[2]　军机处《电寄档》，光绪二十三年十二月十二日。

南、罗善两部落界俄，而订界约会不告我一言，约成而悉其诈。此联英之前车也。日本狃于辽役，民志日骄，其二三老臣尚以为惧，其于我诚有唇齿之势。马关约定，我亦大度处之，非如法、德仇怨之状。然中国受害之深，实缘日本。近以德事，各国环伺，机局危迫，东方太平之局几不可保。日、英求联，皆游士、兵官之言，该使从不稍露端倪。联之一事，甚不易言。各国风俗通、政教同，相联甚便，中外事事隔阂，难为密谋。只可遣使各国商保东方太平之局，则不联之联，不致激成东方战局。"〔1〕

从后来的事态发展来看，总理衙门的分析是正确的。当时日本正在朝鲜半岛与俄国对抗，英国正在全球与俄国对抗。李鸿章访俄时签订了共同对抗日本的《中俄密约》，使日本政界、军界欲拆散中俄同盟，由此一部分人主张"日中修好"，以抗俄国。然而，"日中修好"并没有成为日本的既定国策，日本公使从未就此事与总理衙门商议过，只是日本政、军、财界一部分人与两江总督刘坤一、湖广总督张之洞、上海道蔡钧等人有过交谈，即总理衙门电报中所说的"日、英求联，皆游士、兵官之言"。〔2〕此中的游士，还包括英国传教士李提摩太。（参见 21·19、24·78）张之洞仅就神尾、宇都宫等人之言，且未有任何具体承诺，即作联日、联英之战略决策。〔3〕以今日可见之材料而论，似为轻率。

李鸿章签订《中俄密约》后，与俄方人士有着较多的交往。恭亲

---

〔1〕 《张文襄公全集》，第 2 册，第 351—352 页。

〔2〕 相关的研究可参阅翟新：《东亚同文会与清末变法运动：以应对康梁派的活动为中心》，《近代以来日本民间涉外活动研究》，第 51—81 页。

〔3〕 光绪二十三年十二月初九日，正在上海铁路总公司的郑孝胥被张之洞急招至武昌。十六日，郑孝胥见张之洞，其在日记中称："至督署谒南皮，谈有顷。所言日本使人来劝联英拒德事。南皮欲余偕日人川上者赴日一行，而电奏尚未奉旨。余曰：'日人既有此意，胡不言之于总署？宜令彼公使自言，而我公助之，乃可尔。'南皮曰：'此事宜熟计。有日本小松王子所遣人于正月初六可到，子明日来吾署中，以便商酌此事。'余诺而退。"（《郑孝胥日记》，第 2 册，第 636 页）由此可见，张之洞热心于秘密外交而并不知外交形式，郑孝胥，曾任驻横滨领事，此时并无外交身份且无总理衙门授权，张竟然试图派郑去日本，以张之洞代表的身份，与日本商谈"联英拒德"。

王却非为"倚俄"一派。康称"恭邸更主倚俄,乃却日本之请",并不准确。

光绪二十二年十月,陈炽在《时务报》第 10 册发表《中日之战六国皆失算论》,认为日、英、德、法、美五国在甲午战争期间外交失策,致使俄国独大,反致不利;提出"为彼五国计,则宜蠲除宿忿,重订新交。中国贫,则助之以财,中国弱,则济之以力",即五国共助中国。[1]这是对《中俄密约》的重新反省。光绪二十三年正月,陈炽在《时务报》第 18 册发表《俄人国势酷类强秦论》,认为俄国在西方受阻于英法,向东扩展,东方局势危险,表现出拒俄的思想;文中提到英国与日本,希望由其阻挡俄势。[2]章太炎亦在同期《时务报》上发表《论亚洲宜自为唇齿》一文,提出"为今之计,既修内政,莫若外昵日本,以御俄罗斯"的外交策略。[3]五月,陈炽在《知新报》第 20 册上发表《美、德宜力保大局说》,主张美国与德国在国际事务上发挥作用,不要"坐视诸强国日肆并吞。"[4]六月,陈炽在《知新报》第 23 册上发表《英日宜竭力保中说》,称俄与法联,英与日联,英、日与俄、法在东方将有大战;主张英、日两国共同维持中国,以维护东方大局。[5]由此可见,在德国占领胶州湾之前,具有改革思想的重要人士已有联日、联英以拒俄的思想萌动。康有为与陈炽、章太炎甚有交往,其联英、联日的思想是否因之而产生,我尚未读到相关的史料;然陈炽认为英、日将与俄国对抗,"决不能不出于一战"的判断,康有为与之完全相同。(参见 23·10、23·13)康称"吾走告常熟,明日本之可信",翁同龢日记中未见相应记载。

康称与日本公使商议"请将偿款再摊十年,并减息"一事,事实正好相反。

---

〔1〕 赵树贵、曾丽雅编:《陈炽集》,中华书局,1997 年,第 309—312 页。
〔2〕 《陈炽集》,第 312—315 页。
〔3〕 汤志钧编:《章太炎政论选集》,中华书局,1977 年,上册,第 5—7 页。
〔4〕 《陈炽集》,第 317—320 页。
〔5〕 《陈炽集》,第 320—322 页。

《马关条约》第四款规定，赔款利息为百分之五（在当时国际属高利率），最长还款期限为七年，但中国若在条约批准后三年内将赔款付清，有相应的减息；第八款又规定，赔款未还清前，日军驻守威海。清朝由此决定在三年内付清赔款，为此两次向俄法、英德借款。至光绪二十三年，尚有余额银8700万两，临近三年之期（光绪二十四年四月），而清朝财政十分窘迫，只能再次借款。英、俄两国对此展开了激烈的争夺，向清朝施加了极大的压力。（参见 23·12、24·1、24·10）与此同时，总理衙门谋求日本能展缓赔款偿还期。

查张荫桓日记，光绪二十四年正月十二日记，"晚，赫德贻震东书，言已达日本使偿款缓六月。"十六日记，"日本展偿期之说不果，所谓欲与中国相联，诚虚语耳。日本使订明日到贤良寺，傅相函约同晤。"十七日记，"晨起诣傅相，少顷，日使来，言国用孔亟，偿款难展缓。告以展作廿年固未便，但展六月似无不可。日使言均已电商，未谐。告以我与尔系初谈此事，盍再为电达，日使诺之，而请仍电朗使告外部，余亦诺之。遂去。余赴署。饭后，日翻译来言，不必电朗使，此事万不行，顷又接外部电，明早再到贤良寺面谈云。傅相讶之，常熟亦甚急，证以朗使昨电，外部闻此信以为诧，则日使之电究不知如何设词耳。"十八日，"已正，诣贤良寺，日使已到，力言政府不能展缓偿期之故，而荐荷兰使代商借。"[1]此中可见，清朝要求赔款展限六个月，日本政府不同意。

查《翁同龢日记》，光绪二十四年正月初十日记，"申初乘车访赫德，樵野亦来，托其与日本稍缓归本之期，伊允明日往。"十三日记，"答日使矢野，本不见而马差误传，因见之长谈，力言偿期展缓，电商政府必尽力。"十七日记，赫德称"今日矢野来告偿款缓期不能许"。[2]此中可见，翁请赫德向日本提出请求，并亲自对矢野文雄说项，皆未成功。

查军机处《发电档》，光绪二十四年正月十二日，总理衙门发电驻日

---

[1] 王贵忱整理：《张荫桓戊戌日记手稿》，澳门尚志书社，1999年，第15、18—20页。"震东"，为清驻美公使梁诚，字震东；"朗使"，为清驻日本公使裕庚，字朗西；"傅相"，为李鸿章，"贤良寺"，当时李鸿章在北京的住处；"日使"，即矢野文雄。

[2] 《翁同龢日记》，第6册，第3088—3089、3091页。

公使裕庚："现与矢野筹议赔款未经交完者展缓年限分交，由彼详细电商日政府酌办。望于明日往外署托其尽办相助。"此即张荫桓在日记中所称，"仍电朗使告外部"。正月十八日，总理衙门再电裕庚："日本偿款，矢野述：政府不容展缓，设如期不交，两国商务大碍。与初意大左。是否被人怂恿？此中机局，望探明电闻。"[1]矢野不仅代表日本政府表示不同意赔款展限，且有"两国商务大碍"之威胁性的语言。由于英、俄两国正为贷款事向清朝施压，总理衙门怀疑此中是否另有他国的因素。

由此可见，自光绪二十四年正月十二日至十八日，清朝政府尽最大努力请求缓期交纳赔款，日本政府不同意，以致清朝最重要的亲日派张荫桓都感慨地叹道："所谓欲与中国相联，诚虚语耳。"

由此可见，康称"日使矢野君极有意"，乃为不实之语；而矢野文雄公使是否与并无实际政治权力的工部候补主事康有为商讨过此等大事，也是可以怀疑的。

（23·10）乃为御史杨深秀草疏，请联英、日，又为御史陈其璋草疏，再请联英、日。略谓："英自康熙十一年，以救西班牙立主，与法战。乾隆六年，以救澳，与普、法战。又二十一年，以救普，与法、俄、瑞、澳战。嘉庆元年，攻法拿破仑而救普。咸丰三年至五年，与法救土耳其而联，俄顿重兵于斯巴土拨，死士二万，糜兵七千万镑。光绪二年，与法、德、奥、意救土耳其而拒俄，顿重兵于毛鲁塌岛。故英真救人之国也。日本与我唇齿，俄、德得志东方，非彼之利。昔东事之役，彼以国小，变法自强已久，欲奋扬威武，以求自立。既得胜，得辽东而不得，其势不能不恨德、俄。其来请联助，乃真情也。英海军甲地球，又扼苏彝士河之权利，若英不欲战，欧西各国不能飞渡。若联英、日，则东西南三面如环珙，皆可

---

〔1〕 军机处《发电档》，光绪二十四年正月十二日、十八日，207/3－50－3/2082。又，驻日公使裕庚也于十八日发电："顷外部来告，矢野电到，政府再三商量，因国库支绌，未能展限。已电复矢野云。庚。巧、戌。"（该电十九日收到。《总理衙门清档·收发电》，01－38/14－1，台北中研院近代史所档案馆藏）

晏然。今地球大势东流，皆以我为土耳其。若我与联，英人必出。"上于常熟，请主持之。

据手稿本，"乃为"前删"乃为御史杨深秀、陈□草疏，请"十二字；"御史杨深秀"之"御史"二字为添加；"以救西班牙"之"以"字为添加；"又二十一年，以救普，与法、俄、瑞、澳战"一句为添加，补在行间；"嘉庆元年"以"道光□年"改；"攻法拿破仑"之"法"字为添加，"救普"之"普"字，以"欧"改；"光绪二年，与法"后删"德"字；"与法救土耳其而联，俄……"一句，《戊戌变法》本标点为："与法救土耳其而联俄……"，当误；"顿重兵于毛鲁塌岛"之"于"字为添加；"不能不恨德、俄"，《戊戌变法》本作"不得不恨俄、德"；"今地球大势东流"后删"英俄"及添加的"相争"；"上于常熟"前，删一"又"字。

康称"为御史杨深秀草疏"一事，查军机处《随手档》，光绪二十三年十二月初九日，杨深秀上奏"联络英国立制德氛而坚俄助折"，称言："俄虽有兵舰来泊旅顺，不闻仗义执贤"；"今我专倚一俄，反是召英人之怒忌"，"日本与俄有宿仇愤，亦必惧而协英以谋我"，由此建议"北联俄"、"南结英"，"可以制德于死地"。该折中许多言辞与此期康有为思想相吻合：

"英铁舰二百艘，皆大倍他国，海军之强，万国无能与比隆者……西国兵舰来华，自地中海达红海，必出埃及之苏尔士河。此河总办为英太子，若竟不许其过，则无论何国断难飞渡。且自此河而东，其要埠如亚丁、锡兰、孟加拉、新架坡，因皆英地，即南绕好望角，三宝陇、葛喇，亦罔非英土……比闻英实有愿结中华之意，散见各报。即日本亦有联我之心，盖事机立变，虽仇国亦当合也。昔楚王恨商于之诳，怒思伐秦，而陈轸即劝其合秦以攻齐；蜀先主耻猇亭之败，日图报吴，而诸葛亮即劝其合吴以伐魏。故我若联日本，日本自卫计，亦必可听从，而我仍以济成结英之势也。又近知各国合从，惟美国初无兵来，我且遣觅美国商人借款购船，兼可借将借兵，但少以铁路矿作押，必可操券而得……"[1]

〔1〕《胶澳专档》，第229—231页。当日由光绪帝发下交片谕旨："本日御史杨深秀奏请联络英国一折，军机大臣面奉谕旨：'该衙门知道。'"（军机处《洋务档》，光绪二十三年十二月初九日）

孔祥吉认为，此折由康有为代拟[1]，对此我是同意的。

康称"又为御史陈其璋草疏"一事，再查军机处《随手档》，并无陈其璋相关内容的奏折。然陈其璋之子陈祖治整理的《清御史陈其璋遗草疏稿择要汇编》中，有"外衅危迫善全邦交折"，其折云：

"……六十年来，亚洲诸国蚕食殆尽，所能存者，日本、暹罗与我中国耳。今英日二国密约，俄德法三国联盟，其汲汲为均势之谋者，无非为我疲弱不振，将为分割之地故耳……欲求易近之交，以制方张之寇，计非联络英日不可。英之海权，甲于欧洲，日之智力，雄于东方。其能与俄抗者，莫如英日。朝鲜甲午之师，日有悔意。泰西持盈之局，英有全谋。其能与我近者，莫如英日。况近闻有英与我联和之说，向北洋陈请。又英《太晤士报》云，为中国谋，当保护其自主之权。又据日本《新闻报》，大偎伯论占据胶州为盗贼行动，有损各国和局。窥其意虽出于忌俄之口，而公道尚有可言。似宜秘与订交，以示籍制。近可解德人非常之举，远可消俄人无厌之谋……诚能以列国并立之治为治法，而去一统之旧例；以春秋交际之情为文法，而去汉唐待匈奴突厥鄙弃之心。然后弭兵之会，可遣使以通诚；议院之情，可先时而防范。昔法为德破，议长刚必达游英观政而复振。日为英美所破，旧臣大久保历游泰西查政而相亲。情谊既联，则缓急可倚……"[2]

此中提到了联英、日，也提到了"弭兵之会"。孔祥吉指认该折为康所拟[3]，对此我也是同意的。这不仅因为该折思想上与康相通，且若是陈自拟，又为何存屉而不上奏呢？而陈未上此折的原因，我以为，很可能与他与庞鸿书等八人十一月三十日联衔上奏"德患未弭请允款备战折"有关，折中主张以军事行动作为外交后盾，即调聂士成、袁世凯一

---

[1]《乙未丁酉间康有为变法奏议条陈考略》，《戊戌维新运动新探》，第36—39页。

[2]"外衅危迫善全邦交折"，无日期，陈祖诒整理：《清御史陈其璋草疏稿择要汇集》，1961年夏，第1册。中国社会科学院近代史研究所藏，该折由孔祥吉发现。

[3]《乙未丁酉间康有为变法考略》，《戊戌维新运动新探》，第33—36页。

军至胶州，展示军力再进行谈判；并提出"英倭之船联缀以俱来，相继而起者更不知凡几"，即以英日为清朝的敌手。[1]前折上奏未久，忽又主联英、日，两折之间的思想差距实在太大。而到了光绪二十四年三月，陈其璋上奏康拟"俄患孔亟请宜坚持勿允谨陈三策以资抵御折"，其中就有联英、日的内容。(参见24·6)

然而，康有为此处还有一大篇英国史的叙述，杨、陈奏稿中皆未见其词，而《知新报》第45册以"南海康广仁"名义发表的《联英策》中，有相应的叙述：

> "且历考西故，英真救人之国也。康熙四十一年，以助奥故而攻西班牙；乾隆二十年，以助普故而拒法兰西，连师七年；嘉庆七年，以助意故而拒拿破仑；咸丰三、四、五年，以助土耳其故，死士二万，糜饷七千万磅（镑）而拒俄；光绪元、二年，助土拒俄，调二十四师船，顿重兵于毛鲁塌岛焉。故英真能出死力以救邻国者也，其成案彰彰也！"[2]

从内容来看，《联英策》似由康有为所拟。[3]康写《我史》时，内容又有添加。这一段内容颇能真实反映康有为的外交思想，特与史实校正于下：

一、康称"康熙十一年，以救西班牙立主，与法战"。康熙十一年即1672年，此时为英、法蜜月时期；英、法再次交恶，始于康熙二十七

---

〔1〕 "礼科给事中庞鸿书等奏折"光绪二十三年十一月三十日。(《德国侵占胶州湾史料选编1897—1898》，第299—300页，该书未列入全部上奏人名)该折又称："英以印度不靖，倭以偿款未清，瞻顾徘徊，未肯轻动"；"既不能鹰德人而使去，复不能阻英倭以不来"。又，《清御史陈其璋草疏择要汇集》第1册也抄录该折，署日期为十一月二十九日。此为当时制度，三十日奏折于二十九日子时之前递到奏事处。并注明与庞鸿书等八人联衔。

〔2〕 《知新报》影印本，第1册，第557页。该册于光绪二十四年二月十一日出版。

〔3〕 姜义华、张荣华认为该文属康之作，而编入《康有为全集》。(见《康有为全集》，第4集，第8—9页)其中内容大体与杨深秀"联络英国立制德氛而坚俄助折"、陈其璋"外衅危迫善全邦交折"相同，以"忧分子"、"图存先生"之间对话展开论述。编校者据文内"德兵之据胶也，将五十日矣"，定写作时间为光绪二十三年十二月初十日(1898年1月2日)。

年（1688）。[1] 从《知新报》刊《联英策》中可知，"十一年"为"四十一年"之误。康熙三十九年（1700），西班牙国王查理二世病逝，依据家族血缘关系，有资格继位者为法王路易十四，奥地利君主、神圣罗马帝国皇帝利奥波德一世（Leopold I），巴伐利亚选帝侯。[2] 然巴伐利亚选帝侯已于此前去世。查理二世遗嘱以路易十四之孙安茹公爵继位，而利奥波德一世企图以其子查理大公入西班牙为王，第三次反法同盟组成。安茹公爵继位西班牙国王，即菲利普五世后，奥地利、英国、荷兰、葡萄牙等国先后向法国宣战，开始了长达14年的"西班牙王位继承之战"。此时参战的英国，虽也派军赴欧洲大陆，但更多注意力在法属北美殖民地，即所谓"安利女王战争"。康熙五十二年（1713）起，英国等国与法国、西班牙先后签订了《乌得勒支（Utrecht）条约》：英国等国承认菲利普五世，但法国与西班牙不得合并；英国获得直布罗陀和在北美的大片法国殖民地，并可每年向西班牙南美殖民地贩卖黑奴4800名及入口商船一只贩货500吨的权利（英国后利用此项大量走私）。此战奠定了英国在殖民地及海上的霸权，传统的殖民大国西班牙、法国走上下坡路。由此可见，英国确实参加了"救西班牙立主，与法战"，但不是"救立"菲利普五世，而是反对菲利普五世继位，当其获得巨大的海外利益后，又放弃原先的主张，与法国媾和了。《联英策》中称"为助奥故而攻西班牙"，虽也有误，但稍准确一些。

二、康称"乾隆六年，以救澳，与普、法战"。乾隆六年即1741年。康称"救澳"，当属始于乾隆五年（1740）长达8年的奥地利王位继承之

---

[1] 英、法本是宿敌，然于1670年5月，英王查理二世与法王路易十四在多弗签订了密约，英国允法国若再与西班牙、荷兰发生战争，支持法国；法国允英国若内部发生叛乱，法出兵6000人以助。1672年起，法国与荷兰、西班牙、日耳曼诸侯开战，英按密约而支持法国。1688年荷兰奥伦治亲王威廉进入英伦，次年就任英国国王，即威廉三世。其即位后随即对法宣战，至1697年，英、法、西班牙、荷兰等国签订《利斯维克（Rijswijk）和约》，英国舰队获得了进入地中海的权利。

[2] 1698年路易十四与李奥波尔德皇帝、巴伐利亚选帝侯签订条约，同意在查理二世去世后，三国瓜分西班牙；此后，法、英、荷兰也签订条约，英、荷同意西班牙国土由法、奥地利、巴伐利亚瓜分。

战。奥地利君主、神圣罗马帝国皇帝查理六世去世后，其女马利亚·特利莎继位，法国、普鲁士、萨克森、西班牙、撒丁、瑞典欲瓜分哈布斯堡家族领地，而拒绝承认其继位为合法，巴伐利亚选帝侯也宣称其有继承权。普鲁士随即出兵抢占了西里西亚。乾隆六年（1741），普鲁士、法国、萨克森、西班牙、那不勒斯、巴伐利亚、撒丁、瑞典组成了反对奥地利的联盟，英国、荷兰、俄国考虑到奥地利的削弱将不利于其在欧洲地位，遂出兵支持奥。英国另一个重要目的是夺取法国的海外殖民地，其在北美的战争称为"乔治王战争"。至乾隆十三年（1748），战争各方皆已力竭，最后签订了《亚琛（Aachen）条约》，法国等国承认马利亚·特利莎的合法继承权，并归还其在战争中得到的英国在印度等处的据点。由此可见，英国此次参战并非"救奥"，而在于反法，其在战争中仅获得北美等处少量殖民地，得利甚少，普鲁士却由此崛起。

三、康称"二十一年，以救普，与法、俄、瑞、奥战"。乾隆二十一年即1756年，此次战争，史称"七年战争"。是年普鲁士进攻萨克森，法王路易十五在其情妇影响下支持奥地利，对普鲁士开战，西班牙、瑞典、俄国及一些欧洲国家加入奥地利、法国一边。而英国加入普鲁士一边，一面以金钱接济普鲁士，并在海上封锁法国；一面以军队夺取法国的海外殖民地，其主要攻势在印度与北美展开，先后攻占法属印度和加拿大。至乾隆二十八年（1763），交战各方签订了《巴黎和约》，奥地利地位削弱，普鲁士成为欧洲大国，法国丧失了海上强国的地位，英国在印度与北美的地位得到了巩固。由此可见，英国攻法的目的非为"救普"，更何况战争还是由普鲁士引起。《联英策》称"以助普故而拒法兰西"，其意相同。

四、康称"嘉庆元年，攻法拿破仑而救普"。嘉庆元年即1796年，此时法国革命已处于后期。乾隆五十四年（1789）法国革命开始后，法王路易十六即向欧洲各国帝王求救。奥地利、普鲁士、荷兰、英国、西班牙等国组成了第一次反法大同盟。至嘉庆元年，反法同盟已发生了变化，普鲁士退出，荷兰、西班牙与法国结盟，转与英国开战。嘉庆四年（1799），欧洲各国组成第二次反法大同盟，拿破仑从埃及返回法国，随后大胜奥地利。嘉庆六年（1801），法国与奥地利签订《吕内维尔(Lunéwille) 和约》，奥地利割让了大片土地，反法同盟瓦解。嘉庆七年（1802），法国与英国签订了《亚眠（Amiens）和约》，法国停止了攻英的准备，英国承认法国在欧洲大陆的统治地位，并将9年来夺取的海外殖民地归还给法国及盟友荷兰和西班牙。嘉庆八年（1803），英法战争再起。嘉庆十年（1805），英、俄、奥地利、普鲁士组成第三次反法大同盟，法军击败了奥、俄联军，奥地利退出同盟。嘉庆十一年（1806）欧洲各国组成第四次反法大同盟，法军大败普鲁士，禁止欧洲国家与英国贸易，即所谓的"大陆体系"。英国则对法国进行了海上封锁。嘉庆十四年（1809），第五次反法大同盟成立，法国再败奥地利。嘉庆十七年（1812），法军50万人攻入俄罗斯，在莫斯科大败而归。嘉庆十八年（1813），第六次反法大同盟成立，俄国、普鲁士、瑞典、英国、奥地利先后加入，次年英、俄、普军攻入法国，拿破仑被放逐，波旁王朝复辟。由此可见，英国与法国的长期开战有着多种原因，但不是为了"救普"。《联英策》称"嘉庆七年，以助意故而拒拿破仑"，亦不准确。拿破仑军队于嘉庆元年（1796）进入意大利时，英国早已开战。

五、康称："咸丰三年至五年，与法救土耳其而联。"咸丰三年至五年即1853—1855年，此为第九次俄土战争，又称克里米亚战争。俄国为了夺取从黑海到地中海的出海口，对土耳其多有窥测，从康熙十五年(1676) 至道光九年（1829）共发生了八次俄土战争。此时，英、法认定俄国在黑海海峡及巴尔干地区的势力扩张，不符合其东方利益。咸丰三年，俄军占领了摩尔多瓦、瓦拉几亚，英、法与土耳其结盟，与俄国开战。咸丰四年，英法土联军在俄国黑海北岸克里米亚登陆，对该地重要军事要塞塞瓦斯托波尔（Savastopol，即康所称"斯巴土拨"）进行将近一年的围攻。撒丁王国后也加入了英、法、土同盟。咸丰六年（1856），战败的俄国被迫接受《巴黎和约》。由此可见，英国与俄国开战的目的不是为了土耳其，而是为了保护其在近东与巴尔干的利益，尤其是俄国海军若由此进入地中海，将对英国由直布罗陀、苏伊士运河、印度乃至远东所谓"生命线"产生威胁。《联英策》称"咸丰三、四、五年，以助土耳其故，死士二万，糜饷七千万磅（镑）而拒俄"，即指此事。

六、康称："光绪二年，与法、德、奥、意救土耳其而拒俄。"光绪二年即1876年，俄、土之间并没有战争，康此处所称，似为1877—1878年第十次俄土战争。前已叙及，俄国利用巴尔干斯拉夫人民族运动，打着"解放"的旗号，对土宣战。俄军在罗马尼亚、保加利亚军队的配合下，占领了大片地区，兵临君士坦丁堡。由于英国舰队进入黑海海峡，俄军未能占领君士坦丁堡与海峡。"毛鲁塌岛"，就粤语转音而言，似为马耳他，但此处有可能是指塞浦路斯。[1] 俄国与土耳其签订的条约，为英国与奥地利所反对；俄、土、英、法、奥、意等国后来在柏林举行会议，达成了《柏林条约》，俄国鉴于克里米亚战争的教训，对英、奥做出了让步，英国由此占领塞浦路斯。英国的动机与先前相同，并不是对土耳其的特别关爱。《联英策》称"光绪元、二年，助土拒俄……"亦不准确。

我不知道康有为从何处得到这些似是而非的英国史知识，但可以肯定，其中羼杂着康的自我理解。在他的描写下，"故英真救人国也"，一下子变成了散发着儒家精神的"仁义"之国。值得注意的是，康在这段不长的文字中，一口气使用了"救西班牙立主"、"救澳"、"救普"、"救土耳其"……六个"救"字，也显示另一种可能：英国确曾"救"他出上海赴香港，他企图利用英国来"救"光绪帝。康的这种对英国历史与政治的曲解，显示其对英国扩张史与外交手段的无知，若以此为基础而作清朝外交的战略思考，将是很危险的。

康称"今地球大势东流，皆以我为土耳其，若我与联，英人必出"，其中"英人必出"一语，将在下节分析（参见23·11）；而将此时清朝比

---

〔1〕 康有为"上清帝第四书"中称："英割其毛鲁塌。"（《康有为政论集》，上册，第153页）康《进呈突厥削弱记序》中称："……突君主大臣，喘喘不国，英人为均势，而争郑之虎牢也，乃连法、意、德、奥之师，勒俄退兵，列强乃分割其要壤。俄得黑海、高加索，奥得苏茨戈两省，英得毛鲁塌，布加利亚与门得内哥均自立。"（《戊戌奏稿》影印本，第172页）此篇属后来作伪的另作，但有助验证康所称"毛鲁塌岛"。康称"英得毛鲁塌"，英国在第十次俄土战争后占领了塞浦路斯。然转音何以如此不相似，我尚不解。

附为各国势力把持的土耳其，似为想当然。[1]康并不知道，如果清朝真陷于土耳其那般需要各国共同制定条约的地步，命运将会更加悲惨。

胶州湾事件之后，日本与英国的一些官员向清朝官员及民间人士游说，希望清朝摆脱与俄国的盟约关系，建立英、日、清三国的同盟关系。其中一些人还向张之洞等地方大员游说。（参见23·9）光绪二十三年十一月二十五日，两江总督刘坤一致电总理衙门：

> "昨晚沈敦和电，晤英将，言俄、德、法恃兵为国，前岁联盟后，俄侵朝鲜及东三省，德据山左，法图南方各省，奸谋毕露矣。英恃商为国，今见南北商权尽失，岂能隐恶。倘中、英、日本亦三国联盟，在中、日则保疆土，在英则保东方商利，惜华人太分泾渭，计不出此，殊可叹。"[2]

刘坤一虽是引用沈敦和之电，但也明显表示了倾向。次日，清廷发电旨刘坤一等人，予以阻止。[3]十二月初六日，刘坤一向总理衙门呈报沈敦和与英将谈话纪要[4]；同时还呈报了苏淞太道蔡钧密禀：

> "职道日来与各国领事会晤，惟日本领事异常着急，职道惕以

---

[1] 《联英策》称："英之拒俄、忌俄、畏俄最深。不然，土耳其为回教冥顽之国。英何暇两出死力，毙万死之士，糜无量之财而助之？盖非助土也，自卫云尔。故自道、咸来，俄欲出黑海，而英人制之。近年俄欲出波罗的海、波斯海，印度、阿富汗，英皆禁之不得出。俄人乃专意出黄海，近与德法结盟。三大国比矣，则英危矣。故英之忌俄、制俄，甚至移欧西之局而来远东，又将移土耳其而为中国。其能出死力以保土耳其也，即能出死力以保中国也。"（《知新报》影印本，第 1 册，第 558 页）康称英国与俄国在全球对抗，大体不错，但将地中海的战略地位比附中国海，则完全属自我想像；且于"波斯海、印度、阿富汗"之争夺，亦有误，非为出海口之争。

[2] 《德国侵占胶州湾史料选编 1897—1898》，第 290—291 页。沈敦和为吴淞洋操营务处的候补道员，英将指此时来华舰队的指挥官。

[3] 二十六日，军机处发给刘坤一、王文韶、张之洞电旨："英将之言，虽未可尽信，然联盟、分占之说，朝廷亦早有所闻。此时机括全在胶澳，胶澳不退，则各国蜂起……若仅联一二国，此轻彼重，适启争局，恐非长策。"（《德国侵占胶州湾史料选编 1897—1898》，第 291 页）

[4] 《胶澳专档》，第 224、227—228 页。该英将称，俄国已控制朝鲜，将占中国东北，德国欲占山东及黄河以北，法国将占中国南方，英国将"将扬子江一带，上至四川，全力保护，扼我利权，不使德、法、俄妄越一步也"。并称："今日之计，中国而欲救危，莫如中、日、英三国连横，以共拒德、法、俄，或可暂纾目前之急。且中国练兵亦易，第未知果肯振兴否耳？"

唇亡齿寒之意，伊乃尽吐实情。谓：俄人之在海参崴（崴）者，声言十万，屡遣密谍，知不过近六万。其出黑海之铁舰，欲保我东方者，号称八千，实不能及四千。德兵在胶州者仅千二百人，即所调全来，亦不及万。若以日本海军制之，尚可有胜无败。德人越国鄙远，其水师亦素非头等，殆无能为。惟中国朝廷向来徇俄，且办事又不密，如能由此亟联与国，一旦事起，或可藉助他山而资捍御。在日本既自顾其藩篱，英人亦必惜其商务，决可与中国立联合密约，防御俄、德云云。职道所以谓联络英、俄（日）为今时救急之着，不可因畏俄而坐失事机者也。"〔1〕

此处的日本领事，即代理上海总领事小田切万寿之助，他是主张日中建立密切关系以对抗俄国的日本官员之一。十二月十四日，刘坤一向总理衙门呈报沈敦和与英海军将领第二次见面的谈话纪要：

"华欲保固沿海地方，而自乏兵轮，不足当坚船利炮也。则必择他国水师之有大力者，倚为奥援，庶免瓜分豆剖。我英兵舰之多，甲于环球各国，近又新增一二百艘。即与最强之德、俄比较，合二大国之兵轮，犹不能盈我英之数。我英已得中国之商利，较他国为最多，亦为德、俄所最忌。英之商务被困，而华之封疆日蹙矣。中国苟有人长怀远顾，自必急与我英联盟，而日本与华为同洲之邦，辅车相依，同关休戚，亦必同与联盟，以共拒德、法、俄，为连横之局。在中、日则保疆土，在我英则保商利，而有关于利害一也。特虑中国不自危惧，转与俄权，以引虎自卫耳。华若肯将认赔之款，预知防患，倩我英舰保护，虽岁糜巨万，然与其失和而偿金何如？出费而弥患，即伤财与失地同祸，而其为祸大小殊矣。若中、日、英三国连横，彼俄、德、法未必遽谄。某尝留心时局，旷观大势，实有必至如此之形，并非英廷嘱我传说，然以某私心揣测。如果中国联英远俄，我英政府自必乐从，但须中国先定主见，方可再议办法。事关中外大局，华须专派使臣前赴伦敦密议，如何

〔1〕《胶澳专档》，第225—226页。

办法，非我所能悬拟也。"[1]

从中英外交史、中日外交史来看，对于此类官员不负实际责任而以个人名义发表的言论，须得十分谨慎。英国、日本在北京都派有公使，与总理衙门交涉频频，施加压力；清朝在东京和伦敦也派有公使，但从各国外交档案可以看出，关于中国的交涉，各大国之间接触频繁，中国公使反被置于局外。英国政府与日本政府从来没有通过正式外交途径与清朝商议过结盟问题。英、日两国对德国占据胶州湾事件，皆通过彼此交易而采取了默认的态度。（参见23·11）而这些鼓吹英、日、清三国同盟的英、日官员，其真正目的也不是解救清朝的胶州湾危机以及后来的旅顺、大连危机，而是拆散中俄同盟，并在其中寻找新的机会。

也因为如此，光绪二十四年正月二十六日（1898年2月26日），德国驻英国大使哈慈菲尔德伯爵（Count von Hatzfeldt）向英国首相兼外相沙士伯雷侯爵（The Marquess of Salisbury）提出，日本海军可能在英国的建议下对德国有所军事准备时，沙士伯雷对此完全否认。德国大使在电报中称：

> "在今日的会谈中，当我把发给我的训令的意义向沙立斯百理（沙士伯雷）勋爵表示的时候，他答复说，我所表示关于日本可能对我们有所企图的忧虑很使他骇异，因为他绝没有从任何方面听到任何情况足以使他推断日本有这样的企图。他又说他可以给我肯定的保证，报章所载英、日间对中国问题成立一个协定或谅解的消息在任何方面都绝对无稽。他并能对我绝对保证，此间绝没有怂恿日人对我们采取行动。当我提到，正因日人的军事目标不明确，才使我感觉到严重，因为他们并不像其他列强同样地要求维持欧洲和平。他回答说，他却认为很可能的倒是日人希望列强间能发生战争。但他接着又说，他认为我们从欧洲方面以外的形势所产生的对日疑虑也不是没有理由的，并表示于有机会时将向日本代表表示他

---

[1] 《胶澳专档》，第359—361页。这是十一月二十六日英将宴请沈敦和的席间言论。英将并谈及德国练兵方法之缺陷，称宜用英国方法练兵，并提供训练印度兵章程。

对于此事的意见。

"因无特别训令，所以我没有进一步提请沙立斯百理（沙士伯雷）勋爵向东京表示日本这种海军示威的严重性，因为这种示威既看不出任何目标，就只能解释作为针对我们的。如果阁下认为这是需要的话，我将毫不犹豫地把这个人意见用私信向首相表示。"

德国外交大臣于次日复电："暂时不需要回到日本示威的问题。日本如果没有英国的坚决支持，势不敢对一个欧洲列强有所行动。"〔1〕俄国外交大臣穆拉维约夫此时对德国驻俄大使拉度林公爵（Prince von Radorin）称，他坚信"日本将不会有所行动"，但他认为"最好不使中国人知道这点，而让他们继续担心日人的行动"。〔2〕

由于清朝官员以及知识人不熟悉也不理解近代国际知识及其外交方式，大多以中国传统的"合纵连横说"来思考外交战略，很容易受英、日某些并不负实际责任的官员鼓吹的影响。许多人由此主张联英、联日，以抗拒德、俄。康有为也是其中的一个。近代世界外交史及此后的中国外交史已经证明，结盟是一极其重大的外交决策，本国需有相应的军事政治实力与外交经验，方可与大国交手；如果没有充分的研究与准备，弱国在"结盟"的名义下东靠西靠，只能一次次地充当列强之间的牺牲品。

康有为此时尚未去过任何一个外国，也不懂得任何一门外语，更没有从事过实际的外交事务，他以中国传统的经史知识及《万国公报》等翻译的西书西文，来推知世界大势，出现各种各样外交策略上的偏误，本是不奇怪的。且在当时的知识人中间，康有为的外部知识还尚属上乘；康的种种偏误，在当时官员士人中也属多见。因此，尽管我在本书中经常批评康在外交上的幼稚与失误，但从不怀疑康有着美好的愿望与救国的动机。这又是需要说明的。

---

〔1〕 "驻伦敦大使哈慈菲尔德伯爵致外部电 1898 年 2 月 26 日"，《德国外交文件有关中国交涉史料选译》，第 1 卷，第 226—227 页。

〔2〕 "德国驻圣彼得堡大使拉度林公爵致外部电 1897 年 12 月 29 日"，《德国外交文件有关中国交涉史料选译》，第 1 卷，第 209—210 页。

康称"上于常熟，请主持之"，即将其联英、日策告于翁同龢，翁日记中对此没有记载。

(23·11) 乃作《联英、日策》，遍告朝士。李芯园侍郎深然之，持之示廖仲山尚书，合肥不以为然。因而诘张樵野，张谓："英大国，未必许助我。"迟疑不敢发，遂割胶州。已而英使果出，请将旅顺、大连湾、威海卫通商。俄使巴德兰富大怒，谓李合肥曰："若贵国必欲将旅顺、大连湾通商，则吾两国从前盟约皆断。"朝议数日，不敢决。吾闻之，上书常熟曰："此中国生机也。吾意且欲尽开沿边口岸，以众国敌俄，况旅顺、大连湾乎？必勿拒英，虽俄怒，以诸国力抗之，必无害也。"言甚切。又与张樵野言，张以吾言英可联，今英果出，甚信之；谓可面告常熟，卒不遇，而西后及恭邸畏俄甚，卒不徇英请。

> 据手稿本，"乃作《联英、日策》，遍告朝士。李芯园侍郎深然之，持之示廖仲山尚书，合肥不以为然"一段为添加，补在行间；"因而诘张樵野"之"诘"字似由"言"字改；"遂割"二字为添加；"各国必欲将……"之"必"字为添加；"从前盟约"之"盟"字由"密"字改；"吾闻之"之"闻之"二字为添加；"上书常熟后"删"请必许英"；"吾意且欲"四字由"虽"字改；"以众国敌俄国"后删"犹可"。"因而诘张樵野"之"而"字，诸刊本、抄本为"面"字；"俄使巴德兰富大怒"，《戊戌变法》本作"俄使巴德兰富闻悉，当大怒"；"各国必欲将……"之"欲"字，《戊戌变法》本作"要"字。

廖仲山，名寿恒（1839—1903），江苏嘉定（今属上海）人。同治二年进士，入翰林院，散馆后授编修。光绪十年，以署理工部侍郎出任总理衙门大臣，二十四年二月以刑部尚书在军机大臣上学习行走。

巴德兰富（Aleksandr Ivanovich Pavlov），其名有多种汉译，清朝官方译名也有多种，较多的为巴布罗福（本书皆用此译名）。光绪十七年（1891）任俄国驻华使馆随员，二十一年任参赞，二十二年（1896）以参赞代理公使，二十四年十月调俄驻韩国公使。

康称"乃作《联英、日策》"，很可能即是在《知新报》上以康广仁名义发表《联英策》。（参见 23·10）康称"遍告朝士"，以及李

端棻、廖寿恒、李鸿章、张荫桓等人对此的态度，我尚未读到相关的
史料。

    德国在占领胶州湾时，始终保持着与英国的密切联络，并准备了交
换条件。[1]德国驻英大使哈慈菲尔德与英国首相兼外相沙士伯雷侯爵
之间，进行着秘密交易。[2]沙士伯雷不认为英国利益于此将有所损
害，同时为德国因胶州湾事件与俄国有所分离而高兴；德国也以不谋
求中国南方口岸、将胶州湾对各国商业开放为对策，避免影响英国的

[1] 以下四个文件可以说明内情：一、"首相何伦洛熙致驻伦敦大使哈慈菲尔德伯爵"，
1897年11月13日，该信提出如果德国海军占领的区域可能接近英国势力范围，"所
以要问到英政府对此事究将怎样反应"。二、"首相何伦洛熙致驻伦敦大使哈慈菲尔
德伯爵电"，1897年11月16日，该电提出"倘英国方面能有任何欲照顾我们的迹
象，即使如对萨摩亚(Samoa)，则在此时刻对于此间的情绪及对俄国的情绪，都有
无上的价值"；"如果您觉得可以的话，用您所想用的一个方法（所以当出于您自
己）向英国政府表示一个迁就的机会。"三、"驻伦敦大使哈慈菲尔德伯爵致外部
电"，1897年11月16日，该电称："如果明天我能见到沙士斯百理（沙士伯雷）勋
爵并遇到他情绪好的时候，我当装作是我个人的意见向他提出此事，并当想尽一切
方法使他相信这是于英国有利的迁就的机会。""为了取得英国同意我们占据中国沿
海岸的一点，我是否能向沙士斯百理（沙士伯雷）勋爵提供在非洲方面的一些让
步，或者保证我们不干涉英国与脱兰瓦尔共和国(Tranxvaal Republic)的关系，或
者我们准备与它签订一个关于葡萄牙殖民地摩赞俾克(Mozambique)的密约，许英
国保留该地的南半部，包括德拉瓜湾(Delagoa Bay)在内。"四、"首相何伦洛熙致
驻伦敦大使哈慈菲尔德伯爵电"，1897年11月17日，该电称："时间太迫，不及奏
请皇帝批准，但是对于适当的报酬一点，我认为批准不成问题。"（见《德国外交文
件有关中国交涉史料选译》，第1卷，第158—160、163—166页）"萨摩亚"为南太
平洋一群岛。"脱兰瓦尔"，今译德士瓦，为南非的一个省。"摩赞俾克"，今译莫
桑比克。从交易内容来看，德国不认为英国会很注意此事，为此准备支付的代价也
不大。

[2] "驻伦敦大使哈慈菲尔德伯爵致外部电"，1897年11月17日，该电称："在我方面，
虽然曾设法找寻，但没有能在非洲找到一处英国将能够并肯对我们表示让步的地
点。当沙士斯百理（沙士伯雷）勋爵同意这个意见，因为他觉得处在一个尴尬的地
位，即如果在非洲作任何让步，他必须有宝贵的补偿。我回答，我们也许能在亚洲
找寻一下，当然我不要求英国把一个属地割让给我们，但也许给我们其他的让
步，像他所知道的，最近事变使我们不得不占据胶州湾以强迫中国政府作适当的赔
罪……"（《德国外交文件有关中国交涉史料选译》，第1卷，第169—171页）从哈
慈菲尔德大使后来的电报可知，他与沙士伯雷谈到的交易包括萨摩亚、新几内亚、
多哥等地。

利益。〔1〕光绪二十三年十二月二十日（1898 年 1 月 12 日），当英国得知德国已从中国获取胶州湾时，沙士伯雷首相明确对德国大使哈慈菲尔德说："英国利益并不因我们居留在胶州而遭受损害。"〔2〕也因为如此，英国在胶州湾事件上态度一直很暧昧，采取了"观望政策"。

清朝并非没有请求英国对胶州湾事件从中调停〔3〕，但英国政府训令驻华公使窦纳乐（Claude Maxwell MacDould）勿做任何表示。沙士伯雷称，英国无意给中国政府制造藉口，由于英国的反对，中国不能将胶州湾租借给德国。十一月初十日，即光绪帝命翁同龢、张荫桓再度去德国使馆进行交涉时，总理衙门特别希望听到英国的意见，窦纳乐却不露一点口风。对此他向本国政府说明：他这么做是害怕清朝向德国提出英国反对租借胶州湾，同时也不想让中国认为英国不反对此事。尽管此时英国军舰分别进驻烟台、旅顺，清朝中的一些人由此误认为，英国将对德、俄的行动作出激烈的反应；但他们并不知道，英、德、俄在全球的争夺由来已久，已是常态，各方都不愿意发生战争而不时进行妥协。十一月十七日，窦纳乐照会总理衙门，称奉到英国政府的训令，"德索山东利

---

〔1〕 "驻伦敦大使哈慈菲尔德伯爵致外部电"，1897 年 11 月 18 日、20 日，"驻伦敦大使哈慈菲尔德伯爵上帝国首相何伦洛熙公文"，1897 年 12 月 2 日，"驻伦敦大使哈慈菲尔德伯爵上帝国首相何伦洛熙电"，1897 年 12 月 11 日，"外交大臣布洛夫致驻伦敦大使哈慈菲尔德伯爵"，1897 年 12 月 19 日，"外交大臣布洛夫致驻伦敦大使哈慈菲尔德伯爵电"，1898 年 1 月 5 日，"外交大臣布洛夫致驻伦敦大使哈慈菲尔德伯爵"，1898 年 1 月 8 日，"外交大臣布洛夫致驻伦敦大使哈慈菲尔德伯爵电"，1898 年 1 月 12 日，见《德国外交文件有关中国交涉史料选译》，第 1 卷，第 172—174、185—187、193—194、204—206、217—221 页。

〔2〕 "驻伦敦大使哈慈菲尔德伯爵致外部电"，1898 年 1 月 12 日，《德国外交文件有关中国交涉史料选译》，第 1 卷，第 221 页。

〔3〕 十月二十五日（11 月 19 日），总理衙门请总税务司赫德通过英国驻北京公使窦纳乐向海靖进行劝解。十一月二十六日，北洋大臣王文韶建议总理衙门与英、俄公使商量制止德国。（参见《德国侵占胶州湾史料选编 1897—1898》，第 137、292 页）德国大使哈慈菲尔德于 11 月 20 日（十月二十六日）电告，英国首相沙士伯雷与他的谈话中指出："关于我们占领胶州事，中国政府曾对此间提出抗议。对于沙立斯百理（沙士伯雷）勋爵，这一问题的困难所在，就是他必须尽量避免与中国有摩擦，因为如华人采取敌对行为，英国在那边的商业必将受到损害，而此间的有关方面也将非常不喜欢这点。"（《德国外交文件有关中国交涉史料选译》，第 1 卷，第 173—174 页）

益，英须照约一体均沾。倘英民应得利益有碍，必向中国索偿。"〔1〕总理衙门大臣翁同龢、张荫桓，完全明白英国此时的态度：一、英国反对清朝在南方另租一岛予德国（即翁、张要求德退出胶州湾，同时另租一岛，参见23·8）；二、德国在山东修建铁路，英国于此也有最惠国待遇；三、清朝一旦租地给各国，英国要求补偿。〔2〕

日本得知德国占领胶州湾的消息后，曾在议会里引起了震动，但政府并没有准备采取实际的军事行动。当德国表示不反对日本在中国大陆的利益要求，并对日本进行安抚时，日本也默认了德占胶州湾的事实。〔3〕

康称"若我与联，英人必出"（参见23·10），属其不解当时欧洲的秘密外交，只是自我想像的推断。康又称"因而诘张樵野，张谓：'英大国，未必许助我。'迟疑不敢发，遂割胶州"；"与张樵野言，张以吾言英可联，今英果出，甚信之，谓可面告常熟，卒不遇"云云，似属康的张扬之词。张荫桓历任驻美公使等职，是当时清朝最了解外部世界的官员之一，经过与德国艰难的谈判，张与翁同龢已对英国不抱希望。他们最大的愿望是，英国不要再趁火打劫。然康与翁、张之间关系，未必如康所称的那般密切，康是否对张荫桓有这些指责性的言词，也是可以怀

〔1〕 "总署致出使大臣罗丰禄电"，《德国侵占胶州湾史料选编1897—1898》，第282页。

〔2〕 参阅王曾才：《英国对华外交与门户开放政策》，《中英外交史论集》，联经出版有限公司，〔台北〕，1979年，第82—84页。

〔3〕 "德国外交大臣布洛夫致驻东京代办屈乐尔（von Treutler）电"，1897年12月28日（光绪二十三年十二月初五日），称言："阁下回答日本有关方面的试探时，最好能把下面的话直接通知西德男爵：你曾觉得有必要向此间报告，东京方面怀疑德、俄之占领沿海地点是否意味着中国瓜分的前奏。现在你可以说德国绝对没有一点危害中国生存之意，而且我们知道在这方面也完全与俄皇的意思一致。我们现在对中国的要求可说尽量以这个基本观念为限度，而且在这方面远不如香港割让于英国的这样严重，而当时却没有人曾想到中国要崩溃。请阁下注意日本大臣的态度。如果他的态度是缄默的话，那您就不要说下去。如果他主动地论及将来，请您先作为您私人的意见向他暗示，在调节我们将来的计划时，关于或早或迟分配中国遗产的问题，我们绝无意从原则上妨碍日本进取中国大陆的计划，这个趋向是由于台湾的占领业已彰明昭著了。"（《德国外交文件有关中国交涉史料选译》，第1卷，第208页）"西德"指西德二郎，当时为日本外相。姓"西"，名"德二郎"，此处翻译有误。

疑的。

康称"今英果出"一语，指英国要求开放大连湾为通商口岸一事。光绪二十三年十二月二十三日，英国公使窦纳乐向总理衙门提出贷款条件（参见23·12），其中包括了开放大连湾，此举针对俄国欲租借旅顺、大连，反对其独占辽东半岛之利。（参见23·8、24·6）俄国代理公使巴布罗福事先得知此事，作出强烈反应，于当天早上约见李鸿章，"力言大连若开口岸，俄与中国绝交"。[1] 英国首相沙士伯雷得到消息后，指示窦纳乐："可以不坚持这一点"。[2] 由此可见，康称"西后及恭邸畏俄甚，卒不徇英请"，并无根据。康又称英国要求旅顺、威海卫开口"通商"，查阅史料，亦无其事。

康称"尽开沿边口岸，以众国敌俄"一事，即自行开辟商埠事，我放在下节，予以集中的说明。（参见23·13）

（23·12） 时偿日本之一万万，英人又许代借三厘息、不扣，俄闻之，又强相借四厘息、扣，于是议论纷纷，有主两借者，有主两不借者。吾言"可借英款，俄大言恐吓，必不缘此小故动兵也"。政府畏俄，又不敢，乃用两不借之说。此事英实有庇护之意，而两拒之，殊为失机，惟有与同志叹息而已。然经此事后，俄、英、日之情皆见，朝士渐知英、日之可信，而知俄之叵测，自此群议，咸知联英、日矣。

> 据手稿本，"又许代借"后删"不"字；"于是"后删"外"字；"必不缘此小故"之"小故"为添加；"自此群议，咸"之后删"主"字。"必不缘此小故动兵也"之"动"字，诸刊本、抄本误为"发"。

甲午战争的巨额赔款，主要是依靠外债偿还的。其形式是由外国银行代理发行清朝国家公债。此时国际市场上资本过剩，各国游资均在寻

---

〔1〕 《翁同龢日记》，第6册，第3081页。

〔2〕 沙士伯雷致窦纳乐电，1898年1月17日，转引自王曾才：《英国对华外交与门户开放政策》，《中英外交史论集》，第87页。

找投资机会，俄、法、英、德为了争夺此项清朝国家贷款（即国家公债代理发行权）展开了争夺。各国并不是靠商业条件的优厚而展开公平的竞争，而是利用政治、外交等手段，压迫清朝，以接受条件并非最惠并有附加条件的贷款（即代售公债）。

最初获清朝国家公债发行权的是俄国与法国，即"俄法借款"。两国靠"三国干涉还辽"之功，于光绪二十一年闰五月（1895 年 7 月）由清朝驻俄公使许景澄与俄国各银行签订了 1 亿金卢布（约合银 1 亿两）的合同，此即为由俄、法银行包销的清朝政府公债，年息 4%，94.125 扣，36 年还清。由俄国、法国等多家银行，在俄、法、德、荷兰等国进行销售。清朝以海关税收为担保，并承诺在 6 个月内不得再行向外国借款。[1]"俄法借款"付出第一期赔款及赎辽款银共 8000 万两后，所剩无几。

英、德两国得知俄国欲再揽此债务，在北京展开了巨大的外交攻势，法国与俄国也同样向总理衙门施加了压力。至该年年底，英、德两国银行团内部达成协议，由汇丰、德华两家银行出面承担。光绪二十二年正月二十八日（1896 年 3 月 11 日），总理衙门与汇丰银行、德华银行签订包销清朝政府公债 1600 万英镑（约合银 1 亿两）的草合同，十一天后又签订了《详细章程》。年息为 5%，94 扣，36 年还清，清朝仍以海关税收作为担保。[2]此即"英德借款"。该款用于第二、三期赔款约银 7000 余万两。

清朝利用两次在欧洲发行公债之所得，分三次偿还对日赔款[3]：

〔1〕《四厘借款合同》、《四厘借款声明文件》，见《中外旧约章汇编》，第 1 册，第 626—631 页。

〔2〕 俄法借款以清时有海关税收为担保，英国最担心俄国会利用此项担保向清朝捉出要求，更换英籍总税务司赫德，而改派俄国人。由此《英德借款详细章程》上写明："至此次借款未付还时，中国总理海关事务应照现今办理之法办理。"用语虽不很明确，但赫德的总税务司地位稍稍得以稳固。（《英德两国借款草合同》、《英德借款详细章程》，见《中外旧约章汇编》，第 1 册，第 638—644 页）

〔3〕 李文杰：《中国早期国债的顿挫："昭信股票"研究》（北京大学硕士论文，2007 年），第 38 页。又，第一次付出赔款 5000 万两，未包括赎辽款 3000 万两。

支付时间	赔款		息款		威海卫军费	
	银（两）	英镑	银（两）	英镑	银（两）	英镑
光绪二十一年九月十四日	50000000	8225245	—	—	—	—
光绪二十二年三月二十六日	50000000	8225245	1250000	205632	500000	82253
光绪二十三年四月二十五日	16666667	2741748	416667	68544	500000	82253

至此，清朝尚剩有赔款计银 8700 万，须在光绪二十四年闰三月交清。
（参见 23·9）康称"时偿日本之一万万"，数字不那么精确。

　　光绪二十三年五月，李鸿章奉旨办理第三期借款事宜，他通过华俄
道胜银行提出了借款要求。然此时清朝在欧洲已发行国债共计银两亿
两，更兼金银比价之波动、作为抵押的清朝海关税收总额有限等因，俄
国的条件从资本因素转向政治因素。俄国财政大臣维特（Sergey Yuly-
evich Witte）表示，清朝须向俄提供"最重大的和对俄确有实质意义的
利益"。[1]李鸿章无法接受俄方条件，即命盛宣怀在上海办理商业贷
款。盛与英国呼利—詹悟生公司（Hooly-Jamieson Syndicate）接洽，并
草签了合同，终因该公司提出层出不穷的附加条件而最终失败。[2]李

---

〔1〕　转引自丁名楠等：《帝国主义侵华史》，第 2 卷，人民出版社，1986 年，第 48 页。
〔2〕　《续议借款草约》，见《中外旧约章汇编》，第 1 册，第 724—725 页。《翁同龢日记》，
　　　第 6 册，第 3027—3029、3032、3035、3042、3056 页；盛宣怀：《愚斋存稿》，1930 年
　　　刊本，卷二八，第 1—13 页。金登干于光绪二十三年七月初五日（8 月 21 日）致赫
　　　德电报称："收到您新字第 744 号电后，我去找了脑贝尔。他说，不久以前詹悟生为
　　　了 400 万镑铁路借款的事来看嘉谟伦，并且说起有一个什么阿石本汉勋爵或者叫做
　　　阿石本顿勋爵的，和来波·罗斯希尔德都支持他。嘉谟伦说，他与罗斯希尔德家族
　　　的人们都很熟识，詹悟生所说罗斯希尔德支持他的话是完全靠不住的。脑贝尔说，
　　　呼利是一些投机计划的发起人，他在伦敦信用极坏。我又去找希尔。希尔说，伦敦
　　　有地位的银行家或经纪人都不愿同呼利有来往，呼利的钱只是账面上的；詹悟生是
　　　一个没有钱的国会议员，伦敦认识他的人连 10 镑的钞票都不愿借给他。希尔的公司
　　　曾经同他有过一些交易，现在再也不同他来往了。他还说，承修铁路的大商人皮尔
　　　逊是呼利—詹悟生公司最大的出资人，其他的人差不多没有拿出什么资本。因为詹
　　　悟生是一个国会议员，所以用来鼓动外交部的……"赫德于次日回电称："呼利—
　　　詹悟生公司虽然信用不佳，最好还是让它去。通过它的失败，可使他们的中国朋友
　　　得到教训。""我想让李鸿章这一帮人去搞吧，搞不成会使他们得到教训！公司的
　　　代表福禄克（Frassel）今天同一个上海律师普拉特（Platt）来到北京，看来像认真
　　　办理，也预示要发生纠纷！在事情结束以前，我们会有笑话看的。"金登干于七月十一
　　　日（8 月 27 日）电报称："詹悟生昨天在汇丰银行称，不拟在为赔款所举借的外债中

鸿章亦电驻美公使伍廷芳，希望从美商处借款，亦未果。[1]十一月二十一日，即俄国占据旅顺、大连前一日（参见23·8），李鸿章在多次失败后，回过头来，再向俄国财政大臣维特提出借款银1亿两。维特乘机开出了非常苛刻政治条件：一、满洲、蒙古修建铁路独占权；二、修建中东路支线；三、在支线的终端允俄修建港口；四、以海关关税担保，并以地丁、厘金加保；五、总税务司出缺时，将由俄国人出任。

赫德得知此消息，立即致电汇丰银行，称"目前正值危急关头，关系到远东的未来，因此我希望汇丰银行能得到英国外交部的有力支持"，揽得贷款。[2]英国驻华公使窦纳乐则提议由英国向中国提供贷款，首相沙士伯雷表示同意。十二月二十三日，窦纳乐至总理衙门，正式提出了贷款条件：一、由英国控制清朝的财政收入，作为贷款的担保；二、英国可修筑从缅甸边界到长江流域的铁路；三、不将长江流域租让给其他国家；四、大连湾、南宁、湘潭辟为通商口岸；五、给予英商在中国内地贸易更多的自由，外国货物在通商口岸免厘金。英国还宣称，如清朝借俄款（或俄、法联合贷款），英国须得到补偿：一、中国内河航运权；二、占领舟山岛；三、云南铁路修筑权。

前节（23·11）已述，俄国表示大连若辟为通商口岸，俄国将与中国绝交。俄国财政大臣维特、吴克托亲王（Prince of H. Oukhtonsky）通

插手，只打算做铁路的买卖。"（中国近代经济史丛刊编辑委员会主编：《帝国主义与中国海关资料丛刊之五·中国海关与英德续借款》，中华书局，1983年，第14—15页。以下简称《中国海关与英德续借款》。福禄克，当时又译为"福禄寿"）由此可见赫德完全了解呼利一詹悟生公司的内幕，但他不告诉清政府，而有意让其政敌李鸿章陷于失败。

[1] 李鸿章致伍廷芳电，光绪二十三年十月二十三日、十一月初五日、伍廷芳致李鸿章电，光绪二十三年十一月初六日，《李鸿章全集》电稿三，第793、797—798页。

[2] 陈霞飞主编：《中国海关密档：赫德、金登干函电汇编》，中华书局，1996年，第9册，第162—163页。（以下简称《中国海关密档》）又，汇丰银行将此电转给外交部，并于1898年1月8日（光绪二十三年十二月十六日）通过金登干回电赫德："来电已转外交部，非常有用，至为感谢。"金登干还提醒称："请注意，内阁今日开会。"（同上书，第167页）

过多种渠道向李鸿章表示，清朝若不借俄款，"即失和"。[1]在当时的外交用语中，"失和"是很严重的用语。在交涉的关键时刻，俄国又采取行贿手段。巴布罗福与华俄道胜银行的璞科第（Dmitrii Dmitievich Poko-tilov）秘密告诉李鸿章、张荫桓，如果俄款能成，将酬李银50万两，酬张银20万两。[2]法国代理公使吕班（Constantin Dubail）也到总理衙门表示，绝不容许将南宁辟为通商口岸，反对清朝借英款，若中国向英国提供了管理财政及开矿的特权，法国要求在南方省份有相应的补偿。

光绪二十四年正月初三日，也就是康有为到总理衙门接受询问的当日（参见24·1），总理衙门成为俄、英两国公使大肆咆哮的场所，翁同龢在日记中称：

> "俄使巴百罗福来，称奉国电，借款若中国不借俄而借英，伊国必问罪，致大为难之事。又极言英款万不可借，将以埃及待中国矣。辩论一时之久。而英使窦纳乐来，恭邸先往晤之，余与庆邸、荣、敬、崇、廖勉支巴使退。适窦语亦横，大略谓中国自主，何以不敢以一语诘俄？英何害于俄而俄必阻止耶？且法国何与也？盖合肥专以俄毁英之语激动之，故致此咆哮也。亦勉支而去。噫，殆矣。"[3]

翁两用"勉支"一词，即总理衙门不敢开罪任何一国公使，只能听其咆

---

〔1〕 参见王曾才：《英国对华外交与门户开放政策》，《中英外交史论集》，第86—87页；丁名楠等：《帝国主义侵华史》，第2卷，第48—53页。

〔2〕 时在北京的华俄道胜银行董事璞科第报告说，英国为实现其借款条件，将会行贿。沙皇同意拨银100万两用于行贿，其目的在于借款的条件，即租借大连、旅顺与兴建中东路支线。光绪二十四年正月初二日（1898年1月23日），即巴布罗福去总理衙门谈判的前一日，璞科第、巴布罗福在俄国公使馆对李鸿章说，"如果中国与英国成立借款，将发生最严重的后果，如果和我们成立借款，当酬李鸿章银50万两。"李鸿章仅表示英国的条件更优厚。正月初五日（1月26日），璞科第、巴布罗福与张荫桓秘密交往时称，如果与俄国借款成立，"将酬他银20万两"。张则表示他是一个俄国可以依赖的人。（《红档杂志有关中国交涉史料选译》，第203—206页）俄国后来为租借旅大，向李鸿章行贿银50万两。（参见24·6）

〔3〕 《翁同龢日记》，第6册，第3086页。荣为荣禄，敬为敬信，崇为崇礼，廖为廖寿恒，皆为总理衙门大臣。又，张荫桓称："俄、英两使先后至，余接晤英使，两邸继来晤，并无成说，不欢而去。俄使亦如是云。"（《张荫桓戊戌日记手稿》，第2—3页）

哮，勉力支撑。在英、俄两国的压力下，恭亲王由此决定：两不相借。正月十三日，总理衙门将此决定通知了英、俄两国。总理衙门由此转向日本政府请求赔款偿期展缓，被拒。(参见23·9)

康称"英人又许代借三厘息，不扣"，即年息3%，而无折扣。翁同龢光绪二十三年十二月十三日日记称："李相告余，英国国家可担借款三厘息云云，恐未确。"[1] 十九日又记："英使窦等四人来，必欲见余，李、敬、张、许同坐，彼云借款外部担保，惟必须有利益语始可服议院之口。至借款则四厘息，不折扣，五十年清，较俄债更便宜矣……"[2] 李鸿章对此也有相同的说法。[3] 由此看来，当时确有"息三厘"的传说，而英方正式提出的利率为4%。然当时的借款，以今天的概念分类，属由俄、法、英、德等国银行包销的清朝政府公债，折扣即是代理银行的包销费、手续费、保险费；且以略低面值的价格销售。"俄法借款"利率为4%，发行价为99.2%—99.8%，包销费、手续费、保险费约为6%，清政府所得号称是94.125%，即"九四一二五扣"，实际似为93.2%。"英德借款"利率是5%，发行价是98.75%—99%，包销费、手续费、保险费约为4%，清政府实得是94%，即"九四扣"。[4] 窦纳乐所

---

〔1〕《翁同龢日记》，第6册，第3078页。李相为李鸿章。又，在伦敦的金登干于十五日(1898年1月7日)发电赫德称："《泰晤士报》北京记者电称：俄国借款尚未谈妥。传说英国答应担保三厘借款，中国的信用因此增高，中国五厘债券现在溢价3/8。"赫德为此于十八日(1月10日)发电金登干："俄国人真的愿意与英国共同担保三厘债券吗？或者，在'英国'一词之前是什么字？"金登干当日回电："'英国'一词之前是'传说'。今天又传说，英国担保几已确定，但官方尚未宣布。"(《中国海关密档》，第9册，第166、168页)

〔2〕《翁同龢日记》，第6册，第3080页。李为李鸿章，敬为敬信，张为张荫桓，许为许应骙，皆总理衙门大臣。

〔3〕璞科第于正月初三日发电俄财政大臣维特称："昨晚我在场时，李鸿章应邀来访我国代办(指巴罗福)秘密商谈。我们促使他注意，如果中国与英国成立借款，将发生最严重的后果，如果和我们成立借款，当酬李鸿章银五十万两。李鸿章称，主要困难在于英国的条件有利，英国建议按十足数借款，五十年偿清，年息百分之四。"(《红档杂志有关中国交涉史料选译》，第205页)

〔4〕李文杰：《中国早期国债的顿挫："昭信股票"研究》(北京大学硕士论文)，第19页。

称"不折扣",可能是指全价销售清朝政府公债,然仍会有相应的包销、手续、保险的费用,否则将以溢出票面的价格来发行。虽说由英国外交部出面作保,在当时也被认为极其安全,但对投资者恐缺乏吸引力。如果真无折扣,英国政府为其政治利益很可能将另行采取经济手段,否则没有一家商业银行会参与此项国债。康称"俄款四厘",我还没有读到相关的记载。

总理衙门表示两不相借之后,俄国对此妥协,转与英国进行私下交易。(参见24·6、24·10)但英国并不罢休,要求清朝为其"失信"予以补偿。经窦纳乐一再施压,总理衙门于光绪二十四年正月十五日(1898年2月5日)同意:一、中国开放内河供英船航行;二、担保不将长江流域租让与他国;三、开放湖南。[1]窦纳乐"高超"的外交技巧,博得了英国首相兼外相沙士伯雷和英国中国协会主席等人的高度赞赏。[2]

康称"可借英款,俄大言恐吓,必不缘此小故动兵也",又称"此事英实有庇护之意",说明他不了解当时英、俄争夺借款的外交内情,也说明他没有西方资本市场与金融市场的知识,不了解外国银行代理发行清朝政府公债的程序。康又称"朝士渐知英、日之可信,而知俄之叵测,自此群议,咸知联英、日矣",却大体属实。当时确有众多人士表现出对英、日的兴趣,但他们如同康有为,对此期英国、日本的实际要求与两国在外交上与德、俄的交易,不完全知情。

此后,清朝向汇丰银行、德华银行再次进行商业借款,即"英德续借款"。(参见24·10)

---

〔1〕 翁同龢光绪二十四年正月十五日记:"未正,英窦使来,言得外部电,责我何以借款旋散,仍索利益。曰长江不许别国占,曰轮船任行内河,曰南宁开口,曰湘潭开口。余等驳辩数四,卒不能回,乃允可行,须端节前定议。伊得允,乃要以发电告本国,惟南宁口气略松,湘潭可换岳州耳。不借而失利权,孰为之耶? 噫。"(《翁同龢日记》,第6册,第3090页)

〔2〕 参阅王曾才:《英国对华外交与门户开放政策》,《中英外交史论集》,第88—89页;丁名楠等:《帝国主义侵华史》,第2卷,第53—54页。

（23·13）吾又告常熟，谓："俄欲眈眈，诸国并来，吾无以拒之。请尽开沿边各口与诸国通商，既可藉诸国之力以保境，又可开士民之知识。"又腾书与廖仲山言之。常熟大以为然，倡言于总署，于是王、大臣集议，多不通情势，咸驳是说，议不行。然自是，旅顺、大连湾、广州湾之要索，自此纷纷矣。

据手稿本，"谓：俄欲眈眈，诸国并来，吾无以拒之"一句为添加，补在行间与页下；"请尽开沿边各口"一句，"请"字后删"以"字，"沿边"二字为添加；"既可藉"后删"群力"二字；"开士民之知识"后删"常熟大然"；"王大臣集议"后删"多拒多"三字，添加"多不通情势，咸"六字。"旅顺"二字，诸刊本、抄本漏。

康有为此处所言，为自开通商口岸。

自开通商口岸的思想，在当时中国早有传播，论者以此有利于本国商务之拓展、又可防止西方列强强索或扩大租界。[1]陈炽在其著《续富国策》卷四《商书》中，有《大兴商埠说》，称言：

"惟有仿恰克图买卖圈及江海各埠租界之式，凡轮舟、铁路、电报所通之地，及中国土产、矿金、工艺所萃之区，一律由官提款购买民田，自辟市埠，开衢建屋，而岁课其租金，一切详细章程，均仿西人工务局成法。现在各埠租界之侧，亦一律清厘隙地，兴建楼房，正其名曰'华市'，以便华商居止贸易，且免西人托名影射，占地益宽，如近日上海租界，地基蔓延至百里以外。彼以重值 我愚民，流弊深微，未知所底。使皆由中国自辟商埠，则此疆彼界，虽欲尺寸侵越而不能。"[2]

以此为目标的"自开口岸"，与康的"以夷制夷"之计，自然有所区别。

前节（23·6）已述，御史张仲炘于光绪二十四年正月二十五日上"请将

---

[1] 参阅杨天宏：《口岸开放与社会变革：近代中国自开商埠研究》，中华书局，2002年，第46—54页。

[2] 《陈炽集》，第245页。《续富国策》刊行于光绪二十二年，该篇写于何时不详，杨天宏认为写于19世纪80年代，其根据为该文刊于《皇朝经世文三编》。然《皇朝经世文三编》刊行于光绪二十三年，不知杨天宏是否另有所据。

海疆要地遍开商埠以保全局折"，二月初七日上"众敌环伺敬陈管见折"，已提出了自开口岸之策，其策略即为各国互相牵制。盛宣怀此时也向荣禄提议此策。[1]

康称其在光绪二十三年即向翁同龢、廖寿恒提出"请尽开沿边各口与诸国通商"之策，尚无直接史料可为之佐证；但他确实正式提出过"遍地通商"之建策。光绪二十四年二月二十七日康向总理衙门呈递、三月初三日由总理衙门代奏的"为胁割旅大乞密联英日坚拒勿许呈"，称言：

> "即或虑俄人横肆，德、法助俄，诸国未必助我，则可遣大使布告万国，皆许其遍地通商，立约瑞士，公众共保，则俄人必不能独肆要求。"[2]

康以此策作为对付俄国强租旅顺、大连的下策。(参见 24·6)

也就在代奏康该上书的当日，光绪二十四年三月初三日，总理衙门因英国迫湖南开口，又闻意大利欲租借三都澳等因，奏请将湖南岳州、福建三都澳辟为通商口岸，光绪帝当日朱批"依议"。此为清朝自开口岸之始。[3]三月初五日，总理衙门再请将秦王岛辟为通商口岸，光绪帝当日再次批准。[4]

然到了光绪二十四年春，由于国际形势的压迫，"自开口岸"已成许多人士的共识。詹事府左春坊左中允黄思永、湖南巡抚陈宝箴先后奏请

---

〔1〕《郑孝胥日记》光绪二十四年正月二十五日记："晤督办，谈及山东铁路，督办出示总署诸电。督办请将内地各省会一体通商，且立矿务公司及铁路公司，皆准洋人入股，以塞各国侵占之谋。余曰，此策固善，宜先密电荣中堂，使之助力。督办以为然。"二十九日记："晚，李一琴来，同见督办，议举国通商事，至七点半钟乃退。"(《郑孝胥日记》，第2册，第642—643页)督办即盛宣怀。李一琴，李维格。

〔2〕《杰士上书汇录》，见《康有为早期遗稿述评》，第272页，第276—278页。

〔3〕军机处《随手档》，光绪二十四年三月初三日。王彦威、王亮编：《清季外交史料》，刊本，1934年，卷一三〇，第14—15页。

〔4〕军机处《随手档》，光绪二十四年三月初五日。《清季外交史料》，卷一三零，第16—17页。又，是日总理衙门上奏请准将旅、大租借给俄，并答应英国租借威海卫，恐列强觊觎，故有此请。

自开口岸，光绪帝皆将之交总理衙门议复。[1]六月二十三日，总理衙门议复陈宝箴折，光绪帝据此发出上谕：

> "军机大臣字寄沿江沿海沿边各将军督抚，奉上谕：欧洲通例，凡通商口岸，各国均不侵占。现当海禁洞开，强邻环伺，欲图商务流通，隐杜觊觎，惟有广开口岸之一法。本年三月间，业准如总理各国事务王、大臣所奏，将湖南之岳州府、福建之三都澳、直隶之秦王岛，开作口岸。嗣据该衙门议复中允黄思永条陈，请饬各省察看地方情形，广设口岸。现在尚无成议。著沿江沿海沿边各将军督抚，迅就各省地方，悉心筹度，如有形势扼要、商贾辐辏之区，可以推广口岸、展拓商埠者，即行咨商总理各国事务衙门酌核办理。惟须详定节目，不准划作租界，以均利益而保事权。该将军督抚等筹定办法，即著迅速具奏。"[2]

"自开口岸"由此成了清朝的政治决策。

---

[1] 光绪二十四年三月二十九日，黄思永奏称："凡在中国可为通商口岸地方，不俟请立租界，先行照会各国，一律准其通商，有利均沾，有患共御。照上海租界办法，与各国明定条约，勿任一国专擅于其间。"(《戊戌变法档案史料》，第432页)当日光绪帝发下交片谕旨，令总理衙门"议奏"。(军机处《洋务档》，光绪二十四年三月二十九日)总理衙门于四月十八日复奏，同意黄思永的办法，光绪帝朱批："依议。"(军机处《随手档》，光绪二十四年四月十八日)四月二十六日，湖南巡抚陈宝箴上奏其改革方案，言及自开口岸，谓："欧洲诸国通例，凡通商口岸，各国均不侵占，前兵部侍郎郭嵩焘使英时，英外部告以中国旅顺口为海滨形胜重地，亟须经营，勿为他人据此要害。如力有不及，则令各国设埠通商，可免侵占之患。由今日观之，是通商之益，转更足自固藩篱。近日两江总督臣刘坤一拟请以吴淞口为商埠，盖亦以此。宜请特降谕旨饬下总理各国事务衙门，与各省将军督抚等会议，各省可以设埠地方，无论何国，悉准通商。惟须查照外国商埠通例，详定节目，尤不准划作租界，以保事权，而杜嫌衅。"陈宝箴还有另一片，专言自开通商口岸一事。(《戊戌变法档案史料》，第26、385页)光绪帝于五月二十四日朱批："著总理各国事务衙门妥速筹议具奏，单并发"。(军机处《随手档》，光绪二十四年五月二十四日)总理衙门六月二十三日议复，表示同意，"至广开口岸，臣等亦早筹是，是以本年三月间，迭经奏请，将湖南之岳州府、福建之三都澳、直隶之秦王岛，开作口岸，奉旨允准，业经咨行各该省遵照。并于议复中允黄思永条陈折内声明，各该省如有形势扼要、商贾辐辏之区，不妨广设口岸，以均利益，而免觊觎。请饬各省将军督抚，察看地方情形，咨会臣衙门核办。"(《戊戌变法档案史料》，第31—32页)

[2] 军机处《洋务档》，光绪二十四年六月二十三日。

但是，张仲炘、盛宣怀、康有为等人"自开口岸"之策，能否挫败德、俄等国占据中国海口的要求，却是值得怀疑的。前已述及，德国占领胶州湾后，翁同龢、张荫桓欲辟胶州为通商口岸，并划界为德设立储煤区、允德另租借一岛，遭到德国的拒绝（参见23·5）；俄国也不同意大连辟为通商口岸（参见23·11）。而后法国要求中国南方口岸，英国索取威海卫与北九龙，日本将其眼光放在台湾对面的福建。（参见24·6）美国刚刚与夏威夷签订了"合并"条约，正处于美西战争的前夜，无力于中国。只有对意大利（当时欧洲二等国家）所要求的三都澳，可用"自开口岸"之策推挡之。康提议的"公众共保"，指仿照瑞士，各国承认中立，也非当时可行之事。而康称自开口岸"可藉诸国之力以保境"，"尽开沿边各口以众国敌俄"，仍属不了解各国外交内幕的自我想像。

康称"常熟大以为然，倡言于总署"，即翁同龢倡导自开口岸以及派使、开和会以求各国保护之事，参见24·6。

（23·14）是冬，幼博在上海大同译书局刻《孔子改制考》、《春秋董氏学》、《日本书目志》成。

据手稿本，"幼博在上海大同译书局刻"为添加，补在行间。

大同译书局，光绪二十三年九、十月由梁启超等人集股在上海创办，由康有为之弟康广仁（幼博）为经理。最初的计划很大，梁启超曾作《大同译书局叙例》。[1]然集资仅银五六千两，印出之书多为康有为及其同党的著作。[2]

《孔子改制考》、《春秋董氏学》，是康有为的主要经学著作，但意义又大于一般的经学范围，直指现实政治。康在《我史》中对两书记载甚

---

〔1〕 见《时务报》，第42册（光绪二十三年九月二十一日出版）。
〔2〕 《大同译书局新出各书》广告，《申报》光绪二十四年三月三十日。

多，其中亦称万木草堂学生之力。[1]梁启超称："其著《孔子改制考》及《春秋董氏学》，则发凡起例，诏吾侪分纂焉。吾侪坐是获所启发，各斐然有述作之志。"[2]

若据《我史》所言，《孔子改制考》最初酝酿于光绪十二年，大体完成于光绪二十二年。其主要内容为：孔子之前上古沧茫无从稽考，为治乱世，孔托古而自创《诗》、《书》、《礼》、《易》、《乐》、《春秋》六经，自创尧、舜、文、武之古代治世景象，自创一系列的各朝礼法，用以规范现实社会。孔子由此成了人间的"素王"，其创造的儒学，指导着后世的发展。到了汉武帝之后，孔子的思想被接受，但孔子的用意却未能彰显。在这部书中，康提出了三统说，提到了"太平"、"大同"，但没有展开详论。该书的写作方式，如同《新学伪经考》，大量引用经典，加以按语。该书于光绪二十三年冬在上海大同译书局初刻，次年初出版。前有康有为《序文》，署日期为"光绪二十四年正月元日"，称言：

> "不敢隐匿大道，乃与门人数辈朝夕钩撰，八年于兹，删除繁芜，就成简要，为《改制考》三十卷。同邑陈千秋礼吉、曹泰箸伟，雅才好博，好学深思，编检尤劳，墓草已宿。"[3]

若据该《序文》中的"八年"，《孔子改制考》之酝酿写作，初始于光绪十五年底，完成于二十三年底。而该《序文》虽自称"三十卷"，然印成者实为二十一卷。《孔子改制考》刊行后，引起了很大的震动，翁同龢称观此书后，知康"居心叵测"（参见24·15）；张之洞作《劝学篇》，以

---

[1] 光绪十八年记："是书（《孔子改制考》）体裁博大，自丙戌年（光绪十二年）与陈庆笙议修改《五礼通考》，始属稿，及己丑（光绪十五年）在京师，既谢国事，又为之。是年编次甚多，选同学诸子分葺焉。"二十年又记："桂林山水极佳，山居舟行，著《春秋董氏学》及《孔子改制考》。"二十二年又记："续编成《孔子改制考》、《春秋董氏学》、《春秋学》。"二十三年又记："编《春秋考义》、《春秋考文》成。"此处的《春秋考义》、《春秋考文》，似为后来刊行的《春秋笔削大义微言考》（参见23·1）；有可能与《春秋董氏学》有内容上的关联。

[2] 《南海先生七十寿言》，《饮冰室合集》，第5册，文集之四十四（上），第28页。

[3] 《康有为全集》，第3集，第3页。在《孔子改制考》内文中，提到了"门人南海康同薖、番禺罗润楠初校；门人东莞叶衍华，番禺王觉任复校；门人东莞张伯桢再校"；"今属门人等表之（墨子弟子后学表、老子弟子后学表）"。参与此书编校的学生很可能不止这几位。

对抗之；孙家鼐称之"悖谬"，要求删其内容（参见24·37）；陈宝箴则要求康"自行毁版"（参见24·52）。康有为在"百日维新"期间，曾摘抄其中9卷进呈给光绪帝。（参见24·23）

若据《我史》所言，《春秋董氏学》的写作始于光绪二十年，完成于光绪二十三年五月。其主要内容为：董仲舒最初称孔子改制，其《春秋繁露》中《三代改制》一篇，言此最为集中。康在此书中将《春秋繁露》按题摘录汇编，附以自己的按语，借此阐发《春秋》公羊学之微言大义。该书于光绪二十三年冬由上海大同译书局刻，次年初出版。前有康有为《序文》，署日期为"光绪二十三年十月朔日"。该书后于民国年间编入《万木草堂丛书》再刻时，《序文》著日期为"光绪十九年癸巳七月"，汤志钧称其为"倒填"日期。[1]

《日本书目志》是一部介绍日本各科著作之工具书。《我史》光绪二十二年对此称：

> "自丙戌年（光绪十二年）编《日本变政考》，披罗事迹，至今十年。至是年所得日本书甚多，乃令长女同薇译之，稿乃具。又撰《日本书目志》。"

若据此言，康于光绪十二年开始对日本政治有兴趣，搜集日本图书，二十二年始编《日本书目志》，二十三年完成。然从康《日本变政考》的写作经历来看，康的这一说法未必可靠。[2]（参见22·5、24·8、24·

---

〔1〕《康有为政论集》，上册，第195—197页。

〔2〕《康有为全集》第1集，收录康有为"笔记"，按语称："《万木草堂遗集》油印本卷六'笔记'类收文四十六篇，编署'皆戊戌前作'。经复核，这些笔记多以按语形式录入1898年春刊刻的《日本书目志》一书，但收入时内容已有增删，当系康氏阅读日译西书时陆续写下的笔记。原文无写作年月，查康氏《日本书目志自序》及《进呈〈日本变政考〉序》皆提及1888年'欲结会以译日本书'、'告长吏开局译日本书'，姑系于是年前后。"（见该书，第193页）编校者为编排方便起见，将之编入光绪十四年。然"欲结会以译日本书"前有"不达而归"一语，即光绪十五年（1889）从北京、杭州回广州之后；"告长吏开局"一语出于《戊戌奏稿》，系康后来而另撰。最为可靠的说法，为康有为《日本变政考》第二次进呈本序文中称言："乙未和议成，大搜日本群书，臣女同薇，粗通东文。"康可能先前也搜集日本书，但"大搜"却在光绪二十一年之后，康的笔记很可能是于此期所写。

33)《日本书目志》所记为书目，康有为加以按语并有札记。由此书可以看出，康有为是通过日本书来学习西学的。康虽然不懂日语，但当时的日语大量使用汉字，其女儿康同薇很可能是他的助手。由此书又可以看出，康虽用中国的传统观念去理解、发现日本与西方，但毕竟看到了许多新鲜事物，日本书对其思想的发展有着重大的影响。康在此书中的札记与评论，虽未必是对该书的确评，但可准确地判断康此期的思想。正因为如此，康一直主张大译日本书，效法日本来学习西方。（参见 24·18、24·19）

　　然查《日本书目志》，所录书目为：一、生理门，36 类，366 种；二、理学门，24 类，352 种；三、宗教门，5 类，108 种；四、图史门，25 类，891 种；五、政治门，17 类，427 种；六、法律门，24 类，450 种；七、农学门，19 类，402 种；八、工业门，11 类，227 种；九、商业门，9 类，157 种；十、教育门，17 类，740 种；十一、文学门，18 类，903 种；十二、文字语言门，14 类，860 种；十三、美术门，18 类，720 种；十四、小说门，1056 种；十五、兵书门，4 类，52 种。以上共计 15 门、242 类、7711 种，且每种图书至少是一册，多则十余册、数十册。因其册数记录不全，我无法进行册数统计。在当时的日本，以此藏书数量为计，也是一个规模不算太小的图书馆。以常理判断之，康不可能收藏到如此之多的书籍，更无可能阅读一遍。且每种书大多开列四项：书名、卷册数、作者、价格，更让人感到有点像图书馆的目录或书商的广告。由此，我以为，康所撰《日本书目志》并不是靠其收藏之书，很可能是依据日本某一图书馆的馆藏和文图书目录，或者是依据大量日本出版商的广告，其中明显的证据是，在其"文字语言门"的"辞书类"中有："《训蒙康熙字典》，四册，桥爪贯一著，三角五分"；"《鳌头音释康熙字典》，六册，石川鸿斋编，六元三角"；"《康熙字典》，十七册，渡部温订正，七元五角"；"《康熙字典考异正误》，二册，渡边温著，一元"。康似不会收藏此类图书，更不可能去阅读。

　　（23·15）时严范孙请开经济特科，乃说常熟并张樵野成之，藉以

增常科以阴去八股。常熟主之，此事遂成，其章程与沈子培同议之者也。

据手稿本，"经济特科，乃说常熟并张樵野成之，藉以增常科以阴去八股"一段，写在页边；"常熟主之，此事遂成，其章程与沈子培同议之者也"一段，似为添加，补在页眉。又，此处文句顺序据手稿本康有为本人的划线，诸刊本、抄本的文句顺序与此不同。

严范孙，名修（1860—1926），直隶天津人，原籍浙江慈溪。光绪九年进士，入翰林院，散馆后授编修。二十年出为贵州学政。民国以后与张伯苓等人创立南开中学、南开大学。

光绪二十三年九月二十六日，贵州学政严修上奏"请破常格迅开专科折"，即请开"经济"科，称言：

> "前岁军事甫定，皇上诏中外举人才矣，两年以来，保荐几人，录用几人，臣固无从悬揣……为今之计，非有旷世非常之特举，不能奔走乎群材；非有家喻户晓之新章，不能作兴乎士气。伏查康熙、乾隆年间，两举鸿词，一举经学，得人之盛，旷代所希，恩遇之隆，亦从来未有。彼时晏安无事，犹能破常格以搜才，岂今日求治方殷，不能设新科以劝士？臣愚以为仿词科之例而变通之，而益推广之……"

严修的具体建策为六条：一、科名"统立经济之专名"，内容为"周知天下郡国利病"、"熟谙中外交涉事宜"、"算学、译学，擅绝专门"、"格致、制造，能创新法"、"堪游历"、"工测绘"；二、取中无限额；三、入试前须有保送；四、保送者责成；五、录用无资格限制；六、赴试者参仿举人入京会试例，给予公车之费。[1] 光绪帝于十一月二十三日收到该折，恰德国已占胶州湾，俄国军舰也在"暂泊"的名义下，进入旅顺、大

---

〔1〕《军机处录副·光绪朝·文教类·学校项》，03/146/7210/3。该件是由张海荣代为寻找的。又，《丛刊·戊戌变法》，第2册，第329—332页据《知新报》录有此件，日期误为光绪二十四年正月初六日，且有错字。严修在日记中则记：光绪二十三年九月二十四日，"是日拜发条陈设科折，附请修墓片。交抚辕桂巡捕。附寄二十八号京信一包。"（《严修日记》，南开大学出版社，2001年，第2册，第979页）

连，局势危急，当即发下交片谕旨：

> "交总理各国事务衙门、礼部。本日贵州学政严修奏请设专科
> 以收实用一折，军机大臣面奉谕旨：'著总理各国事务衙门会同礼
> 部妥议具奏。'"[1]

光绪二十四年正月初六日，总理衙门与礼部上奏"遵议开设经济科折"，
同意设立"经济"科目：先设"特科"，由特旨举办，参试者为保送；后
行"岁举"，每届乡试年，由各省学政调书院、学堂的"生监"，试"专
门题"、"时务题"、"四书文"，中式者为经济正科"举人"，参加会试，中
式者为经济正科"贡士"。其特科所试内容为：

> "以六事为一科：一曰内政，凡考求方舆险要、郡国利病、民情
> 风俗诸学者隶之；二曰外交，凡考求各国政事、条约公法、律例章
> 程诸学者隶之；三曰理财，凡考求税则、矿产、农工、商务诸学者
> 隶之；四曰经武，凡考求行军布阵、驾驶测量诸学者隶之；五曰格
> 物，凡考求中西算术、声光化电诸学者隶之；六曰考工，凡考求名
> 物象数、制造工程诸学者隶之。"[2]

该折上后，光绪帝当日予以批准，并明发上谕："著照所请行，其详细章
程，仍著该衙门会同礼部妥议具奏"；"自降旨以后，该大臣等如有平素
所深知者，出具切实考语，陆续咨送……俟咨送人数汇齐至百人以上，
即可奏请定期举行特科……"[3]三月十六日，浙江巡抚廖寿丰上奏经
济特科诸事宜。光绪帝三月三十日朱批："该衙门议奏。"[4]五月二十五
日，总理衙门与礼部再奏经济特科详细章程六条，光绪帝予以批准，并
明发上谕：

> "所拟章程六条，尚属详备，即著照所请行。经济特科原期振

---

[1] 军机处《洋务档》，光绪二十三年十二月二十三日。

[2] 《军机处录副·光绪朝·内政类·戊戌变法项》，3/108/5615/1。又，《丛刊·戊戌变
法》，第2册，第404—406页收入此件，有错字。

[3] 军机处《上谕档》，光绪二十四年正月初六日。

[4] 廖寿丰奏折见《戊戌变法档案史料》，第212—214页；朱批见军机处《随手档》光
绪二十四年三月三十日。

兴士气，亟应认真选举，以广登进而励人才。著三品以上京堂及各
省督抚、学政，各举所知，限三个月内迅速咨送总理各国事务衙门
会同礼部，奏请考试。一俟咨送人数足敷考选，即可随时奏请，定
期举行，不必俟各省汇齐，再行请旨……"〔1〕

严修之奏折仅称"统立经济之专名"，总理衙门将之分设"特科"、"正
科"，而先举行"经济特科"；又由于特科正在操办中，正科后未举行，
人们也常称之"经济特科"。康称"严范孙请开经济特科"，也非为错。
从严修的奏请到总理衙门、礼部的奏复以至再奏复，该科的内容已经有
了很大的变化：一、考试内容更明确；二、考试步骤分特科与常科，先
举行特科；三、相关的章程也具可行性。其中正月初六日、五月二十五
日总理衙门与礼部的联奏，起到了决定性的作用。

康称"说常熟并张樵野成之"，"其章程与沈子培同议之"，即称
此中主持其事者为翁同龢、张荫桓、沈曾植及康本人。沈为总理衙
门章京，此时丁母忧，虽未离京，但已不去衙门，只是在家中操办其
事。〔2〕查《翁同龢日记》光绪二十三年十一月二十三日至二十四年正
月初六日，翁忙于与德国交涉胶州湾事件及英、俄借款事，对经济特
科一事并无记载，仅在初六日用小字记一条："制科明发"；也无他与
沈曾植交往的记载。又查《张荫桓戊戌日记》，光绪二十四年正月初五
日记：

> "晨起，汪伯棠来商特科明发稿，嘱携回缮正……申正二刻，
> 余访汪伯棠，取回稿子，入城灯时矣。"

正月二十七日记：

> "余赴省馆春圃之会，携经济科复奏稿请筠丈酌订。"〔3〕

---

〔1〕 总理衙门与礼部联衔奏折见《戊戌变法档案史料》，第 228—231 页。上谕见军机
处《上谕档》光绪二十四年五月二十五日。
〔2〕 汪大燮致汪康年信（光绪二十三年九月初五日）称："培、封两君丁艰，方有起色，
其太夫人七十九岁，八月廿九仙逝，病才五六日，而遭此陨越，功名固不待言，目前即
下不去，各种不得了之情，有非他人所能比者。"又据汪大燮致汪康年信，沈曾植
于光绪二十四年三月初四日离京。（《汪康年师友书札》，第 1 册，第 770、774 页）
〔3〕《张荫桓戊戌日记手稿》，第 4—5、28 页。"省馆"，广东会馆。

"汪伯棠"，汪大燮，时为张荫桓作幕。"筠丈"，筠庵，即总理衙门大臣、礼部尚书许应骙。再查汪大燮光绪二十四年正月十七日致汪康年信，称言：

> "腊月间特科事成，颇思即奉告，而稿久不上，不敢泄。此时详细章程尚未定，亦由兄及子培详拟，议论颇为纷纷，中国办事其难固如此也。"

由此可见该总理衙门与礼部联衔奏折是由汪大燮与沈曾植"详拟"。二月十五日汪大燮致汪康年信中又称：

> "特科、常科章程俱定，初拟三稿，大致驳改七八，肥水争之而无益，仍归于不许人读书而已。行之甚难，毁之甚易，人心已死，无由复生矣。"[1]

从以上材料大体可知，总理衙门负责此事的是张荫桓，张的幕僚汪大燮与张的亲信且正在丁忧的沈曾植负责起草，并经过许应骙的修改。其中张荫桓的作用最大。[2]至于康称其本人在此中的作用，我还没有读到相关的材料。

至于康称"藉以增常科以阴去八股"，康确有其努力，只是并非在"增"经济"常科"内。他后来上呈"请照经济特科例推行生童岁科片"，明确提出了改变童试的方式，罢去"破、承、开、讲八股之式"。（参见24·8）

---

〔1〕《汪康年师友书札》，第1册，第772、774页。

〔2〕 张元济光绪二十四年正月十一日致汪康年信中称："开科事……此南海侍郎之功，而亦伯唐赞成之力也。"（《汪康年师友书札》，第2册，第1724页）

光绪二十四年　戊戌（1898）　四十一岁

　　导读: 是年，清朝进行了改革，史称"戊戌变法"。由于德、俄、英、法等国的压力，国家处于危局，朝野受到刺激，要求改革以度过危机的呼声高了起来。经济特科、大学堂、新法练兵等新政已开。四月二十三日，光绪帝经慈禧太后批准，下诏书以定国是。此后新政厉行，废八股改策论，设铁路矿务总局，允司员士民上书，设农工商总局……另有众多新政正在交议之中。至七月，改革达于高潮，光绪帝罢免礼部六堂官，任命杨锐、谭嗣同、刘光第、林旭为军机章京，参预新政。

　　是年，恭亲王奕訢去世，慈禧太后调整中枢机构，逐翁同龢，以荣禄为直隶总督、北洋大臣，调王文韶、裕禄入军机。她始终关注改革进程，对于光绪帝未经其同意罢免礼部六堂官极为不满，两人关系陷于紧张。八月初六日，慈禧太后发动政变，第三次听政，杀六君子，改革的举措大多被废止。

　　是年，康有为在京城大放异彩。因高燮曾保举参加弭兵会而由总理衙门问话，因徐致靖保荐而被光绪帝召见。他上了大量的改革奏折，也为杨深秀、宋伯鲁、徐致靖等人代拟了大量的奏折。他推动了四月二十三日明定国是的谕旨，促成了废八股改策论，农工商总局等机构也由其建议而设。他策划谭嗣同等人运动袁世凯，以军力包围颐和园。政变前，他离开北京前往上海，为英国所救，护送至香港，然后从香港去日本。

　　手稿本是年初页右上角，康有为手书"卷三"；其中十页是康口授，弟子韩文举笔录。韩笔录开始之页右上角，康手书"卷四"。韩笔录结束，康亲笔之页右上角，康手书"卷五"。

　　(24·1) 正月初二日，总理衙门总办来书，告初三日三下钟，王、

大臣约见。

至时李中堂鸿章、翁中堂同和、荣中堂禄、刑部尚书廖寿恒、户部左侍郎张荫桓相见于西花厅，待以宾礼，问变法之宜。

荣禄曰："祖宗之法不能变。"我答之曰："祖宗之法，以治祖宗之地也。今祖宗之地不能守，何有于祖宗之法乎？即如此地为外交之署，亦非祖宗之法所有也。因时制宜，诚非得已。"

廖问宜如何变法，答以："宜变法律，官制为先。"

李曰："然则六部尽撤，则例尽弃乎？"答之以："今为列国并立之时，非复一统之世，今之法律官制皆一统之法，弱亡中国皆此物也。诚宜尽撤。即一时不能尽去，亦当斟酌改定，新政乃可推行。"

翁问筹款，则答以："日本之银行纸币，法国印花，印度田税，以中国之大，若制度既变，可比今十倍。"于是陈法律、度支、学校、农、商、工、矿政、铁路、邮信、社会、海军、陆军之法。并言"日本维新，仿效西法，法制甚备，与我相近，最易仿摹。近来编辑有《日本变政考》及《俄大彼得变政记》，可以采鉴焉。"

至昏，乃散。荣禄先行。是日，恭、庆两邸不到。

据手稿本，"告初三日三下钟"之"告"后删"以"字，"三下钟"为添加；"王、大臣约见"后删"以客礼待"；"刑部尚书廖寿恒"由"廖尚书寿恒"改；"问变法之宜"之"宜"前删"故"；"即如此地为外交之署"由"且此地为总署"改；"廖问"前删"李合肥曰"四字；"如何变法"之"法"字为添加；"法国印花"后删"之法"，改添"印度田税"；"法律"后删"局"字；"度支"后删"局"字；"学校"后删"局"字；"并言日本维新，仿效西法，法制甚备，与我相近，最易仿摹。近来编辑有《日本变政考》及《俄大彼得变政记》，可以采鉴焉"一段为添加，补在页眉上，其中"仿效西法"为再次添加，"最易仿摹"后删去三字，添"近"字；"是日，恭、庆"之"是日"为添加。"翁同和"之"和"字，《戊戌变法》本改作"龢"；"廖问宜如何变法，答以"之"以"字，诸刊本、抄本作"曰"字；"李曰……"后"答之以"，诸刊本、抄本漏"之"字；"社会"二字，诸刊本、抄本误"会社"。

"总理衙门总办"，即该衙门的总办章京，地位在总理衙门大臣之下，负责处理具体事务。当时的总办章京有四位，为舒文、童德璋、吴景祺、杨宜治。

正月初三日为1898年1月24日。康有为前因高燮曾所保以"游历"

为名参加弭兵会，此事作罢后，被请去总理衙门问话。(参见 23·5) 这
是康一生的大转机。该日《张荫桓日记》记：

> "卯初，常熟函约早到署，商借款，以两邸十堂并到，宜有确
> 论。及晡，常熟似忘却早间来函，漠无所言。少顷，俄、英两使先
> 后至。余接晤英使，两邸续来晤，并无成说，不欢而去。俄使亦如
> 是云。两使既去，约康长素来见，合肥、常熟、仲山见之。余与荣
> 相续出晤，长素高论 (后用墨笔抹去二三字。——引者注)。荣相先
> 散，余回西堂料理问答。灯后归。"〔1〕

"两邸"指恭亲王奕訢、庆亲王奕劻；"十堂"指总理衙门十位堂官，除
恭亲王、庆亲王外，其余为廖寿恒、张荫桓、荣禄、翁同龢、敬信、李
鸿章、崇礼、许应骙 (以入署先后为序)。此十人是当时清朝最具实权的
政治人物。总理衙门全体大臣皆到署，这在当时是很少见的。其中的关
键在于，当日俄国代理公使巴布罗福、英国公使窦纳乐约定前来总理衙
门交涉借款，两使皆大闹公堂。恭亲王由此决定"两不借"。(参见 23·
12) 再查当日《翁同龢日记》：

> "未初到总署，两邸诸公毕至……传康有为到署高谈时局，以
> 变法为主，立制度局、新政局、练民兵、开铁路、广借洋债数大
> 端。狂甚。灯后归。愤甚悬甚。"〔2〕

"未初"为下午一点，翁同龢到达后，未及与张荫桓商量借款事，而俄
国代理公使、英国公使先后到达。俄国代理公使由庆亲王、翁、荣、
敬、崇、廖予以接晤。英国公使由恭亲王、张、李、许接晤。俄、英公
使离开后，恭庆王、庆亲王、敬信、崇礼、许应骙五位大臣没有见康，
而由李鸿章、翁同龢、廖寿恒三位大臣接见，荣禄与张荫桓后也参加了
接见，荣禄提前离去。康有为称"是日恭、庆两邸不到"，是其不解内
情。接见的开始时间应是俄国公使离开之后，很可能正是下午三点。结束

---

〔1〕《张荫桓戊戌日记手稿》，第2—3页。"问答"即谈话记录，此为与俄、英使会面时
　　 的问答记录，即今日外交上的备忘录。
〔2〕《翁同龢日记》，第6册，第3086页。

的时间，康记"至昏"，张、翁记"灯后归"，大体上是一致的。时值北方冬令，天黑较早，由此大体似可以断定，此次谈话的时间约为两小时。

当天康有为在总理衙门的谈话内容，《我史》中的记载，属事后的追记，且时间已过去了近一年。翁同龢的日记是当天的记录，可信性要高一些，但记录比较简单；张荫桓的日记所记更简。

若以此比较，内容相同者为：改革官制，设"制度局"及新政各机构，即康称"宜变法律，官制为先"方面的内容。翁记"制度局、新政局、练民兵、开铁路"；康记"法律、度支、学校、农、商、工、矿政、铁路、邮信、社会、海军、陆军之法"。不久后，康请总理衙门代奏"请大誓臣工开制度新政局呈"（即"上清帝第六书"），内容大体相同，似可为之证。（参见24·2）

以此比较，内容不同者为三：一是财政。翁记为"广借洋债"。康记"翁问筹款，则答曰：日本之银行纸币，法国印花，印度田税，以中国之大，若制度既变，可比今十倍。""日本纸币"的内容，康在"大誓臣工开制度新政局呈"（即"上清帝第六书"）中言及，而在《日本变政考》中有更详细的叙述[1]；"广借洋债"是康的主张，不仅在"大誓臣工开制度新政局呈"（"上清帝第六书"）中说明，而且还在代陈其璋拟"请再向美国借款以相牵制而策富强折"、代宋伯鲁拟"请派员赴美筹款集大公司折"中有具体的建议。（参见24·2、24·11）此中的差别可能是康曾皆有所言，但各人只记自己印象最深的部分。二是关于《日本变政考》及《俄大彼得变政记》，在手稿本上是添加的，从字体笔锋来看，我还看不出有多大的区别，似为当时所添加。翁未记。三是康与荣禄的当面争论。翁、张皆未记。对于这一场争论，我以为，康说似可以怀疑。此时康尚未大用，正谋求前程，即便与荣禄意见不一，也未必当面露出锋芒。荣为少年得志之人，30岁出头即当上侍郎，此时62岁，人康有为22岁，历经宦海，不太会看得起康；对康改革官制的说词，很难有兴趣，故先行离去。但荣处世

---

[1]《康有为日本变政考》，卷一，第28—30页；卷十，第31页。然从康有为的叙述中可以看出，他对日本纸币的情况并不十分了解。

为人甚精密，似不会去主动攻康，提出"祖宗之法不能变"的命题，更何况荣本人还是此期军事变革的倡导者。值得注意的是，翁同龢在日记中称之为"狂甚"，这一评论可能属事后的修改；张荫桓在日记中称"高论"后又墨笔抹去二三字，大约不愿多写。翁、张两人对康言论的评价，都不是很高。

到了戊戌政变后，康有为逃至香港，于八月二十一日对《德臣报》（China Mail）记者发表谈话，也谈到了此次会见：

> "皇帝命令我和总理衙门的大臣们举行一次会议。去年一月三日，这个会议举行了。总理衙门一切的大臣都出了席。他们以各种款待客人应有的仪礼来款待我。会议共历三小时。'你的建议被接受的经过是怎样的？'记者再问。虽然他们并没有明白的表示，但我可以看得出大多数是反对维新的。总督荣禄说为什么我们一定要改变祖宗的成法？我的答复是，我们的祖宗并没有一个总理衙门，难道这不已经是一个改革吗？我建议的第一件事情是：中国应当有一个组织适宜的司法制度，必需聘请一个外国人和我自己以及其他的人，共同改订法律和政府各部门的组织。我认为这是最重要的事，是一切改良和维新政策的基础。此外如兴修铁路，建立海军，改善教育制度及其他改革，都可继之而来。可是假若我们不先从改革法律和政府各部门着手，一切维新事业都将徒劳无补。不幸的是，皇帝在道路未铺平之前，就亟于推进各项改革。目前的危机，是由这个原因所招致的。"[1]

由于是将康的汉语翻成英语，再将英语翻成汉语，意思之间会有不小的差别。"去年"是今年之误，"中国应当有一个组织适宜的司法制度"，很可能是"法律制度"或是"政治制度"，即"宜变法律，官制为先"，其具体的所指，应该是"制度局"。这一段回忆在《我史》写作的三个多月前，强调了两点：一是与荣禄的争论，一是"制度局"的设置。其可靠性，我也不能确认。

蒋贵麟编《万木草堂遗稿外编》，录有康有为之弟康广仁的两信。前

---

〔1〕 刘启戈译自《字林西报周刊》，《丛刊·戊戌变法》，第3册，第503页。

一信是康广仁给康有为长女康同薇，言及此事：

> "顷得兄三日来书，谓二日总署总办函来约见，三日见总署王大
> 臣，京师异之，实因奏保者请召见，恭邸信谗言相沮。出洋事已力
> 辞，日间复□（疑是'荐'字），至今无消息，或可辞矣。可告祖母。"

后一信是康广仁抄录康有为的来信，名《抄五日京中来函》，言之更详：

> "正月二日总署总办童德璋、吴□祺有信来云：各堂请于三日
> 三点钟到署，有面询事件。是日适俄、英使到署，恭、庆两邸久陪
> 先行。总办延吾于西堂，已而李合肥、翁常熟、荣仲华三相及廖仲
> 山、张樵野两堂来，以客礼相待（如外国公使□□□可笑），即见公
> 使之地也。问中国应如何善后，应如何变法，其先后缓急□□，至
> 上灯而散。越日常熟托樵野来云：上急欲变法，恭邸亦有□□吾日
> 本变政记及吾条陈，上乃宣促速上，吾顷拟抄此书及条陈同上，
> □□□启圣，亦千载一时之机也。总署延见，问治天下之故，乃自
> 有总署以来□无，举朝以为旷典，此实恭邸中许应骙之言沮召见，
> 而改作大臣□□也。中国旧派如此如此。然不出游，则或加五品卿
> 入军机，或设参议□（蒋贵麟注：疑是'行'字）走也。徒以著书
> 未完且不如山林奉母授徒之为可乐。天下多故，奈之何□！可抄示
> 桂湘粤澳日同门，并示薇。"[1]

---

[1] 蒋贵麟编：《万木草堂遗稿外编》，下册，第774—775页。"吴□祺"，吴景祺。该组
信件共四件，前有康有为本人之题记："呜呼！此亡弟幼博烈士之遗墨。幼博写此逾
年，即为光绪二十四年戊戌遂遭惨戮，南北抄没，于是幼博笔迹几绝，遗事亦罕
传，越十六年癸丑，乡人陈秀才逊宜以章程见还，既足见幼博之先识兴学，即笔意
亦复峻拔遒峭，出入于小欧小米之间，可以传世行远矣。除夕康有为题。"蒋贵麟
另作按语："广仁先生号幼博，学医于美人嘉约翰，通泰西医术。曾在沪草具章程，
拟创立医学堂。该章程真迹归还后，惜仍散佚。今仅存广仁先生致其侄康同薇女士
家信五纸。吉光片羽，弥足珍贵。内一纸系钞录南海先生戊戌正月初五日自京中来
书，可与南海先生自编年谱参证。"（同上书，第773页）由此可知，康的题记非为
该组信件而是为医学堂章程所题。康广仁信件的来源，蒋贵麟未作说明，仅在
《〈万木草堂遗稿〉及〈遗稿外编〉印行前记》中称："此外康广仁致先师长女公子
康同薇书，及先师戊戌家书，因可与先师自编年谱参证，不忍割弃，作为《遗文辑
存》附录，以资保存。"康广仁信件"作为《遗文辑存》附录"，当可理解，康有为戊
戌家书又为何"作为《遗文辑存》附录"，似不可解。又，"癸丑"，民国二年，1913年。

对两信的内容，我有怀疑。一、"奏保者请召见"一事，指高燮曾保片请光绪帝召见，而许应骙阻之，恭亲王改为在总理衙门问话，我以总理衙门代奏原片为证，说明并无此事。（参见23·5）二、"恭、庆两邸久陪先行"一语，与《我史》中"是日恭、庆两邸不到"恰相反。三、"越日常熟托樵野来去……"一事，即"五日来函"，越日只能是初四日或初五日，查翁同龢、张荫桓此期日记，皆未记此事；联系到"请大誓臣工开制度新政局呈"，在《戊戌奏稿》中被篡改为"应诏统筹全局折"，更增其中之疑问。（参见24·2）四、"出洋事已力辞，日间复荐（?）"与"然不出游，则或加五品卿入军机，或设参议行（?）走"两语，指康不能以"游历"为名参加"弭兵会"，将以"五品卿"出任军机大臣，或任新设的"参议行走"。自军机处设立后，还从来没有过"五品卿"的军机大臣，康有为以一工部候补主事，刚在总理衙门问话，又怎么可能进入慈禧太后一手控制的军机处？当时参加问话的李鸿章、荣禄、张荫桓皆不是军机大臣，廖寿恒也是后来经过慈禧太后批准才入军机。"参议行走"是康有为在"请大誓臣工开制度新政局呈"（"上清帝第六书"）中拟设的"制度局"中的官差，此时其呈尚未递到总理衙门以请求代奏，又怎么会出任此职？（参见24·2）我因未见该两信之原件，不能对其真伪做出判断，然使用者似应小心。

又，此一时期康有为与张荫桓的关系，《张荫桓日记》有一些线索。正月初二日，"润台来谈，寄榻东院。"初七日，"晚饮润苕宅，杜兔民、康长素、关咏琴作主人。一点钟返寓。"初十日，"午后为厂肆之行……旋到大树堂杜兔民处小憩。"[1]"润台"，即军机处汉二班章京凌福彭，广东番禺人，光绪二十一年进士，户部主事、即补员外郎，后任长芦盐运使。"关咏琴"，即总理衙门章京关以镛，广东开平人，光绪二年举人。总理衙门章京关朝宗之子，关朝宗去世后，他以七品知县补用，任

---

[1] 《张荫桓戊戌日记手稿》，第2、8、12页。参见马忠文：《张荫桓与戊戌变法》，王晓秋、尚小明主编：《戊戌变法与清末新政：晚清改革史研究》，北京大学出版社，1998年，第68页。

刑部主事，后任云南迤西道、云南按察使等职。"杜奂民"，尚不详其人。"东院"是张宅的客舍，其密友多有留宿。康有为与张荫桓于初七日在凌福彭家中相会面。（参见24·2）

（24·2）阅日召见枢臣，翁以吾言入奏。上命召见，恭邸谓请令其条陈所见，若可采取乃令召见。上乃令条陈所见并进呈《日本变法考》及《俄彼得变政记》。七日，乃奏陈"请誓群臣以定国是，开制度局以定新制；别开法律局、度支局、学校局、农局、商局、工局、矿务、铁路、邮信、社会、海军、陆军十二局，以行新法；各省设民政局，举行地方自治。"于是昼夜缮写《日本变政考》、《俄彼得变政记》二书，忙甚。正月，琉璃厂火神庙百货并陈，仅于人日一游，余无暇晷。

> 据手稿本，"上命召见"之"上"后删一字；"若可采用乃令"为添加，而删原有之"再"字；"上乃令"后删"上"字；"七日"二字为添加；"乃奏陈请誓群臣"之"乃"字后删"条"字，"请"之后删"开"字；"以定国是"四字为添加，"以"字后删"变政□"三字；"别开"二字由"举行"改；"社会"之"社"字以"游"字改；"地方自治"后删"章下总署议"五字；"昼夜"二字为添加；"缮写"之"缮"字由"续"字改；"余无暇晷"之"余"后删"皆"字。"社会"二字，诸刊本、抄本作"会社"。

"阅日"，数日之意。从军机处《早事》等档册来看，这几天光绪帝天天召见军机。当时约见康有为的总理衙门大臣五人，仅翁同龢为军机大臣。

按照《我史》的说法，光绪帝在军机见面时，旨命召见康有为，恭亲王阻之而请先递条陈，于是光绪帝旨命康有为条陈所见，并进呈《日本变法考》、《俄彼得变政记》两书。前节（24·1）所引康广仁《抄京中五日来函》，与此说法相同。然《杰士上书汇录》的发现，证明康于此作伪。

戊戌政变后，康有为等人的原折，档案中多不见，原因不详。然当时另有内府抄本《杰士上书汇录》，这是光绪帝令内廷将康有为的奏折汇抄的副本，共3卷，录有康有为折片18件，以供其随时参考。〔1〕从《杰士上书汇录》中可见，康有为此呈文即"大誓臣工开制度新政局呈"，该呈文于光绪二十四年二月二十九日由总理衙门代奏，称言：

> "总理各国事务王、大臣等跪奏：为据呈代奏，仰祈圣鉴事。光绪二十三年十一月十九日，准军机处钞交给事中高燮曾奏请令主事康有为相机入西洋弭兵会一片，军机大臣面奉谕旨，总理各国事务衙门酌核办理。钦此。……惟该给事中称，该员学问淹长，熟谙西法。臣等当经传令到署面询。旋据该员呈递条陈，恳请代奏。臣等公同阅看，呈内所陈，语多切要，理合照录原呈，恭呈御览。伏乞皇上圣鉴。谨奏。"

按照当时的官规，光绪帝若有旨意，总理衙门代奏时必须说明。总理衙门未称"奉旨"，仅称"旋据该员呈递条陈，恳请代奏"，说明是康有为主动向总理衙门递折。《我史》称"七日，乃奏……"，即正月初七日康已将其呈文送上〔2〕，而总理衙门却拖了整整四十天。若真有奉诏上书之事，又何至于此；而如此拖沓似又显示，总理衙门对于是否代奏康有为之呈，很可能内部也有争论。(参见24·4)《杰士上书汇录》录有康有为呈文，起首语叙原因称：

> "具呈。工部主事康有为为外衅危迫，分割洊至，急宜及时发愤，大誓群工，开制度新政局，革旧图新，以存国祚，呈请代奏事……用敢万里浮海，再诣阙廷，思竭愚诚，冀裨万一。蒙大臣延询以善后变法大计，用敢冒昧陈露，以备皇上采择焉。"〔3〕

---

〔1〕 1981年陈凤鸣发表《康有为戊戌条陈汇录——故宫藏清光绪二十四年内府抄本〈杰士上书汇录〉简介》，使藏于故宫博物院图书馆的光绪二十四年内府抄本《杰士上书汇录》为学术界得以利用。(《故宫博物院院刊》，1981年第1期)。

〔2〕 梁启超《戊戌政变记》称："正月初八日，康有为上疏统筹全局"。孔祥吉据此将该折呈递总理衙门的日期，定为正月初八日。(《救亡图存的蓝图》，第14页)

〔3〕 《康有为早期遗稿述评》，第263页。又，该日军机处《随手档》记为："朱批总理各国事务衙门折：一、代递主事康有为条陈由。单一、原呈。(见面带上，未发下)片一、请派俄德法等国专使由。朱批'依议'。一、遵议御史陈其璋奏外筹邦交内筹边备由。片一、遵议陈其璋奏颁发译印图书及阿尔泰矿务由。朱批'依议'。"

这里康没有说"应诏",而明确说明是"呈请代奏",并说明总理衙门问话属"蒙大臣延询",也非为奉旨。

由于"大誓臣工开制度新政局呈"是康有为主动具呈,据此亦可知,康称"上命召见",亦属其自我张扬之词。

"请大誓臣工开制度新政局呈",是康有为在戊戌变法中最重要的改革纲领。在康有为及其党人的编列中,被称为"上清帝第六书"(以下称"上清帝第六书")。为此而稍详摘录其要点于下,以说明康对于改革的总体政治设计。

> "考日本维新之始,凡有三事:一曰**大誓群臣**以革旧维新,而采天下之舆论,取万国之良法;二曰**开制度局**于宫中,征天下通才二十人为参与,将一切政事、制度重新商定;三曰**设待诏所**,许天下人上书,日主以时见之,称旨则隶入制度局。此诚变法之纲领,下手之条理,莫之能易也。伏愿皇上采而用之。因日食之警,震动修德,除旧布新,**择吉日大誓百司庶僚于太庙,或御乾清门,下诏申警**,宣布天下以维新更始,上下一心,尽革旧弊,采天下之舆论,取万国之良法,俾趋向既定,四海向风。**然后用南书房、会典馆之例,特置制度局于内廷,妙选天下通才十数人为修撰,派王、大臣为总裁,体制平等,俾易商榷,每日值内,同共讨论,皇上亲临,折衷一是**,将旧制新政斟酌其宜,某政宜改,某事宜增,草定章程,考核至当,然后施行。**其午门设待诏所,派御史为监收,许天下人上书,皆与传达,发下制度局议之**,以通天下之情,尽天下之才。或与召见,称旨者擢用,或擢入制度局参议。其将来经济特科录用之才,仿用唐制,开集贤、延英之馆以待之,拔其尤者,选入制度局。其他条陈关涉新政者,皆发制度局议行。盖六部为行政之官,掌守例而不任出议,然举行新政无例可援。军机出纳喉舌,亦非论道经邦,跪对顷刻,岂能讨论?总署困于外交,且多兼差,簿书期会,刻无暇晷。变法事体大,安有无论思专官而可行乎?
>
> "其新政推行,内外皆立专局以任其事:一、**法律局**。考万国法律、公法,以为交涉平等之计,或酌一新律,施行于通商口岸,以

入万国公法之会。二、**税计局**。掌参用万国之税则，定全地之税、户口之籍、关税之法、米禄之制、统计之法、兴业之事、公债之例、讼纸之制。三、**学校局**。掌于京师，各直省即书院、佛寺为学堂，分格致、教术、政治、医、律、农、矿、制造、掌故、各国语言文字诸科，别以大小，公私并立，师范、女学而广励之，其有新书、新艺、新器者，奖劝焉。四、**农商局**。掌凡种植之法、土地之宜、垦殖之事、赛珍之会、比较之厂，考土产，计物价，定币权，立商律，劝商学。五、**工务局**。掌凡制造之厂、机器之业、土木之事。六、**矿政局**。掌凡天下一切矿产，开矿学，定矿则，凡开矿者隶焉。七、**铁路局**。掌天下开铁路事。八、**邮政局**。掌修天下道路及递信、电报之事。九、**造币局**。掌铸金、银、铜三品，立银行，造纸币，时其轻重。十、**游历局**。掌派人游学外国，一法一艺，宜得其详，其有愿游学者报焉。十一、**社会局**。泰西政艺精新，不在于官，而在于会，以官人寡而会人多，官事多而会事暇也。故皆有学校会、农桑会、商学会、防病会、天文会、地舆会、大道会、大工会、医学会、各国文字会、律法会、剖解会、植物会、动物会、要术会、书画会、雕刻会、博览会、亲睦会、布施会，宜劝令人民立会讲求，将会例、人名报局考察。十二、**武备局**。掌编民兵、购铁舰、讲洋操、学驾驶、讲海战。十二局立，而新制举。凡制度局所议定之新政，皆交十二局施行。

　　"……今莫若变官为差，直省道员凡六七十，**每道设一新政局督办**，照主考、学政及洋差体例，不拘官阶，随带京衔，准其专折奏事，听其辟举参赞、随员，授以权任。凡学校、农工、商业、山林、渔产、道路、巡捕、卫生、济贫、崇教、正俗之政，皆督焉。**每县设一民政局，由督办派员会同地方绅士公议新政**，以厘金与之，其有道府缺出，皆令管理。三月而责其规模，一年而责其治效。学校几所、修路几里、制造几厂，皆有计表上达制度局、十二局、军机处。其治效著者，加秩进禄。"（黑体为引者所标）

康称日本明治维新的三条经验，当羼杂着其个人的理解，与明治维新的实际进程有着不小的距离。他提出的政治设计方案，则是在现行体制外另设强力机构：在中央，有"制度局"和十二个专局；在地方，各道设"新政局督办"，并由该"督办"委派各县民政局的官员。按照这一改造方案，原来的军机处、总理衙门、六部九卿的权力，将会逐渐萎缩，最后无政务可办；原来的督抚及道府州县，也将在政治权力上逐渐出局。

而在康的政治设计中，最为要害者是制度局，将成为中央的政治决策机构，一切新政的政令将经其讨论决定后，交十二局办理。康有为本人也企图通过进入制度局，即"参议"，而成为变法的领导者和决策者。[1]

在戊戌变法的过程中，康有为的许多建策经过总理衙门等机构议复后推行，惟独"制度局"及其相应的机构，整个政治高层不顾光绪帝的旨意，决计阻挠，成为戊戌变法中政治斗争的核心。(参见24·45、24·48、24·69)

"上清帝第六书"中也有康的财政改革方案："尚虑改变之始，需款甚繁，日人以纸币行之，真银仅二千万，而用值二亿五万（千）万，盖得管子轻重之法焉。吾若大变法度，上下相亲，亦可行之。否则大借洋款数万万，派熟习美国之人，与借商款，酌以铁路、矿产业与之，当可必得。"此中"日本纸币"，对应其在总理衙门的答复；此中的"大借洋款"，正对应翁同龢的日记。(参见24·1)然纸币一说，恰说明康没有近代金融知识——若无周密的设计与充分的保证金，滥发纸币将会被市场所拒，并引发全面经济危机。而大借洋款一说，康也有了具体的执行人，即"熟习美国"的容闳。(参见24·11)

---

[1] 康有为的学生王觉任于《知新报》第30册（光绪二十三年八月十一日出版）发表《开储材馆议》，主张是军机处内开设"储材馆"，入馆者学习政教各术，并可随时进军机大臣，"凡军机处有所举行，所有议论，发交储材馆查考，令各抒所见，由王大臣察核施行。凡储材馆有条陈，皆由军机处王大臣代奏。储材馆宜设在西华门内……因时创设，后将为论思之地……"（《知新报》影印本，第1册，第315—316页）此处的"储材馆"，与"制度局"有相似之处，很可能是康有为的又一种设想。

"上清帝第六书"中提到了康的两部著作:"职译纂累年,成《日本变政考》一书,专明日本改政之次第。又有《大彼得变政记》,顷方缮写。若承垂采,当以进呈。"康此处明确说明是要求进呈,并没有"应诏"、"奉旨"之类的情节。尽管光绪帝并没有对此下旨,康有为后来还是主动进呈了他的这两部著作。(详见24·5、24·8)该上书还提出:"若西人所著之《泰西新史揽要》、《列国变通兴盛记》,于俄、日二主之事,颇有发明,皇上若俯采远人,法此二国,诚令译署才进此书,几余披阅。"〔1〕这与"上清帝第五书"中的说法是一致的,康后来也主动进呈此两书。(参见24·8)

戊戌政变后,康有为流亡日本,由于当时未能携带其文稿,便重新炮制其改革纲领"上清帝第六书"。光绪二十四年十二月初一日出版的《知新报》第77册,以"康工部请及时变法折"为题,发表其在东京重写的"上清帝第六书",内容大变。与此同时,梁启超在《清议报》上发表其《戊戌政变记》,也刊出这一新写版。从时间来看,"上清帝第六书"的重新炮制与《我史》的写作,几乎是同时。新写的"上清帝第六书"起首称言:

> "奏为国势危迫,分割洊至,请及时变法,定国是而筹大计,恭折仰祈圣鉴事……臣万里浮海,再诣阙廷,荷蒙皇上不弃刍荛,特命总理各国事务衙门王、大臣传询,问以大计,复命具折上陈,并宣取臣所著《日本变政考》、《俄大彼得变政考》进呈御览,此盖历朝未有之异数……"〔2〕

这是康有为首次重写其上书,虽已大变,但仍未称"应诏陈言"。又过了13年,宣统三年(1911),以康的学生兼女婿麦仲华、女儿康同薇名义编辑的《戊戌奏稿》,再一次对此进行修改,题目改为"应诏统筹全局折",起首语再改为:

---

〔1〕《杰士上书汇录》卷一;《康有为早期遗稿述评》,第263—271页;《救亡图存的蓝图》,第3—15页;《康有为全集》,第4集,第11—16页。

〔2〕《知新报》影印本,第2册,第1077—1978页。

"奏为应诏陈言，乞统筹全局以救危立国，恭折仰祈圣鉴
事……"〔1〕

《戊戌奏稿》所录康有为奏折20篇，仅有1篇是当时所作，其余19篇
是康后来的另作；〔2〕所录进呈书籍序言5篇，仅有一篇是当时所作，
其余4篇是康后来的另作。〔3〕内容大异。而在流亡日本时期，康有为
除新写"请及时变法折"（即新作"上清帝第六书"）外，还另写了
"敬谢天恩并统筹全局折"、"奏请裁撤厘金片"，发表在《知新报》
上；康此期似乎有一个计划，准备另写多篇奏议，后因离开日本而未

---

〔1〕 麦仲华、康同薇编：《戊戌奏稿》，宣统三年三月，文海出版社影印本，1985年，第
183—198页。
〔2〕《戊戌奏稿》共录康有为奏折20篇，其先列出奏稿篇名为：一、"请告天祖誓群臣以
变法定国是折"（四月）；二、"请废八股试帖楷法试士改用策论折"（四月）；三、"请
停弓刀石武试改设兵校折"（四月）；四、"请开学校折"（五月）；五、"请广译日本书
派游学折"（五月）；六、"请励工艺奖创新折"（五月）；七、"请裁绿营放旗兵改营勇
为巡警仿德日而练兵折"（五月）；八、"请尊孔圣为国教立教部教会以孔子纪年而废
淫祀折"（六月）；九、"请定立宪开国会折"（代内阁学士阔普通武，六月）；十、"请
君民合治满汉不分折"（六月）；十一、"谢赏编书银两乞预定开国会期并先选才议政
许民上书言事折"（六月）；十二、"请禁妇女缠足折"（六月）；十三、"请开制度局议
行新政折"（七月）；十四、"请废漕运改以漕款筑铁路折"（七月）；十五、"请计全局
筹巨款以行新政铁路起海陆军折"（七月）；十六、"请设新京折"（七月廿日后）；
十七、"请断发易服改元折"。此后有"暂阙"奏折篇名12篇，进呈编书序5篇。
再后列出"补录"，即十八、"应诏统筹全局折"（正月）；十九、"呈请代奏皇帝第七
疏"（正月）；二十、"敬谢天恩并统筹全局折"（五月）。由此似可推断，康有为后来
准备重写戊戌时期的上书，列目已达29篇，其中写完17篇。作为补录的第十八
篇、第二十篇，虽当时发表于《知新报》第77册、第78册，但因收入梁启超的《戊
戌改变记》而得以补录。第十九篇即"呈请代奏皇帝第七疏"，即"译纂《俄彼得变
政记》成书呈"（"上清帝第七书"），因刊于大同译书局《南海先生七上书记》，而得
以补录，与《杰士上书汇录》对照，文字略有调整，也是其中惟一真实的一篇。（参
见24·5）
〔3〕《戊戌奏稿》收录进呈编书序5篇：一、"进呈俄大彼得变法考序"（正月）；二、
"进呈日本明治变政考序"（正月）；三、"进呈突厥削弱记序"（五月）；四、"进呈法
国革命记序"（六月）；五、"进呈波兰分灭记序"（七月）。其第一篇"进呈俄大彼得
变法考序"（正月）刊入《南海先生七上书记》，故是其原来之序文；第二篇"进呈
日本明治变政考序"（正月）；第五篇"进呈波兰分灭记序"（七月）与进呈本原序对
照，多有差别，可知是其后来另作。至于《突厥削弱记》、《法国革命记》两书未进
呈，其序更是后来的另作。（参见24·33、24·34、24·57）

能实现。[1]然宣统三年发表的《戊戌奏稿》这一作伪的另作，长期不被史家所识，多有引用，直到黄彰健发现其中之误，才引起了注意。至此今日，还有一些学者（多非政治、思想、学术史领域，而属教育、经济、社会、军事史等研究领域）仍在引用《戊戌奏稿》，由此，我在提及康有为条陈时，也会顺便指出《戊戌奏稿》中相应作伪的另作。[2]

"人日"，正月初七日。"琉璃厂火神庙"，即宣武门南东琉璃厂路北之火神庙。先因烧琉璃而保佑用火平安，后为书肆防火而供奉。此处系指当时北京在新年期间最为热闹的厂甸庙会，火神庙恰为中心，多设珠宝、古玩、玉器、字画、书籍等摊位。康称"正月琉璃厂火神庙百货并陈，仅于人日一游，余无暇晷"；当日《张荫桓日记》又称："晚饮润台宅，杜凫民、康长素、关咏琴作主人。一点钟返寓。"（参见24·1）看来，康在"忙甚"之际的"一游"，目的是在同乡京官家中见张荫桓。

(24·3) 时粤学会数日一集，各省会渐成。正月初十日，林暾谷开闽学会成。十八日，宋芝栋、李孟符开关学会成。杨叔峤蜀学会亦成。于是鼓动直隶及湖南、浙江、江西、云、贵，令各开会矣。

据手稿本，此一节全为添加，补在页眉上，"林暾谷开"之"开"字再添加；

---

[1] 《知新报》共刊出康有为条陈6篇：一、"各省改书院淫祠为学堂折"（第63册，光绪二十四年七月十一日出版）；二、"条陈商务折"（第70册，九月二十一日出版）；三、"请开农学堂地质局折"（第76册，十一月二十一日出版）；四、"请及时变法折"（第77册，十二月初一日出版）；五、"统筹全局折"（第78册，十二月十一日出版）；六、"奏请裁撤厘金片"（第80册，光绪二十五年二月初一日出版）。与《杰士上书汇录》对照，前三篇为真折，尽管内容略有删节，但未收入《戊戌奏稿》。（参见24·32、24·39、24·50）后三篇是其在日本的另作。（参见24·22、24·70）《戊戌奏稿》中有《请开学校折》，是康后来的另作，内容与旨趣与《知新报》发表的第一篇大有不同。由此可知，康有为等人出版《戊戌奏稿》时，已无法查找和利用《知新报》。

[2] 《戊戌奏稿》中有6篇不能找到当时对应的条陈，即第三篇"请停弓刀石武试改设兵校折"（四月）；第七篇"请裁绿营放旗兵改营勇为巡警仿德日而练兵折"（五月）；第十篇"请君民合治满汉不分折"（六月）；第十四篇"请废漕运改以漕款筑铁路折"（七月）；第十六篇"请设新京折"（七月廿日后）；第十七篇"请断发易服改元折"（七月廿日后）。其中第三、七、十、十四篇的内容，《我史》中并未涉及；第十六、十七篇的内容，《我史》中提到过。（参见24·70）

"李孟符"为添加。《戊戌变法》本"正月"误作"五月"。

林暾谷，名旭（1875—1898），号晚翠，福建侯官人。光绪十九年举人，二十三年报捐内阁中书。妻为沈葆桢之孙女。曾游于南京、武昌等地，结识社会名流。他与康有为一派的关系极为密切。是戊戌政变后被杀的六君子之一。

宋芝栋，名伯鲁（1854—1932），陕西醴泉人。光绪十二年进士，入翰林院，散馆后授编修。二十二年补山东道监察御史，二十三年掌山东道监察御史。他很可能于此时与康交，但很快成为康党的重要成员之一。他为康有为代奏了许多奏折。（参见 23·7、24·11、24·18、24·23、24·28、24·29、24·40、24·45、25·54、24·69、24·78）戊戌政变后被斥革。

李孟符，名岳瑞，陕西咸阳人。光绪进士。时任户部员外郎、总理衙门章京。[1]他是京中力主激进改革的人士之一。七月初五日，因康有为进呈《波兰分灭记》，光绪帝颁银 2000 两，李岳瑞代为送至。（参见 24·57）

林旭开闽学会之事，见之梁启超作《林旭传》，称言：

> "先是胶警初报，事变綦急，南海先生以为振厉士气乃保国之基础，欲令各省志士各为学会，以相讲求，则声气易通，讲求易熟，于京师先倡粤学会、蜀学会、闽学会、浙学会、陕学会等。而杨君锐实为蜀学会之领袖。君遍谒乡先达鼓之，一日而成，以正月初十日开大会于福建会馆，闽中名士夫皆集，而君实为闽学会之领袖焉。"[2]

然梁启超此处所言，有所夸张。林旭此时与康关系，非如其说之密

---

〔1〕 李岳瑞在戊戌政变后被闲置，民国后作笔记两部《春冰室野乘》、《悔逸斋笔乘》，多言清朝掌故。其在《悔逸斋笔乘》中录《清宫秘事琐记》，谈到咸丰帝与恭亲王奕䜣之旧事，称"此事戊戌春在京闻诸康长素者。"（《栖霞山野乘·悔逸斋笔乘》，山西古籍出版社，1997 年，第 162 页）可证他与康之交往。

〔2〕 梁启超：《戊戌政变记》续四库本，第 260 页。

切〔1〕；然称其开闽学会当属实。陈衍作《林旭传》亦称："与京僚张亨嘉等兴闽学会"。〔2〕

"关学会"，即"关西学会"。《知新报》第45册（光绪二十四年二月二十一日出版）刊出了《京师关西学会缘起（附学规）》，署日期为"孔子降生二千四百四十八年，大清光绪龙飞丁酉十二月"。由此可见，相关的章程已于二十三年十二月起草完毕，而正月十八日很可能是正式开会的日子。该会由山西、陕西旅京人士组成，发起人为前大学士阎敬铭之子二品顶戴山西候补道阎迺竹、御史宋伯鲁、内阁中书雷延寿、户部主事王步瀛、户部主事王凤文、工部员外郎李岳瑞、候选府经历焦连成、举人张翰。会规四条："治经义"、"治国闻"、"广应求"、"定会期"。会费二十金，每周聚会一次。〔3〕

"蜀学会"一事，刘光第在二十四年正月的私信中称：

> "京师大局，现在亦颇有整顿之意，但终觉漫缓耳。近因开经济特科，各省京官亦多立有学会。吾川之官京曹者，亦将观善堂改为蜀中先贤寺，设立蜀学会，添购书籍仪器，聘请中西教习，讲求时务之学。至于语言文字，京官弟子亦可每日就学一二时。而京官中高材向学者，亦即于其中定期会讲，如此风气渐开，将来必有人材挺出为国家之用。现已有款数千金，均由外官及京官捐助者，将来尚须扩充也。"〔4〕

---

〔1〕 光绪二十三年十一月初一日，林旭致李宣龚信中称："到京忽忽五十日矣，两淮捐案未到，不能上署。拟入张菊生西学堂，以会试在即，不果。八股却未尝上目，字略写而已……数日来，胶湾告警，闻割定海，未及厦门，朝议焚然，瓜分在即矣。康长素适来，日有是非，欲避之，未能，深愧吾友闭门之贤。"（《致李宣龚》，见《晚翠轩集》，《续修四库全书》，集部别集类，上海古籍出版社，1995年，第1568册，第536页）李宣龚（1876—1953），福建闽县人，字拔可，号观槿，又号墨巢。清光绪二十年举人，江苏候补知府。后随张元济供职于上海商务印书馆，并任合众图书馆董事。李宣龚为林旭的同乡，也是其诗友，故所言当更直白。此后，林旭与康有为越走越近，成为康的弟子。（参见24·63）
〔2〕 《丛刊·戊戌变法》，第4册，第58页。张亨嘉，字燮钧，号铁君，福建侯官人，翰林院编修。
〔3〕 《知新报》影印本，第1册，第561—562页。
〔4〕 刘光第致刘庆堂，光绪二十四年正月二十四日，《刘光第集》，第280—281页。

从此信中可以看出蜀学会亦在正月已成立，其主要活动是：一、添购书籍仪器；二、讲求时务之学；三、京官中高材向学者定期会讲。

康称"于是鼓动直隶及湖南、浙江、江西、云、贵，令各开会矣"，此中的"令"字虽为张扬之词，但其"鼓动"仍属实。光绪二十三年十二月二十日，汪大燮致汪康年信中称："康水部到京，颇有鼓动，此公摄力胜人，或能有所振发。"[1]

（24·4）前折，许应骙仍攻击于恭邸前，抑压迟迟，至二月十三日乃上。即下总署议。常熟将欲开制度局，以我直其中。

据手稿本，"许应骙仍攻击于"一句为添加，补在行间；"恭邸"后删"犹听"二字。

"前折"，指"上清帝第六书"。

前节（24·2）已述，康有为"上清帝第六书"于二月十九日由总理衙门代奏，康称"二月十三日乃上"，当属误记。

前节（24·2）已述，康称其"上清帝第六书"为"应诏"，此处又称"许应骙仍攻击于恭邸前，抑夺迟迟"，若真是"应诏"，许又何敢"抑压"。[2]"上清帝第六书"交到总理衙门40天后才代奏，其中是否有争论，许应骙是否阻挠，限于史料，我还无法确认，《张荫桓日记》、《翁同龢日记》对此均无记载。[3]康称许对其多有阻拦（参见23·5、

---

〔1〕《汪康年师友书札》，第1册，第772页。

〔2〕 许应骙当时圣眷颇隆，据《光绪二十四年京官召见单》，光绪帝于正月二十二日、三十日、二月十九日、三月初五日、闰三月初五日、十三日共计六次单独召见了他。闰三月十三日之后到其被罢免，光绪帝没有再召见他。（《宫中杂件》（旧整），第915包）他很容易知道光绪帝对此的想法。戊戌政变后，张之洞对日本驻上海领事小田切万寿之助称："新任闽浙总督许应骙，颇通时势，不拘泥事物，康党对许应骙之批评不足取也。"（"上海小田切万寿之助代理总领事致都筑馨六外各次官报告1898－12－21"，《关于湖广总督张之洞近况及其对政变的意见》，1899－1－6收到。《日本外交文书》，第31卷，第1分册，第728页）

〔3〕 翁同龢在二月十八日日记中仅称："晚赴总署，明日递康有为折，又议复陈其璋折，又片请派使议保东方大局，皆速议也。"（《翁同龢日记》，第6册，第3100页）若只是"速议"，似无更多的争论。此时德占胶澳，俄占旅、大，英、俄贷款之争，总理衙门十分忙乱。

24·13），尔后又经宋伯鲁、杨深秀联名上奏弹劾（参见 24·29），可见结怨至深。

光绪帝收到总理衙门代奏的"上清帝第六书"，当即发下交片谕旨：

> "交总理各国事务衙门。本日总理各国事务王、大臣代递主事康有为条陈折，原呈一件，军机大臣面奉谕旨：'总理各国事务王、大臣妥议具奏。钦此。'相应传知贵王、大臣钦遵办理可也。"[1]

此即为"交议"。按照当时的政治习惯，牵涉到重大事件的决定，光绪帝一般不会直接下旨，而是将该件交给相关衙门议复，然后根据议复的奏折再下旨。前称"经济特科"之设，即用此方法。（参见 23·14）戊戌变法期间的各种改革奏议，也大多如此处理。

康称翁同龢"欲开制度局，以我直其中"，即让康入值制度局，我尚未读到相关的史料。然从后来发生的事实来看，制度局之设，非为翁同龢所能决定之事。

（24·5）时进呈《俄彼得变政记》，附片请变生童岁科试，易八股以策论，并下总署议。

据手稿本，此一段为添加，补在行间与页脚。

康称"进呈《俄彼得变政记》"一事，查军机处《随手档》，光绪二十四年三月初三日总理衙门代奏康有为条陈两件。[2]总理衙门的代奏

---

〔1〕 军机处《上谕档》，光绪二十四年二月十九日。又，康有为《上清帝第六书》当时未呈送慈禧太后，三月二十三日与康有为的其他奏议及《俄彼得变政记》一并呈送慈禧太后。（参见 24·8）

〔2〕 军机处《随手档》该日记："总理各国事务衙门折：代递主事康有为条陈由。单一、照录康呈。（递上）一、添开通商口岸由。朱批'依议'。片一、税务司杜德维请予奖叙由。朱批'依议'。片一、各省内河均准行驶小轮船由。朱批'依议'。一、拟修英国条约请旨遵行由。朱批'依议'。片一、颁给道员容闳办理铁路关防由。朱批'知道了'。片一、遵议御史胡孚宸奏德杀华民请饬□责由。朱批'知道了'。（原折交总署领去，另抄归籍）"

原折称：

> "总理各国事务王、大臣等跪奏：为据情代奏，仰祈圣鉴事。窃
> 工部主事康有为前至总理衙门呈递条陈，经臣等于本年二月十九日
> 代奏，本日准军机处片交军机大臣面奉谕旨：'著总理各国事务王、
> 大臣妥议具奏。钦此。'除该主事前递条陈由臣等另行妥议外，兹
> 于本年二月二十日复据该主事至臣衙门续递条陈一件，并译纂《俄
> 彼得变政记》一册。正拟代奏间，复于本月二十七日又据该主事递
> 到条陈一件，均恳代为具奏。臣等未敢壅于上闻，谨照录该主事续
> 递条陈，及所递《俄彼得变政记》，恭折进呈御览，伏乞皇上圣鉴。
> 谨奏。"〔1〕

据此可知，总理衙门首次代奏康有为条陈的次日，二月二十日，康即
将"译纂《俄彼得变政记》成书呈"与《俄彼得变政记》递到总理衙
门。该呈被康党称作"上清帝第七书"（以下简称"上清帝第七书"）。该
呈称：

> "具呈。工部主事康有为为译纂《俄彼得变政记》成书，可考由
> 弱致强之故，呈请代奏事。

> "臣窃考之地球，富乐莫如美，而民主之制，与中国不同；强盛
> 莫如英、德，而君民共主之制，仍与中国少异。惟俄国其君权最
> 尊，体制崇严，与中国同。其始为瑞典削弱，为泰西摈鄙，亦与中
> 国同。然其以君权变法，转弱为强，化衰为盛之速者，莫如俄前主
> 大彼得。故中国变法，莫如法俄；以君权变法，莫如采法彼得。

> "职披考西书，得彼得本传，即为译出，旁搜记乘，稍益加
> 详，于是彼得行事初见本末矣。考彼得之能辟地万里，创霸大地
> 者，岂有他哉！不过纡尊降贵，游历师学而已。以欲变法自强之
> 故，而师学他国，非徒纡尊降贵，且不惜易服为仆隶，辱身为工匠
> 焉。凡强敌之长技，必通晓而摹仿之。凡万国之美法，必采择而变

---

〔1〕《杰士上书汇录》卷一，《康有为早期遗稿述评》，第 272 页；《康有为全集》，第 4
集，第 26 页。

行之……"〔1〕

康此时的政治主张为"以君权变法",然康在该折特别强调的是"纡尊降贵"、"上下之交"。前节（24·2）说明，康在"上清帝第六书"中已提及此书，尽管未获旨，仍主动进呈该书。从档案中可见，光绪帝收到"上清帝第七书"及《俄彼得变政记》后，并未有旨意下达。三月二十三日，光绪帝命将该呈与该书与康有为其他奏议等件，一并呈送慈禧太后。（参见24·8）《俄彼得变政记》进呈本尚未发现，有上海大同译书局光绪二十四年石印本。〔2〕

经康有为作伪的《戊戌奏稿》中，收录"呈请代奏皇帝第七疏"，根据大同译书局《南海先生七上书记》录入。〔3〕与《杰士上书汇录》相较，内容大体一致，文字略有调整。这也是《戊戌奏稿》中惟一写作于当时的"真奏议"。〔4〕

康称"附片请变生童岁科试"，指"请照经济特科例推行生童岁科片"，是康记忆错误。据《杰士上书汇录》并查军机处《随手档》，该片是作为康有为"译纂《日本变政考》成书并进《泰西新史揽要》、《列国变通兴盛记》折"之附片，于三月二十日递到总理衙门，三月二十三日由总理衙门代奏。〔5〕（参见24·8）

总理衙门代奏原折称"复于本月二十七日又据该主事递到条陈一件"，即"为胁割旅大乞密联英日坚拒勿许呈"。（参见24·6）

（24·6）已而俄人索旅顺、大连湾。三月初一日，吾上折陈三策，

---

〔1〕《杰士上书汇录》卷一，《康有为早期遗稿述评》，第272—276页；《救亡图存的蓝图》，第39—45页；《康有为全集》，第4集，第26—28页。

〔2〕参见《救亡图存的蓝图》，第269—271。目前最方便利用的版本见《康有为戊戌真奏议》，第81—93页；《康有为全集》，第4集，第33—41页。

〔3〕《戊戌奏稿》影印本，第199—209页。

〔4〕参见《康有为戊戌真奏议》，第2—7页；《救亡图存的蓝图》，第43—45页。

〔5〕《杰士上书汇录》卷一，见《康有为早期遗稿述评》，第278页。又该日军机处《随手档》记："总理各国事务衙门折：一、代递主事康有为条陈由。一、译纂日本变政考等书由。片一、请照经济特科例推行各省岁科由。（随事递进）"

请拒之。若出于战，则败而复割未迟；否则用西人蒲庐爹士之例，听俄人占据，非吾所愿，犹可取也；三则请尽开沿海口岸，以利益各国，俄人当无如何。已闻定计，将割矣，时门人麦孺博公车适来，吾口授一折，请以旅大与诸国，联英拒俄，言极激切，立写上。又令孺博与龙赞侯、况晴皋等百数十人，于初五日递呈都察院，则已于初四日画押矣，察院亦不收矣。于是法索广州湾，英索九龙、威海，无不惟命是听。然英之索威海，为拒俄也，固我所欲与。当俄之索旅大也，上大怒，面责恭邸及合肥，谓："汝等言俄可恃，与定约，输以大利。今约期未半，不独不能阻人之来分，乃自渝盟索地，密约之谓何！"盖李合肥与俄联盟，保五年太平也。恭、李皆免冠叩首曰："若以旅大与之，密约如故。"上大怒回西后，后变色曰："此何时，汝仍欲战耶？"上默然而出，遂定约。

据手稿本，"三月初一日"为添加，补在行间；"吾上折"之"上"后删"书"字；"陈三策"三字为添加，补在行间；"请拒之"之"请"字后删"战"字；"若出于战，则败而复割"由"若战而败割"改；"请以旅大与诸国，联英拒俄，言极激切"一句为添加，补在行间；"又令孺博"后删"合公车数氏十"六字；"百数十人于初五日"为添加，补在行间，并删原先之"以"字；"呈都察院"后删"不收"；"于是法索"之"法"字以"德"字改，"索"字后删"九龙"；"约期未半"之"期"字由"限"改；"不独不能阻人之来分，乃自"十一字为添加，补在页脚与行间，并删"而"字；"免冠"二字为添加，"变色"二字为添加，"汝仍欲战耶"之"仍"字为添加。"龙赞侯"之"侯"诸刊本、抄本误作"修"；"上大怒回西后，后变色曰"，诸刊本、抄本误作"上大怒向，西后变色，后曰"。

俄国于光绪二十三年十一月相继占据旅顺、大连后，一直没有公开其真正的目的。（参见23·8、23·10）光绪二十三年十二月初六日（1897年12月29日），清朝驻俄公使杨儒会见俄国外交大臣穆拉维约夫，询问"俄国会不会也要一个海港为它自己使用"，穆拉维约夫对此否认，称俄国已经有一个（指海参崴），"两个海港太费钱"。[1]光绪二十

---

〔1〕"德国驻圣彼得堡大使拉度林公爵致外部电"，1897年12月29日，《德国外交文件有关中国交涉史料选译》，第1卷，第209—210页。

四年正月二十七日（1898 年 2 月 17 日），已离任的清朝驻德国公使许景
澄觐见沙皇尼古拉二世，当面提出俄舰退出大连、旅顺，尼古拉二世
称："俄舰借泊，一为胶事，二为度冬，三为助华防护他国占领。"而于
退出一事不作答复。当许再次提该项要求时，尼古拉二世称："俟春暖拟
离口，或留小船照看，惟冬令尚须回泊。"〔1〕二月初四日（2 月 24 日），
俄国政府举行特别会议，通过了租借大连、旅顺及辽东半岛南部并建造
中东路支线的决议，尼古拉二世当即予以批准。〔2〕二月十一日（3 月 3
日），俄国代理公使巴布罗福向总理衙门提出租借旅顺、大连，并允修中
东路支线的要求。在此之前，李鸿章向俄国财政大臣维特要求借款时，
维特也有相同的条件。（参见 23·11）十二日，清朝即派尚在俄国的许
景澄为"头等钦差大臣，专使俄国，商办事件"。〔3〕许即前往圣彼得
堡，交涉此事。二十日（3 月 12 日），许景澄与穆拉维约夫谈判。二十三
日（3 月 15 日），许景澄向沙皇尼古拉二世递交国电，尼古拉二世不顾
外交礼节，问道："贵使几时回去？"次日，穆拉维约夫通知许景澄，
根据沙皇的命令，派巴布罗福为全权专使在北京进行谈判，不再与许
景澄谈判，并声称：

> "中国将大端允定，其详细节目，或有为难，尚可酌商，但须在
> 三月初六（3 月 27 日）前订定，过期无复，俄国即自行办理，不能
> 顾全联盟交谊，请速电总署定夺。告以中国目前力弱，然掣动东方
> 局面，俄亦当熟筹后患。彼称俄计已决，无论何国出阻，均所不
> 计，词甚决绝。"〔4〕

许景澄使命完全失败。在此之前，二月二十一日（3 月 13 日），巴布罗福

---

〔1〕 许景澄致总署电，光绪二十四年正月二十七日，《德国侵占胶州湾史料选编 1897—
1898》，第 332 页。

〔2〕 参见张丽：《维特远东外交政策研究：以对华政策为中心》（北京大学博士论文），第
121—122 页。

〔3〕 中国第一历史档案馆编：《清代军机处电报档汇编》，中国人民大学出版社，2005
年，第 2 册，第 64 页。

〔4〕 许景澄、杨儒电总署，光绪二十四年二月二十六日，《清季外交史料》，卷一三零，
第 14 页。

向总理衙门递交了最后通牒式的照会，限清政府于两周内（三月初六日前）答复。

此时的总理衙门，因与德国的谈判而已筋疲力尽，刚与德国签订了《胶澳租借条约》。（参见23·7）二月二十一日，光绪帝指定李鸿章、张荫桓负责对俄谈判。[1]三月初一日，光绪帝召见李、张二人。《张荫桓日记》描写了当日在颐和园陛见的场景：

> "寅正（早上4时）起，赴总署公所。合肥旋至。余语合肥以奉派俄事，毁我两人而已，合肥谓'同归于尽，何毁之足云。'少顷宣召，与合肥同进仁寿殿南里间。余蒙赏垫，跪定。上询合肥：'俄事如此，尔去年密约如何立的？'合肥奏称：'现事不决裂，密约仍有。'随请旨作何办法，上谕：'尔们打算怎样？'合肥奏曰：'皇上曾商太后否？'上谕：'尔们都无办法，如何能商量太后？'合肥伏喘无言。上谕：'荫桓有办法么？'当奏言：'容通筹妥当，请旨遵行。'上谕：'要请旨么？'徐奏言：'商量后奏明办理。'上词色略霁，垂询合肥：'尔正月患喉症么？'合肥奏言：'已愈。'旋询荫桓：'闻尔这几日亦有病。'当碰头奏言：'亦患寒症在喉，数日始解。'上颔之，徐徐曰：'总理衙门事，责成尔两人。'合肥奏言：'无日不到署。'荫桓奏言：'竭心力以图报。近事棘手，亦在圣明鉴中。'上颔之，令出，合肥不能起，掖之，上谕：'站定乃行，勿急遽出。'至军机值庐，庆邸在候，合肥与谈俄事。未几，枢辅进见后，回论一遍……"

初二日，张荫桓再次召见，日记称："旋将俄事委决不下之故奏陈，上颔之，谕以好好办去。遂出。"[2]该日《翁同龢日记》称：

———————————

〔1〕《张荫桓戊戌日记手稿》，第57—58页。张"以寒疾不能往为辞"。翁同龢在日记中称：二月二十六日，"见起三刻余，力陈旅、大许后，各国必起，其患即在目前，上意欲与各国商议。"二十九日，"见起三刻……论俄事良久，命传李鸿章、张荫桓明日预备召见。"三月初一日，"今日李、张起，上亦不能起也。见起三刻……衡量时局，诸臣皆挥涕，是何气象，负罪深矣。退时庆、李、张邀谈，大约除允行外别无法……"（《翁同龢日记》，第6册，第3102—3104）

〔2〕《张荫桓戊戌日记手稿》，第66—73页。

"樵野有起，四刻始退，余等见起三刻，沥陈现在危迫情形，请作各海口已失想，庶几策励力图自立，旅大事无可回矣。上云璇闱忧劳之深，转未将此事论及，则蕴结可知矣。派李鸿章、张荫桓画押，命臣传知。"[1]

光绪帝由此定下对俄决策，其中翁同龢"旅大事无可回"的判断，起到了决定性的作用。当日光绪帝由颐和园返回宫内养心殿。[2]初三日，光绪帝再次召见李鸿章。[3]三月初五日，总理衙门上奏"俄国订租旅顺、大连两口并议接展铁路条款折"，光绪帝朱批："依议"。[4]初六日，即俄方的最后期限，李鸿章、张荫桓与巴布罗福签订了《旅大租地条约》。初七日，清方在条约上用印。又据俄国档案所载，在此期交涉中，俄国采取了行贿手段。[5]

由此可知，当时清朝高层毫无战意，完全顺从俄方的压力。俄国对其盟国采用了史无前例的欺诈、压迫手段。康称"当俄之索旅大也，上

---

[1] 《翁同龢日记》，第6册，第3104页。

[2] 《光绪二十四年京官召见单》，《宫中杂件》（旧整），第915包。《清代起居注册》光绪朝，联合报系文化基金会国学文献馆，1987年，第60册，第30555页。

[3] 翁同龢在日记中称：初三日，"是日有合肥起，不过嘱其慎重，并无谯诃。"（《翁同龢日记》，第6册，第3104页）

[4] 《清季外交史料》，卷一三〇，第16页；军机处《随手档》，光绪二十四年三月初五日。

[5] 先是俄国与英国争夺借款时，俄国便向李鸿章、张荫桓许诺贿金。（参见23·12）光绪二十四年二月二十九日（1898年3月21日），即光绪帝召见李鸿章、张荫桓的前一日，巴布罗福与华俄道胜银行的璞科第对李、张许贿："假使旅顺口及大连湾问题在我们指定期间办妥，并不需要我方的非常措施时，当各酬他们银50万两。"璞科第的电报还称："两位大臣均申诉自己的地位非常艰难并述及官吏阶级愤激心情，向皇帝上了无数申请书，勿对我国要求让步。明天两位大臣将向皇帝作报告。"三月初三日（3月24日），巴布罗福电称："允许的报酬起了应有的作用。李鸿章与张荫桓显然已使其他大臣及亲王等对此发生兴趣。"三月初七日（3月28日），即《旅大租地条约》签订的次日，璞科第发电财政大臣维特："今天我付给李鸿章50万两"，"李鸿章甚为满意，嘱我对您致深谢意"，"我没有机会将款交给张荫桓，因为他非常小心"。三月十八日（4月8日），璞科第发电维特："我和张荫桓机密谈判关于付他50万两之事。他对目下收款一事非常害怕，据说，对于他的受贿已有无数控告，他宁愿等到闲话平息以后。我告他所允付他款项无论如何是归他支配的。"（《红档杂志有关中国交涉史料选译》，第207—210页）

大怒，面责恭邸及合肥……"等言词，与实际情况大有差异；康又称"上大怒回西后，后变色曰：此何时，汝仍欲战耶？上默然而出……"之情节，则属康个人的自我想像。

康称"三月初一日，吾上折陈三策，请拒之"，查《杰士上书汇录》，此即"为胁割旅大乞密联英日坚拒勿许呈"；其中"三月初一日"，属康记忆有误，据总理衙门三月初三日代奏原折，该呈于二月二十七日递到总理衙门，三月初三日由总理衙门代奏。（参见24·5）康在该呈中提出的三策为：

"……职敢敬告我皇上一言曰：坚拒勿许而已。然拒之道有三：密联英、日，赫怒而战，上策也；不允画押，听其来攻，徐待英、日之解难，中策也；布告万国，遍地通商，下策也。三策皆可图存。若许俄割地，则英岂独让，必割长江，法割两粤，诸国纷来，思得分地，鱼烂瓦解，一旦尽亡，是为无策。

"……俄人取东三省于日本怀中，日人仇之久矣，其士大夫结知耻会，以我偿款万万，尽以练兵。若俄人始于仗义，而终于攘劫，日人必起而责之……英直与俄不两立者也。近俄不能出黑海，则专注我黄海，英亦必以救土耳其而救我矣。日铁舰四十，英铁舰二百四十余，我有袁世凯、聂士成、董福祥三军，尚足以战，况加英、日之师，以御俄区区之众，败俄无疑，则复收东三省之铁路，翻胶州之成案，正可因俄路未成，而为此大举。此英、日日夜想望之间隙，我因而用之。此一战也，诸国革动，可缓分割，真保中国非常之机会也。职请皇上赫然震怒，决战无疑。

"或不敢言战，则泰西有不允一例，名为普卢参士，但坚拒其请，俄人知不能虚言恫喝，自度兵薄，未必再肆要求，即果动兵，我不还炮，不与战，但必不画押，日人必不甘令俄坐得东三省，英人助之，必合而仗义责俄，或陈兵拒俄。职敢为皇上一言，俄人必不得志。

"即或虑俄人横肆，德、法助俄，诸国未必助我，则可遣大使布告各国，皆许其遍地通商，立约瑞士，公众共保，则俄人亦必不能

独肆要求。故职敢一言曰：拒俄则必存，与俄则必亡。"〔1〕

由此分析康有为的诸策略。

康有为所称的"上策"，即"密联英日"，这是他一贯的主张。（参见 23·9、23·10、23·11）而康称清朝"赫然而战"，英国会如同帮助土耳其，日本会以此复仇，相助清朝。事实却是相反。

英国与俄国在全球范围内互相争夺，虽长期有矛盾，然于此时英国并不准备与俄国开战，而是就此讨价还价，暗中交易。这也是英国外交的惯用手法。光绪二十三年十二月二十五日（1898 年 1 月 17 日），即俄国军舰驶入旅顺一个月后，英国首相兼外相沙士伯雷密电英国驻俄公使欧格纳：

> "如果切实可行的话，你询问威特（维特）：英、俄两国在中国的合作是否可能。我们彼此的目的并没有任何严重的矛盾；另一方面，我们都能做出许多有害对方的事，如果我们想这么做的话。最好是我们达成一项谅解。如果我们能够认为俄国愿意同我们合作，那么，我们愿为促进俄国对北部的商业目的而作很大让步。"〔2〕

欧格纳奉命与维特密谈，维特表示了极大的兴趣，他想知道英国政府愿意与俄国走多远？如果俄国长期占领旅顺，英国会怎么办？并称如果俄国与英国达成协议，"我们的意志就将成为远东的法律"。维特还表示，他赞成沙士伯雷的想法，交换条件是英国不阻挠俄国对华北的图谋。〔3〕在得到了维特的赞许后，光绪二十四年正月初四日（1898 年 1 月 25 日），沙士伯雷侯爵再致密函给欧格纳：

---

〔1〕《杰士上书汇录》卷一，《康有为早期遗稿述评》，第 276—278 页；《救亡图存的蓝图》，第 46—48 页；《康有为全集》，第 4 集，第 42—43 页。《戊戌奏稿》存目中有《争割旅顺折》，似康追忆此呈的记录。

〔2〕胡滨译，菲利浦·约瑟夫：《列强对华外交：1894—1900 对华政治经济关系的研究》，商务印书馆，1959 年，第 228—231 页，以下简称《列强对华外交》。欧格纳曾任于英驻清朝公使馆长达 15 年，光绪二十一年（1895 年）由驻清朝公使调任驻俄公使，是一个中国通。（参见 21·19）

〔3〕罗曼诺夫：《日俄战争外交史纲 1895—1907》，上海人民出版社，1976 年，第 91—93 页。维特的想法是，俄国占据华北，英国占据长江流域，把德国夹在中间。

"中国和土耳其这两个帝国都衰弱不堪，以至于在一切重大问题上它们经常受列强的意见的支配。在提供这种意见的时候，俄、英两国总是对立的，它们往往抵消了彼此的努力，这种情况之多，远超出了它们真正的利益的矛盾所要求的；并且这种情况大概不会减少，只会增多。为了消除或减少这种弊端，我们认为同俄国达成一项协议可能有利于英、俄两国。我们无意侵犯既存的权利，我们不允许破坏任何既存的条约，或者危害目前中国或土耳其这两个帝国的完整。这两项条件是极其重要的。我们不想瓜分领土，而仅想划分优势……在中国，黄河流域以及黄河以北的领土和扬子江流域之间也存在着类似的分别。是否可能议定：对于这些地区在我们的意见冲突时，利害关系较小的国家应对另一国家让步，并且帮助另一国家?"[1]

英国以俄国承认其在长江流域的特殊地位为前提，承认俄国在黄河流域及黄河以北的特殊利益。此时英、俄两国为借款一事进行争夺（参见23·12），清朝虽已决定两不相借，而赫德、翁同龢、张荫桓仍与汇丰银行、德华银行商议借款事，即"英德续借款"。正月初五日（1月26日），维特与穆拉维约夫商量，同意在对华借款上让步，以换取英国同意俄国租借旅顺、大连。正月十九日（2月9日），英国公使欧格纳与穆拉维约夫商谈"英德续借款"一事，穆拉维约夫表示"不会阻挠"。[2]（参见24·10）

英国得此让步后，目标转向中国，以获得与俄对抗的"均势"。欧格纳最初提议占领舟山岛或崇明岛，而英国政府却关注日本占领下的威海。[3]二月二十三日（3月15日），即中俄交涉最紧张之时，沙士伯

---

[1] 菲利浦·约瑟夫：《列强对华外交》，第235—236页。

[2] 二月初九（2月29日），总理衙门与汇丰银行、德华银行签订《英德续借款合同》的当日，俄国外交部根据维特的建议，研究要求英国的四点"补偿"。（参见张丽：《维特远东外交政策研究：以对华政策为中心》（北京大学博士论文），第129—130页）

[3] 按照《马关条约》，清政府付清战争赔款后，日本将须归还威海。

雷指示英国驻日公使萨道义（F.M.Satow）询问日本的态度，日本的答复是：

> "日本希望中国能够保有威海卫，但是如果中国不能保有的话，日本也不反对它被一个有助于中国独立的国家所占有。"[1]

得到日本政府同意后，英国又与德国交涉，表示不反对德国在山东的利益，其占领威海是由于俄国占领了旅顺；德国则要求英国出具尊重其在山东利益的书面保证。[2]三月初七日（3月28日），即《旅大租地条约》签订的次日，英国公使窦纳乐向总理衙门提出租借威海的要求，条件与俄国在旅大相同，并限五天内答复。此时的清政府完全放弃了任何反抗。五天后，窦纳乐再次来到总理衙门，庆亲王奕劻同意了英国的要求，但提出从此之后英国"不得再索利益"。窦纳乐的答复是："威海抵

---

〔1〕 沙士伯雷致萨道义，1898年3月15日（二月二十三日），萨道义致沙士伯雷，1898年3月17日（二月二十五日）。转引自王曾才《英国对华外交与门户开放政策》，《中英外交史论集》，第97页。三月十二日（4月2日），日本外务大臣西德二郎正式同意了英国的要求，并提出，将来日本采取同样的行动时，相信可以得到英国政府的同意与支持。

〔2〕 三月初五日（3月26日），沙士伯雷致电驻德大使拉塞尔（F.Lascelles）："女王陛下政府要求对威海卫的定期归还的租借权，因此可能德国政府将和你谈到关于我们要占领的领土是山东省的一部分。如果遇有这种情况，你有权解释：威海卫目前不会成为而且我们相信也不能够成为进入山东省任何地区的一个贸易港口。我们并不希望干涉德国在那个地区的利益。俄国对于旅顺口的行动是我们认为十分遗憾的，它迫使我们采取现在我们所采取的办法。"（菲利浦·约瑟夫：《列强对华外交》，第292—293页）三月十四日（4月4日）英国代理外相巴尔富（Balfour）致驻德大使拉塞尔："你可以通知德国政府，俄国的军事行动促动了我们，我们惟一目的是保持北直隶湾的均势，则俄国对旅顺的占领危及了这一均势。我们不认为这一政策会对德国对山东的利益带来任何危害，因为威海卫不会成为商港，而且也不可能用铁路来连接半岛。如果德方要求，将发出一项正式的承诺。当然，在日本撤出前，我们还不会去占领。"（《英国议会文件：中国1899年第1号，关于中国事务的通讯》，Chian No.1, 1899, *Correspondence Respecting the Affairs of China*, Presented to both Houses of Parliament by Command of Her Majesty, March 1899, 以下简称《英国议会文件：中国1899年第1号), 第2页》德方的档案见"外交大臣布洛夫致驻伦敦大使哈慈菲尔德伯爵电"，1898年4月4日（光绪二十四年三月十四日），"驻伦敦大使哈慈菲尔德伯爵致外部电"，4月5日（三月十五日），"威廉二世谕外部电"，4月6日（三月十六日），"外交大臣布洛夫奏威廉二世电"，4月7日（三月十七日）等，《德国外交文件有关中国交涉的史料选译》，第1册，第233—241页。

俄专为北方，若法占南海口岸，我亦须别索一处抵之。"〔1〕五月十三日（7月1日），总理衙门大臣庆亲王奕劻、廖寿恒与窦纳乐签订了《租借威海卫专条》。

正因为如此，三月初四日（3月25日），对于俄国强索旅、大的行动，英国仅向俄国表示"严重反对"，并声明英国将"为了保护自身利益而采取他们认为最适当的步骤"，即暗示以获取威海为补偿。〔2〕也因为如此，三月初九日（3月30日），即《旅大租地条约》签订后的第三天，俄国外交大臣穆拉维约夫在圣彼得堡对德国大使拉度林称："英国将会谅解既成事实，并且不会因为俄国这个行动发生纠纷。"〔3〕

俄国占领旅、大的行动，也引起了日本的反对，然俄国手中还有一张可以与日本交换的牌，那就是朝鲜。二月二十四日（3月16日）穆拉维约夫与德国大使拉度林交谈时，极为有把握地称：

> "最重要的问题是应该阻止英日的接近，具体方法是通过朝鲜问题达成一个日俄谅解。如果俄国担保朝鲜的绝对独立与完整，日本就能被争取过来。无论如何俄国本身也希望这样。俄国无论如何不需要朝鲜，如果海参崴与旅顺口用满洲铁路联络起来以后，那就更不需要。即使朝鲜王希望把俄国教官召回，俄国也可同意。"〔4〕

穆拉维约夫直接点到了日本的穴位，当时俄、日矛盾的核心在朝鲜。日本在甲午战争后，获朝鲜半岛的优势地位，然俄国很快也在这一区域扩张。光绪二十二年（1896）日本与俄国达成了《小村—韦贝备忘录》（汉城议定书）和《山县—罗拔诺夫协定》（莫斯科议定书），双方互相承认其在朝鲜半岛的同等地位。但当时朝鲜国王与王室已迁入俄国驻朝鲜公使馆寻求保护，俄国取得了在朝鲜派财政顾问与军事教官等特权，并以

---

〔1〕 《翁同龢日记》，第6册，第3108页。

〔2〕 马洛泽莫夫：《俄国的远东政策1881—1904》，商务印书馆，1977年，第117页。

〔3〕 "驻圣彼得堡大使拉度林公爵致外部电"，1898年3月30日（三月初九日），《德国外交文件有关中国交涉的史料选译》，第1册，第233页。

〔4〕 "驻圣彼得堡大使拉度林公爵致外部电"，1898年3月16日（二月二十四日），《德国外交文件有关中国交涉的史料选译》，第1册，第231—232页。

华俄道胜银行为模式开办了俄朝银行，俄国的势力已超过了日本。俄国军舰驶入旅顺后，俄国通过驻日本公使罗森（Roman R.Rosen）、日本驻俄国公使林董表示愿就朝鲜问题进行谈判。二月二十五日（1898 年 3 月17 日），即穆拉维约夫与拉度林谈话后的第二天，俄国正式向日本提出，俄国租借旅顺与大连，同时保证不干涉朝鲜的内政。两天后，日本外交大臣西德二郎通知罗森公使，俄国若将朝鲜交给日本，日本则认为满洲不属于日本的势力范围。此即日俄之间的"满韩交换"。此后几经谈判，于闰三月初五日（4 月 25 日）双方签订了《西—罗森协定》（东京议定书），俄国承认日本在朝鲜的特殊地位，日本不反对俄国占领旅顺、大连及在中国东北的特殊地位。[1]

由此可见，英国、日本与俄国之间存在着巨大矛盾，但俄国占旅、大并没有引发他们的决裂，反因害怕决裂以致开战，促使他们不断进行交易和相互补偿。拿来交易和补偿者，多是中国之利益。康有为以为，清朝"赫然一战"即可得到英、日的支持，是他从传统的"连横合纵"、"以夷制夷"谋略中逻辑推导出来的推论，与当时的国际关系实情并不吻合。康又称"然英之索威海，为拒俄也，固我所欲与"，更说明他对英国的战略企图及本国的安全利益都没有清楚的认识。我于此处详细说明当时的俄英交易、俄日交易，正是因为清朝当时许多人都有联英联日拒俄的思想，就如先前有联英联日拒德的思想一样（参见 23·9、23·10），康有为是他们中间的一个。时在日本神户的汪有龄致信汪康年称：

> "日本虽有日清同盟之议，然我能自强，则日本肯结之亲之。我倘委靡如故，则一有急难，日本亦将从而染指。故自保，实亟亟也。阁下具苦口婆心，望告当道求所以联络日本者，勿仅恃同舟之谊，而徒哀声惨色以结之也。"[2]

汪有龄初到日本不足三月，刚开始学习日语，以能学习"蚕学"。他虽无

---

〔1〕 参见天津社会科学院日本问题研究所译，信夫清三郎编：《日本外交史》，商务印书馆，1980 年，上册，第 294—302 页。

〔2〕 致汪康年，光绪二十四年二月十八日，《汪康年师友书札》，第 1 册，第 1069 页。

直接的政治渠道以了解秘密外交之内情，以直觉仍感到"日清同盟"之不可恃。

当康有为提出"上策"时，即二月二十七日，俄国与英国、日本之间的交易大体完成；当康有为的"上策"由总理衙门代奏时，即三月初三日，清朝已决定与俄国妥协。他的这一策谋没有引起朝廷的关注。

康有为的"中策"还是依靠英国、日本。康称："不允画押，听其来攻，徐待英、日之解难"，意即不反抗，不签约，交由英、日与俄国交涉；又称"或不敢言战，则泰西有不允一例，名为普卢爹士，但坚拒其请，俄人知不能虚言恫喝，自度兵薄，未必再肆要求……"此中的"普卢爹士"，似为英文 Protest 的粤语转音，意即提出抗议，也非为外交上的有效办法。由于康有为的"中策"并没有实行，很难预测实行后会有什么结果，但从中亚、西亚、非洲的殖民历史，以及俄国、英国、日本的外交史来看，我以为，英、日两国可能会在口头上支持清朝，并通过"从中调解"来扩大其在华利益，而不会以实际有力的行动，如同"三国干涉还辽"一样，来阻挠俄国对旅、大的军事占领。

康有为的"下策"，即自开通商口岸以拒俄国等国的要求，前节（23·13）已作分析；而康提出的"派使"、"公保"一节，翁同龢、张荫桓此期也有行动。三月初四日，即康有为"为胁割旅大乞密联英日坚拒勿许呈"由总理衙门代奏的第二天，翁同龢在总理衙门倡议，其在日记中称：

> "未初，赴总署，庆邸来，诸公皆集，余发先开数口，先许各国屯船处所，然后定一大和会之约，务使不占中国之地，不侵中国之权，共保东方大局，庶几开心见诚，一洗各国之疑，诸公皆不谓然。"[1]

翁的"先开数口"，即自开通商口岸；"和会之约"、"共保东方大局"，与

---

[1]《翁同龢日记》，第 6 册，第 3105 页。十二日，翁又记：翁与窦纳乐言"吾联数大国立约为大和会，三事为纲，一不占中国之地，一不坏各国商务，一不侵中国政权。窦颇首肯，云英国甚愿，未知别国何如。"（同上书，第 3108 页）

康的说法很相近。翁、张提出派出专使往各国"联和",张还向光绪帝面保李鸿章之子李经方出使英国。[1]然翁、张的这些主张是否受康有为此呈的影响,我还不能做出判断来。[2]

龙赞侯,名焕纶,又名朝翙,字赞侯,广西临桂人,龙泽厚的叔叔,康有为在广西时的弟子。[3]光绪二十四年进京会试,中进士,入翰林院。麦孺博,即麦孟华,况晴皋,即况仕任,皆康有为弟子。

康称"吾口授一折,请以旅大与诸国"一事,即麦孟华记录的条陈"力拒俄请合众公保呈",后以"顺德麦孺博上都察院呈稿"为题,发表于光绪二十四年三月十三日《国闻报》上。其基本思想与康有为"为胁割旅大乞密联英日坚拒勿许呈"大体相同,谓:

> "各国公法,授受土地,各国皆有自主之权。若他国强索,则有不允一例。泰西此例名为'普鲁打土'。俄人横肆妄求,我可援据公法,峻却勿许。俄铁路方为乌苏里江水涨冲断,不能运兵,海参威之兵,不过数万,彼自度力薄,未必遽敢用兵也。彼即用兵,我闲

---

[1] 李鸿章于光绪二十四年三月十六日致其儿子李经方信中称:"翁、张拟请派专使赴各国联和,鄙意谓无甚裨益,然折上已奉批准矣。樵野面奏谓,汝可胜使英之任,据称庆邸亦以为然,未知政府意见何如。翁谓遣使布告各大国,以不占中国土地,不碍各国商务,不侵中国政权为宗旨。英使谓当可办到。其实现议租各海口,原无占据之名,恐将来不免占据耳。议开岳州、吴淞、北戴河商埠,均于通商有益。中国能变法自强,以上三事必有把据,若不自强,后祸甚大,岂独如现今坏样哉?樵野主眷正隆,既为是请,难保将来不有是举。汝经手家务,须预为布置,闻命即行。"李鸿章闻张荫桓推荐李经方为出使英国之专使,并得到庆亲王的支持,颇有兴趣,让李经方作好准备。闰三月初十日信又称:"樵野前保专使,本系一时妄谈,后又无人提及。"(《李鸿章全集》安徽教育版,第36册,信函八,第174、177页)由此可见,翁、张派使的建策最后不了了之。

[2] "公保"与"大和会之约"尚有一些差别。而最初提出召开"和会"想法的,是北洋委用差道道姚文栋。光绪二十三年十二月初二日,北洋大臣王文韶将姚文栋条陈递送总理衙门,该条称:"以职道愚见,中国此时不能专注目于一胶一德,只可将胶案暂行停议,照会各国政府,共商亚洲永久和平之局。此本亦是太西旧例。在各国可省兵费,无不乐从。际此时艰,不得不出此一策。中国若不早为提唱,日后必有他国为之者,而中国地主之权全失矣。会商之法,或遣亲王重臣往各国,或请各国遣使来京,均无不可……"(《胶澳专档》,第217—219页)

[3] 周鼎:《康有为来桂讲学的动因》,《追忆康有为》,第289页;又,陈汉才《康门弟子述略》中"龙赞侯"一条,字与名相误。(见其书第159页)

门自守，绝不与战，布告天下，请局外之国公断，度英与日本，必
将出而助我。

　　"俄夺还日人之东三省也，日人衔之刺骨。但迫于大义，无可
如何，今俄义始利终，日人固有辞矣。且日与中国辅车相依，唇亡
齿寒，日本必先受其害，故甲午以后，得我偿款，尽以购械练兵，
必思得当于俄，乃可自固。英之与俄，更不两立，俄之出欧洲也，
英既扼之黑海矣，西不得志，折而之东，英惧其出不可复制也，思
联与国，扼其海口，且欲及其铁路未成，一战以挫其凶焰。

　　"……若昌告万国，捐旅、大为公地，而使诸国通商，在彼既可
平权，又能获利，自必乐为听从。在我虽失二地，可缓分裂，亦属
有裨大局。俄人虽悍，度未必敢犯万国之怒也。"

此即康有为所称的"中策"与"下策"。"普鲁打土"似为"普鲁打士"
之误，与康呈中的"普卢爹士"似为同义，即 Protest。康"为胁割旅大
乞密联英日坚拒勿许呈"中虽提出"立约瑞士，公众共保"的下策，
即"公保"，但未加深论；麦孟华该呈对此有着较多的议论，录于下：

　　"夫瑞士弹丸之国也，立为公地，遂晏然于欧西诸大国之间，
百年来不被兵祸。土耳其危亡之国也，见败于俄，都城垂破，六大
国公保其地，遂以复存。我虽削弱，固未如土之危敝也，地大物
博，殆百倍于瑞士也，诸国涎我商务，日求口岸。诚布告各国，许
其遍地通商，订立约章，合众公保，诸国畏俄之强，无利尚能保
土，岂获此通商大利，独不助我以制俄哉？"[1]

文中口气相连，甚为意得；但也显示出康对于国际法，对于瑞士中立背
景，对于土耳其《柏林条约》签订之过程，皆不了解。然以此时的国际
环境与清朝的外交能力，若求助于"公保"，将无济于事。

　　康称"又令孺博与龙赟侯、况晴皋等百数十人"，实际人数要超过此
数。《国闻报》上录"具呈举人列名"为：梁启超、梁朝杰、陈荣衮、龙

─────────────

〔1〕　该条陈又见于《丛刊·戊戌变法》，第 2 册，第 333—335 页；并参见《康有为戊戌
　　　真奏议》，第 10—13 页；《救亡图存的蓝图》，第 49—52 页。

焕纶、程式谷、况仕任等，共计297人，并称"案列名尚未齐备，容后补录"，而《国闻报》后来未补。

康称"于初五日递呈都察院，则已于初四日画押矣，察院亦不收矣"，似不属实。三月十三日《国闻报》在"京师新闻"栏中，以《公车上书》为题，发一消息：

> "顺德麦孺博、新会梁任公两孝廉，夙具爱国之忱，天下争传其学问，文章犹其末也。此次入都，适值俄人要约旅、大之时，两君遂约同两广、云贵、山陕、浙江众公车，于三月初六日上书察院，务陈旅、大之不可割。不意是日堂官无一到者，孝廉等又以入闱在迩，不能再诣察院。若出闱，则事已大定矣。盖其书始终不克上达云。"

初六日是中俄《旅大租地条约》签订的日子，公车入闱是三月初八日。又查军机处《随手档》、《早事档》，都察院未代递此呈。[1] 而康的这一说法，也使人联想到《我史》光绪二十一年中称，联省举人上书"至四月初八日投递，则察院以既用宝，无法挽回，却不收"的场景（参见21·5），康似为再次倒填日期。

此期与康有为甚有关系的御史陈其璋（参见23·7、23·10、24·11），于光绪二十四年三月初四日上奏"俄患孔亟请宜坚持勿允谨陈三策以资抵御折"，其三策为：

> "东三省山海交冲，地大物博，泰西各国莫不思互市通商，与其独畀俄人，耽耽逼处，不若明降谕旨，准和约诸国，一律通商，化边徼为埠头，作贸易之公地，互相牵制，则觊觎之潜消。此一策也。

> "德之据地于胶州也，虽与俄相约，而实藉此以防俄；英之屯舰于舟山也，惟恐俄先发，而因为此以防俄至；日本则惧唇齿之寒，防俄之心尤切。日即战俄，英必助日，英既助日，德必助英。近阅西报电云'英、日联盟，共保中华、高丽自主之权'，又云'英、德联

---

[1] 黄彰健称："恐应以《国闻报》所记为正"，见《康有为戊戌真奏议》，第13页。

盟保东方’，又云‘英境加拿大备兵保东方’等语，是固昭著中外之耳目者。务乞皇上立决大疑，坚拒俄请，推诚布信，迅联英盟。英欲保东方固有之利，必出全力以扶持；日本有卧榻酣睡之忧，必统全军以抵御。俄即自保之不暇，我即可转危为安。此一策也。

“美为合众大邦，疆土与东方迥隔，犬牙不错，蚕食无虑。其矿产之盛，铁轨之精，甲于寰宇。富商大贾，十倍欧洲。中国果以矿产、铁轨归伊承办，向贷数万万之款，练陆师、创海军，购利械，置坚舰，军威一振，俄自戢贪噬之心。此又一策也。

“……即使决裂，北洋有聂士成、袁世凯两军，训练有年，尽可抵敌，况英、日战舰，络绎而来……”

陈折的“第一策”、“第二策”，分别对应于康呈的“下策”、“中策”，而“第三策”也属康的思想（参见24·11）。孔祥吉称：“我怀疑康氏记事疏漏，以陈氏此折所述，几乎全部是康氏的建议”，“陈折系康有为代草，应无疑义”。[1] 对于这一判断，我是同意的。陈折上后，翁同龢在日记中评价称：“陈其璋封奏，旅大不可允，三策皆空，存”。[2] 这也说明了翁对康策的评价。

自从德国、俄国相继占领胶澳、旅大后，法国也考虑提出自己的要求。二月十五日（3月7日），法国外长阿诺托训令驻华代理公使吕班，要求中国给予“补偿”：一、云南、两广作出不割让的保证；二、法国人管理中国邮政；三、允许法国修铁路从越南延伸至云南；四、允许法国在中国南方海岸建立煤栈。其中“煤栈”即为要求租借地的先声，当时德国对胶澳、俄国对旅大皆曾用过此一说法。二十一日，即在俄国代理公使巴布罗福向总理衙门提出最后通牒式照会之当日，在俄国的支持下，吕班也向总理衙门提出了上述要求，地点确定在广州湾（今湛

---

〔1〕《救亡图存的蓝图》，第53—55页，又见《康有为戊戌年变法奏议考订》，《戊戌维新运动新探》，第100—102页。

〔2〕《翁同龢日记》，第6册，第3105页。"空"，说明翁同龢认为无可操作性；"存"，指存留军机处备考而不再另作处理。又查军机处《随手档》，其记录是："随事递上，次日发下归箍。"（光绪二十四年三月初四日）

江)。〔1〕总理衙门命驻法公使庆常在巴黎进行交涉，未有效果。〔2〕三月十九日，总理衙门大臣李鸿章与吕班达成协议。〔3〕二十日（4月10日），总理衙门照会法国代理公使吕班，同意其要求的一、二、四项。〔4〕闰三月初五日，总理衙门出奏，报告了交涉过程，光绪帝朱批："依议"。〔5〕次年中法签订《广州湾租界条约》。

英国闻知法国欲租借中国南方口岸时，再次行动。沙士伯雷与窦纳乐经过了电报商议后，决定以扩大香港界址等项条件作为"补偿"。闰三月初四日（4月24日），窦纳乐向总理衙门提出了五项要求：一、不得将西南诸省筑路、开矿独占权让予法国；二、开南宁为商埠；三、保证不割让广东与云南；四、英人承筑上海至南京的铁路；五、扩展香港界址。对于英国的要求，总理衙门的反抗仅是英国要求的第二项，即不同意开放南宁，恐怕此举会开罪法国。四月二十一日（6月9日），总理衙门大臣李鸿章、许应骙与窦纳乐签订了《展拓香港界址专条》。〔6〕

由此可见，康称"于是法索广州湾，英索九龙、威海，无不惟命是听"，当属事实；总理衙门经历了与德国、俄国的艰难交涉后，节节败

---

〔1〕《翁同龢日记》，第6册，第3101页。翁在日记中称，法国要求的"屯煤处"，"指琼州"。

〔2〕庆常复电称："法外部称，山东允德借地及铁路数道，法独向隅，议院不平，请派舰重办。所开四事，必须照准，如中国和商，法必顾大局，否则不得不筹办法。""议院请照俄、德限时日，外部顾全大局，惟请速允，以免物议，如再迟延，外部迫于众议，必出事故。"（《清季外交史料》，卷一三一，页四、五）

〔3〕《翁同龢日记》称：三月十九日，"晚瑞、顾二君持复法稿，一、中越边界不让人，一、云南铁路也，广州湾租界也，一、邮政侯派大臣管理时用法人也，皆含混简略。此仪公与法使吕班所定，稿则吕班代定，不准动一字，限明日复。不知仪公何以畏吕如此，竟草草全允也。致函樵野劝其救正。"（《翁同龢日记》，第6册，第3111页）仪公，李鸿章，其晚年号仪叟。

〔4〕总理衙门复照中称："因和睦之由，中国国家将广州湾作为停船趸煤之所，租与法国国家九十九年，在其地查勘后，将来彼此商订该租界四至，租价将来另议。"完全按照法国来照录示。（《中外旧约章汇编》，第1册，第744—745页）

〔5〕《清季外交史料》，卷一三一，第4—7页。军机处《随手档》，光绪二十四年闰三月初五日。

〔6〕参见丁名楠等：《帝国主义侵华史》，第2册，第60—70页；王曾才：《英国对华外交与门户开放政策》，《中英外交史论集》，第89—105页。

退，毫无抵抗能力。日本在此过程也没有完全放手，迫清政府发出不割让福建的照会，并口头同意日本在福建铁路上有优先权。

（24·7）时御史文悌素托大言，谓欲愿一死以报国。又见华再云辉、高理臣、王佑遐等，劝其联入乾清门伏阙痛哭，请拒俄变法，文悌许之，杨漪川亦许之。吾爱漪川，欲留为他日，乃为文悌草折。及彼上时，自改请令使俄辩之，若不许，则自刿俄人前。盖逆知朝廷必不听其使俄生事也。

据手稿本，此一段全为添加，补在页眉上。康有为并无具体标明应插入于何处，现在插入的地方有可能是抄者决定的。"以报国"后删"乃为草疏"；"吾爱漪川，欲留为他日"一句为再添加，补在行间，而删"文悌"二字。"劝其联入乾清门"之"其"字，《戊戌变法》本作"共"字。

文悌（1848—?），瓜尔佳氏，字仲恭，满洲正黄旗人。同治三年补户部笔帖式。光绪五年升主事，九年升员外郎，十年升郎中，十二年放河南开封知府。守制后回任户部郎中。光绪二十三年十二月改御史。后任河南知府、贵州贵西道等职。

康有为与文悌的关系，前后有着很大的变化。他最初与文悌相交甚密，并为之代拟奏折；其中最为重要的一折，当为文悌于光绪二十四年三月初一日上奏的"敬陈管见折"，长达万言。该折提出了"愿我皇上法祖"、"愿我皇上尊师"、"愿我皇上纳言"、"愿我皇上勤政"四条建策。虽都是旧题目，但有相当多的内容与康有为的政治主张相关，其中"愿我皇上勤政"一策中指出：

"奴才拟请皇上择期举行御门典礼，尽将在京王公大臣、六部、九卿、科道、各部院掌印官员宣至御前，皇上面加训戒，谕令群臣：自此大破从前积习，嗣后大小臣工皆当还皇上以核实认真四字，皇上即以信赏必罚随之。例行之事，力求简实，兴举之事，必责成效。即请面饬军机大臣会同内阁、部院、八旗都统各衙门，迅速集议，妥定办理公事简实成效之法；然后行文各省，亦令其大破成格，一体各议简实成效办事之法，奏复请行。并请我皇上可否效

法顺治、康熙年间成案，召见大小臣工，随时讨论实政，或在南书
房、懋勤殿立一召对处，选儒臣备顾问，其群臣如蒙召见，亦均于
此赐对。倘更能仿照国初时坐朝旧制，君臣上下，从容坐论政治，
尤为详实切要。然应听特旨办理，非臣下所敢妄言。"

在这一段话中，文悌提到了三层意思：其一是御门训戒，与康所倡"御
门誓众"相近；其二是"议定简实成效办事之法"，与康所倡"破胥吏把
持之法"相近；其三是设"召对处"，与康所倡"制度局"相近，而此
是"懋勤殿"的首次出现。然查其它三条建策，都有康学的成分。[1]由
此似可推论，文悌曾请康为其代拟奏折，康代拟后，文悌对此不满意，
又有了较大的修改。《我史》后又称"彼（文悌）折皆倩吾作"。（参见
24·30）

此处康称"为文悌草折""请拒俄变法"一事，查军机处《随手
档》，三月初五日，文悌上奏"请拒俄联英折"，称言：

"……惟有叩恳我皇上，格外天恩，暂缓割地，特派奴才持国
书赴俄国，面见俄国君臣，辩论此事。奴才当痛哭流涕，效法申

---

[1]《军机处录副·光绪朝·内政类·戊戌变法项》，3/108/5615/15。其余三条建策，也
多有"康学"的影子。"愿皇上法祖"一策中称：太祖高皇帝"圣治行事，必求天
鉴，立政务，通下情，君臣上下等威不甚悬绝，举用贤才，量能授职，不论家世，
不拘门第，以诸贝勒治兵，以五大臣议政，以十大臣理事，五日一朝，事无巨细，
悉得上闻"；世祖章皇帝"讷谏亲贤，数幸内院，与诸臣讨论古今，建直庐于景运
门，令翰林官分番入值，以备顾问"；圣祖仁皇帝"西洋人入京，亦多召见顾问，以
故圣学广博"。"愿我皇上尊师"一策中，主张设立孔教，"洋人立国之善，则在一面
讲求富强之策，一面设教，训迪国人，以要结其心，乃其本也。我中国有教之名，
无教之实，而洋人来华日久，增益闻见，欲夺我民而彼教之……仍请旨饬下礼部核
议，行令各省将军督抚府尹学政诸臣，迅速筹办，一体督饬地方府、县及各学教
官，整顿修理文庙，各在该学明伦堂上，聚集生童，定期宣讲四书五经。所有京外
官学及各省各项书院，亦令该管地方官会同教习、山长，在学舍设立讲堂，聚集学
者，讲习孔子之道；其各省船政、公司、学堂、机局，但系华人聚集、归华官经理
者，亦应一律设堂，宣讲四书五经……奴才此议，只欲我中国人民日闻孔子之名，
聆孔子之言，服孔子之教"。"愿我皇上纳言"一策中称："奴才更有请者，翰苑卿僚
如有嘉谋嘉猷，自应随时入告……至京外臣工，如于所司职任中，灼见有利弊可以
兴革，均令照例呈明该管上司代奏，勿得阻抑。"并可参见孔祥吉《康有为戊戌年
变法奏议考订》，《戊戌维新运动新探》，第174—175页。

胥，九日不食，竭诚相感。倘俄国君臣，翻然不索两岛，是则皇上之威灵，天下之幸事，奴才归覆主命。若俄国固执不能解免，则奴才立即自尽，效法鲁连，蹈海而死，使欧洲各国知中国兵虽不强，臣节尚固，士气尚壮，或当少戢其锋。是奴才身死而国安，虽死之日，犹生之年也。惟奴才死后，皇上仍可暂缓割地，遣使布告各国云：奴才上有遗奏，求乞英国出而评论，此事惟英国之命是从。俄与英国、日本不两立久矣！……奴才闻，正月间英、日有合盟保中、高主权之议，得此机会，英、日必出。奴才以死感动英、日，出而助我，则于大局必无碍也。然后皇上联盟英、日，保中国十年太平，急修内政，急备战守，事尚可为。"[1]

文悌的言词说明他的外交观念尚停留在春秋战国时代，这种以死相争的方法，并无可行性。他上奏的当日，正是总理衙门上奏同意租让旅大。对总理衙门的奏折，光绪帝朱批"依议"，对文悌的奏折，光绪帝下旨"存"，并于当日呈送慈禧太后。[2]孔祥吉认为该折最初是由康起草的，对此我是同意的。[3]折中"奴才闻，正月间英、日有合盟保中、高主权之议，得此机会，英、日必出"一句，与康有为此时的想法与用语极为相近；而《知新报》第55册（光绪二十四年四月二十一日出版）以"御史文悌请捐躯拒俄折"为题刊出文悌此折，文字完全相同，并有一条附记：

> "在乾清门上，未奉明旨。奏事官传谕，封事留中云。自愧诚不足以格君，聊且苟全性命于当世耳。噫。文悌附记。"[4]

若无与康的关系，《知新报》似不会刊出该折。然该折中的内容，文悌也一定会有所改动。

---

[1]《救亡图存的蓝图》，第295—298页。

[2] 该日军机处《随手档》记："御史文悌折：一、请拒俄联英由。（随事递上，次日发下，归箍）"该日军机处《洋务档》记："本日给事中郑思贺等奏河南矿务请饬禁借洋债折，奉交片谕旨：'该衙门知道'。御史文悌奏请拒俄联英折，奉旨：'存'。谨将原折恭呈慈览。"由此可见，慈禧太后第二天将奏折发下，由军机处归箍。

[3]《康有为戊戌年变法奏议考订》，《戊戌维新运动新探》，第175—176页。

[4]《知新报》影印本，第1册，第719—720页。

华辉，字再云，江西崇仁人。光绪九年进士，入翰林院，散馆后授编修。二十二年补河南道监察御史。高理臣，即高燮曾；王佑遐，即王鹏运；杨漪川，即杨深秀。

康称"又见华再云辉、高理臣、王佑遐等，劝其联入乾清门伏阙痛哭"，即劝御史们"伏阙痛哭"，属实。文悌后于五月二十日上奏"严劾康有为折"，称言：

> "且康有为又曾在奴才处手书御史名单一纸，欲奴才倡首，鼓动众人伏阙痛哭，力请变法。其单内所开多台谏中知名之人，而宋伯鲁、杨深秀即在其内。"[1]

然御史们如何进入乾清门以行"伏阙痛哭"，操作上还有不少难点。（参见24·30）

除了以上两折外，《我史》后称，文悌于闰三月二十七日上奏"松蕃力小任重据实纠参片"，也是由康有为代拟的。（参见24·54）

值得注意的是，文悌五月二十日上奏"严劾康有为折"，对他与康有为的交往言之甚详，也谈到康请其代为上奏，但对其奏折有无康拟、有无康助，未置一词。（参见24·30）

（24·8）是时以旅大事，朝廷震悚，不遑及内政，故写书已成，不进。至初八日进呈附《日本变政考》，顺附呈《泰西新史揽要》、《时事新论》等书。

> 据手稿本，"是时"前删"是□"二字；"朝廷震悚，不遑及内政"由"朝廷悚惶，无暇及内政"改；"进呈"后删"俄彼得变政记及"七字，"附"字添补在行间；"顺附"二字由"又递"改；《泰西新史揽要》旁有"附片请停"四字，不知何意。

康称"初八日进呈附《日本变政考》"一事，查《杰士上书汇录》记有此事。"初八日"当指三月初八日，康记忆有误，其进呈《日本变政考》为三月二十日。总理衙门三月二十三日代奏原折称：

---

[1] 《翼教丛编》，第33页。

"为据情代奏仰祈圣鉴事。窃工部主事康有为前至臣衙门呈递
条陈、书籍，经臣等于本年二月二十九日、三月初三日两次代奏在
案。兹于本月二十日，复据该主事递到条陈二件，仍恳代为具奏，
臣等未敢壅于上闻，谨将该主事续递条陈二件及所递《日本变政
考》、《泰西新史揽要》、《列国变通兴盛记》共三种，恭折进呈御
览，伏乞皇上圣鉴。"〔1〕

从三月二十日递到，到二十三日代奏，康有为此次条陈的进呈速度可谓
惊人。按当时的官规，奏折须在前一天晚上递到奏事处，也就是说，康
有为条陈留在总理衙门的时间只有两天。康由总理衙门代奏其条陈，第
一次长达40天（参见24·4），第二次两件合递，以后一件为计，为6
天（参见24·5、24·6），且前两次总理衙门当日尚有其他奏折上奏，此
次为专折代奏，并无其他奏折同上，可见重视程度。至于总理衙门此次
速递条陈有何背景，我还没有读到相关的材料。

康有为此次所递条陈为两件，其一是"译纂《日本变政考》成书并
进《泰西新史揽要》、《列国变通兴盛记》折"（以下简称"译纂《日本变
政考》成书折"），其二"请照经济特科例推行生童岁科片"。值得注意的
是，康条陈的写法有了很大的变化。康只是工部候补主事，并无上奏
权，请总理衙门代奏已属特例。按当时的规则，其条陈应使用呈文的写
法。康前三件条陈皆按此规则，起首为：

"具呈。工部主事康有为为……呈请代奏事……"

结语为：

"伏惟代奏皇上圣鉴。谨呈。"

也就是说，其行文对象是总理衙门。而此次康有为"译纂《日本变政
考》成书折"，完全使用有上奏权官员的写法，起首语称：

"工部主事臣康有为跪奏，为译纂《日本变政考》成书，可考日
本由弱致强之故，并进《泰西新史揽要》、《列国变通兴盛记》，恭呈

---

〔1〕《杰士上书汇录》卷一，《康有为早期遗稿述评》，第278页；《康有为全集》，第4
集，第47页。

御览，乞采鉴变法，以御侮图存，恭折仰祈圣鉴事。"

结语为：

"伏乞皇上圣鉴。谨奏。"

而康的"请照经济特科例推行生童岁科片"，也按照官员正式附片的写法，起首语为："再……"，结语为"谨附片具陈，伏乞圣鉴。谨奏。"也就是说，其行文对象变成了皇帝本人。[1]康为何改变条陈的写法，我也没有读到相关的材料。需要说明的是，尽管康有为使用了奏折的写法，但总理衙门的代奏原折还是称之为"条陈"，从性质上说，康没有上奏权，所上文书也只能是条陈，本书以下仍称之为"条陈"；但由于康已用奏折文体，而此后也皆用奏折文体，本书以下命名康有为条陈，不再使用"……呈"，而为"……折"、"……片"。

总理衙门的态度与康有为的写法，自然有其背景。康有为一再声称自己的"奉旨上奏"，已被档案文献证明是作伪（参见24·2），然康也不会瞬时见重于光绪帝，此中似也有转机。从以上两点迹象来看，我以为，很可能光绪帝对"上清帝第六书"或《圣彼得变政记》发生了兴趣，而真下有旨意。

康有为"译纂《日本变政考》成书折"，表明其取法日本进行维新的思想，称言：

"……惟日本文字、政俗皆与我同，取泰西五百年之新法，以三十年追摹之。始则亦步亦趋，继则出新振奇，一切新法，惟妙惟肖，遂以南灭琉球，北开北海，左抚高丽，右取台湾，治效之速，盖地球诸国所未有也。吾地大人众，皆十倍日本，若能采鉴新法，三年之内，治具毕张，十年之内，治化大成矣。且日本变法，日异月殊，经百十之阻挠，过千万之丛弊，刮垢除旧，改良进步，乃得成今日之宪法。吾但假以日本为向导，以日本为图样，其行之而错

---

[1] 有意思的是，军机处《随手档》记为："总理各国事务衙门折：一、代递主事康有为条陈由。一、译纂日本变政考等书由。片一、请照经济特科例推行各省岁科由。（随事递进）"，即也将之当作附片看待。

谬者，日本已蹈而去之，吾不复践之；其下手可推施者，日本已精择之，吾但取而誊写之。先后之序，不致有误分毫；轻重之宜，不致失于举措。皇上乾纲独揽，既无日本将军柄政之患，臣民指臂一体，又无日本去封建藩士之难。但开制度、民政之局，拔天下通达之才，大誓群臣，以雪国耻，取日本更新之法，斟酌草定，从容行之，章程毕具，流弊绝无，一举而规模成，数年而治功著，其治效之速，非徒远过日本，真有令人不可测度者……"

这一段文字读起来很具感染力，但已明显不具可行性，康将变法维新看得过于简单。其"三年"、"十年"之期许，多见于他的各种变法奏议。"但开制度、民政之局，拔天下通达之才，大誓群臣"，所强调的还是"上清帝第六书"的内容（参见24·2），这一内容康后来又多次提到。在该折中，康说明其写作过程：

"臣二十年讲求万国政俗之故，三年来译集日本变政之宜，日夜念此至熟也。"

《我史》光绪二十二年对此记："自丙戌年（光绪十二年）编《日本变政考》，披罗事迹，至今十年。至是年所得日本书甚多，乃令长女同薇译之，稿乃具。"（参见22·5）两处的说法不一致。[1]前节（23·4、24·2）已叙，康有为在"上清帝第五书"、"上清帝第六书"皆提到《日本变政考》，尽管未获旨意，仍是主动进呈该书。在"译纂《日本变政考》成书折"之末，康又称：

"臣尚有《英国变政记》、《法国变政记》、《德国威廉第三作内政

---

[1] 我以为，对康有为的这些说法不必过于较真。《日本变政考》第二次进呈本序言中，康称："乙未和议成，大搜日本群书，臣女同薇，粗通东文，译而集成。阅今三年，乃得见日本变法曲折次第"（《康有为日本变政考》，卷　，第4页）。其中强调"三年"。然康在作伪的《戊戌奏稿》中另作《进呈〈日本变政考〉序》称："琉球被灭之际，臣有乡人，商于日本，携示书目，臣讬购求……及马江败后，臣告长吏，开局译日本书，亦不见信。及东事将兴……臣曾上书言日本变法已强……向使二十年前，臣译书局成，或十年前，长吏听臣言而译之；或六年前，大臣信臣言而上奏……臣考日本之事，至久且详……"（《戊戌奏稿》影印本，第167—168页）此处将其最初关注日本的时间，一直前推到光绪五年（1879），中介为在日本的华商。

记》、《波兰分灭记》、《大地兴亡法戒》，略尽于是矣。若承垂采，当续写进，伏乞皇上圣鉴。"[1]

由此可见，康有编书进呈光绪帝的计划，光绪帝当时对此并无谕旨；光绪帝后来召见时当面下旨命其译书进呈。康此处提到"尚有"各书，也非现成之作，仍需新撰，其中《波兰分灭记》一书康后来进呈，其余各书似未进呈。（参见24·34）

康有为进呈的《泰西新史揽要》，是英国人马恳西（Robert Mackenzie）所作《十九世纪史》（*History of the Nineteenth Century*），光绪十五年（1889）伦敦出版，叙述了十九世纪西方各国的发展历史。该书由传教士李提摩太口译，蔡尔康笔录，于光绪二十年（1894）在广学会的《万国公报》上摘要发表，次年由广学会出全本，共八册，二十四卷，成为当时热门书。[2]康有为另撰有《序》一篇，据称系其弟子张篁溪保存。[3]

康称进呈《时事新论》，属记忆错误。康"译纂《日本变政考》成书折"及总理衙门代奏原折皆称，其进呈的是《列国变通兴盛记》。该书由李提摩太著，共四卷，分别为《俄罗斯变通兴盛记》、《日本变通兴盛记》、《印度变通兴盛记》、《缅甸、安南变通兴盛记》，光绪二十年七月由

---

[1] 《杰士上书汇录》卷一，《康有为早期遗稿述评》，第278—282页，《救亡图存的蓝图》，第56—60页；《康有为全集》，第4集，第47—49页。其中"德国威廉第三"，不知指何人，康有为可能有误。

[2] 《泰西新史揽要》于光绪二十年印了3万册，结果供不应求，一印再印。光绪二十四年出普通版，初印5000册，两周内销售4000册。坊间书商多有翻刻盗印，其中在杭州有6种，四川有19种。其最初部分译本于光绪二十二年寄给张之洞，张击节赞赏，拨银1000两，表示支持。（参见熊月之：《西学东渐与晚清社会》，上海人民出版社，1994年，第587—613页）光绪二十一年八月二十四日（1895年10月12日），光绪帝的师傅孙家鼐与李提摩太会面，谈到，"有两个月的时间，他都为皇上读我翻译的麦肯西《泰西新史揽要》。"（李提摩太：《亲历晚清四十五年：李提摩太在华回忆录》，第239页）梁启超对该书的评论是："书极佳。译笔略冗。"又称"《泰西新史揽要》（初名《泰西近百年来大事记》），述百年以来欧美各国变法自强之迹，西史中最佳之书也。惜译笔芜杂，眩乱耳目。苟得能文者删润之，可去其半。"（《西学书目表》、《读西学法》，《〈饮冰室合集〉集外文》，下册，第1131、1164页）《泰西新史揽要》今有马军点校本，作为"近代文献丛刊"，由上海书店出版社2002年出版。

[3] 《救亡图存的蓝图》，第272—274页。

广学会出版。[1]而《时事新论》则是李提摩太同时期的另一部著作。[2]

康有为此次进呈了附片"请照经济特科例推行生童岁科片";《我史》前节（24·5）所言该片进呈时间有误。该片称：

"……今生童岁科试，正场外皆先试经古一场，又有复试一场，请推行经济科之例，以经古场为正场，试专门一艺，时务策一艺，其专门若天文、地舆、化、光、电、重、图、算、矿、律各占一门；取倍本额而复试，以五经题一艺，四书题一艺，取入如额。又略如论体，以发明圣经大义为主，罢去割截、枯困、侮圣言之题，破承开讲八股之式，及连上犯下钓渡挽悖谬之法。其考官仍出割截题者，以违制论。县、府试同，亦限二场。首场试专门时务；二场试经艺，不得为七八场，以致文童守候，坐废时日。其备取在倍额者，用旧制礼部儒生例，准与乡试。则天下生童皆讲求经济，进之应经济科举人、进士……

"伏愿皇上饬下总理衙门会同礼部，照经济科例，推行生童岁科试，立令直省学政，考试照新章举行。"[3]

康以推广经济特科的方式，改变"童试"的内容，以"专门时务"为一

---

〔1〕 参见孔祥吉：《康有为变法奏议研究》，第349—350页。梁启超评论道："论俄、日两章颇佳。"又称："《列国变通兴盛记》，其名甚动人，然书中惟记俄罗斯、日本二篇足观，其他则亡国之余，而以为兴盛，于名太不顺矣。"（《西学书目表》、《读西学书法》，《〈饮冰室合集〉集外文》，下册，第1131、1164页）又，康有为在"上清帝第五书"、"上清帝第六书"中称："若西人所著之《泰西新史揽要》、《列国变通兴盛记》，尤人得要。且于俄、日二主之事，颇有发明。皇上若俯采远人，法此二国，诚令译署并进此书，几余披阅。"（《康有为政论集》，上册，第208页；《救亡图存的蓝图》，第8页）可见康有为早有进呈此两书之心。

〔2〕 光绪十六年，李鸿章聘李提摩太为天津《时报》主笔，其文后由李提摩太编为《时事新论》，共计12卷，国政、外国、格学、矿务、通商、筑路、养民、新学、利源、军务、教务、杂学等，光绪二十年由广学会出版。黄彰健指出："梁启超《戊戌政变记》日本铅印本说：'并进英人李提摩太所译《泰西新史揽要》、《时事新论》、《列国变通兴盛记》。'《饮冰室合集》本《戊戌政变记》删《时事新论》四字。此应系《戊戌政变记》此处所记与事实不符，故梁氏作此删订。"（《戊戌变法史研究》，第76页）

〔3〕《杰士上书汇录》卷一，《康有为早期遗稿述评》，第282—283页；《救亡图存的蓝图》，第61—63页；《康有为全集》，第4集，第50—51页。

场，以"经艺"为一场，以能与经济常科的乡试、会试相衔接。康称"易八股以策论"，属实。康在该片中提出了罢去"破承开讲八股之式"，"论体以发明圣经大义为主"。（参见23·15）康要求将该片交总理衙门及礼部议复，即如"上清帝第六书"那样，然光绪帝未表示任何意见。康此后对此则另有行动。（参见24·26）

对于康有为此次条陈及呈书，光绪帝首次作出了反应，即将康历次条陈及呈书全部呈送慈禧太后。当日军机处奏片称：

> "本日侍讲恽毓鼎奏时局日艰，请饬廷臣会议折，奉旨：'暂存'，又奏参西路厅同知谢裕楷等贪劣请饬查片，奉寄信谕旨：'著胡燏棻查明参奏'。御史文悌奏请禁匪徒假冒洋捐折，奉交片谕旨：'总理各国事务衙门查明办理'。又据总理各国事务王、大臣奏，代递康有为条陈折，附该主事折一件，片一件，并所递《日本变政考》、《泰西新史揽要》、《列国变通兴盛记》三种，又总理各国事务衙门两次代递康有为折二件，附该主事原呈三件，并所递《俄彼得变政考》一件，谨汇齐各件，同本日封奏各折片，一并恭呈慈览。谨奏。"[1]

光绪帝对康有为的条陈及呈书，虽未有谕旨；但由其呈送慈禧太后的举动，似可以感受到他的赞许态度。

我在档案中尚未找到慈禧太后将康有为条陈和进呈书籍发回的记录[2]，很可能就没有发回。光绪二十四年四月初八日翁同龢日记称光绪帝命康"再写一份递进"（参见24·15），可见至此时慈禧太后尚未发回。康后来奉旨再次进呈《日本变政考》（参见24·33）。军机处《随手档》光绪二十四年六月十一日也有一条很突兀的记载："递《泰西新史揽

---

[1] 军机处《洋务档》，光绪二十四年三月二十三日。又，翁同龢日记亦记："总署代康有为条陈折，变法，片一件，岁科试改去八股，并书三部，《日本变政记》、《各国振兴记》、《泰西新史摘要》……命将康折并书，及前两次折，并《俄彼得变政记》，皆呈慈览。"（《翁同龢日记》，第6册，第3112页）

[2] 军机处《随手档》该日仅在进呈慈禧太后的各折片下注明："随事递上"，即随同军机处奏明事由的奏片递上，未称何日发下。一般慈禧太后发回，军机处《随手档》会注明"某日发下"。

要》、《列国变通兴盛记》各一部（随事递上）。"军机处递书，当为光绪帝索要，然该两书似非康有为进呈本，而是军机处另本递上。又，此次呈送慈禧太后的《俄彼得变政记》、《日本变政考》、《泰西新史揽要》、《列国变通兴盛记》康有为进呈本，至今尚未发现，可能已毁。

> （24·9）时偿日本之款甚急，中允黄思永请用外国公债法，行昭信股票，下户部议。北档房总办陈宗妫、晏安澜素主搜刮者也，力主之，司员签名者二十余人。吾闻而投书常熟，力诤之。谓："方今无事，何为作此亡国之举。乙未借民债，虽张之洞之六十万，亦不肯还，民怨久矣，中国官民之隔久矣，谁信官者？且名为借债，而以官力行之，吾见乙未之事，酷吏勒抑富民，至于锁押，迫令相借。既是国命，无可控诉，酷吏得假此尽饱私囊，以其余归之公；民出其十，国得其一。虽云不得勒索，其谁信之？徒饱贪吏，于国计无益，而生民心，为渊驱鱼。明世加粮，可为殷鉴。"言极激切，并以书责樵野。而折已上，即日奉旨行，不可挽回。然各省分派，仅得千余万，不足为偿日之用。

> 据手稿本，"中允"二字为添加，补在行间；"吾闻而投书常熟"之"投书"二字由"走告"改；"力争之，谓"后删"何以"二字；"乙未借民债"之"民"字为添加；"民怨久矣，中国官民之隔久矣"一句为添加，补在行间；"谁信官者"后删"徒以"二字；"既是国命，无可控诉，酷吏得假此"一句为添加，补在行间；"民出其十"为添加，补在行间；"并以书责樵野"一句为添加，补在行间；"即日奉旨行"一句为添加，补在行间。

黄思永（1842—1914），字慎之，号亦瓢，江苏江宁人（今南京）。由拔贡生朝考一等，以七品小京官分发礼部。光绪六年会试状元，授翰林院修撰。时为詹事府左春坊左中允。光绪帝于二十四年六月十九日召见了正在轮值的他（参见24·49）。[1]黄后开办工艺商局、爱国纸烟厂等，并任商部顾问。

----

[1] 《光绪二十四年京官召见单》，《宫中杂件》（旧整），第915包。

陈宗妫，山东东阿人。光绪六年进士，以主事签分户部。十六年补福建司主事，十九年升山西司员外郎，充北档房领办，二十年升广东司郎中。

晏安澜（1851—1919），字海澄，又作海丞，陕西镇安人。光绪三年进士，以主事签分户部，九年奏留。二十七年补山东司主事。后任度支部参议等职，民国二年任四川盐运使。

康有为此处所言，为"昭信股票"之事。[1]

为了偿还日本的巨额战争赔款，光绪二十三年四月起即由李鸿章等人筹划第三次对外大借款。英、俄两国为贷款事向中国提出了苛刻的条件，并向总理衙门施加压力，恭亲王于光绪二十四年正月初三日决定两不相借。（参见23·12）黄思永恰于是年正月初九日上奏"请息借华款折"，要求移外债为内债，发行"自强股票"：

"时事孔棘，库藏空虚，舍借款无以应急，舍外洋不得巨款，前已种种吃亏。近闻各国争欲抵借，其言愈甘、其患愈伏。何中国臣民如此之众，受恩如此之深，竟无以借华款之策进者？……应请特旨，严责中外臣僚，激以忠愤之气，先派官借，以为民倡。

"臣闻外洋动辄以万万出借，非其素蓄，不过呼应甚灵。每股百两，且有折扣，甲附股以售与乙，反掌间即可加增，以为恒产传之子孙者，不愿归还，即辗转操纵，亦有盈余。股票甚于银票，故举国信从，趋之若鹜。每得中国电报，借款议成，即由银行造票登新闻纸出售，虽万万两之多，克期立尽。中国风气若开，岂难渐收成效？拟请饬下户部，速造股票，先按官之品级、缺之肥瘠、家道之厚薄，酌定借款之多少，查照官册分派，渐及民间。亦仿西法，每百两为一股，每股分期收缴，还以十年或二十年为度，每年本利共还若干，预定准数，随股票另给票据，十年则十张，平时准其转售，临期准抵交项。盖分期宽则交款易，交款易则股本方肯多入，归款亦不为难。出入皆就近责成银行、票庄、银号、典当代为付

〔1〕 参见李文杰：《中国早期国债的顿挫：昭信股票研究》（北京大学硕士论文，2007）。

收，不经胥吏之手，无诈无虞，却有凭信。可售可抵，更易流通……

"中国集股之举，惯于失信，人皆望而畏之，即铁路、银行、开矿诸大端，获利亦无把握，收效未卜何时，故信从者少。若因国计自强派股，皇上昭示大信，一年见利，既速且准，自非寻常股票可比，安见将来风行之速，不如外洋?"〔1〕

黄思永所称"自强股票"，实际上是仿照"俄法借款"、"英德借款"的形式，在国内发行政府债券。光绪帝当日发下交片谕旨：

"交户部。本日中允黄思永奏筹借华款，请造自强股票一折，军机大臣面奉谕旨：'户部速议具奏。钦此。'相应传知贵部钦遵办理可也。"〔2〕

据《翁同龢日记》、《张荫桓日记》、《那桐日记》，户部于正月十一日、十二日两次讨论黄思永的建策，翁主张改名为"急公股票"，张荫桓定名为"昭信股票"。正月十四日，即黄思永上奏的五天之后，户部上奏，根据黄思永的建策，提议发行"昭信股票"一百万张，每张一百两，共计银一亿两，年息五厘，二十年还清；平时股票准许互相转售，每届还期，准抵地丁盐课；由王公、督抚等官员领票交银以为商民之倡；各地方官将部定章程先行出示，派员劝谕，不准稍有勒索；派办官员能借巨款者，分别优予奖叙。〔3〕当日光绪帝下旨"依议"，并在明发谕旨中称言：

"当此需款孔亟，该王公及内外臣工等均受朝廷厚恩，即各省绅商士民亦当深明大义，共济时艰。况该部所议章程既不责以报效，亦不强令捐输，一律按本计息，分期归还，谅不至迟回观望也。"〔4〕

此后，户部按照光绪帝的旨意，一直在进行《昭信股票章程》的具体起

〔1〕《军机处录副·补遗·货币金融》，3/168/9534/1。
〔2〕 军机处《随手档》、《上谕档》，光绪二十四年正月初九日。
〔3〕 户部议复折，光绪二十四年正月十四日，《军机处录副·补遗·货币金融》，3/168/9534/3。
〔4〕 军机处《随手档》、《上谕档》，光绪二十四年正月十四日。

草与定稿工作。正月二十日、二十一日、二十二日、二十四日、二月初三日、初四日、初五日、初六日、初九日，户部皆有讨论，讨论者为户部尚书翁同龢、敬信，侍郎张荫桓、署侍郎徐用仪，由张荫桓起草章程。[1]二月初十日，户部上奏《昭信股票章程》，奉旨"依议"。[2]康称"北档房总办陈宗妫、晏安澜素主搜刮者也，力主之"，我尚未读到相关的材料。[3]而户部此时目的不在于"搜刮"，而在于外债无望的情况下，能尽快筹集偿日赔款。也因为如此，当日本不同意偿款延期后（参见23·9），昭信股票的集款目的不可能于两个月内即闰三月之前完成，翁同龢、张荫桓的注意力也转向了"英德续借款"。（参见24·10）

康称"乙未借民债，虽张之洞之六十万，亦不肯还，民怨久矣"，指光绪二十年八月初九日甲午战争最激烈时，因军费不足，户部奏请举办的"息借商款"。光绪帝对此予以批准，并令各省仿办。各省举办时间不一，具体至下层，也有从光绪二十一年（乙未年）开始者。江苏"息借商款"约银一百多万两，按照息借商款章程，从光绪二十一年五月初十日起，半年一期，分五期还本付息，至二十三年五月全部还清。但在二十一年，江苏开办纺纱、缫丝工厂，集股困难，经借款商人"会议"，由湖广总督署理两江总督张之洞电请挪用息借商款之还款，供开厂之需，借票则换成股票。由于工厂集股进展缓慢，借户催还借款，不愿换票，造成舆论一时骚动。[4]康又称"吾见乙未之事，酷吏勒抑富民，至于锁

---

〔1〕 户部讨论情况参见各该日《张荫桓日记》、《翁同龢日记》。

〔2〕 户部原折，光绪二十四年二月初十日，《军机处录副·补遗·货币金融》3/168/9534/15；《昭信股票章程》，《军机处录副·补遗·货币金融》3/168/9534/16。光绪帝上谕见军机处《随手档》光绪二十四年二月初十日。

〔3〕 张荫桓二月初三日日记称："常熟将昭信章程送到，遂重订一遍……余改正各款，部中自办者并作五款，京外通行者十二款，视原稿已大异。晚间晏海丞就余寓，为成叔、震东钱行，当将改稿示之，海丞以为公当。"（《张荫桓戊戌日记手稿》，第12—13页）此处称晏安澜看到张的改稿后称赞"公当"。那桐二月十七日日记称："户部昭信局今日派领办六人，余同麓宾、春谷、海臣、鹭卿、育圃也，管银六人，管票六人，笔帖式十四员。"（《那桐日记》，上册，第268页）

〔4〕 参见李文杰：《中国早期国债的顿挫：昭信股票研究》（北京大学硕士论文），第32—36页。

押，迫令相借"，当时确有此情。不少地方官为彰其"政绩"，纵容胥吏勒逼商民。而光绪帝在批准"息借商款"的同时，也批准了"捐输新章"。两者相加，扰民甚重。然康称"民出其十，国得其一"，乃属诗化语言，不足为信。当时的贪污，多在捐输，即地方官开出捐券后并不上报户部。"息借商款"的制度是比较严密的，虽难免有从中舞弊之事，但数字不可能很大。

康有为以甲午战争期间"息借商款"的失败，推导"昭信股票"的必然失败，就结果而言大体是准确的。然从原因而言，却在于当时的中国并没有成熟的金融机构与金融市场，投资者的资金无法得到可靠的保证。"明世加粮"，指明末三饷，即"辽饷"、"剿饷"、"练饷"，大多摊于田赋，被认为是明代亡国的原因之一。康以此相比拟，指地方官吏之逼勒，并不意味着他没有相应的国债概念。[1]

康有为称他曾致信翁同龢、张荫桓，指责举办"昭信股票"为扰民，《翁同龢日记》、《张荫桓日记》皆未载，我也未读到相关的史料。康称"折已上，即日奉旨行，不可挽回"，即他致信翁同龢、张荫桓时，户部正月十四日的奏折已上；此中的情节似可怀疑，因此类"时间差"的说法，《我史》中已多次出现。（参见 21·5、23·5、24·6、24·21）

昭信股票的发行方式是先由各省官员认报，并由各省先上报民认数字，然后再缴纳，其绝对数字，尚未有完整的统计。从二月初十日旨命发行到七月二十二日停办，其总数超过银 1000 万两。康称"然各省摊派，仅千余万"，属实。

《我史》后节称，康有为上奏要求停止昭信股票，光绪帝从之，则与事实不符。（参见 24·56）

---

〔1〕 康有为在《日本变政考》中记：明治二十年六月"以扩张海军、建筑铁路、整理充补等公债皆发证书募集，存于银行，以俟支用。以抽签偿还，皆立有明详条例，布告天下，人民信仰……臣有为谨案：日本亦募国债，而皆为农工、物产、制造、铁道、海军等用，凡此数事，自海军以保国外，其余皆生利之物，还之也易。若以偿敌债，则还民也难。赋税只有常额，出入皆有定款，将来以何物还此公债？若一失信，则后此岂能重借乎？"（《康有为日本变政考》，卷十，第31—32页）

（24·10）再与英德华、汇丰两银行借一万万两，八折，四厘半息。去年英借而不受，今仍息昂重扣而取之，失策甚矣。且岁岁借款，挖肉补疮，仅支目前，而绝不为经营自强计，则赔款无已时，借款亦无已时，是坐自毙也。

据手稿本，"一万万"之后一"万"字为添加；"经营自强"后删一字。"英德华银行"之"英"字，诸刊本、抄本皆删。

德华银行（Deutsche Asiatische Bank），1889 年由德意志银行牵头由德商在华开办的银行，总行在上海，柏林设分行。第一次世界大战之前是在华影响力仅次于汇丰银行的外国银行。一次大战期间，先后被日本与中国接收（日本接收其山东部分）。战后重设德华银行，二次大战后被中国接收。

汇丰银行（Hongkong and Shanghai Bank），英资银行，1865 年在香港成立，同年在上海与伦敦开设分行，长期为在华影响力最大的外国银行。

康有为此处所叙，即为"英德续借款"，也称"第二次英德借款"。

光绪二十四年正月初三日，恭亲王奕訢宣布英、俄两不借，清朝一时转向在国内发行昭信股票以筹款（参见 24·9），然由于日本拒绝偿款缓期（参见 23·9），第三次大举外债则成了必然。时由赫德牵线，与英国汇丰银行、德国德华银行商谈的借款谈判紧锣密鼓地进行着。此中的关键人物是翁同龢、张荫桓、赫德，恭亲王暗中予以支持，李鸿章表示反对。[1]从正月十九日到二月初九日，谈判前后仅用了 20 天。正月二

〔1〕 此事的过程，参见《张荫桓戊戌日记手稿》光绪二十四年正月十九日、二十日、二十七日、二十八日、二十九日、三十日，二月初五日、初六日、初七日、初八日、初九日，见该书，第 21—46 页；《翁同龢日记》光绪二十四年正月十九日、二十日、二十七日、二十八日、二十九日，二月初七日、初八日、初九日，见该书，第 6 册，第 3092—3098 页；赫德与金登干往来电报，光绪二十四年正月二十日至二月十四日（1989 年 2 月 10 日至 3 月 6 日），见《中国海关与英德续借款》第 34—39 页。又，翁同龢光绪二十四年二月初一日日记称："仪公信来，谓曾托吕班借债，现可借一万万佛郎。答以十日后再议，不愿生枝节也。"（《翁同龢日记》，第 6 册，第 3095页）仪公，李鸿章；吕班，法国驻华代理公使。很可能翁知十天后即可办成，不愿李鸿章与法国插手。

十日，张荫桓在日记中称：

> "午后致户部，无所议。将散，常熟袖出两折，手写'松沪厘'、'宜昌盐厘'两款，嘱余往商赫德，谓银贱镑贵恐不敷，然此已大不易云。"[1]

"松沪厘"、"宜昌盐厘"二项是清朝厘金中的大项，翁同龢恐海关税收不足于抵押而开出了新的抵押条款。此为关键性的一步。而赫德于次日致金登干的（James Duncan Campbell）电报称：

> "新借款1600万镑的草合同已签字。总理衙门已听从我的意见，应允由我管理盐税和厘金，以每年约五百万两的收入，作为借款担保，并允将来扩大管理范围……"[2]

在此期间，翁同龢也曾担心俄国会对此干涉，而张荫桓却不以为虑。[3]他们似乎并不知道，俄国为了减少其在强租旅、大方面的阻力，已决定在对华贷款上向英国让步。（参见24·6）

正月十九日，即翁同龢与赫德商议的当天，英国驻圣彼得堡公使欧格纳拜会俄国外交大臣穆拉维约夫，指出："俄国以威胁中国来阻挠英国对华提供贷款，损害了准备把自己有限资金投入到提供贷款事业中的英国中小资本家的利益"，引起了英国舆论的不满，使英国政府处于艰难的境地。欧格纳要求俄国采取措施，帮助英国政府摆脱这种困境。穆拉维约夫表示：

> "我们并不认为由俄国提供对华贷款有多大意义，相反，如果

---

[1]《张荫桓戊戌日记手稿》，第23页。

[2]《中国海关与英德续借款》，第36页。

[3]《翁同龢日记》光绪二十四年正月二十七日记："夜作札与樵野，虑英借商款俄有责言云云，此意再三与樵言，樵执意无碍，我终未释然，其他流弊且不论。"（见该书，第6册，第3094页）《张荫桓戊戌日记手稿》光绪二十四年二月初五日记："俄代办巴百罗福未正来，询借款妥否？告余以英使愿着办不索利益，盍讬之，且欲以英使之言电达外部。余答以英使前与俄国争借，以致俄款无成，中国又不能济用，故为冠冕之言，岂可据之电外部耶？我现借商款，无烦英使相助……巴谓商款如借不成，俄国当为出力，余为称谢而去。"（见该书，第37—38页）

我们确信大不列颠政府仅仅是为了维护英国资本家的利益而向中国提供贷款，把贷款看成是纯粹的财政行为，毫无疑问，俄国不仅不会阻挠中国向英国资本家借款……但是不言而喻，有一个必要的条件，这就是英国不向北京政府提出可能损害俄国利益的要求。"[1]

俄国也要求英国不再附加政治条件。由于窦纳乐已为英国获得了开放内河供英船航行、长江流域不租让与他国、开放湖南等权益，英国政府为了促成此事，也听任赫德在此中一手操办，不再另行强调其"利益"。

在英、俄两国政府的背后交易下，北京谈判出人意料地顺利。二月初八日（2月28日），翁、张、赫德在总理衙门将有关的合同条款一一增删斟酌。二月初九日（3月1日），总理衙门章京舒文、户部郎中那桐与汇丰、德华银行的代表签订了《英德续借款合同》，翁、张、赫德、李鸿章与英、德两国使馆的翻译出席了签字仪式。该合同共计借款1600万英镑，83扣，年息4.5%，45年还清；除关税外，清朝另以苏州、松沪、九江、浙东的货厘与湖北、安徽的盐厘作担保。合同中另有一关键语："至此项借款未付还时，中国总理海关事务应照现今办理之法办理"，赫德的地位由此得到了巩固。二月初十日，总理衙门上奏"续借英德洋行商款订立合同请旨遵行折"，光绪帝朱批："依议"。[2]

"英德续借款"如同先前的"俄法借款"、"英德借款"一样，是由清政府委托外资银行在欧洲发行的中国政府债券，汇丰与德华各代表其国的银行总会，其政治色彩已不再浓厚。康称"八折"，当误，实际折扣为83扣。翁同龢曾希望少扣，赫德也为此进行了实际的努力，皆为汇丰银

［1］　转引自张丽：《维特远东外交政策研究：以对华政策为中心》（北京大学博士论文），第129—130页。
［2］　军机处《随手档》，光绪二十四年二月初十日。那桐光绪二十四年二月初九日、初十日日记（《那桐日记》，上册，第266—267页）。又，据《张荫桓日记》，初七日光绪帝单独召见他，他很可能将此事向光绪当面报告过。

行所拒。[1]由于"俄法借款"、"英德借款"的债券已在欧洲市场销售，行情不很好，短时间内另发中国债券，市场价格必有所降低，不可能如先前两次那样，以面值98%—99%价格发行（参见23·12）。"英德续借款"债券在欧洲的实际发行价为90%，包销费用为2%，银行手续费、保险费为5%。"英德续借款"主要用于支付对日本的赔款。[2]

康称"去年英借而不受，今仍息昂重扣而取之，失策甚矣"等语，是其不了解其中的英、俄外交内幕和欧洲的债券市场行情。"去年"是英国政府附加许多政治条件，并为俄国所反对；"今"为清朝政府债券在欧洲的价格下落，发行价已比"俄法借款"、"英德借款"落了8%—9%，去掉包销费用，汇丰银行、德华银行与前次"英德借款"相比，手续费与保险费约多赚了1%。

> （24·11）今统筹大局，非大筹五六万万之款，以二万万筑全国铁路，限三年成之，练兵百万，购铁舰百艘，遍立各省各府州县各等各种学堂，沿海分立船坞、武备水师学堂，开银行，行纸币，如此全力并举，庶几或可补救。以全国矿作抵，英、美必乐任之。其有不能，则鬻边外无用之地，务在筹得此巨款，以立全局。既与常熟言，荐容纯甫熟悉美事，忠信，可任借款。又草折二份，交御史宋伯鲁、陈其璋上之。枢垣疑其不能行，留中，真可惜也。

---

[1] 翁同龢二月初八日日记称："申初同诣赫德处，本欲令少扣，伊先言前已打电，然中国声望非昔比，再多不能矣，只得悉依之。"（《翁同龢日记》，第6册，第3097页）赫德在二月初五日（2月25日）电报中称："汇丰可否按84发行？"初七日的电报称："可惜汇丰银行没有扣到84扣，总的说来，我们已经渡过难关。"初八日的电报称："这次借款交易，如汇丰银行不能出到84或85，仍旧是大有问题。俄国已提出更好条件，并使用压力，总理衙门已动摇。"十四日电报称："据说银行准备把83扣的借款按90发行，在这笔交易里赚7%。我诚恳地希望他们把发行价格弄低一点，一方面保证借款最后成功，同时不使中国政府觉得'上了当'而不痛快。因此，虽然合同已经签字，我还是发电请考虑在不影响发行价格的条件下，把83扣提高一些。将来可能还有些财政上的交易，希望汇丰主动地公道一些，以便将来优先取得这些交易。"（《中国海关与英德续借款》，第37、39页）

[2] 参见李文杰：《中国早期国债的顿挫：昭信股票研究》（北京大学硕士论文），第18—22页。

据手稿本，"非大筹"之"非"后删"有"字；"五六万万之款"后删"以一万万还"；"练兵百万"为添加，补在行间；"各府州县各等各种"为添加，补在行间；"以全国矿"之"全国"二字为添加；"鬻边外"三字为添加，而删"以"字；"筹得"之"得"为添加；"容纯甫熟悉"之"熟悉"二字由"使美"改；"可任借款"之"可"字后删"用"字。

容纯甫，名闳（1828—1912），广东香山人。早年先后入传教士郭实腊夫人在澳门所办的小学、马礼逊学校读书。道光二十七年（1847）赴美，三十年（1850）入耶鲁大学，咸丰四年（1854）学成回国，未得其志。他曾任留美学童"肄业局副监督"，清朝驻美副使。留美学童召回后，住在美国。光绪二十一年由美回国，先后入张之洞、刘坤一幕，皆未得到重用而自行离职。光绪二十二年，梁启超在上海结识他，写信给康有为称："容纯甫在此见数次，非常才人也。可以为胜、广。"〔1〕容此时的官职为江苏候补道。

康称"草折二份，交御史宋伯鲁、陈其璋上之"，属实。查军机处《随手档》，御史陈其璋于二月十六日上有"请再向美国借款以相牵制而策富强折"，谓：

"……为今之计，除与各国联盟外，惟有更向各国多借巨款，以之自强，即以之自保。臣闻西人国势贫弱，恒有以借债为保国之法者，中国胡不踵而行之？盖人既助之以财，未有不助之以力者也……惟有多借美债以相牵制耳。美富埒于法，从不肯占据他人土地，专重商务，所养之兵，为数不多，但兢兢以护商为心，各国皆交相畏之。若酌拨长江省分及法、德屯兵附近各处之厘金作为抵押，美必允从，将来各国俱不能进步，无不受其牵制。但必须得美商素为信服之人方易集事。查江苏候补道容闳在美多年，官商推重，如遣与美商速行订借二三万万两，一月之内，必可有成。更不妨再向英、德加借，多其国则易于牵制，多其数则便于措施……既有此数国之巨款，偿日本外，便可广开矿务、铁路、境外通商，以

〔1〕《觉迷要录》，录四，第20页。"胜、广"，陈胜、吴广。

图自富；增练水陆各军，多买船械，以图自强；所有学堂工艺各学，枪炮制造各厂，同时并举。中国人物聪俊，物产富饶，均为五大洲之冠。诚能切实经营，富强可反掌而致。是借债不仅为今日保国之要务，而即为异日兴国之始基……"〔1〕

陈其璋认为，债务国将受到债权国的保护，多国借债将会形成互相牵制，当属其知识谬误。陈提出派容闳去美国借巨款，以兴各业的建策，与康说相同；稍有不同的是，借款数字降为"二三万万"，抵押条件是长江流域、德国屯兵的山东、法国觊觎的广西和云南诸省的厘金。当日光绪帝发下交片谕旨：

> "交总理各国事务衙门。本日御史陈其璋奏请再向美国借款一折，军机大臣面奉谕旨：'该衙门知道。钦此。'相应知照贵衙门钦遵可也。"

即将该折通报给总理衙门，同日军机处将该折呈送慈禧太后。〔2〕又查军机处《随手档》，御史宋伯鲁于二月十七日上"请派员赴美筹款集大公司折"，称言：

> "……臣深思统计，方今各省铁路矿务，若不早自开办，各国纷纷来请，何以拒之？今莫若募开一大公司，集款数万万，准其开办各省铁路矿务，而责令报效七事：一、购大钢板铁甲船，约三十号。二、沿海天津、燕〔烟〕台、上海、宁波、福建、广东，设水师学堂六所，照英之武翼、美之安那保理师规制；内地直省各设武备学堂一所，照美之威士班规制。三、各省府县皆设工艺学堂。四、各省设立铁政局、枪炮厂、火药局。五、延请洋将，练兵百万，皆令出给俸饷。六、筑沿边紧要炮台。七、直省各设银行。统计需款

---

〔1〕《戊戌变法史研究》，第99—100页，此为军机处咨送总理衙门该折抄件；又见吴嘉谟主编：《中美关系史料》，台北中研院近代史研究所，1990年，光绪朝四，第2334—2335页。《救亡图存的蓝图》，第30—33页。

〔2〕军机处《洋务档》，光绪二十四年二月十六日。该档又记："本日御史陈其璋奏请再借美国洋款折。奉交片谕旨：'该衙门知道。'谨将原折恭呈慈览。谨奏。"又，该日军机处《随手档》记："御史陈其璋折：一、请再借美国洋款由。（随事递上。发下。钞交总署）"

约以五万万为度，皆限一年之内，一律举办。其铁路矿务利益，酌
分成数，归于国家……臣查中国民穷商匮，不能举此。于万国之
中，美国最富，又不利人土地，若招集美商办此，彼必乐从。惟须
得该国敬信之人，方能招集。臣闻江苏候补道容闳，少年游学美
国，壮岁又奉使差，久于美地，前后二十余年。其为人朴诚忠信，
行谊不苟，深为美人所敬信。若容闳往美招集，必有可成……"[1]
宋伯鲁此处的说法，与康说大体一致，但已不是借款，而是容闳赴美招
集的美资股份公司，由该公司以"报效"方式来办理七事。光绪帝当日
发下交片谕旨：

> "交总理各国事务衙门。本日御史宋伯鲁奏请派员往美集大公
> 司筹办铁路等事一折，军机大臣面奉谕旨：'该衙门知道。钦此。'
> 相应知照贵衙门钦遵可也。"

同日军机处亦将该折呈送慈禧太后。[2]黄彰健、孔祥吉认为，陈折由康
所拟；孔祥吉认为，宋折也是康所拟。[3]对此我是同意的。但从两折的
内容来看，陈、宋很可能有所改动，不然陈、宋折与《我史》之间不会
有如此之大的差距，尤其是宋折，谈到了"报效"，即直接捐办各项军政
事业，且数达银五亿两之巨，很难想象康会有如此之误。而总理衙门收
到后，对陈、宋两折皆未作出任何反应。康称"枢垣疑其不能行，留
中"，不确。

---

[1] 《救亡图存的蓝图》，第34—38页；邹爱莲等编选：《戊戌变法档案史料》，《历史档
案》，1998年第4期；原折见《军机处录副·补遗·戊戌变法项》，3/168/9446/13。
并参见《康有为戊戌年变法奏议考订》，《戊戌维新运动新探》，第94—95页。"安那
保理师"，即Annapolis，美国海军学校；威士班，即West Point，美国陆军学校。
"英之武翼"，不知是否指Royal? 当时英国海军有格林威治皇家海军学校。以七所
海军学校、各省陆军学校、练兵百万、各地炮台等项为计，若按英、美之标准，则
银五亿两很可能仍不够用，康有为、宋伯鲁很可能只是听说了Annapolis和West
Point，并不了解其中的具体情况。

[2] 军机处《洋务档》，光绪二十四年二月十七日。该档又记："本日御史宋伯鲁奏请派
员往美集大公司筹办铁路等事折，奉交片谕旨：'该衙门知道。'谨将原折恭呈慈
览。谨奏。"又，该日军机处《随手档》记："御史宋伯鲁折：一、请派员赴美兴办
公司由。(见面带上。次日发下。抄交总署领去。)"

[3] 《康有为戊戌真奏议》，第7—11页；《救亡图存的蓝图》，第32—33、36—38页。

经康有为作伪的《戊戌奏稿》中有"请计全局筹巨款以行新政筑铁路起海陆军折",时间注明为"七月",是康追述陈其璋"请向美国借款以相牵制而策富强折"、宋伯鲁"请派员赴美筹款集大公司折"两折之意,而后来作伪的另作,内容上有接近之处,也强调派容闳至美募款,但方式不同,即成立国家银行而"大借公债"。[1]

问题是陈其璋、宋伯鲁、康有为当时之说是否可行呢?

陈其璋主张,将长江流域、山东、广西、云南等处的厘金作为抵押,而借美款,方法上与"英德续借款"有相同之处。"英德续借款"是由总理衙门代表"中国国家",委托汇丰、德华两银行代发国家债券。陈称由容闳出面与美商"速行订借",容闳仅以国家名义,并不代表国家信用,"美商"又指何家金融机构?按照当时国际债务市场的习惯,没有一家银行敢与容闳商谈如此巨大数字的债券发行事宜。更何况高达银二三亿两的新债券将会冲击国际债券市场,使已发行的"俄法借款"、"英德借款""英德续借款"债券行情大跌,也违反了总理衙门先前与汇丰、德华的合同。即便此项债券发行成功,须得每年还债,还贷之款为长江流域及山东等省的厘金。这是清朝中央与当地各省财政收入的重要部分,一旦失去,其财政体系又如何维持?陈其璋的建策,明显地暴露出他没有国际金融知识,也不了解相关的财政实情,不具可行性。

宋伯鲁主张,以全国的铁路修筑经营权、开矿权,授予由容闳出面融资、由美国资本组成的"大公司",该公司"报效"(即捐献)银5亿两,来办理"七件事";同时,该公司在铁路、矿务上的收益,与国家分成。从经济的角度来看,无论是美国还是世界上任何一个国家,都不可能组成须在一年内先支付银5亿两、然后获权开办路、矿并与中国利益分成的股份公司,即公司开办时已负债银5亿两,当时中国的路、矿收益尚不能精确测算,该公司的股票将会无人购买。从国际关系角度来

---

〔1〕《戊戌奏稿》影印本,第117—124页;并参见《康有为戊戌真奏议》,第489—490页。

看，当时各国对中国的铁路及矿山有着很大的兴趣，并纷纷向总理衙门索要筑路权与开矿权，其中俄国、德国主要是出于其全球战略需要，英国主要是商业投资，其方法是强权相压，根本不支付任何费用。如果美国的一家公司包办了中国所有的铁路、矿山权利，那么，英、俄、德、日、法将会与美发生严重冲突。宋伯鲁的建策，明显地暴露出他缺乏经济与国际政治领域的知识，不具可行性。

康有为在《我史》及《上清帝第六书》（参见 24·2）中主张，以全国矿产作抵押来借款，并出售边外无用之地，以筹资银五六亿两来进行改革。投资须计算回报，矿产的收益自当开采以后方能计算，矿产的运输又需铁路、港口相配套，在当时属于风险投资。若以开矿权来招募股份，成立矿务公司，其股票在国际资本市场可能有一定的销路，但资金只能用于开矿而不是康所称的新政各业。以不能确定具体收益的开矿权为抵押进行商业贷款，没有一家银行肯提供不用于开矿而从事新政各业的贷款；也由于其收益不确定，无法发行定期定息的债券。至于出售"边外无用之地"，康只是一种推断，并试图将西藏卖于英国。（参见 24·37）然他对国家之间出售土地的知识有误。[1]当时的西方列强并没有购买中国任何一块土地的意图，此期德、俄、英、法直接强租了胶澳、旅大、威海、广州湾、香港新界等边内有用之地。康有为的建策，明显暴露出他不理解相关的近代金融与世界历史的知识，

----

[1] 康有为在《日本变政考》中对此思想有着较为完整的表述：明治八年十二月"十一日，颁千岛、桦太交换条约，割桦太及其地营房于俄，以千岛为边邑。臣有为谨案，桦太之割，乃卖地也。其地远而边俄，日人度不能自保，故卖与俄，得其金钱以为兴内利之计。俄前数年亦卖此美洲数千里之［之］地于美国，以其所卖地之金钱数万万筑铁路、兴学校、购铁舰、增海军。盖西人之于国，其内地要隘必宜争必宜守者，虽尺壤而必争，如英、日［日斯巴尼亚，西班牙］之争直布罗陀峡……其边远之荒地不毛，以虚名悬属、不关国本者，则去留不足计，且以易金钱而兴内利。且亦恐既名为属地，一有边事，不救则不可，救之道远莫及，则连兵之后，终必割以与人，故不如早易金钱而修内政，大政可以备举，又不必搜刮民财，此诚善之善也。"（《康有为日本变政考》，卷七，第12—13页）康有为对库页岛划俄和阿拉斯加售美的相关知识并不准确，且阿拉斯加也未能售"金钱数万万"，其款也未如康称"筑铁路、兴学校、购铁舰、增海军"。

不具可行性。需要说明的是，康有为的这一思想也影响了当时的其他
人。[1]

　　然而，陈其璋、宋伯鲁、康有为怎么会提出如此奇特的主张？我以
为，他们很可能受到了容闳自我宣传的影响。

　　光绪二十二年七月十四日，《时务报》第5册刊出消息：

　　　　"容闳自美国归，上书总署，言当设立银行，其大略曰：似爱我
　　助我而其实计财者，俄、法也，一时之惠，必不可恃。惟美国真爱
　　我，又助我，宜与美国谋也。今也中国之急务有四：曰日本之偿
　　金，曰国家之兵备，曰敷设铁道，曰清偿外债。为此当借四亿两于
　　美国，其息比诸俄、法为轻。若听臣言，请以此四亿之金，先销清
　　外债与偿金，而后以其有余供兵备也。且许美国敷设全国之铁路，
　　地段、方法一从中国指定，许与彼以五十年间之所有权，而以所
　　收利百分之三十，先销清公债母息及敷设铁路之母息，而后平分
　　其余金为中、美所得，则五十年之后，不费一文钱而得全国铁路
　　也。"

这一条消息意思很不明确，似乎允许美国有中国全国的筑路权并50年经
营权后，可得4亿两公债发行权。从经济角度而言，权与利如此不分
明，是讲不通的，也决不可行。该消息的内容不知是容闳之误还是编者
之误。查容闳上有"铁路条陈"，提议利用美国资本设立公司，其中提到

---

〔1〕 谭嗣同《上欧阳中鹄书》中称，"益当尽卖新疆于俄罗斯，尽卖西藏于英吉利，以偿
　　　清二万万之欠款。以二境方数万里之大，我之力终不能守，徒为我之累赘，而卖之
　　　则不止二万万，仍可多取值以为变法之用，兼请英、俄保护中国十年。"谭致贝元
　　　徵信中称："今夫内外蒙古、新疆、西藏、青海，大而寒瘠，毫无利于中国，反岁费
　　　数百万金戍守。地接英、俄，久为二国垂涎，一旦来争，度我之力，终不能守，
　　　不如及今分卖于二国，犹可结其欢心，而坐获厚利。二国不烦兵力骤获大十，亦必
　　　乐从。计内外蒙古、新疆、西藏、青海不下二千万方里，每方里得价五十两，已不
　　　下十万万。除偿赔款外，所余尚多，可供变法之用矣。"（《谭嗣同全集》增订本，第
　　　161、211页，两信皆作于光绪二十一年）孙宝瑄在光绪二十三年十一月十八日日记
　　　中称："过午，诣穰卿（汪康年）谈。穰卿前有说，谓办诸事无资，可将各省矿抵外
　　　人，借百万万以兴创实政。言之为人诋詈，与余意相符，盖彼亦视矿轻也。"（《忘
　　　山庐日记》，上册，第151页）

了发行铁路债券的"变通招股"、"定印借券"诸办法。关于"变通招股"一事称:

> "职道所以踌躇四顾,而窃欲变通办理借力于美也,盖美与我素无嫌隙。今借其商人之财力,而权自我操,无庸照会政府,他国断不过问。从前美国筑路,亦听欧商集股,并无域外之分、嫌疑之见,通力合作,实为权变办法。如蒙俯准,职道当与美商纠集公司,订定章程,所有畿东、滇南、川广、卢汉、苏杭、松沪等处,同时并筑。且建双轨,阔以四尺八寸为度。如有华商愿出资本,并归公司合办。边境之瘠,内地之肥,获利多寡,通盘合计,不出五年(万一勘路应由公司,需时多延一二年,尽力筹办,再行定准),一律筑成。"

然而该公司性质,容闳并没有说清楚。"职道当与美商纠集公司"一语,未明确是以个人身份还是以清朝政府代表的身份来组建公司。从整篇《条陈》来看,似乎是以他为首的清朝政府与美商联合设立的铁路公司。关于"定印借券"一事称:

> "今欲迅速开筑,不费丝毫官帑,自宜先印铁路借券,写定华文,载明本利,绘就图式,派员至美国定印若干纸,呈交户部编号盖印,随时请发……以纸币代现银,无论数千万皆可陆续集成。该券定限三十年,周息五厘,每年付息及到期还本,均在铁路获利项内开销。当初办时,尚未获利,由公司垫付息银,统俟铁路获利后提还,不必另筹官款,亦无庸以别项作抵。借券期满收回之后,铁路全行归官,此为筑路第一善策。"

此中的"借券"即债券,但其中的权利不是很清楚,表面上是一种公司债券,但由户部"编号盖印,随时请发",则成了由政府担保的公司债券。由此可以看出,由容闳与美商组建、由美国资本控制的联合公司,是一桩只赚不赔的买卖。其诱人之处是清朝不用投资,但与之合作的美商实际上也不用投资,而是在美国出售由清朝政府担保的铁路债券。与之相关权责也不明确:清朝授予该公司全国铁路筑路权;而该公司一旦出现获利不足或亏损,由于其债券是定期定利且为清朝政府担保,很可能将由清朝政府来偿还。[1]且这一类的铁路债券,只能用于修建铁路,不可用以偿还赔款与发展军备。容闳长期住在美国,也担任过留美学童的副监督和驻美副使,但他并没有铁路方面的知识,也不见经济方面的才华。[2]然于此时他提出如此宏大的全国铁路计划,可能有美国财团的背景。容闳的这一铁路计划,并没有得到清朝政府的支持。而康有为等人很可能受该计划的影响,尤其是前引《时务报》第5册那则消息的影响。

光绪二十三年十二月二十六日,容闳又向总理衙门提出"津镇铁路条陈",修建从天津到瓜镇(江苏扬州境内、镇江对岸)的铁路。对清政府来说,该计划最诱人处在于:

> "现经集股已有一千万两之谱,开办之后,其有不敷,再行召集。内有美商愿入股者,由本公司与之议立合同,无庸票请国家作保,只须将全路作抵。且经营伊始,情殷报效,得藉输诚,拟请先提股银二百万两,以充朝廷要需。定期出票,于铁路开工安设轨道时,先缴一百万两,俟全路告竣,再缴一百万两。"

也就是说,容闳宣称已有一千万两的现银,并愿在铁路开工时即刻"报效"一百万两!这对当时财政极为匮乏的清朝来说,简直是振奋人心的消息。容闳的计划还允诺:一、将来铁路完工后,其收入除去各项开支、股息等项外,"所获余利按照四分之一报效国家,解交户部钦收";二、清朝若收回铁路,比照当年股价,发还原银,"否则应由公司按定章以四十五年为限,自全路工竣为始,满限后所筑干路即为国家所有,无

---

[1] 容闳:《铁路条陈》,宓汝成编:《中国近代铁路史资料1863—1911》,中华书局,1963年,第1册,第231—233页。条陈又称"铁路既设公司,除卢津已经开办外,其余卢汉以及各处应请统归公司开筑,以免纷歧",由此可见,容欲获全国筑路权。

[2] 容闳已不是第一次涉及此类事务。甲午战争爆发后,他向清朝驻羊公使馆的翻译兼秘书写信提议:借款1500万美元,购买已建成的铁甲舰三四艘,并招募5000人的外国雇佣军从太平洋攻击日本。后又提出将台湾抵押给西方某强国,以借款4亿美元,组建新军,与日本作战。他的前一计划得到张之洞的同意,准备赴伦敦商谈借款。但他要求以海关关税为抵押,为李鸿章、赫德所拒。(石霓译注,容闳:《我在中国与美国的生活》,百家出版社,2003年,第284—285页)此中可以看出,容对于军事与财政皆为外行。

庸官给价值。"[1]前者在当时税法不健全的清朝，实际上是营业税；后者则获取了通车以后45年的经营权。这对没有近代理财观念的清朝官员来说，无疑是天大的利好消息。

容闳的这一计划，对正在筹备中的芦汉铁路是一大冲击。[2]张之洞、刘坤一、王文韶、陈宝箴对此发电表示反对。[3]然而，很可能在翁同龢的支持下，光绪二十四年正月二十一日总理衙门出奏，明确支持容闳的津镇铁路计划，仅将容闳的"招集洋股"改为"筹借洋款"，光绪帝

---

[1] 容闳："津镇铁路条陈"，光绪二十三年十二月二十六日，见《津镇铁路档案》，孙学雷等主编：《国家图书馆藏清代孤本外交档案》（以下简称《清代孤本外交档案》），全国图书馆文献缩微复制中心，2003年，第28册，第11725—11741页。从该档案形式来看，属民国时期外交部抄录的《总理衙门清档》。

[2] 铁路总公司督办盛宣怀得到消息后，于光绪二十三年十月二十七日致电会同督办芦汉铁路大臣直隶总督王文韶、湖广总督张之洞："京密电，容闳在总署呈请办镇江至京铁路，有款千万请验，先以百万报效，路成再报效百万。邸意颇动，交各堂议。如准，于卢汉事有碍否云。此系洋股，路近款便，必先卢汉告成，东南货客分去，洋债难还，比可藉口悔约。如议准，南北有路可通，保汉似可缓造。但不知初议何以舍京镇而言卢汉？闻因沿海兵险，竟究改道是否相宜？乞酌示。"（《愚斋存稿》，卷二九，第4页）又，容闳津镇铁路计划及其与芦汉铁路之争，可参见张海荣：《津镇与芦汉之争：甲午战后中国政治的个案研究》，（北京大学硕士论文，2008年）

[3] 张之洞收到盛宣怀电报后，以他和盛宣怀两人名义致电王文韶，提议三人联名致电总理衙门，若有人提出津镇铁路计划，请交王文韶、张之洞"详酌议复"，再请总理衙门"核定"，"免碍卢汉，以维大局"。光绪二十四年正月初七日，张之洞得知总理衙门有意支持容闳计划时，发电指出，容闳的计划使用美款，将来"不能自主"；津镇铁路连接德国胶济铁路，"德之陆军长驱而北，一日而至永定门矣"。（以上见《张文襄公全集》，第3册，第711页；第2册，第353—354页）十二日，两江总督、南洋大臣刘坤一致电总理衙门："此事万不可允"，"容闳图揽造路之意，蓄志已久，往岁即欲暗纠洋股承办中国铁路，今施其故智，款为洋股无疑。"十五日，直隶总督、北洋大臣王文韶致电总理衙门："当此时局艰难，举动关宗社安危，非一时一事之比，利权其重，害取其轻，似不妨稍事从容，谋定后动……"十八日，湖南巡抚陈宝箴致电总理衙门："闻容闳以洋股由镇江至京与德路接，方孝杰、刘鹗又以洋股包办山西铁路，外间颇多疑惧，甚且妄肆揣测，不敢不以密陈，想钧署必有权衡也。"（以上见《中美关系史料》，光绪朝四，第2326—2328页）四位大吏的言论系由张之洞、盛宣怀指挥，王文韶在发电总署后，致电盛宣怀、刘坤一、张之洞、陈宝箴："闻容闳路事，廷议既决且秘，江楚力争不应，窃思先有以缓之。本日致总署电云……"（《愚斋存稿》，卷三十，第15页）

朱批："依议。"〔1〕在有力疆臣的一片反对声中，容闳的计划最终仍得到光绪帝的批准，其中最重要的原因，是清政府以为容闳确实能从美国借款。光绪二十一年之后，修建铁路已成为当时清朝上层有力人士的共识，但计划多，实施少，其中最大的困难是资金，华股招集困难，洋款谈判不顺。〔2〕于是，容闳以"善招美款"的形象出现，言论上夸大其词，博取清朝上下的赞成或同情。

但是，容闳的津镇铁路计划被清朝批准之后，并没有资金上的进展。六月二十三日，御史杨深秀上奏"津镇铁路请招商承办片"，称言：

> "昨闻容闳承办此条铁路，计时已及半载，而所筹备款项，至今尚无把握，若再迟延数月，无人承办，诚恐为洋商所夺，而大利转归外人。拟请饬下该管大臣，另行招商办理，务期妥速有成，以杜外人觊觎之心。"〔3〕

光绪帝当日下旨："著王文韶、张荫桓酌核办理。"〔4〕总理衙门在英、德驻华公使的压力下，对容闳的计划也开始怀疑，一再催促他由上海来北

〔1〕《清代孤本外交档案》，第28册，第11742—11746页；军机处《随手档》，光绪二十四年正月二十一日。又，光绪二十三年十二月二十五日，翁同龢日记称："晚饭后访容道闳谈山东铁路，伊欲借美款，见其电复摩根。"看来容闳计划最初投资人可能是摩根集团。二十四年正月十七日记："陈右铭致荣仲华函，一、开矿，一、派容闳、黄遵宪借美债、集商洋股，一、以三十万饷练湘兵五千。余以长篇答仲华。"（《翁同龢日记》，第6册，第3082、3091页）陈右铭，陈宝箴；荣仲华，荣禄。由此可见，陈宝箴也有派容闳借美债的计划，不知与此时尚在湖南的梁启超有无关系。

〔2〕参见张海荣：《津镇与芦汉之争：甲午战后中国政治的个案研究》（北京大学硕士论文，2008年）。

〔3〕《救亡图存的蓝图》，第189—190页。原片见《军机处录副·光绪朝·内政类·戊戌变法项》，3/108/5617/68。孔祥吉认为该附片是由康有为所拟，并称："康有为于戊戌二月十六日、二月十七日分别代御史陈其璋、宋伯鲁草似奏折，一再推荐容闳'在美多年，官商推重'，可筹巨款，并谓'一月之内，必可有成'，然已时过半载，容氏所筹津镇铁路之款，仍无眉目，故而又代杨氏草拟是片。且由是片观之，康氏于戊戌二月推荐容闳可赴美筹数万万巨款，集大公司云云，大多是难以付诸实行之空言，殆氏亦虑人指责，故又呈递是片，以图补救。我以为，孔称容闳筹款计划是"难以付诸实行之空言"，当属直揭底蕴；然称杨片为康代拟，似证不足。康有为《我史》写于光绪二十四年底，后又有多次修改，如已知容并无筹款能力，当不会在《我史》中作此言。从该片的内容来看，似有"美股"与"招商"之差别。

〔4〕军机处《随手档》、《上谕档》，光绪二十四年六月二十三日。

京说明情况。[1]各种资金问题也渐渐浮出水面。尽管容闳宣称集有款银1000万两,并称"有款千万可验",但他还没有与任何一家美国财团达成资金的协议。[2]光绪二十四年八月,容闳来到北京,对津镇铁路的资金没有作出合理的回答,由于政变发生,容闳再次返回上海。总理衙门至此终于明白,容闳并无在美融资能力。[3]十月二十五日,总理衙门出奏"津镇铁路另派大员督办折",要求撤换容闳:

> "光绪二十四年正月二十一日臣衙门具奏,道员容闳呈请设立公司,承办自天津至镇江铁路一折,本日奉朱批'依议。钦此'。当

---

[1] 七月初三日,总理衙门收到上海道蔡钧电报称:"东电敬悉,容道寓虹口川河滨一百七十一号谭宅,据云津镇路款事,六月十六日详禀未奉批,现患暑湿腹泄,俟痊愈赴京。"初四日收容闳的电称:"初二日戌刻始奉敬电悉。草约早定,职道本拟月杪晋京面呈,适患痢疾,未能动身,容俟数日稍愈,即力疾趋谒。昨电洋商来华细商,俟接复电再闻。"初九日收到容闳电报:"前与英华公司立草约,迨因经手人不妥,另与英、美两大公司议借英金五兆,商定五厘半息,九扣,昨日已印押,当由公司电禀两公使转达在案。英电已派人来华,约十日可到,职道拟先将合同寄呈,俟英人到即偕同晋京。容闳禀。庚。"十四日,总理衙门收到蔡钧的电报:"蒸电已转容道,据云息、扣印,恐难改议。现译合同详禀,理合禀闻。"(《中美关系史料》,光绪朝四,第2414—2416、2421页)二十三日,总理衙门收到蔡钧电报:"养电敬悉,容道今明北上。钧。漾。"(《总理衙门清档·收发电》,01-38/17-2)又,容闳与英国英东公司和美国阿纶美公司订立的草合同,见《清代孤本外交档案》,第28册,第11796—11816页。

[2] 七月初九日(8月25日),窦纳乐致电巴尔福(A.J.Balfour):"津镇铁路借款五百五十万美元和筑建上述铁路的合同,已于8月23日由容闳与一家强大的英美辛迪加签订了。上述报导是由驻上海总领事寄给我的。"(《中国近代铁路史资料1863—1911》,第1册,第240页)七月二十五日,总理衙门收盛宣怀电:"……据英领事璧利南(Byron Brenan)面称,现议津镇之英人,并非真实股商,不过持此合同回国,转卖合同与人,从中牟利,前窦使(窦纳乐)亦云,其人可靠与否,尚待查考。闻此人已赴京,尚求详细妥酌,免碍已成之局。"(《总理衙门清档·收发电》,01-38/17-2)

[3] 九月十五日,总理衙门收蔡钧电:"奉庚电,即转致容道。据云拟旬日内带关防诣京呈缴,并面禀细情云。"二十三日,收容闳电:"蔡道转电询何日晋京,遵缴关防,随知照洋公司,以该业有成议,万难中止,即电催美公司阿仑作速来华商酌。阿仑业有电到申,且职道刻病未痊,俟阿仑一到,当即一同来京复命。起程日期再行禀明。"二十七日,收蔡钧电:"奉有、宥两电,遵转容道遵照矣。"二十八日,再收蔡钧电:"容道关防缴到。惟函称美商恐有后言,将来如何申辩,非彼所能力阻云。"(《总理衙门清档·收发电》,01-38,18-2)

经札饬该道钦遵办理，并奏明刊刻木质关防，发给应用。嗣据该道票请出京筹款去后。本年五、六月间，先后据德国使臣海靖、英国使臣窦纳乐来言，容闳不为西人所信，集款必不能成，英、德商人各愿出资承办。臣等复以津镇铁路既经奏准交容闳承办，如果容闳借款无成，再与他国相商。一面电调容闳来京，面加询问，所筹借款，并无确实把握。该员旋赴上海。嗣英、德使臣又同来臣衙门，重申前请，并称英、德银行愿意合同借款，由中国请派大员督办，庶几此路可期早成，于商务有利。臣等检查容闳原递集股期票，声明奏准后六十天内集款一千万两备用，现限期久逾，款项无著，是其商议无成，已无疑义。经臣等电知江海关道，饬令容闳缴还关防。旋据江海关道将前颁关防寄到，前案已作罢论……"[1]

清廷当日予以批准，另以胡燏棻、张翼办理此事。[2]

光绪二十三年十二月，容闳正在北京大肆展开政治活动，推销他的津镇铁路计划。他与康是同乡，两人也有交往。由此在康有为等人印象中，容闳在美有人脉，很容易借得巨款。陈其璋、宋伯鲁、康有为借（集）款数万万并"报效"七件事的主张，与容闳此时津镇铁路计划所宣称的已"集股"千万先行"报效"百万，形式上完全相同，只是在数量级上放大了数十倍。

康称"与常熟言"荐容闳借款事，我未读到相关的史料。

(24·12) 又草请改律例折，与王佑遐上之。

王佑遐，王鹏运（参见 21·1）。光绪二十一年，王鹏运与康有为走得很近，代奏了康的奏折。（参见 21·1、21·12、21·16、21·17）然查此期军机处《随手档》《早事档》，并无王鹏运上"请改律例"之类奏折的记录。

---

[1] 《清代孤本外交档案》，第 28 册，第 11878—11883 页。
[2] 军机处《上谕档》，光绪二十四年十月二十五日。

值得注意的是，王鹏运的政治态度已有变化。光绪二十四年正月二十五日，王上"请力行修省实政折"、"请开办京师大学堂片"，前折强调"屏除模棱之积习，永断瞻徇之私心"，"上下一心共图建树"，后片促发了京师大学堂的开办。[1]四月初十日，即恭亲王去世的当天，王鹏运上奏"大臣误国请予罢斥折"，弹劾翁同龢、张荫桓，表明其投身或认同的政治派系，已与康有为一派相对立。(参见24·17)在百日维新的日子里，王一直很低沉，从军机处《随手档》《早事档》来看，他没有上过任何奏折。戊戌政变后，他于八月二十三日上奏"请端学术以正人心折"，直接攻康，称言：

> "……独是自康有为平权改制之说兴，一时年少轻浮无识之士，趋之如市，邪说横流，几若狂澜之倒，不易挽回。今年夏间诏许官员士庶实封言事，闻其间推本康有为之说者，正复不少。在朝廷兼听并观，不即加罪责以来言者，而若辈猖狂恣肆，邪说日滋，甚至有以改正朔、用外人、变文字、废跪拜为请者。此等狂怪不经之论，不独为王法所必诛，即西人富强之术，何尝系由于此……谬种相传，其有关学术人主，实非浅鲜。相应请旨，将该员等分别等差，治以应得之罪，以儆将来。"[2]

该折要求追查当时上书言辞激烈者之罪责。王鹏运以此等言辞上奏，恐已不仅是避祸，而是其政治主张的宣示。附片弹劾新任农工商总局大臣吴懋鼎。[3]

康称"与王佑遐上之"，无非是两种情况：一是康并无此折，此处仅是张扬；二是王鹏运当时可能敷衍康，收下奏折后并未代奏，而康不知王的政治态度已变。我以为，后一种可能性会更大些，因为康在后节(24·45)又称由王鹏运为其代奏。

清朝此一时期的删改则例，是由仓场侍郎李端棻的奏折引发的。

---

〔1〕 王鹏运正折见《军机处录副·补遗·戊戌变法项》，3/168/9446/6，其附片我还未从档案中捡出。

〔2〕《戊戌变法档案史料》，第479页。

〔3〕《军机处录副·补遗·戊戌变法》，3/168/9457/75。

（参见 24 · 46）

（24·13）时粤中草堂，徒侣云集，前折既缘胶、旅事搁起，知其不行，将拟归。以公车咸集，欲遍见其英才，成一大会，以伸国愤，由是少盘桓焉。李木斋亦来言开会事。卓如新在湖南开南学会，极盛。时扶病来京，幼博以医卓如故同来，寓三条胡同金顶庙，乃定于廿二日开保国会于粤东馆，为草定章程。士夫集者数百，投筹公举演说，举吾登座，楼上下人皆满，听者有泣下者。盖自明世徐华亭集灵济宫讲学后，未有斯举也。廿五日，再集于崧云草堂。廿九日，再集于贵州馆。会人皆逾百数。是时各省人士应时开会，保滇会、保浙会继起，人数皆逾百数。当是时公车如云，来见者日数十，座客填塞，应接不暇，分日夜之力，往各会宣讲。客来或不能见，见亦不能答拜，多有怨者。

据手稿本，"时粤中草堂"之"时"后删"公车咸集，李□"六字；"徒侣云集"之"云"字由"并"改；"成一大会，以伸国愤"一句为添加，补在行间；"亦来言开会事"后删一字；"时扶病来京，幼博以医卓如故同来，寓三条胡同金顶庙"一句为添加，补在页眉；"于粤东馆"四字为添加，"投筹"二字为添加，补在行间；"举吾登座"之"举"字后，删一字；"未有斯举也"后删"逾"字；"会人皆逾百数"后删"然而谤议沸腾矣"七字；"保滇会"之"会"字为添加；"当是时公车"后删"盛名"二字；"应接不暇"后删"皆不能答拜"五字；"分日夜之力"之"分"字，以"又"字改。"幼博以医卓如故同来"之"来"字，诸刊本、抄本皆漏。"再集于贵州馆，会人……"诸刊本、抄本误作"再集于贵州会馆"。

光绪二十四年是戊戌科会试之年，各省公车入京。康有为"万木草堂"及广西授学的弟子亦有入京会试者，其中有梁启超、麦孟华、梁朝杰、况仕任、龙应中、程式谷、龙焕纶等。他们曾在康的领导下联名上书主张联英联日以拒俄。（参见 24·6）此时德军毁坏即墨县文庙圣像，再度引发了公车多次上书，由麦孟华、梁启超领衔的上书，签名的各省公车达 830 人。[1]康称"前折既缘胶、旅事搁起，知其不行，将拟归"，

---

[1] 参见孔祥吉：《戊戌变法期间第二次公车上书述论》，《戊戌维新运动新探》，第315—342页。

康当时也有此意。他此期写给其夫人的信中称：

> "国事艰难，未暇它及……四月开榜前吾必归，否则亦接家来京，视听上条陈三封如何，故不能定也。"[1]

其中"开榜"指该科会试之"开榜"，"条陈三封"似指"上清帝第六书"、"上清帝第七书"、"为胁割旅大乞密联英日坚拒勿许呈"。（参见24·2、24·5、24·6）从信中还可以看出。若因上书而得到光绪帝的重用，他将接家眷来京。

梁启超在湖南时务学堂任总教习时，参与发起南学会，并撰《南学会叙》。[2]南学会正式开会为光绪二十四年二月初一日，《国闻报》以"湘学开会记"刊出消息：

> "湘省创办南学会，假孝廉堂为会所，每月以房虚星昴四日宣讲。二月朔日为开会第一期。是日自陈右铭中丞、徐研甫学使、黄公度廉访以下，官绅士庶会者三百余人。首先学长皮鹿门孝廉锡瑞开购（讲），次则黄公度廉访遵宪，次则谭复生观察嗣同，陈大中丞为之殿。士大夫周旋问答，言笑晏晏，诚盛事也。刻下诸会规模已定……"[3]

梁此时在湖南患疟疾，当日未能赴会。约于二月初十日，梁启超由湖南赴上海。[4]由于病体未痊愈，由康广仁陪同于三月初一日由上海搭船

---

[1]《与妙华夫人书》，《康有为全集》，第4集，第46页。

[2]《湘学报》，第25册，光绪二十三年十一月二十一日。又，梁启超致汪康年信中称："此间新办南学会，右帅、公度、研父皆入会，诚盛典也。惟明春二月以后，复生须往粤，秉三、沅帆事又太多，弟又北上，无人主持其事，至为可虑。顷伯严、秉三又欲请兄来此主持数月……此间人才望似甚多，实则亦有限。有汪颂年治书者极好，兄想亦识之。又复生之师欧阳节吾先生。若能得此两人，办南学会则大佳矣。惜皆有事，无可如何。此会实为东南半壁自立之起点，亦煞是要着也。"（光绪二十四年正月初五日收到，《汪康年师友书札》，第2册，第1852页）其中提到南学会的主要人物。皮锡瑞在日记中多称梁启超操办会事情况。

[3]《国闻报》，光绪二十四年四月十四日，第211号。

[4] 皮锡瑞光绪二十四年二月初十日日记称："卓如将往粤为乃翁五十祝寿，病已愈矣。"（《师伏堂未刊日记》，《湖南历史资料》，1958年第4期，第104页）

北上。[1]梁此次进京，目的是参加戊戌科会试。[2]

李木斋，名盛铎（1859—1935），字椒微，木斋为其号，江西德化人。光绪十五年榜眼，授翰林院编修。二十四年补江南道监察御史。祖上及他本人为著名藏书家。甲午战争期间，与文廷式等人多次集会，联名上书，名盛一时。二十四年七月为京师大学堂总办，派往日本考察，不久充驻日本公使。后任顺天府丞、驻比利时公使、山西提学使等职，亦为出洋考察政治五大臣之一。

"粤东馆"，即粤东会馆新馆，位于北京宣武区南横街西部路北，旧

---

〔1〕 康广仁致何易一信称："弟此次三月来京，其始专为卓如病，以伯兄爱之，故弟护视其病，万里北来，亦以卓如固请，不能却之。"（张元济编：《戊戌六君子遗集》，商务印书馆，1926年，卷六，《康幼博茂才遗文》，第1页）梁启超："丁酉戊戌间，幼博居上海，督大同译书局。其入京也，在其春二月，启超适自湘大病出沪，扶病入京师，应春官试。幼博善医学，于余之病也，为之调护饮食剂医药。至是则伴余同北行，遂居京师，而及于难。盖幼博之入京，本无他事，不过为余病。余病不死，而幼博死于余之病，余疚何如哉。"（《康南海先生遗著汇刊》，第17册，《哀烈录》卷一，第17页）严修称：三月初一日"由上海泰安栈乘'新裕'船将回天津。""公车停候者尚多，船仍拥挤……余舱外有一人，堆行李于船栏内，而徙倚以待。余开窗问姓名，曰南海康姓。问晋京何往，曰访人。又细问之，乃知即长素之胞，因伴送梁君卓如而来也。卓如病，力疾行，康左右之。康名广仁……未正三刻开船，梁君卓如偕康君来访，谈一小时许。康君谓梁君曰：'数日来未曾说如此许多话，今日话已多矣。'乃去。"三月初二日"至大菜间第四号访卓如……"（《严修日记》，第2册，第1006页；又可参阅严修自订、高凌雯补：《严修年谱》，齐鲁书社，1990年，第120页）皮锡瑞光绪二十四年三月十四日日记称："韩树园、叶仲元、欧云樵三人来……卓如初一由上海起程。"（《师伏堂未刊日记》，《湖南历史资料》，1959年第1期，第82页）

〔2〕 梁启超致汪康年信："惟明春二月以后 ……弟又北上，（南学会）无人主持其事……惟明年会试，想必乌有，果尔，则弟不行，可无须替人矣。"（光绪二十四年正月初五日收到，《汪康年师友书札》，第2册，第1852页）称其北上是为了"明年会试"。皮锡瑞光绪二十四年二月十四日日记称："梁卓如已往沪，乃翁在沪，待彼入都。秉三云：恐其父迫之北上，请右帅打电报，告以保举特科，以安其心。可云爱才矣。"称梁北上会试，是奉其父命。闰三月十八日记："晚上，李一琴、杨葵园至，云卓如入场不售，病尚未痊。"（《师伏堂未刊日记》，《湖南历史资料》，1958年第4期，第107页；1959年第1期，第103页）吴庆坻光绪二十四年闰三月十一日致汪康年信中称："卓如兄入考否？念甚念甚。"（《汪康年师友书札》，第1册，第379页）叶德辉在一信中称："梁启超持论痛诋时文，比于女子缠足之害，而又潜往会试，此真无可解于人口者。闻其都中告人谓父命之往……闻康有为之应试也，则曰奉母命。"（《翼教丛编》，第166页）

门牌号为 26 号。有房 78 间，占地 6 亩。今大部分建筑已不存。[1] "崧云草堂"，即河南会馆，位于北京宣武区达智桥（原称炸子桥）胡同。[2] "贵州馆"，为贵州老馆，在北京宣武区大栅栏樱桃斜街东头路北。[3] 此三处会馆皆在宣南，相互之间的距离不远。

徐华亭，即徐阶（1503—1583），明松江华亭人（今上海），字子升，号少湖。嘉靖进士，入翰林院，后任国子监祭酒、礼部尚书、东阁大学士等职。曾授意御史弹劾严嵩之子，迫严去职，继为首辅。灵济宫，位于北京西城区灵境胡同，今无遗址。此宫为明永乐十五年（1417）明成祖下令修建，以祭祀徐知证、徐知谔两兄弟，后成为百官朝见皇帝的预演场。"灵济宫讲学"，为徐阶入阁后于嘉靖三十一年（1552）在灵济宫设讲会，讲授王阳明之学，并请王阳明弟子欧阳德、聂豹、程文德分别主持之。据说听众最多时达五千余人，是明代北京讲学的盛会。

康称"李木斋亦来言开会事"，可见证于以下数条材料。梁启超称："于时会试期近，公车云集，御史李盛铎乃就康谋，欲集各省公车开一大会，康然之。是为保国会议之初起。康复欲集京官之有志者，李不谓然，然后卒从康议。"[4] 李之初意仅是举人，而康扩大到京官。叶昌炽称："其（康有为）在粤东馆约茶会也，仲弢、木斋皆左右之，折柬来召，仆毅然书'不到'二字。"[5] 由此可知，此事由康有为主之，黄绍箕、李盛铎助之。御史张萌鹤于光绪二十五年奏称："上年康逆设保国会，盛铎实供其费。"[6] 即李有经费之助。然康称"定于廿二日开保国会"，属其记忆有误，保国会首次开会为三月二十七日下午一点，地点为

---

[1] 胡春焕等：《北京的会馆》，第 45—49 页。

[2] 刘高：《北京戊戌变法史》，北京燕山出版社，2001 年，第 85—88 页；胡春焕等：《北京的会馆》，第 216—218 页。

[3] 胡春焕、白鹤群：《北京的会馆》，第 128—130 页；汤锦程：《北京的会馆》，中国轻工业出版社，1994 年，第 167 页。

[4] 《戊戌政变记》续四库本，第 238 页。

[5] 《缘督庐日记》，光绪二十四年八月十四日，第 5 册，第 2745 页。

[6] 山东道监察御史张萌鹤折，光绪二十五年五月十四日，《戊戌变法档案史料》，第 507 页。

粤东新馆，参加的人数至少为127人。〔1〕康有为经推举后发表演讲，以激烈的言辞鼓动人心：

"若夫泰西立国之有本末，重学校，讲保民、养民、教民之道，议院以通下情，君不甚贵，民不甚贱，制器利用以前民，皆与吾经义相合，故其致强也有由。吾兵、农、学校皆不修，民生无保养教之之道，上下不通，贵贱隔绝者，皆与吾经义相反，故宜其弱也，故遂复有胶州之事。四十日之间，要挟逼迫者二十事：一德之强租胶州，人所共知也；其二则英欲借我款三厘息，而俄不许矣；其三欲开大连湾通商，俄不许矣……二月以来失地失权之事已二十见，来日方长，何以卒岁？缅甸、安南、印度、波兰，吾将为其续矣。观分波兰事，胁其国主，辱其贵臣，荼毒缙绅，真可为吾之前车哉！……孟子曰：'国必自伐，然后人伐之。'故割地失权之事，非洋人之来割胁也，亦不敢责在上者之为也，实吾辈甘为之卖地，甘为之输权。若使吾四万万人皆发愤，洋人岂敢天视乎？而乃安然耽

---

〔1〕《大公报》称："刻据京友函致本馆谓：三月二十七日，都下各衙门京官及各省之公车萃集二三百人，在南横街粤东会馆创立保国会，午后一点钟齐集议事，即在该馆戏园，三面环坐，众学欧西议院之例，保举在坐之人，得多数者，诣戏台前首辈向众宣讲，于是南海康长登焉。"（转引自汤志钧：《戊戌时期的学会和报刊》，第747页）光绪二十四年闰三月二十三日，《国闻报》以"京城保国会题名记"为题，发表第一次与会人员名单："岑椿宣、孙文达、方尔咸、袁嘉谷、沈兆祉、于文华、马文忠、张克诚、冒广生、吴昌华、何兰芳、李文治、孙光庭、张元节、蔡蒙、施绍常、陈眉翰、张鸿、牛鉴三、戴章勋、于凤纪、武培元、武绍元、雷延寿、张一铨、龙应中、梁克绥、梁汉源、工景沂、王鉴、陈柏侯、郭宝圻、李宣龚、郑孝桎、陈成侯、洪钟、赵先甲、刘肇夏、范克立、张鸿道、张应辰、杨蕙、魏日成、朱恩注、张铸、侯树屏、陈廷贤、田易畴、张一麐、李宝箴、黄嵩裴、周兆祥、李植、高树、秦光玉、杨宝龄、钱用中、宋嘉彦、乔树枏、赵宗坛、金兆藩、梁朝杰、张学智、左公海、张僧延、曾科进、曾仪进、金开祥、杨德懋、杨钺田、黄遵楷、林世蔚、梁居实、高凤岐、俞效曾、曾光岷、杨昌翰、曾光熙、梁庆椿、朱沦鳌、毛昌杰、杨树滋、张鹏一、樊清心、张铣、刘景熙、黄大壎、伍致中、林灏深、阔普通武、陈懋鼎、姚文栋、徐珂、耿道冲、侣树森、陈衍、赵从蕃、汪钟霖、徐仁镜、黄绍箕、李翰芬、曾习经、张鹤第、曾传谟、张履泰、章献猷、陈虬、陈瀚、夏树桐、褚德仪、于式枚、熙彦、金祖泽、毛慈望、汪鸾翔、张允言、文焕、锡恒、张璧田、李岳瑞、钟广、陈浏、张标云、秦树声、饶宗谊、刘燕翼、康有为。右为第一次开会赴议之人。"以上共计127人。

乐，从容谈笑，不自奋厉，非吾辈自卖地而何？"

康有为的演讲，由其学生麦孟华笔记，发表于《国闻报》与《知新报》。[1]当日拟定《保国会章程》共三十条，其中最重要的条款为：

"一、本会以国地日割，国权日削，国民日困，思维持振救之，故开斯会以冀保全，名为保国会。

"二、本会遵奉光绪二十一年［闰］五月二十六［七］日上谕，卧薪尝胆，惩前毖后，以图保全国地、国民、国教。

"十一、自京师、上海设立保国总会，各省各府各县皆设分会，以地名冠之。

"十二、会中公选总理某人、值理某人、常议员某人、备议员某人、董事某人，以同会中人多推荐者为之。

"十三、常议员公议会中事。

"十四、总理以议员多寡决定事件推行。

"二十、欲入会者，须会中人介之，告总理、值理，察其合者，予以入会凭票。

"二十三、入会者人捐银二两，以备会中办事诸费。

"二十七、来会之人，必求品行心术端正明白者，方可延入。本会中应办之事，大众随时献替，留备采择。倘别存意见，或诞妄挟私，及逞奇立异者，恐其有碍，即由总理、值理、董事诸友公议辞退。如有不以为然者，到本会申明，捐银照例充公，去留均听其便。"

此外还有"会讲例"十九条、"应拟之例"六条。保国会章程先后刊登于《国闻报》、《湘报》、《知新报》。[2]从以上条款来看，康有为拟建的保

<hr>

〔1〕《康有为政论集》，上册，第237—241页。《国闻报》刊于光绪二十四年四月初十日、十一日；《知新报》刊于第58册（光绪二十四年五月二十一日出版）。又，梁启超称："时会中公推康及李及□□□、□□□等演说，而李以事后至。"（《戊戌政变记》续四库本，第238页）当日似还有其他演讲者。"李"即李盛铎。

〔2〕《康有为政论集》，上册，第233—236页。《国闻报》刊于光绪二十四年闰三月十七日；《湘报》刊于第68号（光绪二十四年四月初五日出版）；《知新报》刊于第54册（光绪二十四年四月十一日出版）。

国会，是一个内部机构相当严密的政治组织。有总会、分会，设总理、值理。光绪二十一年闰五月二十七日之上谕，即光绪帝下发9件折、片、条陈让各省督抚进行讨论，其中也包括康"上清帝第三书"。（参见21·10）康于此也有自重自扬之意。

由于礼部尚书、总理衙门大臣许应骙和兵部侍郎杨颐反对，保国会第二次会议未能在粤东新馆召开。[1]康称"二十五日再集于崧云草堂"，属其记忆有误，第二次集会时间为闰三月初一日，由梁启超发表演说。[2]参加此会者至少有91人。[3]

《国闻报》光绪二十四年闰三月二十四日刊出《京城保国会题名

---

〔1〕 许应骙奏称：康有为"在臣省会馆私行立会，聚众至二百余人，臣恐其滋事，复为禁止。"（《许筠庵尚书明白回奏折》，《翼教丛编》，第27页）又，《申报》光绪二十四年九月三十日刊出《缕记保国会逆迹》称："京友来函云：本年春间，逆首康有为及其党梁启超、谭嗣同等人，在京师广东新馆开会，同乡许筠庵尚书、杨蓉浦侍御，以其惑众敛钱，行为不正，严加斥逐，不准再开，康乃移至贵州会馆等处。"（《丛刊·戊戌变法》，第4册，第418页）"许筠庵"，许应骙，"杨蓉浦"，杨颐。各省在京会馆皆由同乡京官管理，许应骙、杨颐是当时广东京官中官职最高者，会馆自然听其令。

〔2〕 《国闻报》光绪二十四年四月十二日，以"演说保国会开会大意，闰三月初一日第二集，新会梁启超述"为题，发表了梁的演讲词。《知新报》第55册（光绪二十四年四月二十一日出版），亦发表该演说词。

〔3〕 光绪二十四年闰三月二十三日，《国闻报》以《京城保国会题名记》为题，发表第二次与会人员名单："张标云、梁庆桂、万中麟、罗凤华、何履祥、王子俊、刘发怡、陈星庚、王舟瑶、谭骏谋、赵廷璜、查文渊、王揩、凌万崇、郑宗惠、杨昌翰、陈朝鼎、陈启煇、左家驹、刘彭龄、□□□、俞效曾、林正荣、江锡爵、许文勋、刘用□、胡源清、张鹏一、郭维藩、王珊、靳锡兰、王瑞芝、安启桢、李涛、李浑、张铣、毛昌杰、何履祥、练韫辉、邹仲曾、王延、吴本钓、王凤文、胡尚诚、邢廷莱、徐珂、张□、余诚格、杨深秀、王鹏运、宋伯鲁、龙应中、何桓德、侯树屏、樊清心、吴用威、况仕任、杨树滋、张维寅、赵宗坛、何□麟、王尊五、蔡蒙、张如翰、颜大维、张元节、施绍常、周廷华、俞宗濂、孙光庭、陈祖虞、徐廷锡、李文治、张如椿、刘晖、关榕祚、刘秉珪、魏日诚、杨蕙、赵允龙、王景沂、张鹤第、陈虬、程道元、傅良强、毛严、冯书、邹凌沅、奚铭书、秦树声、文廷华、文景清、李宝樟、梁积樟、黄嵩裴、万中骧、张僧延、陈洌、高歧凤、李宣龚、文廷楷、李立元、夏循□、洪钟、姚陛闻、李岳瑞、王恕、王贻谷、刘鹗、赵炳麟、李翰棻、□长霖。右为第二次开会赴议之人。"

记》，列“入会列名之人”，共有185人。〔1〕《申报》光绪二十四年九月三十日刊出《缕记保国会逆迹》称：

> “京友来函云：本年春间，逆首康有为及其党梁启超、谭嗣同等人，在京师广东新馆开会……公车到者甚多，京官亦有与其列者，然大抵来看热闹。且当时仅曰讲学，仅曰茶会，未尝告人以保国也。讵料心怀不轨，竟将三次来会者之姓名，强刻入《国闻报》中，以为劫制众人之据。当时有名诸人，各怀愤恨，多致书诟詈之，其最传诵者，为四川人乔茂萱刑部树枏一书……当康逆强列各人姓名于会中，闻者哗然，纷纷函请除名，康逆皆置之不答……”〔2〕

---

〔1〕其名单为：“梁启超、麦孟华、陈涛、林旭、陈荣衮、龙焕纶、袁嘉谷、杨葆龄、苏桂芬、宁绳武、毛昌杰、樊清心、张鹏一、杨树滋、张僧延、邢廷荚、张鸿道、范克立、杨蕙、赵先甲、刘肇夏、徐珂、侯树屏、秦树声、张一麐、王瑞芝、秦光玉、张涛、金祖泽、何兰芬、林缵统、侣树森、章献猷、陈虬、李岳瑞、雷延寿、施绍常、张元节、蔡蒙、姚洪淦、何寿朋、林世蔚、钟镛生、左家驹、杨寿昌、贺赞元、邹凌沅、刘彭龄、俞继曾、文景清、文廷华、文廷楷、徐凤衔、刘鹗、王恕、宋伯鲁、赵允龙、查文渊、傅良弼、魏鸿仪、颜大维、俞宗濂、李端棨、李铭忠、李葆忠、李启煃、谭镳、钟荣光、罗恒熊、钱用中、梁朝杰、左公海、孙文达、张学智、宋嘉彦、梁庆桂、茅谦、刘永年、程式谷、廖杭、汪钟霖、杨国栋、于凤纪、李琳、戴章勋、陈启辉、李翰芬、靳锡兰、陈眉翰、徐文佐、褚德仪、张鹤第、洪钟、王景沂、吴用威、方尔咸、欧阳述、冒广生、萧文昭、于文华、杨德懋、金开祥、牛鉴三、王尊五、宁绳武、许文勋、江锡爵、林正荣、奚铭书、李涛、李浑、安启桢、杨昌翰、何恒德、周廷华、姚陛闻、谭骏谋、况仕任、龙应中、隝绳绪、何履祥、邹仰曾、练韫辉、刘兆莱、张如翰、乃赓、宾宗椿、文焕、康有为、乔树枏、杨锐、刘光第、赵宗坛、梁居实、黄遵楷、王晋涵、谢绪纲、谢绪璠、张铣、张克诚、饶宗羲、赵从蕃、饶步元、陈步銮、魏日诚、傅增湘、曾传谟、刘景熙、张履春、汪鸾翔、梁积樟、张维寅、王贻谷、王凤文、胡尚诚、吴本钧、王延、张如椿、刘晖、徐廷锡、薛位、曾骧观、赵廷潢、刘秉珪、郭宝珩、冯书、王搢、莫圻、齐福丕、高树、李植、周兆祥、李宝箴、刘毅、徐润、宋梦槐、俞效曾、杨铍田、黄嵩裴、徐仁录、沈兆祉、徐仁镜、张标云、孙定钧、灵峰、李树滋。”其中宁绳武两见。

〔2〕《丛刊·戊戌变法》，第4册，第418—419页。该文录乔树枏致梁启超信：“顷闻人言，《国闻报》中列有保国会题名，贤师弟实司其事，贱名与焉，鄙人大惑不解。鄙人与足下无平生之欢，在湖湘间才一见耳，与令师更无片语之接，何所取而把臂入林耶？将以茶会为据乎？则当时实未闻贤师弟道及‘保国会’三字，且来者先后数百人，谁实闻之而可以为证，请足下试言之。将以门簿为据乎？则足下固言书明姓名爵里，以便令师往拜，卒之令师未来，仆亦未往，人所共知也。又将以二金之醵为据乎？则鄙人固居心鄙吝，其靳而不与者，又不独鄙人也。足下将诬及鄙人，更

该文发表于戊戌政变之后，目的在为列名保国会者开脱责任，有可能不完全属实。李宣龚致丁文江信中回忆称：

> "迨保国会发起，弟虽到过一两次，其实不过逐队观光，并不识有所谓政治思想。即如开会第一日，南海演说俄罗斯问题，容纯甫、沈子培诸人皆在场，而杨叔峤偏独当众假寐。八月难作，叔峤且列于康党，是一可笑之事。且是日听众，尔我漠不相属，论议未毕，□□狼藉，此真郑稚所谓保国会如此，天下事可知者矣。"[1]

这样的场景为当时各种类型"会"之常见现象，非保国会所特有。但由此可知，保国会"入会列名"者中，一些人只是出席了会议而未表示入会，其余者也未经过"须会中人介之，告总理、值理，察其合者"之类的手续。现有的史料可以证明，保国会未成立"总会"、"分会"等机构，也没有形成"总理"、"值理"、"议员"、"董事"之类的领导层。梁鼎芬后撰《康有为事实》，称言：

> "康有为在京开保国会，每人派出银二两，意在诓骗人财。所出章程奇谬者至多，即如各府州县皆设一局，每人皆要领该会字据一条，直学哥老会放飘无异，如此行径，尤为胆大可骇。"[2]

梁是根据章程而非依据实际情况作出的评论。

诬及此数十百人耶？且'保国'二字，非在位贤能大臣，安能胜之……又闻人言，贤师弟立会宗旨，但保中国，不保大清，或曰此悖逆也，吾曰悖逆诚然，亦且梦呓。自我世祖章皇帝定鼎以来，深仁厚泽二百余年，中国、大清，岂有分别。一言以蔽之，曰贤师弟本未声明保国会之名，而滥列多名，乘机作乱，居心狡诈，行同诳骗。不但贻讥正士，并且见笑外人，勿谓十八行省之士气人心，可以诈伪动之也。"此信很可能作于政变之后，以能避祸；但由此可见，乔树枏因梁启超称康有为欲拜访而书"姓名爵里"于"门簿"，且不知"保国会"之名。汪大燮于光绪二十四年四月十四日致汪康年函称："康保国会开讲数次，兄皆未到，彼出知单必有兄名，而知单从未全兄门，其奇如此。同人有赴者，闻其言，目始全终尤非国家将亡，危亟之至，大家必须发愤。然从无一言说到办法，亦无一言说到发愤之所从。张菊生谓其意在耸动人心，使其思乱，其如何发愤，如何办法，其势不能告人，斯固然也……"（《汪康年师友书札》，第1册，第782—783页）然《国闻报》并无刊出汪大燮之名。

[1]《梁启超年谱长编》，第112页。
[2]《日本外交文书》，第31卷，第1分册，第732页。

从三月二十七日保国会第一次会议，到闰三月十二日潘庆澜出奏弹劾（参见24·14），除去筹备的时间，保国会实际只存在了16天。期间共开过几次会，没有确切的记载。康称"二十九日再集贵州馆"，指保国会第三次会议事，时间当有误；前引《缕记保国会逆迹》称"三次来会"，并称"移至贵州会馆等处"；汪大燮信中又称"数次"；戊戌政变后，《国闻报》于九月初三日以"免究保国会"为题发表文章，称："断无将两三次入会之四五百人一律治罪。"从现有史料来看，保国会是否开过第三次会议，尚可怀疑。[1]若开过第三次会议，我还没读到可靠的相关史料。

保滇会、保浙会，皆由保国会所引发，然我见到的史料较少，放在下节（24·14）集中叙述。

康称"当是时公车如云，来见者日数十，座客填塞，应接不暇"，当属实。康有为之住处，多有拜访者。叶昌炽称：康"通籍后，在京广通声气，名士趋之如鹜"。[2]胡思敬称："有为颀身修髯，目光炯炯射人，始学经生，继治名法，末乃变为纵横。见人长揖大笑，叩姓名毕，次询何郡邑、物产几何、里中长老豪杰，必再三研诘，取西洋铅笔，一一录其名，储夹袋中。是时天子方开特科，四方高视阔步之士，云集辇下，争暱交康先生，有为亦倾身结纳，终日怀刺，汲汲奔走若狂。"[3]张謇称：康"此次通籍，寓上斜街，名所居为万木草

---

[1] 张一麐回忆称："时康有为在南海馆开保国会，由衡拉往听讲，入馆门已闻讲座，大声击节，见南海弟子梁任公、麦孺博及康之弟孺（幼）博，初纳交，余亦署名于会簿。言官又有弹章。二次开会于贵州馆，又往听焉。京朝向习媕婀，会中人多狂士，言官又有禁阻之请。"（《心太平室集》，刊本，1947年，卷八，"古红梅阁笔记"，页二五）若第二次集会在嵩云草堂，那么张一麐在贵州馆参加的，则是第三次集会。然《申报》光绪二十四年十一月十五日以《逆焰余闻》为题刊出消息："前报所记康逆曾在京师开设茶会，诱人入党，敛取分金，实则开会处初在广东新馆，乃被逐，则又迁至嵩云草堂，事与贵州会馆并无干涉。"此一说法，自是对九月三十日该报所刊《缕记保国会逆迹》中"移至贵州会馆等处"一语的修正。若按这一条记录，贵州会馆未开会，那么保国会也未开第三次会议。
[2] 《缘督庐日记》，光绪二十四年八月十四日，第5册，第2744页。
[3] 《戊戌履霜录》卷二，《丛刊·戊戌变法》，第1册，第374页。

堂。往晤，见其仆从伺应，若老大京官排场，且宾客杂沓，心讶其不必然，又微讽之，不能必其听也"。[1]章太炎引他人语称："康党任事时，天下望之如登天，仕宦者争欲馈遗或不可得。"[2]时在北京的蔡元培亦称："我虽表同情，然生性不喜赶热闹，未尝一访康氏。我与梁氏虽为乡试同年，但亦未与见面。"[3]"赶热闹"一语，即说明康氏门庭若市之场面。康又称"客来或不能见，见亦不能答拜，多有怨者"等情，似属常理之中；然见客与回拜是当时重要礼节，失礼是当时重要事件。

　　（24·14）吏部主事洪嘉与者，守旧之有心力，能树一细党者，三来拜，不得遇，阍者忘其居址，又不答拜。洪以为轻己，乃大造谣，于是谤言益作。浙人孙灏者，欲得举经济特科，洪恬之，谓某公恶康，若能攻之，必可举特科也。孙故无赖，喜从之洪，乃草《驳保国会议》，谓吾将欲为民主、教皇，刻数千本，遍投朝贵，于是谤言益沸，乃停会。而四方之士，投书预会者纷纷。于是李盛铎参保国会以求自免。四月初七日，潘庆澜附片劾吾聚众不道。上曰："会为保国，岂不甚善。"然虑西后见之，特抽出此片。盖吾正月之折，已请开社会局，明会党之善，又编《日本会党考》，附《日本变政记》进呈。上知各国通行之俗，以开民智而励士气者，故不禁也。时御史黄桂鋆劾保滇会、保浙会，并及保国会，皆洪嘉与为之云。于是谤言塞途，宾客至交皆避不敢来，门可罗雀，与三月时

〔1〕 《啬翁自订年谱》，《张謇全集》，第6卷，第858页。
〔2〕 《革命之道德》，汤志钧编：《章太炎政论选集》，中华书局，1977年，上册，第313—314页。章在文中称："杨锐者，颇圆滑，知利害。即入军机，知其事不可久。时张之洞子为其父祝寿京师，门生故吏皆往拜，锐举酒不能饮，徐语人曰：'今上与太后不协，变法事大，祸且不测，吾属处枢要，死无日矣。'吾尝问其人曰：'锐之任此，固为富贵而已，既睹危机，复不能去，何也？'其人答曰：'康党任事时……锐新与政事，馈献者踵相接。今日一袍料，明日一马褂料，今日一狐桶，明日一草上霜桶。是以恋之不能去也。'章太炎所闻之言，虽施之杨锐未必准确，但可说明当时官场积习且相当形象。
〔3〕 《自写年谱》，《蔡元培全集》，第17卷，第435页。

成两世界矣。

据手稿本，"闻者忘其居址"之"闻"字前删"又"字，"忘"字后删"书"字；"乃大造谣，于是谤言益作"一句为添加，补在行间，并删一"嗾"字；"孙故无赖"后删"必"字；"谤言益沸，乃停会。而四方之士，投书预会者纷纷。于是"一段为添加，补在行间，并删"十二日□"四字；"潘庆澜附片"之"附片"二字为添加，补在行边；"《日本会党考》"后删"上之，常熟"四字；"以开民智"之"民"后删"气"字；"宾客至交"之"至交"为添加，补在行间。

洪嘉与（1865—?），江西玉山人。光绪十六年进士，入翰林院，散馆后以主事签分吏部文选司，二十四年二月补主事。他在京城官场有一定的组织能力。[1]

孙灏，浙江仁和人，举人。他的身世未见有详记。[2]

洪嘉与与康有为之间的冲突以及洪与孙灏之间的交易，我尚未读到其他记载。

孙灏所作《驳保国会议》，逐条地批驳《保国会章程》三十条。前节（24·13）所引《保国会章程》9条，孙的驳言为：

---

[1] 据我所见档案，洪嘉与在甲午战争期间颇有表现。在反对马关条约的上书浪潮中，洪颇为出众。光绪二十一年四月初四日都察院代奏："吏部主事鲍心增等条陈"，同日都察院代奏："工部主事喻兆蕃等条陈"，初七日吏部代奏："郎中延熙等条陈"，同日吏部代奏："吏部候补主事王荣先等条陈"，他都参加了。初八日都察院代奏："吏部主事洪嘉与、工部主事喻兆蕃、吏部主事鲍心增条陈"，以其领衔。（参见拙文：《"公车上书"考证补》，《近代史研究》，2005年，第3、4期）从联衔上奏情况来看，他与喻兆蕃、鲍心增、王荣先等人关系甚密。康称其"能树一细党"，很可能即指此。而鲍心增于光绪二十四年正月补为军机章京。（军机处《上谕档》，光绪二十四年正月二十二日）又，黄彰健称："对洪嘉与孙灏的事迹，我知道的很少。洪氏确系一极端守旧之人物，此可看看《皇朝蓄艾文编》卷八十《粤督陶模批斥洪牧嘉与札》。"（《戊戌变法史研究》，第94页）

[2] 从《驳保国会议》中，仅知孙灏为浙江仁和人。章炳麟（太炎）于光绪二十三年著《变法箴言》，其开首即言："孙灏与章炳麟见于分江之滨，炳麟方读《管子》及《佐治刍言》，魂精泄横，慭然似非人。孙灏曰：自马关之盟，士气振动，至于今三年，与民变革，宜得一二成就。今吾观子之色，一似重有戚者，何也? 章炳麟喟然而长息曰……"（《章太炎政论选集》，上册，第17页）章炳麟《变法箴言》刊于《经世报》，而《经世报》又为兴浙会所办，孙灏不知是否为兴浙会中人。若与此处的孙灏为同一人，那么，孙灏出头反康，很可能与光绪二十三年康党在上海殴章有关。

"一、例禁结社拜盟、敛钱惑众，若辈显干宪典，与地方大光棍无异，厚聚党徒，妄冀非分，务在摇动民心，戕削命脉，形同叛逆。

"二、光绪二十一年五月二十六日明发上谕，乃勉励天下臣民公忠其矢，以期洒雪振兴，何尝有以民保民、以民保地而涉教之一字？谓以君师兼任为教，谕旨即是教中宗旨。若辈乃敢诈传，妄希耸动天下，律有专条，罪无可逭。

"十一、明其设会之地，直欲蔓衍天下，以上海一区为逋逃薮。海西公法以叛逆为公罪，继踵孙文，希冀免脱。

"十二、创是会者，显以总理自居，明知来者皆附羽党，乃以多推荐者为辞，泯其僭妄之迹。至曰议员，叛逆之心，昭然呈露。

"十三、曰常议员，隐以锡爵世及自命，大逆不道。

"十四、谬称总理决定，非自拟于民主，即自比于教皇。以国法论，总理皆大典特设之员，何得妄称？

"二十、入会须凭介绍，与各邪教有引进无异，发给凭票，极似哥匪放票。

"二十三、纹银二两，轻而易举，诱人犯法，藉以肥私。

"二十七、恐因敛钱致误，被牢笼者烛奸生悔，乃加生悔者以心术不正之名，而以没入其赀为本务，鬼蜮伎俩，至此毕露，实系诓骗人财。"

通篇看孙灏《驳保国会议》，仍以"聚众谋反"的旧词为主旨，并无太多的新意。然其所言，却为当时正在执行的禁例，以此而论战，保国会在政治上将处于极为不利之地。在这一篇驳词之后，孙灏还言及保浙会。[1]

---

[1] 孙灏称言："保国会章程来，而保浙会之奏稿亦来，披而读之，识其隐相，狼狈若辈，志在射利，与形同叛逆者有间，但依其说行之，浙必糜烂。我等浙人，岂可坐视桑梓遭其剥削？惟灏于原籍，除坟墓外，并无室庐，所以为是区区，是恐同人误为妖言所惑，谨将摘抉驳饬其疵谬者，录供众览……"其言论是批驳保浙会呈送总理衙门之条陈。保浙会呈送总理衙门之条陈由陈虬拟就，后将言及。

《驳保国会议》当时在北京即有刻本，梁鼎芬在湖北亦排印〔1〕；后刊于叶德辉所辑《觉迷要录》。〔2〕

潘庆澜（1848—？），字芸阁，号安涛，安徽泾县人。南河总督潘锡恩之孙。同治九年优贡生，历任刑部主事、员外郎，光绪二十二年任御史。光绪二十四年七月二十八日，正值"百日维新"的高潮期，光绪帝召见了轮值的潘庆澜。〔3〕（参见24·49）

康称"四月初七日，潘庆澜附片劾吾聚众不道"，时间记忆有误。查军机处《随手档》，光绪二十四年闰三月十二日记："御史潘庆澜折一、保固大局条陈四策由；片一、请饬查禁保国会由；片一、现审各件请饬刑部分别办理由；片一、获盗请奖各案请量为变通由。"潘庆澜"请饬查禁保国会片"称：

> "臣闻近日京城内外有所谓'保国会'者，刊刻章程，邀集徒众。入会者先出银贰两，数日一聚，名曰茶会。升座宣讲，尝议时事，为日未久，尚无定处。闻系工部主事康有为为首，殊甚诧异。夫康有为以通籍出仕之员，意欲有所陈奏，即可由该部堂官代陈，但无违悖字样，亦决不至壅蔽，何必为此矫同立异之举。况结会敛钱，久干例禁，康有为身已在官，岂未之知而必显违例禁，悍然不顾乎？方今中外多事，讹言易兴，又何可使辇毂之下，多此妄言异说，淆民听而惑士心？拟请饬下顺天府、五城一体查禁，以免滋

---

〔1〕 陈庆年于光绪二十四年四月十八日日记称："下晚南皮师来书院少谈，言康有为、梁启超立'保国会'，每人收银二两，复散给票布，仿哥老会办法，浙江人孙灏作驳文三十条，痛快淋漓云云。当访得一阅也。"二十一日日记称："诣节庵，见浙江孙灏驳保国会章程三十条，颇发康、梁罪状。节庵尚拟排印散送云。"（《戊戌己亥见闻录》，《近代史资料》，总81号，第111—112页）"南皮师"，张之洞；"节庵"，梁鼎芬。光绪二十四年九月三十日《申报》刊出《缕记保国会逆迹》称言："……仁和孙孝廉灏会试下第未归，愤其目无君上，逐条驳斥，付之梨枣，京外散分数千分，自是康焰稍衰，将襆被出京，适徐致靖上疏荐之……"（《丛刊·戊戌变法》，第4册，第419页）

〔2〕 《觉迷要录》，录四，第4—9页。叶称所据为"京师刻本"。又，从孙灏批"保浙会"致总理衙门之条陈，可略知"保浙会"之情况。

〔3〕 《光绪二十四年京官召见单》，《宫中杂件》（旧整），第915包。

事。至工部主事康有为应如何惩处之处，出自圣裁。"[1]

对于潘庆澜此片，光绪帝未作任何批示，护康之意十分明显。按照当时的制度，重要折片需以原件当日呈送慈禧太后。再查军机处《上谕档》，当日军机处给慈禧太后的奏片称：

> "本日顺天府尹胡燏棻奏查明西路厅同知谢裕楷等参案，奉明发谕旨一道。御史潘庆澜奏条陈时务折内皖北淮徐水灾请速筹赈抚一节，奉寄信谕旨：'著刘坤一迅速办理'；又奏获盗请奖各案请量为变通片，奉交片谕旨：'该部知道'；又奏刑部现审各案就由各司开单呈堂片，奉交片谕旨：'著刑部酌核办理'。谨将原折片恭呈慈览。谨奏。"

可见潘庆澜当日所上一折三片，仅"请饬查禁保国会片"未送。康称"虑西后见之，特抽出此片"，属实。

康称"李盛铎参保国会以求自免"一事，时在潘庆澜上奏的次日。查军机处《随手档》，闰三月十三日记："御史李盛铎折：一、党会日盛宜防流弊由；片一、《国闻报》馆现归日人水师学堂不应代为译报由。"李盛铎"党会日盛宜防流弊折"，光绪帝下旨"存"，并于当日呈送慈禧太后。[2]李盛铎该折尚未从档案中检出，看过此折的翁同龢在日记中

---

[1]《光绪朝朱批奏折》，第32辑，"戊戌变法"，第561页。

[2] 军机处《随手档》、《上谕档》，光绪二十四年闰三月十三日。军机处给慈禧太后的奏片称："……御史李盛铎奏党会日盛宜防流弊折，奉旨'存'，又奏天津《国闻报》馆现归日本人经理，水师学生不应代为译报片，奉寄信谕旨'著王文韶查明具奏。'谨将原折片恭呈慈览。"这与将潘庆澜的弹章抽去的做法不同。李盛铎附片参劾严复和天津《国闻报》，言词甚锋利：国闻报"所述列邦政策、中外新闻，颇为详尽，足资参考，惟抑中扬西之论，淋漓满纸，与他报同一流弊。"他指出该报已归日本人经营，要求直隶总督对此查参。（《军机处录副·补遗·戊戌变法》，3/108/5617/75。该附片与正折分离，未具上奏人姓名，据内容而定）当日发出廷寄谕旨："有人奏，天津设有《国闻报》馆，咸谓系北洋水师学堂总办、道员严复合股所开，本年三月间归日本人经理，而水师学生译报如故，请饬查禁等语。《国闻报》馆如系中国人所开，不应借外人为护符，如已归日本人经理，则不应用水师学生代为译报。著王文韶查明该报馆现办情形及道员严复有无与外人勾串之事，据实具奏。"（军机处《上谕档》，光绪二十四年闰三月十三日）王文韶奏复对《国闻报》多有维护，见《戊戌变法档案史料》第447—448页。

称："李盛铎封奏，立会流弊，未指名，存；片，《国闻报》卖与日本，寄。"〔1〕可知李的基本态度是反对保国会，并加害与康、梁关系甚密的《国闻报》。御史张萯鹤事后又有相同的说法，然李于此时出奏，很可能听到了风声。〔2〕

康称"吾正月之折，已请开社会局"，指"上清帝第六书"（参见24·2），该呈关于"社会局"一节谓：

> "泰西政艺精新，不在于官，而在于会，以官人寡而会人多，官事多而会事暇也。故皆有学校会、农桑会、商学会、防病会、天文会、地舆会、大道会、大工会、医学会、各国文字会、律法会、剖解会、植物会、动物会、要术会、书画会、雕刻会、博览会、亲睦会、布施会，宜劝令人民立会讲求，将会例、人名报局考察。"〔3〕

康拟设的社会局，是社会团体的政府管理机构。康有为组织的保国会，按其章程，属政治团体，即政党，与倾向于学术研究与传播的社会团体，还是稍有区别的。康称"编《日本会党考》，附《日本变政考》进呈"，查故宫博物院藏《日本变政考》第二次进呈本，其中虽无《日本会党考》一篇（参见24·33）；但该书对于学会与政党的活动，确实有较多的记载。〔4〕康称"上知各国通行之俗"，即光绪帝通过《日本变政考》

---

〔1〕《翁同龢日记》，第6册，第3119页。"寄"，指廷寄谕旨。

〔2〕张萯鹤奏称："上年康逆设保国会，盛铎实供其费，虑人指摘，缪为弹奏……"（光绪二十五年五月十四日，《戊戌变法档案史料》，第507页）胡思敬称："御史李盛铎，初与康有为倡议开会，既入康党，又依附荣禄。闻潘庆澜欲参倡会诸人，乃捡册自削其名，先举发之，疏留中勿问。"（《戊戌霜霜记》卷二，《丛刊·戊戌变法》，第1册，第374页）其中"既入康党，又依附荣禄"，稍有误，李为督办军务处章京，与荣禄的关系一直很密切。

〔3〕《杰士上书汇录》卷一，《康有为早期遗稿述评》，第270页；《救亡图存的蓝图》，第10页；《康有为全集》，第4集，第15页。

〔4〕《日本变政考》对于学会及政党记录较多，简举于下：《序言》称："犹患众情未一，民情未洽，章程未立也，则开社会以合人才，立议院以尽舆论。大隈重信、伊藤博文实为会党之魁首。"（《康有为日本变政考》，第3页，以下版本同，仅记页数）卷五记："日本法变自下者，于其国中立会最多，而最大者四会：一、防病会……入会者六千人；二、学校会……入会者四千人，虽王公大臣，亦在其中；三、商业会……四、农桑会……"四会外尚有舆地会，大道会、大工会、医学会、罗马文字会、道德会，"又有皇后自立之会，曰红十字会"；康还列举"有关学术"会20种，"有关工

得知外国之情，而不禁保国会，似为有误，光绪帝收到《日本变政考》后，当日即呈送慈禧太后，而慈禧太后并未发回。（参见24·8、24·15）

黄桂鋆（1858—1903），原名桂清，字件香，号养吾，贵州镇宁人。光绪八年举人，九年进士，入翰林院，散馆后授编修。二十三年五月补福建道监察御史，二十四年十二月升掌福建道监察御史。后任知府等职。

艺"会8种，"有关人事"会6种。（第31—32页）卷六记："……适值前忧国党、征韩党败事，于是大众鼓舞，建立立志社，天下地方之士族皆奋志而起矣。小室信夫、井上高格设立助社，继立志社而起，一时会者甚盛，讨论新政，施立自张之法。"康评论称："天下无不可变之法……使日本而禁制其士民之会，虽至今以弱亡可也。"（第10页）卷七记：明治九年五月"高知县建三大政社，曰立志社，曰静俭社，曰中立社"，并介绍其政治主张。（第20页）卷九记：明治十五年"十一月十六日浅草井生村楼开自由党之临时会，其议长星享［亨］举其重要事议决……"（第6页）卷十记：明治十八年"二月十一日正午十二时改进党开大演说于浅草井生村楼……""十九年四月三日立宪改进党员开大演说会……"二十年"四月二日正午十二时改进党员会于浅草鸥游馆集者千余人开大演说会……"康评论道："日民大会纷纷，多至九千人，余皆千人，几以为聚众不道矣。而日民皆知建国威、保民利、开民智，老少男女，莘莘利，乐讲求，真如《洛诰》所谓'四方民大和会'者，志士久爱国，故君得因而用之。"（第1—2、30—31、65—66页）《尚书·周书·康诰》有"四方民大和会，侯甸男邦，采卫百工，播民和见，士于周"一句，意指四方诸侯大会朝觐周天子，各级诸侯官吏民人亦服事于周王室。此处引申各处大小臣民拥戴君主。康称典出《洛诰》，属记忆有误。）卷十二记：明治二十三年"二月二十一日自由党总会于事务所会议同党纲领……""十三日熊本国权党作政纲纲目，呈于警察署……"康评论道："日人政会所议，皆朝廷大政，变法大事如此。吾国士夫饮食燕会，以不谈国政为俗，其贤者亦尽心奉公守职而已，未能讲中外古今之故，而求其变法之宜也。士愚如此，国何以立？""五月初四日大同俱乐部开恳亲会，其党议……""七月三日公布议院之选举者，内各政党社会人甚多，独立党六十九人，大同党百六十人，改进党百二十四人，爱国党五十五人，国权党二十人，时事新报自由党二十人，自治党五十七人，国步进步党九十人，保守中正党五人，保守主义党十八人，保守党二十九人，自由党十五人，合同党二人，大同新闻政进党四十五人，九洲进步党二十人，爱国自由党三十七人，九州同志会二十人，庚寅俱乐部百五人，改进自由主义党三十三人，无所属一百四十人，中立无土义党六十九人，未详者四十一人，共有党派者一千百四人。其例盖十万人者当选一人也。"康评论道："日本会党至盛，然其士民益智，其国益强，其主益尊，未闻有一酿乱之事，亦可以鉴矣。""二十五年以《集会及政社法》裁可公布。"康评论道："日人听其士民开政会，而有律法以治之，又有警察署以监临之。如此正不必加禁，而民智日开，爱国之心日盛，与敛钱惑众者固异矣。"（第4—8、18、25—33页）除卷五谈到社会学术诸团体外，其余多为政治团体。

据文悌奏折，康有为曾谋黄桂鋆代上其奏折，未果。[1]此事有可能是两人交恶之原因，康在《我史》中多处攻击之。

康称"时御史黄桂鋆劾保滇会，保浙会，并及保国会"一事，查军机处《随手档》，光绪二十四年闰三月二十七日记："御史黄桂鋆折：一、请饬总署毋代达莠言由；片一、保浙会私借洋款请饬查由"。黄桂鋆正折即"禁止莠言以肃纲纪折"，称言：

> "近日取巧之徒，以总署为捷径，如保浙会、保滇会、保川会，皆由保国会党，包藏祸心，乘机煽惑，纠集下第举子，逞其簧鼓之言，巧立名目，以图荧听，冀博一准办之谕旨，便可以此为揽权生事之计。既经递呈总署名，自谓必代具奏，纷纷得意，胥动浮言，大为可忧。……闻总署收此呈者，只李鸿章、张荫桓二人，该大臣等外任有年，何于此乌合纠意别有在之呈稿，俱不能觉其奸，可谓糊涂……近日人心浮动，民主民权之说日益猖獗，若准各省纷纷立会，恐会匪闻风而起，其患不可胜言；且该举人等无权无势，无财无位，赤手空拳，从何保起？抵制外人则不足，盗窃内政则有余。况即如所说，浙人保浙，滇人保滇，川人保川，推而广之，天下皆为人所保，天下不从此分裂乎？……相应请旨，严饬总署，遵守向章，专办交涉之事，不得见好举人，代达莠言。所有条陈概行发还，并出示严禁。以后京员如有条陈，由本署堂官代奏，此外概由都察院代奏，以符定制。"[2]

按照清朝制度，无上奏权的官员士民只能请都察院代奏。由于山东即墨文庙圣像为德军所污，引发众多公车上书，都察院代奏已不胜其烦。闰三月二十三日，都察院出奏请示，此类呈诉以后不再代奏，拟咨送总理衙门办理。也就是说，都察院今后不再将公车们的条陈进呈光绪帝，而

---

[1] 文悌"严劾康有为折"称："至宋伯鲁，奴才未曾与之晤言，而闻其曾上设立公司之奏，亦系康有为持此议，先寻御史黄桂鋆陈奏，黄桂鋆不为所使，竟由宋伯鲁奏之。"（《翼教丛编》，第33页，参见24·30）宋伯鲁"请派员赴美集大公司折"上于光绪二十四年二月十七日（参见24·11），康与黄相谋之事，当在此之前。

[2] 《觉迷要录》，录一，第19—21页。

直接送到总理衙门，用此软性的手法，挫降举子们的上书热情。当日奉旨："此后如续有具呈者，即著照所议办理。"〔1〕此后此类上书由都察院转递总理衙门，交其处理。然当时的公车误以为总理衙门可为其代奏，也将相关的呈文送交总理衙门。由浙江举人陈虬起草的"急宜变法自强拟就浙省先行试办呈"，提出了"设民兵、开学校、开矿产"三策，并称：举人等"不揣愚昧，联合十一府、三厅、二州同志拟立保浙公会，筹集巨款，以保卫梓桑之计为屏藩王室之谋。"该呈文送交总理衙门，并"请代奏"。〔2〕黄桂鋆认为总理衙门将会代奏浙江举人设立保浙公会上书，故出奏严参。黄桂鋆的附片，即"浙商私借洋款纠合保浙会片"，称言：

> "保川、保滇等会起于保浙，而保浙会亦实有所缘起。去年秋，浙有高、孙二商欲以华股华商建造宁绍铁路，具呈浙抚，浙抚许之。该商即以浙抚批语私向上海公司代借洋款四百万两。浙抚知而止。乃投盛宣怀，宣怀驳之；又复投王文韶，文韶亦驳之。盖皆知其害之大巨也。而该商之技穷，于是至京师鼓惑狂悖不经之举人陈虬，纠合下第举子出名，以为保浙会，条上三款，而铁路亦影射其中。浙之公车多不谓然。而少年喜事者有之；欲同染指者有之；或初列名而欲掣去、或既列名而本人不知者又有之。自递呈于总署，复以为总署必代递，而借总署之衔奏，必邀皇上之俯允也。于是群相夸耀，遂至滇举效之、川举效之，而其实不过浙之奸商为之作俑，欲得谕旨以压浙抚，盖犹当日挟抚批以借洋债之故智也。相应请旨饬下浙抚不准该商经理，并不准私借洋款，皆贻国家无穷之害。"〔3〕

---

〔1〕 军机处《随手档》、《洋务档》，光绪二十四年闰三月二十三日。参见拙文《戊戌变法期间司员士民上书研究》，《戊戌变法史事考》，第226—228页。
〔2〕 胡珠生辑：《陈虬集》，温州文史资料，第8辑，浙江人民出版社，1992年，第312—316页。该呈文最早刊布于《知新报》第55册（光绪二十四年四月二十一日出版）。
〔3〕 《军机处录副·专题·铁路》，3/168/9659/20。此片是张海荣找到的。黄桂鋆所言保浙公会之浙江铁路背景，陈虬所拟"急宜变法自强拟就浙省先行试办呈"，亦言及之，称言："去岁浙中绅士已贷款四百万，先筑宁、绍二处铁路，禀商浙抚，将次开办。他处应办之路亦宜分道兴筑，期与矿务相表里。"（《陈虬集》，第314页）又，当日翁同龢日记称："黄桂鋆，保川、保汉、保浙等会，皆下第举人所为，请禁。"（《翁同龢日记》，第6册，第3124—3125页）

光绪帝当日发下交片谕旨：

> "交总理各国事务衙门。本日御史黄桂鋆奏请禁止莠言以肃纲
> 纪折，又奏请禁止保浙、保川、保滇等会片，军机大臣面奉谕旨：
> '该衙门知道。钦此。'相应传知贵衙门钦遵可也。"

同日军机处将黄折片送呈慈禧太后。[1]由此可见，对于黄桂鋆的弹章，
光绪帝仅是将有关内容通告了总理衙门，并没有作出任何处理的决定。
而康称黄折片"皆洪嘉与为之"，我尚未读到相关的史料。

　　光绪帝对潘庆澜奏片的冷处理，极大地鼓舞了康有为及其党人。他
们以《国闻报》为基地，进行反击。光绪二十四年闰三月十五日，即潘
奏的第三天，梁启超致信夏曾佑，称言：

> "京中卧病，办保国会，昨十二日为潘庆澜所劾，今上神明，
> 谓：'会能保国，岂不大佳'，遂尔留中，吾华之兴废有自乎。付章程请
> 将其事刊之于报，虽西人闻之亦必惊为创事，非如强学之封禁也。"[2]

两天后，闰三月十七日，《国闻报》全文发表《保国会章程》，并以"保
国会事"为题，发表梁启超提供的伪托"访事西人"的消息：

> "顷得京中访事西人来函云，去月二十七日京中大集，朝士与
> 公车开保国会于南横街，续会者数四。公卿朝士到会者数百人，请
> 康工部演说。本月十二日潘侍御庆澜劾之。今上谓，会能保国，西
> 国与日本会亦甚多，今非昔比，可置勿论。遂而留中。今得其章程
> 附刊于左，将来访得其演说再为继登。此为中国千年未有之风，继
> 强学之后。其章程想必以先睹为快也。"

---

〔1〕　军机处《随手档》、《上谕档》，光绪二十四年闰三月二十七日。
〔2〕　《梁启超年谱长编》，第110页。又，康有为在《明夷阁诗集》中有《胶、旅割后，各
　　　国索地，吾与各省志士开会自保，末乃合全国士大夫开保国会，集者数千人，累被
　　　飞章，散会谢客，门可罗雀矣》："八表离披割痛伤，群贤保国走徬徨。从知天下为
　　　公产，应合民权救我疆。八俊三君自钩党，周钳来网巧飞章。书门幸免诛臣罪，明
　　　圣如天赖我皇。"诗后注："劾章上，上曰：会名保国，何罪之有？不以白太后，乃
　　　得免，否则党狱先起矣。此会主之以公车诸门人，广东则梁启超、麦孟华，福建则
　　　林旭，陕西则陈涛，广西则龙赞侯，云南钱用中。"（《万木草堂诗集》，第89页）该
　　　诗很可能作于潘庆澜弹奏之后，而诗注可能会晚一些。其中称保国会"集众数千
　　　人"，只可当作诗化语言；提及光绪帝对此的态度，与梁信相同。

闰三月二十三日，《国闻报》以"京城保国会题名记"为题，发表出席三月二十七日、闰三月初一日保国会两次大会的人员名单。闰三月二十四日，《国闻报》以"京城保国会题名记"为题，发表保国会会员名单。（参见 24·13）于此时刊刻名单，显然另有用意。[1] 闰三月二十九日，《国闻报》发表"书保国会题名记后"，称言：

> "戊戌之春，南海康水部倡保国会于京师，先期戒僚友诣粤东馆，宣讲立会之旨，集谋保国之策……于是御史潘庆澜劾之，朝廷知其无他，而又垂谅其事之出于公也，不果罪……南海康先生以一介新进之小臣，发大号于民义晦盲之秋，彼夫恝闻之士，相顾狂惑，皇皇惴惴，若重虑其议论、举动，邻于作奸犯上之科，而转自托于忠君爱国之谊，思声其罪而计之，又安足怪哉，安足怪哉！……余嘉康先生之志，愿其昌明宏旨，有其举之，莫或废之，而又重赖其徒之相与有成也，则吾中国其庶有瘳乎。"

这一篇文字很可能出自梁启超的手笔。四月初三日，《国闻报》以"论保国会"为题，发表"王建祖来稿"：

> "……悲夫！南海康先生当世知名人士也，痛中国之失其所以为国者，倡设保国之会于京师。京师士大夫谤之者有人，仰之者有人……"

四月初六日，《国闻报》以"闻保国会事书后"为题，发表来稿：

> "保国会之事，京师士夫会讲者数百人填壁，观者如堵墙。盖自徐华亭会讲于灵济宫以来，三百年之大举，救中国之盛会也。而或有哗者，亦异矣。考西人之强，皆由开会之故。俄之保皇会，

---

[1] 汪大燮称："今御史有劾保国会者，而《国闻报》将所有赴会听讲之人姓名、籍贯尽刻之。兄揣其用心有二端，非刻论也：一则藉众人以自保，此浅说也；一则甚欲兴衣冠大狱，狱兴则人心去。又此辈率多豪杰，借国家以除之（既杀人又可以罪国家），其有不尽者则归彼矣。"（致汪康年，光绪二十四年四月十四日，《汪康年师友书札》，第1册，第783页）《穗石闲人读梁节庵太史驳叛犯逆书后》称："今年春，康开保国会于京师，太史（梁鼎芬）在鄂闻之大骇，即发电汪穰卿（汪康年）进士云：康开保国会，章程奇谬。闻入会姓名将刻入《时务报》，千万勿刻。汪复云，康会姓名断断不刻。"（《觉迷要录》，录三，第8—9页）

德之保国会，皆数百万人。日本之恳亲会，会者动十余万人。其余改良会、进步会、九州同志会，人数动皆万数。而变法之始，实皆其尊攘会、复古会为之。即以日本论，未有会之前，则国弱而主辱；既有会之后，则国强而主尊。而或者疑开会聚众骇其奇创者。自强学会，后升为官书局，而上海有经学会、算学会、蒙学会、译书会、不缠足会、经济会、印书公会、戒烟会；广西则有圣学会；苏州则有苏学会；关、闽、粤、蜀皆有学会。京师则有知耻会、经济学会。若湖南之校经会、南学会，皆经奏明。中国风气大开，见识渐通，皆由开会之故。盖士大夫之开会，所以开民智、励士气……"

这一篇文章很多地方与《我史》、《日本变政考》相同，很可能经过康有为之手。四月初十日、十一日，《国闻报》连载康有为在保国会第一次集会演讲词。四月十二日、十三日，《国闻报》连载梁启超在保国会第二次集会演讲词。四月十六日，《国闻报》以"会事续闻"为题刊出消息：

"北京保国会闻李木斋侍御继为入告，今上洞察其事，无害于民，有益于国，奉旨'留中'。黄继香侍御亦劾保浙、保滇等会，而未有及保国会。奉旨'该衙门知道'。皇上盖深知外国之兴，皆由于会，且会并非有碍国家，有碍君权。而论者纷纷，疑会即为民主。此真不察之甚。即吾国最近之日本言之，日本会几千百，而国势日强，君位日固，且能拓地日多，威名日盛。尊内攘外，皆彼爱国会、进步会等之功也。今我国知识未开，不知以强国为尊君，而徒以抑民、弱国、辱主为尊君。呜呼！证之外国之尊君者，果有心尊君，可自省矣。"

整整一个月，康有为及其党人在《国闻报》上开足舆论攻势，也显示其政治智慧之不足。这种不留余地口衔天宪的进逼，虽可引起当时知识人的关注，但对正欲步入政治中心的康有为，却在官场中设立了巨大的对立面，即康称"门可罗雀，与三月时成两世界矣"。汪大燮称：

"惟长素在此开讲，凤与台谏联络，自谓足以笼罩而出言无忌。近有潘安涛劾之，请封其万木草堂。全台诸公亦翻然欲与康敌，幸其门大同学会四字早刮去，否则牵连更甚也。此时尚无事，

若东海出头则难言之矣。"[1]

汪大燮在政治立场上是赞同改革的，但在派系上已与康、梁分离。

(24·15) 时上读《日本变政考》而善之，再催总署议复。然以粤中学者咸入，已决归。上时决意变法，使庆邸告西后曰："我不能为亡国之君，如不与我权，我宁逊位。"西后乃听上。于时恭邸薨，吾乃上书常熟，促其亟变法，勿失时。常熟以吾谤鼎沸，亦欲吾去，乃召还，亦听吾归矣。

据手稿本，"时上读《日本变政考》而善之"之"上"后删"虽"字，"而善之"后删"恭邸适薨"四字，"再催总署议复"一句为添加，补在行间，"再"字由"乃"字改，"议复"后删"时"字；"然以粤中学者咸入，已决归"一段为添加，补在页眉，该添加文字前删"于是决归，然以粤"、"然已决归计"两句；"上时决意变法"之"时"字以"欲"字改；"我宁逊位"后删"耳"字；"于时恭邸薨"一句为添加，补在行间；"粤中学者咸入"之"入"字，诸刊本抄本作"集"字。

此期《翁同龢日记》中有很值得注意的记载，光绪二十四年四月初七日：

"上命索康有为所进书，令再写一份递进。臣对：与康不往来。上问：何也？对以：此人居心巨测。曰：前此何以不说？对：臣近见其《孔子改制考》知之。"

四月初八日：

"上又问康书，臣对如昨。上发怒诘责，臣对传总署令进。上不允，必欲臣诣张荫桓传知。臣曰：张某日日进见，何不面谕。上仍不允。退乃传知张君，张正在园寓也。"[2]

翁此处日记中所言，众多史家以为有修改，但并无证据。[3]若是四月初

---

[1] 致汪康年，原札无日期，约在光绪二十四年四月初十日至十三日，《汪康年师友书札》，第1册，第780—781页。"东海"，指许应骙。

[2] 《翁同龢日记》，第6册，第3128页。

[3] 看过翁同龢日记原稿本的孔祥吉，对此段并无评论。（见孔祥吉、村田雄二郎：《〈翁文恭公日记〉稿本与刊本之比较——兼论翁同龢对日记的删改》，《历史研究》2004年第3期）

七日、初八日如此对光绪帝，那么翁的态度近乎于蛮横，也是翁日记中从未见过的态度。

由此，我须得在此处对翁同龢日记进行一番检讨。前节已叙，翁日记中关于康有为的记载极少（参见21·14、21·26）。若一一核之，则光绪十四年有2条[1]；光绪二十年有2条[2]；光绪二十一年有3条，其中2条有修补[3]；光绪二十二年没有；光绪二十三年有2条，其中1条有修补[4]；光绪二十四年政变之前共有7条，除了正月初三日、二月十八日、四月初七、初八4条外，另有闰三月十七日、五月初三日、初九日3条，后3条有删字或挖补[5]。光绪二十一年、二十三年、二十四年的四次修补，隐去了与康有为三次往来外，那么，剩下的确如翁所言"与康不往来"。戊戌政变后，翁同龢的罪名变成保举康有为，光绪二十四年十月二十一日谕旨称"今春力陈变法，密保康有为，谓其才胜伊百倍，意在举国以听。"（参见24·20）翁同龢于二十四日从新闻报中读到，日记中称："伏读感涕而已。"[6]至光绪二十五年十一月十八日，清廷再次明发上谕，下令缉拿康、梁，并再称翁保康事。[7]而翁于二十一

---

[1] 十月十三日，"南海布衣康祖诒上书于我，意欲一见，拒之。"二十七日，"盛伯羲以康祖诒封事一件来，欲成均代递。然语太讦直，无益祗生衅耳。决计复谢之。"（《翁同龢日记》，第4册，2232、2234—2235页，参见21·14）

[2] 五月初二日，"看康长素（祖诒，广东举人，名士）《新学伪经考》，以为刘歆古文无一不伪，窜乱六经，而郑康成以下皆为所惑云云。真说经家一野狐也，惊诧不已。"初五日，"答康长素，未见。"（《翁同龢日记》，第5册，第2696—2697页，参见21·1）

[3] 四月十二日，"康祖诒亦中矣。"五月三十日，"南学诸生等寓书来见。拒未见。"闰五月初九日，"饭后李莼客先生来长谈，此君举世目为狂生，自余观之，盖策士也。"（《翁同龢日记》，第5册，第2801、2812、2815页，参见21·16、21·26）

[4] 十一月十八日，"散进尚早，小憩出城，赴总署。"十九日，"高御史燮曾保康有为入瑞典弭兵会，交总署酌核办理。"（《翁同龢日记》，第6册，第3067—3068页，参见23·5）

[5] 《翁同龢日记》，第6册，第3086、3100、3128、3120、3135、3137页，参见24·1、24·4、24·20。

[6] 《翁同龢日记》，第6册，第3176页。

[7] 该谕旨称："翁同龢荐康有为，并有其才胜臣百倍之语……无论绅商士民有能将康有为、梁启超严密缉拿到案者，定必以破格之赏。"（军机处《上谕档》，光绪二十五年十一月十八日）

日从新闻报中读到此道谕旨，未在日记中颂圣自责，而是一反常态地写下一大段自辩的话：

"新闻报纪十八日谕旨：严拿康、梁二逆，并及康逆为翁同龢极荐，有其才百倍于臣之语。伏读悚惕。窃念康逆进身之日已微臣去国之后，且屡陈此人居心叵测，不敢与往来，上索其书至再至三，辛传旨由张荫桓转索，送至军机处，同僚公封递上，不知书中所言何如也。厥后臣若在列，必不任此逆猖狂至此，而转因此获罪，惟有自艾而已。"[1]

翁再次隐去他与康交往的实情，并以其去国为由，为自己洗清，文词并不显实。[2]又从翁日记中可知，光绪二十六年正月起，翁重读其日记，以编年谱。[3]正月二十八日称"捡日记至甲午年，枨触多感。"二月初二日称："捡日记甚烦。"初四日称："一日只捡日记一本，甚厌其烦，多所枨触。"[4]此后不见相应之记载。翁被揭示出来的对其日记挖补删节，有可能即作于此时。我也看了《翁同龢日记》影印本，所用的版本是《续修四库全书》版《翁文恭公日记不分卷》，影印已复两次。但我有着一种感觉，这一部手稿可能部分有重抄，即一日与另一日之间，字体笔墨显得过于连贯。毛笔字若一日写一日，第二天的笔锋墨迹都会有变化。我未见到原稿，自然不能确定。也就是说，翁日记若无重抄，仅是目前所知的挖补删节，翁与康的关系是相当远的，康在《我史》中涉

〔1〕《翁同龢日记》，第6册，第3241页。张謇之子张孝若称："据说当光绪帝向翁公索康书的时候，光绪帝听到翁公'此人居心叵测'一句话，就问道'何谓叵测？'翁公答：'叵测即不可测也。'这情形是翁公亲告我父，我父亲告我的。"（《南通张季直先生传记》，《丛刊·戊戌变法》，第4册，第246页）张孝若没有说明翁告张謇此语的日期，但似可以认为在翁下野、康失败之后。

〔2〕谕旨称翁保康，是指其罢免前之行为，翁不能以去国为由自辩。翁称康书交至军机处，然实情是，翁去国之前，其书是交到总理衙门，由总理衙门代奏；翁去国之后，由军机大臣、总理衙门大臣廖寿恒代奏。（参见24·25）翁称"不知书中所言何如也"，也非能自辩。

〔3〕光绪二十六年正月初十日记："连日看从前日记，拟自撰年谱也。"此后二十二日、二十五日、二十六日皆有相关记载。（《翁同龢日记》，第6册，第3250、3252页）

〔4〕《翁同龢日记》，第6册，第3252—3253页。

及翁的说法，似皆可怀疑；若翁日记真有重抄，则隐去了太多的历史秘密。

不管翁四月初七、初八两天的日记有无修改，然由此可知：一、由于三月二十三日光绪帝收到《日本变政考》（第一次进呈本）的当日，即将康有为条陈与进呈书籍呈送慈禧太后（参见24·8），至此已42天，而慈禧太后未发回，光绪帝想让康再录一份；同时，光绪帝也不愿意通过总理衙门直接下旨，而是让翁、张以私人的名义去对康说。查张荫桓日记，对此也没有记载。康后来又第二次进呈《日本变政考》。（参见24·33）二、从《日本变政考》（第一次进呈本）当日呈送的时间上来看，光绪帝根本来不及看此书，而有再次进呈的口谕。这又使康误解为"上读《日本变政考》而善之"。

康称"催总署议复"，指催理衙门议复康有为"上清帝第六书"。二月十九日旨命总理衙门"妥议具奏"，但过了113天，五月十四日总理衙门才作议复。档案中虽不见光绪帝催促总理衙门的正式谕旨，但张荫桓六月十三日日记称："军机处、总署会议康长素条陈变法，屡奉谕旨严催。"[1]（参见24·47）"屡奉谕旨"，也说明光绪帝已催促多次。五月十七日梁启超致夏曾佑信中称：

> "新政来源真可谓令出我辈，大约南海先生所进《大彼得变政记》、《日本变政考》两书，日日流览，因摩出电力，遂于前月二十间有催总署议复先生条陈制度局之议。"

其中提及四月二十日的具体时间。[2]

康称"使庆邸告西后曰"一事，据《光绪二十四年京官召见单》，光绪帝于三月二十四日、四月初四日、六月十七日、七月初五日、二十五日、二十八日召见过庆亲王奕劻，然召见时的谈话内容，档案文献中皆无法查证。从光绪帝与慈禧太后的关系而言，很难想像光绪帝会有"如

---

〔1〕《张荫桓戊戌日记手稿》，第215—217页。

〔2〕《梁启超年谱长编》，第121—122页。四月二十日的时间似可值得注意，可能是张荫桓命康再次进呈《日本变政考》之时。

不与我权，我宁逊位"之语；更可怀疑的是，康又从何处得知此等宫内密闻。我以为，此处或为康的道听途说。[1]

康称"决意归"一事，查《翁同龢日记》中另有一处值得注意的记载，闰三月十七日：

> "巳正二到家，邀金门、印若便饭话别，□□□适来同坐，未正客去。"[2]

此日为潘庆澜劾保国会的第五天，被翁圈去的人名，很有可能是康有为。"巳正二"为上午10点半，"未正"为下午2点。康称"常熟以吾谤鼎沸，亦欲吾去，乃召还，亦听吾归矣"，很可能即指此事。梁启超闰三月十五日致夏曾佑信称："下月乃能出京。见已不远，容面谈之。"[3]也证明康、梁有离京的想法。

然此时康、梁欲离京，除潘庆澜劾保国会外，另有一层原委。汪大燮于闰三月初五日致汪康年函透露：

> "昨日菊生来言，译署接裕朗西函，言孙文久未离日本，在日

---

[1] 光绪二十四年八月二十一日康有为在香港与《德臣报》记者交谈，其中提到："自从皇帝开始对国事表示自己的兴趣以来，太后便在计划要废黜他。过去两年的大部分时期中，事实上，皇帝仅仅是一个傀儡，但这是与他自己的愿望违背的。太后经常和他玩牌，而且把烈性的酒给他喝，使他纵情娱乐，不问国事。自从德国人占领胶州湾以后，皇帝是非常生气的，因此他向太后说，除非我有真正的权力，否则我情愿逊位，不做皇帝了。其结果是太后向他做相当让步，告诉他可以按照自己的意思去做。但这不过是太后嘴里如此说，她心里的想法不是这样的。记者问：这些事你是怎样知道的，是不是你亲自听到的？康氏的答复是：不是的，我是从其他官员处听来的。"（《丛刊·戊戌变法》，第3册，第502页）又，苏继祖《戊戌朝变记》称："至廿三年冬，德人占据胶州，上益忧惧，至今春，乃谓庆王曰：'太后仍不给我事权，我愿退让此位，不甘作亡国之君。'庆邸请于太后，始闻甚怒：'他不愿坐此位，我早已不愿他坐之。'庆力劝，始允曰：'由他去办，俟办不出模样再说。'庆邸乃以太后不禁皇上办事复命，丁是商诸枢臣，下诏定国是。"（《丛刊·戊戌变法》，第1册，第331页）费行简《慈禧传信录》称："适德人假细故，攘我胶澳，举朝无一策。帝复泣告后，谓不欲为亡国之主。后曰：苟可致富强者，儿自为之，吾不内制也。于是纳严修议，开特科……"（同上书，第464页）苏继祖、费行简与康有为所说情节，各有不同，然可说明此说流传之广。

[2] 《翁同龢日记》，第6册，第3120页。

[3] 《梁启超年谱长编》，第110页。

本开中西大同学校，专与《时务报》馆诸人通。近以办事不公，诸商出钱者颇不悦服等语，即日由总办带内回邸堂云云。当即往见樵，言狱不可兴。樵颇深明此意，惟谓：'长、卓二人在此设堂开讲，颇为东海所不悦，有举劾之意。而译署有东海，弟设以此言告之，即增其文料。如果发作，则两邸皆旧党，虽瓶公不能遏，无论樵矣。'此时两公能为掩饰计，但又虑朗西归来，直燃之恭，亦甚足虑。此间已密嘱长、卓诸人弗再张皇……"[1]

"菊生"为张元济；"裕朗西"为驻日公使裕庚；"樵"为张荫桓；"东海"似为许应骙；"瓶公"指翁同龢。而中西大同学校是康有为派与孙中山派在横滨新开办的学校。冯自由称：

"丁酉冬，横滨侨商邝汝磐、冯镜如等在中华会馆发起组织学校，以教育华侨子弟，欲由祖国延聘新学之士为教师，以此就商于总理（孙中山）。总理以兴中会缺乏文士，乃荐梁启超充任，并代定名曰中西学校。邝汝磐持总理介绍函赴上海，谒康有为于旅次，康以梁启超方主持《时务报》笔政，荐徐勤承之，并助以陈默庵、汤

---

[1]《汪康年师友书札》，第1册，第775页。汪大燮闰三月二十五日函又称："裕事近已无复言者，惟恭邸病则又愈矣。前此所以询君且急急者，其时菊生言译署人颇有讶之者，且欲兴风作浪，而清河告康。康、梁终日不安，到处瞎奔。此事宜静不宜乱，诚恐其奔出大乱子也。梁自抵京后，与兄未一晤。渠来两次未值，而兄去四次亦不值。因此事又往访之，亦不见。其弟康、麦见兄垂首速去，似不欲兄见者，是以愈疑之……"四月十四日函又称："裕函到京，闻康、梁去皆支吾，欲归咎于弟。兄往访三次不见，有一次正投刺，见康之弟及麦孺博出门，门者以兄刺示之，二人俯首速行，并不肯见。兄知若辈终日营营，不知所为何事，大惧大惧。其欲借题陷弟，告子封、菊生，子封又为嘱菊生及他人察其举动……后知其无能为役，愈思其巧，愈速其败，遂不能容于都门。嗣康以茶会讲保国事，为人所击，道不行，于是无能为。"（同上书，第776、782页）"清河"，可能指王照；"子封"，沈曾桐。"欲归咎于弟"一语，指康、梁将此责转嫁曾于光绪二十三年冬赴日本的汪康年。裕庚注意到《时务报》，另一个因素是汪康年于光绪二十三年底对日本的短期访问。由此，梁启超发电黄遵宪，要求驱汪。时在湖南的邹代钧致汪康年信称："卓如致公度电，有'容甫东游，牵动大局，速派人接办报事'之语。揣其语意，不可测度，可以无事，可以兴大狱。兹师弟聚处都门，不知又作何计较……昨又见徐君勉致韩树园信，言公东见行者，大坏《时务报》馆名声，欲公度、卓如速致书都中士大夫，表明此事为公一人之事，非《时务报》馆之事。"（《汪康年师友书札》，第3册，第2756页，参见24·51）邹代钧的消息，当得自于黄遵宪。

觉顿、陈荫农等，皆康门优秀也。又谓中西二字不雅，特为更名大
同。亲书大同学校四字门额为赠。"[1]

孙中山是清朝通缉的犯人，与孙交往，即暗通革命党，当时是很大的罪
名。汪大燮为此请张荫桓助之，而翁、张"两公能为掩饰"。"此间已密
嘱长、卓诸人弗再张皇"，似为翁、张之嘱。

康称"吾乃上书常熟，促其亟变法"一事，前节已述，甲午战争期
间，军机处班底进行了调整（参见20·5），由恭亲王奕訢、翁同龢、李
鸿藻执掌大权。李鸿藻于光绪二十三年去世，奕訢此期生病，军机处剩
下礼亲王世铎、翁同龢、刚毅、钱用溥、廖寿恒。世铎与世无争，钱用
溥因病请假，廖寿恒于二月初十日初入，军机处实际由翁、刚两人主
持。翁、刚互斗，刚非翁之对手。朝中政要深恐恭亲王去世后，军机处
成为翁氏天下。徐桐于三月二十九日上奏，"请调张之洞来京面询机
宜"，即由张来平衡翁，慈禧太后予以批准。[2]应当说，到了此时，翁
已成众矢之的，日子将会很难过。康却将此作为时机，自称其劝翁"变
法"，属不了解政坛内情。恭亲王于四月初十日去世，慈禧太后即于四月
二十二日、二十七日两次调整中枢，最后罢免翁同龢。（参见24·17、
24·20）又，康称"上书"于翁，翁日记中无记载。

---

[1] 冯自由：《戊戌前孙康二派之关系》，《革命逸史》，初集，第48页。又，《知新报》第
40册（光绪二十三年十一月二十一日出版）刊出梁启超《日本横滨中国大同学校缘
起》，称："乡人远慕中朝志士发愤之诚，近采泰西、日本教育之法，立学横滨，号
以大同，庶几孔子选贤与能，讲信修睦之治萌牙于兹……"同时刊出徐勤《日本横
滨中国大同学校书后》，称"旅日本横滨之乡人，乃有学堂之设，以演孔学为本，而
通英日之学为辅。邝君汝磐特来，乃求教习于吾师南海先生……"第41册（光绪二
十三年十二月初一日出版）刊出《横滨兴学》，公布该校总理等人名单。第47册
（光绪二十四年三月初一日出版）刊出《横滨大同学校近闻》，称该校"定于中历二
月初旬启馆，所聘中文教习三水徐勤君勉、南海陈和泽荫农、顺德陈汝成默庵、番
禺汤为刚觉顿……"的消息。第52册（光绪二十四年闰三月二十一日出版）刊出徐
勤撰《日本横滨中国大同学校记》。（《知新报》影印本，第1册，第478、494、
595、670—671页）康有为派人往横滨帮办大同学校，由此已不是秘密。
[2] 参见拙文《戊戌年张之洞召京与沙市事件的处理》，《中华文史论丛》，总第69辑，
上海古籍出版社，2002年；《戊戌年徐桐荐张之洞及杨锐、刘光第之密谋》，《中华
文史论丛》，2007年第4期。

（24·16）**时与日本使矢野文雄约两国合邦大会议，定稿极详，请矢野君行知总署答允，然后可以大会于各省。而俄人知之，矢野君未敢。**

    据手稿本，"请矢野君行知总署答允，然后可大会于各省"一句为添加，补在行间。"日本使"之"使"字，诸刊本、抄本皆漏。

    康有为此时有"联日"的思想（参见23·9、23·10、24·6），然此处提出的"两国合邦"，其性质属合并、联邦、邦联或仅仅是外交同盟？康本人对此并无明确的说法。七月二十四日刑部代奏该部主事洪汝冲条陈"敬陈迁都借才联邦三策本原大计呈"，其中提出与日本"联邦"：

    "为日本者，所亲宜无过中国，以我幅员之广，人民之众，物产之饶，诚得与之联合，借彼新法，资我贤才，交换智识，互相援系，不难约束俄人，俾如君士但丁故事，则东西太平之局，可以长保，而祖宗缔造之业，亦巩如磐石矣。此事若在欧西，即合为一国，亦不为怪，挪威以合于瑞典而得自存，匈牙利以合于奥地利而以不灭。他如意、德以众国合成而称帝制，既无碍自主之权利，而有关两国之存亡，故坦然行之，并无猜忌。"

他认为"中国之自强，惟在日本之相助，英人保泰持盈"。[1]孔祥吉认为该条陈很可能是康代拟的。[2]洪汝冲提出的"联邦"，究竟是指外交上的"同盟"还是建立"联邦"（或邦联）制的国家，我看了几遍都未能识其本意，很可能他本人对此中的差别也不太清楚。八月初五日，御史杨深秀上奏"时局艰危拼瓦合以救瓦裂折"，称言："臣尤伏愿我皇上早定大计，固结英、美、日本三国，勿嫌合邦之名之不美，诚天下苍生之福矣。"[3]

---

〔1〕《丛刊·戊戌变法》，第2册，第362—366页。据军机处《随手档》、《上谕档》，该条陈当日奉旨"留中"，并送慈禧太后。在这一条陈中，洪汝冲还建议留用即将访华的日本前首相伊藤博文，"皇上如能縻以好爵，使近在耳目，博访周咨，则新政立行，而中日之邦交益固"。

〔2〕《救亡图存的蓝图》，第303—305页。

〔3〕《戊戌变法档案史料》，第15页。

（参见 24·78）杨折是康代拟的，也没有说清楚性质。[1]

　　康有为的"合邦"思想，很可能受到了日本人森本藤吉的影响。森本藤吉（1850—1922），号丹芳，森本是其旧姓，新姓为樽井，日本奈良人。他的思想混合了社会主义、无政府主义、东洋主义等因素，长期来往于中国上海、福建等地，曾与朝鲜的金玉钧谋划推翻朝鲜政府。光绪十八年（1892）森本当选日本国会众议院议员。光绪十九年出版了《大东合邦论》。为了使这一思想能够影响朝鲜人与中国人，该书是用汉文写的。《大东合邦论》由东京市町区饭田町五丁目 26 番地近藤圭造刊出，署名森本藤吉。推销的书店有东京丸善书店，上海、天津、汉口、重庆、福州诸地的乐善堂，以及朝鲜仁川的朝鲜新报社。该书也因此流传于中朝两国。森本在书中提出，日本与朝鲜合并，成为"大东国"，然后再与清朝合纵，共同对付西方。[2]光绪二十四年初，梁启超见之，即由上海大同译书局翻刻，内容多有改删，改名《大东合邦新义》。梁启超亲撰《序言》，称言：

　　　　"……故欲策富强，非变法不可；欲卫种类，非联盟不可。日本距今二十年耳，而规模若此；倘中国翘然自立，与商利病，有不雄视地球也哉？余偶览群籍，摭撰《合邦新义》一书，考其人则森本丹芳，亦一时之豪杰也。夫朵屑摧折，则庸庸护之；长材矫揉，则规矩绳之。'合邦'云者，盖护教之庸庸，保民之规矩焉尔……爰

---

[1]　康有为的这一思想，也有可能受李提摩太的影响。李提摩太于光绪二十一年三月在《万国公报》上发表《新政策》，其中在"安民之法"中提到："三曰联交。今日事势岌岌可危，公论亦恐缓不济急，必应暗联有大权大德思保大局之国，以为己助。"又在"论中国目下应办之事"中提到："一、宜延聘二位可信之西人，筹一良法，速与天下大国立约联交，保十年太平之局，始可兹暇日，重订新章。"（《万国公报》，第 87 号，华文书局影印本，第 25 册，第 15935—15946 页，原文署日期为光绪二十一年九月二十五日）此处的"联交"，意思也是不清楚的。李提摩太《新政策》的基本思路将中国变为英国的保护国，尽管他的这一建议，并未得到英国政府的认可。

[2]　参见石井明：《亚洲主义者的"地域合作论"：以樽井藤吉等的著作为线索的考察》，张启雄主编：《二十世纪的中国与世界论文选集》，台北中研院近代史研究所，2001年，上册，第 501—516 页；伊原泽周：《甲午战争与大亚细亚主义的关系》，戚俊杰、刘玉明主编：《北洋海军研究》，第 3 辑，天津古籍出版社，2006 年，第 49—62页；王屏：《近代日本的亚细亚主义》，商务印书馆，2004 年，第 113—126 页。

属门人陈生霞骞，因其义，正其文，据缟素而增采绘焉。灵曜耿耿，无私覆些；改弦更张，必来取法。"[1]

翰林院编修蔡元培是时在北京，七月二十三日日记有记：

"阅日本森本丹芳（藤吉）《大东合邦论》十四篇……其宗旨在合朝鲜为联邦，而与我合纵以御欧人。引绳切事，倾液群言，真杰作也。大同译书局翻刻之，题为《大东合邦新义》。据梁卓如序，谓尝荐门人陈高第霞骞，因其义，正其文，故更名耳。今以元本校之，乃用原本复刻，挖改数处……日韩古今交涉论（则必无兵革之惨矣）以下，元本多二十四行，适充一页，此以前五、六行有违碍语，遂率连删二十行，以就篇幅，其专辄如此。又论中国宜与东国合纵篇（余更欲为中国计焉至鲜矣）十二行，所删者二义：一怂恿朝鲜自主，一说中国满汉不相安；所增者二大义：一广孔教，一男女平等。其余汉土例改中国、我国或改日本，皆无关宏旨。挖改之文，以迁移行墨，多无聊语。至乃改李鸿章为某总兵，可笑甚也。（闻投降非合肥本意）英人李提摩太《弭兵会记》谓当淘汰书籍，俾学塾中幼章所读之书，鲜涉兵机而多陈和局，以备蒙养。凡教士编书，大率如此。康、梁亦然，其所编译学堂读本，可知矣。"[2]

由此可见，蔡元培将森本藤吉的原作与大同译书局的翻刻本进行了对照，对康、梁的改窜不太满意，但对森本的思想却是赞成的。[3]

尽管可以从森本到梁启超再至康有为，找到其"合邦"的思想渊源，但康称与日本公使矢野文雄已"约两国合邦大会议"，我却尚未查到相关的史料。从戊戌政变后康在香港写信、发电给矢野的情节来看，两

---

[1] 《〈饮冰室合集〉集外文》，上册，第15—16页。该《序言》署日期为"二月"。《国闻报》光绪二十四年五月初十日起，多次刊出"总报局告白"，称"本局在京都琉璃厂土地祠"，并刊出广告称"大东合邦新义一本，洋二角五分"。

[2] 中国蔡元培研究会编：《蔡元培全集》，浙江教育出版社，1998年，第1册，第226—227页；第15册，第187页。

[3] 据蔡元培日记，这一年蔡在北京与日本人交往甚多，六月从总理衙门日文翻译陶大钧学习日语。七月十日日记称："同许中书访日本人杉见仙（几太郎），假得《亚东新报》第二册，中有《连盟论》甚佳。"（《蔡元培全集》，第15册，第186页）

人在北京似曾有过相会。[1]（参见 24·97）然康以工部主事的身份，矢野公使是否与之"约两国合邦大会议"，是可以怀疑的。若真有会议，很可能如同上海"亚细亚协会"[2]；而不可能是"行知总署"、"大会于各省"的样式。至于"俄人知之，矢野君未敢"，则似为康的想像。康此处所言，很可能如同前称他与矢野"议请将偿款再摊十年，并减息"（参见23·9），是他个人的张扬之词。

然到了此时，联日联英成了当时一些改革人士的共同认识。唐才常在《湘报》第 23 号（光绪二十四年三月出版）发表《论中国宜与英日联盟》。而严复则于光绪二十四年六月十三日、十四日的《国闻报》发表《论中国分党》一文，对此讥讽之。[3]

---

[1] 时任日本驻华公使馆书记官的中岛雄在其作《清国政变前后见闻一斑》中称："我曾蒙康氏赠送这两本赠书"（指《新学伪经考》、《孔子改制考》）；"其时康曾经偕同刑部主事张元济一起到我的住处访问，谈话之间时时叹息自己在官场的不得意，同时康也提出了自己的想法，除政界以外可以通过其他方式，获得支持，办法就是通过办演说会，获得民众支持。"（意指保国会。转引自孔祥吉、村田雄二郎：《一个日本书记官记述的康有为与戊戌变法：读中岛雄〈随使述作存稿〉与〈往复文信目录〉》，未刊稿）严修日记称：四月初九日，"接梁卓如来字，约明日到江米巷办馆陪日本公使。主人卓如，长素、李孟符、徐艺甫；客，容建露、夏虎臣。"初十日，"午刻至办馆，时虎臣、艺甫已到，候卓如久不至，虎臣遣价（仆）问诸日本使署，言已辞矣。俄卓如来简云，公使因翻译患病，不得来，改期再聚。"（《严修日记》，第 2 册，第 1013 页）由此可见康、梁与日本使馆之交往。张荫桓五月二十七日日记称："晨起，为日本使矢野送行，承以紫漆砚、银匦为别，意良殷也。"（《张荫桓戊戌日记手稿》，第 196 页）矢野文雄此期回国述职，康若与矢野会晤，当在此之前。

[2] 由康有为代拟、四月十三日由杨深秀上奏"请议游学日本章程片"中称："顷闻日人患俄人铁路之逼，重念唇齿辅车之依；颇悔割台相煎之急，大开东方协助之会；愿智吾人士，助吾自立，招我游学，供我经费，以著亲好之实，以弭夙昔之嫌，经其驻使矢野文雄函告译署。"（《戊戌变法档案史料》，第 248 页，参见 24·18）康的"两国合邦大会议"，也有可能是"大开东方协助之会"之类非正式、非官方的组织。

[3] 该文称："自甲午以后，国势大异，言变者稍稍多见，先发端于各报馆，继乃昌言于朝，而干大臣又每以为不然，于是彼此之见，积不相能，而士大夫乃渐有分党之势矣。西人见此，遂遽以为支那人本有三党：守旧党主联俄，意在保现在之局面；中立党主联日，意在保国而变法；维新党主联英，意以作乱为自振之机……西人所谓维新党者，盖即指孙文等而言……西人所谓中立党者，即支那现所称之维新党，大约即指变法诸人而言。支那此党之人，与守旧党比，不但千与一之比，其数极小，且此党之中，实能见西法所以然之故、而无所为而为者，不过数人。其余则分数类：其一以谈新法为一极时势之妆，与扁眼镜、纸烟卷、窄袖之衣、钢丝之

（24·17）时旧党焰甚炽，常熟频被劾，以吾行后，无人鼓舞，故欲成数事乃行。十八日，乃草折，请定国是而明赏罚，交杨漪川上之，略谓："门户水火，新旧相攻，当此外患交迫，日言变法，而众论不一，如此皆由国是未定之故。昔赵武灵之胡服，秦孝公之变法，俄彼得及日本维新之变法，皆大明赏罚，定国是而后能行新政。"又为一篇，交徐子静学士上之。徐君廉静寡欲，无意仕宦，吾以开会从金顶庙迁出上斜街，与徐宅相望，日夕过从。徐君老而好学，乃至请吾说《春秋》，侧座听之，近古所无也。廿三日，奉明定国是之谕，举国欢欣。

> 据手稿本，"常熟频被劾"后删"乃与欲成□"五字；"十八日"为添加，补在行间；"交杨漪川上之"之"交"字后，删原写的"杨漪川上"而补"徐子静学士交"，然后再删去，另写"杨漪川上之"；"赵武灵之"后删"变"字；"俄彼得"之"俄"字后删"变"字；"则后能行新政"之"能行"二字为添加，补在行间；"又为一篇"后删"与"字；"吾以开会"之"以"字由"自"改；"奉明定国是之谕"后删"责旧党之"四字；"举国欢欣"后删"又"字。"如此皆由国是未定之故"，诸抄本、刊本漏"之"字而断句不同。

康称"常熟频被劾……"一事，查翁同龢此期正式被劾，前后共有两次。其一是三月二十五日安徽布政使于荫霖上奏"时局危急请简用贤能大员补救折"，称言：

> "上年马关之约，割台湾，寒天下之心，赔兵费两万万，尽天下之财力，中国大势之危实由于此，各国瓜分之心，亦生于此，则李鸿章为之也。今者胶州之役，翁同龢、张荫桓继之，愈以成各国瓜

车正等，以此随声附和，不出于心，此为一类；其一见西人之船坚炮利，纵横恣睢，莫可奈何，以为此其所以强也，不若从而效之，此为一类；其一为极守旧之人，夙负盛名，为天下所归往，及见西法，不欲有一事为彼所不知不能也，乃举声光化电之粗迹，兵商工艺之末流，毛举糠秕，附会经训，张颐植髭，不自愧汗，天下之人翕然宗之，郑声乱雅，乡愿乱德，维新之种，将为所绝，此又为一类。之斯三者，有维新之貌而无维新之心者也，如此则彼所谓之中立党，不能成党也。"严复此处似为借端说事，其中关于三派之联俄、联日、联英也仅以貌似，但于此时对维新党进行批评，尤其是第三类人，似有所专指。又，《丛刊·戊戌变法》第3册收入此文，误为"光绪二十三年"。

分之势……办理胶案之误，天下之人皆归咎于翁同龢、张荫桓。臣愚窃谓张荫桓出身微贱，贪诈著名，无足深责。若翁同龢为已故大学士翁心存之子，翁心存端正虚公，为当代儒臣，翁同龢承其先训，受恩至深，夙负清望，胶事重大，本非一二人才力所能妥办，自应合中外文武百官以谋之，乃翁同龢外则徇德人之请，内则惑于张荫桓之言，以至今日无所措手……翁同龢又惑于张荫桓之言，遽借英德商款，全数还倭，以江苏、江西、浙江、湖北四省货厘盐厘作抵，事定之后，一纸公文，责令四省督抚遵办……翁同龢若自揣力小任重，不能胜此艰巨，当推引贤能以自代，亦不失以人事君之忠，乃虑不出此，独任私智，酿成巨祸，致令人与张荫桓同嗤，窃为翁同龢惜之也……如蒙皇上采纳臣言，即请明颁谕旨，召见徐桐、崇绮，并速发电旨召张之洞、边宝泉、陶模、陈宝箴诸臣入都，任以事权，询以今日应补救者何事，应筹办者何事，迅速整理，大局必有转机。倘以臣言属一己之见，恐蹈偏听之弊，伏请皇上将臣此折交廷臣会议，如中外大臣德望才智有高出数臣之上者，许并列以闻。我皇上断自宸衷，择贤而任，更可收公听之益，而李鸿章、翁同龢、张荫桓三人亦得让贤之美名、保身之善计，此臣之大愿，亦天下之大愿也。"[1]

闰三月初八日，光绪帝收到该折，朱批："留中"，且未将该折上呈慈禧太后。[2]其二是四月初十日，御史王鹏运上奏"大臣误国请予罢斥折"。该折称：

"翁同龢、张荫桓办理洋务，偏执私见，不顾大局，欲遇事把持，又复性成畏葸。当胶澳事起之初，使能据理力争，安见狡谋不

---

〔1〕《光绪朝朱批奏折》，第120辑，第664—671页。
〔2〕军机处《随手档》，光绪二十四年闰二月初八日。又据该日《上谕档》、《洋务档》，于折未呈慈禧太后。当日翁同龢日记称："是日安徽藩司于荫霖时政，谓宜速用公正大臣，举徐桐、崇绮、边宝泉、陶模、张之洞、陈宝箴挽回国是，而痛斥李鸿章、臣龢、张荫桓误国无状，并谓张之先人廉正传四海，而臣不肖如此。其词严厉，臣惟引咎，且谓于某知臣之心，不敢辨也。此折留中，所以笔于私记者，著余之罪，用于自励也。"（《翁同龢日记》，第6册，第3117页）又，于荫霖该折刊于《国闻报》光绪二十四年七月初三日、初四日，流传甚广。

折？乃一味退缩，任其踞我要地，亦甘心忍受，其才识伎俩，为各国公使所窥，驯至俄索旅顺、大连湾，英索威海，图长江，纷然并起，不能复置一喙，转极力欺蒙……擅定德王亨利觐见礼节，竟敢强皇上俯从洋礼。致令贪夷兵拦入禁廷，实为振古所无之奇变。当拦入之时，翁同龢、张荫桓苟稍存忠爱之心，即当与之力争，乃竟熟视而不敢谁何……至借洋款一事。李鸿章始与洋人商定借款九四扣，翁同龢、张荫桓，则以所扣太多不借，继则英国家愿借款无折扣，唯以三事相要，翁同龢、张荫桓又以三事不可从不借。卒之，三事皆勉许英人。而所借则英商八三扣之一万万两。夫九四扣诚多，较八三扣何如？三事既已尽从，何为不借无扣之款？闻此事皆张荫桓与赫德在翁同龢私宅定立合同。洋报谓此次华借商款，该银行费银二百余万两与经手之人，果谁氏耶？然则不借俄及英国家之款，其故为可知矣。外国传说其二百万两，或在内地置产买船，或在外洋银行生息。"[1]

光绪帝下旨"存"，并将王折呈送慈禧太后。[2]从弹劾者的身份来说，于、王并非为康所称的"旧党"，从弹劾的时机来看，却对翁大为不利。前折恰于徐桐保张之洞同时，后折恰于恭亲王去世同时。（参见24·15）且王折所言，处处与事实不符，似为罗织罪名，很可能另有其背景。此外，另有高燮曾上奏曲折攻翁。[3]康称翁"以吾行后，无人鼓

〔1〕《军机处录副·光绪朝·内政类·职官项》，3/99/5360/45。当日翁日记称："王鹏运封奏，大臣误国。见起三刻，语多，王劾余与张荫桓朋谋纳赂也，薰莸同器，泾渭杂流，元规污人，能无嗟诧。"（《翁同龢日记》，第6册，第3129页）

〔2〕军机处《随手档》、《上谕档》，光绪二十四年四月初十日。

〔3〕四月二十一日，即罢免翁同龢的前六天，给事中高燮曾上了一折两片，军机处《随手档》记："一、加增海关经费有伤政体由；片一、海关加增经费请由部臣阻止由；片一、请听西员辞差由。"当日军机处《洋务档》记，该折片皆奉旨"存"，并于当日呈送慈禧太后。高燮曾奏折表面上为赫德等加薪事（由于英镑升值，赫德等海关洋员以银结算的工资实贬值，清朝为此给赫德等人加薪），实质上是攻张荫桓、翁同龢。（高燮曾"户部筹拨巨款增加海关经费大失政体折"，《军机处录副·光绪朝·军务类·军需项》，3/124/6145/33）翁看出了高的用意，日记中称："高折虽斥余而未明言，但指张某为主，户部不敢驳耳。"（《翁同龢日记》，第6册，第3132页）

励，故欲成数事乃行”一事，翁在日记中并无相应的记载。至翁被罢免之后，翁、康可能见过面。（参见 24·20）

康称“十八日乃草折，请定国是而明赏罚，交杨漪川上之”一事，查军机处《随手档》四月十三日记：“御史杨深秀折：一、请厘正文体典正实学由；片一、请议游学日本章程由；片一、请遣王公游历由；片一、请筹款译书由；一、明正赏罚由。”[1]最后“明正赏罚”一折，即是康有为代拟的“请定国是而明赏罚折”。“十八日”，属康记忆有误。该折称：

> “窃近者，外国交逼，内外臣工，讲求时变，多言变法，以图自保。然旧人多有恶为用夷变夏者，于是守旧开新之名起焉。其守旧者，谓新法概宜屏绝，其开新者，谓旧习概宜扫除。小则见诸论说，大则形之奏牍，互相水火，有如仇雠。臣以为理无两可，事无中立，非定国是，无以示臣民之趋向；非明赏罚，无以为政事之推行。
>
> “……若审观时变，必当变法，非明降谕旨，著定国是，宣布维新之意，痛斥守旧之弊，无以定趋向而革旧俗也。
>
> “……今开新者力任艰巨，未见赏擢，守旧者废格诏书，未见罢斥。开新者事劳而势逆，守旧者事逸而势顺，是驱天下人守旧而已。昔赵武灵王之罢公叔成，秦孝公之罢甘龙，日本之君睦仁变法之罢幕府藩侯，俄彼得变法之诛近卫大臣，此皆变法已然之效也。皇上欲推行新政，速见实效，请查核内外大臣奉行甲午以来新政之谕旨，若学堂，若武备，若商务农工，何者举行，何者废格。嘉奖其举行者，罢斥其废格者，明降谕旨，雷厉风行。如此而新政不行、疆土不保者，未之有也。”[2]

此中所言与康的说法是大体相同的。光绪帝旨命“暂存”，并以原件当日

---

[1] 军机处《随手档》，光绪二十四年四月十三日，该条下并注明“随事递上，次日发下。随旨交”，即当日随军机处奏片呈送慈禧太后，慈禧太后次日发下。

[2] 《戊戌变法档案史料》，第1—3页；《康有为戊戌真奏议》，第13—16页；《救亡图存的蓝图》，第69—72页。

呈送慈禧太后。[1]（杨深秀该日其余各折片的情况，参见24·18）

徐子静，名致靖（1826—1918），江苏宜兴人。光绪二年进士，入翰林院，散馆后授编修。累迁至翰林院侍读学士。徐致靖之子翰林院编修、湖南学政徐仁铸，戊戌政变后于八月十五日请湖南巡抚陈宝箴代为电奏"请代父囚折"，透露出康与徐交往的途径，即通过梁启超与徐仁铸。[2]徐与康虽为新交，但很快便成为康党最重要的成员之一。

康称"又为一篇，交徐子静学士上之"一事，查军机处《随手档》四月二十日记："翰林院侍读学士徐致靖折：一、守旧开新宜定从违由。"该折即"请明定国是折"，称言：

"为外侮方深，国是未定，守旧开新，两无所据，请特申乾断，明示从违，以一众心而维时局。

"……当此事机万变之会，正群言纷进之时，在朝廷虚衷延纳，原期兼听并观，然而，新旧两途，既无一定趋向，各持所见，势必乖争，将冀其笙磬之同音，适至如冰炭之相戾，空言徒讧，国是滋淆，甚非发愤图治之道也。

"……若皇上审敌量时，以为必当变法，亦请特颁明诏，一切新政，立见施行，求可求成，风行雷动，其有旧习仍沿、阻挠观望者，亦罪无赦。"[3]

徐折与杨折的内容大体相同，要求光绪帝下明诏定国是。光绪帝旨命"暂存"，并当日以原折进呈慈禧太后。[4]

---

[1] 军机处《上谕档》，光绪二十四年四月十三日。

[2] 该折称言："臣去岁入湘以来，与康有为之门人梁启超晤谈，盛称其师之才学。臣一时昏瞆，慕其虚名，谬谓可以为国宣力，当于家信内附其节略，禀恳臣父保荐。臣父溺于舐犊之爱，不及博访，遂以上陈。兹康有为获罪，臣父为牵连逮问，推原其故，皆臣妄听轻举之所致也……微臣以不肖之身过听人言，乃至陷父于狱……"（"收湖南巡抚电"，光绪二十四年八月十六日，《总理衙门清档·收发电》，01-38/17-4）

[3] 《救亡图存的蓝图》，第95—96页。原件见《军机处录副·补遗·戊戌变法项》，3/168/9446/33。并参见《康有为戊戌真奏议》，第24—26页。徐氏家藏件见《丛刊·戊戌变法》，第2册，第339—341页。

[4] 军机处《上谕档》，光绪二十四年四月十三日。

四月二十一日，光绪帝由宫中去颐和园。四月二十二日，根据慈禧太后的旨意，光绪帝调整了中枢班子：荣禄补大学士，刚毅升协办大学士，崇礼接刑部尚书。此次属为恭亲王去世后调整政治格局，目的是制约翁同龢。[1] 五天后，慈禧太后又第二次调整中枢。（参见 24·20）四月二十三日，光绪帝根据慈禧太后的旨意，下达了明定国是的谕旨。翁同龢日记透露详情：

　　　　"是日上奉慈谕，以前日御史杨深秀、学士徐致靖言国是未
　　定，良是，今宜专讲西学，明白宣示等因，并御书某某官应准入
　　学，圣意坚定。臣对：西法不可不讲，圣贤义理之学尤不可忘。
　　退，拟旨一道，又饬各省督抚保使才、不论官职大小一道。见起六
　　刻，午初二刻始散。"[2]

由此可见，百日维新之谕旨，与前引康有为代拟的杨深秀、徐致靖两道奏折有关，康确为戊戌变法的促动者。"见起六刻"，也说明光绪帝当日见军机的时间之长实超乎寻常。总理衙门章京张元济六月十八日致信沈曾植称：

　　　　"四月廿三日明定国是之谕，乃两宫同见枢臣，当面指示
　　者。"[3]

张非具高位，"两宫同见"属其听闻，但也证实了慈禧太后批准进行变法。而慈禧太后为何此时批准变法，是由杨深秀、徐致靖的奏折所打动，还是在中枢班子调整后而向光绪帝有所表示，皆无史料可证。根据光绪帝的旨意，翁同龢所拟的两道谕旨为：

　　　　"数年以来，中外臣工讲求时务，多主变法自强。迩者诏书数

---

〔1〕　荣禄升大学士（后补文渊阁）管理户部，刚毅升协办大学士、接任兵部尚书，崇礼
　　　接任刑部尚书。翁当时的职位是协办大学士、军机大臣、总理衙门大臣、户部尚
　　　书。荣禄原为协办大学士、督办军务处会办大臣、总理衙门大臣、兵部尚书、步军
　　　统领，与翁地位相等；此时以大学士管户部，正好在户部事务上管着翁；刚毅与翁
　　　同为军机，此时升协办大学士、调兵部尚书，地位上完全与翁相平，刚毅空出的刑
　　　部尚书，给总理衙门大臣崇礼，使之可在总理衙门与翁对敌，更压张荫桓一头。
〔2〕　《翁同龢日记》，第6册，第3132页。
〔3〕　《张元济书札》增订本，中册，第675—677页。

下。如开特科、裁冗兵、改武科制度、立大小学堂、皆经再三审定、筹之至熟、甫议施行。惟是风气尚未大开、论说莫衷一是、或托于老成忧国、以为旧章必应墨守、新法必当摈除。众喙哓哓、空言无补。试问今日时局如此、国势如此、若仍以不练之兵、有限之饷、士无实学、工无良师、强弱相形、贫富悬绝、岂真能制梃以挞坚甲利兵乎？朕惟国是不定则号令不行、极其流弊必至门户纷争、互相水火、徒蹈宋、明积习、于时政毫无裨益。即以中国大经大法而论、五帝三王、不相沿袭、譬之冬裘夏葛、势不两存。用特明白宣示、嗣后中外大小诸臣、自王公以及士庶、各宜努力向上、发愤为雄、以圣贤义理之学植其根本、又须博采西学之切于时务者、实力讲求、以救空疏迂谬之弊。专心致志、精益求精、毋徒袭其皮毛、毋竞腾其口说。总期化无用为有用、以成通经济变之才。京师大学堂为各行省之倡、尤应首先举办。著军机大臣、总理各国事务王、大臣会同妥速议奏。所有翰林院编检、各部院司员、大门侍卫、候补候选道府州县以下官、大员子弟、八旗世职、各省武职后裔、其愿入学堂者、均准入学肄习、以期人才辈出、共济时艰。不得敷衍因循、循私援引、致负朝廷谆谆告诫之至意。"

"方今各国交通、使才为当务之急。著各省督抚于平日所知品学端正、通达时务、不染习气者、无论官职大小、酌保数员、交总理各国事务衙门考验、带领引见、以备朝廷任使。"[1]

从谕旨来看，康有为"明定国是"的主旨得以体现，光绪帝御书"某某官应准入学"的条款也具体落实，而翁所称"西法不可不讲，圣贤义理之学尤不可忘"的原则也明确强调。康有为、梁启超也得到了消息。梁五月十七日致夏曾佑信称：

"……仆等于彼时，乃代杨侍御、徐学士各草一奏，言当定国

---

[1] 军机处《上谕档》，光绪二十四年四月二十三日。该两道皆是由内阁明发的谕旨。张謇于光绪二十四年四月二十二日记称："见虞山所拟变法谕旨。"（《张謇全集》，第6卷，《日记》，第409页）"虞山"，翁同龢。若由此论，似为前一日翁同龢已拟旨。其中原委不详。

是，辨守旧开新之宗旨，不得骑墙模棱，遂有二十三日之上
谕。"[1]

梁的说法与康稍有不同，称起草杨深秀、徐致靖奏折者为"仆等"，即以
梁为主的一干人。

经康有为作伪的《戊戌奏稿》第一篇为"请告天祖誓群臣以变法定
国是折"，很可能是追述杨深秀"请定国是而明赏罚折"、徐致靖"请明
定国是折"两折之意而后来所写的另作，主旨相近而内容大异。[2]

"上斜街"，在北京宣武门之南。康有为从金顶庙移住上斜街的时
间，似于光绪二十三年冬。[3]梁鼎芬撰《康有为事实》称：

> "康有为性最奸贪。今年我皇上变法自强，而康有为籍以为自
> 私自利，其时声势正炽，凡交结权贵、言路、串通内监，用钱无
> 算，皆取之于外官富商，言甘计诡，使人不敢不送。其由下斜街移
> 居南海馆日，户部刘君接居此屋，尚见外省来信数函，皆有银数甚
> 巨，都下哗然。"[4]

梁称其住"下斜街"，下斜街与上斜街相通，即在上斜街之西南，梁似
误。康后来再次移住南海会馆。南海会馆在宣武门之南米市胡同43号。

康称徐致靖"请吾说《春秋》，侧座听之"一事，我尚未见直接材
料，但间接材料有两条。其一是康有为后来撰有《春秋笔削大义微言
考》(参见23·1)，徐致靖于1916年（民国五年）为之作序，文曰：

> "……南海先生于学无不通，尤深于经，于《春秋》有独悟妙
> 证，撰《春秋笔削大义微言考》，以发明之。于曹世子知微言大义，
> 公、谷经异而义同，为不著竹帛而传口说之。据于星陨如雨，知孔
> 子就鲁史原文，而行笔削之迹。夫此所述，诸条贸焉。读之几瞠

---

[1] 《梁启超年谱长编》，第122页。

[2] 《戊戌奏稿》影印本，第13—18页。

[3] 此次康有为来京，居住的地点为金顶庙、上斜街与南海会馆。康有为《明夷阁诗
集》中有《怀常熟去国》，其题记称："……于十一月十九晓，束装决归。是日朝常
熟力荐于上，凌晨来南海馆……"(《遗稿·万木草堂诗集》，第90页，参见23·5)
即光绪二十三年十一月十九已迁至南海馆，康迁往上斜街的时间当在此之前。

[4] 《日本外交文书》，第31卷，第1册，第732页。

目，不知何谓也。一经阐扬，遂觉证据显确，理解豁然，如拨云雾而见青天矣。以是类推，悟圣经全文，皆作如是观，触类旁通，妙绪环生，雷霆霹雳，乾端坤倪，轩豁呈露，经义既晦而复明，闇而复彰，赵仿所谓春秋金钥匙者，得是书，可开《春秋》久闭之钥矣……公、谷、董、何一线绝学之传，非先生而谁？二千年来大成统绪，非先生是书奚属？吾得断言之曰，有《春秋》不可无此是书，有志《春秋》者不可不读是书。是书水坏于桂林风洞之景风阁，火烧于日本横滨之《清议报》，蒙难居夷，复竭心力补成之……先生以仆服膺其书也，属缀言简端，辞不获命，率臆而言，学殖谫陋，不能阐扬万一，愧悚何已。"[1]

这是一段评价极高的序文。以民国初年的政治环境及康、徐之地位，徐若非服膺康学，尤其是康对《春秋》的经解，必不作此语。徐序文中虽未称康对其讲过《春秋》，然此时徐、康重逢，若无当年之事，徐似一时也不能理解康著《春秋笔削大义微言考》之意义。其二是徐致靖的外孙许姬传的回忆，称言："这时，康有为迁到上斜街徐家附近，一天来三次与仅老谈维新变法的计划，仅老还倾听他谈《春秋》、《公羊》，非常投契。"[2]然许姬传的这本回忆录，许多内容并非亲历亲闻，而是根据当事人当时人的记载写的，他肯定看过康有为的《我史》，此处亦有可能从录于《我史》。

（24·18）先是又草变科举折，亦为二篇，分交杨漪川、徐子静上之。又草请派近支王公游历折、请开局译日本书折、请派游学日本折，皆由杨漪川上之，奉旨允行。又为宋芝栋侍御请催举经济特科折，又盛宣怀借款八百万，岁息约三十余万，无人敢言之，乃请提其息为译书、学堂之费。皆奉旨俞允。于是，学堂有款，而举特科

---

〔1〕 《春秋笔削大义微言考序》，蒋贵麟编：《康南海先生遗著汇刊》，第7册，第1—3页。

〔2〕 许姬传：《许姬传七十年见闻录》，中华书局，2007年，第19页。"仅老"，仅叟，徐致靖。

者纷纷矣。

康有为此处所言，系为杨深秀、徐致靖、宋伯鲁代拟奏折之事，在时间上稍有记忆错误。

前节（24·17）已述，据军机处《随手档》，杨深秀于四月十三日上了两折三片，即"一、请厘正文体典正实学由；片一、请议游学日本章程由；片一、请遣王公游历由；片一、请筹款译书由；一、明正赏罚由"。除最后一折"请定国是而明赏罚折"前节（23·17）已作说明外，其余各折片的内容如下。

杨深秀所上的第一折，即"请斟酌列代旧制正定四书文体折"，要求废除八股，称言：

"……有明中叶以后，始盛行四股六股八股破承起讲之格，虽名为说经之文，实则本唐代诗赋，专讲排偶声病，如宋元词曲，但求按谱填词，而芜词调言，骈拇枝指，又加甚焉。以经意论，则无所发明，以文体论，则毫无取义。格式既定，务使千篇一律，稍有出入，即谓之不如格……限以三百七百之字数，拘以连上犯下之手法，虽胸有万卷、学贯三才者，亦必俯就格式，不许以一字入文……

"……故臣谓非立法不善之为害，而文体不正之为害也。请特下明诏，斟酌宋元明旧制，厘正四书文体，凡各试官命题，必须一章一节一句，语气完足者，其制艺体裁，一仿宋人经义、明人大结之意，先疏证传记以释经旨，次博引子史以征蕴蓄，次发挥时事以觇学识，不拘格式，不限字数。其有仍用八股庸滥之格、讲章陈腐之言者，摈勿录，其有仍入口气，托于代圣立言之谬说者，以僭妄诬罔非圣无法论，轻则停廪罚科，重则或予斥黜。"[1]

杨折之意系以四书文体替代八股文体，此在当时为重大事件，须得经过慈禧太后批准。据该日军机处给慈禧太后的奏片："御史杨深秀奏厘正文体折，拟明发谕旨一道"，"谨将原折片恭呈慈览"，即将杨折与拟旨一并呈送慈禧太后。[2]第二天，四月十四日，由内阁明发上谕：

> "御史杨深秀奏请厘定文体一折，国家以制艺取士，原期阐发经义，讲求实学，勉为有用之才。兹据该御史奏陈近日文体之弊，请斟酌厘定，并各项考试不得割裂经文命题等语，著礼部议奏。"[3]

由此可知，这一道谕旨经过慈禧太后同意。然礼部议奏一事，却拖了不少时间。

需要说明的是，废除八股是康有为及其党人长期的政治目标之一，梁启超于此有着实际的努力，也制定了一个完整的计划：分工撰写奏折、买通言官、频频连续上奏出击。[4]光绪二十四年闰三月十九日梁致

---

[1] 《救亡图存的蓝图》，第73—76页；《康有为戊戌真奏议》，第16—19页；《知新报》，第59册（光绪二十四年六月初一日出版），影印本，第1册，第786—787页。原折见《军机处录副·补遗·戊戌变法项》，3/168/9446/27。

[2] 军机处《上谕档》，光绪二十四年四月十三日。

[3] 军机处《上谕档》，光绪二十四年四月十四日。又，五月初十日，即光绪帝下达废八股谕旨后，礼部奏"议复御史杨深秀奏厘正文体应毋庸议事，奉旨'知道了'"。（军机处《早事档》，光绪二十四年五月初十日）

[4] 光绪二十二年底，时在上海的梁启超写信给在澳门办《知新报》的康广仁、徐勤："今日在此做得一大快事，说人捐金三千，买都老爷，上折子，专言科举，今将小引呈上，现已集有千余矣，想两日内可成也。请公等亦拟数篇，各出其议论，不然超独作十篇，恐才尽也。此事俟明春次亮入京办之，次亮此次乃请假，非改官也。"梁启超同时另有一信："殚心竭力，求在京师、上海设一学堂，尚经年不能定，即使有成，而一院百人，所获有几？惟科举一变，则海内洗心，三年之内，人才不教而自成，此实维新第一义也。唯天听隔绝，廷臣守旧，难望丕变。若得言官十余人，共昌斯义，连牍力陈，雷厉风行，或见采纳……今拟联合同志，共集义款，以百金为一分，总集三千金，分馈台官，乞为入告。其封事则请同志中文笔优长者拟定，或主详尽，或主简明，各明一义，各举一法，其宗旨不离科举一事，务使一月之内，十折上闻，天高听卑，必蒙垂鉴。"（《觉迷要录》，录四，第20—22页）按照梁的说法，原准备于光绪二十三年春天即发动废除八股的奏折攻势，具体执行人是陈炽、梁启超等人先行拟稿，而梁已拟成千余字的奏稿。

夏曾佑的信中称："顷专意办变科举事，成否未可知，虽知其无及，不能不略为说法。"[1] 梁本人于四月亦发动公车百余人上书，拟"公车上书请变通科举文"，要求"下科乡、会试及此后岁、科试停止八股试帖，推行经济六科"，并在《知新报》、《国闻报》上刊出其文。[2]

按照康党的计划，此时杨深秀上奏为其废八股攻势的第一波，后有宋伯鲁、康有为、徐致靖等人的多次出击。(参见24·23、24·24)

杨深秀所上的第一片，即"请议游学日本章程片"，称言：

"……顷闻日人患俄人铁路之逼，重念唇齿辅车之依；颇悔割台相煎之急，大开东方协助之会；愿智吾人士，助吾自立，招我游学，供我经费，以著亲好之实，以弭凤昔之嫌。经其驻使矢野文雄函告译署。我与日人隔一衣带水，若吾能自强复仇，无施不可，今我既弱未能立，亟宜因其悔心，受其情意。闻日本今者有两党，一主独立，一主联我，国家虽不计此区区经费，亦何必拒之，重增嫌怨……伏乞饬下总署速议游学日本章程，准受其供给经费；其游学之士，请选举贡生监之聪敏有才、年未三十已通中学者，在京师听人报名，由译署给照，在外听学政给照，庶于成人才以济时艰，纳邻好而泯猜嫌，必非小补。"[3]

─────────

[1] 《梁启超年谱长编》，第114页。

[2] 《知新报》刊于第55册（光绪二十四年四月二十一日出版），《国闻报》刊于光绪二十四年五月十三日、十四日，此时废八股改策论的谕旨已于五月初五日下达。（该条陈又见于《丛刊·戊戌变法》，第2册，第343—347页）按当时的制度，此类条陈当由都察院代奏。查军机处《随手档》、《早事档》光绪二十四年三月、闰三月、四月、五月，都察院多次代奏举人的条陈，但不见梁启超此条陈的记录。梁启超自称："四月初旬，梁启超复联合举人百余人连署上书，请废之，格不达。"（《戊戌政变记》续四库本，第213页）皮锡瑞于光绪二十四年四月二十四日记称："梁卓如约公车上书，请废八股，都察院不收，总理衙门代呈，不知能否邀允。公度所谓卓如电报，八股朝议可望废，盖即指此，香帅、右帅能趁此续进一折，则更佳矣。"（《师伏堂日记》，《湖南历史资料》，1959年第2期，第117页）皮称都察院不收而转总理衙门，自是有误，然可看出梁启超、黄遵宪之活动，很可能想策动张之洞、陈宝箴上奏。我以为，由于光绪帝谕旨已下，梁的相关活动由此停止，而在《国闻报》、《知新报》上发表，是作一交待。

[3] 《戊戌变法档案史料》，第248页；《康有为戊戌真奏议》，第22—24页；《救亡图存的蓝图》，第77—79页。

光绪帝发下交片谕旨:

> "交总理各国事务衙门。本日御史杨深秀奏请游学日本章程,
> 又奏请筹款译书各等语,军机大臣面奉谕旨:'著总理各国事务衙
> 门议奏。'"[1]

总理衙门于五月十四日出奏,议复杨深秀此片,也证实了矢野文雄的留学建议,并同意了派员去日本,但派出人员非为"举贡监生",而为粗通东文之学生,相关的费用由中国政府来承担,不接受日本的"经费"。[2]光绪帝当日朱批:"依议"。[3]然当时新式学堂甚少,懂日文的青年更少,选派人员留学日本一事,进展并不顺利。[4]

杨深秀所上的第二片,即"请派近支王公游历片",称言:

> "……考三代之制,自王之世子、庶子皆入太学。泰西犹用我

---

[1] 军机处《洋务档》、《上谕档》,光绪二十四年四月十三日。该谕旨及杨片当日呈慈禧太后。

[2] 《丛刊·戊戌变法》,第2册,第409—410页。总署复奏称言:"查本年闰三月间,准日本使臣矢野文雄函称:'该国政府拟与中国倍敦友谊,藉悉中国需才孔亟,倘派学生出洋习业,该国自应支其经费。'又准该使臣来署面称:'中国如派肄业学生,陆续前往日本学堂学习,人数约以二百人为限。'经臣等备函致谢,并告以东文学堂,甫经设立,俟酌妥办法,再行函告……近年以来,日本讲求西学,大著成效,又与中国近在同洲,往来甚便,既经该国函请派往游学,臣等公同商酌,拟即妥定章程,将臣衙门同文馆东文学生酌派数人,并咨行南北洋大臣、两广、湖广、闽、浙各督抚,就现设学堂中,遴选年幼颖悟、粗通东文诸生,开具衔名,咨报臣衙门,知照日本使臣,陆续派往。即由出使日本大臣就近照料,无庸另派监督。各生应支薪水用项,由臣衙门核定数目,提拨专款,汇交出使大臣,随时支发。"又,原书误上奏日期为"光绪二十四年四月",此处日期据军机处《随手档》。至于相关的费用由中国承担,与当时的国际形势有关,此时日本政府要求清朝承诺福建不割让,并在福建有修筑铁路的权利,不久后沙市事件爆发,矢野文雄又提出了新的要求。总理衙门对此持谨慎态度。再又,在此前一日,总理衙门议复御史曾宗彦要求选派学堂学生数十人赴欧美各国学习矿学片,称言:"日本自维新以来,讲求泰西各种学业,深得奥窍,出使大臣裕庚前致臣衙门公函谓:该国矿学,尤有心得。若先选派学生前往日本学习,同洲同文,机势较顺。本年闰三月间,该国使臣矢野文雄函称:该国政府愿与中国倍敦友谊,请派学生前往肄业……拟即咨行南北洋大臣,及两广、湖广、闽、浙各督抚,拣派年幼颖悟各学生,开具衔名,咨报臣衙门,派往日本矿务学堂专门学习,以归简易。"(《戊戌变法档案史料》,第258页)。

[3] 军机处《随手档》,光绪二十四年五月十四日。

[4] 参见拙文:《戊戌变法时期光绪帝对外观念的调适》,《历史研究》2002年第6期。

经义，上自王子，旁及近亲，皆先入学堂与群士齿。又学于兵舰，亲为水手；学于练军，躬列卒伍；然后次第升擢，乃为船主、将校。稍长之后，必遍历外国，周知风俗，通其政事。或又因其性之所长，入其各学，专习一业，期数年而成功。日本变法维新，派炽仁亲王、有栖川亲王、小宫丸亲王出游泰西，分习诸学，故能归而变政，克有成效。暹罗变法，亦使其亲王游历泰西，去年暹王且躬自游历，故近来政治丕变，西人畏之，不敢逼胁……臣愚谓采万国良法，当自游学始；练天下之人才，当自王公始。伏乞断自圣衷，变通旧例，特派近支王公之妙年明敏有才志者，游历泰西各国；其有美志良才，自愿游学，习政习兵者，尤有裨益，乞准其所请。"[1]

光绪帝当日发下交片谕旨：

> "交总理各国事务衙门。本日御史杨深秀请派近支王公游历各国等语。军机大臣面奉谕旨：'著总理各国事务衙门归入侍郎荣惠前奏，一并议复。'"[2]

四月二十四日，即"明定国是"谕旨下达的第二天，总理衙门议复荣惠折及杨深秀片，表示同意。[3]当日由内阁明发谕旨：

> "总理各国事务衙门奏，遵议侍郎荣惠奏请特设商务大臣及选派宗支游历各国一折……至选派宗室王公游历各国，亦系开通风

---

[1] 《戊戌变法档案史料》，第249页，《康有为戊戌真奏议》，第19—21页；《救亡图存的蓝图》，第80—81页。

[2] 军机处《洋务档》、《上谕档》，光绪二十四年四月十三日。该谕旨与杨片当日呈慈禧太后。又，四月初四日，兵部左侍郎荣惠上《敬陈管见折》，当日奉交片谕旨："交总理各国事务衙门。本日侍郎荣惠奏敬陈管见折，内请特设督办商务大臣，并选派宗支游历各国等语，军机大臣面奉谕旨：'著总理各国事务衙门议奏。钦此。'相应传知贵衙门钦遵可也。"（见该日军机处《洋务档》、《随手档》）

[3] 总理衙门："议复荣惠、杨深秀折"，光绪二十四年四月二十四日。（《军机处录副·补遗·戊戌变法项》，3/168/9446/12）该折称："臣等查邦交以联络而固，人才以历练而成，该侍郎请派王公贝勒等出洋游历，以联外交而练才识，亦系因时制宜之要。杨深秀所论各国王子近亲，皆先入学堂……今王公贝勒等如果有留心时事、学问淹通、志趣向上者，应否由宗人府查察保荐，会同臣衙门具奏。"（该折又见《丛刊·戊戌变法》，第2册，第407—409页）

气、因时制宜之举，著宗人府察看该王公贝勒等，如有留心时事、志趣向上者，切实保荐，听候简派。"[1]

不久，光绪帝又下旨改变了具体的做法。[2]

杨深秀所上的第三片，即"请筹款译书片"，称言：

"……臣愚窃考日本变法，已尽译泰西精要之书，且其文字与我同，但文法稍有颠倒，学之数月而可大通，人人可为译书之用矣。若少提数万金，多养通才，则一岁月间，可得数十种。若筹款愈多，养士愈众，则数年间，将泰西、日本各学精要之书，可尽译之，而天下人士及任官者，咸大通其故，以之措政皆有条不紊，而人才不可胜用矣……若承采择，乞饬下总理各国事务衙门议行，或年拨数万金试办。"[3]

"学之数月而可大通"，说明当时康、梁等人对日本语的认识，也说明他们将翻译日本书一事过于简单化了。光绪帝当日发下交片谕旨，命总理衙门议复。[4]五月初十日，总理衙门议复该片，表示同意。（参见24·19）

以上杨深秀诸折片，当为康有为所代拟。[5]经康有为作伪的《戊戌奏稿》中有"请广译日本书派游学折"，为康追述代杨深秀拟"请议游学日本章程片"、"请筹款译书片"之意，后来所写之另作，其内容有较大的差别。[6]

---

〔1〕 军机处《上谕档》，光绪二十四年四月二十四日。

〔2〕 四月二十七日，即翁同龢开缺的同日，内阁奉上谕："昨经降旨，令宗人府保荐王公贝勒等选派游历。因思近支王、贝勒等职分较尊，朕当亲行察看，毋庸保荐。其公以下及闲散宗室内，如有志趣远大、才具优长者，著宗人府随事保奏。"（军机处《上谕档》，光绪二十四年四月二十七日）这一改变，当与慈禧太后的态度有关。四月二十三日，光绪帝从颐和园回宫中，二十四之旨未经慈禧太后同意。

〔3〕 《戊戌变法档案史料》，第446—447页；《康有为戊戌真奏议》，第21—22页；《救亡图存的蓝图》，第82—83页。

〔4〕 军机处《洋务档》、《上谕档》，光绪二十四年四月十三日。该谕旨与杨片当日呈慈禧太后。

〔5〕 参见《救亡图存的蓝图》，第75—76、78—79、81、83页；《康有为戊戌真奏议》，第16—24页。

〔6〕 《戊戌奏稿》影印本，第41—48页。

查军机处《随手档》五月初四日记:"侍读学士徐致靖折:一、请废八股由;片一、嗣后用人行政一切请明宣由。"徐致靖的正折,即"请废八股以育人才折",其核心意思是请光绪帝不交礼部议复,而直接下旨废除八股。由于该折与废八股改策论有着直接的关联,且《我史》后又述及,我放在后节(24·24)一并叙述。徐致靖的附片,即"嗣后用人行政一切请明宣片",称言:

> "乃者国家大政,关涉洋务上谕丝纶,多有不明降宣示,俾臣民共见者。臣实惑焉。岂以为国耻不足示人乎?考法人为德国所败,图画其败军,断头折臂、流血成河、烟火蔽天之状于公园,纵其民使观之,于是法民大动愤耻,日思报复。以偿款十五万万之多,年半而悉输之矣。今我胶、旅之割,失地失权诸事,乃至有列名仕籍、奉职京僚而瞠然不知或眙然不信者。蔽隐如此,何以激士气而动忠愤乎?……臣愚伏乞皇上,嗣后于用人行政,一切洋务交涉之事,皆明颁谕旨,以昭示天下,以义动人心,而后政体可正,人心可激,国耻可雪也。"[1]

该片当日奉旨"存",并呈送慈禧太后。[2]康在《我史》虽未提及此片,孔祥吉认为,有可能是由康代拟的。[3]对此,我也是同意的。

查军机处《随手档》四月二十六日记:"御史宋伯鲁折:一、请明定赏罚以推新政由;片一、经济特科请分别办理由;片一、陕西昭信股票请宽减由。"宋伯鲁的正折,尚未能从档案中检出。[4]宋伯鲁所上的第一片,即"经济特科请分别举办片",称言:

> "臣愚窃谓专门与通才,用各有宜,义本各异。专门宜于学堂之选拔,通才宜以特科为网罗,离则两美,合则两伤。拟请饬下总署,此次特科,专以得古今掌故、内政、外交、公法、律例之通才为主。

---

〔1〕 《戊戌变法档案史料》,第6—7页;《康有为戊戌真奏议》,第40—41页;《救亡图存的蓝图》,第137—138页;原件见《军机处录副·补遗·戊戌变法项》,3/168/9447/8。
〔2〕 军机处《上谕档》,光绪二十四年五月初四日。该谕旨及原片当日呈慈禧太后。
〔3〕 参见《救亡图存的蓝图》,第137—138页。
〔4〕 参见《救亡图存的蓝图》,第106页。

其他各科，请饬下各督抚，速立学堂教授，然后选用为教习，则人才各得其用矣。即在泰西各国，专门之学，亦不过奖以金牌，许其专卖而已，未尝擢以任官也。"[1]

"通才"本是康有为及其党人强调自我才识的专门名词，让经济特科考取通才，而非取专门之学的人才，以网罗"得古今掌故、内政、外交、公法、律例之通才"，是康党得以自显的手段。光绪帝当日发下交片谕旨给总理各国事务衙门，命"该衙门知道"。[2]康称"请催举经济特科折"，当为有误；康又称"而举特科者纷纷"，则与此片似无关系。宋伯鲁所上的第二片，专谈陕西昭信股票，似与康无涉。

再查军机处《随手档》四月二十九日记："御史宋伯鲁折：一、变法先后有序由；一、请将八股改为策论由；片一、请将铁路官款岁息缴充学堂经费由。"宋伯鲁所上的第一折，即"变法先后有序乞速乾断折"，该折提出了"立法院"的建策，因与"制度局"的性质相近，我放在后节，集中一并叙述。（参见24·45）宋伯鲁所上的第二折，即"请改八股为策论折"，是康党废八股改策论攻势的第二波，《我史》亦提及，我也放在后节，集中一并叙述。（参见24·23）宋伯鲁所上的附片，即"盛宣怀所领部款之息缴充学堂经费片"。

盛宣怀（1844—1916），字杏荪，别号愚斋，江苏武进人。入李鸿章幕，办理轮船招商局、湖北煤铁矿、中国电报总局诸务。光绪十八年任天津海关道，二十二年以四品京堂督办铁路总公司，二十三年办中国通商银行。他是李鸿章的主要洋务幕僚，此时在上海。

康称"盛宣怀借款八百万"，"乃请提其息为译书、学堂之费"，即是指此片。宋伯鲁该片称：

> "盛宣怀承办铁路，于今三年，筹款尚无端绪，而所领部款七百万方存未用，以五厘算，每岁应有息银三十余万。查此系息借洋

---

〔1〕《戊戌变法档案史料》，第216页；《康有为戊戌真奏议》，第35—36页；《救亡图存的蓝图》，第107—108页；原片见《军机处录副·补遗·戊戌变法项》，3/168/9446/44。

〔2〕据军机处给慈禧太后的奏片，宋伯鲁《请明定赏罚以推行新政折》、《陕西昭信股票请宽减片》，光绪帝皆下旨"存"，并于当日呈送慈禧太后。

款，国家岁以厘金偿息，有出无入，其数甚巨。方当国用乏匮，新政应举者甚多，不止铁路为然。若京师学堂等事，皆以经费支绌，未能兴办。盛宣怀即尚能筹款成此铁路，而所领部款数年之息，应令核算缴出，以为办学堂等费。"[1]

光绪帝当日发下交片谕旨：

"交户部。御史宋伯鲁奏，盛宣怀承办铁路所领官款每年岁息提充学堂经费等语，军机大臣面奉谕旨：'该衙门查明办理。钦此。'相应传知贵部钦遵可也。"[2]

由此可见，光绪帝仅命"查明办理"；康称"奉旨俞允"，似有误。盛宣怀后发电报说明七百万两官款之用途，并称业已用完，请户部代奏。[3]康又称"于是学堂有款"，亦有误。此期各学堂的款项与盛宣怀铁路官本

〔1〕《戊戌变法档案史料》，第 254 页；《康有为戊戌真奏议》，第 36 页；《救亡图存的蓝图》，第 116—117 页；原档见《军机处录副·补遗·戊戌变法项》，3/168/9446/43。《戊戌奏稿》存目有《请饬查盛宣怀借户部款岁息六十万拨充大学堂经费片》，即指此片。

〔2〕军机处《洋务档》、《上谕档》，光绪二十四年四月二十九日。该交片谕旨随该片当日呈送慈禧太后。

〔3〕宋伯鲁附片称"七百万方存未用"，并不属实。七百万两中三百万两为南北洋预付，四百万两为户部款项，盛宣怀后有"路工次第开办领款陆续用完电奏"，说明用款情况，称言："铁路芦沟桥至保定，去春开工，购地垫道已完工，良乡已开车，只候桥工完竣，便可全路通行；汉口至孝感，去冬开工，购地垫道，全筑石堤，至滠口已完工；吴淞至上海，去春开工，购地、垫道、造桥已完工，即可开车。三处开工，均奏报在案。芦汉全路，德、美、比三国工师已勘过三次，粤汉、沪宁亦已派员勘路，此工程早已开办之实情也。领款七百万，暂存息银十三万零。付款计芦保原估四百万，又运费四十万，现因铁价、运价、镑价无不加昂逾估，又因运石另造琉璃河至周口支路，三十里已完工，共约需五百数十万，通计料价已支十之七八；汉滠已支五十八万零；淞沪原估五十万，已用至七十余万，尚须支拨地价；湖北铁厂定料拨银一百九十万，已扣回料价五十余万，约存一百三十余万。目前款已用完。比约既定，比款一年内只能先由滠口开办，保定以南，亦已派员购地，不能停待，专望部款六百万续发，方可接续办埋土上、发给地价。至前领之款，未用时生息，确有五厘，但时日甚短，悉数扯算，止有十三万零，曾以总数电过北洋。尚有南洋咨取二百五十万项下利息每年计约需十二万五千两，本应以息抵息，无如公司无款，业经借用，此领款已陆续用完之实情也。除遵旨再行具折覆奏外，乞代奏。"（光绪二十四年五月十一日在上海发，户部代奏，《愚斋存稿》，卷二十一，第 12—13 页）相关的研究可参见张海荣：《津镇与芦汉之争：甲午战后中国政治的个案研究》（北京大学硕士论文）。

款项的利息无关。

据军机处《随手档》，杨深秀、宋伯鲁、徐致靖的折片分别上于四月十三日、二十六日、二十九日、五月初四日，《我史》此处在时间上将之混为一谈，很可能是康有为及其党人在同一时期将各折片起草完毕，分交杨、宋、徐的。上奏人则分别根据自己的情况，选择时机上奏。

(24·19) 又为御史李盛铎草译书、游历及明赏罚、辨新旧折，李上之，附片即言勿用新进，盖闻吾之召用也，人咸谓其自相矛盾云。

据手稿本，这一段全为添加，补在页眉上，其中"辨新旧"三字为再添加，"附片即"后删"劾"字。该段亦未标明其位置，现插入于此，可能是抄者所为。

康有为与李盛铎的关系错综复杂，光绪二十四年三月开保国会时有合作，至闰三月李亦出奏否定保国会。（参见24·12、24·13）光绪二十四年六月，张之洞接到京中密札称："李盛铎与康时离时合，虽康党亦畏恶之。"[1]戊戌政变后御史张荀鹤奏称："现驻日本使臣李盛铎，□张为幻……奏草即康逆代定，踪迹诡秘，与康逆时离时合，密谋煽惑，物议沸腾。"[2]特别指明了康为李代拟奏折之事。

康称"为御史李盛铎草译书、游历"一事，查军机处《随手档》四月十八日记："御史李盛铎折：一、请开馆译书由；片一、请免江西米厘由；片一、河南矿务请详筹办法由。"李盛铎的正折，即"时务需才请开馆译书折"，称言：

"臣愚以为既尚新学，不如多译西书，使就华文习之，尚可不忘其本，且免蹈从前出洋学生之弊，通西语而不通华文也……拟请

---

〔1〕 转引自孔祥吉：《戊戌维新运动新探》，第80页。孔祥吉称该信系李鸿藻之子李符曾写给张之洞，而李宗侗发表的杨锐致光绪二十四年六月致张之洞信中称："近事数则，别纸录呈省览"。（见《杨叔峤光绪戊戌致张文襄函跋》，台北《大陆杂志》，第19卷，第5期）亦有可能指此。我以为，不论作者是谁，其对京城政治颇知底细。后文将多次引用之。
〔2〕 山东道监察御史张荀鹤奏，光绪二十五年五月十四日，《戊戌变法档案史料》，第507页。

特旨开馆专办译书事务，遴调精通西文之翻译数员，广购西书，分门别类，甄择精要，译出印行，以宏智学。至日本明治以来，所译西书极多，由东译华，较译之西文尤为便捷。应请饬下出使大臣，访查日本所译西书，全数购寄，以便译印。并咨访中外人员中之通达时务、学问优赡者，酌调数员，专司润色，务期文义敷畅，俾得开卷了然。……如蒙俞允，所有译书局事务，应否特派大臣管理，抑或由管理官书局大臣兼办之处，出自圣裁，非臣下所敢擅拟。"[1]

孔祥吉称该折由康代拟，对此我是有怀疑的。从李折的内容来看，与康的思想有着不小的差别，其中最重要的是，新设的译书局是官办机构，且提议由管理官书局大臣孙家鼐兼管。康有为代拟杨深秀的"请筹款译书片"，强调的是"若少提数万金，多养通才"，较少官办色彩。（参见24·18）梁启超等人此时在上海开设了大同译书局，主要据日本书转译翻刻，若杨片得以批准，大同译书局可能会得到极大的资助；而李折得以批准，那将由孙家鼐来管理，其形式大体与官书局相同。（参见21·21）如果联系到大学堂一事，李折的真实用意似由孙家鼐来主持其事。（参见24·36）康称李折由其所拟，我以为仍有可能性，但李没有完全采用，而是另起炉灶。李折中"由东译华，较译之西文尤为便捷"、"咨访中外人员中之通达时务、学问优赡者，酌调数员，专司润色"之意思，与康、梁的思想相通，很可能是康拟原折所有；而康称"游历"一节，也可能被李删去。光绪帝当日发下交片谕旨："交总理各国事务衙门。本日御史李盛铎奏请开馆译书一折，军机大臣面奉谕旨：'著该衙门议奏。'"[2]五月初十日，总理衙门上奏"议复杨深秀、李盛铎请开馆译书折"，将杨深秀片与李盛铎折合并议复，称言：

---

〔1〕《救亡图存的蓝图》，第92—94页；原折见《军机处录副·内政类·戊戌变法项》，3/108/5616/44。该一折两片及相关的交片谕旨同日呈送慈禧太后。（军机处《上谕档》、《洋务档》，光绪二十四年四月十八日）

〔2〕军机处《洋务档》，光绪二十四年四月十八日。李盛铎折片及交片谕旨当日呈送慈禧太后。

"臣等查该御史等所称,筹款开馆,翻译洋书,以开民智而造人才,自系当务之急……至原奏称所译书馆事务,应否特派大臣管理,抑或由管理书局大臣兼办一节,系为郑重起见。惟是译书一事,与设立学堂,互相表里,全在经理得人,不系官职之大小……兹查有广东举人梁启超,究心西学,在上海集赀设立译书局,先译东文,规模已具,而经费未充……臣等公同酌议,每月拟拨给该局译书经费银二千两,即将该局改为译书官局,官督商办,倘经费仍有不敷,准由该局招集股分,以竟其成……如蒙俞允,即由臣衙门知照南洋大臣,暨札行江海关道,就近在出使经费项下,按月拨给该局译书经费银二千两,并札饬该局员将开办日期妥拟详细章程,送臣衙门核定立案。"〔1〕

总理衙门的方案,较杨深秀提议更进一步,对梁启超也更为有利。然总理衙门以梁往上海主持译书官局,似另有企图。〔2〕光绪帝朱批:"依议";并另发下交片谕旨:

　　"交总理各国事务衙门。本日总理各国事务衙门奏译书局改为官译书局等语,军机大臣面奉谕旨:'京师大学堂指日开办,亦应设立译书局,以开风气。应如何筹款兴办之处,著总理各国事务王、大臣,一并妥拟详细章程,迅速具奏。'"〔3〕

光绪帝此旨透露出对总理衙门的安排不甚满意,略露留梁在京之意。〔4〕

五月十四日,总理衙门复奏京师大学堂设译书局事,将两局皆交给梁启

〔1〕　《戊戌变法档案史料》,第448—450页。
〔2〕　四月二十五日徐致靖保梁启超,要求置之光绪帝左右"以备论思,与讲新政;或置诸大学堂,令之课士;或开译书局,令之译书"。光绪帝命"广东举人梁启超著总理衙门察看具奏"。(参见24·20)总理衙门此时如此出奏,似为将梁请出北京。
〔3〕　军机处《洋务档》、《随手档》,光绪二十四年五月初十日。
〔4〕　总理衙门对此即刻转向,奉旨查看梁启超后,五月十三日出奏,对梁大加褒奖:"该举人梁启超,志虑远大,学问淹通,尚属究心时务……该举人平昔所著述,贯通中西之学,体用兼备,洵为有用之才。拟恳恩施酌予奖秩,以资观感。并可否特赐召对之处,出自圣裁。"(《戊戌变法档案史料》,第160页)

超。[1]五月十五日，光绪帝召见梁启超，当日明发谕旨："举人梁启超，著赏给六品衔，办理译书局事务。"[2]

康称为李盛铎草"明赏罚、辨新旧折"一事，查军机处《随手档》四月二十六日记："御史李盛铎折：一、请明赏罚以行审议由；片一、行政在于用人由。"[3]而"请明赏罚以行审议折"、"行政在于用人片"皆未在档案中捡出，但看过该折、片的翁同龢在日记中称：

> "李盛铎，新政既定宗旨，宜明赏罚，行者陈、张（南皮）、鹿为最，廖、邓次之，沮者史、谭（春及）；片，用人宜慎，能议事未必能办事。宋伯鲁，明赏罚，大致与李同，此两件均暂存。"[4]

此中的"陈、张（南皮）、鹿"，似指湖南巡抚陈宝箴、湖广总督张之洞、前四川总督鹿传霖；"廖、邓"，似指浙江巡抚廖寿丰、安徽巡抚邓华熙，"史、谭"，似指前广西巡抚史念祖、两广总督谭钟麟。"春及"，似

---

[1] 总理衙门奏称："查应译之西书甚繁，而译成一书，亦颇不易，若两局同时并译，不相闻问，易至复出，徒费无益，且书中一切名号称谓，亦须各局一律，始便阅看。故大学堂翻译局，似实与上海之官书译局，归一手办理，始能措置得宜……今京局似可与上海联为一气，仍责成该举人（梁启超）办理，由该举人随时自行来往京沪，主持其事，所有细款，皆令该举人妥议，由臣衙门核定施行……至京局编译局为学堂而设，当以多译西国学堂功课书为主，其中国经史等书，亦当撮其菁华，编成中学功课书，颁之行省，所关最为重大，编纂尤贵得人。梁启超学有本原，在湖南时务学堂，编有各种课程之书，教授生徒，颇著成效，若使之办理此事，听其自行分纂，必能胜任愉快。至京局拨款，视上海总局较省，应请每月拨款一千两，由户部在筹拨大学堂常年经费项下，一并筹措，实为妥便。"（《丛刊·戊戌变法》，第2册，第412—413页；军机处《随手档》，光绪二十四年五月十四日）总理衙门如此放手，我以为，其中原因有二：一是总理衙门大臣许应骙为康党弹劾，光绪帝表现出明显的倾向性，总理衙门不能不顺从光绪帝的态度；（参见24·29）二是总理衙门同日上奏对康有为"上清帝第六书"的议复，全面驳回了康的建策，此处对梁有所退让，也可稍减一些对立。（参见24·47）

[2] 军机处《早事》、《上谕档》，光绪二十四年五月十五日；《光绪二十四年京官召见单》，《宫中杂件》（旧整），第915包。当日光绪帝批准京师大学堂章程的上谕称："所有原设官书局及新设之译书局，均著并入大学堂，由管学大臣督率办理"。该旨最后又实现了李盛铎的建策，即新设的译书局交由孙家鼐来管理。

[3] 军机处《随手档》，光绪二十四年四月二十六日。

[4] 《翁同龢日记》，第6册，第3133页。

为"蠢极"。孔祥吉称该折由康代拟[1]，对此，我有怀疑。从对人物的臧否中可知李的政治态度，他属张之洞、陈宝箴等稳健的改革派。该派在学术思想、政治思想上与康有为派有较大的分歧。康、梁对陈宝箴有赞许之词，似不会赞许张之洞、鹿传霖。李的附片为"行政在于用人片"，强调"用人宜慎，能议事未必能办事"，似为针对康有为一派。四月二十五日徐致靖上折保举康有为等人、光绪帝旨命召见（参见24·20）；李于次日上奏，康称其"附片即言勿用新进，盖闻吾之召用也，人咸谓其自相矛盾"，即指此片。

又，孔祥吉从《李盛铎未刊函稿》检出"为正定四书文体岁科童试推行经济常科折"，认定为康有为代拟。[2]

（24·20）是时已定二十四日出京，适见家信云："粤中疫疠甚盛，学者皆散归，宜迟归，即还亦当在上海少候。"是日以国是既定，与其候于上海，不如少留京师，或更有补，遂迟迟行。廿五日，忽为徐学士荐备顾问，奉旨著于廿八日预备召见。廿七日，诣颐和园，宿户部公所。即见懿旨逐常熟，令荣禄出督直隶并统三军，着二品大臣具折谢恩并召见，并令天津阅兵，盖训政之变已伏。于是知常熟之逐，甚为灰冷。

> 据手稿本，"是日以国是既定"之前删"于是"二字，之后删"或少□"三字；"忽为徐学士荐备顾问"之"忽为"二字为添加，"备"字由"被"改；"奉旨著于廿八日召见"之"奉旨"、"于廿八日"为添加，补在行间；"令荣禄出督直隶并统三军"一句为添加，补在行间及页脚。"即见懿旨逐常熟"之"见"字，《戊戌变法》本作"是日"；"训政之变已伏"之后，《戊戌变法》本多"于是"二字。

前节（24·14、24·15）已述，由于保国会被劾及裕庚的电报，康有为、梁启超均有南归之意。然康称"已定二十四日出京"，尚难肯定。此处的"二十四日"过于机巧，四月二十三日"明定国是诏"下，二十五

---

〔1〕《救亡图存的蓝图》，第104—105页。
〔2〕《救亡图存的蓝图》，第84—87页。

日徐致靖出奏。二十三日之诏不能由康来决定，但二十五日徐折，本有康的密谋。很可能与光绪二十三年十一月十八日翁来劝而"行李已上车"的场景一样，是康的又一戏剧性夸张。（参见23·5）"学者皆散归"一语，指万木草堂的学生因"疫疬"而离堂。[1]

康称"廿五日，忽为徐学士荐备顾问，奉旨著于廿八日预备召见"一事，即四月二十五日徐致靖上奏"谨保维新救时之才请特旨破格委任折"，保举康有为、黄遵宪、谭嗣同、张元济、梁启超五人。此是戊戌变法期间的重大事件。该折对于康有为称言：

> "臣窃见工部主事康有为忠肝热血，硕学通才，明历代因革之得失，知万国强弱之本原。当二十年前，即倡论变法。其所著述有《彼得变政记》、《日本变政记》等书，善能借鉴外邦，取资法戒。其所论变法，皆有下手处，某事宜急，某事宜缓，先后次第，条理粲然，按日程功，确有把握。其才略足以肩艰巨，其忠诚可以托重任，并世人才，实罕其比。若皇上置诸左右，**以备顾问**，与之讨论新政，议先后缓急之序，以立措施之准，必能有条不紊，切实可行，宏济时艰，易若反掌。"

对于梁启超称言：

> "广东举人梁启超英才亮拔，志虑精纯，学贯天人，识周中外。
>
> 其所著《变法通议》及《时务报》诸论说，风行海内外，如日本、

---

[1] 康有为的后人康保延保存有康有为此期家书。其一曰："决意归，而接薇信，云疫症甚盛，宜少留。忽为翰林学士徐致靖奏荐。（旁注：特科事，同门被荐者十余人，仲在内。）即日奉旨于二十八日召见，候召见后如何再告……吾甚平安。家中人想安好。（旁注：国是诏已下，转移时局，皆薇译书之功。）此与薇呈母读。父示。四月二十五日。去年归则为宰相所留，今年归则为上所留矣，亦奇甚。""今再付百元，可留四十元用，以六十元寄老母及二姊。"其一曰："召见，此是咸丰以后所无之事，离家半年，思老母念切，然计母亲闻此至慰。若次数？不归家，则留京奉母来矣。男甚平安。（旁注：溥在京平安）……""今付上银六十元，以三十元奉二姊，余三十元为母用。"前一信是写给其长女康同薇的，后一信是写给其母亲劳连枝的。从所付钱项分配可知，时间是相同的。（《康有为戊戌家书》，《万木草堂遗稿外编》，下册，第775—776页）信中虽称因接康同薇信而留，却看不出有"已定二十四日离京"之计划。康还在信中流出了可能不归而奉母来京的想法。

南洋岛及泰西诸国，并皆推服。湖南抚臣陈宝箴聘请主讲时务学堂，订立学规，切实有用。如蒙皇上**召置左右**，以备论思，与讲新政，或置诸大学堂，令之课士，或开译书局，令之译书，必能措施裕如，成效神速。"

徐折的用语褒扬非常，且建议以亲信近臣用之。黄遵宪是康、梁一派中地位较高者。兴办《时务报》时，黄即推重梁启超；当梁与汪康年发生矛盾时，黄亦支持梁。梁去湖南主讲时务学堂，黄为此中关键人物之一。（参见 24·51）徐折建议："若能进诸政府，参赞庶务，或畀以疆寄"，即在中央各衙门授予堂官，或在各省授予督抚。〔1〕谭嗣同是与康、梁交密的激进变法派，与梁交尤善。徐折建议："内可以为论思之官，外可以备折冲之选"，即在中央可入康有为所设计的"制度局"之类的机构，在地方出任专负一职的特别使命。张元济是当时中层京官中的激进变法派，在办理《时务报》的过程中，与梁交善，与康也多有来往。徐折建议："使之肩任艰大，筹画新政"，即亦可入"制度局"之类的机构。徐折强调了在变法时期须"破格用人"，"盖行非常之政，必待非常之才"。对于康、黄、谭、张、梁五人，徐折称言：

> "查康有为、张元济现供职京曹，梁启超会试留京，可否特旨宣召奏对，若能称旨，然后不次擢用。其黄遵宪、谭嗣同二员，可否特谕该省督抚送部引见，听候简任之处，出自圣裁，非臣所敢擅请。伏愿皇上既定国是，益矢以怵惕惟厉之心，坚决不摇之志，**虚衷侧席，广集英贤**，早作夜思，如饥如渴，天下之才必将闻风而起，争自濯磨，以仰副朝廷亟亟维新之至意。"〔2〕

光绪帝当日奉明发谕旨：

---

〔1〕 黄遵宪在光绪帝心中印象颇佳。光绪二十二年派黄驻德公使，为德国所拒，汪大燮称："公度事竟如此，可叹可叹。其实上意甚为眷笃。南海每入觐，必问其人……上谓南海，言出放以道缺。"（致汪康年，光绪二十二年底，《汪康年师友书札》，第1册，第755页）"南海"，张荫桓。

〔2〕 《救亡图存的蓝图》，第98—101页；《丛刊·戊戌变法》，第2册，第335—338页；原档见《军机处录副·补遗·戊戌变法项》，3/168/9446/37。黑体字为引者所标。

"翰林院侍读学士徐致靖奏保举通达时务人材一折。工部主事康有为、刑部主事张元济，均著于本月二十八日预备召见。湖南盐法长宝道黄遵宪、江苏候补知府谭嗣同著该督抚送部引见。广东举人梁启超著总理各国事务衙门察看具奏。钦此。"[1]

徐致靖的奏折措词极为罕见，我曾阅此一时期数百件保折中，未见用语如此之高者；光绪帝的谕旨更为罕见，当时一般的做法只是交"军机处记名"，至多也是"送部引见"。[2]所谓"军机处记名"，原本是重用之前奏，然此期记名者甚多，已无意义；所谓"送部引见"，是由吏部带领引见，一次数人或数十人，与皇帝之间并没有交流。而"召见"则不然，是与皇帝的直接交流，召见小臣当时非常少见。徐折中最重要的一句话，是让光绪帝将康有为"置诸左右，以备顾问"，这与康《上清帝第六书》中"制度局"的意思是一致的。

黄彰健、孔祥吉认定，徐折是康有为及其党人自拟的。[3]对此我也有同感。徐折中的这一段话，直与康党的言论乃至用词无异：

"然臣愚以为皇上维新之宗旨既定矣，而所以推行新法，乃皆委诸守旧之人，夫非变法则不能自强，而非得其人亦不能变法。昔日本维新之始，特拔下僚及草茅之士，如木户孝允、伊藤博文、大久保利通等二十人，入直宪法局以备顾问，不次擢用，各尽其才。新法皆数人所定，用能新政具兴，臻于强盛。"

---

[1] 军机处《上谕档》，光绪二十四年四月二十五日。该谕旨与徐折当日呈慈禧太后。由于当时光绪帝住在城内宫中，这一道谕旨可以认为是光绪帝独自处理的。按照预定计划，他于次日赴颐和园，而二十八日返回，即召见康、张时，他仍在颐和园，可直接得到慈禧太后的指示。

[2] 参见拙文《戊戌变法期间的保举》，《历史研究》，2006年第6期。

[3] 《康有为戊戌真奏议》，第29—30页；《救亡图存的蓝图》，第101—103页。梁鼎芬《康有为事实》称："康有为好求人保举，此次徐致靖保举康有为、梁启超等一折，系康、梁师弟二人密谋合作，求徐上达。徐文理未通，不能作也。疏上，都下哗笑，既笑康、梁作文自保之无耻，又笑徐之无文也。"（《日本外交文书》，第31卷，第1册，第732页）而当时康与徐确多有交往，严修日记称：四月初四日"拜会徐艺甫，兼晤子静前辈，时康君长素在坐，畅谈良久。"（《严修年谱》，第122页）徐艺甫，徐致靖侄子徐仁录。

尽管从道德的层面来看，康有为托人自保，可予以指摘；但作为政治上的一种策略，康此举又似可不必厚非。而徐致靖之子翰林院编修、湖南学政徐仁铸，戊戌政变后请陈宝箴代为电奏"请代父囚折"，称该折由其所拟。[1] 然徐仁铸的说法，并不可靠，明显是为其父摆脱罪责。

四月二十五日，光绪帝住在宫中。按照事先的安排，他将于二十六日去颐和园，二十九日从颐和园返回。二十八日的召见，将在颐和园进行。由此可知，光绪帝是独立作出的决定，而将召见安排在颐和园，光绪帝也有可能另有用意。

由于光绪帝每日早朝的时间甚早，召见活动一般也在清晨进行，被召见者往往须凌晨入园等待。康称"廿七日，诣颐和园，宿户部公所"，则是通过户部侍郎张荫桓的关系，提前一天前往颐和园附近居住。张荫桓在日记中称：

> "……傅相（李鸿章）有明日诣谢太后之事，冒雨回园，索留行厨。余（以下张墨笔抹去数字）遂留待一宿。傅相、长素、菊生共晚饭毕（以下张又墨笔抹去数字），劝以早睡。即返卧房草奏昨日促仲山面交抄片，奉旨交议者也。"[2]

张荫桓在日记中用墨笔抹去的内容，很可能非常重要。现留下的记载确认了康有为与李鸿章、张荫桓、张元济共进晚餐。从张饭后处理公务及李、康、张次日凌晨须进园的时间安排来看，交谈的时间不会太长。

---

[1] 该折称："……伏念臣父一生忠厚笃实，与康有为素不相识。臣去岁入湘以来，与康有为之门人梁启超晤谈，盛称其师之才学。臣一时昏聩，慕其虚名，谬谓可以为国宣力，当于家信内附具节略，禀恳臣父保荐。臣父溺于舐犊之爱，不及博访，遂以上陈……"（《收湖南巡抚电》，光绪二十四年八月十六日，《总理衙门清档·收发电》，01-38，17-4）皮锡瑞亦有相同的说法，其光绪二十四年六月二十七日日记称："李莜屏来拜，带吉儿一函，云徐致靖荐贤书，乃研甫所作。"（《师伏堂未刊日记》，《湖南历史资料》，1959年第2期，第136页）

[2] 《张荫桓戊戌日记手稿》，第166—167页。又，四月二十五日张荫桓日记称："……随至总署，知有旨康有为、张元济廿八日预备召见（以下张用墨笔抹去两行）。"（同上书，第164页）张荫桓此处的删抹，不知是否与翁同龢改删日记出于同一原因。

也就在这一天，四月二十七日，清朝政坛发生了大震动，慈禧太后第二次调整中枢：罢斥翁同龢；调直隶总督、北洋大臣王文韶入京，接替翁同龢的军机大臣、总理衙门大臣、户部尚书；调新任的四川总督裕禄入京，入军机处；调荣禄为直隶总督兼北洋大臣。[1]此为四月二十二日中枢调整之后的第二次行动。（参见24·17）翁该日日记称：

> "今日生朝，晨起向空叩头。入，看折，治事如常。起下，中官传翁某勿入，同人入，余独坐看雨，检点官事五匣，交苏拉英海。一时许，同人退，恭读朱谕：协办大学士翁同龢近来办事多不允协……臣感激涕零，自省罪状如此，而圣恩矜全，所谓生死而肉白骨也。随即趋出，至公所小憩。同人退甚迟，除授亦甚夥也……"[2]

"生朝"即生日，此日是翁同龢68岁（虚岁六十九）的生日。从翁此一时期日记来看，他对此次中枢变动并无警觉；与翁同党的张荫桓，日记中也未记有任何预兆。查该日军机处《随手档》，有一特殊的记载："发下朱笔三件"。又查该日军机处《上谕档》，有朱笔一件：

> "协办大学士、户部尚书翁同龢，近来办事多未允协，以致众论不服，屡经有人参奏。且每于召对时咨询事件，任意可否，喜怒见于词色，渐露揽权狂悖情状，断难胜枢机之任。本应查明究办，予以重惩，姑念其在毓庆宫行走有年，不忍遽加严遣。翁同龢著即开缺回籍，以示保全。特谕。"

由此可见，放逐翁同龢的上谕，出自光绪帝朱笔。康称"懿旨逐常熟"，

---

〔1〕 当日发下谕旨：内阁奉上谕："王文韶著迅即来京陛见，直隶总督著荣禄暂行署理。钦此。"军机处电裕禄旨："四川总督裕禄现在行抵何处，著迅速来京陛见。"（军机处《随手档》、《上谕档》、《电寄档》，光绪二十四年四月二十七日）五月初五日，王文韶任军机大臣、总理衙门大臣、户部尚书。五月二十三日，裕禄任军机大臣、署理镶蓝旗汉军都统。翁同龢遗下的协办大学士由孙家鼐升补。五天前，四月二十二日，慈禧太后第一次调整中枢，参见24·17。

〔2〕《翁同龢日记》，第6册，第3134页。"生朝"，即生日，翁恰其六十九岁生日。

与文献不符。然此一事件的发动者，我以为，依然是慈禧太后。[1]再查该日军机处《洋务档》，有朱笔一件：

> "著总理各国事务衙门，将各国君后宗藩及特派头等公使来华，于皇太后及朕前接见款待礼节，务须参酌中西体制，详定章程，从优接待。一俟议妥奏准后，即行照会各国驻京公使，并分电出使各国大臣，令其一体知悉。"

光绪帝此时因各国使节觐见礼仪，与翁同龢等人发生矛盾，德国亨利亲王来访时礼仪之争，更是激烈。[2]翁于此表现出来的颟顸，引起了光绪帝的严重不满，以至于罢免翁的当日，以朱笔要求总理衙门议复觐见礼仪，并明确要求"参酌中西体制"。还有一件朱笔，档案中没有标明，很可能是由内阁明发的谕旨：

> "嗣后在廷臣工仰蒙慈禧端佑康颐昭豫庄诚寿恭钦献崇熙皇太后赏项，及补授文武一品暨满汉侍郎，均著于具折后恭诣皇太后前

---

[1] 关于探讨翁同龢开缺原因的著述很多，其中最重要的有：萧公权著，杨肃献译：《翁同龢与戊戌维新》，〔台北〕联经出版事业公司，1983年，第117—124页；黄彰健：《戊戌变法史研究》，第128—141页；孔祥吉：《光绪帝与戊戌变法》，见《戊戌维新运动新探》，湖南人民出版社，1988年；戴逸：《戊戌变法时翁同龢罢官原由辨析》，《故宫博物院院刊》，1995年第1期；侯宜杰：《略论翁同龢开缺原因》，《清史研究》，1995年第4期；舒文：《翁同龢开缺原因新探》，《清华大学学报》（哲学社会科学版），1998年第3期；俞炳坤：《翁同龢罢官原由考辨》，《历史档案》，1995年第1期；以上4篇论文皆收录于翁同龢纪念馆编：《二十世纪翁同龢研究》，苏州大学出版社，2004年；杨天石：《翁同龢罢官问题考察》，《近代史研究》2005年第3期。上述论文的分析各有独到见解，然以戴逸一语为最精辟，即光绪帝自己都承认他没有罢黜高官之权力。而最为重要的证据，是光绪帝罢免翁的朱谕。俞炳坤称："光绪的朱谕现在尚存我馆。人们看了这道朱笔谕旨就可以发现，它同现存光绪的其他多数朱谕的字体、字迹和形式都有所不同。它每个字的一笔一划都写得规规矩矩、工工整整，每一行字都写得很直，行距和字数完全相等，一点都没有勾划改动的痕迹，根本不像是自己边想边写的，而很像是临帖照抄的。"然此说只是一种分析，光绪帝若自己起草朱谕，如此重大之事，草稿过于零乱，自己再抄一遍也是有可能的。我以为，翁氏开缺原因，主要是慈禧太后防止翁坐大，以保持中枢运作在其操控之下，当日下旨命"其折谢恩"，更是明宣慈禧太后的权力范围。然若称慈禧太后罢免翁，为打击变法派，似过高估计了慈禧太后的政治预见力。此时变法刚起步，慈禧太后也不明了变法的最后走向。

[2] 参见拙文《戊戌变法期间光绪帝对外观念与调适》，《历史研究》，2002年，第6期。

谢恩。各省将军、都统、督、抚、提督等官亦著一体具折奏谢。钦此。"[1]

此即康称"着二品大臣具折谢恩并召见"。这一道谕旨明确说明：文武一品、满汉侍郎、各省将军、都统、总督、巡抚、提督的任命权属于慈禧太后，补授者须向慈禧太后"谢恩"。

翁同龢罢免一事，对当时及后来的政治发生了很大的影响，久在中国的赫德，对此有着自己的评论，他写信给《泰晤士报》记者莫理循称：

> "这个星期里发生的事件是重要的和意味深长的，它意味着一种过于守旧的政策的放弃。这可能表明了宫廷内的争吵，皇太后要废掉光绪皇帝——但是中国人说并非如此。我为可怜的翁老头难过。他有很多卓越的见解，但是据说他利用了作太傅的职权，过多地干预了这位皇帝关于实行民众参政的主张。可惜的是，这位皇帝没有把它实行得更温和一些！"[2]

关系到后来发生的诸多事件，赫德的看法很能体现当时中国政治的特点。同被徐致靖保荐的总理衙门章京张元济，六月十八日致信正在守制的前总理衙门章京沈曾植："自常熟去国后，举行新政，明诏迭颁，毫无阻滞。其融泄之情必更有进于畴昔者矣。"[3]在这位总署章京的眼中，总署大臣翁同龢则属于保守派。

康称荣禄"接统三军"一事，指荣禄由直隶总督的身份统率"武毅

---

[1] 军机处《上谕档》，光绪二十四年四月二十七日。该日翁同龢日记称："朱笔著总署议各国君后来时礼节，又谕嗣后凡谢恩者皆于皇太后前具折陈谢。"（《翁同龢日记》，第6册，第3134页）从翁日记行文来看，该上谕当是朱谕，但在《上谕档》中却没有注明。

[2] 赫德致莫理循，1898年6月18日，《清末民初政情内幕》，上册，第105—106页。"太傅"为"师傅"之误译。

[3] 《张元济书札》增订本，中册，第675页。又，值得注意的是李鸿章对翁同龢的评价，他给张佩纶、李经迈的信中称："今日时局，译署兼政府亦算冷官。乐道浮光掠影，毫不用心。翁则依违其间，专讲小过节，不问大事，两宫惟命是从，拱默而已……"（光绪二十三年二月二十二日，《李鸿章全集》安徽教育版，第36册，信函八，第138页）"乐道"，恭亲王奕訢；"专讲小过节"一语，颇中翁之禀性。

军”聂士成部、"甘军"董福祥部、"新建陆军"袁世凯部。武毅军聂士成部，属甲午战后采用西法编练的部队，驻在天津东北芦台一带，共30营，约1.5万人，隶属于直隶总督，聂的本职即为直隶提督。甘军董福祥部共20余营，约万余人，该部镇压河州回民之反叛后，于光绪二十三年底奉命率军东向，驻在山西。[1]光绪二十四年三月，德占胶澳、俄占旅大，由此引发英、俄关系紧张时，董军被调往直隶正定府，以防不备。[2]董军入直隶后，自然受直隶总督节制，但董有上奏权，也经常使用此权。"新建陆军"的前身是甲午战争期间胡燏棻在天津小站编练的"定武军"，隶属于督办军务处，袁世凯接统后，改称"新建陆军"，约7000人，用德式操法，西式装备，最为精锐，其隶属关系并没有改变。直隶总督王文韶并不能控制袁部"新建陆军"。四月二十七日，即罢免翁的当日，光绪帝撤销督办军务处。新建陆军袁世凯部由此归直隶总督荣禄统辖。[3]

康称"令天津阅兵"一事，指四月二十七日另一道谕旨：

"军机大臣字寄署直隶总督荣、顺天府尹胡：……本年秋间朕恭奉慈禧端佑康颐昭豫庄诚寿恭钦献崇熙皇太后銮舆，由火车路巡

---

〔1〕 督办军务王、大臣："酌拟甘军移扎山西以资捍卫折"，光绪二十三年十二月初十日；董福祥："至防山西平阳情形拟再募十营折"，光绪二十四年二月十二日；陶模："董军调至山西片"，光绪二十四年二月二十二日奉朱批。(见《军机处录副·光绪朝·军务类》，3/121/6033/13、26、30)

〔2〕 督办军务王、大臣："董福祥一军宜移扎正定折"，光绪二十四年三月十六日；董福祥："移防日期折"，光绪二十四年闰三月二十八日。(见《军机处录副·光绪朝·军务类》，3/121/6033/31、36)

〔3〕 光绪帝发下交片谕旨："交督办军务处，军机大臣面奉谕旨：现在军务各有专司，督办军务处著即行裁撤。钦此。"(军机处《上谕档》，光绪二十四年四月二十七日)案，督办军务处在甲午战争期间成立(参见20·5)，恭亲王奕訢、庆亲王奕劻、李鸿藻、翁同龢、荣禄、长麟组成。由于李鸿藻、恭亲王先后去世，长麟、翁同龢先后被革，荣禄外放，仅剩奕劻一人，只能撤销。五月初九日，督办军务帮办大臣奕劻等上奏"遵旨裁撤督办军务处折"，奉旨："知道了"；"袁世凯请归直隶总督节制折"，奉旨："依议"。(军机处《随手档》，光绪二十四年五月初九日)袁世凯原隶于督办军务处，上司即为荣禄，此时督办军务处撤销，袁部交给荣禄管辖，在当时人的眼中，也是顺理成章之事。

幸天津阅操。所有海光寺、海防公所两处屋宇，著荣禄迅即修饰洁净，预备一切。并著胡燏棻将火车铁路一并料理整齐。毋得延误。"〔1〕

然康称"盖训政之变，已伏于是"，则是其臆测。康、梁多处称，"天津阅兵"时慈禧太后很可能采取废黜光绪帝的举措。〔2〕对此，可细查该决策的全过程：光绪二十四年三月十九日，李盛铎上奏"时局艰难请特诏举行大阅折"，该折提出在南苑举行大阅，参阅军队主要是京营，并称：

> "京营之外，如提督聂士成、臬司袁世凯等军及北洋防练各军皆近在天津，轮车征调，旦夕可达，似宜于每军酌调数营，分别校阅。"〔3〕

李折根本未提到天津阅兵。当日李折呈慈禧太后。〔4〕三月二十四日，光绪帝传慈禧太后"懿旨"，闰三月二十日、二十一日、二十二日在外火器

---

〔1〕 军机处《上谕档》，光绪二十四年四月二十七日。

〔2〕 梁启超在五月初七日致夏曾佑信中称："……惜覃溪以阻天津之幸，至见摈逐……"五月十七日致夏曾佑信中又称："……而常熟去国，最为大关键。此间极知其故，然不能形诸笔墨，俟见时详之。"（《梁启超年谱长编》，第121—122页）"覃溪"，乾隆年间内阁学士翁方纲号，此处指翁同龢。由此可见康、梁最初即认为此非一般事件。梁后撰《戊戌政变记》，又有更详细的说法："此朱谕实那拉氏与荣禄最毒之计，闻系出于荣禄私人李盛铎所拟，云翁同龢一去，皇上之股肱顿失，然后可以为所欲也。""荣禄讽御史李盛铎请阅兵，因与西后定巡幸天津之议，盖欲胁皇上至天津，因以兵力废立。此意满洲人多知之，汉人中亦多为皇上危者，而莫敢进言。翁同龢知之，不敢明言，惟叩头谏止天津之行。而荣禄等即借势以去之。皇上之危险，至此已极矣。"（《戊戌政变记》续四库本，第232页）康在《我史》中又多处言及此，参见24·42、24·70、24·76。

〔3〕《军机处录副·光绪朝·财政类·关税项》，3/129/6401/50。而在甲午战争刚结束，光绪二十一年八月二十五日，御史王培佑即上奏"请复阅兵大典折"，要求举行大阅。（《军机处录副·光绪朝·内政类·戊戌变法项》，3/108/5612/29）

〔4〕 军机处《随手档》、《洋务档》光绪二十四年三月十九日。记："御史李盛铎折：一、请举行大阅由（见面带上，发下归籥）；片一、请饬各省刻日兴办大学堂由（见面带上，发下，抄交总署，原片归籥）。"该日军机处记："本日御史李盛铎奏请举行大阅折，谨将原折恭呈慈览。又奏请饬各省督抚将省会大学堂及武备学堂克日兴办片，奉交片谕旨'总理各国事务衙门议奏'，谨将原片一并恭呈慈览。谨奏。"

营阅操。[1]闰三月二十八日，光绪帝再传"懿旨"，命阅操部队"随时督练"。[2]慈禧太后亲自阅操，有着多种用意；光绪帝两传慈禧太后的"懿旨"，则是证明慈禧太后对军队的控制权。[3]在罢斥翁同龢、以荣禄为直隶总督的当日，又宣布秋间光绪帝将侍随慈禧太后"由火车路巡幸天津阅操"，其用意是显示慈禧太后的权威。此时的慈禧太后不可能预测后来的政治走向；退一步说，慈禧太后若要"训政"，根本用不着到天津去借助荣禄之手。

康称"于是知常熟之逐"一事，为当晚在户部公所晚宴时听张荫桓等人所言。[4]尽管翁同龢获罪后在日记中坚决否认康有为是其保荐，马忠文称康有为是张荫桓所保。[5]但我仍以为，康由翁向光绪帝保荐。史家称言翁保荐康，最重要的证据是光绪二十四年十月二十一日的"内阁

---

〔1〕 该旨称："朕钦奉慈禧端佑康颐昭豫庄诚寿恭钦献崇熙皇太后懿旨：'著于闰三月二十日起，分作三日在外火器营校场阅看火器营、健锐营、神机营及武胜新队操演。钦此。'朕恭侍慈舆，恪遵成宪，整军经武，式振戎行。所有应行事宜，著庆亲王奕劻详查旧案，敬谨预备。"（军机处《上谕档》，光绪二十四年三月二十四日）当此三日，光绪帝陪侍慈禧太后在火器营阅操。（联合报文化基金会国学文献馆：《清代起居注册》光绪朝，联经出版事业公司，1987年，第60册，第30613—30614、30677—30682页）

〔2〕 该旨称："朕钦奉慈禧端佑康颐昭豫庄诚寿恭钦献崇熙皇太后懿旨：'此次神机营、火器营、健锐营、武胜新队操演各项阵法，技艺娴熟，步武整齐，施放枪炮声势均尚联络。该管王、大臣督率有方，允宜量予恩施……仍著该王、大臣等随时督练，精益求精，俾效御侮折冲之用。钦此。'朕恭侍慈舆，亲临简阅，现当整军经武之际，该王、大臣等尤应训厉弁兵，益加讲肄，毋得始勤终怠，以副朝廷委任至意。"（军机处《上谕档》，光绪二十四年闰三月二十八日）

〔3〕 不仅如此，慈禧太后还直接对军队下达懿旨。军机处《上谕档》中有一奏片："光绪二十四年闰三月二十九日，奴才载漪、敬信、刚毅面奉慈禧端佑康颐昭豫庄诚寿恭钦献崇熙皇太后懿旨：'著由外三营暨京内八旗挑选精壮兵丁二千名，归入武胜新队一并训练。钦此。'钦遵。谨奏。"此为管理武胜新队王、大臣向光绪帝报告慈禧太后的懿旨。（端郡王载漪、户部尚书敬信、刑部尚书刚毅又兼任管理武胜新队王、大臣）

〔4〕 张荫桓日记称，他得知消息后去看过翁。（《张荫桓戊戌日记手稿》，第166—167页）

〔5〕 马忠文：《"翁同龢荐康"说质疑：从"康有为之才胜臣百倍"说起》，〔上海〕《史林》，1999年第3期；《张荫桓与戊戌变法》，《戊戌维新与清末新政：晚清改革史研究》。两文旨在说明康非翁所保，而由张荫桓所保。

422 从甲午到戊戌：康有为《我史》鉴注

奉朱谕":

> "翁同龢授读以来，辅导无方，从未将经史大义剀切敷陈，但
> 以怡情适性之书画、古玩等物，不时陈说。往往巧借事端刺探朕
> 意，至甲午中东之役，主战主和甚至议及迁避，信口侈陈，任意怂
> 恿，办理诸务，种种乖谬，以致不可收拾。今春力陈变法，密保康
> 有为，谓其才胜伊百倍，意在举国以听。朕以时局艰难，亟图自
> 强，于变法一事不惮屈己以从，乃康有为乘变法之际，阴行其悖逆
> 之谋。是翁同龢滥保匪人，已属罪无可逭，其余陈奏重大事件，朕
> 间有驳诘，翁同龢辄怫然不悦，恫喝要挟，无所不至，词色甚为狂
> 悖。其任性跋扈情形，事后追维，殊堪痛恨。前令其开缺回籍，实
> 不足以蔽辜。翁同龢著即行革职，永不叙用，交地方官严加管束，
> 不准滋生事端，以为大臣居心险诈者戒。钦此。"

这一道朱谕，恶声恶气，强词夺理，读起来不太像是光绪帝本人的口
吻，也引起史家之怀疑。当时和后来一直都有传说，该朱谕是军机大臣
刚毅所拟。[1]军机大臣代为拟旨是其本职，代拟"朱谕"则为僭越，可
是不小的罪名。查该日《上谕档》，另有"朱笔"一件，称言：

> "翁同龢授读以来，辅导无方。至甲午年蛊惑开衅，以致国势
> 垂危，不可收拾。今春又密保康有为。种种劣迹，不可枚举。至入
> 枢廷以来，办理诸事又多乖谬。前因任性跋扈，开缺回籍，继思前

---

[1] 翁同龢侄孙翁斌孙曾拟《翁同龢传》，称言："（翁）平生坦白，同官有过，恒面规
之，卒以是为小人所忌，遭逯罪废，朝野惜之。戊戌十月旨出大学士刚毅手。先一
日，刚毅独对，褫职编管皆其所请。尚书王文韶于述旨时争之曰：'朝廷进退大臣以
礼，编管奚为？'刚毅谬其说，曰：'慈圣意耳。'文韶叹曰：'吾曹他日免官可以此
为例矣。'"（谢俊美：《有关翁同龢革职的三件史料》，《近代史研究》，1992 年第 3
期）翁的门人张謇在其自订《年谱》称："（戊戌）十月，闻刚毅、许应骙承太后之
意旨，周内翁尚书于康、梁狱，故重有革职永不叙用，交地方县官编管之谕旨。"
（张怡祖编：《张季直传记（附年谱年表）》，文海出版社，1965 年影印本，年谱，第
46—47 页）张怡祖系张謇之子，在该书《自序》中称："《年谱》本是我父自己编定
的，编到七十岁为止，我现在帮他续编四年到他逝世，但前面凡关重要的事情，我
父一时遗忘没有写入的，我也添进不少……"由此而见，上引刚、许拟旨之事，当
为张謇听闻而记。而许应骙并非军机大臣，无拟旨之责。

事，殊深痛恨。著即行革职，交地方官严加管束，不准滋生事端。"
该件上有"朱"字，当为光绪帝之朱笔。[1]由此可见，前一件"内阁奉朱谕"是根据光绪帝的朱笔而扩展的，结果做出一篇大文章，且有很多内容违背了光绪帝的朱笔。然"今春又密保康有为"一语，确实是光绪帝朱笔所写。至于当时的翁、康关系，张之洞一派当时也得到了京中密报。[2]

正当康有为准备觐见光绪帝而一展其抱负时，忽闻其荐主翁同龢被逐的消息，心情自然"甚为灰冷"。康有为诗《怀翁常熟去国》题记称：

"及常熟见斥，吾又决行。公谓上意拳拳，万不可行。感遇变法，且累知己，未知天意何如也。"[3]

---

[1] 军机处《上谕档》，光绪二十四年十月二十一日。又，当日光绪帝还发下另一朱笔："吴大澂贻误军情（声名恶劣），居心不端，著革职。"又一件由此而扩展的"内阁奉朱谕"："开缺巡抚吴大澂居心狡诈，言大而夸，遇事粉饰，声名恶劣，著革职，永不叙用。钦此。"

[2] 陈庆年光绪二十四年四月三十日记称："朱强甫见过，知康有为等为侍讲学士徐致靖所保，着于二十八日召见。下晚，王雪臣招饮，知是二十五日谕旨，或谓学士之子仁铸主张康学。康党如梁启超、谭嗣同，并尊康，黄遵宪亦附之，故均见保。翁同龢喜康，徐以是深结于翁。二十七日忽有朱谕罪状，翁着开缺回籍。二十四日上谕，保举宗室近支，又改为由朕亲自查看。懿旨复令所用新进大员，须于奉旨后至太后前谢恩。以是知二十三日有上谕变法，殆亦有翁主康说而然也。康之命意在于解散君权，以便行其改制之邪说。如朝廷知是保之由来，恐不免于罢斥。数日之内，能鼓动翁老至此，其势力甚大，令人生畏。彼固不料甫逾一日，失去所倚也。南皮师知康学之为邪说，而不敢公发难端，作书与梁节庵云：'康学大兴，可谓狂悍，如何，如何？'梁答之云：'贼猖悍，则讨之，不当云如何也。'"（《戊戌己亥见闻录》，《近代史资料》，总81号，第113页）"朱强甫"，朱克柔，此时入张之洞幕，办《商务报》；"王雪臣"，王秉恩，张之洞之幕僚；"南皮师"，张之洞；"梁节庵"，梁鼎芬。陈庆年所记，虽未必准确，但属当时张之洞一派的情报。以三十日记二十七日朱谕，京中必有密电相告，而翁、康关系也属得自京中密报。

[3] 《遗稿·万木草堂诗集》，第90页。又，康有为于1920年作《翁文恭书易林书后》，称："……遂罢相归常熟。吾往望公，亦欲从归。公曰：'上待公厚，万不可行。'吾遂毗赞维新变法……公与吾之书札，亦抄没，不复保存……"（《万木草堂遗稿》，〔台北〕成文出版社，1978年，第193页）其中提及翁致康之书信被抄没，可能有伪。翁给康之书信，属当时竭力追查之"罪证"。若翁之书信在广东抄没，两广总督谭钟麟必定上报；若在北京抄没，步军统领衙门也必定上报。然今档案中皆不闻此事。

由此可见，翁去职后，康与翁曾有相会。翁日记中对于此事一字未露。看到《翁同龢日记》原本的孔祥吉撰文披露翁此期日记挖补两处：其一、五月初三日，"任筱沅书来索写件，遍寻未得。""任筱沅"三字是挖后重新补上的。其二、五月初九日，"热不可耐，检乱纸堆难下手……倦甚，屡卧屡起，盖肝热也。""盖肝热也"四字是挖后重补上去的。[1]翁同龢后来最大的罪名即是保康，此处的挖补，很有可能与康有为有关。不过到了这个时候的交往，无论是对翁还是对康，都已经不重要了。

（24·21）廿八早入朝房，遇荣禄谢恩同对，与谈变法事。荣入对，即面劾吾辩言乱政矣。荣禄下，吾入对。

上问年岁出身毕，吾即言："四夷交迫，分割洊至，覆亡无日。"上即言："皆守旧者致之耳。"吾即称："上之圣明，洞悉病源，既知病源，则药即在此。既知守旧之致祸败，则非尽变旧法，与之维新，不能自强。"

上言："今日诚非变法不可。"吾言："近岁非不言变法，然少变而不全变，举其一而不改其二，连类并败，必至无功。譬如一殿，材既坏败，势将倾覆。若小小弥缝补漏，风雨既至，终至倾压。必须拆而更筑，乃可庇托。然更筑新基，则地之广袤，度之高下，砖石楹桷之多寡，门槛窗棂之阔窄，灰钉竹屑之琐细，皆须全局统算，然后庀材鸠工，殿乃可成。有一小缺，必无成功，是殿终不成，而风雨终不能御也。"上然之。

吾乃曰："今数十年诸臣所言变法者，率皆略变其一端，而未尝筹其全体。又所谓变法者，须自制度、法律先为改定，乃谓之变法。今所言变者，是变事耳，非变法也。臣请皇上变法，须先统筹全局而全变之。又请先开制度局而变法律，乃有益也。"上以为然。

---

[1] 孔祥吉、村田雄二郎：《〈翁文恭公日记〉稿本与刊本之比较——兼论翁同龢对日记的删改》，《历史研究》2004 年第 3 期。作者认为，"任筱沅"（即任道镕，时任河道总督）、"盖肝热也"皆不值得翁花力气挖补，其中必有隐情。

吾乃曰："臣于变法之事，尝辑考各国变法之故，曲折之宜，择其可施行于中国者，斟酌而损益之，令其可施行。章程条理，皆已备具。若皇上决意变法，可备采择，但待推行耳。泰西讲求三百年而治，日本施行三十年而强，吾中国国土之大，人民之众，变法三年，可以自立。此后则蒸蒸日上，富强可驾万国。以皇上之圣，图自强在一反掌间耳。"上曰："然，汝条理甚详。"吾乃曰："皇上之圣，既见及此，何为久而不举，坐致割弱？"上以目睨帘外，既而叹曰："奈掣肘何！"

　　吾知上碍于西后，无如何，乃曰："就皇上现在之权，行可变之事，虽不能尽变，而扼要以图，亦足以救中国矣。惟方今大臣，皆老耄守旧，不通外国之故。皇上欲倚以变法，犹缘木以求鱼也。"上曰："伊等皆不留心办事。"对曰："大臣等非不欲留心也，奈以资格迁转，至大位时，精力已衰，又多兼差，实无暇晷，无从读书，实无如何。故累奉旨办学堂、办商务，彼等少年所学皆无之，实不知所办也。皇上欲变法，惟有擢用小臣，广其登荐，予之召对，察其才否，皇上亲拔之，不吝爵赏，破格擢用。方今军机、总署并已用差，但用京卿、御史两官，分任内外诸差，则已无事不办，其旧人且姑听之。惟彼等事事守旧，请皇上多下诏书，示以意旨所在，凡变法之事，皆特下诏书，彼等无从议驳。"上曰然。

　　对曰："昨日闻赏李鸿章、张荫桓宝星，何不明下诏书。"上一笑。"自割台后，民志已离，以悚动臣下之心，团聚天下之气，非多得皇上哀痛之诏，无以收拾之也。"上曰然。吾乃曰："今日之患，在吾民智不开，故虽多而不用。而民智不开之故，皆由以八股试士为之。学八股者，不读秦汉以后之书，更不考地球各国之事，然可以通籍累致大官。今群臣济济，然无以任事变者，皆由八股致大位之故。故台、辽之割，不割于朝廷而割于八股；二万万之款，不割于朝廷而割于八股；胶州、旅大、威海、广州湾之割，不割于朝廷而割于八股。"上曰："然。西人皆为有用之学，而吾中国皆为无用之学，故致此。"对曰："上既知八股之害，废之可乎？"上曰：

"可。"对曰:"上既以为可废,请上自下明诏,勿交部议。若交部议,部臣必驳矣。"上曰:"可。"

上曰:"方今患贫,筹款如何?"乃言日本纸币银行,印度田税,略言其端。既而思昭信股票方提为起行宫,若纵言其详,则未能变法,先害民矣。乃略言:"中国铁路、矿务满地,为地球所无。若大举而筹数万万,徧筑铁路,练民兵百万,购铁舰百艘,遍开郡县各种学堂、水师学堂、船坞,则一举而大势立矣。但患变法不得其本耳。中国地大物博,藏富于地,贫非所患也,但患民智不开耳。"于是言译书、游学、派游历等事。每终一事,稍息以待上命。上犹不命起,乃重提,徧及用人行政,末及于推广社会,以开民智而激民气,并抚各会匪。因谢保国会被劾上为保全之恩。上皆点首称是。又条陈所著书及教会事。久之,上点首云:"汝下去歇歇。"又云:"汝尚有言,可具折条陈来。"

乃起,出。上目送之。苏拉迎问,盖对逾十刻时矣,从来所少有也。

据手稿本,"谢恩同对"为添加,补在行间;"吾言近岁非不言变法"之"吾"字后在行间添"今上欲变法"五字,后又再删;"折而更筑"之"更"字后删一"起"字;"地之广袤,度之高下"由"地之广阔,修短高下"改;"然后庀材鸠工"之"然后"二字为添加;"诸臣所言变法者"一句,"诸臣"、"者"三字为添加;"未尝筹其全体"之"未尝筹"由"忘"字改;"制度、法律先为改定"之"法律"二字为添加;"臣于变法之事"之"事"字,由"条理"改;"令其可施行"后删"皆"字;"但待推行耳"之"待"字为添加;"吾中国国土之大"之"吾"字后,删"变法三年"四字;"图自强在一反掌间"之"图自强在"四字为添加,补在行间;"上曰然,汝条理甚详"之"上曰然"后删"吾乃曰","条理"由"之章程"三字改;"上以目睨帘外"之"帘"字由"窗"字改;"吾知上碍于西后"之"知"字后删一字;"就皇上现在之权"之"现在"二字为添加;"伊等皆不留心办事"之"心"字后删一字,添"办事"二字,补在页脚;"非不欲留心"之"欲"字为添加;"故累奉旨办学堂、办商务,彼等少年所学皆无之,实不知所办也"一句为添加,补在行间与页脚;"则已无事不办"一句为添加,补在行间;"其旧人且姑听之"之"人"字后删"听"字;"彼等事事守旧"之"等事事"三字为添加;"请皇上多下诏书,示以意旨所在,凡"一段为添加,删原写的"上若下部议,一切皆驳,请皇上"十二字;"彼等无议驳"后删"并请频下哀痛之诏"八字;"上曰然。对曰:'昨日闻赏李鸿章、张荫桓宝星,何不明下诏书。'上一笑"一段为添加,补在行间,其"上曰然"后删原添的"上曰然","对曰"后删原添加的"且知□□意旨所在,即如"等字;"自割台后民志已离"一句位置有调整;"非多得皇上哀痛之诏"之"多"字为添加,"哀痛之"

由"亲"字改;"皆由以八股试士"之"由以"二字为添加;"上既知八股之害"后删"何不"二字;"废之可乎"之"乎"字为添加;"上曰方今患贫"前删"于是言筹"四字,"上曰"二字为添加;"乃言日本纸币"之"言"字字后删"即"字;"昭信股票方提起行宫"之"信股"、"为起"为添加;"遍筑铁路"为添加,"地大物博"为添加,补在行间;"以开民智而激民气"一句添加,补在行间;"因谢保国会"之"谢"字后删"恩"字;"上目送之"后删"并"字。"门槛窗棂之阔窄"一语,《戊戌变法》本误为"窗门槛棂";"未尝筹其全体"之"其"字,《戊戌变法》本作"及";"以悚动臣下之心,团聚天下之气"一句,《戊戌变法》本漏,手稿本原写于"自割台后"之前,再作调整;"故虽多而不用",《戊戌变法》本多一"可"字;"皆由此八股",《戊戌变法》本漏"由"字;"二万万之款,不割于朝廷而割于八股"之"割"字,《戊戌变法》本作"赔"字。

查光绪二十四年四月二十八日军机处《早事》:

> "内务府、国子监、厢红旗值日。翁中堂开缺回籍谢恩。荣中堂谢署直隶总督。山西知府崇祥谢恩。康有为、张元济预备召见。
> 召见崇祥、康有为、张元济、荣中堂、军机。"[1]

由此可见光绪帝召见的人员及其原因。荣禄、崇祥为谢恩,翁同龢谢恩未召见,康有为、张元济是保举。按照当时的惯例,此次召见的地点在颐和园仁寿殿。光绪帝召见的顺序,张元济 1942 年回忆称,为荣禄、康有为、张元济。[2]1949 年回忆称,为"两位新知府"、康有为、张元济,最后是荣禄。[3]康称"荣禄下,吾入对",与之相反。而《早事》

---

[1] 军机处《早事》,光绪二十四年四月二十八日,《军机处汉文档册》,208/3-51/2169 (4)。又,《光绪二十四年京官召见单》记该日被召见的京官为:"康有为,工部主事;张元济,刑部主事。"《光绪二十四年外官召见单》记该日被召见的外官为:"荣禄,署直隶总督;崇祥,山西遗缺知府。"

[2] 张元济称:"是日晨,余至颐和园朝房谨候,长素已先在。未几,荣禄踵至,盖亦奉召入觐也。长素与荣谈,备言变法之要。荣意殊落寞,余已窥其志不在是矣。有顷,命下,荣与长素先后人。既出,余入见。"《清宣统三年排印本康有为〈戊戌奏稿〉跋》,中华民国三十年 (1941) 八月十二日,张人凤编:《张元济古籍书目序跋汇编》,商务印书馆,2003 年,下册,第 1103 页。

[3] 张元济称:"二十八日天还没有亮,我们就到西苑,坐在朝房里等候。当日在朝房的有五人:荣禄,二位放到外省去做知府的,康有为和我……召见时,二位新知府先依次进去,出来后,太监传唤康有为进去,大约一刻钟光景,康先生出来,我第四个进去,在勤政殿旁边的一个小屋子里召见……我退出时碰见荣禄进去。"(张元济述:《戊戌政变的回忆》,《丛刊·戊戌变法》,第 4 册,第 324—325 页)张称两位新知府的回忆,有误。

所录"召见崇祥、康有为、张元济、荣中堂、军机",很可能是当时的召见顺序。

康称在朝房中与荣禄"谈变法事",张元济1941年回忆称:"未几,荣禄踵至,盖亦奉召入觐也。长素与荣谈,备言变法之要。荣意殊落寞,余已窥其志不在是矣。"[1]1949年回忆称:"荣禄架子十足,摆出很尊严的样子。康有为在朝房里和他大谈变法,历时甚久,荣禄只是唯唯诺诺,不置可否。"而苏继祖在《清廷戊戌朝变记》中称:

> "康于召见日,遇荣相于朝房,荣顾而漫谓之曰:'以子之槃槃大才,亦将有补救时局之术否?'盖轻薄之也。康以非变法不可对。荣相曰:'固知法当变也,但一二百年之成法,一旦能遽变乎?'康忿然曰:'杀几个一品大员,法即变矣。'荣深怒其狂悖,已有必杀之心,即其请训出京时,暗请太后留神,敦请太后训政者,已伏八月初六之祸萌也。"

苏继祖,不详其人,当时在北京,自称其消息来源为"访询"。[2]曹孟其称:

> "组庵闻之荣相,荣相既被命为直隶总督,谒帝请训,适康有为奉旨召见,因问何辞奏对,有为第(答)曰:'杀二品以上阻挠新法大臣一、二人,则新法行矣。'荣相唯唯,循序伏舞。因问皇上

---

[1] 《清宣统三年排印本康有为〈戊戌奏稿〉跋》,《张元济古籍书目序跋汇编》,下册,第1103页。

[2] 《丛刊·戊戌变法》,第1册,第354、330页。"苏继祖"不知何人,可能是化名。该书于1931年首次刊出时,发行人作跋记:"是记也,于先外舅杨公叔峤归葬绵竹之年,舅兄思永检授予读,泣曰:'先父殉难,中朝外人,言者莫衷一是,此记纪月书日,默采精搜,至真且确,细读之,自知底蕴,无烦不肖泣述也。'予受而刻镂于心,复手钞一过……至记是事者果为谁氏,思永当日亦不知出何人,但云:为搬柩起行,叩辞乡前辈李钦船征庸时所付与;叩以谁氏手笔,但笑而不答云。"由此可知该书的发行人是杨锐的外甥,他得之于杨锐之子思永(杨应昶),思永得自李征庸。李征庸,光绪三年进士,历任广东香山、南海等县知县。此时他在北京,以记名道候补。杨锐在京中兴办学堂,李征庸因捐银两万两而被光绪帝召见,授头品顶戴。从此一线索来看,作者当为与李征庸、杨锐颇有关系的四川京官或在京四川举人。但从内容来看,作者与康、梁甚有关系,许多地方与康、梁说相合。

视康有为何如人？帝叹息以为能也。已而荣相赴颐和园谒皇太后，时李文忠放居贤良祠，谢太后赏食物，同被叫入。荣相奏'康有为乱法非制，皇上如过听，必害大事，奈何？'又顾文忠，谓'鸿章多历事故，宜为皇太后言之。'文忠即叩头，称'皇太后圣明。'太后复叹息，以为'儿子大了，那里认得娘，其实我不管倒好，汝作总督，凭晓得的做罢。'荣相即退出。康君告人，荣禄老辣，我非其敌也。"[1]

"组庵"，谭延闿，两广总督谭钟麟之子，光绪三十年（1904）中进士，入翰林院。这一条消息更说明了来源，即谭延闿闻之于荣禄。而当时的报纸对此也有传言，梁启超曾批驳，但没有直接否认。[2]苏继祖、曹孟其的说法虽未必可靠，但细化了康、张所称觐见前康与荣之间的交谈内容。联系到康称"荣入对，即面劾吾辩言乱政"一语，联系到此后康与荣之间极为恶劣的关系，这一次交谈显然不那么愉快。康、荣当日之谈话内容今虽难以确认，但康确有罢免大臣之想法，由其代拟御史宋伯鲁"变法先后有序乞速乾断折"中称言："伏乞皇上召见大臣，随时宣谕变法之意，戒守旧之惑。其有迁谬愚瞀，不奉诏书，褫斥其一二以警天下。即使其才可用，亦必暂加褫斥，徐与开复，以正国是而耸众听。"[3]该折由宋伯鲁于四月二十九日所上，是康召见后的第二日。（参见 24·18、24·45）

康在《我史》中所记召见时谈话内容，读起来有如《孟子》中的篇章，完全是以帝师的身份向光绪帝指授机宜。然由于当时并无相关的记

---

〔1〕《说林》，《丛刊·戊戌变法》，第 4 册，第 322 页。

〔2〕梁启超作《论变法后安置守旧大臣之法》中称："政变后数日，日本中央报载有支那细人邹某之言曰：……荣禄尝询康以变法之方。康曰：变法不难，三日足矣。荣问其故，康曰：但将二品以上官尽行杀了，可矣。荣恶其言，故欲去之云云……于是稍有识者，知邹某之言之谬，不待辨矣。然犹或疑康南海与荣某，果有是言，以为此次之蹉跌，实由新党急激有以自招者。余故记畴昔所闻于南海者而演绎之，以告天下……"（《饮冰室合集》，第 1 册，文集之一，第 89 页）梁启超总体上否定此说，但文章中却没有对此展开说明。

〔3〕《戊戌变法档案史料》，第 4 页。

录，无法与之一一验证。[1]今天可以看到的材料有以下五项。

其一是梁启超于康有为觐见的次日，四月二十九日，致函夏曾佑称："南海召见，面询极殷拳，而西王母主持于上，它事不能有望也。"该信虽未涉及具体内容，但对光绪帝评价不错。[2]

其二是《国闻报》于五月初一日以"简在帝心"为题，刊出消息：

> "徐子静学士奏荐康长素主政、张菊生主政、黄公度廉访、谭复生太守、梁卓如孝廉五人通达时务一折，已经明奉谕旨于二十八日召见。闻是日在颐和园召见两君。康奏对至九刻钟之久，张奏对至二刻钟之久。谅嘉谟入告，必当有大裨时局之言矣。闻当日军机大臣面奉谕旨，工部主事康长素著在总理各国事务衙门行走，当即由军机处交片与工部及总理衙门两处。张君现尚无下文，想朝廷锐意维新，求才若渴，必当更有破格录用之举也。"

该消息自然是由康、梁提供的，但有一处错误，康有为是"在总理各国事务衙门章京上行走"，漏了"章京"二字（参见24·22），很可能是手民所误。该报道未言及康召见时的谈话内容。

其三是八月二十一日（10月6日），康有为逃到香港后，对香港《德臣报》（*China Mail*，今译《中国邮报》）记者发表谈话，其中关于召见称：

> "6月16日皇上曾召见我一次。这次召见是在宫内的仁寿宫，从清时晨5时起，长达两个小时之久。当时正是俄国人占领旅顺口

---

[1] 康称："昨日闻赏李鸿章、张荫桓宝星，何不明下诏书"一事，此事可以验证。"宝星"即勋章。翁同龢在光绪二十四年四月二十六日日记中记："奏对毕，因将张侍郎请给宝星语代奏，声明只代奏不敢代请。上曰张某可赏一等第三宝星，又曰李某亦可赏，但须交片，不必明发，又谕毋庸具折，传令递膳牌。"（《翁同龢日记》，第6册，第3133页）该日军机处《洋务档》记："交总理各国事务衙门。本日军机大臣面奉谕旨：'李鸿章、张荫桓均著赏给头等第三宝星。'"光绪帝不事声张地颁给李、张宝星，与勋章的表彰意义完全违背。故康作此语。此事亦可能是四月二十七日康与李鸿章、张荫桓、张元济共进晚餐时听说的。

[2] 《梁启超年谱长编》，第121页。五月七日，梁启超致夏曾佑信称："二十八日康先生召见，闻今上圣明，诸大臣皆无及者，实出意外。"（出处同上）可见康、梁对光绪帝有极高的评价。

与大连湾不久，因此皇帝是面带忧色的……坐定之后，他命令一切侍候的人都退出去。在我们整个的谈话中，他的眼睛时时留神窗户外面，好像防备人偷听一样……

"皇上对我说，你的书是非常有用的，而且也是非常有益的。

"我所说的，大致是把奏议中关于中国的积弱不振，是由于没有进步等等，重复一次。

"皇帝说，你所说的很对，这些保守成性的大臣们，简直把我害了。

"我说，中国现在虽然贫弱，但挽救并不太迟。

"我给他举出普法战后的法国为例。我说法国所付的赔款，要比我们付给日本的赔款大的多，而且法国所失掉的土地，也比中国多。法国割去的是两个省，而中国仅割去一省（台湾）。我问皇上，为什么法国在这样很短的时间中便能恢复，而中国则停战已经三年了，事实上什么也没有做。

"皇帝对我所说的话，很留神听，他转而问我原因何在？

"我的答复是：法国总统泰尔（M. Thiers）曾向法国人民发布一个公告，促使他们废弃一切腐败的方法，要请他们合作来恢复国力，并且立即采用一些改革的步骤，以期收复失地。其结果是法国人民万众一心，为同一的目标奋斗。法国之所以能迅速复兴，其原因正在于此。至于在中国的情形则完全不同，我们仍旧是那些保守的旧官僚在执政。这些人都是维新道路上的障碍，中国其所以处于这种悲惨的情形中，这是主要的原因。实在说，中国目前的情形，较之三年前中日战争终了时更坏。

"我请皇上看一看日本在采用近代方法来改革之前，曾克服了一些什么困难。日本封建军阀的权力，较之目前中国这些顽固的大臣们是大多了，但明治天皇采用了适当的政策，委任了一些年青而精明强干的人以及下级官员来辅助他。他命令其中一部分人在国内作改革的工作，另外一部分人则派赴西洋各国考察，因此他们回来之后，就把日本变的像今日这样富强。我也把彼得大帝致俄罗斯于富强的经过再讲给他听，并且向皇上说，希望他能放弃以前那种隐居的生活，勇敢地站到前面来，招致一班年青而精干的官员们来协助自己，步我刚才所说的这三个统治者的后尘，而你将发现到维新并不会像你现在所想像的那样困难。假如中国没有足够的精干人物可以使你的维新政策有效地推行，那么我坚决地主张聘请外国人来协助，特别是英国人和美国人。

"我又向皇上说……假若皇上要盖一座宫殿，必定先有图样，然后购置材料按图建造。也许有人向你说，过去几年中国已经有了一些改革了，不过根据我的意见，中国不仅没有改革，而且已经做的，恰恰是我所劝你不要做的那些事。他买了砖瓦，准备盖一所房子，但计划或图样什么也没有……我又向皇上说，你现在的政府，正像一座漏顶的屋子，而且屋梁已经被白蚁腐蚀完了，再在里边呆下去是非常危险的。因此，你不仅应当把屋顶拆掉，而且还必把整个屋子，乃至于根基都全部去掉。你怎么能够把维新的期望寄托在那班旧官僚的身上？他们是一点西方教育也没有的。他们从没有仔细研究过西方文明是什么。就是你现在命令他们研究也是不可能的，因为实在说，他们所留下的精力也不多了……

"皇帝对这些话的答复是他非常着急，因为实际上他没有黜革这些高级官员的权力。他说，这个权力是握在太后自己手中。

"我说，如果陛下没有权力黜革这些高级官吏，那末就至少也应当招致一班精明强干的官员在自己身边，协助自己，这样终较之毫无举动强的多。

"皇帝说，我完全知道这些大臣们对于西洋思想是从没有给予过适当的注意的，而且对于世界的进步也是漠不关心。

"我说，也许他们对于西洋思想并不是不愿意知道，全是在现存制度之下，他们实在是太忙了。而且这些人都年龄衰老，精力不继，就是有心学习，也是不可能的。中国的主要学科是四书五经，这都是一些没有用的东西，因此我向皇上请求的第一件事是废止旧的开科取士的制度，另行依照西法建立一个新的考试制度。我问皇上，是不是你可以废除旧考试制度？

"皇上说，我很知道西洋各国所学的都是有用的东西，而中国所学的是没有用的，因此我将实施你的建议。

"……此外我又向他建议派遣宗室中的人员，到外国去考察游历，如此才可以有一些具有世界经验的人来为他服务。谈话总结时，我说我还有很多的话要说，但我可以随时用奏议的形式呈递。我坚决地劝告他，必须加强自己与外洋各国间的关系。

"皇帝答复说，现在外洋各国是今非昔比的，都强了起来，他们好像都是具有高度文明的国家。可惜他的那些大臣不能像皇帝这样了解，因此大多数麻烦的事情，可以说都是由于缺乏这个了解所招致的。

"去年十二月我曾经向皇上建议要他设法和英国缔结同盟。

"临分别时，我又向皇上说，陛下不是曾经以勋章给予李鸿章与张荫桓吗？这就是西洋的一种办法，那末为什么你不下一道命令，实行西方的其他办法呢？

"皇帝没有答复，仅仅笑了一笑。"[1]

此是康有为被召见112天后对于此次觐见的回忆。其中由于翻译或理解等原因，某些内容肯定有误，如康称中国的四书五经是"没有用的东西"，要废止"开科取士的制度"，其实康只是要废八股改策论，对科举取士制度和四书五经是完全赞同的；康又为得到英国的支持，一些内容很可能只是康的事后张扬，如聘请英国人、美国人来"协助"维新，并称光绪帝赞扬外洋各国"具有高度文明"；至于光绪帝称他没有罢黜高级官吏的权力、"这个权力是握在太后自己手中"，则是康的自我创造，光绪帝不可能对初次见面的外臣直接攻击慈禧太后。总之，这一篇回忆给人突出的感受是，康自比帝师，光绪帝言听计从。

《我史》写于光绪二十四年底，离其觐见已有八个月，离其对《德臣

---

[1] 上海《字林西报周刊》，1898年10月7日，引自《丛刊·戊戌变法》，第3册，第506—510页。

报》记者谈觐见情节也有四个多月；《我史》与《德臣报》报导的相同之处，即以指导者的口吻说话，光绪帝的态度唯唯诺诺；而在具体内容上又有了不小的差异，再次说明康言及于此之随意性。如果去掉浮华不定的言词，在这两份召见的回忆中，康有为向光绪帝指出了三点：一、变法须"全变"；二、重用小臣；三、废除八股。

其四，也是最有价值的记录，是康有为召见后的第三天即五月初一日的谢恩折，即"请御门誓众开制度局以统筹大局折"（参见24·23），其中有几句话：

> "臣自顾何人，过承知遇，并蒙圣恩，许令将面对未详者，准具折条陈，并将著书进上。

> "伏承圣训，指明守旧之贻害，发明变法之宜，一叹通才之乏绝，仰见圣明天纵……伏承圣训，裘葛不能两存，皇上知之至明，实超出群臣智虑之外……

> "……变科举、开学会、译西书、广游历，以开民智，臣面对已略举之……"

第一句说明光绪帝在召见时命康有为上条陈并进呈书籍，康称"汝尚有言，可具折条陈来"，当为属实。第二句说明光绪帝有着明确的变法思想。第三句说明康有为召见时所谈的内容，为"变科举、开学会、译西书、广游历"四项。有意思的是，该折根据光绪帝"许令将面对未详者，准具折条陈"的旨命，宣称：

> "臣欢喜踊跃，益思自竭涓埃，以仰报圣明，臣所欲言而未详者，审时势而定从违，筹大局而定制度，誓群臣而明维新而已。"[1]

也就是说，"审时势而定从违，筹大局而定制度，誓群臣而明维新"方面的内容，康召见时皆语焉未详，故具条陈以作详论。但细查康该折的具

---

[1] "请御门誓众开制度局以统筹大局折"，《杰士上书汇录》卷二，《康有为早期遗稿述评》，第284—287页；《救亡图存的蓝图》，第118—122页；《康有为全集》，第4集，第87—89页。

体内容，很多都见于《德臣报》、《我史》两次回忆，不知是召见时"所欲言而未详"，还是召见后又再重复强调。

其五，康有为于六月末进呈《波兰分灭记》，光绪帝颁赏银 2000 两，康有为于七月十三日上"恭谢天恩并陈编纂群书以助变法折"，称言：

> "……曩者受对温室，渥荷沦言，许其广事搜罗，悉以上尘［呈］乙览，日夕兢惕，方惧勿胜，乃承高厚之恩，恤其写官之费……"[1]

此一条可与前一条相证，康有为当日召见之时，光绪帝有旨命其编书。（参见 24 · 57）

值得注意的是，康有为三年之后作《与赵曰生书》，称言：

> "夫圣主之挺出，岂独天下不知，即吾开保国会时亦不知。陈军机次亮告我曰：皇上实英明通达，过于群臣。我答曰：此真军机颂圣之言，吾不信也。及既见圣明，乃知出于意表。
>
> "及见皇上后，乃知圣明英勇，能扫除旧国而新之，又能决开议院、授民以权。
>
> "皇上亲与吾言，满人皆糊涂。"[2]

此中的内容及赞词，作为政见之辩的论据而未可全信，但康仅见光绪帝一次，却作如此之言，可见召见时光绪帝并非只是一个听客。

与康有为同日召见的张元济，对此也有记录，可以作为参照。六月初九日，即召见后的第 41 天，张致信汪康年称：

> "弟四月廿八日召见，约半钟之久。今上有心变法，但力似未足。询词约数十语，旧党之阻挠，八股试帖之无用，部议之因循扞格，大臣之不明新学（讲求西学人太少，言之三次），上皆言之。可见其胸有成竹矣。不过近来举动，毫无步骤，绝非善象。弟恐回力终不久，但不知大小若何耳。"[3]

六月十八日，即召见后的第 50 天，张复信沈曾植时称：

---

〔1〕 "恭谢天恩并陈编纂群书以助变法折"，《杰士上书汇录》卷三，《康有为早期遗稿述评》，第 316 页；《救亡图存的蓝图》，第 217 页；《康有为全集》，第 4 集，第 385 页。
〔2〕《万木草堂遗稿外编》，下册，第 600—605 页。
〔3〕《张元济书札》增订本，中册，第 652 页。

"济前者入觐，约两刻许。玉音垂问，仅三十余言。大旨谓外患凭陵，宜筹保御，廷臣唯诺，不达时务。（讲求西学人太少，言之者三。）旧党阻挠，部议拘执，帖括无用，铁路当兴。一一皆亲切言之。济随事敷陈，首请坚定立志，勿淆异说；次则延见群臣，以宣抑滞；再次则设馆储才，以备咨询，而归重于学校、科举两端（外间传言非无因也）。天颜甚霁，不自觉言之冗长。当时默窥圣意，似蒙听纳，然见诸施行，乃仅空还题面，无人乎缪公之侧，岂得谓我皇之不圣明哉。"[1]

从张元济信中可见，光绪帝力图变法的政治态度是明确的，对变法的阻力也是清楚的，并不需要康有为循循以诱。过了 43 年，即 1941 年，张回忆称：

"是日晨，余至颐和园朝房谨候……有顷，命下，荣与长素先后入。既出，余入见。一室之内，独君臣二人相对。德宗首问余所主办之通艺学堂之情状，次言学堂培养人才之宜广设，次言中国贫弱由于交通之不利，痛言边远省分须数月方达，言下不胜愤慨。余一一奏对。约一刻许，命退下。旋闻翁常熟师罢斥之命，为之惊骇。自是长素多所陈奏。"[2]

在张元济的回忆中，光绪帝在召见时是很主动的，而不似康有为记录中光绪帝只是一个安静的听客。又过了八年，即 1949 年，张又回忆称：

"……光绪坐在上面，前面放扎着黄桌帏的一张书桌，光绪也穿着衣冠。我进去后，跪在桌子旁边，当时屋子里没有第三个人，只有一君一臣相对，太监留在门外，不能进内。当时滇越边境发生划界的争执，光绪对我说：'我们如果派人到云南去，要二个月才会

---

〔1〕《张元济书札》增订本，中册，第 675 页。标点有所变动。"无人乎缪公之侧"，典出于《孟子·公孙丑》，原文为："昔者鲁缪公无人乎子思之侧，则不能安子思；泄柳、申详无人乎缪公之侧，则不能安其身。"此处之意为，张以光绪帝之侧无贤大臣而担心。
〔2〕《清宣统三年排印本康有为〈戊戌奏稿〉跋》，《张元济古籍书目序跋汇编》，下册，第 1103 页。

走到，但外国人只要十天、八天就会到达。我们中国道路不通，一切落后，甚么事都赶不上外国，怎么好和人家办交涉呢？'我说：'皇上现在励精图治，力求改革，总希望国家能够一天比一天进步。'他听了之后，叹口气说：'可是他们都不能赞成呀！'我当时听他说这句话，心里觉得这位皇帝也够可怜了，也不便再说什么。光绪就把话头转到我们所办的通艺学堂上去……光绪对外边的事很熟悉，知道我们在办学堂。那天他就问到学堂的情形，我就把学生人数及所学科目告诉他，他勉励我几句，说：'要学生好好的学，将来可以替国家做点事。'他还问我一些关于总理衙门的事，问些什么事，我已经忘记了。光绪就叫我你下去罢。问话语气极为温和，看他面貌，殊欠刚健。"[1]

此一段回忆增加了具体的内容。又过了三年，1952 年，张作《追述戊戌政变杂咏》。其中一首关于当日召见事，张注称：

"余与长素同膺徐学士致靖之荐，四月二十八日预备召见。是日黎明至西苑门外朝房预候，长素已先在，未几荣禄亦至。膳牌下，长素先入，约历一小时出，余继入，至勤政殿东偏室，内侍搴帘引入，余进至军机大臣垫前跪。德宗问，汝在总理衙门供职？又云：闻汝设一通艺学堂，有学生若干人？作何功课？余答现习英语及算学，均是初步。德宗云：外交事关紧要，翻译必须讲求。又问有无铁路课程？余答未有，将来大学堂开办，必须设立。德宗云：闻印度铁路已开至我国西藏边界，现在云南交涉事繁，由京至滇，路程须两三月，相形之下，外交焉得不受亏。余答要开铁路，必须赶紧预备人材，洋工程师，断不可靠，不但铁路，即矿山、河渠、船厂、机器厂，在在均关紧要，应责成大学堂认真造就各项人材，皇上注重翻译，尤为扼要之图，如公使、领事均能得人，外交必能逐渐起色。臣在总署，觉得使、领人才，殊为缺乏，亦须早为储备，现仅有同文馆及外省之广方言馆，断不敷用。德宗语音颇低，

---

[1]《戊戌政变的回忆》,《丛刊·戊戌变法》, 第 4 册, 第 324—325 页。

438 从甲午到戊戌：康有为《我史》鉴注

然辞气和蔼，屡谕畅所欲言，不必有所戒惧。余见御座后窗外似有人影，亦不敢多言。未几，谕令退出，约时不过三刻。"[1]

这一段回忆，又增加了许多奏对的内容。1941 年，张已 75 岁；1949 年，张已 83 岁，1953 年时他又多病。他的回忆虽不完全可靠，但似可与《我史》互校时作为参考。[2]

（24·22）既退出，军机大臣面奉谕旨，著在总理衙门章京上行走。时李合肥谢恩同下，面色大变，对我叹惜谓，荣禄既在上前面劾我，又告刚毅上欲赏官勿予，当予微差以抑之。上问枢臣以位置吾时，廖仲山将欲言，请赏五品卿，而刚毅班在前，请令在总理衙门章京行走，盖欲以辱屈我也。

据手稿本，"军机大臣面"五字为添加，补在行间；"李合肥"之"李"字为添加；"上欲赏官勿予"五字添加，补在行间；"上问枢臣以位置吾"七字为添加，补在行间；"盖欲以辱屈我也"之"盖"字后删"荣禄方为"四字，"也"字后删"自以道不"四字。又，刚毅"请令在总理衙门章京行走"，各抄本、刊本皆作"令在总理衙门章京上行走"。

查四月二十八日军机处《上谕档》，有交片谕旨：

"交总理各国事务衙门、工部。本日军机大臣面奉谕旨：'工部主事康有为，著在总理各国事务衙门章京上行走。钦此。'相应传知贵衙门、部转传该员钦遵可也。此交。"

总理衙门章京是差，不是官，其本缺为各部院的司官（即主事、员外郎、郎中、中书、侍读等）。总理衙门共有章京、额外章京 48 员，由各部院司官考取而来。每届总理衙门考试新章京，即由各部院选派年轻、精干、笔快的司官参加，考中者记名。当总理衙门章京因升官、守制、病故等因出现空额时，由额外章京调补，再由记名者调补额外章京。一般而言，考中者补额外章京须数年，额外章京补章京又须数年。由于一

---

[1] 《丛刊·戊戌变法》，第 4 册，第 351—352 页。

[2] 参见拙文《戊戌变法期间光绪帝召见张元济》，〔成都〕《社会科学研究》，2008 年第 5 期。

次考试参加人数较多，考中者也有数十人，补缺需多年，考试并不是每年举行。须等到记名者已大多调补后，由总理衙门上奏经皇帝批准后进行。

此时朝廷官员冗余，进士分部候补主事之缺，至少需要 10 年（参见 21·9），翰林院编修授官，亦常在 10 年左右。总理衙门章京每两年保奖二分之一，升迁较快，又有外放海关道等肥缺，已被京中视为优差。每次临近考试，各部院司官多托堂官送考，考中后，又多方设法快补。由此而论，康作为候补主事，分部仅三年，又未当差，未经考试与候补，也未经历"额外章京"的阶段，由光绪帝直接特旨命为总理衙门章京，应当说是令京官们注目垂涎的优遇。康对此十分清楚，《我史》后也提及。（参见 24·25）然而，康有为意不在此，徐致靖保荐其为"置诸左右，以备顾问"，其觐见时又要求重用小臣，表明他想出任随侍光绪帝身边的制度局之类的官职。也因为如此，康立即上奏"请御门誓众开制度局以统筹大局折"。（参见 24·23）

李鸿章是日为谢慈禧太后恩而来到颐和园，其召见地点为慈禧太后的寝宫乐寿堂。他不能去仁寿殿。前节所述，曹孟其称荣禄与李鸿章在慈禧太后处共同叫起，并对康有所评价。然康称荣禄"告刚毅上欲赏官勿予，当予微差以抑之"一语，李鸿章又闻之何人？康又称"上问枢臣以位置吾时，廖仲山将欲言，请赏五品卿，而刚毅班在前，请令在总理衙门章京行走"一节，康闻之李鸿章还是其他人？李深知其中之厉害，又为何告诉康？其中疑丛丛且难以验证。[1] 由于翁同龢罢斥，军机处仅剩下礼亲王世铎、刚毅、钱应溥、廖寿恒四人。世铎是好好先生，钱又常年请假，刚毅成了军机处的核心人物。康有可能因此而指责刚毅。

---

[1] 两年后，康有为在《知新报》上公开发表《上粤督李鸿章两书》，称言："昔者与公纲缪恩谊，助吾革政，虎率以听。荣禄相攻，则入密室相告。八月出走，则遣人慰行。"（《知新报》，第 126 册，光绪二十六年八月十五日出版，影印本，第 2 册，第 1913 页）此处"入密室相告"一语，不知是否即指此事，但在细节上已有变化。若真有其事，李鸿章似可能告诉其"杀一、二位二品以上大员"之事，且劝其慎言慎行，而不可能谈及如何任命康的官差。康此一时期给国内大吏之信件，多有张扬之词，须得小心使用。

更重要的是，康可能还不清楚，光绪帝若不是以总理衙门章京的地位来安置康，而置之于更高之位，不是刚毅、廖寿恒可建策的，而须经过慈禧太后。[1]康自以为一达天听即可居高，是对高层政治的隔膜，也是其狂狷的性格所致，自视为医国手。正因为如此，当其被命为总理衙门章京——这一京官们都期盼的优差时，感到了"辱屈"。梁启超于康有为召见的次日，四月二十九日，致函夏曾佑称：

> "总署行走，可笑之至，决意即行矣。"

五月初七日致夏曾佑函又称：

> "二十八日康先生召见。闻今上圣明，诸大臣皆无及者，实出意外。惜翠溪以阻天津之幸，至见摈逐，未能大启天下之蒙耳。康先生从容度无所补救，亦将南下。"

五月十七日致夏曾佑函再称：

> "……而常熟去国，最为大关键……南海不能大用，菊生无下文，仆之久不察看，率皆由此而生。仆已于前日举行察看之典，未知下文如何耳。初时极欲大办，今如此局面，无望矣。科举一变，则守旧之命脉已断，我辈心愿亦几了矣。日间必出都，相见不远也。"[2]

由此可见，康、梁对这一安排极不满意，从四月二十九日至五月十七日，一直有意于离京南下。梁还特别指出，翁的去职"最为大关键"；康、梁得不到实力人物之助而感到"无望"。五月初八日，康有为见到御史文悌时，明确表示"实不能为此奔走"。（参见24·30）

---

〔1〕 张元济1949年回忆称："据说本来光绪想派他在总理衙门大臣上行走，被荣禄阻挠，但此事系得自传闻，不能证实。"（《戊戌政变的回忆》，《丛刊·戊戌变法》，第4册，第325页）然此中有着很大的困难。总理衙门大臣是差而不是官，欲为总理衙门大臣，首先至少是三四品京卿，且须经过慈禧太后。

〔2〕 《梁启超年谱长编》，第121—122页。"菊生无下文"，指张元济已是总理衙门章京，觐见后，并无新差。"仆之久不察看"，指光绪命梁启超由总理衙门察看，而总理衙门进行此事为五月十二日，可见此信在五月十二日之前已写了一半。"仆已于前日举行察看之典"，即梁启超五月十四日之后又接着再写，至十七日方寄出。

(24·23) 于是发书告宋芝栋，令其即上废八股之折，盖已早为草定者。乃与幼博游西山。既还，将议诣宫门谢恩，以诸臣忌甚，又无意当差，于初一日乃具折谢恩，并再陈"大誓群臣，统筹全局，开制度局"三义。又陈请废八股，及开孔教会，以衍圣公为会长，听天下人入会，令天主、耶稣教各立会长，与议定教律。凡有教案，归教会中，按议定之教律商办，国家不与闻。并进呈《孔子改制考》，请听沿边口岸准用孔子纪年，附陈《列国岁计政要》。疏留中。

> 据手稿本，"于初一日"四字添加，补在行间；"具折谢恩"之"具"字以"草"字改；"再陈大誓群臣、统筹全局、开制度局"之"再"字及"大誓群臣"四字为添加，补在行间；"孔教会"之"孔"字为添加；"以衍圣公为会长"之"会"字后删"总办"二字，"长"字下删"凡"字；"听天下人入会"后删"凡有教安"四字，"安"似为"案"字未写完；"按议定之教律"之"之"字为添加；"并进呈《孔子改制考》，请听沿边口岸准用孔子纪年"一段为添加，补在行间与页脚；"附呈《列国岁计政要》"一句为添加，补在页眉；"疏留中"之"疏"字为添加，补在行间。

前节已叙，废八股改策论是康有为及其党人此期主要政治目的之一，四月十三日，杨深秀上奏"请斟酌列代旧制正定四书文体折"，开始发起奏折攻势。（参见24·18）四月二十八日光绪帝召见张元济时，明确表示"八股试帖之无用"。（参见24·21）得此旨意后，康有为及其党人开始连续攻势。前节已述，四月二十九日，御史宋伯鲁上了两折一片，其第二折是"请改八股为策论折"。（参见24·18）该折称：

"夫西人之于民，皆思教之而得其用，故童幼至冠，教之以算数图史，天文地理，化电光重，内政外交之学，惟恐其民之不智；而吾之教民，自丱角到壮岁，束缚于八股帖括之中，若惟恐其民之不愚也者，是与自缚倒戈，何以异哉？……臣愚以为科举为利禄之途，于今千年，深入人心，得之则荣，失之则辱，为空疏迂谬之人所共托久矣。科举不变，则虽设有经济常科，天下士人谁肯舍素习之考卷墨卷，别求所谓经济哉？是欲南辕而北其辙也。伏冀皇上上法圣祖，特下明诏，永远停止八股，悉如圣祖仁皇帝故事，自乡、会试以及生童科、岁一切考试，均改试策论，除去一切禁忌，义理

以觇其本源，时务以观其经济，其详细章程，应请饬部妥议，自庚
子科为始，一律更改。"[1]

该折上后，奉旨"暂存"，并于当日呈送慈禧太后。[2]此是杨深秀奏折
后的第二波。梁启超五月十七日致夏曾佑函称：

"南海、菊生召见，力言科举事，既退出，即飞告仆，令作请废
八股折，宋侍御言之。"[3]

以此说法，康召见后，命梁起草"请改八股为策论折"，然后交宋伯鲁代
上。然梁此处所言，仅可就其大意。宋折虽上于二十九日，但依当时的
官规，须得二十八日子夜前送至奏事处。康有为早晨在颐和园召见，传
命于梁，梁急草送宋，然后送奏事处，时间上显得过于紧张，更何况宋
当日所递是两折一片。康称其"早为草定"，即事先拟定了奏稿（有可能
是梁拟），择机上奏。此后康、梁又再次发动废八股的奏折攻势。（参见
24·24）

康称与康广仁游西山一事，参见24·30、24·91。

康称"议诣宫门谢恩"一事，按当时的官规，康任总理衙门章京一
差，虽是光绪帝亲授，但似无须诣宫门谢恩。

康称"初一日乃具折谢恩"、"又陈请废八股及开孔教会"之事，查
军机处《随手档》五月初四日记："总理各国事务衙门折：一、代递康有
为条陈由；一、条陈；一、条陈。（条陈未发下）"由此可知，康有为两
折于五月初四日由总理衙门代奏。[4]

康的谢恩折，即《杰士上书汇录》卷二所录"请御门誓众开制度局

---

[1] 《戊戌变法档案史料》，第215—216页；《康有为戊戌真奏议》，第30—32页；《救亡
图存的蓝图》，第113—115页。

[2] 军机处《上谕档》，光绪二十四年四月二十九日。

[3] 《梁启超年谱长编》，第122页。

[4] 总理衙门代奏原折称："钦臣衙门据工部主事康有为具折一件，呈请代递，臣等公同
阅看，折内所陈，尚多切要，不敢壅于上闻，仅将原折一件进呈御览。"（光绪二十
四年五月四日，《军机处录副·光绪朝·补遗·戊戌变法》，3/168/9447/6）值得注
意的是，在该折中，康有为的身份仍是"工部主事"，而非总理衙门章京，"公同阅
看"一语又说明康早将其奏折交来，然"具折一件"、"原折一件"称只是"一件"
而非两折，很可能是将之合并计算而称为"一件"的。

以统筹大局折"。该条陈具体说明其在召见中"言之未详者"三项内容：一、"审时势而定从违"；二、"筹大局而定制度"；三、"誓群臣而明维新"。所谓"审时势而定从违"，康将汉、唐、宋、明之后称为"治一统世"，将"今欧、亚、美、澳之通"为"竞长之世"，由此而言：

> "皇上已深知变法，而臣犹为此言者，以方今不变固害，小变仍害，非大变、全变、骤变，不能立国也。"

所谓"筹大局而定制度"，即强调设制度局为变法之核心：

> "今之言变法者，皆非变法也，变事而已。言兵制、言学校、言铁路矿务，无论如何，大率就一二事上变之，而不就本原之法变之，故枝枝节节，迄无寸效……故非特开制度局于内廷，妙选通才入直，皇上亲临，日夕讨论，审定全规，重立典法，何事可存，何法宜改，草定章程，维新更始，此所谓先写图样，而后鸠工庀材也。若其粗迹，若法律、度支、学校、农工、商矿、铁路、邮政、海军、民兵及各省民政诸局，臣前者既言之；变科举，开学会，译西书，广游历，以开民智，臣面对已略举之，皆制度局中条理之一端而已。"

所谓"誓群臣而明维新"，则要求御门大誓：

> "若欲变法，请皇上亲御乾清门，大誓群臣，下哀痛严切之诏，布告天下。一则尽革旧习，与之更始；二则所有庶政，一切维新；三则明国民一体，上下同心；四则采万国之良法；五则听天下之上书；六则著阻挠新政既不奉行或造谣惑众攻诋新政者罪。诏书榜之通衢，令群臣具表签名，奉行新政，咸发愤报国，不敢怠违。"[1]

由此可见，康有为此折再次强调了他在"上清帝第六书"中的要求，其中的核心仍是"制度局"。（参见 24·2）二月十九日旨命总理衙门议复"上清帝第六书"，此时尚未议复。康重提开制度局、御门誓众，希望得到光绪帝明确的旨意，以便对总理衙门施加影响；而"哀痛严切之

---

〔1〕《杰士上书汇录》卷二，《康有为早期遗稿述评》，第284—287页；《救亡图存的蓝图》，第118—122页；《康有为全集》，第4集，第87—89页。

诏"六条，与日本明治维新"五条誓言"相接近，也婉转地表示对四月二十三日"明定国是诏"的不满足。又，《我史》称"再陈大誓群臣，统筹全局，开制度局三义"，三义内容与该折稍有差别，"统筹全局开制度局"本是一意，之所以有此混乱，恰是康有为正于此期重写这一条陈。

戊戌政变后，康有为流亡日本，其第二篇重写的条陈，即是此折。（参见 24·2）光绪二十四年十二日十一日出版的《知新报》第 78 册以"康工部统筹全局折"为题，发表其重写的条陈，称言：

> "奏为敬谢天恩，并统筹全局，恭折仰祈圣鉴事……蒙过采虚声，特予召见，垂问殷勤，至过时许，容其戆愚，宽其礼数，复令有所条陈，准其专折递奏……"

梁启超的《戊戌政变记》也发表了这一新版本。其中的内容有着很大的变化：其第一义是"统筹全局"，第二义是"御门誓众"，第三义是"开制度局"，而在第三义中又称：

> "臣所请者：规模如何而起，条理如何而详，纲领若何而举，节目如何而备，宪法如何而定，章程如何而周，损益古今之宜，斟酌中外之善……"[1]

其中提到了"宪法"，而这段话是"请御门誓众开制度局以统筹大局折"中没有的。这也是康有为到日本后第一次在其上书中加了"宪法"一语。而宣统三年由麦仲华、康同薇名义所编的《戊戌奏稿》，再作修改，题目为"敬谢天恩并统筹全局折"，起首语称：

> "奏为敬谢天恩，准予专折奏事，请统筹全局……蒙过听虚声，特予召见，垂问殷勤，过二时许，容其狂愚，宽其礼数，复令有所条陈，准其专折递奏……"[2]

在起首语中加了"准予专折奏事"，"至过时许"改为"过二时许"，其他文字也有差异。

康称"陈请废八股及开孔教会"、"并进呈《孔子改制考》"之条陈，

---

[1]《知新报》影印本，第 2 册，第 1093 页。
[2]《戊戌奏稿》影印本，第 211—218 页。

即《杰士上书汇录》卷二所录"请商定教案法律厘正科举文体并呈《孔子改制考》折"。该折共提出三项建策：其一是建立孔教会，其二是废除八股，其三是进呈《孔子改制考》。

先看孔教会。由于德国占领胶州湾以教案为借口，法国也因教案与总理衙门交涉。如何防止各国利用教案向中国勒索，成了总理衙门的难题。康有为提出了新方案，称言：

> "查泰西传教，皆有教会，创自嘉庆元年，今遂遍于大地。今其来者，皆其会中人派遣而来，并非其国所派，但其国家任其保护耳。其教会中，有总理，有委员，有入议院者，略如吾礼部、领学政、教官，下统举人、诸生，但听教民所推举，与我稍异耳。今若定律，必先去其国力，乃可免其要挟，莫若直与其教会交。吾亦设一教会以当之，与为交涉，与定和约，与定教律……若皇上通变酌时，令衍圣公开孔教会，自王公士庶，有志负荷者，皆听入会，而以衍圣公为总理，听会中士庶公举学行最高为督办，稍次者多人为会办，各省府县，皆听其推举学行之士为分办，籍其名于衍圣公，衍圣公上之朝。人士既众，集款自厚。听衍圣公与会中办事人，选举学术精深、通达中外之士为委员，令彼教总监督委选人员，同立两教和约，同定两教法律。若杀其教民，毁其礼拜堂，酌其轻重，或偿命偿款，皆有一定之法。彼若犯我教刑律，同之。有事会审，如上海租界会审之例。其天主教自护最严，尤不可归法国主持，彼自有教皇作主，一切监督，皆命自教皇。教皇无兵无舰，易与交涉，宜由衍圣公派人驻扎彼国，直与其教皇定约、定律，尤宜措词。"

从以上文字来看，康对西方教会及其相关法律并不知详，所拟"以教制教"的方案，亦近同于说梦，但康却认为，如此办理后，"从此教案皆有定式，小之无轻重失宜之患，大之无借端割地之害，其于存亡大计，实非小补。"值得注意的是，康在此之前即有自办教会之心；此时，他要求建立"敕建"的孔教会，明为"以衍圣公为总理"，实为"公举学行最高为督办"。康又称：

"教会之名，略如外国教部之例，其于礼部，则如军机处之与
内阁、总署之与理藩院。虽稍听民举，仍总于衍圣公，则亦如官书
局之领以大臣，亦何嫌何疑焉？"

这一段话明确说明了新建立的孔教会与礼部的关系，即孔教会相当于军
机处、总理衙门，而礼部相当于内阁、理藩院；衍圣公相当于管理官书
局大臣，教会内部组织机构"听民举"。他要求光绪帝旨命总理衙门与衍
圣公共商。

　　废八股是康有为及其党人的主要政治攻势之一。前已叙及，四月十
三日杨深秀为第一波，四月二十九日宋伯鲁为第二波。康有为此折与五
月初四日徐致靖奏折为第三波。相关的内容放在下节一并说明。（参见
24·24）

　　最后看《孔子改制考》一事。自《新学伪经考》被劾毁板后，康
有为又著《孔子改制考》等书，即"称王改制"说，自许为"康学"。
（参见23·14）然除其弟子外，士林多不信服。张之洞、孙家鼐、陈宝
箴、翁同龢对该书都有非议。前节（24·15）所引翁同龢日记："上命
臣索康有为所进书，令再写一份递进，臣对与康不往来。上问何也，
对以此人居心叵测。曰前此何以不说，对臣近见其《孔子改制考》知
之。"[1] 尽管史家多有怀疑翁曾窜改，但翁不喜欢"康学"则是事
实。这可能是光绪帝第一次听闻《孔子改制考》。康直接进呈《孔子
改制考》，除了向光绪帝表明其学说，也有意以此举抵挡各种非议。康
称言：

　　"臣考孔子制作六经，集前圣大成，为中国教主，为神明圣王，
凡中国制度义理皆出焉。故孟子称孔子《春秋》为天子之事。董仲
舒为汉代纯儒，称孔子为改制新王，周汉之世，传说无异，故后世
祀孔子皆用天子礼乐。唐宋以前，上尊号为文宣王。臣谨从孟
子、董仲舒之义，纂周汉人之说，成《孔子改制考》一书，谨写
进呈，敬备乙览。伏维皇上典学传心，上接孔子之传，以明孔子

---

[1] 《翁同龢日记》，第6册，第3128页。

之道。"〔1〕

然而，康有为并没有进呈《孔子改制考》的刻印本，而是进呈了其抄写本，且不是全文，仅选其中9卷。进呈本有序言一篇，与刊印本相比，有较大的改动〔2〕；其各卷为：

> "卷一、上古茫昧无稽考；卷二、儒教为孔子所创考；卷三、孔子为制法之王考；卷四、孔子创儒教改制考；卷五、六经皆孔子改制所作考；卷六、儒墨最盛并称考；卷七、鲁国全从儒教考；卷八、儒教遍传天下战国秦汉尤盛考；卷九、武帝后儒教一统考。"

该进呈本现藏于故宫博物院图书馆，一函九册。黄面，黄丝线订，用黄绫包书角，为武英殿修书处重新装订过。与大同译书局二十一卷刊印本相比，进呈本卷一为刊印本卷一；进呈本卷二为刊印本卷七，且前被撕去数页；进呈本卷三为刊印本卷八；进呈本卷四为刊印本卷九；进呈本卷五为刊印本卷十；进呈本卷六为刊印本卷十八；进呈本卷七为刊印本卷十九；进呈本卷八为刊印本卷二十；进呈本卷九为刊印本卷二十一。〔3〕

---

〔1〕 《杰士上书汇录》卷二，《康有为早期遗稿述评》，第 287—292 页；《救亡图存的蓝图》，第 123—130 页；《康有为全集》，第 4 集，第 92—95 页。

〔2〕 孔祥吉称："刊印本序言与进呈本比较，改动非常之大。前者言民权，后者言君权；前者倡大同，后者倡孔教。康氏将原刊本中开头与结尾的以孔子纪年，以及序文中多处出现的'太平之治'、'大同之乐'几乎全部删去，而增加了原刊本中没有的'以天统君，以君统民，正五伦，立三纲，而人人知君臣之义'等内容。"（《救亡图存的蓝图》，第 278 页）对此，我是同意的。进呈本《孔子改制考》序文，是上海大同译书局刊本序文的删节本，内容有改动。

〔3〕 孔祥吉查阅《孔子改制考》进呈本，谓："故宫博物院图书馆珍藏有戊戌进呈原本，凡一函八册，每册扉页右下方均署有'臣工部主事康有为撰'，全书均系白纸墨笔书写。现存进呈本篇幅较小，全书除序言外，尚包括以下篇章：上古茫昧无稽考（有部分已损毁）；儒教为孔子所创考；孔子为制法之王考；孔子创儒教改制考；六经皆孔子改制所作考；儒、墨最盛并称考；鲁国全从儒教考；儒教遍传天下战国秦汉时尤盛考。整个看来，进呈本比坊间刊本要小得多，其原因有二：一是损毁散佚；二是康有为进呈时作了删改。"（《救亡图存的蓝图》，第 276—278 页）姜义华、张荣华编校《康有为全集》录《孔子改制考》，按语称："《孔子改制考》另有清光绪年间内府抄本，原藏景阳宫，现存故宫博物院图书馆，线装，九册。书首为孔子改制考序，署'工部主事康有为撰'。正文九卷，是为二十一卷本之节本。卷一'上古茫昧无稽考'，是二十一卷本之卷一。卷二题目与首数页撕去，正文从'孔子自明创儒大义'一节中'而以一律限之，自谓析理于秋毫'开始，是为二十一卷本之卷七。卷

康并没有将其思想完整地上呈于光绪帝，而是作了部分隐瞒。康少抄 12 卷进呈之真实用心用意，我还不太清楚。

与此相关的一件档案，说明了光绪帝对此的关注。八月初二日，总理衙门收到上海道蔡钧呈文：

"本年七月十一日奉宪署蒸电，内开《时务报》第五十一册所载各书目，现奉旨签出交沪关购办，希即照单开念八种迅速购齐京，

三'孔子为制法之王考'，是为二十一卷本之卷八。卷四'孔子为创儒教改制考'，是为二十一卷本之卷九。卷五'六经皆孔子改制所作考'，是为二十一卷本之卷十。卷六至卷九，分别为'儒墨最盛并称考'、'鲁国全从儒教考'、'儒教遍传天下战国秦汉间尤盛考'、'武帝后儒教一统考'，是为二十一卷本之卷十八至卷二十一，惟卷十八原题作'儒教遍传天下战国秦汉时尤盛考'，相差一字。抄写中，有若干缺漏。如卷二'异教非儒专攻孔子知儒为孔子所特创'一节中，缺抄'叛，漆雕刑残'至'皆孔子大义，从异'一段；卷三缺'右孔子为文王'一句；卷四缺'右孔子与弟子商定改制大义'一句；'据异教攻儒专攻制度，知制为孔子所改'一节，引《墨子·公孟》，误抄作《墨子·公篇》。卷九至'两汉学人皆从儒教'一节中'传经诸大儒，天下学术所自出，皆博士之学也'一语为止，以下全缺。"（《康有为全集》，第 3 集，第 2 页）两者的说法有着很大的差别：其一是"一函八册"还是"九册"？其二是"进呈原本"还是"清光绪年间内府抄本"？其三是毁损者是第一卷还是第二卷？其四是孔仅提及八册标题，姜、张提到九卷标题，何者是？为此，我再查故宫博物院图书馆所藏原本，得出以下结论：一、故宫博物院图书馆仅藏一部抄本，九册，其函套为后来所制，卷数与册数确如姜义华、张荣华所言，孔祥吉"一函八册"的说法有误。二、故宫博物院图书馆藏本原有三个签条，其一称："史字六三、子部杂家，《孔子改制考》，九卷九册，旧藏景阳宫，审定钞本。"该签条上另有人注："卷二原上面书皮撕下，并有撕去书页痕迹多页。故第一页从'右孔子自明创儒教大义'起，是本书的第一页了。"对照原本，姜义华、张荣华称"卷二题目与首数页撕去，正文以'孔子自明创儒教大义'一节中'而以一律限之，自谓析理干秋毫'开始"的说法是正确的，签条注者所言是章目而不是具体文字，该书毁损者是卷二。三、故宫博物院图书馆藏本原有三个签条，其三称："《孔子改制考》，卷数 9，册数 9，清光绪年内府抄本……"且故宫博物院图书馆的书目以此标签为准。由此可知，当时编目者不了解此书的背景，以黄色纸面、黄丝钱订、黄绫包角，且为抄本，故定为"内府抄本"，姜义华、张荣华受此影响。孔祥吉称之为"进呈本"，我以为是正确的：若内府所抄，不会仅是其中九卷；该书是武英殿修书处重新装订过的，且书的装订形式，与康有为进呈的《光绪二十三年列国政要比较表》、《波兰分灭记》的装订形式是一致的，只是当时的函套已失。四、故宫博物院图书馆藏本第一个签条称："九卷九册"之两个"九"字，皆是由"八"字改的，孔祥吉可能受此影响，未点其数，或当时仅发现八册，后又发现一册。孔的篇目中少了进呈本卷九"武帝后儒教一统考"。且进呈本卷九已是刊印本的卷二十一，孔称"损毁散佚"，当不能成立。五、进呈本序右下角记"工部主事臣康有为撰"，各卷右下角"工部主事臣康有为撰"。

幸勿稍迟是要，仍望电复。书目列后：《南海先生五上书记》、《上古茫昧无稽考》、《周末诸子并起创教考》、《诸子创教改制考》、《诸子改制托古考》、《诸子争教互攻考》、《墨老弟子后学考（表附）》、《儒教为孔子所创考》、《孔子为制法之王考》、《孔子创儒教改制考》、《六经皆孔子改制所作考》、《孔子改制托古考》、《孔子改制法尧舜文王考》、《孔子改制弟子时人据旧制问难考》、《诸子攻儒考》、《墨老攻儒尤盛考》、《儒墨交攻考》、《儒攻诸子考》、《儒墨最盛并称考》、《鲁国全从儒教考》、《儒教遍传天下战国秦汉时尤盛考》、《武帝后儒教一统考》、《春秋董氏学》（康长素著）、《春秋中国夷狄辨》（三水徐勤著）、《瑞士变政记》、《俄土战记》、《意大利兴国侠士传》、《经世文编》（顺德麦仲华辑）等因奉此。按照以上各种书籍一律办齐，计每种两部，分别装潢，共需价洋三十九元五角。理合敬谨装箱，具文呈文。仰祈宪台俯赐察收进呈。为此备由呈，乞照验施行。"[1]

这是总理衙门奉旨命上海道采办之事。光绪帝看到了《时务报》上的广告而有此旨意。[2]值得注意的是，《上古茫昧无稽考》至《武帝后儒教一统考》共计21篇，即为《孔子改制考》大同译书局刊印的全本，且当时《时务报》的广告是分篇的，未用《孔子改制考》书名。[3]光绪帝下

---

〔1〕《总理衙门清档·沪关道呈送旨谕购办书籍》，01－34/5－5－6，台北中研院近代史所档案馆藏。"念八"，即二十八。

〔2〕军机处《随手档》光绪二十四年六月二十三日有一条很突兀的记录："发下《时务报》一册。见面带下，次日带上。"此即指当日光绪帝发下给军机处《时务报》一册，不知是否与此有关。又，《时务报》51册出版于光绪二十四年正月，不知光绪帝为何如此之晚才看到。

〔3〕《时务报》第51册的《大同译书将已刻及译出书目价格列后》中称："……《上古茫昧无稽考》、《周末诸子并起创教考》、《诸子创教改制考》、《诸子改制托古考》、《诸子争教互攻考》、《墨老弟子后学考（表附）》、《儒教为孔子所创考》、《孔子为制法之王考》、《孔子创儒教改制考》、《六经皆孔子改制所作考》、《孔子改制托古考》、《孔子改制法尧舜文王考》、《孔子改制弟子时人据旧制问难考》、《诸子攻儒考》、《墨老攻儒尤盛考》、《儒墨交攻考》、《儒攻诸子考》、《儒墨最盛并称考》、《鲁国全从儒教考》、《儒教遍传天下战国秦汉时尤盛考》、《武帝后儒教一统考》，共二十一种，定价银二元。此书为南海康长素先生所著，判中国四千年之教案，明孔子为生民未有之教王，创

令订购，不知是不明 21 篇即为《孔子改制考》或已察觉康有为之进呈本非为全本？[1]自五月初四日由总理衙门代奏进呈《孔子改制考》九卷本后，五月二十九日孙家鼐上奏："康有为书中凡有关孔子改制称王字样，宜明降谕旨，亟令删除"（参见 24·37）；六月十八日光绪帝收到陈宝箴奏折"可否特降谕旨，饬下康有为即将所著《孔子改制考》一书板本，自行销毁"，继后又收到孙家鼐说帖"理合依陈宝箴所奏，将全书一律销毁"。（参 24·52）孙家鼐、陈宝箴的言论，不知是否对光绪帝订购起到作用？从七月十一日发电至上海，到八月初二日送到总署，以当时的交通条件而言，已是相当迅速。与进呈本相比，蔡钧所购的《孔子改制考》多了 12 卷，即《周末诸子并起创教考》、《诸子创教改制考》、《诸子改制托古考》、《诸子争教互攻考》、《墨老弟子后学考（表附）》、《孔子改制托古考》、《孔子改制法尧舜文王考》、《孔子改制弟子时人据旧制问难考》、《诸子攻儒考》、《墨老攻儒尤盛考》、《儒墨交攻考》、《儒攻诸子考》。光绪帝还旨命购买了康有为及其党人的其他著作，其中特别有意思的书是《南海先生五上书记》。八月初二日总理衙门收到上海代办之书，最快也是八月初三日进呈（此日下午光绪帝从颐和园返回宫中，很可能会推迟到八月初四日）然至此时局势已紧，光绪帝已来不及细看，政变即将发生。

康称"请听沿边口岸准用孔子纪年"一语，查"请商定教案法律厘正科举文体并呈《孔子改制考》折"，其中无此语，在《我史》手稿本上此一句也是添加，很可能是后来的添加。经康有为作伪的《戊戌奏稿》中有"请尊孔圣为国教立教部教会以孔子纪年而废淫祀折"，是其后来的另作，于此称言：

> 儒为国号，托古为前驱，称王为制法，礼义制度皆出孔子。举天下万国，有饮食人伦，莫不范围于孔子之教，而受孔子之泽。一一考其实迹，得其真源，中国二千年第一部教书也。学者得而读之，如拨云雾见青天，知孔子之功与天地并，而孔子之道大明天下矣……从该广告的书目来看，共计 28 种，光绪帝订购了全部书籍。

[1] 就一般而言，若光绪帝看过《孔子改制考》进呈本，就会从广告上发现有许多篇章未见，若光绪帝未读《孔子改制考》进呈本，会将之当作 21 种新书。但由上海买来的大同译书局刻本，不会是分散的 21 册，应是合订的《孔子改制考》。

"抑臣更有请者，大地各国，皆以教主纪年，一以省人记忆之力，便于考据，一以起人信仰之心，易于尊行。日本无教主，亦以开国二千五百年纪元，与其时王明治年号并行。一以贵当王，一以便考古。若吾国历朝数十，阅帝数百，年号几千，记述既艰，考据不便……伏惟皇上圣明，传心先圣，敬教审时，洞达中外，乞明诏设立教部，令行省设立教会讲生，令民间有庙，皆专祠孔子以配天，并行孔子祀年以崇国教……"[1]

这一篇作伪的另作，从立意到内容，与"请商定教案法律厘正科举文体并呈《孔子改制考》折"大不相同。其写作时间很可能在宣统年间。

又查五月初四日军机处《上谕档》，录有军机处给慈禧太后的奏片：

"本日总理各国事务衙门奏代递康有为条陈折，又康有为奏进呈《孔子改制考》折，并书一函。奉旨：'留'……谨将折片恭呈慈览。"

由此可见光绪帝的旨意。康有为两折当日呈送慈禧太后，《孔子改制考》则未进呈。前引军机处《随手档》称"条陈未发下"，指康有为的两件条陈慈禧太后未发下。但此时光绪帝已命人抄录，其中即有内府抄本《杰士上书汇录》。康称"五月初一日"，可能是其五月初一日将两条陈呈送总理衙门，五月初四日由总理衙门代奏。康称"疏留中"，不确。"留中"指皇帝将奏折留在宫中，不发下军机处。光绪帝不仅未将两条陈留中，而且由军机处呈送慈禧太后。

康称"附呈《列国岁计政要》"一事，查《列国岁计政要》一书英文原名为 *The Stateman's YearBook*，该书是年鉴式手册，由英国麦丁富得力（Frederick Martin）编辑，于1864年（同治三年）出第一版，以后每年修订出版，迄今从未间断。其1864—1883年由 Frederick Martin 编辑。英国驻华公使提供该书的1874年（同治十三年）版，由林乐知译，郑昌棪述。该书首一卷，正文十二卷，六本，1878年江南制造局出

---

[1] 《戊戌奏稿》影印本，第63—75页。

版。〔1〕首卷介绍世界各国人民、土地、交通等情况，后各卷分述奥斯曼、比利时、法国、德国、英国、希腊、意大利、俄罗斯、土耳其、美国、埃及等国政事，内有很多统计数字。梁启超在《读西学书法》中介绍之，称言：

> "述欧洲各国疆域、户口、官制、教门、学校、国用、商务、兵力等事。然其书为同治癸酉年之书，去今二十余年，因废变迁，已成陈迹。西人此类书籍，岁岁皆有，或官撰，或私述，不一而足。若能自癸酉至今，每年译成一书，岂不善哉？而惜其止于此也。"〔2〕

然康有为以上两件条陈，皆未提到该书进呈。从《我史》手稿上看，"附陈《列国岁计政要》"一句补在页眉上，很可能属后来的添加。该书的进呈时间与方式，我没有读到相关的档案。然张元济六月十八日复沈曾植函，言及于此，称言：

> "更可喜者，长素呈进《泰西新史》、《列国岁计》后，即时有索书之诏。近且阅《时务报》（诏总署按期呈进）、《官书局报》（朱批曰平淡无奇）、同文馆所译新报（嫌太少，令多译矣）。又令总署进电报、问答（逐日呈递）暨全球地图、各国条约矣。果于此因势利导，所造岂有限量！乃在廷诸臣不惟不喜，而且忧之。"〔3〕

由此似可以认定，康在六月十八日之前已进呈该书，且引发光绪帝对此类读物的兴趣以及相关的连锁反应。当然，也不能排除一种可能性，康有为此处所言《列国岁计政要》，指《丁酉列国岁计政要》，即《光绪

---

〔1〕 参见熊月之：《西学东渐与晚清社会》，第516—517页。熊月之称：该书"有多种翻刻本，诸如富强丛书本、军政全书本、西学大成本、慎记书庄本，等等。慎记书庄本将其易名为《海国大事记》"。

〔2〕 夏晓虹：《〈饮冰室合集〉集外文》，北京大学出版社，2005年，下册，第1164页。又，梁启超在《西学书目表》中也有介绍，称："此种书甚要，惜此本太旧。"（同上书，第1131页）梁所称"每年译成一书"，后《知新报》翻译光绪二十三年版该书，即《丁酉列国岁计政要》参见24·34。

〔3〕 《张元济书札》增订本，中册，第675页。"泰西新史"，即《泰西新史揽要》，参见24·8。

二十三年列国政要比较表》，那是《知新报》所译该书新版的部分内容。（参见 24·34）

（24·24）五月初五日，奉明旨废八股矣。先是廿九日芝栋折上，上即令枢臣拟旨。是日京师哗然，传废八股，喜色动人。连数日寂然。闻上得芝栋折，即令降旨，刚毅请下部议，上曰："若下礼部，彼等必驳我矣。"刚又曰："此事重大，行之数百年，不可遂废，请上细思。"上厉声曰："汝欲阻挠我耶？"刚乃不敢言。及将散，刚毅又曰："此事重大，愿皇上请懿旨。"上乃不作声。既而曰："可请知。"故待初二日诣颐和园请太后懿旨，而至初五日乃降旨也。百事皆如此，上扼于西后，下扼于顽臣，变法之难如此。及命下之日，欢声雷动，去千年之弊政，非皇上之圣武岂能若此之刚断乎？

据手稿本，"廿九日"为添加，补在行间；"即令枢臣拟旨"之"枢臣"后删一"详"字；"闻上得芝栋折"之前，有"先是"二字，删，改"是日"，再删，添"闻"字；"刚毅请下部议"之"刚毅"后删"力谏"二字；"上厉声曰"之"上"字后，删一"曰"字；"愿皇上"三字为添加，补在行间；"请太后懿旨"之"太后"二字为添加。

"芝栋"，宋伯鲁。前节（24·23）已叙，四月二十九日宋伯鲁上奏"请改八股为策论折"，光绪帝旨命"暂存"，并将该折呈送慈禧太后。康称"上即令枢臣拟旨"一事，梁启超五月十七日致夏曾佑信中亦称："……宋侍御言之，是日即得旨送往园中，至初五乃发耳"，说法与此相同。[1]然康、梁的说法，大体准确，理解却大有差误。他们不熟悉宫廷政治操作的流程，可能将光绪帝当日旨命"暂存"并呈慈禧太后的做法，误解为"得旨送园中"。康又称光绪帝与刚毅"请懿旨"之争执，我尚未读到相关的材料。然从前节杨深秀废八股奏折"请懿旨"的处理经过来看（参见 24·18），此类大政必须经过慈禧太后。从档案中可看到以下的情况：四月三十日，即宋伯鲁上奏的第二天，军机处《随手档》

---

〔1〕《梁启超年谱长编》，第 122 页。

中有一条特别的记录："遵拟改试策论谕旨一道"，下面还有一行小字："见面带，堂谕封；缮摘会典事例。"由此可见光绪帝于第二天命军机处拟旨，准备废八股改策论。同日，军机处《上谕档》中，也有一条很突兀的记载：

> "钦定大清会典事例。康熙二年，议准停止八股文体，乡、会方式以策、论、表、判取士，分为二场：第一场试策五道，第二场四书论一篇、经论一篇、表二道、判五条。康熙七年，定乡、会试仍以八股取士。"

又查宋伯鲁奏折称：

> "圣祖当明世八股腐烂之时，鉴人士空疏之弊，已思决意罢黜，惜有司奉行不力，辛蹈故辙。"

《上谕档》抄录《大清会典事例》，正是军机处根据光绪帝的指示，寻找祖制上的依据。然军机处拟旨之内容、该谕旨是否呈送慈禧太后、该谕旨为何未发，我尚未读到其他材料。

前节（24·23）已述，五月初四日总理衙门代奏康有为"请商定教案法律厘正科举文体并呈《孔子改制考》折"，其中第二项内容即是废八股，并要求光绪帝直接下诏：

> "……国弱之故，民愚俗坏，亦由圣教坠于选举，四书亡于八股为之。故国亡于无教，教亡于八股，故八股之文，实为亡国、亡教之大者也……而下手之始，抽薪之法，莫先于厘正科举及岁科试四书文体，以发明大道为主，必须贯串后世，及大地万国掌故，以印证之，使学通今古中外，乃可施行。其文体，如汉宋人经义。停八股一事，必皇上明降谕旨，乃足以风厉天下……请特下明诏，立变科举八股之制，勿动于浮言，勿误于旧论，天下幸甚。"[1]

前节（24·18）已叙，五月初四日徐致靖上奏"请废八股以育人才折"，称言：

---

〔1〕《杰士上书汇录》卷二，见《康有为早期遗稿述评》，第291—292 页；《救亡图存的蓝图》，第126—128 页。

"泰西人民自童至冠，精力至充之时，皆教之图算、古今万国历史、天文、地理及化光电重、格致、法律、政治、公法之学，其农工商贾，亦皆有专门之学，故人人有学，人人有才，即其兵亦皆由学出……而我自童时至壮年，困之以八股之文，禁其用后世书，以使之不读史书、掌故及当今之务。锢之以搭截枯窘虚缩之题、钩渡挽入口气、破承开讲八比之格，使之侮圣而不言义理，填词而等于俳优……夫八股取士，非我祖宗之制，实前明敝陋之法也。我圣祖仁皇帝即位伊始，深知其敝，特诏废之，此真大圣人之盛谟也。后虽复行，而海禁未开，天下无事，尚不觉其为害。今又二百年，法敝更甚。出题既多，重复文艺，尤多陈因，侮圣填曲，捐书绝学，而当万国极智之民……愿皇上深思明辨，而勇断之也。彼礼官所守者旧例，无论如何条奏，必据例议驳，以皇上之明，岂能从一二人硁硁拘执之见，而误天下大计哉？伏望皇上上法圣祖，特旨明谕天下，罢废八股。自岁、科试以至乡、会试，及各项考试，一律改用策论，以发明圣道，讲求时务，则天下数百万童生、数十万生员、万数举人，皆改而致力于先圣之义理，以考究古今中外之故，务为有用之学。风气大开，真才自奋，皇上亦何惮而不为哉？"[1]

徐折的主旨是让光绪帝不听从礼部的议复，直接下旨。该折当日奉旨"存"，并呈送慈禧太后。康有为条陈、徐致靖奏折，是康党发动废八股连续攻势之第三波。

根据先前的安排，光绪帝四月二十八日从颐和园返回宫中，五月初四日再去颐和园，五月初九日返回宫中。又据军机处《随手档》，光绪帝五月初四日"办事后驻跸颐和园"，即处理完政务后才起身前往颐和园。当日康有为、徐致靖的建策对光绪帝起何作用，无从可知，但从四月二十八日光绪帝召见张元济时明确表示"八股试帖之无用，部议之因循扞

---

〔1〕《救亡图存的蓝图》，第134—136页；《康有为全集》，第4集，第295—296页。原折见《军机处录副·补遗·戊戌变法项》，3/168/9447/7。并参见《康有为戊戌真奏议》，第39—40页；徐致靖家藏原稿（节录本）见《丛刊·戊戌变法》，第2册，第338—339页。

格"的态度来看，光绪帝已准备采取直接行动。先前杨深秀奏折四月十三日交礼部议，礼部至此尚未回复。（参见24·21、24·18）

五月初五日，光绪帝与慈禧太后共同接见军机大臣。[1]当日光绪帝明发上谕：

> "我朝沿宋明旧制，以四书文取士。康熙年间曾经停止八股，改试策论，未久旋复旧制。一时文运昌明，儒生稽古穷经，类能推究本原，阐明义理。制科所得，实不乏通经致用之才。乃近来风尚日漓，文体日敝，试场献艺，大都循题敷衍，于经义罕有发明，而谫陋空疏者，每获滥竽充选。若不因时通变，何以励实学而拔真才。著自下科为始，乡、会试及生童岁科各试，向用四书文者，一律改试策论。其如何分场命题考试，一切详细章程，该部即妥议具奏。此次特降谕旨，实因时文积敝太深，不得不改弦更张，以破拘墟之习。至士子为学，自当以四子六经为根柢，策论与制义殊流同源，仍不外通经史以达时务。总期体用兼备，人皆勉为通儒。毋得竞逞博辩，复蹈空言，致负朝廷破格求才至意。"[2]

毫无疑问，该谕旨经过了慈禧太后的批准。

康称"待初二日诣颐和园请太后懿旨"一语，有误，光绪帝的行程是五月初四日。五月初九日《国闻报》以"改科宸断"为题刊出消息：

> "八股取士，习非所用。本月初五日特奉上谕改试策论，风闻中外，耳目一新。有京友来函谓，此次改科谕旨，初二日业已拟发，以枢臣、礼臣均谓兹事重大，请从长计议，是以暂缓降谕。皇上锐意维新，力排群议，以为非得人才，不足以图富强，而非改科目，不足以得人才。遂于初五日特涣纶间，明告天下。六百年来相

---

[1]《张荫桓戊戌日记手稿》，第173—183页。此次慈禧太后与光绪帝共同召见军机有三件大事。其一是五月初三日御史胡孚宸弹劾张荫桓，该折当日奉旨"存"，并呈送慈禧太后。慈禧太后见后大怒，于初五日召见时严斥张，并欲以步军统领拿张法办，后未行。其二是王文韶已到北京，并于五月初四日召见，初五日共同召见，旨命王文韶入军机，并授户部尚书、总理衙门大臣。其三才是"废八股改策论"。

[2] 军机处《上谕档》，光绪二十四年五月初五日。

沿积习，毅然决然断自宸衷，一旦弃去，非圣人其足语于斯乎？"
此一说法与康大体相同，疑是康、梁提供的消息。其中提到了五月初二
日的日期，查军机处《早事》，五月初二日早朝的轮值衙门，恰是礼部、
宗人府、钦天监，礼部堂官须参加早朝。"枢臣、礼臣均谓兹事体大"之
情节，有可能在该日早朝时发生；然根据慈禧太后与光绪帝之间的政治
权力关系，废八股之类的重大决策，须经过慈禧太后批准，军机大臣、
礼部堂官对此所言与否，并没有太大的关系。

　　五月十八日，礼部出奏请示拔贡考试是否改用策论，光绪帝发下交
片谕旨："交礼部。本日军机大臣面奉谕旨：'前经降旨，交议各项考试
改试策论、分场命题详细章程，著礼部五日内迅速具奏。'"[1]看来光绪
帝已对礼部十分不满。二十二日，礼部奏乡会试章程，光绪帝予以批
准。[2]（参见 24·31）

　　**（24·25）初三日，总理大臣代递谢恩折，上命曰："何必代递。后
此康有为有折，可令其直递来。"又令枢臣廖寿恒来，令即将所
著《日本变政考》、《波兰分灭记》、《法国变政考》、《德国变政考》、
《英国变政考》，立即抄写进呈。乃片陈："谨当昼夜编书，不能赴总
署当差。"并面告李合肥、廖仲山、张樵野，以不能奔走此差辞
之。向例，总署章京由各部司员考取，又复试之，其最高列者，尚
须一二年，然后能传到，传到仅当译电等差。有年，乃转司务厅。
又一二年，乃得派入各股。又数年，乃可升提调，然后升帮办、总
办。吾被特旨派差，为向来所无，入署即可派总办、提调；知交多
劝就之，吾终不为屈也。**

---

〔1〕　军机处《上谕档》，光绪二十四年五月十八日。

〔2〕　五月二十二日，"礼部折奏乡会试改试策论分场命题章程事，单一件；又片奏宗室乡
会方式应否裁去排律诗一道仍候钦定事。奉旨：'嗣后一切考试均著毋庸用五言八
韵诗，余依议。'又片奏大学堂章程内有肄业各生愿应乡会试或愿在学堂肄业递升
均听其便。奉旨：'知道了。'又片奏经济岁举既并为一科无须另章程事。奉
旨：'知道了。'"（军机处《早事档》，光绪二十四年五月二十二日）礼部奏折及附片
见《戊戌变法档案史料》，第 224—228 页。

据手稿本，"总理大臣代递"六字为添加，"谢恩折"后删一字；"又令枢臣廖寿恒来"之"又"字后删"将所"二字，"来"字后删一字；"乃片陈"之"乃"字由"并"字改，"昼夜"二字为添加，"编书"后删"无暇"；"不能奔走此差"后删"报闻□初以"，添"辞之"二字；"又复试之"后删一字；"派差"二字为添加，补在页脚；"入署"二字为添加，补在行间。

前节（24·23）已叙，康有为的谢恩折即"请御门誓众开制度局以统筹大局折"，于五月初四日由总理衙门代奏，此处的"初三日"，稍有误。[1]

康称光绪帝命"后此康有为有折，可令其直接递来"一事，大体属实。《知新报》中"康工部统筹全局折"和《戊戌奏稿》中"敬谢天恩并统筹全局折"，已被证明属康有为事后重写之作，但五月初四日总理衙门代奏其两道条陈后，情况随即发生变化。（参见24·23）光绪帝已指定大臣为其代呈条陈书籍。光绪二十四年六月，张之洞收到的京内密报称：

"康封奏皆径交军机大臣直上，不由堂官代奏，闻系上面谕如此。"[2]

该密报的消息来源相当可靠。苏继祖《戊戌朝变记》称：

"上久欲用康有为，以上畏太后不容，下恐群臣猜忌，未召见以先，每令翁相详细咨询。既召见以后，仍引嫌不敢随时召见，凡有顾问之事，由总署代传，或有章奏条陈，亦由总署呈进，特派廖公专司之，朝中呼之为'廖苏拉'。"[3]

胡思敬《戊戌履霜录》称：

"上眷有为甚，时有宣问，密授寿恒达之，有为诸陈奏，亦缘寿

---

[1] 按照当时的官规，五月初四日总理衙门的奏折，当于五月初三日子夜前送到奏事处。五月初三日《张荫桓日记》、《翁同龢日记》均记当日张荫桓、盛昱皆往翁寓所送行。又，该日翁日记中有"仼筱沉书来索写件"，"仼筱沉"三字为挖补，很可能是康。（参见24·20）由此推测，康可能于五月初三日从翁处得知其折代奏的消息。只是将总理衙门拟定上奏的日期误为实际上奏的日期。

[2] 《百日维新密札》，转引自孔祥吉：《戊戌维新运动新探》，第80页。该信又称："《劝学篇》已由仲弢进呈，上谕令即交军机大臣。黄嫌与康同，仍由翰林院代进。"由此可见，光绪帝亦命黄绍箕将《劝学篇》通过军机处进呈。

[3] 《丛刊·戊戌变法》，第1册，第335页。

恒得进。"〔1〕

苏继祖、胡思敬之言，虽未必可靠，然至少证明京中有此说法。

档案材料更能直接证明康的说法。《杰士上书汇录》所录康有为的条陈，共计18件。光绪二十四年二月十九日、三月初三日、三月二十三日、五月初四日、七月初五日，总理衙门五次先后代奏康有为奏折8件，其中七月初五日仅代奏1件。〔2〕此外还有10件条陈，是五月初四日之后至七月十三日递上的。〔3〕康有为的官、差分别是工部主事、总理衙门章京，没有直接上奏权。按照清朝制度，其折片当由总理衙门或工部代奏。查军机处《早事档》《随手档》，这10件条陈均没有代奏的记载。军机处《随手档》六月七日有一条很突兀的记录："发下康有为条陈折、片各一件"，下有注记："见面带下，缮旨复存堂，初十日复递上。"这是说光绪帝在召见军机大臣时，由光绪帝发下给军机大臣。发下的康有为条陈很可能是《杰士上书汇录》卷二的"为商务不兴民贫财匮请立商政以开利源而杜漏卮折"、"请将优拔贡朝考改试策论片"，前折在《杰士上书汇录》中注明是"光绪二十四年六月初五日"。军机处《随手档》六月二十二日

〔1〕《丛刊·戊戌变法》，第1册，第375页。又，王庆保等著《驿舍探幽录》，虽说是一个不太可靠的史料，然对此也有记录。作者据张荫桓语称："此后凡有条奏，径交军机处，命廖大司寇专司其事，大司寇夙知康之荒谬，谓常熟（翁同龢）多事，而亦无法辞卸。"（同上书，第492页）廖寿恒为刑部尚书，当时又称"大司寇"。

〔2〕8件条陈的篇名为"请大誓群臣开制度新政局呈"（"上清帝第六书"）、"译纂《俄彼得变政记》成书呈"（"上清帝第七书"）、"为胁割旅大乞密联英日坚拒勿许呈"、"译纂《日本变政考》成书折"、"请照经济特科例推行生童岁试片"、"请御门誓众开制度局以统筹大局折"、"请商定教案法律厘正科举文体并呈《孔子改制考》折"、"请开农学堂地质局以兴农殖民而富折"。（《杰士上书汇录》，《康有为早期遗稿述评》，第261—292页、第314—315页）该8件分别于三月二十三日、五月初四日、七月初五日由军机处上呈慈禧太后。（军机处《洋务档》光绪二十四年三月二十三；军机处《上谕档》光绪二十四年五月初四日、七月初五日）

〔3〕未由总理衙门代奏的10件条陈为"请以爵赏奖励新艺新法新书新器新学设立特许专卖折"、"请改直省书院为中学堂乡邑淫祠为小学堂折"、"请将优、拔贡朝考改试策论片"、"请立商政以开利源而杜漏卮折"、"恭谢天恩条陈办报事宜折"、"请定中国报律片"、"为万寿庆辰乞许士民庆祝并刊新政诏书折"、"为万寿大庆乞复祖制行恩惠宽妇女裹足以保民保国折"、"恭谢天恩并陈编纂群书以助变法折"、"厘定官制请分别官差以行新政折"。（《杰士上书汇录》，《康有为早期遗稿述评》，第293—313页、第316—325页）

另有一条突兀的记录:"发下康有为折、片各一件",并注明"见面带下,次日见面带上"。这也是光绪帝在召见军机大臣时发下的。该两件折片即为"为恭谢天恩条陈办报事宜折"、"请定中国报律片"。光绪帝发下的折片,军机处照例要录副,档案中有该两件折片的录副。〔1〕(参见24·43)由此证明,康有为与光绪帝之间另有联络的管道。《我史》后节称"时吾递书递折及有所传旨,皆军机大臣廖仲山传之,京师谣言皆谓廖为吾笔帖式,甚至有谓为'康狗'者",由此可知,代递人似为军机大臣、总理衙门大臣、刑部尚书廖寿恒。(参见24·44)而由廖寿恒代递的康有为条陈,档案中没有记录,光绪帝和军机处也无须呈报慈禧太后。

康称"又令枢臣廖寿恒来,令即将所著《日本变政考》……"一语,属实。查康有为在"译纂《日本变政考》成书折"(三月二十三日由总理衙门代递)中称言:

> "臣尚有《英国变政记》、《法国变政记》、《德国威廉第三作内政记》、《波兰分灭记》、《大地兴亡法戒》,略尽于是矣。若承垂采,当续写进。"〔2〕

康有为在"请御门誓众开制度局以统筹大局折"(五月初四日由总理衙门代递)中称言:

> "……并蒙圣恩,许令将面对未详者,准具折条陈,并将著书进上。"〔3〕

五月二十日,文悌上奏"严劾康有为折",其中提到:

> "四[五]月初七日使其弟康广仁至奴才处求见,奴才未与相见,为奴才留一信,云康有为在寓患病,现奉旨令其进书……遂于初八日至康有为寓所……康有为言实不能为此奔走之差,现奉旨

〔1〕《戊戌变法档案史料》,第451—454页,并注明时间是二十四年六月二十二日,此时间当是光绪帝发下军机处后,由军机章京录副的时间。两条陈在《杰士上书汇录》注明时间为六月十三日,即光绪帝从另外渠道收到条陈的时间。对于这两个时间的差异,孔祥吉称之为与孙家鼐二十二日的复奏有关,称是军机大臣奉旨时间,且将二十二日误写为二十四日。(《救亡图存的蓝图》,第182、184页)
〔2〕《杰士上书汇录》卷一,见《康有为早期遗稿述评》,第282页;参见24·8。
〔3〕《杰士上书汇录》卷一,见《康有为早期遗稿述评》,第284页;参见24·21。

进书……"〔1〕

康有为以后的条陈，也言及于此。由此可知，光绪帝确有命康有为进呈书籍之旨。康第一次进呈的《日本变政考》由于慈禧太后未发下，由此康第二次进呈。（参见24·8、24·15、24·33）康后来进呈《波兰分灭记》，时间在六月二十六日至七月初四日之间。（参见24·34、24·57）《法国变政考》很可能未进呈，《德国变政考》、《英国变政考》则未进呈。（参见24·34）

康称"乃片陈谨当昼夜编书，不能赴总署当差"，指其另有给光绪帝的附片，我尚未见到。康又称"面告李合肥、廖仲山、张樵野，以不能奔走此差辞之"，"此差"指总理衙门章京，三人皆是总理衙门大臣，"面辞"之事我虽未读到相关史料，但康确实未去总理衙门任此差事。〔2〕

前节（24·22）已叙，总理衙门章京系由京内各衙门司员中考取，考中者记名，出缺时传补。康称"尚须一二年，然后能传到"，即指此事。"译电"即译电员，其职在电报房；"司务厅"，负责收发文件，呈递折片，保管和监督使用印信；"各股"，指总理衙门所设英国股、法国股、俄国股、美国股，分股办理各类事务；"提调"，很可能指清档房或同文馆的提调，通常由资深章京兼任；"帮办章京"、"总办章京"，为总理衙门章京职位最高者，负责综理文书，监督各股事务，起草奏折，并随总理衙门大臣办理交涉事务，额设"总办"四人，"帮办"两人。〔3〕

---

〔1〕 《翼教丛编》，第31—32页。文悌弹劾康有为事件参见24·30。
〔2〕 《国闻报》光绪二十四年五月二十四日以"奉旨编书"为题刊出消息："工部主事康有为召见后，得旨令在总理衙门章京上行走，本应入署当差，因奉旨编辑译书，是以暂缓入署。闻近来康主政陆续进呈御览之收，有《孔子改制考》、《泰西新史揽要》、《列国岁政纪要》、《文学兴国策》、《西国学校》诸书。京友来函云：康主政近来编译书籍，是事丹铅，颇形忙碌，本应俟全书译成后恭录进呈，闻有旨命其随译随呈。皇上之振兴实学，考求洋务，益于此可见矣。"这一条消息，自是康、梁等人提供的。
〔3〕 今有人称，此时海防股改为日本股，然从总理衙门当时的文件来看，仅有英股、法股、俄股、美股，日本使馆的外交文件，由俄国股收存。光绪二十四年七月初二日，英国股为9人，法国股为10人，俄国股为11人，美国股为8人。总办为4人，帮办为3人。（《日本林署使照会一件：黄遵宪出使日本来文已阅由》，《各国照会·日本照会·总理衙门原档》，01-33/41-3，台北中研院近代史研究所档案馆藏）

康称"传到仅当译电等差,有年乃转司务厅,又一二年乃得派入各股,又数年乃可升提调,然后升帮办、总办",属总理衙门章京的升迁之径,属实。张元济于光绪二十四年六月十八日致沈曾植信中称:

> "济不知能否开去电报(前有一人销假到署,南海即令开济电报,上股办事,竟为总办所持,济于此事颇愿守旧,亦力持资格之说,然论资今亦当开电报矣)。"[1]

张元济传到总理衙门后,一直为译电之差使,至此已近两年,尽管张荫桓帮其说话,仍未能"上股办事"。康称"吾被特旨入差,为向来所无"一语,属实。光绪帝后来又特旨任命刘庆汾(七月初四日)、江标(七月二十三日)、郑孝胥(七月二十四日)为总理衙门章京。康又称其"入署即可派总办、提调"一语,我尚未读到相关的史料。

(24·26)乡会试既废八股而用策论,生童岁科试仍未改。吾三月所上之折,交总署议而未行,欲因势并行之,乃自草一折,为杨漪川草一折,又令卓如草一折,交宋芝栋上之。奉旨允行,于是岁科试均废八股而改策论矣。时八股士骤失业,恨我甚,直隶士人至欲行刺。于晦若至,属吾养壮士,住深室,简出游以避之;吾笑而不避也。

据手稿本,"乡会试既废"前删"八股既"三字;"于是岁科试均"后删一"改"字。

按照清代科举制度,"生"指"生员","童"指童生,"岁"指岁考,"科"指科考。岁考与科考又称院试,由各省学政巡行各府时举行,每三年各举行一次,丑、未、辰、戌年举行岁考,寅、申、巳、亥年举行科考。生员参加此试定廪、增;童生中式可补为生员。戊戌年恰是各省岁考之年。五月初五日废八股改策论诏命"自下科为始,乡、会试及生童岁科各试,向用四书文者,一律改试策论",指明从"下科为始"。康

---

[1] 《张元济书札》增订本,中册,第677页。

称"生童岁科试仍未改",指本年进行的生童岁考未改。

康称"三月所上之折",即"请照经济特科例推行生童岁科片",该片于三月二十三日由总理衙门代奏。然光绪帝并未将之交总理衙门议复,康称"交议而未行",当误。(参见24·5、24·8)

康称"自草一折",似未有此作。从《杰士上书汇录》和作伪的《戊戌奏稿》都找不到相应的条陈。

康称"为杨漪川草一折",查此期军机处《随手档》、《早事档》,皆未见御史杨深秀有类似的折片。

康称"又令卓如草一折,交宋芝栋上之",查军机处《随手档》五月十二日记:"御史宋伯鲁折:一、请将经济岁举归并正科改试策论由;片一、请旨申禁后用八股试士由。"前折即"请将经济岁举归并正科并各省岁科迅改试策论折",称言:

> "……臣以为未有不通经史而可以言经济者,亦未有不达时务而可谓之正学者,教之之法既无偏畸,则取之之方当无异致,似宜将正科与经济岁举合并为一,皆试策论。论则试经义,附以掌故;策则试时务,兼及专门。泯中西之界限,化新旧之门户,庶体用并举,人多通才……生童岁科现正随时按考,既定例下科始改,则现时自仍用旧章,彼生童若不习八股,则无以为应考之地。若仍习之,则明明为已废之制,灼然知其无益,两年之后即行弃置,又何必率天下之生童,极费此两年之力,以从事于此,是令天下无所适从也……伏乞再行明降谕旨,除乡、会试自下科为始改试策论外,其生童岁、科试,即查各省学政随按临所至,一经奉到谕旨,立即遵照新章,一律更改,经史时务两者并重,庶学者不必复以帖括分心,得以专力讲求实学,至下科乡、会试之时,而才已不可胜用矣。"[1]

---

[1] 《救亡图存的蓝图》,第149—151页;原折见《军机处录副·补遗·戊戌变法项》,3/168/9447/17。该折并刊于《国闻报》光绪二十四年五月十八日、《知新报》第61册(光绪二十四年六月二十一日出版)。

该折提出了两项要求：一是将经济岁科与正科合并；二是生童岁科立即改试策论。尽管康称该折出自梁启超之手，然梁启超在《戊戌政变记》中《康广仁传》中却称该折出于康广仁：

> "乡、会八股之试即废……君乃曰：士之数，莫多于童生与秀才，几居全数百分之九十九焉。今但变乡、会试而不变岁、科试，未足以振刷此辈之心目。且乡、会试期在三年以后，为期太缓。此三年中人事靡常。今必先变童试、岁、科试，立刻施行，然后可。乃与御史宋伯鲁谋，抗疏言之，得旨俞允。"[1]

梁的这一说法，可得到文悌奏折的印证。[2] 宋折上达后，光绪帝予以采纳，当日发下经其朱笔修改过的明发上谕：

> "御史宋伯鲁奏请将经济岁举归并正科并各省生童岁科试迅即改试策论一折。前因八股时文积弊太深，特谕令改试策论，用觇实学。惟是抡才大典，究以乡、会两试为纲。乡、会试既改试策论，经义时务两不偏废（以上八字朱笔圈去）经济岁举亦不外此，自应并为一科考试，以免纷歧。至生童岁科试改为策论（以上四字朱笔圈去）著各省学政奉到此次谕旨，即遵新章一律办理（以上七字朱笔圈去，另用朱笔添以下六字）行一律改为策论，毋庸候至下届更改。将此通谕知之。"[3]

五月十六日，此旨再用电报发给直省将军督抚。[4] 宋伯鲁的附片，即"请旨申禁复用八股试士片"，我将放在下节集中叙述。（参见24·28）宋伯鲁的折、片及光绪帝谕旨，当日呈送慈禧太后。[5]

　　于晦若，即于式枚。康有为于1915年作《祭吏部左侍郎于晦若

---

〔1〕　梁启超：《戊戌政变记》续四库本，第256页。

〔2〕　文悌"严劾康有为折"称：五月初八日义去康寓所，康广仁"又谓奴才云，朝廷特罢制艺，何不从速，仍俟下科？且生童小试，尤当速改策论"；"至康广仁所言，罢制艺不必待下科，小试尤宜速改策论，而宋伯鲁又适有此奏。"（《翼教丛编》，第32页。文悌弹劾康有为事件，参见24·30）

〔3〕　军机处《上谕档》，光绪二十四年五月十二日。

〔4〕　军机处《发电档》，光绪二十四年五月，《军机处汉文档册》，207/3–50–3/2082。

〔5〕　军机处《上谕档》，光绪二十四年五月十二日。

文》，言及两人于光绪二十三四年的交往。[1]（参见23·3、23·5）但康称废八股后，士人对其大不利，于式枚劝其"养壮士，住深室，简出游"一事，我尚未读到相关史料。

（24·27）时以愚民之害既去，当开民智，泰西文明多由于有制新器、著新书、寻新地之赏。初八日上折言之。奉旨交总署议。张樵野即著卓如议稿，乃为议定，即令总署奏定章程，颁行天下者也。

据手稿本，"时以愚民之害"前删"十一日上谕"五字；"制新器、著新书"之"制"、"著"字为添加；"初八日"三字为添加，补在行间；"奉旨交总署议"后删一"行"字；"即令总署"之"即"字为添加。又，此处另有眉批："章程可抄付"，为康有为字体，属事后的添加。

康称"初八日上折言之"一事，查《杰士上书汇录》卷二，录有康有为"请以爵赏奖励新艺新法新书新器新学设立特许专卖折"，注明日期为五月初八日。该折主张学习西方，设立专利制度，称言：

"……至明永乐时，英人倍根创为新义……请于国家立科鼓厉，其士人著有新书，发从古未创之说者，赏以清秩高第；其工人制有新器，发从古未有之巧者，予以厚币、功牌，皆许其专利，宽其岁年；其有寻得新地，为人迹所未辟，身任大工，为生民所利赖者，予以世爵……近百年来，新法尤盛。各国及日本有专卖特许察，掌鼓厉民人制造新器。凡有创制新器及著一书，皆报官准其专卖，或三十年，或五十年，不准他人仿造，并赏给牌照以为光荣，视其器物分作数等……考英国自明至乾隆前，大辂椎轮乃始草创，岁出新器数十种，自乾隆二十八年到咸丰二年，岁出新器约二百五十种，自咸丰三年至同治十年，岁出新器二千种，近三十年则多至

---

[1] 其祭文称："丁酉戊戌，过泛密迹。相府抵掌，纵横大地。秘殿同朝，西山遥指。大雪漫天，道绝人趾。登陶然亭，浮白相视。踏雪城闉，俯仰天地。笑万人海，惟我与尔。惟事艰虞，开会保国，君后先吾，意态诚悫。吾大变法，君实赞诺。直入卧内，辨难间作。吾将遭难，奉诏诣沪。君来视余，远瞽唐事，帝托齐（蒋贵麟注：原稿'齐'下疑脱一字），庇李泌故。"（《万木草堂遗稿外编》，下册，第494页）

三四千种。进之法国，则岁出九千种。美国为最盛，岁出且万二千种。退之若奥，则八百余种，意七百余种，丹麦、比利时四五百种，俄亦三百余种……伏愿皇上观古今之运，通中外之故，特立新器新书之赏表，高标以为招，海内庶士，必有应之者。请饬下总署议定劝厉制新器、著新书专科。凡有新器、新书，呈学政或总署存案，由学政咨行，督抚会衔，加以奖厉，给予特许专卖执照，准其专利数十年，或用梁制二十四班，或用宋制流外官阶，另制名号以为荣奖，或用补服及外国宝星例，以花鸟为饰，分作数等，名为徽章，以昭宠异。其有能自创学堂、自修道路、自开水利、有功于民者，酌其大小，给以世爵。顷中国之大，尚无枪炮厂，宜募民为之。德铁匠得赍赐创造后膛枪而破法，克虏伯创成精炮冠绝地球，赏以男爵。今以世爵募民，必有精器出焉。"〔1〕

康有为设立专利制度的思想，可以追溯至光绪二十一年的"上清帝第二书"、"上清帝第三书"与"上清帝第四书"。〔2〕此时又有更为详细的阐

---

〔1〕《杰士上书汇录》卷二，见《康有为早期遗稿述评》，第293—297页；《救亡图存的蓝图》，第139—143页；《康有为全集》，第4集，第298—300页。

〔2〕康有为在"上清帝第二书"和"上清帝第三书"中称："凡有新制，绘图贴说，呈之有司，验其有用，给以执照，旌以功牌，许其专利。工人自为身名，必殚精竭虑，以求新制。枪炮之利，器用之精，必有以应国家之用者。彼克虏伯炮、毛瑟枪，为万国所必需，皆民造也。查美国岁给新器功牌一万三千余，英国三千余，法国千余，德国八百，奥国六百，意国四百，比利时、嗹国、瑞士皆二百余，俄国仅百余，故美之富冠绝五洲。"（《康有为政论集》，上册，第127页；《光绪朝朱批奏折》，第32辑，第534页）其"上清帝第四书"中称："英人倍根当明永乐时创为新义，以为聪明凿而愈出，事物踵而增华，主启新不主仍旧，主宜今不主泥古，请予国家立科奖励……"（《康有为政论集》，上册，第150页）康有为的"专利"知识，很可能得自日本书籍，《日本书目志》中有其按语："右专卖特许书三种。泰西所以富强，所以智慧，所以通大地而测诸天、致精极奇惊犹鬼神者，无它，倍根立专卖特许之法而已……"另有多处按语言及于此。（《康有为全集》，第3集，第341、378、381页）又，《知新报》第25册（光绪二十三年六月二十一日出版）刊出康有为学生徐勤文章《拟粤东商务公司所宜行各事》续，称言："一曰设功牌。吾粤东工匠，素称精巧，象牙之球，刺绣之业，几席之精，西人亦数称之，以为莫及也，惜上无报官领照之例……"其中要求官府予以奖励，以能精益求精。《知新报》第45册（光绪二十四年二月十一日出版）刊出康有为学生刘桢麟文章《恭读上谕开经济特科书后》，称言："英人倍根，当明永乐，创为新义……请于国家立科鼓厉（励），其士人著有

述。然由此中仍可以看出，康的世界专利史及相关法律的知识并不准确，仅大致地描绘出专利对各国技术进步的作用。他要求光绪帝下旨仿效，由总理衙门议定"专科"。

又查此期军机处《随手档》、《早事档》，皆找不到康有为此折代奏的记录，很有可能是由廖寿恒在军机大臣召见时代为呈递的，呈递的日期自然无从查明。这是五月初四日总理衙门代奏其两道条陈之后，康有为第一次通过非正式渠道进呈条陈。(参见 24·25)

然在康有为上奏之前，五月初二日，御史曾宗彦上奏"振兴农工二务折"，其中提出了"准专利以利百工"，即设立专利制度。[1]光绪帝当日明发上谕，交总理衙门议复。[2]五月十六日总理衙门议复曾宗彦折，表示赞成。光绪帝朱批："另有旨。"[3]但当日下发的谕旨并没有关

新书，发从古未创之说者，赏以高第清秩；其工人制有新器，发从古未有之巧者，予以厚币功牌，皆许其专利，宽其多年。其有寻得新地，为人迹所未辟，身任大工，为生民所利赖者，予以世爵……"与康该折大意相同。(见《知新报》影印本，第 1 册，第 234—236、558—559 页)

〔1〕 曾宗彦称："欧洲凡出新意制器者，皆准呈官考验，予以专利年限，限满之日方准他人仿造，故人人争奋，制作日新。中国才力聪明，实驾欧洲而上之，徒以未有专利明文，出奇者煞费苦心，效尤者立攘其利，以故人人自废，百工不竞。西人挟彼之巧，乘我之虚，闾阎日用，半资洋货，民生安得不困，国用安得不虚？昔周制书其等以缳工，乘其事以上下其食，无非于智巧之匠优恤，以励其余。伏乞明降谕旨，饬下各直省督抚将军，凡民间能出新意制造器物者，准呈所在地方官考验，以适用之大小，定专利之年限。其能制造新式军械有益大计者，所在督抚将军专折奏明，破格奖励，以鼓舞之……"(《戊戌变法档案史料》，第 386—387 页)需要说明的是，在当时具有这种思想的不仅为康有为、曾宗彦，还有许多人。如陈炽在《庸书》中提出："仍仿泰西规制，有能自出新意制成一物，有益民生者，准上之工、商二部，赏给护照宝星，许其专利，以开风气，以复古初。"(《陈炽集》，第 83 页)

〔2〕 军机处《上谕档》、《随手档》光绪二十四年五月初二日。曾宗彦该折与光绪帝上谕，当日呈送慈禧太后。

〔3〕 总理衙门复奏称："查光绪八年，上海创设机器织布局，定限十年，只准华人附股，不准另行设局。光绪二十一年，烟台设立酒厂，采买葡萄酿酒，定限十五年，不许他人仿造，俾专执业。均经奏准有案。又本年四月，总税务司申送福州人陈紫绥所制纺织机器，经臣衙门查验，学有心得，援案准其专利十五年，亦在案。今该御史请定制器专利年限，事属可行，拟请饬下各直省督抚将军，嗣后民间自出新意制造货物，准其呈请考验。其适用之小者，仿照上海织布局成案，予以专利十年；其适用之大者，仿照烟台酿酒成案，予以专利十五年。各给印照，以为凭据。其有制造

于专利的内容。[1]五月十七日，光绪帝由内阁明发谕旨：

> "自古致治之道，必以开物成务为先。近来各国通商，工艺繁
> 兴，风气日辟。中国地大物博，聪明才力，不乏杰出之英。只以囿
> 于旧习，未能自出新奇。现在振兴庶务，富强至计首在鼓励人才。
> 各省士民著有新书及创行新法、制成新器，果系堪资实用者，允宜
> 悬赏以为之劝。或量其材能，试以实职，或锡之章服，表以殊荣；
> 所制之器，颁给执照，酌定年限，准其专利售卖。其有能独力创建
> 学堂，开辟地利，兴造枪炮各厂，有裨于经国远猷殖民大计，并著
> 照军功之例，给予特赏，以昭激励。其如何详定章程之处，著总理
> 各国事务衙门即行妥议具奏。"[2]

从谕旨的内容来看，主要是依据康有为的提议，曾宗彦及总理衙门的议
复并没有被采用。这是康有为奏议第一次被直接采用。

五月二十五日，总理衙门上奏"议复著书制造章程折"，并附有章
程。[3]光绪帝朱批："另有旨。"当日由内阁明发的谕旨称：

> "前经降旨，各省士民著书制器暨捐办学堂各事给予奖励，谕
> 令总理各国事务衙门妥议具奏。兹据该王、大臣等议定详细章程开
> 单呈览，所拟给予世职、实官、虚衔及许令专利、颁赏扁额各节，
> 量能示奖，尚属妥协。著依议行。即由该衙门咨行各直省将军督
> 抚，通饬所属，将章程出示晓谕，以动观听而开风气。朝廷鼓励人
> 才，不靳破格之赏，仍应严防冒滥。所有著书、制器各事，该衙门
> 务当认真考验，严定罚惩，以期无负振兴庶务、实事求是之至意。

新式军械，不在利限之例，呈由该管官详加试验，如果裨益大计，随时奏请优奖，
以资鼓励。"（《戊戌变法档案史料》，第388—389页）总理衙门此时尚未将"专利"
与重商主义的"特许权"分清楚。此处所称专利，实为"特许权"。

[1] 该旨仅称有关曾宗彦奏折中有关农学之事。见军机处《上谕档》，光绪二十四年五月
十六日。

[2] 军机处《上谕档》，光绪二十四年五月十七日。又，光绪帝于五月十四赴颐和园，五
月十七日回宫中。该上谕是其离园前下发的。

[3] 《国闻报》光绪二十四年五月三十日、六月初一日；《丛刊·戊戌变法》，第2册，第
413—417页，该书引用时将日期误为五月二十四日，据军机处《随手档》改。

该衙门知道，单并发。"〔1〕

这是中国历史上首部专利章程，由于当时的社会环境以及政变很快发生，对社会的技术进步没有发生作用。康称其条陈"奉旨交总署议"，当误，光绪帝未曾将其条陈交下总理衙门。康称总理衙门的议复及章程是张荫桓找梁启超起草，《张荫桓日记》未载，然商承祚教授于上世纪六十年代在广州购得《张荫桓奏稿家书》，其中有"遵旨议复著书制造章程折"，可见总理衙门该折确由张荫桓主稿，以当时张、康、梁之关系，梁亦可能参与其事。〔2〕

　　需要说明的是，经康作伪的《戊戌奏稿》中有"请厉工艺奖创新折"，是其后来的另作，与原条陈相比，有着很大的区别，强调是"新民"，最后称：

　　　"乞下明诏奖励工艺，导以日新，令部臣议奖，创造新器，著作新书，寻发新地，启发新俗者，著新书者，查无抄袭，酌量其精粗长短，与以高科，并许专卖。创新器者，酌其效用之大小，小者许以专卖，限若干年，大者加以爵禄，未成者出帮助成。其有寻新地而定边界，启新俗而教苗蛮，成大工厂以兴实业，开专门学以育人才者，皆优与奖给，则举国移风……"

其内容不仅是"专利"而包括一切新事业了。〔3〕

　　（24·28）时新定国是，废八股，旧党谤甚沸。御史文悌、黄桂鋆等奔走谋之，聚议将联名翻国是，复八股。乃草折交杨漪川上之，请御门誓群臣，并定谤新政之律，其有敢请乱国是、复八股者，重惩之。于是上谕再责旧党，谤谋乃少息。

　　据手稿本，"时新定国是，废八股，旧党谤甚沸。御史文悌、黄桂鋆等奔走谋

〔1〕　军机处《洋务档》，光绪二十四年五月二十五日。

〔2〕　太平天国历史博物馆编：《清季名人禀牍奏稿函札：甲午中日战争新史料》，江苏人民出版社，2006年，第90—91页。该抄件与现刊该件的文字相较，稍有异处，并未录章程12条。

〔3〕　《戊戌奏稿》影印本，第49—54页。

之"一段为添加，补在行间，删去原写"时旧党"三字；"御门"二字为添加，补在行间；"重惩之"之"重"字为添加；"于是"前删一"无"字。

康称"御史文悌、黄桂鋆等奔走谋之"一事，文悌五月二十日上奏"严劾康有为折"（参见24·30）；黄桂鋆除了闰三月弹劾保浙会外（参见24·14），四月初三日上奏"官报章程亟宜设法整顿折"，称言："今上海《时务报》其言多不雅训，且有数省督抚不之设法提倡"。[1]他们已与康党对敌。康称文悌、黄桂鋆欲"复八股"，我尚未读到相关的史料。康等人或是有所听闻，于是即以先下手为强的方法出奏；或是其废八股改策论战略中的既定步骤。

康称"草折交杨漪川上之"一事，查军机处《随手档》五月初十日记："御史杨深秀折：一、请御门誓众由；片一、请定阻挠新政之罪由。"杨深秀的正折即"请御门誓众更新庶政折"，称言：

> "今既奉上谕明定国是，而守旧之徒迂谬指摘，日夜聚谋，思变乱明旨。或仇视开新之人，思颠倒是非，造作谣言，以惑圣听。臣不敢谓此辈不忠，要由闇愚不知大局致之，然闇愚如此，足以亡国有余……臣日夜思虑，为我皇上筹之，盖皇上未有大誓群臣之举，大施赏罚之事，以悚动观听也……伏乞皇上采先圣誓众之大法，复祖宗御门之故事，特御乾清门，大召百僚，自朝官以上咸与听对，布告维新更始之意，采集万国良法之意，严警守旧沮挠造谣

---

[1] 《军机处录副·内政类·戊戌变法项》，3/108/5615/38。《国闻报》光绪二十四年五月十一日以"报馆爱国"为题刊出消息："《字林西报》载北京访事来信云，有某御史为本国所设报馆往往讥刺官场，请旨核定章程，俾政府有限制之权云云。折上，已经皇上批斥，谓：中国所有开设报馆者，悉多爱国之人，往往藉新闻纸以表建白之意。况目下官场所作之事，岂竟一无可议者乎？上下矇蔽，相习成风，奈何杜民之口。官场如果坦白，又何怖人言。倘抚心有愧，报馆攻之，使其警改，不亦善乎？报馆职司忠告善导，惟恐其不言，又从而限制之，该御史岂别有意见哉。大哉王言！其识量诚超出臣工万也。本馆谨按，该报所称某御史，系福建道黄官印桂鋆，贵州镇宁州人。折上后，闻得皇上交总署议复，圣意颇不以为然。至该西报所言，则未知其何据也。"我尚未与《字林西报》进行核对，然我以为，此处所称光绪帝的言论似为编造。又，查军机处《随手档》、《上谕档》，黄桂鋆之折，仅奉旨"存"，并呈送慈禧太后，未交总理衙门议复。

乱政之罪，令群臣签名具表，咸去守旧之谬见，力图维新。其有沮
挠诋諆、首鼠两端者，重罚一人，以惩其后。"

杨折中御门誓众的方式与康有为"上清帝第六书"、"请御门誓众开制度
局以统筹大局折"中所言，内容是一致的。此时总理衙门对"上清帝第
六书"尚未议复，以杨深秀名义再一次提出，是康党的精心策划。（参
见24·45）杨的附片，即"请惩阻挠新政片"，称言：

"臣闻守旧者安其所能，保其所恃，忘国家之大患，狃习俗之
陋风，议论汹汹，聚谋鼎沸，冀幸我皇上持之未坚，意图恢复。或
言新旧之不宜分明，危言耸听；或言八股之能阐义理，饰说欺蒙。
大僚中旧习更深，亦多乐为助力者……外廷既渐萌此论，不可不预
峻其防，深恐彼等言之有故，持之成理，稍不加察，即售其欺。伏
乞皇上遇有此等迂谬奏章，严加申饬，明降谕旨，著其阻挠之罪。
重则立加黜革，轻则薄示罚惩，饬刑部定律，凡有复言更易国是、
规复八股者，科以莠言乱政之罪。"[1]

该折片上后，光绪帝均下旨"存"，并于当日呈送慈禧太后。[2]康
称"于是上谕再责旧党"，有误。前节（24·26）已叙，宋伯鲁五月十二
日上"请旨申禁复用八股试士片"，称言：

"八股取士，行之千数百年，守旧之徒，舍之无所为学，一旦改
革，失所凭依，必有起而力争之者……臣风闻诏书既下，而守旧之
徒相顾失色，有窃窃然议阻此举者。伏愿皇上持以毅力，勿所摇
动，并申下谕旨，如有奏请复用八股试士者，必系自私误国之流，
重则斥革降调，轻亦严旨申饬，庶几旧焰消沮，人心大定，而真才
可以日出矣。"[3]

---

〔1〕《救亡图存的蓝图》，第144—148页。原折片见《军机处录副·补遗·戊戌变法
项》，3/168/9447/13、14。并可参见《康有为戊戌真奏议》，第41—44页。杨深秀该
折片原刊本，可参见《丛刊·戊戌变法》，第2册，第392—395页。

〔2〕军机处《洋务档》、《随手档》，光绪二十四年五月初十日。

〔3〕《戊戌变法档案史料》，第216—217页；《康有为戊戌真奏议》，第45—46页；《救亡
图存的蓝图》，第152—153页。

光绪帝未用此议，下旨"存"。宋伯鲁此片其意与杨深秀有相同之处。《我史》虽未提及此片，但从内容来看，是由康策划的。

从档案中看，当时反对科举新章者，仅有一人，即户部右侍郎浙江学政陈学棻。据军机处《随手档》五月二十九日记："朱批陈学棻奏折：一、岁考宁绍等属大概情形由；片一、嗣后出题仍请参用四书经史等由。"〔1〕陈学棻"命题参用四子六经廿三史片"，称言：

> "恭读上谕：著下科为始，乡会试及生童岁科各试，向用四书文者，一律改试策论……惟是祛弊必以渐，为学必有师。政令新颁，下通民志，人心默化，全系士心。自制义取士以来，父师以是教，子弟以是率。一旦猝改，子弟无所师承，士心为之涣散……近日民情浮动，借端生事，不一而足。若使此等无业之士簧鼓煽惑，下愚之民摇动附和，势必酿成不测之祸。盖改试之成就人才挽回气运者，关系诚大而远，而浮言之变乱黑白摇惑人心者，祸患实隐而浓也。臣愚以为此后命题宜饬部臣妥议章程，于贵州学政臣严修所请经济科内政、邦交、理财、经武、格致、考工之外，仍参用四子六经廿三史，分别先后。仍禁不准引用近时书名人名，以崇体制而杜一切攻讦之弊窦……"〔2〕

这样的言论，自然为光绪帝不喜。两天后，六月初一日，光绪帝发下明发谕旨："陈学棻著来京供职，浙江学政著唐景崇去。"〔3〕这是废八股后被光绪帝处理的第一个高级官员。张之洞接到的京中密报称：

> "陈学棻奏报岁考事，附片论时文不宜轻废，忤上意。次日撤

---

〔1〕 军机处《随手档》，光绪二十四年五月二十九日。对于前折，光绪帝朱批"礼部议奏"。

〔2〕 《军机处录副·光绪朝·内政类·戊戌变法项》，3/108/5627/36。

〔3〕 军机处《上谕档》，光绪二十四年六月初一日。又，查六月初一日《随手档》记："递侍郎以卜名单。(朱圈发下，随事缴进)"该名单录于《上谕档》，上有光绪帝朱圈唐景崇。光绪帝五月二十九日收到陈学棻折片，三十日由宫中去颐和园，六月初一日才做出决定，显然是为了请示慈禧太后。陈学棻为侍郎，改任需经过慈禧太后。光绪帝六月初三日还宫。直至九月初二日，光绪帝与慈禧太后才收到唐景崇"接印日期谢恩折"、陈学棻"交卸学政起程日期折"，此时政变已近月，光绪帝仅朱批"知道了"便了事。(军机处《随手档》，光绪二十四年九月初二日)

回。陈在浙最不喜言时务，所出观风题，即分咏西湖八景。至为□
陋，浙人士皆非笑之。"[1]

这样的消息传出去，对所有的官员都是一个警告。《国闻报》光绪二十
四年六月初六日以"浙学内召之由"刊出消息：

> "初一日上谕陈学棻著来京供职。新命甫下，中外揣测，莫识其
> 由……顷得都中访事人来函，始知前者云云，均属管窥之见。因浙
> 学陈侍郎于日前有折至京，其附片言八股取士，虽系空论，而作法
> 有一定程式，则阅卷专利申请评校可以按规矩而定去取。今若改试
> 策论，则虽名为实学，其究与八股同是空谈，无甚区别，而失其作
> 法，阅卷颇难云云。皇上阅折后，谓枢臣曰：'陈学棻既以为改试策
> 论阅卷为难，可撤其回京，不必作此难事。'故有改派唐景崇为浙
> 学之谕。皇上之锐意变法，以期薄海臣民讲求实学，共济时艰，真
> 有出诸寻常意想之外者，海内人士有不喁喁向风，力图振作哉！"

核对陈学棻原片，该消息的内容，多为作者的自我想像，特别是编造了
一段光绪帝的话。

(24·29) 时许应骙议经济特科及废八股事，多方阻挠。御史杨漪
川、宋芝栋联名劾之。上恶其阻挠科举，即定罢斥。刚毅乞恩，不
许，请令总理衙门查复，不许，乃请令其自行回奏，上不得已允
之。许夜走请于刚毅，刚属其牵攻我可免，许从之。上重于为我故
去大臣，故听之。

> 据手稿本，"时许应骙议经济特科"九字被删去，后恢复；"及废八股事"
> 之"及"字前删"及策论"三字，"及"字后又删"策论"二字；"联名"二字为添
> 加，补在页脚；"乃请自行回奏"之"乃"字为添加。"许夜走请于刚毅"，诸刊本抄
> 本皆作"许应骙夜走请于刚毅"。

康称"御史杨漪川、宋芝栋联名劾之"一事，查军机处《随手
档》五月初二日记："御史宋伯鲁、杨深秀折：一、礼臣阻挠新政请予

---

[1] 《百日维新密札》，孔祥吉：《戊戌维新运动新探》，第80页。

罢斥由。"〔1〕此即宋、杨联名弹劾礼部尚书、总理衙门大臣许应骙的"礼臣阻挠新政请予罢斥折"。是时，四月二十三日明定国是诏已下，二十八日光绪帝召见康有为，而五月初五日废八股诏方下。康有为及其党人选择许应骙下手，有两个目的：其一推进废八股改策论的进程，其二是打击对康不利的主要人士。(参见23·5、24·4、24·13)该折称言：

> "礼部为文学之官，关系极为重大，国家学校贡举之制，多由核议。皇上既深惟穷变通久之义，为鼓励人才起见，特开经济特科岁举两途，以广登进，而许应骙庸妄狂悖，腹诽朝旨，在礼部堂上倡言经济科之无益，务欲裁减其额，使得之极难，就之者寡，然后其心始快。此外，见有诏书关乎开新下礼部议者，其多方阻挠，亦大率类是。接见门生后辈，辄痛诋西学；遇有通达时务之士，则疾之如仇……总理衙门为交涉要区，(当此强邻环伺之时)一话一言，动易招衅……(闻其尝在总署，因一无关轻重之事，忽向德使海静争论，德使瞑目一视，以手拍案，尚未发言，而许应骙已失色，即趋出署，德使乃大笑，加以讪诮。此等之事，不一而足。)……伏请皇上天威特振，可否将礼部尚书许应骙，以三四品京堂降调，退出总理衙门行走，庶几内可以去新政之壅蔽，外可以免邻封之笑柄，所关似非浅鲜。"〔2〕

"见有诏书关乎开新下礼部议者"，指四月十四日杨深秀"请斟酌列代旧制正定四书文体折""著礼部议奏"一事(参见24·18)，礼部尚未议复。"通达时务之士"，指康有为及其党人，"通才"、"通达时务"已成了他们自我描绘的主要用词。值得注意的是，宋、杨作为御史，对一品大员明确提出"以三四品京堂降调、退出总理衙门"，有干皇帝的黜陟大

---

〔1〕 该条下有一行小字："初七日堂谕同许应骙折摘抄交。"
〔2〕《戊戌变法档案史料》，第5—6页；《康有为戊戌真奏议》，第37—39页；《救亡图存的蓝图》，第131—133页；原件见《军机处录副·补遗·戊戌变法项》3/168/9447/4。

权，在当时是极为罕见的。[1]该奏折以宋、杨署名，明显是康有为及其党人起草的。光绪帝对此采取的方法也相当特别，明发上谕：

　　"御史宋伯鲁、杨深秀奏礼臣守旧迂谬阻挠新政一折，著许应骙按照所参各节，明白回奏。"[2]

如果仅是查明事实，该上谕完全可以用"交片"，仅是军机处、许应骙知道；而由内阁"明发"，则刊于《京报》，所有人都得到了明确的信息。

　　许应骙原本是光绪帝信赖的重臣。从《光绪二十四年京官召见单》来看，光绪帝于正月二十二日、三十日、二月十九日、三月初五日、闰三月初五日、十三日共计6次召见他，可见圣眷之隆。然四月之后，光绪帝再也没有召见他，原因不详。许应骙绝无阻遏经济特科的举动。（参见23·15）康称光绪帝"即定罢斥，刚毅乞恩，不许，请令总理衙门查复，不许"之事，我尚未读到相关的史料。然按清朝制度，尚无御史之一弹章而未复核即罢大臣者；且尚书、总理衙门大臣之任免，须听从慈禧太后的意见。[3]刚毅作为军机大臣，若处处与光绪帝对抗，亦非臣子状。光绪帝既令许"按照所参各节明白回奏"，而发给许应骙的宋、杨奏折抄件中，却删去其对外交涉的情节，共计89字，即上引宋、杨奏折中括号内的两段，即为原折中被贴盖的部分，未抄给许应骙。由此可见，光绪帝与军机处也知道其中有不实之词。[4]

　　查军机处《随手档》五月初四日记："尚书许应骙折：一、遵旨明白回奏由"。[5]许应骙的"遵旨明白回奏折"，对宋、杨的指责，进行全面

────────────

[1]　文悌于五月二十日上奏弹劾康有为、宋伯鲁、杨深秀，称："尤可怪者，原折竟敢擅拟以三四品京堂降调正卿，干预皇上黜陟大权，实从来所未有，此风又何长也?"（《翼教丛编》，第33—34页）参见24·30。

[2]　军机处《上谕档》，光绪二十四年五月初二日。该折与谕旨当日呈送慈禧太后。

[3]　此处可见户部右侍郎、浙江学政陈学棻之例，参见24·28；而后来光绪帝未经慈禧太后，罢免礼部六堂官，成了慈禧太后政变的原因之一。

[4]　《戊戌变法档案史料》，第5—6页。军机处中廖寿恒同为总理衙门大臣，当属了解其情况，更何况当时有关山东问题的对德外交，由翁同龢、张荫桓负责，许不是主要角色。

[5]　该条下另有小字："随事递上，发下。初七日堂谕同宋伯鲁、杨深秀折摘。"

驳斥。关于"经济科"一节，许折称：

> "查严修请设经济科原折，系下总署核议，臣与李鸿章等以其因延揽人材、转移风气起见，当经议准复陈。若臣意见参差，可不随同画诺，何至朝旨既下，忽生腹诽。夫诽存于腹，该御史奚从知之？……至岁举中额，应由臣部妥议会同具奏，恭候钦定……现未定稿，该御史竟谓臣务欲裁减，不知何据而言？向来交议事件，未经复奏以前，言官不得搀越条奏，今该御史隐挟成见，逞臆遽陈，殊非体例。"

关于"阻挠下礼部议者"一节，许折称：

> 礼部"惟杨深秀厘正文体一折，系奉旨交议，案之西学时务无甚关涉，且未拟稿，何得云多方阻挠耶？"

关于"仇视通达时务之士"一节，许折称：

> "该御史谓臣仇视通达时务之士，似指工部主事康有为而言。盖康有为与臣同乡，稔知其少即无行，迨通籍旋里，屡次构讼，为众论所不容。始行晋京，意图侥幸，终日联络台谏，夤缘要津，托词西学，以耸观听。即臣寓所，已干谒再三，臣鄙其为人，概予谢绝。嗣又再臣省会馆私行立会，聚众至二百余人，臣恐其滋事，复为禁止，此臣修怨于康有为之所由来也。比者饬令入对，即以大用自负，向乡人扬言，及奉旨充总理衙门章京，不无觖望。因臣在总署，有堂属之分，亟思中伤，捏造浮辞，讽言官弹劾，势所不免……今康有为逞厥横议，广通声气，袭西报之陈说，轻中朝之典章，其建言既不可行，其居心尤不可问，若非罢斥驱逐回籍，将久居总署，必刺探机密，漏言生事；长住京邸，必勾结朋党，快意排挤，摇惑人心，混淆国事，关系非浅。臣疾恶如仇，诚有如该御史所言者。"[1]

由于宋、杨弹章的关于对外事务的细节已被删去，许折对此无驳词。许

---

[1] "许筠庵尚书明白回奏折"，《翼教丛编》，第26—28页。原折见《军机处录副·补遗·戊戌变法项》，3/168/9447/9。又，按照当时的官规，许折需初三日当晚交到内奏事处。

应骙的回奏，一一自我摆脱了罪名，表明了赞同新政的态度；反过来指摘康有为的品德，要求光绪帝驱逐之。若按当时的官规，光绪帝也应当对康有为进行追究，但他并没有这么做，而是以息事宁人的方式来处理此事。当日由内阁明发上谕：

> "许应骙奏遵旨明白回奏一折。该尚书被参各节，既据逐一陈明，并无阻挠等情，即著毋庸置议。礼部有总司贡举学校之责，总理衙门办理交涉事件，均关紧要。该尚书嗣后遇事，务当益加勉励，与各堂官和衷商榷，用副委任。"[1]

康有为此次以宋伯鲁、杨深秀出面交战许应骙，虽未能将其击倒，但此中光绪帝的态度对当时的大吏是一个警告：如果阻挠新政将会遭致弹劾，而且若不能表白自己的话，有可能被罢斥。从这个意义上说，康有为及其党人的目的完全达到。

康称许应骙"夜走请于刚毅"一事，我未读到相关的史料。

前节已叙，五月初四日正是总理衙门代康有为出奏"请商定教案法律厘正科举文体并呈《孔子改制考》折"、徐致靖上奏"请废八股以育人才折"，也是光绪帝去颐和园之日，许应骙的回奏，有可能也是促发光绪帝五月初五日不待礼部议复下达废八股改策论之诏的因素之一。（参见24·23、24·24）

（24·30）于是与洪嘉与耸文悌劾宋、杨而专意及我。军机得文折，喜甚，以为必去我矣。上阅折大怒，谓文悌受许应骙指使，将革职。刚毅求之，乃令回原衙门行走。凡言官回郎署，例不补缺，不派差，与革职无异也。其折诬甚，非上之明，吾不免久矣。彼来吾八次，而谓来二次，彼折皆倩吾作，而攻宋、杨倩吾作折；甚至谓吾尽弃名教，保中国不保大清，走胡走越，后此伪谕，皆缘此折为定案也。吾累年来京，皆寓金顶庙，入城多宿于是，带衾枕者，以僧寮无是也。文悌心术诡诈，彼留吾谈而询吾从仆，曾访樵野，

---

[1] 军机处《上谕档》，光绪二十四年五月初四日。许折与上谕当日呈送慈禧太后。

即以为吾宿樵野所。樵野无端被祸，实文悌妄指为之。京师危疑之地，可不谨哉！

据手稿本，"将革职"前删一字；"乃令回原衙门"之"乃"字后删一"免"字；"而攻宋、杨倩吾作折"之"攻"字后删一"吾"字；"尽弃名教"四字为添加，补在行间；"后此伪谕"之"后"字前删"今"字；"皆缘此折"后删一"也"字；"衾枕"二字以"铺盖"改；"文悌心术诡诈"前删一"彼"字。

文悌与康有为之交往，及康称文悌"彼折皆倩吾作"，参见24·7、24·54。

康称"与洪嘉与怂文悌"之事，即许应骙与洪嘉与怂文悌事，我尚未读到相关的材料。以文悌之品行与身份而言，似非洪嘉与所能怂之；而许应骙此时也不便出面。此时的文悌已完全站在康有为等人的对立面。翁同龢被罢免后，文悌于五月初三日送诗骂翁，已属特别举动；[1]而出面弹劾康更是文的主动出击。查军机处《随手档》五月二十日记："御史文悌折：一、参御史宋伯鲁等党庇诬罔由"。文悌该折即"严劾康有为折"，长达四千余言。此为当时的重大事件，且对康此期的政治活动多有披露。特多加摘引，分项录于下。

一、文悌称他与康有为的交往：

"奴才服官京外已数十年，康有为向不相识。去年十二月奴才改官御史，忽于今年二月间，由原任大学士阎敬铭之子、道员阎迺竹致奴才一信，言有杰士康某欲访奴才相见。奴才昔在户部为阎敬铭赏识，天下所共知，然于阎迺竹向亦不相闻问，止于去年十二月引见御史之日，在朝房始一识面。奴才当即复函阎迺竹云'方今士大夫存诚践实之时，非标榜声气之日，康某何须必相见也'，以阻之。而康有为仍复踵门来见，奴才因与晤言接谈之顷，闻其议论颇多偏宕，然见其激昂慷慨，以为是盖忠士忧时郁悒而出此。虽即以言规正之，而心亦喜其负气敢任，或可救今时委靡龊龊积习，不为

<hr>

[1] 翁在日记中称："文仲躬（悌）送诗骂余。"（《翁同龢日记》，第6册，第3135页）此是翁下野后在日记中所记惟一受辱之事。

无用。

> "至康有为两三月中，凡至奴才处十余次，路隔重城，或且上灯后亦至……然而奴才始尚以为其深通洋务，不妨节取所长，留为侦探参访之用，故两次至其寓所回拜……"

由此可见，康有为通过阍酉竹结交文悌，在最初的交往中，文悌对康的看法还是不错的。文称康去其处十余次，又回访两次，康称"彼来吾八次"，不管何说为确，两人的交往确实很密。

二、文悌称与康思想分歧：

> "迨后康有为数数来奴才处，送奴才以所著书籍数种。阅其著作，以变法为宗，而尤堪骇诧者，托词孔子改制，谓孔子作《春秋》，西狩获麟，为受命之符，以《春秋》变周为孔子当一代王者，明似推崇孔教，实则自申其改制之义……由是奴才乃知康有为之学术正如《汉书·严助传》所谓'以《春秋》为苏秦纵横者'耳。

> "聆其谈治术则专主西学，欲将中国数千年相承大经、大法一扫刮绝，事事时时以师法日本为长策……如述来《时务》、《知新》等报所论尊侠力，伸民权，兴党会，改制度，甚则欲去跪拜之礼仪，废除满汉之文字，平君臣之尊卑，改男女之外内，直似止须中国一变而为外洋政教风俗，即可立致富强，而不知其势，小则群起斗争，召乱无已，大则各便私利，卖国何难。"

由此可见，文悌不同意康有为"孔子改制"的学术观念，而在当时同意这一"康学"观念的官员士子甚少；文悌也不同意康有为及其当时主张西法改革人士的激进观念。文悌自称赞同西学，但其强调的是"必须修明孔、孟、程、朱、四书五经、小学性理诸书，植为根柢，使人熟知孝弟忠信、礼义廉耻、纲常伦纪、名教气节以明体，然后再习学外国文字、言语、艺术以致用，则中国有一通西学之人，得一人之益矣。"这一观念恰是当时官员士子大多认同的"中体西用"说。

三、文悌称保国会与徐致靖奏荐：

> "康有为不知省改，且更私聚数百人，在辇毂之下立为保国一会，日执途人而号之曰：'中国必亡，中国必亡。'其会规设议员，

立总办，收捐款，竟与会匪无异……是则康有为立会倡始，名为保国，势必乱国而后已焉。奴才于其立保国会后，曾又与面言，恐其实生乱阶，令其将忠君爱国合为一事，幸勿徒欲保中国四万万人，而置我大清国于度外，而康有为亦似悔之……迨后许应骙等阻其在会馆聚众，又有人奏参，康有为忽到处辞行，奴才处亦两次来辞，去将回里养母，奴才当即作诗送之，讽以归隐，并有劝其切勿走胡走越之言。不意其伪为归养，以息讥弹，而暗营保荐，以邀登进，乃于辞行之日，忽有召见之事，奴才至是始觉其诈伪多端，断乎非忠诚之士。"

康称文悌攻其"保中国不保大清"，查文折内并无此语，但已有其意。文悌还认定，徐致靖保荐康有为之折是康党的自我活动。"走胡走越"典出于《史记》卷一百《季布、栾布列传》，后人用之谓智士被迫逃亡为敌国所用。[1]

四、文悌称康有为及其党人结交台谏：

"忆其曾于闰三月间拟有折底二件，属奴才具奏，一件欲参广东督抚，一件请厘正文体，更变制科。当时即经奴才晓以科道为朝廷耳目之官，遇事原不能不向人访问，然必进言者自有欲言之事……其欲参广东巡抚奏中，特为清查沙田一事而发，奴才拒之尤力，至今其拟来奏底仍存奴才处。而其厘正文体一事，已有杨深秀言之矣。至康广仁所言罢制艺不必待下科，小试尤宜速改策论，而宋伯鲁又适有此奏。是许应骙谓其联络台谏，诚不为诬。

"康有为又曾在奴才处手书御史名单一纸，欲奴才倡首，鼓动众人伏阙痛哭，力请变法，其单内所开多台谏中知名之人，而宋伯鲁、杨深秀即在其内。后康有为立会保国，在单之人皆不与闻，惟

---

[1] 汉高祖刘邦欲拿项羽旧将季布，季布匿于濮阳周氏，周助季布扮奴隶卖给鲁国的朱家，该家主人善待之，并通过汝阴侯滕公劝刘邦，"以季布之贤而汉求之急如此，此不北走胡即南走越耳"，要求宽赦季布而用之。(《史记》，中华书局版，第8册，第2729页) 康有为写《我史》时，身在日本，并为日本政府所迫，准备离境赴美国。文悌的"走胡走越"，又在另一种意义上而言中。

宋伯鲁、杨深秀两次到会列名传布。奴才于其开单之时，即告言官结党为国朝大禁，此事万不可为。乃杨深秀旋即便服至奴才处，仍申康有为之议。且奴才与杨深秀初次一晤，杨深秀竟告奴才以万不敢出口之言，是则杨深秀为康有为浮词所动概可知也。至宋伯鲁，奴才未曾与之晤言，而闻其曾上设立公司之奏，亦系康有为持此议，先寻御史黄桂鋆陈奏，黄桂鋆不为所使，竟由宋伯鲁奏之。"

文悌此处提到了五件康有为请御史代奏的奏折：一、"厘正文体折"，原请文悌代奏，被拒后，由御史杨深秀于四月十三日出奏，即"请斟酌列代旧制正定四书文体折"。（参见 24·18）二、"文童岁试即改策论折"，文悌闻康广仁言此，御史宋伯鲁五月十二日出奏，即"请将经济岁举归并正科并各省岁科迅改试策论折"。（参见 24·26）三、"参广东督抚"，被文悌所拒，御史宋伯鲁于七月二十八日又上"参谭钟麟折"。[1]（参见 24·54）四、鼓动众多御史"伏阙痛哭，要求变法"，其中包括宋伯鲁、杨深秀，文悌未照办，于三月初五日上"请拒俄联英折"，要求奉国书使俄，捐躯拒俄（参见 24·7）；五、派员往美国集款组大公司，原请黄桂鋆代奏，被拒后，由宋伯鲁于二月十七日上奏，即"请派员赴美筹款集大公司折"。（参见 24·11）由此可见宋伯鲁、杨深秀为康有为代奏之情节。[2]以上文悌所言与康有为在《我史》中所述，在基本事实上是可以对得起来的，只是在动机解释上有所差别。

五、文悌称康有为把持词讼：

"康有为于闰三月间，忽遣其门生广东崖州举人林缵统持其信函至奴才处求见。奴才闻林缵统系会试举人，亦即延见。乃林缵统并非来京会试，因其在崖州有聚众州衙、哄堂塞署之案，其子弟运

---

[1] 文悌称"参广东督抚"，又称"欲参广东巡抚奏中，特为清查沙田一事而发"，查此时广东巡抚为许振祎。宋伯鲁该折内并无"清查沙田"一事，也无言及许振祎。

[2] 张之洞于光绪二十四年六月收到京中密札，称："此时台谏中，惟杨深秀、宋伯鲁，最为康用。庶僚中亦多有攀附之者。李盛铎与康时离时合，虽康党亦畏恶之。"（《百日维新密札》，《戊戌维新运动新探》，第80页）可见杨、宋附康，在当时已不是秘密。

今仍监禁州狱，康有为令其寻奴才为之奏辨。时奴才正在都察院署理京畿道事务，告以如有冤抑应到院呈诉，不当在私宅商办。乃林缵统竟于次日备办礼物，至奴才处馈送，甚至奴才幼子、童奴皆有赠贻。奴才大骇，立即驱逐之去，告以如敢再来定即奏交刑部。林缵统去而康有为旋来，奴才以正言责之，康有为且言礼亦微物，系由康有为代备，初不以为愧怍。至今康有为引荐林缵统申诉之信，亦仍存奴才家中。"

文悌称其保有"康有为引荐林缵统申诉之信"，可见此事似可确认；此事又见于梁鼎芬《康有为事实》，又可见文折内容已有流传。[1] 从当时的官规而言，林缵统当属不合，而从当时的官场而言，林缵统的做法又属司空见惯。

六、文悌指责张荫桓为康有为之后台，并称康有为私结外洋：

康有为"至奴才处十余次，路隔重城，或且上灯后亦至，往往见其车中携有衾枕，奴才家丁问其随仆，皆言其行踪诡秘，恒于深夜至锡拉胡同张大人处住宿，盖户部侍郎张荫桓与康有为同县同乡，交深情密。是则许应骙言其夤缘要津，亦属有因。

"康有为见奴才于其赐对后绝无闻问，又于四月（误，当为五月）初七日使其弟康广仁至奴才处求见，奴才未与相见，为奴才留一信，云康有为现在寓患病，现奉旨令其进书。是时宋伯鲁、杨深秀等已参劾许应骙，许应骙已明白回奏，惟原折邸钞未见，奴才未知宋伯鲁等所奏云何。又闻康有为奉旨进书，欲知其进书之意何在，且仍欲劝其安静，勿再生事端，遂于初八日至康有为寓所。其家人因奴才问病，引奴才至其卧室，案有洋字股信多件，不暇收拾，康有为形色张皇，忽坐忽立，欲延奴才出坐别室。奴才随仆又闻其弟怨其家人，不应将奴才引至其内室。奴才乃匆匆起立，惟告以《中

〔1〕 梁称："康有为既中进士，回家把持公事，尤好唆人兴讼。广东举人林缵统因崖州有聚众州衙哄堂塞署之案，其子弟久已监禁，遂入京贿托康有为办理，经御史文悌参奏有案。"（《日本外交文书》，第31卷，第1分册，第731—732页）

庸》有云'万物并育而不相害，道并行而不相悖'，万不可分门别户，致成党祸，置国事于不问。而康有为兄弟同言，即今在朝诸人又何尝以国事为问乎？奴才仍勉以既蒙恩命为总署章京，当谨慎趋公，以图报效。康有为实不能为此奔走之差，现奉旨进书，书进仍然回籍。"[1]

文悌自称是五月初九日看到邸报上刊出许应骙"明白回奏折"，"迟迟十日不敢轻于陈奏"，经过其个人的深思熟虑后才决定出奏，表面上是个人的行为。然文折突然指名张荫桓，露出其马脚。当时的朝中高层多有去张之意，慈禧太后五月初五日差一点拿张开刀，可以说，翁同龢罢革后，张荫桓已处于浪尖。文悌攻康有为、宋伯鲁、杨深秀皆有实迹，然宿张荫桓寓仅是听康仆人所言，且住宿也不能证明什么问题，此与弹康的主旨并无太大关联，文悌却将张包括在内。我以为，文悌上奏很可能是一次精心策划的行动。且文悌五月初八日去探康病，二十日出奏欲置其死地，可见并非自我标榜的正人君子。文悌在奏折中称："康有为历次致奴才信函、所拟折底，如有应行考核之处，奴才当呈交都察院堂官，咨送军机处备查。"如光绪帝命之核查，真将此中的信函与折底送到军机处，康有为当罪无可逭。康称"军机得文折，喜甚，以为必去我矣"，可见该折之分量。

　　康称"上阅折大怒，谓文悌受许应骙指使，将革职，刚毅求之，乃令回原衙门行走"一事，从档案中看，与事实有异。该日军机处《上谕档》有两份内容相近的奏片，十分奇怪。其一为：

　　　　"本日都察院代奏广西试用道尹恭保条陈折呈一件，奉旨：'存。'御史文悌奏言官党庇诬罔折，**面奉谕旨：'存，候酌核。'**谨将原折恭呈慈鉴。谨奏。"

其二为：

　　　　"本日都察院代奏广西试用道尹恭保条陈折呈一件，奉旨：'存。'御史文悌奏言官党庇诬罔折，**奉明发谕旨一道。**谨将原折恭

―――――――――

〔1〕 "严劾康有为折"，《翼教丛编》，第28—35页。

呈慈鉴。谨奏。"

两者皆为军机处给慈禧太后的奏片。前一个奏片是光绪帝的第一个处理方案，基本上是息事宁人的，将文悌的奏折"存"，文折的弹劾内容以后再"酌核"，即考虑对之进行一番核查；且处理决定已做出，军机处也已拟奏片准备上报慈禧太后。后一个奏片是光绪帝的第二个处理方案，"明发谕旨"即是完全驳斥文悌、由内阁下发的明发上谕：

> "御史文悌奏言官党庇诬罔熒听请旨饬查一折。据称，宋伯鲁、杨深秀前参许应骙，显有党庇熒听情事，恐起台谏改击之风等语。该御史所奏难保非受人唆使。向来台谏结党攻讦，各立门户，最为恶习。该御史既称为整肃台规起见，何以躬自蹈此。文悌不胜御史之任，著回原衙门行走。"[1]

很显然，第二个处理方案有利于康有为及其党人，也一反光绪帝以往做事的风格。光绪帝为了保全康及其党人，几乎是不去辨明真相而只是斥责文悌，行文亦显强词。

康称"凡言官回郎署，例不补缺，不派差，与革职无异"一语，其"言官"，指十三道御史、六科给事中，有专折言事之职；"郎署"指司官，各部院司官中有郎中、员外郎；文悌由户部主事、员外郎、郎中而外放河南开封知府，守制期满后任户部郎中，后改御史；"补缺"，指文悌回原衙署时，户部郎中缺额已满，须待补；"派差"，指衙门内所派各项差司，如"掌印"、"文案"等。文悌回到户部，立即请长假。[2]戊

〔1〕 军机处第一个奏片见《军机处录副·光绪朝·内政类·其他项》，3/111/5737/55；军机处第二个奏片见军机处《上谕档》，光绪二十四年五月二十日。

〔2〕《申报》光绪二十四年七月二十九日以"身世之感"为题发表消息："京师访事人云：文侍御悌前因奏参工部主事康有为，不惬圣意，降旨令归原衙门行走。七月初十日，侍御重莅农部副郎之任，改调河南司行走。到署后，即与同寅诸君，畅叙竟日，大抵慨事局之艰难，觉生性之迂拙，自谓如苏长公之满肚皮不合时宜。候送部文书到日，即当呈请赏假，退守园林，不复作长庆老郎之计矣。"（转引自《丛刊·戊戌变法》，第3册，第402页）"苏长公"，苏轼。"长庆老郎"，指汉朝的颜驷。《申报》光绪二十四年八月二十三日报道称："当文侍御悌参奏时，皇上疑其为人主使，不胜御史之任，发回原衙门行走。康弟广仁遇之于途，称谢不已，其嬉笑与怒骂，咄咄逼人如此。"（转引自《戊戌变法文献资料系日》，第1157页）

戌政变后，文悌很快再放河南知府，后擢贵州贵西道。[1]

康保延保存此期康有为家信称：

"……吾并未有到总署，岭海报谰言也。昨日上谕并附回。虽数被人参，而皇上至于革文悌（即劾我）以保全我，天恩高厚，本朝所无。但时局重大，两宫未和，不易措手，吾欲行耳（下脱）。"[2]

即言此事。其中"数被人参"，还包括潘庆澜闰三月十二日"请饬查禁保国会片"，许应骙五月初四日的"遵旨明白回奏折"（参见24·14、24·29）；"至于革文悌"，则为不确。

（24·31）以新定科举事，请采用朱子《科场贡举议》，分科试士，令人习一经，如诗一科，书一科，易一科，仪礼一科（礼记附），春秋公羊、谷梁一科（左传附之）；史：史记、两汉书一科，三国晋六朝史一科，唐五代宋史一科，辽金元明史一科，国朝掌故若《会典》、《东华录》、《十朝圣训》一科。经、史各五科。《四书》则人人须通，西学则人专一门，普通之学以为论。自草一折，为徐学士草一折。奉旨：礼部议。为所驳。附片请将优、拔贡改试策论，并请凡朝、殿试勿尚楷法，得旨允行。

据手稿本，"新定科举事"之"新"字为添加；"分科试士"后删"若经史则"；"令人习一经"之"人"字为添加，"经"字后删"人兼数史"；"如诗一科"之"诗"字后删"为"字；"史：史记、两汉书一科"，由"史、汉一科"添加改，补在行间，又，诸刊本、抄本漏一"史"字；《四书》则人人须通"之后一"人"字为添加；"奉旨"二字为添加；"度请凡朝、殿试"之"请凡"二字为添加。

〔1〕 戊戌政变后，御史胡孚宸于八月二十日上奏"保文悌片"，称言："久于置散投闲，殊觉可惜"。（《军机处录副·补遗·戊戌变法项》，3/168/9457/59）二十四日下旨："河南开封府知府员缺紧要，著该抚于通省知府内拣员调补。所遗员缺著文悌补授。"（军机处《上谕档》，光绪二十四年八月二十四日）十一月初二日，大学士徐桐上奏"时事孔亟宜分别降陟折"，称言："河南遗缺知府文悌，忠清直谅，血性过人……若蒙圣恩破格录用，必无新进浮器之气。"（《军机处录副·光绪朝·内政类·戊戌变法项》，3/108/5617/36）

〔2〕 《万木草堂遗稿外编》，下册，第776页。

康称其对"新定科举事","自草一折",查《杰士上书汇录》、《戊戌奏稿》,皆未有相关的篇章。该折的真情已难以查明。康又称"附片请将优、拔贡改试策论",查《杰士上书汇录》卷二录有"请将优、拔贡朝考改试策论片",但无上奏日期,很可能是由廖寿恒在军机大臣召见时代递的。[1]该片称:

> "……请明降谕旨,将优、拔贡朝考,向用八股试帖楷法者,皆改试策论。策问时务,中外掌故皆可言;论发经义,四书五经皆可出。皆照乡会试例,预备誊录,以去认楷法、递条子之积弊。"[2]

此年正届优、拔贡朝考之年。[3]优贡朝考于六月初六日在保和殿进行;拔贡朝考初试六月初四日在贡院举行,拔贡朝考复试于六月十七日在保和殿进行。[4]按照五月初五日废科举改策论之诏,改试当在"下科"进行,故康有为上有此片,提议在本科即行改试。据军机处

---

[1] 我所用的《杰士上书汇录》,是附录于《康有为早期遗稿述评》,将该片附于《请商定教案法律厘正科举文体并呈〈孔子改制考〉折》之后,如按此编排,当属五月初四日由总理衙门代奏。然此与该日军机处《随手档》、《上谕档》的记载皆不符。(见24·23)

[2] 《杰士上书汇录》卷二,见《康有为早期遗稿述评》,第292—293页;《救亡图存的蓝图》,第162—163页;《康有为全集》,第4集,第322页。

[3] 优贡为清代五贡之一。学政三年任期满前,廪生中考取,中式者为优贡。光绪二十三年恰是学政期满考优贡之年,优贡当于次年(即光绪二十四年)五月前入京向礼部报到,六月初在保和殿进行朝考。考试篇目为四书文一篇,五言八韵诗一首。拔贡也是清代五贡之一,每十二年即酉年举行一次,光绪二十三年恰为丁酉年。以廪、增、附生中考取,中式者为拔贡。拔贡也于次年五月前京。初试在贡院,试四书文一篇,五言八韵诗一首。复试在保和殿,亦试四书文一篇,五言八韵诗一首。

[4] 六月初二日,礼部"又奏考试优生请钦定日期事,单一件。奉旨:'著于本月初六日在保和殿考试。'又片奏试卷内另备一升拟令士子等目行书率百二名以便折封时核对事。奉旨:'依议。'又奏请派护军统领稽查中左门事。奉旨派出钮楞额。"六月初八日,"礼部奏拔贡复试日期请钦定事。奉旨:'著于六月十七日在保和殿复试。'又奏请派员稽查中左门事。奉旨派出钮楞额。"六月十五日,"御前大臣奏十七日保和殿考试拔贡生请派监试大臣事。奉朱笔圈出奕谟、色楞额、奕功、全福、常贵、端郡王载漪、载澜、善耆、讷钦泰、色清额。"(以上见军机处《早事档》)

《随手档》，五月十八日，"礼部折：一、考试拔贡请钦命题目由；单一、上三届题目；片一、考试拔贡是否改用策论由。"当日发下两道交片谕旨：

"交礼部。本日军机大臣面奉谕旨：'拔贡朝考复试两场题目，均著改为一论一策。钦此。'相应传知贵部钦遵办理可也。"

"交礼部。本日军机大臣面奉谕旨：'前经降旨，交议各项考试改试策论、分场命题详细章程，著礼部于五日内迅速具奏。钦此。'相应传知贵部钦遵办理可也。"〔1〕

前一道谕旨改变了拔贡朝考复试的试题，即将四书文一篇、五言八韵诗一首改为"一策一论"。由此可见，光绪帝有可能是采用了康的建策；若光绪帝采用康策，又似可说明康有为此片在五月十八日之前递进。〔2〕这也是康有为奏议第二次被直接采用。

六月初四日进行的拔贡朝考初试，是废八股后第一次按新制进行的考试。〔3〕《申报》六月十五日以"朝考纪事"报导：

"京师友人来信云：本月初四日，为拔贡朝考之期。初三日夜十下钟时，即有题纸颁下，至次日未刻，诸生咸交卷出场。钦命策、论为：'天下得人难论'、'通筹互市情形策'。十（初）七日揭晓，松江府属应试者共若干人，惟青浦蒋君寿祺名列一等第七，

---

〔1〕 军机处《上谕档》，光绪二十四年五月十八日。五月二十二日，"礼部折奏乡会试改试策论分场命题章程事，单一件；又片奏宗室乡会方式应否裁去排律诗一道仍候钦定事。奉旨：'嗣后一切考试均著毋庸用五言八韵诗，余依议。'又片奏大学堂章程内有肄业各生愿应乡会试或愿在学堂肄业递升均听其便。奉旨：'知道了。'又片奏经济岁举现既并为一科无须另定章程事。奉旨：'知道了。'"（军机处《早事档》，光绪二十四年五月二十二日）

〔2〕 孔祥吉称该片为"请改直省书院为中学堂乡邑淫祠为小学堂折"的附片，有可能是正确的；但称该片随折上于五月二十二日，似为有误。（参见24·32）

〔3〕 五月初十日，"礼部奏请派大臣复核丁酉科拔贡试卷事，奉朱笔圈出昆冈、寿耆、绵文、准良、杨颐、赵舒翘。"五月二十八日，"都察院奏考试各省拔贡请派员专司稽察事。奉朱笔圈出裕德。"六月初二日，"礼部奏考试拔贡请派阅卷大臣事。奉旨派出徐郙、徐树铭、梁中衡、寿耆、准良。又奏派弹压副都统事。奉旨派出德魁。又奏派稽查御史事。奉旨派出德藩、荣寿、忠廉、曾宗彦、徐士佳、刘学谦。"（以上见军机处《早事档》）

余尚未详。十七日在保和殿复试。"〔1〕

策、论两题皆经过光绪帝钦定。然此是在贡院进行的初试，中式一、二等者可参加在保和殿进行的复试。

六月初四日，军机处奏："据礼部知照，丁酉科各省优生朝考，奉旨于六月初六日在保和殿考试，应请钦命论题一道，策题一道，于初六日清晨发下，交监试王、大臣传示。"当日军机处还按照惯例向光绪帝"递四书一部"。〔2〕初六日，军机处奏："据礼部咨称，各直省优生现经奉旨于六月初六日在保和殿考试，应请简派大臣阅看试卷。谨将各衙门送到衔名缮写名单进呈，伏候钦定，于初七日清晨发下。传集各员听候宣旨。再查，上届派出四人。谨奏。"在总共12人的名单中，光绪帝朱笔圈出昆冈、许应骙、廖寿恒、溥良。〔3〕虽说优贡朝考阅卷大臣并非是什么重要差使，但在这个时候光绪帝圈出许应骙，似另有深意。(参见24·29) 六月初六日的优贡朝考是第二次按新制进行的考试。

六月十五日，军机处奏："据礼部知照，各直省拔贡复试奉旨于六月十七日在保和殿考试，应请钦命论题一道、策题一道，于十七日清晨发下，交监试王、大臣传示。谨奏。"拔贡的复试也按新制进行，军机处也按例递《四书》一部。十七日，军机处奏，请派出拔贡复试阅卷大臣，光绪帝圈出昆冈、王文韶、裕德、溥良、杨颐、文治、阿克丹、赵舒翘、凤鸣、会章、阔普通武、绵文12人。〔4〕六月十七日拔贡复试，是第三次按新制进行的考试。

后两次的考题，我还没有从档案中检出。但去年用旧制度考出的优

---

〔1〕　转引自《丛刊·戊戌变法》，第3册，第388页。

〔2〕　军机处《上谕档》、《随手档》，光绪二十四年八月初四日。

〔3〕　军机处《上谕档》，光绪二十四年六月初六日。其名单为："昆冈、孙家鼐、许应骙、廖寿恒、裕德、溥良、杨颐、文治、凤鸣、阔普通武、绵文、崇宽。"初七日，昆冈、许应骙、廖寿恒、溥良奏称："蒙发下优贡卷六十八本，臣等公同详阅，谨拟等第名次，恭呈御览……"其中一等24名，二等24名，三等20名。(军机处《上谕档》，光绪二十四年六月初七日)

〔4〕　军机处《上谕档》、《随手档》，光绪二十四年六月十五日、十七日。

贡生68人、拔贡生451人，到京后不到一个月，奉旨按新制度考试，且阅卷大臣仍是旧人。此中出题、考试的过程及考生、阅卷大臣的心情，想来也十分奇特。[1] 由于政变后科举恢复旧制，除了部分省区以新制进行岁考外，这三次在科试之殿堂京师贡院、保和殿进行的新制考试，也成了科举史上另类的绝响。

康称"为徐学士草一折"，查军机处《随手档》五月十八日记："翰林院侍读学士徐致靖折：一、酌定各项考试文体由。"此即"请酌定各项考试策论文体折"，称言：

> "……臣谓专门虽未能通，而时务自应皆晓，内政外交乃时务之切要，请改二场时务升作首场，试以五策，则通达中外之才出矣……臣考朱子《学校贡举议》，古今称善，今宜采用其说，略将经史分科。经以诗为一科，书、易二科，仪礼、礼记为一科，春秋公羊为一科，凡五经分为五科。史以史记、汉书、后汉书为一科，三国、六朝史为一科，唐书、五代、宋史为一科，辽金元史为一科，明史为一科，资治通鉴、纪事本末为一科，文献通考为一科，国朝掌故为一科，凡诸史分为八科。其四书论为通学，人皆习之，其经学五科、史学八科，略用乾隆以前旧制，听人各习专经、专史，诸科各出一题，听人自认。所习之科，即作专科之艺……顷闻礼官草定章程，有两场之议，臣愚窃谓首场试时务策，二场试经史论，以两场试士，人才之本末高下已可概见。其二场试艺，请以四书题为首艺，五经题为次艺，史学题为三艺，凡论三篇。如此，则根据经义、本原圣道、通达掌故之才备矣。"

徐致靖提出的科试方案为：乡、会试为两场；首场试时务五策；二场试

---

[1] 光绪二十四年六月十八日，拔贡复试阅卷大臣昆冈等奏："臣等遵将各省拔贡复试卷四百五十一本公同阅看，各就省分择其文理较优者八十一本，列为一等；文理清顺者一百五十六本，列为二等。按省分粘签进呈……其余不取各卷，即照例作为各省三等……"（军机处《上谕档》，光绪二十四年六月十八日）以"文理较优"、"文理清顺"作为考试标准，也很有意思。

四书、五经、史学三论；其中五经与史学分科出题，士子可据其专科应试。其时务五策与康说"西学则人专一门，普通之学以为论"小有区别；其经分五科、史分八科与康说经分五科、史分五科大体一致。徐致靖如此设计，当是出于"康学"的需要，强调《五经》而没有《左传》，突出史学并加"国朝掌故"一科。[1]此外，徐致靖对于官员、生童进行的各项考试，也提出了试时务策、经义论的建议：

> "至于各项考试，除考御史向用策论外，其考试差、军机总署章京、中书、学正、满汉荫生、教习、誊录、优拔贡朝考，请一律用时务策一道，经义论一艺，凡二篇……生童岁科试，府县童试，并一律试时务策、经义论各一艺……其试帖诗赋，皆雕虫藻绘，不适于用，请各项考试一律停止。"[2]

徐折提出的范围，差不多包括了当时清朝进行的一切考试，其中又以考军机章京、总理衙门章京为当时官员中的热门。徐折上后，光绪帝并没有明确表态，仅下旨"暂存"。[3]康称徐折"奉旨礼部议，为所驳"，即光绪帝将徐折交礼部议复而为礼部所驳，有误。五月二十二日，礼部上奏"遵旨改试策论章程折"，对乡会试及岁科试制定详细章程，与康、徐

---

[1] 徐致靖提出此案有针对性。徐称："近浙江抚臣廖寿丰条奏称：考工格物须验以实事，不能试以空文，现时尚无其人，请议并于学校，则首场专门之说，似难遽行。"廖寿丰此处所言，指声光化电等学科，当时又称专门。徐由此强调"时务"，而"时务"恰是康门弟子之优长。"五经"与"史学"是"康学"的基础，对此徐折称："夫不讲先圣经义、中国掌故，而能为通才任政者无之。臣考汉代立博士教诸生，皆以五经，立学尤先于四书，是皆尧舜禹汤文武周公孔子之微言大义，我朝尊崇圣道，科举大典，岂宜遗阙五经。"此中"微言大义"又是"康学"的方法之所在。又，康称"仪礼一科（礼记附），春秋公羊、谷梁一科（左传附之）"，重仪礼和公羊、谷梁而微礼记、左传；徐折称"仪礼、礼记为一科，春秋公羊为一科"，仪礼与礼记虽有先后，乃并列，而左传、谷梁未提。

[2] 《戊戌变法档案史料》，第223—224页；《康有为戊戌真奏议》，第46—48页；《救亡图存的蓝图》，第154—156页；原档见《军机处录副·补遗·戊戌变法项》，3/168/9447/31。

[3] 当日军机处给慈禧太后的奏片称："本日翰林院侍读学士徐致靖请酌定各项考试策论文体折，奉旨'暂存'。谨将原折恭呈慈览。"（军机处《上谕档》，光绪二十四年五月十八日）

的建策有较大的区别。[1]光绪帝下旨:"嗣后一切考试均著毋庸用五言八韵诗。余依议。"[2]至六月初一日,光绪帝收到湖广总督张之洞、湖南巡抚陈宝箴的"妥议科举新章"的奏折,再次下旨:

> "乡会试仍定为三场。第一场试中国史事、国朝政治,论五道。第二场试时务,策五道;专问五洲各国之政、专门之艺。第三场试四书义两篇、五经义一篇……"[3]

又,康称"朱子《科场贡举议》",徐致靖称"朱子《学校贡举议》",皆指朱熹《学校贡举私议》。

(24·32)时大学堂已定,吾乃上折请于各省开高等学堂,各府开中学,各县开小学,拨各省善后款及各规费以充学费。并请废天下淫祠,以其室宇充学舍,以其租入供学费。廿一日,奉旨允行。于时各直省蒸蒸争言开学矣。吾以乡落各有淫祠,皆有租入,故欲改以充各乡落学舍,意以佛寺不在淫祠之列。不意地方无赖藉端扰挟,此则非当时意料所及矣。

据手稿本,"时大学堂"之前原写"廿一日",后改"十九日",皆被删去。

---

〔1〕《戊戌变法档案史料》,第224—228页。该章程规定,乡、会试为两场,首场为经论,出题为"四子书论一篇,经论一篇,史论一篇","次场即试以策论五通"。与徐折要求的首、次场次序有所改变。该章程又规定,一、"历科次场经艺,向分五经命题,今改试经论,拟仍于五经中,不拘何经命题考试。"这与康、徐提出五经分为五科,各科出一题,由士子根据专攻选择答题,完全不同。二、"至诸史卷帙繁博,而《御批通鉴辑览》,业经圣断折衷,古今政治得失,均已赅备,史论命题,宜以《辑览》一书为断。"这与康提史分五科、徐提出史分八科,各科出题的方法,完全不同。三、次场策论"第一问拟出专门题,每门各一道,次出时务题四道。除时务应通场合试外,其专门题,则听士子各就所长,条举以对。"这与徐提出专对时务,有所不同。此外,该章程还规定:生员岁试四子书论一篇,经论一篇。科试则减去经论,用策一道。童试正场四子书论一篇,经论一篇,复试日四子书论一篇,小学论一篇。童生县、府正场复试如之。优、拔贡考试,均首场试四书、经论各一篇;二场试史论一篇、策问一道。优、拔贡朝考,及考试教习,并乡、会试复试,改为四书论一篇,策一道。

〔2〕军机处《随手档》、《上谕档》,光绪二十四年五月二十二日。

〔3〕军机处《上谕档》,光绪二十四年六月初一日。

康称其"上折请于各省开高等学堂……"一事，查《杰士上书汇录》卷二录有康有为"请改直省书院为中学堂乡邑淫祠为小学堂折"，未著日期，很可能是由军机大臣廖寿恒于召见时进呈的。而手稿本上原"十九日"很可能是交廖寿恒的日期。该折称言：

> "……臣为我皇上思兴学至速之法，凡有二焉：我直省及府州县，咸有书院，多者十数所，少者一二所，其民间亦有公立书院、义学、社学、学塾，皆有师生，皆有经费……莫如因省府州县乡邑公私现有之书院、义学、社学、学塾，皆改为兼习中西之学校，省会之大书院为高等学，府州县之书院为中等学，义学、学塾为小学……不论郡邑乡落，不论公私官民，皆颁发大学堂章程令其仿照办理。其力有不足，略减规模。请旨先电饬各直省督抚，率道府州县，各将所属书院、义学、社学、学塾处所多少，教习人才高下，经费数目，限两月报明。各书院、义学，皆本有经费，但有明诏，改变章程，别延教习，因其已成之基，一转移间而直省郡邑僻壤穷乡，祁祁学子，千数百万，皆知通经史而讲时务矣……臣查上海电报局、招商局及广东闱姓规，皆溢款百数十万，各省善后局，皆为向来贪猾吏所盘踞巢穴，积弊尤深……请严旨戒饬各疆臣，清查善后局及电报、招商局各溢款、陋规、滥费，尽拨各学堂经费……并鼓动绅民，捐创学堂。其能有自捐万金、广募十万金经费者，赏以御书匾额，给以学衔。其有独捐十万巨款，创建学堂者，请特旨奖励赏以世职，以资鼓励……查中国民俗，惑于鬼神，淫祠遍于天下。以臣广东论之，乡必有数庙，庙必有公产。若改诸庙为学堂，以公产为公费，上法三代，旁采西例，责令民人子弟，年至六岁者，皆必入小学读书，而教之图算器艺语言文字，其不入者，罪其父母……伏乞明下谕旨，饬下各省督抚施行，严课地方官，以为殿最，违者纠劾一二，以警其余。"[1]

---

〔1〕 《杰士上书汇录》卷二，见《康有为早期遗稿述评》，第297—300页；《救亡图存的蓝图》，第157—161页；《康有为全集》，第4集，第317—319页。孔祥吉认为，康受汪文博来信启发才拟此折，也是值得注意的看法。（见《救亡图存的蓝图》，第160—161页）

康有为的这一条陈，有着直接的效果。查军机处《洋务档》光绪二十四年五月二十二日，录有光绪帝朱笔修改的明发上谕：

> "前经降旨开办京师大学堂，入堂肄业者，由中学、小学以次而升，必有成效可睹。惟各省中学、小学尚未一律开办，总计各直省省会暨府厅州县无不各有书院，著各该督抚饬地方官各将所属书院坐落处所、经费数目，限三（朱笔将"三"改为"两"）个月内详查具奏。即将各省府厅州县现有之大小书院，一律改为兼习中学西学之学校。至于学校等级，自应以省会之大书院为高等学，郡城之书院为中等学，州县之书院为小学。皆颁给京师大学堂章程，令其依照办理。其地方自行捐办之义学、社学等，亦令一律中西兼习，以广造就。至各书院需用经费，如上海电报局、招商局及广东闱姓规，当（朱笔将"当"改为"闻颇"）有溢款，此外如有（以上两字朱笔删）陋规滥费，当亦不少（以上四字朱笔所加），著该督抚尽数提作各学堂经费。各省绅民如能捐建学堂，或广为劝募，准各督抚按照筹捐数目，酌量奏请给奖。其有独力措捐巨款者，朕必予以破格之赏。所有中学、小学应读之书，仍遵前谕，由官设书局编译中外要籍颁发遵行。至如民间祠庙，其有不在祀典者，不妨（朱笔将"不妨"改为"即著"）由地方官酌量（朱笔将"酌量"改为"晓谕居民，一律"）改为学堂，以节糜费而隆教育。似此实力振兴，庶几民风遍开，人无不学，学无不实，用副朝廷爱养成材至意。将此通谕知之。"

与该朱改上谕同时下发的，还有光绪帝的朱笔：

> "著照此改谕旨，今日发抄。此件明日见面时缴回。"

五月二十二日军机处《随手档》记：

> "递上，朱改发下。朱谕明日缴。另抄，并填年月日。"[1]

由此可见，光绪帝先命军机处拟旨，但不满意，亲自用朱笔修改。该谕旨经光绪帝修改后，语气加重了许多。军机章京既称"填年月日"，最初

---

〔1〕 军机处《洋务档》、《随手档》，光绪二十四年五月二十二日。

的拟旨又有可能不是当日，而光绪帝修改可能经过一段时间。当日，军机处又发电旨给各直省督抚荣禄等人：

> "各该省会及各府厅州县书院共若干？每年统省共用束修膏火共若干？著即查明确数，电复。"[1]

光绪帝朱改明发谕旨和电报谕旨的内容，完全来自于康有为的条陈！这是康有为奏议第三次被直接采用。[2]更重要的是，该日军机处《随手档》记："办事后，驻跸颐和园。"也就是说，光绪帝未经请示慈禧太后，办完以上谕旨后，才去颐和园。虽说光绪帝先前采用康有为两策（制新器专利、优拔贡朝考复试改用策论），未经过慈禧太后；但在全国范围遍改旧式书院等为新式大中小学堂，毕竟是一件大事。此后，光绪帝对此道谕旨的执行情况十分关注，并对各地的落实与进展十分不满，七月初三日、初十日另有两道谕旨令各省迅速将办理情况上报。（参见 24·42）

康称"二十一日奉旨允行"，虽说日期有误，但也有可能是二十一日军机处拟旨，二十二日光绪帝改后才发下。如军机处确实是二十一日拟旨，那康反倒是有内部情报。

至于康有为该折起草日期，当在五月十五日之后（该日下达谕旨批准京师大学堂章程），《我史》手稿本上又有"十九日"之记。该折进呈日期，当在二十一日之前；若以"请将优、拔贡朝考改试策论片"为该折的附片，进呈日期似在五月十七日或之前。（参见 24·31）

《知新报》第 63 册（光绪二十四年七月十一日出版）以"康工部奏请饬各省改书院淫祠为学堂折"刊出此折，内容略有删节。[3]

---

[1] 军机处《电寄档》，光绪二十四年五月，《军机处汉文档册》，207/3−50−3/1576。又，该日军机处《随手档》在该电旨下记："缮稿。由堂带上。带下，由堂交总署。"

[2] 李鸿章于光绪二十四年五月二十八日给其子李经方的信中称："朝廷锐意振兴，讲求变法，近日明诏多由康有为、梁启超等怂恿而出。"（《李鸿章全集》安徽教育版，第 36 册，信函八，第 184 页）该信后又谈及废八股改策论、庐阳书院改作学堂，即是称此；而从当时的政令来看，"明诏"变法，还有一些内容。（参见 24·36）

[3] 《知新报》影印本，第 1 册，第 854—855 页。并参见《康有为戊戌真奏议》，第 48—51 页。

经康有为作伪的《戊戌奏稿》中有"请开学校折",是其后来的另作,内容与旨趣大有不同。[1]

康称"意以佛寺不在淫祠之列"一语,指五月二十二日光绪帝朱改明发上谕中称:"至如民间祠庙,其有不在祀典者,即著由地方官晓谕居民,一律改为学堂,以节靡费而隆教育。"此段谕旨引发此后全国性改庙为学的风潮,各类庙产被夺事件层出不穷,许多著名的庙宇被勒索。这也成了康有为后来的罪名之一。经康有为作伪的《戊戌奏稿》中有"请尊孔圣为国教立教部教会以孔子纪年而废淫祀折",也是其后来的另作,最后写有这样一段话:

> "……除各教流行久远,听民奉教自由,及祀典昭垂者外,所有淫祠,乞命所在有司,立行罢废,皆以改充孔庙,或作学校,以省妄费,而正教俗,所关至大。伏乞皇上圣鉴。"

根据这一段话,即变成康建议可以保留流行久远的佛、道及祀典所录的各种寺庙观院。康事后补作此论,以为自己洗刷。不仅如此,他还以麦仲华的名义,又加了一段注:

> "按:淫祀与教育有异,然奉上谕后,有司奉行不善,寺观多毁。此胥吏讹索所致,非上谕意也。此折可证。仲华注。"[2]

(24・33)时上频命枢臣催所著各国变政书,乃昼夜将《日本变政考》加案语于其上。凡日本事自其明治元年至二十四年,共十二卷,更为撮要一卷,政表一卷,附之。每日本一新政,皆借发一义于案语中。凡中国变法之曲折条理,无不借此书发之,兼赅详尽,网罗宏大。一卷甫成,即进上。上复催,又进一卷。上以皆日本施行有效者,阅之甚喜。自官制、财政、宪法、创海陆军,经营新疆,合满汉,教男女,改元迁都,农工商矿各事,上皆深然之。新

---

〔1〕《戊戌奏稿》影印本,第35—40页。

〔2〕《戊戌奏稿》影印本,第75页。又,该折是"请商定教案法律厘正科举文体并呈《孔子改制考》折"的另作本,参见24・23。

政之旨，有自上特出者。每一旨下，多出奏折之外。枢臣及朝士皆茫然不知所自来，于是疑上谕皆我议拟。然本朝安有是事？惟间日进书，上采案语以为谕旨。

据手稿本，由此页起，为康有为学生韩文举代笔，又该页右上角有康有为笔迹："可照抄卷四"字样；"凡日本事自其明治"之"事"、"其"字为添加，诸刊本抄本缺"其"字；"更为撮要一卷，政表一卷，附之"一句为添加，康有为字体，补在行间；"上以皆日本施行有效者"之"上以"、"日本"四字为添加，"阅之甚喜"前删"上"字；"自官制"后删"民兵政合满汉"六字，"宪法"后"创海陆军经营新疆"八字为添加，补在行间，"创"字为各刊本抄本所漏；"合满汉"后删"营"字；"改元迁都"后删"一切"二字；"农工商矿"之"工"字为添加；"新政之旨，有自上特出者"一句为添加，补在行间，似为康有为字体；"不知所自来"后删"新政之旨多自上特出"九字，为韩文举字体；"于是疑上谕皆我所议拟"之"上谕皆"三字由"我必有密夹"改，"拟"字为添加，康有为字体；"上采案语"之"上"字后，删一字；"以为谕旨"之后，删"采□□进日本变政考"及添加的"外人□□□□□□也"。

首先需要说明的是，从此节为始，一连26节，皆是康有为的学生韩文举作的笔录，康有修改之处。韩称一夜作此录（参见《导言·手稿本、抄本与写作时间》），可见康处于兴奋状态。其内容涉及事务甚多。

前节（24·8）已述，总理衙门代呈康有为《日本变政考》初次进呈本为三月二十三日，当日呈送慈禧太后，今尚未发现原本。但康在"译纂《日本变政考》成书折"中，对初次进呈本有描述：

"谨将所译纂《日本变政考》十卷……进呈，敬备乙览，以资采鉴。但万几少暇，本节太繁，览观考求，甚费日月。别为撮要八篇。一览可得，以备急迫推行，冀有裨补。"[1]

由此可知，该书共十卷，另有"撮要"八篇。[2] 前节（24·15）又述，四月初七日、初八日光绪帝通过翁同龢索要康有为进呈之书，很可能也包括《日本变政考》。《我史》前节（24·25）亦称："又令枢臣廖寿恒来，令即将所著《日本变政考》、《波兰分灭记》、《法国变政考》、《德国变

〔1〕《杰士上书汇录》，见《康有为早期遗稿述评》，第278—282页。
〔2〕《康有为日本变政考》，卷一，第4页。

政考》、《英国变政考》，立即抄写进呈。"康此处所称"上频命枢臣催所著国变政书"，"枢臣"似指廖寿恒。

康有为《日本变政考》第二次进呈本，现藏于故宫博物院图书馆。该本前有康有为的注：

> "是书经于二月恭进，顷奉旨宣取，原文所译日文太奥，顷加润色，令文从字顺，并附表注，以便阅看。工部主事臣康有为谨注。"[1]

据总理衙门原奏，第一次进呈本康于三月二十日送到总理衙门。康称"是书经于二月恭进"，属记忆有误。《日本变政考》第二次进呈本正文十二卷，另附《日本新政表》一卷，共计十三卷。康称"更为撮要一卷"，进呈本中未见。该进呈本的《序言》称："因为删要十卷，以表注附焉"，此处出现的卷数差错，可能有两个原因：其一是用初次进呈本的《序言》，康第二次进呈时未作修改；其二是该书分卷进呈，康一开始还不能确定卷数。

《日本变政考》第二次进呈本，体裁上是《资治通鉴》式的编年体，按年记事。[2]康称"自其明治元年至二十四年"，实际写到明治二十三年年底，明治二十四年之事未记。康著《日本变政考》之资料来源，即其史料依据为何，康在其另一著作《日本书目志》的按语中，曾有所透露：

> "今考日本之史，若《日本文明史》、《开化起源史》、《大政三迁史》、《明治历史》、《政史》、《太平记》、《近世史略》、《近世太平记》、《三十年史》，皆变政之迹存焉。吾既别为《日本改制考》以发明其

---

[1] 《康有为日本变政考》，卷一，第1页。

[2] 卷一为明治元年；卷二为明治二年、三年；卷三为明治四年；卷四为明治五年；卷五为明治六年；卷六为明治七年；卷七为明治八年、九年、十年、十一年；卷八为明治十二年、十三年、十四年；卷九为明治十五年、十六年、十七年；卷十为明治十八年、十九年、二十年、二十一年；卷十一为明治二十二年；卷十二为明治二十三年。各卷字数不同。明治二十三年为清光绪十六年，1890年，是年日本召开国会，实行宪法。

故，而著其近世史之用，以告吾开新之士焉。"[1]

《日本变政考》第二次进呈本共计约15万字；康在记述史事时，又用"臣有为谨案"作案语，共计180条，加上康的序、跋，达4万余字，反映了康此期政治思想。康在该书《跋》称：

> 日本变法"其条理虽多，其大端则不外于大誓群臣以定国是、立制度局以议宪法、超擢草茅以备顾问、纡尊降贵以通下情、多派游学以通新学、改朔易服以易人心数者。其余自令行若流水矣。
>
> "我朝变法，但采鉴于日本，一切已足，其凡百章程，臣亦采择具备，待措正而施行之。其他英、德、法、俄变政之书，聊博采览。然切于中国之变法自强，尽在此书。臣愚所考，万国书无及此书之备者，虽使管、葛复生，为今日计，无以易此。我皇上阅之采鉴，而自强在此；若弃之而不采，亦更无自强之法矣。且惟今日采用之，犹有可及，少迟则俄路已成，虽欲变法，将为波兰，亦无能为计矣。"[2]

前一段话，透露出其写《日本变政考》的主旨，即为变法提供示范，康提出的"大誓群臣"等六项大端，除"改朔易服"外，在其《上清帝第六书》以及替宋伯鲁、杨深秀、徐致靖代拟的奏折中皆反复上陈。后一段话，又显示了康"舍我其谁"的性格，自认为该书是医国的唯一良方，且须即时服用，过后无效。

康称"一卷甫成，即进上，上复催，又进一卷"，即分卷进呈，但从进呈原本的外表上却看不出分卷进呈的明显痕迹，张书才认为，这是由

---

[1] 《康有为全集》，第3集，第318页。又据《日本书目志》，以上各书编著情况为：《日本文明略史》，一册，福田久松著，八角；《日本文明史略》，十册（已刊五册），物集高见，九角八分六厘；《开化起源史》，一册，井出德太郎译，五角；《大政三迁史》，一册，小中村义象著，三角五分；《明治历史》上卷，二册，坪谷善四郎著，四角；《明治政史》，十二册，指原安三辑，二角八分；《头书太平记》，一册，中根淑注释；《太平记》（日本文学全书自十六篇至十八篇），七角五分；《太平记》，四角五分；《校补近世史略》，九册，山口镰著，一圆五角；《通俗近世史略》，一册，中野了随著，二角五分；《近世太平记》，十二册，吉村明道著，一圆八角；《三十年史》，二册，木村芥舟编，一圆。（同上书，第312—317页）

[2] 《康有为日本变政考》，卷12，第40—41页。"管"指管仲，"葛"指诸葛亮。

于武英殿修书处装订成册配函，"典型的清宫修书处样式"。[1]除了上引序言卷数与实际卷数不符，可以作为分卷进呈的证据；另一证据是第九卷之体例，该卷记录明治十五年、十六年、十七年之事。其余各卷记录多年皆一次起首，仅该卷记录三年分三次起首，皆称"日本变政考卷九·工部主事臣康有为纂"。这似可以解释为一卷来不及递上，将该卷分三次递上；当然，也可以解释为由于抄写者不同，各自起首。从笔迹来看，第九卷明治十五年抄写者为一人，明治十六年、十七年抄写者为另一人。《国闻报》光绪二十四年五月二十四日以"奉旨编书"为题报导：

> "京友来函云：康主政近来编译书籍，日事丹铅，颇形忙碌。本
> 应俟全书译成后恭录，闻有旨令其随译随呈。皇上之振兴实学，考
> 求洋务，益于此可见矣。"

此处的京友，很可能是梁启超。该书的进呈日期当为是五月，即康有为召见之后。[2]

康称"经营新疆、合满汉、教男女"一语，分项查之。检阅《日本变政考》第二次进呈本，似没有关于"经营新疆"之内容。[3]至于"合满汉"一事，康有为在引录明治天皇对本国华族之敕谕后，以案语称言：

> "日本华族者，皆宗室、后族、诸藩之族也，如今满洲八旗之世
> 爵、内务府上三族（旗）之大家、近支之宗室，《周书》所谓以其世
> 臣达大家者。凡此华族，向不与平民结婚，如吾六朝时，又不勤学
> 问，开智识，不知外国开化之故，讲有用之学，愚骄侈溢，自私最

---

〔1〕 张书才：《康有为纂〈日本变政考〉》，《故宫博物院院刊》，1980 年第 3 期。

〔2〕 文悌弹劾康有为折称，康召见后，让其弟康广仁五月初七日告文悌，称"在寓患病，现奉旨令其进书"，文悌于初八日去见康。（《翼教丛编》，第 31 页，参见 24·30）第二次时呈本，当在此一时期所进。

〔3〕 查《日本变政考》，仅于卷一"策问虾夷地开拓事"条下，康有案语称："……我南方直省，民数千万，而北徼、西藏，万里空虚。此吾殖民之地，不待外求而用之不尽者，盖天授我也，但在讲明推行之耳。日地寡少，其开拓北海，颇有全力，条理极切。但吾内地尚未经营，更何暇谋及荒服？此又情形之不同，而时势之有待耳。"（《康有为日本变政考》，卷一，第 22—23 页）但从这一段话中，似只能得到中国有"新疆"可供"殖民"，而不能得出"经营新疆"的意思来。

甚。故日本变法，欲与外国并驰，皆力矫之，务令国民一体，皆通
婚姻，皆修士、农、工、商之业，皆游外国，并携妻女，俾开其知
识。此最要之事也。"[1]

除此之外，《日本变政考》中并无相应的内容。然康上引的这段话，能否
称之为"合满汉"，也是可以怀疑的。至于"教男女"一项，康在《日本
变政考》中有多处提及。其中一段案语称：

"又泰西各国，无男女皆教。凡男女八岁不入学者，即罪其父
母。其女学则于闺范、教育、修身、女红诸学皆学焉。其天文、地
舆、格致诸学，无男女皆学焉。计国中男女读书识字、通图算者，
百之九十人。故于下少一坐食无用之人，即于上收一兴产植业之
益。日本变法，亦重女学。女生徒至二百余万，女教习至千余员，
女学校至千余所，其教法与西国略同。盖恐其民之多愚而寡智，故
广为教育，使男女皆有用。中国以二百兆之女子，曾无一学校以教
之，则不学者居其半，是吾有民而弃之也……"[2]

康有为此时有两个女儿，未生子，故十分重视女子教育。

康称"间日进书，上采案语以为谕旨"，即光绪帝采康《日本变政
考》之案语为新政谕旨，似为张扬。我曾查看排比了康的案语，尚未发
现将案语直接变为新政谕旨的现象。

《日本变政考》第二次进呈原本，藏于故宫博物院图书馆，紫禁城出
版社 1998 年以《康有为日本变政考》为题影印出版，是目前可利用的最
好的版本。[3]其第二次进呈本之手稿，由芮玛丽（Mary Clabaugh
Wright）1947 年在北平为美国胡佛图书馆摄制微卷，黄彰健 1974 年将之
整理后，收录于其所编《康有为戊戌真奏议》。[4]该手稿去向不明。

---

[1] 《康有为日本变政考》，卷三，第 13 页。
[2] 《康有为日本变政考》，卷三，第 15—16 页。
[3] 又，姜义华、张荣华编校《康有为全集》，将故宫进呈本与黄彰健录本互校，也是一
方便利用的版本。（《康有为全集》，第 4 集，第 101—294 页）
[4] 《康有为戊戌真奏议》，第 97—434 页。黄健彰对《日本变政考》进行初步的研究后得
出结论，康有为为此书为配合其改革主张，篡改了日本明治维新的历史。（参见《戊
戌变法史研究》，第 208—227 页）

经康有为作伪的《戊戌奏稿》中录有《进呈〈日本明治变政考〉序（正月）》，似为康后来的另作，与第二次进呈本的序文，文字与主旨有着较大的差别。[1]

（24·34）六月，进《波澜分灭记》、《列国比较表》。七月，进《法国变政考》。其德、英二国变政考，至八月上，而政变生矣。自召见后，无数日不进书者。朝士不知进书，辄疑折函中累累盈帙，故生疑议也。

据手稿本，此节仍为韩文举字体。"六月"、"七月"之"月"字，诸刊本、抄本皆误为"日"；"列国比较表"为添加，康有为字体，补在行间；"至八月上"之"至"字由"自"改；"而政变生矣"后删一字。《波澜分灭记》之"澜"字，各刊本抄本已改为"兰"。

康称"进《波兰分灭记》"，当为属实，该进呈本今藏于故宫博物院图书馆。《我史》后节对此叙述甚详，我将在后一并说明。（参见 24·57）

康称进呈《列国比较表》，亦为属实。该书全名为《光绪二十三年列国政要比较表》，现藏于故宫博物院图书馆，系抄本。孔祥吉对其基本情况有描述，称言：

"凡一函一册。全书系白纸墨笔书写，字体恭整，惟前后字迹不尽相同，当系康有为请人代为誊抄。全书分序言，比较表格，按语三类；凡收入不同内容之表格十三种，计有：第一、各洲诸国名号表；第二、各国比较地数表；第三、各国比较民数表；第四、各国比较每英方里人数表；第五、各国比较学校生徒人数表；第六、各国比较商务表；第七、各国比较铁路匀算方里表；第八、各国比较电线匀算方里表；第九、各国比较出洋轮船夹板装载吨数表；第十、各国比较邮政进款表；第十一、各国比较国债钱粮并以钱粮抵还国债表；第十二、各国比较教民表；第十三、各国比较铁

---

[1] 《戊戌奏稿》影印本，第163—169页；并参见《康有为戊戌真奏议》，第499—500页。

甲快船表。康有为于各表之后均加有按语，藉以发明其政治主张。"[1]

姜义华、张荣华将之录入《康有为全集》，是目前最方便利用的版本。[2] 康有为亦为该书作《序》，称言：

> "……今大地既通，泰西相逼，水愈涨而堤愈高，日进无已。我中国既不能出大地之外，又不能为闭关之谋，亦置于列国之中，互为比较。如两军相当，兵械、士马有一不足，败绩立见矣。守旧之徒不知此义，故足己自是，若一与览比较之表，乃知中国土地、财赋、商贾、学校、生徒、兵卒、船舰、铁路、电线事事远逊于人。如此则知吾之败削也有由，而不能不黝心无傲，翻然变计矣……泰西岁出之，是表为去年所记，尤为切近。谨附言发明于后，以备鉴览焉。"

该书的具体进呈时间不详，当在七月初三日之前。[3]

尽管康有为在进呈本的目录后写明"工部主事臣康有为恭纂"，但《光绪二十三年列国政要比较表》不是康有为的著作，而是《知新报》利用新版的 The Statesman's Yearbook 进行资料编集的译著。前节已叙，康有为在此之前可能进呈《列国岁计政要》，即 The Statesman's Yearbook 一书 1874 年（同治十三年）版，译者为林乐知、郑昌棪，1878年江南制造局出版，资料过期。（参见 24·23）然 The Statesman's Yearbook 自 1864 年（同治三年）开始发行后，每年都出新版。自 1883 年（光绪九年）由著名苏格兰记者 John Scott-Keltie 接办此事，成为当时世界

---

〔1〕 参见《救亡图存的蓝图》，第 287—289 页。并参见《康有为经济思想浅析：读戊戌进呈本〈列国政要比较表〉札记》，《戊戌维新运动新探》，第 205—218 页；《康有为变法奏议研究》，第 361—370 页。

〔2〕 《康有为全集》，第 4 集，第 347—370 页。我曾查阅故宫博物院图书馆所藏本，该进呈本经修书处装订过，黄色纸面、黄丝线订、黄绫包角，另有黄绫封套。

〔3〕 孙家鼐七月初三日上奏称："查康有为编成《俄彼得堡变政考》、《日本变政考》、《列国比较表》、《日本书目志》，业已进呈御览。"（《戊戌变法档案史料》，第 455 页）可知其于七月初三日之前已进呈。

知名的工具书。〔1〕《知新报》开办之初，梁启超即准备译其新版。〔2〕

光绪二十三年六月十一日《知新报》第24册，开始刊出该刊英文翻译新会人周逢源（字灵生）的译本，徐勤为之作序，称言："西人之学，最重图表，技艺测算，多用图学，政学商务，多用表学。《列国岁计政要》之书，表学也，通今最要之书也。西人每岁辑为成书……今继前志，重译是书……"〔3〕并刊出《丁酉列国岁计政要》例言，称言：

> "一、自癸酉岁林君乐知、郑君昌棪翻译是书，中缺二十三年未有继者。外国政事，偶见报张，不全不备，今为续翻，以继斯志。

> "一、是书为英国士咳咖路地所编辑，岁出一部，以视癸酉之书，人民、土地、学校、国用皆与昔异，而铁路、战船、电线诸事，尤为远绝。且旧书无有及中国者，此书则并有之，互为比较，若数米盐，强弱之由，一览而知之矣。

> "一、是书无总表，卷首总表，皆从本书撮翻，特增学校、商务及邮费诸表，以见翻此书之大意，非徒为较量土地、兵械已也。

> "一、地球上域地而治者，凡六十国，其次序悉依表列。如安南、马达加斯加、缅甸，或削或亡，尽异于昔，凡国属于人者，但附于所属之国而已。

> "一、原书纪年用耶稣，方里墩磅用英权，今乃旧书。

> "一、书分九卷，一、二、三卷为民主国，四、五、六卷为君民共主国，七、八、九卷为君主国。其卷首则仅列表目，故不预焉。民主国者，其国无君，或四年，或二年由国人公举，人多举者，则为总统，受命于民，任满而退。君民共主国者，国虽有君，而政由

---

〔1〕 自 1883 年 Sir John Scott-Keltie 接手编辑后，至 1926 年交手，此后的历任编辑为 Mortimer Epstein (1927—1946)、S. H. Steinberg (1946—1969)、John Paxton (1969—1990)、Brian Hunter (1990—1997)、Barry Turner (1997—至今)。该书 2008 年版已出版。其新版可以在网上阅读。

〔2〕 梁启超光绪二十二年十月二十一日致汪康年信中称："报末附译本年之《列国岁计政要》。"（《汪康年师友书札》，第 2 册，第 1846 页）若以此论，当时梁手中的原本是光绪二十二年（1896）版。

〔3〕 《知新报》影印本，第 1 册，第 219 页。

上下议院所出，君但画诺而已。君主者，则政由君出，举国之民无权者也。"[1]

由于我还没有查到该年的 *The Statesman's Yearbook* 的英文原版，但据其例言，全书共九卷，其"卷首·表"一卷，非原书所有，系由译者从书中摘录而成。《知新报》该册录《丁酉列国岁计政要》目录，称言：

"卷首·表：各国比较民数表、各国比较地数表、各国比较每方里人数表、各国比较学校表、各国比较商务表、各国比较铁路匀算方里表、各国比较电线匀算方里表、各国比较出洋轮船夹板装载吨数表、各国比较邮政进款表、各国比较国债钱粮并以钱粮抵还国债数表、各国比较教民表、各国比较铁甲快船表、各国君民主表。附：英国比较十年进口货值表、英国比较十年出口货值表。卷一·民主国：美国（美洲）、瑞士国（欧洲）、檀香山国（美洲太平洋）……"[2]

从第 24 册起，《知新报》连载《丁酉列国岁计政要》，至第 29 册（光绪二十三年八月初一日出版），刊完"卷首·表"一卷。第 30 册起，刊第一卷"美国"，至第 39 册刊完；第 40 册起，刊第一卷"瑞士"，至第 42 册（光

---

[1]《知新报》影印本，第 1 册，第 231 页。

[2]《知新报》影印本，第 1 册，第 232 页。其余各卷目录为："卷二为民主国：法兰西国（欧洲）、巴西国（美洲）、智利国（美洲）、秘鲁国（美洲）、庵蒯道国（南美洲之西）、阿根庭国（南美洲之南）、科仑比亚国（南美洲之北）；卷三为民主国：里比利亚国（非洲西北）、南非民主国（非洲东南）、阿连治国（非洲东南）、墨西哥国（中美洲）、海带国（美洲海湾岛）、山道明哥国（中美洲）、告提抹辣国（中美洲）、杭度辣国（中美洲）、山萨佛道国（中美洲）、考斯搭里噶国（中美洲）、呢加乖国（中美洲）、委奈瑞辣国（南美洲之北）、巴拉圭国（南美洲之南）、乌拉乖国（南美洲之南）、玻利非亚国（南美洲之中）；卷四为君民共主国：英吉利国（欧洲）、比利时国（欧洲）、丹墨国（欧洲）、日本国（亚洲）、瑞典挪威国（欧洲）；卷五为君民共主国：德意志国（欧洲）、奥大利国（欧洲）、意大利亚国（欧洲）、希猎国（欧洲）、路曼尼亚国（旧属土耳其）、沙户亚国（旧属土耳其）；卷六为君民共主国：荷兰国（欧洲）、西班牙国（欧洲）、葡萄牙国（欧洲）、康甸国（非洲之中）、鹿闪卜国（欧洲）；卷七为君主国：大清国（亚洲）、俄国（欧亚两洲北）、暹罗国（亚洲）；卷八为君主国：文匿哥国（欧洲）、奥文国（旧属土耳其）、门的奈哥国（旧属土耳其）；卷九为君主国：土耳其国（欧洲）、波斯国（亚洲）、阿富汗国（亚洲）、毕但国（亚洲印度北）、捻蒲路国（同上）、高丽国（亚洲）、三毛亚国（太平洋海岛）、汤加国（太平洋海岛）、摩洛哥国（非洲西北）、搬纽国（非洲中四国之一）、滑地国（同上）、亚比仙尼亚国（同上）、埃及苏丹国（同上）。"

绪二十三年十二月十一日出版），"瑞士"尚未刊完，突然停止。[1]其原因不详，有可能为避"民主国"之忌。第43册开始，连载周逢源所译《俄皇大彼得传》。此后《知新报》未再刊《丁酉列国岁计政要》。梁启超后亦作《叙》。[2]

康有为进呈的《光绪二十三年列国政要比较表》，即是周逢源译《丁酉列国岁计政要》之"卷首·表"一卷。两者相对照，只是将该书的第十三表"各国君民主表"改为"各洲诸国名号表"，列为第一表。改动的原因，自然是原表分"民主国"、"君民共主国"、"君主国"，恐引起政治上的责难和光绪帝的不快。[3]康有为并在每表后附有案语，共计13条，大意为：各国兼并加剧，国家数量减少，中国民数、地数虽多，但摊之财政、铁路、学校诸项，为最弱最贫国，由此要求变法维新。

---

〔1〕 参见岛田虔次编译：《梁启超年谱长编》，〔东京〕岩波书店，2004年，第1卷，第359页，注⑨。

〔2〕 梁启超作《续译列国岁计政要叙》，称言："《列国岁计政要》，西土岁有著录……岁癸酉，制造局译出一通，齐州之士宝焉……今岁五月《知新报》馆乃始得取其去岁所著录者，译成中文，附印于报末……西人之岁计政要者，其所采录，则议院之档案也，预算决算之表也，民部、学部、兵部、海部、户部、商部之清册也，各地有司、各国使员之报案也。自国主世系、宗戚、岁供、议院、官制、教会、学校、学会、国计、民籍、兵船、疆域、民数、商务、工艺、铁路、邮务、新疆、钱币、权衡，区以国别，分类毕载，冠以总表，藉相比较。国与国比较，而强弱见，年与年比较，而进退见。事与事比较，而缓急轻重见。自癸酉迄今二十五年，其增益新政，万国所同者，有二大端：一曰学，二曰兵……户口之表，中国等恒居一；疆域之表，中国等居四（昔居三，今降而四矣）；国用、学校、商务、工艺、轮船、铁路、兵力诸表，中国等恒居十五以下，或乃至无足比数焉。呜呼！观此而不知愧，不知惕，不知奋者，其为无人心矣。是故观美国之富庶，而知民权之当复；观日本之勃兴，而知黄种之可用；观法国之重振，而知败衄之不足惧；观突厥之濒蹙，而知旧国之不足恃……"（《饮冰室合集》，第1册，文集之二，第59—61页）

〔3〕 《各国君民主表》分"民主国"：美国、瑞士、檀香山、法国、巴西、智利、秘鲁、唵蒯道、阿根廷、科仑比亚、里比利来、南非民主国、阿连治、墨西哥、海带国、山道明哥、告提摩辣、杭度辣、山萨佛逬、考斯搭里噶、呢加拉瓜、委奈瑞辣、巴拉圭、乌拉乖、玻利非亚；"君民共主国"：英国、比利时、丹墨、日本、瑞典挪威、德国、奥国、意大利、希腊、路曼尼亚、沙户亚、荷兰、西班牙、葡萄牙、康哥、鹿闪卜；"君主国"：中国、俄国、暹罗、文匪哥、奥文、门的奈哥、土耳其、波斯、阿富汗、毕旦、捻蒲路、高丽、三毛亚、汤加、摩洛哥、搬纽、滑地、亚比仙尼亚、挨及苏丹。康有为进呈的《各洲诸国名号表》分"亚洲"、"欧洲"、"美洲"、"非洲"、"太平洋"，共计62国。

康称"七月，进《法国变政考》；其德、英二国变政考，至八月上，而政变生矣"一语，涉及到戊戌变法期间康有为进呈书籍的种类与时间。然限于史料，对《法国变政考》、《德国变政考》、《英国变政考》及其他图书是否进呈之疑问，现在还无法予以彻底的解答。

先来看康有为及其党人的说法。经康有为作伪的《戊戌奏稿》中有"请尊孔圣为国教立教部教会以孔子纪年而废淫祀折"，称言：

> "奏为进呈《孔子改制考》、《新学伪经考》、《董子春秋学》敬备
> 宸览……又承天恩，特令军机大臣廖寿恒迭次传问，催将所写著书
> 速写进呈……经昼夜写黄，将臣所编《日本明治变法考》、《俄大
> 波（彼）得变政致强考》、《突厥守旧削弱记》、《波兰分灭记》、《法国
> 革命记》，进呈御览，聊备法戒……今并将臣所著《孔子改制考》、
> 《新学伪经考》、《董子春秋学》进呈，以卷帙繁重，日月迁速，未及
> 写黄，谨以刻本上呈……"〔1〕

此中提到自著、自编书籍共计8种，并称《孔子改制考》等三部书进呈其刻本。梁启超在《戊戌政变记》卷一《康有为向用始末》中称：

> "正月初八日，康有为上疏统筹全局……书既上，命总理衙门
> 王、大臣会议，并进呈所著《日本变政考》、《俄彼得变政考》，并进
> 英人李提摩太所译《泰西新史揽要》、《时事新论》、《列国变通兴盛
> 记》及《列国岁计政要》诸书，上置御案，目（日）加披阅……而
> 康有为所以启沃圣心，毗赞维新者，则尤在著书进呈之一事……及
> 召见时，皇上亲命将所编辑欧洲列国变革各书进呈，以资采择，
> 康以所编辑《英国变政记》、《普国作内政寄军令考》等书进呈，
> 又辑《十年来列国统计比较表》，又辑《列国官制宪法比较表》进
> 呈，皆加以案语，引证本国之事……乃辑《法兰西革命记》、《波
> 兰灭亡记》等书，极言守旧不变，压制其民，必至亡国……上
> 览甚速，一册甫上，旋即追问，明旨数四，皆命枢臣廖寿恒传

〔1〕《戊戌奏稿》影印本，第63—64页。

之。"〔1〕

以上共计自编书籍9种，另有李提摩太等人书籍3种，多了《英国变政记》、《普国作内政寄军令考》、《十年来列国统计比较表》、《列国官制比较表》、《宪法比较表》。康广仁《致易一书》称：

> "四月伯兄召见后，上奏及见客益忙。夜又改定《法兰西革命记》、《突厥削弱记》、《波斯分灭记》。因频奉上命索取，故弟须一切照料，昼夜商榷。伯兄草文皆夜深高卧，诵之于口，而弟笔之于书，其有宜商者，即弟与辨议。即写成折，夕上而朝行。"

此处又提到《波斯分灭记》一种。然据编者张元济称，该信是康有为提供的抄件，其可靠性很值得怀疑。〔2〕康有为在《我史》中提到的进呈书籍为《日本变政考》(参见24·8、24·25)；《俄彼得变政记》(参见24·5)；《泰西新史揽要》(参见24·8)；《时事新论》(参见24·8)；《日本会党考》(附于《日本变政记》)(参见24·14)；《孔子改制考》(参见24·23)；《列国岁计政要》(参见24·23)；《波兰分灭记》(参见24·25、24·57)；《法国变政考》(参见24·25)；《德国变政考》(参见24·25、24·57)；《英国变政考》(参见24·25、24·57)；《列国比较表》；《日本地产一览图》(参见24·50)。共计12种。经康有为作伪的《戊戌奏稿》中，有《进

---

〔1〕 梁启超：《饮冰室合集》续四库本，第205—210页。又，黄彰健称："《戊戌政变记》卷九所附《光绪圣德记》，实系康手撰。康氏手稿已发现，印入《康南海先生遗著汇刊》……《戊戌政变记》实系康、梁之二人合著，特以该书第一章为《光绪向用康始末》，康不便署名合著而已。"〔《论〈杰士上书汇录〉所载康有为上清帝第六书第七书曾经光绪改易并论康上光绪帝第五书确由总署名递上》，(台北)《故宫学术季刊》第九卷 (1991年)，第 1 期〕我也认为，《戊戌政变记》中《康有为向用始末》一篇肯定经过康有为看过。

〔2〕 张元济编：《戊戌六君子遗集》，上海，商务印书馆，1937 年，第 6 册，《康幼博茂才遗文》，第 1 页。康有为于 1917 年致张元济信中称："舍弟文久散，今见所辑遗诗，好花留得与人看，真成诗谶……此间存其与莲珊书数十通，又香港存其与何易一书数通，惜港中书多残纸，每无人检，它日终当检付执事。"(《万木草堂遗稿》，第 436 页)张元济称："右康茂才遗文一卷、诗二首。元济丁巳辑刊六君子遗集，仅得其一诗。阅二年，长素以此卷相示，亟补刊之。"由此可知，包括康广仁信在内一卷，是康有为 1919 年提供给张元济的，且非为原件。康广仁该信中其他内容也难以确定，参见24·41、24·68。

呈〈突厥削弱记〉序（五月）》、《进呈〈法国革命记〉序（六月）》两篇。此中可见，康有为及其党人自己的说法皆相当随意，前后有很大的区别。

验证康说最为可靠的办法，自然是找到进呈本。孔祥吉、王晓秋、张书才、姜义华等人已在故宫博物院图书馆看到了《日本变政考》（第二次进呈本）、《孔子改制考》（抄本、共9卷）、《光绪二十三年列国政要比较表》、《波兰分灭记》共计4种。[1] 又据总理衙门三月初三日、三月二十三日的两次奏折，可知康有为进呈了《俄彼得变政记》、《日本变政考》（初次进呈本）、《泰西新史揽要》、《列国变通兴盛记》。（参见24·5、24·8）又据总理衙门章京张元济六月十八日致沈曾植信称："长素呈进《泰西新史》、《列国岁计》后，即时有索书之诏。"[2] 可知《列国岁计政要》亦有可能进呈（若此处张言《列国岁计》指《光绪二十三年列国政要比较表》，该书又可不计）。又据孙家鼐七月初三日奏称："查康有为编成《俄彼得堡变政考》、《日本变政考》、《列国比较表》、《日本书目志》，业已进呈御览。"[3] 可知《日本书目志》已进呈。[4] 又据康有为"请开农学堂地质局折"中所言："臣购得《日本地产一览图》，恭呈御览。"[5] 可知《日本地产一览图》已进呈。由此，可以肯定进呈的书籍为：《俄彼得变政记》、《日本变政考》（两次）、《泰西新史揽要》、《列国变通兴盛记》、《孔子改制考》（抄本，9卷）、《光绪二十三年列国政要

〔1〕 孔祥吉：《救亡图存的蓝图》；王晓秋：《康有为的一部未刊印的重要著作：〈日本变政考〉评介》，《历史研究》，1980年第3期；张书才：《康有为纂〈日本变政考〉》，《故宫博物院院刊》，1980年第3期；并参见姜义华、张荣华编：《康有为全集》第4集。

〔2〕 《张元济手札》增订本，中册，第675—676页。又，张元济1952年作《追述戊戌政变杂咏》，其第二首注文称："长素尝以所著《新学伪经考》及世界各国变法小史，送至总署，呈请进呈御览。闻有满洲某堂言，进书应自恭缮，今用印本，纸墨装璜均极草率，不合体制，不应进呈。后牟以有所忌惮而止，照常奏进。"（《丛刊 戊戌变法》，第4册，第350页）张元济此处回忆似有误。

〔3〕 《戊戌变法档案史料》，第455页。

〔4〕 参见《救亡图存的蓝图》，第282—286页。该书有光绪二十三年大同译书局刊本，姜义华、张荣华编校《康有为全集》，将之编入（第3集，第261—524页），是最方便利用的版本。

〔5〕 《救亡图存的蓝图》，第210—211页。

比较表》、《波兰分灭记》、《日本书目志》、《日本地产一览表》，共计 9 种，《列国岁计政要》极有可能已进呈。此外，《国闻报》五月二十四日以"奉旨编书"为题刊出消息："闻近来康主政陆续进呈览之书，有《孔子改制考》、《泰西新史揽要》、《列国岁计政要》、《文学兴国策》、《西国学校》。"这一条消息似由康、梁提供，《文学兴国策》、《西国学校》两书也有可能进呈。[1]

康称"七月进《法国变政考》"，又称"而德、英两国变政考，至八月上，而政变生矣"，即法、德、英三国变政考之事。案此三书最初见于康有为三月二十日"译纂《日本变政考》成书折"，称：

> "臣尚有《英国变政记》、《法国变政记》、《德国威廉第三作内政记》、《波兰分灭记》、《大地兴亡法戒》，略尽于是矣。若承垂采，当续写进。"[2]

光绪帝对此并没有表示态度。四月二十八日召见后，光绪帝命廖寿恒传康有为进呈书籍，可能提到此事。然自五月以来，康有为极忙。六月初八日奉旨督办上海《时务官报》（参见 24·43）；六月下旬进呈《波兰分灭记》；至七月康有为卷入更多的政治事务，很难有时间撰书。孔祥吉认为，《法国变政考》可能未进呈。[3]对此我是同意的。若是如此，德国、英国变政考更是没有时间来完成。（参见 24·57）

《戊戌奏稿》中《进呈〈突厥削弱记〉序（五月）》、《进呈〈法国革命记〉序（六月）》两序，黄彰健、孔祥吉认定为后来的另作。[4]对此，我也是同意的。先看突厥。康有为于光绪三十四年（1908）访问土

---

〔1〕 1872 年日本驻美公使森有礼将美国有关日本教育的 13 件信函汇成一书，林乐知将之译为中文，取名《文学兴国策》，于光绪二十二年由广学会出版。《西国学校》由德国传教士花之安（Ernst Faber, 1839—1899）著，1873 年出版，原名为《大德国学校略论》，重版后称《泰西学校略论》，又称《西国学校》。

〔2〕《救亡图存的蓝图》，第 59 页。

〔3〕《康有为变法奏议研究》，第 388 页。

〔4〕《康有为戊戌真奏议》，第 503、505 页；《戊戌变法史研究》，第 572—573 页；《康有为变法奏议研究》，第 383—389 页。

耳其，后作有《突厥游记》。[1]他关于土耳其的历史知识很有可能从此建立起来。而在戊戌期间，康强调的是土耳其利用英国等国与俄国相抗以自保，与《进呈〈突厥削弱记〉序》中的主旨大不同。再看法国。康有为代徐致靖拟"嗣后用人行政请明宣片"中举普法战争后，法国知耻自强为例，称言："考法人为德国所败，图画其败军，断头臂折，流血成河，烟火蔽天之状于公园，纵其民使观之，于是法民大动愤耻，日思报复。以偿款十五万万之多，年半而悉输之矣。"[2]八月二十一日，康有为在香港见《德臣报》记者，言及光绪帝的召见，仍举普法战后法国自强为例证。[3]这也是当时人相当广泛的认识。[4]以此而论，康拟撰的《法国变政考》当作正面叙述普法战后法国振作变革之事迹。而《进呈〈法国革命记〉序》时间标为"六月"已是有误，然取意完全相反，称言：

> "……流血遍全国，巴黎百日，而伏尸百二十九万，变革三次，君主再复，而绵祸八十年。十万之贵族，百万之富家，千万之中人，暴骨如莽，奔走流离，散逃异国。城市为墟，而革变频仍，迄

---

[1] 《突厥游记》，见上海市文物保管委员会编：《康有为遗稿·列国游记》，上海人民出版社，1995年，第536—567页。并参见戴东阳：《康有为〈突厥游记〉稿、刊本差异及其成因》，《近代史研究》，2000年第2期。

[2] 《戊戌变法档案史料》，第6页；《救亡图存的蓝图》，第137—138页。康有为在保国会第一次集会演讲时称："国家又无法人师丹之油画院，绘败图以激人心。"（《康有为政论集》，上册，第240页）

[3] 康称："我给他举出普法战后的法国为例。我说法国所付的赔款，要比我们付给日本的赔款大的多，而且法国所失掉的土地，也比中国多。法国割去的是两个省，而中国仅割去一省（台湾）。我问皇上，为什么法国在这样很短的时间中便能恢复，而中国则停战已经三年了，事实上什么也没有做……法国总统泰尔（M.Thiers）曾向法国人民发布一个公告，促使他们废弃一切腐败的方法，要请他们合作来恢复国力，并且立即采用一些改革的步骤，以期收复失地。其结果是法国人民万众一心，为同一的目标奋斗。法国之所以能迅速复兴，其原因正在于此。"（《丛刊·戊戌变法》，第3册，第307页）康的这一段谈话，未必是真实的法国复兴史，但真实表达了他此期的思想。

[4] 光绪二十一年闰五月十七日，广西按察使胡燏棻上奏"因时变法力图自强条陈善后事宜折"，称言："昔普法之战，法之名城，残破几尽，电线铁路，处处毁裂，赔偿兵费计五千兆佛兰克，其数且十倍今日之二万万两。然法人自定约后，上下一心，孜孜求治，从前弊政，一体蠲除，乃不及十年，又复富强，仍为欧洲雄大之国，论者谓较盛于拿破仑之时。"（《丛刊·戊戌变法》，第2册，第279页）

无安息，旋入洄渊，不知所极。至夫路易十六，君后同囚，并上断
头之台，空洒国民之泪，凄恻千古，感痛全珠（球）……"〔1〕
这些话皆非戊戌变法期间适合对光绪帝所言之用语，而是宣统年间革命
力量兴起时，似为反对革命而言。

（24·35）自四月杪大学堂议起，枢垣托吾为草章程，吾时召见，
无暇，命卓如草稿，酌英、美、日之制为之，甚周密，而以大权归
之教习。总署复奏学堂事，大臣属之章京，章京张元济来请吾撰，
吾为定四款：一曰预筹巨款，二曰即拨官舍，三曰精选教习，四曰
选刻学书。选刻学书者，将中国应读之书，自经史子集及西学，选
其精要，辑为一书，俾易诵读，用力省而成功普，不至若畴昔废力
于无用之学，以至久无成功也。又所请各分教习皆由总教习专之，
以一事权。

> 据手稿本，此节仍为韩文举字体。"自四月杪"四字由"当是时"改，康有为字
> 体；"大学堂"后删"已"字；"吾时召见"之"时"字，由某字改；"酌英、美、日之
> 制为之"之"为之"二字为添加，康有为字体，"甚周密"之"甚"后，删"为"
> 字；"而以大权"之"以"字为添加；"总署复奏学堂事"之"复奏"后删一"之"
> 字，"事"字为添加；"章京张元济来请吾撰"之"撰"字，以"□议"改；"预筹巨
> 款"之"预"字为添加；"选刊学书者"之"者"字为添加；"经史子集"之"子"后
> 删一"史"字。此处手稿本另一贴条："第六行'废力'之废字似宜改为费。"该
> 贴条似为康有为弟子孔昭焱字体。

《我史》以下三节，皆是京师大学堂之事。〔2〕
京师大学堂设置之议，始于光绪二十二年。光绪二十四年正月二十
五日（1898年2月15日），御史王鹏运附片要求开设京师大学堂，光绪
帝当日明发上谕：

> "御史王鹏运奏请开办京师大学堂等语。京师大学堂叠经臣工
> 奏请，准其建立。现在亟需开办。其详细章程著军机大臣会同总理

---

〔1〕《戊戌奏稿》影印本，第175页。
〔2〕参见拙文《京师大学堂的初建：论康有为派与孙家鼐派之争》，《北大史学》，第13
辑，北京大学出版社，2008年。

各国事务衙门王、大臣妥筹具奏。"〔1〕

此时军机处、总理衙门政务甚忙：德国胶澳交涉、俄国旅大交涉，英德续借款，英、法、日本等国对租借地及势力范围的要求，经济特科、昭信股票、德国亲王觐见……一无空暇。从此期《翁同龢日记》、《张荫桓日记》来看，他们没有对大学堂事务进行过讨论。四月二十三日，光绪帝颁下"明定国是诏"，称言：

> "京师大学堂为各行省之倡，尤应首先举办。著军机大臣、总理各国事务王、大臣会同妥速议奏。所有翰林院编检、各部院司员、大门侍卫、候补候选道府州县以下官、大员子弟、八旗世职、各省武职后裔，其愿入学堂者，均准入学肄习，以期人才辈出，共济时艰。不得敷衍因循，循私援引，致负朝廷谆谆告诫之至意。"

再次强调军机处与总理衙门"妥速议奏"大学堂章程事宜。〔2〕次日，四月二十四日，总理衙门发电清朝驻日本公使裕庚："东京大学堂章程希速译，钞送署。"〔3〕翰林院修撰张謇与翁同龢交往甚密，此期服阕回京。是年四月初一日，张謇往翁处拜见，二十日，翁又约张见面，"直谈至暮"；二十五日，张謇在日记中称：

> "拟大学堂办法：宜分内外院，内院已仕，外院未仕。宜分初、中、上三等。宜有植物、动物苑。宜有博学苑。宜分类设堂。宜参延东洋教习。宜定学生膏火。宜于盛大理允筹十万外，酌量宽备。宜就南苑择地。宜即用南苑工费。宜专派大臣。宜先画图。与仲弢大致同。虞山谈至苦。"〔4〕

由此大体可知，在军机大臣、总理衙门大臣中，翁同龢负责大学堂章程的起草；翁将之委托于张謇、黄绍箕。然仅在两天之后，四月二十七

〔1〕 军机处《洋务档》，光绪二十四年正月二十五日。

〔2〕 军机处《上谕档》，光绪二十四年四月二十三日。

〔3〕 《发电档》，军机处档册，207/3－50－3/2088。

〔4〕 《张謇全集》，第6卷，《日记》，第409－410页。翁该日日记中称："申初二，张季直来，谈至暮，盖无所不谈耳。"(《翁同龢日记》，第6册，第3133页)"盛大理"，大理寺少卿盛宣怀。"仲弢"，翰林院侍讲黄绍箕。"虞山"，翁同龢。

日，翁同龢突然被罢免（参见24·20），大学堂章程起草一事只能易人。至五月初八日，开办大学堂之旨已颁四个多月（含闰三月），军机处、总理衙门仍未奏报详细章程，光绪帝大为光火，明发谕旨中称：

> "兹当整饬庶务之际，部院各衙门承办事件，首戒因循。前因京师大学堂为各行省之倡，特降谕旨，令军机大臣、总理各国事务王、大臣会同议奏。即著迅速复奏，毋再迟延。其各部院衙门于奉旨交议事件，务当督饬司员，克期议复。倘有仍前玩愒，并不依限复奏，定即从严惩处不贷。"[1]

这是一道罕见的严旨。光绪帝害怕大学堂一事因翁同龢罢免而同当时许多事情一样，最终不了了之。至五月十四日，军机处、总理衙门急忙联衔上奏"奏复遵议大学堂章程折"。

事情由此出现转机。康有为、梁启超开始参预此事。康称"自四月杪大学堂议起，枢垣托吾为草章程，吾时召见，无暇，命卓如草稿"一语，"枢垣"指军机处，"托吾"者似指军机大臣兼总理衙门大臣廖寿恒。廖于此时很可能接替翁同龢，负责大学堂章程的起草。康、梁名重一时，梁编《时务报》时注重各国教育，时务学堂之经历又使梁拥有实际操作的知识。李鸿章在给其儿子李经方的信中，直接透露出内情：大学堂章程"即樵野倩梁启超捉刀者"。[2] 由此看来，此事似由张荫桓提议，由廖寿恒出面，将之委托于康、梁。梁启超称：

> 光绪帝"三令五申，诸大臣奉严旨，令速拟章程，咸仓皇不知所出。盖支那向未有学校之举，无成案可稽也。当时军机大臣及总署大臣，咸饬人来属启梁（梁启）超代草，梁乃略取日本学规，参

---

〔1〕《上谕档》，光绪二十四年五月初八日。五月初十日，总理衙门议复杨深秀奏请从日文转译西书一事，提议将梁启超在上海设立的大同译书局改为官译书局。光绪帝下旨："京师大学堂指日开办，亦应设立译书局，以开风气，如何筹款兴办之处，著总理各国事务王、大臣一并筹议具奏。"（军机处《洋务档》，光绪二十四年五月初十日，参见24·19）

〔2〕"致李经方"，光绪二十四年五月二十八日，《李鸿章全集》安徽教育版，第36册，信函八，第184页。大学堂章程由军机处、总理衙门奏复，应由总理衙门主稿，李为总理衙门大臣，当为知情者。

以本国情形，草定规则八十余条。至是上之，皇上俞允。"[1]
其中"日本学规"，似是梁在上海时所搜集，若由驻日公使裕庚发回，时间上也来不及。梁启超由此成了大学堂章程的实际起草人。[2]

康称"总署复奏学堂事，大臣属之章京，章京张元济来请吾撰"，"复奏"即指五月十四日军机、总署所上"奏复遵议大学堂章程折"，总理衙门章京张元济很可能负责该折的起草，为此请教于康。康又称"吾为定四款：一曰预筹巨款，二曰即拨官舍，三曰精选教习，四曰选刻学书"，查军机处、总理衙门该折称：

> "臣等仰体圣意，广集良法，斟酌损益，草定章程，规模略具。
> 若其要义，凡有四端：一曰宽筹经费，二曰宏建学舍，三曰慎选管
> 学大臣，四曰简派总教习。提纲挈领，在此数者。"[3]

此与康说有相近之处，亦有不同之处，也有可能对康的建策有所修改。

军机处、总理衙门"奏复遵议大学堂章程折"附呈《大学堂章程》，是梁启超起草的。有"总纲"、"学堂功课例"、"学生入学例"、"学成出身例"、"聘用教习例"、"设官例"、"经费"、"暂章"共八章五十一节，颇为详细。[4]但其纲目章节与梁称"草定规则八十余条"，并不吻合，可见军机处、总理衙门对梁拟章程亦有修改之处。

梁启超起草的《大学堂章程》，最为关键者为两处，康在《我史》中都提到了。

康称"选刻学书"一项，即是当时的"功课书"，此为第一关键之

---

[1] 梁启超：《戊戌政变记》续四库本，第 214 页。
[2] 远在湖南的皮锡瑞也听到了消息，于光绪二十四年六月初十日记中称："贺尔翊来，云……大学堂章程归梁卓如一手定。"（《师伏堂未刊日记》，《湖南历史资料》，1959 年第 2 期，第 129 页。贺尔翊，名赞元，江西永新人，是皮所称许的高足弟子）
[3] 军机处、总理衙门"奏复遵议大学堂章程折"，北京大学、中国第一历史档案馆编：《京师大学堂档案选编》，北京大学出版社，2001 年，第 23—26 页。该折称："宽筹经费"一项，"开办经费需银三十五万两，常年经费一十八万两有奇"。"宏建学舍"一项，"先行拨给公中房室广大者一处，暂充学舍"，"仍应别拨公地，另行构建"。"慎选管学大臣"、"简派总教习"两项，参见 24·36。
[4] 军机处、总理衙门"奏复遵议大学堂章程折"及附呈《大学堂章程》，见《京师大学堂档案选编》，第 23—40 页。

处。《大学堂章程》第一章"总纲"第五节称：

> "西国学堂皆有一定功课书，由浅入深，条理秩然。有小学堂读本，有中学堂读本，有大学堂读本。按日程功，收效自易。今中国既无此等书，故言中学，则四库七略，浩如烟海，穷年莫殚，望洋而叹。言西学则陵乱无章，顾此失彼，皮毛徒袭，成效终虚。加以师范学堂未立，教习不得其人，一切教法皆不讲究。前者学堂不能成就人才，皆由于此。**今宜在上海等处开一编译局，取各种普通学尽人所当习者，悉编为功课书。**分小学、中学、大学三级，量中人之才所能肄习者，每日定为一课。局中集中西通才，专司纂译。**其言中学者，荟萃经、子、史之精要，及与时务相关者编成之。取其精华，弃其糟粕。**其言西学者，译西人学堂所用之书，加以润色。既勒为定本，除学堂学生人给一分外，**仍请旨颁行各省学堂，**悉遵教授，庶可以一趋向而广民智。"[1]

此中透露出康有为一派准备在上海设立编译局，统一全国教科书的意图。[2]《大学堂章程》第二章"学堂功课例"第二节又称：

> "西国学堂所读之书，皆分两类，一曰溥通学，二曰专门学。溥通学者，凡学生皆当通习者也。专门学者，每人各占一门者也。今略依泰西、日本通行学校功课之种别，参以中学，列为一表如下：经学第一；理学第二；中外掌故学第三；诸子学第四；初级算学第五；初级格致学第六；初级政治学第七；初级地理学第八；文学第九；体操学第十。以上皆溥通学。**其应读之书，皆由上海编译局纂成功课书，**按日分课。无论何种学生，三年之内，必须将本局所纂之书，全数卒业，始得领学成文凭。（惟体操学不在功课书内）英

---

[1]《大学堂章程》，《京师大学堂档案选编》，第27页。黑体为引者所标。

[2] 根据五月初十日总理衙门奏折及朱批，梁启超开设的上海大同译书局，将改为"上海官译书局"。梁启超拟《大学堂章程》之时，很可能未知光绪帝将批准该局改制并命另设大学堂译书局，故有"今宜在上海等处开一编译局"之语。军机大臣、总理衙门大臣急于上奏《章程》，也未能对于该段文字进行调整。五月十四日总理衙门同时上有附片，成立大学堂编译局，亦由梁启超统管之。（参见24·18、24·19）

国语言文字学第十一；法国语言文字学第十二；俄国语言文字学第
十三；德国语言文字学第十四；日本语言文字学第十五。以上语言
文字学五种，凡学生每人自认一种，与普通学同时并习，其功课悉
用洋人原本。高等纂［算］学第十六；高等格致学第十七；高等政
治学第十八（法律学归此门）；高等地理学第十九（测绘学归此门）；
农学第二十；矿学第二十一；工程学第二十二；商学第二十三；兵学
第二十四；卫生学第二十五（医学归此门）。以上十种专门学，俟溥通
学既卒业后，每学生各占一门或两门，其已习西文之学生，即读西文
各门读本之书，**其未习西文之学生，即读编译局译出各门之书**。"〔1〕
由此可见，溥（普）通学的课程，全用编译局的教科书，其中最重要的
规定是"荟萃经、子、史之精要及与时务相关者编成之。取其精华，弃
其糟粕"。该类功课书由编译局"勒为定本"，除在大学堂使用外，另颁
行各省学堂。

　　梁启超拟纂成的"功课书"将会是何模样？梁虽未编成实本，但对
照其在湖南时务学堂的做法，略可知其大意。〔2〕在湖南时务学堂的"溥
通"、"专门"两学之中，梁启超强调的是"溥通学"，要求十二个月不间
断地学习；学习中的"专精之书"，似略当于《大学堂章程》中的"功课
书"（教科书）。梁拟时务学堂《第一年读书分月课程表》，详细开列了各
月所读"溥通学"的"专精之书"书目。〔3〕然细览该书目可知，梁的教

<hr>

〔1〕《大学堂章程》，《京师大学堂档案选编》，第29—30页。黑体为引者所标。"溥通
　　学"、"普通学"皆原文如此，可见当时用词并不严格分明。
〔2〕梁启超拟《时务学堂功课详细章程》称："……第四节、凡初入学堂，六个月以前，
　　皆治溥通学；至六个月以后，乃各认专门，即认专门之后，其溥通学仍一律并习。
　　第五节、学生所读书，皆分两类：一曰专精之书，二曰涉猎之书。专精之书，必须
　　终卷，按日分课，不许躐等；涉猎之书，随意翻阅……第六节、每日读专精之书，
　　约居时刻十之六，读涉猎之书，约居时刻十之四……六个月以后，既溥学、专学两
　　者并习，或每日有两种专精之书，而无涉猎之书，亦无不可。"（夏晓虹辑：《饮冰室
　　合集集外文》，北京大学出版社，2005年，上册，第22—23页）
〔3〕第一月，"《读书法》此书见学校报第一、第二册。《礼记·学记篇、少仪篇》，《管
　　子·弟子职篇》，《孟子》先阅学校报中《读孟子界说》，其余按学校报中《孟子今
　　义》求之，半月可卒业。《春秋公羊传》先阅学校报中《读春秋界说》，其余按学校
　　报中《春秋公法学》求之。"第二月，"《春秋公羊传》、《公理学》其书按次印入学校

学仍以中学（康学）为主，其"专精之书"是有目的地选择古代经典，以《春秋公羊传》为其核心。其涉及西学部分，虽称"专门"，皆当时的译本，尚属"普通"知识。[1]即以今天的标准来看，梁的"西学"之"专

报中。学者治《春秋》，即谙诸例，即当求公理，以互相印证。"第三月，"《春秋公羊传》、《公理学》。"第四月，"《春秋公羊传》此书每日读'湘刻本'八九叶，约月余可以卒业。既与《繁露》、《谷梁》、《白虎通》、公法等书合读，三月之功，无不全通矣。《礼记·中庸篇、礼运篇、大学篇》，《中庸》为孔子行状，《礼运》、《大学》皆言大同之书，宜先读。《公理学》。"第五月，"《论语》先阅学校报中《读论语界说》，分类求之，数日可卒业。诸子学术流派书，此书学堂有刻本，当与学校报中《读诸子界说》并读。《古学案》上卷，此书按次印在学校报中，上卷言孔子以前学派及孔门诸子学派。《公理学》。"第六月，"二戴记中，裁篇先读，其篇目先后，别著《界说》中。《周礼》先阅学校报中《读周礼界说》。《荀子》先阅学校报中《读荀子界说》。《古学案》中卷，中卷言周秦诸子学派。《公理学》。"第七月，"《古学案》中卷，《荀子》、《墨子》、《公理学》。"第八月，"二戴记，《古学案》中卷，《墨子》先阅学校报中《读墨子界说》。《公理学》。"第九月，"《古学案》下卷，下卷言秦、汉至唐儒者学派。《管子》、《公理学》。"第十月，"《古学案》附卷，附卷言外教流派。《老子》、《庄子》、《列子》、《公理学》。"第十一月，"《古学案》附卷，《吕氏春秋》、《淮南子》、《公理学》。"第十二月，"《左氏春秋》先阅学校报中《读左氏界说》，《商君书》、《韩非子》；《公理学》。"而其第一月至第六月的涉猎之书为：《宋元学案》、《朱子语类》中论"为学之方"、"训门人"诸卷，《史记·儒林列传》，《汉书·艺文志、六艺略、儒林传》，《格致须知》、《春秋繁露》、《春秋谷梁传》，公法诸书，万国史记，《时务》、《知新》、《湘学》各报，《日本国志》、《白虎通》、《泰西新史揽要》、《格致汇编》、《四库提要·子部》、《明儒学案》、《国朝先正事略》、《佐治刍言》、《格致汇编》、《格致质学》、《西学启蒙》十六种，《西国政学事物源流》。（《第一年读书分月课程表》，《饮冰室合集集外文》，上册，第24—31页；"二戴记"为《大戴礼记》、《小戴礼记》；贯穿始终的"公理学"，是由康有为所创《实法公理全书》之类的新说）对于所习各经典，梁启超等人亦编有《读××界说》作为辅导，以能让习者随从其学说。（《读春秋界说》、《读孟子界说》，以作为学生读书之引导，见《饮冰室合集》，第1册，文集之三，第17—21页；《饮冰室合集集外文》，上册，第18—21页）
[1] 梁在湖南时间甚短（光绪二十三年九月至二十四年二月），未等其"专门学"开设，已离去，很难知道其拟开设的"专门学"具体内容及教学方法。根据梁启超《第一年读书分月课程表》，第七月至第十二月的"颛〔专〕门学"，只列专精之书。一、公法门专精之书为《公法会通》、《公法总论》、《万国公法》、《佐治刍言》、《公法便览》、《各国交涉公法论》、《左氏春秋》、《国语》、《战国策》、《希腊志略》、《罗马志略》、各国通商条约、《通商约章类纂》、《欧洲史略》、《通商约章》及成案、《法国律例》、《英律全书》；二、掌故门专精之书为《周礼》、《秦会要》、《佐治刍言》、《日本国志》、《历代职官表》、全史《职官志》、《通考》、《续通考》、《皇朝通考》职官门、《唐律疏义》、《法国律例》、《大清律例》；三、格算门专精之书为《格物质学》、《学算笔谭》、《笔算数学》、《几何原本》、《形学备旨》、《代数术》、《代数备旨》、《谈天》、《地学浅

门"，程度浅于其所倡导的"普通学"之"中学"。康有为用他的观念在万木草堂中培养了他的党徒，梁启超也以康及他本人的思想在湖南时务学堂培养了一批信众。[1]若据《大学堂章程》，由梁主持的上海编译局，似将按康的思想编纂教科书，其意并不在康称"用力省而成功普"，而在新编"功课书"名义下，系统整理"康学"。张之洞收到的京内密报，对此一语道破：

> "现派梁启超办理译书局事务，分编、译二门，所编各书，必将删削诸经，以就康学。将来科举，即由大学堂中出，人将讲王氏之新学矣。"[2]

相同的说法，还见于皮锡瑞，他在日记中称："又有云康工部得志，乃张樵野主持，卓如定章程虽佳，必欲人人读其编定之书，似有王荆公《三经新义》之弊。"[3]

康称"以大权归之教习"，又称"所请各分教习皆由总教习专之，以一事权"，即指"总教习"之人选与权限，此为第二关键之处。《大学堂章程》第五章"聘用教习例"第一节称：

释》、《化学鉴原》、《代数难题》、《化学分原》、《代微积拾级》、《微积溯原》、《化学鉴原》续编、补编。梁又称七月"以后涉猎书不能具列，凡治其门者，即任意涉猎本门之书。其书目别为《书目表》详之。"（《第一年读书分月课程表》，《饮冰室合集集外文》，上册，第24—31页）《大学堂章程》第五章"聘用教习例"第五节亦称："现当开办之始，各学生大率初学，必须先依编译局所编之溥通功课书卒业，然后乃习专门。计晷谏者亦当在两年以后……"（《京师大学堂档案选编》，第36页）可见"普通学"的课程亦少为两年。

〔1〕《京师大学堂章程》第二章"学堂功课例"第五节言及学习方法："考验学生功课之高下，依西例用积分之法。每日读编译局所编溥通学功课书，能通过一课者，即为及格。功课书之外，每日仍当将所读书条举心得，入札记册中，其札记呈教习评阅，记注分数，以为高下之识别……"（《京师大学堂档案选编》，第31页）这种阅读指定书目、写心得札记、并呈教习评判的方法，正是康有为在万木草堂、梁启超在时务学堂所施行的教学方法。

〔2〕转引自孔祥吉：《戊戌维新运动新探》，第80页。此中"王氏之新学"，即指王安石于变法时所倡导的"托古改制"之"新学"，以其所著《周官新义》、《诗经新义》、《书经新义》（通称《三经新义》）和《字说》为代表，颁以各学宫，并作为科考依据。

〔3〕《师伏堂未刊日记》，《湖南历史资料》，1959年第2期，第131页。

"同文馆及北洋学堂等多以西人为总教习，然学堂功课既中西
并重，华人容有兼通西学者，西人必无兼通中学者。前此各学堂于
中学不免偏枯，皆由以西人为总教习故也。即专就西文而论，英、
法、俄、德诸文并用，无论任聘何国之人，皆不能节制他种文字之
教习。专门诸学亦然。**故必择中国通人，学贯中西，能见其大者，
为总教习**，然后可以崇体制而收实效。"[1]

"通人"、"通才"是康有为所拟或代拟奏折的专用语，即指康及其党人，
"学贯中西"、"能见其大"也是其自诩之词。梁启超于此几乎是照着康有
为的模样来画总教习的标准像。军机大臣、总理衙门大臣看来于此有所
疏漏，对章程未做彻底的删改。[2]《大学堂章程》第五章"聘用教习
例"第四节称：

"用使臣自辟参、随例，凡分教习，皆由总教习辟用，以免枘凿
之见，而收指臂之益。其欧美人或难于聘请者，则由总教习、总办
随时会同总署及各国使臣，向彼中学堂商请。"

其第六章"设官例"第三节又称：

"设分教习汉人二十四员，由总教习奏调，略如翰林院五经博
士、国子监助教之职。其西人为分教者，不以官论。"[3]

---

[1] 《京师大学堂档案选编》，第35页。又，《大学堂章程》第六章"设官例"第二节又
称："设总教习一员，不拘资格，由特旨擢用，略如国子监祭酒、司业之职。"（同上
书，第36页）其中"不拘资格"更是为康这位工部主事、总理衙门章京开放了
条件。

[2] 《大学堂章程》第五章"聘用教习例"第二节称："学生之成就与否，全视教习。教
习得人，则纲目毕举；教习不得人，则徒糜巨帑，必无成效。此举既属维新之政，
实事求是，必不可如教习庶吉士、国子监祭酒等虚应故事。宜取品学兼优通中外
者，不论官阶，不论年齿，务以得人为主。或由总理衙门大臣保荐人才可任此职
者，请旨擢用。"（《京师大学堂档案选编》，第35页）此处的"教习"一词，其意甚
不明确，按照《大学堂章程》，只有"总教习"与"分教习"，并无"教习"一职。若
指该处"教习"系总教习与分教习之合谓，按《章程》，分教习由总教习"辟用"、"奏
调"，不应由"总理衙门大臣保荐"。"教习庶吉士、国子监祭酒"之比喻，似指总教
习。由此，我以为，此处"教习"，梁启超原拟稿似为"总教习"，后被删去"总"
字，内容也似稍有调整。若将"教习"改为"总教习"，此一节大体可通。

[3] 《大学堂章程》，《京师大学堂档案选编》，第35—36页。黑体为引者所标。"使臣自
辟参、随例"，指当时出使大臣（公使）可以自选参赞、随员，上奏陈明即可。

即分教习的人选，完全由总教习来决定。此外，总教习还有其他重要的权限。[1]许多迹象表明，康有为欲任此职而充当全国的学界领袖。皮锡瑞亦识破其意，在日记中称："见《申报》列大学堂及各省学堂章程，是梁卓如手笔，说中西学极通达……大学堂总教习破格录用，似乎意在南海，不知能破格否?"[2]

"功课书"、"总教习"两项，是后来康有为与孙家鼐在大学堂事务上的主要争执点。

> （24·36）时派大学士孙家鼐管学。孙家鼐素知吾，来面请吾为总教习，并请次亮为总办，又来劝驾。时大学肄业有部曹、翰林、道、府、州、县等官，习气甚深，自度才德年位，恐不足以率之，度教无成，徒增谤议，故面辞之。时孙尚未见卓如章程也。时李合肥、枢臣廖仲山、陈次亮皆劝孙中堂请吾为总教习。及见章程，大怒，以教权皆属总教习而管学大臣无权。又见李合肥、廖仲山、陈次亮皆推毂，遂疑我为请托，欲为总教习专权，又欲专选书之权，以行孔子改制之学也，于是大怒而相攻。我遂与卓如告孙，誓不占大学一差，以白其志。
>
> 据手稿本，此节仍为韩文举字体。"请次亮为总办"后删"又来拜吾陈次亮"及将"来拜"改为"请"共八字；"又来劝驾"之"来"字为添加，补在行间；"时大学肄业"之"时"字后删"所"字；"有部曹"之"有"字以"由"改；"习气甚深"前删一字，后删一字；"自度才德年位"之"自"字以"又"改，"位"以"老"改；"故面辞之"以"面辞孙中堂"改，"故"、"之"为添加，删"孙中堂"三字；"时孙尚未见卓如章程也"一句为添加，补在行间；"请吾为总教习"之"总教习"三字删后又添上，后删"孙疑我欲为之而请托之也"一句，又删旁添之"时尚未睹旧如章"一句；"及见章程大怒"为添加，补在行间；"以教权皆属总教习，而管学大臣无权，又见李合肥、廖仲山、陈次亮皆推毂，遂疑我为请托，欲为总教习专权，又欲专选书

---

[1] 《大学堂章程》第八章"暂章"第二、七、八、九节称："功课之缓急次序，及每日督课分科分刻及记分数之法，其章程皆归总教习、分教习续拟。""学成出身详细章程，应由总教习会同总理衙门、礼部详拟。""各省府州县学堂训章，应由大学堂总教习、总办拟定，请旨颁示。""学生卒业后，选其高才者出洋游学。其章程俟临时由总教习会同总理衙门详拟。"（《京师大学堂档案选编》，第39—40页）

[2] 《师伏堂未刊日记》，《湖南历史资料》，1959年第2期，第131页。

之权，以行孔子改制之学，于是大怒相攻，我遂与卓如告孙，誓不占大学一差，以白其志"一段为添加，补在页眉，韩文举字体。又，"我遂与卓如"之"与"字，各刊本抄本作"命"字，"不占大学堂一差"之"占"字，诸刊本抄本作"沾"字。

　　光绪二十四年五月十二日，即在军机处、总理衙门联衔上奏"奏复遵议大学堂章程折"之前两天，李盛铎上奏"略拟京师大学堂办法大纲折"。该折提出五条：一、"详定章程"；二、"择立基址"；三、"酌定功课"；四、"宽筹的款"。五、"专派大臣"。前四条并无新意，第五条是其核心：

　　　　"……吁请特派位尊望重之大臣，素为士论所归者，专心经理，并准其调取通达时务人员，以资臂助，庶易集事。上年设立官书局，谕派协办大学士孙家鼐管理，识虑深远，条理秩然。初议并建学堂，以费绌而止。现在可否即令管理学堂之处，出自圣裁，非臣下所敢擅拟。出使大臣许景澄，现将回华，拟请饬令经过各国亲往学堂，详细考察，并觅取现行章程，携归翻译，以备采择。较之凭臆虚拟，必有径庭也。"[1]

戊戌前期，李盛铎与康有为多有联系，至此两人已分离。（参见 24·12、24·13、24·19）李可能得知康有为有意于大学堂，于是抢先出奏。其真实意图是，让光绪帝尽早派孙家鼐为管理大学堂事务大臣，由孙来主持此事。他还提到了已奉令回国的前驻德国公使、工部左侍郎许景澄，对照后来发生之事，李亦有深意。

　　五月十四日，恰是光绪帝前往颐和园之日，军机处、总理衙门联衔上奏"奏复遵议大学堂章程折"，其中关于"慎选管学大臣"一项，称言：

　　　　"大学堂设于京师，以为各省表率，事当开创，一切制度，均宜审慎精详，非有明体达用之大臣以笼摄之，不足以宏此远谟。况风

---

〔1〕 李盛铎："略拟京师大学堂办法大纲折"，《京师大学堂档案选编》，第19—23页。光绪帝当日发下交片谕旨："著总理各国事务衙门王、大臣归入大学堂未尽事宜一并议奏。"（军机处《上谕档》，光绪二十四年五月十二日）

气渐开，各省已设学堂，近又叠奉谕旨，停试八股，讲求西学，各省向课制艺书院，自应一律更改，将来学堂日有增益而无所统辖，必至各分畛域，其弊不可不防。伏乞皇上简派大臣中之博通中外学术者一员，管理京师大学堂事务，即以节制各省所设之学堂，其在堂办事各员，统由该大臣慎选奏派。"

这对管学大臣提出了很高的要求，权力也极大，除了京师大学堂外，各省学堂事务也归之。至于"明体达用"、"必至各分畛域，其弊不可不防"之用语，亦有言外之意。其中关于"简派总教习"一项，称言：

"今士人学无本原，不通中国政教之故，徒袭西学皮毛，岂能供国家之用？欲转移之，非精选总教习不可。苟得其人学术正而道艺兴；苟失其人学术谬而道艺亦误。伏维皇上孜孜兴学，尤应慎简教习，以收尊道敬学之效。总教习综司学堂功课，非有学赅中外之士，不足以膺斯重任，非请皇上破格录用，不足以得斯宏才。若总教习得人，分教习皆由其选派，亦可收指臂之效。"[1]

此中的"徒袭西学皮毛"、"学术正而道艺兴"等语，都有特别的用意；但总教习由皇帝特简，军机处、总理衙门按照当时的规则，没有提出具体人选，以示用人为"专擅"之权。也就在这一天，总理衙门上奏"议复康有为条陈折"，对康《上清帝第六书》进行了全面的驳斥。(参见24·47)

光绪帝收到奏复大学堂的奏折后，当日没有表态。五月十五日，经过慈禧太后批准，光绪帝下旨颁下《大学堂章程》，并派孙家鼐为管理大学堂事务大臣。而总教习一职，光绪帝没有任命，将揆名权交给了孙家鼐。[2]

---

〔1〕《京师大学堂档案选编》，第25页。

〔2〕该旨称："军机大臣会同总理各国事务衙门王、大臣奏，遵旨筹办京师大学堂，并拟详细章程缮单呈览一折。京师大学堂为各行省之倡，必须规模宏远，始足以隆观听而育人才。现据该王、大臣详拟章程，参用泰西学规，纲举目张，尚属周备。即著照所议办理。派孙家鼐管理大学堂事务，办事各员由该大臣慎选奏派。至总教习综司功课，尤须选择学赅中外之士，奏请简派。其分教习各员，亦一体精选，中西并用……所有原设官书局及新设之译书局，均著并入大学堂，由管学大臣督率办理。"(军机处《上谕档》，光绪二十四年五月十五日)该旨中"新设之译书局"一词，没有使用"编译局"之名称，也没有说明上海官书局此后的作用。此旨明确梁启超可以留京，然其译书事务由孙家鼐"督率办理"。

同一天，光绪帝在颐和园召见梁启超，并明发谕旨："举人梁启超著赏给六品衔，办理译书局事务。"[1]对于一名举人，亲加召见，钦命其职，且为明发，在当时也属异常之事。该谕旨中"译书局"一词，应包括上海官译书局和大学堂编译局。孙家鼐、梁启超是光绪帝任命的第一批大学堂官员，尽管两人的地位并不相等。

康称孙家鼐"面请吾为总教习"，"及见章程，大怒"一事，似属曲语。孙之政见与学术与康大有分歧，本不会欣赏康。（参见24·37）五月十五日前，孙未受新命，即出面请康为总教习，属擅权之举，其身为帝师，端庄正色，似不会为之；五月十五日受命，光绪帝即将《大学堂章程》抄付；康所言情节似难以成立。五月二十九日，孙家鼐上任后首次上奏，共三折两片一单，完整提出其大学堂事务的设想。第二折"筹办大学堂事务折"，即提名总教习，称言：

> "大学堂事务，首在总教习得人。而京官之中人品端正、学问优长者，原不乏人，求其学赅中外、通达政体、居心立品又为众所翕服者，实难其选。伏见工部左侍郎许景澄，学问渊通，出使外洋多年，情形熟悉。若以充总教习之任，必能众望允符……许景澄未到京以前，总教习之任，即由臣暂为兼办。"[2]

许景澄（1845—1900），字竹篔，浙江嘉兴人。同治七年（1868）进士，选庶吉士、授编修。光绪十年（1884）派充驻德公使，兼任驻法、意、荷、奥公使。出使期间，主持勘验接收"定远"等舰，并曾在德国等处亲赴造船厂调查，撰成《外国师船表》呈朝廷，建议清政府加强海防。十三年丁母忧回国。十六年再任驻俄公使，兼任驻德、荷、奥公使，迁内阁学士。沙俄出兵占据帕米尔，许景澄被派为谈判代表，据理力争。他深研西北边疆史地，著《帕米尔图说》、《西北边界图地名译汉考证》。后擢工部侍郎。二十二年专任驻德公使，二十三年底奉召回国，不久又派为赴俄专使。此时正在回国途中。

---

[1]　军机处《上谕档》，光绪二十四年五月十五日。
[2]　孙家鼐："筹办大学堂事务折"，《京师大学堂档案选编》，第43页。

许景澄本翰林出身，长期出使欧洲，官居正二品。推出这种级别的人选，符合孙的一贯办事风格。且许未回京之前，孙自兼总教习，不再委派他人代理。光绪帝对此下旨："依议。"[1] 由此联系到前引李盛铎"略拟京师大学堂办法大纲折"，请许回国途中考察各国教育，又可看出孙、李之间之沟通。李盛铎的用意是由许任总教习，特上奏提及其名，为此作一铺垫。

孙家鼐该日上奏"拟保大学堂总办、提调、教习各员单"，提名刑部候补主事张元济任总办；翰林院修撰骆成骧、编修黄绍箕、朱祖谋、余诚格、李家驹任稽查功课提调；詹事府左庶子李昭炜任藏书楼提调；工部候补郎中周暻任仪器院提调；户部候补员外郎涂国盛任支应所提调；工部员外郎杨士燮、户部候补主事王宗基任杂务提调；翰林院编修朱延熙、田庚、田智枚、段友兰，翰林院庶吉士寿富、章际治、胡浚，内阁候补中书王景沂任分教习；翰林院侍读学士瑞洵、刑部学习郎中刘体乾，任文案处差使。光绪帝下旨："依议。"[2] 在这一长名单中，有懵懂时务者，有请托获差者，以此等人员授学办事，京师大学堂很难成为中国近代教育之重镇，但此中绝无一人为康党。张之洞此时收到京中密报，说出当时的内幕：

---

〔1〕 军机处《上谕档》，光绪二十四年五月二十九日。与康、梁甚有关系的《国闻报》，于光绪二十四年六月初三日以"京师大学堂拟请总教习"为题，刊出消息："堂事之举否，全视教习之得失，而各教习之得力与否，尤全视总教习之得人与否。北京大学堂总教习，初议有延聘天津水师学堂总办严复之说。京师讲求新学之士大夫，莫不以此举为得人。后主其事者，不知何故，忽易前议。因之又欲延聘前国子监祭酒宗室盛伯熙及湖南黄益吾，然二公均不通西文。因又商请美国之丁韪良，但丁在同文馆为总教习时，其薪水且倍于大学堂之总教习，是以不愿俯就。闻得近日又拟电请许竹箖侍郎回华，奏请简授此职。然许侍郎虽历充使臣，在外洋十余年，其究否通晓洋文，亦不得而知。可见中国创办一事，欲得人而理，有如此之难。其实中国未尝无人，仍不过以资格二字，拘泥困计而已。"同日并刊出京师大学堂总办、提调之名单，看来康、梁此时还不知孙家鼐已提名许景澄。《国闻报》六月初八日以"京师大学堂奏派教习名单"为题，称"兹有京友来述，总教习已由管学大臣奏请简放许侍郎景澄"。六月初九日刊出孙家鼐奏派许景澄之折及相关消息。

〔2〕 孙家鼐："拟保大学堂总办、提调、教习各员单。"《京师大学堂档案选编》，第44—45页。

"孙燮臣冢宰管大学堂，康所拟管学诸人，全未用。奏派许竹
篔为大教习，张菊生元济总办，黄仲弢等提调，寿伯福等分教习，
均极惬当。然其中亦有以请托得者，如涂国盛、杨士燮、余诚格诸
人，颇招物议。……梁见寿州，谓：'总教习必派康先生。'孙不
应。康党大失望，然恐将来尚有改动也。"〔1〕

"总教习必派康先生"，表明梁启超主动向孙家鼐提出要求，此说与康
称"孙家鼐素知吾，来面请吾为总教习"的说法，恰好相反；"恐将来尚
有改动"，又说明当时康有为一派势力强劲。翰林院编修叶昌炽在日记中
称："大学堂派出提调十人，翰林院居其六，又得教习者八人，虽不尽公
道，尚可为词馆吐气，但恐康、梁有后言耳。"〔2〕"恐康、梁有后言"
一语，表明叶已看出康、梁对这一安排不满，将会出言相攻。内阁中书
汪大燮亦有同样的说法："大学堂孙相不用康、梁，将来康、梁亦必攻
之，但攻不动耳。"〔3〕

康有为对孙家鼐的这一人事安排并不满意。六月十一日（7月29
日），由康代拟宋伯鲁上奏"大学堂派办各员开去别项差使片"，称言：
大学堂人员之选，应是"但论才识之高下，不论官阶之尊卑，将一切官
场恶习，痛除净尽"；"京官向来习气，以奔走为能，以多事为荣"。由此
而提议，将大学堂总办、提调、分教习各员，"其已有差使者，一律开
除，其未有差使者，一律停止，其记名御史及枢、译两署者，一律注
销，京察试差，一律停止"；"其办理卓著勤劳者，优以升阶，而仍不给
以他差，数年有成，然后请旨升调，优加奖励。"也就是说，将大学堂任
职的官员，撤去其他差使，并停止其进阶之途，以能专职专任。从办学
的角度，宋所言当为确论；然从仕进的角度，却对任职大学堂的官员不
利。该片之末，又对孙家鼐稍加讥语：

"……该大臣自宜格外振刷精神，虚心延揽，方冀有济。此何

<hr/>

〔1〕 转引自《戊戌维新运动新探》，第79—80页。"寿百福"，寿富。
〔2〕 《缘督庐日记》，光绪二十四年六月初三日，第5册，第2702页。
〔3〕 汪大燮致汪颂年，光绪二十四年五月廿日（日期有误，疑为卅日），《汪康年师友书
札》，第1册，第787页。

时也？此何事也？若仍以官常旧法，瞻徇情面行之，鲜不贻笑外人
矣。"〔1〕

当日光绪帝将该片交孙家鼐议复。六月十七日（8月4日），孙出奏，附
片称"大学堂总办、提调各员，无庸停止各项差使"，光绪帝下旨"依
议"。〔2〕

康称孙家鼐怀疑其"欲专选书之权，以行孔子改制之学"一事，也
正是问题的核心。尽管五月十五日光绪帝谕旨批准了《大学堂章程》，但
孙家鼐决意修改相关的规定。五月二十九日，孙家鼐上奏三折两片一
单，其第三折为"译书局编纂各书宜由管学大臣进呈并禁止悖谬之书
折"，一面弹劾康有为《孔子改制考》（参见24·37），一面对"功课书"
条款提出修改意见：

"臣查开办大学堂原奏第五节内云，宜在上海等处开一编译
局，集中西通才专司纂译。其言中学者，会萃经、子、史之精要及
与时务相关者编之，勒为定本，请旨颁行各省学堂，悉遵教授，庶
可以一趋向而广民智等语。又查原奏内云，将来学堂日有增益，而
无所统辖，必至各分畛域，其弊不可不防，伏乞皇上简派大员，管
理京师大学堂事务，即以节制各省所设之学堂等语。是学堂教育人
才，首以书籍为要，而书籍之定本，考订尤不可不精。若使书中义
理稍有偏歧，其关乎学术人心者，甚非浅鲜。"

这一段话针对"康学"。"原奏"指军机处、总理衙门联衔上奏"奏复遵
议大学堂章程折"及《大学堂章程》（参见24·35），孙由此提出由他本
人来负责经、子、史教材的编定：

"夫以经书之在国朝，久经列圣钦定，未可妄事改纂。若谓学

<hr />

〔1〕 宋伯鲁："请将大学堂派办各员开去别项差使片"，《京师大学堂档案选编》，第49—
　　　50页；《救亡图存的蓝图》，第177—179页。"其记名御史及枢译两署者"一句，指
　　　获记名御史的各部院司官等和考取军机章京、总理衙门章京获记名而未奉调者，
　　　"一律注销"指其不再获御史之官及军机处、总理衙门章京之差。"京察"后，获一
　　　等者，可升任官职；"试差"指放各地乡试考官，是翰林院官员的重要收入来源。
〔2〕 军机处《随手档》、《上谕档》，光绪二十四年六月十一日、十七日。孙家鼐原片尚未
　　　从档案中检出。

者不能遍读，古人原有专经之法。至于择其精粹者读之，如朱子小学之例，亦无不可。总宜由管学大臣阅过，进呈御览，钦定发下，然后颁行。子、史亦然。如此则趋向可一，民智可广，而民心庶不至妄动矣。"[1]

然光绪帝似只注意到该折攻康《孔子改制考》一节，发下交片谕旨；对该折要求"由管学大臣阅过，进呈御览"一节，并无谕旨下发。六月十七日，孙家鼐上奏"议复京城设立中小学堂折"，其中提到"臣查总理衙门原奏章程，当时仓猝定议，只能举其大端，其详细节目，本未周备。"[2]光绪帝为此下旨："其大学堂章程，仍著孙家鼐条分缕析，迅速妥议具奏。"[3]二十二日，孙家鼐上奏"筹办大学堂大概情形折"，开列条款共为八项，其中最关键者为第五条"译书宜慎"，称言：

> "查原奏开一编译局，取各种溥通学尽人所当习者，悉编为功课书，分小学、中学、大学三级，量中人之才所能肄习者，每日定为一课。谨按先圣先贤著书垂教，精粗大小，无所不包。学者各随其天资之高下，以为造诣之浅深，万难强而同之。若以一人之私见，任意删节、割裂经文，士论必多不服。盖学问乃天下万世之公理，必不可以一家之学，而范围天下。昔宋王安石变法，创为《三经新义》，颁行学官，卒以祸宋。南渡后，旋即废斥。至今学者，犹诟病其书，可为殷鉴。臣愚以为经书断不可编辑，仍以列圣所钦定者为定本，即未经钦定而旧列学官者，亦概不准妄行增减一字，以示尊经之意。此外史学诸书，前人编辑颇多善本，可以择用，无庸急于编纂。惟有西学各书，应令编译局迅速编译。"[4]

这一段话很明显是针对康学的，在"钦定"、"尊经"的名义下，否定了编译局"纂成功课书"的规定。上海编译局由此只能编译"西书各书"，

---

〔1〕 孙家鼐奏："译书局编纂各书宜由管学大臣进呈并禁止悖谬之书折"，《京师大学堂档案选编》，第45—47页。

〔2〕 《丛刊·戊戌变法》，第2册，第434页。

〔3〕 军机处《上谕档》，光绪二十四年六月十七日。

〔4〕 《丛刊·戊戌变法》，第2册，第435—437页。

而对"中学"各书并无"删节"、"割裂"、"编辑"之责。康、梁在《大学堂章程》中所设定"功课书"之内容，被孙清除干净。光绪帝当日下旨批准。[1]孙的这一做法，也得到了当时一些人的赞许。[2]

康称孙家鼐"请次亮为总办"一事，查陈炽光绪二十三年八月报丁母忧，此时也可能不在北京。[3]《京师大学堂章程》第六章"设官例"第四节："设总办一人，以小九卿用，各部司员充。"即总办一职，属于差使，非为额缺，但以丁忧人士出任，似还有些障碍。张元济称："大学堂开，寿州枉顾，殷殷下问，欲以济充总办，初颇心动，旋知所派提调除仲弢、柳溪外，都不相习，且多有习气者，亦有请托而得者。济知此

---

[1] 该旨称："所拟章程八条，大都参酌东西洋各国学校制度暨内外臣工筹议，与前奏拟定办法，间有变通之处，缕晰条分尚属妥协。造端伊始，不妨博取众长，仍须折衷一是。著孙家鼐按照所拟各节，认真办理，以专责成。"(军机处《洋务档》、《随手档》，光绪二十四年六月二十二日)

[2] 时任保定莲池书院山长吴汝纶闻此消息，表示赞成。他在光绪二十四年七月初四日致廉惠卿(泉)的信中称："学堂开办，康公首唱大议，不为无功，惟其师弟于世事少阅历，皆以一人室中私见，遂可推行天下，是其失也。其谈中学尤疏谬，其欲将经、史、子、集荟聚一书，以授西学学徒，亦步趋日本故步。但中学不易荟聚，梁公恐难胜任。今管学大臣驳议此节，持论自正。"(施培毅、徐寿凯校点：《吴汝纶全集》，黄山书社，2002年，第3册，第206页)吴汝纶稍具新思想，主张废科举，其于"中学"功力颇深，对康、梁的学术能力有怀疑。他在五月廿九日致柯凤孙(劭忞)的信中亦提及此事："欲令一年幼无知之梁启超翻译西书，删定中学，此恐人才因之益复败坏耳。"(同上书，第198页)又在六月初三日致李季皋(经迈)的信中称："康有为等虽有启沃之功，究仍新进书生之见。总署所议大学堂章程，多难施行。《国闻报》所述，有荟萃经、子、史，取精华去渣滓，勒为一书，颁发各学堂等语，皆仿日本而失之。此东施捧心，以效西子者也。日本本国，学问无多，可以撮为简本，使学者易于卒业。中国旧学深邃，康梁师徒，所得中学甚浅，岂能胜删定纂修之任，斯亦太不自量矣！《邸抄》所刻，似无此层，岂总署删汰之耶？"(同上书，第201—202页)而在上海的孙宝瑄，后来也表示了大体相同的看法。他十一月三十日日记中称："司马温公论王安石，以为罢诗赋，用经义，此乃复先王令典，不易之法，但不当以一家之私学欲盖掩先儒。此数语可移赠今日之康南海。"(《忘山庐日记》，上册，第289页)

[3] 翁同龢于光绪二十三年八月二十七日日记称："陈次亮炽竟得心疾，奉其母来，迫其母去，颠倒昏愦，旋即奉讳，本拟赙助，今送十金耳。"(《翁同龢日记》，第6册，第3037页)杨锐于光绪二十四年二月二十五日致信汪康年称："陈次亮户部不日当来沪。"(《汪康年师友书札》，第3册，第2408页)

事难于措手，遂设词谢之。乃寿州不允，仍以奏派。"〔1〕从五月十五日孙家鼐任管理大学堂事务大臣，至二十九日出奏，时间不为多，但已有拜访张元济请其任总办、张得知大学堂名单后请辞、孙不允辞仍出奏之三部曲，若再加上孙请陈炽这一回合，时间上似也来不及。

康称"时李合肥、枢臣廖仲山、陈次亮皆劝孙中堂请吾为总教习"一事，我尚未读到相关的史料。

我在这里还须集中地说明一下李鸿章在变法期间对大学堂等事务的态度。他于五月二十八日给李经方的信中称：

> "朝廷锐意振兴，讲求变法，近日明诏多由康有为、梁启超等怂恿而出，但法非人不行，因循衰惫者，岂有任事之才，不过敷衍门面而已。附寄总署所上大学堂章程一本，钞报已见。此即樵野倩梁启超捉刀者，内有不可行，燮臣拟稍变通，恐办不好。然八股八韵俱奉旨罢废，以后改试时务、策论，学生除读经史外，宜更习他端。"

六月二十九日给李经方的信中又称：

> "学堂之事，上意甚为注重，闻每日与枢廷讨论者，多学堂、工商事，惜瘦笃庸懦辈不足赞襄，致康有为辈窃东西洋皮毛，言听计从……燮臣管学，徇清流众议，以中学为主，恐将来不能窥西学堂奥，徒糜巨款耳……"〔2〕

由于是对其儿子所言，故能说心里话。信中说明了大学堂内部康、孙之间的相争，也透露出对康、梁与变法的担心。从这些话中又可以看出，李鸿章不像是要推荐康任大学堂总教习的。而盛宣怀的女婿冯救高给盛宣怀的密信中亦称：

---

〔1〕 致沈曾植，光绪二十四年六月十八日，《张元济书札》增订本，中册，第676页。"仲弢"，黄绍箕；"柳溪"，李家驹。

〔2〕 《李鸿章全集》安徽教育版，第36册，信函八，第184、188页。李鸿章称"近日明诏多由康有为、梁启超等怂恿而出"、"致康有为辈窃东西洋皮毛，言听计从"等语，指废八股、专卖、学堂、商务局诸事。（参见24·24、24·26、24·27、24·31、24·32、24·35、24·39、24·48）

"近来谕旨大半皆康有为之条陈，圣上急于□治，遂偏信其言。然闻康君之心术不正，都人士颇切杞忧也……创设大学堂，孙协揆所派提调、教习等人，皆不满人意。闻所定章程，有类乎义塾。但此事系中国兴衰关健（键），如办不好，从此休矣。故有人恒为惜之。"[1]

冯敦高的看法，与李鸿章大体相同。

（24·37）时承保国会之余，孙灏诬攻之后，有大攻，参保国会之潘庆澜，又孙之亲戚也，又有谣诼于孙之前者，孙于是大有惑志。始孙颇言变法，与编修蒯光典言，曰："今朝士忠肝热胆而心通时务者，惟康某一人耳。若皇上责我变法，我则惟举康某人，我则安能？"其相待若此。至是相攻，谓吾孔子素王改考，乃自为教王、民主。于廿九日上折劾《孔子改制考》，并谓康某才气可用，以为宜如汉文之待贾生，老其才，折其气，而后大用之。上令军机大臣传旨与孙家鼐，令孙家鼐转传旨与我而已，并不明降上谕。盖我已将《孔子改制考》进呈，并无少妄，早鉴在帝心也。

据手稿本，此节仍为韩文举字体。"孙灏诬攻"由"宣□毛公"改，康有为字体；"之后"后删"到尚亲讯于是"六字，"有大攻"三字，诸刊本抄本皆漏，"攻"字多改动，"攻"字后删"摇于孙前者"；"又孙之亲戚"之"又"字以"皆"改；"又有谣诼于孙前者"一句为添加，补在行间，康有为字体；"心通时务者惟康某一人耳"一句，以"心通时务为康某人"改，康有为字体；"责我变法"后删"而"字，"我则惟举康某人"之"惟"字，为添加，康有为字体；"相待若此"之"相待"二字以"私心"改，康有为字体；"至是相攻"四字为添加，康有为字体，补在页边；"谓吾"之"吾"字为添加，补在页边，后删"为"字；"孔子素王改考"之"改"字，诸刊本抄本皆删；"乃自为教王"之"乃"字为添加，康有为字体；"于廿九日"之"于"后删"是"字；"以为宜如汉文之待贾生"一句为添加，补在行间，后删一"而"字；"大用之"之"大"字为添加，补在行间，后删"以为如"、"效汉文之待贾生"

---

[1] 上海图书馆编：《上海图书馆藏盛宣怀档案萃编》，上海古籍出版社，2008年，上册，第178页。该信称："日本使臣放黄遵宪（公度），朝鲜使臣放张亨嘉（锡钧），须明日方揭晓，故亦密闻。"查军机处《随手档》、《上谕档》，六月二十三日，总理衙门上奏请简放出使日本、朝鲜大臣折两件，奉光绪帝旨："明日请旨办理"，即请示慈禧太后。次日，光绪帝旨命黄遵宪、张亨嘉之使命。由此可以确定，此信写于光绪二十四年六月二十三日。

诸字；"上令军机大臣传旨"后删"而已"二字，添加"与孙"；"令孙家鼐"四字为添加，补在行间，康有为字体；"转传旨"后删"而"字；"盖我已将"之"盖"字以某字改，康有为字体；"少妄"之"少"字由"谬"改，"早鉴在帝心也"之"早"字为添加，皆康有为字体。"时承保国会之余"之"承"字，《戊戌变法》本误作"参"字。

　　蒯光典，字礼卿，一字季述，安徽合肥人。父蒯德模，从官曾国藩等人，时称"循吏"。蒯光典于光绪九年进士，入翰林院，散馆后授检讨。康有为称其为"编修"，当为误记。蒯与李鸿藻、翁同龢多有交往，曾被张之洞聘为两湖书院监督。光绪二十一年秋，康有为与蒯光典同在南京张之洞处，有交往。（参见 21·23）二十四年入都，见维新、保守两派形同水火，急忙以道员谋发往江南，参与创办江南高等学堂。[1]

　　康称孙家鼐对蒯光典言"今朝士忠肝热胆而心通时务者，惟康某一人耳"，后受同乡潘庆澜之"谣诼"，而改变态度，我以为，以孙的年龄与性格而言，似不会如此轻率；另以时间而论，孙灏作《驳保国会议》，潘庆澜弹劾保国会，皆为闰三月之事（参见 24·14）。若闰三月即改变态度，也不会有五月"我惟举康某人"，即"总教习"之请。

　　五月二十九日，孙家鼐上奏三折两片一单，其第一折"请饬刷印《校邠庐抗议》颁行折"，称言：

　　　"窃臣近日恭读诏书，力求振作，海内臣庶，莫不欢欣鼓舞，相望治安。顾今日时势，譬如人患痿痹而又虚弱，医病者必审其周身脉络，何者宜攻，何者宜补，次第施治，自能日起有功，若急求愈病，药饵杂投，病未去而元气伤，非医之良者也。臣昔侍从书斋，曾以原任詹事府中允冯桂芬《校邠庐抗议》一书进呈，又以安徽青阳县知县汤寿潜《危言》进呈，又以候补道郑观应《盛世危言》进呈，其书皆主变法，臣亦欲皇上留心阅看，采择施行。岁月蹉跎，延至今日，事变愈急，补救益难，然即今为之，犹愈于不为也。"

此中可见孙的政治思想大体与冯桂芬、汤寿潜、郑观应相当；而"急求

---

〔1〕　参见严寿澂：《从改善民生、革新行政到议员政府、普及教育：蒯光典政治思想述论》，《近代史研究》，2006 年第 2 期。

愈病，药饵杂投"也是针对现实有所指的，即反对激进的改革举措。[1]
从孙的政治理念来看，他不会欣赏康有为。时任翰林院编修夏孙桐
在《书孙文正公事》中称言：

> "戊戌德宗锐意变法，而翁文恭罢，无任事之人，悉由康有为
> 等阴为主持，新进竞起，中外小臣上书言事日数十，上视廷臣无可
> 语，悉下公议。公面折有为曰：'如君策，万端并起，无一不需经
> 费，国家财力只有此数，何以应之？'有为曰：'无虑，英吉利垂涎
> 西藏而不能遽得，朝廷果肯弃此荒远地，可得善价供新政用，不难
> 也。'公见其言诞妄，知无能为，而众议日益糅杂，遂上疏言变法
> 当筹全局，咸同间冯桂芬著《校邠庐抗议》言有次第，请以其书发
> 部院卿寺……"[2]

孙、康此次面谈的内容，我也未读到其他证据，然此中"弃此荒远之
地"的说法，康确有此意，《我史》中有大借美款"以全国矿作抵，英、
美必乐任之。其有不能，则鬻边外无用之地，务在筹得此巨款"之语。
（参见 24·11）

---

[1] 孙由此提议，将冯桂芬的《校邠庐抗议》"刷印一二千部"，交到各部院，"限十日，
令堂、司各官，将其书中某条可行，某条可不行，一一签出，或各注简明论说"，上
交军机处；然后由军机处将签出"可行"多者之条，上报光绪帝，请旨施行。（《丛
刊·戊戌变法》，第 2 册，第 430 页）光绪帝当日明发上谕："……原任詹事府中允冯桂
芬《校邠庐抗议》一书最为精密，其书板在天津广仁堂，请饬令刷印颁行等语。 著
荣禄迅即饬令刷印一千部，克日送交军机处，毋稍迟延。"六月初六日再明发谕
旨："前据孙家鼐奏请，将冯桂芬所著《校邠庐抗议》一书刷印，发交部院等衙门签
议，当经谕令荣禄迅速刷印咨送。兹据军机大臣将应行颁发各衙门及拟定数目开单
呈览，即著按照单数，俟书到后颁发各衙门，悉心核看，逐条签出，各注简明论
说，分别可行、不可行，限十日咨送军机处，汇核进呈，以备采择。"（军机处《上
谕档》，光绪二十四年五月二十九日、六月初六日）由此形成了当时签注《校邠庐抗
议》的热潮，现存中国第一历史档案馆签注本为 200 余部，437 册，签注意见者为
372 人。（参见李侃、龚书铎《戊戌变法时期对〈校邠庐抗议〉的 次评论》，《文
物》，1978 年第 7 期）

[2] 《碑传集补》卷一；《清代碑传全集》，下册，第 1266 页。夏又称，"孙桐侍公数年，
闻见所及，略有窥测，私记于策，以待论世者有所采焉。"夏孙桐（1857—1941），
字润之，号悔生，号润盦，江苏江阴人，光绪十八年（1892）进士，选翰林院庶吉
士，散馆后授编修，充会典馆、国史馆，兼文渊阁校理。光绪三十三年外放湖州
知府、护宁绍台道。当年教习庶吉士大臣之一为孙家鼐，属门生关系。

康称"廿九日上折劾《孔子改制考》"一事，即五月二十九日孙家鼐所上"译书局编纂各书宜由管学大臣进呈并禁止悖谬之书折"（参见24·36），严词指责康有为的学说：

"臣观康有为著述，有《中西学门径七种》一书。其第六种'幼学通议'一条，言小学教法，深合古人《学记》中立教之意，最为美善。其第四种、第五种《春秋界说》、《孟子界说》，言公羊之学，及《孔子改制考》第八卷中'孔子制法称王'一篇，杂引谶纬之书，影响附会，必证实孔子改制称王而后已。言《春秋》既作，周统遂亡，此时王者即是孔子。无论孔子至圣断无此僭乱之心，即使后人有此推尊，亦何必以此事反复征引教化天下乎？方今圣人在上，奋发有为。康有为必欲以衰周之事，行之今时，窃恐以此为教，人人存改制之心，人人谓素王可作。是学堂之设，本以教育人才，而转以蛊惑民志，是导天下于乱也。履霜坚冰，臣窃惧之。皇上命臣节制各省学堂，一旦犯上作乱之人，即起于学堂之中，臣何能当此重咎？臣以为康有为书中凡有关孔子改制称王字样，宜明降谕旨，亟令删除，实于风俗人心大有关系。"[1]

孙家鼐这一段话说得很重，也说明了孙、康分歧之核心。按照以往的惯例，孙以"帝师"身份出面弹康，康将必遭重遣。然该折上奏后，光绪帝并没有按照孙的要求"明降谕旨，亟令删除"，而是发下一道交片谕旨：

"交管理大学堂事务、协办大学士、尚书孙：本日贵协办大学士具奏主事康有为所著《孔子改制》一书，凡有关孔子改制称王字样，宜亟令删除等语。军机大臣面奉谕旨：'著孙家鼐传知康有为遵照。钦此。'相应传知贵协办大学士钦遵可也。"[2]

---

〔1〕《京师大学堂档案选编》，第46页。孙家鼐于此处亦有误。《中西学门径七种》，即《中西学门径书七种》，为梁启超所编，光绪二十四年由上海大同译书局印，其第一种为康有为《长兴学记》，第二种为徐仁铸《輶轩今语》，其余五种为梁启超《读西学书法》、《读孟子界说》、《读春秋界说》、《幼学通议》、《时务学堂功课详细章程》。

〔2〕军机处《上谕档》，光绪二十四年五月二十九日。

光绪帝让孙出面传旨，当有维护康之意，但该谕旨也表明，光绪帝不认可康"孔子改制称王说"。孙出面向康传旨，自然会有点不愉快。以其帝师身份出面弹康，虽蒙圣意赞同，但本意明降谕旨，以显其正，现在传旨于康，反成劝言。到了后来，又出现了康向其传旨的戏剧性一幕。（参见24·44）

康称"已将《孔子改制考》进呈，并无少妄，早鉴在帝心"一事，指五月初四日由总理衙门代奏"请商定教案法律厘正科举文体并呈《孔子改制考》折"及抄本《孔子改制考》，但该抄本仅有9卷。（参见24·23）康又称孙家鼐"谓康某人才气可用，以为宜如汉文之待贾生，老其才，折其气，而后大用之"一语，该折中未有之。此后湖南巡抚陈宝箴上奏要求将《孔子改制考》毁板。光绪帝命孙家鼐查复，孙之复奏中仅称"至康有为之为人、学术不端，而才华尚富"之语。（参见24·52）七月初五日，光绪帝因康进呈《波兰分灭记》，颁康赏银2000两；十三日康上奏"恭谢天恩并陈编纂群书以助变法折"，对《孔子改制考》作辩解。（参见24·57）

（24·38）时广东学政内阁学士张百熙奏荐我经济特科，又奏保使才，不识其人，亦不知其事也。时网罗天下人才，及同门才者，交诸公奏荐。陕西刘古愚皆为推毂。时八股已废，报会纷纷，学堂大开矣。

据手稿本，"时广东学政内阁学士张百熙奏荐我经济特科，又奏保使才，不识其人，亦不知其事也。时网罗天下人才，及同门才者，交诸公奏荐。陕西刘古愚皆为推毂"一段，为韩文举字体，为添加，补在页眉，原在"以教权皆属总教习……"一段之前，康有为特为标明"时广东学政内阁学士张百熙一段在此"；"又奏保使才"之"又"字以"及"改。"时八股已废，报会纷纷，学堂大开矣"一段为康有为字体，也为添加，补在行间，"时"字前删"六月初有"四字，"已废"后删"□□□农工商□"诸字；"纷纷"后又删一字。

张百熙（1847—1907），字埭秋，湖南长沙人。同治十三年进士，入翰林院，散馆后授编修。光绪十七年入值南书房，二十年迁翰林院侍讲。光绪二十三年以国子监祭酒出任广东学政，升内阁学士。后任礼部侍郎，吏部、户部、邮传部尚书等职，二十八年为管学大臣，复办京师大学堂。

张百熙于三月曾保荐康有为参加经济特科；后得知康有为派往上海管理官报，上奏"请免康有为调考经济特科片"，该片称：

> "前准总理各国事务衙门咨开，各直省学政，保送考试特科人员，臣遵即按照所分内政、外交等六门，以合例之员，开单咨送。前于三月十一日单内开列之工部主事康有为，现已奉旨特派办理上海官报局事务，改章之始一切资其经理，应请饬下总理各国事务衙门，将该员免其调考，俾得尽心职事。臣于该员素无一面之雅，徒观其所著论说，通达时务，信为有用之才，若再能心术纯正，操履廉洁，尤属体用兼备。所有工部主事康有为因公赴沪，可否免其调考特科之处，谨附片具陈，伏候圣裁。"[1]

该片明确说明，张保荐康有为参加经济特科；其中"臣于该员素无一面之雅"，"若再能心术纯正、操履廉洁"，亦属话中有话。张百熙后来又言及此事，并称他另有附片：

> "百熙以主事康有为讲求时务，所识通雅之士多称道其才者，因以其名咨送特科，当声明'蠲除忌讳，酌中采取'等语。既念与主事素不相识，其心术纯正与否不可知，复据实陈明，并将该员业

---

[1] 原片见《军机处录副·补遗·戊戌变法项》，3/168/9448/15；《戊戌变法档案史料》录该片，误将上奏人误为湖南巡抚陈宝箴，上奏时间误为光绪二十四年五月二十七日（见该书第231页），是由于当时档案整理时折片分离，该片附在陈宝箴奏折后之故。参见孔祥吉：《读书与考证：以陈宝箴保康有为免试特科事为例》，《罕为人知的中日结盟及其他：晚清中日关系史新探》，第337—350页。又，《国闻报》六月二十日报道："京友云：近日保荐人才者纷纷。广东学政张冶秋阁学所保有梁启超孝廉、于晦若郎中、郑苏龛司马、汤蛰仙大令，其余未详……"《国闻报》六月二十二日报道："张野秋侍郎保举十七人：工部主事康有为（广东南海）、吏部主事陈三立（江西新宁）、候选知县邹代钧（湖南新化）、内阁中书杨锐（四川）、户部主事杨楷（江苏无锡）、翰林院检讨宋育仁（四川富顺）、六品衔举人梁启超（广东新会）、知县汤寿潜（浙江山阴）、拔贡唐才常（湖南凤凰）。"《国闻报》七月十四日报道："广东学政张侍郎保送十七人：户部主事夏时济（湖南）、马亨（四川）、刑部主事李希圣（湖南）、同知郑孝胥（福建）、黄忠浩（湖南）、黄英（四川）、内阁中书曹广权（湖南）。余十名已录前报。"由此可见张百熙所保人员的名单。

蒙钦派差使，可否免其考试，请旨办理。又片陈，中国自强，在政不在教，在讲求政事之实际，不在比附教派之主名，请明降谕旨，严禁用孔子纪元及七日休沐等名目，以维持名教而免为从西之导等语。均仰邀留览。"[1]

而其"严禁用孔子纪年"之附片，我尚未从档案中检出。看来他对康有为的态度，前后已有变化。然张百熙撤销保荐康的附片于八月十二日收到，[2]此时政变已经发生，该片显然不合时宜。

八月二十二日，慈禧太后将陈宝箴革职，二十三日，新任军机大臣荣禄因保荐陈宝箴（参见 24·42），自请处分，当日由内阁明发上谕："陈宝箴昨已革职，永不叙用。荣禄曾经保荐。兹据自请处分，荣禄著交部议处。"而保荐康有为的张百熙，因御史黄桂鋆的弹章（参见 24·98），至此无法逃脱，同日亦明发上谕："张百熙保送康有为使才，实属荒谬，著交部严加议处。"[3]张保康特科只是咨文总理衙门，军机处与光绪帝并不知情，张若无前片，无从知晓；黄桂鋆的弹奏亦涉张之洞等人，难以全行彻查；而此时张的附片上达已 11 天，慈禧太后和军机处已记不清其中的内容，误将"保荐经济特科"错为"保送使才"。[4]九月初二日，吏部议复对荣禄、张百熙的处分，当日发下上谕："吏部奏遵议

---

[1]　徐一士：《一士类稿·一士谈荟》，第367页。又，军机处《随手档》光绪二十四年七月初七日记："朱批张百熙折：一、改变武科谨拟章程十二条由（朱批：兵部议奏）；片一、考试策论请兼以五经拟题由（朱批：礼部知道）；片一、学术日歧请旨明示趋向由；片一、广州府属岁试情形由（朱批：知道了）。"其中"学术日歧请旨明示趋向片"，可能即是"严禁用孔子纪元"之"附片"，光绪帝未有朱批。

[2]　军机处《随手档》光绪二十四年八月十二日记："朱批张百熙折：一、岁试西北江一律完竣由（朱批：知道了）；片一、康有为免其赴考特科由；一、广东捐建学堂由（朱批：著照所请，该部知道）；单一、捐数（朱批：览）。"光绪帝对"康有为"一片未有朱批。

[3]　军机处《随手档》、《上谕档》光绪二十四年八月二十三日。

[4]　四月二十三日明定国是诏下达时，另有一上谕："方今各国交通，使才为当务之急。著各省督抚于平日所知品学端正，通达时务，不染习气者，无论官职大小，酌保数员，交总理各国事务衙门考验，带领引见，以备朝廷任使。"（军机处《上谕档》，光绪二十四年四月二十三日）然推荐"使才"是督抚之事，张作为学政，并无奏保使才之责。又查军机处《随手档》、《早事档》，张百熙此期也无相关的奏折上达。

处分一折。内阁学士张百熙应得革职处分，著加恩改为革职留任。"[1]
张百熙对此错误的罪名，也没有争辩，而是上奏谢恩。[2]很可能慈禧太
后也发现其中有误，于是年十二月二十三日撤销其处分。[3]康称张百
熙"奏保使才"，很可能看到处分张百熙的谕旨，以为张曾保其使才，故
有此语。

"推毂"，本意推轮，引申为推举人才。典出《史记》卷五一《荆燕
世家》所录田生语："今吕氏雅故本推毂高帝就天下……"[4]

刘古愚，名光蕡（1843—1903），字焕堂，号古愚，陕西咸阳人。光
绪元年举人。历主泾阳、泾干、味经、崇实等书院。曾募集资金在家乡
开办纺织厂、刊书局等。梁启超曾致信康有为称：

> "有陕西书院山长刘光蕡，自刻强学会两序（旁注京师、上海），
> 于陕倡行，推重甚至。此人想亦有魄力，闻已在陕纠赀设织布局
> 矣。辄以书奖导开谕之，并馈以《伪经考》，视他日如何，或收为偏

---

〔1〕 军机处《随手档》、《上谕档》，光绪二十四年九月初二日。吏部原折见《丛刊·戊戌
　　　变法》，第2册，第504页。又，当日还发下给荣禄的处分上谕："吏部奏遵议处分一
　　　折。大学士荣禄应得降二级调用处分，著加恩改为降二级留任。"
〔2〕 张百熙："谢为加恩必为革职留任折"（《军机处录副·光绪朝·内政类·职官项》，
　　　3/99/5365/144）当议罪与处分时，张百熙在广东，皆不知情；等到谕旨下达时，也
　　　无法辩。他入值南书房多年，知内情甚多，自知不必多辩。他后来记："……藉以明
　　　使才之误。荣相语鹿滋轩前辈，谓某枢府误记。（谓系仲老，必不然也。）刚相谓：
　　　'不有片陈之件，亦如张香涛，不理会矣。'（面语熙者）熙谓：'咨送与奏保，同一
　　　谬妄，处分实属应得。'刚云：'东朝初颇生气，谓：张某里边人，何亦如此！枢庭
　　　当奏：张某此片，不是保他，因曾咨送考试，恐其心术不可靠，故尔声明如此。东
　　　朝意亦释然，此所以不久即开复也。'附片明言咨送考试，何以言保送使才？"（徐
　　　一士：《一士类稿·一士谈荟》，第367—368页）荣相，荣禄；鹿滋轩，鹿传霖；
　　　仲老，廖寿恒；刚相，刚毅；张香涛，张之洞；东朝，慈禧太后。由此可见，是
　　　军机大臣廖寿恒记错了内容，刚毅还宣称，张若无此片，必如张之洞（曾保黄遵
　　　宪）一样"不理会"。刚毅于光绪二十五年去广东勒款，与张有面谈。又，张附片
　　　未说明保康为特科中何科，很可能是"外交"，廖寿恒为总理衙门大臣，可能因此
　　　误记。
〔3〕 军机处《上谕档》，光绪二十四年十二月二十三日；张百熙："谢开复处分恩折"
　　　（《军机处录副·光绪朝·内政类·职官项》，3/100/5375/65）。
〔4〕《史记》，中华书局版，第6册，第1995页。

安帝都之用也。"[1]

刘光蒉由此甚信"康学",陕西学政叶尔恺多次与之辩难,仍深信不疑。[2]戊戌政变后,为人所攻,归乡里,专心著述。光绪二十九年(1903)应聘于兰州大学堂,未久去世。

康称"网罗天下人才,及同门才者,交诸公奏荐"一语,案当时"奏荐",分为两项:一是向皇帝保举人才与使才;二是向总理衙门保荐参加经济特科考试的人员。

从现在能看到的档案来看,戊戌年间康党策划的保举共有六次:第一次徐致靖保康有为、梁启超、谭嗣同、黄遵宪、张元济(参见24·20);第二次由李端棻保黄遵宪、谭嗣同、熊希龄(参见24·68);第三次由李端棻保康有为(参见24·63、24·98);第四次是由徐致靖保袁世凯(参见24·72);第五次由徐致靖保懋勤殿人士;第六次是王照保懋勤殿人士(参见24·69)。除了张元济、袁世凯外,都是康党的主要成员。我仔细地查验了从甲午到戊戌之间的保举各案,没有看到刘光蒉的名字。[3]

---

[1] 《觉迷要录》,录四,第18页。梁启超有《复刘古愚山长书》,称言:"……启超自交李孟符,得谂先生之言论行事。以谓苟尽天下之书院,得十百贤如先生者以为之师,中国之强,可以翘足而待也……秦中自古帝都,万一上京有变,则六飞行在,犹将赖之。故秦地若立,东连晋豫,西通巴蜀,他日中国一旅之兴,必在是矣……务使中学与西学不分为二,学者一身可以相兼,而国家随时可收其用。而其尤切要者,千年教宗,运丁绝续,左衽交迫,沧胥靡日,必使薄海内外,知孔子为制法之圣,信六经为经世之书,信受通习,庶几有救……南海先生《长兴学记》、《新学伪经考》、《四上书记》,各呈上数本,此皆先生嚆矢之书。自余诸学,或撰而未成,或成而未刻,先以数种奉献……南海先生顷游各省,所至讲学,欲以开风气觉后贤以救天下。去冬游桂林,开圣学会,祀孔子,译西书。桂士咸集,殆将大振。秋间将游湖湘,入巴蜀。来年二三月间,或取道秦晋,以如京师……"(《饮冰室合集》,第1册,文集之二,第12—14页)刘光蒉致梁启超信,见《烟云草堂文集》,第5卷。

[2] 光绪二十四年十一月二十一日,叶尔恺致汪康年信称:"刘古愚孝廉其人尚气节,颇有伉直之慨,惟服膺康学甚至,是其无识之处。弟去年到后,即与之再三辩论,并检朱蓉生集内与康数次辨驳书札示之,渠终右康而左朱……致于序庠诸生,识时务者亦不下二三十人,惟大半为康说所惑,以刘之服膺也。"(《汪康年师友书札》,第3册,第2475—2476页)

[3] 参见拙文《戊戌变法期间的保举》,《历史研究》2006年第6期。

与保举人才同时进行的，即是向总理衙门保荐参加经济特科考试的人选。由于部分外交档案的遗失与现在的档案保管制度，很难加以利用。我从军机处档案中仅找到一件保荐经济特科的档案，仍是残件。[1]胡思敬《戊戌履霜录》卷四录有保荐经济特科表，共17案235员。[2]其中李端棻荐16员，名单为：

　　"直隶编修严修；江苏知县狄保贤，助教崔朝庆，举人宋梦槐；

　　安徽举人程先甲；湖南庶吉士熊希龄、唐才常，附生戴修鲤；广东

------

〔1〕 该件是保举经济特科的清单，与正折分离，未知保举者姓名，共保21人：吏部主事
陈三立、工部主事屠寄、工部主事夏震武、内阁中书曹广权、前山东沂州府知府丁
立钧、前安徽青阳县知县汤寿潜、前山西即用知县汪崇沂、直隶候补知县张美翊、
候选知县邹代钧、举人孙诒让、举人沈惟贤、举人王舟瑶、拔贡华世芬、优贡陈为
鉴、监生江瀚、附生赵宽、附生冯澂、附生张东烈、廪生金楙林、廪生潘敦先、廪
生裴熙琳。上有光绪帝朱批"览"。(《军机处录副·补遗·戊戌变法项》，3/168/
9448/57)与胡思敬《戊戌履霜记》的记录相比较，皆不吻合，不知何人所保。而
被保荐的人选中，没有康党的成员。

〔2〕《丛刊·戊戌变法》，第1册，第391—395页。该表称：两江总督刘坤一荐24员；湖
广总督张之洞荐18员，其中包括梁启超、杨锐；河南巡抚刘树棠荐2员；福建学政
戴鸿慈荐3员；前任福建学政王锡蕃荐5员；湖北学政王同愈荐6员；漕运总督松
椿荐2员；宗人府丞葛宝华荐3员；顺天府尹胡燏棻荐11员；通政使李端遇荐6
员；内阁学士张百熙荐17员，其中包括康有为、梁启超、唐才常、杨锐；礼部侍郎
萨廉荐4员；礼部侍郎唐景崇荐7员，其中包括麦孟华、林旭；左都御史裕德荐5
员；兵部尚书徐郙荐3员；户部尚书敬信荐2员。又称："右经济特科表，凡二百三
十五人，重荐者十二人。外张之洞续保一案、陈宝箴、瞿鸿机、任道镕、徐仁铸各
一案均佚。"其中徐仁铸的保案，也有可能属康党策划，不知刘光赉是否在其中。然
胡思敬此处统计的可靠性，我不能予以证明。从其后表所录保举使才75人的名单，
与档案对照，尚有误。又，《国闻报》对此亦有一些记载：《国闻报》光绪二十四年
五月二十九日以"保荐经济人才"为题刊出消息："经济特科人才，湖广总督张香帅
而外，奏举者甚属寥寥。昨据京友告知，李芯园侍郎日前具折，保举十五人，其中
有前安徽青阳县知县汤寿潜，广东三水徐勤，南海欧榘甲。此外述者忘其姓名，俟
探访确实后再行登录。"《国闻报》六月二十二日以"新保特科名单"为题刊出消
息："李芯园侍郎保举十五人……"又该条消息还称"唐春卿侍郎保举四人：翰林院
修撰张謇（江苏通州）、礼部员外郎于式枚（广西贺县）、编修俞长霖（浙江黄岩）、
中书林旭（福建侯官）"。又，该条消息还称："漕督松制军保养二人：翰林院庶吉士
张鹤龄、贡士孙多燠"；"宗人府丞葛保送三人：陆懋鼎、蔡元培、王仪通"；"左都
御史裕咨送二人：编修罗长、监生贾步祎"；"户部尚书敬咨送二人：主事于式枚，
同知黄凤岐"。当日还刊出消息称，顺天府尹胡燏棻保五人，其中有王修植、严复、
钟天纬。两者可对照，多有不同。

主事曾习经，附生徐勤，监生罗普，附生欧榘甲，监生韩文举；浙

江知县夏曾佑、汤寿潜；满洲庶吉士寿富。"

李端棻的保荐案很可能由康党操作，其中的人员多为康党或与康党有关系的人士。[1]康有为光绪二十四年四月在北京给康同薇的家书称："特科事，同门被荐者十余人，仲在内。"[2]时在江西的皮锡瑞七月十四日日记中称："桂伯华来，云康长素之弟广仁有信与彼，云保特科。不知确否。"[3]由此看来，保荐经济特科，是康党的主要方式。然而，我所见到的保荐单上尚未见到刘光赍、桂念祖的名字。

康称"报会纷纷，学堂大开"，属实。

（24·39）六月一日，乃上商务一折，请令十八省各开商务局。先在上海、广东善堂中公举通达时务、殷实商人试办，限两月内草定章程，呈总署进呈御览。荐上海经元善、严作霖为总办，广西龙泽厚副之。奉旨：交各直省督抚议行。广东商务局七十二行即举何穗田为总办，以《知新报》曾言商务章程也。仪侃频书来促章程，事忙甚，令仪侃、孝实议之。时潘衍桐等欲攘商务局事，适岑云阶放

---

〔1〕《国闻报》光绪二十四年五月二十九日以"保荐经济人才"为题刊出消息："……昨据京友告知，李芯园侍郎日前具折，保举十五人，其中有前安徽青阳县知县汤寿潜，广东三水徐勤，南海欧榘甲。此外述者忘其姓名，俟探访确实后再行登录。"《国闻报》六月二十二日以"新保特科名单"为题刊出消息："李芯园侍郎保举十五人：翰林院编修严修（直隶天津）、户部主事曾习经（广东揭阳）、候选知县夏曾佑（浙江钱塘）、候选知县汤寿潜（浙江山阴）、庶吉士熊希龄（湖南凤凰）、庶吉士寿富（宗室镶黄）、监生韩文举（广东番禺）、附生徐勤（广东三水）、附生欧榘甲（广东归善）、拔贡唐才常（湖南浏阳）、监生罗普（广东顺德）、候选知县狄葆贤（江苏溧阳）、廪生戴修礼（湖南武陵）。"《国闻报》七月十四日刊出消息称"仓场总督李制军保送十五人：助教崔朝庆、举人程先甲（江苏）、举人宋梦槐，余十二人已录前报"。

〔2〕《万木草堂遗稿外编》，下册，第775—776页。"仲"，麦仲华，康同薇夫君，据胡思敬《戊戌履霜录》卷四所录保荐经济特科表，由唐景崇所保。

〔3〕同月二十五日日记又称："桂云：节前拟入京投康先生。"（《师伏堂日记》，《湖南历史资料》，1959年第2期，第142、144页）"桂伯华"，桂念祖，江西德化人，皮锡瑞弟子，与梁启超交善。

广东布政使，乃以何穗田托之。

据手稿本，此节仍为韩文举字体。"六月一日乃上"为康有为字体，为添加；"商务一折"前删去"我所条陈"四字；"请令十八省各开商务局"，初写为"请因上海"后删去"因上海"三字，"商务局"三字为添加，康有为字体，补在行间；"先在上海、广东善堂中公举通达时务殷实商人试办"之"善堂中"三字为添加，"人试"两字为添加，皆康有为字体，补在行间；"限两月内草定章程呈总署进呈御览"一名，原为写"限两月内草定章程公呈御览"，删一"公"字，添加"总署进呈"，康有为字体，补在行末；"荐上海经元善……"前删一"然"字；"广东商务局七十二行即举何穗田为总办"，原写为"广东商务即举何穗田为总办"，"局七十二行"四字为添加，韩文举字体，补在行间，"广东"后曾补两字，后删去，字迹不清；"仪侃"前删一"及"字；"时潘衍桐等"，以"时粤绅潘衍桐□"改；"适岑云阶放广东布政使"之由"岑"字由"沈"字改，"布政使"由"藩司"改，康有为字体，补在行间。

康称"六月一日乃上商务局"一事，查《杰士上书汇录》卷二有"请立商政以开利源而杜漏卮折"，注明日期为六月初五日，康日期记忆有误。又查军机处《早事档》、《随手档》均无该折代奏的记录，似为军机大臣廖寿恒代为呈递。该条陈建议各省设立商务局，并在上海专设商务局，并由其推荐的人士主持，称言：

"……洋货所以越万里而畅销者，在其国有商学以教之，有商报以通之，有商部以统之，有商律以齐之，有商会以结之，有比较厂以厉之，有专利牌以诱之。及其出国也，假以资本以厉之，轻其出税以便之，有保险以安其心，有兵船以卫其势，听其立商兵、商轮以护其业。又有领事考万货之情，以资其事。

"……日本之变法也，开商法公议所、商法学校、帝国劝业博览会，萃全国物产人工，比较而赏拔之。派人往中西各国，考求种植之法，孳养之方，制造之事，归以教人。于直隶购羊千头，于纽约购马数千，于欧洲诸国购葡萄、木棉、烟草及其他奇花异卉，开农场、设学校，日讨国人而教之以训农、通商诸事。又开共进会，若棉若丝若茶若糖，各令商人出品物，不下千余种，别其精粗而赏之。故商学骤盛，国以富强……

"今吾欲恢张利源，整顿商务，诚当设专官以讲之……故宜开局讲求，自内国之中，外国之情，土产若何，矿质若何，工艺制造若何，及税则之轻重，价值之低昂，转运之难易，天时之寒暖，地利之险夷，何道而费可省，何法而利源可兴，何经营而贸易可旺，何物可销，何物可自制，何方之货物最多，何国之措施最善，荟萃诸法，草定章程，行之各省埠，则万宝并出，岂复患贫?

"……皇上鉴观时变，深念国忧。前岁御史王鹏运请开商务局，奉谕旨施行。惟各省督抚，多不通时变，久习因循，故奉旨两年，各省未见举办。顷虽再下明诏，疆臣必仍置若罔闻。窃谓朝廷若不设立商部，乞即以总理各国事务衙门领之。令各省皆设立商务局，皆直隶于总理衙门，由商人公举殷实谙练之才数人办理，或仿照广东爱育堂商董轮办章程办理。

"上海为天下商务总汇，各商专业，若丝、茶、银钱，皆有公所，常有商董，尤易举办。每商局皆令立商学、商报、商会、保险公司、比较厂，其有能购轮船驶行外国者，予以破格重赏。惟商人见小好利，未通大局；士大夫官气太深，未谙商务，似此虽累烦明诏，仍是徒托空文，难期成效。臣再四思维，有上海向来办账诸人，若翰林院庶吉士沈善登、直隶知州谢家福、湖北候补知府经元善、训导严作霖、四川知县龙泽厚等，操行廉洁，任事忠实，久在商中劝募，商情信服，义声著于海内。叠经各省督抚臣陈士杰、张曜、陈舜、倪文蔚、崧骏、福润等先后奏保，累蒙传旨嘉奖。若令此数人，先行在上海试办商务局，令其立商学、商报、商会，并仿日本立劝工工场及农务学堂，讲求工艺农学，所有兴办详细章程，令于两月内妥议，呈总理衙门，恭进御览，诏下各省次第仿照推行。"[1]

康有为此处提出办理上海商务局人选共5人，而不是3人。

沈善登（1830—1903），字谷成，浙江桐乡人。同治六年（1867）举人，七年进士，入翰林院。后回乡著述，拜佛，时住在上海，热心于公

〔1〕《杰士上书汇录》卷二，《康有为早期遗稿述评》，第300—305页；《救亡图存的蓝图》，第170—176页；《康有为全集》，第4集，第333—336页。

益事业。[1]光绪二十年夏，他与康有为有交往。

谢家福（1847—?），字绥之，江苏苏州人。咸丰十年（1860）因太平天国战乱避居上海，入舆图局，结识广方言馆德国人金楷理，学习西方语言文字。最早参与电报事业，曾任苏州电报局、上海电报总局提调等职，亦在其家开办"苏州电报传习所"。也曾在上海发起义赈。编撰《通商简要》（四卷）、《兵事纪略》（二卷）、《善后私议》（四卷）、《和约汇钞交涉新案》（八卷）、《柔远成案》（十卷）等。他与盛宣怀、经元善等人交善，多次办理义赈。[2]

经元善（1840—1903），字莲珊，亦作莲山，浙江上虞人。在上海经营钱庄，颇具名声。光绪六年参与经营上海机器织布局，八年任上海电报局总办，并参与了多个洋务企业的管理，与李鸿章、张之洞、盛宣怀等多有交往。二十一年，康有为到上海办强学会，经元善奉张之洞命，曾予以支持。（参见21·25）二十三年，与康广仁、梁启超等人在上海办中国女学堂。（参见23·2）经元善本人即有在上海设立商务衙门的设想，曾上书于张之洞。[3]"己亥立储"时领衔发电反对慈禧太后废光绪帝另立"大阿哥"，为清廷所罪，避居澳门。清朝加以"挪欠局款罪"欲引渡，被葡澳当局拘，后获释，赴香港，归上海后卒。

严作霖，字佑之，江苏丹徒人。以儒生司赈灾事，自光绪二年至三十年，历二十余年，赈鲁、豫、晋、皖、苏、直等数省。盛宣怀在上海

---

〔1〕 陶小萍：《沈善登及其著述》，《桐乡档案杂志》，2006 年第 2 期。

〔2〕 "答谢绥之函"，《经元善集》，第 57—58 页。

〔3〕 经元善于光绪二十四年四月上书张之洞称："……读光绪乙未，总署议复御史王鹏运奏请讲求商务一折，奏者议者，皆于商务隔十簾幕。耕问奴，织问婢，岂有非身为商者，而可言商务，此孔子所以自谓不如老农老圃也……保富为周济，诚为今日要图。宜选深明商务之大员，在上海起点，督办商务，如铁路总公司故事，部颁印信，准其专折奏事，位在各省司道之上，庶可通中外之气，而渐以收复利权。统铁路、银行、轮船、电报、税务、邮政诸大事，辅相其成，补救其敝，此最切于目前也。"（《经元善集》，第 235—238 页）经元善之意是建立由商人而领督办上海商务大臣，管辖铁路、银行等事务。该信中还有"今枢机甫动，宪台言之密勿，皇上断之深宫"，似为张之洞奉旨北上路过上海时，经元善递交。由于张之洞折回湖北，经元善此策未能上达。康广仁、康同薇与经元善同办不缠足会与中国女学堂，康有为请设上海商务局并派经元善等人之请，不知与经本人是否也有关系。

机器织布局被焚后，创华盛纺织总厂，严管银钱。他与盛元善、郑观应、经元善等人交善，无意于仕途，此时的名衔为候补训导。

龙泽厚，字积之（1860—1945），广西临桂人，龙朝言之子。光绪十四年优贡，曾任广东翁源县知县。康有为弟子，为康两次赴桂讲学作安排，创《广仁报》。后在上海，黄遵宪拟请其到《时务报》任职。他与经元善交往密切。

康有为很早便听说严作霖等人的善举，而与经元善等人相知，肇始于龙泽厚。[1] 而经元善、谢家福、沈善登曾在甲午战时私下评论康有为，多有赞语。[2] 康办理上海《强学报》时，与经元善有直接交往。（参见 21·25）二十三年办理上海不缠足会事，又与经元善有关。（参见 23·2）

---

〔1〕 康有为于光绪十四年代御史屠仁守作《请开清江浦铁路折》中提议由施则敬、严作霖主持该铁路的修建，称："闻上海善士有施则敬、严作霖等数十人，好行其德，日以赈恤灾民为事，十余年来，直省水旱频仍，乐施不倦，士庶信之。"（《遗稿·戊戌变法前后》，第14页）康于光绪二十年作《书余莲珊〈尊小学斋集〉后》，称："光绪二十年冬，门人龙泽厚积之自四川令归过羊城，与言沪上经君莲珊之煦煦好德，而又知学术之本，怪其道何从也。积之出《尊小学斋集》曰：'是为吴下余莲珊先生遗书。'盖经君之师，今以善士名天下，如熊纯叔、谢家福、严佑之皆其弟子……"（同上书，第178页）

〔2〕 虞和平称："经元善等上海绅商对康梁的看法，在甲午前后比较看重。在1894年末，经元善、谢家福、沈善登等人在筹议'义兵义饷'活动中，开始议及康有为的学识为人，多持赞赏态度。经元善说：'弊友龙君书来，有梁孝廉奉师命，愿来助成经正书院，在沪遍访不获遇，正拟函讯龙君，而望炊（即谢家福）初次复函，有吴越士夫康狂生一语。'经元善认为，谢家福对康有为的评论有失偏颇，'谢与康未曾晤面，或所闻不善者恶之口吻，而先入为主。'正在为经元善支持经正书院的沈善登亦赞同经元善的看法，说'康先生闻名已久，前读《伪经考》，颇有卓见，意必其人高不可攀。今夏邂逅晤面，始知仁心仁术，真积学有道君子，佩服之至。惟《长兴学记》一卷，或系年轻时手笔，将来必然后悔。望炊无识，人云亦云，论学术相去甚远'。并迫切希望梁启超能来主持自己所办的经正书院，认为'梁孝廉学承渊源，能来总持经正书院最妙，私下走所馨香祷祝者也'。谢家福在得悉经元善与沈善登对其批评后，致函经元善，虽继续坚持自己的见解，认为康有为'养到未深，而得时太早，恐难免步荆公后尘。苟先遇盘根错节，动心忍性，则国家之幸，亦正是造物之玉成，他日所就未可限量也'；但也承认'亦读过《伪经考》、《学记》，未尝不深佩其博学强毅，并世杰出人才'。"（《资产阶级与戊戌维新：以经元善等上海绅商与康梁关系为中心》，未刊）

康有为的商务思想可追溯到光绪二十一年的"上清帝第二书"和"上清帝第三书",其中要求设立"通商院",并在各地设立商会、商学。[1](参见21·5、21·10)陈炽、王鹏运、荣惠均有建策,也有相关的谕旨下达,皆未落实执行。[2]康此时的建策更为具体可行,只是强调在上海一处先试办,光绪帝决定采用。又查军机处《随手档》六月初七日记:"发下康有为条陈折片各一件",其中之折即康有为"请立商政以开利源而杜漏卮折"。[3]康有为之折非由正常途径所上,光绪帝将之发下军机处,是为了拟旨。当日有廷寄谕旨一道:

　　　　"军机大臣字寄刘坤一、张之洞,奉上谕:振兴商务,为目前切要之图,叠经谕令各省认真整顿,而办理尚无头绪。泰西各国首重商学,是以商务勃兴,称雄海外。中国地大物博,百货浩穰,果能

〔1〕《康有为政论集》,上册,第128页;《光绪朝朱批奏折》,第32辑,第535页。

〔2〕陈炽在《庸书》中称:"谓宜通饬疆臣,设立商务局,凡华民喜用之洋货,一律纠股集资,购机仿造,以收利权。其中国所产,行销中外者,亦加意讲求,务极精美。"(《陈炽集》,第83页)光绪二十一年五月初六日陈炽在进呈"请一意振作变法自强呈"中称:"亟宜仿泰西设立商部,于省会、各大埠均立商政局,各县公举公正董事以充之,而总其成于道台。所欲与聚,所恶弗施,有冤抑者,迳由商部上达天听。"(《晚清史探微》,第151页;《光绪朝夷务始末稿本》,光绪二十一年)光绪二十一年十一月十七日,御史王鹏运上奏由郑孝胥代拟的"请兴商务折",要求设立商务局,改造招商局。"沿海各省会城,各设商务局一所";"将该省各项商业悉令公举董事一人,随时来局,将该业商况利病情形,与提调妥商补救整顿之法,禀督抚而行之。"(《〈半塘言事〉选录》,《近代史资料》,总65期,第65—67页;《郑孝胥日记》,第1册,第534页,参见21·1)光绪帝交总理衙门议复。总理衙门对此表示同意。(总理衙门议复奏折见《丛刊·戊戌变法》,第2册,第399—402页)光绪二十四年四月初四日,兵部左侍郎荣惠上奏请特设商务大臣一折,光绪帝将之交总理衙门议复。四月二十四日,总理衙门议复奏折称,在各省设立商务局,并在重要的府州县设立通商公所。(《军机处交总理·补遗·戊戌变法项》,3/168/9446/12)光绪帝当日下旨称:"商务为富强要图,自应及时举办,前经该衙门议请,于各省会设立商务局,公举殷实绅商,派充局董,详定章程。但能实力遵行,自必日有起色。即著各省督抚督率员绅,认真讲求,妥速筹办,总期联络商情,上下一气,毋得虚应故事,并将办理情形迅速具奏。"(军机处《上谕档》,光绪二十四年四月二十四日)从后来督抚的奏折来看,这一道谕旨并没有得到贯彻。

〔3〕军机处《随手档》,光绪二十四年六月初七日。该折下面又有小字注:"见面带下,缮旨,复存堂。初十复递上。"意思是,军机大臣见面时将康有为折、片带下,军机章京缮旨后存在军机处堂上,初十再次将该折、片递给光绪帝。又,当日发下的康有为片,究竟为何?我仍不能确定。

就地取材，讲求制造，自可以暗塞漏卮，不致利归外溢。著刘坤一、张之洞，拣派通达商务明白公正之员绅，试办商务局事宜。先就沿海沿江，如上海、汉口一带，查明各该省所出物产，设厂兴工，果使制造精良，自能销路畅旺，日起有功。应如何设立商学、商报、商会各端，暨某省所出之物产，某货所宜之制造，并著饬令切实讲求。务使利源日辟，不令货弃于地，以期逐渐推广，驯致富强。事属创办，总以得人为先，该督等慎选有人，即著将拟定办法迅速奏闻，毋稍迟缓。将此各谕令知之。"〔1〕

光绪帝根据康有为的建议，下令在上海、汉口试办商务局，但他没有起用康推荐之人，而是令两江总督刘坤一、湖广总督张之洞"拣派通达商务明白公正之员绅"。〔2〕这是康有为建策第四次被直接采用。

康称其条陈"奉旨交各直省督抚议行"一语，稍有误。光绪帝此次谕旨尚未命各省一律设立商务局，然仅8天后，六月十五日，军机处、总理衙门议复康有为"上清帝第六书"时，光绪帝下旨令各省设立商务局，由督抚管辖。(参见24·48) 七月初五日，光绪帝又根据康有为的提议，下令设立农工商总局，同时命各省设立农工商分局。(参见24·50)

---

〔1〕 军机处《洋务档》，光绪二十四年六月初七日。至此光绪帝已不顾光绪二十四年四月二十四日前旨，明确下令在上海、汉口两处设立商务局。

〔2〕 刘坤一于七月十六日收到该旨，即命上海道蔡钧办理上海商务总局之事。蔡钧为此致函汪康年，要求予以帮助。(《汪康年师友书札》，第3册，第2964—2966页) 七月二十一日，刘坤一电复总理衙门："现于上海设一商务总局，拟举在籍翰林院修撰张謇，会同分发湖北候补道刘世珩经理其事，并派江西候补道恽祖祁、江苏候补道删光典，分办江南、皖北商务，使之联络绅富，鼓励商民，讲求物土之宜，仿办制造之事，以厚集资本，渐加扩充。沿江沿海蕃庶之处，亦令其选举朴诚明白之商董数人，量设分局，协同办理，俾克合群兴业，以辟利源。"刘坤一所派人选与康建议者不同。(《刘坤一遗集》，第3册，第1413页) 张之洞于七月十八日电复总理衙门："湖北拟委道员土秉恩，并另电奏调江苏候补道程仪洛，会同总理汉口商务局，以鼓舞联络上游川、陕、云、贵、湘、粤等处工商为要义，并选股实诚信通晓时势之商董数人，会同商酌。"(《张文襄公全集》，第2册，第357页) 光绪帝于七月二十日发电张之洞："张之洞电悉，该督遵设汉口商务局，办理迅速，筹画周详，深堪嘉尚。江苏候补道程仪洛著刘坤一、廖寿丰饬令速赴湖北，交张之洞差遣委用。"(《清代军机处电报档汇编》，第2册，第90页) 又，张之洞八月初八日上奏"办理湖北商务局情形折"，见《戊戌变法档案史料》第423—426页。

《知新报》第 70 册（光绪二十四年九月二十一日出版）刊出康的此一条陈，略有删节，题称"康工部有为条陈商务折，六月十五日第十五上书"，其中日期亦有误，但"第十五上书"却值得注意。由此与《杰士上书汇录》对照，从"大誓臣工开制度新政局呈"即"上清帝第六书"为始，至此正是第 15 件。由此又可推断，《杰士上书汇录》所收录康有为条陈，至此篇是完整无缺的。[1]

仪侃，名陈继俨，广东南海人。康有为弟子。时在澳门办《知新报》，戊戌政变后，随康有为流亡海外。

孝实，名刘桢龄，广东顺德人。康有为弟子。时在澳门办《知新报》。

何穗田，何廷光。（参见 22·2、23·3）

《知新报》有"商事"一栏，记录国内外商事活动，然未见有"商务章程"。

潘衍桐（1840—1899），榜名汝桐，字孝则，号峄琴，广东南海人。同治七年进士，入翰林院，散馆后为编修。后历国子监司业、詹事府中允、洗马、庶子，为翰林院侍讲学士。光绪十四年以翰林院侍读学士出为浙江学政。后归讲于广州越华书院。著有《续两浙輶轩录》五十四卷、《续两浙輶轩录补遗》六卷、《朱子论语集注训诂考》二卷、《尔雅正郭》二卷等。光绪二十四年，创办《岭学报》。光绪十五年康有为顺天府乡试失败后，赴杭州投奔之，曾为其幕。[2]康亦作《与峄琴学士书》，

<hr />

〔1〕 参见黄彰健《戊戌变法史研究》第 239—240 页。黄彰健当时不能看到《杰士上书汇录》，所作判断稍有误，然已感觉到"'条陈商务折'系康第十五上书，这个数目字倒正确不误。"

〔2〕 徐大可《纪逆犯康有为缘起》称："吾乡某学士时奉督学浙江之命，耳其名，聘之入幕。关书甫送，借券已来，学士愕然，为赠百金，婉辞谢之。"（《觉迷要录》，录三，第 3 页）康有为致康广仁信称："我现养潘绛琴侍读，以此事俟归乃定归。欲为汝谋小官于浙，现经查过，府经、县丞须一千五百金，从九亦须一千。若能谋从多则好，少则先谋从九，亦为汝出身之地。汝究竟欲之否？……不欲为之，则可作罢论，我亦不作浙行，学政之幕亦非人所能为也。"（《康有为全集》，第 1 集，第 243 页）梁鼎芬《康有为事实》称："康有为在上海贫困无聊，又好冶游，资无所出。时乡人潘峄琴学士衍桐为浙江学政，遂往杭州借贷。潘学士厚赠之。不满所欲，又以公事相托，潘学士不能办，婉词谢绝。康愤愧同（回）沪。逮潘学士归里，康好管讼事，因张乔芬一案，与潘学士嫌隙日深，痛加攻击，以泄前忿。"（《日本外交文书》，第 31 卷，第 1 册，第 731 页）

乃言学政幕事。[1]十九年因"同人局"事与张乔芬对抗，潘衍桐支持张乔芬。（参见21·1、22·2）

岑云阶，岑春煊。康有为光绪二十二年冬去广西，曾与之交。（参见23·1）光绪二十四年七月初四日，岑上奏"敬陈管见折"，促发了十四日清朝大裁冗官之谕旨。（参见24·48、24·64）七月十五日，岑以前太仆寺少卿授广东布政使，这在当时属超擢。

康称"广东商务局"诸事，该条陈中没有提到，我也尚未读到其他相关的史料。

（24·40）时《时务报》汪康年尽亏巨款，报日零落，恐其败也，乃草折交宋芝栋上之，请饬卓如专办报，并请选择各省报进呈。奉旨：交孙家鼐议。时枢臣相恶，欲藉差挤我外出，然后陷之，乃托孙家鼐请我办官报，并以京卿衔及督办字样相诱，吾却之。

据手稿本，此节仍为韩文举字体。"时务报"三字为添加，康有为字体，补在行间；"恐有其败也"前删"卓如"二字，"也"字后删"交"字；"乃托孙家鼐"后删"并"字；"并以京卿"之"卿"字，诸抄本皆误为"衔"字，"卿"字后删一"并"字，补一"及"字，康有为字体，在页边。

汪康年（1860—1911），字穰卿，浙江钱塘（今杭州）人。光绪十五年举人，十六年为张之洞孙辈的家庭教师，后入张之洞幕。十八年中贡士，二十年补行殿试，又未应朝考。他在湖北的六年中，与张之洞幕中诸人交往甚深，并以此张壮与全国官僚士人的关系。今存汪康年师友书札正显示了他的此种特殊的交际能力。[2]光绪二十一年，康有为说服张之洞办强学会，张意上海强学会由汪康年主持，而广东强学会归康主持。（参见21·23）光绪二十二年，黄遵宪、汪康年、吴德潚、邹凌瀚、

---

[1] 《遗稿·戊戌变法前后》，第212—215页。原编者标1891年，似误，当为光绪十五年（1889年）。

[2] 现存汪康年师友手札，共计700余人，3000多通，藏于上海图书馆，上海古籍出版社于1986年至1989年分四册出版。相关的研究参见廖梅：《汪康年：从民权论到文化保守主义》，上海古籍出版社，2001年。

梁启超在上海办《时务报》，汪任经理，梁任主笔。梁启超出色的文笔，使《时务报》风行于世，也使汪康年获得极大的声誉。然而，由于康有为的"伪经"、"改制"等学说为张之洞等官员所不喜，汪康年更多地代表着张之洞等人的立场。梁、汪之间由此产隙。[1]章太炎因学术分歧而被康有为弟子在上海所殴，引发了章太炎对康党的不满；汪又与章同乡，且交善。而汪、梁矛盾中，黄遵宪护梁责汪。[2]黄遵宪又与康、梁同乡。此中又有浙、粤地域之见。

光绪二十三年秋，在黄遵宪的操办下，梁启超离开上海，到长沙主持时务学堂。（参见23·3）光绪二十四年二月，梁启超致信汪康年称：

> "……公等在上海歌筵舞座中，日日以排挤、侮弄、谣诼、挖酷南海先生为事。南海固不知有何仇于公等，而遭如此之形容刻画！然而弟犹觍然为君家生意出死力，是亦狗彘之不如矣。此等责弟，有意见诚不敢避也。要以此事一言以蔽之，非兄辞，则弟辞；非弟辞，则兄辞耳。弟此次到申，亦不能久留，请君即与诸君子商定，

---

[1] 梁启超致汪诒年信中称："启超之学，实无一字不出于南海。前者变法之议（此虽天下人之公言，然弟之所以得闻此者，实由南海），未能征引（去年之不引者，以报之未销耳），已极不安。日为掠美之事，弟其何以为人？弟之为南海门人，天下所共闻矣。若以为见一康字，则随手丢去也，则见一梁字，其恶之亦当如是……"（《汪康年师友书札》，第2册，第1862页）

[2] 黄遵宪于光绪二十三年三月十日致汪康年信称："馆中仍聘铁乔总司一切，多言龙积之堪任此事，铁乔不来，即访求此人何如？而以公与弟辈为董事。公仍住沪照支薪水，其任在联络馆外之友，伺察馆中之事。"四月十一日致汪康年信称："书言弟为公筹休息之方。此语似误会弟意。弟以为此馆既为公众所设，当合众国政体，将议政（于馆中为董事）、行政（于馆中为理事）分为二事，方可持久。此不仅为公言之。至于公则或为董事（专司章程兼馆外联络酬应），或为总理（守章程而行馆中一切事，皆归督理），即或以董事而兼总理（近与卓如书言及此），均无可。馆事烦重，必须得襄理之人，以为辅助。此事今且阁置，他日到沪再详陈之，谅公意必谓然也。"（《汪康年师友书札》，第3册，第2348、2356—2357页）铁乔，吴樵；龙积之，龙泽厚。此两信表明，黄有意调动汪康年之位，仅给汪以"董事"虚衔。郑孝胥光绪二十三年四月初二日日记称："傍晚，谭复生来，谈《时务报》馆中黄公度欲逐汪穰卿。汪所引章枚叔者与粤党麦孟华等不合，章颇诋康有为，康门人共驱章，狼狈而遁。"七月初二日记："午后过《时务报》馆，晤汪穰卿，言黄公度在此，欲令穰卿以总理事畀其弟汪颂阁，而身为董理。"初五日记："汪（康年）与黄公度有隙，余为排解久之。"（《郑孝胥日记》，第2册，第598、610页）

下一断语，或愿辞，或不愿辞，于廿五前后与弟一电（梅福里梁云云便得），俾弟得自定主意。如兄愿辞，弟即接办。并非弟用私人阻挠，此间已千辛万苦，求人往接办，必不用康馆人也。如兄不愿辞，弟即告辞，再行设法另办此事。"[1]

汪康年此时亦正在湖南，未肯交出《时务报》。[2]梁进京后，《时务报》完全由汪控制，另聘郑孝胥为主笔。[3]至闰三月，汪康年去日本之事为清朝驻日本公使裕庚所揭攻（参见24·15），黄遵宪等人施压欲驱汪，梁鼎芬出面调解，暂时化解。[4]康、梁至此对汪已极度不满。

---

[1] 致汪康年，光绪二十四年二月十一日，《汪康年师友书札》，第2册，第1853—1854页。

[2] 汪康年未肯交出，似由张之洞的背景。光绪二十四年三月十七日，邹代钧致汪康年信中称："《时务报》馆事，鄙人早知南皮必作如是议论，已与公面言，切不可为南皮所动摇，公当记忆也。南皮议论未尝不正大，为公计，断无再办之理……望公以孔子为圭臬，南皮之空议似可不听。"邹代钧后又一信又称："报事鄙人与考功均以交出为是。"（原信无日期，似为光绪二十四年闰三月，两信见《汪康年师友书札》，第3册，第2752—2753页）"考功"，指吏部考功司，此处指陈三立。由此可见，汪康年在湖南时，邹代钧、陈三立皆主张汪康年交出，然汪以张之洞为词而不交。在汪、梁冲突中，汪康年更中张之洞之意，梁启超之言论也为张之洞不喜。光绪二十三年九月十六日，张之洞致电陈宝箴、黄遵宪："《时务报》第四十册，梁卓如所作《知耻学会叙》，内有'放巢流彘'一语，太悖谬……"黄遵宪对此立即回电："既嘱将此册停派，并一面电卓如改换，或别作刊误，设法补救，如此不动声色，亦可消弭无形……卓如此种悖谬之语，若在从前，诚如宪谕，'恐招大祸'。前过沪时，以报论过纵，诋毁者多，已请龙积之专管编辑，力设限制，惟梁作非龙所能约束……"（《黄遵宪全集》，上册，第411—412页）

[3] 陈庆年光绪二十四年三月十三日日记称："……适汪穰卿在座上，少谈《时务报》，知今年销数较上年为少，旧主笔梁卓如在湘中时务学堂为教习之事，不甚作文。近以穰卿添延郑苏庵为总主笔。卓如遂与寻衅，恐自此殆将决裂。"十四日日记称："汪穰卿见过，言梁卓如欲借《时务报》行康教（康长素为梁师，其学专言孔子改制，极浅陋），积不相能，留书痛诋，势将告绝。"（《戊戌己亥见闻录》，《近代史资料》，总81号，第107页）"郑苏庵"，郑孝胥。

[4] 陈庆年光绪二十四年闰三月二十日日记称："闻康长素弟子欲攘夺《时务报》馆，以倡康学。黄公度廉访复约多人，电遂沮穰卿，悍狠已极。梁节庵独出为鲁仲连，电达湘中，词气壮厉，其肝胆不可及也。"（《戊戌己亥见闻录》，《近代史资料》，总81号，第110页）次日陈庆年致信汪康年："闻报馆之事，群起攘臂，殊堪骇异。梁公节庵独出为鲁仲连，电告湘中，词气壮厉，幸如所嘱，坚持无动，鬼神之情状，圣人知之，何足畏哉！"（《汪康年师友书札》，第2册，第2070页）叶澜于闰三月二十三日致信汪康年："闻公度居然打电驱逐，此吾兄日前太因循畏缩之故也。今既至此，不得不据理直争，表白于众，否则人必疑吾兄有私心病矣。心海甚不愤，善余

康称"汪康年尽亏巨款，报日零落"，不完全属实。《时务报》此时经营虽有下降，仍属正常经营区域内，不至于亏空。其总收支情况可见下表（单位为洋元）：[1]

时　　间	总收入	总支出	前半年结算余额	本半年结算余额
光绪二十二年五至十二月	21029.8	14191.7	0	6838.2
光绪二十三年正至六月	16850.9	17531.1	6838.2	6157.9
光绪二十三年七至十二月	18125.9	22996.4	6157.9	1287.4
光绪二十四年正至六月	19180.4	18080.3	1287.4	2387.5

从以上数字可知，《时务报》光绪二十三年下半年确有入不敷出之情形，但未到达财务危险之地步，更何况产生此情的主要原因，为拖欠报费。[2]

康称"草折交宋芝栋上之"一事，查军机处《随手档》光绪二十四年五月二十九日记："御史宋伯鲁折：一、请将《时务报》改为官报由；片一、八旗官学仍归大学堂统理由。"该正折即"请将《时务报》改为官报折"，称言：

与公函想详言之。公度等出此拙计，必不肯干体……"（同上书，第3册，第2609页）"心海"，梁鼎芬；"善余"，陈庆年。邹代钧致汪康年信中称："东游事，公之心郦人与伯严都知之，惟若辈甚欲以此相陷。公度已将此电节庵，伯严极言公度不可如是，公度始改悔，而康党用心尚不可知。"（同上书，第3册，第2758页）"伯严"，陈三立。

[1] 参见廖梅：《汪康年：从民权论到文化保守主义》，第63页。汪诒年曾作《纠正〈南海康先生传〉诸书》一文，对报馆亏空一说，多有辩解。（《汪穰卿先生传记》，《近代稗海》，四川人民出版社，第12册，1988年，第232—236页）

[2] 廖梅分析收入的成分为：光绪二十二年五至十二月，捐赀9315.7洋元；书报费及利息11714.1洋元；发行量7000份，应得报费14970洋元，实得11620洋元，拖欠3350洋元。光绪二十三年正月至六月，捐赀3208.2洋元；书报费及利息13642.7洋元；发行量12000份，应得报费24153洋元，实得13484洋元，拖欠10669洋元。光绪二十三年七月至十二月，捐赀1460.4洋元；书报费及利息16665.5洋元。光绪二十四年正至六月捐赀823洋元，书报费及利息18357.4洋元；发行量8000份，应得报费19121洋元，实得17840洋元，拖欠1281洋元。（《汪康年：从民权论到文化保守主义》，第62—63页）如果没有捐款，《时务报》前两年一直是亏本经营。

"……臣窃见广东举人梁启超，尝在上海设一《时务报》局，一依西报体例，议论明达，翻译详博……两年以来，民间风气大开，通达时务之才渐渐间出，惟《时务报》之功最多，此天下之公言也。闻自去岁九月，该举人应陈宝箴之聘为湖南学堂总教习，未遑兼顾，局中办事人办理不善，致经费不继，主笔告退，将就废歇，良可惋惜。臣恭读邸抄，该举人既蒙皇上破格召见，并著办理译书局事务，准其来往京沪，臣以为译书译报本一贯，其关系之重，二者不容偏畸，其措办之力，一身似可兼任。拟请明降谕旨，将上海《时务报》改为《时务官报》，责成该举人督同向来主笔人等实力办理，无得诿卸苟且塞责。其中论说翻译各件，仍照旧核实，无得瞻顾忌讳。每出报一本，皆先进呈御览，然后印行。仍请旨饬各省督抚通札所属文武实缺候补各员一律购阅。依张之洞所定原例，其报费先由各善后局垫出，令各员随后归还。其京官及各学堂诸生，亦皆须购阅以增闻见。其官报局则移设京都，以上海为分局，皆归并译书局中相辅而行。梁启超仍饬往来京沪，总持其事。至各省民间所立之报馆言论，或有可观，体律有未尽善，且间有议论悖谬记载不实者，皆令先送官报局，责令梁启超悉心稽核，撮其精华进呈，以备乙览。其有非违不实，并令纠禁。其官报局开办及稽核各报详细章程，即令该举人妥拟，呈总理衙门代奏察行，似此广收观听，于新政裨补，量非浅鲜。"[1]

《我史》于稿本该句原为"卓如恐其败也，乃草折交宋芝栋上之"，即该折亦可能由梁启超起草。梁于五月十五日召见后，以六品衔办理上海译书官局及大学堂编译局。（参见24·36）对于这一安排，康、梁并不满意。与康、梁颇有关系的王照，1929 年在复江翊云信中称：

[1]《救亡图存的蓝图》，第164—167页；原档见《军机处录副·补遗·戊戌变法项》，3/168/9447/56。该折曾录于《觉迷要录》，黄彰健认为由康代拟。（《康有为戊戌真奏议》，第51—54页）又，宋伯鲁附片"八旗官学请归大学堂统理片"，孔祥吉认为由康有为代拟。（《救亡图存的蓝图》，第168—169页）原片见《军机处录副·补遗·戊戌变法项》，3/168/9447/56。

"清朝故事，举人召见，即得赐入翰林，最下亦不失为内阁中书。是时梁氏之名，赫赫在人耳目，皆拟议必蒙异数。及召见后，仅赐六品顶戴，是仍以报馆主事为本位，未得通籍也。传闻因梁氏不习京语，召对时口音差池，彼此不能达意，景皇不快而罢。（是时梁氏口音呼孝字如好，呼高字如古，诸多类此，此余所亲闻者。）于是孙寿州惜之，托人延揽，委充大学堂编纂员，梁氏不得已而就之。每日赴差次，勤于职务，南海代为快快。"

王照此信，作于戊戌变法31年后，有关细节并不准确。无论是入翰林，或为内阁中书（从七品），康、梁未必会看得上眼；梁主持大学堂编译局，也非为孙家鼐的延揽。但王照称康情绪"快快"，似为恰当。梁启超已萌去京之意。[1] 王照该信又称：

康"托他友致书于汪穰卿，劝令将《时务报》馆总经理之职，让与卓如，谓卓如新蒙宠眷，可令该报声价跃起。汪氏不服，答以卓如原为吾所聘任，藉吾报以得荣显，何遽欲反客为主。汪之书，宣诸他报，而南北诸报，纷纷评议，皆右汪而左康，大伤南海体面。梁氏乃作一长篇辨明书，历叙在《时务报》馆，有运动鄂湘筹款之功，亦登他报。汪氏又于他报遥驳之，势成骑虎。南海急不择路，乃运动，奉特旨'以康有为督办《时务报》。钦此'。督办云者，将由康派梁往沪为总办也。小题大作，用狮搏兔，人人惊异……"[2]

王照的这一段话，也有细节不准之嫌，但透露出康、梁的本意：梁在上海主持译书官局，局面太小，有意再掌控《时务报》，以形成舆论优势。

---

[1] 五月十七日，梁启超于召见后第三天写信给夏曾佑："见当不远，至慰。昨日召见，上实明。稍惜诸老不足为助耳。"（《梁启超年谱长编》，第126页）

[2] 《复江翊云兼谢丁文江书》，己巳（1929）四月，《丛刊·戊戌变法》，第2册，第573页。从汪康年现存书札来看，没有人劝将《时务报》让给觐见未久的梁启超，而汪、梁在报上公开之争论，亦在派康督办《时务报》、汪改为《昌言报》之后。后将述及。

而当时人们对康、梁一派此举的用心，看得很清楚。[1]

值得注意的是，宋伯鲁"请将《时务报》改为官报折"所要求者，并非仅仅只是《时务报》，而另有三项特别的目标：一、新的《时务报》是官报，且以京师为本部，上海为分局。"每出报一本，皆先进呈御览，然后印行"，此可在思想上影响光绪帝，而且经光绪帝"御览"后印行的报刊，实际上也获得"钦定"的地位。同时又规定京师与各省实缺候补官员、学堂诸生"一律购阅"，不仅保证其销路，同时也可影响清朝全部官员士子的思想。二、各地的民间报刊，由梁启超"悉心稽核"。如有梁认为的"精华"，即由梁"进呈"；如有梁认为"非违不实"，即由梁"纠禁"。通过这种"稽核"权，梁实际上可以控制全国的报刊。三、《强学官报》的开办以及"稽核各报"的详细章程，由梁启超妥拟。也就是说，全部游戏规则都由游戏者本人自我决定。通过此举，康有为将统制全国的报刊舆论并掌控光绪帝的阅报内容。

光绪帝收到此折后，下旨交议，交议的对象不再是总理衙门，而是孙家鼐。（当天恰是孙家鼐上奏关于大学堂的三折两片）自五月十四日总理衙门议复康有为《上清帝第六书》，全面驳斥康的提议后（参见24·47），光绪帝经常将重大议案交孙家鼐议复，此为第一次。该交议谕旨的情况也有点特殊。该日军机处《随手档》记："发下朱笔条一件（明发）"，又查该日军机处《上谕档》，有两条记录：

"朱笔。孙家鼐奏请刷印《校邠庐抗议》及宋伯鲁奏请将上海时务报改为官报，均改写明发谕旨。"

"内阁奉上谕：御史宋伯鲁请将上海《时务报》改为官报一折，

---

[1] 陈庆年在光绪二十四年六月十三日日记称："今年康党欲逐汪穰卿，以夺报利，为梁节庵所阻。故此次嗾宋为此奏，挟朝廷以行其私谋，攘大利以行其邪说。此等心术，安能任变法之事乎？"二十二日日记称："本月初八日上谕，以上海《时务报》改为官报，派康有为督办。朝廷不知其中隐情，至若快其攘之计，惜无人人告耳。"（《戊戌己亥见闻录》，《近代史资料》，总81号，第116、118页）严复致汪康年信中称："近闻御史宋伯鲁奏请以《时务报》改为官报事，已交孙五先生议矣，据有人言此举乃报复，意欲公不得主其事，不知曾闻否？"（六月十二日收到，《汪康年师友书札》，第4册，上海古籍出版社，1989年，第3275页）"孙五先生"，孙家鼐。

著管理大学堂大臣孙家鼐酌核妥议奏明办理。钦此。"[1]

可见军机处原拟为交片谕旨，光绪帝不满意，要求改为公开的明发谕旨，以让更多的人知道这一消息。

"枢臣"，指军机大臣。"京卿"，指九卿，当时也可以未任实缺，仅以衔级候补，如"以三、四、五品京堂候补"，康的官缺是工部候补主事，若授以京卿衔，则为很大的提升。"督办"，指康有为差使之名衔，此时办理"官报"，可用"督办时务官报事宜"之名衔。康称"枢臣相恶，欲藉差挤我外出，然后陷之，乃托孙家鼐请我办官报"一事，我虽未读到直接史料，但以当时的情形来判断则是很可能的。孙家鼐请以康有为办《时务官报》事，参见24·43。

（24·41）当是时，旧党谣言充塞，皇上无权，而荣禄等日造谣言，谓上重病，已豫大行衣衾棺椁；诸人皆为我危，劝我勿预政事。幼博则专意在废八股，"自八股废后，民智大开，中国必不亡。上既无权，必不能举行新政。不如归去，选港中西文学者，教以大道，三年当必有成，然后议变政，救中国未晚也。"日以为言，每当上奏必阻挠之，谓办此琐事无谓。日与卓如言之。

据手稿本，此节为韩文举字体。"旧党谣言"之"言"字为添加，韩文举字体，补在行间；"已豫大行衣衾棺椁"之"已"字，由一字改，辨识不清，"大行"二字为添加，似为韩文举字体，为添加，补在行间。"三年必有成"后删一"者"字；"然后议变政"之"然后"由"乃可任"三字改，韩文举字体，补在行间；"必阻挠之"之"必"字为添加，韩文举字体，补在行间；"日与卓如言之"之"日"字，以某字改，已辨认不清。

康称"荣禄等日造谣言，谓上重病，已豫大行衣衾棺椁"，似为不确。荣禄本人对光绪帝颇为忠诚，且在政变后对光绪帝多有保全。（参见24·42）他可能谈及光绪帝的病情，但不至于去"造谣"。康又称"旧

---

[1] 军机处《随手档》、《上谕档》，光绪二十四年五月二十九日。《随手档》该条记载下有小字注："随事递进"。孙家鼐也于此日上奏大学堂事务，并指责康有为《孔子改制考》中"孔子称王"一事。（参见24·36、24·37）

党谣言充塞"，属实，许多谣言也未必全出自旧党。《国闻报》光绪二十四年七月初三日以"圣躬万福"刊出消息：

> "月来京城谣传，谓今上圣躬不豫，甚至谓为危重。此言自五月节后，传说不绝，举国惶惑震动。惟皇上日日召见群臣，出入海寺，其为无恙，最为易见。且向例圣躬有疾，必传太医开方，必将脉论药方交军机处，枢垣当差各员皆得而见之。闻两月来并无药方脉论交到军机处。合而观之，圣躬安康可明矣。闻此言盖未识时势之艰，疑新政之非是，遂生此怨毒。非常之原，黎民惧焉，而独狼其不作别谣，而煽布此语。何为邪！居心似不堪设想也。京中士夫林立，智者不少，而竟闻而信之，习焉不察，展转流传何哉。惟天眷中国，皇上圣明天纵，必要多福，此则亿兆民所同祈祷者耳。"

从当时的谣传可见，光绪帝的"圣躬不豫"与"疑新政非是"相连。而袁世凯七月初旬在天津听到的传言是，光绪帝患有"百日痨"。[1]（参见24·71）

幼博，康广仁。其初试科举而败，后似为捐监生（参见22·2）；由此对八股深恶痛绝。梁启超称，御史宋伯鲁五月十二日所上折即"请将经济岁举归并正科并各省岁科迅改试策论折"是康广仁起草。（参见24·26）御史文悌亦称，康广仁曾对他说："朝廷特罢制艺，何不从速，仍待下科？且生童小试，尤当速改策论。"[2]（参见24·30）由此可见他对废八股改策论的态度与行动。

康称康广仁劝其归去授学一事，可以见到以下几件记录：一、康广仁致康有为弟子何易一的信中称：

> "伯兄规模太广，志气太锐，包揽太多，同志太孤，举行太大，当此排者、忌者、挤者、谤者，盈衢塞巷，而上又无权，安能有成？弟私窃深忧之，故常谓但竭力废八股，俾民智能开，则危崖上转

---

〔1〕 天津博物馆编：《袁世凯致徐世昌函》，《近代史资料》，总37辑，中华书局，1978年，第13页。

〔2〕 "严劾康有为折"，《翼教丛编》，第32页。

石，不患不能至地。今已如愿，八股已废，力劝伯兄宜速拂衣，虽多陈无益，且恐祸变生也。伯兄非不知之，惟常熟告以上眷至笃，万不可行，伯兄遂以感激知遇，不忍言去，但大变法，一面为新国之基，一面令人民念圣主，以为后图。弟旦夕力言，新旧水火，大权在后，决无成功，何必冒祸。伯兄亦非不深知，以为死生有命，非能所避，因举华德里落砖为证，弟无如何。乃与卓如谋令李苾老奏荐伯兄出使日本，以解此祸。乃皇上别放公度，而留伯兄，真无如何也。伯兄思高而性执，拘文牵义，不能破绝藩篱，至于今实无他法，不独伯兄身任其难不能行，即弟向自谓大刀阔斧、荡夷薮泽者，今亦明知其危，不忍舍去，乃知古人所谓鞠躬尽瘁，死而后已。固有无可如何者。"

此中的说法，与康有为相同。然这一封信的可靠性，是可以怀疑的。[1]

二、梁启超作《康广仁传》，也有相同之论，称言：

"于是君语南海先生曰：阿兄可以出京矣。我国改革之期，今尚未至，且千年来行愚民之政，压抑既久，人才乏绝。今全国之人材，尚不足任全国之事，改革甚难有效。今科举既变，学堂既开，阿兄宜归广东、上海；卓如宜归湖南，专心教育之事，著书译书撰报，激励士民爱国之心，养成多数实用之才。三年之后，然后可以大行改革也。"[2]

梁启超撰《戊戌政变记》时，已阅康有为《我史》。三、戊戌政变后，郑观应致经元善一信，亦称康广仁致力于废八股，并劝康有为南返：

---

[1] 《戊戌六君子遗集》，第6册，《康幼博茂才遗文》，第1—2页。该信由康有为提供抄件，其中最让人怀疑者有两处，即"惟常熟告以上眷至笃，万不可行"；"皇上别放公度，而留伯兄"。其余内容亦有可疑之处，参见24·34、24·68。

[2] 梁启超又称："今年春胶州、旅顺既失，南海先生上书痛哭论国是，请改革。君曰：今日而言改革，凡百政事，皆第二著也；若第一著，则惟当变科举，废八股取士之制，使举国之士咸弃其顽固谬陋之学，以讲求实用之学，则天下之人，如瞽者忽开目……阿兄历年所陈改革之事，皆千条万绪，彼政府之人，早已望而生畏，故不能行也。今当以全副精神专注于废八股之一，锲而不舍，或可有成。此关一破，则一切新政之根芽已立矣。"（《戊戌政变记》续四库本，第256页）

"往岁弟与阁下承幼博邀同行，创立上海《自强报》，尝阅幼博自强之论，谓首要变科举、废八股，使举国之士咸弃其顽固谬鄙之学，以讲求实用之学，则天下之人如瞽者忽开日 [目]，怳然晤 [悟] 万国强弱之故，爱国之心自生，人才自出。诚如拙作《盛世危言》所论。迨康南海召见，八股之试准废，宋伯鲁御史又疏言：变乡会试而不变岁科试，未足以振刷此辈之心，得旨俞允，立刻施行。幼博乃语康南海曰：'阿兄可以出京矣！我国改革之期今尚未至，且千年愚民之政压抑既久，人才乏绝。今全国人才尚不足任全国之事，改革甚难有效。现科举既变，学堂既开，阿兄宜赴广东、上海，卓如宜归湖南，专心教育之事，著书、撰报，激厉 [励] 士民爱国之心，养成多数实用人才，三年后然后大行改革等法。'若当日能照幼博所言，何至有今日之祸，岂非大劫不能逃欤？"[1]

郑观应该信，编于《盛世危言后编》，我以为该编事后请人整理润色过。而其所请之人，动笔过重，亦多溢美，造成今人读之有不实之感。此信也不例外。郑观应此时未来北京，称康广仁以八股已废而劝康有为出京从事讲学，当属其耳闻之事。

康广仁劝康有为回乡办学，自是出于对局势的担心，也是对康有为及变法的前景不看好。然此已是当时许多人的共识。沈曾植于是年三月初离京前，曾有一短简给康有为，劝其读《唐顺宗实录》。[2]沈曾植后

---

〔1〕 夏东元编：《郑观应集》，下册，上海人民出版社，1988 年，第 1165 页。其中《自强报》很可能是《强学报》，郑、经皆有捐款；康广仁在上海主持大同译书局时期，与郑观应、经元善多有交往。郑孝胥日记光绪二十三年十月初六日、十一月十八日，记康有为、康广仁与郑、经的交往。（见《郑孝胥日记》，第 2 册，第 626、632 页）《戊戌六君子遗集》中《康幼博茂才遗文》，录有康广仁与经元善信札 28 通。

〔2〕 王蘧常《沈寐叟年谱》称："时康广厦已易名有为，寖大用。公行遗短简曰：'试读《唐顺宗实录》一过。'康默然。"案此事予闻之绪论，更牲挽公诗亦及之，曰：万言书即上，请师日俄德……公又遗短书，半简字无多。《唐顺宗实录》，请吾读一过。盖公料事变，忧我蒙网罗。"（转引自许全胜：《沈曾植年谱长编》，中华书局，2007 年，第 196 页）沈让康读"唐顺宗实录"，意指"永贞革新"，王叔文等掌权 182 天。

与文廷式认定康必败。[1]张謇对康、梁此时的做法，不以为然，亦有劝言。[2]江标、李盛铎、王继香亦对康的做法不以为然。[3]张元济晚年回忆，也称其劝康回乡办学，然康不从。[4]

（24·42）时遇荣禄出天津，条陈办事情形，有折上太后而无折

〔1〕 文廷式称："六月二十四日，得沈子培刑部书，云：'穅孽（借耶律文正诋邱长春语，隐康字）大名，遂满宇宙；南城谈士，卷舌无声。假留我辈数人，何至今渠跳梁至此？自仆观之，今之骂'穅'者，皆张'穅'之焰者也。寿州以两奏遣之。韩陵片石，赖有斯人。世事非变法不可为，而变法之机，为此君卤莽灭裂，中生□[变]阻。伾、文败，而神策北军、终南士大夫，遂无敢复议□[变]法者。数往知来，可为长太息也。'数月以来情形，此纸颇得其实，暑雨微凉，聊复誌之。"（《芸阁丛谈》，《文廷式集》，下册，第834页）"寿州"，孙家鼐，此处指孙挤康去上海办官报事。"伾、文"，即王伾、王叔文，即"永贞革新"中"二王八司马"之"二王"。沈曾植让康读《唐顺宗实录》，即指此事。
〔2〕 张謇于光绪二十四年六月记："在京闻康有为与梁启超等人图变政，曾一再劝勿轻举，亦不知其用何法变也。至是张甚，事固必不成，祸之所届，亦不可测……往晤，见仆从伺应，若老大京官排场，且宾客杂沓，心讶其不必，又微讽之，不能必其听也。"（《啬翁自订年谱》，《张謇全集》，第6卷，第858页）
〔3〕 时任日本驻华公使馆书记官的中岛雄在其作《清国政变前后见闻一斑》中称："7月31日（六月十三日），江标同现任驻日公使李盛铎一起到我处访问。江标云：康氏之新学，与鄙人颇有异同；康氏取其虚，而吾求其实。江氏又云：近日中国主张变法之人，论政者多，而论学者少。然而，政自从学中来，倘舍学而言政，其实是舍本逐末……李盛铎亦云：康有为乃今日开新党之代表，然而，在开新党之中，不以康氏主张为然者，亦颇有其人，以康氏弃公论而不用故也。康氏之议论甚高，而不切合实际，此乃康氏之一大病，我决不讳言……先是康氏招引我作陪席，翰林院编修王继香亦同在席。席间，谈到康有为官制改革案之传闻。余问王继香氏如何考量有关长素的方案，王氏则以冷笑。后来，康有为的官制改革案在士林中均不以为然。"（转引自孔祥吉、村田雄二郎：《一个日本书记官记述的康有为与戊戌变法：读中岛雄〈随使述作存稿〉与〈往复文信目录〉》，未刊稿）
〔4〕 张元济于1941年作《清宣统三年排印本康有为〈戊戌奏稿〉跋》中称："迨既奉停科举、设学堂之谕，余劝长素勿再进言，姑出京，尽力于教育。长素不听，且陈奏不已……"他于1944年作《为陈思明题康长素书札》称："余与长素政见不尽相合。戊戌变法，诏罢科举、设学堂，余劝其南下一意兴学，长素不从，急进不已。"（《张元济古籍书目序跋汇编》，下册，第1103、1141页）1953年又作《追述戊戌政变杂咏》中称："时诏各省广设学堂，考试并废八股，余劝长素乘此机会，出京回籍，韬晦一时，免撄众忌。到粤专办学堂，蒐罗才智，讲求种种学术，俟风气大开，新进盈廷，人才蔚起，再图出山，则变法之事，不难迎刃而解。而长素不我从也。"（《丛刊·戊戌变法》，第4册，第351页）

上皇上，此本朝人臣所未有也。荣禄素结李联英以媚太后，故迎
合李联英以轻皇上。至是出统三军，谋定于天津阅兵而行废立，
故敢无君至此。上怒而传旨申饬。荣禄奏荐三十余人，上无一召
见，无一用者。有要人告我曰："我请皇上召见荣禄，凡三次矣，
上未尝一召见。上之恶荣禄深矣。"是时荣禄日攻新政，而太监
内务府等谤攻皇上，无所不至。幼博言之甚切。我则曰："死生，
命也。我昔经华德里，飞砖掠面，若逾寸，中脑死矣。假中风
痰，倾刻可死。有圣主在上，吾以救中国，岂忍言去哉？"幼博又
曰："伯兄生平言教以救地球，区区中国，杀身无益。"凡言此者
屡矣。

据手稿本，此节仍为韩文举字体。"时遇荣禄出天津"之"遇"字，诸抄本皆
漏；"此本朝人臣所未有也"之"本"字，由"国"字改，韩文举字体；两处"李联
英"之"联"字，由"鸾"字改，康有为字体，补在行间；"我昔经华德里"之
"昔"由"适"字改；"飞砖"之后删"□我"；"逾寸"由"□□"改；"有圣主在
上"前删"我"字；"吾以救中国"之"以"字由"□"字改。

康称荣禄"有折上太后而无折上皇上"，查军机处《随手档》、《上谕
档》，并不属实。五月初四日，光绪帝收到荣禄"接署直隶督篆谢恩
折"，朱批"知道了"。同日收到荣禄"接署直隶督篆谢皇太后折"。这是
根据四月二十七日谢慈恩谕旨行事。[1]（参见24·20）初九日，光绪帝
收到荣禄"补授直隶总督兼北洋大臣谢恩折"，朱批"知道了"。同日收
到荣禄"补授直隶总督兼北洋大臣谢慈恩折"。当日，光绪帝还发下一道
谕旨给荣禄：

"荣禄已补授直隶总督并兼充北洋大臣，直隶为畿辅重地，凡
吏治军政一切事宜均应实力讲求，至外洋交涉事件尤关紧要。荣禄
向来办事尚属认真，惟初膺疆寄，情形尚未周悉，务当虚心咨访，

---

[1] 四月二十七日，内阁奉上谕："嗣后在廷臣工仰蒙慈禧端佑康颐昭豫庄诚寿恭钦献崇
熙皇太后赏项，及补授文武一品暨满汉侍郎，均著于具折后恭诣皇太后前谢恩。各省
将军、都统、督、抚、提督等官亦著一体具折奏谢。"（见该日军机处《上谕档》）这
是罢斥翁同时的重大举措。

切实图维。用人一道，最为当务之急，尤须举贤任能。其阘茸不职
各员弁，严行甄劾，毋稍瞻顾因循。现在时事多艰，该督谅能仰体
宵旰忧勤，力为其难，不负委任也。"[1]

荣禄收到该谕旨后，于五月十四日上奏"复陈到任及办理大概情形折"，
将军务、通商、保甲诸事一一报告。对于光绪帝谕旨中所称"用人一
道，最为当务之急，尤须举贤任能"，荣在奏折中称：

> "现在时事多艰，用人最关紧要，而人才难得，知人更难。但得
> 贤能之员数人，相为匡辅，虽繁重之区，自可不劳而理。容俟奴才
> 虚心延纳，加意访求，果得其人，即当保荐胫（径）陈，上备圣明
> 采择。"[2]

十六日，光绪帝收到该折，朱批"知道了"。此后，荣禄的上奏及电
奏颇多，档案中皆有记录。[3]无论与他的前任王文韶相比，还是与
其他省份的总督、巡抚相比，荣禄上奏的数量，皆属正常情形。除了
以上两件谢慈恩折外，也未发现荣给慈禧太后的专折。康称荣禄"有
折上太后而无折上皇上，此本朝人臣所未有也"，虽不属实，但当时此
说颇有传播。远在湖南的皮锡瑞，在光绪二十四年十月初十日记中
称："荣本无人臣礼，出督直隶，于上并无谢恩折。是可忍也，孰不可
忍！"[4]

从档案中可以看出，光绪帝对于荣禄谈不上亲切，也有不太满意
之处，但还是很有分寸的。五月二十六日，光绪帝发下一道上谕给
荣禄：

> "振兴商务为富强至计，必须讲求工艺。设厂制造，始足以保
> 我利权。据王文韶面奏，粤东商人张振勋在烟台创兴酿酒公司，采

---

〔1〕 军机处《上谕档》，光绪二十四年五月初九日。
〔2〕 《军机处录副·光绪朝·军务类》，3/121/6033/47。
〔3〕 参见军机处《随手档》，光绪二十四年四月二十七日，五月初四、初五、初九，十
       六日。
〔4〕 《师伏堂日记》，《湖南历史资料》1981 年第 2 期，第 149 页。皮锡瑞的消息得自于钱
       硕人。

购洋种葡萄栽植颇广，数年之后，当可坐收其利。又北洋出口之货，以驼绒羊毛为大宗，就地购机，仿造呢绒羽毯等物，亦可渐开利源。前经批准道员吴懋鼎在天津筹款兴办等语。著荣禄饬令该员吴懋鼎、张振勋等即行照案举办。但使制造日精，销路畅旺，自可以暗塞漏卮。务令该员等各照认办事宜，切实筹办，以收成效。仍将如何办理情形，由荣禄随时奏报。"

这是光绪帝根据道员吴懋鼎条陈及王文韶的面奏，让荣禄专办之事。[1]荣禄事后也有报告。五月二十二日，光绪帝命各省兴办学堂。（参见24·32）七月初三日，军机处电寄各省督抚旨："前于五月廿二日降旨，谕令各省开办学堂，限两个月复奏。现在限期将届，各省筹办情形若何？各督抚迅即电复。"初六，军机处又电寄荣禄旨：

"昨于初三日降旨催办各省学堂，计已电达。直隶为畿辅重地，亟应赶紧筹办，以为倡导。著荣禄迅饬各属，将中学堂、小学堂一律开办。毋稍迟延。并将筹办情形，即行电奏。"

此中的意思，是让荣出面带个头。相比于广东，光绪帝的态度大不相同。[2]荣后来也详细上奏直隶办理学堂的情况。[3]七月初十日，光绪帝对各省新政进展不满，下达一道朱笔改定的严旨：

"近来朝廷整顿庶务，如学堂、商务、铁路、矿务一切新政，叠经谕令各将军督抚切实筹办，并令将办理情形先行具奏。该将军督抚等自应仰体朝廷孜孜求治之意，内外一心，迅速办理，方为不负委任。乃各省积习相沿，因循玩愒，虽经严旨敦迫，犹复意存观望。即如刘坤一、谭钟麟总督两江两广地方，于

---

〔1〕 军机处《洋务档》、《随手档》，光绪二十四年五月二十六日。

〔2〕 军机处《电寄档》，光绪二十四年七月分。光绪帝对于广东，电旨语气大不相同："前有旨饬令各省开办学堂，复经降旨电催，已据各省陆续奏报开办。而广东迄无一字复奏，岂藉口部文未到耶？著谭钟麟、许振祎立即妥筹开办，并将办理情形即日电奏，毋再任意迟延干咎。"可见此中的差别。

〔3〕 荣禄该折见《戊戌变法档案史料》，第282—284页。共计设立、改建省会高等学堂、保阳郡城中等学堂、北洋高等学堂、天津府中学堂、天津县小学堂等，从该折内容来看，直隶办学成就在各直省之前列。

本年五六月间谕令筹办之事，并无一字复奏，辄藉口部文未到任意稽延（以上十一字朱笔改为：'迨经电旨催问，刘坤一则藉口部文未到，一电塞责；谭钟麟且并电旨未复，置若罔闻'）。该督等皆受恩深重久膺疆寄之人，泄沓如此，朕复何望？倘再藉词宕延，定当予以惩处（以上六字朱笔改为：'定必予以严惩'）。直隶距京咫尺，荣禄于奉旨交办各件，尤当上紧赶办，陆续奏陈。其余各省督抚，亦当振刷精神，一体从速筹办，毋得迟玩，致干咎戾。"[1]

光绪帝此处点了荣禄名，自是对其不太满意，但相对刘坤一、谭钟麟，光绪帝的态度有明显的区别。康称"上怒而传旨申饬荣禄"，似不属实，此一时期有关谕旨的档案齐全，我全部读过，却未看到相似或相近的记录。

康称"荣禄奏荐三十余人"一事，属实。查军机处《随手档》六月初二日记："朱批荣禄折：一、遵保人才由；片一、选送使才宜防流弊由……"荣禄上奏"遵旨保举人才折"，确实开列了 31 人的大名单：前四川总督鹿传霖，湖南巡抚陈宝箴，河南巡抚刘树堂，内阁学士张百熙、瞿鸿机，盛京将军依克唐阿，甘肃提督董福祥，广西提督苏元春，广东陆路提督张春发，新疆提督张俊，直隶提督聂士成，固原提督邓增，湖北布政使员凤林，直隶按察使袁世凯，前太仆寺少卿岑春煊，江南道监察御史李盛铎，驻日本公使太仆寺少卿裕庚，江苏苏松太道蔡钧，湖南盐法长宝道黄遵宪，陕西渭南知县樊增祥，兵部员外郎陈夔龙，广西桂平梧盐法道黄宗炎，山西泽州府知府陈泽霖，降调珲春副都统恩祥，副都统荣和、寿长，候选知府寿山，总兵王凤鸣、马玉昆、宋得胜，西安城守协副将田玉广。而对于以上人选，荣禄皆作评语，并有

---

[1] 军机处《上谕档》，光绪二十四年七月初十日。其中刘坤一电报称："江电敬悉。五月二十二日谕旨仅于报纸中见之，迄未准部行知。大学堂章程亦未奉颁发。除将办理情形另行奏复外，谨电闻。坤。歌。"（《收南洋大臣电》，光绪二十四年七月初四日，《总理衙门清档·收发电》，01－38，17－1）该电激怒了光绪帝。

任用意见。[1]荣禄虽是遵旨保举人才，但作为地方大吏，一下子提出如此之多的人选，且多为高官，是很不寻常的举动。荣禄"选送使才宜防流弊片"，对当时保举使才之选，表示了不同意见：

> "……惟使才之难，首重品学。必其立身有素，通达政体，本忠爱之忱，充专对之任，始能不辱君命，坛坫有光；非仅娴习语言文字，遂为克尽厥职也。夫语言文字虽亦使才之一端，第中国风气未开，士大夫肄此者少，大都学堂及商贾出身之人为多。此辈既未素

<hr>

[1] 《军机处录副·光绪朝·内政类·职官项》，3/99/5362/5，光绪二十四年五月二十九日。荣禄的评语及任用建议为：前四川总督鹿传霖，"清亮公直，守正不阿"，荣禄任西安将军时，鹿任陕西巡抚，交久谊深，他提议重新起用，"若竟投闲，似觉可惜"。湖南巡抚陈宝箴，"操履清严，识量宏远"；河南巡抚刘树堂，"任事果敢，干略优长"；内阁学士张百熙、瞿鸿机，"练达精明，留心时事"；盛京将军依克唐阿，"老成宿望，威略冠时"；甘肃提督董福祥，"忠勇过人，勋勤夙著"；广西提督苏元春、广东陆路提督张春发、新疆提督张俊、直隶提督聂士成、固原提督邓增，"晓畅戎机，卓著勋绩，胆识恩威能结士心而寄军政"。以上10人皆是一二品实缺大员，荣禄没有提出具体任用方案，仅称"各员均经朝廷简擢，眷任方殷，无待奴才推挽"。湖北布政使员凤林，"持躬谨慎，处事精详，劳怨不辞"，荣禄请求给予封疆之位，"倘蒙天恩，畀以疆圻，于吏治必有裨益"。直隶按察使袁世凯，"质性果毅，胸有权略，统领新建陆军，督率操防，一新壁垒"；前太仆寺少卿岑春煊，"激昂慷慨，胆略过人，不避艰险，能耐苦劳"，荣禄称两人"皆生自将门，娴于军旅，若重任以兵事，必能奋勇直前，建树杀敌致果之绩"。江南道监察御史李盛铎，"志趣向上，博识多闻，通达中外学问，讲求时务"，荣禄请求"简畀重要"。太仆寺少卿裕庚，"精明干练，夙著勤能"；江苏苏松太道蔡钧，"心地明白，才略优长"；湖南盐法长宝道黄遵宪，"气度沈凝，学有根底"。荣禄称"以上三员，于外交事务确有心得"，请求派他们出使"大邦"，或命在总理衙门"行走"。陕西渭南知县樊增祥，"学问优赡，志节清严"；兵部员外郎陈夔龙，"秉心公正，志趣清刚"。荣禄提议两人可充"司道"之选，即藩、臬两司及道员之选。广西桂平梧盐法道黄宗炎，"才具明练，办事耐劳"；山西泽州府知府陈泽霖，"性情直爽，勤干素著"。荣禄称两人"皆以将门之后而有吏才"，请求"量予迁除"。降调珲春副都统恩祥，"才略素优，能胜艰巨"；副都统荣和、寿长，候选知府寿山，"曾在军营，勇略素著"；总兵王凤鸣、马玉昆、宋得胜，西安城守协副捆田玉广，"勇敢善战，屡在前敌立功"。荣禄称"以上各员均可备将材之选"。荣禄还称："奴才每念时局艰难，求才为当今急务。要以其人有材，而又济以实心实力，视公家事如己事，不蹈摸（模）棱敷衍积习者，乃能于事有益。"又，《国闻报》六月十七日以"奏保重臣"刊出消息："京友来函云：日前，北洋大臣荣中堂奏保满汉大员其学问才猷足备国家栋梁之任者十数人，其中有奉天将军伊尧帅、工部侍郎许竹篔、湖南巡抚陈右帅三人。此外不得而知。以人事君之义，中堂有之。"

砺风裁，又未熟谙政治，一旦滥竽充数，不独无裨于军国，抑且贻诮于远人。欲慎其选，宜得学识坚卓、器局深稳之士，而又济以通权达变之才，庶几胜任愉快。"[1]

话虽然没有明说，但其意十分明显，即不满于那些学堂及商贾出身、号称知外情懂洋务的官员。光绪帝对此的处理方式也一反常态，他未在荣禄折片上朱批，仅下旨"留中"[2]；也未将该折片呈送慈禧太后。[3]至六月十一日，光绪帝又将荣禄所保人员交军机处"记名"。[4]康称"上无一召见，无一用者"，属实；尽管后来袁世凯、岑春煊、黄遵宪、樊增祥、荣和等人由光绪帝召见或下旨预备召见，皆是他人所荐。[5]

康称"有要人告我曰：我请皇上召见荣禄，凡三次矣"，我未读到相关的史料；然康此言若属实，"要人"似为张荫桓。据《光绪二十四年京官召见单》，六月初二日之后，光绪帝曾于七月初五日、二十日、二十五日、八月初四日召见张荫桓。而"我请皇上召见荣禄"一语，似应解读为"我请皇上召见荣禄所保之人"。封疆大吏召京，当时是重大的行动，且须经过慈禧太后。

康称"出统三军"一事，指由荣禄节制直隶境内三支主力部队，即直隶练军聂士成部、新建陆军袁世凯部、甘军董福祥部。康称"天津阅

---

[1] 《军机处录副·光绪朝·内政类·职官项》，3/99/5369/22，该片与正折已分离，此据军机处《随手档》确定。

[2] 朱批折件事由单，光绪二十四年六月初二日，《军机处录副·光绪朝·内政类·其他项》，3/111/5735/2。

[3] 军机处《随手档》、《上谕档》，光绪二十四年六月初二日。又，五月三十日至六月初三日，光绪帝驻跸颐和园。

[4] 六月十一日，军机处《随手档》记："递荣禄保举人员名单两件（见面带上）"，可见军机处根据光绪帝旨意再次呈送荣禄保折，当日《上谕档》也一反常规地录有荣禄保荐官员31人的名单。《军机处簿册》第58号第一盒中，有一件档册，无封面，记录光绪二十二年以来各项文职保举人员的名单。根据其他档册，该件档案可拟名《各项保举文职人员档》（以下即称《各项保举文职人员档》），其中一栏为"光绪二十四年内外臣工保举文职人员名单"，录有荣禄保举文职18人及考语；该盒《各项保举武职人员档》中也有一栏"光绪二十四年内外臣工保举武职名单"，录有荣禄保举武职13人及考语。由此似可认定，光绪帝此日下旨交荣禄所保人员全部交"军机处记名"。

[5] 参见拙文《戊戌变法期间的保举》，《历史研究》2006年第6期。

兵而行废立"一事，亦属其自我想像。（参见24·20）康称"荣禄日攻新政"，我还没有读到相关的史料。

华德里，广州城内街巷，四牌楼之归德门之西，靠内城墙，即今大德路之一小巷（邻近解放中路）。[1] 据梁启超《康广仁传》，"飞砖掠面"事件发生于光绪九年（1883）。[2] 康广仁劝康有为避祸之事，参见前节（24·41）。

（24·43）至是辞官报事，孙家鼐将仍归之汪康年，卓如虑其颠倒是非也，故请我领之。吾亦以朝局危疑，欲藉此以见进退，乃许之。初八日，孙家鼐入奏，奉旨令督办其事。吾具折谢恩，条陈请令武备文官教职以上及诸生阅看，并请定报律。

据手稿本，此一段为韩文举字体；"辞官报事"之"辞"字由"有"字改；"乃许之"后删"孙家鼐办官报事"；"奉旨令督办其事"之"奉旨"为添加，"令"字后删"吾"字；"具折谢恩"由"乃"字改，"武备文官教职"后"以上及"三字由"与"字改。

前节（24·40）已叙，五月二十九日御史宋伯鲁上奏"请将《时务报》改为官报折"，光绪帝将之交孙家鼐议复。康称"辞官报事"，即《我史》前节（24·40）所称军机处"托孙家鼐请我办官报，并以京衔及督办字样相诱，吾却之"，即康已向孙家鼐表示不愿担任，梁启超对康有所劝告。内中讨价还价的具体情节，我尚未读到相关的史料。

六月初八日，孙家鼐上奏"遵议上海《时务报》改为官报折"，称言：

"……该御史请将《时务报》改为官报，进呈御览，拟请准所奏。该御史请以梁启超督同向来主笔人等实力办理，查梁启超奉旨办理译书事务，现在学堂既开，急待译书，以供士子讲习。若兼办

---

[1] 因道路扩建，该地名今已不存；据该处坐贩介绍，似为大德路282号与284号之间的小巷。

[2] 梁启超记："先生曰：生死自有天命，吾十五年前经华德里筑屋之下，飞砖猝坠，掠面而下，面损流血……"（《戊戌政变记》续四库本，第256页）

官报，恐分译书功课，可否以康有为督办官报之处，恭请圣裁。"
孙家鼐由此改变了事情的性质，原是康党要求夺回《时务报》，并以此控制全国的报刊，孙却顺势将康有为请出北京。汪大燮致汪康年信中称"寿州原为推康出去起见"，说明了孙之真实用意。[1]对于宋伯鲁奏折中请求将《时务报》改以京师为主，上海为分局之议，孙家鼐未作一词，即拒绝将《时务官报》迁往北京。对于宋伯鲁奏折中要求以《时务报》"稽核"各报并负责选呈御览之议，孙家鼐提出相反意见：

> "现在天津、上海、湖北、广东等处，皆有报馆，拟请饬各省督抚，饬下各处报馆，凡有报单，均呈送都察院一分，大学堂一分，择其有关时局，无甚背谬者，均一律录呈御览……臣谨拟章程三条，开列于后：

> "一、《时务报》虽有可取，而庞杂猥琐之谈，夸诞虚诬之语，实所不免。今既改为官报，宜令主笔者，慎加选择，如有颠倒是非，混淆黑白，挟嫌妄议，渎乱宸聪者，一经查出，主笔者不得辞其咎。

> "一、官书局向有汇报，系遵总理衙门奏定章程，不准议论时政，不准臧否人物……今新开报馆，既得随时进呈，胪陈利弊，将来官书局报，亦请开除禁忌，仿陈诗之观风，准乡校之议政，惟各处报纸送到，臣仍督饬书局办事人员，详慎选择，不得滥为印送。

> "一、……兹新设官报，阅报者自应一体出价，拟请将此项官报，随时寄送各省督抚，通行道府州县，均令阅看，每月出价银一两，统十八省一千数百州县，约计每月得价近一 [二] 千两，常年核算，约在二万四千之谱，加以官商士庶阅报出价，计亦可得巨款，于纸墨刷印工本，自当游刃有余，可无庸另筹经费。惟创设之始，需费必须数千金，若在上海开办，或由上海道代为设法，可令该员自往筹商。"[2]

---

〔1〕《汪康年师友书札》，第1册，第790页。
〔2〕《丛刊·戊戌变法》，第2册，第432—433页。

由此，各地报刊送都察院、大学堂各一份，如"无甚背谬"，即进呈皇帝，而此事的具体负责者为官书局。[1]黄绍箕还与孙家鼐商量，决定调康、梁的对头汪康年来北京，专门负责"选录进呈报务"。[2]由此，新成立的《时务官报》对各报并无监督权，也不能直接进呈皇帝，只是一份有官方固定订户并获开创补贴的报刊，并无特殊的地位。孙家鼐还对《时务官报》提出了警告："如有颠倒是非，混淆黑白，挟嫌妄议，渎乱宸聪者"，这些不明确的罪名很容易寻找，"一经查出"一语又暗示"查出"者为其本人。孙家鼐该折上后，当日奉明发谕旨：

> "孙家鼐奏遵议上海《时务报》改为官报一折。报馆之设，所以宣国是而达民情，必应官为倡办。该大臣所拟章程三条均属周妥。著照所请，将《时务报》改为官报，派康有为督办其事。所出之报，随时呈进。其天津、上海、湖北、广东等处报馆，凡有报单，均著该督抚咨送都察院及大学堂一分。择其有关时事者，由大学堂一律呈览。至各报体例，自应以胪陈利弊、开广见闻为主，中外时事均许据实昌言，不必意存忌讳，用副朝廷明目达聪勤求治理之至意。所筹报馆经费，即依议行。"[3]

该谕旨明确"派康有为督办"、"由大学堂一律呈览"，孙家鼐的目的完全达到。而该谕旨中"据实昌言"一词，也为汪康年所利用，他后来拒不交出《时务报》，将之改为《昌言报》。（参见 24·51）

康有为等人奉到谕旨后，也清楚其中的变数。梁启超、康广仁致信

---

[1] 孙家鼐该折中"饬下各处报馆，凡有报单，均呈送都察院一分，大学堂一分"，"惟各处报纸送到，臣等仍督饬书局办事人员，详慎选择，不得滥为印送"，即送到大学堂，由官书局"印送"；孙家鼐显然未将其手下的大学堂与官书局加以区别。

[2] 汪大燮于六月十三日给汪康年的信中称："仲弢以前事与寿州往复函商。欲以新创选录进呈报务，嘱其奏调足下来京办理。得寿州复言，汪君之事，请世兄作一私函，嘱其进京办理选报，从缓再行奏派，不著痕迹尤妙。""仲弢日内见寿州，再问选报薪水，容即奉达。寿州原为推康出去起见，并非不知君之委曲，其人柔而愎，与君性情相似。"（《汪康年师友书札》，第1册，第790—791页）

[3] 军机处《洋务档》、《随手档》，光绪二十四年六月初八日。又据该日军机处《上谕档》，孙家鼐奏折及谕旨当日呈送慈禧太后。

在天津的夏曾佑云：

> "惟论说一事，借至尊之力，或可行，已奉明文，彼辈不敢反
> 也。再思之，长者见逐，是诸老深意，想悉之，然亦行矣。"

此信请夏曾佑为《时务报》撰稿，即"论说一事"，"彼辈"指汪康年
等，"长者"指"长素"，即康有为。梁启超、康广仁当时的态度是"然
亦行也"，即将从命赴上海。〔1〕康有为发电汪康年，"奉旨办报，一切依
旧，望相助"；并致汪康年信，称言：

> "昨日忽奉上谕，命弟督办报事，实出意外。殆由大臣相爱，虑
> 其喜事太甚，故使之居外，以敛其气……报事本足下与公度、卓如
> 承强学而起。弟连年在粤，一无所助，馆中诸事仍望足下相助为
> 理，凡百皆拟仍旧。前经电达，想已洞鉴……闻卓如与足下曾小有
> 意见，然我辈同舟共济，想足下必不因此而芥蒂也。顷因进呈书
> 籍尚未告成，须十日外乃可成行，或先奏派一二人出沪商
> 办……"〔2〕

汪大燮也听到消息，告汪康年："闻康二十边（便）动身赴申。"〔3〕然不
久之后，康改变态度，谋求继续留在北京。（参见 24·49、24·51、
24·56）

---

〔1〕 梁启超又称："《时务报》事，政府借以放逐南海，此无待言。然既已如见，则亦不
能不略加整顿，公能兼此席否？欲求每月挟文一首，约三四千字，能否？"梁虽识破
孙家鼐等人的"放逐"之意，仍是表示将去上海。《梁启超年谱长编》，第 129—130
页。时在江西的皮锡瑞，七月初一日日记称："《时务报》改官报，名《昌言报》，归
康有为办，恐是诸公以此法挤康，如康去则一切报罢矣。"（《师伏堂日记》，《湖南历
史资料》，1959 年第 2 期，第 136 页）皮锡瑞虽对《昌言报》之细节不清楚，但也识
破"挤康"之意。

〔2〕 《汪康年师友书札》，第 2 册，第 1664—1665 页。原件无日期。梁启超作《创办〈时
务报〉源委》，内称："康先生之待穰卿，自启超观之，可谓得朋友之道矣……此次
奉旨督办《时务报》后，即致一电一函与穰卿，请其仍旧办理，已不过遥领而已。
电文云：'奉旨办报，一切依旧，望相助。有为叩。'其函则系六月十二日由邮政局
寄出者，文长不能全录。"〔《知新报》，第 66 册（光绪二十四年八月十一日出版），
影印本，第 1 册，第 902 页〕知该信发于十二日，康称"十日外乃可成行"，当在六
月二十二日左右南下。

〔3〕 汪大燮致汪康年，光绪二十四年六月十一日，《汪康年师友书札》，第 1 册，第 788—
789 页。"二十"指六月二十日。又，在该信中，汪大燮要求汪康年尽快交接。

康称"具折谢恩"一事，查《杰士上书汇录》卷二录有康有为"恭谢天恩条陈办报事宜折"，署日期为六月十三日。[1]又查军机处《早事档》、《随手档》，皆无该折代奏之记录，很可能是军机大臣廖寿恒代呈。该折称：

> "……惟过蒙知遇之殊，思勉竭驽骀之报，谨当慎选主笔，遵旨昌言，扬于不讳之朝，用副求治之意……凡此外交内政，皆报事之大端，臣惟有广译泰西之报，多派采访之人，冀补日月之明，以为韬铎之助。惟西报甚夥，报费甚昂，俄、德译人尤难，非重资不能聘请。今既改为官报，非拨款无以足经费，而廓规模；非多译无以广见闻，而资采择。查《时务报》开办两年，向籍士大夫捐助，凡二万余金，并赖售价乃足支销……查管学大臣孙家鼐所拟章程，谓官报售价月出一两，然《时务报》向来售价岁仅四元，乃忽令人岁出十二两，骤增四倍，势必难行。官报原为开风气而广见闻，只可仍旧每年收报费四元……查京师官书局，每月拨经费一千两，官报局与官书局事同一律，伏乞谕旨饬下两江总督，按月由洋务局拨交官报局经费一千两，以资办理……请明降谕旨，饬下各省督抚臣，通核全省文武衙门、差局、书院、学堂，应阅报单数目，移送官报局，然后由官报局按期由驿站照数移送。其阅报价值，即依两湖督臣张之洞旧例，先由善后局垫解，每分每岁照旧出价四元……惟既为官报，似应分设京师，合并陈明。"[2]

康有为该折的重点是拨款，要求两江总督每月拨银1000两，其次是扩大订阅范围，将孙家鼐议复奏折中所称"寄送各省督抚，通行道府州县"即原有的行政衙门，扩大到"全省文武衙门、差局、书院、学堂"，康、梁也更注重书院、学堂；又其次提出"由驿站照数移送"，

---

[1] 张荫桓日记六月十三日记："上赴园驻跸。孙协揆以《时务报》交长素督办。长素即日具折谢恩。"(《张荫桓戊戌日记手稿》，第219页)

[2] 《杰士上书汇录》卷二，《康有为早期遗稿述评》，第306—307页；《救亡图存的蓝图》，第180—182页；《康有为全集》，第4集，第341—342页。并可参见《戊戌变法档案史料》，第451—453页；《康有为戊戌真奏议》，第55—56页。

当时邮政正在兴办中，由此可省一大笔运费。然康的最后一语，虽似不经意之间，其实分量为最重，即提出了"分设京师"，尽管与宋伯鲁提出的"官报局则移设京都，以上海为分局"之设计，已经有了很大的让步。

康称"请定报律"一事，查《杰士上书汇录》卷二录有"请定中国报律片"。该片即是前折的附片，其用意在于回击孙家鼐。孙折提出了"如有颠倒是非，混淆黑白，挟嫌妄议，渎乱宸聪者"，其意含混；康称言："惟是当开新、守旧并立相轧之时，是非黑白未有定论"，"他日或有深文罗织，诬以颠倒混淆之罪，臣岂能当此重咎"。对此，康提议：

> "臣查西国律例中，皆有报律一门，可否由臣将其书译出，凡报单中所载，如何为合例，如何为不合律，酌采外国通行之法，参与中国情形，定为中国报律。缮写进呈御览审定后，即遵依办理。并由总理衙门照会各国公使、领事，凡洋人在租界内开设报馆者，皆当遵守此律令。各奸商亦不得借洋人之名，任意雌黄议论，于报务与外交，似不无小补。"[1]

"报律"即新闻法。康有为折片上呈后，因其上奏渠道不合体制，光绪帝下旨却需通过军机处，难以作出相关的处理意见；对此，光绪帝只能另想办法，参见24·44。

（24·44）时吾递书递折及有所传旨，皆军机大臣廖仲山传之，京师谣言皆谓廖为吾笔帖式，甚至有谓为"康狗"者。廖避之，乃面奏，谓官报事宜令我商之孙某，并传言谓此后凡报事皆交孙家鼐递折。先由军机大臣传旨与我，令告知孙家鼐，乃见孙家鼐，为之草奏，云："某月某日康某转传军机大臣面奉谕旨"，此亦可笑事也。

---

〔1〕《杰士上书汇录》卷二，《康有为早期遗稿述评》，第307—308页；《救亡图存的蓝图》，第183—184页；《康有为全集》，第4集，第343页。并可参见《戊戌变法档案史料》，第453页；《康有为戊戌真奏议》，第57页。

孙某再三挑剔，卒用我言，奉旨俞允，并令我定报律，而谕旨声明廖面奏此事，盖专为避嫌计也。

据手稿本，此节为韩文举字体。"吾递书递折及"后删"吾"字；"军机大臣廖仲山传之"之"军机"由"令"字改，"传"字由"为"字改；"甚至有谓之"之"有"字为添加。"乃见孙家鼐"一句由"乃再告由孙家鼐□奏言"改；"奉旨俞允"之"奉"字后删一"谕"字；"谕旨声明廖面奏此事"，诸抄本作"谕旨声明孙家鼐面奏"，顾颉刚抄本此处眉批："罗本作为：'谕旨声明廖面奏此事。'"罗本似为罗普抄本；"盖专门避嫌"之"盖"字为添加，补在行间。

康有为于四月二十八日召见后，光绪帝命廖寿恒为其代递条陈及所编书籍。康称"时吾递书递折及有所传旨，皆军机大臣廖仲山传之"，属实。(参见 24·25)

康称"某月某日康某转传军机大臣……"一事，查军机处《随手档》六月二十二日记："孙家鼐折：……一、遵议《时务报》改为官报请拨的款由"，此为"遵旨复陈《时务报》请拨款项折"。该折起首即云：

"本月十六日工部主事康有为转传军机大臣面奉谕旨：'令将筹办官报事宜，与孙家鼐说。'臣询之，康有为云：'《时务报》之设，经费皆由士夫捐助，今改为官报，则无人捐款。此报前经湖广督臣张之洞等札行州县阅看，每州县每年报费只出洋银四元，未便骤增至十二两……既为官报，自应拨以官款，请照官书局月拨千金，请旨饬下两江督臣，在上海洋务局，按月拨交官报局一千两，以资经费。另拨经费六千两，以资开办。'"

孙家鼐的官差是协办大学士、吏部尚书、兼管顺天府尹事、管理官书局大臣、管理大学堂事务大臣，此外还有一个特别的身份，即是帝师。光绪帝此期经常将重大事件交他议复，皆是由军机处下达交片谕旨，并抄送原折片，即便是口谕，也会派军机大臣等重臣。此时竟由工部主事康有为上门来代传谕旨，对孙来说，是一件失礼失敬之事，起首的这一段话，正表达了孙心中的不满。由于康有为的"恭谢天恩条陈办报事宜折"、"请定中国报律片"，光绪帝未发下军机处，孙家鼐更无从知道，只能"询之康有为"，听其所"云"。然康转述其折大意时，孙又有了"另拨经费六千两"的新内容。[1]

光绪帝和军机处当然能够体会孙家鼐的不满,当天的谕旨起首便称:

> "前据孙家鼐奏遵议上海《时务报》改为官报,请派康有为督办其事,并据廖寿恒面奏,嗣后办理官报事宜,应令康有为向孙家鼐商办,当经谕令由总理衙门传知康有为遵照。"

康称"谕旨声明廖面奏此事,盖专为避嫌计也"一事,即指此谕。然此谕中又透露出许多细节:一、廖得知康督办官报后,不想继续在中间做传递人,故当面请旨,将康事推给孙。此虽是推测,但廖传递人角色,却由此谕旨而可成立。廖若非传递人,也就没有必要无事生非地向光绪帝当面请旨"嗣后办理官报事宜,应令康有为向孙家鼐商办"。由此又可以看出,廖与康的私人关系不甚密切,康张扬且执拗的性格,也很难让做事为人谦和的廖感到相洽相融。二、由于康有为折片由非常渠道上呈,光绪帝无法让军机处拟交片谕旨给孙家鼐,只能下口谕给廖寿恒,而廖未直接传谕于孙,只是告诉了康,故演出了康有为上门传旨的一幕。三、廖寿恒的另一身份是总理衙门大臣,康有为的另一身份是总理衙门章京,谕旨中强调"总理衙门传知康有为",即强调光绪帝下旨给总理衙门,而总理衙门大臣传其章京,用以安抚孙家鼐。四、康有为六月十三日上奏其折片,六月十六日向孙家鼐转传谕旨,似可推论光绪帝于十五日面谕廖,廖当日告康。这与军机处当日奏折当日毕的办事方法不同,从十三日至十五日,光绪帝有较长的时间来看康的折、片。

康称"为之草奏"一事,即孙家鼐的"遵旨复陈《时务报》请拨款项折"由康起草。黄彰健、孔祥吉对此认可,我也是同意的。从内容来看,该折似由康有为起草,孙只是做了删改。该折又称:

---

[1] 曾任浙江巡抚廖寿丰的幕僚陆懋勋,此时会试中式,入翰林院,致信汪康年称:"孙中堂复奏时,原属另筹公款六千金开办,于兄处本有斡旋之意,康等之夺,特复私仇耳。"(光绪二十四年七月初十日,《汪康年师友书札》,第3册,第2164页)汪大燮致汪康年信亦称:"寿州云此事自有办法(《时务》馆交割),断不难为汪君,则寿州有言在先,如有纠葛帐目,除自己私亏外,可开清单交葆。"(光绪二十四年六月十三日,同上书,第1册,第790页)由此推知,另拨六千两很可能是孙家鼐之意,以防康有为接管《时务报》时,在财务上与汪康年过于计较。

"官报既发明国是民隐,各省群僚,皆应阅看,以开风气……应请旨饬下直省督抚,令司道府厅州县,文武衙门,一律阅看。用报若干分,将报费解送上海官报局,按期照数由驿递交各省会,分散各衙门……至报律,由康有为采译各国报律,交臣进呈御览,恭候钦定。"孙在折末加了一句:"臣以为康有为所筹事尚可行,请俯如所请。"〔1〕若仔细与康有为前折片相比,孙有两处削改:其一是阅报范围没有书院、学堂;其二是康只是"采译"报律,须经孙家鼐上奏。

按照当时的官规,军机处拟旨只能按照孙家鼐"遵旨复陈《时务报》请拨款项折",但光绪帝有意按照康有为折片来拟旨。查六月二十二日军机处《随手档》记:"发下康有为折片各一件。"下面另有一行小字"见面带下,次日见面带上"。这一记录说明,光绪帝在军机大臣见面时发下康有为六月十三日由廖寿恒代呈"恭谢天恩条陈办报事宜折"、"请定中国报律片",第二天军机大臣见面时又缴还给光绪帝。又由于发下的折片军机章京须照例录副,录副本即注明发下的日期。〔2〕当日由内阁明发上谕:

"兹据孙家鼐奏陈官报一切办法。报馆之设,义在发明国是,宣达民情。原于古者陈诗观风之制。一切学校、农商、兵刑、财赋均准胪陈利弊,藉为靮铎之助,兼可翻译各国报章,以备官商士庶开扩见闻,其于内政外交裨益非浅。所需经费,自应先行筹定,以为久远之计。著照官书局之例,由两江总督按月筹银一千两,并另拨开办经费银六千两,以资布置。各省官民阅报,仍照商报例价,著各省督抚通核全省文武衙门、差局、书院、学堂应阅报单数目,移送官报局。该局即按期照数分送。其报价著照湖北成案,筹款垫解至报馆。所著论说,总以昌明大义,抉去壅蔽为要义,不必拘牵

〔1〕《戊戌变法档案史料》,第454页;《康有为戊戌真奏议》,第58页;《救亡图存的蓝图》,第185—186页。

〔2〕《戊戌变法档案史料》录有该折片,并注明时间是二十四年六月二十二日,《戊戌变法档案史料》的编者所据为录副本,故有此时间上的差误。(见《戊戌变法档案史料》,第451—454页)

忌讳，致多窒碍。泰西律例，专有《报律》一门，应由康有为详细译出，参以中国情形，定为报律，送交孙家鼐呈览。"[1]

该谕旨没有提到康有为折片，但从内容来看，却是按照康有为折片所拟，订报范围增有"差局、书院、学堂"，"照官书局之例，由两江总督按月筹银一千两，并另拨开办经费银六千两"。至于"报律"一事，明确了"定为报律"，即康有为有决定权，孙家鼐只是代为"呈览"。这是康有为建策第五次被采用，只是他被迫在《时务官报》的螺丝壳中做文章罢了。

（24·45）时正月所上制度局之折，京师传之，御史杨漪川、宋芝栋、李木斋、王鹏运、学士徐子静，皆以制度局为然。我为之各草一折，于五月时分日而上（皆制度局之意也）。杨漪川、宋芝栋亦奏请御乾清门以誓群臣，皆为刚毅所阻。

> 据手稿本，此节仍为韩文举字体。"制度局之折"一句后有"京□上屡催"，后将"京"字改"经"字，最后删去；"杨漪川"之"杨"字被删，"漪"字作"淆"，后补"御史杨"三字，在行间；"李木斋"之"木"字由"穆"字改，康有为字体；"王鹏运"三字添加，韩文举字体，补在行间；"徐子静"由"徐致靖"改，似为康有为字体；"以制度局为然"之"局"字为添加，康有为字体，补在行间；"制度局之意也"六字，原稿本圈去，顾颉刚抄本此处眉批："括号内文字'罗本涂去'。"此后原有一大段文字，"卓如又为李泌园草折，定律例（添'开懋勤殿'四字，康有为字体，后删去），皆制度局之意也。卓如又为泌园草折，以各督抚守旧，莫奉行学堂事，乃欲奏办（后删去）派朝事（后改作'士'），归办学校，皆为刚毅所泥"，皆被删去；"亦奏请御乾清门"之"奏"字为添加，康有为字体，补在页下；"以誓群臣"之"以"字添加，康有为字体，补在行间，"臣"字后删一"事"字。

康有为的政治改革纲领是"请大誓臣工开制度新政局呈"，即"上清帝第六书"，核心是设立"制度局"。这一机构表面上是政治咨询机构，实质上是政治决策机构，决定变法的一切。康称"正月所上制度局之折"，正是直接地说出了该条陈的核心。（参见24·2、24·3）康有为四月二十八日召见后，五月初四日由总理衙门代奏"请御门誓众开制度局

[1] 军机处《洋务档》，光绪二十四年六月二十二日。又，孙家鼐于当日上奏修改《大学堂章程》，是针对康、梁的，也得到了批准。（参见24·36）

以统筹大局折"，再次强调制度局的必要性。（参见 24·23）然"上清帝第六书"交议后，总理衙门迟迟未复。由此，康有为发动其党，围绕"制度局"之意，别立名目，分别上奏。此处康提到的人士有杨深秀、宋伯鲁、李盛铎、王鹏运、徐致靖。以下以时间为序说明之。

查军机处《随手档》，二月初八日御史宋伯鲁上奏"请设议政处折"，该折提出了"议政处"的设计，称言：

> "今拟略师泰西议院之制，仍用议政名目，设立议政处一区，与军机、军务两处并重。令各省督抚举实系博通古今、洞晓时务、体用兼宏者各一人；令京官一品以上者，共举十人，无论已仕未仕，务限一月内出具考语，咨送吏部，引见后即充当议政员，以三十员为限。月给薪水，轮流住班，有事则集，不足则缺。凡国家大政大疑，皆先下议政处，以十日为限，急则三五日议成，上之军机王、大臣；不可，则再议，军机复核无异，乃上之皇上亲裁断而施行焉。盖合众通才而议一事，自然良法长策出于其间。办有成效，请旨按级迁擢，疆枢之任，皇华之选，皆于是乎取。此后，京外各三年一举，外省不即资送，听候调取。若经济特科得人，亦可充入。此诚目前转祸为福、化危为安之第一关键枢纽也。"[1]

---

[1] 《军机处录副·光绪朝·内政类·戊戌变法项》，3/108/5615/10。该折言及设立议政处之理由，称言："窃维国初有议政之设，六部有交议之事，皆所以揆度事情，抉择可否，行之邦国，施之民人者也。自设立军机处，议政之员遂罢，六部交议之件，皆臣工随时条奏，率非国家大政大疑。而翰詹科道九卿集议之举，在当日时时有之，今则独有朝审一事，尚存旧制。而一切大政大疑，均由军机大臣议论裁决，或会同别署而已。时局之棘，莫棘于今日，今日之关系亦巨矣，今日之庶务亦殷矣。而冀危康险，责诸数人，万绪千端，决于一旦。理繁数颐，尺短寸长，揆之时务，或似合而实离，施之天下，或始集而终殆。书曰：询谋佥同。又曰：汝则有大疑，谋及乃心，谋及卿士，谋及庶人，谋及卜筮。盖不虚衷则理不显，不博采则事不明也。泰西上下议院，深得此意。此其所以强耳。朝廷近年以来，推广各省学校，改三场策问。今复设经济特科，搜岩采干，有若饥渴。然而缓不济急者，所论皆储才之事，非能救眉睫之危也。以中国之大，沐浴祖宗德泽二百余年，岂真无展济时艰、通达体用其人，以济目前之急哉？或屈抑下僚，或隐处岩穴，不招之不至，不用之不出耳。"又，《救亡图存的蓝图》第25—27页，收录由孔祥吉从《续修醴泉县志稿》中发现的该折抄本，文字稍有异讹。

此中的关键点在于，新设的议政处与军机处、督办军务处平行，而人员却是不分已仕未仕，由官员保举、皇帝钦定，共计 30 人。实际上是在现行机构之外，添设一讨论国家大政的部门。尽管该折用了"略师泰西议院之制"的名义，但与西方由选举产生的代议制机构毫无关系。该折是由康代拟的，其用意很明显，即通过这一机构而进入政治决策的中心。宋伯鲁该折上后，光绪帝旨命"暂存"，并呈送慈禧太后。[1] 此时康有为"上清帝第六书"已送总理衙门，尚未代奏，康通过宋表达了他的政治意图。

前节（24·18）已叙，四月二十九日御史宋伯鲁上奏"变法先后有序乞速乾断折"，该折又提出了"立法院"的设计，称言：

"请皇上大誓群臣，特下明诏，著创巨痛深之言，发穷变通久之道，申明采集万国良法之意，宣白万法变新、与民更始之方。痛斥守旧拘墟之愚惑，严定违旨不更新改变之重罚。布告天下，咸令维新……臣考泰西论政，有三权鼎立之义。三权者，有议政之官，有行政之官，有司法之官也。夫国之政体，犹人之身体也。议政者譬若心思，行政者譬若手足，司法者譬若耳目，各守其官，而后体立事成……今万几至繁，天下至重，军机为政府，跪对不过须臾，是仅为出纳喉舌之人，而无论思经邦之实。六部、总署为行政守例之官，而一切条陈亦得与议，是以手足代谋思之任，五官乖宜，举动失措。臣愚以为骤变新法，皆无旧例可循，非有论思专官，不能改定新制……圣祖仁皇帝以内阁官尊政弊，乃选翰林才敏之士，及西人艺士南怀仁、汤若望入直南书房。日本变法之始，特立参议局于宫中，选一国通才为参与。今欲改行新政，宜上法圣祖仁皇帝之意，下采汉、宋、日本之法，断自圣衷，特开立法院于内廷，选天下通才入院办事。皇上每日亲临，王、大臣派为参议，相与商榷，一意维新。草定章程，酌定宪法，如周人之悬象魏，如后世之修会

---

〔1〕 军机处《上谕档》，光绪二十四年二月初八日。

典。规模既定而条理出，纲领既举而节目张。"[1]

该折重复了康有为"大誓群臣"的要求（未提乾清门），而所提出的"立法院"，是其先前"议政处"的翻版，也是康氏"制度局"的新变种。毫无疑问，此类设在内廷，"选天下通才入院"的机构，与西方的代议制议会无涉，其中的"酌定宪法"，也与近代国家的宪法无涉。宋伯鲁上奏之日，又恰是康有为召见的次日，这一时间安排也应是特意的。宋伯鲁此折，光绪帝下旨"存"，并呈送慈禧太后。[2]

前节（24·28）已叙，御史杨深秀于五月初十日上奏"请御门誓众更新庶政折"，要求"特御乾清门，大召百僚"，"布告维新更始之意，采集万国良法之意，严警守旧沮挠造谣乱政之罪，令群臣签名具表"，与康说相同。但该折中没有与"制度局"相关的内容。[3] 又查军机处《早事档》、《随手档》，杨深秀自光绪二十四年闰三月至八月，共上七折六片，皆无与"制度局"内容相关者。[4]

查军机处《随手档》，翰林院侍读学士徐致靖自光绪二十四年四月至七月，共上八折一片，其中与"制度局"稍有相关者，为七月二十日上奏"请设散卿折"。《我史》后节将会提到。（参见 24·65）

查军机处《随手档》，御史李盛铎自光绪二十四年三月至五月，共上五折五片，其中没有与"制度局"内容相关者。其在五月间，仅上一折，即十二日上奏"陈所拟京师大学堂办法折"，主旨是以孙家鼐、许景

---

[1] 《戊戌变法档案史料》，第3—5页；《康有为戊戌真奏议》，第32—35页；《救亡图存的蓝图》，第109—112页；原档见《军机处录副·补遗·戊戌变法项》，3/168/9446/41。

[2] 军机处《上谕档》，光绪二十四年四月二十九日。

[3] 《救亡图存的蓝图》，第144—146页；原档见《军机处录副·补遗·戊戌变法项》，3/168/9447/13；又可参见《丛刊·戊戌变法》，第2册，第392—394页。

[4] 杨深秀十闰二月十二日上有一折："山西局员贾景仁劣迹多端请惩处折"；四月十二日上有两折三片："请定国是而明赏罚折"，"请斟酌列代旧制正定四书文体折"，"请议游学日本章程片"，"请派近支王公游历片"，"请筹款译书片"；五月初十日上有一折一片："请御门誓众更新庶政折"，"请惩阻挠新政片"；六月二十三日上有一折一片："请申谕诸臣力除积习折"，"津镇铁路请招商承办片"；七月二十九日上有一折："裁缺大僚擢用之宜缓特保新进甄别宜严折"；八月初五日上有一折一片："时局艰危拼瓦合以救瓦裂折"，"请开凿窖金片"。

澄为大学堂的管理者。（参见 24·36）此后他的政治态度一直站在孙家鼐一边，且自此至戊戌政变，一直未上奏折。

前节（24·11）已叙，御史王鹏运四月初十日出奏弹劾翁同龢、张荫桓；八月二十三日再次出奏，完全站在康有为的对立面；而在此期间，军机处《随手档》中根本没有其出奏的记录。

此外，还有一种可能性，即康有为已为杨深秀、李盛铎、王鹏运代拟与制度局相关的奏折，但他们没有上奏。

仓场侍郎李端棻于六月初六日上奏"敬陈管见折"，以请开懋勤殿，内阁学士阔普通武于七月初三日上奏"变法自强宜仿泰西设议院折"，御史宋伯鲁于七月二十八日上奏"选通才以备顾问折"，再请开懋勤殿，此中的"懋勤殿"、"议院"，其意与康有为的"制度局"相通，也是由康有为起草的。（参见 24·46、24·66、24·69）

乾清宫，位于大内，本为皇帝的正寝宫，自雍正帝移居养心殿后，此宫在礼制上仍是"正寝"，一些重要的召见仍在此处进行。乾清宫前的乾清门，是清朝康熙、雍正、乾隆三朝皇帝进行"御门听政"的地方，至时皇帝在此处设座，中央各部院堂官站立台阶之下，分别上阶奏报，当即作出决断。嘉庆帝登位后，"御门听政"很少举行，咸丰帝之时即不再举行。康有为、杨深秀等人要求光绪帝"御乾清宫大誓群臣"，出自"御门听政"之掌故。康称"皆为刚毅所阻"，我尚未读到相关的史料。

（24·46）时言新政皆小臣耳，无大臣言之者。于是卓如为李苾园草折陈四事：一曰御门誓群臣，二曰开懋勤殿，议制度，三曰改定六部之则例，四曰派朝士归办学校。乃下之庆亲王及孙家鼐议。枢垣最恶御门及懋勤殿事，属庆邸及孙家鼐阻之。

据手稿本，此处仍为韩文举字体。"时言新政"之"新政"二字由"事"改，康有为字体，补在行间；"皆小臣耳"由"皆为小臣"改，"耳"字似为康有为字体，补在行间；"李苾园"之"李"字为添加，补在页眉，"苾"字由"泌"字改，"园"字后删一字，涂抹已不识；"一曰"后删"办学校"三字；"四曰"之"四"字为添加，似为韩文举字体，补在行间。

"李苾园"，李端棻。他因与梁启超的特殊关系，是康党的成员，且是官阶最高者，曾保荐康党多人参加"经济特科"考试。（参见24·38）

康称"卓如为李苾园草折陈四事"，查军机处《随手档》光绪二十四年六月初六日记："仓场侍郎李端棻折：一、敬陈管见由；片一、请饬前仆少岑春煊回籍办团由。"〔1〕李端棻的"敬陈管见折"现尚未从档案中检出，然其所上四事，是康党精心策划者。"御门誓群臣"，"开懋勤殿议制度"两项，乃是康有为"上清帝第六书"中最重要的内容，五月十四日总理衙门将之驳回，光绪帝又交军机处与总理衙门重议。（参见24·47）而康以李端棻出面，再提此策，当属施加压力。正因为如此，光绪帝未将李端棻奏折交总理衙门、军机处议复，而是另请重臣，当日发下交片谕旨："李端棻奏变法维新条陈当务之急一折，著奕劻、孙家鼐会同军机大臣切实核议具奏。"〔2〕自翁同龢罢免后，孙家鼐是光绪帝最信任的重臣之一，前将宋伯鲁"请改《时务报》为官报折"交其议复（参见24·40、24·43），此为第二次交其议复。奕劻时任御前大臣、总理衙门大臣，但他还有一个很重要的官职，即"办理颐和园工程事务大臣"。他由此长期随侍慈禧太后，光绪帝交其议复，也可知慈禧太后的态度。

据军机处《随手档》，六月初十日，奕劻、孙家鼐通过军机处各递"说片"呈上。〔3〕从奕劻、孙家鼐的说片，可大体得知李端棻"敬陈管见折"的内容。〔4〕康称"一曰御门誓群臣"，奕劻"议复李端棻所奏说片"称：

〔1〕 《随手档》该条下还有一行小字："折次日随事递上。另抄送庆邸。"即李端棻该折于第二天送慈禧太后。又，"前仆少"，前太仆寺少卿。"办团"，办理团练，即编组与当时广西的反叛者对抗的武力。
〔2〕 军机处《随手档》、《上谕档》，光绪二十四年六月初六日。又据该日及次日《上谕档》，由于李端棻奏折太长，当日未能抄完，次日递送慈禧太后。
〔3〕 军机处《随手档》，光绪二十四年六月初十日记："递庆亲王、孙家鼐说帖各一件。（见面带上、带下。随事递上。另抄封存）"又据军机处抄件，其名为"庆亲王奕劻说片"、"孙家鼐说片"。
〔4〕 参见孔祥吉：《康有为戊戌奏议研究》，第269—272页，第320—323页；钟家鼎、王羊勺：《李端棻〈变法维新条陈当务之急折〉研究》，《贵州文史丛刊》，2004年，第1期。

"查仓场侍郎李端棻所奏四条，第一条请皇上晓谕群臣，以息争论。奴才见近来时事艰难，凡大小臣工以国事为心者，无不愿中国之自强，其愚无识者道听途说亦无关国是，则争论之说可勿虑。惟其言变法，则云小变不如大变，缓变不如急变，窃思祖宗成法俱在，果实力奉行，自能日有起色。彼西法之善者，未尝不可参用，若第师其制度，学其梢末，是仍袭其皮毛也。且以中国四千年来之习尚、四百兆人之心思，而骤欲大变而急变之，王道无近功，恐操切非所以治天下也。"

孙家鼐"议复李端棻所奏说片"称：

"其第一条，臣工未能尽喻皇上意旨，尚多争论等语。臣见近日臣工愿变法自强者十有六七，拘执不通者不过十之一二，惟新旧党之相争绝少，而邪正党之相争实多。盖变法不难，而行法之人最难，用非其人，则小人道长，君子道消。治乱安危所关非细，贤人君子不无思深虑远之心，盖皆以宋时王安石为鉴也。皇上宣示臣工，若能严君子小人之辨，则争论者自当渐化矣。"

此中的内容与康的"御门誓群臣"的说法，是大体一致的，然奕劻、孙家鼐对此条完全驳斥。康称"二曰开懋勤殿，议制度"，奕劻"说片"称：

"第二条请皇上选博通时务之人以备顾问。奴才以为，如令各部院择优保荐，召对时察其品学纯正、才具明敏者，俾朝夕侍从，讲求治理，诚是有裨圣治；然品类不齐，亦薰莸异器，必严加选择，慎之又慎。盖此非如南斋之徒，以词章供奉也。且以圣祖仁皇帝之天亶聪明，而高士奇犹能招摇纳贿，声名狼藉，则君子小人之辨，不可不严也。至于汤若望、南怀仁者，圣祖特以其精于天文测算、制造仪器，偶一召问而已。至内外大臣开馆辟贤一节，政事既有司官，督抚亦延幕友，且各公事纷繁，亦恐无此闲暇，与诸人讲求，况自行延请，自行保荐，亦恐开党援奔竞之风。"

孙家鼐"说片"称：

"第二条请皇上选择人才在南书房、懋勤殿行走，此亲近贤人之盛意也。惟朝夕侍从之臣，不专选取才华，尤须确知心术。方今讲求西法，臣以为若参用公举之法，先采乡评，博稽众论，则贤否易于分办。至大臣开馆延宾一节，诚恐公事傍午，暇日无多，且亦无此经费，较之胡林翼等为督抚盖难并论。且胡林翼等之开宾馆，自有照料宾馆委员，非真终日与宾客周旋也。惟在各大员休休有容，集思广益，果有好贤之雅，亦不必以接纳为高。"

两人再证实了康的"懋勤殿"说法，而这一条恰是李端棻"敬陈管见折"之核心。南书房、懋勤殿，本是制度局的变种，最初由康为文悌代拟的"敬陈管见折"中提出，但已被文悌改得面目全非。（参见 24·7）此次由李再次提出。除此之外，李端棻还提议由大臣各"开馆辟贤"、"开馆延宾"。奕劻、孙家鼐对此条完全驳斥。康称"三曰改定六部之则例，四曰派朝士归办学校"，从奕劻、孙家鼐"说片"来看，顺序恰好相反，康记忆有误。对李端棻折中第三条，奕劻"说片"称：

> "第三条，特派绅士督办各省学堂。奴才以为，宜令各省督抚选择明敏端正在籍绅士，奏派督办，必能整顿学堂，而培植人才。"

孙家鼐"说片"称：

> "第三条请京官绅士在本籍办理学堂。臣以为，当由各省督抚访求品学兼优、能符众望者为之自可，收培养人才之效。权归督抚，绅权不可太重，庶无喧宾夺主之虞。"

《我史》前节提出，康广仁劝康有为回籍办学，并劝梁启超去湖南办学（参见 24·41）；而李端棻提出派京官绅士回籍开办学堂，此条若获旨准，返乡办学的"京官绅士"也有了"钦差"的意味。奕劻、孙家鼐对此提出反建议，由地方官选择本地绅士开办学堂，即将办学纳入地方官员的管理范围之内。对第四条，奕劻"说片"称：

> "第四条请删减《则例》以杜胥吏之奸。奴才以为，胥吏舞弊由于则例繁多，亦由于司官不能熟谙《则例》，若将《则例》稍从删减，再令各司官皆熟谙《则例》，遇事不必询胥吏，而胥吏自不能舞弊矣。"

孙家鼐"说片"称：

"其第四条意在删减则例。查事多窒碍，惟在胥吏舞文，困君
子而便小人，无不因缘例案，应行照办，以杜弊端。"[1]
康有为一直为删减《则例》的想法，《我史》中亦称通过王鹏运代上其所拟
此议的奏折。（参见24·12）此次又通过李提出。对于这一条，两人都
作出了让步，奕劻提出了"稍从删减"，而孙家鼐让步更大些，提出"应
行照办"。

按光绪帝的交片谕旨，"著奕劻、孙家鼐会同军机大臣切实核议具
奏"，而奕劻、孙家鼐并没有会同军机大臣共同出奏，仅仅是各出其"议
复李端棻所奏说片"。康称"枢垣最恶御门及懋勤殿事，属庆邸及孙家鼐
阻之"，然奕劻、孙家鼐如何与军机大臣"核议"，军机大臣如何嘱意两
人"阻之"，我皆未读到相关的记载，然两人同时递"说片"，又统一对
策，很可能相互之间已有商议。奕劻、孙家鼐的说片坚决反对"御门誓
群臣"、"开懋勤殿"，似也预示着军机处、总理衙门会联衔奏议复康有
为"上清帝第六书"的基调。（参见24·48）

奕劻、孙家鼐两人"议复李端棻所奏说片"递上的当日，即初十
日，军机处即拟谕旨两道，但到了次日才由内阁明发：

"李端棻奏请删改《则例》等语。各衙门咸有例案，勒为成书，
颛若画一，不特易于遵行，兼可杜胥吏任意准驳之弊，法至善也。
乃阅时既久，各衙门例案太繁，堂司各官不能尽记，吏胥因缘为
奸，舞文弄法，无所不至。时或舍例引案，尤多牵混附会，无论或
准或驳，皆持例案为藏身之固。是非大加删订，使之归于简易不
可。著各部院堂官督饬司员，各将该衙门旧例细心抽绎。其有语涉
两歧易滋弊混，或貌似详细揆之情理实多窒碍者，概行删去。另订
简明则例，奏准施行。尤不得藉口无例可援，滥引成案，致启弊
端。如有事属创办，不能以成例相绳者，准该衙门随时据实声明，
请旨办理。仍按衙门繁简，立定限期，督饬司员迅速办竣具奏。"

---

[1] "庆亲王奕劻说片"，六月初十日递；"孙家鼐说片"，六月初十日递，《军机处录副·
补遗·戊戌变法项》，3/168/9447/74、75。

"李端棻奏各省学堂请特派绅士督办等语。现在京师大学堂业经专派管学大臣，克日兴办，各省中学堂、小学堂亦当一律设立，以为培养人才之本。惟事属创始，首贵得人。著各直省督抚就各在籍绅士，选择品学兼优能符众望之人，派令管理各该处学堂一切事宜，随时禀承督抚，认真经理。该督抚慎选有人，即著奏明派充，以专责成而收实效。"〔1〕

该两道谕旨据奕劻、孙家鼐"议复李端棻所奏说片"的基本要点而拟。

李端棻在百日维新期间上奏次数并不多，一共只有三次，但每一次都十分重要。此是他第一次出奏。康称"于是卓如为李芯园草折"，而李的同乡陈夔龙后来回忆称：

"……吾乡李尚书端棻亦遭严谴。尚书学问渊雅，性情笃厚，彼以为人所累，致罹党祸，都中人士莫不怜而谅之。新会某孝廉，乃尚书典试粤东所得士，继之以婚姻，戊戌会试，寓尚书宅，地近则言易入。当政变之前数月，新政逐日举行，朝野震骇。尚书时为仓场侍郎，封奏独伙，均系变法维新，与平素旧学宗旨，大不相符，门生故旧，纷纷訾议，余目睹党祸已成，窃代忧之。"〔2〕

陈与李素有交往，其说法值得关注。"新会某孝廉"，即指梁启超。陈夔龙称李端棻奏折由梁启超起草，且不完全符合李本人的思想。

李端棻后来的两次上奏，其一是七月初三日上奏保举谭嗣同、黄遵宪、熊希龄；其二是七月二十五日上奏保举康有为。（参见24·63、24·68、24·98）

（24·47）上乃催问我总署正月制度局之折事，面责张荫桓焉。总署以事关重大，派军机王、大臣会议。既会议，以敷衍游辞驳之。上发还，令再会议，朱批责以"毋得浮词搪责，倘仍敷衍塞责，定

---

〔1〕 军机处《上谕档》，光绪二十四年六月十一日。又，该日军机处《随手档》中，军机章京对这一谕旨留有一小注："初十日空年月递上，发下，本日填年月递上发下。"由此可见，该上谕为初十所拟，次日下发，其中的原因未详。

〔2〕 《梦蕉亭杂记》，第14页。

必严办。"向例，非有重大事，无出朱批者，至是咸悚惧。

据手稿本，此一段仍为韩文举字体。"正月制度局之折"之"制度局"三字为添加，补在行间；"面责张荫桓焉"之"焉"字为添加，康有为字体，补在页边；"派军机王、大臣会议"后删"上责"二字；"以敷衍游辞"为添加，删"再"字，补在行间；"上发还"之"上"字后，删"朱批曰"三字；"令再会议"后删"无令切会议"五字；"朱批责以"四字为添加，补在行间；"无出朱批者"之"朱"字后删"笔"字。

二月十九日，总理衙门代奏康有为"上清帝第六书"（即康所称"正月制度局之折"），当日奉交片谕旨，命总理衙门议复。（参见 24·2、24·3、24·5）总理衙门却长时间未能议复。康称光绪帝"面责张荫桓"，属实。查张荫桓六月十三日日记："军机处、总署会议康长素条陈变法，屡奉谕旨严催。"[1]

五月十四日，即过了 105 天后，总理衙门才上奏"遵旨议复康有为条陈折"，对康有为"上清帝第六书"进行了全面驳斥。关于"大誓群臣"、"开制度局"、"设待诏所"，该折称：

"我朝列祖列宗御门听政，本即大誓群僚之意，但如康有为所陈各节，事关创制，应由特旨举行，非臣下所敢擅请。他如置大学士于内阁，设军机处于内廷，领以王大臣，出纳政令。国初设立登闻院，嗣归并通政司，又士民上书言事，俱准赴都察院呈递，酌核代奏。仰维成宪昭垂，法制大备，似不必另开制度局，设待诏所。迹涉纷更，更未必即有实际。"

康的三项要旨全被否定。关于中央设法律、税计、学校、农商、工务、矿政、铁路、邮政、造币、游历、社会、武备等十二局，该折称：

"我朝庶政分隶六部，佐以九卿；嗣因交涉日繁，复特设总理各国事务衙门，专办外交及通商事件。如法律隶刑部，税计、农商、矿政、造币事隶户部，学校事隶礼部，工务事隶工部，武备事隶兵部，铁路、邮政、游历、社会等项，亦均由臣衙门随时筹办。果使各勤职业，实事求是，既无废弛之虞，即不必变更名目……其铁

---

[1]《张荫桓戊戌日记手稿》，第215页。

路、矿务两项，为新政关系最要之端，现在各省陆续开办，各自订立章程办法，未能画一，甚或牵涉洋商，动多窒碍。请特派大臣总理其事，无论何省铁路、开矿，俱归统辖，以一事权而免流弊。是否有当，仍候旨施行。"

除了设立铁路、矿务机构外，其余全被否定。关于各道设新政局，各县设民政局，该折称：

"道府有表率之责，牧令为亲民之官，大小相维，各专责成，不得谓尽属冗员。若竟改官为差，加以京衔，准其奏事，设任非其人，其弊滋甚。该主事所请别开生面，全紊定章，亦未必有实效，应请毋庸置议。"

该项也被全面否定。该折的最后又称言："总之，为政之道不在多言。墨守成轨，固无以协经权；轻改旧章，亦易以滋纷扰。"[1]

这一天恰是光绪帝从宫中赴颐和园，总理衙门该日上奏折片甚多，除该折外，另有"奏复遵议大学堂章程折"（与军机处联衔）、"大学堂设译书局片"、"议复杨深秀请定游学日本章程折"（参见24·35、24·20、24·18）等，选择这一日期，很可能是有意让光绪帝听听慈禧太后的意见。光绪帝收到此折后，下旨"暂存"，即没有立即表示其态度。[2]两天后，即五月十六日，光绪帝发下交片谕旨：

"交总理各国事务衙门。本月十四日贵衙门议复工部主事康有

---

〔1〕《戊戌变法档案史料》，第7—8页。
〔2〕该日军机处《随手档》记："朱批总理各国事务衙门折：一、议复康有为条陈由。一、议复胡燏棻奏请开锦州铁路工款由，'依议'；片一、议复杨深秀奏请定游学日本章程由，'依议'（原折交总署领去，另抄归籤）。（会本处）一、遵议筹办大学堂由；单、章程。片一、遵议杨深秀奏请设译书局由。（随事递上，次日发下。随十五日谕旨交）"该日军机处给慈禧太后奏片称："本日总理各国事务王、大臣奏遵旨妥议康有为条陈折，奉旨'暂存'；又奏议复御史杨深秀请定游学日本章程片，奉朱批'依议'；又会奏遵议胡燏棻奏开办锦州铁路工款折，奉朱批'依议'；又会奏筹办京师大学堂并拟开办详细章程折、单一件，又奏议复御史杨深秀等奏请开办译书片，拟请发下后再降谕旨。谨将原折、片、单恭呈慈览。"（见该日军机处《洋务档》）

为条陈一折，军机大臣面奉谕旨："著该衙门另行妥议具奏。"〔1〕

这是一道严厉的谕旨，明确表示对总理衙门议复的不满。在我所见的谕旨中，对议复之奏折推倒重来，下旨"另行妥议具奏"，也是惟一的一次。总理衙门在收到该谕旨后不知所措，九天后，五月二十五日，再次上奏"请特派王、大臣会同议复康有为条陈折"，称言：

> "惟查主事康有为条陈所称，请皇上大誓百司庶僚于太庙，置制度局于内廷，设待诏所于午门；又分设十二局于京师……又外省每道设一新政局，每县设一民政局，将藩臬道府州县尽变为差，会同地方绅士公议新政，即以厘金与之各节，均系变易内政，非仅条陈外交可比，事关重要，相应请旨，特派王、大臣会同臣衙门议奏，以期妥慎之处，出自圣裁。"

总理衙门所述，当属实情，对于关系到清朝政治制度全盘改造的重大问题，总理衙门无法直接表示态度。对此，光绪帝当日朱批：

> "著军机大臣会同总理各国事务衙门王、大臣，切实筹议具奏，毋得空言搪塞。"〔2〕

光绪帝的这一朱批，言辞已是相当严厉，且明显表示出其倾向性。

由此可见，康说的大意不错。然康称"总署以事关重大，派军机王、大臣会议。既会议，以敷衍游辞驳之。上发还，令再会议"，时间顺序上稍有颠倒；康又称谕旨中有"倘仍敷衍塞责，定必严办"一语，属康自我生成。

与康党甚有关系的《国闻报》于五月二十九日以"议复制度局"为题刊出消息：

> "工部主政康长素先生于前月条陈新政，大旨谓小变不如大变，零变不如全变，请特设制度局一所，专办变法之事，庶天下之耳目一新，而上下之指归以定。所有一切改科举、改官制、改兵政、改刑律、改财赋之事，事无巨细，凡属新法，皆隶于制度局。

---

〔1〕 军机处《上谕档》，光绪二十四年五月十六日。

〔2〕 《戊戌变法档案史料》，第8—9页。

条陈既上，廷旨交总理衙门议奏。昨有京友传说云：总署业于本月日前奏复，大约以为事多窒碍，势难施行。皇上将总署议复留中数日，复交下，命再行核议具奏。闻总署各堂之意，拟再行议驳云。"

这一篇报道似将康有为"上清帝第六书"与"请御门誓众开制度局以统筹大局折"相混了，但其倾向性是十分明显的。

（24·48）我请于京师开十二局，外省开民政局，于是流言纷纭，咸谓我尽废内阁、六部及督抚藩臬司道矣。故张元济请废翰林院、都察院，岑春萱请废卿寺、裁局员，皆归之于我。于是京朝震动，外省悚惊，谣谤不可听闻矣。军机大臣曰："开制度局，是废我军机也，我宁忤旨而已，必不可开！"王文韶曰："上意已定，必从康言。我全驳之，则明发上谕，我等无权矣。不如略敷衍而行之。"王、大臣皆悟，咸从王言，遂定议。所云誓群臣定国是一条，以为诏书两下，国是已久定，此条无庸议。我所请群选天下通才二十人，置左右，议制度一条，乃改为选翰詹科道十二人，轮日召见，备顾问，于是制度局一条了矣。我所请令臣民咸得上书一条，改为职官递本衙门，士民递都察院。我所请开法律局，定为每部派司员，改定律例。夫司员无权无才，无从定之，又非采集万国宪法，与我本意大相反矣。学校局一条，则以大学堂及各省中、小学堂已经奉旨另办了之。农工商局则以屡奉谕旨饬办了之。所请"起民兵以练陆军，购铁舰以成海军"则以裁兵并饷等旨了之。我所请民政局，则拟旨"令督抚责成州县，妙选人才"了之。惟令开一铁路矿务局，请即在总理衙门派人办理。于是所议我折，似无一语驳者，似无一条不行者。上亦无以难之，虽奉旨允行，而此折又皆成为虚文矣。大官了事，所谓才如此。虽"轻舟已过万重山"，而恶我愈至，谤言益甚。

据手稿本，此一段仍为韩文举字体。"我请于京师开十二局"之"于京师"三字为添加，康有为字体，补在行间；"外省开民政局"之"外省"后添一"请"字；"尽废内阁"后删一"及"字；"藩臬司道"后添"矣，故"二字，康有为字体，补在行间；"岑春萱"之"岑"字由"沈"字改，康有为字体，补在行间；"京朝震动"之"京朝"二字由抹去两字改，似为康有为字体；"军机大臣曰"前删一字，不可辨;"我宁忤旨"之"忤"字由一字改;"则明发上谕"之"则"字由"必"改;"王、大臣皆悟,咸从王言,遂定议"一句为添加,韩文举字体,补在行间,"所云誓群臣"之"所云"二字为添加,"誓群臣"后删"及制度局外,余不可驳。□此王、大臣皆悟,咸从王言,遂定议。我请召见"一段;"定国是一条,以为诏书两下,国是已久定,此条无庸议"一句为添加,韩文举字体,补在行间,其中"诏书"前删一字,不可辨,"已"久定之"已"字为添加,"我所请群选天下通才二十人"一句,"我所请"三字为添加,补在行间。"群选"诸抄本皆漏"群"字,"二十人"为添加,补在行间,"议制度一条"之"一条"二字为添加,补在行间,后删"者二十人"四字;"选翰詹科道"后删一"轮"字,添"十二人"三字,补在行间;"职官递本各门"之"门"字为添加,补在行间;"夫司员无权无才"之"夫"字为添加,"才"字后删一"何"字;"万国宪法"之"法"字为添加,康有为字体,"法"字后又删一字,不可辨;"则以大学堂"之"则"字为添加,"堂"字后删"中小学堂"四字;"农工商局"前删"我所请"三字;"屡奉谕旨饬办"之"饬"字由"已"字改;"所请起民兵以练陆军"一句,"所"字前删一"我"字,"请"字诸抄本多错为"谓"字,"请"字后删"海陆"二字,"练"字前删一"成"字;"则拟旨令督抚"之"则"字后删"以称"两字,"旨"字后删一字,皆辨不清;"请即在总理衙门"之"请即"二字由一字改,韩文举字体;"似无一语驳者"之"似"字为添加,康有为字体;"虽奉旨允行"之"虽"字为添加,康有为字体;"而此折又皆为"之"折"字,由"诏"改;"大官了事"之"大官"后删"奈何"二字;"所谓才者如此"之"此"字由三字改。

张之洞于六月收到的京中密报称:

"康有为条陈各衙门改为十二局,先设制度局,议论一切改革之事,有储才局、会计局、农政局、工政局、商政局、海军局、陆军局、刑律局、铁路局、矿务局各目,交总署议,驳。再下枢、译两府议。上意在必行,大约不日即须奏上,都下大为哗扰云。"[1]

"上意在必行"一语,说明了光绪帝的态度;"都下大为哗扰"一语,又说明了京师的舆情。康称"流言纷纭,咸谓我尽废内阁、六部及督抚藩臬司道",若按康"上清帝第六书"之意,京师开制度局及法律等十二局,道、县设新政局、民政局,内阁、六部及督抚藩臬司道的权力将有根本性的变化,虽未被"尽废",但也大体闲置。

康称"流言纷纭",即康党可能发现了舆情不利,也作了一番公开的

---

[1] 转引自孔祥吉:《戊戌维新运动新探》,第79页。"储才局"似为学校局之误,"会计局"似为税计局之误,"农政局"、"商政局"似为农商局之误;"工政局"、"陆军局"、"刑律局"、"矿务局",其称为"工务局"、"武备局"、"法律局"、"矿政局";且康原呈中无"海军局",另有邮政局、造币局、游历局、社会局。

解释工作。[1]《国闻报》六月初四日发表"制度局传闻"一文，称言：

> "康工部上月时上一折，言开制度局事，交总署议。闻皇上及皇太后迭次催议，总署议驳，上复发回总署，会同枢垣再议（驳）。二十六日奉朱谕，饬总署、枢垣切实议行，无得空言塞责。于是京朝议论汹汹，皆谈制度局一事，谓将去各衙门及于台官词馆。顷查康工部原折并无此言，其言制度局之大意，大率谓祖宗之法至美善，而今日已尽变为胥吏之法，徒便其舞文而已。堂官郎署拱手画诺，此非犹是祖宗之法，不过胥吏之法，不可不议定其则例。故制度局者，不过如重修会典则例，开一会典馆，但稍加删改云耳。若所议新开诸局，皆于旧衙门之外添设，并非废旧衙门而开新司。其第一，法律局，则以通商口岸交涉日繁，彼杀我人，则仅监禁三月，我伤彼人，则须身首殊断，亏失不平甚矣。而中国又无用西律之理，故不得不开一局，采其宜于中国者而用之交涉口岸中，此与官书局之例同耳。其学校局，则大学堂派管学大臣，已行之矣。其铁路一局，则督办铁路大臣已略行之。其农工、商务、邮政、游历、社会各局，皆新添之政，于旧衙门毫不相关。其陆军，皆练民兵，于今之兵勇两途不相涉。其海军，则昔即行之矣。凡此无一与旧政相涉者，如近者添多总署、海军、铁路、官书局、大学堂，正为诸臣多得差事，所用仍是朝士大夫，岂能舍而他用哉？此外各司，康

---

[1] 苏继祖《戊戌朝变记》中称："……京中已有裁撤六部九卿，而设立鬼子衙门，用鬼子办事之谣；竟有老迈昏庸之堂官，懵懂无知之司官，焦急欲死者，惟有诅谤皇上，痛骂康有为而已。据康有为此书（上清帝第六书）并无裁官之说，仅言于京城设立制度局，并十二局之议。而当时之物议沸腾。且因新党中少年，高兴到处议论，某官可裁，某人宜去，现已如何奏请皇上饬办，而皇上发下何旨。肆意矜张，为守旧中有心相仇者听去遍传也。"（《丛刊·戊戌变法》，第1册，第337页）此为当时的流言与舆情。又，戊戌变法期间，康有为确实并没有提出裁撤机构的建策，但流言可能与"联省公车上书"（"上清帝第二书"）有关。康在该上书中称"……其京官则太常、光禄、鸿胪可统于礼部，大理可并于刑部，太仆可并于兵部，通政可并于察院，其余额外冗官，皆可裁汰。各营一职，不得兼官……"（《康有为政论集》，上册，第133页）然最初提出这一思想者，似为陈炽，康的这一主张不知与陈炽有无关系。详见后文。

君折皆未之及，何况御史、翰林？而举朝怪异，皆谓制度局开几如
百官皆坐废者。中国最好造谣，听闻极易误中，或者有故意造此流
言以动众耶？市虎成于三人，京朝事固多如此，有识者自能审之。"
《国闻报》的这篇文章，肯定与康党有关。[1]然为了洗白自身，减轻压
力，康党并没有实话相告，而实行了政治计谋："制度局"被轻描淡写为
如同会典馆，法律局则与官书局相似，同时还宣称这些新机构的设立将
会给"朝士大夫"提供许多新的机会。[2]

　　康称"岑春萱请废卿寺、裁局员……"一事，查军机处《随手档》
七月初七日记："前太仆寺少卿岑春煊折：一、'敬陈管见由。'"岑春煊的
"敬陈管见折"很长，共有建议十条，其中第三条关于裁冗员，称言：

　　"国朝设官，多因明制，时移势异，往往有官仍其旧而职守全
非。前此臣工条奏，亦有以裁官为言，然议裁仅一二员，虽裁如不裁
也。臣谓当无论大小，无论京外，分别裁并。即京员计，詹事府为青
宫官属，国朝无立储之典，则詹事府可裁。九卿满汉正少数十缺，所
属数百缺，一无事事。宗人府统于宗令，则宗丞可裁。大理寺并入刑
部，则大理寺可裁。封奏迳达军机处，则通政司可裁。太常寺、光禄
寺、鸿胪寺并入礼部，则太常寺、光禄寺、鸿胪寺可裁。太仆寺并入
兵部，则太仆寺可裁。内务府领将作之任，供奔走之职，诚不宜概从
简陋，然员缺太多，则其半可裁。康熙时已裁其所属之上林苑、苑马
寺矣。此京官之宜量裁也。至如外官，总督主兵而兼察吏，巡抚察吏
而亦治兵，权均则牵制反多，同城之督抚宜裁其一也。河工之在山
东者，东抚可以兼理，在河南者，豫抚可以兼理，河道总督可裁
也。南漕岁数百万石，装运之地，有地方官，经过之地，有州县，

---

〔1〕　该文文后注明："再者，二十四日所登之'答友人论议院书'，系友人抄得，顷查得
此书即康工部'答友人之书'，合并声明。"若非康党成员或与康党相关人员，不可
能言之。而"答友人论议会书"一事，参见24·66。又，引文中的"台官"，指御史
台，即言官；"词馆"，指翰林院。
〔2〕　康有为"上清帝第六书"中确实提到"然后用南书房、会典馆之例，特置制度局于
内廷"，但指制度局的组成形式，并非指其功能有如"会典馆"。

有营汛，不必待设漕督始能漕运也，则漕督之下各员各弁兵皆可裁。盐政既领之督抚，则运使、盐道可裁，盐场可并入州县，则运同、运副、运判、大使可裁。绿兵既汰，则武职可量裁。学堂既设，则教职可以全裁。此外，如同、通、判、丞之属，与府州县同城者，皆可裁。此外官之宜量裁也。或者虑裁及京官，京员无升转之阶，各衙门必形拥挤。查定制，翰林、科道、部曹京察记名，皆可外放道府，则京员不至拥挤。捐纳既停，外官疏通，虽京员外放者多，外官亦不至拥挤。更复国初行取州县之制，内外互相升转，则京官不至不知各省情形，外官亦得研究各部例案。务使人历一官皆有职守之事，不较之虚设一位徒糜廪禄之为愈乎？此项所裁见任实缺之官，应如何录用之处，出自天恩，不敢擅拟，请旨饬下京外臣工迅议裁并，一岁数百万之帑，可以立节。恭考会典，内外文武官共二万七千余员，则虽裁此千百冗员，决不至有无人任事虑也。"〔1〕

岑春煊的建策是相当大胆的，也是非常激进的。他提出裁并的京官衙门为：詹事府、大理寺、通政司、太常寺、光禄寺、鸿胪寺、太仆寺，并要求裁宗人府宗丞，内务府裁员一半。他提出裁撤的外官为：湖北、广东、云南三巡抚，河道总督、漕运总督；更重要的是，将裁减几个行政与军事系统：漕运、河道、盐务、绿营和府州县学的教职，人数甚多。而岑的这一设计，有可能受到了陈炽思想的影响。〔2〕

---

〔1〕 《军机处录副·光绪朝·内政类·戊戌变法项》，3/108/5616/26，光绪二十四年七月初七日。参见孔祥吉《康有为变法奏议研究》，第305—308页。

〔2〕 陈炽《庸书》中"乡官"一章称："以京职论之。治宗室者，宗人府矣，宗丞、主事可裁也。政本有军机处矣，内阁自大学士以迄中书，十分之八可裁也。銮仪卫、三院可并于内务府，各堂郎中、主事，十分之七可裁也。都察院巡按即散，给谏、侍御，十分之六可裁也。有奏事处，通政使可裁也。例不建储，詹事府可裁也。太常、光禄、鸿胪可并于礼部。大理可并于刑部。太仆可并于兵部。会同四译馆可并于理藩院。自余职事稀简者，均可酌裁也，外吏则督抚同城，可裁其一。藩司钱谷，臬主刑名，善后、牙厘、发审各局均可裁省。府有知府，州有知州，厅有同知，县有知县，而同知、通判、州同、州判、经历、县丞、主簿、吏目，均可裁也。河防、漕运，可全裁也。盐务可裁其半也。"（《陈炽集》，第16—17页，标点由引者稍有变动）《庸书》虽刊于光绪二十二年，写作当在甲午战争前。

岑春煊"敬陈管见折"引起了光绪帝的兴趣，当日发下交片谕旨给军机处与总理衙门：

　　"本日前太仆寺少卿岑春煊奏敬陈管见一折，著军机大臣会同总理各国事务王、大臣妥议具奏。钦此。"[1]

以军机处与总理衙门联合议复，已属当时议复的最高规格。然仅七天之后，七月十四日，即未等军机处、总理衙门议复，光绪帝直接下令裁撤詹事府、通政司、光禄寺、鸿胪寺、太仆寺、大理寺，湖北、广东、云南三巡抚，河道总督、漕运总督及其以下的系统。[2]光绪帝这种不等议复即刻下旨的举动，当然经过了慈禧太后的批准，也有可能与七月十三日康有为进呈"厘定官制请分别官差以行新政折"有关系。(参见 24 · 64)

　　康称"张元济请废翰林院、都察院"一事，查军机处《随手档》七月二十一日记："总理各国事务衙门折：一、代递章京张元济、知县谢希傅条陈由；一、原呈；一原呈。"张元济条陈即"变法图强统筹全局折"，该折提出了总纲五条，下有细目四十条，其中关于裁员者，为总纲第四条"定用人之格"中细目第一条，称言：

　　"现在宜多裁旧衙署，增设新政衙门。有军机处，何必有内阁，有大学堂，何必有国子监，皆重沓无谓。翰林院人员最众，所办事件与国计民生毫无关系，太常寺专司祀典，亦可并入礼部。或恐此项人员废弃可惜，则拔其才可用者，入新政衙门当

---

〔1〕 军机处《随手档》、《上谕档》，光绪二十四年七月初七日。然给总理衙门的交片谕旨更有奇特之处，除了以上谕旨外，还有一句："交总理各国事务衙门。本日军机大臣面奉谕旨……钦此。原折俟发下后，再行钞交。相应传知贵衙门钦遵可也。"其中"原折俟发下"，是指由慈禧太后发下。当日军机处给慈禧太后的奏片称："本日太仆寺少卿岑春煊奏敬陈管见折，奉交片谕旨……俟发下后，再行会同办理。谨将原折恭呈慈览。"又据《随手档》该折下有一行小字："随手递上，次日发下"。即慈禧太后次日将该折发下。议复前须先呈慈禧太后，又是极为罕见之事。这些奇特的做法，说明了岑春煊奏折内容关系重大。
〔2〕 军机处《随手档》、《上谕档》，光绪二十四年七月十三日、十四日。

594　从甲午到戊戌：康有为《我史》鉴注

差。"[1]

张元济提出的可裁衙门为四个：内阁、国子监、翰林院、太常寺，而无都察院。然七月十四日光绪帝已下令裁撤太常寺，实际可裁的衙门只是三个。[2]张元济条陈中最重要之点，为其总纲第一条，要求设立"议政局"，其性质与康有为的"制度局"相似：

> "设议政局以总变法之事。泰西各国行政与议政判为两事，意至良法至美也。中国则不然，以行政之人操议政之权，今日我议之，明日即我行之，岂不能预留地步以为自便之计。故政为彼之所惯行者必不废，废则无以抑新进之辈矣。政为彼之所未行者必不兴，兴则显形其前事之非矣……我皇上真欲变法，不先设一议政局，以握其纲领不可也。请言设局之事：一、此局宜仿懋勤殿、南书房之例，设内廷。一、以年富力强通达时务奋发有为者，充局员。统请特旨简派。一、局事至繁，约以二十人为额，如不足请旨添派。一、在局诸员，每日轮流以数人一班，随军机大臣之后，听候召见。一、请皇上于万几之暇，随时临幸局中，考核各员所办之事。一、遇有要事，谕知在局各员全数齐集，届日请皇上驾幸局中，听诸臣详细核议。一、臣工条陈时事，及各衙门请旨之件，概行交局核议，准驳各随所见，议上请旨施行。至士民条陈，以后必多，亦可先交该局阅看。一、凡今日所应改应增之事，责令各员先期拟定办法及详细章程，随时进呈御览，恭候钦定。一、现在已行

---

[1] 《戊戌变法档案史料》，第46—47页。又，《知新报》第23册（光绪二十三年六月初一日出版）刊出康有为学生孔昭焱《改官制莫先于翰林院论》，要求改科举而变通翰林院。称言："……新进士殿试，一依汉诏故事，专问当世之务，对策不拘格工，不论楷法，但取直言极谏，条陈恳切者，录其佳卷进御，掌院学士乃以诸进士引见，凡及格者，改为庶吉上，入馆肄业。教习大臣月试以先圣经术、本朝掌故、历代掌故、郡国利病、中外大势、富强之本，以小教习司任训课，充分校之职。比及三年期满，教习大臣疏请散馆，圣上临轩咨问，积三年之所习，每策一道，开敏峻上者授职……"（《知新报》影印本，第1册，第201—202页）即将翰林院改为研究习"新学"之场所。其方法将会导致翰林院完全改制。

[2] 造成这一差误的原因，似有两种可能：一是张元济未注意到七月十四日之谕旨，二是张元济早已先写完条陈，然总理衙门代奏的时间往后拖了。后一种可能性更大。

新政，如学堂、报馆、轮船、铁路、邮政、电报、矿务、工厂、银
行、商会，均不过大略章程，并未垂为国宪，故办法多不画一。宜
令在局各员，详考西国制度，参酌现在情形，拟具则例，呈请钦定
颁行。"〔1〕

张元济建议设立的"议政局"，权限极大，其中设于内廷、人员钦定、随
时召见等项与"制度局"相同，以至于被认为该条陈在起草中很可能有
康党的参与。黄彰健将之录入《康有为戊戌真奏议》、孔祥吉将之录
于《救亡图存的蓝图》。〔2〕

然而，需要注意的是，以上岑春煊、张元济的奏议皆上于七月，与
康有为设立制度局引起的流言，有时间上的差别。

康称军机处议复"上清帝第六书"时宁忤旨欲直驳，而王文韶提
议"不如略敷衍而行之"一事，我尚未读到直接的史料。军机处《随手
档》六月十一日有一条突兀的记载："递会议康有为条陈节略。（见面带
上，未发下）"该记载的字面意思是，军机大臣在见面时将议复康有为
"上清帝第六书"的"节略"先行送给光绪帝，光绪帝没有发下；而该记
载的背景及其内幕，我还不太清楚。张荫桓日记透露了更多的细节：

六月"十三日乙未，晴。军机处、总署会议康长素条陈变法，
屡奉谕旨严催。昨晡，仲山将稿交总办示余。余以造币交督办官银
行大臣盛宣怀照原拟章程办理一款，又总署曾派司员游历数语，签
商候酌。总办携至枢中，仲山不得见，只夔石出，语总办以此稿祗
复奏，并不分行，诸可无虑，但将督办改为督率。余令总办重商仲
山。顷康民来述仲山言，此稿已呈览两次，今日已改一'率'字巳
费许多话，不便再商云。果尔，则昨日不必将底稿送余也。余别无
成见，祗以造币之权不宜轻予，且盛宣怀督办官银行大臣并未明奉
谕旨，而此银行中外皆不见信，遽令造币，其币必不能流通，其遗
累恐甚于咸丰时之'五裕'。但为盛展拓而不为国家权衡，利害非余

〔1〕《戊戌变法档案史料》，第43—44页。
〔2〕《康有为戊戌真奏议》，第61—70页；《救亡图存的蓝图》，第306—315页。

596 从甲午到戊戌：康有为《我史》鉴注

所知也。康民为拟续假疏稿，属令明晚缮递。"[1]

作为总理衙门大臣的张荫桓，似在最后的时刻，即六月十二日，才看到议复的底稿。他提出了两条修改意见，其中一条虽稍修改，但未变其意，另一条未加改动。其中王文韶对总理衙门总办章京所言"此稿祇复奏，并不分行，诸可无虑"一语，道出了真意：军机处只不过是做做官样文章，并不准备"分行"（实行）。此语似可为康称王文韶"不如略敷衍而行之"一语的间接证据。而廖寿恒称"此稿已呈览两次"，"不便再商"，此中的"呈览"，很可能即为呈光绪帝御览，即军机处在议复康有为"上清帝第六书"时，与光绪帝交换过意见。

根据先前的安排，光绪帝六月十三日至十六日住颐和园。六月十五日，即光绪帝在园期间，军机处会同总理衙门上奏"遵旨会议康有为条陈具奏折"，对康有为《上清帝第六书》进行了迂回式的驳斥。康提出"大誓群臣"、"开制度局"、"设待诏所"三要旨，该折称：

"恭译本年四月二十三日谕旨：'国是不定，则号令不行……'是即下诏申警，宣布天下维新更始之意，应请随时饬谕中外大小臣工，力图振作，于泰西各国富强要策，实力讲求。此大誓群臣之变通办法也。

"皇上延见廷臣，于部院卿贰中，如有灼知其才识，深信其忠诚者，宜予随时召对，参酌大政，其翰林院、詹事府、都察院值日之日，应轮派讲、读、编、检八人，中、赞二人，科、道四人，随同到班，听候随时召见，考以政治，藉可觇其人之学识气度，以备任使。此制度局之变通办法也。

"我朝言路宏开，各部院司员条陈事件，准由各堂官代奏，士

---

[1]《张荫桓戊戌日记手稿》，第215—217页。标点稍有变动。仲山，廖寿恒；夔石，王文韶；康民，顾肇新，时任总理衙门帮总办章京。文中的"会议"非今日之会议，乃军机处、总理衙门联合议复之意。张荫桓所加"总署曾派司员游历数语"，后递折有此语；其称盛宣怀督办官银行造币事，原稿以此驳斥康有为十二局中"造币局"，张荫桓表示反对，未被采纳，后递折内有"曰造币，应归督率官银行大臣盛宣怀照原拟章程办理"。

民上书言事，准赴都察院呈递。迩言必察，询及刍荛，法至善也。应请饬令各衙门堂官，遇有属吏具疏呈请，应即随时代奏，毋得拘牵忌讳，稍有阻格。其言事见诸施行，确有实效者，请旨奖励，量才录用。此待诏所之变通办法也。"

据此议复，"大誓群臣"一条作罢；而"开制度局"、"设待诏所"两条，变通办理。当日由内阁明发谕旨一道：

"朝廷振兴庶务，不厌讲求，所赖大小臣工，各抒谠论，以备采择。著翰林院、詹事府、都察院各于值日之日，由该堂官轮派讲、读、编、检八员，中、赞二员，科、道四员，随同到班，听候召见，俾收敷奏以之益。其部院司员有条陈事件者，著由各堂官代奏。士民有上书言事者，著赴都察院呈递。毋得拘牵忌讳，稍有阻格，用副迩言必察之至意。"[1]

康要求建立的"制度局"，此时变成了由翰林院、詹事府、都察院派人预备召见的咨询服务。康要求建立的"待诏所"，变成了都察院、各衙署代奏条陈的旨命；而该旨命所开启的司员士民上书的巨大潮流，却又是军机处、总理衙门事先没有想到的。[2] (参见 24·49、24·58、24·59)

对于康有为提出的在京设"十二局"，军机处、总理衙门的议复奏折称：

"……曰学校、曰邮政、曰武备，叠经奉旨，饬令切实举办。曰法律，本年闰三月总理各国事务衙门议复伍廷芳奏教案叠起，应变通成法，请饬该出使大臣，博考各国律例及日本现在改订新例，酌

---

〔1〕 军机处《上谕档》，光绪二十四年六月十五日。根据这一谕旨，另有交片谕旨一道。"交内阁。军机大臣面奉谕旨：'著翰林院、詹事府、都察院各于值日之日，由该堂官轮派讲、读、编、检八员，中、赞二员，科、道四员，随同到班，听候召见。其是日未召见之员，著于下次值日再行到班。仍按照各衙门派定员数，呈递膳牌。'相应传知贵衙门，希即迅速转传各该衙门一体钦遵。"（军机处《上谕档》，光绪二十四年六月十五日）"讲、读、编、检"为翰林院侍讲、侍读、编修、检讨；"中、赞"为詹事府左右春坊中允、赞善；"科、道"为都察院六科给事中、十三道御史。
〔2〕 参见拙文：《戊戌变法期间司员士民上书研究》，《明清论丛》，第5辑。

拟条款，咨送该衙门会同刑部商办。曰税计，本年五月总理各国事务衙门议复伍廷芳奏请仿行印花税，又议复陈其璋奏请饬总税务司详察华人之在关办公者，派充副税务司。曰农商，二十一年十二月奉旨设立商务局，本年五月奉旨令刘坤一查各国农学章程颁行。曰造币，应归督率官银行大臣盛宣怀照原拟章程办理。曰游历，向来总理各国事务衙门及南北洋大臣均派学生出洋肄业，总理各国事务衙门亦曾考选各部司员出洋游历，本年四月奉旨，令宗人府保奏王公以下及闲散宗室出洋游历。以上各节，已经举办者也。曰铁路、曰矿务，为新政最要关键。现在各省办法未能画一，甚或牵涉洋商，动多窒碍。拟请在京专设一矿务铁路总局，局即附于总理衙门，仿同文馆之例，特派该衙门堂官二人总理其事。无论何省开矿筑路，俱归其统辖，以一事权。曰工务，前经户部议复给事中褚成博奏请将制造各局，招商承办，行令各省斟酌办理，迄今尚无成议。本年五月奉旨，士民制造新器新艺等，准给奖专利，应令地方官切实劝谕。此则应行推广者也。曰社会，现在学堂初设，风气未开，民间见闻固陋，势难骤起奋兴。将来各省学校如林，渐摩既熟，然后劝谕民人立会讲求，因势利导，自然事半功倍。此则应请缓办者也。此十二局者，亦并非向来所无，大抵分隶于各部及总理各国事务衙门，或散见于各项局所。果使各勤职业，办理自可裕如，正不必更立名目，转滋纷扰。至多设一局，即多一繁费，犹其小焉者也；宋创制置三司条例司，而天下骚然；明设二十四衙门，而大权旁落。其前鉴也。"

军机处、总理衙门的议复，改换了概念，将政府的管理机构变成了开办的事务，由此康有为的"十二局"，分别为四种情况：一、已经办理者，为学校局、邮政局、武备局；二、正在办理者，为法律局、税计局、农商局、造币局、游历局；三、应该办理者，为铁路局、矿务局、工务局；四、暂缓办理者，为社会局。当日由内阁明发谕旨：

"铁路矿务为时政最要关键，现在津榆、津卢铁路早已工竣，由山海关至大凌河一带，亦筹款接办。其粤汉、卢汉两路，均归总公司建造。是干路规模大段已具。矿务以开平、漠河两处办理最为得法，成效已著。现在一律推广。惟路矿事务繁重，诚恐各省办法未能划一，或致章程歧出，动多窒碍，亟应设一总汇之地，以一事权。著于京师专设矿务铁路总局，特派总理各国事务大臣王文韶、张荫桓专理其事，所有各省开矿筑路一切公司事宜，俱归统辖，以专责成。"

五月十四日，总理衙门第一次议复"上清帝第六书"时即有铁路、矿务之议（参见24·47），此时正式在总理衙门之下成立"铁路矿务总局"。这是康有为建策第六次被采用，只是采用的范围缩小而已。值得推广的"工务局"，并没有立即开办，而是将之及其相关的事务交予各省，当日由内阁明发谕旨：

"通商惠工务材训农，古之善政，方今力图富强，业经明谕各省，振兴农政，奖励工艺，并派大臣督办沿江等到处商务。惟中国地大物博，非开通风气，不足以尽地力而辟利源。图治之法，以农为体，以工商为用。现当整饬庶务之际。著各直省督抚认真劝导绅民，兼采中西各法，讲求利弊。有能创制新法者，必当立予优奖。该督抚等务当仰体朝廷开物成务之意，各就该管地方考察情形，所有颁行农学章程，及制造新器新艺，专利给奖，并设立商务局，先派员绅开办各节，皆当实力推广，俾有成效。此外迭经明降谕旨饬办事宜，变均悉心讲求，次第兴办。毋得徒托空言一奏塞责。并将各项如何办理情形随时具奏。"[1]

尽管上谕中内容甚多，但皆为重复先前的政令。其中提到的"设立商务局"一事，最初缘于王鹏运、荣惠之折，六月初七日，光绪帝根据康有为之建策，命上海、汉口设立商务局（参见21·1、24·39）；至七月初五日，根据康有为"请兴农殖民以富国本折"，清朝在京成立了"农工商总局"，命各省成立农工商分局。（参见24·50）此外，当日另有关于游

---

〔1〕 军机处《上谕档》，光绪二十四年六月十五日。

学事务的交片谕旨一道；[1]关于法律事务的电寄谕旨一道。[2]

对于康有为提出的地方政治体制改造，军机处、总理衙门的议复奏折称：

"藩、臬例得专折奏事，责重任繁。道府表率属吏，牧令职任亲民，不得谓尽属冗员，与民无关。若竟改官为差，安见官则必不得人，差则必得其人。其与以厘金一节，既令作抵经费，即不免任意开销……窒碍既多，更非政体，此则不便施行者也。惟是近年以来，吏治日敝，地方有司，专以承奉长官为事，而于闾阎疾苦，民生利弊，视同秦越，诚有如该主事所谓习气极坏者。应请明降谕旨，令各直省认真考察属员贤否，核实举劾。"

据此议复，地方政治体制均无需任何更改，只需注重吏治与监督。当日由内阁明发谕旨一道：

"朝廷于整饬吏治，不啻三令五申，乃各省大吏往往粉饰因循，于所属各员不肯认真考察，以致贤者无由各尽其长，不肖者得以自匿其短。甚至案关吏议，尚不免巧于开脱，误国病民，皆由于此。著各省督抚嗣后于属员中务当详加考核，贤能者即行胪陈政绩，保荐擢用，其旷废职事营私舞弊之员，随时分别奏参，立予黜革。经此次申论之后，各该督抚身膺重寄，尚其振刷精神，秉公举

[1] "交总理各国事务衙门。本日军机大臣面奉谕旨：'现在讲求新学，风气大开，惟百闻不如一见，自以派人出洋游学为要。全游学之国，西洋不如东洋，诚以路近费省、文字相近、易于通晓，且一切西书，均经日本择要翻译，刊有定本，何患不事半功倍。或由日本再赴西洋游学，以期考证精确，益臻美备。前经总理衙门奏称，拟妥定章程，将同文馆东文学生酌派数人，并咨南北洋、两广、两湖、闽浙各督抚，就现设学堂遴选学生，咨报总理衙门，陆续派往。著即拟定章程，妥速具奏；一面咨催各该省迅即选定学生，开具衔名，陆续咨送，并咨询各部院，如有讲求时务愿往游学人员，出具切实考语，一并咨送。均毋延缓。钦此。'相应传知贵衙门钦遵办理可也。"（军机处《上谕档》，光绪二十四年六月十五日）

[2] 军机处电寄伍廷芳旨："前经总理衙门议复伍廷芳奏请变通成法案内，饬令该大臣博考各国律例，及日本改定新例，酌拟条款，咨送总理衙门核办。现当整饬庶务之际，著伍廷芳迅即详慎酌拟，汇齐咨送，毋得延迟。"（军机处《电寄档》光绪二十四年六月分，207/3－50－3/1576）

劾，以期吏治日有起色，毋负谆谆告诫之至意。"[1]

这一道谕旨，后来也引出了各省大吏保荐其所属官员的诸多奏折。

军机处、总理衙门的议复奏折，共引出了四道明发谕旨、两道交片谕旨与一道电寄谕旨，共为七道谕旨。从规模来看，应该说是气势不小；从实际内容来看，除了设立铁路矿务总局外，其余多为空言。李鸿章称："近来诏书皆康党条陈，借以敷衍耳目，究之无一事能实做者。"[2]已用"敷衍"一词，并料定"无一事能实做"。康称"大官了事，所谓才者如此，虽'轻舟已过万重山'……"确实一语中的，兼具形象。[3]

康称"我所请开法律局，定为每部派司员改定律例"一事，对照军机处、总理衙门议复奏折，稍有不确。康又称"非采集万国宪法，与我本意大相反"一语，查"上清帝第六书"并无"万国宪法"之语，原呈称"考万国法律、公法，以为交涉平等之计，或酌一新律，施行于通商口岸，以入万国公法之会"。对照上下文，"万国法律"一语，指各国的法律中的民法、刑法与商法，"公法"当时则指国际法，与"万国宪法"即各国宪法的意思，相差甚远。

康称"农工商局则以屡奉谕旨饬办了之"，对照军机处、总理衙门议复奏折，在"工务局"一项上稍有不确。

康称"所请起民兵以练陆军，购铁舰以成海军，则以裁兵并饷等旨了之"，对照军机处、总理衙门议复奏折，并无"裁兵并饷等旨"之语。

---

[1] 军机处、总理衙门议复折见《戊戌变法档案史料》，第9—11页。四道明发上谕见军机处《上谕档》光绪二十四年六月十五日。

[2] "致李经方"，光绪二十四年六月二十九日，《李鸿章全集》安徽教育版，第36册，信函八，第188页。

[3] 《国闻报》六月十九日以"议复制度局"为题刊出消息："工部主事康长素主政所上制度局条陈十二款，前经总署议驳，而皇上交发军机王大臣与总署王大臣再行从详核议，曾志报端。兹悉军机、总署业已日前会议，以其中窒碍难行之处甚多，仍复议驳，已于本月望前其折奏复。而外间传闻于十五日上谕'著于京师专设铁路矿务总局，特派总理各国事务大臣二人专理其事，所有各省开矿筑路事宜，俱归统辖。'谓即康主政十二条款中之两条。或者军机、总署议复时将此可行之二条议准，请旨而皇上采取之，亦未可知也。"

（24·49）然七月令人人上书之事，群臣纷纷召见，乃至道府专折，州县递奏，及制度局、懋勤殿之事，皆出于此，然黜礼部六堂，以召荣禄之变，亦萌于此矣。时编书未毕，未能出京，及办报馆、译书事，拟先遣幼博出京。

> 据手稿本，本节仍为韩文举字体。"及制度局"前删一字，似为"以"字；"皆出于此"后删"矣"字；"然黜礼部六堂"之"然"字，由"而"字改，康有为字体；"以召荣禄之变"之"以"字为添加，康有为字体；"拟先遣幼博"之"拟"字为添加，康有为字体。

康有为此处所称"皆出于此"，意指军机处、总理衙门"遵旨会议康有为条陈具奏折"之后果，康称计有三项：一、"令人人上书"；二、"群臣纷纷召见"；三、"制度局、懋勤殿"。以下分项说明。

康称"令人人上书"一事，前节已叙，康有为"上清帝第六书"中"待诏所"一项，由军机处、总理衙门议复变通办理，引出六月十五日明发上谕："部院司员有条陈事件者，著由各堂官代奏。士民有上书言事者，著赴都察院呈递。"[1]（参见24·48）此虽是旧制度的重申，但此后发生的事件，使光绪帝连下谕旨。七月初五日，礼部主事王照上书为礼部堂官所阻。（参见24·58）光绪帝对此大怒，七月十六日下旨：

> "此后各衙门司员等条陈事件呈请堂官代递，即由各该堂官将原封呈进，毋庸拆看。"[2]

由于该谕旨只针对由京内各衙门代奏的所属司员，光绪帝于十七日又下旨：

> "嗣后都察院凡接有条陈事件，如系封口呈请代奏，即著将原封进呈，毋庸拆阅。其具呈到院者，即将原呈封进，不必另行抄录。均著随到随递，不准稽压。"[3]

由此，外省官员及士民可不受限制地要求都察院代奏上书。二十四日，

---

〔1〕 以下内容可参见拙文《戊戌变法期间司员士民上书研究》，《明清论丛》，第5辑，紫禁城出版社，2004年。
〔2〕 军机处《上谕档》，光绪二十四年七月十六日。
〔3〕 军机处《上谕档》，光绪二十四年七月十七日。

刑部候补笔帖式奎彰弹劾刑部堂官阻挠其上书。（参见24·55）光绪帝发下交片谕旨，由内阁转传各衙门：

> "近日各衙门呈递封奏有一日多至数十件者。嗣后凡有呈请代递之件，随到随即分日进呈，不必拘定值日之期。"[1]

二十七日，光绪帝又明发上谕两道：

> "前因振兴庶务，首在革除壅蔽，当经谕令各衙门代递事件，毋得拘牵忌讳。嗣因礼部阻格司员王照条陈，当将怀塔布等予以重惩。复先后谕令都察院暨各衙门随到随递，不必拘定值日之期，诚以百度维新，必须明目达聪，始克收敷奏以言之效，第恐大小臣工，狃于积习，不能实力奉行，用再明白宣谕，以后各衙门有条陈事件者，次日即当呈进，承办司员稍有抑格，该部院堂官立即严参惩办，不得略予优容。所有六月十五日、七月十六日谕旨、七月十九日朱谕、七月十七日暨二十四日交片谕旨，均令各衙门录写一通，同此件谕旨一并悬挂，俾其触目警心，不致复萌故态，以示朕力除壅蔽之至意。"

> "……著查照四月二十三日以后所有关乎新政之谕旨，各省督抚均迅速照录刊刻誊黄，切实开导。著各州县教官详切宣讲，务令家喻户晓。各省藩臬道府饬令上书言事，毋事隐默顾忌。其州县官应有督抚代递者，即由督抚将原封呈递，不得稍有阻格。总期民隐尽能上达，督抚无从营私作弊为要。此次谕旨并著悬挂各省督抚衙门大堂，俾众共观，庶无壅隔。"[2]

由此，民人、官员都可不受限制地要求代奏其上书。（参见24·55、24·58）然由于该明发上谕将通过驿递传到各省，所需时间从数天至四五十天不等。为了将该谕旨以最快速度传到各地，军机处次日给各省发出了经光绪帝"御笔遵缮"的电旨：

> "昨已明降谕旨，令各省藩臬道府均得上书言事，其州县条陈事件，应由该督抚将原书代递。即著各省督抚传知藩臬道府，凡有

---

〔1〕 军机处《上谕档》，光绪二十四年七月二十四日。
〔2〕 军机处《上谕档》，光绪二十四年七月二十七日。

条陈，均令其自行专折具奏，毋庸代递。其州县等官言事者，仍由督抚将原封呈递。至士民有上书言事者，即经由本省道府随时代奏。均不准稍有抑格。如敢抗违，或别经发觉，定将该省地方官严行惩处。仍将遵办情形迅速电奏。"[1]

由此，布政使、按察使、道员、知府获得直接上奏权，州、县官可经督抚等地方官代奏，而各地士民均可经省、道、府代奏其上书。以此而论，"七月令人人上书"、"乃至道府专折、州县递奏"，都是六月十五日谕旨的连带结果，也是"上清帝第六书"的间接结果，康称"出于此"，尚为属实。

康称"群臣纷纷召见"一事，前节已叙，康有为"上清帝第六书"中"制度局"一项，经军机处、总理衙门变通处理，引出六月十五日明发上谕"著翰林院、詹事府、都察院各于值日之日，由该堂官轮派讲、读、编、检八员，中、赞二员，科、道四员，随同到班，听候召见，俾收敷奏以言之益"。[2]（参见24·48）清朝每天都进行早朝，吏部、户部、礼部、兵部、刑部、工部、内务府、理藩院八个一品衙门，每日按次轮值，八日一轮回。翰林院早朝随吏部，詹事府早朝随户部，都察院早朝随刑部。据军机处《早事档》，自六月十八日轮到翰林院早朝至八月初六日发生政变，翰林院、詹事府、都察院三衙门轮值早朝时皆派出官员，等待光绪帝召见。又据军机处《早事》、《光绪二十四年京官召见单》，光绪帝有时也予以召见。具体的情况为：一、光绪二十四年六月十八日，翰林院随同吏部值日，上奏"遵派讲读人员听候召见事，单一件，奉旨知道了"。（当为八员）光绪帝当日召见翰林院侍读伊克坦。二、十九日，詹事府随同户部值日，上奏"遵派中赞二员听候召见事，单一件，奉旨'知道了'"。光绪帝召见中允黄思永。三、二十二日，都察院随同刑部值日，上奏"遵派科道四员听候召见事，单一件，奉旨'知道了'"。光

<hr>

[1] 军机处《电寄档》、《随手档》，光绪二十四年七月二十八日。

[2] 军机处《上谕档》，光绪二十四年六月十五日。同时还发下交片谕旨"著翰林院、詹事府、都察院各于每值日之日，由该堂官轮派讲、读、编、检八员，中、赞二员，科、道四员，随同到班，听候召见。其是日未经召见之员，著于下次值日再行到班。仍按照各衙门派定员数，呈递膳牌。"

绪帝召见御史丁之栻。四、二十九日轮翰林院值日，光绪帝未召见。五、七月初一日轮詹事府值日，光绪帝未召见。六、初四日轮都察院值日，光绪帝召见御史蒋式芬。七、初八日轮翰林院值日，光绪帝未召见。八、初九日轮詹事府值日，光绪帝未召见。九、十二日轮都察院值日，光绪帝未召见。十、十六日轮翰林院值日，光绪帝未召见。十一、二十日轮都察院值日，光绪帝未召见。十二、二十四日轮翰林院值日，光绪帝未召见。十三、二十八日轮都察院值日，光绪帝召见御史潘庆澜。十四、八月初二日轮翰林院值日，光绪帝未召见。十五、初六日轮都察院值日，光绪帝未召见。初十日，轮翰林院值日，此时政变已发生，慈禧太后与光绪帝召见了翰林院编修嵩恩、翁斌孙。[1]由此可知，从六月十五日下旨起到戊戌政变，翰、詹、都三个衙门共计十五次轮值，每次两至八人不等，光绪帝只召见了伊克坦、黄思永、丁之栻、蒋式芬、潘庆澜5人。

还须说明的是，由于当时各官员的保举，光绪帝下令召见康有为等53人，至戊戌政变时，实际召见24人。（参见24·60）此外还有特别召见6人，即七月初八日，刑部郎中俞炳辉，御史宋伯鲁"俸满截取"，光绪帝召见。七月二十六日，给事中冯金鉴、御史刘孝谦、兵部郎中刘尚伦、刑部郎中郭之全"俸满截取"，光绪帝召见。

以此而论，"群臣纷纷召见"中只有伊克坦等5人，是六月十五日谕旨的连带结果，其余30人非属此因，康称"出于此"，只是部分属实。

康称"懋勤殿"一事，始见于文悌三月初一日"敬陈管见折"（参见24·7），李端棻六月初六日"敬陈管见折"再提出（参见24·46），张元济七月二十一日条陈"变法图强统筹全局折"中提议的"议政局"，与之

---

[1] 军机处《早事档》光绪二十四年六至八月，208/3－51/2170；军机处《早事》光绪二十四年六月至八月，208/3－51/2169（4）；《光绪二十四年京官召见单》，《宫中杂件》（旧整），第915包。按例，各衙门是八日一轮值。由于六月二十六日是光绪帝生日，六月二十五日、二十六日、二十八日为"推班"，各衙门按例不值。詹事府于七月十四日撤销，故此后詹事府不值。又，戊戌政变后，詹事府恢复；而慈禧太后与光绪帝经常召见轮值的翰、詹、都衙门的官员。再又，黄思永于六月十九日召见，光绪帝命其"举人才陈时务"，黄思永由此上折请设立"集贤院"。（《戊戌变法档案史料》，第177—178页）

相似（参见24·48）。此后，七月二十八日御史宋伯鲁上奏"选通才以备顾问折"，再请开懋勤殿，二十九日侍讲学士徐致靖上奏"遵保康有为等折"、四品京堂王照上奏"遵保康广仁等折"，也与懋勤殿相关。（参见24·69）但这些都不是六月十五日议复康有为"上清帝第六书"谕旨的逻辑结果；只能说六月十五日军机处、总理衙门驳回"制度局"之议，促发了康有为及其党人发动"懋勤殿"的攻势。

康称"黜礼部六堂"，指七月十九日光绪帝因礼部阻挠王照上书一事，罢免尚书怀塔布、许应骙，左侍郎堃岫，署左侍郎徐会沣，右侍郎溥颋，署右侍郎曾广汉（参见24·58），从六月十五日上谕允许司员士民上书而论，可以称是一种间接结果，康称"亦萌于此"，似尚勉强。康又称"以召荣禄之变"，指天津废立之事，因当时慈禧太后并无此计划，"亦萌于此"一语只是康的自我想像。

康称"编书未毕，未能出京"，即属实情，又似其不愿离京的托词。[1]四月二十八日召见时，光绪帝命康有为将所编书籍进呈，但从现有材料来看，光绪帝没有规定其编多少种书，也没有旨准其相应的计划。六月初八日，孙家鼐议复宋伯鲁"请将《时务报》改为官报折"，顺势将康有为挤出京师。六月十三日，康有为上呈"恭谢天恩条陈办报事宜折"，其中提到"惟既为官报，似应分设京师"，也为孙家鼐所拒。（参见24·43、24·44）至此，编书成了其留在北京的主要理由。六月二十七日，康以徐致靖的名义上奏"请开编书局折"，要求在京设立编书局，又被孙家鼐所拒。（参见24·56）从目前可见资料来看，康有为进呈的最后一本书为《波兰分灭记》，时在六月二十六日至七月初三日之间。（参见24·57）

康称"办报馆、译书事"，指六月初八日奉旨康有为督办上海《时务官报》，五月初十日奉旨梁启超办理上海译书官局。（参见24·43、24·19）康后来又以汪康年改《时务报》为《昌言报》为由，称"以报事待

---

[1] 六月二十日康有为致其女康同薇信中称："吾平安，因进呈书未毕，是月尚未出京，七月上旬必出矣。"（《万木草堂遗稿外编》，下册，第777页）然于三天之后，康的态度有变化。（参见24·56）

查办"继续留京。(参见 24·51)

康称"拟先遣幼博出京",康有为确实曾有这一想法,但未实行。[1]
康广仁后来一直未出京。

（24·50）先是上折请开农工局，并进呈农学图，奉旨派端方、吴
懋鼎、徐建寅办理。端方者，刚毅之私人，但为骨董之学者也。徐
建寅者，裕禄之人也。吴懋鼎者，王文韶之私人也。惟徐建寅颇游
外国，余皆非能办事者。

康称"上折请开农工局"一事，查军机《随手档》七月初五日记：
"朱批总理各国事务衙门折：一、代奏主事康有为条陈折，'另有旨'；
一、原折……"[2] 又查《杰士上书汇录》卷三录有康有为"请开农学堂
地质局以兴农殖民折"，署日期为七月初二日。由此可知七月初二日康有
为将该折递到总理衙门，初五日由总理衙门代奏。这也是五月初四日之
后，惟一由总理衙门代奏的康有为条陈。

康有为"请开农学堂地质局以兴农殖民折"称赞了西方的农业成
就，介绍了日本的农商部、劝农局、农会等做法，并称"臣购得《日本
地产一览图》，恭呈御览"，可知其进呈的《农学图》即《日本地产一览
图》。该折最后提议：

"伏乞皇上饬下各省府州县，皆立农学堂，酌拨官地公费，令

---

〔1〕 康有为于六月二十三日致其女康同薇的信中称："三叔宜令早出上海。"（《万木草堂
遗稿外编》，下册，第 777 页）

〔2〕 军机处《随手档》，光绪二十四年七月初五日。该条下另有小字："初七日发下。另
抄归籖。原折片两件，交总署领去。"该日总理衙门除代奏康有为奏折外，另有两
折两片。七月初五日《谕折汇存》录有总理衙门代奏原折："臣奕劻等跪奏为恭折代
奏仰祈圣鉴事。窃臣衙门据工部主事康有为具折一件，恳请代奏。臣公同阅看，折
内所陈尚无违碍字名，不敢壅于上闻。谨将原折一件进呈御览。伏乞皇上圣鉴。谨
奏。"值得注意的是，总理衙门没有称康有为为"总理衙门章京"一职。

绅民讲求，令开农报，以广见闻，令开农会，以事比较。每省开一地质局，译农学之书，给（绘）农学之图，延化学师考求各地土宜，以劝植土地所宜草木。将全地绘图贴说，进呈御览……

"查古者有大农官，唐、宋有劝农使，外国皆有农商部，可否立农商局于京师，而立分局于各省，以统率之。出自圣裁。"[1]

---

[1] 《杰士上书汇录》卷三，见《康有为早期遗稿述评》，第314—315页；《救亡图存的蓝图》，第210—212页；《康有为全集》，第4集，第383—384页。《谕折汇存》光绪二十四年七月初五日刊出删节本，并参见《康有为戊戌真奏议》，第59—60页。然康有为的这一思想，可追溯至光绪二十一年的"联省公车上书"（"上清帝第二书"）与"为安危大计请及时变法呈"（"上清帝第三书"）中"养民之法"之第一项"务农"。（参见21·5、21·10）而"请开农学堂地质局以兴农殖民折"中，对于西方农学有一些不切实际的言辞："……田样各等，机器车各式，农夫人人可以讲求。鸟粪可以培肥，电气可以速成，沸汤可以暖地脉，玻罩可以御寒气，播种一日可及数百亩，刈禾则一人可兼数百工。择种一粒，可收一万八千粒，千粒可食人一岁，二亩可食人一家。泰西培壅，近用灰石磷酸骨粉，故能以瘠壤为腴壤，化小种为大种，化淡质为浓质，易少熟以多熟……"其中"鸟粪可以肥培壅，电气可以速成，沸汤可以暖地脉，玻罩可以御寒气。刈禾则一人可兼数百工，播种则一日可及数百亩。择种一粒，可收一万八千粒，千粒可食人一岁，二亩可养人一家"一段，又见于"上清帝第二书"、"上清帝第三书"和《日本书目志·农工商总序》（《康有为全集》，第3集，第359页）。康所称鸟粪，似为太平洋诸岛上的鸟粪开发，所称沸汤可能是指温泉，所称玻罩可能是当时欧洲的玻璃花房，但他没有见过。他宣称的农业技术并非已有其知识，而仅是听闻，且多有夸大。康的这一说法也引起了反弹。胡寿颐在光绪二十四年七月二十五日日记中称："夫大机器甚大，非田亩广大不可使，一二亩地用机器，势必不能也；沃田之水，必使沸汤，焉有若许沸水为灌田之用乎？玻璃罩之说，尤甚荒谬，焉有数广若许大玻璃，焉有若许银钱？如有也，乃将收之何地耶？自古以来未有如此荒谬者，既号称圣人，而所言如此，不亦大可笑哉？"（《春明日居纪略》，《丛刊·戊戌变法》，第1册，第558页）《光绪朝朱批奏折》第32辑"戊戌变法"录有一片："今朝廷讲求西学，原望实力整顿，富国富民，而现之讲求时务者，类多借西学为名，粉饰铺张，妄希迎合圣意。是上以实求，下以虚名应，何益之有？即如康有为所上农学一折，本为富强之本。以肥田而论，人粪为上，猪牛粪次之，马粪为下。以御寒而论，可用石灰灌之。此中讲求甚多。乃不于此考察，而谓鸟粪可以培肥，玻罩可以御寒。试问中国地大田多，安得若干鸟粪、若干玻罩？以此种种难行，反开浮议之风，深恐人心诧异。现在各省均设农工商局，若不实力讲求，恐逾百年无效。恳请谕旨各省督抚，凡讲求时务，仿行西法，必须期其能行见诸实事，方不负我皇上变法初心，求治苦意。是否有当，合当附陈，伏祈圣鉴。谨呈。"（见该书，第564页）由于片折分离，不知上奏者为谁。然其最后称"谨呈"，当属无上奏权的司员士民，又其行文条理非常符合当时的官文书习惯，似为时常接触奏折文书的官员。

当日光绪帝由内阁明发谕旨：

> "总理各国事务衙门代递工部主事康有为条陈请兴农殖民以富
> 国本一折。训农通商为立国大端。前经叠谕各省整顿农务、工务、
> 商务，以冀开辟利源。各处办理如何，现尚未据奏报。万宝之源皆
> 出于地，地利日辟则物产日阜，即商务亦可日渐扩充。是训农又为
> 通商惠工之本。中国向本重农，惟尚无专董其事者以为倡导，不足
> 于鼓舞振兴。著即于京师设立农工商总局，派直隶霸昌道端方，直
> 隶候补道徐建寅、吴懋鼎为督理。端方著开去霸昌道缺，同徐建
> 寅、吴懋鼎均赏给三品卿衔，一切事件准其随时具奏。其各省府州
> 县皆立农务学堂，广开农会，刊农报，购农器，由绅富之有田业者
> 试办，以为之率。其工学、商学各事，宜亦著一体认真举办，统归
> 督办农工商总局大臣随时考察。各直省即由该督抚设立分局，遴派
> 通达时务公正廉明之绅士二三员，总司其事。所有各局开办日期及
> 派出办理之员，并著先行电奏。此事创办之始，必须官民一气，实
> 力实心，方可渐收成效。端方等及各该督抚等，务当仰体朝廷率作
> 兴事之至意，考求新法，精益求精，庶几农业兴而生殖日蕃，商业
> 盛而流通益广，于以植富强之基。朕有厚望焉。"[1]

康有为"上清帝第六书"提出设立"十二局"，其中有"农商局"、"工务
局"（参见24·2）；六月初五日"请立商政以开利源而杜漏卮折"提议各
省设立"商务局"，并由总理衙门领之（参见24·39）；此次要求在京设
立以农为主的农商局，在各省设分局，并设地质局；光绪帝却下令建立
兼理农、工、商三务的总局。康的多次主张，由此曲折设立。[2]这是康
有为建策第七次被直接采用。值得注意的是：一、兵部左侍郎荣惠曾上

---

〔1〕 军机处《上谕档》，光绪二十四年七月初五日。康有为原折与谕旨当日呈送慈禧
     太后。

〔2〕 梁鼎芬《康有为事实》称："康有为平日讲论西学，多袭报馆余沫，窃其肤词，不能
     得其实用。如农工商三者，国之大政也，一事一局，名目条理尚恐不能详密，乃合
     三事为一局，外国有此法乎？"（《日本外交文书》，第31卷，第1册，第732页）梁
     称康之西学功力不足，属实，然言农工商总局一事，显然不知底理。

奏请设商务大臣，奉旨交总理衙门议，总理衙门议复时托词推诿[1]；此次光绪帝未经交议而据康条陈直接决策，属格外关注。二、按照光绪帝的日程，七月初一日由宫中去颐和园，初三日从颐和园回到宫中，初七日再赴颐和园，初八日返回宫中；七月初五日设立农工商总局一事，是光绪帝未经慈禧太后而独立决定的。

康有为该折刊于七月初五日《谕折汇存》，也是其奏议中惟一刊于官方刊物者[2]，并以"康工部奏请开农学堂地质局折"为题刊于《知新报》第76册（光绪二十四年十一月二十一日出版）。[3]两刊本均有删节。

端方（1861—1911），托忒克氏，字午桥，号匋斋，满洲正白旗人。咸丰八年举人，捐员外郎，光绪二十四年三月以工部郎中出为直隶霸昌道。他是有名的金石学家，颇有收藏。端方确由刚毅所保。[4]六月十四日，军机大臣面奉谕旨："直隶霸昌道端方，著孙家鼐、胡燏棻即饬该员来京，预备召见。"[5]六月二十日，光绪帝召见端方。[6]

---

〔1〕 光绪二十四年四月初四日，兵部左侍郎荣惠上"敬陈管见折"，请特设督办商务大臣，当日交总理衙门议复。二十四日总理衙门议复，称："至商务专派大臣一节，查臣衙门于光绪二十一年十二月二十四日议复御史王鹏运奏请讲求商务一折，业请于各省会设立商务局，由各商公举殷实商稳练、素有声望之绅商，派充局董，驻局办事……似毋庸另设大员督办，徒拥虚名，仍无实际。"（《军机处录副·补遗·戊戌变法项》，3/168/9446/12）总理衙门托词将此推诿过去。（参见24·39、24·48）

〔2〕 胡思敬在《戊戌履霜录》中称："有为与上密陈天下大计，章奏亡累数十数，惟此疏见诸邸报，都人颇疑怪之，鲜有窥其奸谋者。"（《丛刊·戊戌变法》，第1册，第367页）然《谕折汇存》所刊康有为的该折乃一删节本。

〔3〕《知新报》影印本，第2、1061页。

〔4〕 军机处簿册中有一保册中记："协办大学士、兵部尚书刚毅保，直隶霸昌道端方，学优才广，力果心精，明干有力，通变适用，实有理繁治剧之才。"由于该项上未注日期，从前后所记的时间为六月初二日至七月初五日之间。该保册封面已损，按照当时军机章京的拟名，当为《各项保举文职人员档》（以下称此名），见《保举各项底簿档等》，《军机处簿册》第58号第1盒。查六月初二日至十四日之间的军机处《早事档》、《随手档》皆无刚毅上折的记录，刚毅保端方，很可能是军机面见时刚毅面保或当面递折。

〔5〕 军机处《上谕档》，光绪二十四年六月十四日。又，六月初八日至初九日，慈禧太后由颐和园来西苑，光绪帝移住西苑瀛台；六月十三日至十六日，光绪帝赴颐和园。光绪帝调端方来京，很可能经过慈禧太后。

〔6〕 军机处《早事档》、《早事》，光绪二十四年六月二十日；《光绪二十四年外官召见单》。

吴懋鼎（1850—1928），字调卿，安徽婺源人。天津四大买办之一。他幼年随父经商到苏州，同治三年（1864）进入上海汇丰银行，十年升为副买办，光绪六年（1880）被派往天津筹设汇丰天津支行，次年银行开业任买办。其后，又任英商仁记洋行买办。他也是天津的实业家，开办天津自来水公司等企业。他还是李鸿章幕僚。由监生报捐通判，创办电报线等事业。光绪二十年以候补道员由李鸿章委派北洋铁轨官路总局差使。二十四年四月十八日，由督办关内外铁路大臣、顺天府尹胡燏棻奏调，接办铁路工程差使，奉旨允准。吴懋鼎本是李鸿章的班底，此时似由新任军机大臣王文韶推荐。五月十三日，光绪帝召见吴懋鼎。[1] 此后，吴懋鼎亦上有条陈，并获旨施行。[2]

徐建寅（1845—1901），字仲虎，江苏无锡人。其父徐寿为中国近代著名科学家，曾在安庆内军械所、江南制造局制造轮船。徐建寅早年随父，在江南制造局参与译书。同治十三年起由李鸿章、丁宝桢先后奏调

---

〔1〕《光绪二十四年外官召见单》，军机处《早事档》、《早事》，光绪二十四年五月十三日。这是很奇特的行动，因为在此前后并无相关谕旨下达。很可能是王文韶向光绪帝当面推荐，并奉面谕令吴来京。

〔2〕军机处《随手档》五月二十六日记："发下吴懋鼎条陈并酌拟办法二件。（随事递上。奏片当日发下）"由光绪帝"发下"，说明吴懋鼎的条陈及酌拟办法，非由正常渠道递上，可能是王文韶在军机大臣见面时面递的。当日发下两道谕旨。其一是明发："近来各省商务未见畅兴，皆由官、商不能联络，遇有铺商倒闭，追比涉讼，胥吏需索，以致商贾观望，难期起色。当此整顿商务之际，此种情弊亟应宜认真厘剔。著各直省将军督抚，严饬各该地方官，务须体察商情，尽心保护。凡有倒闭亏空之案，应即讯明查追断还，并严饬胥吏勒索等弊，以儆奸蠹而安善良。"其二是寄信，军机大臣字寄直隶总督荣禄，奉上谕："振兴商务为富强至计，必须讲求工艺。设厂制造，始足以保我利权。据王文韶面奏，粤东商人张振勋在烟台创兴酿酒公司，采购洋种葡萄栽植颇广，数年之后，当可坐收其利。又北洋出口之货，以驼绒羊毛为大宗，就地购机，仿造呢绒羽毯等物，亦可渐开利源。前经批准道员吴懋鼎在天津筹款兴办等语。著荣禄饬令该员吴懋鼎、张振勋等即行照案举办。但使制造日精，销路畅旺，自可以暗塞漏卮。务令该员等各照认办事宜，切实筹办，以收成效。仍将如何办理情形，由荣禄随时奏报。"后一道字寄中"据王文韶面奏"一语，似可说明其中的原委。当日军机处给慈禧太后的奏片称："本月二十四日道员吴懋鼎条陈，当交军机大臣酌拟办法。内各省应设商务局一条，奉明发谕旨一道；内工艺分别举办一条，奉寄信谕旨一道。谨将原折并所拟办法缮单一并恭呈慈览。"由此可见，吴懋鼎条陈二十四日已送达光绪帝。（军机处《随手档》、《上谕档》、《洋务档》，光绪二十四年五月二十六日）

天津机器局、山东机器局，主其事。光绪五年以参赞派往德国等国，监督军舰建造，并编译《德国议院章程》。光绪十年回国，先后在金陵机器局、湖北铁路局任职。甲午战争时由薛福成奏保，光绪帝召见，派其检查北洋各军舰，后任督办军务处章京。甲午战后任福建船政局提调。[1]徐建寅是当时中国最了解西方政治制度的官员之一。徐建寅本属淮系，此时也有可能是由新任军机大臣裕禄推荐的。[2]

设立农工商总局的旨命下达后，端方于七月初七日觐见，吴懋鼎于初九日觐见，两人先租借民房，于十六日开局，筹备局务。[3]由此至戊戌政变，在有限的时间里，该局还是做了一些工作。[4]康称"非能办事者"，非为确语。徐建寅于七月二十一日由福州起程，戊戌政变后才赶到

---

〔1〕 参见宋秀元：《徐建寅生平简介》，《明清档案与历史研究论文选》，新华出版社，2005年，下册，第915—918页。

〔2〕 查军机处《上谕档》六月初十日有一奏片："谨查现拟先立海军一支，须大小船三十四号。除现有穿甲快船等十三只外，尚应添造马力八千二百匹之一等守口甲船一只，马力四千二百匹之二等守口甲船二只，二等鱼雷艇十八只，共需银六百七十万两上下。臣等谨拟裁沿海一带绿营师船，酌拨南北洋机器局经费，裁并各省冗局，各省厘金剔除中饱，统共每年约可提拨一百八十余万两。臣等谨就各省酌定数目缮单呈览，伏候命下，再拟寄信谕旨，饬下各省钦遵。如所指前款不敷提拨，拟令各省查照除应需各项正款外，各就本省再提余款，如数拨足，以备造船之用，限四年告成。"这一奏片当由裕禄所拟。当日发下谕旨寄各直省将军督抚："……兹经召见裕禄，询以福州船厂情形。据奏，工匠机器一切均足以资兴造，惟所需款项较钜，必须于原拨常年经费外，另筹的款，按年拨解，庶足备制造船炮之用。著各该将军督抚遵照单开指拨数目妥筹办理……"（军机处《上谕档》，光绪二十四年六月初十日）其上谕中明确说明"召见裕禄"。然关于海军建设、造船技术等知识，裕禄得自于徐建寅，很可能裕禄向光绪帝介绍情况时，也推荐了徐建寅。

〔3〕 据军机处《随手档》，三品卿衔督理农工商总局大臣端方、吴懋鼎于光绪二十四年七月十五日、十九日两次上奏，共计三折三片，《戊戌变法档案史料》，收入其中三折，见第390—393页。《国闻报》于七月二十一日以"京师农工商总局开局"刊出消息："北京友人来书云：农工商总局设在城内椿树胡同，已于月之十二日开局。督理端仲圻、徐仲虎、吴调卿二观察每日到局，议办各事倍极勤慎。近闻政府诸公以三观察汇办局务，不免有意见不同之处，特派端观察办理农务，徐观察办理工务，吴观察办理商务，盖以各专责成，而收效较捷也。"这一条消息明显有误，徐建寅此时尚未到达北京，仅可备一说。

〔4〕 据军机处《随手档》，三品卿衔督理农工商总局大臣端方、吴懋鼎于光绪二十四年七月二十四日、二十八日共上有九折，其中代奏三折，《戊戌变法档案史料》收入其中四折，见第396—397、402—406页。

京师。〔1〕八月十二日递履历单请觐见，未召见。十三日，慈禧太后与光绪帝共同召见徐建寅。〔2〕戊戌政变后，农工商总局于八月二十四日被撤销。〔3〕端方改任陕西按察使，徐建寅由张之洞奏调湖北，兴建企业，吴懋鼎仍回北洋。

根据这一道谕旨，各省的农工商分局也在设立中。〔4〕

（24·51）是以各督抚皆藐上无权，抗不遵办，于是心力稍倦，吾亦决意出京矣。时奏派狄平接办报事，而汪康年私改为《昌言报》，据而不交，乃与孙家鼐面商，请在京师开局。孙承枢垣意，欲挤

---

〔1〕 七月初七日，军机处电增祺旨："徐建寅现已赏三品卿衔，督理农工商总局，著增祺迅即遴员接办船政提调，传知该员赶紧交卸，启程来京，勿稍迟延。"（军机处《电寄档》，光绪二十四年七月）十六日增祺电告："船政提调派道员沈翊请（靖）暂行接办，徐建寅二十一日起程赴京。"（《总理衙门清档·收发电》，01－38/17－2）徐建寅上奏"由福州马尾工次起程折"。（《军机处录副·光绪朝·工业类·造船项》，3/144/7122/101）徐赴任速度，在当时还算是快的。

〔2〕 军机处《早事档》、《早事》，光绪二十四年八月十二日、十三日；《光绪二十四年外官召见单》。

〔3〕 军机处《上谕档》，光绪二十四年八月二十四日。又，在此前一日，八月二十三日，端方上奏"奉旨条举农工商总局利弊折"："本月二十日军机大臣口传，面奉谕旨：'农工商事宜何者有利，何者有弊，办理有无把握？著端方闻风以闻。'……惟事须责之地方，政宜授之督抚，京师之局仅能考察，不能承办，居中遥制，未必有补事机。"（《军机处录副·补遗·戊戌变法项》，3/169/9457/76）即主张撤销该总局。

〔4〕 七月十四日，总理衙门收到荣禄的电报，称其在天津设立农工商分局，"派署长芦运司方恭钊、津海关道李岷深、署天津道任之骅，并添派讲求时务之员前山西河东道奭良，候选道王修植、谭启瑞、杨文鼎、聂时宪等总司其事，妥议章程，定于七月十六日设局开办。"二十三日，总理衙门收吉林将军延茂电："现拟在吉林省设立农工商务吉局，于该省之局（商）民绅士中遴选得头品顶戴记名简放副都统果权、副都统衔协领昕海、前国史誉录兴人柏文珊、即选教谕前景州训导赵蕴辉为该局总办，专司务农督工招商等事，刻木质关防一颗，文曰：奏派总办吉林农工商局事务开（关）防，择于八月十六日开局理事……"二十八日，收陕西巡抚魏光焘电："现在遵旨设立农工商分局，业于七月二十一日特委署凤邠盐法道刘纶襄总办"，另以候补知府刘本植为农务提调、候补知府魏摺儒为工务提调、试用知府周铭旗为商务提调。（《总理衙门清档·收发电》，01－38/17－1、2）又，《国闻报》七月十八日以"直隶农工商总局开局"为题报告消息，称"由司道各位邀请本地绅士三四人会同办理，已于十六日开局……"荣禄于七月二十一日奏报农工商分局之奏折，见《戊戌变法档案史料》，第394—396页。

我，不愿其留京师也，仍属往上海。乃电江西布政使翁曾桂、两江总督刘坤一、两湖总督张之洞、湖南巡抚陈宝箴、浙江巡抚廖寿丰，并令刘坤一勒令汪康年交出，无得抗旨；刘坤一立即电奏。奉旨：令出使日本大臣黄遵宪过沪查办。刘坤一得旨，即电上海道蔡钧封禁《昌言报》。江西亦饬禁。以报事待查办，复留京。

据手稿本，此节为韩文举字体。"决意出京矣"后删"而汪康年据报不交，于"九字；"狄平"前删"门人"二字；"与孙家鼐面商"之"面"字为添加，补在行间，"商"字后删一"而"字；"不愿其留京师也"前删"而"字，"其"字为添加，康有为字体，补在行间；"江西布政使"之"布政使"由"藩司"改，康有为字体；"两江总督"之"总督"二字为添加，补在行间，康有为字体；"湖南巡抚"之"巡"字由"抚"字改；"上海道蔡钧"由"蔡道和甫"改，康有为字体；"江西亦饬禁"为添加，康有为字体，补在页边。"以报事待查办"之"待"字，各抄本皆漏。

康称"各督抚皆貌上无权，抗不遵办"一语，档案中有诸多材料可佐证之。七月初三日，光绪帝发电旨于各省："前于五月廿二日降旨，谕令各省开办学堂，限两个月复奏。现期限将届，各省筹办情形若何，著各督抚迅即电奏。"[1]初六日，光绪帝又单独发电荣禄："直隶为畿辅重地，亟应赶紧筹办，以为倡导。著荣禄迅饬各属，将中学堂、小学堂一律开办，毋稍延缓，并将筹办情形即行电奏。"[2]初八日，光绪帝通过内阁明发上谕："前经谕令，各衙门删订则例，并令各堂官督饬司员限期速办。现已将匝月，著各衙门将办理情形先行具奏。"[3]初十日，光绪帝更是下了一道朱笔亲改的严旨：

"近来朝廷整顿庶务，如学堂、商务、铁路、矿务一切新政，叠经谕令各将军督抚切实筹办，并令将办理情形先行具奏。该将军督抚等自应仰体朝廷孜孜求治之意，内外一心，迅速办理，方为不负委任。乃各省积习相沿，因循玩愒，虽经严旨敦迫，犹复意存观望。即如刘坤一、谭钟麟总督两江两广地方，于本年五六月间谕令

〔1〕《清代军机处电报档汇编》，第2册，第85页。
〔2〕《清代军机处电报档汇编》，第2册，第86页。
〔3〕军机处《上谕档》，光绪二十四年七月初八日。

筹办之事，并无一字复奏，辄藉口部文未到任意稽延。（以上十一字朱笔改为：'迨经电旨催问，刘坤一则藉口部文未到，一电塞责；谭钟麟且并电旨未复，置若罔闻'）该督等皆受恩深重久膺疆寄之人，泄沓如此，朕复何望？倘再藉词宕延，定当（朱笔改'当'为'必'字）予以惩处。（朱笔改'惩处'为'严惩'）直隶距京咫尺，荣禄于奉旨交办各件尤当上紧赶办，陆续奏陈。其余各省督抚，亦当振刷精神，一体从速筹办，毋得迟玩，致干咎戾。"[1]

这一段谕旨点了刘坤一、谭钟麟的名，对荣禄也予以侧面敲击。（参见24·42）对照以往谕旨，可见光绪帝已是十分光火。十一日，军机处根据光绪帝的旨令，在军机大臣见面时递上《五月、六月交各省议复事件单》：

"五月初一日，寄各直省，练兵节饷，限六个月具奏。

初三日，寄廖寿丰，查道员李宝章等参款。

十五日，寄良弼，交审案内牵涉依克唐阿之任著查奏。

二十二日，电寄各直省，查书院数目。

二十二日，明发各省书院坐落、经费，限两个月复奏。

二十五日，明发经济特科，限三个月保送。

二十七日，寄黄槐森，查蔡希邠参款。

六月初五日，电寄各省变通武场议复，已复各省列于下：荆州将军、奉天府尹、陕甘、湖广、陕西、江苏学政、山东、山西、河南、云贵。

初八日，明发各省筹办仓谷。

初十日，寄各省添设海军军费，著先行电奏。

十一日，明发各省一律设立学堂。

十一日，电寄谭钟麟令生员区金铎迅速来京。

十二日，明发各省举行保甲。

---

〔1〕 军机处《上谕档》，光绪二十四年七月初十。又，该日军机处《随手档》在该条上谕下用小字注记："递上，朱改后发下。照缮，再递上，发下。朱改随事缴进。"

十五日，明发各省农政、工艺并设商务局，随时具奏。

十七日，寄刘坤一、张之洞，拟定商务办法迅速奏闻。

十七日，寄寿阴，查蒙古土默特旗参案。

十八日，寄刘坤一、陈宝箴，浙〔湘〕省建枪弹厂斟酌筹办。

二十三日，寄沿江沿海沿边各省推广口岸。

二十三日，明发南、北洋及沿江沿海各省增设水师学堂，又，铁路矿务学堂著王文韶、张荫桓议奏。"〔1〕

从这一张清单来看，关于新政的谕令并不太多，且也不很具体。各地办理情况也多未违限。但光绪帝对此很不满意，再次下达了朱笔亲改的明发上谕：

"朝廷振兴庶务，凡交议交查各件皆系当务之急。各督抚等自当仰体朕怀，各就地方情形认真妥办，随时具奏。乃本年六月以前，所有明降谕旨及寄谕并电旨饬办各件未经复奏之处尚多，总由疲玩因循，不知振作。著各该将军督抚即将以前饬令议奏事件迅速具奏，以后奉谕交办之事尤当依限赶办，克日奏闻，毋得任意延缓，致烦降旨严催。嗣后明降谕旨，均著由电报局电知各省，该督抚即便（朱笔改为'行'）遵照办理，毋庸专候部文，以致（朱笔将'致'改为'杜其藉口'）延误。"〔2〕

也就在这一天，御史王培佑上"变法自强当除蒙蔽痼疾折"。〔3〕光绪帝读之颇受感动，再次发下朱笔亲改的明发上谕：

"御史王培佑奏变法自强当除蒙蔽痼习一折。现因时事艰难，朝廷振兴庶务，力图自强，尤赖在廷臣工（以上四字朱改为'枢廷及各部院大臣'）共笃棐忱，竭力匡赞（此处朱笔加：'以期挽救颓

---

〔1〕 军机处《上谕档》，光绪二十四年七月十一日。又，该日军机处《随手档》在该条下用小字注记："随事递上。"

〔2〕 军机处《上谕档》，光绪二十四年七月十一日。又，该日军机处《随手档》在该条下用小字注记："递上，朱改后发下。另缮，再递，发下。朱改随事缴进。"

〔3〕 王培佑奏折见该日《谕折汇存》，又见《丛刊·戊戌变法》，第2册，第372—374页。

风，庶事可渐臻治理。乃')诸臣中恪其官守者，固不乏（以上二字朱改为'亦有'）人；而狃于积习不知振作者，仍所不免（以上四字朱改为'尤难悉数'）。即如部院堂官，本应常川进署，不得无故请假，议奏事件不准延搁逾限，皆经再三训诫，而犹有（'有'字朱删）阳奉阴违者（'者'字朱删）。似此蒙蔽因循，国事何所倚赖？用特重加申儆，凡在廷大小臣工，务当振作精神，共襄治理（以上八字朱改为'洗心革面，力任其难'），于应办各事明定限期，不准稍涉迟玩。如该御史所指各节，有则改之，无则加勉。（以上十六字朱删）倘再因仍痼习（以上六字朱改为'倘仍畏难苟且'），自便身图，经朕觉察，定必严加惩处，勿谓言之不预（以上四字朱笔改为'宽典可屡邀'）也。"[1]

严格地说起来，当时进行的诸多大政，确也需要时间，光绪帝显得过于着急。但他害怕其新政措施，会如同以往一样，最终被官僚机器柔软地削弱磨平，于是短短几天内便有多道严旨下达。由此观之，康称"各督抚皆藐上无权，抗不遵办"一语也非为准确，"抗不遵办"的主要原因并非是"藐上无权"。

康称其"决意出京"，似非为其真实想法，他在六月中旬一度曾有出京的思想。（参见24·43、24·49）此时他改变主意，有心留在京城。康又称"乃与孙家鼐面商，请在京师开局"一事，指其六月十三日"恭谢天恩条陈办报事宜折"中有"惟既为官报，似应分设京师"一语，又奉旨"令将筹办官报事，与孙家鼐说"，而孙家鼐拒绝了康有为的当面请求。张美翊称："康君闻不愿出京，谓当遥制各处报事云云。"[2]

〔1〕 军机处《上谕档》，光绪二十四年七月十一日。又，该日军机处《随手档》在该条下用小字注记："递上，朱改，发下。另缮，再递，发下。朱改随事递进。"
〔2〕 张美翊致汪康年，光绪二十四年七月初三日，《汪康年师友书札》，第2册，第1759页。张美翊此时随盛宣怀北上进京，在天津与王修植、夏曾佑商议调康、汪矛盾。该信称："晤王菀生谓：此事惟穗卿能通两家之邮。晤穗卿谓：斧凿已成，恐难补救。穗卿昨晚与谈极邑，今日晋京矣，当为设法解围。然其力量尚似不及。"由此可见，张美翊称康有为不愿离京的消息，很可能得自夏曾佑，时夏补知县缺，每月需赴京去吏部挂名。

狄平，即狄葆贤（1876—1941），字平子，号楚青，江苏溧阳人，此时与谭嗣同、唐才常等人交善，李端棻保举经济特科，曾列其名。（参见24·38）戊戌政变后，逃亡日本。光绪二十六年返回上海，参加正气会。三十年，在上海创办《时报》，甚为成功。民国年间专心于佛学。

康称"时奏派狄平接办报事"，"奏派"之意，即请上奏光绪帝请派狄葆贤差使，然我尚未读到康的相关条陈。狄葆贤到达上海后，曾给汪康年一信："顷接康先生电，想电局于尊处已分送矣。此事究应如何办理？伏乞详示，以便遵办，恭候回音。"[1]此中所言，为接办报事。

康称"汪康年私改《昌言报》"一事，属实。汪康年闻悉六月初八日《时务报》改为官报、康有为督办的谕旨后，十分不满，谋划拒不交出。然汪在北京的活动，一无进展，汪大燮主张将该报交出，张元济取息事宁人的态度。[2]然汪通过其在湖北的老关系，即钱恂、梁鼎芬等人向张之洞求助时，得到了极大的支持。张之洞对康有为及其学说极为不满，暗中授意汪，将《时务报》改称《昌言报》，以梁鼎芬为总董，仅留《时务报》空名给康。[3]汪由此于七月初一日刊出《昌言报》第一

---

〔1〕《汪康年师友手札》，第1册，第1152页。该信署日期为"六月廿六日"，又注"即晚收"，看来狄葆贤已于此时到达上海。又，康有为六月初九日给汪康年的信称"或先奏派一二人出沪商办"一语。（同上书，第2册，第1665页）亦用"奏"字。

〔2〕汪大燮于五月三十日致汪康年信称："《时务报》已饬孙寿州议，如何未悉。见季直谓亦可向寿州言商报官报之理，但寿州无肩，必道破，有益否不可知。兄云既如此不必说，说未必不归官，不说未遂归官，徒多痕迹。弟此时务将一切来往帐目理清，将以前康、梁、黄、谭、邹、陈诸人来往函电，及一切有关紧要之件，编成纪事本末，录至五月廿九上谕而止……此事此时，即不归官，将来必仍与君为难，断无好下台。兄意即不归官，亦可籍此推出。京城纷纷言近来《时务报》之坏，不堪入目，盖欲打坍局面也，更不如归官为妙，请详思之。"（《汪康年师友书札》，第1册，第787—788页）"季直"，张謇。张元济六月初九日复信汪康年，仅称"贵报昨奉旨派康长素督办，彼及其徒，素与尊处不协，此事将何布置，甚系鄙怀。"（同上书，第2册，第1737页）

〔3〕叶澜六月十六日致汪康年信中称："昨日由念劬交来密电，已照译送梁。弟又亲至星海处打探。星海目疾未愈，晤社耆云：星海以前次兄请其为总理，后又不说起，心颇不悦。此番笑兄急来抱佛脚云，欲其为总理，尚须斟酌。惟社兄言其心中未始不愿帮兄，而社特不好进言。故弟又至念劬处，恳其至星海家竭力劝驾。念劬已经允许。又据念云：兄前日电请帅出奏，帅以馆在上海，不涉两湖之事，恐难越俎代庖。惟兄所言将报改名《时务杂志》，捐款一概清出。帅意甚以为然，云：不过让《时

册，在封面上注明“续《时务报》第六十九册”。在卷首刊印六月初八日孙家鼐奏折及当日的谕旨后，汪康年另作“跋语”：

“谨案：康年于丙申之春，倡设《时务报》，惟时南皮张制军提倡于先，中外诸大吏振掖于后，各省同志复相应和，先后延请梁卓如、麦孺博、章枚叔、徐君勉、欧云樵诸君为主笔；张少塘、郭秋坪、古城坦堂、潘士裘、李一琴、曾敬诒诸君翻译东文、西文各报；复旁罗章奏要件，以备考求时事者之采择。方惧指斥稍过，不免干触忌讳。不意言官奏请，遽蒙优诏改为官报，复派康有为督办报务，实为草野之至荣。惟官报体裁，为国家所设，下动臣民之瞻瞩，外关方国之听闻，著论译文，偶有不慎，即生瑕衅，自断非草莽臣所敢擅拟。谨已暂时停止，俟康工部到申，再由其筹办。本报特改名《昌言报》，仍与从前《时务报》蝉联一线，既上承圣主旁罗之至意，复仰体同志扶掖之盛心。特谨跋于此。汪康年恭跋。”〔1〕

务报》空名与康，而馆中经费由绅商乐捐，毫无官款，犹之电报、招商等局不能入公家也。且官报开办另有经费，此种捐款概出绅商，虽有上谕，断无强之捐入官报之理。特飞告兄知。”六月二十二日信又称：“今日念兄言，帅座接兄复梁函后，似兄有不仗梁力之意，恐兄误会帅意。盖帅欲梁为总理，专为助汪敌康起见。梁为总理，并不须报馆另筹薪俸，而可以出面挡康。申报一切事，曾归兄经理，而兄何以接帅电后尚有活动之说？梁见此大不悦，幸帅极心为兄说项，梁始允至申一行。故帅虽怪兄不知好歹，而又怒康太横，怜兄太弱，必力为扶助，亦为大局起见，望兄此后善体帅意。至帅命兄改《时务》为《昌言》，系因上谕有‘从实昌言’之语，嘱兄即作一序，申明遵上谕‘昌言’二字之义，并述改名之由。其说维何？则以《时务报》既奉谕改为官报，现虽督办未来，而我等所办，系属商款商办（商报与官报有别，兄宜专抱定此意，则商款不至为康所据），不敢复揽‘时务’之名，故特改名‘昌言’，以副捐款诸君之望。”（《汪康年师友书札》，第3册，第2610—2611页）“念劬”，钱恂，张之洞主要洋务幕僚。“社耆”，汪洛年。“梁”、“星海”，梁鼎芬。“帅”，总督，张之洞。又，梁鼎芬致汪康年信称：“兄出死力为弟，幸勿怯。无论如何，有我在，吴狄如要硬到，飞电告我。”（同上书，第2册，第1909页）“吴狄”，狄葆贤，他是江苏人。

〔1〕《昌言报》，中华书局影印本，1991年，第4页。又，《国闻报》光绪二十四年六月二十四日刊出“上海时务、昌言报馆告白：启者康年于丙申秋在上海创办《时务报》，延请新会梁卓如孝廉为主笔，至今两年，现即奉旨改为官报，《时务报》名目自非草野所敢擅用，刻即从七月初一日起谨遵六月初八日谕旨‘据实昌言’之谕，改为《昌言报》，一切体例皆与从前《时务报》一律，翻译亦仍其旧……”

言词中机锋甚利。康有为得此消息，立即发电各地禁止。七月初四日，总理衙门收南洋大臣刘坤一电：

> "顷康有为电，奉旨改《时务报》为官报，汪康年私改为《昌言报》，抗旨不交，望禁发执云。应如何办理，请钧示。坤。歌。"[1]

七月初六日，光绪帝下旨由新任驻日本公使黄遵宪查办此事，为此发电湖广总督张之洞、两江总督刘坤一，以转黄遵宪：

> "奉旨：刘坤一电称，康有为电，奉旨改《时务报》为官报，汪康年私改《昌言报》抗旨不交等语。该报馆是否创自汪康年，及现在应如何交收之处，著黄遵宪道经上海时查明原委，秉公核议电奏，毋任彼此各执意见，致旷报务。"[2]

七月初十日，张之洞收到该电旨后，立即发电孙家鼐，全力支持汪康年：

> "……查《时务报》乃汪康年募捐集赀所创开，未领官款，天下皆知，事同商办。兹奉旨交黄遵宪查明核议，自应听候黄议。康主事辄电致两江、湖广各省，请禁发《昌言报》，殊堪诧异。康自办官报，汪自办商报，自应另立名目，何得诬为抗旨？官报有开办经费，有常年经费，皆系巨款，岂有夺商报之款以办官报之理？况《时务报》馆并无存款。且近日谕旨令天津、上海、湖北、广东各报俱送钧处进呈，是朝廷正欲士民多设报馆，以副明目达聪之圣谕，岂有转行禁止之理？康主事所请禁发《昌言报》一节，碍难照办。"

孙家鼐回电称："公所言者公理，康所电者私心，弟所见正与公同，并无禁发《昌言》之意，皆康自为之。公能主持公道，极钦佩。"[3]由此又可见张、孙对康的态度。与此同时，张之洞暗中授意汪康年将《昌言

---

[1] "收南洋大臣电"，光绪二十四年七月初四日，《总理衙门清档·收发电》，01-38/17-1。

[2] 《清代军机处电报档汇编》，第2册，第85页。

[3] 《张文襄公全集》，第3册，第755页。

报》挂日本商牌。[1]

翁曾桂，字小山，江苏常熟人。翁同书之子，翁同龢之侄，曾任湖南岳常澧道、江西按察使、布政使等职。此时以江西布政使护理江西巡抚，后任浙江布政使等职。

陈宝箴（1831—1900），字右铭，江西义宁（今修水）人。咸丰元年举人。参与镇压太平天国，入席宝田幕，累保至知府。光绪八年由河南河北道迁浙江按察使；二十年由湖北按察使迁直隶布政使，为刘坤一办后路粮台。二十一年迁湖南巡抚。他在湖北曾是张之洞的属员，与张私交极密。

廖寿丰（1836—1900），字谷似，江苏嘉定（今上海）人。军机大臣廖寿恒之兄。同治十年进士，入翰林院。光绪十九年由河南布政使迁浙江巡抚。

蔡钧，字和甫，浙江仁和（今杭州）人。监生。光绪七年随郑藻如出使美国，曾任驻西班牙参赞。十一年回国任同文馆监督，十四年主持福州通商局。二十三年出任苏淞太道。二十七年充驻日本公使。

黄遵宪（1848—1905），字公度，广东嘉庆州（今梅州）人。光绪二年举人，报捐道员衔。曾任驻日本公使馆参赞、驻美国旧金山领事、驻英公使馆参赞、驻新加坡总领事。光绪二十一年，由署理两江总督张之洞命为江宁洋务局总办；二十二年在上海与汪康年、梁启超等创办《时务报》；二十三年补湖南长宝盐法道；二十四年由徐致靖与康有为等人同保，旨命送部引见；六月，以三品京堂候补任驻日本公使。此时正在赴京途中。黄遵宪在政治上倾向康、梁一派，也被时人视为激进的改革派

---

〔1〕 叶澜于七月十四日致信汪康年称："近日忽闻有奉旨令公度查办之说，究竟所查所办者何事，实令人无从索解。前帅座曾嘱念兄请公速改挂日商牌，想近已照办，然此亦是掩耳盗铃之计……"（《汪康年师友书札》，第 3 册，第 2612 页）"念兄"，念劬，钱恂。钱恂后来的说法是挂英国牌，九月初一日致函汪康年称："贵报亟须用洋牌，首载阳历年月日，与阴历并。论中称我英人或某人云云，彼中国云云，不但无碍，并可畅论一切，抵否？不销官场耳。但此须先告南皮。此后《昌言报》截止已归与洋人，登一告白便面面周到矣。目下借洋人保官险，他日并可藉洋人保康险。"（同上书，第 3005 页）

主要成员。〔1〕

　　光绪帝此次电旨命其来查办《时务报》，是否另有康、梁之暗中活动，我还没有读到相关的史料，但由黄主持此事，当然会对康、梁有利。与汪相关之人士也纷纷托请。〔2〕七月十六日，总理衙门收黄遵宪电：

　　"宪到岳因察看商地，略有沈搁。奉鄂督转奉电旨，饬查《时务

〔1〕　黄遵宪于光绪二十三年出任湖南盐法道，离京向翁同龢辞行时，曾保举数人，其中即有梁启超。（《翁同龢日记》，光绪二十三年六月十五日，第6册，第3015页）二十四年，黄致两信于陈三立，称："与此君（梁启超）交二年，渊雅温厚，远过其师，亦不甚张呈其师说，其暖暖妹妹，守一家之言，与之深谈，每有更易。如主张民权，为之言不可，渠亦言民知未开，未可遽行。吾爱之重之。惟康郎琵琶嘈嘈切切，所往来又多五陵年少，遇事生风，或牵师而去，亦非所敢料。关东大汉、西游行者姑且勿论，惟学堂中所言民贼独夫与及《伪经考》、《改制考》，诚非童稚所宜听受……自此君北上，久未到学堂，未阅札记。""梁任父所寄各件，概以送览。定国是、废时文之举，皆公一手成之，徒以演师说之故，受人弹射，可哀也已……康所上折，先设制度局，即宪所谓三司条例司也，极为中肯。读此及《彼得变政》折，宪不能不爱之敬之。"（《黄遵宪全集》，上册，第415、419页。后一信的时间，编者谓在七八月间，似有误）由此可以看出，黄遵宪不同意康、梁派的"民权"论及"改制"、"伪经"说，但对康、梁的政治改革的主张及措施是很赞赏的。

〔2〕　陆懋勋于光绪二十四年七月初十日致信汪康年称："昨日下午，又闻梁、康发电与南洋，谓兄抗旨不交，南洋电总署，总署电闻，旨饬公度查办。弟闻之尤为心悚。公度固兄之劲敌也，一旦查办，则必不留余地，吾兄何以堪之……因闻此信之后，立即至太原处请为斡旋，已允为设法，惟尚无复信。若查办之人或另派，则兄亦急宜妥为布置，万不可再为彼等播弄……"（《汪康年师友书札》，第3册，第2164页）"太原"，意"太圆"，王文韶。陆懋勋已知黄遵宪将不利于汪康年，请王文韶出面斡旋，以能另派人查办此事。邹代钧七月二十八日致汪康年信中称："《时务报》改为《昌言报》，办法尚不错，惟康居然以抗旨人告，殊属无谓，且交公度查复，尤形鬼蜮。伯严已力言于公度，谓此事必须公允，万不可稍涉偏倚，公度却面允。昨闻子培言，公度到鄂已与南皮商妥，当不至离经也。云系欲公将旧帐交与南皮，而南皮转交公度，《昌言报》则仍《时务》之旧，官报则另起炉灶。"（同上书，第3册，第2761—2762页）"伯严"，陈三立。"子培"，沈曾植。翟性深于七月十六日致汪康年信中称："公度昨已来鄂，现知子培与梁鼐等与其联络，不知可能妥洽否？……梁鼐本欲与公度同来，现已不果，半因有病，半思我馆之事，莫若在鄂可设法。"（同上书，第4册，第3640页）"梁鼐"，梁鼎芬。又，汪康年向刘坤一求助，刘坤一七月二十六日回信称："商报与官报似可并行不悖……顷间黄大臣过宁，弟已面告一切，即日骈节沪滨，必当遵旨确查，据实复奏。此公淹贯古今，敏历中外，报律商情，均所洞察，似不致徇一面之词，昧两端之择。"（同上书，第3册，第2873页）

报》事宜。查此馆章程皆宪手定,系宪所创办,作为公众之报,以汪康年充总理,梁启超充总撰。今公报改为官报,理正势顺,不知何以抗违不交?俟到沪,即议交收,毋令旷报。事定再电奏。请回堂宪。遵宪。"[1]

此电完全否认了汪康年的理由,称《时务报》改为官报"理正势顺"。黄遵宪到达上海后,一面以身体原因拖延进京,称自己"积病伤肺,故言语拜跪,均难如常",要求"在沪调养十数日";另一面对于《时务报》的调查,却有着很详细的电报:

"窃遵宪前奉电开,奉旨:刘坤一电称,康有为电奉旨改《时务报》为《官报》,汪康年私改为《昌言报》,抗旨不交等语……伏查丙申春月,遵宪奉旨暂留江苏办理教案、商务各事宜,因住上海。当时官书局复开,刊有官报。遵宪窃意朝廷已有变法自强之意,而中国士大夫闻见浅狭守旧。自知非广刊报章,不足以发聋聩而祛意见。先是康有为在上海开设强学会报,不久即停,尚存有两江总督捐助余款,进士汪康年因接收此款来沪,举人梁启超亦由官书局南来,均同此志。因共商报事,遵宪自捐一千两,复经手捐集一千余两,汪康年交出强学会余款一千余两,合共四千余两,作为报馆公众之款。一切章程格式,皆遵宪撰定。公商汪康年为总理,梁启超为总撰。刊布公启,播告于众,即用遵宪等名声明,此举在开风气、扩闻见,绝不为牟利起见。又称,有愿捐赀襄助拓充此报、维持此举者,当刊报以表同志。遵宪复与梁启超商榷论题,次第撰布。实赖梁启超之文之力,不数月而向风行海内外,而捐赀助报者竟有一万数千元之多。是此报实为公报。此开设时务报馆之原委也。今以公报改为官报,理正势顺。遵宪行抵沪上,汪康年送到报馆本年六月结册,除收款、付款各项业经收支销数,官报接收,毋庸追问外,据其所开存款各项:一、存现银,一、存新旧报,一、

[1] "收出使黄大臣电",光绪二十四年七月十六日,《总理衙门清档·收发电》,01-38/17-2。

存自印书籍，一、存各种书籍，一、存器具，一、存未缴之书赀报
赀，共值额数均一万数千元。遵宪筹商核议，窃谓均应交与官报接
收。所有派报处及阅报姓名，亦应开列册单交出，官报接收，即接
续公报照常分派，以便接联而免旷误。如结册中有未付之款，派报
处已经收钱尚未满期之报，官报接收之后，亦应查照原册，一律接
办。又，公启称，将来报章盛行，所得报费并不取分毫之利，归入
私囊，或加增报纸，或广招译人翻书，以贱价发行；又称捐款在百
元以上者，可以酌议成数，分别偿还，其不愿取回者，听。官报接
收之后，如果清算旧数，实有赢余，此二条似亦可酌量办理。如此
接收，官报与公报联络为一气，派报更易推广，于报务似有裨益。
所有遵宪遵旨查明开报原委及秉公核议支收之法，是否有当，理合
请旨遵办。除将时务报公启及时务报馆现在结册，另行斋呈总署、
军机处备查外，伏乞代奏，皇上圣鉴。出使日本大臣黄遵宪谨上。
沃。"[1]

黄遵宪的电报强调了《时务报》的"公报"性质，否认其为"商报"，丝
毫没有顾忌到站在汪康年背后的张之洞。然于此后不久，戊戌政变发
生，《昌言报》交接一事不了了之；而张之洞却再次要求由汪康年接办该
报。[2]《昌言报》共出了10册，至十月初六日停刊。中华书局影印本
是目前最好利本的版本。

康称刘坤一"电上海道蔡钧封禁《昌言报》"，有误。蔡钧七月初五
日致信汪康年称：

"顷接康工部来电，禁发《昌言报》，劝汪交出，如何电复等

---

〔1〕 "收出使黄大臣电"，光绪二十四年八月初三日，《总理衙门清档·收发电》，01－38/
17 3。"沃"是初二日的代码。
〔2〕 戊戌政变后，张之洞于次日（八月初七日）亥刻得知消息，立刻致电孙家鼐："康已
得罪，上海官报万不可令梁启超接办。梁乃康死党，为害尤烈。方今朝野正论，赖
公主持，天下瞻仰，企祷企祷。窃思如有品学兼优之人，接办官报固好，否则不如
暂停，从缓再议。至《时务报》本系捐款，似应仍归商办，即令汪康年照旧接续办
理，不必改官报，较为平允。官报另作一事，自有巨款，岂藉区区捐凑余资哉？"
（《张文襄公全集》，第3册，第759页）

因，用特照抄原电奉布，即祈阁下查照办理，并望将办理情形从速
见示，以便转复为荷。"

七月初八日致信汪康年称：

"顷承惠顾，藉聆一是，所有为难情形，已经电复康主政查照。
兹奉督宪电谕，饬查黄大臣行抵何处等因，用特抄电送呈察览。即祈
阁下确探黄大臣行踪，现抵何处，即日见示，以便电复为荷。"[1]

蔡钧收到的是康有为请禁《昌言报》之电，刘坤一电报仅命其查询黄
遵宪行踪，并无"封禁"之令。孙家鼐复汪康年信中称："接来电，水
部电致上海道，有奏参封禁之语。此水部之言，弟并无此语，宜分别
观之。"[2]由此可知，是康有为发电中有"奏参封禁"之词，孙家
鼐未作一语。康又称"江西亦饬禁"一事，可见之于汪德年致汪诒年
之信：

"前禁《昌言报》，初闻出示，后来并未出示。省城由南昌出一
谕单，递送各处，并未留下，亦未取结，系七月十三日之事……九
江则藩札到县，即由县署请福康公司管事至署，将文书送阅，取具
甘结，未出示，亦无谕单，此时实无从取揭。兄回江后，即托首县
转达中峰，将上海情形略说大概，已许仍旧照送。窃以此事系由康
电所致，当道以其为奉旨办理官报之人，不得不与为维持。"[3]

从此信中可见，上海未禁，江西虽禁，但只是应付一下。

康称"以报事待查办，复留京"，即指以待黄遵宪查办结果为由，而
继续留在北京。(参见24·56)

(24·52) 时湖南巡抚陈宝箴奏荐我而攻改制考，上留中。

---

〔1〕《汪康年师友书札》，第3册，第2963—2964页。
〔2〕《汪康年师友书札》，第2册，第1430页。该信于七月十四日到。
〔3〕《汪康年师友书札》，第4册，第3873页。又，汪德年写此信时，已是政变之后，康
  败，汪康年当属翻身，然汪德年提醒道："康虽与穰兄作梗，然同为维新之人，今惨
  遭此祸，兔死狐悲，未免增人凄恻，诸事似宜格外谨言为是。"可见其为持论平心
  之人。

康称"陈宝箴奏荐我而攻改制考"一事，查军机处《随手档》六月十八日记："朱批陈宝箴折：一、厘正学术由……"此折即陈宝箴于五月二十七日所上奏"请厘正学术造就人才折"，称言：

"臣尝闻工部主事康有为之为人，博学多才，盛名几遍天下，誉之者有人，毁之者尤有人。誉之者无不俯首服膺，毁之者甚至痛心切齿，诚有非可以常理论者。臣以为士有负俗之累而成功名，亦有高世之行而弋虚誉。毁誉不足定人，古今一致。近来屡传康有为在京呈请代奏折稿，识略既多超卓，议论亦颇宏通，于古今治乱之原、中西政教之大。类能苦心探讨，阐发详尽，而意气激昂慷慨，为人所不肯为，言人所不敢言，似不可谓非一时奇士。意其所以召毁之由，或即其生平才性之纵横，志气之激烈有以致之，及徐考其所以然，则皆由于康有为平日所著《孔子改制考》一书……当康有为年少时，其所见译出西书有限，或未深究教主之害，与其流极所至。其著为此书，据一端之异说，征引西汉以前诸子百家，旁搜曲证，济之以才辩，以自成其一家之言，其失尚不过穿凿附会。而会当中弱西强，黔首坐困，意有所激，流为偏宕之辞，遂不觉其伤理而害道。其徒和之，持之愈坚，嚣然自命，号为康学，而民权平等之说炽矣。甚或逞其横议，几若不知有君臣父子之大防。《改制》一编，遂为举世所忿疾，其指责尤厉者拟为孟氏之辟扬墨，而康有为首为众射之的，非无自而然也。第臣观近日所传康有为呈请代进所辑《彼得变政记》折稿，独取君权最重之国以相拟议，以此窥其生平主张民权，或非定论……即如现办译书局事务举人梁启超，经臣于上年聘为湖南学堂教习，以尝受学康有为之门，初亦间引师说，经其乡人盐法道黄遵宪规之，谓何乃以康之短自蔽，嗣是乃渐知去取……康有为可用之才，敢言之气，已邀圣明洞鉴。当此百度维新力图自强之际，千人之诺诺，不如一士之谔谔，谓宜比之狂

简，造就而裁成之，可否特降谕旨，饬下康有为即将所著《孔子改制考》一书板本，自行销毁……"〔1〕

陈宝箴此折，陈词极为委婉，对康弹劾之时又略有保全之意，这主要是考虑到当时光绪帝对康的态度。"将所著《孔子改制考》一书板本，自行销毁"一句，很可能参考了光绪二十年处理《新学伪经考》的方法，余联沅弹劾后，李瀚章奏复"谕令自行销毁"。（参见 20·2）康称"湖南巡抚陈宝箴奏荐我"，并不恰当。康又称"上留中"，则有误。光绪帝收到该折后，并没有"留中"，而是于六月十八日发下交片谕旨给孙家鼐：

> "谭继洵奏请变通学校科举、陈宝箴奏请厘正学术各一折，著孙家鼐于明日寅刻赴军机处，详细阅看，拟具说帖呈进。"〔2〕

前节已叙，五月二十九日孙家鼐上奏"译书编纂各书宜由管学大臣进呈并禁止悖谬之书折"，弹劾康有为《孔子改制考》，光绪帝命孙传旨，将有关孔子称王改制字样即行删去。（参见 24·37）此次孙家鼐奉旨对陈宝箴奏折"拟具说帖"，即"议复陈宝箴折说帖"，措辞要比陈折严重得多，称言：

> "查陈宝箴所奏，意在销毁康有为《孔子改制考》之书，兼寓保全康有为之意。臣谨将康有为书中最为悖谬之语，节录于后，请皇上留心阅看……臣观湖广总督张之洞著有《劝学篇》，书中所论皆与康有为之书相反，盖深恐康有为之书煽惑人心，欲救而正之，其用心亦良苦矣。皇上下诏褒扬，士大夫捧读诏书，无不称颂圣明者……今陈宝箴请将康有为《孔子改制考》一书销毁，理合依陈宝箴所奏，将全书一律销毁，以定民志而遏乱萌。至康有为之为人、学术不端，而才华尚富，是以陈宝箴请销毁其书，正欲保全其人。臣惟君子不以言举人，不以人废言，愿皇上采择其言，而徐察其人品、心术，果能如陈宝箴所言，更事渐多，知非进德，于爱惜人才

---

〔1〕 汪叔子、张求会编：《陈宝箴集》，中华书局，2003 年，上册，第 777—781 页。
〔2〕 军机处《上谕档》，光绪二十四年六月十八日。

之中，仍不失厘正学术之意，亦可以风示朝野矣。"〔1〕

然从军机处《随手档》、《早事档》等档案中，我尚查不出孙家鼐的该"说帖"何时上呈，看来未经过奏事处，而是另有渠道。然于六月十九日，即孙家鼐去军机处阅看陈宝箴奏折后，光绪帝于六月二十一日、七月初五日、二十四日、八月初四日四次召见孙家鼐，也有可能于召见时递上。〔2〕但光绪帝没有采纳陈宝箴、孙家鼐的意见，下令将《孔子改制考》毁板，而是对康有为依旧信任有加。

戊戌政变后，慈禧太后于八月二十一日罢免陈宝箴，"永不叙用"。（参见24·98）而刘坤一后来读到陈宝箴该奏折稿，为此大喊不平。〔3〕

> （24·53）是时王先谦、欧阳节吾在湘猖獗，大攻新党、新政，学会学堂一切皆败，于是草折交杨漪川奏请奖励陈宝箴。上深别白黑，严旨责湖南旧党，仍奖陈宝箴认真整饬，楚事乃怡然。非圣明洞烛万里，何能如是。又请亲试京僚，黜其不通者；然朝士之冗阘者大恐，刚毅阻之，卒不行。

---

〔1〕《翼教丛编》，第38—39页。孙家鼐在该说帖中称："臣谨将康有为书中最为悖谬之语，节录于后，请皇上留心阅看。其书有云：异哉王义之不明也。贯三才之谓王，天下归往谓之王；天下不归往，民皆散而去之，谓之匹夫。又云：以势力把持其民，谓之霸，残贼民者，谓之民贼。夫王不王，专视民之聚散向背，非谓其黄屋左纛，威权无上也。又云：今中国四万万人，执民权者二十余朝，问人归往孔子乎，抑或归往嬴政、杨广乎？又云：天下义礼制度皆从孔子，皆不归往嬴政、杨广，而归往大成之殿。有归往之实，即有王之实，乃其固然。又云：于素王则攻其僭悖，于民贼则许以贯三才之名，何其舛哉。"由此可见，孙家鼐之关注点，在于康有为在《孔子改制考》中散发出来的民权、民本思想。孙家鼐所摘引这几句话，引自《孔子改制考》大同译书局本之卷八、进呈本之卷三《孔子为制法之王考》的导语部分，孙录文字与康之原文有差异。（见《康有为全集》，第3集，第101页）

〔2〕《光绪二十四年京官召见单》，《宫中杂件》旧整，第915包。

〔3〕刘坤一在欧阳润生信中称："承示陈右帅函及'厘正学术疏稿'，读竟为之喟然。夫祸患必有由来，君子小人各以其类。乃康有为案中诖误，内则有翁中堂，外则陈右帅，是皆四海九州所共尊为山斗倚为柱石者，何以贤愚杂糅至此！若为保康有为以致波及，闻翁中堂造膝陈词，亦是抑扬之语，右帅此疏，更足以自明矣……右帅抉其隐微，斥为异说，伤诋害道，甚至比之于言伪而辨行僻而坚两观行诛之少正卯，并请将所著书自行销毁，而犹诬指为康党也耶！"（《刘坤一遗集》，第5册，第2230页）

据手稿本，此节为韩文举字体，添加在页眉及页边。"是时"前删一"同"字；"王先谦"由"黄仙谦"改，康有为字体；"在湘"两字为再添加，补在行间；"大攻新党、新政"之后原添加"湖南京官与□□党构大狱"，删去；"于是"二字为添加，补在行间，康有为字体；"上深别白黑，严旨责湖南"一句为添加，补在行间，《戊戌变法》本，漏"旨"字；"旧党"前删去"又□□"，其后删去"上谕□□□"、"奉旨照行"共十二字；"仍奖陈宝箴"之"奖"字由"责"改；"又请"之"又"字为添加，补在行间，"请"字后删一字；"然朝士"之"然"字为添加。

王先谦（1842—1917），字益吾，号葵园，湖南长沙人。同治四年（1865）进士，入翰林院，散馆后授编修。曾任詹事府左中允、左庶子、翰林院侍读、国子监祭酒等职，光绪十一年出为江苏学政。十四年回湖南，主讲思贤讲舍、城南书院，此时主讲岳麓书院。梁启超初到湖南办时务学堂，王先谦极为欢迎，后因学见政见分歧，反为其敌。

欧阳节吾，名中鹄（1849—1911），字品三，号节吾，湖南浏阳人。同治十三年举人，次年入京，考用内阁中书，受同乡户部员外郎谭继洵之聘，教授其子谭嗣同。后入杨昌浚、瞿鸿机、龙湛霖、谭继洵幕。此时入陈宝箴幕。

王先谦之思想实有保守之面，但对维新事宜也不是一概反对，而对康学深恶痛绝。欧阳中鹄主张变革，梁启超初至湖南时视其为"人才"。[1]然他在学术思想与康有为对立，并对其学生谭嗣同、唐才常沉迷于康学而痛心疾首（参见24·63）；对谭嗣同等仍是关爱倍加，并无直接之对抗。[2]更为激烈地反对康有为之湘籍人士为叶德辉，康于此处未提及。由此从学术乃延至政见，尤其对梁启超主持的时务学堂，两派纷争不息，对此似也不能以新旧二字截然加以区别。[3]张元济曾请丁

---

〔1〕 梁启超于光绪二十三年十二月初九日由长沙致信汪康年称："此间人才，望似甚多，实则亦有限。有汪颂年治史者极好，兄想亦识之。又复生之师欧阳节吾先生。若能得此两人，办南学会则大佳矣。"（《汪康年师友书札》，第2册，第1852页）

〔2〕 参见黄彰健：《戊戌变法史研究》，第380—395、399—400页。

〔3〕 参见罗志田：《思想观念与社会角色的错位：戊戌前后湖南新旧之争再思》，《历史研究》，1998年第5期；《近代湖南区域文化与戊戌新旧之争》，《近代史研究》，1998年第5期。

忧解职的沈曾植入湘调解。[1]

湖南的纷争也影响到北京。湖南籍京官在收到家乡来信后，推举湘籍高官时任左都御史的徐树铭出面上奏。[2]查军机处《随手档》，光绪二十四年闰三月二十三日载："左都御史徐树铭折：一、外人巧于尝试恐激起事变由；一、请尊崇圣道由；片一、湘省保卫局章程请禁止由；片一、请饬湖南学政崇尚正学由。"其中"请尊崇圣道折"称：

> "时事多艰，浅学小人辄以崇西学、兴特科等进疏……伏愿圣人明诏海内各督抚访求老师宿儒，深于义理，明于治体，不论已仕未仕，综核行实，保送入京，如倭仁、李棠阶、罗泽南、刘蓉之比者，听候圣旨，传见进用……"[3]

"请饬湖南学政崇尚正学片"称：

> "近年来士习披靡，飞扬浮动，学政江标复以西人之说簧鼓士林，以为赏罚，老成练达之儒，无不切齿。本届学政徐仁铸业已到任，应请旨饬令该学政一以经学、史学为标准，不得任无知之辈邪说芜论狂荡颠倒，杂乱文体，诬蔑正教……"[4]

其余一折一片虽尚未见，但已可看出，徐在湖南士人的鼓动下，对于改革的新说及"保卫局"的办法都是反对的。徐树铭的两折两片，光绪帝

---

〔1〕 张元济致沈曾植称："闻湘中新故交哄，成规尽废，并有谓右帅诸人亦已心灰胆怯者。此则何何？公何不挐舟入湘一观动静，倘能解围，岂非盛举？"（"致沈曾植"，光绪二十四年六月十八日，《张元济书札》增订本，中册，第675页）

〔2〕 《国闻报》光绪二十四年四月初六日以"湘抚被劾"为题刊出消息："……湖南士绅固不乏明体达用与中丞气求声应之人，而其中之守旧者，虽面从而心滋不悦，于是纠集多人，联名函告京中湖南同乡官，谓陈右帅紊乱旧章，不守祖宗成法，恐将来有不轨情事，不能不先事预防。信中之语，并牵连署臬司黄公度廉访。湖南京官得信后，即敦请徐寿蘅总宪据情揭参。想朝廷明镜高悬。若右帅者，真今日督抚中忠荩爱国勇于任事之人，必不为此等谤言所惑也。""右帅"，陈宝箴。时在长沙的皮锡瑞，于光绪二十四年四月十二日记中称："饭后出见俞伯钧，谈京城事……湖南所办之事，大约京中人不和其中有深意，多不谓然。夔帅亦不谓然，且询及鄙人。"（《师伏堂日记》，《湖南历史资料》，1959年第1期，第119页）俞伯钧，俞鸿庆。夔帅，王文韶，曾任湖南巡抚。

〔3〕 《军机处录副·光绪朝·内政类·戊戌变法项》，3/108/5615/28。

〔4〕 《军机处录副·光绪朝·内政类·戊戌变法项》，3/108/5615/29。

皆下旨"存"，并于当日呈送慈禧太后。[1]四月二十五日，即徐致靖保举康有为、梁启超等五人的同日，湖南籍御史黄均隆上奏"湖南讲求时务有名无实折"，攻击陈宝箴、梁启超、熊希龄、谭嗣同、黄遵宪等人，要求下旨令湖南巡抚陈宝箴另择人主持时务学堂，并解散南学会、撤销保卫局。[2]光绪帝再下旨"存"，并呈送慈禧太后。[3]对于徐树铭、黄均隆的言论，光绪帝自有定见。

康称"草折交杨漪川奏请奖励陈宝箴"一事，正是在此背景下进行。查军机处《随手档》六月二十三日记："御史杨深秀折：一、请申谕诸臣力除积习由；片一、津镇铁路请饬招商承办由。"[4]杨深秀的"请申谕诸臣力除积习折"，尚未从档案中检出，然从当日光绪帝明发谕旨中可以看出该折的主旨：

> "目今时局艰难，欲求自强之策，不得不舍旧图新。前因中外臣工，半多墨守旧章，曾经剀切晓谕，勖以讲求时务，勿蹈宋明积习。谆谆训诫，不啻三令五申。惟是朝廷用意之所在，大小臣工尚恐未尽深悉。现在应办一切要务，造端宏大，条目繁多，不得不采集众长，折衷一是。遇有交议之件，内外诸臣务当周咨博访，详细讨论，毋缘饰经术，附会古义，毋胶执成见，隐便身图。倘面从心违，希冀敷衍塞责，致令朝廷实事求是之意失其本旨，甚非朕所望于诸臣也。总之，无动为大，病在痿痹，积弊太深。诸臣所宜力戒。即如陈宝箴自简任湖南巡抚以来，锐意整顿，即不免指摘纷乘。此等悠悠之口，属在搢绅，倘亦随声附和，则是有意阻挠，不顾大局，必当予以严惩，断难宽贷。至于襄理庶务，需才甚多，上年曾有考试各部院司员之谕。著各该堂官认真考察，果系有用之

---

[1] 当日军机处给慈禧太后的奏片称："……徐树铭奏湖南民情强悍外人尝试恐激成事变折，又奏湖南保卫局章程请饬禁止片，又奏请尊崇圣道折，又奏请饬湖南学政力崇正学片，均奉旨'存'，谨将原折片恭呈慈览。"（军机处《上谕档》，光绪二十四年闰三月二十三日）又，"外人尝试"指湖南开设通商口岸一事。

[2]《戊戌变法档案史料》，第253页。

[3] 军机处《上谕档》，光绪二十四年四月二十五日。

[4] 杨深秀"津镇铁路请招商承办片"，参见24·11。

才，即当据实胪陈，候朕录用。如或阘茸不职，亦当立予参劾，毋令滥竽。当兹时事孔棘，朕惩后惩前，深维穷变通久之义，创办一切，实具万不得已之苦衷。用再明白申谕，尔诸臣各精白乃心，力除壅蔽，上下以一诚相感，庶国是以定，而治理蒸蒸日上。朕实有厚望焉。"〔1〕

光绪帝此前促办新政的谕旨中态度尚较温和，至此开始发生变化，该上谕中"此等悠悠之口，属在搢绅，倘亦随声附和，则是有意阻挠，不顾大局，必当予以严惩，断难宽贷"之语，在以往的上谕中也很少见，看来杨深秀的意见，光绪帝已听了进去。而至七月之后，光绪帝的态度更为严厉。（参见 24·51）

六月二十三日杨深秀上奏时，康有为很可能还不知道陈宝箴弹劾《孔子改制考》一事（参见 24·52）；到了七月之后，康对陈的态度大变，再次代杨拟奏折。查军机处《随手档》七月二十九日记："御史杨深秀折：一、新旧人员宜慎重选用由。"此即"裁缺大僚擢用之宜缓特保新进甄别宜严折"，称言：

"臣前奏湖南巡抚陈宝箴锐意整顿，为中华自强之嚆矢，遂奉温旨褒嘉，以励其余。讵该抚被人胁制，闻已将学堂及诸要举全行停散，仅存保卫一局，亦复无关新政。固由守旧者日事恫喝，气焰非常，而该抚之无真识定力，灼然可知矣。今其所保之人才，杨锐、刘光第、左孝同诸人，均尚素属知名，余多守旧中之猾吏……倘皇上以该抚新政重臣，信其所保皆贤，尽加拔擢，则非惟无补时局，适以重陈宝箴之咎。仍请严旨儆勉，以作其气，于其保举之人，分别加以黜陟，万勿一概重用。"

除此之外，该折弹劾裁缺广东巡抚许振祎（"老耄贪庸"）、裁缺河道总督

〔1〕 军机处《上谕档》、《随手档》，光绪二十四年六月二十三日。当日军机处给慈禧太后的奏片称："御史杨深秀奏请申谕诸臣力除积习，奉明发谕旨一道"，"谨将原折片单恭呈慈览"。可知该谕旨是由杨深秀奏折而促发。又，黄彰健认为，杨深秀此折与湖南的旧形势有关，旧党占据上峰，康有为等人想用光绪帝来压制之。（《戊戌变法史研究》，第 402—403 页）

任道镕（"贪狡素著"）；而对谭嗣同父亲、裁缺湖北巡抚谭继洵竟称"守旧迂拘，虽人尚无他要，非能奉行新政者"，"勿汲汲别议擢用，庶免阻挠新政"。[1]联系到光绪帝任命礼部新任六堂官时多起已裁官员（参见24·66），此折提醒光绪帝不要起用已裁官员；该折强调"至京官卿贰开坊以上，外官司道以上，除鸿名硕学数人外，实鲜通才"；联系到光绪帝任命陈宝箴所保杨锐、刘光第为军机章京（参见24·61），此折请光绪帝不要重用陈宝箴所保举的官员。[2]而这一时期康致力于开懋勤殿，该折

---

〔1〕 关于谭继洵之言，可能与七月二十三日电旨有关："湖北巡抚关防著交张之洞收缴。谭继洵来京听候简用。"（军机处《电寄档》，光绪二十四年七月二十三日）胡思敬在《谭嗣同传》中称："其父继洵，方巡抚湖北，年七十矣，知嗣同必以躁进贾祸，一月三致书，促之归省，嗣同报父书，言老夫昏髦，不足与谋天下事。闻者无不怪骇。"（《戊戌履霜记》卷四，《丛刊·戊戌变法》，第4册，第55页）陈叔通又称："戊戌政变六君子中，谭嗣同为湖北巡抚谭继洵之子。政变时……嗣同恐其父连坐，正代父写家书，信中无非痛戒其子如何如何，以见其父教子之严。信甫写完，缇骑已至，遂被捕弃市，家亦查抄……但继洵并无处分，或即因查抄时发见家信，有人为之解释，故获免。于此可见嗣同之从容就义，而仍不忘其父……此段轶闻为江阴夏孙桐（闰枝）告余者。夏为光绪壬辰翰林，时在京供职。"（《谭嗣同就义与梁启超出亡》，同上书，第329页）
〔2〕《戊戌变法档案史料》，第181—183页；《康有为戊戌真奏议》，第73—75页；《救亡图存的蓝图》，第252—255页。七月十三日，光绪帝收到湖南巡抚陈宝箴两件保折。其一是保举本省道府州县14人：候补道夏献铭、试用道黄炳离、长沙知府颜钟骥、署衡州府事候补知府陈其懿、署永顺府事试用知府任国钧、候补直隶州知州郭庚平、署江华县事准补永桂通判车玉襄、武冈知州毛隆章、署宁远县事准补邵阳县知县卜彦伟、衡阳县知县盛纶、衡山县知县黎埔、桃源县知县汤汝和、署溆浦县事泸溪县知县陈自新、署新化县事前任芷江县知县起复候补知县李弼清。（《军机处录副·光绪·内政类·职官项》，3/99/5362/62；3/99/5370/2，光绪二十四年六月十八日）其二是保京外贤员17人：降调前内阁学士陈宝琛、内阁候补侍读杨锐、礼部候补主事黄英采、刑部候补主事刘光第、广东候补道杨枢、广东试用道王秉恩、江苏试用道欧阳霖、江西试用道恽祖祁、江西试用道杜俞、湖北候补道徐家干、江苏候补道柯逢时、奏调北洋差遣湖北试用道薛华培、奏调北洋差遣候选道左孝同、记名简用道两淮海州盐运分司运判徐绍垣、浙江杭州府知府林启、江苏常州府知府有泰、四川邛州直隶州知州凤全。（《戊戌变法档案史料》，第160—163页）光绪帝当日明发上谕："陈宝箴奏遵保人才开单呈览各一折。湖南候补道夏献铭、试用道黄炳离、降调前内阁学士陈宝琛、内阁候补侍读杨锐、礼部候补主事黄英采、刑部候补主事刘光第、广东候补道杨枢、试用道王秉恩、江苏试用道欧阳霖、江西试用道恽祖祁、杜俞、湖北候补道徐家干、江苏候补道柯逢时、湖北试用道薛华培、候选道左孝同，以上各员在京者，著各该衙门传知该员预备召见，其余均由各该督抚饬知

的真实用意，是让光绪帝建立以康党为核心的新政班底。（参见24·69）
当日光绪帝发出电旨：

> "有人奏，湖南巡抚陈宝箴被人胁制，闻已将学堂及诸要举全
> 行停止，仅存保卫一局等语。新政关系自强要图，凡一切应办事
> 宜，该抚务当坚持定见，实力举行，慎勿为浮言所动，稍涉游
> 移。"[1]

电旨中的用词是相当严厉的。陈宝箴收到该电旨后，极为不满，回电争
辩。[2]也可能出于这一原因，陈宝箴感到中枢无人主持，后来电奏保
举张之洞入京主持朝政。[3]

来京，一体预备召见。"（军机处《上谕档》，光绪二十四年七月十三日）其中杨锐、
刘光第两人，后来直入中枢。康党认为光绪帝将会重用陈宝箴保荐之人，故由杨深
秀出面上奏，该折称陈宝箴所荐人员中王秉恩、欧阳霖、杜俞、杨枢、陈宝琛，皆
非可重用之人。又，《国闻报》八月初四日以"京寮荐劾传闻"为题刊出消息："北
京访事人来信云：近来保奏湘抚陈右民中丞者甚多，而目前有某御史参劾右帅。谓
其前次所保通达时务人才，其中固不乏明体达用之士，而贪墨之夫、浮嚣之子亦复
错杂其间，一刻之内，良莠不齐。又，湖南创办学堂，其初志岂不甚美，乃一经地
方守旧之士出而阻挠，而学堂、报馆并废，未能实力奉行云云。"康党将此消息外
露，自行树敌，是其政治经验之不足。

[1] 《清代军机处电报档汇编》，第2册，第95页。又，当日军机处给慈禧太后的奏片
    称："杨深秀条陈折内湖南新政一节，奉电旨一道"，杨折与电皆呈慈禧太后。（见
    该日军机处《上谕档》）

[2] 陈宝箴称："昨承钧署电，奉旨：有人奏，湖南巡抚陈宝箴被人胁制，闻已将学堂及
    诸要举全行停散各等因。仰蒙圣训周详，莫名钦感。窃湖南创办一切应兴事宜，并
    未停止。现复委绅蒋德钧往湘潭等处联络绅商，来省设立商务等局。前议派聪颖学
    生五十名至日本学习，近日来省求考选者十数百名。风气似可渐开。言者殆因学堂
    暂放假五十日，讹传停散所致。前七月十三日学生均已来馆，续聘教习亦到。其余
    已办各新事，当另折具陈。现在亦无浮言。自当凛遵圣训，坚持定见，实力举行。
    请代奏。宝箴肃。冬。"（"收湖南巡抚电"，光绪二十四年八月初三日，《总理衙门清
    档·收发电》，01-38/17-3）

[3] 陈宝箴电称："近月以来，伏见阜卜锐意维新，旁求俊彦，以资襄赞。如杨锐、刘光
    第、林旭、谭嗣同等皆以在军机章京上行走，参预新政。仰见立贤无方，鼓舞人才
    至意。惟变法事体极为重大，创办之始，凡纲领、节目、缓急、次第之宜，必期斟
    酌尽善，乃可措置施行。杨锐等四员，虽为有过人之才，然于事尚须阅历。方今
    危疑待决，外患方殷，必得通识远谋，老成重望，更事多而虑患密者，始足参决机
    要，宏济艰难。窃见湖广总督张之洞，忠勤识略，久为圣明所洞鉴。其于中外古今
    利病得失，讲求至为精审。本年春间，曾奉旨召令入都，询商事件。旋因沙市教案

康称"又请亲试京僚，黜其不通者……"一语，似指杨深秀该折所言：

> "……其裁缺之员，上者俟皇上详加考察，再予录用，下者听令休致，全其冠带，庶不至再铸铁错，屡缺金瓯。"[1]

此乃杨深秀之建策，非为光绪帝已采取的行动；查《光绪二十四年京官召见单》、《光绪二十四年外官召见单》，光绪帝并无"亲试京僚"之类的举动。康又称"刚毅阻之，卒不行"，我尚未读到相关的史料。

(24·54) 时谭钟麟不行新政，又纵盗贼，草折交宋芝栋劾之。奉旨：交陈宝箴查办。先是为文悌草折，劾云贵总督崧藩贪污，革职焉。

> 据手稿本，此一节韩文举字体，为添加，补在两页的页边。"又纵盗贼"之"又"字，以□字改，《戊戌变法》本亦漏；"贪污"之"污"字，各抄本皆误为"诬"。

谭钟麟（1822—1905），字云观，号文卿，湖南茶陵人。咸丰六年（1856）进士，入翰林院。曾任河南按察使、陕西布政使、陕西巡抚、浙江巡抚、陕甘总督、闽浙总督等职。光绪二十一年接替李瀚章，出任两广总督。为官四十余年，年近八旬，已无振作之心之力。光绪二十四年六月十四日，谭钟麟上奏请求开缺，光绪帝于七月初五日收到此折，朱批："著赏假两个月。"[2]

前节（24·51）已叙，七月初十日光绪帝下达一道朱笔亲改的严旨：

> "……虽经严旨敦迫，犹复意存观望。即如刘坤一、谭钟麟总督两江两广地方，于本年五六月间谕令筹办之事，并无一字复奏，辄藉口部文未到任意稽延。（以上十一字朱笔改为：'迨经电旨催问，刘

由沪折还。今沙案早结，似宜特旨迅召入都，赞助新政各事务，与军机、总理衙门王、大臣及北洋大臣，遇事熟筹，期自强之实效，以仰副我皇上宵旰勤求至意。愚虑所及，谨冒昧电陈。乞代奏。宝箴谨肃。阳。"（"收湖南巡抚电"，光绪二十四年八月初八日，《总理衙门清档·收发电》，01-38/17-3）

[1]《戊戌变法档案史料》，第182页。
[2] 军机处《随手档》，光绪二十四年七月初五日。

坤一则藉口部文未到，一电塞责；谭钟麟且并电旨未复，置若罔闻'）

该督等皆受恩深重久膺疆寄之人，泄沓如此，朕复何望？倘再藉词宕

延，定当予以惩处。（以上六字朱笔改为：'定必予以严惩'）直隶距

京咫尺，荣禄于奉旨交办各件尤当上紧赶办，陆续奏陈……"〔1〕

对谭钟麟来说，这是一道从未见过的严旨。于此之后，光绪帝又有两道
针对谭钟麟的严旨。〔2〕谭即回电说明广东办理之情形，最后称：

"……伏念钟麟自咸丰中通籍以来，受三朝知遇，已四十余

年，天良具在，何敢漠视公事，惟赋性愚拙，但求核实，不善铺

张。近日目疾昏蒙，衰病百出，办事竭蹶，难实难胜疆寄重任。六

月十四日陈请开缺折，尚未奉到朱批，惟有仰恳天恩，曲赐矜全，

俾得开缺回籍，免致贻误地方，则有生之年，皆戴德之年。"〔3〕

很可能康有为得知此消息，决计攻谭。〔4〕康称"草折交宋芝栋劾之"，
查军机处《随手档》七月二十八日，御史宋伯鲁共上有两折三片，其中
有"一、参谭钟麟由，片一、参魁元等由……"〔5〕前折为"参谭钟麟
折"，称言：

"谭钟麟年逾七十，两目昏盲，不能辨字，属员手版须大书纸

背，始能辨识。文书皆须人口诵，拜跪皆须人扶持。藩、臬晋谒，

不及数语，举茶即送。即使坐镇承平，走肉行尸，已属无用……该

---

〔1〕 军机处《上谕档》，光绪二十四年七月初十日。

〔2〕 光绪帝七月十二日电旨称："前有旨饬令各省开办学堂，复经降旨电催。已据各省陆
续奏报开办，而广东迄无只字复奏，岂藉口十部文未到耶？著谭钟麟、许振祎立即
妥筹开报，并将办理情形即日电奏，毋再任意迟延干咎。"十六日电旨称："前经降
旨催办各省学堂，据谭钟麟、德寿电复均无切实办法。著该督抚振刷精神，确筹开
办事宜，认真举办，总期多设小学堂，以广作育，不准敷衍延宕，仍将筹办情形即
行电奏。"（《清代军机处电报档汇编》，第2册，第87—89页）

〔3〕 "收两广总督电"，光绪二十四年七月十七日，《总理衙门清档·收发电》，01-38/17-2。

〔4〕 《国闻报》七月二十二日以"督抚升调传闻"刊出消息："本馆接北京访事人来函
云：两江总督因前奉严旨申斥，责其泄沓，因此不安于位，于前日电奏请假，因而
京中舆论有张香帅调两江之说，而两广总督谭文帅亦有去志，有即以裁缺广东巡抚
许仙屏升授两广总督之说，但未见明文……"

〔5〕 该日宋伯鲁共上两折三片，其余折片名为"一、选通才以备顾问由，片一、仿西法
修道由，片一、定银元价值由"，其中"选通才以备顾问折"，参见24·69。

督到任以后，首以裁水师学堂、撤鱼雷学堂为新政，学徒星散，鱼雷锈蚀，至今黄埔山下广厦穹宇，昔费十万金而营造之者，今乃付之荒凉寥落，以穴蛇鼠，莫不咨嗟叹息焉……惟粤省疆臣未尝一奉诏书，未尝一行新政，甚且谕旨停废八股。该督于考应元书院举人，故出八股题。粤省通洋文者，合城人以数千，而学堂至今寂然。其他商人禀请开矿，禀请筑铁路、筑马路、开自来水者，则必阻之……该督既恶时务，全省有谈时务者则不委差使，吏士以此相戒不敢言。粤东地最富腴，外论谓可当天下之半，华洋杂处，尤熟洋情，且游于南洋者数百万，商务亦最盛。天下言办铁路之款，讲洋务之才，皆首推粤东。以最易变法最有为之粤东，而一谭钟麟败坏之。"

该折并称广东盗贼四起，贿赂公行，谭钟麟为之心惧而在宅门口设大炮，以督标兵昼夜环卫等等。然该折中最关键之句，却为：

> "臣以为粤东富庶严疆，宜有忠正通达、讲求时务，内之若礼部尚书李端棻，外之若湖南抚臣陈宝箴之流者，始足以静萑苻而保海疆。若谭钟麟者，宜立予褫革，以正其阻新酿盗之罪。"[1]

按照当时的礼教与官规，赏罚授革为君主的专擅之权，臣子一般不直接提出处理意见，只能婉转言及，且称"不敢擅拟"、"出自圣裁"等语，而康代拟弹章往往直接提出处置意见。前以宋伯鲁、杨深秀之名弹劾许应骙，要求"以三四品京堂降调，退出总理衙门行走"（参见 24·29）；此次又直接要求将谭钟麟开革，以李端棻代之。由此可见，这一奏折的真实目的，是为李端棻出任疆臣开路。宋伯鲁"参魁元、李家焯、王存善、裴景福片"，指责广东按察使魁元、旧带省城防营知县李家焯、知府

---

〔1〕《救亡图存的蓝图》，第 235—239 页；原折见《军机处录副·光绪朝·内政类·职官项》，3/99/5363/127。皮锡瑞于光绪二十三年十一月二十七日日记称："阎梦毂号仲篪夜来久谈……云广东制造得法，枪炮可用，乃香帅之力，谭瞎子必欲撤之，裁兵不用，必将广东送西人。"二十四年闰三月二十八日称："广东来信，文帅双目瞽，两人扶掖，惟痛骂洋务，而洋人要如何便如何。"（《师伏堂日记》，《湖南历史资料》，1958 年第 4 期，第 79 页；1959 年第 1 期，第 109 页）由此可见弹劾内容多有传说。又，《国闻报》八月初四日以"京察荐劾传闻"为题刊出消息："又有人力保李苾园尚书才可大用，劾谭文卿制军守旧贪污。"由此可见风声外露，用意已显。

王存善、番禺知县裴景福，称其为谭钟麟"腹心"。[1]然罢免封疆大吏为大政，且需经过慈禧太后；光绪帝当日给湖南巡抚陈宝箴发去廷寄上谕：

> "有人奏疆臣昏老悖谬，阻抑新政，酿乱四起，请严惩禠革一折。据称两广总督谭钟麟年逾七十……若听该督尸居，势将全省蹂躏等语。督抚膺一方重寄，粤省地滨海疆，弹压抚绥尤关紧要。谭钟麟久历封圻，受恩深重，若如所奏，种种昏谬情形，实属大负委任。著陈宝箴按照所指各款，严密访查。如果属实，速即参奏。另片奏臬司魁元收受赌规，知县李家焯纵勇为盗，知府王存善充当厘差，勒索工商各行规费，番禺县知县裴景福，遇案受贿，种种贪横。粤中官方之坏，皆此数贪吏为之，而谭钟麟倚为腹心等语。著陈宝箴一并逐款确查，据实严参，毋稍徇庇。原折片均著钞给阅看。将此五百里谕令知之。"

光绪帝原本就对谭钟麟不满，此次宋伯鲁的弹章，他是完全听了进去，立即派邻省官员"严密访查"。[2]

崧藩，即崧蕃（1837—1905），"藩"为康有为笔误。瓜尔佳氏，字锡侯，满洲镶蓝旗人，咸丰五年举人。以吏部司员外放四川盐茶道，历湖南按察使、四川布政使、贵州巡抚等职，光绪二十一年由云南巡抚迁云贵总督。

康有为与文悌之交往及恩怨，参见24·7、24·30。此处康称"先是为文悌草折"一事，查军机处《随手档》闰三月二十七日记："御史文悌折：一、云贵总督力小任重请另简贤能由"，此即为"崧蕃力小任重据实纠参折"，称言：

> "崧蕃出身纨绔，贪妄性成。自其初任吏部司员，只以奔走权门、

---

[1] 《救亡图存的蓝图》，第240—242页；原片见《军机处录副·光绪朝·内政类·职官项》，3/99/5370/12。

[2] 《上谕档》，光绪二十四年七月二十八日。又，宋伯鲁折、片需抄，以送陈宝箴，军机处次日才将原件呈送慈禧太后。又，岑春煊《乐斋漫笔》中称，其任广东布政使，出京请训时，光绪命其注重剿办广东土匪，并对其称"闻该督年老不能办事，尔抵粤后可察看奏知"等语。（《近代稗海》，第1册，第85页）岑春煊于七月二十七日请训，事在宋伯鲁奏折之前。

征逐狎友为能事，气焰浮嚣……迨其简放外省，无任不贪，惟以小有
应付之才，又善于酬应权贵。故蒙蔽圣聪，历官至此，膺寄兼圻……
独惟滇省密迩强邻，为外人窥伺最危之地，处今日事势，沿边沿海华
洋杂处省份，诚宜参用西法新学，作人才，广制造，以期抵制外患，
治法实与腹地不同。而崧蕃一味因循，漫无布置，闲员冗兵不肯裁，
营操军械不知变，学堂书院不能立，地利矿务不欲兴，废阁诏书，听
命幕吏，奉行故事，玩愒岁月，时不待人，良可痛惜。此崧蕃力小
任重之实在情形也……伏乞皇上垂念滇虽边陲，实关大局，应否饬
下邻省公忠体国之督抚，从实查明崧蕃负恩之咎，量加惩办……并
拟恳皇上圣恩，特予妙简中外贤能之臣，即往代任滇督，令其从速
整顿全滇兵制官方，举行全滇新政，推广全滇新学。"[1]

在此一弹章中，崧蕃除了贪污纳贿、放纵亲从外，另一大罪名是不行新
政，文悌的这一奏折很可能有康的参与。光绪帝当日给邻省的贵州巡抚
王毓藻发去了廷寄谕旨：

"有人奏云贵总督崧蕃与臬司兴禄朋比营私，信任门丁，需索
馈献，差委文武，皆以贿行，贪纵骄奢，而于滇省地方事宜漫无布
置等语。著王毓藻按照所参各节，确切密查，据实具奏，毋稍徇
隐。原折著钞给阅看。"[2]

王毓藻的奏折，多有回护。[3] 康称其"革职焉"，误。崧蕃仅是交部议

---

[1] 《救亡图存的蓝图》，第64—67页；原折见《军机处录副·光绪朝·内政类·职官
项》，3/99/5359/83。

[2] 军机处《上谕档》，光绪二十四年闰三月二十七日。

[3] 七月二十七日，光绪帝收到王毓藻"遵查滇督崧蕃等参款请将臬司兴禄革职折"、
"总兵黄呈祥交接督署门丁请惩处片"，当日明发谕旨："前据御史文悌奏参云贵总督
崧蕃与臬司兴禄营私各节，当经谕令王毓藻确查。兹据派员查明复奏，据称崧蕃洁
清自重，云贵文武并无异辞。其被参贿赂索需各款，均查无实据。臬司兴禄识字无
多，办理各局不能核实，武弁亦多出其门下，代求差委，操守难信，殊难胜任。兴
禄著即行革职。另片奏参古州镇总兵黄呈祥与督署门丁张升等相识，礼物往来等
语。专阃大员与督抚阍人交接，殊失体统。黄呈祥著一并革职。至崧蕃与兴禄同官
日久，该员既识字无多，其办事概可想见，何以未经参奏？该督门丁王姓、张姓私
收门包，物议沸腾，均有失察之咎。崧蕃著交部议处。"（军机处《上谕档》、《随手
档》，光绪二十四年七月二十七日）

处，并未因此革职，而后又任陕甘总督、闽浙总督，于光绪三十一年（1905）在任上去世。

（24·55）时万寿，请颁御象，下爱民诏书，以结民心。刊新政诏书誊黄遍贴穷乡僻壤，以广德意。停止昭信股票，或作为公债，交回本地方，起农工商之业，以惠民困。刊誊黄及股信票事皆奉旨允行。昭信股票害民至甚，富商小户无得免者，至是皆得昭苏。同日，上禁天下裹足折，请奖励各省不缠足会，令各省督抚饬地方官劝诱士庶，仿照上海不缠足会例推行；并定律，光绪十五年所生女子，至今十岁者，无得裹足，若有裹足者，不准领受封典。枢臣以秽屑不关政体，沮尼不行。

<small>据手稿本，此节为韩文举字体。"时万寿"之"时"字为添加，"寿"字后删一"时"字；"御像"之"像"字由"杖"字改，康有为字体；"下爱民诏书"为添加，补在行间；"遍贴"前删一"以"字；"或作为公债"之"或"字后删"将其本"三字；"以惠民困"之"惠"字以"卫"字改，康有为字体；"股信票"前删"昭信"二字，各抄本皆改为"昭信股票"；"奉旨"二字以"得"改；"害民至甚"之"甚"字以"是"字改；"上禁天下裹足折"之"上"字删原补之"请"字；"地方官"之"官"字，以□字改；"至今十岁"之"至"字以□字改；"枢臣"之"枢"字，各抄本皆误为"诸"字。</small>

"万寿"，指光绪帝的生日，为六月二十六日。

康称"请颁御象，下爱民诏书……"一事，查《杰士上书汇录》卷三，收录康有为"为万寿庆辰乞许士民庆祝并刊新政诏书折"，署日期为"光绪二十四年七月初二日"。又查军机处《早事档》、《随手档》不见代奏的记录，很可能是由军机大臣廖寿恒代奏的。《杰士上书汇录》属内府抄本，其日期应是康有为进呈日期；然折中"顷宜因圣寿之庆，即屯告天下士民"，"因此圣寿庆典，特卜明诏"之语，该折应作于光绪帝生日即六月二十六日之前；很可能是康有为起草之后，一直没有机会，军机大臣廖寿恒自康有为督办官报后，不愿再为其递折，由此生出几番周折，拖了一些日子。（参见24·44）

康有为"为万寿庆辰乞许士民庆祝并刊新政诏书折"，共有三项内容：一、万寿节全国庆祝；二、"昭信股票"；三、新政谕旨"刊印誊黄"。这与《我史》所称内容大体相似，顺序稍有差别。分项说明于下。

"万寿节"全国庆祝一事，康有为条陈称言：

> "……向来直省，恭逢万寿，只有职官行礼，士绅游客，皆不得预舞蹈之列，至于农工商贾，兵卒妇孺，更不下逮……昔文王与国人交，视民如子。史佚告成王曰：愿王近于民。孔子言尊君而即言亲上，言明德即言亲民……查泰西各国，其君主寿辰，或他庆典，举国停工一日，结彩悬灯，欢笑称祝。其官商士庶，皆于是日宴客，遍陈百戏以乐之。其公署及商民之室，皆听悬君主之象，以听其瞻拜……顷宜因圣寿之庆，即电告天下士民，许人人得立万寿牌，家家得悬万寿灯，听其祝嘏；用汉、唐赐酺之例，仿端节、秋节之俗，停业一日，以胪薄海之欢。后此凡逢皇太后万寿、皇上万寿及他国家庆典，皆照例行。"

康称"请颁御象"，而查该条陈称"泰西各国，其君主寿辰""皆听悬君主之象"，而中国"许人人得立万寿牌，家家得悬万寿灯"，稍有误。康在《日本变政考》中有此提议。[1]康又称"下爱民诏书"，查该条陈称"电告天下士民""听其祝嘏"，亦稍有误。

"昭信股票"一事，康有为条陈称言：

> "……臣愚以为，皇上施惠生民，莫如昭信股票一事。查日本有起业国债，多为起学校，兴农务，劝商资，补工业起见。四业皆以西法兴之，数年大盛……臣愚伏愿皇上洞鉴万国之政，俯施四海之惠，因此圣寿庆典，特下明诏，令昭信股票皆作民间起业公债，付之士绅富商，令其公议，各分作本地学堂、农学堂、工

---

[1] 康有为在《日本变政考》中称：明治六年六月"是月，奈良县四条隆平请下赐天皇照影，使人民瞻望。听之。寻颁赐各府、县。此示亲尊之意也。（此又有令人有亲上之意，我宜行之。）"（《康有为日本变政考》，卷五，第15页；又，括号内的文字是康有为的亲笔。）

艺学堂、机器制造、轮船等商资，令妥议章程，以为将来归本之地，或仿照日本起业公债章程行之，而国家但与保护，不取其利。"

昭信股票为按期偿日本赔款而发行，康有为一开始便表示反对，认为是搜刮民财。（参见24·9）而昭信股票在发行过程中，被各地官员当作"捐输"的变种，强行逼勒，以至民怨沸腾，官员上奏反对，纷纷不断。[1]七月初十日，御史黄桂鋆上奏、翰林院编修张星吉上书，均请停昭信股票，光绪帝当日发下交片谕旨："著户部核议具奏。"[2]由于二月初九日总理衙门与汇丰银行、德华银行签订了《英德续借款合同》，对日赔款已有了着落（参见24·10），更兼户部主办官员翁同龢已罢免，张荫桓、徐用仪态度有所改变；七月二十二日，户部议复，停止办理昭信股

---

[1] 四月二十六日，御史宋伯鲁上奏请求陕西昭信股票请宽减。既然是自愿，请宽减已有指标。五月十二日，给事中高燮曾上奏称，成都将军兼署四川总督恭寿，"办理昭信股票，令各州县按粮摊派"。十六日，总理衙门议复陈秉和奏股票宜防流弊，"山东州县承办昭信股票，闻有勒派富民"。二十一日，御史攀桂奏，"海城知县米办理昭信股票，苛派骚扰，私设班馆，任令蠹役擅作威福。"七月初五日，户部主事李经野上书称山东办理昭信股票确有"计顷按亩之弊"。初六日，御史张承缨上奏，再次指责四川办理昭信股票"扰累闾阎"。每一次上奏，光绪帝均有严旨。另一方面，许多人也不要股票，宁可按捐输办理。如六月十八日上谕称："前因图、车两盟蒙古王公暨哲布尊丹巴呼图克图沙毕喇嘛等报效银二十万两，业经谕令归入昭信股票办理。兹据该王公等再三恳请不愿领票，具见急公奉上之诚，深堪嘉尚。著理藩院会同户部照章核给奖叙。至该卡伦总管等所捐银两，亦属一并给奖。嗣后各处奏报捐助昭信股票银两，仍著归入股票章程一律办理。"福州将军增祺奏称，报效银一万两请无庸领股票。七月十一日光绪帝朱批："著户部归入昭信股票内一律办理。"当时人认为，捐输的奖励尚可立即兑现，而对股票能否真正还本付息抱有怀疑。（见各该日军机处《随手档》、《上谕档》）又，也有一些官员从体制上进行分析，反对昭信股票。其中有闰二月初五日御史徐道焜奏折、闰三月二十七日给事中高燮曾奏折，光绪帝将之交户部议复；四月十七日御史杨崇伊奏折、四月十九日右庶子陈秉和奏折，光绪帝将之交总理衙门议复。相关研究参见李文杰：《中国早期国债的顿挫："昭信股票"发行始末》（北京大学硕士论文）。
[2] 军机处《随手档》、《上谕档》，光绪二十四年七月初十日。又，编修张星吉条陈由翰林院代奏。

票。[1]光绪帝当日发下谕旨：

> "据户部奏称，股票扰民，屡经指摘，近时收数无多。除京外各
> 官仍准随时请领，并官民业经认领之款，照案收缴外，其绅商士民
> 人等，请一概停止劝办等语。朝廷轸念民依，原期因时制宜，与民
> 休息，岂容不肖官吏任意洒派，扰害闾阎。其民间现办之昭信股
> 票，著即停止，以示体恤而固民心。"[2]

由此可见，昭信股票之事停办，是各方的参劾及户部的意见，与康"为
万寿庆辰乞许士民庆祝并刊新政诏书折"并无太多的关系。康亦并非要
求停止昭信股票，而是提出将之改为"起业公债"，康称"奉旨允行"，
并不属实。

新政谕旨"刊刻誊黄"一事，康有为条陈称言：

> "至四月以来，迭奉诏书，皆罢旧章而行新政，期以强中国而
> 安小民。仁政之颁，天下翘首，然有司视为具文，小民无从周知，
> 感动无从，发愤奚自？昔周人象魏悬书、闾里读法，此实先王之大
> 义也。伏乞饬下各省督抚，将四月以来新政诏书刊刻誊黄，令州县
> 遍贴乡落，俾天下士庶皆知我皇上维新图治之盛美，必皆踊跃感

---

[1] 户部该折称："臣等伏查昭信股票前经臣部奏定章程，通行各省，不准苛派抑勒，
并叠奉谕旨，愿借与否听民自便，严禁地方官借端扰累等因，各该省如果劝办得
人，则谨守部章，恪遵谕旨，自可上裨国计，下顺舆情，又何至强民所难，动滋流
弊？……今御史黄桂鋆、编修张吉星复因股票滋扰，均请停办，奉旨交部核议。臣
等窃维昭信股票原议收有成数，借还洋债，现在续借洋债既指由厘金抵还，而拨补
厘金亦先尽各款凑集，尚非专赖股票一项为目前救急之需，随时制宜，与民休息，
臣部固未尝不统筹兼顾也。且股票之停与否，总以人之愿与不愿为断，自开办以
来，收数约千万，颇为踊跃，近时收数无多，已成弩末，与其日事征求，损下而不
能益上，何如姑留余力，保富即以惠民？臣等公同商酌，除王公以下京外文武各员
如有情愿认领股票者照旧办理外，拟请饬下各省将军督抚顺天府府尹，接奉此次谕
旨，即将认领股票一事，晓谕绅商士民人等概行停止，无庸再行劝办，以免纷扰而
杜弊端。"（《军机处录副·补遗·货币金融》，3/168/9534/63，光绪二十四年七月二
十二日；转引自李文杰：《中国早期国债的顿挫："昭信股票"发行始末》，北京大学
硕士论文，第68页）

[2] 军机处《随手档》、《上谕档》，光绪二十四年七月二十二日。

奋，兴举庶业，以上报圣明。"[1]

查军机处《上谕档》，七月二十七日，光绪帝下发两道很长的明发上谕，其中提到了新政谕旨刊刻誊黄：

"国家振兴庶政，兼采西法，诚以为民立政，中西所同，而西人考究较勤，故可以补我所未及。今士大夫昧于域外之观者，几若彼中全无条教，不知西国政治之学千端万绪，主于为民开其智慧，裕其身家，其精乃能美人性质，延人寿命。凡生人应得之利益，务令其推广无遗。朕夙夜孜孜，改图百度，岂为崇尚新奇？乃眷怀赤子皆上天之所畀，祖宗之所遗。非悉使之康乐和亲，朕躬未为尽职。加以各国环处，陵迫为忧，非取人之所长，不能全我之所有。朕用心至苦，而黎庶犹有未知。职由不肖官吏与守旧之士大夫不能广宣朕意，乃反骨动浮言，使小民摇惑惊恐，山谷扶杖之民有不获闻新政者。朕实为叹恨。今将变法之意布告天下，使百姓咸喻朕心，共知其君之可恃，上下同心，以成新政，以强中国，朕不胜厚望。著查照四月二十三日以后所有关乎新政之谕旨，各省督抚均迅速照录刊刻誊黄，切实开导。著各州县教官详切宣讲，务令家喻户晓。各省藩臬道府饬令上书言事，毋事隐默顾忌。其州县官应由督抚代递者，即由督抚将原封呈递，不得稍有阻格。总期民隐尽能上达，督抚无从营私作弊为要。此次谕旨并著悬挂各省督抚衙门大堂，俾众共观，庶无壅隔。"

"前因振兴庶务，首在革除壅蔽，当经谕令各衙门代递事件，毋得拘牵忌讳。嗣因礼部阻格司员王照条陈，当将怀塔布等予以重惩。复先后谕令都察院暨各衙门随到随递，不必拘定值日之期，诚以百度维新，必须明目达聪，始克收敷奏以言之效，第恐大小臣工，狃于积习，不能实力奉行，用再明白宣谕，以后各衙门有条陈事件者，次日即当呈进，承办司员稍有抑格，该部院堂官立即严参

---

[1]《杰士上书汇录》卷三，《康有为早期遗稿述评》，第308—310页；《救亡图存的蓝图》，第191—194页；《康有为全集》，第4集，第376—377页。

惩办，不得略予优容。所有六月十五日、七月十六日谕旨、七月十九日朱谕、七月十七日暨二十四日交片谕旨，均令各衙门录写一通，同此件谕旨一并悬挂，俾其触目警心，不致复萌故态，以示朕力除壅蔽之至意。”〔1〕

光绪帝前一道谕旨产生的原因不详，若称因康有为条陈而发，不仅在时间上相隔二十五天之久；且从文字上看，与康有为的建策还有一些差距。后一道谕旨与刑部笔帖式奎彰的条陈有关。七月二十四日，刑部代奏该部候补笔帖式奎彰条陈一折一片。正折自荐去日本留学；附片弹劾刑部侍郎阿克丹、堂主事文谦，称其于七月十七、十八日阻挠上书，由此提出：

> “拟请饬下各衙门堂官，将迭次谕旨恭录一道，宣示大堂。有条陈事件呈请代递者，次日呈进。承办官稍有抑格，定行严参，庶进言之人不至气沮矣。”〔2〕

刑部阻挠奎彰上书一事，恰发生于光绪帝因礼部阻挠主事王照上书将六堂官交吏部议处之后。(参见24·58) 若以此追究责任，刑部堂官阿克丹、文谦的处分将重于礼部六堂官。光绪帝此时不愿再兴大狱，即采用奎彰提议，命抄录迭次谕旨宣示大堂。〔3〕(参见24·49) 也有可能因此一事件，光绪帝下旨军机处，拟发两道内容各有侧重的上谕。

康称“上禁天下裹足折”一事，查《杰士上书汇录》卷三有康有

---

〔1〕 军机处《上谕档》，光绪二十四年七月二十七日。
〔2〕 奎彰弹片称：“奴才此次敬陈管见，自（七月）十七日回明左侍郎阿克丹、赵舒翘。在赵舒翘并无异闻，惟阿克丹盛气相向，眄目而语，且散衙时并无示下，仅将原呈交堂书手，殊甚怪异。十八日进内回明尚书崇礼、右侍郎梁仲衡，均无异词，且面奉尚书崇礼谕，二十日正班代递。当即进署口述堂官，将折封一件，交堂主事文谦办理。不料文谦于明明宪谕若不理会，将原折封多方挑剔。安坐而语，面含怒气。且谓二十日不能递，二十四日加班再递。虽经奴才力争，其言如铁铸成矣……”(见《军机处录副·补遗·戊戌变法项》，3/168/9449/56，七月二十四日刑部代奏) 又，奎彰正折见《戊戌变法档案史料》，第53—54页。奎彰称其“寒微”，所需费用约银740两“请由官支领”。
〔3〕 参见拙文：《戊戌变法期间司员士民上书研究》，《明清论丛》，第5辑，紫禁城出版社，2004年。

为"为万寿大庆乞复祖制行恩惠宽妇女裹足以保民保国折",署日期为"光绪二十四年七月初二日"。该条陈内称"顷恭逢皇上万寿昌期","特下明诏",当作于六月二十六日之前。而进呈日期延后,很可能与前一条陈"为万寿庆辰乞许士民庆祝并刊新政诏书折"的原因相同。该条陈称:

> "……今一男子竭力经营于外,而妇女以裹足之故,拱手坐食于内。夫以一人而养母妻女数人,数口嗷嗷,常忧不给,故衣食不充,鹄形菜色……西人论我兵怯弱之故,由于种类之不强。而种类之不强,实由妇女裹足所致,束缚血气,戕绝筋骨,经数十代展转流传,故传种日弱……康熙三年,圣祖仁皇帝下诏,禁天下妇女裹足。有裹足者,罪其父若夫,杖八十,流三千里。又嘉庆九年,奉仁宗睿皇帝上谕:今镶黄旗汉军应选女内,缠足者竟至十九人,殊为非是。此次传谕后,仍有不遵循者,定将秀女父兄照违例治罪……顷恭逢皇上万寿昌期,天下欢舞,皇上法祖舜训,迓天庥命,特下明诏,禁止妇女裹足。则二万万妇女立离苦厄,即亿万年人民永强种类……准令妇女已缠足者,宽勿追究,自光绪二十年以后所生之女,不准缠足,如有违犯,不得给予封典。顷臣庶中通才志士,知国弱民弱之由,多立戒裹足会,以劝化小民。"[1]

康称"并定律光绪十五年所生女子至今十岁者"一语,与条陈中"自光绪二十年以后所生之女",稍有差异;康又称"令各省督抚,饬地方官劝诱士庶,仿照上海不缠足会之例推行",与条陈中的文句,亦稍有不同。而康称"诸臣以琐屑不关政体,沮尼不行",指军机大臣进行阻碍,乃属康的自我想像;由于该条陈非由正式渠道递上,光绪帝又未发下军机处,军机大臣也无从进言。军机处的档案中未见有此条陈的痕迹。

经康有为作伪的《戊戌奏稿》中有"请禁妇女裹足折",是康后来的

---

〔1〕《杰士上书汇录》卷三,《康有为早期遗稿述评》,第 311—314 页;《救亡图存的蓝图》,第 195—202 页;《康有为全集》,第 4 集,第 378—380 页。

另作，内容有着很大的不同。[1]

又据《杰士上书汇录》卷三，同署日期七月初二日的，还有康有为"请开农学堂地质以兴农殖民折"，然该折于七月初五日由总理衙门代递。(参见24·50)

（24·56）时徐致靖学士请开编书局于京师，荐我编万国强盛弱亡之书，及制度风俗之事。刚毅沮之，谓大学堂已有编译局，可无庸另开，遂不行。

> 据手稿本，此节为韩文举字体，添加在页眉；"万国强盛弱亡之书"之"万国"二字为添加，"书"字以"故"字改，皆康有为字体。

六月初八日，孙家鼐议复宋伯鲁"请将《时务报》改为官报折"，顺势将康有为挤往上海，康、梁一度愿意离京，后改变主意，以"编书未完"、"报事待查办"为由，设法继续留在北京。(参见24·43、24·49、24·51)此为康有为的又一次试探。

康称"徐致靖学士请开编书局"一事，查军机处《随手档》六月二十七日记："翰林院侍讲学士徐致靖折：一、请开编书局由。"然徐致靖的"请开编书局折"尚未从档案中检出，孔祥吉认为，该折由康有为自拟，请徐致靖代为奏上，其意以给光绪帝编书为由，不赴上海办理《时务官报》，而是继续留在北京。[2]对此我是同意的。六月二十三日，康致其女康同薇信中亦称："……得报故欲速。然报事为人所共指，且汪某甚恨，亦不好办。或得编书局以自寄耳。"[3]

---

〔1〕《戊戌奏稿》影印本，第97—101页；并参见《戊戌变法史研究》，第564—565页；《康有为戊戌真奏议》，第478—480页。该折提出："试观欧美之人，体直气壮，为其母不裹足，传种易强也。迴观吾国之民，尪弱纤倭，为其母裹足，故传种易弱也。""乞特下明诏，严禁妇女裹足。其已裹者一律宽解，若有违抗，其夫若子有官不得受封，无官者其夫亦科缓罚，其十二岁以下幼女，若有裹足者，重罚其父母。"
〔2〕孔祥吉：《康有为戊戌年变法奏议考订》，《戊戌维新运动新探》，第151—153页；《变法图强的蓝图》，第207—209页。
〔3〕《万木草堂遗稿外编》，下册，第777页。"报"，《时务报》；"汪某"，汪康年。

康称"刚毅沮之,谓大学堂已有编译局"一事,当为误。查军机处《上谕档》,光绪帝当日发下交片谕旨:"著孙家鼐酌核具奏。"[1]七月初三日,孙家鼐上奏"遵旨议复徐致靖请开编书局折",称言:

> "查徐致靖之疏,请开一编书局,令康有为编译外国各书恭呈御览,系为请皇上变法起见。又查康有为编成《俄彼得堡变政考》、《日本变政考》、《列国比较表》、《日本书目志》,业已进呈御览。其各国变政之书,亦拟陆续写呈。我皇上聪明圣智,即此数种书,于列国兴废之故,岂不洞若观火乎。况《泰西新史撮要》、《普法战纪》等书,久已经皇上阅过……臣观日本变政,坚沈毅行之二十年,勃然兴起,盖实有自强之根本,非仅恃一编书局耳。中国欲广译洋书,但于官报馆、译书局兼办此事,以备收藏考核,足矣。若待编阅千万卷书而后知变法自强,诚恐纡远寡效。徐致靖请特开一编书局,非今日之急务,所请应无庸议。"[2]

孙家鼐反对设立编书局的理由,颇为牵强,但其意坚定,即让康有为离开北京。光绪帝当日下旨:"依议。"[3]

从此例也可以看出,康称"刚毅沮之",是其不知内情;《我史》中多次提到刚毅反对其建策,情况也有可能与此相同,即康本人并没有实据,而是将其计策未被采用之原因,习惯性地推给刚毅。

(24·57)当万寿后,进《波澜分灭记》,言波澜被俄、澳分灭之惨,士民受俄人荼毒之酷,国王被俄人控制之害,守旧党遏抑之深。后国王愤悔变法,俄使列兵禁制,不许变法,卒以割亡。哀痛言之。上览之,为之唏嘘感动,赏给编书银二千两。七月初四日,

---

〔1〕 军机处《上谕档》,光绪二十四年六月二十七日。又,徐致靖该折及交片谕旨当日送慈禧太后。

〔2〕 《戊戌变法档案史料》,第455页。

〔3〕 军机处《随手档》,光绪二十四年七月初三日。值得注意的是:光绪帝此日从颐和园回到宫中,军机处当日递孙家鼐、张荫桓等签《校邠庐抗议》各一部,孙家鼐此折与光绪帝谕旨送呈慈禧太后。

总理衙门传言来，谓当有旨到，命勿出门。既而章京李岳瑞来，口传谕旨，即令仆人将赏银捧出，仓卒拜受。此本朝未有之举，不知何以报也。时应诣宫门谢恩，以上未降明旨，知有曲折，恐为太后所忌，故亦不敢诣宫门请对，但具折谢恩。于折末极陈时变之急，分割之苦，新政变而不变、行而未行之无益，制度局不开，零星散杂之无裨。末复举波澜事，反复言之，折凡数千言。于是上大感动，从此发大雷霆，非复曩时之迂回矣。时七月十二日也。附片辨《孔子改制考》事，辨孔子称王为历朝封典，非自我创造事。自上此折后，以制度局未开，不复言事矣。然修英、德变政记，日无暇晷。

据手稿本，此段为韩文举字体；"当万寿后"之"当"以"既经"二字改，"后"字以□字改；"波澜"，各抄本皆改为"波蘭"；"被俄、澳"三字为添加，补在行间；"士民受俄人"之"受俄人"三字由□字改，康有为字体；"国王被俄人"前删一"各"字，"王"字由某字改，"遏制之深"之"深"字由"寒"字改，"后国王愤悔变法"之"愤悔"由"悔而"改；"唏嘘感动"后删"徐致靖学士奏请开编书局于京师，荐我编强盛弱亡之故及制度风俗之书，刚毅"一段；"赏给编书银二千两"一句为添加，补在行间，后删"令总理衙"四字；"七月初四日"为添加，康有为字体，删一"时"字；"传言来"三字为添加，康有为字体，补在行间；"当有旨到"之"有"字前删一字；"李岳瑞来"之"来"字为添加，补在行间；"此本朝未有之举"一句为添加，补在行间，《戊戌变法》本此句顺序不同，作"此本朝未有之事，仓卒拜受，不知何以报也"；"宫门"之"宫"字皆以"公"字改，康有为字体；"于折末"之"于"字由"遂"字改，康有为字体；"于是上大感动"之"是"字后删一字；"发大雷霆"诸抄本皆误作"大发雷霆"；"辨孔子称王为"后删"向来□"三字；"然修英、德变政记"之"然"字由"以"字改。

康称"进《波澜（兰）分灭记》"一事，《我史》前称"六月进《波兰分灭记》、《列国比较表》"（参见24·34），此处又称"当万寿后"，即在六月二十六日之后；又据康"恭谢天恩并陈编纂群书以助变法折"中所言"臣于本月初五日奉到总理衙门传旨：'著赏康有为银二千两，以为编书津贴之费……"即进呈日期当在七月初四日之前。其具体时间不详，很可能与"为万寿庆辰乞许士民庆祝并刊新政诏书折"、"为万寿大庆乞复祖制行恩惠宽妇女裹足以保民保国折"一起，于七月初二日由廖寿恒代为进呈。（参见24·55）

康有为《波兰分灭记》进呈本，现收藏于故宫博物院图书馆。共七卷，装订为三册，分两函。其第一册比第二、三册稍窄，孔祥吉认为"由是观之，是书似乎是先进第一册，然后再进二、三册，并非一次进呈。"[1]姜义华、张荣华将之收入《康有为全集》，是目前最为方便利用的版本。该书纲目为：

> "卷一、波兰分灭之由第一，波兰旧国第二；卷二、俄女皇卡他利那专擅波兰第三，俄使恣捕波兰义士第四，波兰志士谋复国权与俄战第五；卷三、俄人专擅波王废立第六；卷四、俄、土争波兰义士起爱国党第七；卷五、普奥俄分波兰之原第八，俄、普、奥第一次迫割波兰第九；卷六、俄胁波兰废其变法为第二次分割第十；卷七波兰第三次分割而灭亡第十一。"

其卷一、卷二为第一册，装一函；卷三、卷四、卷五为第二册，卷六、卷七为第三册，第二、三册装一函。黄色纸面、黄丝线订、黄绫包角，另有黄绫封套，当经武英殿修书处重新装订过。[2]该书的主旨，康有为在该书的《序言》中称：

> "俄为虎狼之国，日以吞并为事，大地所共闻也。波兰以立王

---

〔1〕 《救亡图存的蓝图》，第290—292页。

〔2〕 孔祥吉称："全书凡七卷，每卷又分若干问题叙述，其纲目分别为：波兰分灭之由第一；波兰旧国第二；俄女皇卡他利那专擅波兰第三；俄使恣捕波兰义士第四；波兰志士谋复国权与俄战第五；俄人专擅波王废立第六；俄土争波兰义士起爱国党第七；普奥俄分波兰之原第八；俄胁波兰废其变法为第二次分割第九，波兰第二次分割而灭亡第十。"（《救亡图存的蓝图》，第290—292页）姜义华、张荣华编《康有为全集》，亦收入《波兰分灭记》（见第4集，第395—423页），所录篇目共计十一篇，并在"俄胁波兰废其变法为第二次分割第十"注："十"原作"九"，误，校改；"波兰第三次分割而灭亡第十一"注："十一"原作"十"，误，校改。两者相校，孔祥吉少"俄、普、奥第一次迫割波兰第九"。为此，我查故宫博物院图书馆所藏原本，确如姜义华、张荣华所记。其第二册卷五中已有"俄、普、奥第一次迫割波兰第九"，其第三册卷六又称"俄胁波兰废其变法为第二次分割第九"，卷七又称"波兰第三次分割而灭亡第十"。不仅如此，其第二册"波兰分灭记卷三"之"三"字、"俄人专擅波王废立第六"之"六"字、"波兰分灭记卷四"之"四"字、"俄、土争波兰义士起爱国党第七"之"七"字，皆是贴补。进呈本出现此类错误的原因，很可能是康请多个抄手，校核未能周全，也有可能是分卷进呈遗忘所致。孔祥吉未查其误，由此漏抄一篇目。

之故，假俄之力，当是时，举国咸德俄，以俄大之足恃也，乃听俄驻兵其国，而俄使即夺波王之权，减波兵之数，分波边之地。波自知其弱，不能自立也，乃议变法。其始则小臣议之，而其君与贵族大臣疑之，几兴大狱，而复议定。波王决然变法，贵族欣然改从，具草既定，布告将行，可谓非常之机会，自强之至理矣。而俄人乃兵围议院，流变法贤才于西伯利部，勒令守旧法而勿变，于是不七年而波亡……我辽东之归地，实藉俄力，而以铁路输之，今岁则以旅大与之，动辄沮挠，我之不为波兰者几希。今吾贵族大臣未肯开制度局以变法也，夫及今为之，犹或可望，稍迟数年，东北俄路既成，长驱南下，于是，而我乃欲草定宪法，恐有勒令守旧法而不许者矣。然则，吾其为波兰乎？而凡守旧阻挠变法者，非助俄自分之乎？臣所为每考波事而流涕太息也。"

康有为于此处巧妙地改编了历史。波兰之瓜分，并非在于其守旧或变法，而是当时的国际政治之使然。然康却简约为变法即存、守旧即亡的逻辑，笔锋随即转到"今吾贵族大臣未肯开制度局以变法也"，再次点出"制度局"这一核心。该书中有康有为按语 9 条，大多是对俄国的不满。《波兰分灭记》一书之写作，康也有可能借用梁启超之力。[1]

经康有为作伪的《戊戌奏稿》，另有《进呈〈波兰分灭记〉序》，是

---

〔1〕 梁启超在《时务报》第 3 册（光绪二十二年七月）发表《波兰灭亡记》。唐才常在《论中国宜与英日联盟》一文中称："吾观梁启超所为《波兰灭亡记》曰：波兰之再亡于俄也，俄人穷治倡义之党，凡迹涉涉疑似者，悉驱徙西伯利亚……梁氏又推原祸始曰：一千七百六十三年，俄命甘斯临使波，大出金帛，以赂波人，于是波廷诸臣，皆有倚俄心……"（湖南省哲学社会科学研究所编：《唐才常集》，中华书局，1980 年，第 150 页）对此评价甚高。王照又称："余与南海为同年兄弟，累年旧交，所寓又在半里之内……故两家过从频数。回忆是年于南海座中遇任公者仅二次，尚不如徐子静父子、杨、谭诸人相遇之多，故其赞画，想亦不过如游、夏耳。"（《复江翊云兼谢丁文江书》，《丛刊·戊戌变法》，第 2 册，第 574—575 页）"杨、谭"，杨深秀、谭嗣同。"游、夏"，子游（言偃）、子夏（卜商），皆以文学著称。王照称很少见到梁启超，且以"游、夏"相比，似可说明梁潜心于写作，他本是文字高手且高产，而在北京的半年中，罕见以其名发表的文字。

其后来所写的另作，与进呈本序文相较，文字有很大的不同。[1]

康称《波兰分灭记》一书"上览之，为之唏嘘感动"，我尚未读到可佐证之史料。康又称光绪帝"赏给编书银二千两"，由总理衙门章京李岳瑞颁来，属实。查《杰士上书汇录》卷三有康有为"恭谢天恩并陈编纂群书以助变法折"，署日期为七月十三日。康称"时七月十二日也"，很可能指该条陈递上的日期，按照当时的官规，奏折上递署次日，以能在早朝时上达。又查军机处《早事档》、《随手档》，不见代奏的记录。该条陈可能是由军机大臣廖寿恒代呈。该折提到了接受光绪帝赏银事：

> "臣于本月初五日奉到总理衙门传旨：'著赏康有为银二千两，以为编书津贴之费等因。钦此。'祗领之下，感悚莫名……曩者受对温室，渥荷沦言，许其广事搜罗，悉以上尘 [呈] 乙览，日夕兢惕，方惧弗胜，乃承高厚之恩，恤其写官之费……臣惟有研精编纂，广事搜罗。凡泰西各国，大地新邦，地既与我比邻，政亦互相比较，撢其政俗得失之故，更事研摩，纳于石渠天禄之中，以资采鉴，庶效涓埃之助，仰赞日月之明。"

在时间上，康在《我史》中稍有误，七月初五日错记为七月初四日。

康称"附片辨《孔子制度考》事"，亦有误；康并无附片进呈，其对《孔子改制考》辩解置于"恭谢天恩并陈编纂群书以助变法折"的正文中，称言：

> "即如《孔子改制考》一书，臣别有苦心，诸臣多有未能达此意者。前五月二十九日，协办大学士孙家鼐传旨，'本日孙家鼐具奏，主事康有为所著《孔子改制考》一书，凡有关孔子改制称王字样，宜亟令删除等语。军机大臣奉谕旨，著孙家鼐传知康有为遵照。钦此。'臣遵复，此书由石印而非刻版，臣当恭遵谕旨，于下次再印时改正。然臣岂敢与众违异，妄招攻击？则特著此书之苦衷微意，不敢不陈于君父之前……汉以前，儒者皆称孔子为改制，纯儒董仲

---

[1] 《戊戌奏稿》影印本，第179—182页；并参见《戊戌变法史研究》，第573页；《康有为戊戌真奏议》，第507页。

舒尤累言之。改者，变也；制者，法也，盖谓孔子为变法之圣人也。自后世大义不明，视孔子为拘守古法之人，视'六经'为先王陈迹之作。于是，守旧之习，深入人心，至今为梗……臣故博征往籍，发明孔子变法大义，使守旧者无所借口，庶于变法自强，能正其本，区区之意，窃在于是。至于原奏所指孔子称王一节，臣原书中并无此语。臣盖引历代帝王、儒生尊孔子为王耳，非谓孔子自称王也……合无仰恳天恩，将臣所著《孔子改制考》易名《孔子变法考》，抑或仍名《改制考》之处，伏候圣裁。"

康有为曾进呈《孔子改制考》抄本9卷；而孙家鼐、陈宝箴两次弹劾《孔子改制考》，前一次由孙家鼐传旨，后一次康似亦有耳闻。（参见24·23、24·37、24·52）于是，康借此递谢恩折的机会进行自辩，且以书名改易而请旨意，表现得十分机智。一旦光绪帝有旨，该书即成为"御准"之书。也就在此折中，康称其正在编《皇朝列圣改制考》，谓：

臣尚编有《皇朝列圣改制考》一书，详述列圣因时制宜，变通宜民之制，尚未脱稿。如蒙赐览，当赶速辑缮恭呈……

至《皇朝列圣改制考》与《孔子改制考》用意相同，亦以使守旧之徒无所藉口，以挠我皇上新法，应否照旧仍名《列圣改制考》，抑或名《列圣变法考》之处，恭候圣裁。"

一旦光绪帝命其进呈或定其书目，他的此项编书也成了"奉旨"之事。

康称"于折末极陈时变之急"一事，亦为属实。"恭谢天恩并陈编纂群书以助变法折"后半部分论及变法自强，且为该条陈篇幅的一半以上。康称言：光绪十四年他第一次上书，"请速变法，以求自强"，然未能进行，"此为第一失机"；光绪二十一年，"臣待罪工部，曾上书极言变法先后缓急之序，又格不得达"（即"上清帝第四书"），"此为第二失机"；此时正在进行的变法，为第三次机会，若"失此第三机会"，"将为波兰之续"。由此，他再次强调他的两项核心主张：一是御门誓众，二是设制度局：

"……推求其原，得毋皇上于至明之中，未施大勇；虽悬日月之照，而未动雷霆之威；虽定国是之所趋，而未行御门之大誓；虽知新政之宜行，而尚以旧人充其任；虽知先后之当议，而未闻顾问之有人；虽能庶事之日新，而未为全局之通筹……以中国二万里之大，四万万民之众，以皇上圣明所洞照，就皇上权力所能至，此雷霆万钧之力，势之所发，固不披靡。如牧者之驱羊，东西惟鞭所指，惟皇上自断之，自审之，无为庸人所乱，无为谣言所动，赏罚必行，政事必举。选通才于左右，以备顾问，开制度局于宫中，以筹全局……"〔1〕

康此处强调光绪帝需乾纲自断，不再听从军机处等衙门的"议复"。康又称"于是上大感动，从此发大雷霆，非复曩时之迁回矣"一语，自进入七月之后，光绪帝改革步骤加速，严旨催办学校等案、裁京内外官员、令人人可上书、罢免礼部六堂官、任命军机四章京等等（参见24·49、24·51、24·58、24·61、24·68），确如康所言"非复曩时之迁回"；然光绪帝的"发大雷霆"，是否因读康"恭谢天恩并陈编纂群书以助变法折"而"大感动"，我尚未读到相关的史料。

经康有为作伪的《戊戌奏稿》中有"谢赏编书银两乞预定开国会期并先选才议政许民上书折"，是其后来所写的另作。该折提出了开国会的主张，且无对《孔子改制考》辩护之词以及大誓群臣、开制度局的主张。〔2〕（参见24·66）《戊戌奏稿》中另有"请开制度局议行新政折"，也是康后来所写的另作，其内容与"恭谢天恩并陈编纂群书以助变法折"后半部分关于制度局一项，有接近之处，但立意大不相同。〔3〕

---

〔1〕《杰士上书汇录》卷三，《康有为早期遗稿述评》，第316—322页；《救亡图存的蓝图》，第217—224页；《康有为全集》，第4集，第385—388页。

〔2〕《戊戌奏稿》影印本，第89—95页。参见《戊戌变法史研究》，第562—563页；《康有为戊戌真奏议》，第478页。

〔3〕《戊戌奏稿》影印本，第103—108页，参见《戊戌变法史研究》，第563—564页；《康有为戊戌真奏议》，第482—483页。该折称："伏乞皇上躬秉乾断，立开制度局，选一国之才，而公议定之。统筹全局，乃次第施行，其于变法，庶能少弊。若夫吾国法律，与万国异，故治外法权不能收复。且吾旧律，民法与刑法不分，商律与海律未备，尤非所以与万国交通也。今国会未开，宜早派大臣及专门之士，妥为辑定。臣前所亟亟请开法律局为此也。请附于制度局并设之。"此中制度局的功能有所变化。

康称"自上此折后，以制度局未开，不复言事矣"一语，查《杰士上书汇录》，七月十三日康上有两件条陈，除此件条陈外，另一件条陈谈官差分离。（参见24·61）《杰士上书汇录》也由此结束。以目前可以看到的档案材料，尚未发现康有为七月十三日之后的上书。此似可为康"不复言事"作一佐证。然康"不复言事"是因为"制度局未开"，还是其他原因，仍然不能确定，他以后又代徐致靖、宋伯鲁、杨深秀、王照等人多次拟奏；且《我史》后面也称，他另有上书。（参见24·70）

康称"修英、德变政记，日无暇晷"一语，《我史》前已两次叙及《德国变政考》、《英国变政考》（参见24·25、24·34），七月十三日"恭谢天恩并陈编纂群书以助变法折"中称"臣近编泰东西各国变政之书，至于纂《波兰分灭记》"，说明至此该两书尚未编写。我以为，《德国变政考》、《英国变政考》康未进呈，现在也没有发现该两书的刊本、稿本或进呈本。（参见24·34）

（24·58）是时既许群臣上书，大臣多有抑遏之者。礼部主事王照一折，条陈请皇上东游日本、痛抑守旧一折。尚书许应骙、怀塔布掷还，不肯代递。幼博以为皇上明目达聪，广开言路，岂容大臣阻蔽不达，谓宜劾之。小航性勇，直即具折弹劾堂官。时侍郎堃岫、溥颋在堂，令掌印者勿收。小航怀之而出，谓将递察院，两堂乃许代递；而许应骙遂劾小航："妄请乘舆出游异国，陷之险地。日本素多刺客，昔俄太子出游，及李鸿章奉使，皆遭毒手。王照既用心不轨，故臣等不敢代递，乃敢登堂咆哮！"然上阅我所进《俄大彼得变政记》，已极以亲游外国为然，乃降旨责礼部六堂蔽塞言，并云："亲游外国之举，朕躬自有权衡，无烦该大臣鳃鳃过虑。"交部严议，部议降级。上怒其不遵旨，尽褫尚书怀塔布、许应骙，左侍郎堃岫、徐会沣，右侍郎溥颋、曾广汉六堂之职，而令群僚封章直递。又令各省道府自行递折，各州县交督抚代递。上谕谓"藉觇中国人之才识"。自是，我请臣民上书之说乃始行。

据手稿本，此节首起至"东游日本，痛抑守旧一折"为韩文举字体。"是时"前删一字;"多有抑遏"之"抑"为添加,补在行间;"痛抑守旧一折"后,有韩文举之跋语:"戊戌政变,先师出亡日本,先后奔随者不乏其人,文举亦与焉。某日某夜,先师口授政变情事,命笔述之。是时夜深矣。感怀旧事,迄今已三十余载矣。孝高适自上海来,携此册,促予书后。年已七十矣。计当时笔述凡十页。癸酉十月望后二日韩文举记于香港。"

据手稿本,"尚书许应骙……"起为另页书写,为康有为自写。该页右上角有"卷五"字样,康有为笔迹。"尚书许应骙"之"尚书"二字由"时"字改;"掷还"二字为添加,补在行间;"幼博以为"之"幼博"后删一"劝"字;"令掌印者勿"由"不肯"二字改;"两堂乃许代递"之"乃"字后删"挽留"二字;"许应骙遂劾小航"之"遂"字由"乃"字改;"王照既用心不轨"之"既"字为添加,补在行间;"故臣等不敢代递"一句为添加,补在行间,并删一字;"已极以亲游外国"之"极"字《戊戌变法》本作"亟"字,"亲游"后删一字;"蔽塞言"各抄本皆作"蔽塞言路","言"字后删"违抗谕旨"四字;"左侍郎"之"左"字为添加;"又令各省道府"之"各省"二字为添加;"上谕谓藉觇中国人之才识"一句为添加,补在行间;"乃始行"之"乃"字后删一"行"字。

王照 (1859—1933),字小航,号水东,直隶宁河人。光绪二十年进士,入翰林院,散馆后为礼部候补主事。戊戌政变后,到日本,创造"官话字母"体系。

怀塔布 (1831—1900),字绍先,叶赫那拉氏,满洲正蓝旗人。荫生。父瑞麟,曾任文华殿大学士、两广总督。怀塔布以荫生用主事,历任太仆寺卿、太常寺卿、左副都御史、泰宁镇总兵、左都御史、工部尚书等职。光绪二十年,充总管内务府大臣,二十二年调礼部尚书。戊戌政变后,重任总管内务府大臣、都察院左都御史等职。

堃岫,字子岩,满洲正白旗人。曾任通政使司副使、光禄寺卿、内阁学士,光绪二十一年迁礼部侍郎。

徐会沣 (1837—1905),字东甫,山东诸城人。同治七年进士,入翰林院。曾任詹事府詹事、内阁学士、工部、礼部侍郎。时任吏部右侍郎,因礼部左侍郎张英麟出为直隶学政,署理礼部左侍郎。戊戌政变后任左都御史、兵部尚书等职。

溥颋,字仲路,宗室,隶籍满洲镶红旗。举人。曾任鸿胪寺卿、内阁学士,光绪二十二年迁礼部侍郎。

曾广汉 (1867—1913),字纯一,号慕陶,湖南湘乡人。曾国荃长孙，承袭一等威毅伯。曾任通政使司副使、光禄寺卿、太常寺卿。光绪二十四年闰三月改宗人府府丞，四月迁左副都御史。七月初五日因礼部右侍郎唐景崇继陈学棻出为浙江学政，署理礼部右侍郎。

礼部阻挠主事王照上书，是当时的重大政治事件。先是六月十五日军机处、总理衙门议复康有为"上清帝第六书"，当日下达谕旨："部院司员有条陈事件者，著由各堂官代奏。士民有上书言事者，著赴都察院呈递"，"毋得拘牵忌讳，稍有阻格，用副迩言必察之至意"。[1]（参见24·48）然堂官是否要对上书进行审查，谕旨中未有规定。王照后来在日本与犬养毅笔谈中，回忆此次事件，称言：

> "及七月初五，照应诏上书，求礼部六堂代递。书中言请皇上奉太后游日本，以知日本崛兴之由，然后将奉太后之意，以晓谕臣民，以变风气。煞尾云：'夫而后以孝治天下，而天下臣民莫复有异议；所有变革之事，皆太后开其端，皇上继其志。'此照之主意，欲和两宫，以名誉归太后，庶消变萌，意非专主联贵国而已也。而堂官阻之，照请堂官自陈抗旨之罪；堂官乃劾照，皇上怒而去六堂官。"[2]

王称上书于七月初五日，而礼部代奏其上书为十六日，礼部从中阻挠其上书的时间可能长达11天。康称"幼博（康广仁）以为皇上明目达聪，广开言路，岂容大臣阻蔽不达，谓宜劾之。小航性勇，直即具折弹劾堂官"一事，王照本人从未提及；康又称"时侍郎堃岫、溥颋在堂，令掌

---

〔1〕 军机处《上谕档》，光绪二十四年六月十五日。

〔2〕 王照：《关于戊戌政变的新史料》，《丛刊·戊戌变法》第4册，第331—332页。又，《国闻报》七月二十五日以"记王小航京堂上书事"刊出消息："兹有友人自京来者述及，王君条陈中有请设商部、教部等事，并请皇上游历日本。礼部堂官告之云，诸事均可代递，惟游历日本一层必须删去。日本民俗强悍，今俄皇前为太子时至日曾被刺，乙未年李中堂至日本议和又被枪击，是其明证。设皇上准行，万一乘舆有惊，谁执其咎云云。王君坚请代呈，谓准与不准出自圣裁，既而奉特诏，臣工不避忌讳，剀切陈言，则奈何雍于上闻。各堂衔之而终不允。王君因具折将此情形奏参，其参折亦送至礼部，请各堂代递。是日曾小伯侍郎第一次入署之期，王君到礼部时仅有溥堂在座。王君将折呈案，一拱而退，须臾各堂继至，知此事不能终隐，遂具专折奏闻云。"

印者勿收"之情节，王照的说法恰好相反。[1]

由此查军机处《随手档》，七月十六日记："礼部折：一、代奏王照条陈由；呈一；呈一。"[2]礼部代奏原折，尚未从档案中检出，但从光绪帝谕旨中可知，礼部明确表示了反对意见。[3]"呈一；呈一"的记载，又说明礼部代奏王照的条陈共有两件：其第一呈，为"请布纶言广慈训设教部折"，有三条建策：一、"请旨宣示削亡之祸"，使人人知危急存亡而厉行改革；二、"请皇上奉皇太后圣驾巡幸中外"，且请"自日本始"；三、设立教部，专管学堂之事。其中语义多晦涩，王照后来也专门解释其用意。[4]其第二呈，未能从档案中检出，似为自陈其上书受阻

---

〔1〕 王照事后的回忆，道出更多内情，称言："三十年来，耳食者动云王照参倒六堂官，其实余应诏陈言，而堂官违诏搁置月余。余面其抗旨之理由，许应骙羞愤，乃具折劾余，其中发恨之语曰：'请圣驾游历外洋，安知非包藏祸心。臣等若冒然代奏，他日倘有意外，则王照之肉足食乎？'故德宗震怒，当日立发上谕，有'朕心自有权衡，无庸该尚书等鳃鳃过虑'语。至抗旨不奏，及具折参奏，皆许应骙一人所为，怀塔布原以内务府大臣兼礼部堂官，到部时甚稀，在他处画稿而不阅稿。闻革职，出涕曰：'我并未见人家的折子说的什么话，跟他们一起革职，冤不冤？'其四侍郎不以抗旨为然，但不敢违许应骙之意。梁启超之《清议报》于捏造余折语之外，更捏造事端，专罪怀塔布，而后生皆信之。"（《小航文存》，1931年，卷一，第1页眉注）王照的回忆，也有不确之处，其中称"搁置月余"，恐是记忆有误。据此，阻碍者仅是许应骙一人。
〔2〕 该条下另有小字"随事递上，未发下"，指当日礼部代奏原折、王照条陈随军机处奏片呈送慈禧太后，慈禧太后未发下。
〔3〕 光绪帝谕旨中"据称，礼部主事王照条陈时务，藉端挟制等语"，"若如该尚书等所奏，辄以语多偏激，抑不上闻"，即是礼部代奏原折中所语。
〔4〕 《小航文存》，卷一，第1—7页，又见于《丛刊·戊戌变法》，第2册，第351—355页。对于该折的主旨，王照后于1926年作有跋语："是时德宗亲信之臣，以张荫桓为第一，其为人最奸贪……南海偏信荫桓之言，一日余谓南海曰：'太后本是好名之人，若皇上极力尊奉，善则归亲，家庭间虽有小小嫌隙，何至不可感化。'南海不悦曰：'小航兄，你于令弟感化之术何如？乃欲责皇上耶？'余不复辩。丙寅又记。"对于请光绪帝奉慈禧太后出巡各国之建策，王照亦有眉注："自翁同龢黜后，大臣抗旨者，皆阴恃太后；然太后先年原喜变法，此时因不得干政，激而阴结顽固诸老，实不过为权利之计耳。余为皇上计，仍以变法之名归诸太后，则皇上之志可伸，顽固党失其倚赖矣；而张荫桓之为皇上谋，与此意相反。南海祖张谓，撤帘已久之太后，不容再出；且清朝不许朝臣言及宫闱，犯者死罪，虽调和亦不容出口。余如梗不喉，非言不可；如假借游历外邦之大题目，出此架空之论，语气所注，似不在两宫嫌衅之事，言者无罪，而调和之术行乎其中矣。"王照称其提请光绪帝奉慈禧太

事。光绪帝收到礼部奏折后大怒，当日下达一道严旨：

> "怀塔布等奏司员呈递条陈请旨办理一折。据称，礼部主事王
> 照条陈时务，藉端挟制等语。朝廷广开言路，本期明目达聪，迩言
> 必察。前经降旨，部院司员有条陈事件者，由各堂官代奏，毋得拘
> 牵忌讳，稍有阻格。诚以是非得失，朕心自有权衡，无烦该堂官等
> 鳃鳃过虑。若如该尚书等所奏，辄以语多偏激，抑不上闻，即系狃
> 于积习，致成壅蔽之一端，岂于前奉谕旨毫无体会耶？怀塔布等均
> 交部议处。此后各衙门司员等条陈事件呈请堂官代递，即由各该堂
> 官将原封呈进，毋庸拆看。王照原呈著留览。"[1]

康称谕旨"亲游外国之举，朕躬自有权衡，无烦该大臣鳃鳃过虑"，文字
稍稍有误，原旨称"诚以是非得失"，未提及"亲游外国之举"。七月十
九日，吏部奏复：

> "查律载，事应奏而不奏者，杖八十，系私罪，降三级调用等
> 语。此案礼部尚书怀塔布等于司员呈请代奏条陈，狃于积习，钦奉
> 谕旨，均著交部议处，应请将礼部尚书怀塔布、许应骙，左侍郎堃
> 岫、署左侍郎臣部右侍郎徐会沣、右侍郎宗室溥颋、署右侍郎左副
> 都御史曾广汉，均照事应奏而不奏者、私罪、降三级调用例，议以
> 降三级调用。系私罪，无庸查加级议抵。"[2]

此事若按以往的做法，因"降三级调任"而京中无此品级的官位，一般
改为"革职留任"，过了一段时间后，加恩开复，以示小有惩戒。但光绪
帝却一反以往的做事风格，下达一道亲笔所写的朱谕：

后出巡的目的是"调和两宫"。对于设立教部之建策，王照于《方家园杂咏二十首并
纪事》所附杂记中又称："戊戌五月以后，新旧互轧，余请特设教部，意在仿英国国
主兼任教部总监督之意，以西人之尊教之法，尊我孔教，使旧学儒臣皆有所事，新
旧两不相蒙。余之第一奏章第三段，明明揭此。而诸人所计或与此相反，陡然降旨
裁去翰林院、国子监、詹事府等衙门，与余此策相左。"（《近代稗海》，四川人民出
版社，1985年，第1册，第32页）

[1] 军机处《上谕档》，光绪二十四年七月十六日。又，礼部原奏、王照条陈及光绪帝谕
旨当日呈慈禧太后。

[2] 《军机处录副·光绪朝·内政类·职官项》，3/99/5363/68。

"吏部奏遵议礼部尚书怀塔布等处分一折。朕近来屡次降旨，戒谕群臣，令其破除积习，共矢公忠，并以部院司员及士民有上书言事者，均不得稍有阻格。原期明目达聪，不妨刍荛兼采，并藉此可觇中国人之才识。各部院大臣均宜共体朕心，遵照办理。乃不料礼部尚书怀塔布等竟敢首先抗违，藉口于献可替否，将该部主事王照条陈一再驳斥。经该主事面斥其显违诏旨，始不得已勉强代奏。似此故为抑格，岂以朕之谕旨为不足遵耶？若不予以严惩，无以儆戒将来。礼部尚书怀塔布、许应骙，左侍郎堃岫，署左侍郎徐会沣，右侍郎溥颋，署右侍郎曾广汉均著即行革职。至该主事王照不畏强御，勇猛可嘉，著赏给三品顶带，以四品京堂候补，用昭激励。"[1]

当时的上谕多由军机章京拟稿，军机大臣修改，最后交皇帝审定。朱谕由皇帝亲写，数量是很少的，且因皇帝朱笔亲写，谁也不能修改一个字。光绪帝的这一举动表明，他很可能不满意军机处代拟的谕旨，于是亲自书写，军机处只能遵旨照发。

　　七月十六日，慈禧太后为咸丰帝忌日而由颐和园入城，住西苑仪鸾殿，光绪帝陪住瀛台涵元殿。十八日，慈禧太后回颐和园，光绪帝当日也住回宫中养心殿。二十一日，光绪帝由宫中前往颐和园，二十四日，光绪帝返回宫中。由此可知，七月十九日罢免礼部六堂官之事，光绪帝未经慈禧太后同意。此是戊戌变法中光绪帝乾纲独断的第一着。

　　罢免礼部六堂官，是光绪帝在"百日维新"中最为激烈的政治举动[2]；也是后来爆发政变的诱因之一。

———————————

〔1〕军机处《上谕档》，光绪二十四年七月十九日。又，郑孝胥七月二十一日日记称："林暾谷昨谓余曰：'仲弢咎我，谓礼部堂官之去，实我于上前许之。岂有是乎？'暾谷退，余乃哂曰：'阴若辩解，意实招摇，此之谓矣。'"（《郑孝胥日记》，第2册，第677页）"仲弢"，黄绍箕。林旭与刘光第恰于七月十九日召见；林旭召见时对光绪帝所言内容，今已无法查证。再又，《申报》光绪二十四年八月二十三日报道："……已革礼部尚书许云庵大宗伯劾之不动，嗣因另件被议落职，康见命下，大宴宾客，肆口讥讽。"（转引自《戊戌变法文献资料系日》，第1157页）

〔2〕叶昌炽在光绪二十四年七月十九日日记中称："祗诵之余，相顾错愕，盖自通籍以来，未见此不测之赏罚也。"（《缘督庐日记》，第5册，第2724页）

康称"令群僚封章直递，又令各省道府自行递折，各州县交督抚代递"，皆属实。自七月十六日谕旨之后，光绪帝于七月十七日、二十四日、二十七日、二十八日多次下旨，允许官员士民上书，不得加以阻挡。（参见24·49、24·55）

康称"自是我请臣民上书之说乃始行"，稍有异。"我请"指在"上清帝第六书"中"待诏所"之议，称言：

> "其午门设待诏所，派御史为监收，许天下人上书，皆与传达，发下制度局议之，以通天下之情，尽天下之才。或与召见，称旨者擢用，或擢入制度局参议……其他条陈，关涉新政者，皆发制度局议行。"[1]

"待诏所"只是由御史监管的转发机构，而其主旨在于"上书"交制度局"议行"。根据光绪帝历次谕旨，官员士民上书仅可通过原有的官僚体系上呈，并无"待诏所"之设；尽管"许天下人上书"一条，已经实现。

（24·59）于是群僚士庶情意疏通，奔走辐辏以报圣主，各衙门每日折数十件，厚或盈寸。上鸡鸣而起，披览章奏，至于日昃不尽。体裁踏杂，上并不责问。至有野民渔人上书，纸用二尺长条，称及皇上亦不抬头，上亦一笑置之。又有诋上"变法乱祖，自称开创，置祖宗于何地"者，枢臣欲罪之，上亦谓"当广开言路之时，不必有所谴责"以塞之。其宽大求言如此。

据手稿本，"各衙门每日折"后删一"件"字；"至于日昃不尽"之"不"字由"亦"字改；"体裁踏杂，上并不责问"一句为添加，补在行间，删"上时□"；"纸用二尺长条"之"二尺"为添加；"变法乱祖"四字为添加；"枢臣"后删"议皆欲"三字。

六月十五日谕旨允许司员士民上书后，其数量一开始并不是很多。从六月十五日至七月十九日罢免礼部六堂官，共有38人次44件上书，且不是每日都有，最多的一天也就是七月十九日，共11人次上书13件。

---

[1] 《康有为早期遗稿述评》，第269页；《救亡图存的蓝图》，第9页。

礼部六堂官的罢免，使得当时的政治顿时震荡起来，引出的反应是多方面的，其中有一点特别明显，即谁也不敢再公开阻挠上书了。从七月二十日以后，几乎每天都有代奏的上书，而且数量剧增，最多的一天为七月二十九日，达到 37 人次 53 件。从七月二十日到八月初五日政变发生前，在此十五天的日子里，上书的人次为 301 次而件数达到 373 件。这在清朝的历史中是前所未有的奇观。康称"于是群僚士庶情意疏通……"当为属实。康又称"各衙门每日折数十件，厚或盈寸"，亦属实，光绪二十四年七月二十八日，都察院代奏已革河南临颍县知县孙宝瑄条陈，共计四册，每册约一万字，确为"厚或盈寸"。[1]

如果放宽一些时限，从光绪二十四年二月初八日都察院代递山西京官上书为始，至八月十一日慈禧太后停止司员士民上书的新规定，共有 457 人次至少递交了 567 件上书，现在从档案中可以找到的共 275 件。[2] 在这些上书中，确有不合奏章体例者。

康称"野民渔人上书，纸用二尺长条"，属实。[3]我看到的下层民众上书，共有三件：一、顺天府大兴县采育司河津营村民人高清如、杯文成条陈，首页写"野民报德书"，起首称：

"野民高清如、杯文成战慄觳觫稽首俯伏上书皇上御览……"

结尾处又称：

"野民冒死上书，原为酬恩报德而来，非有贪名图利之心，今

〔1〕 孙宝瑄条陈四册见《军机处录副·补遗 戊戌变法项》，3/168/9459/2、3、4、5。
〔2〕 参见拙文《戊戌变法期间司员士民上书研究》，《明清论丛》，第 5 辑，紫禁城出版社，2004 年。其中 226 件有朝廷处置的意见，也有 214 件送慈禧太后，慈禧太后政变后直接处理了 5 件。其中上书的最高潮，属礼部六堂官罢免至八月初七日。八月初六日有 43 人次共 48 件；初七日有 31 人次 34 件。初八日政变消息传出，数量急剧减少。
〔3〕《国闻报》光绪二十四年八月初七日以"光怪陆离"为题刊出消息："……本馆访事人来函云：近日封奏每日多到数十件，外间传闻有谓折中作言者有如写信样式者，有如州县署中收呈状式者，有写皇上二字不知抬头者，有自署名为汉水渔人者。甚至有谓从师学道在洞中，修炼数年，神通广大，今望气知太平之运将至，故奉师命，下册立功，以继姜子牙、诸葛孔明而起者，此又《封神演议》之口吻矣。"这一说法也与康有相似之处，可知当时确有流言。

以草野一介之细民，而妄议天下之大事，则是自取不赦之罪。然酬
恩报德一片愚衷郁结于怀而不能自释，故不揣罪戾之加，冒死来
京，只求此书上达御览……"[1]

高清如的条陈，用纸特别长，虽不足二尺，也有一尺有余。二、顺天府
大兴县民人夏雨田，上奏自荐，称其"所掌者笔算、天文、地舆、善
虞、策论、五常、八阵"，但他不识官场文牍之法，也不太懂抬头之例，
遇到"圣教"、"圣条"前空两格，且文字也不通。在其条陈的最后，有
一段莫名其妙的话，照其例录于下：

　　"圣谕历降谕□□旨三载之久实不得不从□□今如士今刻时艰
蔡色难齐达□□上不然早当投效犬马之劳在三闻□□命斯其不易可
一言而以"[2]

这一段话，我怎么也看不明白，无法读断句。三、自称"湖北汉水渔
人"的陈锦奎，湘军之后代，上奏请求进行财税改革，但他的条陈，完
全符合官场之体例，很可能是经人指点。[3]康又称"称及皇上亦不抬
头"，我在现存上书中尚未能见到。

　　按照当时的官规，京内各衙门的奏折递到内奏事处后，早朝时上
达；光绪帝旨命"留"，即由光绪帝亲自处理，也可下发军机处，命其拟
旨来看。康称"上鸡鸣而起，披览章奏"，部分属实。然光绪帝之早起，
是因为早朝制度，而非专为阅读司员士民之上书。由于当时的上书量很
大，光绪帝与军机处来不及处理，七月二十日命杨锐、刘光第、谭嗣
同、林旭为军机章京，"参预新政事宜"，其主要工作即是处理司员士民
上书。(参见24·61)康又称"至于日昃不尽"，"日昃"，即太阳偏西，
即称光绪帝读司员士民上书至傍晚，则不属实。按当时的官规，军机大

---

[1]《军机处录副·光绪朝·内政类·其他项》，3/111/5736/2，光绪二十四年七月十九
　　日由都察院代奏。该条陈要求立帝王万世师表碑，并呈书四册。
[2]《军机处录副·光绪朝·内政类·职官项》，3/99/5364/23，原呈日期八月初四日，
　　初九日都察院代奏。"□□"表示抬两格。
[3]《军机处录副·补遗·戊戌变法项》，3/168/9449/50，原呈日期七月二十二日，二十
　　四日都察院代奏。

臣一般在当日中午即散值,该日相关的政务到此时也大体停止了。且以当时上书的数量,光绪帝无论怎样也是看不完的。

康称"诋上变法乱祖,自称开创,置祖宗于何地",在我读到的司员士民上书中,仅湖南举人曾廉所上"应诏陈言折"(七月二十七日由都察院代奏)有相似之语。该条陈称:

> "伏读近日诏旨,有曰五帝三王不相沿袭,有曰开创百度,有曰参预新政,臣不谙体例,顾有疑焉……且皇上既自以为新,则必祖宗为旧,皇上自以为开创,则尤未知何以处祖宗也。臣恐皇上敬祖宗之意不无少弛,而骄矜之念,遂自此而渐萌也。"[1]

梁启超在《戊戌政变记》中,对此称言:

> "又有湘南举人责上变乱祖宗之法,自称开创,置祖宗于何地等语。枢臣拟旨,请予重惩。上谓方开言路之时,不宜谴责,恐塞言路,亦宽容之。"[2]

梁指明上奏人为"湘南举人"。胡思敬在《戊戌履霜录》中称:

> "湖南举人曾廉,劾有为觊觎非常,大有教皇中国之意……嗣同见疏大愤,拟旨诛廉,上曰:'甫诏求言,而遽杀人以逞,非所以服天下也。'不许……"[3]

胡称上奏人为曾廉,而拟旨者,即康所称的"枢臣"为谭嗣同。戊戌政变后,御史熙麟于十一月二十九日奏称:

> "甲午科湖南举人曾廉,深烛其隐……累牍万余言,伏阙上陈……闻谭嗣同等尝力请诛之,皇上特以恐塞言路,宥之。"[4]

熙麟更明确为曾廉。然曾廉条陈,是对康、梁一派的有力出击,另有其背景。康又称"上亦谓……不必有所谴责"之语,即光绪帝对该曾廉条陈的态度,此说与康、梁后来述及曾廉条陈时的说法相矛盾(参见24·

---

〔1〕《丛刊·戊戌变法》,第2册,第490—491页。

〔2〕《戊戌政变记》续四库本,第223页。又,该文收录《饮冰室合集》,"湘南"改为"湖南"。

〔3〕《戊戌履霜录》卷四,《谭嗣同传》,《丛刊·戊戌变法》,第4册,第55页。

〔4〕《戊戌变法档案史料》,第493页。

62）；又从光绪帝对曾廉条陈冷处理的方式来看，此说似有可以怀疑之处。

（24·60）于是广开荐贤之路，荐刹交于公车。上每日轮召见之，必问其通时务与否。给事中丁之杕不能答，则面责之，令其讲求中外之故。其称旨者，立行擢用。于是台谏词馆移风，皆争讲求。又以争上条陈，京师西书为之一空。外省八股已废，改试时务，学堂学会，遍地并起，争讲万国之故。守旧者知上风旨已定，亦不敢有他言，于是维新之风气几定矣。

据手稿本，"上每日轮召见"之"轮"字为添加；"必问其"三字由"其不"改；"与否"二字由"如"改；"其称旨者，立行擢用"一句为添加，补在行间。

"荐刹"，荐举人才的文书。自甲午战败后，光绪帝根据南书房翰林张百熙的建议，下令各大吏保举人才。胶州湾事件后，光绪帝又三次下令保举军事、政治、外交人才。根据这一些谕旨，各级大员们保荐了数以百计的官员。[1] 高燮曾、徐致靖由此先后保举康有为，使康获得了政治上的机会。（详见23·5、24·20）

四月二十五日徐致靖保康有为、张元济等人之前，光绪帝对保举之折，一般的做法是旨命交军机处"存记"；而光绪帝下令召见康有为、张元济之后，其对保举之折也改变了处置方法，常常下令召见被保举人员。四月二十五日至八月初六日政变，光绪帝下令召见被保举的官员共计53人。[2]

---

[1] 参见拙文《戊戌变法期间的保举》，《历史研究》，2006年第6期。
[2] 具体下令召见的时间与官员名单为：五月初四日，北洋委用道傅云龙、候选道孙宝琦（使才，原直隶总督北洋大臣王文韶保）；三十日，二品荫生陶葆廉、江苏候补知县郑清濂、翰林院侍讲黄绍箕、翰林院编修张亨嘉、翰林院庶吉士寿福（后三人为使才，浙江巡抚廖寿丰保）；六月初一日，江苏补用道志钧、盐运使衔改留江苏补用知府刘庆汾（使才，江苏巡抚奎俊保）；十四日，分省补用知府钱恂、江苏候补同知郑孝胥（使才，湖广总督张之洞保）；同日，直隶霸昌道端方、福建兴泉永道周莲、广东粮道延祉、江苏上元县知县陈谟、桃源县知县沈佺（军机大臣刚毅保）；七月十三日，湖南候补道夏献铭、试用道黄炳离、降调前内阁学士陈宝琛、内阁候补侍读杨锐、礼部候补主事黄英采、刑部候补主事刘光第、广东候补道杨枢、试用道王秉恩、

然由于下令召见的官员大多在外省，当时的通信、交通条件亦有限制，至戊戌政变时，光绪帝实际召见了24人。其名单为：四月二十八日，康有为、张元济；五月十一日，孙宝琦、傅云龙；十三日，吴懋鼎；十五日，梁启超；六月初一日，黄绍箕、张亨嘉；初二日，寿富；六月二十日，端方；七月初二日，志钧；初四日，刘庆汾；初七日，端方；初九日，吴懋鼎；十六日，杨锐；十七日，恽祖祁；十九日，刘光第、林旭；二十日，郑孝胥、谭嗣同。二十四日，端方；二十六日，延祉；二十八日，钱恂；二十九日，严复；三十日，杨锐；八月初一日，袁世凯；初二日，袁世凯、周莲、陈春瀛、林旭；初三日，周莲；初五日，袁世凯。〔1〕其中端方、吴懋鼎、杨锐、袁世凯、林旭多次被召见。召见者主要是在京官员。

　　在这些官员中，光绪帝委用者为：总理衙门章京、督办上海《时务官报》康有为；总理衙门章京刘庆汾、郑孝胥；大学堂总办张元济（后解职）；六品衔办理大学堂译书局、上海官译书局事务梁启超；军机章京“参预新政”杨锐、刘光第、谭嗣同、林旭；新任候补侍郎袁世凯；新任农工商总局大臣端方、吴懋鼎；新任直隶按察使周莲；新任福建兴泉永道恽祖祁。〔2〕康称“其称旨者，立行擢用”，不完全属实。以上官员

　　　　江苏试用道欧阳霖、江西试用道恽祖祁、杜俞、湖北候补道徐家干、江苏候补道柯逢时、湖北试用道薛华培、候选道左孝同（湖南巡抚陈宝箴保）；同日，四川候补道沈翊清、北洋差委候选道严复、内阁候补中书林旭（詹事府少詹事王锡蕃保）；二十六日，直隶按察使袁世凯（署礼部右侍郎徐致靖保）；二十八日，陕西候补道升允、渭南县知县樊增祥（农工商总局大臣端方保）；三十日，广东候补道林贺峒、候选道林怡游、分省补用知府刘恩驻、刑部候补主事陈春瀛（顺天学政礼部左侍郎张英麟保）；八月初二日，江苏试用道刘思训、江苏候补知府柯逢时、江西补用知府袁树勋、江苏候补道丁葆元、江苏候补知州章邦直、河南候补道易顺鼎（两江总督刘坤一保）；同日，候选道陈日翔、刑部主事陈桂芳、兵部员外郎祁师曾、分发知县冯宝琳（新仟礼部左侍郎阔普通武保）；初三日，翰林院庶吉士李稷勋（翰林院侍读学士陈兆文保）；初六日，在籍翰林院检讨宋育仁、湖北候补知府洪超（使才，湖北巡抚谭继洵保）。在此期间，新任军机大臣王文韶、裕禄也面保了吴懋鼎、徐建寅。光绪帝亦下令召见或召京任用。（参见24·50）
　〔1〕　戊戌政变后，慈禧太后、光绪帝又召见了刑部主事陈桂芳、候选道陈日翔（八月初八日），兵部员外郎祁师曾、翰林院庶吉士李稷勋（八月初九日）。
　〔2〕　另有江标未经召见而被任命为总理衙门章京。

的任用，自然有光绪帝召见时应对是否"称旨"之因素，但主要原因不在于此。（参见24·50、24·61、24·72）

丁之栻，字次轩，时任御史，后任松江府知府。他并非因保举而被召见。康有为"上清帝第六书"中"制度局"一节，引出六月十五日诏令，命翰林院、詹事府、都察院各于早朝值日之期，选派官员"随同到班"，"听候召见"。光绪帝共召见翰詹科道伊克坦、黄思永、丁之栻、蒋式芬、潘庆澜共5人。（参见24·49）其中六月二十二日都察院随同刑部值日，上奏"遵派科道四员听候召见"，光绪帝召见御史丁之栻。光绪帝召见丁之栻时的谈话内容，我还未读到相关的记载。

康称此时"学堂学会，遍地并起"，当为属实。康又称"守旧者知上风旨已定，亦不敢有他言"，亦为属实。在我看到的此期奏议中，除了曾廉之外，没有见到攻击新政的言论。而到了七月中旬，魏允恭致汪康年信中称："闻在廷诸公，亦颇不以康、梁为然，但无人发难耳。"[1]

> **（24·61）上以枢臣老耄守旧，而又无权去之，乃专用小臣。特加侍读杨锐、主事刘光第、中书林旭、知府谭嗣同以四品卿衔，为军机章京，参预新政。上以无权用人为大臣，故名为章京，特加"参预新政"四字，实宰相也。即以群僚所上之折，令四人阅看拟旨。于是军机大臣同于内阁，实伴食而已。**
>
> 据手稿本，"特加侍读"之"特"字后删"令谭"、"中书"，添"加"、"侍读"；"四品卿衔"后删"令"字；"名为"二字由"□于"改；"同于内阁"为添加，补于行间；"伴食而已"后删"□□四人者"。

刘光第（1859—1898），字裴村，四川富顺人。光绪八年举人，九年进士，以部属分发刑部，时为候补主事。

谭嗣同（1865—1898），字复生，号壮飞，湖南浏阳人。湖北巡抚谭

---

〔1〕 魏允恭致汪康年，光绪二十四年七月二十二日收到，《汪康年师友书札》，第3册，第3114页。

继洵之子。由监生报捐同知，光绪十年入湘军刘锦棠幕，办理甘肃、新疆粮台，为刘所保，以同知补用后候补知府。二十年报捐免补同知，以知府留浙江候补。二十二年，以候补知府分发江苏，为江南筹防局提调。他约在光绪二十一年，初识梁启超。[1]二十四年始与康有为相交。（参见24·63）

前节（24·59）已叙，六月十九日，即罢免礼部六堂官、擢用王照的当日，司员士民的上书已达11人次13件。此一数量已使光绪帝与军机处忙不过来，增加人手以处理此类上书已成必然之事。七月二十日，即罢免礼部六堂官的次日，光绪帝命军机处递《保举业经召见人员名单》。然于此时，业经保举被召见的官员有康有为、张元济、吴懋鼎、梁启超、端方、杨锐、恽祖祁、刘光第、林旭、谭嗣同十人；其中康有为、张元济、吴懋鼎、梁启超、端方五人已另有任用（参见24·60）；于是，军机处开出了一个仅为5人名单：

"内阁候补侍读杨锐、刑部候补主事刘光第、内阁候补中书林旭、江西候补道恽祖祁、江苏候补知府谭嗣同。"

谭嗣同还是当日刚被召见。光绪帝在该名单杨、刘、林、谭名字上画有朱圈。[2]当日奉明发谕旨：

"内阁候补侍读杨锐、刑部候补主事刘光第、内阁候补中书林旭、江苏候补知府谭嗣同，均著赏加四品卿衔，在军机章京上行

---

〔1〕 梁启超致康有为信中称："……甫之子谭服生才识明达，魄力绝伦，所见未有其比，惜佞西学太甚，伯里玺之选也。因铁樵相称，来拜，公子之中此为最矣。"（《觉迷要录》，卷四，第18页）

〔2〕 军机处《随手档》，光绪二十四年七月二十日。军机处《上谕档》，光绪二十四年七月二十日。该名单又见《军机处录副·光绪朝　内政类·其他项》，3/111/5736/14。此外，光绪帝还召见了保举"使才"官员8人：孙宝琦、傅云龙、黄绍箕、张亨嘉、寿富、志钧、刘庆汾、郑孝胥。军机处也另有给光绪帝奏片："内外臣工遵保使才人员名单：分发北洋存记道梁诚、北洋委用道傅云龙、候选道孙宝琦、翰林院侍讲黄绍箕、编修张亨嘉、庶吉士寿富、江苏候补知府刘庆汾、江苏候补道志钧、江苏补用知府郑孝胥。"（《军机处录副·光绪朝·内政类·其他项》，3/111/5736/47）该片当属应光绪帝要求而开，但其用意不明，上奏日期也不清楚。

走，参预新政事宜。"〔1〕

由此可见，光绪帝在选择四章京人选时并无康有为所称之深意。(参见24·63)此日慈禧太后在颐和园、光绪帝在宫中养心殿，光绪帝的这一谕旨，未经慈禧太后的批准。这是罢免礼部六堂官之后，光绪帝在戊戌变法中乾纲独断之第二着。

按照清朝制度，军机章京的选拔过程为，先由各部院衙门保送司官，送军机处考选，选中者开单候补，待军机章京出缺时，由军机处报皇帝批准后补用。后来总理衙门选用章京，也是参照此例。(参见24·22、24·25)由皇帝直接任命军机章京，如同先前光绪帝任命康有为总理衙门章京，实为第一次。且谕旨中还有两点值得注意：其一是"四品卿衔"，将来的升迁将会很快。〔2〕其二是"参预新政事宜"，此处所言"新政事宜"，即是处理司员士民上书。杨锐于七月二十八日的私信中称："每日发下条陈，恭加签语，分别是否可行，进呈御览。"〔3〕刘光第在八月初一日的私信中称："不过分看条陈时务之章奏耳。"〔4〕当时的报纸对此也有披露："参预新政之军机章京四人，共分两班，所有条陈封奏各件，均归阅看，拟旨呈进，其寻常奏件，仍照常办

〔1〕 军机处《上谕档》，光绪二十四年七月二十日。光绪帝当时未选中恽祖祁，我以为有以下原因：一、年龄太大，当时已57岁；二、捐班出身，没有功名；三、一直在地方任职，没有中央政府的任职经历；四、也是最重要的，他是张之洞的幕僚，其兄恽祖翼也是张之洞的幕僚，已放浙江布政使，军机章京不应与外官有太多的联系。恽祖祁于七月十八日召见后，十九日由吏部带领引见，奉旨："著以本班尽先补用，并交军机处存记。"(恽祖祁：《谢恩折》，光绪二十四年七月二十一日，《光绪朝朱批奏折》，第13辑，第370页)八月初二日，恽祖祁放福建兴泉永道。(军机处《上谕档》，光绪二十四年八月初二日)

〔2〕 虽说当时军机章京因多次褒奖，官衔已很高，如"花翎三品衔候补五品京堂户部郎中孚琦"、"三品衔即选道理藩院即补郎中员外郎多寿"、"三品衔道员用得道员后换二品顶戴工部郎中继昌"、"花翎三品衔记名道府遇保送应升之缺开列在前礼部郎中郭曾炘"等，在军机章京38人中四品衔以上有25人，但杨、刘、林、谭是"四品卿衔"，即可以在京卿上补用。按照当时的官规，升迁会更快。

〔3〕 杨锐致肖岩弟，《丛刊·戊戌变法》，第2册，第572页。"肖岩"为杨锐胞弟杨悦的号，时在湖北任知县。(宁志奇：《杨锐家书暨杨聪墓志铭》，《四川文物》，1985年第4期)

〔4〕 刘光第致厚弟，《刘光第集》，第287—288页。

理云。"[1]由此可知他们的工作范围和工作方式：

一、新任军机四章京并不与军机处的原班人马混合办公，而是专门处理司员士民的上书，至于其他的奏折，仍由原先的军机处班底来处理。也就是说，他们的工作不涉及原先有上奏权的官员们的奏折，而只是当时认为不重要的下级官员与士民的条陈。

二、自雍正帝设立军机处后，所有的奏折都是由皇帝亲拆亲批，然后发下军机处，由军机大臣根据皇帝的旨意，交由军机章京拟旨，经皇帝批准后，再发出。此一程序即先有"旨意"，后有"拟旨"。而新任军机四章京的工作方法，有如明代内阁的"票拟"，他们是代皇帝阅读，"恭加签语"，然后送光绪帝参考和批准。此一程序是先有"拟旨"，后有"旨意"。尽管他们处理的文件在帝国的政治中不算最为重要，但他们的权力实大大增加。档案中现存有新任军机四章京的 14 条签语，从所签内容来看，大体还是温和的，未作激烈之语。[2]

---

[1] 光绪二十四年八月初九日《中外日报》，见《丛刊·戊戌变法》，第 3 册，第 414 页。参见拙文《戊戌政变的时间、过程与原委：先前研究各说的认知、补证、修正》，《近代史研究》，2002 年第 4、5、6 期；《戊戌变法期间司员士民上书研究》，《明清论丛》，第 5 辑。

[2] 一、七月二十七日，兵部代奏郎中恩溥条陈，该条陈后贴有签条："所请八旗武试改用汽枪，拟请并入谢祖沅条陈由总理衙门察议后，再饬施行。更订崇文门税则，拟请饬下户部酌议。"（《军机处录副·补遗·戊戌变法项》，3/168/9450/28，七月二十七日兵部代奏）对照《上谕档》等档册，该签条后来并未采用。二、七月二十七日，都察院代奏附监生宋汝淮关于山西煤炭铁路等项的条陈。该条陈后贴有签条："山西煤炭及铁路今已开办，其论河务，请于河中对筑石坝，并修套支河制木坝船，拟请饬交河南、山东巡抚详议具奏。"（《军机处录副·补遗·戊戌变法项》，3/168/9452/23，七月二十七日都察院代奏）八月初三日，军机处奏片称，宋汝淮条陈已"签拟办法，恭呈慈览。俟发下后，再行办理"。八月初七日，该条陈由慈禧太后发下，拟寄信谕旨给山东巡抚张汝梅、河南巡抚刘树堂："都察院奏代递监生宋汝淮条陈河工各事宜应呈一折。山东黄河频年叠有险工，河南情形亦关紧要，所称筑坝分河各节，有无可采之处，著张汝梅、刘树堂体察情形，悉心筹议具奏。"（军机处《上谕档》，光绪二十四年八月初三日、初七日）三、七月二十八日，都察院代奏陈采兰关于各省学堂经费的条陈。该条陈后贴有签条："所陈学堂各节，拟请饬下大学堂议奏。变通武举一条，无甚办法，请毋庸议。"（《军机处录副·补遗·戊戌变法项》，3/168/9452/22，七月二十八日都察院代奏）对照《上谕档》等档册，该签条后来并未采用。四、七月二十八日，都察院代奏江苏拔贡张鸿鼎关于将特科与学堂合并的条陈。该条陈后有签条："特科准于投县报考，未免太滥。应请毋庸置议。"（《军

七月二十一日，杨锐、刘光第、林旭、谭嗣同在军机处入值，杨锐与林旭一班，刘光第与谭嗣同同一班。光绪帝颁下一道朱谕：

"昨已命尔等在军机章京上行走，并令参与新政事宜。尔等当思现在时事艰危，凡有所见及应行开办等事，即行据实条列，由军机大臣呈递，俟朕裁夺。万不准稍有顾忌欺饰。特谕。"[1]

机处录副·补遗·戊戌变法项》，3/168/9457/90，七月二十八日都察院代奏）对照《上谕档》等档册，该条款未形成谕旨。五、六、七、八、七月二十八日，都察院代奏已革河南临颍县知县孙宝璋条陈，共计四册。每册皆贴有签条："第一册所陈皆筹饷之策。拟请旨分别饬下户部、工部及总理各国事务衙门议奏"；"第二册所陈皆练兵之策。拟请留备御览。其饷章宜归一律一条，应请旨饬下兵部议奏"；"第三册所陈多议论。拟请留备御览。其学堂工艺矿务凡四条，应请旨饬下大学堂、农工商总局、矿务总局议奏"；"第四册所陈多系议论，且有已见施行者。拟请留备御览。其论热河兵米积弊一条，应请旨饬下热河都统查奏。"（孙宝璋条陈四册见《军机处录副·补遗·戊戌变法项》，3/168/9459/2、3、4、5，七月二十八日都察院代奏）对照《上谕档》等谕旨，此4件签条皆未形成谕旨。九、八月初三日，都察院代奏补用通判郭连山条陈。在该条陈后贴有签条："州县藉差苛派，自应严禁，但所称需款数百万，亦系悬揣之词，拟请旨'存'。"（《军机处录副·光绪朝·内政类·戊戌变法项》，3/108/5617/2，八月初三日都察院代奏）此时新任四章京的工作性质已经改变（后将详述），如此签拟意见，当时已无意义，在《上谕档》等档册中也查不到相应的记录。十、八月初四日，户部代奏候补主事陶福履条陈，请将运丁屯地变充饷。条陈后贴有签条："屯田征租已奉旨派奕劻、孙家鼐会同户部妥议具奏。所称变价一节，似觉诸多窒碍。应请毋庸置议。"（《军机处录副·光绪朝·内政类·其他项》，3/111/5735/572，八月初四日户部代奏）此一签拟意见，当时并无意义，也未形成谕旨。此外还有4件，由于档案的整理，军机四章京所拟的签条已与原条陈脱离，很难准确判断其针对的原条陈为何人所呈。十一、"请将各省盐务皆改商归官，以为办团经费，并片拟备敌练兵诸法，未必烦扰迂阔。应请毋庸置议。"（《军机处录副·光绪朝·军务类》，3/124/6149/45）十二、"所陈水利、垦荒、农学、银行诸议，皆已举行，应毋庸议。惟请弛官绅之禁，许其以资本在银行入股，并准其设立各项公司，免彼寄顿洋行之弊，似请饬交总理各国事务衙门详议具奏。"（《军机处录副·光绪朝·财政类·金融货币项》，3/137/6684/38）十三、"所陈诸条俱已奉旨饬行矣。"（《军机处录副·光绪朝·内政类·其他项》，3/111/5735/113）十四、"总理衙门请改外部，已于蔡镇藩条陈奉旨交议矣。同文馆专教语言文字，与大学堂专门之学不同，亦□归并，应请旨'存'。"（《军机处录副·光绪朝·内政类·其他项》，3/111/5735/114）对照军机处《上谕档》、《洋务档》等档册，以上4件签条并未形成谕旨。又，慈禧太后于八月初三日对新任军机四章京的工作直接进行控制。（参见24·75）

[1] 杨锐致肖岩弟，《丛刊·戊戌变法》，第2册，第572页。孔祥吉称其亲见该朱谕于《宫中档》。（《光绪与戊戌维新运动》，《戊戌维新运动新探》，第263—264页）由于该朱谕不录于军机处《上谕档》、《洋务档》等档册，外人无从可知，杨锐私信所录朱谕，文字完全相同；由此又可推定，杨锐这一私信是相当可靠的。

该一道朱谕给予新任军机四章京特殊的权力，即可"据实条列，由军机大臣呈递"；原有的军机章京并无与皇帝交流的权力。这一道朱谕又表明：一、新任军机四章京平时见不到光绪帝，据军机处《早事》及《光绪二十四年京官召见单》、《光绪二十四年外官召见单》，杨锐于七月十六日召见后，又于七月三十日被召见；林旭于七月十九日被召见后，又于八月初二日被召见；刘光第于七月十九日被召见，谭嗣同于七月二十日被召见，两人此后未被召见。二、新任军机四章京向光绪帝进呈"据实条列"，须经过军机大臣之手，但不知道是否可以封口。七月三十日光绪帝召见杨锐，给予密旨，该密旨称"密缮封奏，由军机大臣代递"，明确指明该奏折为封口。（参见 24·72）陈庆年于光绪二十五年三月初九日遇郑孝胥，其在日记中称：

> "渠（郑孝胥）言客岁之受祸，由谭嗣同彼等参议新政时，曾屡过杨锐言事，一次未遇，因往见林旭，嘱引裕寿帅（禄）入军机，皇上有事，由裕持交，有所参议，由裕进御。林等不见听，而祸作矣。"[1]

这一段话的意思很不清楚，裕禄本是军机大臣，"嘱引裕寿帅（禄）入军机"一语，不知何意；但"皇上有事，由裕持交，有所参议，由裕进御"一语，其意思又很清楚，光绪帝与新任四章京之间的联系人似为裕禄。梁启超言及曾廉条陈时，也称是由裕禄与谭嗣同联系。（参见 24·62）

康有为与谭嗣同、林旭交善，谭、林出任军机章京后，也多有交往；他对新任军机四章京的工作范围与工作方式，应当是十分清楚的。然康称"故名为章京，特加'参预新政'四字，实宰相也"，则是明显的夸张；康称"即以群僚所上之折，令四人阅看拟旨"，此中的"僚"未加定义，很容易被误解为所有的奏折都交由新任军机四章京处理；康又称"于是军机大臣同于内阁，实伴食而已"，则是完全不符合事实。军机

---

〔1〕《戊戌己亥见闻录》，《近代史资料》，总 81 期，第 126—127 页。又查郑孝胥日记，其于光绪二十四年七月初十日入京后，仅于七月十六日与杨锐相见，而杨锐二十日任军机章京后，未与杨锐交往，与林旭的交往达 5 次。（七月二十日、二十三日、二十八日、八月初三日、初八日）

大臣的权力并没有变化。

（24·62）有湖南举人曾廉上书请杀吾及卓如，上特发交谭嗣同拟旨驳之。

据手稿本，"湖南举人"四字为添加；"上特发交"之"特"字为添加。

曾廉（1848—？），湖南邵阳人。由附监生中式，光绪二十年顺天府举人，拣选知县。报捐四项教职，旋又捐升国子监助教，分发到监，时充会典馆画图校对官。他没有直接上奏权，按照当时司员士民上书的官规，其上书当由都察院代奏。

曾廉所上"应诏陈言折"，主旨为弹劾康有为、梁启超，七月二十七日由都察院代奏。该折长达近万字，提出了"养圣德"、"去邪慝"、"留正学"、"择将帅"、"慎财用"五策，反对西方式的改革。其中关于康、梁一段，最为关键，称言：

> "臣窃见工部主事康有为，迹其学问行事，并不足与王安石比论，而其字则曰'长素'。长素者，谓其长于素王也。臣又观其所作《新学伪经考》、《孔子改制考》诸书，煽乱圣言，参杂邪说，至上孔子以神圣明王传世教主徽号。盖康有为尝主泰西民权平等之说，意将以孔子为摩西，而己为耶稣；大有教皇中国之意，而特假孔子大圣借宾定主，以风示天下。故平白诬圣造为此名，其处心积虑，恐非寻常富贵之足以厌其欲也。康有为之书，亦咸同后经生著作之体例，前列经史子旧说，而后条附以己意。盖一浅陋迂谬之经生，而出之以诡诞，加之以悖逆，浸假而大其权位，则邪说狂煽，必率天下而为无父无君之行，臣诚不知其置于皇上于何地也。康有为进，而梁启超之徒皆相继而进矣。梁启超在康有为之门，号曰'越赐'，闻尚有'超回'等名，亦思驾孔门而上之。盖康有为以孔子为自作之圣，而六经皆托古。梁启超以康有为为自创之圣，而六经待新编。其事果行，则康氏之学，将束缚天下而一之，是真以孔子为摩西，而康有为为耶稣也。如此邪妄之人，能为皇上用乎？皇

上不用，则开会聚党以鼓其邪说；皇上用之，则惟希合以坚皇上之心，其实亦将以皇上为孔子，而假公行私，假权行教，风示天下也。若遂其所为，则必以计退大臣，以法散群臣，期月二三年之间，皇上左右前后，固非其私党也，此可以臆决而得也……臣谓皇上当斩康有为、梁启超，以塞邪慝之门，而后天下人心自靖，国家自安。"

以上曾廉反对康、梁的言论，多为臆测而并不完全属实，但也可以看出这些说法在当时广为传播，颇有市场。曾廉条陈另有一附片，摘录梁启超在时务学堂任总教习时，在生徒日记上的批语四条：

"议院虽创于泰西，实吾五经诸子传记，随举一义，多有其意者。惜君统太长，无人敢言耳。"

"今日欲求变法，必自天子降尊始，不先变去拜跪之礼，上下仍习虚文，所以动为外国讪笑也。"

"凡赋税于民者，苟为民作事，虽多不怨，今西国是也。上海租界每季巡捕捐极重，未有以为怨者。苟不为民作事，虽轻亦怨矣。中国之赋税，至本朝而极轻矣，其不足以供币帛饔飧百官有司之用也。今之中国是也，以赋轻之故，及至官俸亦不能厚，恶知官俸既薄，而彼百官者，乃取之于民之身而其祸益烈耶？"

"屠城屠邑，皆后世民贼之所为，读《扬州十日记》，令人发指眦裂，故知此杀戮世界，非急以公法维之，人类或几乎息矣。"

以今天之眼光观梁启超的四条批语，可以为赞扬，可以为欣赏，但在当时的背景中，却可以被指责，特别是第四条，实属大逆不道。若以此追查，梁当定为死罪。曾廉附片用比附的手法，要求将梁、康治罪：

"臣又查雍正时旧案，世宗宪皇帝因曾静之悖逆，系读吕留良书籍，陷溺邪说所致。至戮吕留良之尸，以快人心，而申天讨。援彼证此，则梁启超之直诋我皇上，谤及祖宗，直较之曾静、吕留良有其过之，而康有为之创邪说，传徒惑众，又何异于吕留良耶？圣明在上，臣固知必有以处情理之当然，即令宽为原之，则人本愚妄，书词狂悖，律例向有明文，亦为天地所不容。"

前节已叙，自文悌弹劾康有为获咎后，光绪帝的旨意已十分明确。（参见24·30）礼部六堂官的罢免，虽因阻挠王照条陈而起，但宋伯鲁、杨深秀弹劾许应骙，许应骙回击康有为，仍是其中的阴影（参见24·29、24·58）。孙家鼐、陈宝箴身为高官，上奏涉及康有为，用词亦十分谨慎。（参见24·37、24·52）曾廉用语如此极端，直接攻击康、梁，在当时并非没有风险。他声称对自己上书的风险做了充分的准备。[1]

康称"上特发交谭嗣同拟旨驳之"一事，梁在《戊戌政变记》之《康有为向用始末》中，又有相同的说法。称言：

> "七月二十三四日之间，有湖南守旧党举人曾廉上书请杀康有
> 为、梁启超，摘梁在《时务报》论说及湖南时务学堂讲义中言民权
> 自由者，指为大逆不道条列而上之。皇上非惟不加罪二人，犹恐西
> 后见之，乃命谭嗣同将其原折按条驳斥，然后以呈西后，盖所以保
> 全之者无所不至矣。"

然前节已叙，曾廉该条陈又有直接攻击光绪帝的言论，康称"枢臣欲罪之"，梁称"枢臣拟旨，请予重惩"，胡思敬、熙麟更是指明"枢臣"即是谭嗣同，光绪帝下旨囿之。（参见24·59）此中的情节又与"交谭嗣同拟旨驳之"大不相同。然又据军机处《早事》及《光绪二十四年召见单》，七月二十日之后谭嗣同未见过光绪帝，光绪帝又是如何"交谭嗣同拟旨驳之"，也是存有疑问的。

前节（24·61）已叙，此时司员士民上书皆交"参预新政"新任军机四章京来处理，七月二十七日当值是杨锐、林旭一班，还是刘光第、谭嗣同一班，我现在还不能确定。若恰是刘光第、谭嗣同一班，那么，

---

[1]《丛刊·戊戌变法》，第2册，第489—503页。曾廉在上书中自称："……惟臣草茅愚贱，昧死上言，以皇上之神明，或赦不诛，而康有为、梁启超必有以中伤臣，而置臣于理矣。然臣亦不惧也。"戊戌政变后，曾廉将此上书出版印行，文后有一条附记："疏既奏，党人谭嗣同之属，方居军机用事，将坐以毁谤新政当斩。德宗蹙然不许，曰：朕方求言，乃以言罪人乎？明日嗣同复请刑，上卒格不下，廉始得全。"既称"德宗"，可见附记作于光绪帝去世之后。曾廉没有可靠的消息来源，很可能是道听途说。

很可能就由谭拟"签语"。由于条陈发下时，并无旨意；[1]而谭嗣同见不到光绪帝，向光绪帝递"条列"，尚需经过军机大臣。[2]梁启超在《戊戌政变记》之《刘光第传》、《光绪圣德记》中又称：

> "七月二十六日，有湖南守旧党曾廉上书请杀南海先生及余，深文罗织，谓为叛逆，皇上恐西后见之，将有不测之怒，乃将其折交裕禄，命转交谭君按条详驳之。谭君驳语云：臣词（嗣）同以百口保康、梁之忠，若曾廉之言属实，臣嗣同请先坐罪。君（刘光第）与谭君同在二班，乃并署名，曰：臣光第亦请先坐罪。谭君大敬而惊之。"

> "湖南举人曾廉请杀有为，又诬引梁启超言行一切民主民权之说……上非徒不惑，尚虑西后见折而怒，特命谭嗣同条条议驳，长至千余言，乃以折呈西后。"[3]

此中的"七月二十六日"属时间有误，另有三点值得注意：一、光绪帝通过军机大臣裕禄转交曾廉条陈并转传旨意，并不是与谭嗣同直接交往；二、谭嗣同驳辞的部分内容，是以个人的身份为康、梁担保，刘光第也介入；三、谭嗣同的驳辞长达千言，并不是拟"旨"。

档案中的情况，与康、梁的说法不同。军机处《随手档》七月二十七日的记录为：

> "都察院折代递条陈由：一、笔帖式联治，一、广西试令章国珍，一、候选州同谢祖沅，一、浙江举人何寿章，一、陕西举人张铣，一、湖南举人曾廉，一、中书诚勤，一、中书胡元泰，一、山

---

[1] 杨锐在私信中称："每日发下条陈，恭加签语，分别是否可行，进呈御览。"（《丛刊·戊戌变法》，第2册，第572页）由此可知，条陈发下时并无旨意同时下达。

[2] 时任军机处汉头班首席章京继昌称："旧制军机章京随军机大臣至南书房候缮谕旨，近则大臣召对毕，退至军机堂述旨缮进，章京遂不随入。间遇圣驾出宫日，须格外从速，在南书房祗候缮旨者，亦仅一二员随入，则皆平日办事敏捷者当之。"（《行素斋杂记》，上海书店，1984年，卷上，第8页）

[3] 《戊戌政变记》续四库本，第261、287页。又，《国闻报》光绪二十四年八月初五日以"圣量优容"为题刊出消息："北京记事人来函云：有人在都察院递呈，揭参举人梁启超在湖南时务学堂为总教习时，所有批答各生课卷，多离经叛道之语，而其中有悖逆之词，并将梁君原抄另抄粘呈折。既上，上曰：此不过是梁君故作危言悚论，以感动人心，安得据此以绳织之耶？"这一条消息很可能是康党提供的。

东拔贡郑重，一、山西附监宋汝淮，一、谢祖沅气枪一杆，一、谢
祖沅样图一张，一、宋汝淮样图，一、宋汝淮绘图。"〔1〕

而在这一天军机处给慈禧太后的奏片称：本日"都察院代递顾治等条
陈"，"俟陆续核议办理"。〔2〕该奏片未提收到条陈等件的上呈人具体名
单及数目，只是表示拟就处理意见后，再上呈慈禧太后。而到了第二
天，即七月二十八日，军机处奏片称：

"又二十七日……都察院代递谢祖沅、郑重、胡元泰、张铣、何
寿章、诚勤、联治、宋淮汝条陈……均俟筹议奏明办理后，再行陆
续恭呈慈览。"

此时军机处奏片中已无湖南举人曾廉、广西试用知县章国珍的条陈，即
将曾廉的条陈隐瞒了下来。由此至八月初五日政变前夕，七月二十七日
都察院代奏的条陈，军机处后来仅上呈7件，而曾廉的条陈，似乎从空
气中蒸发了。〔3〕按照重要奏折需呈报慈禧太后的规定，曾廉条陈须上

〔1〕 都察院代奏原折称："据候选笔帖式联治、广西试用知县章国珍、候选州同谢祖沅、
浙江举人何寿章、陕西举人张铣、湖南举人曾廉、镶白旗蒙古生员诚勤、内阁中书
胡元泰、山东拔贡生郑重、山西附监生宋汝淮等各以条陈赴臣衙门呈请代奏。又，
谢祖沅呈进汽枪一杆、样图一张，宋汝淮进呈样图、绘图二匣。臣等谨遵谕旨将原
呈恭呈御览，并将原枪、样图、绘图由军机处代呈。"（光绪二十四年七月二十七
日《军机处录副·专题补遗·戊戌变法项》，3/168/9450/40）

〔2〕 《上谕档》，光绪二十四年七月二十七日。此中的"顾治"当属"联治"之笔误，繁
体在草写时两字字形相近，很可能军机章京在抄写时出错。后文所引军机处奏片，
皆出自该日《上谕档》。

〔3〕 七月二十九日的军机处奏片未提此事。七月三十日的军机处奏片则将都察院二十六
日与二十七日代奏条陈的日期弄混。八月初一日的军机处奏片又未提此事。八月初
二日军机处奏片称："……诚勤呈一件、联治呈一件……郑重呈一件、张铣呈一
件……均奉旨：'存'……恭呈慈览。"由此，二十七日都察院代奏的条陈，到八月
初二日才上呈慈禧太后4件。八月初三日的军机处奏片称："又二十七日胡元泰请清
教案呈、宋汝淮条陈矿务河工呈，均签拟办法，恭呈慈览，俟发下后再行办理。"即
又上呈了2件。八月初四日的军机处奏片未提此事。八月初五日，军机处奏片称："都
察院代递举人何寿章请严定贩米章程及酌定交涉章程、设立矿务学堂折……均签拟
办法，恭呈慈览，俟发下后，再行办理。"由此可见，过了9天之后，都察院二十七
日代奏的条陈，才有7件上呈慈禧太后。而从七月二十七日起，军机处奏片涉及到
该日都察院代奏条陈事多达6次，从未提到过曾廉的条陈。（参见拙文：《戊戌政变
的时间、过程与原委：先前研究各说的认知、补证、修正》，《近代史研究》，2002年
第4、5、6期）

报慈禧太后，而此处不上报，又似经过光绪帝。然而光绪帝已不是第一次这么做了，于荫霖弹劾翁同龢的奏折、潘庆澜弹劾保国会的附片，也未进呈慈禧太后。（参见24·17、24·14）

由此可见，光绪帝不是将事情扩大而是将此事隐匿下来。以此为思路，光绪帝已无必要通过军机大臣裕禄命谭嗣同拟旨驳斥。若严格按照前引康有为、梁启超、熙麟的说法，并依从当时军机处的工作程序，由此推导出的情况很可能是：七月二十七日正当刘光第、谭嗣同当值，见到曾廉的条陈，谭嗣同拟"签语"，称言"臣嗣同以百口保康、梁之忠，若曾廉之言属实，臣嗣同请先坐罪"；刘光第见之，亦署名，并称："臣光第亦请先坐罪。"该签语中又另有驳斥曾廉"自称开创，置祖宗于何地"之词句，光绪帝见之，搁置了之，并下旨此条陈不呈慈禧太后。这当然只是一种推测。而我以为，情况很可能更加简单，即曾廉条陈及签语递上时，光绪帝将之留中不发而已。戊戌政变后，御史熙麟对曾廉条陈极为推重，上奏详细介绍其内容，称言：

"奴才再四详其言论，虽未获睹其人，而言为心声，其人实已大可想见，故竟敢许以纯才，而且目为难得。且夫诛一人而天下惩，奖一人而天下劝，曾廉折既留中，圣明在上，何俟臣下缕渎。惟奴才于未服阕到官以前，即闻此折留中之后，有已为谭嗣同等焚毁不全之说，是该逆等非不自知罪恶难掩，而藉焚毁之掩天下人耳目也。"

熙麟请慈禧太后予以"褒奖"，以使曾廉条陈"入邸抄流传遐迩"。[1]熙麟此处称曾廉条陈先由光绪帝"留中"，后被谭嗣同焚毁。我在档案中未能发现曾廉条陈的原件或录副件。然在台北故宫博物院藏有《光绪朝夷务始末稿本》，抄录了曾廉的条陈。不知抄者所据为何本。[2]

从许多迹象表明，曾廉的条陈并非仅是其个人的举动，而有其背景。熙麟的奏折也表明，该条陈当时即有传抄，后来传播甚广。[3]若曾

---

〔1〕 《戊戌变法档案史料》，第493—494页。
〔2〕 按《光绪朝夷务始末稿本》编辑形成过程，其材料应该来自档案。又，该稿本抄录时错误甚多，编辑者对曾廉条陈仅校对了一部分，并作眉批："删。迂腐。"
〔3〕 光绪二十四年八月初五日《国闻报》，以及苏继祖《戊戌朝变记》、胡思敬《戊戌履霜记》对此皆有记录。（《丛刊·戊戌变法》，第1册，第341页；第4册，第55页）

廉上条陈仅是其个人的行动,京城地面上能有这么大的动静吗?

> (24·63)又传我密谕,令林旭带出。盖上之用林旭,以其奏折称"师",知为吾门生。上之用谭嗣同,以其与我同为徐学士及李芯园尚书所荐,皆吾徒也,故拔入枢垣。杨、刘为楚抚陈宝箴所荐,而陈宝箴曾荐我,杨漪川又曾保陈宝箴,上亦以为皆吾徒也,而用之。时谭复生实馆于吾,林暾谷亦日日来,上意有所欲传,吾有所欲白,皆藉谭、林通之。时李芯园尚书奏荐甚力,上以忌西后,未敢显然用,故用谭、林、杨、刘代之。上之意极苦矣。

> 据手稿本,"又传我密谕"之"我"字为添加;"盖上之用林旭"之"上"字后删一字;"以其与我同为徐学士"之"与我同"三字为添加,"徐学士"后删"以"字;"杨、刘为楚抚"之"为"字后删"陈"字;"李芯园尚书奏荐"之"奏"字为添加。

康称光绪帝"传我密谕,令林旭带出"一事,似指八月初二日光绪帝召见林旭事,后将详述。(参见 24·73)

康称"上之用林旭,以其奏折称'师',知为吾门生"一事,属其张扬之词。查林旭为内阁候补中书,无直接上奏权,上书须由内阁为其代奏;又查军机处《早事档》、《随手档》,均无内阁代奏林旭条陈之记录。林旭入军机处之前,也无上书光绪帝之秘密渠道。既无上书,又何以称"师"?光绪二十四年七月十三日,詹事府少詹事王锡蕃保荐周莲、林旭等四人,因林旭正在北京,十九日与刘光第召见。[1] (参见 24·66)

---

[1] 王锡蕃上奏敬保通达时务人才,声称曾任福建学政,保闽籍人士4人:福建兴泉永道周莲,"讲求中外政务,实能周知利弊";四川候补道沈翔清,"原任两江督臣沈葆桢之孙,长才伟略,不坠家风,在船政局十有八年,办事精详";北洋水师学堂总办候选道严复,"于西国典章名理之学,俱能探本溯原,精心研究中学,亦通贯群籍,著述甚富";内阁候补中书林旭,"能详究古今以求致用,于西国政治之学,讨论最精,尤熟于交涉商务"。当日奉明发谕旨:"少詹事王锡蕃奏敬保通达时务人才一折。福建兴泉永道周莲业经电谕来京预备召见,现尚在籍之四川候补道沈翔清、北洋差委候选道严复,著边宝泉、荣禄饬令该员等来京,预备召见。内阁候补中书林旭,著该衙门传知该员预备召见。"(《戊戌变法档案史料》,第 163—164 页;军机处《上谕档》,光绪二十四年七月十三日)

次日即被任命为军机章京。梁启超称：

　　"……七月召见，上命将奏对之语，再誊出呈览，盖因君操闽
　　语，上不尽解也。君退朝具折奏上，折中称述师说甚详，皇上即知
　　为康某弟子，因信任之，遂与谭君等同授四品卿衔，入军机参预新
　　政。"[1]

此说亦可怀疑。林旭从召见到任命，仅是一天，如何写折上奏，又由何
衙门代递?[2]

　　康称林旭"为吾门生"一事，属实。尽管康、林交往的初期，林对
康未信服[3]；尔后情况大变，梁启超称林为"南海先生之弟子也"，"闻
南海之学慕之，谒南海。闻所论政教宗旨，大心折，遂受业焉。"[4]此
事又可见证于林旭为康著《董氏春秋学》所作跋文，称言："南海先生既
衍绎江都春秋之学，而授旭读之，即卒业，乃作而言曰……"并署
名"弟子侯官林旭"。[5]（参见24·3）

　　康称"上之用谭嗣同，以其与我同为徐学士及李芯园尚书所荐"，属
实。四月二十五日徐致靖保举五人中，有谭嗣同，获旨入京引见。（参见
24·20）七月初三日李端棻再保举黄遵宪、熊希龄、谭嗣同三人。（参见
24·68）康又称"谭复生实馆于我"，即谭拜康为师，我虽未见到直接的
史料，然以下三条值得关注：一、戊戌政变后，九月十六日，谭嗣同老
师欧阳中鹄与皮锡瑞谈话时称："彼（谭嗣同）丙申（光绪二十二年）入

---

〔1〕《戊戌政变记》续四库本，第260页，梁此说似来自于康，已有修正，军机处《随手
　　档》、《早事档》也皆无林旭条陈代奏之记录，梁对此也未能说明。
〔2〕林开謩挽林旭诗称："戊戌政变中，惟子实憔悴，忽蒙特达知，密先金鸾记，上书日
　　万言，重触当路忌。"（《晚翠轩集》，《续修四库全书》，第1568册，第538页）此中
　　所言"上书日万言"，似指其任军机章京之后。
〔3〕林旭的朋友李宣龚称："至于党籍之说，亦未可尽信。观暾谷丁酉（光绪二十三年）
　　十一月与予书，犹有'长素适来，日有是非，欲避未能'之语，是其意非真阿附南
　　海者。"（李宣龚：《晚翠轩集序》，见《晚翠轩集》，《续修四库全书》，第1568册，第
　　504页，参见24·2。）李宣龚此文作于"丙子"（1936年）。也有可能林知李不喜
　　康、梁，故私信中作此语。
〔4〕梁启超：《戊戌政变记》续四库本，第260页。
〔5〕林旭：《春秋董氏学跋》，《知新报》第51册（光绪二十四年闰三月十一日出版），
　　见《知新报》影印本，第1册，第653页。

都，见康而议论一变，颇不信其师说，今年几决裂矣！"[1]二、谭嗣同于光绪二十四年三月二十八日在《湘报》第37号上发表《治事篇·湘粤》，说明他对康及其康党的态度与关系，特别强调了他对《新学伪经考》、《长兴学记》的"叹服"，并称他从梁启超等人处得知的康学的"一切微言大义，竟与嗣同冥思者十同八九"。[2]三、细读谭嗣同《仁学》，其中确有康学的成分。梁启超在《清议报》第二册（光绪二十四年十一月二十一日出版）发表《校刻浏阳谭氏〈仁学〉序》中称：

> "余之识烈士，虽仅三年，然此三年之中，学问言论行事，无所不与共。其于学也，同服膺南海，无所不言，无所不契……《仁学》何为而作也？将以光大南海之宗旨，会通世界圣哲之心法，以救全世界之众生也。"

然梁启超后来编《清议报》全编本及《饮冰室合集》再录此文时，却删

---

[1] 皮锡瑞：《师伏堂日记》，《湖南历史资料》，1981年第2期，第141页。谭嗣同与欧阳中鹄师生关系甚深，甲午战后，他曾一长信致欧阳中鹄，大谈政治之坏及其变法之策，欧阳中鹄亦作批语，于光绪二十一年以《兴算学议》刊行。（见《谭嗣同全集》增订本，第153—173页）而欧阳中鹄于此时作此语，似与谭嗣同、唐才常致其三信有关。其信一称："……揆其命意，不过因南海先生传孔门不传之正学，阐五洲大同之公理，三代以还一人，孔子之外无偶，逆知教派将宏，垂泽必远……然向之所赞，不过只就其一疏而言，于其微言大义，一字不曾赞及，既以为非，此后只好专赞其大处耳……犹有持不通之说者，谓嗣同等非其（康）门人，何为称先生？不知一佛出世，旷劫难逢，既克见圣，岂甘自弃，不以师礼事之，复以何礼事之？且普观世间，谁能禁嗣同等之不为其门人者，忌妒者又将奈之何哉！请转语伯严吏部，远毋为梁星海所压，近毋为邹沉帆所惑。"其信二称："至于学术宗旨，则非面谈不能尽，不然，则满腔热血不知洒向何地。拟即邀佛尘同诣尊处，作竟日谈。"并约定所谈内容7条。其信三称："……是日上午已有人来告某之丑诋，并谓先生之称谓，为嗣同等钻营康名士，自侪于门人之例，又谓湖南不应有此，意在设法阻压。及下午到尊处，见某在座，神色颇异……报中小引，不过就奏折论奏折，并未及其人品学问一字……康某果何罪于天下，乃不许人著一好语耶？"（同上书，第475—478页）其中所"一疏"，指谭嗣同《湘报》、《湘学报》上发表《读南海康工部有为条陈胶事折书后》，其中称言："先生于是愤不顾身，伏蒲而谏，敬王不如我敬，言人所不敢言，其心为支那四万万人请命，其疏为国朝二百六十年所无比。"（同上书，第421页）

[2] 《谭嗣同全集》增订本，第444—446页。然在光绪二十二年三月十四日，他给唐才常信中称："迩闻梁卓如述其师康南海之说，肇开生面，然亦有不敢苟同者……"（同上书，第528—530页）

去了"同服膺南海"、"以光大南海之宗旨"二语。[1]由此大体可知,谭嗣同未正式奉康为师,但已以师礼事之。从毕永年《诡谋直纪》中,又可以看到谭对康的服从。(参见24·75、24·76)

康称"陈宝箴曾荐我",当有误。此说指陈宝箴上奏"请厘正学术造就人才折",折中虽对康有褒语,但主旨是弹劾《孔子改制考》,要求毁板。(参见24·52)康称"杨漪川又曾保陈宝箴",亦有误。此指杨深秀上奏"请申谕诸臣力除积习折",其中言及陈宝箴。(参见24·53)康称光绪帝选拔杨锐、刘光第,"亦以为皆吾徒也,而用之",属其张扬之词。前节已叙,光绪帝七月二十四日命杨锐、刘光第、林旭、谭嗣同为军京章京,"参预新政",是当时受保举、经召见、未任命的官员仅有5名,从中选择4名,并没有考虑他们与康有为的关系。(参见24·61)杨锐、刘光第皆属张之洞之门墙;由陈宝箴保荐,很可能是张的嘱托。[2]而七月十三日光绪帝收到陈宝箴保折,当即下令其中的15人预备召见。[3]此一行动引起了康党的严重不满,七月二十九日,即杨锐、刘光第入值8天之后,杨深秀上奏"裁缺大僚擢用之宜缓特保新进甄别宜严折",对陈宝箴颇有微词。(参见24·53)杨锐入值后,在私信中明显地表示与林旭、谭嗣同的政见之别:

〔1〕 《谭嗣同全集》增订本,第372—374页。

〔2〕 参见拙文《戊戌年徐桐荐张之洞及杨锐、刘光第之密谋》,《中华文史论丛》,2007年第4期,上海古籍出版社。陈宝琛为张之洞多次所保,陈宝箴保举即获召见,张之洞其喜,发电给陈宝琛:"福州。陈阁学:奉旨赐对,欣喜无可言谕。鄙人屡请不获。今竟得之于义宁,快极。何日北上,务电示。洞。有。七月二十五日午刻发。"〔东方晓白:《张之洞(湖广总督府)往来电稿》,《近代史资料》,总109期,中国社会科学出版社,2004年,第20页〕

〔3〕 《军机处录副·光绪朝·内政类·职官项》,3/99/5362/62、3/99/5370/2,光绪二十四年六月十八日;《戊戌变法档案史料》,第160—163页;军机处《上谕档》,光绪二十四年七月十三日。光绪帝旨命称:"湖南候补道夏嗣铭、试用道黄炳离、降调前内阁学士陈宝琛、内阁候补侍读杨锐、礼部候补主事黄英采、刑部候补主事刘光第、广东候补道杨枢、试用道王秉恩、江苏试用道欧阳霖、江西试用道恽祖祁、杜俞、湖北候补道徐家干、江苏候补道柯逢时、湖北试用道薛华培、候选道左孝同,以上各员在京者,著各该衙门传知该员预备召见,其余均由各该督抚饬知来京,一体预备召见。"

"事体已极繁重，而同列又甚不易处，刘与谭一班，兄与林一
　　　班。谭最党康有为，然在直当称安静；林则随事都欲取巧，所答有
　　　甚不妥当者，兄强令改换三四次，积久恐渐不相能。"〔1〕
康称"上意有所欲传，吾有所欲白，皆藉谭、林通之"，我尚未读到相关
的史料。然光绪帝后来仅召见林旭一次，未召见谭嗣同，其中的"欲
传"、"欲白"，又如何"通之"，似可怀疑。

　　康称"李苾园尚书奏荐甚力"，即李端棻保举康有为，属实。光绪帝
罢免礼部六堂官后，仓场侍郎李端棻被命为礼部尚书。（参见 24·66）
七月二十三日，光绪帝召见了谢恩的李端棻，很可能李端棻在召见时面
保康有为与江标。〔2〕二十五日，李端棻又上奏折，光绪帝旨命"留
中"，并呈送慈禧太后。〔3〕李端棻该折，档案中尚未检出，又因其"留
中"，军机章京在《随手档》、《上谕档》中均未为之拟题，内容无从知
晓。然于八月十九日，即谭嗣同等戊戌六君子就义六天之后，李端棻上
奏自请惩处：

　　　"窃因时事多艰，需才孔亟，臣或谬采虚声，而以为足膺艰巨，
　　　或轻信危言，而以为果由忠愤，将康有为、谭嗣同奏保在案。"
当日获明发谕旨：

　　　"李端棻奏滥保匪人自请惩治一折。该尚书受恩深重，竟将大
　　　逆不道之康有为等滥行保荐，并于召对时一再面陈……"〔4〕
由此似可推定，谕旨中"于召对时一再面陈"，似指七月二十三日召见时

---

〔1〕　杨锐致肖岩弟，光绪二十四年七月二十八日，《丛刊·戊戌变法》，第 2 册，第
　　　572 页。
〔2〕　当日光绪帝下旨"翰林院编修江标著在总理各国事务衙门章京上行走"。（军机
　　　处《上谕档》，光绪二十四年七月二十三日）此时的江标并不在北京，档案中也看不
　　　到由何人保举，他的任命很可能与李端棻的面保有关。八月初三日，总理衙门收到
　　　江苏巡抚奎俊电："沁电谨悉。编修江标在沪就医。据复一俟病可，即行北上。"初
　　　七日，总理衙门再收到奎俊电："江编修标定于本月初八日由苏北上。"（《总理衙门
　　　清档·收发电》，01－38/17－3）
〔3〕　军机处《上谕档》、《随手档》，光绪二十四年七月二十五日。
〔4〕　《丛刊·戊戌变法》，第 2 册，第 297 页。军机处《随手档》、《上谕档》，光绪二十四
　　　年八月十九日。

的面陈[1]；而七月二十五日由光绪帝"留中"的奏折，主旨是保荐康有为。[2]八月二十一日，康有为在香港与《德臣报》记者谈话时提到：

> "介绍我给皇帝的，是一个湖北籍的御史高燮曾与礼部尚书李端棻……他们介绍我给皇帝的意思，是要他给我一个负责的职务，使我常在皇帝的身边，作他的顾问。"[3]

高燮曾荐康，是出席"弭兵会"，此处所称"常在皇帝的身边"、"顾问"之类，很可能是李端棻荐折中的内容。

康称"上以忌西后，未敢显然用，故用谭、林、杨、刘代之"，仍为张扬之词。李端棻保折上于七月二十五日，并于同日进呈慈禧太后；而光绪帝任命杨锐、刘光第、林旭、谭嗣同为军机章京，却在此之前，为七月二十日。时间上有先后之别。

（24·64）时奏折繁多，无议不有。汰冗官、废卿寺之说尤多。上决行之，枢臣力谏不获请，上且曰："康有为并请废藩臬道府，何为不可？"而吾向来论改官制，但主增新，不主裁旧，用宋人官、差并用之法。如以尚书、翰林同直南斋，侍郎、编修均兼学政，亲王、京卿同任枢垣、总署，提督、千把同作营官。专问差使，不拘官阶，故请开十二局及民政局，选通才以任新政，存冗官以容旧人。

---

[1] 查军机处《早事》、《光绪二十四年京官召见单》，光绪帝在二月二十三日、四月十八日、七月二十三日三次召见李端棻。由此似可推定，七月二十三日李端棻召对时面保了康有为，很可能得到了光绪帝的赞许，于是二十五日出奏保举康有为。

[2] 蔡金台致李盛铎信（光绪二十四年九月二十三日）称："后伊藤来，李芯园举康为接待使，亦为张（荫桓）所阻。"（邓之诚著，邓珂点校：《骨董琐记全编》，北京出版社，1996年，第603页）蔡金台称李端棻保康有为，是伊藤博文来华时的"接待使"，很有意思；然此信中多有误，似不可当作确据。然此一说法，又可见刘体智之说："伊藤博文薄高丽统监而不为，观光大陆，有囊括四海之志，欲吾国聘为辅佐。康有为作奏章，自荐为迎送专使，令李端棻上之，弗许……及谋为迎送使而不得，心知有异，奉诏督促出京，幸免于祸。"（《异辞录》，第172页）然，派康有为去日本一事，参见24·68。又，时在江西的皮锡瑞于七月二十一日日记中称："阅日报，九月初三日长信驾幸天津。李芯园保康工部留京……"（《师伏堂日记》，《湖南历史资料》，1959年第2期，第143页）皮的消息不知从来何。

[3] 刘启戈译自《字林西报周刊》，《丛刊·戊戌变法》，第3册，第503页。

军机大臣廖仲山闻我论，托人来请我言之。吾乃草折言官、差并用之制，引唐宋为法，举近事为例。乃言方今官制，诚不可不改，然一改即当全改，统筹全局。如折漕之去漕运，抽灶之去盐官，尤为要义也。上即大裁冗散卿寺，及云南、广东、湖北三巡抚，及各道各局并及漕运。西后不肯裁漕，而新局之置，上将有待也。廖乃咎我，将请吾谏止裁官，而吾乃请全裁。盖上于变政，勇决已甚，又左右无人顾问议论，故风利不得泊也。

据手稿本，"奏折繁多"后删一字；"无议不有"后删"裁察院、废翰林"；"上决行之"后删两字；"力谏不获请，上且曰"诸抄本皆误为"力谏不获听，且曰"；"京卿"二字由"大臣"改；"提督、千把同作营官"一句为添加，补在行间；"不拘官阶"之"拘"字后删一字，"阶"字由"擢"字改；"选通才"之"通"字为添加，"才"字后删"人"字；"存冗官"之"存冗"二字由"听旧"改；"军机大臣"四字为添加；"托人来请"之"人"字以"樵野"改；"官、差并用之制"之"制"字由"法"字改；"乃言方今"后删"如改"二字；"如折漕之去漕运"之"如折"由"去"字改；"抽灶之"后删二字；"卿寺及云南、广东、湖北三巡抚，及各道各局并及漕运。西后不肯裁漕"一段为添加，补在行间与页脚；"吾乃请全裁"之"请"字由"□之"改。

此节所言，为戊戌变法期间光绪帝大裁冗员与康有为建策之关系。

康称"用宋人官、差并用法"，案清代政治制度，"官"称为"官缺"、"本缺"；"差"指"差使"；官缺的数量与品级很少变动，差使本是临时的，无品级；然临时一旦长久，也产生新的制度。康有为此处提议，正是用这一类"不拘官阶"的差使，来任命新机构的官员，逐步替代官缺。"南斋"，指南书房，康熙年间所设；其职为"在南书房行走"，属差使，有翰林院编修，也有尚书等高官。"学政"，指各省"提督学政"，属差使，由皇帝在中过进士曾入翰林院的侍郎、京卿、翰、詹、科、道、部属等官中简选，任期三年。"枢垣"，指军机处，雍正年间设，其职为"在军机大臣上行走"；"总署"，指"总理各国事务衙门"，咸丰年间设，其职为"在总理各国事务衙门大臣上行走"，这两个当时最高职权的机构职位，亦属差使，其中有亲王，也有地位较低的京卿。"营官"，指勇营的长官，一营约500人，属差使而无品级；"提督"为一省最高军事长官，从一品，"千"指"千总"，正六品，"把"指"把总"，正七品，属低级军官；由于湘、淮军功的保举，湘、淮军中"提督"衔已属常见，而任营官者，各军级皆有。《日本变政考》中，康还在按语里多处提到官差分离之事。

康称军机大臣廖寿恒"托人来请吾言之"，手稿本"人"字由"樵野"改，即廖托张荫桓请康有为拟奏折，似值得注意，然我尚未读到与此相关的史料。康称"乃草折言官差并用之制"，查《杰士上书汇录》卷三录有"厘定官制请分别官差以行新政折"，署日期为七月十三日，即是此条陈。这是《杰士上书汇录》所录康的最后一篇条陈；康对此亦称"不复言事矣"。(参见24·55)又查军机处《随手档》、《早事档》，皆无为代奏之记录，该条陈很可能是由廖寿恒代呈。该条陈称言：

"窃闻朝议纷纭，多有议厘定官制并裁冗署者，臣以为言之是也，而今行之，非其时也。夫立政变法有先后、轻重之序，若欲厘定新制，须总筹全局。若者宜增，若者宜改，若者宜裁，若者宜并，草定宪法，酌定典章，令新政无遗，议拟安善，然后明诏大举，乃有实益。若稍革一二，无补实政，似非变法先后、轻重之序也。然总筹全局，改定官制，事体重大，不能速举也。

"查今内政外交之重，皆在枢垣、总署，是二者皆差也，非官也。然则，今之施行新政，专重差使而已……唐、宋皆以官爵分途，而宋世尤美。宋之的谓官者，即古之爵也。虽名某部某寺卿贰，而百官皆不任本职，但寄禄秩而已。如今侍郎、京卿、翰林出使及学差，皆不营本职，但用其顶戴、章服，体制也。宋之所谓差者，即古之官也。各部寺监皆有勾当、检校。勾当、检校者，犹今行走也……如今尚书、编检，同值南书房，侍郎、主事，同放试差也……

"我朝差使之名出于宋，而官差不别，品秩太峻。品秩峻则非积资累格，不足以致大位，至是则年已老矣。官差不别，则若尚书、侍郎，既领枢垣、总署名之差，即不当复任本部，任事即不当充各要差。盖以一人之身，才力有限，精神无多，且皆垂老之年。而令官差杂沓，并归一人，势必一切具文不办而后止。外省督抚亦以秩尊年老积资选用，故亦一事不办。顷皇上欲行新政，屡下诏书，而无一能奉宣圣意，少有举行者，皆由官爵合一，不用古者分途并用之法，以高爵待耆旧，以差使任才能。故官至大僚皆年老精衰，畏闻事任也……

"今欲自强，非讲兵不可，讲兵非理财不可，理财非兴学校开民智不可。兵、财、学校皆非改官制、别官差无由整顿也……今法弊至此，欲行新政，臣以为采用三代官爵分途之制、宋及日本专用差使之法，汉宋优待功臣之义，伏乞皇上推行新政，先注意差使，令各政皆分设局差，如军机、译署之列，选通才行走，如宋及日本法。自朝官以上，不拘资格任之，去卿贰大臣，方任专差之例。若以积习相沿，骤难变易。则凡此专差人员，皆赏给京卿、御史职衔，准其专折奏事，自辟僚佐。其每直省亦派通才一人办理新政，体制亦同。若不设新局，则每衙门皆派人行走，其带本衙门之官，照各部实缺郎中、员外例，其无掌印、主稿之差者，不到署办事者听。凡官不得兼差，其有枢垣、译署、管学等差者，亦无庸到本衙门办事。其年较耆老者，不必劳以事任，赏给全俸，令奉朝请。如此则耆旧得所，人才见用，新政能行，而自强可望。"[1]

该条陈的基本意图是官差分离，养耆旧，选通才，在"差"的名义下，不分官秩之品级，使他本人及同党能进入清朝政治中心，掌控变法大局。这与他在"上清帝第六书"中的制度局、十二局、新政局的基本思想相一致。然康在条陈中所言，又与《我史》所述，有着较大的差别：一、《我史》称"乃言方今官制，诚不可不改，然一改即当全改"；"廖乃咎我，将请吾谏止裁官，而吾乃请全裁"，而康在该条陈中强调的是"先后、轻重之序"，"不能速举"，基本主张是暂缓裁官。二、《我史》称"如

---

[1] 《杰士上书汇录》卷三，《康有为早期遗稿述评》，第322—325页；《救亡图存的蓝图》，第225—227页；《康有为全集》，第4集，第391—392页。而在《日本变政考》中，康的思想有更为详细的阐发："……故吾今欲举行新政，贵在得才，而勋旧满朝，义无遗弃。惟分官、爵二义，以新政之差为官，稍采日本制，分九等叙之；以旧官为爵，分公卿大夫士五位叙之……"（《康有为日本变政考》，卷一，第46—51页）

折漕之去漕运，抽灶之去盐官，尤为要义也"。而康在该条陈中并无此类内容。三、《我史》称"上即大裁冗散卿寺，及云南、广东、湖北三巡抚，及各道各局并及漕运"，由此很容易使人认为，因该条陈有所建言，故光绪帝采用之，而康在该条陈中对此并无一言。

前节已叙，七月初七日，前太仆寺少卿岑春煊上奏"敬陈管见折"，请裁冗官，其中包括詹事府、大理寺、通政使司、太常寺、光禄寺、鸿胪寺、太仆寺；湖北、广东、云南三巡抚，河道总督、漕运总督；以及河、漕、盐系统的大多数官员。光绪帝当日交军机大臣会同总理衙门大臣议复。(参见24·48) 然而，未等到军机大臣等人的议复，光绪帝于七月十四日下达了一道由朱笔亲改的明发上谕：

"国家设官分职，各有专司，京外大小各官，旧制相沿，不无冗滥。近日臣工条奏，多以裁汰冗员为言，虽未必尽可准行，而参酌情形，亦非一无可采（以上六字朱改为'实亦有亟当改革者'）。朕维授事命官，不外综核名实。现当整饬（以上两字朱改为'开创'）百度，事务繁多，尤应节（以上三字朱改为'度支岁入有常，岂能提供'）用之冗费，以为（以上两字朱改为'致碍'）当务之急需。如詹事府本属闲曹，无事可办，其通政司、光禄寺、鸿胪寺、太仆寺、大理寺等衙门亦均（以上两字朱笔删去）事务甚简，（此处朱笔加上'半属有名无实'六字 [十三日朱]）均著即行裁撤，归并入内阁及礼、兵、刑等部办理。又外省，如直隶、甘肃、四川等省皆以总督兼管巡抚事，惟湖北、广东、云南三省督抚同城，原未画一。现在漕运多由海道，河运已属无多，各省应征漕粮亦多改折。东河在山东境内者已隶山东巡抚管理，只河南河工由河督专办。淮盐所行各省，亦分设督销。今昔情形，确有不同。所有督抚同城之湖北、广东、云南三省巡抚，并东河总督、漕运总督及卫所各官，亦著一并裁撤。其湖北、广东、云南三省，均著以总督兼管巡抚，河督、漕督应办事宜，即归并该省督抚兼办。至各省不办运务之粮道，向无盐场仅管疏销之盐道，亦均著裁缺，归各藩司、巡、守道兼理。此外，如各省同通佐贰等官，有但兼水利盐捕并无地方之责者，均属闲冗，即著查明裁汰。除应裁之巡抚、河督、漕督听候另（以上九字朱笔改'京外各官，本日已'）降谕旨，暨裁缺之巡抚、河督、京卿等员，听候另行录用外，其余京外（此处朱笔加'尚有'二字）应裁（此处朱笔加'文武'二字）各缺（此处朱笔加'及'一字）一切裁减归并各事宜，著大学士、六部及直省督抚分别详议筹办，仍将筹议情形迅速具奏。（此处朱笔加'内外诸臣即行遵照，切实办理，不准藉口体制攸关，多言阻格。并不得以无可再裁，敷衍了事'一段〔十三日朱〕）至各省设立办公局所，名目繁多，无非为位置闲员地步，薪水杂支，虚糜不可胜计。叠经谕令裁并，乃竟置若罔闻，或仅听委员劣幕舞文一奏塞责，殊堪痛恨。著各督抚懔遵前旨，将现有各局所中冗员一律裁撤（此处朱笔加'净尽'），毋得（上两字朱笔删，并朱笔另加'并将候补、分发、捐纳、劳绩等项人员一律严加甄别沙汰，限一月办竣复奏。似此实力剔除，庶几库款渐裕，得以宏拓新规。惟不准'〔十三朱〕）瞻徇情面，阳奉阴违，致干咎戾。当此国计艰难，朕宵旰焦劳，孜孜求治，诏书敦勉，动以至诚。尔在廷诸臣暨封疆大吏受恩深重（以上四字朱改为'若具有天良'〔十三朱〕），务当（以上二字朱改为'其尚'）仰体朕怀，力矫因循（以上二字朱改为'疲玩'）积习，一心一德，共济时艰，庶几无负委任。若竟各挟私意，非自便身图，即见好僚属（此处朱笔加'推诿因循'四字），空言搪塞，定当予以重惩治，决不宽贷。"〔1〕

此中的"十三日朱"、"十三朱"字样，即前一天，七月十三日光绪帝所作的朱笔亲改。又查军机处《上谕档》七月十三日有军机处奏片：

　　"本日奉旨饬改明发谕旨一道，内删去'漕运总督及卫所各官等'字样，并将'各省漕运多由海道，河运已属无多，应征漕粮亦多改折，淮盐所行省分，亦各人设督销'等语，移在'归并河南巡抚兼办'之后。另缮呈览。谨奏。"

―――――――――――

〔1〕 军机处《上谕档》，光绪二十四年七月十四日。

由此可知，该谕旨起草于七月十三日，光绪帝至少改了两遍。又查《起居注》，七月十二日至十三日，光绪帝驻跸颐和园，看来此旨事前请示过慈禧太后。毫无疑问，七月十四日光绪帝大规模裁汰冗官，是对岑春煊奏折的回应，且也经过慈禧太后批准；但光绪帝未等军机大臣等议复，康有为又恰于十三日上有"厘定官制请分别官差以行新政折"，两者之间是否真有关系，我还不能做出判断来。

康称"上且曰康有为并请废藩臬道府，何为不可"？指"上清帝第六书"中有"其直省藩臬道府，皆为冗员"一句，但无裁去之议。[1]而康有为在《日本变政考》中对此有着比较明确的语言。[2]然光绪帝七月十三日是否对军机大臣真作此语，我还未读到相关的史料。

"风利不得泊也"，语出《晋书》卷四二《王濬传》。[3]晋武帝司马炎命益州刺史王濬率大军东下，归王浑指挥。王濬的船队到秣陵，为了抢功，便指着船帆对王浑的使者说"风利不得泊也"，即以大军直攻东吴的都城建业（今南京），成了灭吴的第一功臣。康有为引用此语，意谓由于光绪帝身边"无人顾问议论"（即他本人无法在光绪帝身边随时出谋画策），裁官之决策，过于"勇决"了。

（24·65）吾以古者皆有散大夫以备讽议，盖有行政之人，而无议政之人，古今亦无此政体，乃请置三、四、五品散卿，三、四、五、六品散学士，草折交徐子靖侍郎上之。

据手稿本，"吾以"后删"卿寺"二字；"草折"前删"以"字；"徐子靖"后删一字。

---

〔1〕 《康有为早期遗稿述评》，第 270 页；《救亡图存的蓝图》，第 10 页。

〔2〕 康有为以案语的形式评论道："国之所以贫者，在冗员、浮费、繁文三者，中国此弊尤大。京朝官僚千数，自枢、译两署、各部一二掌印、主稿外，几皆冗员。各省藩、臬、道、府及各候补人皆是也。江南候补道乃至百余，州县乃至千余，则冗甚矣。若夫丧祭宾客虚文之典礼，供亿长官之浮费，闲客乾脩之安插，皆为浮费繁文，耗损无限。国奢当示之以俭，宜严加沙汰，痛为改除……"（《康有为日本变政考》，卷十一，第16—17页）此处虽是三事并称，但已有裁汰冗员之意。

〔3〕 《晋书》，中华书局，1974年，第4册，第1210页。

康称"草折交徐子靖侍郎上之"一事，查军机处《随手档》七月二十日记："侍读学士徐致靖折：请设散卿由。"[1]然徐致靖"请设散卿折"尚未从档案中检出。光绪帝下达明发谕旨：

> "翰林院侍读学士徐致靖奏冗官既裁，请酌置散卿以广登进一折，著孙家鼐妥速议奏。"[2]

此是光绪帝又一次将重要奏折交孙家鼐议复。七月二十四日，孙家鼐上奏"议复徐致靖请设散卿折"，称言：

> "查原奏内称，自古设官，有行政之官，有议政之官。行政之官不可冗，议政之官不厌多。历引三代至唐宋以来故事，欲仿其制，定立三四五品卿，翰林院衙门定立三四五六品学士，不限员，不支薪等语。臣窃谓国家积弊，惟在敷衍颟顸，事无大小，多以苟且塞责了之，如能详细推寻，多方讨论，必不致百为丛脞，遗误至今。徐致靖谓议政之官不厌多，盖欲皇上广集众思，即藉以留心贤俊，此求贤审官之至意也。苟能行之，必有裨益。拟请准如所奏办理。"

由此可以看出徐致靖原折之大意。康有为改革主张的核心为"制度局"，六月十五日军机大臣、总理衙门大臣联衔上奏拒之。（参见24·48）而围绕着"制度局"，康有为及其党人又做起了大文章。御史宋伯鲁二月初八日请设"议政处"、四月二十九日请设"立法院"，皆被搁置。（参见24·45）仓场侍郎李端棻六月初六日请开"懋勤殿"，亦被拒。（参见24·46）内阁学士阔普通武七月初三日请设"议院"，又被搁置。（参见24·66）此处的"散卿"、"散学士"，似为"制度局"的又一变种。从孙家鼐简单的奏复中大体可知，"散卿"、"散学士"的品级很低，其责为"议政"，似有直接上奏权。孙家鼐先前数次议复康党成员的奏折，亦曾拒"懋勤殿"之议，此次已不便否定，故同意设置"散卿"。孙又提出了两项修正：其一称"其原奏所称，定立三四五品卿，以备列大夫之职，翰林衙

---

[1] 梁启超称："卿寺既裁，而通才讽议之官无位置，学士徐致靖特请增散大夫之职，康有为代草折，上之。上嘉纳议行。"（《戊戌政变记》续四库本，第225页）
[2] 军机处《上谕档》，光绪二十四年七月二十日。该折当日呈送慈禧太后。

门定立三四五六品学士，以备散学士之职。此项卿员学士，遇有对品卿缺出及翰林院对品缺出，由吏部一体开单，候旨录用。"这就将无所归依的"议政官"，变成了实缺京卿、实缺翰林院官员的候补官。其二称"至于不支俸一节，臣愚谓皇上裁汰冗员，乃实事求是之意，并非惜此俸银。拟求皇上嘉惠各员，即按照所授品阶给予俸禄"。这就将"议政官"纳入官僚体系之中。孙还强调指出：

> "抑臣更有请者，议政之官固不厌多，听言之道尤当致慎。舜之大知，固由好问好察，尤在执两用中。盖问察非难而用中最难也。夫发言盈廷，则是非各执。其言或似是而实非，或似非而实是，精择审处，不使贤否混淆，惟赖我皇上圣智聪明，斯国势可强而天下蒙福矣。"[1]

这一番话，明显是有所指的。光绪帝当日由内阁明发谕旨：

> "孙家鼐奏遵议翰林院侍读学士徐致靖请酌置散卿一折。古有侍从之臣，皆妙选才能以议庶政。现当朝廷振兴百度，自应博采众论，广益集思，以期有裨政治，著照所议，酌置三、四、五品卿，三、四、五、六品学士各职，遇有对品卿并翰林衙门对品缺出，即由吏部一体开单，请旨录用，以备献纳。仍著按品给予俸禄。应如何详定条款，著为定例，著该部妥议具奏。"[2]

根据这一上谕，三、四、五品卿，三、四、五、六品学士的设置，还需由吏部制定具体的条款方可实行。由于政变很快发生，设置散卿、散学士一事也拖了下来，直至九月二十九日，吏部方上奏"议复尚书孙家鼐奏请增设散卿、散学士等缺毋庸议折"，奉旨"依议"。[3]

又，徐致靖上奏时职衔为翰林院侍读学士，还不是侍郎，尽管上奏的当天即命为署理礼部右侍郎。

---

〔1〕 《戊戌变法档案史料》，第176页。并参见《康有为戊戌真奏议》，第60页；《救亡图存的蓝图》，第229—230页。

〔2〕 军机处《上谕档》，光绪二十四年七月二十四日。孙家鼐议复奏折与明发上谕当日呈送慈禧太后。

〔3〕 军机处《早事档》，光绪二十一年九月二十九日。

（24·66）时礼部六堂易人，上擢李蔎园仓督为礼部尚书，王少詹锡蕃为左侍郎，徐学士为右侍郎。内阁学士阔普通武尝上疏请开议院。上本欲开之，吾于《日本变政考》中力发议院为泰西第一政，而今守旧盈朝，万不可行，上然之。然虽不用阔言，犹拔为礼部侍郎。上于言必酬如此。知人之明，鼓励维新，莫不颂我圣明也。

七月十九日，光绪帝未经慈禧太后的批准，下达朱谕，直接罢免了礼部六堂官。（参见24·58）第二天，七月二十日，军机处向光绪帝递交"应补、应调、应升、应署满汉尚书、侍郎名单"，光绪帝朱圈后发下，当日由内阁明发上谕：

> "礼部尚书著裕禄、李端棻署理，礼部左侍郎著寿耆、王锡蕃署理，礼部右侍郎著萨廉、徐致靖署理。"[1]

由于此时光绪帝住在宫中，并已预定于二十一日前往颐和园[2]，故未确定正式人选，而用"署理"字样。

翁同龢被罢免后，新任四川总督裕禄调到北京，出任军机大臣之差，然其正式的官职一直未有空缺，只能署理镶蓝旗汉军都统，此次安排其为尚书。

李端棻是康党的重要成员，以同治二年（1863）进士，历刑部侍郎而调任仓场侍郎，虽说其升尚书不能算太快，仓场侍郎升尚书的机会也较一般侍郎为多，然光绪帝此时选择他，很明显是因其改革的奏议。

寿耆（1859—?），宗室，松森之子。字子年，号芝严，隶籍正蓝旗。光绪九年榜眼，授编修，累迁至内阁学士（从二品）。他此次升任礼部侍郎的原因不详。后任理藩部尚书，民政部尚书、荆州将军等职。

萨廉，郭佳氏，字俭斋，穆彰阿之子。光绪六年进士，入翰林院，

---

〔1〕 军机处《随手档》、《上谕档》，光绪二十四年七月二十日。

〔2〕 内务府《记事珠》七月十八日记："敬事房传出，本月二十一日皇上前往颐和园驻跸，二十四日还宫。"（《内务府簿册》杂记类，405/5－14/杂记类242）

散馆后任编修，后任詹事府詹事、国子监祭酒。此时是裁缺通政使司通政使（正三品）。光绪帝选择他，很可能是为刚裁撤的衙门堂官尽快安排位置。[1]

王锡蕃（1853—?），字思劬、稚兰，号季樵，山东黄县人。光绪二年进士，入翰林院。光绪十九年以詹事府右春坊右中允出为福建学政，二十三年返回，升詹事府少詹事。二十四年七月十三日，上奏保举时务人才，保闽籍人士4人，福建兴泉永道周莲、四川候补道沈翊清、北洋水师学堂总办候选道严复、内阁候补中书林旭。其中对于林旭的评语是："才识明敏，能详究古今以求致用，于西国政治之学，讨论最精，尤熟于交涉商务。"光绪帝当日即命召见之。[2]王锡蕃主张变法，但与康党有距离。此时为裁缺少詹事（正四品），光绪帝超擢他，很可能因其改革的态度，同时也为了尽快安排裁缺堂官。

徐致靖是康党的重要成员，此时为翰林院侍读学士（正四品），光绪帝超擢他，很明显是因其改革的奏议。

七月二十一日，光绪帝赴颐和园，军机处再次递上"应升、应调、应补、应署满、汉尚书、侍郎名单"。这一次上呈，很明显是供慈禧太后参阅，第二天由光绪帝朱圈发下。二十二日，由内阁明发的谕旨称：

> "裕禄著在总理各国事务衙门上行走。

> "裕禄、李端棻著补授礼部尚书、阔普通武著补授礼部左侍郎、萨廉著补授礼部右侍郎。"[3]

由于当时礼部汉左侍郎张英麟出任顺天学政，由吏部右侍郎徐会沣署理，汉右侍郎唐景崇接任为光绪帝不喜的浙江学政、户部右侍郎陈学

---

〔1〕 据军机处《上谕档》光绪二十四年七月二十二日，该日所发上谕有四，其中一道为："李培元著补授吏部右侍郎，刘恩溥著补授仓场侍郎，曾广銮著补授都察院左副都御史。"李培元原为通政司副使、刘恩溥原为太仆寺卿、曾广銮原为通政使司参议。三人皆因机构裁撤而免去职务，却因徐会沣、曾广汉的撤职，李端棻的升迁而超擢。光绪帝企图尽快安排裁缺堂官之用意由此可显。

〔2〕《戊戌变法档案史料》，第163—164页；军机处《上谕档》，光绪二十四年七月十三日。

〔3〕 军机处《随手档》、《上谕档》，光绪二十四年七月二十二日。

荼，其职于七月初五日由左副都御史曾广汉署理，罢免礼部六堂官时，只能是罢免署汉左侍郎徐会沣、署汉右侍郎曾广汉，张英麟、唐景崇的底缺并未革去，王锡蕃、徐致靖只能是署任。戊戌政变后，徐致靖于八月初九日被革，王锡蕃于八月二十三日被革。（参见24·98）

慈禧太后为何不喜欢寿耆，原因不详。而他未能真除，却给了阔普通武一机会。

阔普通武（1853—？），字晼芗、安甫，正白旗满洲人。光绪十二年进士，入翰林院，散馆后授编修。光绪二十二年，升内阁学士。戊戌变法期间，阔普通武与康有为等人交，曾于七月初三日上有"变法自强宜仿泰西设议院折"，称言：

> "奴才窃思欲除壅蔽，莫如仿照泰西设立议院。考议院之义，古人虽无其制，而实有其意。其在《易》曰：上下交泰，上下不交否。其在《书》曰：询谋佥同。又曰：谋及卿士，谋及庶人。其在《周官》曰：询事之朝小司冠掌其政，以致万人而询焉。其在《孟子》曰：国人皆曰贤，然后察之；国人皆曰可杀，然后杀之……拟请设立上下议院，无事讲求时务，有事集群会议，议妥由总理衙门代奏，外省由督抚代奏。可行者酌用，不可行者置之。事虽议于下，而可否之权仍操之自上，庶免泰西君民争权之弊……且下议院之有益尤多，如遇各国要求，总署亦有展转。若索我口岸，侵我疆界，某省则告以交某省议院公议，先缓时日作准备，要求不已，则告以该省下议院不准。洋人最重民权，且深惧我中国之百姓，恐激众怒，自息狡谋……惟议院之人实难其选，必须品端心正，博古通今，方能识大体，建高议。此泰西议员，必由学堂出身者，一取其学贯中西，一信其风有操守，亦防弊之深意也。如蒙俞允，即可向驻京公使借各国章程，以资取法。"

该折上后，光绪帝旨命"存"，即未表示意见，同日呈送慈禧太后。[1]

---

〔1〕《戊戌变法档案史料》，第172—173页。军机处《随手档》、《上谕档》，光绪二十四年七月初三日。

由此折可知，阔普通武所提议的"依照泰西"的上下议院，实与西方民选产生的代议制的议会制度毫无关系。其理念上是建立在中国传统的"谋询"、"上下交泰"的基础上的；"上议院"设在北京，其"议妥"之案由总理衙门代奏，"下议院"设于各省，其"议妥"之案由督抚代奏。它们是政策咨询部门，仅供皇帝在决策中参考。阔普通武的这篇奏折，是康有为代拟的，其目的是设立一"议政"机构，阔普通武本人很可能对此有较大的修改。[1]

经康有为作伪的《戊戌奏稿》录有"请定立宪开国会折"（代内阁学士阔普通武，六月），是其后来所写的另作，立意完全不同，称言：

> "臣闻东西各国之强，皆以立宪法开国会之故。国会者，君与国民共议一国之政法也。盖自三权鼎立之说出，以国会立法，以法官司法，以政府行政，而人主总之，立定宪法，同受治焉。人主尊为神圣，不受责任，而政府代之，东西各国，皆行此政体，故人君与千百万之国民，合为一体，国安得不强？吾国行专制政体，一君与大臣数人共治其国，国安得不弱？……伏乞上师尧舜三代，外采东西强国，立行宪法，大开国会，以庶政与国民共之，行三权鼎立之制，则中国之治强，可计日待也。若臣言可采，乞下廷议施行。若其宪法纲目，议院条例，选举章程，东西各国，成规具存，在一采酌行之耳。"[2]

这是西式君主立宪制国家的模式，与康有为当时的政治思想大相径庭。与此相呼应，《戊戌奏稿》中另有"请君民合治满汉不分折"，称言：

> "臣顷闻内阁学士阔普通武奏请行宪法而开国会，廷议不以为然，皇上决欲行之。大学士孙家鼐谏曰：'若开议院，民有权而君无

---

[1] 孔祥吉认为阔普通武所上之原折，是康代拟的。（《救亡图存的蓝图》，第213—216页；《戊戌维新运动新探》，第154—155页）对此我是大体同意，然阔普通武很可能有所修改。如其称"无事讲求时务，有事集群会议"，很可能是康的建策，但"议妥由总理衙门代奏，外省由督抚代奏"，这与康力图能直接与光绪帝对话的目的不同，很可能是阔普通武的修改。

[2] 《戊戌奏稿》影印本，第76—79页。

权矣。'皇上曰:'朕但欲救中国耳,若能救民,则朕虽无权何碍?'
大哉王言! 臣闻而感泣曰:非尧舜之大圣,真有公天下之心者,安
得有此哉?"

该折提议开国会以"君民合治",改姓氏而"满汉合一",甚至于主张改
国号为"中华",是康后来所写的另作。[1]《戊戌奏稿》中又有"谢赏
编书银两乞预定开国会期并先选才议政许民上书折",主张开国会,仍是
康后来所写的另作。[2](参见 24·57)《戊戌奏稿》一连三篇精心炮制
的另作,大谈开国会立宪法,以至于后人多有误解,将戊戌变法定性为
资产阶级君主立宪制的改良主义运动。黄彰健发现此中之误,指出康有
为之伪,并引发出其许多结论。[3]

康称"吾于《日本变政考》中力发议院为泰西第一政,而今守旧盈
朝,万不可行,上然之",大体属实。康有为在《日本变政考》中主张缓
开国会,但理由不是"守旧盈朝",而是"民智未开",称言:

"惟中国风气未开,内外大小,多未通达中外之故,惟有乾纲
独断,以君权雷厉风行,自无不变者。但当妙选通才,以备顾问。
若各省贡士,聊广见闻而通下情,其用人议政,仍操之自上,则两得
之矣。"

"日本变法以民选议院为大纲领,夫人主之为治,以为民耳,以
民所乐举乐选者,使之议国政,治人民。其事至公,其理至顺。《孟
子》进贤、杀人皆归之国人,《洪范》谋及庶人,即此意也。副岛诸
臣开诚布公,予人以选官之权,使民知国与已相维系,必思合力
保卫之。万民一志,其势自强。然民智未开,蚩蚩自愚,不通古今

〔1〕《戊戌奏稿》影印本,第80—88页。该折称:"若圣意既定,立裁满汉之名,行同民
之实,则所以考定立宪国会之法,三权鼎立之义,凡司法独立,责任政府之例,议
院选举之法,各国通例具存,但命议官遍采而慎择之,在皇上一转移间耳。""伏惟
今定国号,因于外称,顺乎文史,莫若用中华二字。皇上维新尚统一而行大同,乞
留圣意幸察。"
〔2〕《戊戌奏稿》影印本,第89—95页。
〔3〕《〈请定立宪开国会折〉辨伪》,《戊戌变法史研究》,第560—561页;《康有为戊戌真
奏议》,第471、475、478页。

中外之故，而遽使之议政，适增其阻挠而已，令府州县开之，以奉宣德意、通达下情则可。日本亦至二十余年始开议院，吾今于开国会尚非其时也。"[1]

康此时并不主张立即开西方或日本式的国会，而是主张"妙选通才，以备顾问"即制度局之类的机构。康还于五月二十八日在《国闻报》上发表《答人论议院书》，表明自己的态度：

"夫议院之议，为古者辟门明目达聪之典。泰西尤盛行之，乃到国权全畀于议院，而行之有效。而仆窃以为中国不可行也。盖天下国势民情，地地不通，不能以西人而例中国。泰西自罗马教亡后，诸（国）并立，上以教皇为共主，其君不过如春秋之诸侯而已。其地大者，如吾中国两省，小者如丹、荷、瑞、比，乃如吾一府。其臣可仕他国，其民可游外邦。故君不尊而民皆智，其与我二千年一统之大，盖相反矣。故中国惟有君权治天下而已。顷圣上聪明初武，深通中外之故，戒守旧之非，明定国是，废弃八股，举行新政，日不暇给，皆中旨独下，不假部议。一诏既下，天下风行，虽有老重大臣，不敢阻挠一言，群士不敢阻挠一策，而新政已行矣，若如足下言，则定国是，废八股，开学堂，赏新书新器，易书院，毁淫祠诸事，足下所欢欣鼓舞、喜出望外者也。然下之九卿翰詹科道会议，又下之公车诸士会议，此亦西人之上、下议院也。三占从二，然后施行，试问驳者多乎？从者多乎？……故门人梁启超前日召对，直言八股守旧之士，乃敢诽吾上为秦始皇之焚书坑儒，皇上笑而言曰，彼等误以为废八股即废四书也。圣明天聪，中语中的。然以此辈充议员，凡此新政必阻无疑，然则议院能行否乎？不待言矣。故今日之言议院、言民权者，是助守旧者以自亡其国者也。夫君犹父也，民犹子也，中国之忆，皆如童幼婴孩，问一家之中，婴孩十数，不由父母专主之，而使童幼婴孩自主之，自学之，能成学否乎？必不能也。敬告足下一言：中国惟以君权治天下而

---

[1]《康有为日本变政考》，卷一，第44页；卷六，第3页。

已，若雷厉风行，三月而规模成，二年而成效著……顷以维新之故，天下通才好勇过多，多有贻书相责者，阳湖汪君，责仆以不请废科举而专用学校，其余言改策论与八股同为空者，贻书相责者尤多。仆以修书故，不暇一一复……"[1]

在此公开信中，康有为说明其以君权行变法之用心。[2]而康称议院"万不可行"一句，也说明他在写《我史》时，还未打算对其代拟的阔普通武等奏折进行"再创作"。

康称光绪帝见阔普通武"变法自强宜仿泰西设议院折"后"本欲开之"，然因康有为"而今守旧盈朝，万不可行，上然之"一事，我尚未读到相关的材料。

康称光绪帝超擢阔普通武是因其"变法自强宜仿泰西设议院折"，我亦未读到相关的材料。然查军机处《早事档》、《随手档》，自光绪二十四年正月至七月二十一日，阔普通武仅上有此奏折，又据《光绪二十四年京官召见单》，光绪帝此前也未召见过他，由此而论，他由于上此奏折

---

[1] 《国闻报》光绪二十四年五月二十八日刊出时署"某君来稿"，六月初四日《国闻报》刊出"制度局传闻"，称："再者，二十日所登之答人论议院书，系友人抄得，顷查此书即康工部答友人之书，合并声明。"（参见24·48）参见孔祥吉：《关于康有为的一件重要佚文》，《戊戌维新运动新探》，第52—62页。

[2] 值得注意的是，康有为的学生欧榘甲在《知新报》第28、29册（光绪二十三年七月二十一日、八月初一日出版）连载《变法自上而下论》，认为变法有两种，变自上为俄国、日本；变之下有法国、美国，其文主张效法俄国与日本，并称："夫上能变，则宜待之上，上不能变，则下宜自为之，非背上也。俺嶷已迫，雨雪其旁，毋宁自变焉，以塞狡谋而杜众口，或有补于上。"（《知新报》影印本，第1册，第282—283、298—300页）欧榘甲的这篇文章有可能是康有为起草的。梁启超于光绪二十三年三月初三日致康有为信中称："超以为先生之著书，以博大庄严为主……其零篇碎章，则万不可著，徒失人望……故超谓此书必当速刻，然不可标先生撰。积之，孺博绵将入人间世，莫如以此书异之，以宠荣之而助其涨力。"（《梁启超年谱长编》，第81页）由他人之名发表康的作品，是康党之策略。欧榘甲之文，至少为康有为看过（此时他正在万木草堂）。黄彰健称，康有为原主张"保中国不保大清"，光绪二十四年四月光绪帝召见后，改变策略。此文似能说明，光绪二十三年夏，康有为的政治思想很可能是两途并用。又，《知新报》第62册（光绪二十四年七月初一日出版）发表康有为学生陈继俨文章《中国不可开议院说》，其中称："吾师南海康先生有议院不可行于中国考，发挥此义最详。"（《知新报》影印本，第1册，第833—835页）

而超擢的可能性很大。戊戌政变后，阔普通武因保举一事受到弹劾。[1]十月二十八日，改西宁办事大臣。[2]此后多次请假不准，直至光绪二十九年四月休致后，他才回到北京。

（24·67）时章交公车，上尚虑天下人才未尽达，令天下士民有欲上书者，即交本籍州县邮上。于是天下欣欣，莫不吐露于圣主之前。此则三代悬鞀设铎所未及也。时言者杂沓，无所不有。上于其可者立予施行。

据手稿本，"章交公车"四字由□字改，"章"字前删添加一字；"上尚虑天下人才"之"上"字后删"恐"字；两处"天下"皆为添加；"本籍州县邮上"之"州

---

[1] 八月初二日，新任礼部左侍郎阔普通武，上奏"敬举通达时务人才"，共4人，候选道陈日翔，"少时曾出外洋，游历数国，于通商交涉机宜最为熟悉"；刑部主事陈桂芳，"英才卓荦，博极群书，尤讲求时务"；兵部员外郎祁师曾，前工部尚书祁世长之孙，"家学渊源，具有根柢，讲求兵商学问，颇得日本之规模"；分发知县冯宝琳，广州驻防举人，"髫年即习见洋务，于茶商利弊，尤识本原"。阔普通武还称："以上四员，据奴才所见，均系通达时务之才，用敢据实保荐，且俱在京候选供职。"（《军机处录副·光绪朝·内政类·职官项》，3/99/5364/11）当日奉明发谕旨："阔普通武奏敬举通达时务人才一折。候选道陈日翔、刑部主事陈桂芳、兵部员外郎祁师曾、分发知县冯宝琳，均著预备召见。"（军机处《上谕档》，光绪二十四年八月初二日）八月初七日，御史黄桂鋆上奏参阔普通武："丧心昧良，以朝廷吁俊之盛典，为臣下利市之私图。"陈日翔乃阛阓粗身，乡曲骏竖。识字无多，恃其多财善贾，倩枪入场，侥中举人。至今会闱，犹复托人代订枪手，在京招摇殊甚，广求门路，拜认门墙。实属下劣无耻，不安本分。祁师曾乃寿阳祁氏之不肖子孙，沉溺声色，不务正业。不特不能承其家学，即先世所藏图籍书画，亦且盗卖殆尽。"臣闻该侍郎操守难信，陈日翔家资巨富，人言藉藉，皆谓其由贿托而来。祁师曾之祖前工部尚书祁世长，乃该侍郎之座师，徇情滥保显然可见……除陈桂芳、冯实（宝）琳素行未有所闻，不敢置议外……"（《军机处录副·光绪朝·内政类·职官项》，3/99/5364/56）黄桂鋆该折提到了皇太后，看来已知道了政变的消息。军机处《早事》对此有以下记录：八月初七日，"冯宝琳、洪用舟、陈日翔、陈桂芳预备召见，召见崇礼、洪用舟、军机"。八月初八日，"祁师曾、李稷勋、陈日翔、陈桂芳预备召见，召见陈日翔、陈桂芳、军机"。八月初九日，"祁师曾、李稷勋预备召见，召见文焕、祁师曾、李稷勋、军机"。由此可见，冯宝琳、陈□翔、陈桂芳原定是八月初七日召见，祁师曾原定是八月初八日召见。这种召见日期的改动，当时是很少见的，很可能是黄桂鋆奏折带来的影响。

[2] 《清议报》第5册《政变近报》称：阔普通武"日前忽奉命加副都统衔，为西宁办事大臣，驱置于穷边之地，名为任使，实为谪戍耳。此与甲午冬间出志锐为乌里雅苏台参赞大臣，事同一例。盖皇上曾升官之人，西后必不容也。阔普通武因系满洲人，故未褫职耳。"

县"后删"代递"二字，"邮"字诸抄本皆漏；"莫不"后删"欲"字；"上于其"后删"稍"字。"吐露于圣主之前"之"主"字《戊戌变法》本漏；"悬鞀设铎"之"鞀"字，各抄本、刊本误为"韬"；"上于其可者"之"其"字后删"稍"字。

康称"今天下士民有欲上书者，即交本籍州县邮上"，属实。此即光绪帝七月二十八日电报谕旨："至士民有上书言事者，即经由本省道府随时代奏。均不准稍有抑格。如敢抗违，或别经发觉，定将该省地方官严行惩处。仍将遵办情形迅速电奏。"[1]（参见24·49）由于政变很快发生，京外士民的上书，实际未达。

康称"上于其可者立予施行"，并不属实。七月二十一日起，司员士民上书由新任军机四章京杨锐、刘光第、林旭、谭嗣同专门处理。（参见24·59、24·61）但其处理意见多为交议。查此期《上谕档》、《洋务档》等档册，并无光绪帝据司员士民条陈而直接下旨的记录。[2]

"悬鞀设铎"，典出《淮南子·汜论训》："禹之时以五音听治，悬钟、鼓、磬、铎，置鞀，以待四方之士。为号曰：教寡人以道者击鼓，谕寡人以义者击钟，告寡人以事者振铎，语寡人以忧者击磬，有狱讼者摇鞀。""鞀"即"鼗"，拨浪鼓。"悬鞀建铎"，意指听取臣民意见。

（24·68）时复生力欲荐吾入军机，吾自避。徐学士力欲荐吾直懋勤殿，吾因为行新法，不为富贵，又以触西后之忌，辞之极力，而两君者犹强牵不已。时吾观复生及林暾谷之相，谓卓如曰："二子形法皆轻，不类开国功臣也。今兹维新，关中国四千年大局，负荷非常，而二子起布衣而骤相，恐祸将至矣。昔何晏、邓飏执政，而管公明谓其'鬼幽鬼躁，必及于难'。吾今惧矣！"以徐莹甫及徐毅甫形相甚好，可入军机。谓卓如福气过人，或可消弭。并欲为沈子培夺情，举吴德潚小村及孺博数人。又留黄公度勿出。

〔1〕 军机处《电寄档》、《随手档》，光绪二十四年七月二十八日。
〔2〕 见详拙文《戊戌变法期间司员士民上书研究》，《明清论丛》第5辑，紫禁城出版社，2004年。

据手稿本，"时复生欲荐吾入军机"之"时"字为添加，"荐"字由"举"字改；"吾自避"后删五字，似为"嫌西后之忌"；"犹强牵"后"不已。时"三字为添加；"二子形法皆轻"之"二"字后删一字，"皆轻"二字为添加；"负荷"后删一字，"荷"字顾抄本等皆误为"责"；"而二子"后删"入相"；"何晏"前删"管公明"；"鬼幽鬼躁"之前删"祸"，之后删"祸不旋踵"；"并欲为沈子培"之"为"字由"举"字改；"孺博"后删"数人宋芝栋"五字；"又留黄公度勿出"后删"草折"。

以下两节所言，是康有为一派谋划进入中枢即设立"懋勤殿"的活动。

康称谭嗣同欲荐康有为"入军机"一事，我尚未读到相关的史料。此处的"军机"是指军机大臣，还是如同谭嗣同等人的"参预新政"军机章京，我也不能确定。然谭以新任军机章京身份，即向光绪帝推荐康"入军机"，似不太符合当时的官规。

康称徐致靖推荐其入值"懋勤殿"一事，是康党当时策划的重大举动，我将放在下节集中叙述。(参见24·69)

康称谭嗣同、林旭"起布衣而骤相"，指谭、林皆是由捐纳而为候补知府、候补内阁中书，非为进士出身，亦非实缺实任官员，故称其为"布衣"。何晏(约193—249)，汉大将军何进之孙，曹操为司空时纳其母，并收养何晏。少时聪慧过人，得宠于曹操。后娶金乡公主，为列侯。魏文帝、明帝时不见用，后附曹爽。好老庄，以老释儒，为魏晋玄学的主要创始人之一。邓飏(？—249)，正始初，出为颍州太守，附曹爽。管公明，名辂(209—256)，喜天文，明《易》，善卜。"鬼幽鬼躁，必及于难"，指何晏请管辂为之看相并解梦，管看出其已有死相，事后对其舅有所言。[1]

────────

〔1〕 "鬼幽鬼躁"，典出于《三国志》卷二十九《管辂传》裴松之注文引《辂别传》，称管辂对其舅言："夫邓(飏)之行步，则筋不束骨，脉不制肉，起立倾倚，若无手足，谓之鬼躁。何(晏)之视候，则魂不守宅，血不华色，精爽烟浮，容若槁木，谓之鬼幽。故鬼躁者为风所收，鬼幽者为火所烧，自然之符，不可以蔽也。"(《三国志》，中华书局，1959年，第3册，第823页) 明代理学家胡居仁《易像钞》卷十五，引用此典。康有为学生张伯祯所录《南海师承记》，对胡居仁有评价，称其："笃守朱学莫如薛敬轩、胡居仁，专讲持敬，皆曾子之学也。""胡叔心较有气魄，然不过布衣耳，而毅然自任，强哉！"(《康有为全集》，第2集，第256页) 可见康读过胡的著作。后《三国演义》第106回，再用此典，广泛流传。(见《三国演义》，人民文学出版社，1973年，下册，第913—914页)

曹爽事败后，何、邓皆为司马懿所杀。此处以谭、林比何、邓，康似有意自比为管辂，且康作《我史》时，谭、林已赴死。康称其能观相事，后亦有说起。[1]

徐莹甫，名仁镜（1863—1900），江苏宜兴人，寄籍直隶宛平。徐致靖之子，徐仁铸之弟。光绪二十年进士，入翰林院，散馆后授编修。

徐毅甫，名徐仁录，字毅甫，义甫，徐致靖之侄。

吴德潇（1848—1900），字筱村，号季清，四川达县人。同治十二年（1873）举人，大挑知县。曾任浙江山阴（今绍兴）、钱塘（今杭州）、西安（今衢州）知县。参与创办上海强学会、《时务报》。

沈子培，即沈曾植，总理衙门章京。光绪二十三年丁母忧，次年三月离京南下。此时应张之洞之聘，在武昌主持两湖书院讲席。他与梁启超、康有为交善，但已看见康、梁之必败。（参见 24·41）

康称徐仁镜、徐仁录、梁启超、吴德潇、沈曾植、麦孟华等人"可入军机"一事，很可能与此时所策划的"懋勤殿"有关。（参见 24·69）

康称"又留黄公度勿出"一事，可以证实。黄遵宪与康党关系甚密，也是康党中官阶较高者，六月二十四日被任命为驻日本公使，然其一路告病，迟迟不能赴任。留下黄遵宪主持朝政，是康党策划的一大行动。康广仁致何易一信称：

"……弟无如何，乃与卓如谋，令李苾老奏荐伯兄出使日本，以解此祸。乃皇上别放公度，而留伯兄，真无如何也。"[2]

康广仁指出其中的关键人物为李端棻。周传儒当年受学于梁启超，1925

---

[1] 康有为晚年门生任启圣称："康氏颇信相貌禄命，尝曰：昔何晏、邓飏执政，而管公明谓其鬼幽鬼躁，必及于难。至戊戌维新，谭复生、林暾谷入军机，其形貌皆不类开国功臣。唐才常好回顾，似待刑状。故皆不得其死。我弟广仁，少时批八字，占者称其不禄。及戊戌难起，广仁已离南海馆，本可避，惟因平素待仆从过苛之故，致为仆人所卖……梁卓如福相，故至今犹在耳。"（《康有为晚年讲学及其逝世经过》，《追忆康有为》，第471页）

[2] 《戊戌六君子遗集》，第6册，《康幼博茂才遗文》，第1页。此信由康有为提供给张元济，可能会有所窜改，但也可看出梁启超在此中的操作。（参见 24·34、24·41）

年夏与梁相会天津，听梁讲戊戌掌故，撰文称：

> "在外交路线上，维新派是亲日的，以日本明治维新为师。其中牵线人物是黄公度……1898年阴历六月二十三日（阳历8月上旬）虽有以黄公度以三品京堂出使日本之命，其意在厚结日本为外援以自固。尚未成行，北京事变日急。有人建议以公度与南海对调，故德宗三诏敦促，有无论行抵何处，着张之洞、陈宝箴传令攒程迅速来京之谕……"[1]

此处"二十三日"，稍有误。此中的"有人"，指李端棻。查军机处《随手档》七月初三日记：

> "仓场侍郎李端棻折：一、保黄遵宪以备顾问由；片一、保庶吉士熊希龄等请擢用由。"

李端棻的"保黄遵宪以备顾问折"、"保熊希龄等请擢用片"皆未从档案中检出。然查军机处《上谕档》，当日军机处给慈禧太后的奏片称："仓场侍郎李端棻奏黄遵宪堪胜重任折，奉旨'存'；又奏保庶吉士熊希龄、江苏试用道谭嗣同片……"由此可知该折、片的大致内容。[2]李是康党中官阶最高者，由他出面保黄，很可能是请求光绪帝将黄遵宪留京，出任高职，以指导维新运动。《国闻报》七月十三日以"奏留星使"为题刊出消息：

> "黄公度京堂奉旨简放出使日本大臣，曾志前报。兹接北京访事人来函云：有人专折奏报黄京堂留京办事，盖以黄公学兼中西，为今日中国进化党之领袖，若令其留京办事，必于新政大有裨益。并闻湖南熊秉三庶常亦在奏保之列云。"

此中的"有人专折"正是指李端棻荐折。张之洞京中情报甚多，八月初三日致钱恂电："闻黄有留京入枢、译之说，故托病辞使。如黄不去，或

〔1〕 周传儒：《戊戌政变轶闻》，《辽宁大学学报》，1980年第4期。
〔2〕 由于黄遵宪、谭嗣同已奉旨召京，当日军机处电寄陈宝箴："湖南在籍庶吉士熊希龄，著陈宝箴传知该员，迅速来京，预备召见。"军机处《随手档》、《上谕档》、《电寄档》，光绪二十四年七月初三日。

云拟熊希龄，确否?"[1]"枢"为军机处，"译"为总理衙门，张称"托病辞使"，是此时他已见过黄遵宪。而时在日本的王仁乾也听到了消息，致信汪康年称："闻公度廉访总署留用，不出使东国。"[2]相关的言论，当时还有许多。[3]

(24·69) 于时复生、暾谷又欲开议院，吾以旧党盈塞力止之。而四卿亟亟欲举新政，吾以制度局不开，琐碎拾补，终无当也。故议请开懋勤殿以议制度，草折令宋芝栋上之，举黄公度、卓如二人。王小航又上之，举幼博及孺博、二徐并宋芝栋。徐学士亦请开懋勤殿，又竟荐我。复生、芝栋召对，亦面奏请开懋勤殿。上久与常熟议定开制度局，至是得诸臣疏，决意开之，乃令复生拟旨，并云康熙、乾隆、咸丰三朝有故事，饬内监捧三朝《圣训》出，令复生检查，盖上欲有所据以请于西后也。先是语复生以上无权，荣禄不臣，复生不信，至是乃悟。是日拟旨，枢垣传出，京师咸知开懋勤殿矣。是日七月二十八日也。

据手稿本，"暾谷"二字为添加；"而四卿"之"而"字为添加；"琐碎拾补"之"补"字各抄本误作"遗"；"故议请开懋勤殿"之"请"字为添加；"举黄公度、卓如二人"后删"徐学士又上之"；"孺博"后"二徐"为添加；"亦请开懋勤殿"一句为添加，补在页边；"复生、芝栋召对，亦面奏请开懋勤殿"一句为添加，补在页

[1] 《张文襄公全集》，第 3 册，第 757 页。时在江西的皮锡瑞于八月初七日日记中称："少村云：闻小宜言，熊秉三出使日本，黄公度入军机。恐未必确。"而十一日日记又提及此事（《师伏堂日记》，《湖南历史资料》，1959 年第 2 期，第 150—152 页）。此一说法与张之洞大体相同。"少村"，夏承庆；"小宜"，沈兆祉，南昌人，参加保国会；皆是皮锡瑞的弟子。由此可见，此说传播之广。

[2] 王仁乾致汪康年，光绪二十四年八月初六日，《汪康年师友书札》，第 1 册，第 37 页。

[3] 叶德辉在一信中称："夕传一电报曰：湘抚陈宝箴入军机，黄遵宪督办铁路大臣"（《翼教丛编》，第 165 页），叶意攻康党造谣。但"督办铁路大臣"一职，也值得注意。王庆保、曹景郕《驿舍探幽录》称："张（荫桓）云：七月间，皇上有朱笔谕条，令我向日使言中国拟派头等钦差驻日本，又拟派康有为赴日坐探变法事宜，我恐日廷不允接待，即至总署与廖仲山言论。"（《丛刊·戊戌变法》，第 1 册，第 503 页）此中提到派康有为赴日，与康广仁的说法相同。然《驿舍探幽录》多有添油加醋处，此说仅可备为一说。

边;"上久"后删"欲开制"三字;"令复生检查"之"检查"《戊戌变法》本错为"查检";"上欲有所"四字为添加,"所"字《戊戌变法》本错为"可"字;"京师咸知"之"京师"二字为添加;"是日"之"日"字《戊戌变法》本错为"月"字;"二十八日也"后删"连日草奏请"五字。

康有为在戊戌变法期间主张君权,反对开议院。他在进呈《日本变政考》时,以按语向光绪帝表明态度;并于五月二十八日在《国闻报》上发表《答人论议院书》,公开表明自己的态度。(参见24·66)谭嗣同的政治主张原本倾向于民权,此期也主张以君权行改革。据康有为于光绪二十七年致赵曰生之信,称:

> "复生之过鄂,见洞逆(指张之洞),语之曰:'君非倡自立民权乎?今何赴征?'复生曰:'民权以救国耳。若上有权能变法,岂不更胜?'复生至上海,与诸同人论,同人不知权变,犹为守旧论。当时《知新》亦然。复生到京师,即令吾晓告《清议》、《知新》诸报……"[1]

此处康称谭嗣同、林旭"欲开议院",我没有读到相关的史料。值得注意的是,康有为此期的"议会"概念,与当时西方及日本的代议制度有很大的区别。他代宋伯鲁拟的"变法先后有序乞速乾断折"中的"立法会",代阔普通武拟的"变法自强宜仿泰西设议院折"中的"上下议院",皆如"制度局"式的议政机构。(参见24·45、24·66)而《答人论议院书》所称"古者辟门明目达聪之典"、"然下之九卿翰詹科道会议,又下之公车诸士会议,此亦西人之上、下议院也",也不是民主政治的代议制度。此处所言谭、林"欲开议院",也有可能是康有为所认可的"议政"机构的一种。

懋勤殿,宫中殿阁。明嘉靖十四年建于乾清宫西庑,共三间。其南为月华门,由此可出入养心殿;月华门南为内奏事处,再往南为南书

---

〔1〕《万木草堂遗稿外编》,下册,第600—605页。黄彰健最先采此为证,并注:"按《清议报》创刊于光绪二十四年十一月,康此处行文有误。"(《戊戌变法史研究》,第1—3页)

房。明代夏言拟额为"懋勤"，取"懋学勤政"之意，用于藏图史文书。清沿明制，凡图书翰墨皆贮于此，并为懋勤殿翰林侍值处。悬有乾隆御笔"基命宥密"匾。康熙帝冲龄时曾在此读书。每岁秋谳，凡死罪重犯，刑部复奏本进上，皇帝御殿亲阅档册，亲自勾决。内阁大学士、学士及刑部堂官皆面承谕旨于此。现为故宫博物院之陶瓷馆。[1]

前已叙及，康有为的政治目的是建立由其掌握的"议政"机构"制度局"，围绕于此，有宋伯鲁的"议政处"、"立法院"，李端棻的"懋勤殿"，徐致靖的"散卿"，阔普通武的"议院"，与康有为甚有关系的张元济，亦请设立"议政局"，先后被否决或搁置。（参见 24·45、24·46、24·48、24·65、24·66）到了七月下旬，康有为及其党人再次请开"懋勤殿"，由宋伯鲁、徐致靖、王照三人先后连续上奏。

康称"草折令宋芝栋上之，举黄公度、卓如二人"，查军机处《随手档》七月二十八日，记有御史宋伯鲁两折三片，其中有"选通才以备顾问"一折。[2]宋伯鲁"选通才以备顾问折"，当由康有为代拟，虽未能在档案中检出，但从军机处的拟题来看，其基本内容还是清楚的，即请设懋勤殿。《随手档》在该条下另有小字"廿八随事递上，初二日发下，另抄，归籥"。这句话的意思是：二十八日随军机处奏片呈送慈禧太后，慈禧太后于八月初二日发下，军机处另行抄录后归籥。又查该日军机处《上谕档》所录军机处奏片，宋伯鲁"选通才以备顾问折"，光绪帝命"暂存"，同日送慈禧太后。

康称"徐学士亦请开懋勤殿，又竟荐我"，康又称"王小航又上之，

---

[1]《北京志·世界文化遗产卷·故宫志》，北京出版社，2005 年，第 57—58 页。恽毓鼎为起居注官，熟悉宫内制度，称言："懋勤殿在乾清宫西廊，屋五楹，列圣燕居念典处。咸丰中叶，何秋涛福建主事以进《朔方备乘》，诏在懋勤殿行走。同治后，殿久虚，惟南书房诸臣，时就其中应制作书，以其与南斋毗连也。"（《崇陵传信录》，《丛刊·戊戌变法》，第 1 册，第 477 页）

[2]《随手档》记："御史宋伯鲁折：一、参谭钟麟折；片一、参魁元等由；一、选通才以备顾问由；片一、仿西法修道由；片一、请定银元价值由。"宋伯鲁弹劾谭钟麟、魁元事，参见 24·54。宋伯鲁请仿西法修道、请定银元价值，分别交总理衙门、户部议复。（军机处《上谕档》，光绪二十四年七月二十八日）

举幼博及孺博、二徐并宋芝栋",查军机处《随手档》七月二十九日记:
"署礼部侍郎徐致靖折:一、遵保康有为等由。候补京堂王照折:一、遵
保康广仁等由。"[1]然徐致靖的"遵保康有为等折"、王照的"遵保康广
仁等折"也未能在档案中检出。也就在这一天,杨深秀上奏"裁缺大僚
擢用之宜缓特保新进甄别宜严折",请光绪帝不再重用陈宝箴保荐之
人。(参见24·53)而《随手档》中的一些附记也值得注意,军机章京在
该档页上括入侍郎张英麟折、前太仆寺少卿隆恩折、御史胡俊章折、御
史张承缨折以及署侍郎徐致靖折、候补京堂王照折、御史杨深秀折,另
注小字:"随事递上,八月初三日发下,分别抄交,归簏。"这句话的意
思是:张英麟、隆恩、徐致靖、王照、胡俊章、张承缨、杨深秀的折
片,当日随同军机处奏片上呈慈禧太后,八月初三日由慈禧太后发下,
然后由军机章京分别抄录,交相关衙门,并归簏。又查该日军机处《上
谕档》所录军机处奏片,徐致靖、王照的奏折,光绪帝皆命"存记",同
日送慈禧太后。

　　以上三件对后来历史进展起决定性作用的奏折,虽未能从档案中
检出,但相关的内容还是大体可知的。王照逃亡日本后,与犬养毅笔谈
中称:

　　　　"二十九日午后,照方与徐致靖参酌折稿,而康来,面有喜色,
　　告徐与照曰:谭复生请皇上开懋勤殿用顾问官十人,业已商定,须
　　由外廷推荐,请汝二人分荐此十人。照曰:吾今欲速上一要折,不
　　暇及也。康曰·皇上业已说定,欲今夜见荐折,此折最要紧,汝另
　　折暂搁一日,明日再上何妨。照不得已,乃与徐分缮荐(按此下
　　脱'折'字)。照荐六人,首梁启超,徐荐四人,首康有为。夜上奏
　　折,而皇上晨赴颐和园见太后,暂将所荐康、梁十人交军机处记
　　名,其言皇上已说定者,伪也。"[2]
王照的说法,在时间上稍有误,其于二十九日上奏,当于二十八日夜递

---

[1] 《随手档》中"候补京堂王照折:一、遵保康广仁由"之"广仁"二字,由"有为"改。
[2] 《关于戊戌政变之新史料》,《丛刊·戊戌变法》,第4册,第332页。

到奏事处。又称"首梁启超"，而军机章京录题由时称"遵保康广仁等"。王照又称：

"至七月杪……南海始有意放弃其派梁氏南下计划，托余密保梁氏为懋勤殿顾问（是时南海上折，须依司官体制，由总理各国事务大臣加封代递，不如余以京堂资格宫门迳递之简洁也）。当日南海戚然告余曰：卓如至今没有地步。我心甚是难过。及余之折入，已在杨崇伊邀合京中大员密折吁请那拉氏训政之后，虽那拉未即应允，而景帝已惴惴不自保，将前此开懋勤殿、选顾问之谋，已暗消矣。"[1]

王照的这一回忆作于1929年，细节多有误。但也说明康与王商议开懋勤殿托保荐一事。至于"懋勤殿"的性质，经康有为作伪的《戊戌奏稿》中有"谢赏编书银两乞预定开国会期并先选才议政许民上书事折"，言及于此，称言：

"日本未开国会之先，亦先征一国之人才，以议政事，于是大久保利通、木户孝允等出，臣所写进《日本变法考》，已发明之。伏乞皇上特下明诏，令群臣各荐才俊，府必一人，不问已仕未仕，概行征集阙下，大开懋勤殿，令入直行走。悬百国之图，备中外之籍，分列百政，各设专科，派以鸠集东西，斟酌今古，编纂政法，以备施行。日轮二十人，置之左右，以备顾问。或赐茶果，优假颜色。其有大政，或其近地，或其专科，与之商略，或发与议定。"[2]

这一篇条陈虽是康后来所写的另作，但可以反映出，直至宣统年间，康有为心中的"懋勤殿"仍与制度局是大体相同的。

康称"复生、芝栋召对，亦面奏请开懋勤殿"，查军机处《早事》、《早事档》、《光绪二十四年京官召见单》、《光绪二十四年外官召见单》，宋伯鲁于七月初八日召见，谭嗣同于七月二十日召见。光绪帝召见宋伯

---

[1] 《复江翊云兼谢丁文江书》，《丛刊·戊戌变法》，第2册，第574页。
[2] 《戊戌奏稿》，第94页。

鲁的原因是"俸满截取",即考成"俸满",将"截取"外放道员、知府。(参见24·49)光绪帝召见谭嗣同的原因是徐致靖保荐。宋伯鲁、谭嗣同召见时是否向光绪帝提议"懋勤殿",我还没有读到相关的史料。

康称光绪帝"乃令复生拟旨,并云康熙、乾隆、咸丰三朝有故事,饬内监捧三朝圣训出……"梁启超也有同样的说法。其《戊戌政变记》卷三《政变之分原因》称:

> "上既广采群议,图治之心益切。至七月廿八日,决意欲开懋勤殿,选集通国英才数十人,并延聘东西各国政治专家,共议制度,将一切应兴应革之事全盘筹算,定一详细规则,然后施行。犹恐西后不允兹议,乃命谭嗣同查考雍正、乾隆、嘉庆三朝开懋勤殿故事,拟一上谕,将持至颐和园,御(禀)命西后,即见施行。乃越日,而变局已显,衣带密诏旋下矣。"

然该书卷六《谭嗣同传》中说法稍有异:

> "七月二十七日,皇上欲开懋勤殿,设顾问官,命君拟旨,先遣内侍持历朝圣训授君,传上言,谓康熙、乾隆、咸丰三朝有开懋勤殿故事,令查出引入上谕中。盖将以二十八日亲往颐和园请命西后云。君退朝乃告同人曰,今知皇上之真无权矣。至廿八日,京朝人人咸知懋勤殿之事,以为今日谕旨将下,而卒不下,于是益知西后与帝之不相容矣。"[1]

然康、梁的这些说法,似可以怀疑,因为光绪帝除七月二十日一次召见外,后来并未召见谭嗣同。

康称七月二十八日"拟旨,枢垣传出,京师咸知闻开懋勤殿",其中"拟旨"一事,我尚未读到相关的史料;而"咸知闻开懋勤殿",却是可以证实的。七月二十八日,光绪帝召见张之洞的主要幕僚、湖北补用知府钱恂。钱恂于第二天电告张之洞:

---

[1] 《戊戌政变记》续四库本,第238、262页。两者之相比,一是时间有差异,一称"二十八日",一称"二十七日";二是参引文献的年代有差异,一称"雍正、乾隆、嘉庆",一称"康熙、乾隆、咸丰"。可见梁启超写作时的随意性。

"昨召见三刻，上询郭，为详敷奏，兵为先，蒙许可，议政局必设。"[1]

此中的"议政局"，与懋勤殿功能相同；而二十八日恰是宋伯鲁上奏"选通才以备顾问折"。钱恂言及于此，很可能召见时光绪帝有所透露。若是如此，则光绪帝已接受了宋伯鲁的建议。七月二十九日，光绪帝召见北洋候选道严复。严复于八月初一日告诉总理衙门章京郑孝胥：

"将开懋勤殿，选才行兼著者十人入殿行走，专预新政。"[2]

二十九日恰是徐致靖上奏"遵保康有为等折"、王照上奏"遵保康广仁等折"，严复如此说，很可能光绪帝在召见时，对严复有所透露。与严复、梁启超、康有为甚有关系的《国闻报》，八月初二日以"拟开懋勤殿述闻"为题，刊出消息：

"近月以来，朝廷创兴百度，并谕内外大小臣工及士民人等，均得上书言事。因此条陈新政者，封书日以百计。而前者特简参预新政之四京卿，亦颇有眼花手乱，应接不暇之势。故近日又有拟开懋勤殿，令三品以上保举人材，召见后派在懋勤殿行走，以备顾问之说。闻数日内即当有明发谕旨矣。"

钱恂、严复的说法证明了光绪帝已决意要开懋勤殿，按照事先的安排，他将于七月二十九日前往颐和园，八月初三返回宫中。[3]王照称康有为命徐致靖、王照当日急拟保折，看来康也确有其消息来源。

---

〔1〕《戊戌变法》，第2册，第614页。钱恂为张之洞、谭继洵以使才保荐，奉电旨：分省补用知府钱恂，"来京预备召见"。（《电寄档》，光绪二十四年六月十四日）钱恂于七月二十四日前到京。（《总理衙门片行军机处钱恂到京事》，光绪二十四年七月二十四日，《军机处录副·光绪朝·内政类·职官项》，3/99/5363/103）钱恂召见日期见军机处《早事》、《光绪二十四年外官召见单》。

〔2〕《郑孝胥日记》，第2册，第681页。严复为詹事府少詹事王锡蕃以"通达时务人才"相保，奉旨：荣禄饬令该员来京，"预备召见"。（《上谕档》，光绪二十四年七月十三日）严复召见日期见军机处《早事》、《光绪二十四年外官召见单》。

〔3〕内务府《杂录档》光绪二十四年七月记："七月二十五日，总管宋进禄等为本月二十九日随驾往颐和园去，现用黄车一辆、青车二辆于是日寅初在顺贞门外预备，并随侍等处总管、首领、太监等用连鞍马匹，照例在西三座门外预备。于八月初三日还宫。所传车辆、马匹、苏拉等俱于是日在东宫门外预备。"（杂记类1002，杂261）

关于懋勤殿的人选，康称宋伯鲁荐黄遵宪、梁启超；王照荐康广仁、麦孟华、徐仁铸、徐仁镜、宋伯鲁；徐致靖荐康有为；共计8人。而康在《我史》前节又称徐仁镜、徐仁录、梁启超、吴德潇、沈曾植、麦孟华、黄遵宪"可入军机"。(参见24·68) 王照称其荐梁启超等6人，徐致靖荐康有为等4人。严复称"选才行兼著者十人入殿"。此上所言，大体能对应，其具体人选，尚不能完全确定。戊戌政变后，当时的西文报纸《字林西报》(*North China Herald Daily*) 于九月初六日刊出懋勤殿人选：

> "前者皇上简派十人，在懋勤殿参预新政，第一系礼部尚书李端棻，二是署理礼部侍郎、翰林院侍读学士徐致靖，三系工部主事、总署章京康有为，四系江南道监察御史杨深秀，五系山东道监察御史宋伯鲁，六系湖南学政徐仁铸，七系刑部主事张元济，八系举人梁启超，九系康有为之弟康广仁，十系翰林院编修徐仁镜。近日各人所得罪名……本馆又接北京访事来信，所称懋勤殿十人姓氏，间有不符，第一系李端棻，二系徐致靖，三系康有为，四系杨深秀，五系康广仁，六系梁启超，七系谭嗣同，八系林旭，九系杨锐，十系刘光第。"

九月初八日，《中外日报》又从《字林西报》译出转载。[1] 恽毓鼎称：

> "戊戌六月，上有意复古宾师之礼，将开懋勤殿，择康有为、梁启超、黄绍基(箕)等八人待制，宴见赐坐，讨论政事，闻者谓为二千年未有之盛举，竟未开而异。"[2]

恽称其中有"黄绍箕"。若真有此人，似非为宋伯鲁、王照、徐致靖所保。盛宣怀档案中《虎坊撷闻》称：

> "或言李端棻、宋伯鲁(旁注：约在七月二十七八日)皆请开懋勤殿，以康有为、黄遵宪、梁启超等入殿行走。于是传言选入殿行走者十人：康有为、康广仁、李端棻、徐致靖、徐仁铸、徐仁镜、

---

〔1〕《丛刊·戊戌变法》，第3册，第442—443页。
〔2〕《崇陵传信录》，《丛刊·戊戌变法》，第1册，第477页。

黄遵宪、梁启超、黄绍箕、张元济也。"[1]

这一条消息谈到了李端棻、宋伯鲁奏折，是大体准确的，其中"以康有为、黄遵宪、梁启超等人入殿行走"，与康说"故议请开懋勤殿以议制度，草折令宋芝栋上之，举黄公度、卓如二人"，也大体吻合，宋伯鲁正是在七月二十八日上奏；李端棻也于七月二十三日上奏保黄遵宪（参见24·68）。但该消息的作者似不知道王照、徐致靖的奏折，故称"选入殿行走者十人"为"传说"。刘体智称：

> "先是有为说上懋勤殿列十座，以李端棻、徐致靖、宋伯鲁、杨深秀、康广仁、梁启超、杨锐、刘光第、谭嗣同、林旭为十友。有为言无不听，则隐然公孤师保自任也。"

刘体智所言与《字林西报》后一个名单，大体相同，只是少了康有为而多了宋伯鲁。[2]不管这些名单是否真实，慈禧太后决不可能容忍这一批人。李鸿章此时已观察到，慈禧太后与光绪帝的矛盾开始激化。[3]

光绪帝七月二十九日处理完公务，召见了严复、张英麟后，随即赴颐和园，向慈禧太后当面请示开懋勤殿，立即引发了一场大冲突。（参见24·72）

（24·70）是时以天津阅兵期迫，收兵权则恐警觉，不抚将帅则恐

[1] 《上海图书馆藏盛宣怀档案萃编》，上册，第177页。其中提到李端棻的奏折时间，并不准确。李端棻六月初六日上奏开懋勤殿、七月二十三日奏留黄遵宪。（参见24·46、24·68）关于《虎坊撷闻》的介绍，参见24·79。

[2] 刘体智又称："有为又请开懋勤殿，置十友，隐夺政权，于是人人怨恨而大祸作矣。"（《异辞录》，中华书局，1988年，第172、163页）又，"公孤师保"，指太师、太保、太傅、少师、少保、少傅、太子太师、太子太保、太子太傅。王庆保、曹景郕《驿舍探幽录》称："……并拟开懋勤殿列十坐，以李端棻、徐致靖、宋伯鲁等为十友，而康有为尚不在此内。"（《丛刊·戊戌变法》，第1册，第493页）此一记录虽不可靠，但可备一说。

[3] 李鸿章于七月二十七日致其子李经方的信中称："两宫意见甚深，圣躬多病，有谓便血不止，将成痨瘵。时局日变，不知所届，且俟今冬婆孙妇后再相机进退，未敢悻悻然作小丈夫也。"（《李鸿章全集》，安徽教育版，第36册，信函八，第193页）李鸿章至此已有退意。

不及事，日夜忧危。复生至是知上果无权，大恐惧。吾于是连日草请仿照日本立参谋本部，选天下虎罴之士、不二心之臣于左右，上亲擐甲胄而统之。又请改维新元年，以新天下耳目。又请变衣服而易旧党心志。又请迁都上海，借行幸以定之；但率通才数十人，从办事，百官留守，即以弃旧京矣。力言旧京旅、大、胶、威门户尽失，俄人屯重兵于旅顺，扼吾之吭，无可守矣。又北京连年水灾，城崩累次，尘土垒天，泉恶脉坏，王气已绝。又旗人环拥，旧党弥塞，下则市侩吏胥，中则琐例繁礼，种种皆亡国之具，不易扫除，非迁都避之，无裨易种新邑，不能维新也。借行幸举之，则定天下于无形。精选参谋部之兵，才武之将，以师兵铁舰为营卫，居于上海通达之地，以控御天下，其于新政最便。上皆然之。

据手稿本，"大恐惧"前删"亦"字；"仿照日本"之"照"字诸抄本皆漏；"参谋本部"之"本"字为添加；"借行幸定之"之"借"字为添加；"力言"二字由"以"字改；"门户尽失"删一字；"扼吾之吭"后删两字；"城崩累次"之"累"诸抄本误为"屡"次；"尘土垒天"后删两字；"下则市侩"之"则"字由"及"字改；"不易扫除"之"易"字由"能"字改；"不能维新也"后删"又言之"；"参谋部之兵"之"部"字为添加。

前节已叙，天津阅兵始于三月十九日李盛铎上"请举行大阅折"，至四月二十七日，光绪帝明发上谕："本年秋间朕恭奉慈禧……皇太后銮舆，由火车路巡幸天津阅操。"[1]（参见24·20）七月初七日，光绪帝收到荣禄"恭备巡幸行宫、操场折"并附图说五件。当日光绪帝恰住在颐和园，交慈禧太后审视后，于初八日明发谕旨：

"整军经武为国家自强要图，现当参用西法训练各军，尤宜及时校阅，以振戎行。现择于九月初五日，朕奉慈禧端佑康颐昭豫庄诚寿恭钦献崇熙皇太后慈舆由西苑启銮，诣南苑旧宫驻跸。初六日，由旧宫诣新宫驻跸。初七日，由新宫诣团河驻跸。初九日，阅视御前大臣等马步箭。除奕劻、晋祺毋庸预备，其御前、乾清门行

〔1〕 军机处《上谕档》，光绪二十四年四月二十七日。

走、侍卫等，或步射，或马射，著先期自行报明，以备届时阅看。初十日，阅视神机营全队操演。十一日，阅视武胜新队操演。十五日，自团河启銮，御轮车由铁路诣天津行宫驻跸。二十五日回銮。其天津应行预备各项操演，著俟驻跸南苑时，听候谕旨。所有应行事宜，著各该衙门参酌成案敬谨办理。"[1]

而至七月初八日，光绪帝与慈禧太后的矛盾并不激烈，慈禧太后也不可能预定于九月十五日至天津废立。后来的事实已说明，光绪帝与慈禧太后关系紧张，始于七月十九日罢免礼部六堂官，二十日任命军机四章京后；而慈禧太后欲调整与光绪帝的关系，走向前台，也用不着到天津借荣禄之力。康有为认为天津阅兵为废立之举，似为其个人的臆测，并没有事实的根据。戊戌政变后，光绪帝有帝位之危险，荣禄却多有维护。[2]

康称其一连上有四折，即请"设立参谋本部"，请"改纪年为维新元年"，请"变衣服"，请"迁都"。查《杰士上书汇录》，未见有此四折，而《我史》前节已叙："自上此折（"恭谢天恩并陈编纂群书以助变法折"）后，以制度局未开，不复言事矣。"即不再上条陈，此处又称"连日草折"，属前后自相矛盾。（参见 24·55、24·61）由此似可怀疑，康是否真上有此四折。

康称，"请仿照日本立参谋本部，选天下虎罴之士、不二心之臣于左

〔1〕 军机处《上谕档》、《随手档》，光绪二十四年七月初七日、初八日。
〔2〕 陈夔龙记："当戊戌政变后，宫闱之内，母子之间，盖有难言之隐矣。而一班熏心富贵之徒，致有非常举动之议。东朝惑之，嘱荣文忠从速办理。此己亥（1899）冬间事也。公谏阻无效，忧惧成疾。适合肥李公忠外任粤督，行有日矣，来辞公，见公容貌清癯，曰：何忧之深也。公谓文忠曰：……我受恩至渥，责备亦最严。近数日来，求生不能，求死不得，将何以教我？因密语：非常之变，恐在目前。文忠听未终，即大声起曰：此何等事，讵可行之！今日试问君有几许头颅，敢于尝试？此事若果举行，危险万状。各国驻京使臣，首先抗议。各省疆臣，更有仗义声讨者。无端动天下之兵，为害曷可胜言？东朝圣明，更事最久，母子天伦岂无转圜之望？是在君造膝之际，委曲密陈，成败利钝，言尽于此。公闻之，悚然若失。翼日，以文忠语密奏，幸回天聪。闻某相国、某上公颇拟藉端建不世之勋，某上公并手拟一稿，开列公然有'废立'字样，公急诃止之。上公意颇怏怏，是诚不知是何肺肠已！余事后亲闻之公者，爰书之于简端。"（《梦蕉亭杂记》，第9—10页）东朝，指西太后；某相国，指刚毅；某上公，指崇绮。

右，上亲擐甲胄而统之"；又称"精选参谋部之兵，才武之将，以师兵铁舰为营卫，居于上海通达之地，以控御天下"；这些说法恰是他对日本军事制度的误解。此期日本军队统辖权分为军政、军令两大系统，其军政系统为陆军省、海军省，辖之于内阁总理大臣，其军令系统为参谋本部、海军军令部，直辖于天皇。康将执掌作战指挥事务的参谋本部，误认为是天皇直辖的精锐部队。而此类设立皇帝亲军的建策，事干慈禧太后及整个军事体系，康有为若真有奏折，如何用适当的文字表述，也是一个问题。[1]此折也不见于康有为作伪而另作的《戊戌奏稿》。

康称"请改维新元年"一事，经康有为作伪的《戊戌奏稿》中有"请断发易服改元折"，是其后来所写的另作，其作伪之迹十分明显。其中关于"改元"，称言：

> "……抑臣更有请者，将行实政，尤在先播声灵。元历何关实事，而人心尤多系之。昔日本明治元年大誓维新，定布五条。今皇上决行维新，亦宜大誓改元，以昭国是，定民志。伏乞大集群臣，誓于天坛太庙，上告天祖，下告臣民，亦若日本布告五事，即以今年改元为维新元年，与天下更始，俾举国臣民回首面内，改视易听，同奉圣意，咸与维新。其于振动举国之精神，必有大效。"[2]

其既署时间为"七月二十日后"，却又要求"即以今年改元为维新元年"，这在实际操作上是很困难的。康在戊戌七月，正为光绪帝所重，须得考虑操作的可能性；不似其后来流亡在外，可一意鼓吹精神。然在我

---

〔1〕 胡思敬《戊戌履霜录》中称：康有为草奏"请天子于御门誓众，仿日本参谋本部，萃天下精兵猛将，拔置亲卫，自将之"。（《丛刊·戊戌变法》，第1册，第376页）胡思敬的这一说法，很可能得自梁启超《戊戌政变记》："……于是康有为草疏，请仿日本例，置参谋本部，请皇上亲御戎衣，自统之。选天下熊罴之士，不二心之臣，皆拔置亲卫本部中。皇上亲习戎事，与之相狎，可以得人才，而后派以分练天下之民兵焉。"（《戊戌政变记》续四库本，第229页）而梁启超的说法，正来自于《我史》。

〔2〕《戊戌奏稿》影印本，第138—139页。

见到的档案中，上奏要求改元者，仅有广西举人李文诏。[1]

康称"请变衣服而易旧党心志"，前引《戊戌奏稿》中"请断发易服改元折"，其中关于"断发易服"，称言：

"……今则万国交通，一切趋于尚同，而吾以一国，衣服独异，则情意不亲，邦交不结矣。且今物质修明，尤尚机器，辫发长垂，行动摇舞，误缠机器，可以立死……且兵争之世，执戈跨马，辫尤不便，其势不能不去之……且垂辫宜污衣，而蓄发尤增多垢，衣污则观瞻不美，沐难则卫生非宜，梳刮则费时甚多。若在外国，为外人指笑，儿童牵弄，即缘国弱，尤遭戏侮，斥为豚尾……断发虽始于热地之印度，创于尚武之罗马……然吾兵服，亦复宽衣博袖，悬于各国博物院，与金甲相比较，岂不重可怪笑哉。夫西服未文，然衣制严肃，领袖白洁，衣长后衽，乃孔子三统之一，大冠似箕，为汉世士夫之遗，革乌为楚灵王之制，短衣为齐桓之服，故发尚武之风，趋尚同之俗，上法泰伯、主父、齐桓、魏文之英风，外取俄彼得、日明治之变法。皇上身先断发易服，诏天下，同时断发，与民更始，令百官易服而朝，其小民一听其便，则举国尚武之风，跃跃欲振，更新之气，光徹大新。虽守旧固蔽之夫，览镜顾影，亦不得

––––––––––

[1] 李文诏条陈称："……贾谊上治安六策，首请文帝改正朔、易服色、定官制。诚以变法伊始，非此不足以新天下耳目。然自孔子断行夏时，汉以来正朔相承，无有易者。惟改元则历代皆有，而本朝无之。若改定年号，已足以鼓舞天下。请皇上断自宸衷，改明年为维新元年，庶天下晓然于皇上变法维新之意。奉行者不敢怠废，观政者咸望振光，天下之人心定矣。"（《军机处录副·光绪朝·内政类·戊戌变法项》，3/108/5617/27，八月初五日都察院代奏）李文诏是戊戌维新中上条陈最多的官员之一。他对康有为一派不太看好，主张重用张之洞、陈宝箴。该条陈称："举人于上月十四、十八、二十二、三十等日条上时事，共十二件，内两件专请速调张之洞、陈宝箴晋京，以辅新政。"他的建策当与康有为一派无关。又，李文诏不同意改服制，由此而论："西人之最精者，政学而已，若其教化俗，尚颇不及中国。中国纲常名教之重，自唐虞以来四千余年矣，实为五洲文明最先之国，西人亦自谓弗及。中国变法在用其长以辅我之短，断不宜用其短而弃我之长。且服色变西制矣，则俗尚礼教亦相应必变。西人讲平权之法，人人皆可自主，其君臣父子兄弟夫妻无不平等，中国亦将变之乎？西人男女相见以握手、接吻为礼重，中国亦变之乎？"他的结论是，"果若此，则纲常致，礼教废，虽骤至富强，然且不可"。

718 从甲午到戊戌：康有为《我史》鉴注

不俯徇维新之令，而无复敢为公孙成等之阻挠矣。"[1]

这一篇文字明显写于康游历欧、美、印度之后，"趋同"、"机器"、"污衣"、"卫生"、"豚尾"、"博物院"皆是康后来的观识，且"断发"更是当时政治之忌讳。然而，戊戌变法期间，康有为确实有"易服"的思想，《日本变政考》中有明确的言论。[2]王照与犬养毅的笔谈中提及：罢免礼部六堂官后，"康以为照为皇上信用之人，乃托照上请改衣冠之疏，照不从。"[3]即康已拟易服之折，请王照代上。戊戌政变后，康有为在上海为英人所救，他与英国领事兼帮审班德瑞的谈话中突然说道："……而所以突然引起政变的主因，是由于皇上最近下过一道改革诏，宣布依照西洋的服式，改变中国的服装。"[4]此时康有为刚到上海，对京城的政变完全不知情，与班德瑞的谈话，多有不实之语，光绪帝并未下达改变衣冠之谕旨。然康为何说出易服一事，又不得而知。(参见 24·80)

———————————

[1]《戊戌奏稿》影印本，第136—137页。

[2] 康有为在《日本变政考》卷一中称："臣有为谨按：日本变法改用西服。夫政务其大，苟能材训农，通商惠工，敬教劝学，授材任能，采其新法开其民，足矣，何必变服？及观此，乃知当时日主睦仁，志欲变法，但与二三维新之士三条实美、岩仓具视等谋之，而朝臣固皆不愿从者，乃欲藉其外服以变易其内心，不得已而行之也……王者改制，必易服色，何为不惮烦若此？或亦专藉以驱易人心耶？易大朝之衣冠，变天下之视听，此非常举动，而日主举重若轻如此。若我中国君权最尊，但定一心，雷厉风行以变之，无藩侯之阻挠，其势最易，或亦不假于变服耶？"(《康有为日本变政考》，卷一，第66—67页，以下版本同，仅注页数) 卷五中称："……日本知万国交通，一国不能独立，既不闭关，而采西法，故于婚姻一例通之。若夫礼服尽改西式，日主亲自断发，并其太后、后妃并去粉黛，皆用西式，与欧西人无异，以示与相亲。此则与治法无与。我中国地大物博，一变法则能自立，原不待衣服之变，亦不必曲示相亲。但孔子明新王改制必易服色、异械器，意者以移易人心耶。"(第6页) 卷六又称："日本之变法亦勇矣，而岛津久光尚以人心守旧，拘泥者多，未能全变，故专重于变服，至御前众议，果敢甚矣，故后卒行之。"(第56页) 康有为虽未直接提出易服，但却强调暗示"易服"可其中之带来的神奇效果。又，谭嗣同致汪康年信中称："……郑苏龛前有改衣服之义，细思实不可行，但可望诸异日，渐渐转移，若此时遽人章程，必无益也。"(《谭嗣同全集》增订本，第511页) 郑苏龛，郑孝胥。此处谈的是民服，而不是朝服；章程是指《不缠足会嫁娶章程》，可见谭嗣同还是主张"渐渐转移"。

[3]《丛刊·戊戌变法》，第4册，第332页。

[4]《班德瑞1898年9月25日在吴淞口外英国轮船公司"邕理瑞"号上与康有为谈话的备忘录》，《丛刊·戊戌变法》，第3册，第527页。

康称"请迁都上海"一事，经康有为作伪的《戊戌奏稿》中有"请设新京折"，称言：

"……我之京师之地，与今时势未宜也。昔者绾毂山海，为控辽蒙，今者辽蒙已同内地，而俄、日深入堂奥，且辽路一日可东来，而蒙人已多为俄诱，山海无关，瀚海非塞，千年形便，于今大反，既无所用，且贴濒危……今之京师乃皆反是，地势偏北，远于土中，人民难走集，一也。气候近寒，朔风凛冽，飞沙障目，于养生不宜，于兴事艰阻，于裘炭多费，二也。入冬冰凝，海道貌岸然不通，交易皆顿，三月废业，货物折阅，商贾难盛，或以京师近海，如冰冻河，三也。土产鲜少，人工钝窳，黍麦梨枣之外，更无他物，一切百货，皆运自南方，甚至漕米数百万石，岁费数千万，督以重臣，导以运河，内劳而妄费，绌商业而阻生计，四也。地既寒瘠，民少盖藏，徒以帝者所居，士夫走集，奉官则来，移官则去，无愿家者……自八旗外，无有世家大族、巨富大商居于京师者。夫世家大族、巨富大商不居，视为旅舍，无竭力经营之者，则萧条寒陋，文物不盛，何以隆帝京而观万国哉？五也……京师沟渠，开自元代郭守敬，今历岁久，寒淤不通，又无排泄，疏其秽恶，故道路高于人家，尘沙眯于衢巷，臭秽郁蒸，积为疾疫，兆民之卫生大碍，外人之非笑难堪，他日干预，尤可忧危。若欲洗荡扫除，疏通变易，则或神圣之庙坛严重，或王侯之第宅崇高，非一吏奉命所能骤易，六也。

"……以臣筹之，东自上海至苏，北起江阴至湖，方地二百里，东临大海，北枕长江，南孕太湖，西枕吴苏，山川秀灵，河渠脉缕，田野肥缛，桑谷铺菜，有三江五湖以疏其秽，有太平洋以广其廷，气候温和，物产繁美，人民富庶，文艺华盛，诚所谓奥区神皋也……臣以为为今中国谋新都，未有若此地者。皇上若采行之，先派重臣经营，画图定界，开十二之铁轨马路，疏万千之通道广门，以太湖为池，以松江为渠，营行宫于虎丘，拓公园于君山，凡国有物，次第建设，皇上简其徒御，先为巡幸，及文物咸备，乃定为京

邑，迁涣王居……"〔1〕

从内容来看，该折之立意大不相同，强调的是北京的自然及人文环境不适合作为京城，建议以苏南为大京城之所在，派员大力建设，看不出康氏以"巡幸"江南、另立新都、以避免天津废立、以摆脱慈禧太后之控制之意。这一篇文字是康后来所写的另作。康此时是否真有"迁都"的条陈，无从查考，若寻找其当时的"迁都"思想，只能以其当时的著作《日本变政考》作为依据。〔2〕

康有为称其上有以上四折，如真能成立的话，那么，除了廖寿恒之外，须得另有秘密渠道。苏继祖《戊戌朝变记》中称：

"朝野议论，无处不谈康有为，内言传于外，外言又传于内，愈出愈奇，不值识者一笑。再四访闻，康于召见后，五月底曾蒙私见一次，因大费周折，不敢再见矣。而手谕不时下颁，说帖时有进呈，南海张侍郎曾代递二三次，皆纸笔所不能达者。八月事变后，传递之太监二名，守宫门之太监三名，曾杖杀之。（张侍郎之得罪，此其一端。）"

"乃命四臣充军机章京，……并代进呈康有为条奏，较总署速且便也。"〔3〕

苏继祖的这些说法，也根本找不到任何证据可证明之，其中称五月光绪帝私见康有为，当属讹误。如果当时康并没有另外的渠道可上奏给光绪

---

〔1〕 《戊戌奏稿》影印本，第125—134页。康有为在该折中还提出了建设"十京"的计划，即新京（江南）、北京、盛京、兴京、中京（武昌）、西京（成都）、南京（广州）、西北京（兰州或西安）、藏京（拉萨）、西域京（伊犁或迪化）。

〔2〕 康有为在《日本变政考》卷一中称："臣有为谨按：迁都之说，不能自强者，恐为强敌所胁制，宜深入内地。能变法自强者，与外国相流通，宜近海滨。日本旧俗，与我中国同，国主至尊。大久保利通所谓九重深邃，迥异人间。其得近黼座，不过公卿数人。固知上下否隔，旧国涌例，惟欲变政自强，则所见公卿数十人，未必皆才，而天下通才硕士，滞在下僚，人主反不得而见之，是非示尊而隔绝人才也，乃令人主蔽愚无知也……"（《康有为日本变政考》，卷一，第18页）康有为于此中强调的不是迁都，而是由迁都引起的君主可与下层的"通才硕士"交往的机会，以能广进人才。又，《时务报》第65册（光绪二十四年五月十一日出版）发表《论中国迁都得失》，主张迁都南京。该文在编排中纳入英文编译，作者可能是外国人。

〔3〕 《丛刊·戊戌变法》，第1册，第335、340页。

帝，此处康称又上有"参谋本部"、"迁都上海"、"易服改元"诸折，似可说明，光绪二十四年底康还在日本期间，即准备大规模炮制其"变法奏议"。前节已叙，《知新报》第77册刊出康有为此期在日本作伪另写的"请及时变法折"（参见24·2），第78册再刊其作伪另写的"统筹全局折"（参见24·23），至第80册（光绪二十五年二月初一日出版）又刊出"康工部奏请裁撤厘金片"，并加按语：

> "右片系戊戌年七月附奏者，皇上览奏，恻然动念。面谕维新
> 诸臣，谓行新政就绪，即决裁厘金。经八月之变，事乃中辍。"

对照《杰士上书汇录》，知该片乃是康在日本的新作。[1]康在《我史》中开出"参谋本部"、"迁都上海"、"易服改元"，也有可能是其拟定作伪另作之题目。此后，因康有为离开日本，其在日本重写、新写的条陈，也只有《知新报》所刊出的"及时变法"、"统筹全局"、"裁撤厘金"三篇。前已叙及，宣统年间康有为编《戊戌奏稿》，手中已无《知新报》可供参考，其在《知新报》中发表三篇也未能选入，《戊戌奏稿》中前17篇，似完成于宣统年间。（参见24·2）"请断发易服改元折"、"请设新京折"两篇，也可能是康在宣统年间所写的。

（24·71）先是虑九月天津阅兵，即行废立，夙夜虑此。友朋多劝吾避居日本以待变，吾不忍也。以将帅之中，袁世凯夙驻高丽，知外国事，讲变法，昔与同办强学会，知其人与董、聂一武夫迥异，拥兵权可救上者只此一人；而袁与荣禄密，虑其为荣禄抚用，不肯从也。先于六月令徐仁录毅甫游其幕，与之狎，以观其情。袁倾向我甚至，谓吾为悲天悯人之心，经天纬地之才。使毅甫以词激之，

---

[1]《知新报》影印本，第2册，第1127—1128页。"康工部奏请裁撤厘金片"未收入梁启超的《戊戌政变记》，宣统三年编《戊戌奏稿》亦未收入，而以"请裁厘金折"为名存目。黄彰健认为"此片亦不真"。（《康有为戊戌真奏议》，第529页）孔祥吉称，该片"系康氏在日本补缀另写，而其中仍有细节与"陈其璋于四月十七日所上"请加税撤厘片"相同。（《救亡图存的蓝图》，第90—91页）但若细细对照，其主旨到内容，毕竟是大异。

谓："我与卓如、芝栋、复生，屡奏荐于上，上言荣禄谓袁世凯跋扈不可大用，不知公何为与荣不洽？"袁恍然悟曰："然昔常熟欲增我兵，荣禄谓汉人不能任握大兵权。常熟曰曾、左亦汉人，何尝不能任大兵？然荣禄卒不肯增也。"毅甫归告，知袁为我所动，决策荐之。

> 据手稿本，"先是虑九月天津"之"虑"字前删一"虑"，"九月"为添加；"知其人"后删"西□"二字；"袁与荣禄密"一句为添加，补在行间；"虑其为荣禄抚用"之"禄"字为添加，"抚"字诸抄本皆漏；"徐仁录毅甫"之"仁录"二字为添加，"录"字诸抄本皆误为"禄"；"经天纬地之才"后删"又案其与荣禄"；"我与卓如"之"卓如"二字为添加；"上言荣禄"之"言"字由"谓"改；"不知公为何"之"知"字后删一字；"汉人不能任握"之"能任握"由"可加据"改；"毅甫归告知"由"吾于是"改；"决策荐之"为添加。

此节所言，为康有为派徐仁录前往天津小站策动袁世凯之事。

康称"友朋多劝吾避居日本"一事，康于光绪二十三年已派其学生徐勤等人去日本，在横滨开办了大同学校。（参见24·15）避居日本之议，很可能由此而起。

康称"袁与荣禄密"诸事，属实。袁世凯早年投吴长庆，"壬午之变"（光绪八年，1882）时，带兵先入朝鲜，"甲申之变"（光绪十年，1884）中崭露头角，任驻朝"总理交涉通商事宜"，在派系上属李鸿章一派。甲午战争期间请调回国，以浙江温处道交督办军务处特别差委。袁见李鸿章失势，转向李鸿藻等人，并参与发起强学会，与康有为等人交善。[1]（参见

---

[1] 康有为曾有一诗，其题记曰："割台行成后，与陈次亮郎中炽、沈乙庵刑部曾植、丁叔衡编修立钧、王幼霞侍御鹏运、袁慰亭观察世凯、沈子封编修曾桐、徐菊人编修世昌、张君立刑部权、杨叔峤中书锐，同开强学会于京师，以为政党之嚆矢，士人云从。御史褚成博与大学士徐桐恶而议劾，有夜走告劝遁出京者。是时，袁、徐先出天津练兵，同志夜饯观剧，适演十二金牌召还岳武穆事，咸欷歔。李玉坡理卿至泣下。即席赋此，呈诸公。木儿，余亦告归，留门人梁启超任之。"（康有为遗稿：《万木草堂诗集》，第63页）此中可见当时袁世凯与康有为之间的交往。然康称此次夜宴似为袁、徐送行而设，时间上似为有误。康有为于八月底离开北京，经天津南下；另据军机处《洋务档》，派袁世凯接练新建陆军为十月二十二日之事，而袁正式去接手为十一月之事。又，康于1913年（民国二年）复袁世凯电称："强学旧游，相望垂白。"康于1917年（民国六年）《请袁世凯退位电》称："昔强学之会，饮酒高谈，

21·18）先是胡燏芬在天津小站练"定武军"十营，光绪二十一年十月任顺天府尹，办理铁路事宜，所部由袁世凯接统，改为"新建陆军"，直隶于督办军务处。而荣禄恰为督办军务处的灵魂人物。光绪二十二年三月，袁写信给军机大臣、督办军务处大臣李鸿藻，要求由荣禄直接管辖其部。[1]四月十六日，御史胡景桂上奏"弹劾袁世凯折"，参劾袁世凯四大罪状："服色"、"营房""悉仿泰西"；"营私蚀饷"；"自以为钦差大臣"；私自杀毙卖菜者。[2]光绪帝当日发下一道严旨给荣禄，命其严厉查办。[3]然荣禄到天津后，视察袁部，评价甚高，决意保全之。他上奏"遵旨查复袁世凯折"，一一否定胡景桂所提罪状，另附"袁世凯军情片"对袁大加赞扬，称"以奴才近年所见各军尚无出其右者"，"一二年后定成劲旅"。[4]胡景桂出面劾袁，另有背景，荣禄保袁，实属大恩。当时荣禄的随员陈夔龙，在笔记中道出其中的实情。[5]光绪二十四年四

坐以齿序，公呼吾为大哥，吾与公兄弟交也。今同会寥落，死亡殆尽，海外同志，惟事与公及沈子培、徐菊人尚存，感旧欷歔，今诚不忍见公之危，而中国从公以灭亡也。"（《康有为政论集》，下册，第925、941页）

[1] 光绪二十二年三月十一日，袁世凯致信李鸿藻称言："盖练兵事极杂沓，在在均应讲求，必须有威信素孚之重臣，通盘筹划，彻底考核，始可有补时艰，否则断难立国。反复筹思，每至彻夜不寐，因具禀拟恳军务处堂宪，奏请简派重臣，专司练兵，凯得追随秉承，庶免陨越。倘蒙邸堂采纳，可否乞商请荣大司马肩此重任。大司马忠义为怀，明达事理，必可补偏救弊，措置裕如。盱衡时局，曷胜幸盼。"（转引自孔祥吉、村田雄二郎：《一个日本记者笔下的袁世凯》，第287页）

[2] 胡景桂奏，光绪二十二年四月十六日，《军机处录副·光绪朝·军务类·人事项》，3/117/5913/38。

[3] 该谕旨称："前因天津新建陆军特派袁世凯督练洋操，优给饷项，原冀壁垒一新，尽洗从前勇营习气。兹有人奏袁世凯徒尚虚文、营私蚀饷、性情谬妄、扰害地方一折，该员所练各军饷项最巨，必应切实操练，饷不虚靡，方收实效。著荣禄驰赴天津，将该员督练洋操一切情形，详细查明，能否得力。断不准徒饰外观，毫无实际。其被参各节，是否属实，一并秉公确查，据实具奏。原折著钞给阅看。"（军机处《洋务档》，光绪二十二年四月十六日）谕旨的用语是相当严厉的。

[4] 荣禄折，光绪二十二年五月十三日，《军机处录副·光绪朝·军务类·人事项》，3/117/5914/37；荣禄片，《军机处录副·光绪朝·军务类·训练项》，03/120/5996/85。

[5] 与荣禄、袁世凯多有关系的陈夔龙记：袁世凯督办新建陆军，"当奏派时，常熟不甚谓然，高阳主之。讵成立甫数月，津门官绅啧有烦言，谓袁君办事操切，嗜杀擅权，不受北洋大臣节制。高阳虽不护前，因系原保，不能自歧其说，乃讽同乡胡侍御景桂，撷拾多款参奏。奉旨命荣文忠公禄驰往查办。文忠时官兵尚，约余同行……

月，荣禄出为直隶总督，督办军务处撤销，袁部新建陆军归由直隶总督管辖。（参见 24·20）五月，荣禄上"遵旨保举人才折"，其中即有袁世凯，称其"质性果毅，胸有权略，统领新建陆军，督率操防，一新壁垒"，"生自将门，娴于军旅，若重任以兵事，必能奋勇直前，建树杀敌致果之绩"。[1]（参见 24·42）由此可见，从"新建陆军"开始，荣一直是袁的老长官，两人关系相当密切。

康称"袁恍然悟曰：昔常熟欲增我兵，荣禄谓汉人不能任握大兵权……"一事，实情却是完全相反。从档案中可见，提议增兵者，恰是荣禄。光绪二十三年十二月二十五日，荣禄看到德国占胶州湾后的严峻形势，上奏"请广练兵团以资防守折"，其中特别提出"新建陆军"袁世凯部扩军：

> "前经督办军务王、大臣奏请饬臬司袁世凯创练新建陆军，挑选详慎，操演精勤。奴才前赴天津，曾加校阅，其兵丁躯干彪悍，步伐整齐，洵为各军之冠，虽未经与泰西军队较量轩轾，而比之湘、淮旧伍，已觉焕然改观。但人数不多，拟请添募若干营，以其成一大军，与提督聂士成之军扼守北洋门户。"[2]

光绪帝当日发下交片谕旨：

> "本日协办大学士、兵部尚书荣禄奏请广练兵团以资防守一折，军机大臣面奉谕旨：'著军机大臣会同督办军务王、大臣、户部

文忠驰往小站，该军仅七千人，勇丁身量一律四尺以上，整齐精壮，专练德国操。马队五营，各按方辨色，较之淮练各营，壁垒一新。文忠默识之，谓余曰：君观新军与旧军比较何如？余谓素不知兵，何能妄参末议。但观表面，旧军诚不免暮气，新军参加西法，生面独开。文忠曰：君言是也。此人必须保全，以策后效。迨参款查竣，即以擅杀营门外卖菜佣一条，已干严谴，其余各条，亦有轻重出入。余拟复奏稿'请下部议'。文忠谓，一经部议，至轻亦应撤差。此军甫经成立，难易生手，不如'乞恩姑从宽议，仍严饬认真操练，以励将来'。复奏上，奉旨俞允。时高阳已病，仍力疾入直，阅文忠折，拂然不悦。退直后，病遂增剧。嗣后遂不常入直，旋即告终。"（《梦蕉亭杂记》，第 64—65 页）

[1] 荣禄奏，光绪二十四年五月二十九日，《军机处录副·光绪朝·内政类·职官项》，3/99/5362/5。

[2] 《军机处录副·光绪朝·军务类·训练项》，3/121/6033/16。荣禄时任协办大学士、督办军务处会办大臣、兵部尚书、步军统领。

议奏。'"〔1〕

光绪二十四年二月初一日，军机大臣、督办军务王、大臣、户部联衔上奏"遵旨议复荣禄折"，同意其议：

> "现在各国窥我空虚，动以兵船挟制，事机日迫，办理万分棘手。该协办大学士所请广练兵团，以资防守，实属万无可缓之事。查原奏内称，臬司袁世凯新建陆军请再添募若干营。臣等公同商酌，拟准其添募三千人，以足万人之数，与聂士成一军联络声势，悉成劲旅，用以扼守北洋门户。所需之饷，应请旨饬下王文韶破除情面，于直隶练军及防、绿各营严汰老弱，腾出的饷，以资应用。"

该折上后，奉旨"依议"。〔2〕然袁世凯新扩军3000人的经费，须得由王文韶在直隶大加裁兵而转给，户部并无另外之拨款，这实际上等于无款，而此时户部尚书是翁同龢。又据二月二十五日《翁同龢日记》：

> "袁慰亭世凯来，深谈时局，慷慨自誓，意欲辞三千添募之兵，而以筹大局为亟，云须每省三四万兵，且以瓜分中国画报示我。"〔3〕

由此可以看出，是袁世凯主动向翁提出不再添兵，"而以筹大局"。二十七日，袁世凯写信给徐世昌，说明此次到京活动之收获。〔4〕四月初五日，督办军务处上奏"袁世凯部缓募千人移作厂局经费片"，称言：

> "前据臬司袁世凯禀请设立库局，购买机器，开厂自造子弹，嗣以库帑支绌，筹款匪易，拟请于奏旨添募三千人内，缓募一千人，即以其饷移作厂局经费前来……臣等公同商酌，暂准新建陆军

---

〔1〕 军机处《上谕档》，光绪二十三年十二月二十五日。荣禄该折于当日呈送慈禧太后。

〔2〕 军机处《上谕档》，光绪二十四年二月初一日；《戊戌变法档案史料》，第328—329页。该折当日呈送慈禧太后。

〔3〕《翁同龢日记》，第6册，第3102页。

〔4〕 袁世凯于光绪二十四年二月二十七日写信给徐世昌称："……来京恭邸即病甚，不能见人。此外各邸堂均见。添兵事、饷械、自造子弹，均可移归部筹，分驻说亦可行，但恭邸未见，不能定耳……已切言必亡必分之道，必须大变法以图多保全数省各语，然均不能照办……"(《袁世凯致徐世昌函》，《近代史资料》，总37辑，第11页) 此中可见，袁世凯至京以"大变法"游说，添兵、饷械、自造子弹事某些"邸堂"也同意"部筹"经费，即改由户部拨款，但户部款项最后尚未能落实。

缓募千人，以此项饷费作为开厂之需，一俟子弹备充，机器局规画有定，仍饬遵旨添募千人，合□万人之数。"[1]

光绪帝下旨"依议"。[2]由此可见，缓募是袁的主动行为。而康为徐致靖拟保举袁世凯之折，其称袁部未能扩军的理由也与此不同。[3]

康称"六月令徐仁录毅甫游其幕，与之狎，以观其情"一事，属实。派徐仁录去小站，拉拢袁世凯，是康党的重要政治举动。戴逸据袁世凯主要幕僚徐世昌的日记，研究徐仁录此行，称言：

（徐）"少年气盛，议论风生，因有姻亲言敦源在小站袁世凯幕中，由言的介绍，徐仁录来到小站。据《徐世昌日记》中说，戊戌年六月初七日，袁世凯请徐世昌赴天津，当为迎接从北京来的徐仁禄，六月初八日，徐世昌至天津，九日与徐仁禄见面，'聚谈半日'。'六月十二日，起行回营。午后到小站，到慰廷（袁世凯）寓久谈。徐艺郛（徐仁录）同来，留宿营中。六月十三日，午后沐浴，与艺郛谈。六月十四日，与艺郛、仲甫（言敦源）畅谈一日，云台（袁克定）来。六月十五日晨起，艺郛冒雨行'。徐仁禄在小站逗留四天，第一天即到袁世凯公馆中'久谈'，第二、三天又与徐世昌、言敦源谈，还有袁克定参加。"[4]

徐仁录之行，在徐世昌的日记中得到了证实。徐仁录后来还对其外甥许姬传谈起过他的活动经过。[5]而徐世昌日记中最值得注意的是时间，即在六月上中旬，康党已有拉拢袁以发动政变的行动。

---

[1]《军机处录副·光绪朝·工业类·机器局项》，3/144/7127/53。

[2] 军机处《随手档》、《上谕档》，光绪二十四年四月初五日，该片当日呈送慈禧太后。

[3] 徐致靖保举袁世凯折中，提及袁部未能扩军的原因，称"徒以饷无所措，不敢冒昧召募，是以迁延至今"。（《戊戌变法档案史料》，第165页）

[4] 戴逸：《戊戌年袁世凯告密真相及袁和维新派的关系》，《清史研究》，1999年第1期。言敦源，字仲远，江苏常熟人，翁同龢之同乡。据其子言镕称："翁文恭公校士国子监，见先君文字而亟称之，然屡应乡试不售，以知友之荐往小站，参新军幕府，受知遇项城袁公。"（《蕴庄存稿·跋》，台北文海出版社，"近代中国史料丛刊续编"，第21辑，第206册。又，言敦源与袁世凯、徐世昌、凌福彭交善，该书后影印三人文字与书信）

[5]《许姬传七十年见闻录》，第22—23页。

康称"毅甫归告，知袁为我所动，决策荐之"，似为康的政治经验不足，以袁世凯之机智，非为三言两语之激励即可打动的。

袁世凯此期的政治态度究竟为何？光绪二十四年七月上旬他写给徐世昌的信中，有着清晰的流露：

"到津时，行宫、演武厅均未包定，计期不及两月，殊为焦灼。连日催商，昨日始定全局，闻九月初间来津，此时亟须赶造，八月内必须完工，始可不至误事。诸公互相推诿，办事人多每有此弊也。

"相待甚好，可谓有知己之感。荫已委总办学堂，金波委总办营务处，严复会复水师，大致颇有头绪。亲缮面呈之件，大以为然，并甚感悦。

"惟内廷政令甚蹭（糟）。吴懋鼎、端方、徐建寅同得三品卿，督理工商农三事，津上哗然，他处亦可想见。

"今上病甚沉，有云百日瘥，殊为□念。

"南皮向不与此老通书，故各有意见，婉为排解，少为活动，将来必可疏通，未可太急也……"[1]

据徐世昌《韬养斋日记》，袁世凯于七月初二日由小站赴天津，十一晚由天津回小站，初八日"得慰廷来函"，即是此信。[2]（参见24·76）荣禄召袁赴天津，是商办慈禧太后、光绪帝天津阅兵之时，具体落实行宫与演武厅之事（此即荣禄所奏"恭备巡幸行宫、操场折"并附图说五件，参见24·70）；信中"相待甚好，可谓有知己之感"、"亲缮面呈之件，大以为然，并甚感悦"，说的是他与荣禄的交往；"惟内廷政令甚蹭（糟）"一语，说明他对此期改革的态度；而"上病甚沉"之类的话，与当时的谣言有关，听信此类传言也说明袁的态度；至于"南皮"即张之洞的一段

<hr>

〔1〕《袁世凯致徐世昌函》，《近代史资料》，总37期，第12—13页。"荫"，荫昌；"金波"，张锡銮。"吴懋鼎、端方、徐建寅同得三品卿，督理工商农三事，津上哗然"一语，主要是对吴懋鼎有看法，因吴曾是汇丰银行的买办。

〔2〕徐世昌：《韬养斋日记》手稿，第16册，天津社会科学院图书馆藏。杨天石提供我光绪二十四年七、八两月日记的复印件，在此致谢。

话，联系到后来袁世凯向光绪帝面荐张之洞（参见24·77），表明他已萌生新拜门庭的思绪。

此期与康有为甚有交往的四品京堂王照，在后来的回忆中称：

> "在袁氏奉诏来京之十日前，南海托徐子静及谭复生、徐莹甫（子静名致靖，莹甫，子静次子仁镜也）分两次劝余往聂功亭处，先征同意，然后召其入觐，且许聂以总督直隶。余始终坚辞，曾有王小航不作范睢语。迨至召袁之诏下，霹雳一声，明是掩耳盗铃，败局已定矣。世人或议袁世凯负心，殊不知即召聂召董，亦无不败。倘余往聂处，则泄漏愈速。余知之稔，故决不为也。

> "当日徐子静以老年伯之意态训余曰：尔如此怕事，乃是为身家计也。受皇上大恩，不趁此图报，尚为身家计，于心安乎？余曰：我以为拉皇上去冒险，心更不安。人之见解不能强同也。后乃知往小站征袁同意者，为子静之侄义甫（义甫，名仁录）。到小站未得见袁之面，仅由某其营务处某太史传话（某太史今之大伟人）。所征得者模棱语耳。夫以死生成败关头，而敢应以模棱语，是操纵之术，已蓄于心矣。"[1]

聂功亭即聂士成，某太史即徐世昌。王照称"袁氏奉诏来京之十日前"，即七月十六日，从《徐世昌日记》来看，也是徐仁录见袁世凯后的一个月。此日王照条陈刚上达，得光绪帝褒奖，七月十九日以三品顶戴四品京堂候补，圣眷正隆。（参见24·58）王照不知徐仁录已先有小站之行。而康有为以徐致靖、谭嗣同、徐仁镜出面，劝王照前往聂士成

---

[1] 王照：《方家园杂咏二十首并记事》其三，《近代稗海》，第 1 册，第 5 页。王照与犬养毅的笔谈中又称："康又托徐致靖劝照往芦台夺聂提督军以卫皇上，照力辩其不可，谓太后本顾名义，无废皇上之心，若此举动，大不可也。康又扎谭嗣同、徐仁镜与照言，照大呼曰：王小航能为狄仁杰，不能为范睢也。伊等默然。自是动兵之议不复令照知。"（《关于戊戌变法的新史料》，《丛刊·戊戌变法》，第 4 册，第 332 页）范睢（？—前255），战国时魏国人，秦国名相，此处似指范睢建议秦昭王为崇王权而废太后，逐其同母弟及母舅事。狄仁杰（630—700），唐代名臣，此处似指狄仁杰在武则天当政时数以母子天性为言，力保太子，使武则天去世后复唐嗣。王照之意在于调和两宫，以保帝位；而非唆使光绪帝向慈禧太后夺权。

部，是康党在军界策动的另一计划。值得注意的是，王照称袁作"模棱语"，这与袁氏的政治风格是相一致的，尽管王照称徐仁录未见到袁，非为事实。

陈衍作《林旭传》，又称：

> "相传旭狱中有绝句云：'青蒲饮泣知何补，慷慨难酬国士恩。欲为君歌千里草，本初健者莫轻言。'千里草指董福祥。盖少慧也。"[1]

"本初"，袁绍，当指袁世凯。林旭的这首诗，据称是狱中写给谭嗣同的，其意即他曾建议策动董福祥，而不当信任袁世凯。若此说成立，那么，康党曾对袁、聂、董三部皆有策动之意图。

（24·72）于是事急矣，先是为徐学士草折荐袁，请召见、加官、优奖之；又交复生递密奏，请抚袁以备不测。上即降旨召袁世凯。袁廿九日至京师。而是日上召见于颐和园。交密诏与杨锐带出，称"朕位且不保，令与诸同志设法密救"。初一日，袁世凯降旨嘉奖，赏给侍郎。

> 据手稿本，"于是事急矣"后删"廿八日奏为"；"加官"后删一字；"交复生递"四字为添加，补在行间；"密奏"之"奏"字《戊戌变法》本误为"折"；"以备不测"后删"时宫中事甚危"；"上即降旨"之"即"字为添加；"袁廿九日"之"袁"字诸抄本皆漏；"称朕位且不保"一句为添加，补在行间；"赏给侍郎"后删"而是"。

到了七月下旬，康党已决定进行军事发动。康称"为徐学士草折荐袁"一事，查军机处《随手档》，七月二十六日，即徐仁录小站之行一个多月后，翰林院侍读学士、署礼部右侍郎徐致靖上奏"密保智勇忠诚统兵大员请破格特简折"，保举袁世凯，请破格简用：

> "臣窃见督办新建陆军直隶按察使袁世凯，家世将门，深娴军旅，于泰西各国兵制及我国现在应行内治外交诸政策，无不深观有得，动中机宜。臣闻新建军之练洋操也，精选将弁，严定饷额，赏

---

[1] 《丛刊·戊戌变法》，第4册，第58页。

罚至公，号令严肃……袁世凯年力正强，智勇兼备，血性过人，其器识学问，久在圣明洞鉴之中。此正为国宣力之日，独惜所练之兵，仅止七千，为数太少，为力过单，虽曾奉旨添练数营，徒以饷无所措，不敢冒昧召募，是以迁延至今。

"……袁世凯昔使高丽，近统兵旅，谋勇智略，久著于时。然而官止臬司，受成督府，位卑则权轻，呼应不灵，兵力不增，皆为此故。臣以为皇上有一将才如袁世凯者，而不能重其权任以成重镇，臣实惜之。伏乞皇上深观外患，俯察危局，特于召对，加以恩意，并予破格之擢，俾增新练之兵，或畀以疆寄，或改授京堂，使之独当一面，永镇畿疆。庶几猛虎在山，藜藿不采，边有重镇，强敌销萌。近来各省专阃之任，皆以累资致位，非以才能超擢，故阘冗颟顸多厕其间，罕有竭忠尽才以图报称者。皇上若超擢一二才臣，必能感激驰驱，尽忠报国。"[1]

该折之关键为两点：其一是由光绪帝亲自召见袁世凯；其二是任袁为疆吏或京堂，使之"独当一面"，从而摆脱荣禄的控制。光绪帝当日发出电寄谕旨："著荣禄传知袁世凯，即行来京陛见。"[2]此是康党军事发动的第一步。从以后的事态发展来看，光绪帝完全按照徐致靖的奏折行事。

康称"又交复生递密折，请抚袁以备不测"一事，按新任军机四章京可以通过军机大臣给光绪帝上奏（详见24·61）；在徐致靖上奏前后，谭嗣同是否卜有密折说明保袁之用意，档案中未见任何痕迹。此处也有可能是指谭嗣同八月初三日夜见袁世凯所出示的拟上呈的密折，其中有详细的政变计划（参见24·76）；然该密折是否上呈光绪帝，我从档案中亦未找到任何痕迹。

袁世凯于七月二十三日赴天津，为办理慈禧太后、光绪帝天津阅操

〔1〕《戊戌变法档案史料》，第164—165页；《康有为戊戌真奏议》，第71—73页；《救亡图存的蓝图》，第231—234页。（参见24·71）
〔2〕军机处《电寄档》、《随手档》，光绪二十四年七月二十六日。

事宜；二十六日荣禄传电旨，即相见，二十八日临行前，又与荣禄相见。[1]二十九日袁到达北京，召见的时间为两天之后，即八月初一日，康称"是日上召见"，有误。召见的地点为光绪帝在颐和园中的寝宫玉澜堂。当日发下明发谕旨：

> "现在练兵紧要，直隶按察使袁世凯办事勤奋，校练认真，著开缺以侍郎候补。责成专办练兵事务。所有应办事宜，著随时具奏。当此时局艰难，修明武备实为第一要务。袁世凯惟当勉益加勉，切实讲求训练，俾成劲旅，用副朝廷整饬戎行之至意。"

其中最重要的一句为"所有应办事宜，著随时具奏"，袁由此获得了直接上奏权。同日，又发下交片谕旨：

> "交候补侍郎袁。本日军机大臣面奉谕旨：'袁世凯著于本月初五日请训。钦此。'相应传知贵侍郎钦遵可也。"[2]

"请训"是指新官上任前请皇帝予以训示，请训之后，该官员才可以赴任。前节已叙，光绪帝七月二十九日赴颐和园时，已定八月初三日由颐和园回宫。（参见24·69）按照当时的官规，袁授候补侍郎，将于第二天谢恩，此时光绪帝尚在颐和园；而初五日请训，光绪帝将在宫中养心殿。光绪帝的这一时间安排，是否另有深意，不得而知。

八月初二日，光绪帝召见前来谢恩的袁世凯，据袁世凯《戊戌日

---

[1] 见"制台辕门钞"，《国闻报》光绪二十四年七月二十八日、八月初一日。二十八日又以"廉访蒙召"为题刊出消息："直隶按察使袁慰亭廉访二十六日由北洋大臣荣中堂饬知奉总署电咨奉旨饬令来京陛见，廉访即于是日下午谒见中堂，不日内即当乘坐火车晋京……"

[2] 军机处《上谕档》，光绪二十四年八月初一日。袁世凯《戊戌日记》对于此次召见记："光绪二十四年七月二十九日，予奉召由天津乘第一次火车抵京，租寓法华寺。上驻跸颐和园，即托友人代办安折膳牌，定于八月朔请安。次日早起，检点衣冠各件，先派人赴海淀觅租寓所，午后至裕盛轩，遂宿焉。初一日四鼓诣宫门伺候，黎明在毓兰堂召见，上垂询军事甚详，均据实对。候间，即奏曰：'九月有巡幸大典，督臣荣禄饬臣督率修理操场，并先期商演阵图，亟须回津料理，倘无垂询事件，即请训。'奉上谕，候四日后请训，可无大耽搁等语。退下，回轩少食就寝，忽有苏拉来报，已以侍郎候补，并有军机处交片，奉旨令初五日请训……"（《丛刊·戊戌变法》，第1册，第549页）"毓兰堂"，即玉澜堂，光绪帝在颐和园的寝宫。

记》，光绪帝对他说"人人都说你练的兵、办的学堂甚好，此后可与荣禄各办各事"等语。[1]"与荣禄各办各事"，即摆脱荣禄的控制，与徐折中的"独当一面"是相同的。

康有为得知这一消息后，十分兴奋，决计进行其军事发动的第二步。此时住在南海馆的毕永年，在其《诡谋直纪》中，对此有着极为详细的记录：

> 八月初一日"夜八时，忽传上谕，袁以侍郎候补，康与梁正在晚餐，乃拍案叫绝曰：'天子真圣明，较我等所献之计，尤觉隆重，袁必更喜而图报矣。'康即起身命仆随往其室，询仆如何办法。仆曰：'事已如此，无可奈何，但当定计而行耳。然仆终疑袁不可用也。'康曰：'袁极可用，吾已得其凭据矣。'乃于几间取袁所上康书示仆，其书中极谢康之荐引拔擢，并云：'赴汤蹈火，亦所不辞。'康谓仆曰：'汝观袁有如此语，尚不可用乎？'仆曰：'袁可用矣，然先生欲令仆为何事？'康曰：'吾欲令汝往袁幕中为参谋，以监督之，何如？'仆曰：'仆一人在袁幕中，何用？且袁如有异志，非仆一人所能制也。'康曰：'或以百人交汝率之，何如？至袁统兵围颐和园时，汝则率百人奉诏往执西后而废之可也。'仆曰：'然则仆当以何日见袁乎？'康曰：'且再商也。'正谈之时，而康广仁、梁启超并入坐。梁曰：'此事兄勿疑，但当力任之也。然兄敢为此事乎？'仆曰：'何不敢乎？然仆当熟思而审处之，且尚未见袁，仆终不知其为何如人也。'梁曰：'袁大可者，兄但允此事否乎？'仆此时心中慎筹之，未敢遽应，而康广仁即有忿怒之色。仆乃曰：'此事我终不敢独任之，何不急催唐君入京而同谋之乎？'康、梁均大喜曰：'甚善！甚善！但我等之意欲即于数日内发之。若候唐君，则又需时日矣，奈何？'踌躇片刻，用同至谭君之室商之。谭曰：'稍缓时日不妨也，如催得唐君来，则更全善。'梁亦大赞曰：'毕君沈毅，唐君深鸷，可称两雄也。'仆知为面腴之言，乃逊谢不敢焉。康曰：

[1]《丛刊·戊戌变法》，第1册，第549页。

'事已定计矣，汝等速速调遣兵将可也。'乃共拟飞电二道，连发之
　　而催唐氏。"

毕永年，湖南人，拔贡生。少年随叔来往军营，称知兵，并结交会党中
人。他与谭嗣同、唐才常交善，为至友。引文中"唐君"，即为唐才常。
《诡谋直纪》写于光绪二十四年底，由毕永年交日本人平山周，平山周交
日本驻上海代理总领事小田切万寿之助，小田切于光绪二十四年十二月
二十八日（1899年2月8日）以抄件呈送日本外务次官都筑馨六。[1]从
内容来看，我以为，《诡谋直纪》未必字字属实，细节中有不少可疑之
处，毕氏也有张扬之词；但就大体而言，仍属可靠，为今人提供了康、
梁竭力掩盖的发动政变的真相。[2]据《诡谋直纪》，毕永年于七月二十
七日到达北京。二十八日迁住南海馆。二十九日，偕康有为至译书局，
见日本人田山、泷川、平山、井上，该日晚得知康将利用袁世凯，立即
表示了不同意见。八月初一日，毕永年见到了谭嗣同，他还向谭表示其

---

〔1〕《诡谋直纪》由杨天石、汤志钧发现，并进行了研究（参见杨天石：《跋毕永年〈诡
　　谋直纪〉》，《海外访史录》，社会科学文献出版社，1998年，第40—46页；汤志钧：
　　《关于戊戌政变的一项重要史料：毕永年的〈诡谋直纪〉》，《乘桴新获》，第25—
　　38页）。
〔2〕参见杨天石：《毕永年生平事迹钩沉》，《民国档案》，1991年第3期；房德邻：《维新
　　派"围园"密谋考：兼论〈诡谋直纪〉的史料价值》，《近代史研究》，2001年第3
　　期；汤志钧：《关于〈诡谋直纪〉》，《清史研究》，2002年第2期；孔祥吉、村田雄二
　　郎：《对毕永年〈诡谋直纪〉疑点的考察：兼论小田切与张之洞之关系及其进呈〈诡
　　谋直纪〉的动机》，《广东社会科学》，2008年第2期。后文引小田切给外务次官都筑
　　的报告"康有为等寄给同人的书信到达，毕永年拆阅信件，书中有唆使毕等人，使
　　其开发事端的语言。阅信后原先对康有为存留疑心而持宽容态度的同人大为激愤。
　　所以，毕永年将已对平山周隐秘了很久的政变当时的实况记述下来，标题为《诡谋
　　直纪》。毕将《直纪》交平山周阅览，平山又给下官看。从《诡谋直纪》中看出当时
　　实况，见其中还有颇有供参考、有价值的内容，急忙抄写后，即刻呈送，敬请查
　　阅。"并据《诡谋直纪》的正文并非毕永年字体，且袁世凯之"袁"字多有录错，推
　　导出结论："所谓《诡谋直纪》，实际上是把毕永年与平山周等人有关毕氏戊戌七月
　　二十七日至八月初六日在京见闻的谈话，归纳整理，按日记的形式予以编排，形成
　　了现在我们见到的《诡谋直纪》。其目的则在于使日本政府更加了解康有为过去
　　的'不当'行为，以达到张之洞与清政府所再三要求的，驱逐康有为离开日本的目
　　的。"我以为，此论甚险。

意见。[1]而至此日，康、梁向毕透露其计划：以袁世凯率部围颐和园，以毕永年率百余人捉拿慈禧太后，毕对此计划表示不同意，谭嗣同提议另增唐才常来办理此事。当日参与此计划者为康、梁、康广仁、谭嗣同与毕永年。

关于徐致靖保袁世凯一事，陈夔龙亦另有说法：

> "维时新政流行，党人用事，朝廷破格用人。一经廷臣保荐，即邀特简。袁热中赋性，岂能郁郁久居。倩其至友某太史入京，转托某学士密保，冀可升一阶。不意竟超擢以侍郎候补，举朝惊骇。某学士以承筐菲薄，至索巨款补酬。辇毂之下，传为笑话。"[2]

此中的某太史，为翰林院编修徐世昌，某学士，为翰林院侍读学士徐致靖。

康称"交密诏与杨锐带出"一事，当为属实。前节已叙，光绪帝七月二十九日去颐和园，其中最重要之事是说服慈禧太后同意开懋勤殿，以安置康有为等人。（参见24·69）然光绪帝此举完全失败了。据《光绪二十四年京官召见单》，七月三十日，即光绪帝到达颐和园的次日，召见袁世凯的前一日，光绪帝破例地召见了新任军机章京杨锐。在此次召见中，光绪帝颁下了一道密诏：

> "近来朕仰窥皇太后圣意，不愿将法尽变，并不欲将此辈老谬昏庸之大臣罢黜，而用通达英勇之人，令其议政，以为恐失人心。虽经朕累次降旨整饬，而并且有随时几谏之事，但圣意坚定，终恐无

---

[1] 毕永年记：七月二十九日晚九时，康有为召毕永年至其室，告以"效唐张柬之废武后之举"，以袁世凯为李多祚。康称："吾已令人往远（袁）处行反间之计，袁深信之，已深恨太后与荣禄矣。且吾已奏知皇上，于袁召见时，隆以礼貌，抚以温言，又当面赏茶食，则袁必愈生感激而图报矣。"八月初一日，毕永年见到谭嗣同，商量此事。谭称："此事甚不可，而康先生必欲为之，且使皇上面谕，我将奈之何？"（《海外访史录》，第40—42页；《乘桴新获》，第26页）此中提到的行反间计，即徐仁录小站之行；但提到康上奏光绪帝，光绪帝面谕谭嗣同，使人生疑：康有为、谭嗣同通过何种渠道与光绪帝联系？又，郑孝胥在八月初一日的日记中称："午后，过译书局，梁卓如、康幼博约一点钟饭，至时，主人犹未至，遂留字而去。"（《郑孝胥日记》，第2册，第680页）可见当日梁启超、康广仁之忙碌，以至耽误约会。

[2] 《梦蕉亭杂记》，第65页。

济于事。即如**十九日之朱谕**，皇太后已以为过重，故不得不徐图之，此近来之实在为难之情形也。朕亦岂不知中国积弱不振至于阽危，皆由此辈所误，但必欲朕一旦痛切降旨，将旧法尽变，而尽黜此辈昏庸之人，**则朕之权力**实有未足。果使如此，**则朕位且不能保**，何况其他？今朕问汝，可有何良策俾旧法可以**全变**，将老谬昏庸之大臣尽行罢黜，而登进通达英勇之人，令其**议政**，使中国转危为安，化弱为强，而又**不致有拂圣意**。尔其与林旭、刘光第、谭嗣**同及诸同志等妥速筹商**，密缮封奏，由军机大臣代递，候朕熟思，再行办理。朕实不胜十分焦急翘盼之至。特谕。"[1]

给一军机章京下达密诏，在清朝是很不寻常的举动。然仔细地分析密诏，似可以清晰地看出光绪帝与慈禧太后之间的冲突及其原因。在此密诏中，光绪帝两次提到了"议政"，即设立懋勤殿，两次提到了"通达英勇之人"，即重用康有为及其党人，提到了慈禧太后的反对理由，即"恐失人心"；提到了"十九日之朱谕"，即罢免礼部六堂官，慈禧太后当面向光绪帝表示其反对意见，即处理"过重"；提到了"朕之权力"，也就是光绪帝在任免人事上权力有限；最核心的一句是"朕位且不能保"。根据上引密诏的提示，可以想像七月二十九日光绪帝与慈禧太后争论的场景，并可得出三点结论：一、光绪帝向慈禧太后提出了建立议政机构的意见，也可能提出了由康有为及其党人参加或主持此议政机构的意见，慈禧太后则提出了对罢免礼部六堂官的指责；二、光绪帝的政治权力相当有限，对建立议政机构、重用康有为及其党人以及罢免大臣，"实有未

---

〔1〕 赵炳麟：《光绪大事汇鉴·戊戌之变》，黄南津等点校，《赵柏岩集》，广西人民出版社，2001年，第239—240页。黑体为引者所标。又，赵炳麟称："此诏后至宣统元年由杨锐之子呈都察院。是时炳麟掌京畿，主持代奏，并连疏请宣付实录。""掌京畿"，即为"掌京畿道监察御史"。赵炳麟有"请宣布德宗手诏编入《实录》疏"宣统元年八月十七日、"请再宣布德宗手诏编入《实录》疏"宣统元年十一月初九日两折，说明杨应昶、黄尚毅交还光绪帝密诏，请都察院代奏，并请编入《实录》。（同上书，第491—493页）又，袁世凯在《戊戌日记》称其曾见过该密诏，谭嗣同"及出示朱谕，乃墨笔所书，字甚工，亦仿佛上之口气，大概谓'朕锐意变法，老臣均不顺手，如操之太急，又恐慈圣不悦，饬杨锐、刘光第、林旭、谭嗣同另议良法'等语。"（《丛刊·戊戌变法》，第1册，第551—552页）

足";三、慈禧太后警告光绪帝,若其越出权限,其皇位"不能保"。[1]
光绪帝的密诏仅命杨锐等人出谋划策,即如何能够"全变",而不拂慈禧
太后之意。

杨锐此次召见而带出的密诏,在康党的政治宣传中一般称为第一道
密诏。康称该密诏"朕位且不能保,令与诸同志设法密救",在文字和意
思上,都作了较大的改动,"密救"二字完全改变了性质。康有为尔后又
多次刊布此诏,更是对文字进行了多次的窜改,竟将自己定为受诏之
人。[2](参见 24·73)

(24·73)初二日,明诏敦促我出京。于是国人骇悚,知祸作矣。
以向例非大事不明降谕旨,有要事由军机大臣面传谕旨而已。至逗
留促行一事,非将帅统兵逗挠,无明降谕旨之理。况吾为微官,报
亦小事,何值得明发上谕。既严责诧异,便当革职,何得谓"欲得
通达时务之人与商治法,闻康△△素日讲求",反与奖语耶?又上
召见臣工,无烦自明,乃声明"召见一次",亦从来未有之事。故国
人皆晓然。[上]上复恐吾疑惑,召见林旭,令其执密诏交出。

据手稿本,"初二日"后删一字;"明诏"后删"令我";"知祸作矣"后删"上又
召见林旭"六字;"至逗留"之"至"字后删"是"字,"留"字后删"速"字;"统兵
逗挠"之"逗"字《戊戌变法》本作"逼"字;"况吾为微官"之"况"字后删一
字;"何得谓欲得通达"之"何得"后删"反特嘉奖";"故国人皆晓然"之"故"字

[1] 参见《戊戌变法史研究》,第 429—434 页;《康有为变法奏议研究》,第 328—331 页。
[2] 戊戌政变后,康有为出逃海外,刊布光绪帝给杨锐的密诏,多有窜改。汤志钧将康
有为屡次刊布的第一道密诏录于下:一、光绪二十四年九月初五日(1898 年 10 月
19 日)上海《新闻报》所刊为:"朕维时局艰难,非变法不能救中国,非去守旧衰谬
之大臣不能变法,而太后不以为然。朕屡次几谏,太后更怒。今朕位几不保,汝可
与杨锐、刘光第、谭嗣同、林旭诸同志妥速密筹,设法相救。朕十分焦灼,不胜企
望之至。特谕。"康有为由此将自己定为受诏之人,而"奉诏救亡"。二、明治二十
一年十月二十五日(1898 年 10 月 25 日)《台湾日日新报》所刊,将"汝可与杨锐、
刘光第、谭嗣同、林旭诸同志",改为"汝可与谭嗣同、林旭、杨锐、刘光第诸同
志"。即将谭嗣同、林旭放在前面。三、十一月初九日,日本外务省收到驻上海代理
领事小田切万寿之助抄送康有为的《奉诏求救文》,在"非去守旧衰谬之大臣"后,
又添加"而用通达英勇之士"。此外还有数种版本,文字大同小异。(《关于光绪帝
密诏诸问题》,《乘桴新获》,第 29—62 页)

后删一字;"上复恐吾疑惑"一句添加,由"□又"改,衍一"上"字。

至八月初二日,光绪帝与慈禧太后关系更加紧张,其中的核心是康有为。康称"明诏敦促我出京",指八月初二日内阁明发上谕:

> "工部主事康有为前命其督办官报局,此时闻尚未出京,实堪诧异!朕深念时艰,思得通达时务之人,与商治法,闻康有为素日讲求,是以召见一次。令其督办官报,诚以报馆为开民智之本,职任不为不重,现在筹有的款,著康有为迅速前往上海开办,毋得迁延观望。"[1]

光绪帝此时正在颐和园,而这一道奇怪的谕旨,与其说是发给康有为的,不如说是写给慈禧太后看的。该谕旨中透露,光绪帝与慈禧太后之间,有过一场交锋,结局是光绪帝向慈禧太后让步。此事因何而起?我个人以为,仍是慈禧太后对"懋勤殿"之类议政机构的反应。这一天还有两个情况应引起注意:一、据军机处《随手登记档》,宋伯鲁"选通才以备顾问折",于这一天由慈禧太后发下(参见24·69);二、当日吏部代奏主事关榕祚一折,要求重用康有为,"畀以事权,待以不次之位",而此折当日立即呈送慈禧太后。[2]从该谕旨来看,光绪帝在争论中似未能向慈禧太后当面说清楚,只能用明发谕旨的方式向慈禧太后表示其态度:其一,他不知道康有为还在北京,即"时闻尚未出京"。光绪帝此处并不诚实:派康有为督办官报的谕旨于六月初八日发下,《杰士上书汇录》所录最后一篇条陈为七月十三日。汪康年拒交《时务报》的官司,也因刘坤一的电报而打到御前。光绪帝知道康尚未离京,但无力向慈禧太后相抗,只能采取躲避的办法。其二,强调他召见康有为只是一次,即"是以召见一次"。当时谣言并起,称康可以随意出入宫禁,经常与光绪帝密商政务。慈禧太后很可能也听到了一些谣言,由此来质问光绪帝。光绪帝不敢当面自辩,只能通过明发谕旨向慈禧太后辟谣。其三,

---

[1] 军机处《随手档》,光绪二十四年八月初二日。
[2] 《戊戌变法档案史料》,第167页,《上谕档》,光绪二十四年八月初二日。

严令康有为离开北京,使用了"毋得迁延观望"的严厉词句,以向慈禧太后表白,今后不会再与康有为保持联系。

康称"上复恐吾疑惑,召见林旭,令其执密诏交出"一事,据《光绪二十四年京官召见单》,八月初二日光绪帝召见了新任军机章京林旭,这是一件不寻常的事件,此处所称"密诏",即康党在政治宣传中的第二道密诏。

康有为出逃香港后,与《中国邮报》记者谈话中,言及于此事。此后上海《新闻报》于九月初五日刊出康有为所公布第二道密诏:

"朕今命汝督办官报,实有不得已之苦衷,非楮墨所能罄也。汝可速出外,不可迟延。汝一片忠爱热肠,朕所深悉。其爱惜身体,善自调摄,将来更效驰驱,朕有厚望焉。特谕。"

九月初十日《字林西报》刊出了该密诏的英文本;而九月十一日《台湾日日新报》所刊第二道密诏,在"将来更效驰驱"一语后,又添加了"共建大业"一语。此后这一道密诏有了数个版本,并在后来又有"衣带诏"之名。[1]

光绪帝是否通过林旭颁给康有为密诏,一直是一个谜。王照在日本与犬养毅(木堂翁)笔谈中称:

"八月初二日袁(世凯)到京,太后已知之,皇上密谕章京谭嗣同等四人,谓朕位今将不保,尔等速为计划,保全朕躬,勿违太后

---

[1] 参见黄彰健:《康有为衣带诏辨伪》,《戊戌变法史研究》,第 440—457 页。该文录有《字林西报周报》所录康有为公布的第二道密诏之两个英文版本,前后文字稍有异。参见汤志钧:《关于光绪帝密诏诸问题》,《乘桴新获》,第 29—62 页。该文录有日本代理驻上海领事小田切万寿之助致外务省的报告,所附康有为《奉诏求救文》录第二道密诏:八月初二日,林旭带出朱笔密谕:"朕今命汝督办官报,实有不得已之苦衷,非楮墨所能罄也。汝可迅速出外国求救,不可迟延。汝一片忠爱热肠,朕所深悉,其爱惜身体,善自调摄,将来更效驰驱,共建大业。朕有厚望焉。特谕。"(八月初二日,汤志钧误作初一日,据原档改)其中又增加了"出外国求救"的内容。又,日本驻华公使矢野文雄曾收到康有为从香港发来的照会,录有第二道密诏:"朕今命汝督办官报,实有不得已之苦衷,非楮墨所能罄也。汝可迅速出外,万勿迟延。汝一片忠爱热肠,朕所深悉。其爱惜身体,善自调摄,将来更效驰驱,共建大业,朕有厚望焉。特谕。"(《外务省记录》,1—6—1—4—2—2,光绪二十四年政变,第 1 册)其中并无"出外国求救"的文字。

之意云云。此皇上不欲抗太后以取祸之实在情形也。

"另谕康有为，只令其速往上海，以待他日再用，无令其举动之文也……

"今康刊刻露布之密诏，非皇上之真密诏，乃康所伪作者也。而太后与皇上之仇，遂终古不解，此实终古伤心之事。而贵邦诸友但见伊等刊布之伪语，不知此播弄之隐情，照依托康、梁之末，以待偷生，真堪愧死……

"今□兄在此证康、梁之为人，幸我公一详审之，以后近卫公赴北京，亦必真知皇上与太后之情，方可调和，勿专听一二人之私言为幸，然近卫信康、梁已深，若言之，或指照为诬，此照所不敢言耳。[1]

"皇上本无与太后不两立之心，而太后不知。诸逆贼杀军机四卿以灭口，而太后与皇上遂终古不能复合。今虽欲表明皇上密诏之实语而无证矣。惟袁世凯亦曾见之，四军机之家属亦必有能证者。然荣、刚谮皇上以拥太后，此时无人敢代皇上剖白作证，天下竟有此不白之事。"[2]

王照揭露了康有为在光绪帝密诏一事中的作伪。（参见 24·72）关于第二诏，"另谕康有为，只令其速往上海，以待他日再用，无令其举动之文也"，虽否定其刊布的内容，但也肯定了光绪帝确有第二诏给康有为。梁启超为康有为诗作《戊戌八月纪变八首》作注，称：

---

〔1〕《关于戊戌政变之新史料》，《丛刊·戊戌变法》，第 4 册，第 332—333 页。又，冯自由《戊戌后孙康两派之关系》称：孙中山派陈少白、平山周与康有为、梁启超会见，王照、徐勤、梁铁君出席。"……谈论间，王照忽语座客，谓：'我自到东京以来，一切行动皆不得自由，说话有人监视，来往书信亦被拆阅检查，请诸君评评是何道理'等语。康大怒，立使梁铁君强牵之去……少白疑王别有冤抑，乃嘱平山伺机引王外出，免为康所羁禁，平山从之。果于数日后窥康师徒外出，径携王至犬养寓所，王遂笔述其出京一切经过及康所称衣带诏之诈伪，洋洋数千言，与康事后纪述多不相符。由此康伪作之真相尽为日人所知……"（《革命逸史》，初集，第 49 页）由此而论，王照称"今□兄在此证康、梁之为人"，"□兄"当为平山周。

〔2〕转引自杨天石：《犬养毅纪念馆所见孙中山、康有为等人手迹》，《历史档案》，1986 年第 1 期，第 126 页。

"先生以八月初二日奉朱谕命出京，初四日复由林暾谷京卿传
口诏促行，初五日遂行，初六日而难作……"〔1〕

此中的"奉朱谕"，似为前引八月初二日之明发谕旨；若此，就没有第二
道密诏，而只是林旭传来"口诏"；若"奉朱谕"是指第二道密诏，那
么，梁为何又称"初四日复由林暾谷京卿传口诏"，言词上有所不通；因
为在康党的政治宣扬中，第二道密诏是由林旭所传，而林旭一直到初四
日才见到康、梁，为何又称"于八月初二日奉朱谕"？梁启超此中的意
思费解。而康有为却称，林旭是初三日早晨见到康、梁。(参见24·76)
梁启超在为康有为诗《戊戌八月国变记事》作注时又称：

"先生当国变将作时，曾两次奉朱笔密诏。第一次乃七月二十
九日，由四品卿衔军机章京杨锐传出者。第二次乃八月初二日由四
品卿衔军机章京林旭传出者。两诏启超皆获恭读。其第一诏由杨锐
之子于宣统二年诣都察院呈缴，宣付史馆；其第二诏末数语云：'尔
爱惜身体善自保卫，他日再效驰驱，共兴大业，朕有厚望焉。'"〔2〕

在此注中，梁启超承认了杨锐之子呈缴的密诏为正本，实际上也婉转地
承认了康党在第一诏中作伪；然对于第二诏，梁又称是"八月初二日"，
并大体肯定康有为刊布的内容，却又婉转地否认康所称"出外求救"等
语。盛宣怀档案中有一件很奇特的抄件《虎坊撼闻》，亦言及于此：

"八月初五日，闻上有朱谕(旁注约在初一日)与军机四章京，
云：即去昏庸老谬诸臣，朕力实有未逮，汝等宜速设法，可以推行
新政，而又不拂皇太后之意旨等语。于是，林旭等劝上速遣康有
为，遂有初二日之谕。"〔3〕

盛宣怀的这份情报是相当准确的，其在八月初五日已闻光绪帝密诏的准
确内容。(参见24·72)且称林旭被召见时，"劝上速遣康有为"，于是有
八月初二日明诏，否认有第二道密诏。

---

〔1〕《遗稿·万木草堂诗集》，第91页。
〔2〕《遗稿·万木草堂诗集》，第92页。
〔3〕《上海图书馆藏盛宣怀档案萃编》，上册，第176页。关于《虎坊撼闻》的介绍，参见
24·79。

我个人以为，光绪帝于八月初二日明发上谕，令康有为"迅速前往上海"，当日再召见林旭，很可能会对此作出相应的解释，此即为"口诏"，可能无第二道密诏。而康若真奉有第二道密诏，知局势严重，也就不会在塘沽、烟台逗留，更不会在上海遇英人相救时，而对时局一无所知。（参见 24·79、24·80）[1]退一步说，若光绪帝真有第二道密诏，只能认可王照所称"以待他日再用"之语；至于"共建大业"一语，黄彰健已指出，与光绪帝的身份不合，不是君主对臣子的口气。

顺带地说一句，康有为到达香港、日本后，频频公开刊布其伪造或改窜的"密诏"，并对慈禧太后加以诬语。此举虽可自我风光一度，然羁押在北京的光绪帝却因之陷于不利。这是康自我发展的政治需要，也是其政治经验幼稚的表现。[2]

（24·74）先是自怀塔布既黜，李鸿章、敬信亦撤去总署差，旧臣

---

[1]《觉迷要录》录《日本深山虎太郎与康有为书》，谓："……独闻足下之去国，因奉有衣带密诏，故出疆求救云云，则仆惧未足解天下之惑。仆读密诏，足下所宜哀痛急切甚矣。足下有程婴、贯高之劲节也，当单身入阙，谋出君囚，事虽不捷，百代之下，生气凛然。如有杵臼、田叔之苦心也，当急出都门，裹粮结袜之不遑。乃足下迟迟而去，悠悠而行，如曾不知大祸将及其身。闻舟泊烟台，尚登岸买物。当时微（无）某君仗义释难，则足下必不免于虎狼之口矣。若日大人胸中绰绰有余地，然独不念贵国大皇帝厚望于足下者乎？'爱惜身体，善自调护'者何在？诚使足下处是际，知危难将近也，必当直赴朝鲜或香港，以免万死，何乃赴上海，自冒不测？……闻叶斯克兵船将弁抵重庆舟，促足下俱去，足下愕然不知所出。西报言，是时足下尚不知罗网之将及。呜呼！果信耶？欲仆无惑于受诏之事，不可得也……"（《觉迷要录》，录三，第10—11页）

[2]《日本深山虎太郎与康有为书》称："曩者足下在香港作文寄各报馆，丑诋太后，表白其十大罪，又作《奉诏求救文》，函致列国使臣，发讦椒房阴事，延及太后、皇帝母子之际。若太后、皇帝之猜嫌，果如足下言，则足下之文，适足以增皇帝之危……今足下如鸿飞冥冥，弋者不能从，放论纵言，无害于身家，然贵国大皇帝囚在宫中，为守旧党人所挟制，可不为寒心哉？"（《觉迷要录》，录三，第12—13页）王照1929年《复江翊云兼谢丁文江书》，称："《戊戌政变记》捏造景帝口出恨那拉之言，因此景帝几遭不测之祸，吴德潇曾寄书责梁氏。"（《丛刊·戊戌变法》，第2册，第575页）黄彰健指出：康"所写的公开信及《奉诏求救文》，对慈禧备极丑诋，还可能是借刀杀人。唐才常所散发的富有票，辜鸿恩所散发的贵为票，富有及贵为是'富有四海，贵为天下'的省略，其中隐含着康有为的名字。"黄彰健并称"康、梁本不忠于光绪"。（《康有为衣带诏辨伪》，《戊戌变法史研究》，第451—452页）

惶骇，内务府人皆环跪后前，谓上妄变祖法，请训政，后不许。立山等乃皆走天津，谒荣禄，请废立。旗人冠盖相望。御史杨崇伊，亦荣党也，草折请训政，出示荣禄。荣禄许之，令杨崇伊持折见庆邸而面商之。庆邸与李联英皆跪请西后训政，立山等至谓上派太监往各使馆，请去西后，西后大怒。故上自廿八日还海，请开懋勤殿，都人士方侧望，而密诏遽下。

> 据手稿本，"先是自"由"是时"改；"怀塔布既黜"之"既"字为添加；"谓上妄变祖法"一句为添加，补在行间；"立山等"由"皆"字改；"谒荣禄，请废立"《戊戌变法》本作"谒荣禄，荣禄请废立"，多"荣禄"二字；"旗人冠盖相望"一句为添加，补在行间；"西后大怒"后删"于是"；"廿八"之"廿"字诸抄本皆漏，"八"字由"九"字改。

敬信（1832—1907），字子斋，宗室，隶籍满洲正白旗。咸丰九年（1859）授宗人府七品笔帖式，后历户部郎中，太常寺卿，内阁学士，刑部、兵部、户部、礼部、工部、吏部侍郎，都察院左都御史，正红旗蒙古、镶白旗汉军、正黄旗满洲副都统，步军统领衙门左翼总兵等职。光绪二十年以兵部尚书被命为总理衙门大臣。时任户部尚书、总理衙门大臣、正白旗蒙古都统等职。

前节叙及，光绪帝七月十九日罢免怀塔布等礼部六堂官，二十日决定礼部各堂官之署任，二十一日，光绪帝去颐和园请示人选。（参见24·58、24·66）七月二十二日，光绪帝经请示慈禧太后作出重大人事调整，一连发了四道上谕，其中两道为：

"李鸿章、敬信均著毋庸在总理各国事务上行走。"

"裕禄著在总理各国事务衙门上行走。"[1]

由此看来，李鸿章、敬信退出总理衙门，裕禄入总理衙门，似不属新与

---

[1] 据军机处《上谕档》，光绪二十四年七月二十二日。另两道为："裕禄、李端棻著补授礼部尚书，阔普通武著补授礼部左侍郎，萨廉著补授礼部右侍郎。""李培元著补授吏部右侍郎，刘恩溥著补授仓场侍郎，曾广銮著补授都察院左副都御史。"又据军机处《电寄档》，光绪二十四年七月二十三日，军机处电寄谭继洵旨："湖北巡抚关防著交张之洞收缴。谭继洵来京听候简用。"这是一次大的调整。

旧之间的矛盾，而是清朝高层的派系斗争，李鸿章称此事与光绪帝的宠臣张荫桓有关。[1]外间对此传说纷纭。[2]日本方面称这可能与李鸿章此时的亲俄态度有关。[3]

立山（?—1900），字豫甫，土默特氏，蒙古正黄旗人，隶籍包衣。咸丰八年，由官学生为奉宸苑笔帖式，至光绪二年，迁武备院卿。四年，出为苏州织造。回京后因承修南海工程，得慈禧太后欢，累迁奉宸苑卿、正白旗汉军副都统等职。时任户部左侍郎、总管内务府大臣、镶白旗满洲副都统。光绪二十六年义和团运动时，因对外主和而与许景澄等五大臣被杀。

康称立山"走天津"一事，可以得到曲折的证明。袁世凯在《戊戌日记》中记谭嗣同语，谓：

　　袁"又诘以两宫不和，究由何起？谭云：'因变法罢去礼部六卿，诸内臣环泣于慈圣之前，纷进谗言危词，怀塔布、立山、杨崇

---

〔1〕 李鸿章于光绪二十四年七月二十七日致李经方信中称："二十二日忽奉明诏，毋庸在总署行走，莫测由来，或谓樵野揽权蒙蔽所致。然吾衰已甚，借以静养避谤，亦为得计。"（《李鸿章全集》安徽教育版，第36册，信函八，第193页）陈夔龙后来回忆称，他送张荫桓遣戍后，见到李鸿章，李对其称："不料张樵野也有今日！我月前出总署，几遭不测，闻系彼从中作祟，此人若不遭严谴，是无天理。"（《梦蕉亭杂记》，第13—14页）

〔2〕 《国闻报》光绪二十四年八月初二日以"合肥相国出总署述闻"为题刊出消息："……其一谓李傅相出总署系恭忠亲王定策。向来总署各堂与外人交接，均在衙门，无私宅延见外人者。傅相在北洋年久，且曾奉命游历欧美，凡西人来华，无不欲一觇丰采。在署接见之后，多有至私宅拜谒，为京朝大夫所罕见。恭忠亲王恐有泄漏机要，故预定此策，以正人臣无外交之义。此一说也。有谓比公司承借芦汉铁路款项前，英人以名为比股，实为俄款……英相沙士伯雷侯电至总理衙门诘问，以为国之大臣言国之大事，不应如此欺人，实与两国交际大有妨碍云云。此又一说也。有谓中国士大夫惩于去年胶州、旅顺之事，均大悟往者联俄非计，而思结好英、日，以为互相抵制之法。适伊藤侯游历来华，欲借此结纳之，恐李傅相坚守联俄之说，或致阻挠大计。此又一说也。或又谓李傅相每日至署，风雨不间，一切公事，有为各堂所未知，而李傅相先得其肯要者。有本非傅相所应办之，进而恐其泄露机要者。同列忌之，致有此旨。此又一说也。"

〔3〕 林权助于1898年9月8日致大隈重信首相兼外相的电报称："(158)李鸿章已解除总理衙门大臣一职，但仍保留内阁大学士头衔。据可靠消息，他被指责为亲俄。有进一步的消息即电告。"12日电报又称："(161)关于我的第158号电报，俄国代办并未向我掩饰对李（鸿章）失势的不快。英国公使告诉我，他曾不得不对抗李的反英态度。毫无疑问，李的失势是对俄国政策的打击。"（《日本外交文书》，第31卷，第1册，第658—659页）

伊等曾潜往天津，与荣相密谋，故意见更深。'"

此是八月初三日夜，谭在京师东城报房胡同法华寺与袁相见时所语。谭嗣同的说法与康说相同。而八月初六日上午，荣禄去袁世凯天津寓所时又称："近来屡有人来津通告内情，但不及今谈之详。"荣禄"屡有人来津"一语，印证了谭嗣同的说法。[1]

　　康称"御史杨崇伊，亦荣党也"一语，杨崇伊的政治主张属保守一派，曾上奏弹劾强学会、文廷式（参见 21·21、21·26），但在派系上非为荣党。[2]其子云史娶李鸿章孙女（李经方之女），在政治上似属李鸿章一派。[3]

---

〔1〕 袁世凯：《戊戌日记》，《丛刊·戊戌变法》，第 1 册，第 552—553 页。

〔2〕 荣禄于光绪二十四年六月曾有一信给杨崇伊："门门握晤，藉慰阔衷。顷展惠书，知前寄一缄已邀请及……执事抱负不凡，留心兵事，思欲及时自效，足见关怀大局，报国情殷。鄙人谬肩重任，亟思得贤自助，无如执事现官侍御，非疆臣所应奏调，格于成例，未便上陈。将来倘有机会可乘，必为设法以展长才。"（《荣禄函稿底本》，第 5 册，清华大学图书馆藏，转引自《戊戌变法文献资料系日》，第 861 页）由此可见，杨崇伊与荣禄虽有交往，但杨有意请荣禄奏调北洋，参预练兵事务时，荣禄即以"成例"拒之。

〔3〕 杨崇伊光绪二十四年八月十一日上奏"召荣禄入京李鸿章署理北洋片"称："……应请即日宣召北洋大臣荣禄来京，以资保护。至北洋紧要，不可一日无人……可否请旨饬大学士李鸿章，即日前往暂行署理……"（《戊戌变法档案史料》，第 466 页）光绪二十五年五月初八日上奏"廷臣交章自请罢斥折"称："……臣自入谏台，首劾强学会，交章诸臣大半会中人也；次劾文廷式，诸臣又力附文廷式力攻李鸿章者也。去秋劾康逆，则高燮曾曾首保康逆，张仲炘先与康逆交，后来乃疏，余诚格实康逆之师，曾广汉为臣言，八月初五见其在天津酒楼与康逆话别，咨嗟太息者也。三事皆发十臣，久为诸臣所不平，至目下之事，非臣私意为之。刘学询所呈手折，荣禄、奕劻各有一分，如有窒碍，早已奉驳，岂得私令来京。局外诸臣不知，又不解所为何事，故作危言曰他日恐有大祸。夫去秋大祸在目前，诸臣岂得不知？臣又两至徐桐寓所相告，不识当时以臣方为何，如今乃远见他日之大祸乎？臣惟甲午之事诸臣恶李鸿章，始劾其主和误，因朝廷不即罢斥，交章告变，谓其联姻东洋，反状已著，甚且有安维峻狂谬之奏。次午赴马关到京，不得不斫洋人，徐桐又复参奏。今试问李鸿章反乎？联姻东洋乎？主和果误乎？心迹既明而大局如斯矣。当日翁同龢、徐桐、李鸿藻同一主持，今翁同龢重处李鸿藻乃谥文正，徐桐犹自诩公忠。去秋大局岌岌，徐桐惟引疾高卧，以杨锐之诛，不能无恨于臣，盖杨锐为徐桐倾信之门生。今日所言，大约门立稿，虽非为康复仇，或因杨起意，徐桐为门生所用……"（《军机处录副·补遗·戊戌变法》，3/168/9447/11）杨崇伊保刘学询赴日本而受到谏台攻击，杨上奏自辩。

康称杨崇伊草折"出示荣禄"一事，查郑孝胥日记八月初五日记："幼陵、暾谷皆来。暾谷言：……杨崇伊纠合数人请太后再亲政，且以'清君侧'说合肥，又以说荣禄。"[1]林旭称杨崇伊说李鸿章、说荣禄。而叶昌炽日记对此记载更详：八月初九日，"……又闻首发难者，仍系敝同乡杨侍御也。此君沈深阴鸷，圣门诸贤，嘐嘐然志大才疏，本非其敌。"初十日，"午后赴省馆，应绀宇之招，见凤石、范卿、淮海昆仲、蔚若，各证所闻，知莘伯发难无疑义；并闻先商之王、廖两枢臣，皆不敢发，复赴津与荣中堂定策，其折由庆邸递入，系请皇太后训政，并劾新进诸君结党营私，莠言乱政也。"[2]叶昌炽所闻杨崇伊先说军机大臣王文韶、廖寿恒，然后赴天津说荣禄，其折由庆亲王奕劻代递。盛宣怀档案中《虎坊撷闻》称："闻杨崇伊纠众奏请太后亲政，以疏示李鸿章。李不肯签名。杨遂赴津，谋于荣禄。此亦七月事。"[3]《虎坊撷闻》所记，多有其据，此一条消息也很值得注意。至于私家著述，此类记载甚多。[4]

---

〔1〕《郑孝胥日记》，第2册，第681页。"幼陵"，严复。"暾谷"，林旭。合肥，李鸿章。
〔2〕《缘督庐日记》，第5册，第2737页。"圣门诸贤"指康有为及其党人；"省馆"指省会馆；"凤石"，陆润庠；"蔚若"，吴郁生；王、廖两枢臣指王文韶、廖寿恒。
〔3〕《上海图书馆藏盛宣怀档案萃编》，上册，第177页。
〔4〕苏继祖称："怀尚书守旧之无能者也，此番因人受累，深蒙太后怜之，召赴颐和园详询本末，令其暂且忍耐，而怀急欲作官，复有天津之行。"七月二十二日，"天津有人见自京乘火车来督署者数人，势甚耀赫，仆从雄丽，有言内中即有怀公塔布、立公山也……京中有言，立玉甫曾于七月奉太后密谕，潜赴天津，与荣相有要商也。"二十八日，"杨崇伊至天津见荣相。"三十日，"早车有荣相密派候补道张翼进京谒庆邸，呈密信并禀要事。据有见此信者，言有四五十页八行书之多。"八月初二日，"杨崇伊等赴颐和园，奏请训政。""庆邸、端邸同赴颐和园，哭请太后训政，且言伊藤已定初五日觐见，倘中国事机一泄，恐不复为太后有矣。"（《戊戌朝变记》，《丛刊·戊戌变法》，第1册，第339—344页）恽毓鼎称："怀之妻素侍颐和宴游，哭诉于太后，谓且尽除满人，太后固不善上所为矣……御史杨崇伊、庞鸿书揣知太后意，潜谋之庆亲王奕劻，密疏告变，请太后再临朝，袖疏付奕劻转达颐和园。"（《崇陵传信录》，《丛刊·戊戌变法》，第1册，第476页）赵炳麟称："先是怀塔布、立山等皆至津，言宫中事。怀、立久领常侍，太后党也。怀被革，尤怨上，思制之。御史杨崇伊，善总管太监李连英，内事纤悉报知之。崇伊亦出天津，诣荣相，告曰：'上之用慰亭（袁世凯字），欲收兵权也。上得权，必先图公，公其危哉。且康有为乱法，臣工怨之，事宜早图也。'翰林院编修林开謩，旭同族叔也，素恶旭所为，而因

然所有的说法，都得自于听闻。当事人立山、怀塔布、杨崇伊、荣禄、奕劻都没有留下其本人的直接记载。

康称"立山等至谓上派太监往各使馆，请去西后"，我尚未读到相关的史料，然从情理而言，立山似不会作此语。

康称"上自廿八日还海，请开懋勤殿，都人士方侧望，而密诏遽下"一语，"还海"指赴颐和园；"密诏"指七月三十日光绪帝颁给杨锐之"密诏"；（参见 24·72）"廿八日"则时间有误，光绪帝是二十九日处理完公务后去颐和园。（参见 24·69）就手稿本来看，"廿八"是由"廿九"改，康原写不误。

（24·75）荣禄见袁世凯被召，即调聂士成守天津，以断袁军入京之路。调董福祥军密入京师，以备举大事。杨崇伊于初二日至颐和园，递请训政折。西后意定。上欲保全我，故促我出京也。是夜，未见旨，饮宋芝栋家。李苾园尚书、徐子静侍郎在我左右，唱昆曲极乐，而声带变徵，曲终哀动。谈事变之急，相与忧叹。自是夕，与二公遂不复见矣。既而归，见敦促出京之旨。又见敦谷留书云，来而不遇，属明日勿出，有要事告。

据手稿本，"以断袁军入京"之"袁"字后删"世"字；"至颐和园"四字为添加，补在页边；"递请训政折"之"递"字后删"折"字；"西后意定"四字为添加，补在行间；"饮宋芝栋家"之"饮"字为添加，"栋"字后删"请"字；"自是夕"一句，《戊戌变法》本加一"晤"字，作"自是夕与二公晤，遂不复见矣"，当误；"有要事告"之"要"字后删一"件"字。

至八月初二日以后，政治形势已很紧张，双方的一举一动，都在对

<hr>

旭多知内事，亦在荣禄座上赞崇伊言……荣禄谓崇伊曰：'尔言官也，可约台垣请太后训政，试归与庆邸谋之。'遂为书与崇伊还京。"（赵炳麟：《光绪人事汇鉴·戊戌之变》，《赵柏岩集》，上册，第 240 页）《申报》光绪二十四年十月初八日以"变革溯原"为题刊出消息："京师友人来函云：朝廷革新政，言人人殊。或谓怀塔布尚书于被遣后，私赴天津，商求荣中堂。又尚书系皇太后懿亲，因得入宫泣求皇太后，其太夫人亦进宫泣诉，致有此变。但尚书于落职后，即往西山，杜门不出，并未赴津，安有商求之事。又本朝定例，凡革职人员不得擅行进宫，况皇太后懿亲……"（转引自《丛刊·戊戌变法》，第 3 册，第 457—458 页）

方的眼中有所放大。康有为此处所述，多有不确之处。

康称荣禄"调聂士成守天津，以断袁军入京之路"一事，查荣禄确实于八月初三日调动聂士成部入天津，但其目的不是防袁世凯，而是当时传说英、俄即将开战，以防不测。俄国强租旅、大后，英国有所不满，当时经常传说英、日将与俄国开战，康有为也以此提出联英、日策。（参见23·9、23·10、23·13、24·6）在中国海面英舰的多次调动，引出人们的多种猜测。八月初三日，荣禄一连三电，向总理衙门报告英舰的调动，并作出初步的推测。[1] 康有为亦认为英舰的此番调动，表示英、俄将决裂。（参见24·78）《国闻报》八月初六日以"聂军驻津"为题发表消息：

> "聂军门以九月望圣驾幸津阅操，所有武毅军步马炮各营队，均须先期移扎天津。闻左右两军共十营，已于初四、初五等日由芦台拔队来津。有见之者谓各军士系行军装束，手挺枪，背负囊，系腰子弹包，步骤井井，与别军开差形境，迥然不同，即此行路一端，亦足见军容之整肃矣。"

---

〔1〕 荣禄于八月初三日有三电，说明局势：一、"初二日戌刻，接聂提督电称，昨下午六点钟由营口来兵轮七艘，三只泊金山嘴，四只泊秦王岛。风闻系英国兵舰，何以突来如此之多等语。复于亥刻又接该提督来电称，查沽子药库在塘泊〔沽〕南，现外国兵轮已泊塘泊〔沽〕口内，系在大沽子药库背后，相去太近，求饬罗镇严加防备各等情。除电饬罗镇不动声色暗为防探，并一面派委黄道建箓密赴塘沽查探。特先电闻，务望询明英使何事，即先电示。一俟黄道查复，再行电达钧署。禄。萧。亥刻。"二、"顷电想达。复于子刻接李镇大霆电称，顷据榆防袁统带飞禀，前电言洋河口、金山嘴来兵轮四艘，距岸二十里，查系英艇，复问来由，直谓俄国意甚不善，英廷特派来此保护中国云云。同时又接该镇来电言，复接袁统带电称，今日来英国鱼雷艇二、兵轮一，连前共计七艘，内有提督座船一艘，齐泊定远炮台前面，离岸约八里许。职镇准于初三日搭车赴关各等情。查俄国现在并未开衅，该英船所称俄意不善，来此保护等语，不知何所见而云然？抑或他国捏称英船，均不可知。特此电闻。禄。江。子刻。"三、"昨据聂提督电称，外国兵轮泊入塘沽口内，当派黄道建箓密往探视。顷据复电称，职道已于初二日到塘沽，详查口内并无英兵船，塘沽只泊日本兵船一艘，查系前两月所来。现口外亦无兵船等情。除一面电饬大沽炮台、山海关各口确实查探究竟何项兵轮，共有几艘，现泊何所？俟查复到时，再行电闻。禄转。江，午刻。"（《总理衙门清档·收发电》，01－38/17－4）《洋务档》，光绪二十四年八月初四日记："据总理各国事务衙门送到荣禄电信三件，依克唐阿电信一件，照录呈览。"由此可知，以上三个电报于八月初四日由总理衙门呈光绪帝。

由此可知聂军的开拔始于初四日。就在荣禄调动聂士成军之时，也催促袁世凯迅速回防。袁在《戊戌日记》中称：

> 初三日"将暮，得营中电信，谓有英兵船多只游弋大沽海口。接荣相传令，饬各营整备听调，即回寓作复电。适有荣相专弁遗书，亦谓英船游弋，已调聂士成带兵十营来津驻扎陈家沟，盼即日回防。当以请训奉旨有期，未便擅行，因嘱幕友办折叙明缘由，拟先一日诣宫递折，请训后，即回津。"[1]

荣禄将军情、调动悉告袁，并命袁部出动，看来也不像是要防袁的。且由小站领兵进京，军队开进可经由多条道路，康称聂军入津"断袁军入京之路"，在军事上似也不太可能。

董福祥（1840—1908），字星五，甘肃固宁（今属宁夏）人。同治元年起兵反清，后降左宗棠，所部编董氏三营，进军新疆。光绪二十一年率甘军平定甘南回民反叛，二十二年为甘肃提督。二十三年所部甘军移驻山西。二十四年三月，因国际形势逼人，董部由山西调入直隶正定府一带驻守。（参见24·20）

康称"调董福祥军密入京师，以备举大事"，则是有误。董福祥部调京，时在八月十二日。此时政变已发生了六天，荣禄也奉旨入京。该调兵谕旨称：

> "现在芦台以北山海关以南秦王岛一带地方，颇嫌空虚，著董福祥于所部甘军藉前往演习洋操为名，不动声色，酌拨数营，择要驻扎，以资镇摄。并谕令荣禄知之。"[2]

---

[1] 《丛刊·戊戌变法》，第1册，第549—550页。陈家沟，很可能是今天津市河北区狮子林以东的陈家沟子。

[2] 《上谕档》，光绪二十四年八月十二日。又，八月初八日，即戊戌政变两天后，董福祥出奏，称光绪帝将奉慈禧太后丁九月初五日至二十五日校阅各军，请求担任宿卫。"伏查奴才所部前经议准移札涿州，近因查明涿州不便驻扎，奏请仍留正定，毋庸开赴涿州，蒙恩允准。各营自操演外，实皆无事。恭遇銮舆巡幸，奴才岂敢自安。拟敬选派队伍，躬身率赴天津，以备宿卫。如蒙允准，奴才拟早日成行，余营仍留正定，暂且派员经理。"（董福祥"恭遇驾幸天津请旨宿卫折"，光绪二十四年八月初八日，《军机处录副·补遗·戊戌变法项》，3/168/9457/10）董福祥奏折，说明其对已经发生的政变尚不清楚，且至八月初八日，董本人在正定，其部也未有调动。

董于十八日派何德彪率六营前往秦王岛。[1]二十一日，又下谕旨：

> "董福祥所部甘军，分扎正定、保定、定州一带，形势散漫，不
> 便操练。除何得彪所统六营移驻山海关迤南，其余所部各营均著董
> 福祥督率即行移扎南苑，认真操练，以便简派王、大臣随时校阅，
> 俾成劲旅。"[2]

根据此一谕旨，董军于八月二十五日起陆续开进，董福祥本人于九月初
八日率亲军步队从正定出发，移驻南苑。[3]董军最初的调动，是为山海
关方向的防御，这与荣禄判断英、俄可以在山海关一带海域开战有关。

需要说明的是，聂军与董军的调动，皆是康事后听闻；其于八月初
五日晨离京时，是不知道的。

康称"杨崇伊于初二日至颐和园，递请训政折"，时间有误，从档案
来看，杨崇伊递"吁恳皇太后即日训政折"，为八月初三日之举。[4]又
查军机处《随手档》、《早事档》，均不见记载，可知杨崇伊此次上奏未
经奏事处，而是呈送慈禧太后，代递者很可能是庆亲王奕劻。[5]该折
称言：

> "……文廷式假托忠愤，与工部主事康有为等，号召浮薄，创
> 立南北强学会……文廷式不思悔过，又创大同学会，外奉广东叛民
> 孙文为主，内奉康有为为主，得黄遵宪、陈三立标榜之力，先在湖

---

[1] 军机处《随手登记档》，八月二十一日记："朱批董福祥折：一、遵调六营移扎秦王
岛折。"并注明："报，四百里，八月十八日正定发。无夹板。印封马递发回。"

[2] 《上谕档》，光绪二十四年八月二十一日。

[3] 董福祥："所部陆续开拨前进片"，光绪二十四年九月初一日；"遵旨移扎南苑折"，
光绪二十四年九月初七日。（《军机处录副·光绪朝·军务类·训练项》，3/121/
6033/64、69）

[4] 杨崇伊奏折原件上写明为八月初三日。现存中国第一历史档案馆杨崇伊奏折，还留
有其封套，其正面字样为"内一件""光绪二十四年八月初三日"，背面为"谨""掌
广西道监察御史杨崇伊跪封"。又查军机处《早事档》、《随手档》，皆不见该折之记
录，可见未经过奏事处。

[5] 《国闻报》光绪二十四年八月初十日以"参劾传闻"为题刊出消息："杨莘伯（崇
伊）侍御既纠集同志联名具折求皇上呈请皇太后训政……或云杨侍御前折系求某亲
王面递者。"九月初五日以"杨御史召见述闻"为题，称言："北京访事人来函云：
杨莘伯御史既于上月初具密折由某亲王转呈大内，请皇太后训政……"

南省城开讲……今春会试，公车骈齐，康有为偕其弟康广仁及梁启超来京讲学，将以煽动天下之士心……不知何缘，引入内廷，两月以来变更成法，斥逐老成，藉口言路之开，以位置党羽。风闻东洋故相依籐博文，即日到京，将专政柄。臣虽得自传闻，然近来传闻之言，其应如响。依籐果用，则祖宗所传天下，不啻拱手让人……惟有仰恳皇太后，追溯祖宗缔造之艰，俯念臣庶呼吁之切，即日训政……"[1]

杨崇伊罗识的罪名，非常勉强，扯入文廷式、孙文，是为了激怒慈禧太后。而伊藤博文到京"将专政柄"一句，很可能引起了慈禧太后的关注。此时京城中早已风声大作。[2]

八月初三日早晨，光绪帝与慈禧太后的政治关系已十分紧张，开始有所调整。根据慈禧太后的命令，新任军机四章京在处理司员士民上书后，须将上书原件及所拟"签条"，呈送慈禧太后，由慈禧太后发下，交光绪帝作出决定。即新任军机四章京的工作，直接对慈禧太后负责。（参见24·61）当天慈禧太后在颐和园看戏，上午十点开戏，直至下午八点四十分才结束。[3]而光绪帝下午两点由颐和园返回宫中。[4]杨崇伊该

〔1〕 《戊戌变法档案史料》，第461页。"依籐"即"伊藤"之误。
〔2〕 李鸿章于光绪二十四年七月二十七日写信给其子李经方称："近日国事详于电报，众言庞杂，用人太乱，内意竟欲留伊藤为我参政，可笑也。"（《李鸿章全集》安徽教育版，第36册，信函八，第193页）当时京城更是多有传言，将留伊藤博文主政。《国闻报》八月初二日以"伊藤至北京情形"为题发表消息"……初一日伊侯全总署拜见在署王、大臣，坐谈两点钟之久。闻初二日张樵野司农函伊藤夜宴。旬澡传言，有初五日入觐皇上说。近日京朝大小官奏请皇上留伊藤在北京，用为顾问官，优以礼貌，厚其饩廪。持此议者甚多，未悉朝廷之意何如也。"
〔3〕 据升平署档案，该日戏班是卯正二刻进门，"巳正五分开戏，戌正二刻十分戏毕"。（内务府升平署《恩赏日记档》，光绪二十四年八月初三日，423/5－32－1）上午10时5分开戏，当戏结束时，已是晚上8时40分。
〔4〕 《穿戴档》，光绪二十四年八月初三日记："上戴绒草面生丝缨冠……卯正，玉澜堂见大人，毕。巳初，寻常褂下来，更换石青江绸单金龙褂，戴伽南香朝珠，挂带挎。办事后，外请至乐寿堂圣母皇太后前请安，毕，至颐乐殿看戏。午初进晚膳。未正，外请还养心殿。朝珠、金龙褂、带挎下来，更换寻常褂。"（《宫中各种档簿》，第1816号）卯正为6时，巳初为9时，午初为11时，未正为14时。光绪9时之后去慈禧太后处，下午2时离开回宫中。

折当在光绪帝离开颐和园后方递入，很可能慈禧太后看戏结束后方见之。内务府《日记档》（颐和园）所载：

> "戌刻，总管宋进禄传出，本月初四日皇太后回西苑，初六日还颐和园。"[1]

戌时，晚上7时至9时。慈禧太后看到杨崇伊奏折后，当晚决定明天去西苑；而她决定初六日返回，又说明其目标还不是针对光绪帝，而是针对伊藤博文。康称"西后意定"，并不准确。按照当时的安排，光绪帝将于初五日在宫中召见伊藤博文，她害怕光绪帝一时兴起做出难以挽回的决定。而康有为确有一个计划，聘请伊藤博文、李提摩太为顾问。（参见24·78）

八月初四日，慈禧太后从颐和园回西苑，沿途两次休息，两次换船，三次换轿，并中间去万寿寺烧香，一路上显得很悠闲。[2]一直到下午申刻（3—5时）才到达，光绪帝得知消息，连忙去瀛秀门跪接。[3]到了八月初五日，情况发生了根本性的变化。（参见24·79）

康称"是夜，未见旨，饮宋芝栋家……"，此时住在南海馆的毕永年，在《诡谋直纪》中对八月初二日晚间的活动，有以下纪录：

> "夜七时，忽奉旨催康出京。仆曰：'今必败矣，未知袁之消息如何？'康（有为）曰：'袁处有幕友徐世昌者，与吾极交好，吾将令谭、梁、徐三人往袁处明言之，成败在此一举。'仆乃将日中与广仁所言告康，康亦盛气谓仆曰：'汝以一拔贡生而将兵，亦甚体

---

〔1〕 内务府《日记档》（颐和园），光绪二十四年八月（杂244/日244）。

〔2〕 内务府拟定的行程为："八月初四日，圣母皇太后在乐寿堂进早膳毕，总管二名奏请圣母皇太后从水木自亲码头乘船至广源闸西码头，下船乘轿至万寿寺拈香，毕，步行至御座房少坐，乘轿至广源闸东码头，下轿乘船至倚虹堂少坐，乘轿进西直门、西安门，由西三座门进福华门，由瀛秀门还仪鸾殿。"（内务府《杂录档》〔颐和园〕，光绪二十四年八月）如果与以往慈禧太后的行程相比，只是少了在御座房用早膳，此也是因为决定仓促而来不及准备。其余的一切与以往完全相同。又内务府奉宸苑《值宿档》，光绪二十四年记："八月初四日询得今日皇太后在乐寿堂用早膳毕，至万寿寺拈香，至倚虹堂少坐，进西直门、西安门、西三座门还海。"奉宸苑即为管理西苑等处的机构，此记载很有可能不是文件的转抄，而是事后的记录。

〔3〕《清代起居注册》光绪朝，第61册，第31221页。

面，何不可之有？且此事尚未定，汝不用先虑也。'"
两则记载相差甚远。[1]康又称"又见敦谷留书云，来而不遇，属明日勿出"，毕永年记录中未有林旭到来的记载。

> （24·76）初三日早，暾谷持密诏来，跪读痛哭激昂，草密折谢恩，并以誓死救皇上，令暾谷持还缴命。并奏报于初四日起程出京，并开用官报关防。廿九日交杨锐带出之密诏，杨锐震恐，不知所为计。亦至是日，由林暾谷交来，与复生跪读痛哭。乃召卓如及二徐、幼博来，经画救皇上之策。袁幕府徐菊人亦来，吾乃相与痛哭以感动之。徐菊人亦哭，于是大众痛哭不成声。乃属谭复生入袁世凯所寓，说袁勤王，率死士数百扶上登午门，而杀荣禄、除旧党。袁曰："杀荣禄乃一狗耳。然吾营官皆旧人，枪弹火药皆在荣禄处。且小站去京二百余里，隔于铁路，虑不达事泄。若天津阅兵时，上驰入吾营，则可以上命诛贼臣也。"幼博早已料之矣。
>
> > 据手稿本，"跪读痛哭"之"读"字《戊戌变法》本误作"诵"；"草密折谢恩"之"密"字为添加；"并以誓死救皇上"之"以"字为添加，诸抄本刊本皆漏；"初四日起程"之"起程"二字为添加；"亦至是日"之"亦"字为添加；"袁幕府"三字为添加；"相与痛哭"之"相与"二字为添加；"乃属谭复生"之"乃属"二字为添加；"死士数百"四字为添加，由"□"字改，"而杀荣禄"之"而"字后删"幽"字；"袁曰杀荣禄乃一狗耳"之"袁"字后删"以营官"三字，"曰杀荣禄乃一狗耳，然吾营官"十二字为添加，补在行间。

此节所言，是康有为八月初三日白天的活动及谭嗣同夜见袁世凯一幕。

康称"初三日早暾谷执密诏来"，意指其带来光绪帝第二道密诏。（参见24·73）梁启超在《戊戌政变记·康广仁传》中称："八月初二日

---

〔1〕《海外访史录》，第44—45页；《乘桴新获》，第27—28页。这一天上午，毕永年因未同意率袁世凯兵捉拿慈禧太后，而与康广仁发生冲突。又，总理衙门于八月十一日收到上海道电报，称："今早粤藩岑春煊到沪，面述伊初四日出都，梁犯（启超）约而同行，未果……"（《总理衙门清档·收发电》，01－38/17－7）如梁决定初四日与岑同行，最晚似应在初二日晚作出决定。而梁启超此晚的活动情况不明。

忽奉明诏命南海先生出京，初三日又奉密诏敦促，一日不可留……"〔1〕
梁启超为康有为诗作注时又称："初四日复由林暾谷京卿传口诏促行"，
"第二次乃八月初二日由四品卿衔军机章京林旭传出者"。〔2〕时间变得
很乱。

康称"令暾谷持还缴命"，指第二道密诏由林旭缴还光绪帝。按照清
代制度，皇帝的朱笔、朱批、朱谕，须得缴还。〔3〕然光绪帝是否给康有
为密诏本是大有疑问，康后来又一直宣称其保有该诏（衣带诏）。此处
称"持还缴命"，很可能是对东京弟子或其他人欲观朱谕的一种答复。

康称"草密折谢恩"，"奏报于初四日起程出京，并开用官报关防"，
此种程序符合清代大员出京之规定，但康只是派一小差使，无须请训、
奏报，更何况从清代档案中也看不到曾颁给他"官报关防"之记录。〔4〕
从后来清朝追捕康有为的情况来看，康若真有密奏，很快会被揭露，而
清朝对康的行踪一无所知，由此可怀疑康并无"谢恩密折"。更为关键的

---

〔1〕《戊戌政变记》续四库本，第 257 页。

〔2〕《遗稿·万木草堂诗集》，第 91、92 页。

〔3〕时任军机处汉头班首席章京的继昌称："按军机章京本有恭缴朱笔差使，至军机处
　　奉有朱笔，若当日有述旨事，即随时缴进，否则俟月底恭缴。"（《行素斋杂记》，卷
　　下，第 23 页）

〔4〕清代关防之颁给，须得请旨批准。如梁启超的译书局，总理衙门六月二十三日附片
　　称："兹据梁启超将译书局开办日期及详细章程呈报前来，据称：'六月初一日开
　　局……此局既由官设，可否援各官局之例，颁发木质关防一颗'等语，臣等查阅所
　　拟译书章程，尚属妥洽……至所请援各官局之例，颁发木质关防一节，拟由臣衙门
　　刊刻'办理译书局'木质关防一颗，发交该举人钤用，以昭信守。"奉朱批："依
　　议。"（《戊戌变法档案史料》，第 454—455 页）康有为若颁有关防，须得孙家鼐或总
　　理衙门上奏请旨，然从军机处《早事档》、《随手档》中皆未见有此类折片，可知康
　　称"关防"为张扬之词。又，日本公使矢野文雄于 11 月 26 日（十月十三日）给青木外
　　相的报告中称："本月 13 日（九月三十日）在由当地海关邮政局发出的信件中，有一
　　封信封上用英文写着 To the Minister of Japan, Japanese Legation Peking 的信件。
　　信封内如附件所示，装有一封盖有'钦命督办官报局之关防'长方形篆刻朱印的照
　　会，但信上未注明日期……从邮局的邮戳来看，此照会乃是于 10 月 31 日（九月十
　　七日）由香港发出。此时康有为已经离开了香港。若其果有发此照会之意，或其托
　　其同志于其出发后发出耶，或其同志借其名义发出耶？"（《外务省记录》，1-6-1-
　　4-2-2，光绪二十四年政变，第 1 册）此中提到了"钦命督办官报局之关防"长方
　　形篆刻朱印，然"钦命"二字与清代制度不符，似属康伪造。

是，除了廖寿恒之外，康有为是否另有秘密上奏之渠道。（参见24·70）而他后来给李提摩太的信中又提于此，称于初三日上密折给光绪帝，"请他委你做顾问"。（参见24·79）

康称"廿九日交杨锐带出之密诏"，指三十日光绪帝交杨锐之密诏，即第一道密诏，时间上稍有误。初三日上午，康有为第一次看到光绪帝给杨锐的密诏，由林旭带来。康当时可能没有详细抄录，致使其后来公布该密诏时，言词甚简，仅为大意，似为凭借记忆，且多篡改。（参见24·72）康称其即与林旭、谭嗣同、梁启超、"二徐"（指徐仁录、徐仁镜）、康广仁商讨对策。此时住在南海馆的毕永年，在《诡谋直纪》中对当日的情况称：

> "初三日，但见康氏兄弟及梁氏等纷纷奔走，意甚忙迫。午膳时，钱君告仆曰：'康先生欲弑太后奈何！'仆曰：'兄何知之？'钱曰：'顷梁君谓我云，先生之意，其奏知皇上时，只言废之，且俟往围颐和园时，执而杀之可也，未知毕君肯任此事乎？兄何不一探之等语。然则此事显然矣，将奈之何？'仆曰：'我久知之，彼欲使我为成济也，兄且俟之。'是夜，康、谭、梁一夜未归，盖往袁处明商之矣。"[1]

毕永年未记林旭的到来，也未记谭嗣同、"二徐"等人的到来，更未记徐世昌的到来，也可能是他未知详情。"钱君"是毕永年的同乡钱维骥，此时也住在南海馆。

徐菊人，名世昌（1855—1939），字卜五，菊人为其号，直隶天津人。光绪十五年进士，入翰林院，散馆后为编修。二十三年十一月，奉督办军务处咨调，赴天津小站袁世凯军营，襄办军务。他是袁世凯的主要幕僚。

---

[1]《海外访史录》，第45页；《乘桴新获》，第28页。又，高树《金銮琐记》中一诗称："兵扼湖园妄语传，退之相告我瞿然。同人若允珠岩紫，二友杨柳或保全。"其注云："叔峤一字退之，告我曰：康长素向人言之兵围汰湖园，不令太后与闻国政。此语暗传都下。余曰：速发传单，言我等与康无交情，免受其祸。叔峤以为可，而同人畏康不敢从。"（《近代稗海》，第1册，第54—55页）高树的这一说法若能成立，那么，当日康之密谋已外泄。

康称"徐菊人亦来"，其于 1917 年致徐世昌信中称："追忆南海馆同读密诏之时，犹在目前也。"[1] 其于 1922 年的诗作中亦称："杨锐传来筹救谕，位不几保望诸臣。当时读诏泣涕下，南海馆内徐菊人。"[2] 从上下文来看，康称徐世昌在南海馆一起读光绪帝给杨锐的密诏，似在八月初三日的白天。

这里有必要检阅一下徐世昌日记。徐世昌日记的基本特点是非常简短，若无其他的史料作为旁证，无法知其意，其中最为重要者，当与袁世凯的行踪作一比较。从徐世昌日记来看，整个七月他都在小站营务处，"办公"、"会客"、"校书"。七月二十三日，"晨起送慰廷赴津"；"购得张孝达《劝学篇》，秉烛读之。"二十五日，又在日记中大赞张之洞的《劝学篇》。[3] 二十六日，"晚慰廷自津来德律风，约明日赴津"。该日正是徐致靖保袁世凯，光绪帝电旨命袁觐见。"德律风"，telephone，即电话。二十七日，"慰廷约赴津，黎明冒雨行……到与慰廷议，为范孙吊兄丧……又与慰廷议，嘱明日赴京。""范孙"，即严修。二十八日，"与清泉、慰廷、□□晤聂功亭军门。上火车，申刻到京，宿梧生宅中，出门访数人。"由此可见，徐世昌与袁世凯商议后，立即赴京，较袁世凯早一日出发，是为袁打前站。"清泉"，袁世廉；"聂功亭"，聂士成；"梧生"，徐坊，藏书家，是徐世昌的好友。[4] 此后的日记，皆是徐在北京的活动：

> "廿九日，叔峤、钱念劬来谈。敬孚约早饭。又看数友。慰廷到京，住法华寺，往看，至晚遂宿城内。"

"叔峤"，杨锐，"钱念劬"，钱恂，皆是张之洞的亲信。"敬孚"，萧穆，

〔1〕《万木草堂遗稿外编》，下册，第 638 页。
〔2〕《壬戌年正月十四夜，自沪过杭，道过戏园，有告以今夕演光绪皇帝痛史者，下车观之……》，《遗稿·万木草堂诗集》，第 418 页。壬戌，民国十一年，1922。
〔3〕徐世昌在日记中写道："读《劝学篇》，平允切当，扫尽近今论著诸家偏激之说。弥足排当时之弊，而振兴我中国之废疾。凡文武大臣庶司事执事，下逮士农工商兵，皆当熟读，奉为准绳。伟哉！孝达先生。"
〔4〕徐坊（1858—1916），山东临清人，字士言，号梧生。徐延旭之子，捐户部主事，是著名的藏书家。相关的研究可参阅王云、崔建利：《〈徐忠勤公遗集〉识后及其文献价值》，《文献》，2006 年第 4 期。

受聘于上海广方言馆。[1]"数友"，不知为何人。"宿城内"，当是住在法华寺（据周育民考证，位于东城报房胡同），与袁世凯同住。而袁世凯《戊戌日记》称，"由天津乘第一次火车抵京，租寓法华寺。上驻跸颐和园，即托友人代办安折、膳牌，定于八月朔请安。"此中的"友人"，不知即指徐世昌？徐世昌日记再记：

"三十日，出城到敬孚处早饭，到七叔祖宅久坐。又访数客。"

"出城"指至外城，当日徐世昌的行踪似在城南。"数客"，不知为何人。袁《戊戌日记》称："次日早起，检点衣冠各件，先派人赴海淀觅租寓所，午后至裕盛轩，遂宿焉。"由于第二日早朝，袁称早睡，亦当为实。徐世昌日记再记：

"八月朔日，梧生约早饭，之后到敬孚处午饭。看数客。"

徐世昌的行踪依旧在城南，"数客"，又不知指何人。而此日正是袁世凯觐见。（相关的情节参见24·72）袁《戊戌日记》称，觐见后"回轩少食就寝，忽有苏拉来报，已以侍郎候补，并有军机处交片，奉旨初五日请训……旋有郭友琴诸友来贺……午后谒礼邸不遇，谒刚相国、王、裕两尚书均晤……"袁世凯的行踪在海淀、颐和园一带，拜见礼亲王世铎未见，乃见刚毅、王文韶、裕禄三位军机大臣。徐、袁两人是分开行动。徐世昌日记再记：

"初二日，到城内，住法华寺。"

袁《戊戌日记》称，当日即谢恩觐见，结束后，"在宫门外候见庆邸，匆匆数语，即回寓。会大雨，至午始回法华寺，惫甚酣睡，至晚食复睡。"徐世昌未说明其何时到达法华寺，若以袁记为实，他面对着一直酣睡的袁世凯，又做了什么事呢？徐世昌日记再记：

"初三日，出城，料理回津。晚又进城，闻有英船进口。"

"料理回津"，即为回大津做准备，可此时离徐回津尚有两天，似无必要

---

[1] 萧穆（1835—1904），字敬孚，安徽桐城人。桐城派文人，藏书家，著述颇丰。有《敬孚类稿》留世。相关的研究可参阅刘尚恒：《一介寒儒出荒乡　满腹经纶名沪滨：记清末安徽文献学家萧穆》，《大学图书情报学刊》，2000年第2期。

急着"料理";"出城"很可能去城南的南海馆,与康有为等人见面;"晚又入城",很可能是陪谭嗣同往法华寺见袁世凯。

康称"属谭复生入袁世凯所寓",即谭嗣同夜访袁世凯,这是康党的最后一搏。袁世凯《戊戌日记》对此次访问,记叙甚详:

"……正在内室秉烛拟疏稿,忽闻外室有人声,闻人持名片来,称有谭军机大人有要公来见,不候传请,已下车至客堂,急索片视,乃谭嗣同也。……(谭)云:'……上方有大难,非公莫能救','……荣某近日献策,将废立弑君','公辛苦多年,中外钦佩,去年仅升一阶,实荣某抑之也。康先生曾先在上前保公,上曰:闻诸慈圣,荣某常谓公跋扈不可用等语……我亦在上前迭次力保,均为荣某所格……此次超升,甚费大力,公如真心救上,我有一策,与公商之。'

"因出一草稿,如名片式,内开荣某谋废立弑君,大逆不道,若不速除,上位不能保,即性命亦不能保。袁世凯初五请训,请面付朱谕一道,令其带本部兵赴津,见荣某,出朱谕宣读,立即正法。即以袁某代为直督,传谕僚属,张挂告示,布告荣某大逆罪状,即封禁电局铁路,迅速载袁某部兵入京,派一半围颐和园,一半守宫,大事可定,如不听臣策,即死在上前各等语。

袁"诘以:'围颐和园欲何为?'谭云:'不除此老朽,国不能保,此事在我,公不必问','我雇有好汉数十人,并电湖南招集好将多人,不日可到,去此老朽,在我而已,无须用公。但要公以二事,诛荣某,围颐和园耳。''……初五日定有朱谕一道,面交公。'"

袁世凯的《戊戌日记》,长久被视作其自辩的伪作,多不被采信。自毕永年《诡谋直纪》发现后,对照比较,又发现袁氏说法相当可靠。[1]袁氏提到"因出一草稿,如名片式",很可能是康有为、谭嗣同所拟上奏的密折,这与光绪帝给杨锐密诏中"尔其与林旭、刘光第、谭嗣同及诸同志等妥速筹商,密缮封奏,由军机大臣代递"的旨命,是相一致的。袁世

---

〔1〕 参见杨天石:《袁世凯〈戊戌纪略〉的真实性及其相关问题》,《近代史研究》,1998年第5期。

凯此处也详细说明该密折的主要内容：一、"荣某谋废立弑君，大逆不道"；二、"袁世凯初五请训，请面付朱谕一道，令其带本部兵赴津，见荣某，出朱谕宣读，立即正法"；三、"封禁电局铁路，迅速载袁某部兵入京，派一半围颐和园，一半守宫，大事可定"。这是一个相当完整的政变计划。（参见24·72）但该条陈后来谭嗣同是否上呈光绪帝，档案中没有任何痕迹，我也未能读到相关的史料。袁氏提到谭称"我雇有好汉数十人，并电湖南招集好将多人"一语，其中"雇有好汉数十人"，即毕永年在《诡谋直纪》中称"康曰或以百人交汝率之"；"电湖南召好将多人"，恰是康、梁、谭密谋拟派到袁部任参谋的毕永年、唐才常。袁氏称谭称"去此老朽，在我而已，无须用公"，恰是康、梁策划的以毕永年率百余人捉拿慈禧太后的计划。两者相较，情节大体吻合。

康称袁向谭表示："杀荣禄乃一狗耳。然吾营官皆旧人，枪弹火药皆在荣禄处。且小站去京二百余里，隔于铁路，虑不达事泄。"袁世凯《戊戌日记》中称：

> "天津为各国聚处之地，若忽杀总督，中外官民，必将大讧，国势即将瓜分。且北洋有宋、董、聂各军四五万人，淮练各军又有七十多营，京内旗兵亦不下数万，本军只七千人，出兵至多不过六千，如何能办此事？恐在外一动兵，而京内必即设防，上已先危。……本军粮械子弹，均在天津营内，存者极少，必须先将粮弹领运足用，方可用兵。"

康称袁向谭提议："若天津阅兵时，上驰入吾营，则可以上命诛贼臣也。"而袁《戊戌日记》中记：

> "九月即将巡幸天津，待至伊时，军队咸集，皇上下一寸纸条，谁敢不遵，又何事不成？"[1]

康的说法与袁的日记，两者的语气，自然是大不相同，但在具体细节

---

[1] 袁世凯：《戊戌日记》，《丛刊·戊戌变法》，第1册，第549—553页。康有为后有一信给袁世凯，称："八月初三夜之言，仆犹忆之，忱慷而许诛尔朱。中间之变，殆出于不得已，盖闻尔朱已先调董、聂之军，无能为役。杀身无益，不若留以有待……"（《万木草堂遗稿》，第272页。原信无日期，编者以"光绪二十四年？"注之。以康策动袁世凯勤王而论，很可能写于辛丑之变时）"尔朱"，尔朱荣，指荣禄。此处康称袁已同意杀荣。

上，却是可以对得起来的。

然《我史》中隐去了其计划中最重要的部分，即"围颐和园"捉拿慈禧太后一事。若仅如康说，以袁世凯部勤王，"率死士数百扶上登午门，而杀荣禄、除旧党"，结果也甚为滑稽，光绪帝在数百人的扶拥下，登上午门，又是戏演何出？

梁启超在《戊戌政变记》中，对此次谭夜见袁世凯，记云：

"初三日夕，君（谭嗣同）径造袁所寓之法华寺，直诘袁曰：'君谓皇上何如人也？'袁曰：'旷代之圣主也。'君曰：'天津阅兵之阴谋，君知之乎？'袁曰：'然。固有所闻。'故乃直出密诏示之曰：'今日可以救我圣主者，惟在足下。足下欲救则救之。'又以手自抚其颈曰：'苟不欲救，请至颐和园首仆而杀仆，可以得富贵也。'袁正色厉声曰：'君以袁某为何如人哉？圣主乃吾辈所共事之主，仆与足下同受非常之遇，救护之责，非独足下。若有所教，仆固愿闻也。'君曰：'荣禄密谋，全在天津阅兵之举。足下及董、聂三军，皆受荣所节制，将挟兵力以行大事，虽然董、聂不足道也，天下健者惟有足下，若变起，足下以一军敌彼二军，保护圣主，复大权，清君侧，肃宫廷，指挥若定，不世之业也。'袁曰：'若皇上于阅兵时疾驰入仆营，傅（传）号令以诛奸贼，仆必能从诸君子之后，竭死力以补救。'君曰：'荣禄遇足下素厚足，足下何以待之？'袁笑而不言。袁幕府某曰：'荣贼并非推心待慰帅……'袁怒目而视曰：'若皇上在仆营，则诛荣禄如杀一狗耳。'因相与言救上之条理甚详。袁曰：'今营中枪弹火药皆在荣贼之手，而营哨各官多属旧人，事急矣，既定策，则仆须急归营，更选将官，而设法备贮弹药，则可也。'乃丁宁而去。时八月初三夜漏三下矣。"[1]

梁启超的说法，只称谭、袁共同讨论如何在天津保全光绪帝，最后定计为

---

〔1〕 梁启超：《戊戌政变记》续四库本，第262页。梁还称，谭以荣禄厚待袁以试之，"袁幕府某"为此作答：称某公欲增袁部兵力，荣称"汉人未可假大兵权"；并称胡景桂参袁，是由荣禄导演的苦肉计。荣一面保袁以市恩，而胡则官升三级。

由光绪帝驰入袁部军营，而袁"传号令以诛奸贼"，完全略去了以袁率部入京的情节。袁在此中的态度又是完全积极的。"袁幕府某"，似指徐世昌。

毕永年的说法与梁启超不同，《诡谋直纪》中称：

> "初四日。早膳后，谭君归寓，仆往询之。谭君正梳发，气恹恹然曰：'袁尚未允也，然亦未决辞，欲从缓办也。'仆曰：'袁究可用乎？'谭曰：'此事我与康争过数次，而康必欲用此人，真无可奈何。'仆曰：'昨夜尽以密谋告袁乎？'谭曰：'康尽言之矣。'仆曰：'事今败矣，事今败矣，此何等事，而可出口中止乎？今见公等族灭耳。仆不愿同雁斯难，请即辞出南海馆而寓他处。然兄亦宜自谋，不可与之同尽，无益也。'午后一时，仆乃迁寓宁乡馆，距南海馆只数家，易于探究也。"[1]

谭嗣同告毕永年，袁"尚未允也，亦未决辞"，又与袁的回忆是相一致的。毕称其已察觉到康、梁必败，从南海会馆搬到了宁乡会馆。

徐世昌的日记依然极为简单：

> "初四日，出城到梧生宅，束装即行，上火车，申刻到津。"[2]

经历了初三日晚如此之大风浪，却是如此简记，似为隐去了大秘密。徐世昌的《韬养斋日记》除了杨锐、钱恂两位张之洞幕僚，徐昉、萧穆两位藏书家外，留下的只是"访数友"、"看数友"、"访数客"、"看数客"，皆不著人名，"韬养"至深。而袁世凯的《戊戌日记》，则对初三日夜谭嗣同离去后至初五日晨在西苑勤政殿请训长达30多小时的活动，竟然未记一字。

---

[1] 《海外访史录》，第45页；《乘桴新获》，第28页。其中称"谭曰：'康尽言之矣'"。意即康有为当面向袁世凯说明，颇有误，当时康有为并未与谭同行。此处差误，很可能是毕永年有意为谭嗣同开脱。冯自由称：毕永年"闻谭嗣同居京得志，乃北上访之。嗣同引见康有为，有为方交欢直隶按察使袁世凯，有兵围颐和园擒杀清西后之阴谋。以司令难于人选，知永年为会党好手，遂欲委以重任，俾领兵围园便宜行事。永年叩以兵队所自来，则仍有赖于袁世凯。而袁与有为本无关系，永年认为此举绝不可恃，遂拒绝所请，且贻书嗣同历陈利害，劝之行。"（《毕永年削发记》，《革命逸史》，初集，第74页）冯自由的说法与《诡谋直纪》大体相同。盛宣怀档案中《虎坊撼闻》称："谭嗣同于初五日移去。"（《上海图书馆藏盛宣怀档案萃编》，上册，第176页）即谭于初五日才离开了康有为的南海馆住所，也是值得注意的。

[2] 以上见徐世昌：《韬养斋日记》，手稿，第16册。

从以上纪录中，大体可以得出以下结论：谭嗣同在康有为等人的嘱托下，于八月初三日晚上到东城报房胡同的法华寺，面见袁世凯，请袁杀荣禄，并派兵入京，一部围颐和园，一部入宫。袁世凯对此只是虚词应对，并没有给予直接、肯定的回答。

　　还需说明的是，康有为初三日下午去拜见了伊藤博文。(参见24·78)

　　(24·77)复生入城后，卓如至金顶庙容纯甫处候消息，吾稍发书，料行李。是日尽却客。及夜，杨衣川、宋芝栋、李孟符、王小航来慰，杨言京师市人皆纷纷传八月京师有大变，米面皆腾贵；并董军纷纷自北门入，居民震恐，乃纷纷迁避者。李孟符言英人有七舰在大沽，将与俄战。吾未与诸公谈密诏事，而以李提摩太交来"瓜分图"，令诸公多觅人上折，令请调袁军入京勤王。至子刻，内城开，吾亦入城，至金顶庙候消息。知袁不能举兵，扶上清君侧，无如何，乃决行。闻五日袁召见，上另有密诏与袁，则不知其云何矣。闻袁知变不奉命云。

　　　据手稿本，"卓如至金顶庙容纯甫处候消息"一句为添加，补在行间，"纯甫"之"甫"各抄本刊本皆误为"斋"；"是日尽却客。及夜"七字为添加，补在行间，删一"而"字；"杨衣川"之"衣"字，各抄本刊本已改为"漪"；"李孟符"之"符"字各抄本刊本已改为"符"字；"八月京师"之"京师"二字为添加；"乃纷纷迁避者"之"乃"字后，删"是有"二字，各抄本刊本补"有"字；"入京勤王"之"入京"二字添加；"闻五日袁召见，上另有密诏与袁，则不知其云何矣。闻袁知变不奉命云"一段为添加，补在行间。

　　此节所叙是康有为八月初三日晚上至初四日清晨的活动。

　　"容纯甫"，容闳。他因津浦铁路引资未成，在总理衙门几次严旨催促下，此时来京陈述情况。[1] (参见24·11) 金顶庙，位于东华门外烧酒胡同（今韶九胡同），康、梁来京时曾居住（参见20·1），距袁世凯居

────────────

[1]　总理衙门七月二十三日收到上海道蔡钧的电报称："养电敬悉。容道今明北上。钧。漾。"（《总理衙门清档》，01－38/17－(2)，收电。"漾"为二十三日的代码）此处的"今明"，是一个约数，当时总理衙门为津镇铁路多次催促容闳北上。若容真于二十四日搭船，可在二十七日到达天津。据《国闻报》八月初二日刊"制台辕门抄"，容于七月三十日在天津拜会荣禄。他将于八月初到达北京。

寓的法华寺步行约十多分钟路程。康称"卓如至金顶庙容纯甫处候消息"一事，容闳在其回忆录中亦称："我的寓所成为戊戌年主要改革者的约会场所。"[1]

"杨衣川"，杨漪川，杨深秀。"李孟荶"，李孟符，李岳瑞。"衣"、"荶"皆康有为之简笔。八月初三日晚，即谭嗣同往见袁世凯之时，康有为与杨深秀、宋伯鲁、李岳瑞、王照相见，商议两件大事：其一保举李提摩太、伊藤博文为顾问，参预清朝中枢政治；其二设计调袁世凯部进入北京。康称"令诸公多觅人上折，令请调袁军入京勤王"，即是指此。八月初五日、初六日，杨深秀、宋伯鲁对此先后上奏。此为康有为及其党人在戊戌变法中最后的政治举动。(参见24·78)

康称"董军纷纷从北门入"，当有误，董福祥此时并未调动，且其驻地在正定，即使入城，也应是南门。(参见24·75)

康称"李孟荶言英人有七舰在大沽，将与俄战"，即指荣禄八月初三日一日三电总理衙门之事。(参见24·75)李岳瑞是总理衙门章京，可以看到电报。《我史》后节又称：八月初四日晚，"归则暾谷来言，英俄已开仗"，亦是称此事。林旭是军机章京，很可能看到了总理衙门代奏的荣禄电报。(参见24·78)

康称"至子刻，内城开，吾亦入城……"，是其当夜未睡，于八月初四日凌晨入城，与梁启超、谭嗣同会面。此时康知策反袁世凯的计划失败，自知大势已去，决定次日清晨离京。然在其离京前，并没有修改八月初三日晚上与杨深秀、宋伯鲁商定的计划，而是于八月初四日上午继续与李提摩太商谈。(参见24·78)

康称"闻五日袁召见，上另有密诏与袁"，梁启超在《戊戌政变记》中亦有同样的说法："至初五日，袁复召见，闻亦有密诏云。"[2]此后，陈夔龙《梦蕉亭杂记》、费行简《慈禧传信录》、苏继祖《清廷戊戌政变记》、张一麐《古红梅阁笔记》，皆持此说，可见传播之广。然袁世凯本

---

[1] 石霓译注：《容闳自传：我在中国与美国的生活》，百家出版社，2003年，第308页。
[2] 《戊戌政变记》续四库本，第262页。

人对此却完全否定，《戊戌日记》中称：

> "初五日请训，因奏曰：'古今各国变政非易，非有内忧，即有
> 外患，请忍耐待时，步步经理，如操之过急，必生流弊。且变法尤
> 在得人，必须有真正明达时务、老成持重如张之洞者，赞襄主持，
> 方可仰答圣意；至新进诸臣，固不乏明达猛勇之士，但阅历太浅，
> 办事不能慎密，倘有疏误，累及皇上，关系极重，总求十分留意，
> 天下幸甚。臣受恩深重，不敢不冒死直陈'等语。上为动容，无答
> 谕。请安，退下。即赴车站……"〔1〕

八月初四日下午慈禧太后已进城，住西苑仪鸾殿，光绪帝也依例移居瀛
台涵元殿。袁世凯此次请训，地点改在西苑勤政殿。光绪帝召见袁世凯
之后，还将接见日本前首相伊藤博文。〔2〕在如此背景之下，光绪帝似不
可能对袁世凯再说什么，袁称"无答谕"，也合乎情理。袁世凯请训时提
出"必须有真正明达时务、老成持重如张之洞者，赞襄主持"并对"新
进诸臣"表示不满一事，可以得到证明。张之洞幕僚湖北候补知府钱
恂，正在北京召见，于七月二十九日发电张之洞："袁枭明后见，欲请帅
入枢。"即袁世凯到达北京的当天，就向张的幕僚钱恂表示了拥张的态
度。〔3〕而袁此举早在七月上旬已萌生，并非是与谭嗣同会面后的临时

---

〔1〕 袁世凯：《戊戌日记》，《丛刊·戊戌变法》，第1册，第553页。

〔2〕 《国闻报》光绪二十四年八月初六日以"练兵大臣抵津"为题刊出消息："练兵大臣
袁慰亭侍郎于初五日早请训，即于是日出京，乘坐十一点四十分的火车，至下午三
点到津。"而总理衙门八月初四日给代理驻华公使林权助照会称："本月初五日大皇
帝御勤政殿，接见伊藤侯相。当于是日九点钟，专弁赴贵馆导引伊藤侯相暨翻译随
员等，于十点半钟到西苑门内朝房稍憩，恭候午初刻大皇帝接见，即希贵署大臣转
达伊藤侯相为荷。"（总理衙门致林权助，光绪二十四年八月初四日，《伊藤公爵清国
巡回一件》〔松本记录〕，6-4-4-21，日本外务省外交史料馆藏）

〔3〕 该电于八月初二日午刻收到。张之洞对此急忙回电："袁如拟请召不才入京，务望力
阻之。才具不胜，性情不宜，精神不支，万万不可。渠若以鄙人为不谬，遇有兴革
大事，亦电饬人酌议，俾得效其管窥，以备朝廷采择，则于时局尚可有益，而于鄂
事不致废弛，尚是尽职安分之道。"（《张文襄公全集》，第3册，第757页）袁先前
以附李鸿章起家，甲午后改附李鸿藻、翁同龢，掌练新建陆军后，再附荣禄。此时
李鸿藻已去世，翁同龢已免官，荣禄在光绪帝前已失势，他不可能去依附康有为、
徐致靖，他拥张之洞主政，不仅是为了改良政治态势，也是为自己铺新路。又，据
徐世昌日记，钱恂于七月二十九日访徐，也有可能是徐告诉袁世凯之意。

起意。（参见 24·71）至于光绪帝是否真有密诏给袁世凯，杨天石称，若真有此事，袁在政变后不可能不说，若此，光绪帝在政变后的命运"将比软禁瀛台糟糕得多"。[1]这是一个极具说服力的推论。

（24·78）容纯甫欲请美钦使，然以其无兵无济于事，却之。天将明，乃睡。九点钟起，访李提摩太，与谋。英公使亦避暑北带河，远出，无能救者。又恶假权外国，故见伊藤博文，而不请救援，但请其说太后而已。至夕，出城，而见南海馆居室墙倾覆，心窃怪之矣。黄仲弢饯我，戒以事变作，荣禄将谋害我，劝易装出山东，勿经天津。归则暾谷来言，英俄已开仗。是夕太后还宫，以为外患方殷，或少纾内忧，稍为安心，不知荣禄之诳言也。

　　据手稿本，"天将明，乃睡"五字为添加，补在行间；"暑北带河"四字为添加，由"暑"字改，"带"字各抄本刊本已改为"戴"；"假权外国"之"国"字诸抄本刊本皆作"人"字；"而见南海馆居室墙倾覆，心窃怪之矣"一段为添加，补在行间，"居"字《戊戌变法》本误为"屋"字；"归则"二字为添加；"稍为安心，不知荣禄之诳言也"一句为添加，补在行间。

康有为此节所叙，包含其初三日下午至初四日晚上的活动，而时间顺序可能有所颠倒。

伊藤博文（1840—1909），日本长洲藩人。早年入松下村塾，为日本明治维新的主要角色之一。多次出任日本首相，发动甲午战争，与李鸿章签订《马关条约》。伊藤此次来华，是第三次伊藤内阁失败后，到大陆观光并为日本寻找新的机会。[2]然此时伊藤的访华，引起了朝野的关

---

〔1〕 杨天石：《袁世凯〈戊戌纪略〉的真实性及其相关问题》，《近代史研究》，1998 年第5 期。
〔2〕 清朝驻日本公使裕庚于六月十二日电总理衙门："伊藤系游历，先自西京至高丽，再由津来京……此次系出无聊，回同退者来家扰，藉少避。又查看中华情形，有无机括可乘，是其故技，非大举动。"二十八日，荣禄向总理衙门报告："顷接裕大臣由沪转来巧电，云伊藤临行正值庚（裕庚）病，渠遭书记官来告，此行系往中国自行游历，藉可见王爷、中堂谈谈等语。"（《总理衙门清档》，01－38/16－（2），《收电》）

注，当时也有人希望他能留下来，作为客卿，主持清朝改革。[1]李鸿章于七月二十七日写给其儿子李经方的信中称："内意竟欲留伊藤为参政。"[2]以李鸿章之身份，竟作此言，恐非空穴来风。康有为也有意借重伊藤博文的力量。

康称"故见伊藤博文"一事，戊戌政变后，《台湾日日新报》刊出长篇报道《游清纪语》，称八月初三日下午三点至晚上，康有为与伊藤博文会见。[3]康向伊藤表明慈禧太后之专权，请求伊藤要觐见慈禧太后时进行劝告：

> "若君侯入见太后，肯为剀切陈说一切情形，感动太后回心转意，实敝邦之福也。

> "君侯见太后时，请极言皇帝贤明行改革者，为诸外国深喜。

> "君侯见太后时，请极言各国相迫，外患甚急，断行改革，则中国尚能自立，不然，必难当各国分派，其祸不可胜言。

> "君侯见太后时，请极言倡论改革多士，皆具忠心为国家谋幸福，无他意者。

> "君侯见太后时，请极言满人、汉人，同为清国赤子，如一母生两子，岂可认兄为子，而认弟为贼哉！

---

〔1〕 最早提议以伊藤博文为客卿者，似为郑孝胥，其于光绪二十四年六月二十六日日记中称："南皮邀人谈，在抱冰堂……又劝侯伊藤博文来华，可荐为客卿。南皮甚震其论而不能用也。"（《郑孝胥日记》，第2册，第671页）后又有刑部主事洪汝冲、前军机章京松江知府濮子潼、工部郎中福润、候选郎中陈时政、兵部员外郎祁师曾等多人上奏，主张留用或咨询伊藤。（参见拙文《戊戌政变的时间、过程与原委：先前研究诸说的认知、补证、修正》，《近代史研究》，2002年第4、5、6期）

〔2〕 《李鸿章全集》安徽教育版，第36册，信函八，第193页。

〔3〕 时任日本驻华公使馆书记官的中岛雄在其作《清国政变前后见闻一斑》中称："是年9月11日（七月二十六日），康氏好像有些事情要找我商量，传话不日将登门拜访……而碰巧同月14日伊藤侯爵漫游诸国来到北京。15日晨，在与侯爵的闲话中，侯爵问及康有为的举止为人，我就把他的著书和关于他本人及他传言作了介绍，临了加了一句：康不啻是一个名士，但是处世经验明显不足……同月19日（八月初四日）午后，康氏因为获悉伊藤侯爵来访了本公使馆……"（转引自孔祥吉、村田雄二郎：《一个日本书记官记述的康有为与戊戌变法：读中岛雄〈随使述作存稿〉与〈往复文信目录〉》，未刊稿）中岛雄的意见明显对伊藤的看法起到了作用。而按中岛雄的回忆，康有为与伊藤博文的会见是八月初四日下午，地点是日本公使馆。

"君侯见太后时，请极言今日要务，宜引见汉臣通外事者以资访问，勿徒受满洲一二老臣壅蔽，尤勿听宦官宫妾播弄，而要与皇帝共讲求变法条理。"

该报道称，伊藤对康的这一番请求，"连答皆诺之"，康由此而"色怡曰：'君侯能为太后逐一言此，则一席话足救我中国四亿万人，岂惟敝邦幸福，东方局面，地球转运，实系在君侯焉。'侯曰：'公等赤心，仆所敬服。仆必以尽心于敝邦者，移以尽忠于贵国也。'"〔1〕这一篇报道与《我史》中康称"但请其说太后"，是相一致的，很有可能是康党提供的。〔2〕报道中也隐去了康欲请伊藤为清朝政治顾问的内容。很可能是由于此次谈话，伊藤在与中外人士的谈话中，毫不掩饰地表达了对戊戌维新的失望。〔3〕

康称与伊藤博文会谈中"而不请救援"，不属其当时的想法，八月初三日下午他还没有意识到局势的变化，而在这一天晚上，谭嗣同夜见袁世凯之时，康有为正与杨深秀、宋伯鲁等人商议上奏保荐伊藤博文、李提摩太，调袁世凯军入京之事。(参见24·77)

李提摩太以办广学会、《万国公报》而著名，光绪二十一年来北京，向翁同龢等高官提出"新政策"，即由英、美人士来掌管中国的政治、外交、财政、教育、铁路等事务。康有为亦去拜访过他。(参见21·19)他

〔1〕《台湾日日新报》明治三十一年十一月十三日、十五日（光绪二十四年九月三十日、十月初二日）；转引自汤志钧：《乘桴新获》，第19—22页。

〔2〕《台湾日日新报》是日人守屋善兵卫并购《台湾新报》、《台湾日报》而成，1898年5月6日创刊。是台湾影响力最大的报纸。此篇《游清纪语》，虽以日人的口气，但文句中仍可看出是中国人写的，其中称"伊藤侯闻康有为言其皇帝欲行变法，为太后所阻，因太息曰：'天无二日，民无二王。今国权出两途，革新诚难矣哉！'"不像是伊藤说话的口气，而更像是康、梁的手笔。

〔3〕陈庆午致缪荃孙的信（光绪二十四年九月十二日）中称："前月日相伊藤至京，与念劬言，变法既不得人，又无次序，恐致生乱。言逾二日，康谋已败。"（《艺风堂友朋书札》，下册，第960页。"念劬"，钱恂）莫理循致姬乐尔信（1898年9月20日）中称："伊藤对中国的变法维新很失望，认为没有政治家，没有人愿意负责，没有人在他的追随者们面前勇敢地、公开地站出来。皇帝颁布了大量变法维新的诏书，但是这些诏书从未付诸行动。"伊藤还指责了官员贪污、御史制度，提议修铁路、迁都及练兵。（《清末民初政情内幕》，上册，第111—113页）

此次来京的目的，是继"新政策"之后更进一步，要建立英—中同盟（或联邦），或英—美—日—中的四国同盟（或联邦）！这一大胆狂妄的计划，李提摩太并未获得英、美、日任何一国政府的允诺，但他却到北京来推销。而李提摩太的这一设想，与康、梁的"合邦"思想也很相近。（参见24·16）《国闻报》八月初七日以"远人忠告"为题刊出消息：

> "教士李提摩太君，久居中国，极望中国之振兴，数年前曾在上海立设广学会，著书多种，期开风气。乙未在京，又曾上一疏，所陈皆缠绵往复，不惮烦言，中国士大夫未有不敬爱之者。兹李君回国数年，于近日重到北京，闻拟于日内至总署进呈一图，名曰'瓜分中国图'。此图为外国所定之新图，与旧图微有不同，而更为不留余地。李君译呈此图，又复继之以说，大略谓此时欲变法自强，已恐缓不济急。为今之计，须急与英、美、日三国，定一确实联邦之约，先求足以图存，而后可言自振也。"

此中的用词是"联邦之约"。李提摩太此次北京之行，很可能是由康有为所策动的。李提摩太在其回忆录中称：

> "就在这个时期，我到了北京。在夏天的时候，康有为和我商量过变法的计划，我曾建议既然伊藤博文那样成功地改变日本，成了一个强国，那么最好的方法，是由中国政府请他作一个外国顾问。我后来被康有为约请到北京去做皇帝的顾问。在船上我遇到了两个有趣味的人。一位是袁昶……另一位是入美国籍的容闳……

> "当我9月中旬（七月二十六日到八月初五日）到了北京的时候，我访问了康有为，他告诉我情形不平静的很，他预备不久离开此地到上海去。皇帝的师傅孙家鼐与谭嗣同及其他接近皇帝的人，以后将给我指示。

> "我和伊藤住在同一个旅馆，并且和他的秘书主任津田先生有过长时间的谈话……

> "同时，皇帝继续颁布维新的诏令，孙家鼐前来通知我说皇帝要我在9月23日（八月初九日）前往谒见。但在这个日子之前，就

发生了促成政变的事故……"〔1〕

李提摩太的说法，常有夸张之处。此处宣称他来北京，准备出任中国政府的顾问，确有其事。郑观应称其还为李提摩太的此次北上提供了资助。〔2〕

康称"九点钟起，访李提摩太，与谋"，指八月初四日上午与李提摩太的会面。李提摩太的秘书程淯对此回忆道：

> "康先生以工部主事一微官，而得君如此其专，古人中不多觏也。时景皇帝欲特开懋勤殿，拜李君为顾问大臣。七月二十四日李君与余航海北行，月杪至京，寓英公使署，适英使避暑外出，翌晨乃迁至米市施医院。八月三日午后，康先生来，言新政施行甚难，吾顷奉谕旨办上海官报，明日将南下矣。吾欲乞友邦进忠言，而贵邦公使又不在京，至可惜也。李曰：竟不能调和两宫乎？康曰：上行新政，盈廷衰谬诸臣，恐被罢黜，哭诉太后，太后信之，致横生阻力，夫复调和之可言？"〔3〕

程淯回忆时为1923年，许多记忆似不太可靠，其中日期是明显的错误。戊戌政变后，康于八月初十日在上海写给李提摩太的信中，谈到了此次

---

〔1〕 李提摩太著，林树惠译：《留华四十五年记》，《丛刊·戊戌变法》，第3册，第563—564页。又可见李宪堂、侯林莉译本：《亲历晚清四十五年》，第245—246页。李称与袁昶、容闳同船北上，其到达北京的时间约在七月底八月初。《国闻报》八月初二日刊"制台辕门抄"，袁昶于八月初一日拜见荣禄。《国闻报》八月初三日称其于初四日进京。据军机处《早事档》光绪二十四年八月初六日记："新任授江宁布政使袁昶到京请安，呈递履历书，奉旨：知道了，履历留。"

〔2〕 郑观应致李提摩太函称："博士素以救世为心，毋分畛域。念中国积弱不振，泥守古法，谓八股、鸦片、裹足为三大害，曾著书劝世变法维新，殊深钦佩。昨闻英新公使、日相伊藤到京，有均劝我朝廷维新变法之意。弟与经君莲珊痛愚民之政未改，愿出往来北京舟车等费，欲求大驾赴京一行，将民间疾苦痛陈，应如何改良方合，条陈我政府，请英国公使转呈。倘蒙我政府准如所请，能照《盛世危言》所论采择施行，则我廿一行省百姓无不感激，岂但为朝廷祈天永命而已哉？此非常之业，必待非常之人，尚乞勿吝教赐复为幸。"（《郑观应集》，下册，第1166页）郑观应的文集，很明显请人编过，因编者不了解时情而多有改动，许多意思编后有误。此处有请英国驻华公使保荐其及《盛世危言》之意。然英国此时并未派新公使前来，仍是光绪二十二年到任的窦纳乐，当时的上海也未有英新派公使的新闻。

〔3〕 《康南海先生遗著汇刊》，第17册，《康南海先生墨迹》，第218—220页。

谈话的内容，称言：

> "自从我们9月19日（八月初四日）会谈后，我便南来了。我想你一定还记得，那天我们所谈的朝政概况和你如何计划安全地窝藏我，不料在几天之内，竟发生了一件意外之变。在9月18日那天，我曾上了一封密折给皇上，请他委你做顾问，藉以保障他的安全，没想到变化这样快，使他竟来不及照办。"

康有为的这封信交给英国领事兼上海帮审班德瑞（参见24·80），班德瑞将之译成英文，此处是英文的回译。[1]康有为与班德瑞的谈话中，也言及于此。称言：

> "我在18日（八月初三日）收一封诏书（指第二道密诏），曾对皇上说，如果你肯下令变法，李提摩太曾向我保证，他可以向英国政府说项，取得英国的支持。19日，我见到了李提摩太。"

由此可知康有为与李提摩太的谈话内容，主要是请李做顾问。[2]而康在信中提到9月18日（初三日）上密折一事，似指初三日晨与林旭见面后"草密折谢恩"（参见24·76），其真实性是可以怀疑的。班德瑞与康

---

〔1〕 班德瑞将该信翻译后，作其备忘录的附件送上海总领事白利南；白利南又将之呈送伦敦。现存于英国档案馆。王崇武检出后译出，见《戊戌政变旁记》，《丛刊·戊戌变法》，第3册，第528—529页。信中提到："舍弟广仁是否安全？我想你会有电报给贵国上海领事班德瑞，再托他转给我。现在中国真是大难临头了，惟一的希望是贵国能保护我们。希望以后常常告诉我一些关于舍弟的消息和北京一般政治的情形。至于我个人的死活，全置之度外，我将尽我一生的时光，为国人效力，所疚心的是，皇上洞鉴至明，遂不顾一切的实行改革，而因此却招惹了无数麻烦。我相信，你会很快的通知我，皇上是否安全。"康此信是真实的，然所述内容是否真实，难以确定，因为他与班德瑞的谈话内容，许多都是张扬之词。（参见24·80）值得注意的是，康有为在上海时给李提摩太的信，另有一版本，称言："不见，六日即南下。闻吾北京有大变，未知皇上存亡如何，念甚！能保全否？望贵国主持救护。弟蒙贵国总领事收保在兵船上，卓如及舍弟未审如何？有先生保全，想无碍。北望泣血，惟先生爱照电示。并乞随时电贵国驻敝国官长兵船招呼，不胜感祷。"（《万木草堂遗稿外编》，下册，第582—583页，蒋贵麟未称其来源及藏处）该信署日期为八月初九日，其可靠性难以确定，没有提到请李提摩太为顾问事，但请李提摩太保全光绪帝来看，他对李提摩太的能量估计过高。

〔2〕 康有为后于1923年为其致李提摩太四信作跋语称："李提摩太君，英教士之仁者也。与吾交久，吾荐之上，将令在懋勤殿行走，以政变未成。"（《康南海先生遗著汇刊》，第17册，《康南海先生墨迹》，第205—206页）

有为谈话后，发表了评论：

> "我认为康有为是一位富于幻想而无甚魄力的人，很不适宜作
> 一个动乱时代的领导者。很显然的，他被爱好西法的热心所驱使，
> 同时又被李提摩太的一些无稽之谈所迷惑……"

又称：

> "李提摩太是英国教会驻北京的办事人，他是个阴谋家，他大
> 约向康有为和维新派作了一些愚蠢的建议……"[1]

班德瑞所称的"愚蠢的建议"，即指李提摩太倡导的英—美—日—
中"合邦"的计划。又到了八月二十一日，康有为在香港接见《德臣
报》记者，其中又谈到：

> "……我接到诏书之后，立即与我的同僚们会商，尽我们的力
> 量去做。我找了美（英）国传教士李提摩太，请他马上去找英国公
> 使。不幸窦纳乐爵士正在北戴河。于是我又打发他到美国公使馆，
> 但据说美国公使也到西山去了。假若当时英国公使在使馆中的话，
> 相信一定会想出办法来避免这次的危机。"[2]

这个时候的康有为，已决定将自己变成一个"奉密诏向外国求救"的使
节，到香港后，给李提摩太的信中大谈求援之事，而不惜于在信中作
伪。[3]需要说明的是，李提摩太不是一个可以影响英国外交决策的人。

康称初四日晨知袁世凯的态度后，容闳"欲请美钦使"，此说似可以
怀疑。初四日晨尚一切安平，美国公使又以何词干涉？当时的美国公使
为康格（Edwin Hurd Conger），于是年五月十八日（1898 年 7 月 6 日）

---

〔1〕 《戊戌政变旁记》，《丛刊·戊戌变法》，第 3 册，第 523—528 页。
〔2〕 《丛刊·戊戌变法》，第 3 册，第 511 页。"诏书"指康自称的"第一次密诏"与"第
　　 二次密诏"；"美国传教士"可能是记者的笔误。
〔3〕 康有为到香港后给李提摩太四信，其信伴程淯保存，后交康有为。信中多有张扬之
　　 词，其中称："四日一别，并言敌国宫廷之变，仆是日受皇上密诏，令设法求救，而
　　 贵公使不在，事无及矣。五日即有大变，致我圣明英武力变新法之皇上被废……仆
　　 身经十死，荷蒙贵国保护，得全性命，俾传密诏，优乞转求贵公使电达贵政府主持
　　 公义，保我皇上圣躬，全我皇上权力……""仆此次出都，实奉我皇上两次密诏，命
　　 出外求救。伏乞向贵国力请哀怜惜而拯救之，使我皇上得庆复辟……"（《康南海先
　　 生遗著汇刊》，第 17 册，《康南海先生墨迹》，第 147、149—150、156 页）

接替田贝，赴新任，二十日（7月8日）与田贝共同觐见光绪帝，上任仅两个多月。他原为政治家，没有中国的经历，对中国的情况并不了解。[1]他不可能采取任何政治或军事的行动，手中也无相应的武力，且若采取强硬行动也与此期美国对华外交特性不吻合。容闳曾任驻美副使，似不会出此主意，容闳回忆录中对此也无记录。还需说明的是，容闳也不是一个可以影响美国外交决策的人。[2]

康称"是夕太后还宫"，查慈禧太后初四日"申刻"（下午3至5时）回到西苑。至当日军机处散值时，光绪帝还不知道消息，后由庆亲王奕劻通报，连忙依例在瀛秀门跪迎，当晚依例移居西苑瀛台。[3]此时政变虽未发生，慈禧太后与光绪帝的关系已十分紧张。康有为于初五日清晨离开北京，从他船到上海时与英人的交谈来看，其离京时似不知道慈禧太后由颐和园回城的消息。

康称"黄仲弢饯我""劝易装出山东"一事，《我史》后又称"无黄仲弢之告，宿天津，必死。从仲弢之言，出烟台，亦必死"，与此大意相同。（参见24·98）然康后来又有不同的说法。1917年称"黄仲弢告变，令吾易僧服走蒙古；1923年称"黄仲弢学士来告变，令吾易西服或僧服，避入蒙古"。[4]可见康说的随意性。然八月初四日晚，慈禧太后虽

---

〔1〕 康格（1843—1907），曾参加过南北战争，并以共和党身份当选为第49、50、51届国会议员（1885—1890），1890—1893年任美国驻巴西公使，1898年1月受命接替田贝，任驻华公使，至1905年离任。他的外交特点是平静，不出面生事。由于他并无中国的知识，《辛丑条约》谈判时，美国国务院召其回国，另派柔克义为谈判代表。康格的夫人萨拉·康格著有《北京信札：特别关于慈禧太后与中国妇女》，于1909年出版英文版，盛名一时；2006年由南京出版社出版其中文版，从中亦可以了解康格的性格。

〔2〕 容闳承办津镇铁路时受到了德国和总理衙门的双重压力，他以自己是美国公民为由，向美国驻华公使田贝提出最惠国条款的待遇，并称可将铁路交美商承办。美国国务卿Sherman坚决否认容闳的美国公民身份，于1898年4月14日指令田贝"不要理睬容闳的要求"。（参见张海荣：《津镇铁路与芦汉铁路之争：甲午战后中国政治的个案研究》，北京大学硕士论文，第111页）

〔3〕 详见拙文《戊戌政变的时间、过程与原委：先前研究各说的认知、补证、修正》，《近代史研究》，2002年第4、5、6期。

〔4〕 《康南海先生遗著汇刊》，第17册，《康南海先生墨迹》，第50、174页。

回到西苑，但京中仍一切平静，黄绍箕又何以"告变"？我未见到黄绍箕本人对此的说法。[1]

康有为于初五日清晨离京后，康党的重要成员依旧按照八月初三日晚上的商议，即"令诸公多觅人上折，令请调袁军入京勤王"（参见24·77），开始行动。

八月初五日，御史杨深秀上奏"时局艰危拼瓦合以救瓦裂折"，称言：

> "臣闻德、法诸国皆言中华守旧者阻力过大，积成痿痹，商之不理，吓之不动，只宜武断从事，谋定而发，即为所欲为耳。用是共会于俄都之森彼得堡，悍然宰割天下，碎裂中原……兼闻英舰七艘已至大沽，可以保权利，可以敌合纵，即可以恫喝吾华……臣闻刑部主事洪汝冲所上封事中，有迁都、借才两说，而其最要者，莫过于联结与国之一条……昨又闻英国牧师李提摩太新从上海来京，为吾华遍筹胜算，亦云今日危局非联合英、美、日本，别无图存之策。臣素知该牧师欧洲名士，著书甚多，实能深明大略，洞见本原。况值日本伊藤博文游历在都，其人曾为东瀛名相，想必深愿联结吾华，共求自保者也。未为借才之举，先为借箸之筹，臣尤伏愿我皇上早定大计，固结英、美、日本三国，勿嫌合邦之名之不美，诚天下苍生之福矣。"[2]

---

[1] 杨悌作《黄鲜庵先生年谱叙》，称"壬戌在杭州与同人觞南海康先生于净慈禅寺，席间南海语余，方政变时，京师汹汹，赖先生百端营救，行免于难"。然杨氏未言黄绍箕曾言及此事，仅称戊戌时"南海馆得先生片纸"一事。（相关的内容亦可参见俞天舒辑：《黄绍箕集》，《瑞安文史资料》，第17辑，政协瑞安文史资料委员会，1998年）

[2] 《戊戌变法档案史料》，第14—15页，《康有为戊戌真奏议》，第75—77页；《救亡图存的蓝图》，第256—258页。"借箸之筹"，典出于《史记》卷五十五《留侯世家》："请藉前箸为大王筹之。"（《史记》，中华书局版，第6册，第2040页）原意借你面前的筷子来指画形势；后喻从旁为人谋划。杨深秀之意为以客卿用李提摩太、伊藤博文。又，洪汝冲奏折七月二十四日由刑部代奏（见《丛刊·戊戌变法》，第2册，第362—366页；参见24·16），该折于八月初一、初二日的《国闻报》连载，影响甚大。

按照当时的惯例，上奏须在前一日子夜前交到东华门内奏事处，杨深秀此折当为八月初四日所上。他提出了"借箸"，并提出两位人选，一是李提摩太，另一是伊藤博文；他又提出了"合邦"，与英、美、日本三国。这一篇奏折明显是康有为起草的。时机也选得很准，当日正是光绪帝接见伊藤博文，也就是说，光绪帝早朝时接到杨深秀此折，中午恰是接见伊藤。光绪帝对该折仅下旨"存"，并于当日呈送慈禧太后。

杨深秀的奏折有一附片"请开凿窖金片"，称言：

"……臣前闻我高宗纯皇帝修圆明园之初，尝于殿座之下，存有黄金纹银各一窖，年久遂不知处。前数年大学士福锟兼内务府大臣时，曾有老苑户年八十余岁，确知窖藏处所，禀见福锟，求其陈明取用。而福锟恐有未得，不敢上奏……臣既闻此事，微加询访，幸尚有他苑户，曾闻此人谈的处者，谓在滈化殿基下，又谓此处所今已坍毁。臣伏思筹款为当今急务，矿产荒山，尚谋开凿，窖藏禁籞，何惮搜求？既有苑户求见福锟一事，则列祖留遗，以备后来缓急之用，诚不宜久埋土中，弃置无用之地。正使求之无获，亦不过虚费数日之工，万一罗掘得之，岂不大济急用，胜于票借万万耶？臣诚思愚忠，未敢避言利之诮，谨附片密陈，伏乞圣鉴。"[1]

光绪帝对该片亦下旨"存"，并于当日呈送慈禧太后。福锟死于光绪二十二年，此时已无法对证；而杨深秀请求发掘圆明园滈化殿，似不仅为金银。毕永年《诡谋直纪》中称康命其率百人入颐和园执拿慈禧太后（参见24·72），《我史》前节亦称"令请调袁军入京勤王"，杨深秀此片别有用意，即以发掘为名，调袁世凯之军进入北京。十月初二日《申报》的一则消息，似乎能解其中之意：

"京友来函去，八月初四日逆犯杨深秀上疏奏称，圆明园有金窖甚多，请准募三百人，于初八日入内挖取，都人诧为奇异。实则

---

〔1〕《救亡图存的蓝图》，第 259 页。原片见《军机处录副·补遗·戊戌变法项》，3/168/9455/8。

与康有为、谭嗣同诸犯同一逆谋耳。"[1]

这一则记载虽不准确，但也说明当时的人们也已看出其中之意。

八月初六日，御史宋伯鲁上奏"请速简重臣结连与国而救危亡折"，言辞更为明确：

"昨闻英国兵舰七艘已驶入大沽口，声称俄人将大举南下，特来保护中国。又闻俄君在其彼得罗堡，邀集德、法、英各国，议分中国……危急存亡，变在顷刻。若不急筹善法，一旦分裂，悔将何及。昨闻英国教士李提摩太来京，往见工部主事康有为，道其来意，并出示分割图。渠之来也，拟联合中国、日本、美国及英国为合邦，共选通达时务晓畅各国掌故者百人，专理四国兵政、税则及一切外交等事，别练兵若干营，以资御侮。凡有外事，四国共之，则俄人不敢出；俄不敢出，则德、法无所附，势必解散。吾即合日，彼英与日素善，不患不就我范围……昨闻二国已在珲春开仗，城门失火，殃及池鱼……今拟请皇上速简通达外务名震地球之重臣，如大学士李鸿章者，往见该教士李提摩太及日相伊藤博文，与之商酌办法。以工部主事康有为为参赞，必能转祸为福。"[2]

这一奏折接受李提摩太四国"合邦"计划，共管"兵政、税则及一切外交等事"；并提出以李鸿章、康有为、李提摩太、伊藤博文四人来共同商议此事。这一道奏折明显也是康有为起草的。

八月初六日，恰是政变的当日，慈禧太后当日"在便殿办事"。(参见 24·79) 接到宋伯鲁该折，当即出内阁明发上谕："御史宋伯鲁滥保匪人，平素声名恶劣，著即行革职，永不叙用。"[3]他是康党中第一个受到严惩的人，由此也避免了后来更为严厉的惩处。(参见 24·98)

---

[1] 转引自《救亡图存的蓝图》，第 260 页。
[2] 《戊戌变法档案史料》，第 170 页；《康有为戊戌真奏议》，第 77—79 页；《救亡图存的蓝图》，第 261—263 页。又，该折另有附片"保马建忠片"，也是由康代拟的。(《戊戌变法档案史料》，第 171 页；《康有为戊戌真奏议》，第 79 页；《救亡图存的蓝图》，第 264—265 页)
[3] 军机处《上谕档》，光绪二十四年八月初六日。

康有为一党的奏折攻势由此而停止，八月初三日晚上所议"令诸公多觅人上折"，不知是否还有拟定续发的奏折。

又据李提摩太回忆录，八月初六日，即政变的当日、康有为离京之次日，梁启超、谭嗣同曾与他进行了相当正式的讨论，以求外国干涉，谓：

> "同一天（八月初六日）上，梁启超及谭嗣同私自见我，对我说已经有谕捉拿他们。我们商讨办法保护皇帝，他的性命是在极危险之中。我们决定了容闳去见美国公使，因为他是美国籍民，梁启超去见日本公使，而我自己去见英国公使，使他们立刻设法去保护皇帝。但是不幸得很，美国公使已去西山，而英国公使在北戴河……

> "为了遇见英国公使，我也去到天津，他是从北戴河回来的。我恳求他竭力营救皇帝及已被拿获的维新党人的性命。但是他对于他们已经有了偏见，他的态度和他的前任欧格纳爵士十分的不同，他的偏见主要由于无知。因为我后来听他告诉一位朋友说，在他由北戴河回来以前，他从来没有听说过康有为这个人。"[1]

梁启超、谭嗣同与李提摩太的会见，很可能是下午两点之后。（参见24·85）前已说明，李提摩太、容闳对英、美两国公使并无影响力。英国驻华公使窦纳乐此时在北戴河[2]，但他于八月十三日（9月28日）给首相兼外相沙士伯雷关于政变的详细书面报告中，没有提到他与李提

---

〔1〕 李提摩太著，林树惠译：《留华四十五年记》，《丛刊·戊戌变法》，第3册，第565页；又可参见李宪堂、侯林莉译本：《亲历晚清四十五年》，第247—248页。梁启超至日本后，有一信给李提摩太，称："自初六日北京一叙以后……"（《康南海先生遗著汇刊》，第17册，《康南海先生墨迹》，第164页）又，李提摩太的秘书程清称："六日午后，梁启超偕徐君仁镜来，两人抱头而哭。李（提摩太）曰：'哭胡为者，宜速谋补救之策。'余曰：'究竟现在情形若何?'梁曰：'垂帘之诏已颁，有廷寄与沿江海督抚，务获康先生而甘心焉，谭复生等亦已不入内，无所谓新政矣。'仓皇间拭泪而别。忽容纯甫匆来函言：'政府缇骑四出，梁氏甚危，能为之地否?'李曰：'梁固知趋避，毋烦余为画策也。'……"（同上书，第220—222页）程清的回忆似不可靠。

〔2〕 《国闻报》光绪二十四年八月十一日以"外人干预情形"为题，刊出消息："昨日据西友传述：……其时英使窦乃乐、德使海靖均在北大（戴）河私宅，闻信后即彼此相约于初八日至津，初七（九）日早车进京。闻两公使已订定同至总理衙门谒见王大臣……"

摩太相会于天津之情节。[1]

（24·79）卓如、幼博咸劝我微服行，吾以死生有命，听其自然。乃留幼博与卓如谋救上，而独携李唐于天未明出京，令幼博带行李，迟日乃出。幼博送我至门，遂永决矣。车中犹思仲弢言，或为山东之念，卒以死生有命，故决出天津不顾。至暮直抵唐沽，即登招商局之"海晏"矣。以无票，不许搭餐房，乃入官舱。以其初六四下钟乃开，恶久滞船中，忽思另搭。客栈人啧有烦言，挑夫亦重索价，唐亦谓可勿回；意既决，遂运行李还入店，浴于浴室。至初六早，搭太古之"重庆轮"，十一下钟乃动轮。既去天津，无恙，亦无戒心矣。过燕台，购梨及石子。

> 据手稿本，"乃留幼博"后删一字；"令幼博带行李，迟日乃出。幼博送我至门，遂永决矣"一句为添加，补在行间，并于此处删"闻是日"三字；"车中犹"后删一字；"至暮直抵唐沽"之"至"、"直"为添加，"唐"字诸抄本刊本已改为"塘"；"即登招商局"之"即"字由"既"改；"以无票，不许搭餐房，乃入官舱"一句为添加，补在行间；"初六四下钟"之"初六"后各抄本刊本皆补一"日"字；"至初六早"之"早"字《戊戌变法》本误作"日"字；"太古之"三字添加；"燕台"之"燕"字诸刊本抄本已改为"烟"。

康有为初五日清晨离家，由马家堡火车站（今永定门火车站）乘火车至天津，再至塘沽，也有人看见他与余诚格在天津酒楼话别。[2]

也就在康有为离京的当日，八月初五日，局势开始大变，慈禧太后下达懿旨，将回颐和园日期由初六日改为初十。[3]前节已述，慈禧太

---

[1] 《丛刊·戊戌变法》，第 3 册，第 540—542 页。

[2] 杨崇伊于光绪二十五年五月初八日奏称："余诚格实康逆之师，曾广汉为臣言，八月初五见其在天津酒楼与康逆话别，咨嗟太息者也。"（《军机处录副·补遗·戊戌变法》，3/168/9447/11）康有为丁八月二十　日与香港《德臣报》记者谈话时称："我离开北京城是在 20 号（初五日）清晨四点钟，一切的行囊都留给我兄弟照看。我在火车上买了一个包房，一直到塘沽。"（《丛刊·戊戌变法》，第 3 册，第 512 页）

[3] 《内务府来文》称："八月初五日，总管宋进禄等为前传本月初六日圣母皇太后还颐和园，今改为本月初十日还颐和园。所传引导、跟随、车辆、马匹于是日寅初在福华门外各该处照例预备。差首领滕进喜传。"（《内务府来文·巡幸及行宫》，光绪二十四年六月至十二月）

后从颐和园回西苑，原定初六日返回。（参见24·75）光绪帝八月初三日回到宫中后，也决定初十日赴颐和园。即初六日慈禧太后离去后，光绪帝仍留在宫中执政，而改期初十，则意味着光绪帝将不再有单独执政的机会，慈禧太后将要训政了。[1]八月初六日的早朝，慈禧太后与光绪帝共同见军机，光绪帝颁下的朱谕称：

> "现在国事艰难，庶务待理。朕勤劳宵旰，日综万几。兢业之余，时虞丛脞。恭溯同治年间以来，慈禧端佑康颐昭豫庄诚寿恭钦献崇熙皇太后两次垂帘听政，办理朝政，宏济时艰，无不尽美尽善。因念宗社为重，再三吁恳慈恩训政，仰蒙俯如所请。此乃天下臣民之福。今日始在便殿办事。本月初八日朕率诸王、大臣在勤政殿行礼。一切应行礼仪，著各该衙门敬谨预备。"[2]

"今日起在便殿办事"，说明了权力的变化，慈禧太后开始第三次训政。由此可见，康有为及其党人所认定的"天津阅兵废立"，实属臆测，对慈禧太后来说，根本无须借用任何武力。而从康有为、徐仁录策动袁世凯、命王照策动聂士成来看，"天津废立"也有可能是他们"先下手为强"的一个借口。（参见24·71、24·72）

盛宣怀档案中有一抄件，录于毛边纸上，原题被墨笔抹去，另题名为《虎坊撷闻》。"虎坊"当指宣武门南虎坊桥，此处泛指宣南一带的传闻。所录各条消息极为简练，似为盛宣怀所收电报的集录。其中有一条，很值得注意：

> "十一日荣中堂入都，以袁世凯护理直督。或言袁入觐时，康

---

〔1〕慈禧太后在初五日何时作出这一决定，现无资料可证明。然光绪帝在初五日早朝结束时，还不知道这一决定，仍安排次日跪送的日程。八月初五日军机处档册《早事》中记："皇上明日卯初二刻升中和殿看版，毕，还海。办事后至瀛秀园门跪送皇太后，毕，还宫。"《早事》是军机章京记录的每日早朝、召见、请假等事项的工作底本。以上所录是光绪帝告诉军机处其明天工作日程的安排。其中"看版"是指看八月初七日祭社稷坛所用祭词；"办事后"是指其明天仍是单独见军机；"瀛秀园门跪送"是指光绪帝认为慈禧太后会照原计划于初六日回颐和园；"还宫"一语，是指光绪帝初六日跪送慈禧太后之后将移住宫中养心殿。

〔2〕军机处《上谕档》，光绪二十四年八月初六。

有为诒之，使以兵胁颐和园，袁许之，于是有开缺以侍郎候补之命。袁谢恩后，使密告礼王而行。故再得护理直督之命。或曰其议发于谭嗣同，奏保之者，徐致靖也。"〔1〕

该消息提到了"其议发于谭嗣同"，提到了"兵胁颐和园"，是相当准确的。"谢恩"，当指八月初二日袁谢授候补侍郎事（参见24·72），此时谭嗣同尚未面见袁世凯；"礼王"指首席军机大臣礼亲王世铎。如果不注重"谢恩"，而是初五日"请训"，那么就有可能是初五日袁请训后（或之前）使人密告于世铎。又查《虎坊撖闻》的各条消息，大多有所根据；然这一条消息的可靠性，我还不能确定。如果真有此事，那么，袁告密的对象是世铎，此即是慈禧太后走向前台的原因，也可以解释政变后慈禧太后未对袁猜疑的原因。

慈禧太后第三次训政后的第一道命令，就是捉拿康有为。由此似可以推测，慈禧太后初五日改期回颐和园，也有可能与康有关。此日，日讲起居注官裁缺右庶子陈秉和上奏"参张荫桓折"，光绪帝下旨"存"，并于当日呈送慈禧太后。该折中有一段：

"皇上力欲去之，大臣谋同保之，务使怨归朝廷，恩归自己，独何心哉？如果发往，则是权归臣下，不惟于山东吏治、河工有损，并于天下大局有损。**无怪乎康有为奉命已久，迟延不行**，实堪诧异者矣。"〔2〕

按照当时的规则，慈禧太后应该在当日中午之前看到陈秉和奏折，若得知康有为还在北京，必怒不可遏，如果没有袁世凯、世铎的密告，此事也有可能成为她决计次日走向台前的诱因之一。这当然只是我的推测。

---

〔1〕《上海图书馆藏盛宣怀档案萃编》，上册，第177页。袁世凯在《戊戌日记》中称：八月初一日"午后谒礼邸不遇。谒刚相国，工、裕两尚书均晤……"（《丛刊，戊戌变法》，第1册，第549页，参见24·76）此语说明袁与世铎之间也有交往，但该日记未记八月初二日之后袁是否再度拜访世铎。而"使密告礼王"，指使人密告，此为何人，我也难以确认。

〔2〕《军机处录副·光绪朝·内政类·职官项》，3/99/5364/105，光绪二十四年八月初五日。黑体为引者所标。按照当时的规则，该折当于初四日子夜送到奏事处，以便赶上第二天的早朝。此时康有为尚未离京。

八月初六日，步军统领衙门奉密旨至南海馆捉拿康有为，未获。（参见24·82、24·83）当晚，步军统领衙门的兵弁也追至天津。荣禄初七日电报称：

> "电旨敬悉。昨日酉正闻有查拿康有为之旨，当即密派得力弁兵先在紫竹林行栈等处暗为查察。复于戌刻经崇礼派弁速拿，又加派弁兵连夜驰往塘沽、大沽逐处搜捕。并电饬蔡钧、李希杰妥为设法挨船严搜，并知南洋一体查拿矣。兹据派赴塘沽差弁回文，奎等电称，探得康有为系于初六日晚乘重庆轮船转烟赴沪等情，当即电派该弁乘飞鹰鱼艇追驶烟台。复再急电李希杰、蔡钧迎头搜捕，悬赏务获。谨先行代奏。荣禄肃。阳。申。"[1]

"酉正"为晚上6时，"戌刻"指晚上7至9时，而恰在当晚康有为搭乘英商太古公司"重庆"轮离开塘沽。最初的搜查只在紫竹林火车站一带进行，到了初七日下午，搜查行动才扩展到塘沽。[2]康有为虽已脱走，而荣禄已获得准确的情报，发电给登莱青道李希杰和上海道蔡钧，要求"搜捕"、"悬赏"，并派出了"飞鹰"号军舰追赶。（参见24·80）

"燕台"，即烟台，后同。（参见24·84、24·98）此时李希杰恰不在烟

---

〔1〕《收北洋大臣电》，光绪二十四年八月初七日，《总理衙门清档·收发电》，01－38/17－3。"紫竹林"为当时天津火车站的所在地；"阳"为初七日的代码，"申"为下午3—5时。荣禄的这一电报是对慈禧太后电旨的回复。当日军机处寄荣禄电旨："工部候补主事康有为，现经降旨革职拿办。兹据步军统领衙门奏称，该革员业已出京，难免不由天津航海脱逃。著荣禄于火车到处及塘沽一带，严密查拿。并著李希杰、蔡钧、明保于轮船到时立即捕获，毋任避匿租界为要。"（军机处《随手档》、《电寄档》，光绪二十四年八月初七日）

〔2〕天津《国闻报》光绪二十四年八月初九日以"记天津初六日初七初八三日惶惑情形"为题，刊出消息："初六日薄暮，传闻北京提督府差来官役数十名，至天津密拿工部主事康有为，疑其尚在紫竹林一带，四处大索，迄未缉获……初七日早六点钟，知汽车停止，人始皇皇……三点半钟闻王菀生观察率同伍昭崑太守、张文成司马由汽车至塘沽密拿康有为，于是在康之踪迹已不在紫竹林矣。至晚，各西人忽言康某已由塘沽拿获……初八日，汽车已开，人心稍定，午刻王菀生观察回津，知康有为已于初四日远飏，无从弋获，北洋大臣派飞鹰兵轮前往追赶，又发电通告各口岸之文武各员，会同各国领事齐心缉访……"苏继祖《戊戌朝变记》称：八月初七日"是日停火车。京津人心惶恐，谣言纷纷，停车至申后，忽一汽车挂一花车，自京来津，至督署密语久之，据云杨姓大臣也。"（《丛刊·戊戌变法》，第1册，第347页）

台。〔1〕迟至八月十一日，总理衙门才收到其八月初九日发来的电报。〔2〕而"重庆"号已于八月初八日晚离开了烟台。康称"过燕台，购梨及石子"；李提摩太亦称"当他进入烟台港的时候，电报已经到了，但是道台已去胶州，把电报码带走了，他的书记翻不出这个电报。那时康有为还在街上平静地散步，在海滩上拾贝壳呢"！〔3〕康有为在烟台过于悠闲的活动，引起了深山虎大郎、胡汉民对其奉密诏求救的质疑。(参见24·73、24·99)

上海道蔡钧收到电报后，表现出过高的积极性。八月初八日，他一连三电总理衙门，说明了他的严密部署。其第三电称：

> "今日'黄浦'、'顺和'、'开平'、'新济'四轮船进口，均已搜查一遍。询据'新济'司事云，初六日，康犯本搭彼船，已下行李，旋见粤人与之聚语，复将行李上岸。谓明日改搭'重庆'。并探悉孙文与康订定，在东洋交银二十万元，已交过陆万，在京运用。果尔，恐康犯已在烟闻信远飚。俟'重庆'到后再详查细搜另报。钧禀。齐。"〔4〕

---

〔1〕 登莱青道当时例兼东海关道，其住所亦由登州迁往烟台。有时也称东海关道、烟台道。

〔2〕 总理衙门八月十一日收东海关道电："烟署转到电谕，密码译明，谨悉。奉旨饬拿康有为，钦遵。飞咨驻烟防营并行地方官，于轮船到时，一体访拿。谨禀复。职道李希杰禀。青。"(《总理衙门清档·收发电》，01－38/17－4)"青"是初九日的代码。查此一时期总理衙门的电报，李希杰此时恰在青岛与德方谈判青岛划界及开设海关之事。《我史》后亦称"莱青道非因有事往胶州，则在燕台，必死"。(参见24·98)

〔3〕 李提摩太著，林树惠译：《留华四十五年记》，《丛刊·戊戌变法》，第3册，第564页。又可见李宪堂、侯林莉译本：《亲历晚清四十五年》，第246页。

〔4〕 《收上海道电》，光绪二十四年八月初八日，《总理衙门清档·收发电》，01－38/17－4。"齐"是初八日的代码。蔡钧前两电称："昨酉钦奉电旨，密拿已革工部候补主事康有为，遵经密饬县、委并密商盛京卿、税司、领事，分别选派捕探、杆役，在吴淞及上海严密布置。北来轮船一到，立即搜查，务获为止。职道密许重赏，南洋大臣又另许三千元。该犯如来南，无论如何断不任漏网。惟职道未奉电旨之前一夕，上海则已纷传，不知从何漏息。刻奉北洋大臣电，该犯于初七日由烟台换搭重庆轮船来沪，诚恐该犯已得消息，诡称回南，潜由烟搭船赴营，转赴东洋。除请北洋大臣转饬东海、山海两关一律严拿外，余容续禀。钧禀。霁。""昨购康犯照相多张，分交所派员役，在淞守候竟夜。'顺和'今日到，遍搜未获，详询亦未见有此人。现又商税司派洋员乘轮在淞口守候，并以堂兄认识康貌，同往指拿。凡北来轮船逐一拿捕。至宪电初七'重庆'之说，职道探究亦无。惟据税司云，'重庆'先赴营口，再转沪，难保不在彼免脱。倘营口稽查严密，天夺其魄，迫而走南来，照此严密布置，似无不获之理。仍请转饬营口，一体加意查缉为叩。钧。庚。"(《总理衙门清档·收发电》，01－38，17－4)"霁"、"庚"皆为初八日的代码。

康有为称其原搭乘船为招商局"海晏"轮，是其记忆有误，原搭船为"新济"轮。[1]而其若乘"新济"轮，必被拿获。初九日，总理衙门再收蔡钧电报：

> "'重庆'尚未到。惟英领昨允由伊派巡捕两人到船查缉，不许中国派员役搜捕。深以为疑。当属与英领亲信之人密探口气。据云，康有为果为英人拿，必任保护，决不送办等语。职道已密派亲信员役，俟'重庆'到后，上船查拿。先行禀闻，请示遵行。钧。青。"[2]

蔡钧过分认真的行动，引起了英方的警觉，事情也由此出现了转机。（参见24·80）

从八月初五日清晨康有为离开北京，至初九日下午到达上海吴淞，清朝已在北京、天津、烟台、上海布网捉拿。康本人对此一无所知。康称"仍留幼博与卓如谋救上……"一语，并非是他当时的想法，只是他后来的说法，亦属张扬之词，以康广仁、梁启超之能力，又何以能救光绪帝？

（24·80）初九日，抵沪。两点钟，将入吴淞，出船头眺览。有浙江贡生姚祖义，以其所上书来示，因与议论，而船中莫不知吾者。忽有英人来问："君为康某乎？"其人固不识面者，姑应之。英人即入

---

〔1〕《字林西报周刊》刊出《康有为抵达上海时的情形》中称："根据星期五晚上到达上海的'新记'（新济）号轮船的买办所告诉本地官员的情形，经过是这样的：当'新记'（新济）号准备从天津塘沽开船的时候，康有为由一个朋友陪同登船，携带了大批行李，显然有乘坐我们的船离开天津的意思。但船行以先，忽然来了四个广东人，他们和康氏谈了一会话，结果是他把所有的行李又搬上了岸去了。据我们所知道的，他要乘坐下一条船'重庆'号。"（同上书，第515页）又，康有为对其原搭的轮船，似乎记忆不清。八月二十一日，他与《德臣报》记者谈话时称："在天津我上的船名叫'联升'，是属于印度支那公司的。我向他们交涉买一舱位，他们看见我的行李太少，于是对我说，你必须先把船票买好，我们才能许你上船。于是我又跑回天津，在一个旅馆住下。"（《丛刊·戊戌变法》，第3册，第512页）

〔2〕《收上海道电》，光绪二十四年八月初九日，《总理衙门清档·收发电》，01-38/17-4。"青"是初九日的代码。

一室，出照相相视，曰："此君之相乎？"曰："然。"问曰："君在北京曾杀人否？"笑曰："吾安得为杀人事！何问之奇也？"英人手出其上海道蔡钧一书，钞白伪上谕一道，云吾"进红丸弑上，即密拿就地正法"。览毕，眩然哭。英人曰："汝有进丸弑上否？"即写密谕与之，并哭言其故。英人曰："我英人濮兰德也。我领事故知君是忠臣，必无此事；且向知汝之联英恶俄，特令我以兵船救君。可速随我下轮，事不可迟。恐上海道即来搜船。"乃随之下小轮。时闻上弑，又不知英人如何，痛不欲生，即预为蹈海计。即口占一绝句："忽洒龙髯翳太阴，紫微光掩帝星沈。孤臣辜负传衣带，碧海青天夜夜心。"乃草与家人遗书，及与诸弟子书，及与徐君勉一书，以家事托之。匆匆数言，交李唐密藏之。濮兰德见吾哀哭，慰之曰："上大行尚无确信，但传闻耳，可待之。"乃少节哀，至英兵舰旁之公司船，即函电澳门《知新报》陈仪侃、刘孝实、何穗田，告无恙，属其救家人。又电云衢书屋、万木草堂，属即移家澳门。英领事班德瑞来见，取回船中行李交来。次日，总领事璧君来见，并送行。而上海道连日搜船，追问英领事甚急；既知救在英船，派人来，则船主不准登船。上海道又派兵船二艘来，英人又派兵船两艘夹护之。仍虑有变，先调威海卫之大铁舰来护送。是舰方上煤，闻电即行。舰至为十二日矣。乃动轮，兵舰咸备战具，护至福州，道无中国兵舰，乃还。时在沪上，托濮兰德交大同译局各书，皆复云局中无人矣。

据手稿本，"二点钟"后删"入"字；"忽有英人来问"之"有"字《戊戌变法》本误作"以"字；"君为康某"后删一字；"姑应之"后删一"后"字；"英人手出上海道"之"英人"后删一"曰"字，"上海道"三字为添加；"钞白伪上谕"之"钞"字各抄本刊本已改为"抄"，"伪"字为添加；"汝有进丸弑上否"之"上"字后，各抄本刊本补一"事"字，"即写密谕"之"即"字后删"写哭"二字；"并哭言其故"一句为添加，补在行间；"英人濮兰德也我"七字为添加，补在行间；"故知君是忠臣"之"故"字各抄本刊本改为"固"字；"以兵船"三字添加；"时闻上弑"之"时"字前删"吾"字，"闻"后删"毋□舰船□□□"七字，"弑"字后删"□□船"；"又不知英人如何"一句为添加，补在行间；"即预为蹈海计"一句为添加，补在行间；"紫微"后删"帝□"；"与草与家人遗书"之"与"、"人遗"三字为添加；"即与徐君勉"之"与"字为添加；"交李唐密藏之"之"密"字为添加；"即函电"之"电"字为添加；"又电云衢书屋"之"又"字前删"并"字；"属即移家"之"即"字为添加；"英领事班德瑞"之"英"字后删"总"字；"取回船中行李交来"一句为添加，补在行间；"既知救在英船"之"救在"二字为添加；"上海道又派兵船"后添"二艘"二字；"英人又派"后添"兵船"二字；"大铁舰"之"铁"字由"兵"改；"是舰方上煤"之"是"字由"该"字改；"道无中国兵舰"之"道"字为添加；"乃还"后删"十四日"三字；"皆复云"后删"上海"二字。

姚祖义，浙江临安人，拔贡生。光绪二十四年八月初一日由都察院代奏其条陈。[1]《国闻报》光绪二十四年八月二十七、二十八、二十九日连续三日刊出其改革条陈。

濮兰德（John Otway Percy Bland, 1863—1949），英国人。光绪九年（1883）来华，考入中国海关，二十二年辞海关职，出任上海公共租界工部局秘书长，兼伦敦《泰晤士报》驻上海通讯员。

班德瑞（Frederick Samuel Augustus Bourne, 1854—1940），英国人。光绪二年（1876）来华，曾在越南北圻、中国西南"探险"、商务调查。时任上海领事兼帮审。[2]

璧君，璧利南（Byron Brenan, 1847—1927），多译为白利南，英国人。同治五年（1866）来华，为使馆翻译学生，后任汉文参赞、驻芜湖领事等职。光绪二十四年至二十七年任驻上海总领事。

英国驻上海总领事白利南于9月26日（八月十一日）给驻华公使窦纳乐的报告，对救护康有为有着详细的说明：

> "23日（八月初八日）早晨，我接到上海道台一封信，说他接到密令，要他逮捕行将到达上海而已被革职的主事康有为。道台同时又派他的秘书通知我，光绪已经死了，是康有为进奉某种毒药害死的。

> "道台要求我搜索一切从天津开来的英国船，并要我命令警察在轮船开到时，注意守望各码头。

---

[1] 参见拙文《戊戌变法期间司员士民上书研究》，《明清论丛》，第5辑。

[2] 帮审，即以领事裁判权而产生的英国司法官员，当时中文名称为"大英按察使司衙门副臬使"。班德瑞英文名衔为"Consul and Assistant Judge at Shanghai"。

"为了证实那位是康有为，道台送来一张康的照片，还说，逮捕到康以后，将送两千元的酬金。

"当天上午，一只英国船（El.Dorado）开到，正当它驶往停泊处时，便被一只中国驳船拦阻住，一位穿军装的水上警察检查官（是位英国人）上船去搜查康。他们这样做，事先既没有从我这里拿到搜查证，更没有得到我的任何许可。我写信向道台抗议这种不法行为……

"23日一整天中，我接到许多封由道台及其他中国官吏写来的信件，说他们已知道康有为搭'重庆'号轮船准于24日到达上海。中国侦探和警察为争取两千元的重赏，兴奋极了。我想轮船一到，这批衙门的狗腿子，一定蜂拥而入。

"'重庆'号轮船的靠岸码头是法租界，使我难以采取处置，以保护这只船。由于前一天'道拉图'号（El.Dorado）事件的经验，我害怕中国当局又在船未靠岸以前出而干涉，因此决定，最好的办法是在吴淞口外去截船。因为我不希望领事馆的人员公开牵涉在把康从甲船换到乙船的事件里，我接受了濮兰德的自愿效劳。濮能说流利的中国话，他作这事是很合适的。

"24日清晨，濮兰德乘驳船往吴淞口外几英里远的水面去截阻'重庆'轮，他借助于道台送来的照片，很容易就找到了康。康完全不晓得大祸临头，幸把道台咨请逮捕他的信给他看，他才知道自己的危险处境。几分钟后，他上了驳船，转到停泊在吴淞口外英国轮船公司（Peninsular and Oriental Navigation Co.）的'芭理瑞'（Ballarat）轮上去。事先，英国的埃斯克号（Esk）炮船开去吴淞口外警戒，因此'重庆'号轮船上的乘客都推测康已躲到英国炮船上去。当'重庆'轮抵达上海时，警戒以待康有为的中国警察和官吏们，得到报告，说康已上了英国炮舰，于是，当晚和次日，许多中国官吏来询问我康的下落，但过了一些时候，他们似乎看出康已找到安全的避难所……

"当'芭理瑞'轮停泊吴淞口时，我很耽心中国工人迷于重金

赏赐，危害康的生命，但'芭理瑞'轮的船长菲尔德（Field）已采取
完善的戒备，派遣一武装警察日夜守卫康的舱门。"

按照白利南的说法，他因蔡钧的多次照会以及搜英国船的行动，而采取
了反行动。蔡钧提供的照片又帮助了濮兰德方便地找到了康。英国公使
窦纳乐对此也称："白利南之所以采取这些步骤，乃希望避免因政治犯康
有为倘若在英国船上或上海租界被中国官员捕获而可能引起的困
难。"[1]对于英国的行动，蔡钧等束手无策。[2]

---

〔1〕 窦纳乐致英国外交大臣，1898 年 10 月 13 日，白利南致窦纳乐，1898 年 9 月 26 日，
见《戊戌政变旁记》，王崇武译，《丛刊·戊戌变法》，第 3 册，第 531—535 页。又，
"El.Dorado"很可能就是"顺和号"。光绪二十四年八月初十日《中外日报》刊出
消息："据本馆另派妥友确讯云：前日顺和进口，上海道派多人在怡和码头吊桥口守
候，另派人至船上搜拿康有为未得……"（《丛刊·戊戌变法》，第 3 册，第 416 页）
又，郑观应称此次救康是李提摩太之力，他致何廷光信称："昨闻康南海变政获罪株
累六君子，幸康南海与梁君卓如闻风先出。得李提摩太博士求英公使电致上海英领
事及在沪之英国兵船，谓'康南海乘招商局船返沪，如该船到吴淞，即请兵船船长
持康南海之小照登商局船，救南海过兵船，赴香港，乘英公司邮船到南洋或到欧
洲'等语。诚勇于赴义。"（《郑观应集》，下册，第 1166 页。郑观应此信明显经过后
人润色，参见 24·41）李提摩太秘书程清于 1923 年的回忆也有同样的说法："李曰：
'在海舶中当无恙，到上海则甚危险矣。'余曰：'上海贵邦总领事白理南君非吾广学
会会长乎？'李曰：'然，但能否尽力，不可知耳。'余曰：'万国皆保护政治犯，先
生盍发一电以救之？'李不语，久之曰：'电可发，恐无补耳。且不知所附何船，若
在华、法界登陆，则败矣。'余曰：'亦惟尽心焉耳已。'李领首者再，凡数易稿，乃
授余曰：'知此事者惟吾两人，宜深秘之。余虽无惮于贵邦政府，惟在贵邦多交际，
则亦不得不尔。'余且诺且携稿外出发电而回。英领事白君得电，请示于伦敦政
府，英首相沙士勃雷候复电允许，乃派工部局员濮兰德乘兵舰至吴淞，得康先生于
重庆轮船，乘风破浪直抵香港。"（《康南海先生遗著汇刊》，第 17 册，《康南海先生
墨迹》，第 223—226 页）然李提摩太回忆录、白利南的报告对此均未提及，再对照
前引班德瑞对李提摩太的评价（参见 24·78），郑观应、程清的说法不足信。

〔2〕 八月初十日，总理衙门收到蔡钧三电，报告其查办情况："奉电旨悉。昨午奉旨后即
饬县委设法侦探密拿，一律许赏，尚无确耗。惟康党遍地，消息灵通，或因得拿办
之信，或先经逃逸，且英忌我联俄，既力保康犯，梁亦难保不藉英护符。然事系奉
旨，无论如何仍当竭尽心力，上紧缉拿，仰慰圣怀。谨闻。钧。蒸。""英领事昨日
坚不允签字，今日又向重庆轮起发康犯行李，送入英署。其有意保护，显而易见。
英兵轮今早已开赴香港，应请宪台电粤一体饬拿。此间照会英领事，'请查麻烟筒小
轮接去华客，究系何人，有无康犯在内。'措词活动，谅难藉口。钧。蒸。"另一电
报告捉拿梁启超事（参见 24·88）。同日，总理衙门又收到刘坤一电报："沪道青电
想邀钧鉴。顷又据该道电称，重庆昨午两点钟到吴淞，当即上船遍搜康犯不见。密

康称濮兰德对其说"领事故知君是忠臣","且向知汝之联英恶俄"等语,从以上报告来看,系其自编。

康称"痛不欲生,即预为蹈海计……",康后来又有相同的说法。1917年,他在《戊戌轮舟与徐勤书丁巳跋后》中写道:"吾即大哭,即投海,英吏抱我曰:'外传事未实,姑少待之。'遂扶吾过英舰。"1923年,他又在《戊戌轮舟中绝笔书戊午跋后》中称:"此光绪戊戌八月,吾将投海时遗墨也……吾见上已大行,只有投海,英人抱我曰:'闻上实在,虽欲死,请少缓,姑等消息如何?乃投海未迟也。'""是时以为上既大行,无所往矣,只有一死,遂欲投海。濮兰德抱阻之,曰:'上未大行,犹在也,子姑少待。'是时只有为死计……"[1]此处是康自我标榜的儒家强调的君难臣死之节义。对照英方的报告,知当时康有为在重庆轮上并无欲投海自尽之情事。

康称:"口占一绝句:'忽洒龙漦翳太阴,紫微光掩帝星沉。孤臣辜负传衣带,碧海青天夜夜心。'"此诗非为当时之作,而是康后来的作品,很可能是康到达日本之后所作。其中"孤臣辜负传衣带",即指"衣带诏"。康将其编造的第二道密诏称为"衣带诏"的说法,在其宣传中是较晚产

访在船人等,称午前距吴淞口外数十里,有英兵轮放小轮一艘傍船,接去二人,不知姓名。似此情节,与昨探英领事不交犯之意参观,实属可疑。如果康犯海中为英人邀截,确系难料。现已照会英领事请查,一面仍派人访拿。英领既有决不送办等语,证以重庆在船人等所论,大属可疑。惟事无确据,未可因康犯未获,转起邻衅。除饬该道暗中查访,毋须孟浪,一面仍于北来船只严缉。谨电闻。坤。卦二。"八月十一日,总理衙门收到蔡钧两电说明情况:"蒸电敬悉。重庆昨午两点钟到吴淞,差员会同税司上船遍搜康犯不见。密访在船人称等,午前距吴淞口外尚有数十里,有英兵轮放小轮一艘傍船,接去二人,不知姓名。似此情节,与昨探英领事不交犯之意参观,实属可疑。如果康犯,海中为英人邀截,确系力所难施。已照会英领请查,并派人访拿。俟照复,再飞禀。昨日申刻电陈南、北洋大臣,现尚未接英领照复。合禀闻。钧。蒸。""康犯为英兵轮截去后,密探得英正、副领同翻译昨亲出吴淞口外登兵轮与康去。此间员弁追往,英兵官不许上船。闻已改登英公司船赴港。康犯行李为英领取去,并探英使电沪,嘱保护其人云。前去照会,至今未复。应否请电粤,在港密缉。钧。真。"(《总理衙门清档·收发电》,01-38/17-4)"蒸"、"卦"皆是初十日的代码,"真"是十一日的代码。

[1] 《康南海先生遗著汇刊》,第17册,《康南海先生墨迹》,第60—61、79—80、82、132—133页。

生的。该诗与其他七首诗以"戊戌八月国变纪事八首"为题,最初刊于光绪二十四年十二月二十一日《清议报》第5册,为其第一首。黄彰健认为,该诗及其他七首,写于到达日本之后;康乃此时移出,并移出到达日本两首,伪称:"戊戌八月纪变八首,今佚其三,乃怀徐东海及哀诸新参也。"[1]

康称"乃草与家人遗书,及与诸弟子书,及与徐君勉一书",《康南海先生墨迹》影印了两件,其一命题为《戊戌轮舟中与徐勤书》:

> "吾以救中国故,冒险遭变,竟至不测,命也。然神明何曾死哉?君勉为烈丈夫,吾有老母,谨以为托,照料吾家人,力任大道,无变迫也。同门中谁能仗义护持吾家吾国者,吾神明嘉之(任甫若存,并以为托)。孔子生二千四百七十五年即光绪二十四年八月九日。君勉仁弟,为绝笔告,并示同门有志诸子。"

其二命题为《戊戌轮舟中绝笔书》:

> "我专为救中国,哀四万万人之艰难而变法以救之,乃蒙此难。惟来人间世,发愿专为救人起见,期皆至于大同太平之治,将来生生世世,历经无量劫,救此众生,虽频经患难,无有厌改,愿我弟子我后学,体吾此志,亦以救人为事,虽经患难无改也。地球诸天,随处现身,本无死里。至于无量数劫,亦出世救人而已。聚散生死,理之常。出入其间,何足异哉?到此一无可念,一切付之,惟吾母吾君之恩未能报,为可念耳。光绪二十四年八月九日,康长素遗笔。"[2]

第一书是给徐勤、梁启超及诸弟子,康称后由徐勤之子徐良于丁巳(1917年)请题字。[3] 第二书是遗书,"乃写此书与门弟子",康称于

---

〔1〕《戊戌变法史研究》,第143—144页;《遗稿·万木草堂诗集》,第90—92页。除了该诗,康从八首中另抽出两首,为最后两首,明显写于日本:"海水排山通日本,天风引月照琉球。独运南溟指白日,鼋鼍吹浪渡沧州。""黎洲乞师当到此,勃胥痛哭至于今。从来祸水堪横涕,不信神州竟陆沉。"

〔2〕《康南海先生遗著汇刊》,第17册,《康南海先生墨迹》,第45、77—79页。

〔3〕《康南海先生遗著汇刊》,第17册,《康南海先生墨迹》,第46—73页。

戊午（1918 年）得于"再传门人江天铎竞庵之手"，"重睹是书于庐山黄龙寺婆罗双树下"。[1]黄彰健指出，从给徐勤书来看，"九日"之"九"由"十"字改，由此认定两书写八月初十日之后，十四日（即到达香港）之前。[2]对此我是同意的。康后来称第一书"此纸写于由重庆船渡兵舰之小轮舟中，索得舟中恶纸劣笔，匆遽写之"，即称该书作于转渡之小轮。康又称第二书"吾见上已大行，只有投海，英人抱我曰：'闻上实在，虽欲死，请少缓，姑待消息如何，乃投海未迟也。'乃写此书与门弟子，并与徐君勉一书，令其善视吾母……"即称第二书与第一书皆在"重庆号上"所作。但我以为第一书似在"琶理瑞"轮上所作，康有为在几分钟之内从"重庆号"转至小艇，再转"琶理瑞"轮，似也来不及作此等文字。[3]而第二书的遭遇过于蹊跷，其中又有"大同"、"天游"之语，似为更可怀疑。

康称"英领事班德瑞来见"，属实。班德瑞于次日（9 月 25 日，八月初十日）去"琶理瑞"号，与康有为进行交谈。康称其有光绪帝两道密诏，并请英国出兵两百人以救光绪帝。通过这次谈话，班德瑞对康的评价不高。[4]（见 24·78）康又称班德瑞"取回船中行李交来"，《字林西报周刊》刊出《康有为抵达上海时的情形》，对此称："据说康有为所遗

---

[1] 《康南海先生遗著汇刊》，第 17 册，《康南海先生墨迹》，第 79—137 页。江天铎（1880—1940），广东花县人，就读于早稻田大学，后任北洋农商部次长、内务部次长等职。江天铎称："二十年前偶于横滨市摊上购残书一册，归寓展览，忽得一纸，审视乃南海先生蒙难时与门弟子书也。"（同上书，第 139 页）此中的情节，与罗普偶遇被抄的《我史》光绪二十一年写本极其相似。

[2] 《戊戌变法史研究》，第 450 页。

[3] 《中外日报》光绪二十四年八月初十日以"康有为到吴淞"刊出消息："……重庆船相近口时，忽见一蓝烟囱小轮，驶进船傍，即有二西人上船，手持照片遍处搜寻。忽见一人像与照片仿佛，指照片问是此人，此人即点头言是，西人即拉此人至大餐房。后数分钟，即拉此人及其同伴，并取行李上小轮船去，旋见小轮驶近相离二十丈之某兵船，即见西人及此人等均上兵船去。"（转引自《丛刊·戊戌变法》，第 3 册，第 417 页）由此观之，时间急迫，容不得康有为作书。

[4] 班德瑞谈话备忘录，王崇武译：《戊戌政变旁记》，《丛刊·戊戌变法》，第 3 册，第 524—525 页。

下的行李为六篓烟台水果，其余两个篮子都是琐碎物件。"[1]

康称"总领事璧君来见并送行"，有误，据白利南的报告，他未见康有为。[2]

康称"舰至为十二日矣，乃动轮"，属实。康有为在"琶理瑞"号上等了两天，根据上海领事馆的请求，英国巡洋舰"巴那文契"号（Bonaventure）从威海开到。[3]"琶理瑞"号在其护卫下，于十二日凌晨离开吴淞口，前往香港。[4]康又称"护至福州"，有误，"巴那文契"号一直护航到香港。

与康同行的还有英国公使馆中文秘书戈颁（贾克凭），一路上与康有多次谈话，了解情报。他得到的消息与班德瑞大体相同，康所言多有不实之处。通过这些谈话，戈颁发现康的外部知识很少：

---

[1] 《丛刊·戊戌变法》，第3册，第516页。

[2] 与康有为同行的英国公使馆中文秘书戈颁（贾克凭）在其报告中称："离上海前，班德瑞曾把他和康有为9月25日（星期日）的谈话记录给我看。我离上海时，白利南于星期一（26日）访班德瑞尚未回来。"见戈颁（贾克凭）：《由申赴港途中与康有为谈话的备忘录》，窦纳乐致英国外交大臣，1898年10月13日，《戊戌政变旁记》，王崇武译，《丛刊·戊戌变法》，第3册，第535页。由此可见白利南未去吴淞的英船探康并为之送行。按照当时的交通条件，从上海租界到吴淞口外，行船需数小时。

[3] 英国在华舰队司令海军中将西摩（E.Seymour）于1898年10月2日给海军部的报告称："23日我离开威海卫以后，以高级官吏身份留下那里的海军少将，收到上海高级官吏来电，说一位以前是皇帝的导师，受到了悬赏捕拿的处分，成为政治亡命徒，现在吴淞的巴拉日阿特公司的'巴剌辣'号船上，假若发生任何困难的话，他请求派去一艘巡洋舰到那里。海军少将希望把可能发生的任何事情都加准备，于是派遣'般拿云渣'号军舰到了吴淞，该舰船长现已护送'巴剌辣'号开往香港，这显然是为了考虑在航行上，有受到从福州开出来的中国巡洋舰阻挠的可能性。当'巴剌辣'号停在那里的时候，中国巡洋舰两艘已到吴淞，但是我怀疑中国当局能够企图对于此事，采取了违反国际习惯的任何方法来行动。"（《英国蓝皮书内关于戊戌变法的文件》，林树惠补译，《丛刊·戊戌变法》，第3册，第551页）此处明确说明了英巡洋舰的调动为上海领事馆之请求。需要注意时间为"23日……之后"，实际请求的时间当在24日。其中"巴剌辣"号即为"琶理瑞"号，"般拿云渣"号即为"巴那文契"号，译名不同。当时报纸对此也有报道："当其至上海时，英国依士渠兵船迎之过船，继而转附巴剌辣邮船。时般拿云渣炮舶尚在威海落煤，忽英国后队水师提督悬旗饬令速往上海，炮舶仅下煤四十吨，即开轮赴沪。"（《申报》光绪二十四年八月二十九日，转自新加坡《叻报》，《丛刊·戊戌变法》，第3册，第435页）

[4] 王崇武译白利南报告中称"这只轮船今夜开走了"，稍有误，查原文为"The 'Ballarat' sails at 1 a.m.tomorrow morning"即"琶理瑞轮明晨一点启航"。

"康一点不怀疑有任何列强参预这次政变，只有一次他含糊的揣测沙俄与清廷订有支持清朝的密约。但他谈及此事的语调，便显出他尚未确切知道所谓密约是否存在，或它的条款、性质等。而尤堪注意的，他对中国与列强的关系和磋商的情形知道的很少，似乎他只集中精力于内政改革问题，不大注意，甚至毫不注意外交关系。他漫谈了一些盼望英美联盟保护中国，以及沙俄控制住中国广大人群以后对世界各国的威胁，但这不过是背诵他学得的广泛的政见而已。"[1]

戈颁并不知道，在变法过程中，康有为自我认定并被光绪帝等人认定为外部事务的专家。他已为光绪帝写了《日本变政考》、《俄彼得变政记》、《波兰分灭记》等书，同时他是向美国、英国借巨债的提议者，是联英、联日以拒俄的倡导者，并主张与英国、日本等国"合邦"。此时他正按照其自我的设计，向英国请求出兵再扶光绪帝上台。戈颁给窦纳乐公使的备忘录中未提及他对康有为的评价，而在给莫理循的私信中称：康"真是一个可怜的人——一个狂热的人和空想家"。[2]

---

[1] 戈颁（贾克凭）：《由申赴港途中与康有为谈话的备忘录》，窦纳乐致英国外交大臣，1898 年 10 月 13 日，《戊戌政变旁记》，王崇武译，《丛刊·戊戌变法》，第 3 册，第 535—538 页。康在谈话中特别强调了满汉之间的矛盾："高官中的旗人，多半是顽固的，新法对于他们，比对于高级汉官更不合意。他们的不满伴随着变法诏谕连续公布而逐渐加深。到光绪意欲改变中国辫子风俗的诏令一传出（据康说：这是真的），旗人的不满竟达到顶点。对满洲人说来，割掉象征旗人征服汉人的辫子，即等于否认旗人在中国的统治。"康的这一说法是不成立的。

[2] 戈颁致莫理循，1898 年 10 月 19 日，信中并称"我想，光绪皇帝大概也和他相像"。《清末民初的政情内幕》，上册，第 122—123 页。戊戌政变三年后，梁启超作《南海康先生传》，语词已有变化："戊戌维新之可贵，在精神耳！著其形式，则殊多缺点，殆犹大辂之仅有椎轮，木植之始见萌坼也。当时举国人士，能知欧美政治大原者，既无几人，且掣肘百端，疲此失彼。而其主动者，亦未能游西域读西书，故其措置不能尽得其当，殆势使然，不足为讳矣……然其主动者在先生，又天下人所同认而无异词也……先生能为大政治家与否，吾不敢知……"（《饮冰室合集》，第 1 册，《文集》之六，第 64 页）梁此处虽然说得很委婉，但直接指出康"未能游西域读西书"的先天性缺陷。

（24·81）十四夕，到香港，何晓生即同英港督所派之辅政司波君、总巡捕梅君来迎，盖璧领事先有电告之也。居英巡捕房。有霈四弟来见，知家人已到澳，而老母未来，忧思甚矣。十五日，张夫人自澳来见，知母适从港到澳，以畏风浪不来。十六日，母来，抱膝跪哭，幸脱虎口。独念二叔父介藩公以及二姊四妹并象冈眷属，乃托陈维昭绕过三水往访迎之。时逮捕严急，亲友皆不敢行矣。

据手稿本，"港督所派之"为添加；"已到澳"后删"而乃"二字；"知母适从港到澳"之"母"字后删"到□□到港而论"，"适从"二字添加；"抱膝"二字为添加；"跪哭"后删"独□"；"并象冈眷属"一句为添加，补在行间；"绕过三水"为添加；"亲友"之"友"字由□改。

康有为于八月十四日（9月29日）晚11点钟到达香港，先住在中环警署。康称"辅政司"，很有可能是"华民政务司"之误。当时的报纸对此也有报道。[1]新任香港总督卜力（Ser Henry Arthur Blake）对其称："如果你害怕被人暗杀或毒害，可以住在警察局的宿舍里，等到你的朋友为你安排好妥当的住处后再迁走。"[2]康住在中环警署时，受到了

---

[1] 《国闻报》九月初八日以"康有为抵港情形"为题报道："《博闻报》译西报云：康有为搭'铁打'轮船，名'波剌辣'于十四日晚抵港，沿途有英战船'般拿云超'护送。是日下午五打钟，先由梅缉捕及署华民政务司率数差乘坐小火轮驶出鲤鱼门外迎接。迨至七点钟，始见'波剌辣'轮驶至，遂邀康过小火轮至马礼埔头登岸，一齐乘至总缉捕房。现在康在总缉捕房暂寓，有穿民装之西差一队常川在其左右，以资保护。"《申报》光绪二十四年八月二十九日，转自《叻报》："本月14日晚7点钟，官犯康有为附塔铁行之'巴剌辣'邮船到港。英国'般拿云渣'炮船沿途护送。港官先已预备居处地方，并由缉捕官梅、安抚华民政务司波带同差弁数人，乘小轮船出鲤鱼门外迎接，比邮船、炮舶进口至鲤鱼涌，康及其从人转坐小轮舶由马利埔头登岸乘舆至中环捕衙，港官已派英差多名，暗为保护，有求见者，康皆却之。惟有英人技立报额外采访进谒，康独见之……"（《丛刊·戊戌变法》，第3册，第435页）"铁打"、"塔铁行"，即指Peninsular and Oriental Navigation Co.，"波剌辣"、"巴剌辣"即"琶理瑞"；"般拿云超"、"般拿云渣"即"巴那文契"；"鲤鱼门"、"鲤鱼涌"，为"鲗鱼涌"。

[2] 香港总督致殖民部大臣，1898年10月8日，王崇武译：《戊戌变法旁记》，《丛刊·戊戌变法》，第3册，第539页。

严密的保护。[1]

何晓生，名东，原名启东（1862—1956），晓生为其字。生于香港，曾在香港中央学校学习。曾任怡行洋行买办，并在东南亚经营糖业，在香港经营房地产，后成香港巨富。[2]何东是康有为在香港的主要友人。

有霈，康有霈，康有为的堂弟，康有为之三叔康达守次子。

张夫人，即康有为元配夫人，名元珠，字妙华，生长女康同薇、次女康同璧，另有一子二女，皆早殇。

康有为的母亲为劳连枝（1831—1913），十九岁嫁给康达初，共生子女六人。长女四岁而夭。次女康逸红，同治十年嫁罗逢乔（铭三），仅一月夫死守寡，长年在娘家陪母。其三即为长子康有为。其四为三女康琼琚，光绪三年嫁游湘琴（志桐），光绪十四年游湘琴死，次年康琼琚亦死。其五为四女康顺贞，光绪六年嫁谭霜桥（汝坚）。其六为次子康广仁。此时除了尚在北京的康广仁，其母、二姐、四妹即是全体家庭成员。

介藩公，康达迁，字介藩，康有为之二叔。同治元年曾与康父康达

───────────

〔1〕 日本驻香港领事上野季三郎电告日本首相兼外相大隈："康有为于9月29日乘Ballarat号抵达，英国战舰护航。他现住在中环警署，受到政府保护。"（香港1898-9-30下午5时56分发，东京下午8时45分收到，《外务省记录》，1-6-1-4-2-2，光绪二十四年政变，第3册）上野给大隈的机密报告也称："因弑君嫌疑而从清国逃出的改革派领袖康有为乘坐'皮奥'轮船公司的'Ballarat'号在英国军舰'Bonaventure'的护送下，于前天夜里11时左右抵达本地。当轮船驶到'口啊里'湾时，水上警察立即派小蒸汽船，将康工部护送到警察总署。后即宿于该警察署中，为防止刺客，实行了严密的戒备。康有为抵达的次日，即秘密派心腹弟子来到木馆，转达了希望会见下官的意思。当时法、德等其他一两个国家的领事已访问过康有为。于是，下官当日下午3时30分以个人名义顺便去访问康有为，但因署长不在未能如愿（未经署长许可，任何人不能面会）。"（1898年10月1日发出，10日收到，《外务省记录》，1-6-1-4-2-2，光绪二十四年政变，第3册）"皮奥"公司，是日本对Peninsular and Oriental Navigation Co.之翻译；"口啊里"湾，即Quarry Bay，中文名称为鲗鱼涌。

〔2〕 光绪二十四年七月，户部郎中欧阳弁元上书，请将广东番摊（一种赌博）交给"保源堂股实商黄卓瑚、何晓生、谭清源等人"承办，每年交捐银60万，六年共360万两。光绪帝下旨让两广总督谭钟麟查办。（《军机处录副·补遗·戊戌变法项》，3/168/9449/47；军机处《上谕档》，光绪二十四年七月二十五日）其中的何晓生，不知是否即为此人。

初等人投康国器军营，擢为知县，后入冯子材军营。

象冈，临近银塘，康有为叔父家族居住之地，其祖父康赞侯的坟地亦在此，有祠。[1]

陈维昭，身世不详。

日本驻香港领事上野季三郎的机密报告称："据闻，住在广东的康氏家族，先前已逃到澳门，现来到当地的有康氏之母与异母弟两人。又康氏之门生约二十人，在康有为达到的前三四日，已来到当地避难。"[2]

> (24·82)先是吾以五日行，伪临朝于六日废上，午命步军统领崇礼率缇骑三百围吾所居南海馆，捕幼博及门人程式谷子良、钱维骥君白，并仆人王升、王贵、田叔以去。是时幼博如厕，本可避矣；馆长班恨幼博尝责之，带兵往搜，遂及难。车骑塞米市胡同口，观者如山，三人各乘一车，至步军衙门，讯吾何往。答以已出天津，乃拘在押官员之监房，尚有一床一桌。钱维骥流涕震恐，欲寻死。幼博反从容言笑以解之。是时闻交刑部，程式谷曰："吾等必死矣。"幼博曰："汝年二十余，我三十余，不愈于生数月而死、数岁而死者乎？一刀而死，不愈于久病岁月而死乎？若死而中国能强，死亦何妨？"子良曰："外国变法，前者死，后者继。中国新党寡弱，恐我等一死，后无继也。"幼博曰："八股已废，人才将辈出，何患无继哉？"七日四点钟，一卒提幼博交刑部，而于次日释子良、君白及诸仆。刑部堂官亲讯，问吾何在？答以已出天津。谓何以私逃？答以："我奉旨敦促，经初四日奏报起程，并非私逃。"堂官曰"汝兄不来，汝必不释，汝必写书令汝兄来，方释汝"云。狱中饭食铺盖，皆复生与赞侯任之也。

> 据手稿本，"先是"后删"六日那"，"吾以五日行"一句为添加，补在行间；"伪临朝"后删二字；"门人程式谷子良、钱维骥君白，并仆人王升、王贵"中"门人"、

---

〔1〕 见康有为《我史》光绪三年，《遗集·万木草堂诗集》，第66页。

〔2〕 上野季三郎致大隈重信，1898年10月1日发出，10日收到，《外务省记录》，1－6－1－4－2－2，光绪二十四年政变，第3册。

"式谷"、"君白"为添加，"并"字由"暨"字改，"王升"之"王"字后删两字；"是时幼博如厕，本可避矣。馆长班恨幼博尝责之，带兵往搜，遂及难"一句为添加，补在行间；"押官员之"四字为添加；"尚有一床"之"尚"字为添加；"钱维骥流涕"之"流涕"二字为添加；"汝年二十余"之"年"字为添加；"答已出天津"之"答"字由"告"改，后删"矣"字；"我奉旨敦促，经初四日奏报起程"中"我"、"敦"字为添加，《戊戌变法》本"我"字误为"是"字，"初四日"移在"奏报"后；"汝必不释"之"汝"字《戊戌变法》本漏，标点也有所不同；"汝必写书"之"书"字《戊戌变法》本作"信"字；"狱中"后删"情况"二字；"饭食"后《戊戌变法》本多一"及"字。

　　程式谷（1873—1925），字子良，后更名为大璋（一作大章），广西桂平人。举人。光绪二十年康有为第一次赴桂讲学时，入为弟子。二十一年入京会试，参预"公车上书"。二十四年再度入京会试，列名保国会。[1]辛亥革命后，曾任国会议员。

　　钱维骥，名用中，云南昆明人。举人，列名保国会。[2]他很可能客居湖南宁乡，与毕永年相识。[3]

　　"长班"，会馆的杂役人员。

　　前节已叙，八月初五日，慈禧太后下达懿旨，将原定八月初六日回颐和园改为初十日。八月初六日，慈禧太后与光绪帝共同见军机，第三次训政开始。（参见24·79）慈禧太后的第一个命令，即是捉拿康有为。然查军机处《随手档》、《上谕档》、《早事档》、《洋务档》等档册，皆未见记载，可见该命令未经军机处，而由慈禧太后直接下达给步军统领

---

[1]　康有为后作《戊戌轮舟中与徐勤书及丁巳跋后》称："六时步军兵围南海会馆，幼博弟与门人程大璋、钱维骥捕逮矣。"（《康南海先生遗著汇刊》，第17册，《康南海先生墨迹》，第52—53页）

[2]　康有为诗作《怀门人钱用中、程式谷，二子朴学笃志，戊戌以会试从余居京师南海馆，八月牵累下狱，久不见，倍思之》，其第一首记钱维骥，"丽江洱海吾未到，卓荦英姿犹有人。党祸株连刑部狱，十年不见点苍春（钱用中，云南人）。"（《遗稿·万木草堂诗集》，第294页）又，《保国会题名》记："钱用中，云南昆明。"

[3]　毕永年《诡谋直纪》中称：七月"二十八日，上午九时，往见康，仆卽移寓南海馆中，与湖南宁乡人钱维骥同室，旧友乍逢，欣慰之至。且得悉闻康之举动。"（《海外访史录》，第40页；《乘桴新获》，第26页）由此可见，钱维骥是毕永年的旧相识，且与康、梁有深交。

衙门。[1]

康广仁被捕一事，可供参考的记载有以下几条：叶昌炽日记称："初七日，闻昨日拿问康水部，已远飏矣。崇大金吾亲至南海馆，搜出书函百余封，门簿一本，获其弟及记室一人，僮仆三人。"[2]盛宣怀档案中《虎坊撼闻》称：初六日，"九门提督发骑围南海馆，索康有为不获，擒其弟康广仁及门生、家丁五人，闻有湘人唐才常与焉。"[3]称捕有唐才常肯定不确，但唐才常恰是谭、康、梁为围园捕后所选之"好将"。（参见 24·72）由此，这一消息很值得注意。《国闻报》八月初九日、初十日皆报道康广仁被捕之消息。[4]《申报》九月五日以"法网难宽"为题刊出消息："自奉严拿逆犯康有为之旨，步军统领崇受之大金吾，于八月初六日午前十一点钟后，至南海会馆搜捕不获，随带司员人等搜其行

─────────

[1] 我在档案中未查到慈禧太后命令的原本，能够看见的是刑部尚书、步军统领崇礼等于八月十一日的奏折转录的内容："本月初六日步军统领衙门奉密旨：'工部候补主事康有为结党营私，莠言乱政，屡经被人参奏，著革职，并其弟康广仁，均著步军统领衙门拿交刑部，按律治罪。钦此。'旋经该衙门恭录谕旨……"（《戊戌变法档案史料》，第 465 页）既称"密旨"，又称"恭录"，当不是由军机处下达。而该密令中是否包括康广仁，也是可以怀疑的。郑孝胥在八月初六日日记中记："午后……长班来报，九门提督奉太后懿旨锁拿康有为。"（《郑孝胥日记》，第 2 册，第 681 页）魏允恭八月初八日致汪康年信中亦称："南海系奉太后密旨拿问。（密旨中有'结党营私，紊乱朝政'八字）……且近日严拿各人，旨意甚密，竟有先拿一人，余人均未知悉者。"（《汪康年师友书札》，第 3 册，第 3116 页）而《总理衙门清档·收发电》中也有南洋大臣刘坤一的两份电文："收南洋大臣电。八月初八日。由步军统领衙门抄来。阳电悉。奉旨严拿康有为，今午准北洋电知，该犯于初五日过津，即日乘轮赴沪等因。业用急电饬令沪道严密逐船搜查务获，一俟获到，即行派员解送贵署。坤。阳。酉。""收南洋大臣电。八月初十日。先后准北洋大臣、步军统领电，奉旨饬拿康有为……"（01−38，17−4）刘坤一前电发给步军统领衙门，后电明确说明他从步军统领衙门电报（而不是由军机处发出）中获得旨意。

[2] 《缘督庐日记》，第 5 册，第 2736 页。

[3] 《上海图书馆藏盛宣怀档案萃编》，上册，第 176 页。该情报后又称"谭嗣同于初五日移去"，即称谭于初五日才离开南海馆，看来是很知情的。

[4] 《国闻报》八月初九日"记天津初六初七初八三日惶恐情形"中称：初七日"又有西人由三点钟晚车自北京来云：张侍郎下狱并无其事，因缇骑围攻其第而索康，故此谣也。惟康有为之弟康广仁及写字人等，均已被获。"初十日"张侍郎事述闻"中称："即至南海会馆获得康有为之弟广仁，字幼博，并为康有为抄写者一人，一并交刑部下狱。"

箧，所有衣物，丝毫不动。惟将信件一一过目，约两点钟许，悉数携归提督衙门，所有无关紧要者，付之一炬。至事机切要，或语涉不经不敬者，不得不以上闻。闻已革学士文廷式致康信件，洋洋数千言，其中辞句诸多失检，爰奉拿京之旨……"[1]《中外日报》九月二十四日以"官犯康有为"为题刊出消息："当京内严拿康党之际，步军统领衙门九门提督，带同骑兵四十名，至南海会馆，当悉康有为、梁启超业已在逃。馆中拿获拔贡某，在后进，康广仁匿在堆集煤炭之处，亦经拿获，即装车载往刑部……湖南某拔贡供称，为康司笔墨到馆，仅七日，堂官以为非康党乃释之。"[2]

　　康称康广仁与程式谷在狱中之交谈及其审讯过程，我尚未读到可靠的材料。可以参考者有以下三条。郑观应致经元善信中谓："昨闻京中六君子被逮，康君幼博亦在其中，闻其在狱言笑自若，神气如常，曾不少变。临大节能从容如此者，盖由学有根柢也。"[3]郑的说法当属听闻。魏允恭称："幼博已交刑部审讯……有谓幼博在刑部诬攀百数十人。"[4]魏的说法更是离谱，康广仁等人根本就未经审讯。（参见24·89）而另有私家记载录当时的狱卒之观察，与此大不相同：

　　　　"有老狱卒刘一鸣者，戊戌政变时，曾看守谭嗣同等六人。其言曰：谭在狱中，意气自若，终日绕行室中，拾取地上煤屑，就粉墙作书。问何为，笑曰：'作诗耳。'可惜刘不文，不然可为之笔录，必不止'望门投止思张俭'一绝而已也。林旭美秀如处子，在狱中时时作微笑。康广仁则以头撞壁、痛哭失声曰：'天哪！哥子的事，要兄弟来承当。'林闻哭，尤笑不可仰（抑）。既而传呼提犯人出监，康知将受刑，哭更甚。刘光第曾在刑部，习故事，慰之曰：'此乃提审，非就刑，毋哭。'既而牵自西角门出，刘知故事，缚赴

〔1〕《丛刊·戊戌变法》，第3册，第439—440页。
〔2〕《丛刊·戊戌变法》，第3册，第451页。湖南某拔贡有可能是指钱用中。
〔3〕《郑观应集》，下册，第1165页。郑观应书信后有润色，似不足为据。（参见24·41）
〔4〕魏允恭致汪康年，光绪二十四年八月初八日，《汪康年师友书札》，第3册，第3115—3116页。

市曹处斩者始出西角门，乃大愕，既而骂曰：'未提审，未定罪，即杀头耶？何昏愦乃尔。'同死者尚有杨深秀、杨锐，无所闻。惟此四人一歌、一笑、一哭、一詈，殊相映成趣。"[1]

以上的情节，据称是汪精卫在清朝刑部大狱坐监时闻之于老狱卒，然过于戏剧性，可靠性亦难以确定。

赞侯，即龙焕纶。康称谭嗣同、龙焕纶负责康广仁"狱中饭食铺盖"，我尚未读到相关的史料。

（24·83）围南海馆既不得，以文悌奏劾我曾宿张樵野所，缇骑遂围张宅。刑部主事区震适在焉，误以为我，捕之去，既乃释之。樵野遂因此下狱。

据手稿本，"劾"字由"称"字改；"缇骑"二字为添加。

区震（1859—?），字叙安，号静轩，广东南海人。光绪十二年进士。他是张荫桓的同乡。[2]其是否由此而被误捕，我尚未见到其他记载。而陈夔龙后来的回忆，与此正好相反。[3]

康称"以文悌奏劾我曾宿张樵野所，缇骑遂围张宅"，属实。叶昌炽日记八月初七日称："昨日拿问康水部……张樵野侍郎查抄，伪传惟恐康匿其邸，锡拉胡同东西两头，逻卒络绎，因为误为勘产也。"[4]胡寿颐八月初八日日记亦称："初六日闻张荫桓家查抄，后访之，盖已查抄康有

〔1〕 黄濬：《花随人圣庵摭忆》，上海古籍出版社，1983年，第141页。
〔2〕 张荫桓日记有两处记载。光绪二十年二月初四日中称："出城唁区静轩，以将昨奔回里也。"光绪二十四年六月二十一日记："区静轩来晤。"（《张荫桓日记》，第458、550页）
〔3〕 陈夔龙回忆称，八月十五日张荫桓发遣时，"由刑部解赴兵部，遣戍新疆，刑部司员押解侍郎者，为其同乡区君，此君夙与侍郎不相能，匿怨已久，特在部求派押解差使。计由提牢而司而堂，经历五六处，区君均坐堂点解，不肯稍留面子。侍郎亦无如之何。当解到兵部时，余适在职方司，此案应由武库司办理，因系秋节，司中阒无一人，余急往库司，与区君周旋，区君守取回文，悻悻而去。"（《梦蕉亭杂记》，第13页）此处的区君，似指为区震，两处记载为何如此不同，未解。
〔4〕 《缘督庐日记》，第5册，第2736页。

为家内，张处盖有信息而未果也，而其家眷细软之物及仆从人等，已挪移一空矣。"[1] 天津《国闻报》八月初十日以"张侍郎事述闻"为题，报道消息："本馆顷接北京访事人来函，初六日张樵野侍郎有籍没被逮之谣，都下纷纷传说。于是百姓至锡拉胡同往观者，击毂摩肩，途为之塞，张侍郎尚不知也。即闻人言籍籍，旋即命驾至崇受之大金吾处探听消息，始知并无其事，即回寓，而提督府官兵至张宅搜捕康有为者随踪而至。""初七日张侍郎亦无动静，而外边议论愈传愈多，或谓张侍郎亦交刑部，或谓该宅有提督府兵役看守去去。俟胡确闻再行登告。"

康称"樵野遂因此下狱"，稍有误。八月初六日虽搜张荫桓府，但未捕张荫桓。八月初九日，慈禧太后下旨捉拿张荫桓。

（24·84）围张宅不得，七日荣禄入京，遂发兵三千，闭城门，断铁路，大搜我。凡吾知识之人，多见累者。京师搜不出，则大搜天津、塘沽客栈，并停一切轮船［船］，大索，并发电燕台、上海搜船，电广东拿办家属。于是查知吾搭招商船而复回，改搭"重庆"，即发"飞鹰"快船追捕。"飞鹰"者新购自德国，每点钟能行三十海里，速率倍于重庆，追可必至。而船长以煤尽，中道返，遂下狱。或曰船长义士也，煤能返津，即可来沪。其出于仗义也！

据手稿本，"荣禄入京"为添加；"大搜我"之"我"字为添加，各刊本抄本亦漏此字；"并停一切轮船"之"一切"为添加，并衍一"船"字；"大索"后删"皆不得八日乃"；"燕台"之"燕"字，各抄本刊本已改为"烟"；"拿办家属"后删"矣又既知吾搭重庆"七字；"于是查知吾搭招商船"之"查"字为添加，"吾"字后删"既"字，"招商"后各刊本抄本加一"局"字；"能行三十海里"之"能"字为添加。

康称大搜天津、塘沽，发电烟台、上海搜船诸事，参见 24·79。

康称"七日荣禄入京"，有误，且"荣禄入京"四字为添加，可能是事后所加。八月初十日，军机处电寄荣禄旨："著即来京，有面询事件。

---

[1] 《春明日居纪略》，《丛刊·戊戌变法》，第 1 册，第 558—559 页。

直隶总督及北洋大臣著袁世凯暂行护理。"[1]荣禄当日回电总理衙门:
"钦奉本日谕旨,祗遵于十一日八点钟乘火车进京,十二日宫门请安。谨
请代奏。荣禄叩。蒸戌。"[2]荣禄于十一日进京,十二日觐见,十三日
再次觐见,获旨命:"荣禄著在军机大臣上行走……所有北洋各军仍归荣
禄节制。"[3]自此荣禄执掌大权。

"飞鹰"舰,德制驱逐舰,光绪二十一年(1895)下水,排水量850
吨,5500匹马力,航速达24节,即每小时24海里,甲午战争后加入清
朝海军,是其当时最新最快之舰。[4]该舰管带(舰长)为刘冠雄。康称
"遂下狱",有误。刘冠雄未有被捕之事,此后在海军界升职甚快。[5]当
时也未有"飞鹰"舰军官下狱之事。

康称"飞鹰"舰"以煤尽,中道返"一事,前引荣禄的电报称:"当
即电派'飞鹰'鱼艇追赶烟台。"[6](参见24·79)"飞鹰"的任务仅至
烟台。《国闻报》八月十二日以"罪人远去"为题刊出消息,情况与此
不同:

> "变政党魁康有为奉旨拿问后,嗣探悉康有为于初六日在塘沽
> 乘'重庆'轮船赴申,北洋大臣即派'飞鹰'雷艇昨夜追赶……
> '飞鹰'于初十日到上海,而康于是日坐英国公司船赴香港,'飞
> 鹰'于十一日开回北洋云。"

---

[1] 军机处《电寄档》、《随手档》,光绪二十四年八月初十日。

[2] 《总理衙门清档·收发电》,01-38/17-4。"蒸"为初十日的代码。

[3] 军机处《早事》,光绪二十四年八月十二日、十三日;《光绪二十四年外官召见单》;
军机处《上谕档》,光绪二十四年八月十三日。

[4] 姜鸣:《中国近代海军史事日志》,生活·读书·新知三联书店,1994年,第239、
285页。"飞鹰"的火力系统为125火炮2门,37火炮4门,鱼雷发射器3架,其长
度为259英尺,宽28英尺,吃水12英尺。

[5] 刘冠年毕业于船政学堂,后留学英国,学习炮术。曾任"靖远"舰帮带。他是"飞
鹰"号的首任舰长,光绪二十六年(1900)调任清末最大军舰"海天"号管带。光
绪三十年"海天"触礁沉没后,被革职,闲居上海。民国时期出任海军总长等职。
其任职时间可参见刘传标:《中国近代海军职官表》,福建人民出版社,2005年,第
38、41页。又,梁启超称:"□□□,飞鹰军舰舰长,未知其姓名籍贯,因飞鹰船追
捕康有为不及,疑其仗义释放,下狱。"(《戊戌政变记》续四库本,第248页)

[6] 荣禄电总理衙门,八月初七日,《总理衙门清档·收电》,01-38/17-4。

而英方的军事报告也称当时上海有清朝的军舰两艘，不知其中是否有"飞鹰"号。[1]

（24·85）卓如与复生谋所以救我者，皆以必无生理矣。复生促卓如入日使馆，姑请伊藤设法救之。伊藤博文闻而顿足，电沪中日领事小田切，然无能力也。特捕卓如甚急，复生乃劝卓如东行，而自誓就死。卓如遂以七日行。时京津间风声鹤唳，处处皆传吾所在，搜捕严急，误以卓如为我。聂士成至亲带队出。搜捕者既登舟强索，护送之日领事郑永昌亦失色，无以答也。卓如拥中国被草家书，危甚。幸去海岸仅十余里，聂士成兵至，则日舰已先列队护之登舟。虽再三索问，日人拒之，仅乃免。

> 据手稿本，"皆以必无生理"之"以"之后各抄本刊本多一"为"字；"姑请伊藤"之"姑"字为添加；"电沪中领事"之"电"字后删"日"字，《戊戌变法》本无"中"字；"特捕卓如"之"特"字各抄本刊本改为"时"字；"自誓就死"后删"当是时"三字；"亲带队"后删一"乎"字；"虽再三索问"之"虽"字为添加。

此节所言，是梁启超流亡日本事。

康称谭嗣同、梁启超为谋救他而入日本公使馆一事，查梁启超于八月初六日下午去日本公使馆。据日本代理公使林权助八月初八日的电报：

> "主张改革的梁启超因怕可能随时被捕而来到本馆，寻求保护。他住了一晚上。由于害怕清国会产生怀疑，我劝他在逮捕他的命令下达前离开北京。他剪掉了辫子，穿上欧式服装，于昨天离开北京。他目前尚未受到任何指控，而我允许他在本馆住一晚上，也

---

〔1〕 前引西摩致海军部的报告提到了两艘巡洋舰。（《丛刊·戊戌变法》，第3册，第551页）而八月初十日到达上海的温盖特少校在给莫理循的信中称："黄浦江里有一艘中国的巡洋舰——科克兰司令似乎认为，劫回是可能的。"（《清末民初政情内幕》，上册，第114页）暂护北洋大臣袁世凯后来的电报，对此含混其辞："本月初七日奉电旨拏康有为一犯，经前督臣荣禄探悉该犯于初七日由津搭英商重庆轮船赴沪，当派员乘'飞鹰'往追，并电饬江海关道蔡钧设法查缉。迭据蔡钧电禀……'飞鹰'雷艇亦追赶不及……"（《收暂护北洋大臣电》，光绪二十四年八月十五日，《总理衙门清档·收发电》，01-38/17-4）袁世凯未称"飞鹰"是追至烟台还是追至上海。

不致于受到清国政府的指责。如果他在路上还没有被捕的话，几天后，他将乘玄海丸从天津赴日本。"〔1〕

第二天，林权助又向大隈提交了正式的书面报告，情节大体相同。〔2〕而林权助在其回忆录中有着更多的细节，称：

"梁启超跑到公使馆来，说一定要会见我，这时正是午后二时。我和伊藤公吃完饭正在谈话，无论怎样，让梁到另室会面。一见，他的颜色苍白，漂浮着悲壮之气。不能不看出事态之非常。

"梁直截地说，请给我纸。马上自己写出下面的文句：'仆三日内即须赴市曹就死，愿有两事奉托。君若犹念兄弟之国，不忘旧交，许其一言。'

"当我要叫通译官的时候，他便赶快在纸的余白处写道：'还是笔谈好，不要通译。'又写'皇帝以变法之故，思守旧老耄之臣，不足以共事，思愿易之，触太后之怒。宾……'

"正拼命写的时候，因为我刚才按了铃，通译出来了，在这种场合，事情必须快速，所以停止笔谈。

"'皇帝的意思是：用西太后的旧作法，无论怎样，不能改革现在的中国。所以开始改变了种种法规。老耄的大官只要墨守旧套，不足共事，因此想要换这些人。这个运动做了以后，果然触怒西太

---

〔1〕 林权助致大隈重信第171号电报，1898年9月23日上午8时40分发，下午8时15分收到，《外务省记录》，1-6-1-4-2-2，光绪二十四年政变，第3册。

〔2〕 "当日（初六日，21日）下午，康有为一派中鼎鼎有名的梁启超来到我公使馆，反复恳求道：清政府已断然镇压改革派，与康有为一起从事改革之人，均不能免遭逮捕与刑戮，若我公使馆能保护其安全的话，实乃再生之德。于是，下官默许梁启超在公使馆中住了一夜。由于当时清国官方还未将梁启超视为政治嫌犯，即使我们深怜其志与其方便，也决不会落了包庇犯人之名，也无失礼于友邦而破坏与邻邦友谊之嫌。但若令其长时间待在使馆，多少会有些困难。于是，下官立即将让梁启超离开北京的想法作了报告。翌日，即22日（初七日），下官令梁启超剪去发辫，穿上西装，于下午3时，乘火车前往天津。因与伊藤侯同去北京的大冈育造氏27日（八月十二日）将乘玄海丸大沽口启锚归国，故梁启超应随其前往日本。上述情况已如前函所陈。昨天即23日先以第171号电报上报，但为慎重起见，今更以此件呈进。"（林权助致大隈重信第96号机密信，1898年9月24日发，10月6日收到，《外务省记录》，1-6-1-4-2-2，光绪二十四年政变，第3册）

后，而且同谋者……'

　　"'谭嗣同、杨锐、刘光第、林旭等志士，都被逮捕。其首领是康有为，想也快要被捕杀头！皇帝不用说已被幽闭。西太后一派为袁世凯和军机大臣荣禄。如果我也被捕，最迟在三天内也将被杀。我的生命早就准备献给祖国，毫无可惜。请解皇帝之幽闭，使玉体安全，并救康有为氏。所说奉托之事，只此二端。'

　　"我决断地说：'可以。君说的二事，我的确承担。'

　　"我又说：'你为什么要去死呢？试好好想一想，如果心意改变，什么时候都好到我的地方来。我救你啊！'

　　"梁听了我的话，暗暗落泪，同时仓皇而去，想也有种种应该准备的事吧！我直接回到伊藤公的屋里，叙述事情的始末。

　　"伊藤公说：'那么一切明白了。虽然如此，姓梁的这青年，是个非凡的家伙啊！真是个使人佩服的家伙。'

　　"当梁归去的时候，我说要是他回来，我要救他，这事到底将如何，我实在不知道，所以没向伊藤公说。到了夜晚，公使馆门口骚闹着。我正在奇怪的一刹那，梁飞快地跑了进来！那么这个问题便搁在我们身上了。我无论如何，把梁放进一个屋子里。没有办法，所以把这件事的经过告诉伊藤公。伊藤公说：'这是做了好事。救他吧！而且让他逃到日本去吧！到了日本，我帮助他。梁这青年对于中国是珍贵的灵魂啊。'

　　"当时门房报告，门前不安。好像是捕手觉着康或是谁逃进公使馆似的。所以决定在麻烦还没发生前，急速让梁出发。把梁交给恰巧从天津来正逗留中的郑领事，让二人都化装打猎的样子。扮好了真像打猎的模样，打发他们走……"[1]

林权助回忆录是其晚年口授，由岩井尊人整理，于 1935 年出版。回忆的内容多有不准确之处，如称谭嗣同等人被捕、荣禄为军机大臣等，都不

---

〔1〕　林权助：《戊戌变法的当时》，《我的七十年》之一章，译文见《丛刊·戊戌变法》，
　　　　第 3 册，第 571—573 页。

可能是初六日下午之事，但明确说明了梁启超是下午两点和晚上两次进入日本公使馆，中间的一段时间梁很可能去找李提摩太（参见24·78）。郑领事，郑永昌，时任日本驻天津领事，陪同伊藤博文来北京。在他的陪同下，梁于初七日下午由火车前往天津。

康称谭嗣同"自誓就死"一事，属实。谭嗣同当时亦有逃亡的机会，但其作为军机章京，身份与梁启超不同。梁启超等人对此留下许多记录。[1]

康称"伊藤博文闻而顿足，电沪中日领事小田切"以救康，有误。日本外务省此期档案甚全，我没有发现伊藤电上海领事救护康有为的电报，且小田切万寿之助领事恰不在，此时在上海的是代理领事诸井六郎。

康称"搜捕者既登舟强索"梁启超一事，属实。由于天津风声甚紧，梁启超在天津日本领事馆暂住三天。八月初十日（9月25日）晚，郑永昌护送梁启超由紫竹林搭乘一艘中国船前往大沽，路上遇到很大风险。郑在报告中称：

> "本月25日，下官与另外两名日本人伴同梁启超，四人均换上猎装，于晚上9时左右从紫竹林悄悄地登上一艘中国船出发。不幸北洋大臣的小蒸汽快船快马号随后跟踪而来。是夜凌晨二时左右终于在新河附近被追上。快马号上乘坐清国的警部、持枪的士兵和其它二十多名中国人。他们声称下官之船中潜藏着清国罪犯康有为。下官再三辩解，拒绝搜查，但他们置之不理，强施暴力，用绳索将

---

〔1〕 梁启超称："被捕之前一日，日本志士数辈苦劝君东游，君不听，再四强之，君曰：各国变法，无不从流血而成。今中国未闻有因变法而流血者，此国之所以不昌也。有之，请从嗣同始。"（《戊戌政变记》续四库本，第263页）又，孙宝瑄于光绪二十四年八月二十三日记："复生被时，有外国使馆人来，言可以保护。复生慨然曰：丈夫不作事则已，作事则磊磊落落，一死何作惜。且外国变法无不流血者，中国变法流血请自谭嗣同始。"（《忘山庐日记》，上册，第263页）宋恕致孙仲恺信中称："浏阳应召入京，来辞别，且访谋天下事。弟送之行，再三讽以时局之难，不如早归。此公精研佛理，素能打破生死关头，慨然见上，纵论时弊。未几，四卿参政诏下。上以手谕缄黄匣，授之曰：'与朕实心实力救中国。'四卿感激，奋不顾私，卒未至十日而君臣同难，遇数千年罕有之变矣。"（胡珠生编：《宋恕集》，中华书局，1993年，下册，第690页）

下官之船缠上，强行向天津方向拖去，大约逆行两町余（一町约合109米）。因下官斥其非法行为，双方展开辩论，约经过两个多小时，终于达成协议。清国警部及持枪士兵，以警护为由，转乘下官之船，一同下塘沽，至塘沽再作解决。而快马号则为向天津报告，撇下本官之船，先向塘沽急驶而去。翌日清晨七时，下官之船快到塘沽从帝国军舰大岛号旁边经过时，下官便挥舞帽子，求其出迎。军舰上的人遂将舰载快艇放下，准备迎接我们。清国警部与士兵见此情形便打算各自逃走。此时下官要求警部即按双方在新河附近的协议来展开充分的讨论，但警部回答称：已无谈判之必要。随即匆匆登上另一条船，仓皇离去。因此，下官不得已转乘到大岛舰的快艇上，与同行三人一同登上大岛舰上稍事休息。我们将梁启超留置在舰上，便和另外两名日本人同去塘沽车站。此时，可能是得到快马号急报的缘故，直隶总督荣禄为捕获要犯，特派武毅军提督聂士成、亲兵总教习王得胜、天津县知县吕宗祥等三人率持枪士兵三十余名，于上午9时半即来到车站。岂料彼听到的是康有为已逃上大岛舰的消息，聂士成大失所望，不禁勃然大怒，执意主张去大岛舰上将要犯抓回。但王、吕二人则忠告聂士成不可如此，于是打消了抓人的念头。本官于下午3时与聂、王、吕同乘火车返回天津，回到领事馆后，立即另写函，照会海关道诘问为何清国官吏对日本领事采取此种无礼的举动，并要求对此事作出相当的处理，但海关道迄今仍未有任何答复。其后，清国搜捕犯人，日益严密，目前将梁启超转移到商船，极为危险，所以仍然将其留置在舰上……9月26日，直隶总督更派招商局总办黄建筦，会同新建陆军参谋长、雇佣武官白耳义人某来到大岛舰，要求引渡要犯，舰长回答说舰内没有其欲逮捕的犯人。他们立即离舰而去。"[1]

〔1〕 郑永昌致外务次官鸠山和夫，机密第15号信，1898年9月30日，10月19日收到。（《日本外交文书》，第31卷，第1册，第664—666页）"白耳义"，当时日本语中"比利时"之谓。

郑永昌的报告，在清方档案中可以得到完全的证实。此时荣禄奉召，次日入京，候补侍郎袁世凯暂时护理直督。八月十一日，总理衙门收到袁世凯的两份电报：

> "昨晚有线人报称康有为同日本领事等两日人，乘华帆船赴塘沽，当经荣相派弁乘小轮追踪跟及，该日员坚不肯交。顷据报称，已于本日八点钟登日兵轮。照条约碍难强拿。除派黄道建筦迅赴塘沽设法索缉，并电饬史总兵济源就近赴船索缉外，请速由大署酌量照会驻京日使，电饬该领事，顾全邦交，立即交解。再查国政案犯各国向不肯交，或藉词债务照索，冀可通融。统乞钧裁。袁世凯叩。"

> "顷追弁刘国梁回述日员伴送华人情形。该华人年约在三十以内，似非康犯，或为康党。昨据上海蔡电禀报，康犯已为英船载赴香港。未知孰是。仍督饬员弁严密查缉。凯叩。真。"〔1〕

郑报告中的"警部"为清弁刘国梁，聂士成可能是大沽镇总兵史济源所误。袁世凯此时虽知登船者不是康有为，但还不知是谁。〔2〕一直到了十

---

〔1〕《总理衙门清档·收发电》，01-38/17-4。"真"是初十日的代码。又，十二日，总理衙门又收到袁世凯两电："专送荣中堂钧鉴。昨派陆军教习洋员魏贝尔复赴塘沽登倭兵船，查探康犯，设法商索。顷据该洋教习回称，倭船主坚不肯认，伴不知康犯。经在岸访查，均谓实有华人一名，年纪甚轻，已剃发改装。至究系何人，无由确查等语。世凯叩。文。""专送荣中堂钧鉴。顷据黄道、史镇禀称，职道三点半钟到塘沽，会同史镇往日本兵船查询康有为之事。适日本领事郑永昌已回津，当见该兵轮船主亚拉卡，将情节照达。据云，实不识此人，亦不知此事等语。职镇等再三询及，亦系此言。惟奉兵船西例不能盘查云。凯。文。"（出处同上）其中"陆军教习洋员魏贝尔"，即郑永昌报告中的"白耳义人某"。

〔2〕《国闻报》光绪二十四年八月十二日以"捕风捉影"为题，刊出消息："昨日上午八点钟，忽有探马报到，说康有为在新河小船上蒙被而卧，有日本人数人为之保护，请速派兵往捕。中堂正在入都启节时，即与袁慰帅密商，饬传天津县并招商局黄花农观察带同捕役兵丁数十人前赴新河、塘沽等处拿问，并闻提督聂军门亦带兵一队前往，及至新河，下船查询，知船上均系日人，其疑为康有为者，乃一年约二十左右之中国人……"该报十三日以"日船至新河情形"为题，刊出消息："初十日夜间，日本领事郑君与三井行主吴君，带同学生二人，欲至塘沽行猎，夜间两点钟行至新河，忽有快马小轮追随者及日船，声称至船上拿捕要犯。郑君答以船上并无中国之人，任汝遍认诸人，旋即指一日本学生，以为此即康有为也，彼此争辩多时，始行出，船仍尾随日船至塘沽，无所得而归。始知前报所登约年约二十左右之中国人，即郑君之仆耳。"后一条消息，很可能是日本领事馆提供的。

五日，袁世凯报告称，登上日本军舰者可能是梁启超。[1]张元济后来回忆称梁启超是荣禄放走的，似不可靠。[2]

由于清朝方面的反应，原定八月十二日（9月27日）梁启超搭乘商船玄海丸赴日本的计划已不可行。十七日（10月2日），林权助致电大隈重信：

> "有两位政治人物梁启超与王照登上了大岛舰。在中国水域换乘商船已无可能，且有必要保守机密。为此，希望准许大岛舰返回日本，并相应派出另一艘军舰尽快赶至天津。"[3]

这一请求得到了日本政府的批准。

---

[1] 十五日总理衙门收袁世凯电："密查本月初七日奉电旨饬拿康有为一犯……初十日夜，据探报，康犯潜乘民船，有日本领事保护赴塘沽。复据荣禄派弁乘小轮追踪。该日员不肯交人，正在商办间，又据报称其人已上日本兵船。适荣禄交卸起程，经世凯密派道员黄建筅、总兵史濠源、教习洋员魏德尔朋德先后亲往日船，托词追问，多方商索，该船主坚不承认。按照西例，未便搜查，致滋衅端。再三侦访，有谓并非康犯，疑系梁启超，已剃发改装，无从辨认。查该犯踪迹诡密，又有洋人保护，碍难下手，可否由总署藉词债务，照会英、日两使饬交，并密谕粤督派人赴香港，设法严缉。粤人嗜利，如悬重赏，或可就获。"（《总理衙门清档·收发电》，01－38/17－4）

[2] 张元济于1949年作《戊戌政变的回忆》中称："梁启超由日本人送他到塘沽上船，荣禄派王修植（字苑生，北洋候补道，北洋学堂总办）追缉，有人说王头脑很新，对西太后不满，荣禄所以派他去追，意在放走梁启超，因为荣禄是个狡猾的人，惯于两面讨好，但此说不能证实。王修植曾经上船检查，时梁启超已剪去发辫，改穿日本和服，王虽认识他，但不欲道破，敷衍一番即离去，后梁逃亡日本。"张元济1952年作《追述戊戌政变杂咏》，又称："夏穗卿语余，闻都中政变，任公避入日本使馆，已由日人送至天津。日领事郑永昌伴至塘沽，将登日本兵舰，即追至塘沽，觅得日领汽船，与任公话别。旋登岸遇王苑生、陶杏南于河滨，时苑生以候补道官北洋，询以何来？苑生言捉拿要犯，一笑而散。后苑生告以荣禄见召，云奉电旨梁某由日人护送至津，潜图出国……汝可速往塘沽，设法拿捕，务须慎重。苑生心知其意……既登日领汽船，说明缘由，见任公正在船中，佯若不识……"（《丛刊·戊戌变法》第4册，第327、353—354页）张元济称其消息来源于夏曾佑，然夏曾佑、梁启超后来皆无言及于此。若王修植放走梁，如此大恩，梁后来应有言。然查当时电报，荣禄仅派兵去追，袁世凯派黄建筅去交涉，其中并无王修植。从郑永昌的报告来看，也无夏曾佑告别之情节。

[3] 林权助致大隈重信，第181号电报，1898年10月2日下午4时发，10时20分收到。（《日本外交文书》第31卷，第1册，第669页）

（24·86）是时上幽南海瀛台中。王小航与日人谋，逾南苑，救上。谭复生与京师侠士大刀王五亦谋救上，皆未及事。九日，谭复生被捕。小航被捕甚急，日人劝之东行，遂以十日行。

据手稿本，"上幽南海瀛台中"、"逾南苑"二句为添加，补在行间；"谭复生与"后删"大刀"二字；"十日行"之"十"字以"九"字改。

康称王照"与日人谋"以救光绪帝之事，我尚未读到相关史料。从康说的文字来看，似非为通过外交手段，而是诉诸武力，此不太符合王照的性格与政治诉求，王以调和两宫为主旨。"南苑"位于北京永定门外，是一处皇家园林。"逾南苑"一语，不可解，很可能康的本意指"入南海"，即入西苑南海瀛台。此处地名为添加，可能是康后来听说的。

"大刀王五"，即王正谊（1854—1900），字子斌，直隶沧州人，因排行第五又擅用大刀，人称大刀王五，光绪五年（1879）来北京，开源顺镖局（位今北京宣武区西半壁街13号）。与谭嗣同交善。谭被杀后，为其收尸。后入义和团，死于八国联军之役。

康称谭嗣同与王正谊谋救光绪帝之事，颇富戏剧色彩。《国闻报》光绪二十四年八月十二日以"视死如归"为题刊出消息：

"有西人自北京来，传述初六七日中国朝局既变，即有某国驻京公使署中人，前往康氏弟子谭嗣同处，以外国使馆可以设法保护之说讽之。谭嗣同曰：'丈夫不作事则已，作事则磊磊落落，一死亦何足惜。且外国变法未有不流血者，中国以变法流血者，谓自谭嗣同始。'即纠集数十人，谋大举，事未作而被逮。闻中国国家拟即日正法，以儆效尤。"

这一条消息未说明其来源，梁启超此时已在日本"大岛舰"，"某国驻京公使署"似指日本公使馆，"纠集数十人，谋大举"，似即指此事。以常理来看，此事的操作性极小，宫禁甚严，非一镖局所能为之；且即便从瀛台救出，光绪帝离开国家机器，也无法行使其权力。

谭嗣同被捕的时间，很可能在八月八日，据魏允恭八月初八日致汪康年信中称：

"今早五更又奉密旨拿杨锐、刘光第、谭嗣同、林旭等四人。弟亲见步军统领监送登车，想已发交刑部。惟林旭尚未寻着，闻避往他处。此新政中之至新者。其余外间传说纷纷不一。"〔1〕

由此来看，《清实录》所录八月初九日之谕旨，似非实录。〔2〕然谭嗣同被捕后，颇受到王正谊的照顾。他在狱中给家仆的信中写道：

"速往源顺镖局王子斌五爷处，告知我在南所头监，请其设法通融招扶……我遭此难，速请郭之全老爷电告湖北。此外有何消息，可顺告我。

"……我在此毫不受苦，尔等不必见面，必须王五爷花钱方能进来。惟王五爷当能进来，并托其赶快通融饭食等事。湖北电既由郭寄，我们不必寄了。"〔3〕

---

〔1〕《汪康年师友书札》，第3册，第3116页。参见马忠文：《戊戌"军机四卿"被捕时间新证》，《历史档案》，1999年第1期。皮锡瑞对此有不同的记录："望之来云：谭复生灵柩已到，有其仆言，初六夜捕拿入朝，即下刑部。"（《师伏堂日记》，光绪二十四年九月十八日，《湖南历史资料》，1981年第2期，第142页）

〔2〕《清实录》光绪二十四年八月初九日录："张荫桓、徐致靖、杨深秀、杨锐、林旭、谭嗣同、刘光第，均著先行革职，交步军统领衙门拿解刑部审讯。"为此，我查阅了军机处八月初八日、初九日《上谕档》《交片档》《交发档》《交事》《随手登记档》等档册，发现与初六日情况一样，没有记录。慈禧太后捉拿张荫桓等人谕旨，也未经军机处。崇礼八月十一日奏折称："初九日，该衙门（步军统领衙门）续奉上谕：'张荫桓、徐致靖、杨深秀、杨锐、林旭、谭嗣同、刘光第，均著先行革职，交步军统领衙门拿解刑部审讯。钦此。'经该衙门遵将官犯张荫桓等七名，悉数拿获，于初十日，一并解送到部。"（《戊戌变法档案史料》，第465页）这很可能是事后的追记，慈禧太后谕旨可能是多道，时间也不一定是在一日，而如此写来，很可能是省文。魏允恭八月初八日致汪康年信中称："近日严拿各人，旨意甚密，竟有先拿一人，余人均未知悉者，是以新政诸人咸怀股慄。"（《汪康年师友书札》，第3册，第3116页）由此而论旨意似有多道，其中最为明显的疑问即是，所引谕旨中为何只提已捉到的人，而不提梁启超。

〔3〕《谭嗣同全集》增订本，第532—533页。郭之全，军机章京，四品衔刑部郎中；捏督，九门提督即步军统领。又，该信的排列似为问题，我将其颠倒，即以三为一，以二为二，以一为三。因为原第三件系取东西，当属第一；原第二件与原第三件可用郭之全的电报，看出关系。原编者以"前日九门提督取去我的书本三本，一本名《秋雨年华之馆丛胆书》，二本《名称录》，现送还会馆否？即回我一信"，后者有"昨闻提督取去书三本，发下否"？而定顺序；然"昨"有时可作"以往"讲，不一定即是"昨天"。

由此可见谭与王之间的真谊。

王照逃亡一事，日本东亚会干事井上雅二在日记中称：

> "9月24日（八月初九日），回到北京不久，随即发生了政变，王照逃到我们的住处。半夜，将王照托付给山田良政，即去天津。"[1]

其中"随即发生政变"一语属误。王照可能是初九日得知捕人的消息后，当晚找井上雅二，离开北京。他于十一日登上在大沽的"大岛舰"。[2]

清廷查找王照时间较晚，为八月十六日。是日工科给事中张仲炘上奏"参黄遵宪等人片"，称言：

> "臣又风闻总署章京李岳瑞、候补京堂王照、刑部主事洪汝冲及革员宋伯鲁等，均于初八九日先后逃匿。宋伯鲁业经罢职，犹可言也，该员等若非情虚胆却，何以弃官如遗，应否查实惩办，恭候密裁。"[3]

当日发下交片谕旨："交吏部。候补四品京堂王照现在是否在京，著吏部查明，明日具奏。"[4]十七日，吏部上奏称王照是否在京无从查复；清廷再命都察院："候补四品京堂王照寓居何处，现在是否在京？著都察院督令五城坊官确切查明，迅即具奏。"[5]十九日，都察院上奏称王照查

---

〔1〕《井上雅二日记》，转引自汤志钧：《乘桴新获》，第348页。

〔2〕王照回忆称："余初九日出京，十一日黎明至塘沽登日本大岛兵舰，见梁氏在舰中，问知已在舰中度两夜。"（《复江翊云兼谢丁文江书》，《丛刊·戊戌变法》，第2册，第574页）

〔3〕张仲炘片，光绪二十四年八月十六日，《军机处录副·补遗·戊戌变法》，3/168/9457/63。查光绪二十四年八月十六日军机处《早事档》记："给事中张仲炘封奏一件，奉旨留。"当日军机处《随手档》记："发下给事中张仲炘片一件（天桥有哄逐洋人情事请饬查），交片二件，一、交总署名有人奏天桥哄逐洋人面奉谕旨总署迅速查办由，一、交吏部面奉谕旨王照现在是否在京查明二日具奏由。"而档案中还可见到张仲炘"请旨缘坐家属销毁著书折"，该折慈禧太后未发下军机处。（参见24·94）

〔4〕军机处《上谕档》，光绪二十四年八月十六日。

〔5〕军机处《随手档》、《上谕档》，光绪二十四年八月十七日。

无下落；清廷明发上谕："都察院奏遵查四品京堂王照并无下落一折。该员畏罪避匿，实难姑容。候补四品京堂王照着即行革职，交步军统领、顺天府、五城一体严拿务获，并着顺天府府尹督饬宁河县知县将该革员原籍家产一律查钞，毋任隐匿。"[1] 在这一段时间，王照在大岛舰。

（24・87）八日，杨漪川递折，请伪临朝勿训政，遂被逮。昔郅寿奏请王莽归政汉室，退就臣列，其懿不可及；今漪川复类之。然郅寿不死，王莽真大度哉！呜呼，漪川可谓古之遗直矣！

据手稿本，"遂被逮"后删"漪川"二字；"昔郅寿奏请王莽归政汉室"中"奏"字为添加，"王莽"后删"还"字。

康称"八日杨猗川递折，请伪临朝勿训政"一事，有误。[2] 前节已叙，杨深秀于八月初五日上奏"时局艰危拼瓦合以救瓦裂折"、"请开凿窖金片"，主张重用李提摩太与伊藤博文，并发掘窖金。（参见 24・78）再查八月初六日以后军机处《早事档》、《随手档》，皆无杨深秀上奏的记录。

康称"郅寿奏请王莽""退就臣列"之事，为记忆有误。上书者是郅寿的父亲郅恽。郅恽，字君章，汝南西平（今河南西平）人，王莽篡位时，曾上书曰：

"……汉历久长，孔为赤制，不使愚惑，残人乱时。智者顺以成德，愚者逆以取害，神器有命，不可虚获。上天垂戒，欲悟陛下，令就臣位，转祸为福。刘氏享天永命，陛下顺节盛衰，取之以天，还之以天，可谓知命矣。"

王莽大怒，令人胁郅恽"自告狂病恍忽，不觉所言"，为之拒，入狱，后获大赦。郅寿，字伯考，亦为良吏，敢犯当时权重一时的大将军窦宪，

---

〔1〕 军机处《随手档》、《上谕档》，光绪二十四年八月十九日。

〔2〕 苏继祖亦称："御史杨深秀于政变后上书，阻训政，是日同下刑部监禁候旨。"（《戊戌朝变记》，《丛刊・戊戌变法》，第1册，第348页）

"前后上书陈宪（窦宪）骄恣，引王莽以诫国家"。〔1〕

杨深秀于八月初九日被捕，原因是杨为康党主要成员。〔2〕杨被杀一事，参见24·89。

> **（24·88）九早，逮捕杨叔峤，在床未起，单衣就缚。林旭入直就缚。刘光第、徐子静闻捕，乃自投狱中。是日，缇骑遍地，人人震慑。时又欲捕保国会，则株连遍天下矣。朝士纷纷恐及祸，多避而南下。铁车、轮船挤拥甚。各直省闻之，亦虑会事株累。又传闻上已有不测，各国纷纷调兵，咸恐惧国变，或奔走避匿，有若大乱者。**

> 据手稿本，"九早"之"九"字以"是"字改，各抄本刊本改为"九日早"；"林旭入直就缚"一句为添加，补在行间；"是日"之"是"字由"八九十三"字改；"保国会"之"保"字由"强"字改；"亦虑会事株连"后删"咸震"；"又传闻上已"后删"不测"；"各国纷纷调兵"一句为添加，补在行间；"奔走避匿"之"奔"字为添加。

康称"九早逮捕杨叔峤……"一事，魏允恭称：八月初八日早晨亲见杨锐、刘光第、谭嗣同之被捕，"监送登车"。（参见24·86）然杨锐的门人黄尚毅称初九日早晨在其家中被捕。〔3〕盛宣怀档案中《虎坊撼闻》，对此有相同于黄尚毅的说法。〔4〕

---

〔1〕《后汉书》卷二十九《郅恽列传》、《郅寿列传》，中华书局，1965年，第4册，第 1023—1034页。

〔2〕《郑孝胥日记》八月初九日称："闻街市传言，有缇骑逮七人，即四军机章京，其三 人未详……闻收张荫桓、徐致靖、杨深秀等。"（第2册，第682页）胡寿颐日记亦 称："初九日闻说张荫桓送刑部，外有杨深秀、刘光第、杨锐、谭嗣同、林旭、徐致 靖、康有为弟康广仁等七人。此八人今早抄家，宋伯鲁所保小军机也。未知何事俱 皆拿问。"（《春明日居纪略》，《丛刊·戊戌变法》，第1册，第559页）

〔3〕黄尚毅在《杨参政公事略》中称："初九晨起，寓斋被围，锐与子庆昶及黄尚毅同逮 去。至坊上，先书锐姓名，次庆昶，至尚毅，锐曰：'彼系公车，何事拘之？'尚毅 及庆昶释回，锐遂拘去。至提督衙门，旋送刑部狱。"（《丛刊·戊戌变法》，第4 册，第66页）

〔4〕《虎坊撼闻》称："初九日，九门提督逮捕徐致靖、张荫桓、杨深秀、杨锐、林旭、 谭嗣同、刘光第七人，皆以骑围门，擒置车中。杨锐寝未起，以索絷之，并其长 子，中途乃释其子。"（《上海图书馆藏盛宣怀档案萃编》，上册，第176页）

康称"林旭入直就缚",稍有误。郑孝胥日记八月初八日记:"既寝,暾谷忽至,复起,谈良久,自言不得以康党相待。"初九日又称:"怡书来,言有官员至其宅,言礼王传林旭面话,不及待车,步行而去。"[1]"怡书",林开謩,林旭当时住在他家中,以军机大臣礼亲王世铎"面话"方式招其被捕。

初九日被捕者还有康党重要成员徐致靖、杨深秀,以及虽非康党但与康、梁关系极为密切的张荫桓。盛宣怀档案中《虎坊撼闻》称:"徐致靖未归寓,其子仁镜请代,弗许。有顷,徐自投到。"[2]康称徐"自投狱中",属实。

康党的重要成员宋伯鲁于八月初六日被革职,此次未捕。(参见24·78)

康称"时又欲捕保国会"一事,查清廷并无捕保国会之谕旨,但当时也确有此类的传言。[3]而八月十一日谕旨中"概不深究株连"一语,暂时和缓了紧张的气氛。(参见24·89)十四日光绪帝朱谕中又有"又闻该乱党私立保国会,言保中国不保大清,其悖逆情形实堪发指"一节,使保国会的参与者感到了巨大的压力。[4]十九日,郑孝胥在日记中

〔1〕《郑孝胥日记》,第2册,第682页。林怡书,又作贻书,名开謩,福建长乐人,时为翰林院编修,其父林天龄为同治帝师傅。林旭此时住在他家中。其事迹可参见徐一士撰《林开謩》一文。(《一士类稿·一士谈荟》,第443—450页)又,章太炎作《革命之道德》,称言:"戊戌变法,惟谭嗣同、杨深秀为卓厉敢死。林旭素佻达,先逮捕一夕,知有变,哭于教士李佳白之堂。"(《章太炎政论选集》,上册,第313页)刘体智称:"党人被逮前一日,林旭遇丹徒马建忠于途,亟下车,密问曰:'公自贤良寺李傅相处来与?曷回车复见傅相,为我乞命?'……李文忠之慈眷优隆,倘为二人掩护,未始不能稍动天听,惟公耻甲午战败,常思晚节自见,岂肯为他人用。"(《异辞录》,第170页)

〔2〕《上海图书馆藏盛宣怀档案萃编》,上册,第176页。

〔3〕盛宣怀档案中《虎坊撼闻》称:"初九日,九门提督逮捕徐致靖……街市汹汹,传言将悉簿保国会之在会者数百人。"(《上海图书馆藏盛宣怀档案萃编》,上册,第176—177页)

〔4〕军机处《上谕档》,光绪二十四年八月十四日。又,《申报》于光绪二十四年八月十七日刊出消息:"又闻日前康有为倡设保国会结党三百数十人,皆系宦途,现已奉旨派步军统领崇大金吾按名严拿归案惩办。"(转引自《丛刊·戊戌变法》,第3册,第428页)

称:"或言将按保国会籍究治党与,众情颇惧。"[1]二十二日,御史黄桂鋆上奏"惩治奸党按情罪轻重区为数等一律办理折",称言:"如有列名保国会,及外省入党之人,即无实在劣迹,亦应存记一册,以后凡中外要职,关系政权、兵权、利权者,概不用此项人员,以免贻误。"[2]然此策并未被清朝采用。(参见24·98)《国闻报》九月初三日以"免究保国会"为题,刊出报道:

> "……查本年保国会之议虽倡于康有为,然保中国不保大清之说,当时并无所闻。以故设会之初,上自二三品大员、翰、詹、科、道、各部员外郎、主事各官,外至公车会试之人,下及于在京之行商坐贾,无不毕集。其有识之士,则意在听议论,其无知之徒,亦无非赶热闹,故当日与闻此会之人,未必即入会之人也。此次康有为事发,而谕旨中又提及保国会一事,亦无怪乎人心之皇皇。然屡次明谕,均谓朝廷政存宽大,概不株连,亦断无将两三次入会之四五百人一律治罪之理。即使追究此事,亦必择京外各官职位较崇之人,略惩一二,以戒其余,方为不失政体。乃近闻北京商号中人,春间亦有数人入此会者,颇有戒心,惧因此贻害商业,亦殊可不必也。"

虽以"免究"为题,但宗旨是希望能"免究"而已,可见至此人心还有余悸。九月二十九日《申报》以"胁从罔治"刊出消息:

> "京师友人来简云:今春逆犯康有为在京创设保国会,强列诸人姓名,以数百计。自康逆案发,列名者防有株连,颇多危恐。言官亦有及之者,后得荣仲华中堂奏明,康有为本笙仕京中,不能禁

---

[1] 《郑孝胥日记》,第2册,第686页。又,胡寿颐在八月初九日日记中称:"闻康有为在甲午立有保国会等,共人一百多名,张荫桓等皆一堂。又闻伊所为皆不正事,与外国私通,请上游日本,种种可恶,人莫不唾骂之。且与上及诸臣某等讲经谈时事,劝易洋服,与上药水饮,致上得疾,凡所为皆非善意,故太后知之,遂加之罪云。惟保国会及欲围颐和园之事最真,前说皆传闻也。"(《春明日居纪略》,《丛刊·戊戌变法》,第1册,第559页)胡寿颐的日记,事后似有修改及追记,但明确提到了当时的传言。

[2] 《戊戌变法档案史料》,第476页。

京官及公车不与往还，但问是党不是党耳。今康党惩办已完，此数
百人多有与康有为不相识者，设若查拿，恐致滋扰连累。都下所传
如此，现今风浪胥平，皆中堂保全善类之力。凡被康逆所强列姓名
也，闻之当可安枕而卧矣。"[1]

此中"言官亦有及之者"，似指黄桂鋆奏折，而荣禄"奏明"，似指其在军
机大臣见面时所言。这一则消息的可靠性，我无法确定，仅可备一说。

康称"传闻上已有不测"，属实。当时传言甚多，报纸上也有报
道。[2]

康称"各国纷纷派兵"一事，始于八月下旬。由于八月十五日发生
了袭击外国人的事件，英国等国以此为由，要求派兵进入北京城，保护
使馆及侨民。自八月二十二日（10 月 7 日）起，英、德、俄、意、日、
法、奥、美等八国，各有一支小部队进入北京的使馆区。[3]他们的人数
虽不多，但东交民巷使馆区与慈禧太后及光绪帝所住的西苑，距离很

[1] 《丛刊·戊戌变法》，第 3 册，第 452 页。
[2] 李渊硕称："广东省城中，此三五日内谣言极盛，有谓疾除新党复用旧人等语，又有
云，圣上病笃，广召十八省医生十日内到京诊视。甚者言，京门紧闭，停止火车，
严封电线，拿问都中大臣等语。"（致汪康年，八月廿五到，《汪康年师友书札》，第 1
册，第 564 页）天津《国闻报》八月初九日刊出消息称："传闻圣躬不安，又传闻皇
上暂居静室。"十三日刊出消息称："昨有友人自北京来者云：日来皇上圣躬殊觉不
适，其病症大约是消化不良，因而成痢。皇太后怒御前太监服事不周，责毙数人，
并另派太后处熟悉当差之内监八人，在皇上左右留心伺候。"《知新报》第 69 册（光
绪二十四年九月十一日出版）在"北京要事汇闻"中记："西十月七号（八月二十二
日）香港《土篾报》云，中国皇帝久未视朝，乃时事之最可忧者。或传其自寻短
见，或谓经守旧党陷害之，或谓现抱病被困一室……更有人传皇上确系中信石之
毒，口吐鲜血，便溺亦有血状，甚危险……"（《知新报》影印本，第 1 册，第 954
页）苏继祖《戊戌朝变记》称："八月初十日，下召医进京之旨。此时京中议论汹
汹，有太监云：皇上有病，正须静养，不能接见臣下，当轴大臣有谓，皇上因服康
约病危急；又有言上已大行，俟康拿到讯明酝弑逆谋之党，方声张，恐逆党逃去
也。"（《丛刊·戊戌变法》，第 1 册，第 348 页）
[3] 八月二十二日，英国水兵 28 人、德国水兵 30 人、俄国水兵 30 人、哥萨克兵 30 人进
入了北京；二十七日，意大利水兵与军官 37 名进入北京；二十八日，日本水兵与军
官共 34 名进入北京；九月初十（10 月 24 日）法国士兵进入北京；二十日，奥地
利水兵 30 名进入北京；二十二日，美国水兵与军官 20 名进入北京。参见茅海建、
郑匡民：《日本政府对于戊戌变法的观察与反应》，《历史研究》，2004 年第 3 期。

近，给清廷造成了很大的压力。

(24·89) 十一日，下伪旨，谓吾结党营私，余免株连，以安众心。而樵野出狱军台。自六日后，言官揣摩希旨，争以攻劾新党新政为事。张仲炘于六日首劾我；而黄桂鋆请先杀六人，无贻后患。十二日，两点钟，刑部正开堂讯问，伪旨命军机大臣荣禄、刚毅、王文韶、廖寿恒会讯；忽传伪命，不必审讯，即行正法。四下钟，菜市口行刑，观者如堵。幼博先就义；欲有所语，而左右顾盼无一人。五君子以次从容赴难。呜呼，痛哉！幼博就义时，衣短衣。南海馆长班张禄，既得吾衣物，乃为缝首市棺，葬于南下洼龙爪槐观音院旁，立石树碑曰："南海康广仁之墓"。

据手稿本，"十一日，下伪旨，谓吾结党营私，余免株连，以安众心。而樵野出狱军台"一段为添加，补在页眉，"下伪旨"之"下"字由"下矫"二字改，"而樵野"之"而"字后删"流"字；"争以攻劾"后删"我"字；"于六日"三字添加；"两点钟"三字为添加；"刑部正开堂"各抄本刊本作"刑部正堂开堂"，后"伪旨命"三字为添加；"廖寿桓"之"桓"字添加；"菜市口行刑"后删一字；"五君子以次从容赴难"一句为添加，补在行间；"衣短衣"后删三字；"张禄"、"缝首"为添加。

此节所言，为戊戌六君子就义。

康称"十一日下伪旨……"一事，即八月十一日，刑部尚书崇礼等上奏"案情重大钦派大臣会同审讯折"，称张荫桓、徐致靖、杨深秀、杨锐、林旭、谭嗣同、刘光第、康广仁已收押刑部监狱，"查臣部向办重大案件，均经奏派大学士、军机大臣会同审讯。今此案该革员康有为结党营私，莠言乱政，牵涉大小臣工多名，案情极为重大。相应援案奏请钦派大学士、军机大臣会同臣部审讯，以昭慎重。"[1]当日明发上谕：

"刑部奏，案情重大，请钦派大臣会同审讯一折。所有官犯徐致靖、杨深秀、杨锐、林旭、谭嗣同、刘光第并康有为之弟康广

――――――――――

〔1〕《戊戌变法档案史料》，第465页。

仁，著派军机大臣会同刑部、都察院严行审讯。其张荫桓屡经被人参奏，声名甚劣，惟尚非康有为之党，著刑部暂行看管，听候谕旨。至康有为结党营私情罪重大，业将附和该犯之徐致靖等交部严讯，此外难保官绅中无被其诱惑之人，朝廷政存宽大，概不深究株连，以示明慎用刑至意。"[1]

这一道谕旨是对刑部奏折的回应，大体分为三项内容：其一，徐致靖、杨深秀、杨锐、林旭、谭嗣同、刘光第、康广仁七人为"官犯"，派军机大臣会同刑部、都察院审讯。其二，张荫桓不属康党，刑部暂时看管，听候谕旨。其三，"朝廷政存宽大，概不深究株连"，以能稳定人心。康称"余免株连"即是此旨。英国公使窦纳乐称："无疑地这是企图使其他与康有关的官员安心，特别是康最近在北京所组织的保国会，这会社的会员约有三百多人。"[2]同日，慈禧太后进行第一次政策清算，变法举措大多被废除。[3]

八月十一日谕旨中"张荫桓屡经被人参奏，声名甚劣，惟尚非康有为之党，著刑部暂行看管，听候谕旨"一节，另有其背景。张荫桓精明强干，是光绪帝的亲信大臣，仅光绪二十四年就受到了 16 次召见。[4]

[1] 军机处《上谕档》，光绪二十四年八月十一日。此时的军机大臣为刚毅、裕禄、王文韶、廖寿恒。十三日，荣禄方授为军机大臣。

[2] 窦纳乐致英国外交大臣，1899 年 9 月 28 日，王崇武译：《戊戌政变旁记》，《丛刊·戊戌变法》，第 3 册，第 541 页。

[3] 清廷发下明发谕旨："……现在详察情形，此减彼增，转多周折，不若悉仍其旧。著将詹事府、通政司、大理寺、光禄寺、太仆寺、鸿胪寺等衙门照常设立办事，毋庸裁并……至开办时务官报及准令士民上书，原期寓明目达聪之用。惟现在朝廷广开言路，内处臣工条陈时政者，言苟可采，无不立见施行。而疏章竞进，辄多摭拾浮辞，雷同附和，甚至语涉荒诞，殊多庞杂。嗣后凡有言责之员，自当各抒谠论，以达民隐而宣国是。其余不应奏事人员，概不准擅递封章，以符定制。时务官报无裨治体，徒惑人心，并著即行裁撤。大学堂为培植人才之地，除京师及各省业已次第兴办外，其各府州县议设之小学堂，著该地方官察酌情形，听民自便。其各省祠庙不在礼典者，苟非淫祀，著一仍其旧，毋庸改为学堂，致于民情不便。"（军机处《上谕档》，光绪二十四年八月十一日）

[4] 其时间为：正月初九日、二十一日、二月初七日、三月初一日、初十日、十四日、十七日、十八日、二十八日、闰三月初十日、五月初一日、初六日、十六日、七月初五日、二十日、八月初四日。（见《光绪二十四年京官召见单》）

而慈禧太后对于影响光绪帝的人，都视若敌手。翁同龢被罢黜后，慈禧太后一度也想对其下手。[1]八月初九日慈禧太后下令捕张荫桓，正欲借机除去此敌。然第二天，初十日，英国公使窦纳乐听说张荫桓会被处死的消息，立即作出激烈反应，写信给李鸿章：

> "西方各国认为，这种突然处刑带有恐怖色彩，同时匆忙秘密地处决像张荫桓这样一位在西方各国很闻名的高级官吏，将会引起很坏的结果。"

窦纳乐要求李鸿章施加影响阻止处死张荫桓。[2]除此之外，窦纳乐约日本代理公使林权助共同行动。林权助与伊藤博文商量后，于初九日晚11时亲赴李鸿章寓所，施加压力。[3]英、日两国的压力果然生效，八月十一日谕旨有意将张从康党中摘出，另案处理。

然而，英、日两国的此番干涉，引出了相反的作用。

康称"张仲炘于六日首劾我，而黄桂鋆请先杀六人……"等语，稍有误。康不知道英、日的干涉、官员上奏请求立即处决的实情，而可能

---

〔1〕 五月初三日，御史胡孚宸上奏参张荫桓，称其在办理英德续借款时，受贿二百六十万，与翁同龢平分。慈禧太后闻之大怒，欲将张拿问。（《张荫桓戊戌日记手稿》，第173—181、184—186页）又，张之洞收到的京内密报称："上月初四日，胡公度侍御奏劾张荫桓，有借款得贿二百余万，七口改归税司经管，有私改合同事。又议增赫舆薪水，每年骤至百廿万等语。慈圣大怒。次日面谕英年查抄拿问。崇礼故缓之。旋有立山出为恳求，其事遂解。闻廖仲山亦若求于上前，尚未允。立一人最得力也。"（孔祥吉：《戊戌维新运动新探》，第80页）后流亡至日本的王照与犬养毅笔谈时称："张亦南海人，两宫不和，半系此人离间。太后于去岁二月（误，当为五月）遣步军统领抄其家，伊纳银二十万于中官，免。"（《关于戊戌政变之新史料》，《丛刊·戊戌变法》，第4册，第332页）

〔2〕 窦纳乐致英国外交大臣，1899年9月28日，王崇武译：《戊戌政变旁记》，《丛刊·戊戌变法》，第3册，第541页。又，李鸿章的回信称：保证绝不会匆忙行事。

〔3〕 当天晚上，林权助为伊藤博文访华举行答谢宴会，李鸿章及总理衙门两位大臣和总税务司赫德出席。晚上10点，英国公使派秘书来，林权助与之即在另一房间相谈。据称张荫桓可能被处死刑，英国公使请借助伊藤博文之力相救。林权助与英国公使馆秘书相谈时，李鸿章及其他清朝官员已离去。林即与伊藤相商，两人皆认为若要救张荫桓论地位非李鸿章莫属。而事后林权助听说，当他与李鸿章交谈时，英国公使亦派其秘书来李寓，当时正在别的房间等候。（林权助致大隈重信，第102号机密信，1898年10月19日发，11月2日收，《日本外交文书》第31卷，第1册，第687页）

听到了一些传说。[1]

从档案所见，此一事件的经过是十分清楚的。

八月十一日，兵科掌印给事中高燮曾、工科掌印给事中庆绵、工科给事中张仲炘、京畿道监察御史胡孚宸、掌江南道监察御史徐道焜、掌广东道监察御史冯锡仁、掌广西道监察御史穆腾额于联衔上奏"除恶宜速缓恐生变折"，称言：

> "……昨阅天津《国闻报》，有西人定将干预之语，臣等且骇且惧。查康有为至今尚未拿获，其死党梁启超亦改洋装潜遁。若辈党与众多，难保不混造谣言，诬谤宫廷，致西人藉口平难，震惊辇毂。从前朝鲜被倭人戕妃逼王，其明证也。拟请皇太后、皇上当机立断，将张荫桓、徐致靖、康广仁、谭嗣同、林旭五人速行惩办。其余俟讯供后，分别办理。若稽延时日，万一张荫桓勾串西人，变生意外，悔将无及。并请电旨饬将康有为、梁启超务获解京，或即就地正法，以免蔓滋难图，大局幸甚。"[2]

高燮曾曾保举过康有为。（参见23·5）此次他集合6位言官提议将张荫桓、徐致靖、康广仁、谭嗣同、林旭五人立即处死，留下杨深秀、杨锐、刘光第进行审讯，区分十分明确。然十一日的奏折，是初十日晚上

---

[1] 《国闻报》光绪二十四年八月初十日以"参劾传闻"为题刊出消息："有人自北京来者云，初四日得张次珊侍御奏劾户部侍郎张荫桓及康有为、林旭诸人，是日未奉批旨。初六因再上一折……"苏继祖《戊戌朝变记》称：八月初五日"张侍御仲炘劾张荫桓、康有为、杨锐、林旭及新进诸臣；先一二日，贻谷参李端棻、陈宝箴滥保匪类，皆未批发。"（《丛刊·戊戌变法》，第1册，第346页）从档案来看，这些关于张仲炘的说法皆无根据。

[2] 《戊戌变法档案史料》，第466页。高燮曾等又称："事关机密，仰恳勿将此折发归军机处寻常档案。"直军机处《早事档》记："给事中高燮曾等封奏一件……奉旨留"，军机处《随手档》中无记录，可见该折被慈禧太后留中了。《戊戌变法档案史料》发表该折时略去多人衔名，据原折补。（见《军机处录副·补遗·戊戌变法项》，3/168/9457/260）又，《国闻报》八月初九日刊出消息：八月初七日"又有西人由三点钟晚车自北京来云：张侍郎下狱并无其事……惟康有为之弟广仁及写字人等，均已被获。又传闻圣躬不安，又传闻皇上暂居静室，不接臣僚。该西人又云：若果如此，外人定将干预，决不听之。"

递到奏事处，他们还不知道英、日两国已经干涉。

八月十二日，福建道监察御史黄桂鋆上奏"请早定大计以杜祸变折"，称言：

> "……且天津《国闻报》妄造谣言，谓外人意颇不平……臣之
> 愚见，以为此事宜早决断，将已获之犯速行处治，以绝其望。至案
> 内牵连人员应拿者拿，应黜者黜，应宥者宥，一经办理定夺，即请
> 明降谕旨，宣示中外，使为首者不能漏网，为从者不致生心。即外
> 人欲来干预，而事已大定，无所施其术矣。臣素知康有为、张荫桓
> 居心诡谲，故望朝廷先发制人，庶免奸党煽乱。"

黄桂鋆曾弹劾"保浙会"、"保滇会"（参见24·14），是反对康有为的坚
决人士，也要求立即下手。然黄欲上奏时，又看到了八月十一日谕旨，
于是再上"妥速迅明定案片"，称言：

> "……臣更有请者，刑部以案情重大，奏请派大臣会同审讯，
> 窃恐宕延时日，致误事机。拟请饬下该大臣等，妥速讯明定案。至
> 张荫桓平日声名甚劣，虽非康有为之党，亦应按照屡次被参款迹，
> 从重惩处，以儆奸邪。"[1]

慈禧太后当日发下交片谕旨："交御前大臣、刑部、都察院，军机大臣面
奉谕旨：徐致靖等一案，著派御前大臣会同军机大臣、刑部、都察院审
讯，限三日具奏。"[2]慈禧太后增派御前大臣，是因其中有亲信庆亲王
奕劻，且规定了"三日"期限。

八月十三日，国子监司业贻谷上奏"乱党尚假外势请饬迅速定罪而
杜干预折"，称言：

---

[1] 《戊戌变法档案史料》，第467—469页。黄桂鋆虽请杀全体被捕者，但对康党是有分
别的："外间传说纷纷，皆谓康有为弟兄所犯案情重大，其党之同谋者，在内则以张
荫桓、徐致靖、谭嗣同、林旭为渠魁，而杨深秀、宋伯鲁等扶助之；在外则以黄遵
宪、熊希龄为心腹，而陈宝箴、徐仁铸等附和之。此外尚有梁启超、麦孟华等数十
百人，蔓延固结，党羽遍布。甚到有徐勤等赴日本，与叛贼孙文设立大同会……"
他没有提到杨锐、刘光第。又，黄桂鋆该折还附有"请罢斥陈宝箴拿问黄遵宪等人
片"，参见24·98。

[2] 军机处《上谕档》，光绪二十四年八月十二日。

（张荫桓）"今因逆案被逮，必将与徐致靖等共浼外国使臣，为之缓颊。倘出而居间排解，从之则无以彰国法，不从又无以顾邦交……再四思维，惟有伏请睿断，迅饬定案，分别重轻，早正其罪，俾彼族无干预之间，庶国法可行，而逆萌潜息矣。"[1]

贻谷奏折击中要害，他可能不知道英、日两国公使对张荫桓案的干预，但提醒慈禧太后，即各国公使再出面该如何办理？张荫桓之例很可能再度出现。于是，慈禧太后不顾前天昨天的两道谕旨，下令立即处死其中的6人：

"康有为心存叵测，广结党羽，大逆不道，罪不容诛。康广仁、杨深秀等与之同谋。谭嗣同等于召见时，语多挟制，同恶相济，均属罪无可逭。除张荫桓尚非康党，著暂行看管，听候谕旨；徐致靖著监候待质外，其情节较重之康广仁、杨深秀、谭嗣同、林旭、杨锐、刘光第六犯，均著即行处斩，派刚毅监视行刑，并著步军统领崇礼等多派弁兵弹压。"[2]

当天下午，康广仁等六人于菜市口就义。[3]康称其六君子就义时间有误，不是"十二日"而是十三日。

康称"十二日，两点钟，刑部正开堂讯问"一事，似为有误。十二日已奉旨加派御前大臣，即由庆亲王奕劻办理此案。军机大臣当日奉诏，似不可能与刑部、都察院在御前大臣未到场时先行审问。且荣禄至十三日才授军机大臣，十二日也不能参加审讯。康可能听到了传

---

〔1〕《戊戌变法档案史料》，第469页。贻谷虽称"分别轻重"，但在折中称"其纠约暨谋、危我社稷之张荫桓、徐致靖、杨深秀、杨锐、林旭、谭嗣同、刘光第并康广仁等"，看不出之间的轻重。

〔2〕军机处《上谕档》，光绪二十四年八月十三日。

〔3〕叶昌炽光绪二十四年八月十三日日记称："午后至别墅，归经菜市，见人头拥挤，知为行刑……"（《缘督庐日记》，第5册，第2740页）郑孝胥该日日记称："日斜，闻柴市杀六人。长班来言，于宣武门大街逢囚车，其第三车即暾谷也，衣冠反接，目犹左右视，其仆奔随且哭，惨矣哉！"（《郑孝胥日记》，第2册，第684页）

言。[1]而奕劻于十二日奉旨办理此案时，有心宽宥杨锐、刘光第。此中的细节，陈夔龙记：

"……定例，御前班次在军机、内阁之前，众推庆邸领衔（时官御前大臣）。天尚未辨色，邸堂忽命材官来余寓所，促入府商议要件。余遵谕趋往，铁君良亦至（时为工部司员，后为江宁将军）。邸云：'康广仁等一案极为重大，吾忝领班，不能不借重两君，速往刑部会讯。'并谓：'同案六人情形亦复不同，闻杨君锐、刘君光第皆均系有学问之人，品行亦好，罗织一庭，殊非公道，须分别办理。君等到部，可与承审诸君商之。'余等趋出，时甫上午九钟，爰往译署，先行片文咨照刑部，略述奉派会审缘由。讵余车行甫至西交民巷口，部中番役来告，此案因今早某京堂封奏，请勿庸审讯，即由刚相传谕刑部，将六人一体绑赴市曹正法。缘外间讹言孔多，有谓各公使出而干涉……时戊戌八月十三日之事。"[2]

---

〔1〕叶昌炽光绪二十四年八月十二日日记称："根生来久谈，知拿问诸公，今日军机、刑部、都察院会讯。"（《缘督庐日记》，第5册，第2740页）叶是听说，很可能听说了十一日谕旨。《国闻报》光绪二十四年八月十五日以"明正典刑"为题，刊出消息："本馆北京访事人来函云：朝廷以康有为一案案情重大，特派军机大臣会同刑部严行审讯。此十二日谕也。当日下午在刑部南北监司提集官犯七人严讯。于十三日请旨。午后奉朱笔著将参预新政之军机章京刘光第、杨锐、谭嗣同、林旭四人及已革御史杨深秀、康有为之弟康广仁一起，官犯六人提赴菜市口斩决，并枭首示众。此十三日下午六点钟事也。至已革侍读学士徐致靖闻尚未处决，改为斩监候。于讯供情节若何，事甚机密，外人不得而知。"这一条消息有着明显的错误，其一军机大臣参预审讯是十一日之旨；其二称军机大臣将审讯结果请旨而获朱笔；其三称徐致靖为"斩监候"。可知是不了解内情的人提供。然于此中提到了十二日下午之审讯。而康有为致李提摩太的信称："闻未刑之前，足下曾于十二日入狱相视，不知舍弟有何遗言相告，乞以见示。"（《康南海先生遗著汇刊》，第17册，《康南海先生墨迹》，第155页）李提摩太入狱相视，并无其事，自是康听到的一种传言。

〔2〕《梦蕉亭杂记》，第16—17页。又，《觉迷要录》引八月十五日《申报》消息称："十三日晨，军机王、大臣会同都察院，至刑部审讯钦案，各司员及前往听审者，几二百人。候至午刻，尚未审讯。未刻，刑部奉到密旨，即著将官犯康广仁等六人提出，部中各官咸鹄立候审，不知此时已绑赴市曹处决矣……官犯各人临刑时有穿官服者，惟康广仁袜而登车，身着短衣，面色如灰土。谭嗣同激昂就戮，甘死如饴。林旭先号咷而后笑。有亲友馈送纸钱者，约数十人。至夜，即有各家属前来收殓，惟康广仁无人出名为之收瘗。经粤东会馆出钱，交四川会馆雇人，代收瘗于三圣庵侧义冢。"（《觉迷要录》，录三，第18页）

由此可见，十三日的审讯尚未进行，即奉慈禧太后之令处决六君子。官员未经审判而直接处以死刑，是清朝历史上惟一的特例。

康称"南海馆长班张禄"一事，当时有报道："康弟广仁之死，至无敢收其尸者，其衣衾棺木悉由南海会馆长班代办，迟至日暮，始由长班潜往棺殓异去。都中旧有广东义园，值年京官为杨少司马颐，因康系钦犯，不许康弟寄埋园中。"[1]康称"葬于南下洼龙爪槐观音院"，该院即龙泉寺，又称龙树寺，在今北京宣武区陶然亭龙爪槐胡同。南下洼，清末民初时多苇塘，多坟地，少人烟。[2]光绪二十六年（1900）三月，康有为派梁铁君入京寻找康广仁墓，"得于北京宣外南下洼龙树寺旁，携遗骸而归。"[3]1916年，康有为在江苏句容道教名山茅山选择墓地，移葬康广仁及其母劳连枝、三姨太何旃理。

康称"樵野出狱军台"一事，八月十四日，即处死六君子的次日，慈禧太后下达了对张荫桓、徐致靖以及徐仁铸的处置：

> "已革户部左侍郎张荫桓居心巧诈，行踪诡秘，趋炎附势，反复无常。著发往新疆，交该巡抚严加管束。沿途地方，著各该督抚等遴派妥员押解，毋稍疏虞。已革翰林院侍读学士徐致靖，著刑部永远监禁。翰林院编修湖南学政徐仁铸著革职，永不叙

---

[1] 《申报》光绪二十四年九月初三日，《丛刊·戊戌变法》，第 3 册，第 438 页。又，康有为曾写信给李提摩太，请其代收其弟遗骨，"舍弟无辜被戮，肝肠寸裂，其遗骸不知何在，恐无敢收者。先生仁心义闻暴著天下，向来捧襟幸托相知，舍弟亦托交末。伏乞先生代收遗骨，寄交渣甸怡和行轮船，交香港（用西字信）渣甸行买办何东转寄便可得收。所有运费船纸，望代写办，以便汇上。"（《康南海先生遗著汇刊》，第 17 册，《康南海先生墨迹》，第 151—152 页）

[2] 谭嗣同：《城南思旧铭并叙》有描写南下窪之景色："……后临荒野，曰南下洼。广周数十里，苇塘麦陇，平远若未始有极……城中鲜隙地，民间薶葬，举归于此。蓬棵累累，坑谷皆满，至不可容，则叠瘗于上。甚且掘其无主者，委骸草莽，狸狻助虐，穿冢以嬉，髑髅如瓜，转徙道路。加北俗多忌，厝棺中野，雨日蚀漏，豁岈洞开，故城南少人而多鬼。"（《谭嗣同全集》增订本，第 22—23 页）也因为如此，康有为再三托人为其弟收遗骸回运。

[3] 康文佩：《南海康先生年谱续编》，文海出版社，1972 年，第 3 页。

用。”〔1〕

张荫桓虽未被处死，然远戍新疆。光绪二十六年（1900），在义和团的热潮中，根据慈禧太后的命令，张荫桓被秘密处死。徐致靖由此被关押在刑部监狱。

（24·90）九月一日，陈士廉介叔曾冒险难走京师，夜视之，欲起运归；而逻者严密，未克而还。是役也，梁元理同行，至津而归。介叔慕义蹈险，真古之人也！

据手稿本，“九月一日”为添加，后删三字；“陈士廉”之“陈”字后删“介”。

陈介叔，字士廉，号大棱，广东高要人。入万木草堂，亦为《知新报》笔政。后赴日本，为神户日文学校教员等职。〔2〕梁元理，万木草堂门生。〔3〕陈介叔、梁元理此次香港北行，康有为曾写信给李提摩太，要求相助。〔4〕宫崎寅藏在回忆录中对此亦有记录：

“……两天以后，康的门生×××来访。我正在和别人谈话。他左手持巾掩面，挥右手招我入室。我觉得奇怪，跟他到那里。他满面通红，两眼垂泪，对我说道；‘我决心与×××同去北方。此行已期再归，也不能再见。如果北方风云有变，即为我死之日。方才已与康先生洒泪告别，临行时先生命我拜别足下。这是他对你莫大的信任。我恳切请求足下能援助和保护康先生，以挽救我国的前途。不胜感激之至。’说罢离开座位跪下，向我三拜九叩，泪流满面，

〔1〕军机处《上谕档》，光绪二十四年八月十四日。又，刘声木称：“学士后以庚子拳祸之乱，八国联军放出，复至西安，请收禁，奉旨准其回籍，尚能明大义。”（《苌楚斋随笔、续笔、三笔、四笔、五笔》，中华书局，1998年，上册，第539页）刘说并不准确。

〔2〕陈汉才：《康门弟子述略》，第131—132页。

〔3〕陈汉才：《康门弟子述略》，第164页。

〔4〕康有为信中称：“顷令门人陈介甫、梁元理入都收拾舍弟遗骨，望函致都中贵友（西人）招呼一切，是所感祷。”（《康南海先生遗著汇刊》，第17册，《康南海先生墨迹》，第157页）该信发于日本，由弟子汤觉顿代书，而所引“陈介甫”一行字由康有为亲笔。

情词恳切，我岂不能为之感动欷歔！于是叫来酒肴，两人相对且泣且饮，少时握手言别。傍晚×××也来访我。他是和×××同行的。也把我招到别室，说道：'×××已经见过你了。我不再多说，切望你保护康先生，还请你对敝国之事多方帮忙。除之以外，别无他求。'说罢潸然泪下……"[1]

此中的两人，即为陈介叔、梁元理。

日本外务省前参与官志贺重昂与梁启超笔谈时，曾写道："广东陈士廉、梁元理二人将往北京，拾康有为之弟某遗骨，而北京警严，不容广东人。电送矢野公使、郑领事以此事。"[2]

（24·91）幼博才断绝人，方就官主事，上条陈言改元、迁都事，王小航疏荐于朝。上开懋勤殿十人名单，传闻有幼博名。后以西后有变，衣带诏出，事不果。幼博之才一不展用，年仅三十二；无子，遗一女，名曰同荷，八龄耳。老母在堂，吾遂折翼，竟以吾故致蒙大戮，白骨不归，痛可言耶！

> 据手稿本，"上条陈"前删"为草"二字；"言改元、迁都事，王小航疏荐于朝。上开懋勤殿十人名单，传闻"一段为添加，补在页边，"十人"、"传"字为再添加，"闻"字后删"有是"二字；而后为另页，删"皇上既阅《波兰分灭记》后大□，幼博为李芯园、徐子靖"，可能是康先前所写之废页，再度利用；"遗一女"之"遗"字为添加；"白骨不归"为添加。

康广仁的功名，似为捐监生；后捐从九品"巡检"小吏，在浙江杭州当差约一年。（参见22·2）又据光绪二十三年底经元善领衔《中国女学堂禀北、南洋大臣稿》，具名"候选通判康广仁"，可知其已捐正六品的"通判"。[3]此处康称"方就官主事"，为"候选主事"。[4]很可能是

---

〔1〕《三十三年之梦》，第137—138页。

〔2〕《日本外交文书》，第31卷，第1册，第705页。

〔3〕《经元善集》，第210页。

〔4〕康作《加拿大未洁岛祭六君子文》中亦称："诰授宣德郎、候选主事亡弟幼博。"（《康有为全集》，第5集，第134页）

光绪二十四年春康广仁到京后由"候选通判"改捐"候选主事"。

康又称康广仁"上条陈言改元、迁都事",似康为其亡弟增彩。按当时的官规,康广仁上条陈须由都察院代奏,我在军机处《早事档》、《随手档》以及都察院代奏的原折中,都没有发现与康广仁相关的记录。然康广仁确有改革思想[1],并主张岁科试废八股改策论。(参见24·26)

康称"王小航疏荐于朝",即王照荐康广仁入懋勤殿一事。(参见24·69)王照后来对康广仁亦有评价,称言:"是时南海住南海试馆,任公住新会试馆,相距两里,余与南海为同年兄弟,累年旧交,所寓又在半里之内,且与康幼博又最契。(南海胞弟,名广仁,与余意见十有九合,余尝劝南海宜多听幼博话。)"[2]

康同荷,康广仁之女,后归康有为抚养。梁启超称:"毕业于日本女学,明锐有父风。"[3]

> (24·92)政变之狱,一以文悌之折为案据。先是四月大阅,吾与幼博出西直门视之。还游极乐寺,入西直门,经文悌之宅,吾顺与幼博访之。后文悌直入室,来视吾疾,幼博陪之,与论变科举数言。文悌劾吾,竟牵及幼博名,自是京师无不知幼博者。谣谤之兴,乃至谓幼博出入内廷,曾有在乾清宫门遇之者。展转传述,或

---

[1] 康广仁的政治思想可见于梁启超:《康烈士广仁传》(《康南海先生遗著汇刊》,第17册,《哀烈录》卷一,第8—17页)颇有溢词。孙宝瑄光绪二十三年十一月十七日与康广仁长谈,日记中称:"康幼博过谭,谓中国不变法,当归咎于圣祖。盖圣祖与俄大彼德同时,非不知泰西之强也,然而不知变计以自振,宜今日之弱也。或者天以四百兆失教化黄种,使骤强,将为地球患,姑抑之令徐苏醒,所以保太平耳。"(《忘山庐日记》,上册,第150—151页)此可窥其思想一斑。此外,《知新报》第41册(光绪二十三年十二月初一日出版)刊出康广仁《吕宋华民托西班牙保护文书后》,第45册又刊出《联英策》(《知新报》影印本,第1册,第491、557—558页),然《联英策》很可能是康有为起草的。(参见23·10)

[2] 《复江翊云兼谢丁文江书》,《丛刊·戊戌变法》,第2册,第574页。王照此信写于1929年。

[3] 《康烈士广仁传》,《康南海先生遗著汇刊》,第17册,《哀烈录》卷一,第16页。

信为真，故旧党泄愤，遂及大戮。而杨漪川亦以文悌劾之，有"不可告人"一语，遂致京朝谣言满听，吾及漪川之祸，皆出于此。张樵野之万里军流，亦为吾夜宿一言。诗云："谗人罔极，交乱四国。"又云："取彼谗人，投畀豺虎，豺虎不受。"文悌之险诐有之。诗人所以痛绝之哉！极乐寺耶，凄怆心目，极哀出之，遭此鞫凶。先君之躬，惟我二人，吾今孑然煢煢，何以为生耶！

据手稿本，"先是四月"之"四"由"三"字改；"入西直门"后删一字；"牵及幼博名"之"牵"字为添加；"遂及大戮"后删"诗"字；"杨漪川亦以文悌劾之"之"劾之"二字为添加；"万里军流"之"军"字为添加；"亦为吾夜宿"之"吾"字为添加；"极哀出之"的"之"，《戊戌变法》本漏，标点亦不同。

康称"一以文悌之折为案据"等语，指文悌"严劾康有为折"，弹劾康有为、康广仁、杨深秀、宋伯鲁、张荫桓等人，其中称康有为夜宿张荫桓家。（参见24·30）贻谷八月十三日上奏"乱党尚假外势请饬迅速定罪而杜干预折"，也有同样的说法："张荫桓与康有为往来最密，通国皆知，康有为时宿其家，无异家人父子。数月以来，种种悖逆，张荫桓实与康有为同恶相济。"[1]康广仁"出入内廷"的谣言，当时传播甚广。[2]

"四月大阅"，指慈禧太后与光绪帝于闰三月二十至二十二日在北京西山一带阅操，由京营八旗的神机营、火器营、健锐营、武胜新队出演新操。[3]手稿本先写"三"月后改为"四"月，其时间记忆有误。

"极乐寺"，在今北京海淀大有庄，颐和园之北。一说为元代至元年

〔1〕《戊戌变法档案史料》，第469页。
〔2〕魏允恭八月初八日致汪康年信中称："昨日上谕有'门禁森严'等语，则幼博等人入内办事之说不为无因。慈宫震怒，窃不知何人传递消息。"（《汪康年师友书札》，第3册，第3116页）盛宣怀档案中《虎坊撷闻》称："初七日，有申重门禁之诏，或言太后于禁中审问太监，以康有为兄弟私入禁中之故。"（《上海图书馆藏盛宣怀档案萃编》，上册，第176页）皮锡瑞在八月十六日日记中称："千臣至，云见赞云，伊前月廿日外出京，势已岌岌……康广仁久在宫中，近旨皆其所拟。"（《师伏堂未刊日记》，《湖南历史资料》，1959年第2期，第155页）
〔3〕《清代起居注册》光绪朝，第60册，第30677—30681、30695—30697页。

间（1335—1340）所建，另说为明成化年间（1465—1487）所建。[1]

"谗人罔极，交乱四国"，语出《诗经·小雅·青蝇》。诗曰："营营青蝇，止于棘，谗人罔极，交乱四国。"意为：飞来飞去的苍蝇，停在荆棘上，谗言的小人，使四国皆乱。

"取彼谗人，投畀豺虎，豺虎不食"，语出《诗经·小雅·巷伯》，"豺虎不受"之"受"字，为康有为笔误。诗曰："彼谗人者，谁适与谋？取彼谗人，投畀豺虎，豺虎不食，投畀有北，有北不受，投畀有昊。"意为：这样的谗人，谁又能与之相谋；将这样的谗人，投给豺虎，豺虎都不吃，投到北方，北方都不接受，只能投到上天去。

（24·93）当初六日闻变，卓如电上海孺博告变。上海于七日得电，楚卿、云樵为吾与日本《亚东时报》馆人设法救我。而汪穰卿告上海县，引捕役来大同局及卓如之家逮捕，乃皆走避。

据手稿本，"当初六日闻变"由"六日"改；"电上海"之"上海"由某字改；"得电"后删"即走避"三字；"云樵"二字为添加；"为吾与日本"之"与"字由"入"字改；"亚东时报"由"东亚时□"改。

楚卿，即楚青，狄葆贤。前由康有为派往上海，接办《时务报》。（参见 24·51）

云樵，欧榘甲，广东归善（今惠阳）人。康有为弟子。曾参与编澳门《知新报》、上海《时务报》事，光绪二十四年春，由梁启超荐湖南时务学堂分教习。此时在上海。

《亚东时报》（1898—1900），光绪二十四年五月初七日创办于上海，月刊，每期约 30 页，由日本乙未会主办，山根之助（立庵）为主编，用日、汉两种文字刊登。该报支持维新运动。由于戊戌政变发生，该报第

---

[1] 极乐寺坐北朝南，原分 3 路，中路有山门、前殿、正殿及东西配殿。正殿后为达本和尚塔，东跨院是花园，有寄心斋、池塘等景观；西跨院为僧房。寺内曾有明嘉靖二十八年（1549）《创建极乐禅林记》碑，为大学士严嵩撰书。碑阳刻有明万历五年（1577）《极乐寺护持香火坟茔碑记》。今存正殿和正殿耳房。

四号未能准时出版，延至十月初二日问世，且公开表示对六君子的哀悼。该报第6号起，由唐才常主编，改半月刊。光绪二十六年三月后，唐才常等人无暇顾及该报，该报并入日本人主办的《同文沪报》。

康称狄葆贤、欧榘甲与《亚东时报》馆人在上海设法救他，我尚未读到相关的史料。

康称汪康年"告上海县""引捕役"一事，有误。戊戌政变后的第三天，八月初九日，清廷命刘坤一在上海等处捉拿梁启超。[1]初十日，上海道蔡钧电告捉拿情况：

> "蒸电报查拿梁启超无确耗，谅邀鉴察。顷又据上海县黄令票：遵带捕役到梁启超眷寓及所设之译书局内搜捕，仅获到司事张其明等。据供梁启超自会试入都后，并未到过局内，伊父梁宝应、伊弟梁启芬已于初七日乘'永生'轮船赴粤等语。是梁犯先已得信无疑，除仍密缉外，应请电粤密拿。钧。蒸酉。"

十一日，刘坤一再电告捉拿之细节：

> "……又据该道（上海道）电称：奉旨后即密询与梁有隙之汪康年、曾广铨，均云梁实未回沪，复往上海县黄承暄巡捕到梁眷寓及所设之译书局内搜捕，仅获到司事张其明……将张其明等隔别严讯，追求梁启超实在下落……"

该电总理衙门于十二日收到。十三日，刘坤一电告审讯情况：

> "昨饬上海县研讯张其明，严究梁启超下落。兹据电票张其明等复讯，据张供：梁启超三月初一日赴京会试，至今未回。本月初七日梁父及其弟闻外边谣言，即附'永生'回粤，初八日接梁北京来电，嘱家眷走避，梁眷亦即附轮回粤，局内管事人全逃等语。再三研究，矢口不移等语。"[2]

---

〔1〕 总理衙门于八月初十日收到两江总督刘坤一电报："佳电奉悉，遵旨电饬沪道严密查拿梁启超，一俟报获，即行派员押解来京。请代奏。坤一。卦。"（《总理衙门清档·收发电》，01−38/17−4）"佳"为初九日的代码，"卦"为初十日的代码。
〔2〕 《总理衙门清档·收发电》，01−38/17−4。"蒸"是初十日的代码，"酉"为下午五时到七时。"译书局"即大同局，时称大同译书局。

由此可知，八月初七日，梁启超父亲与弟弟得到传闻后，即乘船南下；初八日，梁启超的电报到达，梁家眷也乘船南下，而大同译书局等人皆同时走避。初九日清廷电旨捉拿梁启超，初十日，上海道与上海县派捕役去梁家及大同译书局，结果扑了个空。[1]只是在行动之前，上海道蔡钧曾向汪康年、曾广铨打探过梁启超的下落，汪仅告梁尚未回沪。

（24·94）初八日，陈子褒电广州公善堂区谦之。时吾筑室花埭，谦之夜渡江来吾家告变，而不欲明言。然时以吾为必死矣，举家饮泣。谦之竟夕坐催检拾行李。至九日五更，举家下舟。是日为礼拜，港澳轮不开，十日乃下澳船。船甫开，逮捕吾家之兵即至，盖谭钟麟亦于八日接电，则已于八日夜到城内云衢书屋矣。不得吾家人，故九日侵晓而来也。兵役来大掠，捕看屋三人去。吾电发已迟，若无子褒之电，及谦之适在，而谦之之勤之也，家人皆被逮矣。又幸适筑花埭新屋，若仍居云衢书屋，则在城中，夜间谦之无从飞至，亦无从飞出，早及于难矣。呜呼！岂非命哉？是时吾母还苏村，居乡，得谦之信，即令仆人关纯往迎出港澳，家人震惊，相对泣。二姊惟决力劝母行。十二日，关纯偕一女仆护老母出城。十三夕，由城下香港。关纯过谨畏，谓不当坐上舱，乃坐下舱。坐客繁多，竟夕无卧处，又杂稠人中，言语秽恶，气味腥膻。吾母屏气不敢言，不敢屑悌，皆生平未尝经此者。至港，入鸿安客栈，而不知吾家人所在。十四日，关纯复还城查问，乃知过澳门。十四夕，关纯还港。十五晨，护老母过澳，则知吾还港。十六日，复来港相见。然老母生平寡出，出必有子孙从，又未尝居客栈，当患难忧惊，到港无归，仅与一女仆相对隐泣吞声，凄惶万状。既见，告知为不孝未能救天

<hr/>

〔1〕 光绪二十四年八月十一日《申报》报道："先是道宪蔡观察接得密电，尚有粤省举人梁启超，即梁卓如，系庞门生，在大马路开设大同译书局，亦令一体拿究。因饬上海县黄大令立发朱签，派差薛贵、捕役柴樛、徐文前往拘拿。至则梁已逃避，仅将司事张其明及拉包车之钱阿金、家丁胡启发、送书之唐阿二、刘德荣五人解县。下午即由委员李二尹提案密讯……"（转引自《丛刊·戊戌变法》，第3册，第419页）

下，几危吾母，虽天幸得全，而贻以大忧，不孝之罪上通于天矣！

弟妇及同荷亦于翌日来澳。时风声传播，奸人生心，亲戚多被掳挟者。吾舅道为奸宄所胁，索千金而后得还。吾二姊、四妹托于姒娣，高楼深室，每夕一迁。父母妻三族人凡数千，并皆走避，而望门投止，或多见拒者。甚至吾乡六姓，及吾邻乡良登乡，并皆骇逃数十万户，村落皆空。

十一日，封吾花埭之屋，波及吾从叔中丞第及其园田二顷，并皆抄没。于是中丞公之业尽矣。十二日，封云衢书屋，吾所藏之书及所著书稿尽失矣。十八日，还吾苏村乡，封吾一屋一厅，事及高祖炳堂公祠庙。二十二日，封万木草堂，以吾所藏及"书藏"书三百余箱，尽付一炬，所著行之书，亦已行各省毁版矣；封吾象冈乡叔父之屋及祠。而卓如之乡，亦于十七日被围。乡人咸走避，捕其远族，一孕妇堕孕而死。呜呼，惨哉！

姊妹久不至，复遣关纯往迎之，并逾垣迎先人木主来澳。关纯言吾乡空巷惨凄，户无炊烟，盖弥月焉。当吾家之方移，而吾母之未出也，何晓生于八日托陈欣荣至城迎吾家，梁铁君请于英广州领事，用小轮入乡，迎吾母。虽皆先去，而侠士高义，令人感泣。

据手稿本，"初八日"三字为添加；"谦之"后删衍"谦之"二字；"夜渡"之"夜"字后删"过"字；"不欲明言"之"不"字后删"敢"字；"然时以吾为必死"之"然"字为添加；"九日五更举家下舟"之"九日"为添加；"举家下"由"买"字改；"下澳船"后删"则吾电已后至焉甫开"九字；"逮捕吾家"之"逮捕"二字由"捕役"改；"盖谭钟麟亦于八日接电"一句为添加，补在行间；"城内云衢书屋"之"城内"二字为添加，各抄本刊本误置于"则十巳"之前；"云衢书屋"后"矣不得"三字为添加；"捕看屋三人"之"三人"由"人三"改；"幸适筑花埭新屋，若仍居云衢书屋"之"花埭"二字为添加，"仍居"由"在"字改；"则在城中，夜间谦之"之"则"、"夜间"为添加；"吾母还苏村"之"还"字由"在"字改；"得谦之信即"由"初九早"改；"往迎出港澳"之"港"字为添加；"相对泣"之"对"字为添加，后删"未敢告母以扰之告以他事"；"二姊惟决力劝母行，十二日"一句为添加，补在行间，"惟"字诸抄本刊本已删；"关纯偕一女仆"之"关纯"后删一"遂"字；"十三夕"之"夕"字由"日申刻"改；"由城下香港"之"由"、"香"字为添加；"坐客繁多，竟夕无卧处，又"一句为添加，补在行间；"屏气不敢言，不敢屑悌，皆"一句为添加，补在行间；"而不知吾家人所在，十四日"一句为添加，补在行间；"关纯复还城"后"视吾家人何在"；"则知吾还港"之"则"字由"十六"改；"十六日"为添加；"生平寡出"后删"又未"；"患难忧惊"之"忧"字由"震"

改；"既见，告知"后删"在"字；"几危吾母"之"吾"字各抄本刊本误作"老"字；"弟妇及同荷亦于翌日来澳"一句为添加，补在行间；"高楼深室"四字为添加；"父母妻三族"之"父"字前删"群从"，"父"字后删"族"字；"凡数千"之"凡"字为添加，"千"字诸刊本抄本误为"十"；"甚至吾乡六姓及"之"甚"字为添加，其前删"世"字，"至"字后删"谣言所动遂至"，"吾乡六姓及"为添加；"良登乡"以"数乡"改，"数十万户"为添加；"村落皆空"之"皆"字由"几"字改；"十一日"之"十"字后删一字；"从叔"二字为添加；"事及高祖炳堂"之"事"字为添加；"封万木草堂，以吾所藏及'书藏'书三百余箱，尽付一炬。所著行之书，亦已行各省毁版矣"一段为添加，补在行间与页脚；"乡人咸走避"一句为添加；"一孕妇"后删"人"字；"姊妹久不至，复遣关纯往迎之，并逾垣迎先人木主来澳。关纯言吾乡"一段为添加，补在行间与页眉，后删"至时"二字；"当吾家方移"之"方"字由"未"字改；"何晓生"后删"托"字；"梁铁君"之"梁"字为添加。

当时康有为在广州一带的家居，主要有以下三处：一、花埭，位今广州芳村，康有为新建之家居（参见 23·2），今不存。二、云衢书屋，由康有为曾祖父康云衢购买诗人张南山的听松园改建，位于今广州越秀区大塘街，今不存。三、延香书屋，位南海银塘苏村（今佛山市南海区丹灶镇银河管理区），一厅二廊二房，这是康有为的出生地，今存。

弟妇，康广仁妻，名黄娱谨。梁启超称："为中国女学会倡办董事，孝友通达，且甚才，持节茹苦。"[1]

陈子褒（1862—1922），名荣衮，号耐庵，广东新会人，光绪十九年举人，与康有为同年。后入万木草堂。戊戌变法失败后去日本，考察教育，对福泽谕吉的庆应义塾教学宗旨与方法颇有受益，后在澳门办子褒学塾（后改为灌根学堂），是港澳著名的教育家。区谦之，身世不详。

康称"陈子褒电广州公善堂区谦之"一事，陈占标撰文说："初九日，康门弟子维新派陈子褒得知康有为脱险消息后，即在上海通知黄巽卿去法租界电报局，发电到广州兴隆大街公善堂（该堂是陈子褒与何易一、区谦之合资开设），电文只有十个字：'易谦速往芳偕云衢往澳。'意即速往芳村的康宅偕东山区大塘街云衢书屋的亲属往澳门避难。"[2]康

---

〔1〕《康烈士广仁传》，《康南海先生遗著汇刊》，第 17 册，《哀烈录》卷一，第 16 页。
〔2〕 陈占标：《戊戌政变中康梁家属脱险真相》，《羊城今古》，1999 年第 1 期。"初九日"似为初八日之误。

家人逃亡一事，当时的报纸也有报道：

> "粤东访事友来函云：钦犯康有为住宅，系在省城对河芳村地方，初八晚夜深时，其眷属忽然逃遁无踪，村人无不惊异。翌晨即有番禺县差役多人到彼查拿，时全家已踪影杳然，只将守屋四人带回署中审讯……康有为之叔现开宽信米铺，得信后先已潜逃，店中各伙，亦俱星散。康之祖祠，已为县差查封。省垣亲属所有帖康有为各报条者，恐为拖累，一律洗净。老城城隍庙之云衢书室，系康曩日教读之所，今年尚有学生廿余人在此肄业，刻下均已逃遁一空。"〔1〕

而宫崎寅藏在其回忆录中又称，万木草堂的学生能及时逃往香港，与他和田野橘次的安排有关。〔2〕

然从档案材料中可见，清朝在广东追捕康有为及其家人的行动，并非如康称如此紧急。八月初八日，清廷并无发广东捉拿康、梁之电旨。八月初十日，上海道蔡钧因英国保护，无从捉拿康，要求两江总督刘坤一发电广东查拿。刘坤一由此即发电两广总督，若康有为"私回原籍，一体饬拿解京"。〔3〕直到八月十六日，即政变后的第十天，工科给事中

〔1〕 《申报》光绪二十四年九月初一日，《丛刊·戊戌变法》，第3册，第436页。

〔2〕 宫崎寅藏称：当听到北京政变的消息后，"我与田野商议，决定了应急的措施：田野搭夜船回万木草堂（康的私塾，在广东省城）先对重要人士说明情况，暗作逃走的准备……次日凌晨，有四个草堂的学生来访，莫不惊惶失色，狼狈不堪……这天傍晚，田野也亲自率领几十个学生前来，说，康已发来密电，命他们逃走。"田野橘次（1877—1904），日本兵库县人，因徐勤介绍，受聘为万木草堂的教师，问学于康有为。后任《知新报》记者。是黑龙会的发起人之一。（《三十三年之梦》，第131、141页）

〔3〕 上海道蔡钧因康有为被英人保护而于八月初十日发电总理衙门："英领事昨日坚不允签字，今日又向重庆轮起发康犯行李，送入英署。其有意保护，显而易见。英兵轮今早已开赴香港，应请宪台电粤一体饬拿。"八月十一日，刘坤一电总理衙门："沪道真电想邀钧鉴。梁启超是否在京拿获，此间未得确信。康为英兵轮截去，换船赴港，业经坤电请粤督如果该犯私回原籍，一体饬拿解京。惟管见康既为英人保护，必已径赴外洋，风声日紧，决无回籍之理。香港权不我操，据电照会又恐转生枝节。伏乞钧署裁酌示遵。坤。队。"（《总理衙门清档·收发电》，01－38/17－4。"队"是十一日的代码，该电十二日收到）这是我见到的最早发给广东的电报。而刘坤一电报主旨是两广不可能拿获，亦不必在香港另生枝节。又，《光绪朝夷务始末稿本》记有："电谭钟麟，康有为、梁启超原籍家产著派员密行查抄，并密拿该逆到案。十二。"此处的"十二"，意指八月十二日，然我疑为八月十六日电旨所误，该电旨也排列在八月十六日谕旨之后。

张仲炘上奏"请旨缘坐家属销毁著书折",称言：

> "……惟康有为、梁启超均在逃未获，其家属亦未拿办，诸乱
> 党中之情节最著者，亦复逍遥法外……相应请旨饬将康、梁家属迅
> 拿治罪，其有同预逆谋之匪党，以及条奏中之悖谬最甚者，并宜予
> 以惩处……至康有为所著各书，非圣无法，并请旨饬令各省销毁，
> 有私藏私售者，照例治罪。"[1]

此时慈禧太后十分恼怒，当日发电旨给两广总督谭钟麟：

> "已革工部主事康有为、已革举人梁启超情罪重大，现饬革职
> 拿办。所有该革员等原籍财产，着谭钟麟督饬该地方官迅速严密查
> 抄。该家属例应缘坐，一并查拿到案。一面根究康有为、梁启超下
> 落，一面悬赏购缉，克日电奏。"

同日另有内阁明发上谕：

> "已革工部主事康有为学术乖谬，大悖圣教，其所著作无非惑
> 世诬民离经畔道之言。著将该革员所有书籍板片，由地方官严查销
> 毁，以息邪说而正人心。"[2]

由此可知，清廷发电的时间为八月十六日。然而两广总督谭钟麟根据刘
坤一电报，未等电旨，已开始行动。八月十六日，刘坤一电称：

> "前电粤督，一体严拿康、梁两犯，业经电明钧署。兹准电复，
> 康、梁并未回籍，梁家属去年八月搬住上海，康眷初九日雇船往香
> 港，不知去向等语，谨闻。坤。铣。"[3]

八月二十三日，两广总督谭钟麟电告奉旨捉拿康、梁之情：

> "八月十二日，接江督刘坤一电，密拿康有为、梁启超。当派员
> 密查，康、梁两犯并未回籍。康有为妻妾并二女均于十（初）九日
> 附小轮往香港。梁启超家属去年八月往上海，不知去向。十七日奉
> 铣电，即派番禺、南海两县查封康有为家产，并派委员赴新会，会

---

[1] 《戊戌变法档案史料》，第470页。又，八月十六日军机处《早事档》有此折的记录，
　　而《随手档》则无，该折慈禧太后并未下发军机处。

[2] 军机处《随手档》、《上谕档》、《电寄档》，光绪二十四年八月十六日。

[3] "收南洋大臣电"，光绪二十四年八月十七日，《总理衙门清档·收发电》，01-38/18-1。

由此可见，谭钟麟最初的行动始于八月十二日之后，即收到刘坤一电报之后；十七日奉到电旨后，再行查封康、梁的家产。

陈欣荣，身世不详。康称"何晓生于八日托陈欣荣至城迎吾家"一事，康后致何东一信，亦言及此事。〔2〕（参见 24·95）

梁铁君，名尔煦（1857—1906），广东顺德人，曾入朱次崎门下，后在广西梧州经营盐业。戊戌政变后，追随康有为，为其保镖。光绪三十年（1904）奉康有为命，入京企图谋杀慈禧太后，光绪三十二年事泄被害。〔3〕康称"梁铁君请于英广州领事，用小轮入乡，迎吾母"，我尚未

<hr>

〔1〕 该电还称："据南、番两县禀复：康有为家住省城云衢书室，屋不甚大，前有铺面，房内家具二三十件，书箱十余口，余无别物。学宫旁有康有为书馆一所，屋六间，生徒早散，只二童看门，内有书箱百余口，家具全无。尚河南芳邨有康家花园，屋数间，花木不多。其旧居苏邨康有为宅，在敦仁里内，炳堂家塾康有为家祠，并无遗存物件。均已查明，封交地保看守。查询邨邻，云康有为并无田土产业，其同族伯叔兄弟早已逃散，不知何往。据委员魏绍新、新会县左学易禀：查梁启超住茶坑村，有家祠一所，住屋一所，怡堂书屋一所，房屋无多，家具搬空。询之邻右，其家属去年八月往上海，不知住宅区所，其守屋之梁松辉、一老妇、一小孩，讯非同房。据供梁启超之祖父，行医为生，有田数亩，不知坐落何地。除将梁启超住宅三所绘图存案、康有为书籍发布局收储，家具交中西学堂备用，并悬重赏购拿两犯外，所有遵旨查封情形，先行电复，请贵署代奏。麟。漾。"（"收粤督电"，光绪二十四年八月二十四日，《总理衙门清档·收发电》，01-38/18-1）由此可见，等到两广总督谭钟麟奉旨查抄时，康、梁家人及学生皆逃走，只剩下少量家具与书籍。《申报》光绪二十四年九月初六日以"罪孥远飏"为题报道消息："京师访事人来函云：中国政府接到两广总督谭文卿制军电报内开：逆党梁启超之家属，已密饬新会县知县查拿，据禀，自今年起，久已不在新会居住，广东省城中亦杳无踪迹。至逆首康有为之家属，早已闻风远遁，先至澳门，随后即至香港，现据探报业已抵港，其原籍房屋已经发封，屋内仅存床几桌椅等件，并破书数十箱，此外则早已搬运一空。"（转引自《丛刊·戊戌变法》，第3册，第441页）

〔2〕 康有为当时作《写赠何晓生书》，称言："遣陈君欣荣，以救吾家……"（《万木草堂遗稿外编》，下册，第583页）

〔3〕 光绪二十年，余联沅弹劾康有为《新学伪经考》，梁铁君曾招康游梧州。康有为《万木草堂诗集》录三诗。其一为《梧州四咏》，题注为："时以所著《新学伪经考》被按劾，梁大铁君招游梧州，日与饮酒访山水，请吾咏之。"另二首为《鸳江船上饮酒，听歌者阿银歌，嘹亮凄楚，别梁铁君》、《铁君赠沙田柚盈舟，咏柚以赠铁君，惜其才侠不见用也》。康有为《明夷阁诗集》中有《侠者梁铁君闻余蒙难，弃家从亡，同居日本，日夜相共，偶与围棋感事联句》，另有《明夷阁与梁铁君饮酒话旧事竟

读到相关的记载。

（24·95）吾二十一日移居何晓生家。港澳赁屋、薪水，皆何穗田供给，周入隐微。何晓生复赠金数千，以安羁旅，藉以济宗族及供游赀焉。二何君今之侠士，义高海内，何可复得哉！

　　据手稿本，"港澳"之"港"字为添加，"澳"字后删"中"字；"赠金数千"之"数"字由"四"字改；"义高"二字为添加。

　　康有为于八月十四日到达香港，自此至二十一日（10月6日），他在香港中环警署住了7天；此后至九月初五日（10月19日）去日本，康有为在何东家住了13天。康有为移住何东家的当日，便接受香港最大的英文报纸《德臣报》（*China Mail*）记者的采访，何东为其作翻译。（参见《导言·礼送康有为出日本》）

　　日本驻香港领事上野季三郎的机密报告称："此后'加藤'公司买办何东，将康有为接到自己家中。康自住到该处之后，即蛰居不出，以防刺客，警察署并未施加特别的保护。而仅由家主警戒而已。"[1]

　　何穗田，即何廷光。康有为在港、澳期间的主要经济资助人为何东、何廷光。[2]康有为离开香港时写《写赠何晓生书》，称言：

　　"……何君晓生，凤怀慷慨，忧愤国事，畴昔抵掌，叹为寡俦。

<hr>

夕》，并作题记："梁铁君名尔煦，顺德人。二十年老友，少游侠击剑，既乃折节读书，好王学、佛学，工画，业监［盐］于梧州。闻吾蒙难，遂弃家从亡，助吾譬画，卒死国事，近世烈侠，未见其比。"其中"监"是"盐"之误，题记也是后来写的。又，康有为《延香老屋诗集》中有《题吾友梁铁君侠者画竹》，该诗可能写于光绪十三年。（《遗稿·万木草堂诗集》，第73—74、96、98、23页）

〔1〕　上野季三郎致大隈重信，1898年10月10日发出，20日收到，《外务省记录》，1-6-1-4-2-2，光绪二十四年政变，第3册。"加藤"公司是怡和洋行英文名称Jardine Matheson的译名。

〔2〕　郑观应致何廷光信称："至其（康有为）老亲，闻已承阁下接到澳门居住。弟虽与康南海时尚无交情，惟念其救国之心，罹此重祸，甚可扼腕，兹寄上洋一百元，祈代送其老亲以表弟之微忱。知蒙阁下照应，不虞缺乏家费。其旅沪之门弟子，弟已劝其离沪。此亦以为救才起见，远不如阁下之高义薄云也。"（《郑观应集》，下册，第1166—1167页）郑观应也曾为此付一百元。

闻吾之难，慷慨自任，遣陈君欣荣，以救吾家，先下吾舰，以接吾馆，以全家累君。为吾安族姻，为吾谋旅斧。君与夫人才识绝人，既忠且周，过于吾之自谋。迁来如归，忘其旅亡……漂母一饭，犹思图报，若君之大恩，旷绝千古。反国何时未知，何以为报？于其别也，写此赠之，以寄相思，以告天下后世之义士云尔。光绪二十四年九月。康有为九顿首。"[1]

（24·96）当十四夕吾到港也，英人前海军卿柏丽辉亦适到，约见，慷慨许救我皇上。我告俄人屯兵旅顺者二万，贵国未易轻举也。柏海部卿指头誓死以救我皇上，盖雄才热血，不可得之人也。

据手稿本，"英人"之"人"字为添加；"贵国未易"后删"妄"字；"指头"后删一字；"不可得之人"，《戊戌变法》本误作"不可多得之人"。

柏丽辉，即贝思福勋爵（Lord Charles Beresford，1846—1919）。他1859 年加入皇家海军，1875 年为议员（保守党），并为威尔士王子（后来的爱德华七世）的副官。1878 年再入海军，1885 年再入议会，1889—1893 年为地中海舰队的 Undaunteel 号舰长。1897 年升为海军少将并再次当选为议员。他没有担任过康所称的"前海军卿"，即海军部大臣。1905—1907 年他出任地中海舰队司令，晋升为海军上将。

贝思福此次受大英商会联合会（the Associated Chambers of Commerce）的聘请，来中国考察商务。

贝思福于八月十五日（9 月 30 日）到达香港，十六日离开香港前往上海。他在中国访问了 100 天，先后去上海、北京、天津、南京、汉口、福州、广州等地，与庆亲王奕劻、军机大臣荣禄、两江总督刘坤一、直隶总督裕禄、湖广总督张之洞、闽浙总督许应骙等清朝高官有过交往。他本人对此次访问，有一份报告，*The Break-up of China*，1899 年于伦

---

[1] 原函由何东之女何艾龄藏，刊于1958 年 6 月 9 日《香港工商日报》，见《万木草堂遗稿外编》，下册，第583 页。

敦等地出版，该书 1902 年由林乐知等人翻译为中文，取名《保华全书》，由上海广学会刊行。[1]

关于八月十五日贝思福与康有为的会面，贝思福在报告中称：

"余以一千八百九十八年九月三十号，自英国行抵香港。值中国求新党领袖康有为乘坐英国轮船公司船，自华北来，有英舰为之护送。

"余欲知求新党人之意，何以为中国开风气而振商务[2]，爰邀康来寓面谈。康如约至，英捕卫之。盖缘华官正悬万金重赏以捕之之故。把晤之下，康告余曰：新党之所期成就者，无他也，不过欲以西方之新意，传入中国耳。中国不能采合用之法，以通万国，必致四分五裂，破缺金瓯。吾党夙具忠忱，冀以迎机之导，保华地而全朝局。幸我皇上圣心相契，俯听刍言。吾党曾奏请聘英人，可冀其助成变法。[3]不然，中国时势，至此极矣，无可冀倖矣。

"余问汝何以专指英国也。[4]康答曰：吾等见中英之交，久于其他大国，故知英之助华，即以自助。且知英有诚实通商之意，同休共戚，华人赖焉。又有一端，英与华交兵之际，颇留有余地，而无劫掠之行为。战胜时尚若是，其为足持，大为信矣。

---

[1] 参见戴银凤：《贝思福访华述论》，《近代史研究》，2003 年第 1 期。贝思福英文著作全名为 *The Break - up of China with an Account of Its Present Commerce, Currency, Waterways, Armies, Railways, Politics and Future Prospects*，出版商为 Harper&Brothers Publishers London and New York。以下所引贝思福著作中、英文本，皆由戴银凤提供，在此致谢。

[2] 此语的英文原文是：Hoping to be able to get the views of the Reform Party on the possibilities of the opening up of China and the consequent development of trade and commerce. 其意为："为了了解改革派对于开放中国，以促商贸发展之可能性的看法。"

[3] 此语的英文原文是：He said that the Reformers had entreated the Emperor to get the assistance of Great Britain to enable his Majesty to carry out these alterations in system of their administration. 其意为："他称言，改革派曾向皇帝恳求获得英国的帮助，以能使陛下贯彻实现政府体制方面的变更。"

[4] 此语的英文原文为：On asking him why he mentioned Great Britain more than other countries. 即："问其为何提及英国多于其它国家？"

"又问：目下新党若何？曰：吾党固未死也，特被压耳。迟以岁月，必将重兴。所虑者，中国危如累卵，遽尔分裂。虽有忠爱之新党，急起而直追之，其何及乎。余曰：九月二十八日（即）北京杀人之变，谁实当之？康曰：是日共杀六人，其一为余弟。皆上等之读书种子也。余在华阅人多矣，而以文人言，当为康首屈一指。[1]康尝语余曰：东方欲有所改革，自不能免于杀人之祸。但以中国不遽分裂，后人必念死者以身殉国，而有其敬之，莫敢衰也。

"余又问之曰：汝若得行求新之意而佐之大权，其愿开通中国而广商途乎？[2]康曰：自应如此。此不惟富中国也，且植中国强固之基，而使之足以自立也。康开一名单交余，篇幅甚长。略言：所列名诸人，皆心喜求新者也，亦有大员厕其列。因问：单中似此多人，兼有大员，求新之气类，为不孤矣。其故可得闻欤？抑余闻诸英人，辄谓华人喜新者殊少，且各散处，则何也？康答曰：凡系读书人，而真明国政之大局者，皆言，中国沉睡已四千年，今若不改，万难瓦全。是以舍其旧而新是谋。如此汲汲也。余曰：华人四百余兆，乡愚居多。如汝言，得毋亦有见到者乎？[3]康答曰：以目下论，乡人未必能知。然有怀忠抱悫与乎读书明理之人，分投而告。谓新事若有成，草野必富，税捐益公。因是蔀屋编氓，亦略开蒙蔽矣。余曰：此时形势，汝亦知有所骚扰乎？[4]曰：未必有之

---

〔1〕 此句的英文原文为：Kang Yu Wei himself is one of the best known scholars of China，即"康有为本人是中国最负声誉的学者之一"，并九"阅人"、"以文人言"之类的比较语气。

〔2〕 此语的英文原文为：I asked Kang Yu Wei whether, if the Reform Party had come into Power, they would have opened up China to the trade and commerce of the world. 其意为："我向康有为问道，如果改革派掌权，他们是否会向世界开放中国商贸。"

〔3〕 此语的英文原文为：I reminded Kang Yu Wei that there were 430000000 of people in China，and asked him if he could give me an opinion as to whether there were a large number in the country in favor of Reform. 其意为："我向康有为指出中国有四亿三千万人口，并问道，在中国乡村的大多数人是否同情变法。"

〔4〕 此语英文原文为：I asked if he thought disturbances were likely occur. 其意为："我问道，他是否认为骚乱很可能发生。"

也。今京中正在用威以压人，新党尽散，新路中断。惟此理自存天壤，仍必不久而复兴。盖不新不足以救中国也。

余与康谈次，言语颇繁，惟多关行政，无与通商，此书中不必赘述。[1]

余察康之为人，颇似忠君爱国而忘私，诚不必以全无心肝疑之矣。所患者，办理太急，不讲章法，以致毫厘千里，求益反损。试为之罕譬而喻，殆犹未得孔道，而先欲行车乎？以理言之，若辈所欲亟成之事，固非不善，亦非无益于国家也。第头绪未清，毫无次序，卤莽偾事，拭目可期。余因语康曰：中国有成规，有旧俗，又有定律。朝野相沿，已数千年。今只此数月之中，欲藉后上一纸丝纶，尽行改变，其能之乎？康乃俯首引咎。[2]

余在此，未尝废时失事也。往往晤贸易场中人，而得闻求新之意。其人颇灵敏，曾经读书，且恒与外人交。故于外国教化之进

---

[1] 此段的英文原文是：There were many other topics on which Kang Yu Wei touched, but as they were purely political, and had no place in this Report．其意为："在谈话中康有为涉及到许多话题，但由于纯属政治类，本报告不再言及。"

[2] 此段的英文原文是：I was exceedingly impressed by the evident loyalty and patriotism of Kang Yu Wei, and his unselfish devotion to his country．There could be no doubt of his earnestness．It was with very great regret that I came to the conclusion that the Reformers had been very unmethodical, and used too much haste in their efforts to serve their country, and had thus defeated their own ends．They had been pushing reforms before preparing the way．Theoretically, all that they urged was quite sound, and manifestly for the good of their country；practically, they had made no arrangement or organization for carrying their theories into effect．I pointed out to Kang Yu Wei that the usages, characteristics, laws, and systems which had ruled in an Empire for thousands of years could not be revolutionized in a few months by an occasional edict from Peking．Kang Yu Wei acknowledged the truth of this．其意为："康有为的忠君、爱国及无私献身的精神，给我留下了极为深刻的印象。他的真诚无可置疑。我深感惋惜地得出结论，改革派方法失当，为国效力时心情太急，由此导致了他们的失败。他们在推进改革前应准备好方法。从理论上说，他们所追求的一切都是合理的，也确实有利于他们的国家；但从实际考虑，他们并没有做好安排，以使他们的理论能够付诸实施。我向康有为指出，在这个帝国行之数千年的方法、风俗、法律与制度，不可能由于来自北京的一纸诏令，而在几个月内彻底改变。康有为对此表示认同。"

境，了然胸中。余历见数人，言无隐讳。皆曰：改法固不可少，惟

应预备通行之大路，始能无阻。今康等欲速则不达，将奈何?"[1]

以上使用的是林乐知等人的译文。康有为的谈话，很少能遇到如此完整的记录，故全文引之。该书的封面上印有"大清光绪岁次壬寅七月　第二次印二千本"的字样，可见已属当时印数及影响都很大的出版物。康此时是清政府追杀的人物，关于他个人的消息在当时并不为多，由李提摩太主持设在上海租界的广学会，方敢如此大量地透露康有为的谈话。此类的报道，非常符合当时许多人的阅读兴趣。而其文词稍涩或语涉关键处，再与英文原本对照，以能使读者准确理解贝思福的原意。

从贝思福的记录来看，康称"慷慨许救我皇上"，"柏海部卿指头誓死以救我皇上"，全为夸张，并无其事。康又称"我告俄人屯兵旅顺者二万，贵国未易轻举"，即以俄英矛盾为词，打动了贝思福，说明康还没有弄清楚贝思福的实际职位与使命。后来康有为去英国，与贝思福亦有交往。又，《万木草堂遗稿》录"谢奉到衣带密诏折"，称言：

"……适头品顶带海军提督、上议院议员子爵柏丽辉到港相见，其人兵权最大。臣具道我皇上神武圣明，乐用西法，以保中国，请其出力相救。若能保护皇上大位全权，幽废伪后，中国变法或有望焉。该提督此来本为救中国，及闻臣言，慨慷自负，即握臣手，以死自誓，愿出力救我皇上，立电其外部，即又长驱天津入

[1] 这一段的英文原文是：I lost no opportunity of ascertaining the views of the compradors attached to the great mercantile houses in China with reference to the Reform movement. These men are among the best educated and most intelligent of the Chinese gentlemen; they are also fully conversant not only with the affairs of their own country, but with Western ideas of civilization and progress. I found several of them very outspoken in their opinions as to the necessity for Reform; they all were of opinions that the Reform movement had been pressed forward too quickly, and with the organization necessary to ensure its success. 其意为："我利用一切机会，以探知那些服务于在华大商行的买办们关于改革运动的观点。这些人有最好的教育背景，是中国绅士中最富智慧者。他们不仅熟悉他们本国的事务，而且对西方文明的观念与进展也了如指掌。我发现他们中的几位坦然直言改革之必要条件，他们都认为，改革运动推进得太快，有必要妥当安排以确保其成功。"

觐，以图设法保救。恐皇上惊疑，令臣宣达其至诚救护之意，作折与其手收，俾面呈我皇上。"[1]

此文的来历甚不清，贝思福书中未提及此事，似为康后来为配合其宣传的一伪作。

(24·97) 时日本人宇佐稳来彦偕领事上野季次郎来见，以大隈伯在相位，有志营东亚，先欲至日本求救。大隈伯电许保护，速之来。先是日人宫崎寅藏，托梁铁君来送金二千，却之。日本诸士皆好义，周旋恳挚。故以九月五日东渡，乃议游欧美焉。

> 据手稿本，"以大隈伯在相位，有志营东亚"一句为添加，补在行间；"速之来"由"乃决来日本"改；"先是"二字为添加；"以九月五日"为添加，补在行间，删原先之"欲"字，"以"字后删"先"字，"乃议游欧美焉"之"乃"字后删"待"字，"焉"字后删"九月五日"。

"宇佐稳来彦"，即宇佐穗来彦（1872—1934），"稳"是康有为之误。日本福冈人，浪人。曾入万木草堂，以左广文的名字在中国活动。辛亥革命后，他又与兴亚院及陆军皇道派人士往来密切。[2]

"上野季次郎"，即上野季三郎，"次"为康有为之误。时任日本驻香

---

[1] 《万木草堂遗稿》，第206—207页。该文还称："初三日，杨锐、谭嗣同交奉到朱笔密谕……是日，林旭又交到朱笔密谕，令臣迅速出外，令爱惜身体，以图将来共建大业……经交谭嗣同代递复陈密折，未知上达否"；"若该提督能保救成功，皇上见折，乞格外优待，信倚无疑。文宗显皇帝伪后，即非正嫡，不过元帝一遗妾耳，乞即于该提督前，亲草诏书，立废伪后，交英提督手收，俾有为以见各国，去其名义，正其典刑……臣此密折，即交英总督统水师提督柏丽辉面递。"其内容甚不可靠且荒诞。又，康有为朋友梁铁君曾为康代书，致李提摩太信称："前在香港，曾面晤提督白丽辉者，曰必以救我皇上为主，指颈矢誓，慷慨仗义。"（光绪二十四年十月初八日，《康南海先生墨迹》，《康南海先生遗著汇刊》，第17册，第159页）

[2] 《三十三年之梦》，第140页；陈汉才：《康门弟子述略》，第161页。又，近卫笃麿在1898年11月3日日记中称："岩本善治于昨日来书谓：……兹有筑后人宇佐穗来彦者，去岁赴华，与康有为等有深交。此次竭尽其苦心，伴康有为来日。其人年轻可为，稳健细心，多年交游，知其诚恳忠厚，甚愿一瞻阁下，陈述对华之意见及康有为之事。惟恐康与横滨之孙文一派同样对待，至今虽不使康与任何人见面，但甚期阁下能与康氏一晤。此为宇佐之所恳者。"（转引自伊原泽周：《由近卫日记看康有为的滞日问题》，《从"笔谈外交"到"以史为鉴"》，第184页）

港领事。

"大隈伯"，大隈重信，伯爵。时任日本总理大臣兼外务大臣。

宫崎寅藏（1871—1922），本名虎藏，通称寅藏，别号白浪庵滔天，日本熊本人，浪人。光绪二十三年（1897）结识孙中山，二十四年得犬养毅资助，来华秘密调查哥老会、三合会等。到香港后，结识宇佐穗来彦等人。他是一个颇具传奇色彩的人物。

宫崎寅藏因戊戌政变而结识了康有为的逃亡弟子（参见 24·90、24·94）。康有为到香港后，住在中环警署，警方仅允许康有为大弟子王觉任、何树龄入警署相见。王、何奉康之命与宫崎交往，并透露去日本的意图。宫崎寅藏与宇佐穗来彦为此往见日本驻香港领事上野季三郎。[1] 八月十六日（10月1日），上野领事发电大隈重信首相兼外相："康有为致矢野特命全权公使：'上废，国危，奉密诏求救，敬诣贵国，若见容，望电复，并赐保护。'他强列要求我转发以上电文。"[2] 同日，他给大隈的书面报告中称：

> "康有为抵达的次日（八月十五日，9月30日），即秘密派心腹弟子来到本馆，转达了希望会见下官的意思。当时法、德等其他一两个国家的领事已访问过康有为。于是，下官当日下午3时30分以个人名义顺便去访问康有为，但因署长不在未能如愿（未经署长许可，任何人不能面会）。然而，当日康有为派其心腹高足王觉任、何树龄二人来到本馆，秘密托会下官将甲号电报与另函信件转达交给矢野公使。下官答应了他们的要求，首先将给阁下的电信发出。在给信件加封时，考虑到转给矢野公使的手续太繁杂，而且他们还托付卑职将乙号抄件的电文发给横滨大同学校的徐勤（康有为的门生），所以，下官决定以信件发送。据康有为的弟子讲，康到达香港的次日，即希望见到卑职，从而决定亲自托付上

---

〔1〕《三十三年之梦》，第 132—136 页。

〔2〕 上野季三郎致大隈重信，香港 1898 年 10 月 1 日。（《日本外交文书》，第 31 卷，第 1 册，第 666 页）

述事情。

"正如给矢野公使的电报和信中所陈，康工部从北京出发前，曾亲奉皇帝之密诏。康氏也向弟子表达过无论如何也要到本邦接受帝国政府保护的愿望。但是康氏曾受英国保护而受其大恩，故此际遽然前往本邦，而要求帝国政府之保护，会大伤英国政府之感情。此不仅对康氏十分不利，而且也将牵涉日英两国的关系，下官认为康氏也会考虑到这一层。"〔1〕

大隈重信于十九日（10月4日）作出反应，致电上野："通知康，矢野来电，用电报难以全面答复，但将立即写信。"〔2〕二十二日（10月8日），上野再次发电给大隈："康有意于赴美国、英国途中访问日本，询问此行能否得到你的保护?"〔3〕大隈次日复电："通知康，他将在日本受到适当

---

〔1〕 上野季三郎致大隈重信机密信第18号，1898年10月1日发出，10日收到。（《外务省记录》，1-6-1-4-2-2，光绪二十四年政变，第3册）该信的甲号附件即致矢野文雄的电报，乙号附件为："日本横滨大同学校徐勤：欲东来，告大隈，若见容，乞电复。并赐保护。若。"又，近卫笃麿在1898年10月2日日记中称："徐勤等来访，请日本竭尽其最大之努力解决中国之政变问题。余答谓：在西太后之方针未明确前，日本难于决定应采取之态度。关于此事余当向政府当局陈述其意见。"（转引自伊原泽周：《由近卫日记看康有为的滞日问题》，《从"笔谈外交"到"以史为鉴"》，第174页）

〔2〕 大隈重信致上野季三郎电，1898年10月4日，《外务省记录》，1-6-1-4-2-2，光绪二十四年政变，第3册。大隈的电报虽简单，但表示了将与康有为直接打交道的意图，而此时矢野文雄尚在日本休假，该电也有可能与矢野商量过。康有为《明夷阁诗集》中有《住香港半月，日本总理大臣伯爵大隈重信招游，令前驻中国公使矢野文雄电告，九月十二日乘河内丸遂东（旧有诗赠矢野使，今失）》；康有为《纳东海亭诗集》中有《遇前日本使矢野文雄龙溪于酒筵，君为戊戌旧交，文学深雅，尝赠我〈牡丹樱花握手图〉。遭难后，介始于大隈伯重信而电招游日者……》，该诗称"藉提携，渡东海"，皆指明矢野文雄在其中所起的作用。（《遗稿·万木草堂诗集》，第92—93、319页）此类诗题注皆康后来所拟，黄彰健于此有考证，参见《戊戌变法史研究》，第143—144页。

〔3〕 上野季三郎致大隈重信电，香港1898年10月8日12时58分发，15时10分收到，《外务省记录》，1-6-1-4-2-2，光绪二十四年政变，第3册。又，宫崎寅藏称："十几日后接到一信，是矢野给领事的训示。我们接到信后，不免有点失望。信中对康先生的求助，仅含糊其辞，敷衍了一番。领事终于忍耐不住，又给大隈伯爵拍了一封电报。"（《三十三年之梦》，第136页）由此可见，矢野文雄并没有同意康有为赴日本。

的保护。"〔1〕此中的详细过程，上野于二十四日给大隈的书面报告称：

> "康有为暗中派其弟子来到本公使馆，反复地表示了康有为要会见卑职恳谈的意思。住在警察署中之时，出入十分不便，且易引起别人的怀疑，所以故意不予会面，但现在如前述既已搬到个人之宅，警卫业已解除，已无引人注目之虞。故本月7日下午卑职访问了康有为，会谈进行了一小时有余。谈话的内容已即日电报具禀。康有为表示，在前往英美途中，无论如何也要顺便前往本邦，将清国皇帝的密旨交给我政府之当政者。对我政府能否给予相当的保护的问题，他要了解一下我政府的意向。康有为先前在接到矢野公使的回电后，颇为失望，在不得已的情况下，虽有意直接前往英国，但也很难打消前往本邦的念头。终于，他要求会见卑职，表示了上述的意思。昨日，接到阁下的'将在日本享有适当的保护'的贵电后，康有为大为感动，然康氏出发日期尚未确定，最终决定后，卑职将船名及日期提前以电报具报……看来康氏最后前往日本时，大概携弟子一名及数名同伴前往。然而该氏素来清贫，且由于此次事变，自然亲朋故旧之财产多被抄没。且更无其它资助。因此，下官设想康有为可能于出发前请求旅费等项的资助。无论发生何事，将用电报具报，是否可行，请妥议。"〔2〕

康有为与上野的谈话中，要求在前往英、美时在日本过境（没有明确多长的时间），日方承诺的"保护"也只是在其过境期间。〔3〕九月初六

---

〔1〕 大隈重信致上野季三郎电，1898 年 10 月 9 日，《日本外交文书》，第 31 卷，第 1 册，第 678 页。

〔2〕 上野李二郎致大隈重信第 19 号机密信，1898 年 10 月 10 日发，20 日收到，《外务省记录》，1－6－1－4－2－2，光绪二十四年政变，第 3 册。当时上野主要考虑的是康赴日本，是否会影响到英日关系，在其报告对此多有解释。

〔3〕 近卫笃麿在 1898 年 10 月 16 日日记中称："犬养毅与政府当局交涉，由外务省机密费中支出日币二千元给同文会作为此次政变之善后用费，并建言：必须派员赴北京、上海两地视察实况。又，康有为、梁启超等来日本时，虽以国事犯之名又予以保护，但梁可直接来日本，康置于英国保护之下，再委托于日本。康之真意如何，甚可疑。归结此次变法，其结果如成功的话，则自收其功；如失败，则归罪于日本，是不是有此意图呢？今晚多数会员的意见是：可以暂时援救康有为，但不可令其永留日本，亦不使之与多数人接触，以待送往英、美诸国。"（转引自伊原泽周：《由近卫日记看康有为的滞日问题》，《从"笔谈外交"到"以史为鉴"》，第 174 页）近卫此处提到了二千日元，即宫崎等人在犬养毅处领到的经费；提到了"多数会员"指同文会会员。

日（10月20日），上野致电大隈："康乘河内丸10月19日（九月初五日）前往神户。"[1]十一日（10月25日），兵库县知事大森致电大隈重信："康有为一行共七名中国人、两名日本人安全地从河内丸上陆，乘方才6时的火车前往东京（上述七名支那人是：康有为、梁铁君、康同照、何易一、桑湖南、李唐、梁炜。以上是根据西山警视总监的报告）"。[2]"桑湖南"，似为叶湘南之误。[3]而随同的两位日本人，即宫崎寅藏和宇佐穗来彦。警视厅总监西山志澄致大隈外务大臣："清国亡命者康有为一行，于昨日25日午后11时30分到达麹町区平河町四丁目三番地旅舍。由桥常吉方接待。共停留三两日，期间不可外出。"[4]

据宫崎寅藏的回忆录，他在何东家中曾与康有为见过两次面。第一次康谈到北京的政情，并询问能否请日本壮士去刺杀慈禧太后？第二次康提到新任驻日公使李盛铎是荣禄的亲信，对自己的安全不利，希望大隈拒绝。康称"宫崎寅藏托梁铁君来送金二千"，宫崎回忆录中没有提及，从宫崎当时得到的经费而言，似不可能支付如许之多。宫崎称他与宇佐穗来彦陪同康有为一行去日本，是出于康的请求。[5]

---

[1] 上野季三郎致大隈重信电，香港1898-10-20下午12时47分发，15时35分收到，《外务省记录》，1-6-1-4-2-2，光绪二十四年政变，第3册。同日，上野也寄出其书面报告："清国流亡之士康有为收到阁下'康有为将在日本受到适当的保护'的电报后，对我政府的厚意感到十分愉快。尔来，他越来越决意渡航我国。此情况正如在本日电报中具报的那样，康有为与其三名弟子、一名从者共同搭乘昨天19日下午6点解缆的邮船公司轮船河内号向神户出发。出发前，康有为向总督府告知其往，取得了他们的承诺……又，康有为出发之前为旅费及家族津贴等，需要一些费用，由于他仅只身逃出，无自给之能力，恳切地提出了金1000元资助的要求。虽然暂时婉言加以拒绝，但其情况无论如何也是悯然之至，不得已才有以本月17日电报将其大概情况讲明并禀请资助。但至其出发之当日，未收到任何回训，一方面由于出发时间迫近，不能支付船票费，不得已从卑职手头现款中支出350美金，以充其船票及途中之费用。"（上野季三郎致大隈重信第20号机密信，1898年10月20日发出，31日收到，《日本外交文书》，第31卷，第1分册，第692—693页）

[2] 大森致大隈重信电，1898年10月25日10时15分发，10时57分收到，《日本外交文书》，第31卷，第1分册，第693页。

[3] 叶觉迈，字湘南，繁写体"葉"与桑相似之处。

[4] 转引自《戊戌变法史事系日》，第1193页。

[5] 《三十三年之梦》，第136—140页。

846 从甲午到戊戌：康有为《我史》鉴注

从手稿本来看，康有为原写为"故欲东渡，乃待议游欧美焉，九月初五日"，后改为"故以先九月五日东渡，乃待议游欧美焉"，即日本只是其过境的一站，是符合当时实际情况的，然几经修改，尤其删去"先"、"待"两字后，则语意不清。

（24·98）在港凡二十日，日日忧君亲之亡，哀家族之危，闻捕杀之信，李苾园、张樵野之见流，徐子靖之下狱，宋芝栋、陈右箴父子及江建霞、熊秉三、王锡蕃、李孟符、张菊生之被革，文芸阁、黄公度之被捕，日接于耳目。闻公度以我捕，虑其必死，电英领事救焉；既而闻日人救之，乃为额手焉。其他复八股、禁报馆、捕会社及主笔人、罢经济特科、农工商局，复冗官、停漕折，务反其旧。凡昔所经营者，尽皆罢废。诗云："无逝我梁，无发我笱。我躬不阅，遑恤我后。"既丁此厄，一身不自保，岂复计其他哉？久而闻幼博及五子之难，益令哀恻肝肺矣。

据手稿本，"忧君亲"之"君"字由"家人"改；"哀家族之危"一句为添加；"李苾园"后删"尚书"；"见流"之"见"字为添加；"宋芝栋"三字为添加；"陈右箴"之"右"字、"李孟符"之"符"字各抄本刊本改为"宝"、"符"，"务反其旧"之"务"字后删一字，"旧"字为添加；"既丁此厄"后删"岂"字；"岂复计其他"之"岂"字各抄本刊本皆漏；"久而闻幼博及五子之难，益令哀恻肝肺矣"一句为添加，补在行间，其后删"吾生十岁而孤，二十而丧大父，是"十三字。

又，此处另有一贴条："十行陈右箴三字当为陈宝箴或陈右铭之误，似可改之"，从字体来看，这一贴条很可能是康有为弟子孔昭焱写的。

本节所言，为李端棻、张荫桓、徐致靖、宋伯鲁、陈宝箴、陈三立、江标、熊希龄、王锡蕃、李岳瑞、张元济、文廷式、黄遵宪诸人政变后的命运，康言多有误，以下分别述之。

李端棻被革见流一事，系其曾保举康有为、谭嗣同、黄遵宪与熊希龄。（参见24·63、24·68）八月十九日，即戊戌六君子就义的六天后，李端棻上奏"自请惩治折"，称言：

"窃因时事多艰，需才孔亟，臣或谬采虚声，而以为足膺艰巨，或轻信危言，而以为果由忠愤，将康有为、谭嗣同奏保在案。"

清廷当日明发谕旨：

> "李端棻奏滥保匪人自请惩治一折。该尚书受恩深重，竟将大逆不道之康有为等滥行保荐，并于召对时一再面陈。今据事后检举，实属有意取巧，未便以寻常滥保之例稍从末减。礼部尚书李端棻著即行革职，发往新疆，交地方官严加管束，以示惩儆。"[1]

然而在此之前，李端棻已经看出局势将有大变，也有意摆脱康党，尽量跳出是非之地。陈夔龙回忆说：

> （李）"超擢礼尚。八月朔，由通还京，余谒之于邸第，谓公曰：'交非恒泛，不作谀词，今日为公贺，恐明日将为公吊耳！'公愕然，时公门人贻司业谷亦在坐。公曰：'然则何以教我？'余曰：'时局如此，成败利钝，未能逆料，只有谢病辞官，尚是保身一法。'公曰：'初三日到任，已传知部曹司，并发谕帖，此事岂能中止。'余谓从前乾、嘉时代，和珅擅权用事，闽中某中丞时为苏抚，与和素通声气，后知和将败，恐罹党祸，亟思请疾而又无词可措，爰于大朝会时，观瞻所系，故作失足昏晕状，具折请假开缺，卒免于祸。公盍仿而行之。'公踌躇未决，贻君曰：'此计甚妥，师座若肯弃此官，门生愿弃微职，从公优游林下。'越日，公赴部履新，部中土地祠祀唐韩文公愈，例须行礼，公于行礼时，故为失足不起，众目共睹，匆匆扶归，即缮折请病假二十日。贻君亦同日请假，风义可佩。此假期内波谲云诡，幸在旁观。迨十五日张侍郎奉旨遣戍，南城外士大夫群相议论，全集矢于公，公不得已，具折自行检举。奈是日适有内监他案发生，东朝震怒，阅公奏疏，谓为有心取巧，仍从重论，发往新疆，效力赎罪。"[2]

---

〔1〕 《丛刊·戊戌变法》，第 2 册，第 297 页。军机处《随手档》、《上谕档》，光绪二十四年八月十九日。

〔2〕 《梦蕉亭杂记》，第 14—15 页。陈夔龙亦称，李端棻发遣后，他向荣禄、刚毅两人说项："从前原系托病，经旬日中之刺激震撼，公真病矣。而发遣不能缓期。窃不自揣，欲急友生之难。翼日，独诣军机处，面谒刚相，述尚书患病实情，求代展期起解，刚相意不谓然……文忠略一沈思，笑谓余曰：发遣系奉严谕，即日启行，岂能展缓，刚相之言甚是。惟有一通融之法，尔速到部传谕，即日起解。官员遣戍，首站多宿天宁寺，已算遵旨出城。如实病，再具呈城厢司坊官吏，请假一二日，未尝不可。"

陈与李同乡且交善，其说法是相当可靠的。查军机处《早事档》，八月初三日记："李端棻因病请假十日，奉旨赏假十日"；初四日又记："贻谷因病请假十日，奉旨赏假十日"；十三日又记："李端棻因病请续假二十日，奉旨赏假二十日"，"昆冈、贻谷、德寿各病痊请安，均奉旨知道了"。又查内务府档案，八月十九日确有慈禧太后杖毙太监之事。〔1〕此皆可以印证陈夔龙的说法。而贻谷于八月十三日未及假满提前销假，是为了上奏"乱党尚假外势请饬迅速定罪而杜干预折"，要求立即处死被捕人士，直接导致了"六君子"被杀。（参见24·89）而李端棻见局势危险，在病假中上折请罪。李端棻发遣西域后，于光绪二十七年（1901）被释回，后主讲贵阳经世学堂。

　　陈三立（1858—1937），字伯严，号散原，江西义宁人。光绪十二年进士，官吏部主事。陈宝箴之长子。光绪二十一年侍其父至湖南，擘画维新，多有助力，与谭嗣同、徐仁铸、陶菊存共称为"维新四公子"，后与熊希龄等渐生分歧。他也是著名的文人，尤以诗闻名。其子陈寅恪，著名历史学家。

　　江建霞，名标（1860—1899），江苏元和人。光绪十五年进士，入翰林院，散馆后授编修。二十年出为湖南学政，与陈宝箴、黄遵宪等人推动湖南新政，甚有力。光绪二十四年闰三月十八日，光绪帝召见了回京复命的江标。〔2〕七月二十三日，光绪帝发下交片谕旨："翰林院编修江

---

〔1〕 "光绪二十四年八月十九日，敬事房奉懿旨：内殿太监杨瑞珍、杨长文，内殿司房太监张得名及珍妃下太监戴恩如，此四名干预国政，搅乱大内，来往串通是非，情节较重，实属胆大妄为，著交内务府大臣即日板责处死。再，内殿小太监苑长春著革去顶带，内殿司房太监张源荣、王吉祥、徐源寿，珍妃下太监孙海成，此五名实系结党，串通是非，著交内务府慎刑司重责二百板，永远枷号。又，珍妃下太监张田祥、卢田庆、李玉盛、苑福有、张长瑞，此五名均串通是非，不安本分，实属胆大，交慎刑司板责一百，枷号二年，年满请旨。"（《内务府来文·人事》，光绪二十四年八月至十月，441/5－50－1/N/第949包）
〔2〕 《光绪二十四年京官召见单》，《宫中杂件》（旧整），第915包。

标著在总理各国事务衙门章京上行走。"[1]而江标此时正回籍省亲。[2]

熊秉三，名希龄（1870—1937），原籍江西丰城，后入籍湖南凤凰。光绪十八年贡士，两年后补殿试，成进士，授翰林院庶吉士。二十三年返回湖南，加入湖南新政，陈宝箴命其为湖南时务学堂总理。二十四年二月，南学会成立，他与谭嗣同、唐才常等充"义事会友"，并创办《湘报》。七月初三日，仓场侍郎李端棻上奏保举熊希龄，光绪帝电旨陈宝箴："湖南在籍庶吉士熊希龄，著陈宝箴传知该员，迅速来京，预备召见。"[3]熊托病未成行。[4]

湖南是戊戌维新运动开展最为迅猛的省份，巡抚陈宝箴及子陈三立、按察使黄遵宪、前任学政江标、学政徐仁铸、在籍翰林院编修熊希龄等人，作用甚大。八月十二日，御史黄桂鋆上奏"请早定大计以杜祸变折"，要求处死张荫桓等人（参见24·89）；附片为"请罢斥陈宝箴拿问黄遵宪等人片"，直攻湖南的维新运动：

----

[1] 二十四日光绪帝又发下交片谕旨："翰林院编修江标著赏给四品京堂候补、江苏候补同知郑孝胥著以道员候补，均在总理各国事务衙门章京上行走。"（军机处《上谕档》，光绪二十四年七月二十三日、二十四日）江标的任命，从档案中还看不出原因。查《光绪二十四年京官召见单》，光绪帝于七月二十三日召见新任礼部尚书李端棻，由此推测，江标的任命很可能与李端棻有关。《国闻报》七月三十日以"总署添人"为题刊出消息："……江建霞太史刻下尚在假期之内，闻系有人密保，且在湖南学政任内开倡风气，振兴实学，不遗余力，湘中守旧之风，近年始稍稍改革者，实系江太史提倡之功。此事早在圣鉴，故不待召见，而恩纶先贲也。"

[2] 翰林院七月二十七日片复军机处文称："查本院编修江标，已于本年七月初一日告假回籍省亲，并无在院供职。相应片复贵处查照可也。"（《军机处录副·光绪朝·综合类》，3/151/7432/21）又，总理衙门八月初三日收江苏巡抚奎俊电："沁电谨悉。编修江标在沪就医。据复，一俟病可，即行北上。"初七日又收奎俊电："江编修标定于本月初八日由苏北上。"（"收江苏巡抚电"，光绪二十四年八月初三日、初七日，《总理衙门清档·收发电》，01-38/17-3）

[3] 军机处《随手档》、《电寄档》，光绪二十三年七月初三日。

[4] 皮锡瑞对此另有说法："秉三亦屡电促入京，以病未行，得保首领。右老保人才，彼列第一名，因在署避嫌，请去之。其时亦不知如此破格，以为不过存记而已。如不破格，不关祸福。若与诸人同保，同入军机，必一同受祸矣！"（《师伏堂日记》，光绪二十四年九月十六日，《湖南历史资料》，1981年第2期，第141页）"右老"，陈宝箴，字右铭。"存记"，指军机处存记。即熊以为入京召见最后结局不过为军机处存记，便以病推辞。

"湖南巡抚陈宝箴惑于黄遵宪、熊希龄之言，聘该员门人梁启超等充时务学堂教习，其所著学约及批答之件，语多悖逆。湖广总督张之洞电致学政徐仁铸，指摘其谬；湘人复具公呈，请斥邪说。陈宝箴依违其间，实有袒护之意。在籍绅士叶德辉，因素与熊希龄有隙，腾书相诋。希龄云：将约日本之维新党，剿灭湖南之守旧党……拟请电旨饬下两江、两湖、两广各督抚，将黄遵宪、熊希龄、梁启超、徐勤、麦孟华等一律拿问……至陈宝箴、徐仁铸身居高位皆有风化之责，乃不能维持名教，反为奸人蛊惑，应请严旨立予罢斥，另简贤员往代其任，以慰湘中人士之望。"[1]

慈禧太后此时主要考虑在押的张荫桓、康广仁等人，对黄遵宪、陈宝箴等人并无行动。[2] 十三日处死六君子之后，十四日将湖南学政翰林院编修徐仁铸革职，永不叙用。(参见 24·89) 徐仁铸被革后，路过上海，致汪康年信中称："弟所遭之酷，不忍为公再言。"[3]

八月十六日，工科给事中张仲炘上奏"请旨缘坐家属销毁著书折"，缉拿康、梁家人 (参见 24·94)；附片为"参黄遵宪等人片"，攻击黄遵宪、熊希龄、李岳瑞、王照、洪汝冲、宋伯鲁：

"出使大臣黄遵宪，贪劣荒谬，湘人嫉之如仇，此次来京，沿途需索州县各数百金。又湖南庶吉士熊希龄，素性狂悖，其与同乡叶德辉书，有'必率日本人来攻中国旧党，不至于血流成河不止'等语。人多有知之者。此二人与康有为、孙文同为日本兴亚会总董，现皆将来京，预备召见，不可不防。臣又风闻总署章京李岳瑞、候补京堂王照、刑部主事洪汝冲及革员宋伯鲁，均于初八九等日先后逃匿。宋伯鲁业经罢职，犹可言也。该员等若非情虚胆怯，何以弃

〔1〕《戊戌变法档案史料》，第468页。
〔2〕当日慈禧太后加派御前大臣奕劻，参加审讯，并限三日结束。
〔3〕《汪康年师友书札》，第2册，第1504页。徐仁铸另有一信给汪康年，称言："昨得粤友来函，称康逆家查抄物件内，有'人才表'一本，各省知名之士，无论识与不识，皆列名品第之。言语悖谬，是非颠倒，有极可笑可诧者。海内读书人遭此点窜，真士林一厄运矣。"他为此而担心兴大狱。

官如遗？应否查实惩办，恭候密裁。"〔1〕

慈禧太后当日即命吏部查询王照（参见24·86）；同时命军机大臣王文韶、廖寿恒查询洪汝冲、李岳瑞。〔2〕第二天，王、廖上奏片：

"窃臣文韶、臣寿恒昨天面奉谕旨：饬查李岳瑞、洪汝冲是否在京。臣等当即于散值后同赴总理衙门，查得主事李岳瑞是日并非该班，因差人传令即刻进署问诘，李岳瑞即于申刻到署，臣等一同传见，实系亲身。又，刑部主事洪汝冲经臣寿恒饬传到部，随令当面缮写履历一纸，并无他故。臣等询之总署章京、刑部司员，均称李岳瑞、洪汝冲照常当差，近日并无请假离署等情。理合遵旨奏闻。"

慈禧太后随即发下交片谕旨："交总理衙门、刑部，军机大臣面奉谕旨：工部主事总理衙门章京李岳瑞、刑部主事洪汝冲均著该衙门堂官随时察看。"〔3〕

曾经上奏"湖南讲求时务有名无实折"的掌陕西道监察御史黄均隆（参见24·53），八月二十一日上奏"奸党未殄请旨惩办折"，攻击湖南：

"黄遵宪与张荫桓结为师生……陈宝箴开时务学堂，黄遵宪援引梁启超等为教习，著为学约、界说诸篇，大抵皆非圣无法之言……熊希龄亲由上海招邀梁启超到湘，陈宝箴以熊希龄为时务学堂总理，为康、梁扬波助焰。又开南学会、《湘报》馆，与已正法之谭嗣同及拔贡樊锥、毕永年、唐才常，生员易鼐、何来保，训导蔡钟浚等，著为合种合教之论，渎伦伤化。此皆由陈宝箴听信其子吏部主事陈三立，招引奸邪，及学政江标、徐仁铸庇护康、梁所致……"〔4〕

---

〔1〕《戊戌变法档案史料》，第470页。

〔2〕军机处《上谕档》，光绪二十四年八月十六日。又，慈禧太后当日派户部左侍郎吴树梅为湖南学政。《郑孝胥日记》八月十九日称："又传吴树梅之赴湘，有密查事件。"（第2册，第686页）此时派如此高官为湖南学政，当另有意图。

〔3〕《军机处录副·补遗·戊戌变法项》，3/168/9457/47；军机处《随手档》、《上谕档》，光绪二十四年八月十七日。王、廖皆为总理衙门大臣，廖的本缺是刑部尚书。

〔4〕《戊戌变法档案史料》，第472—473页。黄均隆附片中称：陈宝箴"屡保康有为、杨锐、刘光第等，其称康有为至有千人诺诺，不如一士谔谔等语"，完全歪曲了陈宝箴原折之意。

此中联系张荫桓、康有为、梁启超、谭嗣同等人，皆是慈禧太后深恶痛绝之人，于是，她不顾八月十一日谕旨中"概不深究株连"的承诺（参见24·89），下达了三道谕旨：

> "湖南巡抚陈宝箴以封疆大吏滥保匪人，实属有负委任。陈宝箴著即行革职，永不叙用。伊子吏部主事陈三立招引奸邪，著一并革职。候补四品京堂江标、庶吉士熊希龄庇护奸党，暗通消息，均著革职，永不叙用，并交地方官严加管束。"

> "出使大臣黄遵宪因病请开去差使。江南道监察御史李盛铎著赏给三品卿衔，以四品京堂候补，派充驻扎日本国二等钦差大臣。"

> 军机处电寄湖广总督张之洞旨："湖南省城新设南学会、保卫局等名目，迹近植党，应即一并裁撤；会中所有学约、界约、札说、答问等书，一律销毁，以绝根株。著张之洞迅即遵照办理。"[1]

由此罢免了陈宝箴、陈三立、黄遵宪、江标、熊希龄五人的职务。

八月二十二日，御史黄桂鋆再次上奏"惩治奸党按情罪轻重区为数等一律办理折"，称"宜将乱党列作四等，分别惩治"：

> 一、"黄遵宪、熊希龄、徐勤、黄遵楷、韩文举……似应一律拿问治罪"；二、"陈宝箴之保谭嗣同、杨锐，王锡蕃之保林旭……此当与发往新疆之李端棻一例重惩……况王锡蕃尚未革职"；三、"张百熙之保康有为、梁启超，张之洞之保杨锐、梁启超，唐景崇之保林旭……拟请谕旨交部从重议处"；四、"王照请皇太后、皇上游历日本，洪汝冲、郑孝胥请用伊藤，李岳瑞请改服制，林辂存请废中国文字……应请饬查各衙门代递条陈中，如有此种谬说者，概行革职，永不叙用。"[2]

黄桂鋆该折的指责多不准确，然其气势汹汹，很得慈禧太后心意。第二

---

〔1〕 军机处《上谕档》、《随手档》、《电寄档》，光绪二十四年八月二十一日。

〔2〕 《戊戌变法档案史料》，第475页。其中"张百熙保康有为、梁启超，张之洞保杨锐、梁启超，唐景崇之保林旭"，似指保荐经济特科。（参见24·38）

天，二十三日，清朝一连颁下几道谕旨：

> "詹事府少詹事王锡蕃、刑部主事李岳瑞、工部主事张元济均
> 著即行革职，永不叙用。"

> "陈宝箴昨已革职，永不叙用。荣禄曾经保荐。兹据自请处分，
> 荣禄著交部议处。"

> "张百熙保送康有为使才，实属荒谬，著交部严加议处。"[1]

同日，慈禧太后密令两江总督刘坤一秘密看管黄遵宪。[2]

然而，黄遵宪的秘密关押，却引起了日本等国的外交反应。八月二
十四日，上海日本代理领事诸井六郎发电北京日本代理公使林权助：

> "伊藤侯爵要我发电如下：10月9日上午，上海兵备道奉诏派
> 兵监守已被解职的清驻日本公使（黄遵宪），以等待新的命令。形势
> 对他已十分危险。我希望你采取直接的行动以解救他，如可能的话
> 即提出抗议，因其曾是清驻日本公使。电复。"[3]

林权助收到电报后，于二十五日下午去总理衙门交涉："清国今日之状况
与三四百年前外交之情有所不同，不能重温以前盛世之梦。一有闪失则

---

〔1〕 军机处《上谕档》、《随手档》，光绪二十四年八月二十三日。李岳瑞、张元济皆是戊
　　 戌变法中的激进派，与康、梁关系密切，但不属于康党。张元济自六君子就义后，
　　 恐缇骑惊母，每天入署，早进晚退，等候逮捕。（张树年主编：《张元济年谱》，商务
　　 印书馆，1991年，第28页）张百熙处置参见24·38。
〔2〕 清廷的电旨尚未查到，但可见刘坤一之回电："漾电谨悉。黄遵宪现住上海北洋务
　　 局，已饬沪道蔡钧派员妥为看管。惟洋务局密还租界，深虑外人出而干预，转于政
　　 体有碍。黄遵宪系三品京堂，现未褫职，该道未敢径拘。应如何办理，请旨遵行。
　　 除饬该道严密防守外，请代奏。坤一。敬。"（《总理衙门清档·收发电》，01－38/
　　 17－4）"漾"、"敬"分别是二十三、二十四日的代码。刘与黄私交甚好，回电有为
　　 其转圜之意。
〔3〕 诸井六郎致林权助，1898年10月9日，《外务省记录》，1－6－1－4－2－2，第1
　　 册。诸井事后报告："根据北京政府的密令，黄遵宪自10月9日以来一直被拘禁在
　　 当地道台衙门内。对于此事，当地一般予以否认，但各国领事均不相信。"（诸井六
　　 郎致外务次官鸠山和夫，机密第52号，1898年10月13日发，20日收到，《日本外
　　 交文书》第31卷，第1册，第684页）此后，诸井六郎致大隈重信："10月9日，上
　　 海兵备道奉将前任驻日公使黄遵宪监禁在其居室内，而文廷式已被捕。我从可靠
　　 的消息来源中得知，此间表白过温和的改良主张和亲日倾向的主要人士，诸如汪康
　　 年等，也将被捕。"1898年10月10日15时19分上海发，18时10分收到。（《外务
　　 省记录》，1－6－1－4－2－2，第1册）

必遭外国干涉。"〔1〕与此同时，他还提交了一份书面照会：

> "王爷、大人台启。径启者。刻准驻沪领事电称，十月九日即贵
> 历八月二十四日，兵备道奉旨拘黄遵宪等语。查该前大臣因病久未
> 愈，开去差使，其以三品京堂候补，派驻大日本国等因，贵王、大
> 臣前往照会本署大臣查照，转达本国政府在案。今乃如此，未免有
> 关本国颜面。惟贵王、大臣熟思而审处之。专此。顺颂时祉。名另
> 具。十月初十日。林权助"〔2〕

大隈重信亦向林权助下达了明确的训令。〔3〕至此，慈禧太后只能让步。
二十六日（10月11日），清朝发出上谕：

> "前据刘坤一奏称，出使日本大臣黄遵宪病请开缺等语。黄遵
> 宪业已准其开去差使，着刘坤一饬令该员即行回籍。"〔4〕

二十七日，总理衙门照会林权助公使，用"误会"一说，将事情给搪塞
过去。〔5〕二十九日，总理衙门收上海道蔡钧电报："勘电敬悉。洋人日

---

〔1〕 林权助致大隈，第102号机密信，1898年10月19日发，11月2日收到，《日本外交
　　文书》，第31卷，第1册，第688页。

〔2〕 林权助致大隈重信，第101号机密信，1898年10月15日；林权助致总理衙门照
　　会，1898年10月10日。（《外务省记录》，1-6-1-4-2-2，第1册）又，此次交
　　涉后，林权助立即电告大隈重信："下官已向（总理衙门）王、大臣表明了黄遵宪曾
　　任清国驻日本公使，而对黄遵宪的苛酷处置，将影响两国关系。王、大臣回答说，
　　并无黄遵宪被兵看管一事。然下官则强烈要求其确认此事。王、大臣已允诺。依密
　　旨行事而不为总理衙门所知之事，往往有之。"（林权助致大隈重信电，第196号电
　　报，1898年10月10日，《日本外交文书》，第31卷，第1册，第679页）

〔3〕 大隈重信致林权助，第136号电报："关于你的第195号、196号电报，你应以我在
　　第125号电报中提到的方式，强烈地再次向总理衙门施加压力：有必要抑制过分的
　　举动，这不仅是对黄遵宪，而且包括其它改革派人士。"1898年10月11日。（《日
　　本外交文书》，第31卷，第1册，第679页）

〔4〕 军机处《上谕档》，光绪二十四年八月二十六日。这一份上谕有着很大的文字矛盾，
　　黄遵宪已于二十一日被革职，再饬令"即行回籍"已无必要。

〔5〕 "林大人台启。径启者。日前贵署大臣函称，准驻沪领事电，兵备道奉旨拘黄遵宪，请
　　熟思审处等因。本衙门当即电询南洋大臣去后，昨据复称，前因传闻逃犯康有为隐匿
　　黄遵宪处，是以饬令江海关道前往查询。嗣经查无其事，即作罢论，并无拘留黄遵
　　宪之说。且已有旨令其回籍矣。相应函复贵大臣查照可也。此复。即颂日祉。名
　　另具。八月二十七日。王文韶、崇礼、廖寿恒、徐用仪、袁昶"（总理衙门致林权助
　　照会，光绪二十四年八月二十七日。《外务省记录》，1-6-1-4-2-2，第1册）

前之举实系误听讹言，今已释然，黄遵旨今晚附轮回籍。钧。艳。"〔1〕
康称黄遵宪"为日人救之"，属实。康又称其"电英领事救焉"，查当时
的英人确实作出了反应〔2〕，英国驻上海领事此时也有一些行动〔3〕；然
康是否真有电报给英国领事，英国的活动是否与康的电报有关，我尚未
读到相关的史料。

　　从以上情节中可以看出，惩处湖南官员及王锡蕃、李岳瑞、张元济

---

〔1〕《总理衙门清档·收发电》，01－38/17－4。《国闻报》光绪二十四年九月初三日以
　　"星使放归"为题，刊出消息："昨接北京访事人来函云：黄星使此次被羁，实因御
　　史联衔揭参，指为康党，以致朝廷盛怒，几遭不测之祸。嗣日本前内阁大臣伊藤侯
　　一闻黄星使被拿之信，立即电致驻扎北京之日本公使林君，至总理衙门会晤庆亲王
　　及各大臣……庆王爹以务当力为保全。随后总理衙门又接到南洋大臣来电云：有英
　　国拟派兵队数十人将黄遵宪极力保护，并声言如中国国家欲将黄遵宪不问其所得何
　　罪必治以死刑，则我英国必出力援救，以免其不测之祸。总署名电复南洋大臣将黄
　　京卿释放……以上各节皆旅京西人传言如此。"

〔2〕二十七日刘坤一电称："黄遵宪本未革职，惟系奉电旨看管之人……昨夜据电称，今
　　日有英租界电探四人至局外马路上窥问，情形可疑。英人议论繁多。伯爵柏理旰面
　　告川督奎俊，即朝事若不公，必当干预。又据电称，探得日本人今日会议，约同英
　　人欲干预黄事各等语……"同日，刘坤一发急电："顷蔡钧电称：昨夜两点半钟，
　　洋务局忽来洋人数十名撞栅栏门不开，即有七人从西越进，手执军械，声称要劫夺
　　黄遵宪父子二人。已起西兵团练接应。钧督同县、委在局看管，闻警即出，拦阻，
　　并饬丁役分投抵御，一面赶召律法官担文来局作证，仍令婉言开导。辩论片时始
　　去。据担文云，团兵再来恐不能御……担文所言甚属可虑，不敢壅于上闻……"
　　（《总理衙门清档·收发电》，01－38/17－4）"伯爵柏理旰"，即贝思福勋爵。奎俊，
　　前江苏巡抚新任四川总督，此时在上海。"已起"指上午9—11时，担文（William
　　Venn Drummond），上海最著名的英国大律师，曾任上海工部局法律顾问（1875—
　　1877），后开设事务所，充上海道的顾问。又，《中外日报》光绪二十四年八月二十
　　八日以"谋救大员"为题刊出消息："……今晨一二点钟时，有五人奔赴洋务局，走
　　入花园，见上海县暨会审谳员，及任事各员，均衣冠楚楚，并有道辕亲兵三十名，
　　一若预知有西人来劫者，咸鹄立以待。局中本有电线，英谳员、郑大令发电到老巡
　　捕房……"（《丛刊·戊戌变法》，第3册，第433—435页）

〔3〕据上海领事诸井的报告："据探听到的消息，如英国领事为释放黄遵宪试着进行了
　　一些活动。"诸井六郎致外务次官鸠山和夫，机密第52号，1898年10月13日，20
　　日收到。《日本外交文书》第31卷，第1册，第684页。又，莫理循于10月12日致
　　濮兰德的信中称："昨天克劳德［·窦纳乐］爵士收到了布雷南的一封电报，说前已
　　选派而尚未上任的中国驻日本公使黄遵宪已被押送到南京去处决。今天日本人得到
　　总理衙门的正式通知说，黄已获释，奉旨回原籍。"（《清末民初政情内幕》，上册，
　　第120—121页）布雷南，是英国驻上海总领事白利南的另一中文译名。

等人一事上，御史黄桂鋆、给事中张仲炘、御史黄均隆起到的作用甚大。[1]

文廷式因杨崇伊所参，光绪二十二年二月下令革职（参见21·26）；而杨崇伊八月初三日上奏"吁恳皇太后即日训政折"，再次言及文廷式："文廷式不思悔过，又创大同学会，外奉广东叛民孙文为主，内奉康有为为主。"[2]（参见24·75）八月初十日，慈禧太后电旨刘坤一、翁曾桂："已革翰林院侍读学士文廷式，是否在籍，抑在上海一带，著刘坤一、翁曾桂密饬访拿，押解来京。"护理江西巡抚翁曾桂奉旨查拿未获，十二日电奏：

> "查省垣有该革员寓所，即密饬南昌、新建两县前往查拿。旋据复禀，该革员并未在省，询据其族弟内阁中书文廷心声明，其兄早经外出，曾接其七月底自湖北来信云，八月初间拟往上海或出洋游历。以后未接续信，不知下落等语。当即一面电达督臣刘坤一，一面知照湖广督臣张之洞。一体访查，拿押解京。"[3]

翁曾桂把球踢到上海和湖北去了。刘坤一于十六日电告：

> "据上海委员禀复，该革员今春二月间到沪，因江西新设学堂于六月初回籍，至今未来。又准翁曾桂电称……互证参观，恐尚在湖北逗留。业经坤一电饬江汉关道俞钟颖，迅速访拿，毋稍疏

---

[1] 《国闻报》光绪二十四年九月初四日以"言官之方"为题发表评论："北京访事人来信云：中国政府自杀四卿之后，本无钩稽株连穷治新党之意，亦并将皇上数月以来开创百度之事全行反复之意。而都察院各道御史以为趁此机会，不分青红皂白，凡有关涉皇上所创行之新政，皆指为康有为之邪说，太后无不立予平反。凡有曾经皇上所赏识之小臣，皆指为康有为之徒党，太后无不严加惩治，我辈人此升官，从此放缺，即可从此发财，利莫大焉。于是今日单衔一折，明日联名一章，凡半月以来，或革职，或放废，或永不叙用，皆言官之功也。复六衙门，复八股、禁学会、禁学堂、撤农工商局，亦言官之功也……"此说虽不完全正确，慈禧太后也确有复辟之意，但其中言官的作用确实甚大。
[2] 《戊戌变法档案史料》，第461页。
[3] "翁曾桂电总理衙门"，八月十三日收到，《总理衙门清档·收发电》，01-38/17-4。

纵。"〔1〕

刘坤一的电报更是指明文廷式在湖北。然而文廷式此时躲了起来,其行踪清朝许多高官是清楚的。据日本代理上海总领事小田切万寿之助的报告:政变发生时,文廷式正在长沙,忽接湖南巡抚陈宝箴迅速逃遁的劝告,随即在长沙附近偏僻乡下藏身。陈宝箴交卸后返故乡,命地方官用官船将文廷式送到汉口。小田切万寿之助还为其制定了一个援救计划,委托汉口的东肥洋行主任绪方二三办理此事。十月初六日 (11月19日),文廷式与他的弟弟文廷楷乘大阪商船公司轮船天龙丸来到上海。〔2〕此后,文廷式去了日本。

宋伯鲁于八月初六日因上折而被慈禧太后罢免后(参见24·78),一直在各地躲藏。光绪二十八年 (1902),宋伯鲁回到陕西醴泉家乡,陕西巡抚升允上奏请求将其永远监禁,光绪帝朱批:"著照所请。"〔3〕宋伯鲁后随伊犁将军长庚去了新疆,民国期间居住于北京、陕西等地,曾任

---

〔1〕 "收南洋大臣电",光绪二十四年八月十七日,《总理衙门清档·收发电》,01-38/17-4。清廷的这一谕旨也为日本方面所侦知。上海代理领事诸井六郎1898年10月10日致电大隈重信:"文廷式已经被捕。"(《外务省记录》,1-6-1-4-2-2,第1册)

〔2〕 小田切寿万之助致外交次官都筑馨六,第60号机密信,1898年11月23日,29日收到,《日本外交文书》,第31卷,第1册,第715—717页。又,陈寅恪称:"……其实文丈(廷式)既不在上海,又不在江西,而与其夫人同寓长沙。先君(陈三立)探知密旨,以三百金赠文丈,属其速赴上海。而先祖(陈宝箴)发令,命长沙县缉捕。长沙县至其家,不见踪迹……"(《寒柳堂记梦未定稿补》,《陈寅恪集·寒柳堂集》,生活·读书·新知三联书店,2001年,第233—234页)其中陈宝箴发长沙县缉捕文廷式一事,似有误。

〔3〕 光绪二十八年六月二十二日,陕西巡抚升允上奏"康党回籍就获请从重监禁折",称言:"查已革御史宋伯鲁于本年六月初一日携眷回陕,在省城逗留二日,旋回醴泉原籍。奴才因其系逃犯,俨然仕官还乡,太形胆妄,当饬臬司转饬醴泉县传解来看,发西安府看管,于十六日电奏请旨,奉电谕'宋伯鲁著交地方官严加管束'。……查曩年奉旨缉拿康、梁诸逆时,宋伯鲁以被革在先,闻风早遁,避居日本,旋匿申江,倚报馆为护符,附康、梁而横切议……惟该革员素不安分,惯事招摇,以未蒙明赦之人,掉臂还乡,尤敢招引门徒,迎于百里之外;及被看管,又饬首县具车拜客。其余狂谬之语,得诸传说,未敢遂以为据……若纵回醴泉,决非一县令所能钳制,倘必待其滋事再行奏参,不若此时防范加严,转属保全之道。相应请旨将宋伯鲁永远监禁,仍当随事察看,如其真能悔过,再行呼请恩施。"(《军机处录副·补遗·戊戌变法项》,3/168/9459/25)

职于陕西通志馆。1932 年去世。

徐致靖于八月十四日旨命"刑部永远监禁"（参见 24·89），一直关押在刑部监狱。八国联军进入北京时脱逸而出，当西安行在查询其下落时，自投刑部要求关押，光绪二十六年十二月初三日奉朱批：徐致靖"既据报首，尚知畏法，著一并加恩释放，免治其罪"。[1] 他后来隐居杭州，清朝灭亡后与康有为还见过面。[2]

清廷对张荫桓的处置，参见 24·89。

康称"复八股、禁报馆、捕会社及主笔人、罢经济特科、农工商局，复冗官、停漕折"，大体属实，分见八月十一日谕旨（复冗官并停止上书）、八月十七日谕旨（停漕折）、八月二十四日懿旨（复八股、停经济特科并裁农工商总局）、八月二十四日谕旨（禁报馆及捕报馆主笔）。[3]

"无逝我梁，无发我笱。我躬不阅，遑恤我后"，见《诗经·小雅·小弁》，其直译的意思是："不要动我的鱼梁，不要动我的鱼篓。我现在处于困境，怎么谈得上我的将来。"《小弁》是尹吉甫之子伯奇所作，无罪却被放逐，故歌，为自己作辩护。康有为引此诗之意是申白自己无罪。

（24·99）维新之事，吾以四月二十八日召见，至七月二十九日奉密诏，凡九十日。是役也，身冒十死，思以救中国，而竟不死，岂非天哉！事后追思，无一生理。吾先出上海办报，则上海道掩捕立死。皇上无明诏、密诏之敦促，迟迟出京，必死。荣禄早发一日，无论在京在途，必。无黄仲弢之告，宿天津，必死。从仲弢之言，出燕台，亦必死。搭招商局之"海晏"船，英人欲救无从，必

〔1〕《义和团档案史料续编》，上册，中华书局，1990 年，第 907—908 页。
〔2〕《许姬传七十年见闻录》，第 71—73、90—92 页。
〔3〕见军机处《上谕档》各该日记载。需要说明的是：一、谕旨中并无涉及"会社"。二、八月十九日时慈禧太后召见端方，当面询问是否裁农工商总局，端方于二十三日上奏，主张撤农工商总局。三、当时许多奏折反对漕粮改折，交户部议。八月十七日，户部上奏"南漕改折应毋庸议"，才有停漕折之事。四、禁报馆及捕主笔之旨，各地实际没有执行。

死。是日无"重庆"之轮开，或稍迟数时行，追及，必死。"飞鹰"快船不因煤乏还，必死。莱青道非因有事往胶州，则在燕台，必死。上海道不托英人搜，则英领事不知，无从救，必死。英人不救，亦必死。凡此十一死，得救其一二，亦无所济。而曲线巧奇，曲曲生之，留吾身以有待其兹，中国不亡，而大道未绝耶？聚散成毁，皆客感客形。深阅死生，顺天俟命，但行吾不忍之心，以救此方民耳。

据手稿本，"至二十九日"之"至"字为添加；"身冒十死"之"身"字前删一衍"身"字，"十死"《戊戌变法》本改为"十一死"；"无一生理"之"无"前删一字，"一"字为添加；"办报"二字为添加；"则上海道掩捕立死"之"上海"由"蔡"字改，"道"字后删"密"，各抄本刊本漏"道"字，"立死"后删"荣禄早发"；"燕台"之"燕"字，各抄本刊本已改为"烟"；"无重庆轮"之"无"字为添加；"飞鹰"后删"不"字；"则英领事不知"之"则"字为添加；"皆客感客形"之"皆"字为添加。

"密诏"一事，参见24·72、24·73；而"七月二十九日"时间有误，指七月三十日光绪帝召见杨锐所下密诏之事。"海晏"轮，应是"新济"轮。(参见24·79)

康有为通过其从北京到香港的经历，感到了"天意"存己，"留吾身以有待其兹"，"以救此方民"。从手稿本来看，前称"身冒十死"，后称"凡此十一死"，是其最初也没有计算清楚。

梁启超在日本《清议报》中刊出的《戊戌政变记》中，有《记南海先生出险记》，以康有为《我史》为蓝本，详细说明了此次经历，最后也引用了这"十不死"：

"……是役也，先生有十身不足死：皇上无两重诏书敦促，则先生不出京，必死；荣禄之变早作一日，则先生无论在京在途，必死；若先生迟一日出京，则在南海馆被捕，必死；若宿天津栈，则不及搭船，必死；若初六日船不开，必死；既搭招商局船，常例必不复登岸，无从搭英船，则英人无从救，必死；飞鹰兵舰速率既倍，若非缺煤，则必追及被捕，必死（或者曰飞鹰舰长仗义释放云，亦未可知）；烟台之道员，若非往胶州，则截搜被捕，必死；到上海不遇救，必死；上海道不请各国领事协拿，则英领事不知此事，无从救，必死。有此十必死，当是时也，智者无所施谋，勇者无所施力，爱者无所施恩，人事俱穷，能救其一，不能救其他。死矣，死矣，而竟不死，岂非天哉，岂非天哉！天之曲为保全先生，曲线巧奇，若冥冥中有鬼神呵护之，俾留其生以有待者，岂无故欤？"[1]

相较于康有为的"十一不死"，梁启超去掉了"先出上海办报"一节。

对于康、梁的这一说法，胡汉民予以了严厉的批评：

"那《戊戌政变记》，随口捏造，虚谬处极多，然而有可从中看出破绽，反然露出真相的，就莫如那康有为的'十不死记'。别的书还可以推说别人的手笔，不得看确，这'十不死记'，既然康有为自述，其中情节，便可以做得凭据。这本书兄弟看过好几年，后为晓得康梁的谬妄，他们的书，就少寓目；但还记得'十不死记'是康有为显他十番当死不死，将来不知几大气候，或者做个真命天子，也未可知。惟是他自家说话太过，不觉露出真情，掩不住从前的假话。却也奇怪，这'十不死记'是许多人看的，如何没有人指摘他，揭出他的心事，这是康有为的侥幸了。他那'十不死记'，最要注目的，就是他到天津，他不知朝中有变，几乎可以被捉；却又幸到烟台，上岸还去买石子玩弄玩弄。到了上海，也还不知朝廷拿他，幸得英领事上船通知，又不得死。就他这几个不死看来，足见康有为出外求救的话，纯然乌有子虚。要是果然这康有为已晓得皇上危如累卵，旦夕有性命之虞，自己奉着密诏的人，那有逍遥自得的？这明明显出康有为自己弄的手段，原想哄到光绪，他就趁机行事，及事不成，他只得罢休。然而他心里是晓得，太后杀光绪皇帝是没这事的；既然没事，那保驾诏书就是无效。谭嗣同、刘光第在鼓里，只好听他着急，我老康却是无忧无虑。因为他算不到袁世凯竟会穿了这事，故一路上行得安然泰然。不然，这烟台的石子明是

[1] 梁启超：《戊戌政变记》续四库本，第250—251页。

买来年底栽水仙花用的，与出外求救有甚相关？这话问起来，恐怕康有为也要失笑的……"[1]

胡汉民的说法，稍显尖刻，自然与革命、立宪两派此期的党争有关。很可能是胡汉民的这一段批评，《饮冰室合集》刊《戊戌政变记》时，没有将《记南海先生出险记》收录进去。

"聚散成毁，皆客感客形"，见于张载《正蒙·太和》，原文为：

> "太虚无形，气之本体，其聚其散，变形之客形尔；至静无感，性之渊源，有识有知，物交之客感尔。客感客形与无感无形，惟尽性者一之。"[2]

张载此语之意，在于说明"客感客形"与"无感无形"的特点与之间的关联。康有为引用此语，在于说明此乃是现实世界中的表象与内心体会。[3]

（24·100）诸子欲闻吾行事，请吾书此。此四十年乎，当地球文明之运、中外相通之时，诸教并出、新理大发之日，吾以一身备中原师友之传，当中国政变之事，为四千年未有之会；而穷理创义，立事变法，吾皆遭逢其会而自为之。学道救人，足为一世；生本无涯，道终未济。今已死耶，则吾阅遍人天，亦自无碍，即作如是观也。后此玩心神明，更驰新义，即作断想，又为一生观也。九月十二日至日本，居东京已三月，岁暮，书于牛込区早稻田四十二番之明夷阁。

据手稿本，"欲闻吾行事"之"欲闻"二字由"恐"字改，"吾"字后删"遂□"；"当地球文明之运、中外相通之时，诸教并出、新理大发之日，吾以一身备中

---

[1] 《戊戌庚子死事诸人纪念会中之演讲》，民前七年（1905）九月初八日，《胡汉民先生文集》，第1册，第39—40页。

[2] 《张载集》，中华书局，1978年，第7页。

[3] 此处可参见康有为学生张伯桢所录《南海师承记》，称康言："《正蒙》为宋儒第一篇文字。精深莫如《正蒙》，博大莫如《西铭》。王船山发挥《正蒙》甚精。""宋儒深造独得者，莫如张子《正蒙》之言聚散，即佛氏一切有为法，如梦幻泡影，如露亦如电之意。"（《康有为全集》，第2集，第233—234页）

原师友之传，当中国政变之事，为四千年未有之会；而穷理创义，立事变法，吾皆遭逢其会而自为之”一段为添加，补在页眉与页边，其“当地球文明”前删“□□□人处”，“为四千年”之“为”字后删“穷理创事”，“四千年”以后一段为再添加；“学道救人”之“救”字《戊戌变法》本作“爱”字，“人”字后删“事理甚多”，又再删添加的“□吾为□”；“生本无涯，道终未济”一句为添加，补在行间；“则吾阅遍”之“吾”诸刊本抄本作“已”字；“即作如是观”之“即”字后删“可”字；“更驰新义”为添加；“又为一生观也”之“又”字前删“作”字，“为”字为添加，“观”字后删一字；“居东京已”为添加，删原先“又”字；“岁暮书”后删“此”字。

又，此处有一贴条，记“第十五页一行提及菊翁请其撰学堂章程。第十九页二面提及菊翁请废翰林院、都察院。倒数第二页提及菊翁被革。罗孝高普具”。“菊翁”即张元济，字菊生。该纸为信纸的右半，印“……馆信稿纸”，张元济长期主持商务印书馆，很可能是商务印书馆信稿纸。而“第十五页”、“第十九页”两语，也使我核对了一下页数，他只看到了光绪二十四年的部分。尊称“菊翁”，写者似为晚辈或张元济的下属。

“诸子”，指康有为一党流亡在日诸弟子。当时有梁启超、徐勤、王照、梁铁君、康同照、何易一、叶湘南、韩文举、罗普、罗伯雅、梁元理等人。[1]

康到达东京寓所的时间，为九月十一日晚 11 点半（参见 24·97），康称“九月十二日”，即以第二天来计算。称“居东京已三月”，即为十二月十二日（1899 年 1 月 23 日），又称“岁暮”，当在 1899 年 2 月初旬。此时康有为的处境十分尴尬。在日本政府反复施压下，康已被迫同意离境（参见《导论·康有为写作时的心情》）；而横滨大同学校内康有为派与孙中山派又大打出手，由犬养毅出面调停。因而在书写《我史》时，康有为对其在日本三个月的经历未加描述，正表明其心情十分复杂。

“牛込区早稻田四十二番”，即东京牛込区早稻田南町四十二番地，

---

[1] 康有为《明夷阁诗集》中有《将去日本，示从亡诸子梁任甫、韩树园、徐君勉、罗孝高、罗伯雅、梁元理》，该诗的写作时间与《我史》相同，诗云：“凤靡鸾吪历几时，茫茫大地欲何之。华严国土吾能现，独睨神州有所思。”（《遗集·万木草堂诗集》，第 99 页）

是康有为到日本后在东京的第三个住所。[1]东京"牛込区"于二战后并入新宿区,"早稻田南町四十二番地",今为东京都新宿区牛込第二中学教学楼之西部。[2]"明夷阁"为康有为自命其住所。康有为随行弟子叶湘南在《我史》手稿本跋记中称:"到日后,先师颜所居曰'明夷阁'。"[3]

"明夷",为《易经》的第三十六卦。其经文曰:"下离上坤,明夷:利艰贞。《彖》曰:明入地中,'明夷',内文明而外柔顺,以蒙大难,文王以之。'利艰贞',晦其明也;内难而能正其志,箕子以之。《象》曰:明入地中,'明夷',君子以莅众,用晦而明。"其卦象为日入地中,光明殒伤。康有为在此用意为,虽落其难而坚守其贞。

---

[1] 警视总监西山志澄于 1898 年 10 月 29 日致外务大臣大隈重信函称:"清国流亡者康有为外四名,转入牛込区早稻田鹤卷町四十番地高桥琢也之件,已于昨天甲秘第 159 号申报。因故移至同区加贺町一丁目三番地。"(转引自石云艳:《梁启超与日本》,天津人民出版社,2005 年,第 455—456 页)近卫笃麿于 1898 年 10 月 27 日日记称:"大内畅三来会,谓康有为一行于今日移居至其家。"(转引自伊原泽周:《由近卫日记看康有为的滞日问题》,《从"笔谈外交"到"以史为鉴"》,第 176 页)由此可见加贺町的住所为大内之家。警视总监大浦兼武于 1898 年 12 月 20 日致外务大臣青木周藏函称:"清国流亡者梁启超本日由横滨返京,先往牛込区市谷加贺町一丁目三番地拜访康有为,面谈后回到同区早稻田鹤卷町四十番地,估计将在此滞留一段时间。"大浦兼武于 1899 年 1 月 7 日致青木周藏函称:"康有为、梁启超一行移至牛込区早稻田南町四十二番地,合并了住所。"(《梁启超与日本》,第 458、460 页)
[2] 2007 年 10 月我去早稻田南町查访四十二番地,发现早稻田南町许多番地已并入牛込第二中学而名称已不存,其中四十二号番地亦是如此,今已无此地名;按照当时的排列顺序,该校副校长认为在该校教学楼之西部。牛込第二中学建于 1945 年,其对面的早稻田小学建于 1882 年,其南町的位置与番地位置,该副校长认为不会有变化。
[3] 康有为编有《明夷阁诗集》,其自注云:"自政变出奔,日本元老大隈伯为适馆授餐。名所馆曰'明夷阁'。"(《遗集·万木草堂诗集》,第 89 页)

附 录

《我史》手稿本所录注文、跋语

康有为在日本写完《我史》之后，并没有将手稿本带走，而是存在其弟子罗普（孝高）处。尽管康有为后来肯定重看过《我史》手稿本，并在上面作过多次且大量的修改，但手稿本一直由罗普保存。

1927 年康有为去世。1933 年罗普携带手稿本至上海、广州、香港，请康有为的诸弟子及再传弟子题写注文与跋语。其中注文一篇，录于文中，即韩文举注文；另有跋语十一篇，录于文后，分别是叶湘南、伍庄、刘翰棻、孔昭焱、钟玉文、吴恒炜、郑雪庵、鲍文、张砚瑜、叶衍华、孔昭鑫所写。

兹将注文与跋语录于下。

韩文举注文

"戊戌政变，先师出亡日本，先后奔随者不乏其人，文举亦与焉。某日某夜，先师口授政变情事，命笔述之。是时夜深矣。感怀旧事，迄今已三十余载矣。孝高适自上海来，携此册，促予书后。年已七十矣。计当时笔述凡十页。癸酉十月望后二日。韩文举记于香港"

韩文举（1864—1944），字树园，号孔庵，广东番禺人，监生。光绪十六年（1891）入万木草堂，号称长兴里十大弟子之一。（参见《导言·手稿本、抄本与写作时间》）他的这一段注文，说明其流亡在日本时，有一个晚上康有为命之作笔录。其笔录的内容，从《我史》光绪二十四年"时上频命枢臣催所著各国变政考"为始（即24·33），终于"礼部主事王照一折，条陈请皇上东游日本，痛抑守旧一折"（即24·58之前首语）。共计10页，约3600余字。上有韩文举修改笔迹，也有康有为修改笔迹。一晚上录3600余字，可见当时康的精神状态十分亢奋，也可见韩熟悉此道而能胜任。他的这一注文，写于其当年笔录最后一页的空白处。癸酉，即1933年，望日为十五，"望后二日"即十七日，癸酉十月十七日，为1933年12月3日。

叶湘南跋语

"余年六十三得读先师手写年谱，如升其堂，如闻其语，悲喜交集，为之悚然。悲者悲先师之不遇，竟赍志以殁也。喜者喜手泽之犹存，使后世有定论，不致因毁誉而失真也。回忆从先师游自光绪十九年始，平日追随先师最亲切而领益多者两次。一《新学伪经考》被劾后，游罗浮山半月，遣余随行，登峰造极，事事物物皆有开示；一戊戌政变蒙难由香港东渡，同舟十日。弟子随行者，惟予一人，饮食起居，论学不辍，心境泰然。到日本后，先师颜所居曰'明夷阁'。此谱写定，予闻而未之见也。及游历欧美，不复能追随矣。最后一见，壬戌由京过沪，诣游存庐，风雪满园，呵冻执笔，为我题谭复生、唐黻丞两同学遗墨，并挥一楹见赐，文曰：'虚白道所集，静专神自归。'别后四年不复得见。先师道术文章，自足千古，何待小子之嗫嚅哉。癸酉冬，孝高学长出示此谱，嘱志简末。自愧不文，联写数行，以永矢不忘云尔。叶觉迈。"

此为手稿本的第一篇跋语。叶觉迈，名湘南，字觉迈，号仲远，广东东莞人，举人，万木草堂学生。光绪二十三年曾随梁启超至湖南，为时务学堂分教习。戊戌政变后随康有为同去日本。他深受康有为的信任，当梁启超等留日弟子与革命党人接近，主张孙、康合作时，徐勤等人告之康，康即命叶湘南携款赴日本，命梁赴檀香山办保皇会。叶湘南称其对康有为著此书"予闻而未之见",又与康有为在《我史》中的结语,有着很大差别。"壬戌",1922年,"游存庐",康有为居所。叶湘南最后见康有为一面。而他见到手稿本的时间是"癸酉冬",1933年冬,与韩文举注文时间相同。而手稿本所跋语的时间不同,叶湘南作跋虽晚,而列为第一篇,似由其在康门弟子之地位而定。

伍庄跋语

"丁卯秋为筹刊先师遗著事,与雪广兄入都。孝高出示先师自写年谱一策,起戊午,迄戊戌,凡四十一年。是政变后出亡日本时所写定,中有十篇则先师口授,树园兄手写。先师游欧美,留此策授孝高保存,至今又三十年。今编先师年谱,此为至可宝贵之资料,珍逾拱璧矣。谨注数语,还孝高永珍藏之。八月十七。伍庄。"

此为手稿本的第二篇跋语。伍庄(1881—1959),字宪子,广东顺德人,万木草堂学生。曾任《香港商报》、新加坡《南洋总汇报》主笔。辛亥革命后,曾任广东省内务司长、北京政府财政部顾问,后主持民宪党海外党务,办《世界日报》。1948年,民宪党与国社党合并为中国民主社会党,张君劢任主席,其任副主席。1956年任香港联合书院中文系教授,1959年在港去世。[1]丁卯,为1927年,康有为于1927年3月31日(丁卯二月二十八日)去世。是年秋,伍庄就看到了手稿本,并称康有为1899年春离开日本时将手稿本交给了罗普。此中之情节,伍庄似从罗普处得知。"雪广",似为"雪庵",当时人"庵"多简写为"广"字;若此,似指徐勤(号雪庵)。"拱璧",大璧之谓。伍庄的跋文未注年,很可能也是1933年。

---

〔1〕 陈汉才:《康门弟子述略》,第54—59页。

刘翰棻跋语

"先师南海先生学行事业，天下后世，自有尽知，无待赘述，惟师与余个人交情之点，师深知余性类不羁焉，不以严厉绳之。晚年相见时颇多，每见好说笑语世情。丁卯春，天游堂酒席间，谓余器宇不凡，是未肯低头者，得毋以狂者有进取乎。噫！余年老而无用矣，有辜厚望，惭愧惭愧。此今孝高学长携师手写年谱南还，拜获一读，见其书如见其人，犹恍惚追随左右时也。率草数言，以归孝高。先师诀别后七年，门人刘翰棻记。"

此为手稿本的第三篇跋语。刘翰棻，广东东莞人，万木草堂学生。戊戌政变后，仍回草堂照常读书。"丁卯春"，1927年春，"天游堂"康有为晚年讲学之所，此次相见，似为康祝寿之时。该跋注时间为"先师诀别后七年"，七年当为1934年，然按当时人计年的方法，也有可能是1933年。

孔昭焱跋语

"昔先师在日，余闻孝高学长藏有先师自订及手写年谱一册，起一岁以讫戊戌四十一岁。盖是年之秋，先师出亡日本时所作，孝高即以彼时从亡，而得之者也。今夏同客海上，出以相示，伏诵乙遍，为之肃然。余曩读翁文恭公日记，颇病其于当日政情未能承直挥写，知有所惧而不敢拟笔为之。先师此册于戊戌一役及戊戌以前之政情，据所闻见详述无隐。夫戊戌为中国革新纪元，先师即维新领袖，此天下万世之公论。虽在异党，未尝非之。是则此册之可宝贵，又不仅在先师之遗墨焉耳。小子十有七岁从先师游，维时及门最少，颇蒙先师盼睐。(越二)翌年（丁酉）丙申命随君勉、任公、儒博、树园诸君，分任澳门《知新报》笔政。迄今垂老无成。眷念师门，祇增愧汗而已。共和二十有二年癸酉夏五。弟子孔昭焱敬志。"

此为手稿本的第四篇跋语。孔昭焱（1883—1943），字熙伯、希白，广东南海人，万木草堂学生。[1]后入日本法政大学速成科，归国后入两广总督张鸣岐幕。辛亥革命后，他曾任总统秘书、京兆财政厅长、司法部次长、广西财政厅长、广东海关监督等职。1943年死于香港。该跋记称"小子十有七岁从先师游，维时及门最少，颇蒙先师盼睐。（越二）翌年（丁酉）丙申，命随君勉、任公、儒博、树园诸君，分任澳门《知新报》笔政……"其中括号内的字为其拟删，看来他已记不准时间了。"君勉"，徐勤，"任公"，梁启超，"儒博"，麦孟华，"树园"，韩文举，皆康门大弟子，《知新报》第3册刊出其名，为"撰述"。[2]《知新报》第13册刊其文《论中国变法之害》；第23册刊《改官制莫先于翰林院论》。[3]"海上"，上海之谓，"共和二十有二年癸酉夏五"，即1933年阴历五月。他此时在上海看到手稿本。

钟玉文跋语

> "先师德业事功，彪炳宇宙，后世自有定评。小儒拘拘，妄测高深。尺墨相绳，犹有一哂也。然毁者固无伤于日月，即乐道其善者亦往往传之非真。先师不复生，谁能定是非乎？此编可以订传记之讹，而后之景仰先师者，庶几不惑于异说矣。癸酉冬月弟子钟宝华敬志。"

此为手稿本的第五篇跋语。钟宝华，名玉文，字宝华，广东东莞人。光绪十八年入万木草堂。[4]钟玉文称见该手稿本为"癸酉冬月"，与韩文

---

[1] 《觉迷要录》录有其给康有为一信，似写于光绪二十二年，称其学习情况，并希望去上海《时务报》。（《觉迷要录》，录四，第23页）

[2] 此后第4、5、6、7、8、9、10册，皆列其为"撰述"。《知新报》从第11册起，不再列职员名单。

[3] 《知新报》影印本，第1册，第97—99、201—202页。

[4] 《康门弟子述略》，第160页。

举、叶湘南等广东康门弟子时间相同。

吴恒炜跋语

"丙辰岁，余到沪，谒先师于辛园，此为最后之受教矣。时先师方游西湖，余以内子病，亟返粤，不及随侍。丁卯师梦楹青岛，余从军江门，亦不及赴，心丧而已。昨岁余游樵湖，追怀先生炆尨阁读书旧处，益为怅然。时余方编次拙作《赤海楼诗草》，惜琴扇不存，欲亲左右，就正文字，复求万木草堂时，渺不可复得，曷胜感慨。兹学长孝高携先生自著年谱返五羊，嘱余题此。殷为检阅笔迹，宛见生平也。为注数语于此，藉资景仰而已。时夏历长至节后十日，吴恒炜。"〔1〕

此为手稿本的第六篇跋语。吴恒炜，字介石，广东顺德人，万木草堂学生，曾任《知新报》撰述。该刊第一、二期连载吴恒炜《知新报缘起》一文。"时夏历长至节后十日"，"长至节"，即冬至日。1933 年冬至为公历 12 月 22 日，由此推算，吴恒炜读到手稿本的时间为 1934 年 1 月 1 日。

郑雪庵跋语

"南海先生手书年谱，谨题四绝，聊志景仰之忱。万木森森一草堂，半储经济半文章。上书贾谊心忧汉，四十年中梦未忘。通经博史学渊渊，时事高谈骇四筵。漫道老来多劲气，脚跟立定在英年。求贤宣室恩弥重，变法临川见不讹。记到当年衣带诏，泪痕应比墨痕多。十年以后应思我，万里孤忠独爱君。民族君恩齐保得，匡危端仗读书人。癸酉菊月下浣，郑雪庵。"

---

〔1〕 此件的辨识，得梁基永之助。梁基永来信称："'炆尨'为'龙松'之误，此谓在西樵山上之龙松阁，此阁为昔年戴熙所筑，在白云洞上，康少年读书于此，今尚存。"

此为手稿本的第七篇跋语。郑雪庵，身世不详。伍庄称"丁卯秋为筹刊先师遗著事，与雪广兄入都"，当时"庵"在手写体时多简为"广"字，由此伍庄所称"雪广"，可能就是他。其跋文称："南海先生手书年谱，谨题四绝，聊志景仰之忱。"并未言及受教之处。以此来看，他似非为康的入门弟子。"菊月"，阴历九月，下浣，下旬之意。

鲍文跋语

"康太师南海先生于戊戌维新后名满天下，其言论行事，妇孺皆属耳目焉。至今恨无大手笔能总为纪述，而片鳞只爪散见人间，偶有拓拾一二者，辄自诩为能知先生矣。顾此皆不过先生出其绪余，至若德性学问之所自来，则远承祖德，近接师传，益之于朋友讲习，又属东西文明初接触，奋然好学深思以求之。此乃先生自少而壮进德修业之历程，匪唯门弟子不及见而知之，即亲如家人亦莫得而详也。是戊戌以前之先生，当世既莫之识，而后世将何述乎？今独幸有先生自写之年谱在，其原稿由孝高先辈亲受之于先生，而竭诚护持之，历百劫弗散失。文以癸酉夏客游上海，幸得借而读之。其于戊戌变法之原委亲切叙述，令后人窥其真相，依为信史。益叹先生之舍身救国之出于至诚，而其本源则全在平日修养。今人往往震惊先生之博大，以为此乃天授，非人力，则尚未见此稿，而实不知先生之所以为先生也。恭读百回，将复归之主人，爰缀数语，以志服膺。癸酉夏六月十一日，再传弟子鲍文敬志。"

此为手稿本的第八篇跋语。鲍文，身世不详，称"康太师"，自称"再传弟子"，即拜康门弟子为师。他是在"癸酉夏"在上海读到手稿本，此一时间与孔昭焱相同。

张砚瑜跋语

"癸酉冬十月十二日弟子张达琭恭读。"

此为手稿本第九篇跋语。张达琭，名砚瑜，张伯荫之兄，广东开平人，万木草堂学生，毕业于北京大学，先后任交通大学、北京孔教大学、岭南大学教授。[1] 张砚瑜仅写了一句话，不另纸，直接写在鲍文跋之后。注明"癸酉年冬十月十二日"，从时间来看，说明他此时正在广东。

叶衍华跋语

"先师南海康先生既归道山，天下无敌无友无学术治术之同异，无不欲得其一纸传之子孙为世珍重。士大夫于茶余酒后尤往往乐道先生之遗事，吁嘘叹息。顾毁者固没其实，誉者亦失其真，传先生者不一家，虽门弟子或搔不着痒焉，他更无论矣。以之信今而传后，不其惑乎？今睹孝高所藏先生手订年谱，不惟墨迹宝贵，并可释千百世之疑。衍华逮事先生三十年，虽颠沛流离，声闻无间，今则楮墨犹榘，謦欬难通，泫然识之，曾不知涕泗之何从也。癸酉冬十月，弟子叶衍华识于广州市北之沃若堂。"

此为手稿本的第十篇跋语。叶衍华，字柳宅，广东东莞人，万木草堂学生。[2] "癸酉冬十月"，并注明"广州"，说明此一时间罗普正在广州一带请康门诸弟子撰写跋语。

---

[1] 《康门弟子述略》，第154—155页。
[2] 《康门弟子述略》，第157—158页。

孔昭鑫跋语

"先太师为一代通儒，经济文章固已为世矜重，即书虽小道，亦集晋魏之大成，故世之得有残缣断素，辄视为璠宝。是其为学无不洞探本源，穷研至理。余生也晚，未及请业于门。其言行虽于父兄师友之间习闻一二，然恨莫能详也。今夏旅沪，家兄希白道及，孝高先生藏有先太师手自订写四十一岁以前年谱一卷，其于先世之勋业，师友之学术，与夫个人之行己立身，靡不毕载。乃亟往假，讵适为人借去，卒未得读。迨冬十月，孝高先生南归，郑重相示，并谓：此乃先师遭戊戌之变出亡日本时所作。其时彼邦士夫凤仰先师，咸来请谒，且欲知其为学施政之详。先师乃手草此册相授，以应来者。盖先太师出亡时，孝高先生实侍从左右也。先太师少负绝世之资，于书无所不读，于当世之故尤所留心。自甲申而后，愤外族之凭陵，痛内政之败坏，深知非变法不足以图强，乃酌取乎古今，参验于中外，思欲以自见。虽终厄于权奸国蠹，未得行其志，然其悲天悯人之旨，胥于此册见之，不独为将来修编清史之助已也。而其视世之空疏无本，高谈而不根，剿说而无当，嘐嘐自许，卒至祸国殃民者，相去何如邪？木坏山颓，吾将安仰？读竟真不知涕之何从也。孝高先生自承先太师以此册相授，迄今已三十余年。其间出入国门，往来南北，均未尝不赍随珍护。其尊师重道，实足以风薄俗而励伦纪，真吾辈之楷模也。故并僭书于末，以志景仰。癸酉长至节前一日再传弟子孔昭鑫敬识。"

此为手稿本的第十一篇跋语。前十篇写在白版纸上，很可能是罗普统一提供的。而孔昭鑫的跋语写在白宣纸上，可能是他主动提供的。孔昭鑫，即孔昭焱之弟，未入门墙。故自称"再传弟子"。"癸酉年长至节前一日"，即1933年月12月21日。跋中的内容都是罗普告诉他的。其中言及康有为写作的动机，即应对慕名而来的日本士大夫，与康有为在《我史》中的说法有别。（参见24·100）

顾颉刚抄本所录丁文江之跋语

　　"此南海之自编年谱也。中缺丙申一年。乙未以前稿，据南海自跋，系抄没流落人间，为罗孝高所得。丁酉以后，乃戊戌岁暮在日本所作，亦归孝高。徐君善伯抄得副本。十八年，为任公作年谱，向之借录。此册中颇有误字，暇当借孝高原本为之一校也。十八，五，十四，丁文江。"

　　此段是康有为《我史》顾颉刚抄本末所录丁文江之跋语。该段内容对研究《我史》极为重要，故附录于此。丁文江抄本，在赵丰田处，我尚未见到。由此可见，丁文江所见非为康有为的手稿本，而是徐良之抄本，上已有康有为"此谱为光绪二十一年乙未前作，故叙事止于是岁。门人罗孝高不知从何得之，盖戊戌抄没，落于人间，而孝高得之也。更姓七十记"之批语，且无光绪二十二年之内容。（参见 21·27）相关的论述，参见《导论·手稿本、抄本与写作时间》。

征引文献目录

（未征引的参考文献不列入）

《康有为自写年谱手稿本》，中国国家博物馆藏

《康南海自编年谱》（顾颉刚抄本），1931 年，缩微胶卷，台北中研院近代史研究所图书馆藏

《康南海自编年谱》（何凤儒抄本），1938 年，中国人民大学图书馆藏；《续修四库全书》史部传纪类，上海古籍出版社，1995 年，第 558 册

《南海康先生自编年谱》，油印本，1958 年，香港中文大学图书馆藏

《康南海自编年谱》，《中国近代史资料丛刊·戊戌变法》，〔上海〕神州国光社，1953 年，第 4 册

《康南海自订年谱》，《中国近代史料丛刊》第 11 卷，〔台北〕文海出版社，1966 年

《康南海自订年谱·康南海先生年谱续编》，〔台北〕文海出版社，1972 年

楼宇烈整理：《康南海自编年谱（外二种）》，中华书局，1992 年

《我史》，朱维铮编：《中国现代学术经典·康有为卷》，河北教育出版社，1996 年

罗岗等编：《我史》，江苏人民出版社，1999 年

黄彰健编：《康有为戊戌真奏议》，〔台北〕中研院历史语言研究所史料丛刊，1974 年

康有为：《万木草堂遗稿》，〔台北〕成文出版社，1978 年

蒋贵麟编：《万木草堂遗稿外编》，〔台北〕成文出版社，1978 年

汤志钧编：《康有为政论集》，中华书局，1981 年

上海市文物保管委员会编：《康有为遗稿·戊戌变法前后》，上海人民出版社，1986年

蒋贵麟编：《康南海先生遗著汇刊》，〔台北〕宏业书局，1987年

黄明同、吴熙钊编著：《康有为早期遗稿述评》，中山大学出版社，1988年

上海市文物保管委员会编：《康有为遗稿·列国游记》，上海人民出版社，1995年

上海市文物保管委员会文献研究部编：《康有为遗稿·万木草堂诗集》，上海人民出版社，1996年

孔祥吉：《救亡图存的蓝图：康有为变法奏议辑证》，〔台北〕联合报系文化基金会丛书，1998年

《康有为日本变政考》，紫禁城出版社影印本，1998年

姜义华、张荣华编校：《康有为全集》，中国人民大学出版社，2007年

麦仲华、康同薇编：《戊戌奏稿》，宣统三年三月，〔台北〕文海出版社影印本，1985年

《国闻报》，北京图书馆缩微胶卷

《万国公报》，〔台北〕华文书局影印本，1968年

《强学报》，中华书局影印本，1991年

《时务报》，中华书局影印本，1991年

《直报》，天津博物馆影印本

《昌言报》，中华书局影印本，1991年

《知新报》，澳门基金会、上海社会科学院出版社影印本，1996年

军机处《随手档》

军机处《上谕档》

军机处《早事档》

军机处《早事》

军机处《洋务档》

军机处《发电档》

军机处《电寄档》

军机处《电报档》

军机处《交发档》，军机处汉文档册，第424盒

《军机处录副·帝国主义侵略类·中日战争项》，3/167/9125

《军机处录副·帝国主义侵略类·租借割地项》，3/167/9257

《军机处录副·光绪朝·综合类》，3/151/7432

《军机处录副·补遗·戊戌变法项》，3/168/9446、9447、9448、9449、9450、9452、9455、9457、9459

《军机处录副·光绪朝·内政类·戊戌变法项》，3/108/5611、5612、5615、5617、5627

《军机处录副·光绪朝·内政类·职官项》，3/98/5317、5325、5326、5328；3/99/5333、5351、5359、5362、5363、5364、5365、5370；3/100/5375

《军机处录副·光绪朝·内政类·其他项》，3/98/5335；3/111/5735、5736、5737

《军机处录副·光绪朝·军务类·训练项》，03/120/5996；3/121/6033、6149

《军机处录副·光绪朝·军务类·人事项》，3/117/5913、5914

《军机处录副·光绪朝·文教类·学校项》，3/146/7210

《军机处录副·光绪朝·财政类·金融项》，3/137/6684

《军机处录副·光绪朝·财政类·关税项》，3/129/6401

《军机处录副·光绪朝·水利类·河工项》，3/143/7085

《军机处录副·光绪朝·工业类·造船项》，3/144/7122

《军机处录副·光绪朝·工业类·机器局项》，3/144/7127

《军机处录副·光绪朝·工程类·都市沟渠项》，3/144/7170

《军机处录副·补遗·矿务》，3/168/9643

《军机处录副·补遗·货币金融》，3/168/9534

《保举各项底簿等》，《军机处簿册》，第58盒

《宫中电报电旨》，第43盒

《宫中朱批奏折》，04－01－01－1023

《穿戴档》，《宫中各种档簿》，1816号

《光绪二十四年京官召见单》、《光绪二十四年外官召见单》，《宫中杂

件》（旧整）第 915 包

《内务府来文·人事》，441/5－50－1/N/949

内务府《记事珠》，405/5－14/W

内务府《日记档》（颐和园），405/5－14/W

内务府升平署《恩赏日记档》，423/5－32－1

（以上中国第一历史档案馆藏）

《总理衙门清档·收发电》，01－38

《总理衙门清档·巴西派使驻京》，01－15/47

《总理衙门清档·李瀚章保陆维祺案》，01－04/1－15

《总理衙门清档·沪关道呈送旨谕购办书籍》，01－34/5－5－6

（以上台北中研院近代史研究所档案馆藏）

《军机处档》

《月折档》

《光绪朝夷务始末记稿本》

（以上台北故宫博物院文献馆藏）

《外务省记录》，1－6－1－4－2，各国关系杂纂·支那之部

《外务省记录》，1－6－1－4－2－2，光绪二十四年政变、光绪帝及西太后崩御、袁世凯免官

（以上日本外省外交史料馆藏）

翦伯赞等编：《中国近代史资料丛刊·戊戌变法》，〔上海〕神州国光社，1953 年

国家档案局明清档案部：《戊戌变法档案史料》，中华书局，1958 年

清华大学历史系编：《戊戌变法文献资料系日》，上海书店出版社，1998 年

《清实录》，中华书局，1987 年

中国第一历史档案馆编：《光绪朝朱批奏折》，中华书局，1995 年

中国第一历史档案馆编：《清代军机处电报档汇编》，中国人民大学出版

社，2005年

北京大学、中国第一历史档案馆编：《京师大学堂档案选编》，北京大学出版社，2001年

联合报文化基金会国学文献馆：《清代起居注册》光绪朝，〔台北〕联经出版公司，1987年

故宫博物院编：《清光绪朝中日交涉史料》，刊本，1932年

青岛市博物馆、中国第一历史档案馆、青岛市社会科学研究所：《德国侵占胶州湾史料选编1897—1898》，山东人民出版社，1987年

台北中研院近代史研究所编：《胶澳专档》，1991年

王彦威、王亮编：《清季外交史料》，刊本，1934年

王铁崖编：《中外旧约章汇编》，生活·读书·新知三联书店，1957年

陈翰笙主编：《华工出国史料汇编》，中华书局，1984年

邵循正等编：《中国近代史资料丛刊·中日战争》，上海人民出版社，1957年

戚其章主编：《中国近代史资料丛刊续编·中日战争》，中华书局，第2册，1989年；第3册，1991年

陈旭麓等主编：《盛宣怀档案资料选辑之三·中日甲午战争》，上海人民出版社，1982年

中国近代经济史丛刊编辑委员会主编：《帝国主义与中国海关资料丛编之五·中国海关与英德续借款》，中华书局，1983年

黄嘉谟主编：《中美关系史料》，台北中研院近代史研究所，1990年

孙学雷等主编：《国家图书馆藏清代孤本外交档案》，全国图书馆文献缩微复制中心，2003年，第28册

宓汝成编：《中国近代铁路史资料1863—1911》，中华书局，1963年

邹爱莲等编选：《戊戌变法档案史料》，《历史档案》，1998年第4期

梁启超：《饮冰室合集》，中华书局，1989年

夏晓虹辑：《〈饮冰室合集〉集外文》，北京大学出版社，2005年

梁启超：《戊戌政变记》，清铅印本，复旦大学图书馆藏；《续修四库全书》史部杂史类，上海古籍出版社，1995年，第446册

刘光第集编辑组：《刘光第集》，中华书局，1986 年

蔡尚思、方行编：《谭嗣同全集》增订本，中华书局，1981 年

张元济编：《戊戌六君子遗集》，商务印书馆，1926 年

林旭：《晚翠轩集》，《续修四库全书》集部别集类，上海古籍出版社，1995 年，第 1568 册

张之洞：《张文襄公全集》，中国书店影印本，1990 年

东方晓白：《张之洞（湖广总督府）往来电稿》，《近代史资料》，总 109 期，中国社会科学出版社，2004 年

汪叔子编：《文廷式集》，中华书局，1993 年

中国科学院历史研究所第三所主编：《刘坤一遗集》，中华书局，1959 年

谢俊美编：《翁同龢集》，中华书局，2005 年

翁万戈辑：《翁同龢文献丛编之一：新政·变法》，〔台北〕艺文印书局，1998 年

《李鸿章全集》，海南出版社影印本，1997 年

顾廷龙等主编：《李鸿章全集》电稿，上海人民出版社，1987 年

顾廷龙、戴逸主编：《李鸿章全集》，安徽教育出版社，2008 年

陈铮编：《黄遵宪全集》，中华书局，2005 年

盛宣怀：《愚斋存稿》，刊本，1930 年

上海图书馆编：《上海图书馆藏盛宣怀档案萃编》，上海古籍出版社，2008 年

王照：《小航文存》，刊本，1931 年

王照：《方家园杂咏二十首并纪事》，《近代稗海》，四川人民出版社，第 1 册，1985 年

汤志钧编：《章太炎政论选集》，中华书局，1977 年

赵树贵、曾丽雅编：《陈炽集》，中华书局，1997 年

张謇研究中心、南通市图书馆编：《张謇全集》，江苏古籍出版社，1994 年

汪叔子、张求会编：《陈宝箴集》，中华书局，2003 年

胡珠生编：《宋恕集》，中华书局，1993 年

虞和平编：《经元善集》，华中师范大学出版社，1988 年

施培毅、徐寿凯校点：《吴汝纶全集》，黄山书社，2002 年

俞天舒辑：《黄绍箕集》，《瑞安文史资料》，第 17 辑，政协瑞安文史资料委员会，1998 年

太平天国历史博物馆编：《清季名人禀牍奏稿函札：甲午中日战争新史料》，江苏人民出版社，2006 年

李学通整理，王鹏运：《〈半塘言事〉选录》，《近代史资料》，总 65 期，中国社会科学出版社，1987 年

喻岳衡点校：《曾纪泽遗集》，岳麓书社，1983 年

中国蔡元培研究会编：《蔡元培全集》，浙江教育出版社，1998 年

湖南省哲学社会科学研究所编：《唐才常集》，中华书局，1980 年

夏东元编：《郑观应集》，下册，上海人民出版社，1988 年

丁贤俊、喻作凤编：《伍廷芳集》，中华书局，1993 年

杨敬安辑，梁鼎芬：《节庵先生遗稿》，香港自印本，1962 年

胡珠生辑：《陈虬集》，温州文史资料，第 8 辑，浙江人民出版社，1992 年

陈祖诒整理：《清御史陈其璋草疏稿择要汇集》，抄本，1961 年，中国社会科学院近代史研究所藏

胡汉民：《胡汉民先生文集》，〔台北〕中国国民党中央委员会党史委员会印，1978 年

王安石：《临川文集》，《四库全书》集部别集类，上海古籍出版社，1987 年，第 1105 册

《张载集》，中华书局，1978 年

《史记》，中华书局，1959 年

《后汉书》，中华书局，1965 年

《三国志》，中华书局，1959 年

《晋书》，中华书局，1974 年

陈义杰整理：《翁同龢日记》，中华书局，第 4 册，1992 年；第 5 册，1997 年；第 6 册，1998 年

任青、马忠文整理：《张荫桓日记》，上海书店出版社，2004 年

王贵忱整理：《张荫桓戊戌日记手稿》，〔澳门〕尚志书社，1999 年

劳祖德整理：《郑孝胥日记》，中华书局，1993 年

湖南历史考古研究所近代史组整理：《师伏堂未刊日记》，《湖南历史资料》，1958 年第 4 期，1959 年第 1、2 期，1981 年第 2 期，湖南人民出版社

孙宝瑄：《忘山庐日记》，上海古籍出版社，1983 年

乔志强整理，刘大鹏：《退想斋日记》，山西人民出版社，1990 年

叶昌炽：《缘督庐日记》，江苏古籍出版社，2002 年

《严修日记》，南开大学出版社，第 2 册，2001 年

徐世昌：《韬养斋日记》手稿，光绪二十四年七八月，天津社会科学院图书馆藏

缪荃孙：《艺风老人日记》，北京大学出版社，1986 年

北京市档案馆编：《那桐日记》，新华出版社，2006 年

傅训成整理：《傅云龙日记》，浙江古籍出版社，2005 年

明光整理，陈庆年：《戊戌己亥见闻录》，《近代史资料》，总 81 期，中国社会科学出版社，1992 年

上海图书馆编：《汪康年师友书札》，上海古籍出版社，第 1、2 册，1986 年；第 3 册，1987 年；第 4 册，1989 年

张树年、张人凤编：《张元济书札》增订本，商务印书馆，1997 年

顾廷龙校：《艺风堂友朋书札》，上海古籍出版社，1980 年

天津博物馆编：《袁世凯致徐世昌函》，《近代史资料》，总 37 期，中华书局，1978 年

《清代碑传全集》，上海古籍出版社，1987 年

《大清缙绅全书》，乙未夏季，善成堂刊本

《大清缙绅全书》，戊戌秋季，荣禄堂刊本

金梁：《近世人物志》，北京图书馆出版社，2007 年

叶德辉辑：《觉迷要录》，刊本，光绪三十一年

苏舆辑：《翼教丛编》，上海书店出版社，2002 年

陈夔龙：《梦蕉亭杂记》，北京古籍出版社，1985 年

刘体智：《异辞录》，中华书局，1988 年

李岳瑞：《栖霞山野乘·悔逸斋笔乘》，山西古籍出版社，1997 年

胡思敬：《国闻备乘》，中华书局，2007 年

徐一士：《一士类稿·一士谈荟》，书目文献出版社，1984 年

何刚德：《话梦集·春明梦录·东华琐录》，北京古籍出版社，1995 年

刘声木：《苌楚斋随笔、续笔、三笔、四笔、五笔》，中华书局，1998 年

法式善等：《清秘述闻三种》，中华书局，1982 年

继昌：《行素斋杂记》，上海书店，1984 年

张一麐：《心太平室集》，刊本，1947 年

孔广德：《普天忠愤集》，刊本，光绪二十一年

黄南津等点校，赵炳麟：《赵柏岩集》，广西人民出版社，2001 年

张人凤编：《张元济古籍书目序跋汇编》，商务印书馆，2003 年

冯自由：《革命逸史》，中华书局，1981 年

陈寅恪：《寒柳堂记梦未定稿补》，《陈寅恪集·寒柳堂集》，生活·读书·新知三联书店，2001 年

夏晓虹编：《追忆康有为》，中国广播电视出版社，1997 年

汪诒年：《汪穰卿先生传纪》，《近代稗海》，四川人民出版社，第 12 册，1988 年

岑春煊：《乐斋漫笔》，《近代稗海》，四川人民出版社，第 1 册，1985 年

陆丹林：《革命史谭》，《近代稗海》，四川人民出版社，第 1 册，1985 年

许姬传：《许姬传七十年见闻录》，中华书局，2007 年

《清国戊戌政变与亡命政客渡来之件》，《日本外交文书》，第 31 卷，第 1 册，〔东京〕日本国际联合协会，1954 年

《英国议会文件：中国 1899 年第 1 号，关于中国事务的通讯》（*China No.1, 1899, Correspondence Respecting the Affairs of China*, Presented to both Houses of Parliament by Command of Her Majesty, March 1899）

孙瑞芹译：《德国外交文件有关中国交涉史料选译》，商务印书馆，第 1 卷，1960 年

张蓉初译：《红档杂志有关中国交涉史料选译》，生活·读书·新知三联书店，1957 年

骆惠敏编：《清末民初政情内幕：〈泰晤士报〉驻北京记者袁世凯政治顾问莫理循书信集》，〔上海〕知识出版社，1986 年

陈霞飞主编：《中国海关密档：赫德、金登干函电汇编》，第 9 卷，中华书局，1996 年

Charles Beresford, *The Break-up of China with an Account of Its Present Commerce, Currency, Waterways, Armies, Railways, Politics and Future Prospects*, London and New York：Harper&Brothers Publishers, 1899

林乐知译：《保华全书》，上海广学会，光绪二十八年（1902）

李廷江编：《近卫笃麿と清末要人：近卫笃麿宛来简集成》，〔东京〕原书房，2004 年

汤开建等主编：《鸦片战争后澳门社会生活记实：近代报刊澳门资料选粹》，花城出版社，2001 年

《澳门宪报中文资料辑录 1850—1911》，澳门基金会，2002 年

林启彦译注，宫崎滔天著：《三十三年之梦》，生活·读书·新知三联书店香港分店、花城出版社联合出版，1981 年

李宪堂、侯林莉译，李提摩太：《亲历晚清四十五年：李提摩太在华回忆录》，天津人民出版社，2005 年

石霓译注，容闳：《我在中国与美国的生活》，百家出版社，2003 年

张伯桢：《南海康先生传》，北平琉璃厂文楷斋，1932 年（香港中文大学联合书院图书馆藏）

赵丰田：《康长素先生年谱稿》，燕京大学《史学年报》第 2 卷（1936）第 1 期，〔香港〕崇文书局《中国近三百年学术史参考资料》第六编影印，1975 年

康文佩：《南海康先生年谱续编》，〔台北〕文海出版社，1972 年

吴天任：《康有为先生年谱》，〔台北〕艺文印书馆，1994 年

翁开庆整理，朱育礼点校：《翁同龢自订年谱》，《近代史资料》，总 86 期，中国社会科学出版社，1994 年

丁文江、赵丰田：《梁启超年谱长编》，上海人民出版社，1983 年

岛田虔次编译：《梁启超年谱长编》，〔东京〕岩波书店，2004 年

严修自订、高凌雯补：《严修年谱》，齐鲁书社，1990 年

李宗侗、刘凤翰：《李鸿藻先生年谱》，〔台北〕中华学术著作奖助委员会，1969 年

张怡祖编：《张季直传记（附年谱、年表）》，〔台北〕文海出版社，1965 年影印本

许全胜编：《沈曾植年谱长编》，中华书局，2007 年

顾潮：《顾颉刚年谱》，中国社会科学出版社，1993 年

张树年主编：《张元济年谱》，商务印书馆，1991 年

汪荣祖译，萧公权：《近代中国与新世界：康有为变法与大同思想研究》，江苏人民出版社，1997 年

黄彰健：《戊戌变法史研究》，〔台北〕中研院历史语言研究所专刊之五十四，1970 年；上海书店出版社，2007 年

汤志钧：《戊戌变法人物传稿》，中华书局，1961 年，1984 年增订本

汤志钧：《康有为与戊戌变法》，中华书局，1984 年

汤志钧：《戊戌变法史》，人民出版社，1984 年；上海社会科学院出版社，2003 年修订本

汤志钧：《近代经学与政治》，中华书局，1989 年

汤志钧：《乘桴新获：从戊戌到辛亥》，江苏古籍出版社，1990 年

汤志钧：《戊戌时期的学会和报刊》，台湾商务印书馆，1993 年

汤志钧：《康有为传》，台湾商务印书馆，1997 年

汤志钧：《维新·保皇·知新报》，上海社会科学院出版社，2000 年

孔祥吉：《戊戌维新运动新探》，湖南人民出版社，1988 年

孔祥吉：《康有为变法奏议研究》，辽宁教育出版社，1988 年

孔祥吉：《晚清佚闻丛考：以戊戌变法为中心》，巴蜀书社，1998 年

孔祥吉：《晚清史探微》，巴蜀书社，2001 年

孔祥吉、村田雄二郎：《罕为人知的中日结盟及其他：晚清中日关系史新探》，巴蜀书社，2004 年

佐藤铁治郎著，孔祥吉、村田雄二郎整理：《一个日本记者笔下的袁世凯》，天津古籍出版社，2005 年

李云光：《康有为晚年思想及生活新证：康有为家书考释》，〔香港〕汇文阁书店，1979 年

马洪林：《康有为大传》，辽宁人民出版社，1988 年

林克光：《革新派巨人康有为》，中国人民大学出版社，1990 年

陈汉才：《康门弟子述略》，广东高等教育出版社，1991 年

杨天石：《海外访史录》，社会科学文献出版社，1998 年

刘高：《北京戊戌变法史》，北京燕山出版社，2001 年

石云艳：《梁启超与日本》，天津人民出版社，2005 年

朱维铮：《求索真文明：晚清学术史论》，上海古籍出版社，1996 年

永井算己：《中国近代政治史论丛》，〔东京〕汲古书院，1983 年

廖梅：《汪康年：从民权论到文化保守主义》，上海古籍出版社，2001 年

梁元生：《林乐知在华事业与〈万国公报〉》，香港中文大学出版社，1978 年

熊月之：《西学东渐与晚清社会》，上海人民出版社，1994 年

杨天宏：《口岸开放与社会变革：近代中国自开商埠研究》，中华书局，2002 年

汪敬虞：《唐廷枢研究》，中国社会科学出版社，1983 年

王曾才：《中英外交史论集》，〔台北〕联经出版有限公司，1979 年

丁名楠等：《帝国主义侵华史》，第 2 卷，人民出版社，1986 年

胡滨译，菲力浦·约瑟夫：《列强对华外交：1894—1900 对华政治经济关系的研究》，商务印书馆，1959 年

罗曼诺夫：《日俄战争外交史纲 1895—1907》，上海人民出版社，1976 年

马洛泽莫夫：《俄国的远东政策 1881—1904》，商务印书馆，1977 年

天津社会科学院日本问题研究所译，信夫清三郎编：《日本外交史》，商务印书馆，1980 年

王屏：《近代日本的亚细亚主义》，商务印书馆，2004 年

翟新：《近代以来日本民间涉外活动研究》，中国社会科学出版社，2006 年

张丽：《维特远东外交政策研究：以对华政策为中心》，北京大学博士论

文，2006年

李文杰：《中国早期国债的顿挫："昭信股票"研究》，北京大学硕士论文，2007年

张海荣：《津镇与芦汉之争：甲午战后中国政治的个案研究》，北京大学硕士论文，2008年

萧公权著，杨肃献译：《翁同龢与戊戌维新》，〔台北〕联经出版事业公司，1983年

罗志田：《再造文明之梦：胡适传》，四川人民出版社，1995年

长泽规矩也喜寿纪念会编：《长泽规矩也著作集》，〔东京〕汲古书院，1982年

任清玉等译：《宇都宫德马文集》，北京大学出版社，1991年

邓之诚著，邓珂点校：《骨董琐记全编》，北京出版社，1996年

姜鸣：《中国近代海军史事日志》，生活·读书·新知三联书店，1994年

刘传标：《中国近代海军职官表》，福建人民出版社，2005年

王晓秋、杨纪国：《晚清中国人走向世界的一次创举：1887年海外游历使研究》，辽宁师范大学出版社，2004年

伊原泽周：《从"笔谈外交"到"以史为鉴"：中日近代关系史探研》，中华书局，2003年

谢巍：《中国历代人物年谱考录》，中华书局，1992年

翁同龢纪念馆编：《二十世纪翁同龢研究》，苏州大学出版社，2004年

中国第一历史档案馆编：《明清档案与历史研究论文选》，新华出版社，2005年

张启雄主编：《二十世纪的中国与世界论文选集》，台北中研院近代史研究所，2001年

王晓秋、尚小明主编：《戊戌变法与清末新政：晚清改革史研究》，北京大学出版社，1998年

唐益年：《清宫太监》，辽宁大学出版社，1993年

李国荣主编：《清宫档案揭秘》，中国青年出版社，2004年

林克光、王道成、孔祥吉主编：《近代京华史迹》，中国人民大学出版社，1985年

黄启臣、梁承邺编著：《广东十三行之一：梁经国天宝行史迹》，广东高等教育出版社，2003 年

梁嘉彬：《广东十三行考》，广东人民出版社，1999 年

胡金兆：《百年琉璃厂》，当代中国出版社，2006 年

胡焕春、白鹤群：《北京的会馆》，中国经济出版社，1994 年

汤锦程：《北京的会馆》，中国轻工业出版社，1994 年

陈泽泓主编：《广州话旧》，广州出版社，2002 年

黄彰健：《拙著〈戊戌变法史研究〉的再检讨》，《中研院第二届国际汉学会议论文集》，1989 年

黄彰健：《论〈杰士上书汇录〉所载康有为上清帝第六书第七书曾经光绪改易并论康上光绪第五书确由总署名递上》，〔台北〕《故宫学术季刊》，第九卷（1991 年），第 1 期

黄彰健：《康有为与戊戌变法》，〔台北〕《大陆杂志》，第八十六卷（1993 年），第 3 期

黄彰健：《论谭嗣同狱中诗：与孔祥吉商榷》，〔台北〕《大陆杂志》，第九十卷（1995 年），第 2 期

（以上四篇论文又收入《戊戌变法史研究》，上海书店出版社，2007 年）

黄彰健：《戊戌变法与素王改制》，《谭嗣同与戊戌维新》，岳麓书社，1999 年

陈凤鸣：《康有为戊戌条陈汇录 —— 故宫藏清光绪二十四年内府抄本〈杰士上书汇录〉简介》，《故宫博物院院刊》，1981 年第 1 期

孔祥吉、村田雄二郎：《〈翁文恭公日记〉稿本与刊本之比较：兼论翁同龢对日记的删改》，《历史研究》，2004 年第 3 期

孔祥吉、村田雄二郎：《对毕永年〈诡谋直纪〉疑点的考察：兼论小田切与张之洞之关系及其进呈〈诡谋直纪〉之动机》，《广东社会科学》，2008 年第 2 期

孔祥吉、村田雄二郎：《一个日本书记官记述的康有为与戊戌变法：读中岛雄〈随使述作存稿〉与〈往复文信目录〉》（未刊稿）

孔祥吉：《康广仁早期思想的一件重要史料》，《广东社会科学》，2006 年

第 5 期

汤志钧：《关于〈诡谋直纪〉》，《清史研究》，2002 年第 2 期

康保延：《恭述先祖南海先生二三事》，〔台北〕《广东文献》，第 7 卷第 2 期，1977 年 6 月

罗志田：《思想观念与社会角色的错位：戊戌前后湖南新旧之争再思》，《历史研究》，1998 年第 5 期

罗志田：《近代湖南区域文化与戊戌新旧之争》，《近代史研究》，1998 年第 5 期

房德邻：《维新派"围园"密谋考：兼论〈诡谋直纪〉的史料价值》，《近代史研究》，2001 年第 3 期

房德邻：《康有为与公车上书——读〈"公车上书"考证补〉献疑》，《近代史研究》，2007 年第 1、2 期

杨天石：《袁世凯〈戊戌纪略〉的真实性及其相关问题》，《近代史研究》，1998 年第 5 期

杨天石：《梁启超为康有为弭祸》，《光明日报》，2003 年 7 月 8 日史学版

杨天石：《翁同龢罢官问题考察》，《近代史研究》，2005 年第 3 期

杨天石：《毕永年生平事迹钩沉》，《民国档案》，1991 年第 3 期

杨天石：《犬养毅纪念馆所见孙中山、康有为等人手札》，《历史档案》，1986 年第 1 期

戴逸：《戊戌年袁世凯告密真相及袁和维新派的关系》，《清史研究》，1999 年第 1 期

李侃、龚书铎：《戊戌变法时期对〈校邠庐抗议〉的一次评论》，《文物》，1978 年第 7 期

戴逸：《戊戌变法时翁同龢罢官原由辨析》，《故宫博物院院刊》，1995 年第 1 期

侯宜杰：《略论翁同龢开缺原因》，《清史研究》，1995 年第 4 期

舒文：《翁同龢开缺原因新探》，《清华大学学报》（哲学社会科学版），1998 年第 3 期

俞炳坤：《翁同龢罢官原由考辨》，《历史档案》，1995 年第 1 期

（以上四篇论文收入翁同龢纪念馆编：《二十世纪翁同龢研究》，苏州大学出版社，2004 年）

康保延：《恭述先祖南海先生二三事》，〔台北〕《广东文献》，第 7 卷（1977 年），第 2 期

谢俊美：《有关翁同龢革职的三件史料》，《近代史研究》，1992 年第 3 期

闵杰：《戊戌学会考》，《近代史研究》，1995 年第 3 期

王晓秋：《康有为的一部未刊印的重要著作：〈日本变政考〉评介》，《历史研究》，1980 年第 3 期

张书才：《康有为纂〈日本变政考〉》，《故宫博物院院刊》，1980 年第 3 期

汤开建：《晚清澳门华人巨商何廷光家族事迹考述》（未刊稿）

汤开建：《从〈澳门宪报〉看澳门近代华商》（未刊稿）

赵利峰：《闱姓传入澳门及其初期的发展》，《澳门研究》第 17 辑，澳门大学澳门研究中心编，澳门基金会出版，2003 年 6 月

鲁琪、刘精义：《清代太监恩济庄茔地》，《故宫博物院院刊》，1979 年第 3 期

马忠文：《高燮曾疏荐康有为原因探析：兼论戊戌维新前后康、梁的政治贿赂策略与活动》，〔哈尔滨〕《学术交流》，1998 年第 1 期

马忠文：《“翁同龢荐康”说质疑：从“康有为之才胜臣百倍”说起》，〔上海〕《史林》，1999 年第 3 期

马忠文：《张荫桓与戊戌变法》，《戊戌维新与清末新政：晚清改革史研究》，北京大学出版社，1998 年

马忠文：《戊戌“军机四卿”被捕时间新证》，《历史档案》，1999 年第 1 期

马忠文：《康有为自编年谱的成书时间及相关问题》，《近代史研究》，2005 年第 4 期

李宗侗：《杨叔峤光绪戊戌致张文襄函跋》，〔台北〕《大陆杂志》，第 19 卷，第 5 期

戴银凤：《贝思福访华述论》，《近代史研究》，2003 年第 1 期

邱捷：《晚清广东的“公局”：士绅控制乡村基层社会的权力机构》，《中山大学学报》，2005 年第 4 期

邱捷：《关于康有为祖辈的一些新史料：从〈望凫行馆宦粤日记〉所

见》（未刊稿）

李吉奎：《康有为与梁鼎芬》，方志钦、王杰主编：《康有为与近代文化》，河南大学出版社，2006 年

虞和平：《资产阶级与戊戌维新：以经元善等上海绅商与康梁关系为中心》（未刊稿）

张海荣：《关于引发战后改革大讨论的九件折片》（未刊稿）

戴东阳：《康有为〈突厥游记〉稿、刊本的差异及其成因》，《近代史研究》，2000 年第 2 期

石井明：《亚洲主义者的"地域合作论"：以樽井藤吉等的著作为线索的考察》，张启雄主编：《二十世纪的中国与世界论文选集》，台北中研院近代史研究所，2001 年，上册

伊原泽周：《甲午战争与大亚细亚主义的关系》，《北洋海军研究》，第 3 辑，天津古籍出版社，2006 年

唐启华：《清末民初中国对"海牙保和会"之参与 1899—1917》，〔台北〕《政治大学历史学报》第 23 期，2005 年 5 月

陈启云：《梁启超与清末西方传教士之互动研究》，〔长春〕《史学集刊》，2006 年第 4 期

Robert Conrad, *The Planter Class and the Debate Over Chinese Immigration to Brazil 1850—1893*（《种植园主阶层和华人输入巴西之争（1850—1893）》）, *International Migration Review*（《国际移民评论》）, Vol.9, No.1, Spring, 1975, pp.41—55

白莎：《晚清在华的德国军事教官概况》，《北大史学》，第 13 辑，北京大学出版社，2008 年

严寿澂：《从改善民生、革新行政到议员政府、普及教育：蒯光典政治思想述论》，《近代史研究》，2006 年第 2 期

钟家鼎、王羊勺：《李端棻〈变法维新条陈当务之急折〉研究》，《贵州文史丛刊》，2004 年第 1 期

陶小萍：《沈善登及其著述》，《桐乡档案杂志》，2006 年第 2 期

陈占标：《戊戌政变中康梁家属脱险真相》，《羊城今古》，1999 年第 1 期

王云、崔建利：《〈徐忠勤公遗集〉识后及其文献价值》，《文献》，2006

年第 4 期

刘尚恒：《一介寒儒出荒乡，满腹经纶名沪滨：记清末安徽文献学家萧穆》，《大学图书情报学刊》，2000 年第 2 期

茅海建：《戊戌政变的时间、过程与原委：先前研究各说的认知、补证、修正》，《近代史研究》，2002 年第 4、5、6 期

茅海建：《戊戌变法期间光绪帝对外观念的调适》，《历史研究》，2002 年第 6 期

茅海建：《戊戌年张之洞召京与沙市事件的处理》，《中华文史论丛》，总第 69 辑，上海古籍出版社，2002 年

茅海建：《戊戌变法期间司员士民上书研究》，《明清论丛》，第 5 辑，紫禁城出版社，2004 年

茅海建、郑匡民：《日本政府对于戊戌变法的观察与反应》，《历史研究》，2004 年第 3 期

（以上五篇论文收入《戊戌变法史事考》，生活·读书·新知三联书店，2005 年）

茅海建：《"公车上书"考证补》，《近代史研究》，2005 年第 3、4 期

茅海建：《戊戌变法期间的保举》，《历史研究》，2006 年第 6 期

茅海建：《〈康有为自写年谱手稿本〉阅读报告》，《近代史研究》，2007 年第 4 期

茅海建：《史料的主观解读与史家的价值判断：复房德邻先生兼答贾小叶先生》，《近代史研究》，2007 年第 5 期

茅海建：《巴西招募华工与康有为移民巴西计划之初步考证》，〔上海〕《史林》，2007 年第 5 期

茅海建：《戊戌年徐桐荐张之洞及杨锐、刘光第之密谋》，《中华文史论丛》，2007 年第 4 期，上海古籍出版社

茅海建：《京师大学堂的初建：论康有为派与孙家鼐派之争》，《北大史学》第 13 辑，北京大学出版社，2008 年

茅海建：《戊戌变法期间光绪帝召见张元济》，〔成都〕《社会科学研究》，2008 年第 5 期

索 引

人 名 索 引

说明：康有为、梁启超、光绪帝出现次数太多，不收录。西方人按中文译名拼音排列，原名用拉丁写法。日本人按中文拼音排列，不注音。

A

阿喜巴吉（Joaquim Francisco de Assis Brazil） 202，206

安维峻 39，41，42，51，168，170，745

B

巴布罗福（Aleksandr Ivanovich Pavlov，巴德兰福，巴甫洛夫） 225，241 − 245，266，270，274，275，290，310，312，323

白利南（Byron Brenan，璧利南，璧君） 770，784，786，790，856

柏原文太郎 21，22

班德瑞（Frederick Samuel Augustus Bourne） 719，770，771，783，784，786，789，790

贝思福勋爵（Lord Charles Dercsford，柏丽辉） 837，856

毕德格（W.N.Pethick） 64，139，147

毕萨（Gabriel de Toledo Piza e Almeida） 200 − 202，206

毕永年 683，733 − 735，752，753，755，758，759，761，774，795，852

卜力（Henry Arthur Blake） 792

C

蔡尔康 138，230，332

蔡钧（和甫） 19，95，248，251，262，353，354，449，451，547，564，615，622，625，626，762，780 − 783，786，787，801，829，830，833，854 − 856

蔡希邠（稼堂，号伸岐） 186，187，194，616

蔡元培 152，367，388，540

曹泰（箸伟） 45，46，180，281

曹有 178

岑春煊（岑春萱，字云阶） 181，185，187，549，564，566，581，589，592 − 594，596，639，689，691，753

长麟（石农） 52，108，160，163 − 165，170，420

陈宝箴（右铭） 24，79，95，211，

249，278，279，282，352，391，
394，401，411，412，414，416，
447，451，492，535－537，540，
551，553，564，615，617，622，
626－636，638，639，654，667，
676，680，683，705，706，709，
717，818，820，847，849－854，858
陈璧（字玉苍，号雨苍、苏斋）
109，111
陈秉和 643，779
陈炽（克昌，号次亮） 101，103，
104，113，114，118，122，130，
131，133，143，155，168，252，
277，400，468，529，530，546，
590，593
陈继俨（仪侃） 178，548，700
陈介叔（士廉，号大棱） 824，825
陈景华 37，43，45，67，69
陈夔龙 94，221，564，585，716，
724，735，744，763，798，822，
848，849
陈其璋（云仲） 184，215，235，
238，239，254，256，257，291，
296，305，322，323，343－345，
347，349，353，355，599，722
陈千秋（礼吉，通甫） 39，46，55－
57，60，173，179，180，281
陈虬 360，363，369，375
陈荣衮（子褒，号耐庵） 321，832
陈三立（伯严，号散原） 240，536，
540，551，552，622，623，750，
847，849，850，852，853，858
陈学棻 89，473，474，476，658，695
陈允颐（养源） 130，133
陈宗妫 94，335，336，338

程式谷（子良，后更名大璋，一作大
章） 48，322，357，363，794，
795，797
崇礼 166，242，243，245，274，
290，395，646，700，780，794，
795，809，816，818，821，855
褚成博（伯约） 37，43，44，45，
131，144，145，599，723
川上操六 247，248
慈禧太后 18－20，24，25，31－33，
41，50，51，57，59，64，65，79，
82，85－87，97，98，102，107，
108，117，118，120，121，124，
125，127，128，146，147，161－
164，167－170，221，224－226，
239，240，288，294，306，308，
327，334，335，345，346，371，
373，376，382，385，386，391－
395，400，402－407，409，415，
417，419，421，422，434，440，
441，443，452，454－458，460－
462，465，468，471－473，476，
478，484，485，491，495，497，
523，531，537，538，544，562，
566，569，578，579，581，587，
594，606，607，611，612，614，
629，631－633，635，639，649，
659－661，663，667，670－672，
678，679，684，685，691－696，
705，708，709，714－717，721，
726－729，731，735－739，742－
744，749－753，759，760，764，
766，772，774，775，777－780，
795，799，809，810，815，817－
821，823，824，827，834，835，

846，849，851 − 855，857 − 859

D

大隈重信　3，19 − 21，247，372，
　744，794，802，807，818，836，
　843 − 846，854，855，857，863

戴鸿慈（少怀）　66，67，101，123，
　540

狄葆贤（平子，号楚青、楚卿）
　619，620，828，829

丁惠康（叔雅，号惺安）　240

丁立钧（叔衡）　101，130，133，
　142，143，540

丁文江（在君）　5 − 11，45，172，
　365，554，652，710，742，810，
　826，876

丁之杕　606，668

董福祥　313，420，564，566，730，
　747，749，750，763

窦纳乐（Claude Maxwell Mac-
　Dould）　268，270，273 − 276，
　290，316，317，319，324，342，
　354，355，769，771，776，784，
　786，790，791，817，818，856

端方（午桥，号匋斋）　133，608，
　610，611，613，614，666，667，
　669，728，859

F

傅云龙　198 − 201，666，667，669

G

刚毅（子良）　24，52，55，58，64，
　120，127，128，147，385，395，
　422，423，439 − 441，454，474，
　476，478，484，538，576，580，
　608，611，629，636，648 − 650，
　666，716，757，816，817，821，848

高燮曾（理臣）　57，79，184，217，
　219，221，224，226 − 229，231，
　232，234，236，288，289，294，
　296，328，392，643，666，685，
　745，819

戈颁（Henry Cockburn，贾克凭）
　17，790，791

宫崎寅藏（本名虎藏，通称寅藏，别
　号白浪庵滔天）　22，824，833，
　842 − 844，846

顾颉刚　5 − 7，9 − 11，31，55，171，
　172，573，576，876

关以镛（咏琴）　294

郭之全　606，809

H

哈慈菲尔德伯爵（Count von
　Hatzfeldt）　264，265，267，268，
　316

海靖（Freiherr von Heyking）　212 −
　214，223 − 225，237，245，246，
　268，355，776

韩理（Richard Henle）　214

韩文举（树园，号孔庵）　4，8，
　39，46，178，240，288，497，
　502，512，521，522，531，535，
　541，542，549，556，561，567，
　573，576，580，586，589，590，
　603，608，615，627，630，636，
　641，648，650，656，657，853，
　863，867 − 869，871

何德刚　93，94

何东（原名启东，字晓生）　18，
　177，793，823，835 − 837，846

何桂（何老桂）　176

何伦洛熙（Prince von Honenlohe）

212－214，224，242，267

何树龄（易一） 146，156，157，159，178，843

何廷光（连旺、穗田） 159，172，176－178，207，210，548，786，836

赫 德（Robert Hart） 135，205，253，268，271－273，275，315，340－342，351，392，419，818

洪嘉与 67，367，368，376，478，479

洪汝冲 386，765，773，810，851－853

胡孚宸 148，239，306，457，485，818，819

胡汉民 136，781，861，862

胡思敬 33，90，161，175，366，372，459，460，540，541，611，634，665，676，679，717

胡燏棻（克臣，号芸楣） 96，101－104，108，334，355，371，420，421，511，540，587，611，612

沪上哀时老人未还氏 71，73

华辉（再云） 328

华兰德（Jose Gurgel do Amaral Valente） 201，202

怀塔布（绍先） 106，604，607，645，656－658，660，661，742－744，746，747

黄桂鋆（字件香，号养吾） 49，190，193，367，373－376，470，471，482，537，616，643，700，814－816，818，820，850，853，857

黄槐森 49，193，616

黄均隆 632，852，857

黄尚毅 736，812

黄绍箕（仲弢，号漫庵） 33，37，

38，126，152－154，158，360，459，513，525，529，569，661，666，667，669，713，773

黄思永（慎之） 278，279，335－337，605，606，668

黄娱谨 832

黄曾源（石孙） 67，74，75

黄遵宪（公度） 24，151，154，157，160，211，247，352，384，401，413－415，424，462，531，538，539，545，549－551，564，566，585，615，621－627，632，681，704－706，713，714，750，810，820，847，849－856

J

江标（建霞） 463，560，631，667，684，847，849，850，852，853

江天铎 789

金登干（James Duncan Campbell） 272，273，275，340，341

瑾妃 161，162

近卫笃麿 21，842

经元善（莲珊） 154，157，158，196，541－545，558，559，797，825

敬信（子斋） 81，141，147，242－245，274，275，290，338，346，422，540，742，743

K

喀拉多（Eduardo Callado） 198，199

康达初 31，793

康达迁（介藩） 793

康格（Edwin Hurd Conger） 771，772

康广仁（康有溥、字广仁，号幼博）

109, 153, 157, 174 – 176, 178,
196, 257, 266, 280, 292, 293,
295, 358, 400, 443, 461, 465,
481 – 483, 500, 508, 544, 548,
557 – 559, 567, 569, 570, 583,
607, 608, 658, 704, 706, 709,
710, 712 – 714, 733 – 735, 751,
753, 755, 782, 793, 795 – 798,
812, 816, 817, 819, 821 – 823,
825 – 827, 832, 851

康国器 31, 32, 49, 60, 88, 107,
117, 180, 181, 794

康同璧 5, 7, 10 – 12, 177, 182,
793

康同荷 826

康同薇（文僴, 号薇君） 5, 70,
177, 182, 195, 196, 283, 293,
300, 301, 413, 445, 541, 544,
607, 608, 648, 793

康有需 793

康有仪（羽子） 179, 180, 194

寇连才（寇良才） 160, 169

蒯光典 126, 152, 154, 531, 532,
547

况仕任（晴皋） 47, 48, 190, 320,
322, 357, 363

奎彰 604, 646

垫岫 607, 656 – 658, 660, 661

阔普通武（字畹芗、安甫） 101,
301, 360, 489, 580, 667, 692,
694 – 697, 700, 701, 707, 708, 743

L

拉度林公爵（Prince von Radorin）
213, 265, 309, 317

辣达略（Jose da Costa Azevedo, 即

Barao de Ladario） 201, 202,
206, 207, 209

劳连枝 413, 793, 823

黎文翰（晓峰） 47, 48

李端棻（信臣, 苾园） 24, 33, 83,
89, 90, 220, 221, 356, 539 – 541,
580 – 585, 606, 619, 638, 681,
684, 685, 692, 694, 695, 704,
705, 708, 713, 714, 743, 818,
847 – 850, 853

李瀚章（筱泉） 37, 39, 40, 42 –
44, 67, 204, 205, 628, 636

李鸿藻（寄云, 号兰孙） 35, 50,
52, 64, 76, 107, 108, 119, 120,
125 – 127, 130, 141, 147, 148,
166, 385, 408, 420, 532, 723,
724, 745, 764

李鸿章（少荃、仪叟、仪公） 21,
24, 36, 39, 40, 44, 50 – 52, 55,
63 – 66, 73, 76, 77, 79, 80, 82,
83, 101, 107, 118, 119, 123 –
127, 130, 139, 141, 142, 144,
145, 147, 150, 164 – 166, 168,
172, 198 – 203, 205, 210, 221,
222, 225, 242 – 246, 251, 253,
267, 270, 272 – 275, 290, 294,
310 – 312, 320, 324, 332, 336,
340, 342, 351, 374, 388, 390 –
392, 406, 416, 419, 426, 427,
430, 434, 440, 477, 495, 514,
530, 531, 544, 602, 612, 656,
714, 723, 742 – 746, 751, 764 –
766, 775, 818

李佳白（Gilbert Reid） 131, 136,
139, 147, 149, 813

李连英（李莲英、李联英、李进喜）
50，51，79，84，85，126，746

李念兹 79

李盛铎（椒微，号木斋） 20，35，
126，168，359，360，362，367，371，
372，408，409，411，412，421，
482，522，525，560，564，577，
579，580，685，715，846，853

李提摩太（Richard Timothy）
114，134－140，147，231，251，
332，386，388，507，508，752，
755，762，763，765，767－771，
773－776，781，786，804，811，
821，823，824，841，842

李文田（仲约，号芍农、药农）
24，86－92，101，105－107，124

李宣龚 303，360，363，365，681

李岳瑞（孟符、孟苻） 302－304，
361，389，539，650，653，762，
763，810，847，851，852

李征庸（铁船） 429

李宗岱（山农、山舅） 36

立山（豫甫） 743，744，746，747，
818

梁鼎芬（星海，号节庵） 19，34，
41，42，55，87，91，118，150－
154，157，158，160，175，177，
179，180，192，194，196，217，
233，234，365，369，377，397，
424，483，548，551，552，610，
619，620，623

梁尔煦（铁君） 190，823，835，
836，842，846，863

梁庆桂（伯扬，号小山、少山）
34，36，62，360，363

梁随觉（婉络，号乐隐） 195

梁元理 824，825，863

廖寿丰（谷似） 240，285，411，491，
547，573，615，616，622，666

廖寿恒（仲山） 24，50，89，90，
125，242，244，266，274，278，
289，290，294，317，381，385，
440，441，458，459，461，468，
476，487，489，493，497，498，
507，510，514，538，542，571，
573－575，596，597，622，641，
650，653，687，721，746，755，
816，817，852，855

林董 126，139，147，164，165，
168，169，318

林开謩 681，813

林乐知（Young J.Allen） 136，
138，230，452，503，510，838，841

林权助 744，764，801－803，807，
818，854，855

林旭（暾谷，号晚翠） 24，67，
288，303，304，363，376，540，
635，661，664，667－669，672，
673，676，680，681，683－685，
695，702，703，707，713，714，
730，736，737，739，741，742，
746，753－755，758，763，770，
797，803，809，812，813，816－
822，842，853

凌福彭（润台） 36，294，295，727

刘大鹏 74，89

刘冠雄 800

刘光第（裴村） 51，62，94，95，
215，216，288，304，363，385，
633－635，661，664，666－670，

672，673，676，677，679，680，
683，685，702，713，714，736，
737，758，797，803，809，812，
816，817，819－822，852，861

刘光蕡（焕堂，号古愚）　538－541

刘坤一（岘庄）　19，43，44，76－
80，102，104，107，113，141，
142，150，202，246，248，249，
251，262，263，278，344，352，
371，540，546，547，563，564，
599，615－617，621－626，629，
636，667，738，786，795，829，
833－835，837，854－858

刘庆汾　463，666，667，669

刘学询　20，236，745

刘桢龄（孝实）　178，548

龙焕纶（又名朝翊，字赞侯）　48，
320，321，357，363，798

龙泽厚（积之）　46－48，154，159，
181，196，320，541，543，545，550

陆奥宗光　63

鹿传霖　119，411，412，538，564

吕班（G.Dubail）　274，323，324，
340

罗（Alfredo Lello）　204

罗普（熙明，号孝高）　4－9，541，
573，789，863，867，869，874，875

罗森（Roman R.Rosen）　318

M

马尔丹（Joao Antonio Rodrigues
Martins）　198

马丕瑶（玉山）　44，127，128，188

马沙尔男爵（Baron von Marschall）
81

麦孟华（孺博，号蜕庵）　5，34，

46，69，70，108，134，182，196，
320，321，357，362，363，376，
540，550，704，713，820，851，871

麦仲华　70，182，300，301，445，
450，496，541

穆拉维约夫（Mikhail N.Muravyov）
225，241－244，265，309，310，
315，317，318，341

N

那桐　72，337，338，342

能方济（Franz Nies）　214

尼古拉二世（Nicholas II）　212，
214，233，243，310

聂缉槼　163，202

聂士成（功亭）　52，78，141，142，
256，313，323，419－421，564，
566，725，726，729，747－749，
756，778，801，805，806

O

区谦之　830，832

区震（叙安，号静轩）　798

欧格纳（Nicholas R.O'Conor）
140，141，314，315，341，776

欧榘甲（云樵）　4，540，541，700，
828，829

欧阳中鹄（品三，号节吾）　133，
147，148，349，630，681

P

潘庆澜（芸阁，号安涛）　133，366－
368，370－372，376，377，383，
486，531，532，606，668，679

潘衍桐（榜名汝桐，字孝则，号峄
琴）　57，174，541，542，548，549

潘赞清　126－128

潘藻鉴（镜涵）　180

皮锡瑞 109，194，240，358，401，
416，515，519，521，541，562，
570，631，638，681，685，705，
809，827，850
平山周 734，740
璞科第 (Dmitrii Dmitievich Pokoti-
lov) 274，275，312
濮兰德 (John Otway Percy Bland)
783－787，856
溥颋 607，656－658，660，661

Q

钱恂 619－621，666，667，705，
711，712，756，761，764，767
钱应溥 125，440
钱用中（维骥） 360，363，376，
795，797
乔树枬（茂萱） 154，249，360，
363－365
青木周藏 19－21，81，863
庆常 81，200，202，234，323
庆宽 20
犬养毅（木堂） 20，21，658，709，
719，729，739，740，843，845，863

R

任道镕 425，540，633
荣禄（字仲华，号略园） 24，52，
80，95，105，108，119，120，
147，161，166，167，242，274，
278，288－292，294，352，372，
395，412，417，419－422，425，
428－430，438－441，495，532，
537，538，556，560－567，603，
607，612，614－616，637，680，
706，712，715，716，722－726，
728，731－734，743，745－750，

753，759，760，762－765，768，
780，799－801，803，805－807，
815－817，821，837，846，848，
854，859，860
容闳（纯甫） 22，299，306，344－
347，349－355，762，763，768，
771，772，776

S

萨道义 (F.M.Satow) 316
萨廉 20，540，694，695，743
森本藤吉（新姓樽井，号丹芳）
387，388
沙士伯雷侯爵 (The Marquess of
Salisbury) 264，267，314
上野季三郎 792，794，836，842－846
邵友濂（小村） 63
绅珂 (F.S.zu Schweinsberg) 80－
82，212
深山虎大郎 742，781
神尾光臣 247，248
沈敦和 262，263
沈善登 543，545
沈毓桂 138
沈曾桐（紫封、子封） 130，133，
148，155，384
沈曾植（子培，号乙盦） 25，37，
40，91，113，114，130，133，
148，155，208，286，287，395，
419，436，453，463，509，529，
559，623，630，704，713
盛宣怀（杏荪，别号愚斋） 52，
142，172，272，278，280，352，
354，375，398，406，407，513，
530，531，544，596，599，618，
713，741，746，761，778，779，

796，812，813，827

盛昱（伯熙、伯羲、伯希，号意园）
　　33，117，459

史念祖（绳之）　185，193，411

矢野文雄（又名龙溪）　20，247，
　　253，254，386，388，389，401，
　　402，739，754，844

寿富（伯茀、伯富，号菊客）　240，
　　241，525，526，541，667，669

寿耆　89，488，694，696

舒文　67，289，342，417

宋伯鲁（芝栋）　24，112，239，
　　288，291，303，304，306，328，
　　343－349，353，355，363，374，
　　399，401，405－408，411，430，
　　442，443，447，454，455，464，
　　465，472－476，478，479，481－
　　485，499，526，527，552－555，
　　557，559，567，568，572，577－
　　581，606，607，637－639，643，
　　648，656，676，692，707，708，
　　710－714，738，763，767，775，
　　810，812，813，820，827，847，
　　851，858

宋庆（祝三）　48，74，80，141，
　　142，244

松湉（寿泉）　167，216

崧蕃（锡侯）　639，640

苏继祖　112，122，383，429，430，
　　459，460，590，679，721，746，
　　763，780，811，815，818

孙宝瑄（仲玙、仲愚）　24，139，
　　169，349，529，804，826

孙灏　367－370，531，532

孙家鼐（燮臣，号蛰生）　24，105－

107，120，121，133，148，149，
155，167，240，281，332，409，
411，417，447，451，461，489，
503，509，512，521－535，549，
554－556，559，567－576，579－
585，607，611，614，615，618，
620，621，625，626，628，629，
648，649，653，654，672，676，
692，693，697，754，768

孙文（孙中山）　4，159，177，369，
　　383，384，385，389，533，740，
　　750，751，781，820，842，843，
　　851，857，863

孙毓汶（莱山）　24，50－52，64，
　　69，73，75－80，82，83，85，
　　118－120，122－124，126，127

T

谭继洵　628，630，634，667，668，
　　712，743

谭嗣同（复生，号壮飞）　18，24，
　　133，147－149，155，196，207，
　　208，211，217，240，288，349，
　　363，364，413－415，424，539，
　　585，619，630，632，634，635，
　　652，664，665，667－669，672－
　　674，676，677，679－685，702，
　　703，705，707，710，711，713，
　　714，719，729－731，734－737，
　　739，744，745，753，755，758－
　　764，767，768，774，776，779，
　　796－798，801，803，804，808，
　　809，812，813，816，817，819－
　　823，842，847，849，850，852，
　　853，861

谭延闿　430

谭钟麟（云观，号文卿） 56，59，
60，411，424，430，482，563，
564，615，616，636－639，708，
793，830，831，833－835

汤觉顿 48，384，824

唐才常 389，536，540，541，619，
630，652，681，682，704，734，
735，742，759，796，829，850，852

唐景崇 88，90，473，474，540，
541，658，695，696，853

唐景崧（维卿、薇卿） 181，185，
187，190

唐廷枢 199

田贝（Charles Denby） 72，80，
82，140，163，772

W

汪大燮（伯唐） 131－134，140－
143，147，148，153，155，170，
286，287，305，365，366，377－
379，383－385，414，526，568－
570，573，619

汪康年（穰卿） 35，108，131，
132，134，140，142，143，145－
148，151－155，157－160，170，
172，175，177，178，187，196，
208，211，216，228，233，286，
287，305，318，349，358，365，
377，378，383，384，414，436，
503，526，529，539，547，549－
552，554，567－570，573，607，
614，615，618－626，630，648，
668，706，719，738，795，797，
808，809，815，827，829，830，
851，854

汪鸣銮（柳门，号郋亭） 35，89，

90，106，141，160，163－165，170

王秉恩（雪澄、雪岑、雪晴） 155，
424，547，634，635，666，683

王觉任（公裕，号镜如） 46，172，
173，178，231，281，299，843

王浚中（颖初） 47，48

王培佑 421，617

王鹏运（号幼霞、佑遐、半塘）
57，58，60，66，110，124－128，
133，218，219，328，355，356，
363，391，392，512，543，544，
546，576，577，580，584，600，610

王韬 138

王文韶（夔石，号耕娱） 61，76－
80，141，244，246，249，262，
268，288，320，352，353，371，
375，417，420，423，457，489，
562，563，589，596，597，600，
608，612，623，631，666，667，
726，746，757，816，817，852，855

王锡蕃（思勖、稚兰，号季樵）
540，667，680，694－696，712，
847，853，854，856

王先谦（益吾，号葵园） 629，630

王照（小航，号水东） 20，21，24，
384，539，553，554，603，604，
607，645，646，652，656－661，
669，676，708－710，712－714，
719，729，730，739，740，742，
763，778，807，808，810，811，
818，826，851－853，863，868

王正谊（子斌，大刀王五） 808，
809

威廉二世（Wilhelm II） 81，212－
214，224，242，316

维特（Sergey Yulyevich Witte）
243，272，273，275，310，312，
314，315，342

卫汝贵 50－52

魏光焘（午庄） 150，614

魏允恭 668，795，797，808，809，
812，827

文焕 35，240，360，363，700

文悌（仲恭） 151，325－328，334，
374，441，461，465，470，471，
475，478－486，500，557，583，
606，636，639，640，676，798，
826，827

文廷式（道希，号芸阁） 37，38，
66，67，76，110，111，126，131，
133，144，155，161，165，167－
170，359，559，745，750，751，
797，847，854，857，858

翁同龢（声甫，号叔平，晚号松禅）
24，32，33，35－38，40，41，50，
52，53，57，61，64，65，67，76，
79－83，85，87，89，90，97，102，
103，107，108，112－127，130，
135，141，147，162－170，217，
219，220，222－225，227－229，
233－235，242，244－246，252，
253，266，268－270，272，274－
276，278，280，281，286，289－
292，294，295，299，305，306，
311，312，315，316，319，323，
324，334，337－342，352，356，
371，375，379－381，383－385，
390－392，395，396，404，411，
416－425，428，430，440，447，
459，476，479，484，497，513，

514，529，532，580，581，622，
643，659，679，694，726，727，
745，764，767，818

翁曾桂（小山） 95，615，622，857

吴德潇（筱村，号季清） 142，152，
153，155，211，549，704，713，742

吴恒炜（介石） 178，867，872

吴克托亲王（Prince of H.Oukhton-
sky） 273

吴懋鼎（调卿） 356，563，608，
610，612－614，667，669，728

吴樵（铁樵） 132，142，143，145，
146，148，155，170，196，207，550

吴汝纶 529

伍廷芳 63，64，79－83，234，273，
598－600

X

西德二郎 269，316，318

熙麟 97，110，665，676，679

夏孙桐 533，634

夏寅官（虎臣，号浒岑） 240

夏曾佑 40，113，114，130，151，
232，376，382，383，396，400，
421，431，441，443，454，541，
554，570，618，807

小田切万寿之助 19，20，263，
305，734，737，739，804，858

谢家福（绥之） 543－545

熊希龄（秉三） 211，539－541，
585，632，681，705，820，847，
849－853

熊亦奇（余波） 132，133，142

徐郙（字颂阁） 35，89，90，106

徐会沣 106，607，656，657，660，
661，695，696

徐建寅（仲虎） 608，610，612 － 614，667，728

徐良（善伯） 6 － 9，788，876

徐琪（花农，号玉可） 38，40

徐勤（君勉，号雪庵） 3，7，46，73，91，96，98，106，107，109，156，157，159，173，178，197，384，385，400，450，467，504，540，541，723，740，787 － 789，795，820，833，844，851，853，863，868，869，871

徐仁镜（莹甫） 24，360，363，704，713，729，755

徐仁录（毅甫、义甫、艺甫） 24，415，704，713，722，723，727，729，730，735，755，778

徐仁铸（研甫） 24，132，133，394，416，534，540，631，704，713，820，823，849 － 852

徐世昌（卜五，号菊人） 557，726 － 729，735，752，755 － 757，761，764

徐树铭（寿蘅，号伯征、澄园） 88 － 90，95，101，217，488，631，632

徐桐（豫如，号荫轩） 24，83，86 － 90，92，97，101，104，124，144，145，147，216，385，391，392，485，683，723，745

徐用仪（吉甫，筱云） 24，50，64，76，79，81，84 － 86，119，120，122 － 127，166，338，643，855

徐致靖（子静，仅叟） 24，288，369，394，395，397 － 399，401，405，408，410，412，413，415，416，419，424，440，447，455，456，478，480，481，490 － 492，499，511，539，576，577，579，607，622，632，648 － 650，656，666，667，681，692 － 696，703，704，708，709，711 － 714，727，729 － 731，735，756，764，779，809，812，813，816，817，819 － 821，823，824，847，859

许景澄 77 － 79，81，219，225，246，271，310，522，524，525，579，744

许应骙（筠庵） 24，87，166，221，234，242 － 245，275，287，290，293，294，305，324，363，378，384，410，423，474 － 479，481，483 － 486，489，607，638，656 － 658，660，661，676，837

薛福成（叔耘） 36，200 － 203，222，613

Y

言敦源 727

严复 371，389，390，525，540，554，667，680，695，712 － 714，728，746

严修（范孙） 284 － 286，358，383，388，415，473，477，540，541，756

严作霖（佑之） 541，543 － 545

阎迺竹 304，479，480

晏安澜（海澄、海丞） 94，335，336，338

杨崇伊（莘伯） 38，143，144，146，147，150，168，236，643，710，743 － 747，750 － 752，777，857

杨锐（叔峤、纯叔） 67，129，133，148，155，216，218，228，229，288，363，367，385，408，429，

529，536，540，633－635，664，
666－670，672，673，676，683－
685，702，713，714，730，735－
737，741，745，747，753，755，
756，758，761，798，803，809，
812，816－822，842，852，853，860

杨深秀（本名毓秀，漪村、漪川、衣
川）　183，184，235，236，254，
255，257，288，306，328，353，
363，386，389，393－395，397，
399－404，408－410，442，443，
447，454，457，464，471－478，
481－485，499，514，577，579，
580，587，632，633，635，636，
638，652，656，676，683，709，
713，714，763，767，773，774，
798，809，811－813，816，817，
819－821，827

杨文会（仁山）　155

杨颐　35，41，73，90，96，363，
488，489

杨应昶　429，736

姚祖义　782，784

叶昌炽　32，132，360，366，526，
661，746，796，798，821

叶德辉　19，91，233，358，370，
630，706，851

叶湘南（觉迈，号仲远）　3，45，
846，863，864，867－869，871

贻谷（蔼人）　108，220，221，363，
818，820，821，827，849

奕譞（醇亲王）　50，126

奕劻（庆亲王）　50，64，79，225，
240，290，316，320，382，420，
421，580，581，584，608，672，

715，745，746，750，772，820，
837，851，856

奕訢（恭亲王）　50，52，57，63，
64，77，82，85，88，97，98，
120，121，123，124，126，127，
141，147，163，165－167，224，
235，246，251－252，275，290，
294，295，303，336，356，385，
392，395，419，420

伊藤博文　21，63，65，76，80，82，
83，139，372，386，415，685，
751，752，762－768，773－775，
801，804，811，818

游智开（子代）　124，186

于式枚（晦若）　64，209，210，
222，360，465，466，540

余诚格　88，152，363，525，526，
745，777

余联沅（晋珊）　31，37，39－42，
45，57，138，628，835

裕德　73，74，89，96，488，489，540

裕庚（朗西）　253，254，384，402，
412，513，515，551，564，765

裕禄　20，80，288，417，608，613，
667，673，677，679，694，695，
743，757，817，837

宇都宫太郎　247，248

宇佐穗来彦（宇佐稳来彦）　842，
843，846

袁世凯（慰亭，慰廷，号容庵）
17，20，103，105，107，108，131，
133，142，194，256，288，313，
323，420，421，539，557，564，
566，667，722－732，734－736，
740，744－749，753，755－765，

767，771，774，778，779，799，
801，803，806，807，861

恽毓鼎　88，334，708，713，746

恽祖祁　547，634，667，669，683

Z

曾广汉　607，656，657，660，661，
695，696，745，777

曾广钧（重伯）　38，40

曾纪泽　155，179，198

曾廉　665，666，668，673－679

曾习经（刚父、刚甫）　217，360，
541

曾宗彦　402，468，469，488

张百熙（字埜秋）　101，103，104，
535－538，540，564，666，853，854

张伯桢　7，9－12，46，70，89，
92，98，173，281，862

张謇（季直，号啬庵）　37，38，40，
41，153，154，366，367，381，
396，423，513，540，547，560，619

张乔芬　39，45，56－60，181，548，
549

张权（君立）　132，133，144

张孝谦（巽之）　35，64，130，133，
142－144，147，148

张荫桓（皓峦，号樵野）　24，35，
36，53，63，91，107，131，141，
149，167，219，224，225，233，
235，245，246，253，254，267－
269，274，275，280，286，287，
289－292，294，295，302，305，
311，312，315，319，320，337－
342，353，356，374，379，381，
382，384，385，388，390－392，
395，414，416，417，422，426，

427，430，434，457，459，463，
470，476，483，484，513，514，
566，571，580，585，586，596，
597，600，617，643，649，659，
687，744，779，798，799，809，
812，813，816－821，823，824，
827，847，850－853，859

张元济（筱斋，号菊生）　24，25，
108，174，208，228，233，287，
303，358，384，388，395，413－
416，419，428－430，436，437，
441，442，453，456，463，508，
509，512，515，525，529，530，
539，560，589，594－596，606，
619，630，666，667，669，704，
708，713，807，847，854，856，
863

张元珠（妙华）　793

张之洞（孝达，号香涛）　19，20，
24，38，41，44，126，130，131，
141，142，144，147，150－158，
160，181，190，192，206，216，
218，219，233，235，246，248－
251，262，281，305，332，335，
338，344，351，352，367，369，
385，391，392，401，408，411，
412，424，447，459，473，482，
492，519，525，532，537，538，
540，544，546，547，549－551，
553，571，573，590，614，615，
617，619－622，625，628，634，
635，666，669，683，704，705，
707，711，712，717，728，729，
734，743，756，761，764，818，
837，851，853，857

张之万 50，62，90，126

张仲炘（慕京，号次珊、瞻园）
132，133，144，145，235－238，
277，280，745，810，816，818，
819，833，851，857

章炳麟（太炎） 252，367，368，550

章高元 78，214，241

赵炳麟 363，736，746，747

赵丰田 6，7，10，11，876

珍妃 161－163，849

郑观应 155，532，545，558，559，
769，786，797，836

郑孝胥 57，104，155，210，233，
249，251，278，463，536，546，
550，551，559，661，666，667，
669，673，712，719，734，746，
765，795，812，813，821，849，
852，853

郑永昌 801，804－807

郑藻如 199－201，622

志贺重昂 825

志锐（伯愚） 160－163，701

周逢源（灵生） 504，506

周馥（薇清） 49，181，187，190

诸井六郎 804，854，856，857

准良 20，101，103，104，221，488

奏折、条陈索引

岑春煊：

"敬陈管见折"，光绪二十四年七月初七日　549，592－594，689

陈宝箴：

"请厘正学术造就人才折"，光绪二十四年五月二十七日　627，683

陈秉和：

"参张荫桓折"，光绪二十四年八月初五日　779

陈其璋：

"外衅危迫善全邦交折"，光绪二十三年底　215，256

"请饬总署将已译印各书颁给各学各馆片"，光绪二十四年正月二十九日　238

"请再向美国借款以相牵制而策富强折"，光绪二十四年二月十六日　291，344

"俄患孔亟请宜坚持勿允谨陈三策以资抵御折"，光绪二十四年三月初四日
　257，322

陈虬：

"急宜变法自强拟就浙省先行试办呈"，光绪二十三年闰三月　375

陈学棻：

"命题参用四子六经廿三史片"，光绪二十四年五月二十九日收到　473

崇礼等：

"案情重大钦派大臣会同审讯折"，光绪二十四年八月十一日　816

督办军务处：

"袁世凯部缓募千人移作厂局经费片"，光绪二十四年四月初五日　726

高燮曾：

"海溢所以助军不宜因此消沮遽允和款折"，光绪二十一年四月十一日　79

"海溢情形张皇入告请饬陈宝箴查复片"，光绪二十一年四月十一日　79

"德人踞胶不宜允许折"，光绪二十三年十月二十七日　219

"请密与德国订立盟约以定大计折"，光绪二十三年十一月十九日　220，226

"李秉衡不宜终于废弃片"，光绪二十三年十一月十九日　220

"请令康有为相机入西洋弭兵会片"，光绪二十三年十一月十九日　220

高燮曾、张仲炘、胡孚宸等：

"除恶宜速缓恐生变折"，光绪二十四年八月十一日　819

洪汝冲：

"敬陈迁都借才联邦三策本原大计呈"，光绪二十四年七月二十四日刑部代奏

386

胡孚宸：

"请将时务书颁行刊刻片"，光绪二十四年正月三十日　239

黄桂鋆：

"禁止莠言以肃纲纪折"，光绪二十四年闰三月二十七日　374

"浙商私借洋款纠合保浙会片"，光绪二十四年闰三月二十七日　375

"官报章程亟宜设法整顿折"，光绪二十四年四月初三日　471

"请早定大计以杜祸变折"，光绪二十四年八月十二日　820，850

"妥速迅明定案片"，光绪二十四年八月十二日　820

"请罢斥陈宝箴拿问黄遵宪等人片"，光绪二十四年八月十二日　820，850

"惩治奸党按情罪轻重区为数等一律办理折"，光绪二十四年八月二十二日
　　814，853

黄均隆：

"湖南讲求时务有名无实折"，光绪二十四年四月二十五日　632，852

"奸党未殄请旨惩办折"，光绪二十四年八月二十一日　852

黄思永：

"请息借华款折"，光绪二十四年正月初九日　336

军机处、督办军务处、户部：

"遵旨议复荣禄折"，光绪二十四年二月初一日　726

军机处、总理衙门：

"奏复遵议大学堂章程折"，五月十四日　514，515，522，527，587

"遵旨会议康有为条陈具奏折"，光绪二十四年六月十五日　597，603

康有为：

"国势危蹙请下诏罪己及时图治禀"（"上清帝第一书"），光绪十四年十一月初
　　八日　52，53，70，117

"为安危大计请迁都练兵变通新法以塞和款而拒外夷呈"（"上清帝第二书"），
　　光绪二十一年四月　55，70，71，73，75，76，99，100，105，467，546，
　　609

"为安危大计乞及时变法呈"（"上清帝第三书"），光绪二十一年五月十一日都
　　察院代奏　55，76，85，96－99，103－105，122，158，363，467，546，609

"变通善后讲求本要以图自强呈"（"上清帝第四书"），光绪二十一年闰五月
　　100，105，106，108，109，261，467，654

"外衅危迫宜及时发愤革旧图新呈"（"上清帝第五书"），光绪二十三年十一月
　　214－217，226，300，331

"请大誓臣工开制度新政局呈"（"上清帝第六书"），光绪二十四年二月十九日

总理衙门代奏　106，291，294，297，299－301，305，306，308，331，
　　334，358，372，444，460，472，547，548，576，577，581，586，589，
　　590，592，596，597，600，602，603，605，607，610，658，662，668，
　　688，691

"译纂《俄彼得变政记》成书呈"（"上清帝第七书"），光绪二十四年三月初三
　日总理衙门代奏　301，307，308，358，460

"为胁割旅大乞密联英日坚拒勿许呈"，光绪二十四年三月初三日总理衙门代奏
　　278，308，313，320，321，358，460

"译纂《日本变政考》成书并进《泰西新史揽要》、《列国变通兴盛记》折"（"译
　　纂《日本变政考》成书折"），光绪二十四年三月二十三日总理衙门代奏
　　308，329－332

"请照经济特科例推行生童岁科片"，光绪二十四年三月二十三日总理衙门代奏
　　287，308，329，330，333，464

"请御门誓众开制度局以统筹大局折"，光绪二十四年五月初四日由总理衙门代
　　奏　435，440，443－445，459－461，472，576，589

"请商定教案法律厘正科举文体并呈《孔子改制考》折"，光绪二十四年五月初
　　四日由总理衙门代奏　446，451，452，455，460，478，496，535

"请以爵赏奖励新艺新法新书新器新学设立特许专卖折"，光绪二十四年五月初
　　八日　460，466

"请改直省书院为中学堂乡邑淫祠为小学堂折"，光绪二十四年五月　460，
　　488，493

"请将优、拔贡朝考改试策论片"，光绪二十四年五月　460，487，495

"请立商政以开利源而杜漏卮折"，光绪二十四年六月初五日　460，546，610

"恭谢天恩条陈办报事宜折"，光绪二十四年六月十三日　460，571，573，575，
　　607，618

"请定中国报律片"，光绪二十四年六月十三日　460，461，572，573，575

"为万寿庆辰乞许士民庆祝并刊新政诏书折"，光绪二十四年七月初二日　460，
　　641，644，647，650

"为万寿大庆乞复祖制行恩惠宽妇女裹足以保民保国折"，光绪二十四年七月初
　　二日　460，650

"请开农学堂地质局以兴农殖民折"，光绪二十四年七月初五日总理衙门代奏
　　608，609

"恭谢天恩并陈编纂群书以助变法折"，光绪二十四年七月十三日　436，460，
　　535，650，653－655，716

"厘定官制请分别官差以行新政折"，光绪二十四年七月十三日　460，594，

687，691

"康工部请及时变法折"，《知新报》　300

"康工部统筹全局折"，《知新报》　459

"康工部奏请饬各省改书院淫祠为学堂折"，《知新报》　495

"康工部有为条陈商务折"，《知新报》　548

"康工部奏请裁撤厘金片"，《知新报》　722

"应诏统筹全局折"，《戊戌奏稿》　294，300，301

"呈请代奏皇帝第七疏"，《戊戌奏稿》　301，308

"请计全局筹巨款以行新政筑铁路起海陆军折"（七月），《戊戌奏稿》　301，
　347

"请厉工艺奖创新折"，《戊戌奏稿》　470

"请开学校折"，《戊戌奏稿》　301，496

"请尊孔圣为国教立教部教会以孔子纪年而废淫祀折"，《戊戌奏稿》　301，
　451，496

"请广译日本书派游学折"，《戊戌奏稿》　301，404

"谢赏编书银两乞预定开国会期并先选才议政许民上书折"，《戊戌奏稿》
　655，698

"请开制度局议行新政折"，《戊戌奏稿》　301，655

"请禁妇女裹足折"，《戊戌奏稿》　647

"请定立宪开国会折"（代内阁学士阔普通武，六月），《戊戌奏稿》　301，697

"请君民合治满汉不分折"，《戊戌奏稿》　301，302，697

"请断发易服改元折"，《戊戌奏稿》　301，302，718，722

"请设新京折"，《戊戌奏稿》　301，302，720，722

阔普通武：

"变法自强宜仿泰西设议院折"，光绪二十四年七月初三日　580，696，700，707

李端棻：

"敬陈管见折"，光绪二十四年六月初六日　580，581，583，606

"保黄遵宪以备顾问折"，光绪二十四年七月初三日　705

"保熊希龄等请擢用片"，光绪二十四年七月初三日　705

"自请惩治折"，光绪二十四年八月十九日　847

李瀚章：

"遵旨查复康祖诒新学伪经考折"，光绪二十一年九月二十一日　42

李盛铎：

"时局艰难请特诏举行大阅折"，光绪二十四年三月十九日　421

"党会日盛宜防流弊折"，光绪二十四年闰三月十三日　371

"时务需才请开馆译书折"，光绪二十四年四月十八日　408

"请明赏罚以行审议折"，光绪二十四年四月二十六日　411

"行政在于用人片"，光绪二十四年四月二十六日　411，412

"略拟京师大学堂办法大纲折"，光绪二十四年五月十二日　522

礼部：

"遵旨改试策论章程折"，光绪二十四年五月二十二日　491

麦孟华等：

"力拒俄请合众公保呈"，光绪二十四年三月　320

潘庆澜：

"请饬查禁保国会片"，光绪二十四年闰三月十二日　370，371，486

庞鸿书、陈其璋等人：

"德患未弭请允款备战折"，光绪二十三年十一月三十日　256

荣禄：

"遵旨查复袁世凯折"，光绪二十二年五月十三日　724

"袁世凯军情片"，光绪二十二年五月十三日　724

"请广练兵团以资防守折"，光绪二十三年十二月二十五日　725

"复陈到任及办理大概情形折"，光绪二十四年五月十四日　562

"遵旨保举人才折"，光绪二十四年五月二十九日　564，725

"选送使才宜防流弊折"，光绪二十四年五月二十九日　565

宋伯鲁：

"请设议政处折"，光绪二十四年二月初八日　239，577

"请总署、官书局将时务书发翰林院片"，光绪二十四年二月初八日　239

"请派员赴美筹款集大公司折"，光绪二十四年二月十七日　291，345，347，482

"经济特科请分别举办片"，光绪二十四年四月二十六日　405

"请改八股为策论折"，光绪二十四年四月二十九日　406，442，443

"变法先后有序乞速乾断折"，光绪二十四年四月二十九日　406，578，707

"盛宣怀所领部款之息缴充学堂经费片"，光绪二十四年四月二十九日　406

"请将经济岁举归并正科并各省岁科迅改试策论折"，光绪二十四年五月十二日
　　464，482，557

"请旨申禁复用八股试士片"，光绪二十四年五月十二日　472

"请将《时务报》改为官报折"，光绪二十四年五月二十九日　552，555，567，
　　607，648

"大学堂派办各员开去别项差使片"，光绪二十四年六月十一日　526

"参谭钟麟折"，光绪二十四年七月二十八日　482，637

"参魁元、李家焯、王存善、裴景福片"，光绪二十四年七月二十八日　638

"选通才以备顾问折"，光绪二十四年七月二十八日　580，607，637，708，
　　712，738

"仿西法修整京师街道片"，光绪二十四年七月二十八日　112

"请速简重臣结连与国而救危亡折"，光绪二十四年八月初六日　775

宋伯鲁、杨深秀：

"礼臣阻挠新政请予罢斥折"，光绪二十四年五月初二日　475

孙家鼐：

"请饬刷印《校邠庐抗议》颁行折"，光绪二十四年五月二十九日　532

"筹办大学堂事务折"，光绪二十四年五月二十九日　524

"译书局编纂各书宜由管学大臣进呈并禁止悖谬之书折"，光绪二十四年五月二
　　十九日　527，528，534

"拟保大学堂总办、提调、教习各员单"，光绪二十四年五月二十九日　525

"议复京城设立中小学堂折"，光绪二十四年六月十七日　528

"筹办大学堂大概情形折"，光绪二十四年六月二十二日　528

"遵议上海《时务报》改为官报折"，光绪二十四年六月初八日　567

"议复李端棻所奏说片"，光绪二十四年六月初十日　581，582，584，585

"遵旨复陈《时务报》请拨款项折"，光绪二十四年六月二十二日　573－575

"议复陈宝箴折说帖"，光绪二十四年六月　628

"遵旨议复徐致靖请开编书局折"，光绪二十四年七月初三日　649

"议复徐致靖请设散卿折"，光绪二十四年七月二十四日　692

谭钟麟：

"遵旨查复张乔芬、韩晋昌弹案折"，光绪二十三年六月十七日　59

王培佑：

"变法自强当除蒙蔽痼疾折"，光绪二十四年七月十一日　617

王鹏运：

"请罢奸邪以坚战计折"，光绪二十年十月二十日　126

"和议要挟已甚流弊太深请回宸断而安危局折"，光绪二十一年三月二十二
　　日　66

"枢臣不职请旨立予罢斥折"，光绪二十一年六月十一日　124

"广东爱育堂绅士潘赞清营私谋利片"，光绪二十一年六月十九日　128

"广东窃风猖獗请饬严缉片"，光绪二十一年九月十二日　58

"请兴商务折"，光绪二十一年十一月十七日　57，546

"胶州不可借德宜密结英、日以图抵制折"，光绪二十三年十二月十九日　218

"结倭联英并缓偿倭款片"，光绪二十三年十二月十九日　219

"大臣误国请予罢斥折"，光绪二十四年四月初十日　356，391

"请端学术以正人心折"，光绪二十四年八月二十三日　356

王照：

"请布纶言广慈训设教部折"，光绪二十四年七月十六日礼部代奏　659

"遵保康广仁等折"，光绪二十四年七月二十九日　607，709，712

文悌：

"敬陈管见折"，光绪二十四年三月初一日　325，326，583，606

"请拒俄联英折"，光绪二十四年三月初五日　326，482

"崧蕃力小任重据实纠参折"，光绪二十四年闰三月二十七日　639

"严劾康有为折"，光绪二十四年五月二十日　328，374，461，465，479，484，
　　557，827

文廷式：

"请修京师街渠片"，光绪二十二年二月初四日　110

许应骙：

"遵旨明白回奏折"，光绪二十四年五月初四日　476，486

徐树铭：

"请尊崇圣道折"，光绪二十四年闰三月二十三日　631

"请饬湖南学政崇尚正学片"，光绪二十四年闰三月二十三日　631

徐仁铸：

"请代父囚折"，光绪二十四年八月十六日陈宝箴代电奏　394，416

徐致靖：

"请明定国是折"，光绪二十四年四月二十日　394，397

"谨保维新救时之才请特旨破格委任折"，光绪二十四年四月二十五日　413

"请废八股以育人才折"，光绪二十四年五月初四日　405，455，478

"嗣后用人行政一切请明宣片"光绪二十四年五月初四日　405

"请酌定各项考试策论文体折"，光绪二十四年五月十八日　490

"请开编书局折"，光绪二十四年六月二十七日　607，648

"请设散卿折"，光绪二十四年七月二十日　579，692

"密保智勇忠诚统兵大员请破格特简折"，光绪二十四年七月二十六日　730

"遵保康有为等折"，光绪二十四年七月二十九日　607，709，712

严修：

"请破常格迅开专科折"，光绪二十三年九月二十六日　284

杨崇伊：

"京官创设强学会大干法禁据实纠参折"，光绪二十一年十二月初七日　146

"弹劾文廷式、李盛铎折"，光绪二十二年二月十六日　168

"吁恳皇太后即日训政折"，光绪二十四年八月初三日　750，857

"廷臣交章自请罢斥折"，光绪二十五年五月初八日　236，745

杨深秀：

"时势艰危亟图要举谨贡刍议折"，光绪二十三年十二月初八日　236

"联络英国立制德氛而坚俄助折"，光绪二十三年十二月初九日　255，257

"请定国是而明赏罚折"，光绪二十四年四月十三日　393，397，399，579

"请斟酌列代旧制正定四书文体折"，光绪二十四年四月十三日　399，442，
　　475，482，579

"请议游学日本章程片"，光绪二十四年四月十三日　389，401，404，579

"请派近支王公游历片"，光绪二十四年四月十三日　402，579

"请筹款译书片"，光绪二十四年四月十三日　404，409

"请御门誓众更新庶政折"，光绪二十四年五月初十日　471，579

"请惩阻挠新政片"，光绪二十四年五月初十日　472，579

"请申谕诸臣力除积习折"，光绪二十四年六月二十三日　579，632，683

"津镇铁路请招商承办片"，光绪二十四年六月二十三日　353，579，632

"裁缺大僚擢用之宜缓特保新进甄别宜严折"，光绪二十四年七月二十九日
　　579，633，683，709

"时局艰危拼瓦合以救瓦裂折"，光绪二十四年八月初五日　386，579，773，811

"请开凿窖金片"，光绪二十四年八月初五日　579，774，811

贻谷：

"乱党尚假外势请饬迅速定罪而杜干预折"，光绪二十四年八月十三日　820，
　　827，849

奕劻：

"议复李端棻所奏说片"，光绪二十四年六月初十日　581

于荫霖：

"时局危急请简用贤能大员补救折"，光绪二十四年三月二十五日　167，390

余联沅：

"广东南海县举人康祖诒有新学伪书请饬查禁片"，光绪二十年七月初四日　39

曾廉：

"应诏陈言折"，光绪二十四年七月二十七日都察院代奏　665，674

曾宗彦：

"振兴农工二务折"，光绪二十四年五月初二日　468

张百熙：

"请免康有为调考经济特科片"，光绪二十四年八月十二日收到　536

张元济：

"变法图强统筹全局折"，光绪二十四年七月二十一日　594，606

张仲炘：

"请将海疆要地遍开商埠以保全局折"，光绪二十四年正月二十五日　236，277

"众敌环伺敬陈管见折"，光绪二十四年二月初七日　237，278

"德使要挟不宜曲从折"，光绪二十四年二月初七日　237

"请旨缘坐家属销毁著书折"，光绪二十四年八月十六日　810，834，851

"参黄遵宪等人片"，光绪二十四年八月十六日　810，851

总理衙门：

"议复杨深秀、李盛铎请开馆译书折"，光绪二十四年五月初十日　409

"遵旨议复康有为条陈折"，光绪二十四年五月十四日　586

"请特派王、大臣会同议复康有为条陈折"，光绪二十四年五月二十五日　588

"议复著书制造章程折"，光绪二十四年五月二十五日　469

"津镇铁路另派大员督办折"，光绪二十四年十月二十五日　354

总理衙门、礼部：

"遵议开设经济科折"，光绪二十四年正月初六日　285

"茅海建戊戌变法研究"
书 目

大量档案材料的披露

重大史实的精心考证与重要场景的细密描述

戊戌变法史事考初集

对近代史上的重大政治改革戊戌变法的相关史实一一厘定，集中在政变的时间、过程、原委，中下级官吏的上书以及日本政府对政变的观察与反应等重大环节上。

戊戌变法史事考二集

继续关注戊戌变法中的种种关键环节："公车上书"的背后推手，戊戌前后的"保举"及光绪帝的态度，康有为与孙家鼐的学术与政治之争，下层官员及士绅在戊戌期间的军事与外交对策，张元济的记忆与记录，康有为移民巴西的计划及其戊戌前入京原因……

从甲午到戊戌：康有为《我史》鉴注

对康有为《我史》中最重要的部分——光绪二十年（甲午，1894）至光绪二十四年（戊戌，1898）——进行注解。引用大量史料，对康有为的说法鉴别真伪，以期真切地看清楚这一重要历史阶段中的一幕幕重要场景。

戊戌变法的另面："张之洞档案"阅读笔记

通过对"张之洞档案"的系统阅读，试图揭示传统戊戌变法研究较少触及的面相，以清政府内部最大的政治派系之一，主张革新的张之洞、陈宝箴集团为中心，为最终构建完整的戊戌变法影像，迈出具有贡献性的关键一步。